Jansen

Beurkundungsgesetz

Beurkundungsgesetz

Kommentar

von

Paul Jansen

Senatspräsident am Kammergericht a. D.

1971

WALTER DE GRUYTER · BERLIN · NEW YORK

ISBN 3 11 003532 4

Printed in Germany. — Satz und Druck: Druckerei Chmielorz GmbH, Berlin 44. —

Vorwort

Das am 1. Januar 1970 in Kraft getretene Beurkundungsgesetz ist für die Notare, aber auch für andere Urkundsstellen, wie insbesondere die deutschen Konsuln, die Amtsgerichte, die Jugendämter und andere Behörden die grundlegende Verfahrensordnung, die sie bei jedem Beurkundungsvorgang anzuwenden und zu beachten haben. Das neue Gesetz tritt an die Stelle von Vorschriften, die bisher im Bürgerlichen Gesetzbuch, im Gesetz über die Angelegenheiten der freiwilligen Gerichtsbarkeit und in der Bundesnotarordnung enthalten waren. Der Verfasser hat sich bemüht, überall den Zusammenhang mit dem bisherigen Recht aufzuzeigen und auf Abweichungen des neuen Rechts hinzuweisen. Die Ergebnisse der bisherigen Rechtslehre und Rechtsprechung zum Beurkundungsrecht sind verwertet worden, soweit sie auch für das neue Recht ihre Bedeutung behalten haben, was in den grundsätzlichen Fragen weitgehend der Fall ist. Dem internationalen Beurkundungsrecht und dem konsularischen Notariat ist im Hinblick auf die starke Verflechtung des zwischenstaatlichen Rechtsverkehrs die gebührende Beachtung eingeräumt worden.

Im Anhang ist außer dem Beurkundungsgesetz selbst und weiteren bundesrechtlichen Vorschriften auch das einschlägige Landesrecht wiedergegeben, soweit es für das Beurkundungswesen von Bedeutung ist. Das gilt zunächst für das Recht des Landes Baden-Württemberg, dessen besondere, durch Art. 138 GG geschützte Notariatsverfassung unberührt geblieben ist, aber auch für das Recht anderer Länder, durch welches die Tätigkeit der Notare bei der Vermittlung der Auseinandersetzung eines Nachlasses oder Gesamtguts oder bei der freiwilligen Versteigerung von Grundstücken geregelt wird. Diese Vorschriften sind im Rahmen des Preußischen Gesetzes über die freiwillige Gerichtsbarkeit ebenfalls erläutert worden.

Die Kommentierung des Beurkundungsgesetzes ist ein Teilausschnitt aus dem in demselben Verlag erschienenen Kommentar des Verfassers zum FGG mit Nebengesetzen, 2. Aufl., Band I bis III, 1969 bis 1971.

Berlin, im Februar 1971 *Paul Jansen*

Inhalt

Inhalt

Beurkundungsgesetz

Vom 28. August 1969

(BGBl. I 1513)

in der Fassung des Art. 3 des Gesetzes zur Änderung des Rechtspflegergesetzes, des Beurkundungsgesetzes und zur Umwandlung des Offenbarungseides in eine eidesstattliche Versicherung vom 27. Juni 1970 (BGBl. I 911)

Einleitung

Übersicht

A. Rechtsentwicklung des Beurkundungswesens

I. Rechtsquellen

1 Der Zehnte Abschnitt des FGG (§§ 167 bis 183) ist durch § 57 Abs. 5 Nr. 2 des Beurkundungsgesetzes vom 28. 8. 1969 (BGBl. I, 1513) mit Wirkung vom 1. 1. 1970 *aufgehoben* worden, nachdem § 184 bereits durch Art. 5 Abs. 2 WehrmFGG vom 24. 4. 1934 (RGBl. I, 335) aufgehoben worden war. Die Materie ist jetzt in dem am 1. 1. 1970 in Kraft getretenen *Beurkundungsgesetz* geregelt, für Berlin übernommen durch ÜbernahmeG vom 9. 9. 1969 (GVBl., 1852). Das Beurkundungsgesetz ist ein erster Schritt auf dem Wege zur Verwirklichung der „großen Justizreform". Auf dem 41. Deutschen Juristentag zu Berlin hatte Bundesjustizminister Dr. Neumayer am 7. 9. 1955 die Bildung einer Kommission zur Vorbereitung einer Reform der Zivilgerichtsbarkeit bekannt gegeben. Diese Kommission hat im Jahre 1961 einen Bericht vorgelegt[1]), in welchem unter anderem empfohlen wurde, die auf dem Gebiet des Beurkundungsrechts bisher fehlende Rechtseinheit dadurch zu verwirklichen, daß die Beurkundungszuständigkeit grundsätzlich ausschließlich den Notaren übertragen wird, die Beurkundungsvorschriften einander angeglichen und unter Bereinigung des Landesrechts nach Möglichkeit einheitlich für das Bundesgebiet im FGG oder in der Notarordnung oder in einem besonderen Gesetz zusammengefaßt werden[2]). Eine vom Bundesjustizministerium im Jahre 1964 zur Fortsetzung der Vorarbeiten berufene Kommission für das Recht der freiwilligen Gerichtsbarkeit einschließlich des Beurkundungsrechts legte dem Bundesjustizministerium im Herbst 1967 den begründeten Entwurf eines Beurkundungsgesetzes vor. Dieser Entwurf wurde nach Eröterungen mit den beteiligten Bundesministerien, den Landesjustizverwaltungen und der Bundesnotarkammer in einzelnen Punkten geändert und nach Verabschiedung durch die Bundesregierung am 11. 6. 1968 dem Bundesrat zugeleitet, der ihn nebst Begründung als BR-Drucks. 297/68 veröffentlichte. Am 25. 9. 1968 wurde der Entwurf mit Begründung und Stellungnahme des Bundesrates sowie der Äußerung der Bundesregierung dazu als BT-Drucks. V/3282 beim Bundestag eingebracht. Nach der ersten Lesung in der 191. Sitzung des Bundestages am 23. 10. 1968 wurde der Entwurf ohne Aussprache dem Rechtsausschuß (12. Ausschuß) überwiesen. Dieser legte am 20. März 1969 einen schriftlichen Bericht vor, enthaltend den Antrag des Rechtsausschusses und eine Gegenüberstellung des Entwurfs der Bundesregierung mit den Beschlüssen des Rechtsausschusses (BT-Drucks. V/4014).

2 Bei der zweiten Lesung in der 232. Sitzung am 9. 5. 1969 lagen drei Änderungsanträge zur Beschlußfassung vor (Umdruck 651, 652 und 653). Der Änderungsantrag Umdruck 651 erstrebte eine teilweise Beibehaltung der Beurkundungszuständigkeit der Amtsgerichte in den Fällen, in denen nach bundes- oder landesrechtlichen Vorschriften Gebühren- oder Auslagenfreiheit gewährt wird (dazu bereits ablehnend BT-Drucks. V/4014 zu II 2); dieser Antrag wurde abgelehnt (Sitzungsprotokolle S. 12 855 ff.). Der Änderungsantrag Umdruck 652 betraf Änderungen des § 26 Abs. 2 BeurkG über die Zeugenausschließung; sie waren dadurch notwendig geworden, daß das 1. StrRG vom 25. 6. 1969 (BGBl. I, 645) einen Verlust der bürgerlichen Ehrenrechte und eine Aberkennung der Eidesfähigkeit nicht mehr kennt (vgl. § 26 Rdn. 3). Dieser Antrag wurde angenommen. Ebenfalls angenommen wurde der Änderungsantrag Umdruck 653; danach sind die Länder befugt, die Zuständigkeit für die Beglaubigung von Abschriften oder Unterschriften durch Gesetz anderen Personen oder Stellen zu übertragen (jetzt § 63 BeurkG). Die BR-Drucks. 309/69 vom 2. 6. 1969 enthielt sodann die vom Bundestag am 14. 5. 1969 in dritter Lesung angenommene Fassung des Entwurfs. Der Bundesrat beschloß am 20. 6. 1969, gemäß Art. 77 Abs. 2 GG die Einberufung des Vermittlungsausschusses aus den in BT-Drucks. V/4439 angeführten Gründen zu verlangen. In der Sitzung vom 2. 7. 1969 hat der Bundestag den in der BT-Drucks. V/4500 über den mündlichen Bericht des Vermittlungsausschusses vom 25. 6. 1969 enthaltenen Antrag angenommen

[1]) Bericht der Kommission zur Vorbereitung einer Reform der Zivilgerichtsbarkeit, hrsgg. vom BJustMin., 1961.

[2]) Vgl. die Vorschläge Nr. 89 und Nr. 123 bis 125 des Kommissionsberichts.

und dies dem Bundesrat am 4. 7. 1969 mitgeteilt (BR-Drucks. 429/69). Im Bundesgesetzblatt Nr. 89 vom 3. 9. 1969 wurde das Gesetz mit dem Datum vom 28. 8. 1969 verkündet[3]). Durch Art. 3 des Gesetzes zur Änderung des Rechtspflegergesetzes, des Beurkundungsgesetzes und zur Umwandlung des Offenbarungseides in eine eidesstattliche Versicherung vom 27. 6. 1970 (BGBl. I 911) sind zur Bereinigung von Unstimmigkeiten die §§ 56 Abs. 3, 60 Abs. 1 und § 68 geändert worden. Die Änderungen treten rückwirkend mit dem 1. 1. 1970 in Kraft (Art. 5).

II. Ziel der Reform des Beurkundungsrechts

Das Beurkundungsgesetz hat es sich zur Aufgabe gemacht, die bis dahin nach Bundes- **3**
und Landesrecht stark zersplitterten Beurkundungszuständigkeiten zu bereinigen, das Beurkundungsverfahrensrecht zu kodifizieren und zu vereinheitlichen und aus diesem Anlaß die Anforderungen an eine wirksame Beurkundung einzuschränken, nämlich auf dasjenige Maß, welches im Interesse der Sicherheit des Rechtsverkehrs unerläßlich erscheint (BT-Drucks. V/3282, Einl. zur Begr.; BT-Drucks. V/4014 zu II). Das Gesetz gründet sich auf die konkurrierende Gesetzgebungszuständigkeit des Bundes auf dem Gebiet des bürgerlichen Rechts und des gerichtlichen Verfahrens (Art. 74 Nr. 1 GG). Dazu gehört auch das Gebiet der freiwilligen Gerichtsbarkeit, dem das Beurkundungswesen zuzurechnen ist[4]). Das dazu nach Art. 72 Abs. 2 GG erforderliche Bedürfnis nach bundesgesetzlicher Regelung ergibt sich aus der Zersplitterung des bisherigen Rechtszustandes, welche den Verkehr mit Urkunden und ihre Freizügigkeit erschwerte und deshalb zur Wahrung der Rechtseinheit beseitigt werden mußte (Begr. BT-Drucks. V/3282 Einl. zu II).

1. Rechtszustand bis zum 31. Dezember 1969

a) Beurkundungszuständigkeiten. Wo als Formerfordernis des bürgerlichen Rechts die **4**
gerichtliche oder notarielle Beurkundung von Willenserklärungen oder der Abschluß eines Rechtsgeschäfts vor einem Gericht oder Notar vorgeschrieben war, waren nach Bundesrecht die Gerichte und die Notare zuständig, und zwar lag im Bereich der Gerichte die sachliche Zuständigkeit gemäß § 167 Abs. 1 FGG bei den Amtsgerichten. Auf Grund des Vorbehalts in Art. 141 EGBGB durfte das *Landesrecht* bestimmen, daß für die Beurkundung von Rechtsgeschäften, die nach den Vorschriften des BGB der gerichtlichen oder notariellen Beurkundung bedürfen, entweder nur die Gerichte oder nur die *Notare* zuständig sind. Dieser Vorbehalt war, soweit er den Ausschluß der Notare von der Urkundstätigkeit zuließ, durch § 22 RNotO (§ 20 BNotO) außer Kraft gesetzt worden. Soweit aber Bundesrecht außerhalb des BGB oder Landesrecht eine Beurkundung ausschließlich anderen Stellen zuwies, blieben dadurch auch

[3]) S c h r i f t t u m a) zum Entwurf: Mecke, Der Entwurf eines Beurkundungsgesetzes, DNotZ 1968, 584 bis 617; Mattern, Über den Entwurf eines Beurkundungsgesetzes, Rpfleger 1969, 37; teilweise bereits berücksichtigt sind die Bestimmungen des Entwurfs bei Höfer-Huhn, Allgemeines Urkundenrecht, 1968, bei Rohs, Die Geschäftsführung der Notare, 5. Aufl. 1969 und bei Kersten-Bühling, Formularbuch und Praxis der freiw. Gerichtsbarkeit, 14. Aufl. 1968. Eine Darstellung der Entstehungsgeschichte und des Gesetzesinhalts bringen Haegele, Rpfleger 1969, 365 u. 414; Weber, DRiZ 1970, 45. b) Zum BeurkG ist erschienen Haegele, Beurkundungsgesetz, Textausgabe mit Gesetzesmaterialien und Anmerkungen, 1969; Mecke, Beurkundungsgesetz, Erläuterungsbuch, 1970; Riedel-Feil, Beurkundungsgesetz, Handkommentar für die Praxis, 1970; Palandt BGB[30] mit Erl. der §§ 1 bis 35 BeurkG von Danckelmann und Keidel. Von Bedeutung ist in weitem Umfange auch noch das ältere Schrifttum zum Beurkundungsrecht, außer den Kommentaren und Lehrbüchern zum FGG und BGB insbesondere Oberneck, Notariatsrecht, 10. Aufl. 1929; Rietsch, Handbuch der Urkundwissenschaft, 2. Aufl. 1904; Seybold-Hornig, Bundesnotarordnung, 4. Aufl. 1961; Saage, Bundesnotarordnung, 1961; Ehrhardt-Douverne, Wegweiser durch das Notariatsrecht, 2. Aufl. 1968; Haegele, Beurkundungsrecht und sonstige freiw. Gerichtsbarkeit, 2. Aufl. 1968; Hense, Notariatsrecht, 1949; Göttlich, Die Amtsführung der Notare, 2. Aufl. 1962. Vgl. ferner Zimmermann, Zweifelsfragen zum BeurkG, Rpfleger 1970, 189; Appell, Auswirkungen des BeurkG auf das Familien- und Erbrecht, FamRZ 1970, 520; Wagner-Schneider, Bürobuch für Rechtsanwälte und Notare, 27. Aufl. 1970, Band III, Raukes, Notarrecht; Höfer, Das BeurkG in der Praxis, JurA 1970, 740.

[4]) BVerfGE 11, 192, 199.

die Notare ausgeschlossen, z. B. von der Beurkundung einer Stufengründung nach § 30 AktG a. F. oder eines Familienschlusses nach Art. 2 §§ 1, 3 PrAGBGB. Außerdem konnte die Beurkundungszuständigkeit der Gerichte auf Grund des Art. 141 EGBGB nicht ausgeschlossen werden für die Beurkundung von Erklärungen, für welche das BGB nicht die gerichtliche Beurkundung, sondern die Abgabe in öffentlicher Urkunde vorschrieb, wie für die den Amtsgerichten durch § 167 Abs. 2 Satz 2 FGG zugewiesene Aufnahme von Vaterschaftsanerkenntnissen nach §§ 1718, 1720 Abs. 2 BGB a. F., sowie wenn die gerichtlich zu beurkundende Erklärung kein Rechtsgeschäft war, wie die eidesstattliche Versicherung zur Erwirkung eines Erbscheins nach § 2356 Abs. 2 BGB. Ferner konnte auf Grund des Vorbehalts in § 191 Abs. 2 FGG durch Landesgesetz die auf §§ 126 Abs. 1, 129 Abs. 1 BGB i. V. mit § 167 FGG beruhende Zuständigkeit der Amtsgerichte für die öffentliche Beglaubigung einer Unterschrift oder eines Handzeichens ausgeschlossen werden. Von den Vorbehalten des Art. 141 BGB und des § 191 Abs. 2 FGG hatten Gebrauch gemacht *Baden* (§§ 22 bis 24, 27, 28 BadLFGG mit den in den §§ 23, 28 bestimmten Ausnahmen), *Bayern* (Art. 10 Abs. 2 BayAGVG), *Bremen* (§§ 6, 7 AGBGB mit den in § 6 Abs. 2 bestimmten Ausnahmen) und *Hamburg* (§§ 8, 9, 15 HambFGG mit Ausnahmen). In *Rheinland-Pfalz*, wo die RNotO durch die NotO vom 3. 9. 1949 (GVBl., 391) ersetzt worden war, blieben die Vorschriften in den ehemals bayerischen Gebietsteilen aufrecht erhalten, nach denen für die Beurkundung von Rechtsgeschäften und die Beglaubigung von Handzeichen nur die Notare zuständig waren; außerdem war die Zuständigkeit der Gerichte für die Beurkundung und Beglaubigung in Grundbuchsachen einschließlich der Auflassung sowie zur Beurkundung ordentlicher öffentlicher Testamente und Erbverträge ausgeschlossen (§ 22, 76 NotO).

5 Außer den Gerichten und Notaren und neben ihnen waren für bestimmte rechtsgeschäftliche Beurkundungen auf Grund bundesrechtlicher Sondervorschriften auch Verwaltungsbehörden oder Beamte zuständig. Ferner war dem Landesgesetzgeber nach den Art. 142, 143 Abs. 1 EGBGB vorbehalten, für die Beurkundung von Grundstücksveräußerungsverträgen und für die Entgegennahme der Auflassung oder der Einigung über die Bestellung eines Erbbaurechts die Zuständigkeit von Verwaltungsbehörden und Beamten zu begründen. Auf Grund des Vorbehalts in § 191 Abs. 1 FGG konnte der Landesgesetzgeber schließlich bestimmen, daß für die öffentliche Beglaubigung einer Unterschrift außer den Amtsgerichten und Notaren auch andere Behörden oder Beamte zuständig sind. Von diesen Ermächtigungen hatten die Länder in weitem Umfange Gebrauch gemacht[5]). Einen ersten Schritt zur Einschränkung der Zuständigkeit solcher anderer Stellen brachte Art. 7 des G über Maßnahmen auf dem Gebiet des Notarrechts vom 16. 2. 1961 (BGBl. I, 77) — NotMaßnG. Durch Art. 7 Abs. 2 NotMaßnG waren die Vorbehalte in Art. 142, 143 Abs. 1 EGBGB dahin beschränkt worden, daß sie von den Ländern nur noch aufgehoben oder eingeschränkt oder nur noch zur Rechtsvereinheitlichung innerhalb eines Landes ausgenutzt werden konnten. Ferner war durch Art. 7 Abs. 3 NotMaßnG allgemein bestimmt worden, daß Behörden oder Beamte Beurkundungen, worunter auch Beglaubigungen zu verstehen waren, nicht vornehmen dürfen, wenn die Körperschaft oder Anstalt, der sie angehören oder die sie bestellt hat, bei der den Gegenstand der Beurkundung bildenden Angelegenheit (sachlich) beteiligt ist. Nach überwiegender Meinung hatte ein Verstoß gegen diese Bestimmung allerdings keine Nichtigkeit der Beurkundung zur Folge[6]).

6 *b) Beurkundungsverfahrensrecht.* Das Beurkundungsverfahren war bis zum Inkrafttreten des BeurkG ebenfalls nicht einheitlich geregelt. Für die Urkundstätigkeit der *Gerichte und Notare* bei der Beurkundung von Rechtsgeschäften außer Testamenten und Erbverträgen

[5]) Vgl. die Zusammenstellungen bei Schlegelberger, FGG, 7. Aufl., Vorbem. 6 bis 13 vor § 167; Keidel, FGG, 9. Aufl., Vorbem. 13 bis 42 vor § 167; Niese, Beurkundung als Rechtspflegeakt ZZP 73 (1960), 1 zu I; über Zuständigkeiten für Beurkundungen und Beglaubigungen in Grundbuchsachen vgl. Haegele, Die Justiz 1959, 14.

[6]) Celle DNotZ 1962, 264; Hamm DNotZ 1962 442; Oldenburg NJW 1962, 2258; Stuttgart DNotZ 1962, 195; Schleswig SchlHA 1963, 34; Saage NJW 1962, 307; Zimmermann Rpfleger 1962, 278; Palandt-Degenhart BGB[28] Art. 142 EG Anm. 2; a. M. Hornig DNotZ 1962, 136; Struckmann DNotZ 1963, 378; Schiedermair FamRZ 1963, 320; Seybold-Hornig BNotO[4], Art. 7 NotMaßnG Rdn. 15 und 28.

waren die §§ 168 bis 182 FGG maßgebend; die Beglaubigung von Unterschriften und Handzeichen richtete sich nach § 183 FGG. Zu diesen Vorschriften waren nach § 200 FGG landesrechtliche Ergänzungs- und Ausführungsvorschriften zulässig, die jedoch die Gültigkeit der Beurkundung nicht berühren konnten, soweit es sich nicht um den Mangel der sachlichen Zuständigkeit handelte. Für die Errichtung von Testamenten und Erbverträgen vor einem Richter oder Notar enthielten die §§ 2232 bis 2246, 2276, 2277 BGB eine lückenlose, die Anwendung der §§ 168 bis 182 FGG ausschließende Regelung, wobei beide Regelungen zum Teil ohne innerlich gerechtfertigten, nur historisch erklärbaren Grund voneinander abwichen (z. B. in der Frage, ob es für die Schreibunfähigkeit des Beteiligten auf dessen Erklärung oder auf die Überzeugung des Notars ankommt, vgl. Voraufl. § 177 Anm. 13). Auch die Vorschriften des BGB über die Beurkundung von Testamenten und Erbverträgen konnten gemäß Art. 151 EGBGB durch Vorschriften des Landesrechts ergänzt werden, die jedoch mit Ausnahme des Mangels der sachlichen Zuständigkeit (z. B. bei ausschließlicher Zuständigkeit der Notare nach Art. 141 EGBGB) auf die Gültigkeit der Verfügung von Todes wegen ohne Einfluß waren. Für die Beurkundung anderer Vorgänge als Willenserklärungen (Tatsachenbeurkundungen) enthielt das Bundesrecht nur einzelne Vorschriften, so für die Aufnahme von Wechsel- und Scheckprotesten (Art. 80 bis 88 WG, Art. 66 ScheckG) und für die Beurkundung von Beschlüssen der Hauptversammlung einer Aktiengesellschaft (§ 130 AktG). Im übrigen war die Materie auf Grund des Vorbehalts in § 200 Abs. 1 FGG vollständig dem Landesgesetzgeber überlassen (vgl. den Katalog der aufgehobenen landesrechtlichen Vorschriften in § 60 BeurkG).

2. Rechtszustand nach dem Beurkundungsgesetz

*a) Beurkundungszuständigkeiten. Die Vor*nahme von Beurkundungen im Sinne der Herstellung von öffentlichen Zeugnisurkunden soll in erster Linie Aufgabe des Notars sein; die schon bisher bestehende umfassende sachliche Zuständigkeit des Notars (§§ 20, 114 Abs. 1 Satz 3 Halbs. 2 BNotO, § 115 BNotO i. V. m. § 22 BadLFGG) wird grundsätzlich zu einer ausschließlichen erhoben. Demgemäß werden die Beurkundungszuständigkeiten sowohl der Gerichte (abgesehen von unselbständigen Beurkundungen im Rahmen eines gerichtlichen Verfahrens) als auch von sonstigen Stellen (Verwaltungsbehörden, Beamten) grundsätzlich beseitigt, soweit ihre Zuständigkeit mit der Zuständigkeit der Notare konkurriert. **7**

Die Beseitigung der Beurkundungszuständigkeit der *Gerichte* entspricht dem Ziel der Justizreform, den Richter von Aufgaben zu entlasten, die nicht zur Rechtsprechung im verfassungsgeschützten Sinne gehören und die, wenn es sich um Rechtspflegeakte handelt, durch ein anderes ebenso geeignetes unabhängiges Rechtspflegeorgan erledigt werden können. Auf dem Gebiet der Gerichtsbarkeit im engeren Sinne ist es vor allem der Rechtspfleger, der sich für die Übernahme dieser Aufgaben eignet. Auf dem Gebiet des Beurkundungswesens ist es naheliegend, diese Aufgaben grundsätzlich den Notaren zu überlassen, denen das Urkundsamt als besondere Berufsaufgabe übertragen ist[7]). Die Beseitigung der Zuständigkeit der Gerichte erstreckt sich auch auf die Beurkundung von Erklärungen, die nach materiellem Recht dem Gericht in beurkundeter oder beglaubigter Form zur Genehmigung oder zum Vollzuge eingereicht werden müssen[8]), insbesondere solche an das Grundbuchamt (vgl. die Änderung des § 925 BGB durch § 57 Abs. 3 Nr. 3 und des § 29 GBO durch § 57 Abs. 7 BeurkG), an das Nachlaßgericht und an das Registergericht (vgl. dazu § 128 FGG Anm. A und E, § 147 Rdn. 5, § 159 Anm. D I, § 161 Anm. D 2). Dieser Grundsatz ist jedoch nicht ausnahmslos durchgeführt worden. Ausnahmen kraft Bundesrechts zugunsten der Aufrechterhaltung der **8**

[7]) Vgl. zu diesen Erwägungen Kommissionsbericht (Fn. 1) S. 304/305; BT-Drucks. V/3282 Einl. III 2 a; BT-Drucks. V/4014 zu II 2; allerdings wäre es wünschenswert gewesen, gleichzeitig mit der Stärkung des Notaramts den schrittweisen Übergang zum Nur-Notariat anzubahnen; vgl. über die Vorzüge des Nur-Notariats gegenüber dem Anwaltsnotariat Höfer-Huhn § 9, 3.

[8]) In Handels-, Genossenschafts-, Vereins- und Güterrechtsregistersachen insoweit gegen den Widerspruch des Bundesrats, BT-Drucks. V/3282 S. 50.

Zuständigkeit der Gerichte gelten für gewisse erbrechtliche und familienrechtliche Erklärungen (vgl. näher § 1 Rdn. 16, 17).

9 *Landesrechtliche Zuständigkeiten* der Gerichte werden auf Grund der Generalklausel in § 60 Satz 1 ebenfalls grundsätzlich beseitigt, nach welcher landesrechtliche Vorschriften außer Kraft treten, die den Vorschriften des Ersten bis Vierten Abschnitts des BeurkG entgegenstehen oder neben dem Notar auch anderen Urkundspersonen oder sonstigen Stellen eine Zuständigkeit für öffentliche Beurkundungen übertragen. Gewisse landesrechtliche Vorbehalte sind aber in dem Katalog des § 61 Abs. 1 Nrn. 1 bis 11 angeführt; auf Grund dieser Vorbehalte kann der Landesgesetzgeber jedoch den Gerichten keine neuen Beurkundungszuständigkeiten übertragen (§ 61 Abs. 2).

10 Auch die Zuständigkeit der *Verwaltungsbehörden* für Beurkundungen wird wesentlich eingeschränkt. Nachdem bereits durch Art. 7 Abs. 3 NotMaßnG die sogenannte Selbstbeurkundung der Verwaltungsbehörden in Angelegenheiten, an denen sie sachlich beteiligt sind (oben Rdn. 5), für unzulässig erklärt worden war, schreitet das Gesetz auf diesem Wege fort in der Erwägung, daß die Vornahme von Beurkundungen eine Aufgabe der Rechtspflege ist, die den Verwaltungsbehörden im Grunde wesensfremd ist und deshalb den dafür besonders bestellten Amtsträgern vorbehalten bleiben muß, zumal Behörden, auch wenn sie an dem zu beurkundenden Geschäft nicht unmittelbar selbst beteiligt sind, diesem nicht immer unbefangen gegenüberstehen, sondern mit Rücksicht auf die von ihnen verfolgten Verwaltungsziele an dem Zustandekommen des Rechtsgeschäfts und auch an dessen inhaltlicher Gestaltung interessiert sein können (BT-Drucks. V/3282 Einl. III 2 b; BT-Drucks. V/4014 zu II 3). Ausnahmen sind kraft Bundesrechts gemäß § 59 vorgesehen insbesondere zugunsten einer Aufrechterhaltung der Beurkundungszuständigkeiten der Konsuln, der Standesbeamten, der Postbeamten, der Gerichtsvollzieher und der Jugendämter (vgl. näher § 1 Rdn. 9 bis 12, 18) sowie kraft vorbehaltenen Landesrechts für die in § 61 angeführten Beurkundungsakte, für die öffentliche Beglaubigung von Abschriften und Unterschriften nach Maßgabe des § 63 und im Hinblick auf die besondere Gerichtsorganisation in Baden-Württemberg gemäß § 61 Abs. 4 für die dort tätigen Ratschreiber und sonstigen Hilfsbeamten der Grundbuchämter. Landesrechtliche Zuständigkeiten, die nicht ausdrücklich vorbehalten sind, werden auch für die Verwaltungsbehörden durch § 60 Satz 1 aufgehoben. Durch diese Bestimmung werden landesrechtliche Vorschriften sowohl für die Beurkundungszuständigkeit als auch über das Beurkundungsverfahren beseitigt. Auch wenn die Form der gerichtlichen oder notariellen Beurkundung vom Landesrecht vorgeschrieben ist oder das Landesrecht neben dem Notar sonstige Urkundstellen vorsieht, ist künftig kraft Bundesrechts nur der Notar zuständig. Beurkundungsrechtliche Vorschriften des Landesrechts bleiben nur bestehen, soweit das BeurkG einen Vorbehalt für sie enthält (BT-Drucks. V/3282 S. 45 zu § 60).

11 *b) Beurkundungsverfahren.* In bezug auf das Beurkundungsverfahren verwirklicht das Gesetz zwei Ziele, nämlich die Kodifizierung und Vereinheitlichung des Beurkundungsrechts und sodann eine Einschränkung der Formenstrenge, soweit sie nach dem Zweck der öffentlichen Beurkundung vertretbar ist. Insoweit schreitet das Gesetz auf dem Wege fort, den für Verfügungen von Todes wegen bereits das TestamentsG vom 31. 7. 1938 (RGBl. I, 973) gegenüber den strengeren Vorschriften der §§ 168 bis 182 FGG angebahnt hatte.

12 α) Der *Vereinheitlichung* dient die Zusammenfassung der bisher im BGB (§§ 2233 bis 2246, 2276) enthaltenen Vorschriften über die Beurkundung von Testamenten und Erbverträgen und der Bestimmungen des FGG (§§ 168 bis 182) über die Beurkundung von Rechtsgeschäften unter Lebenden in dem beide Arten von Willenserklärungen in gleicher Weise erfassenden Zweiten Abschnitt „Beurkundung von Willenserklärungen“ (§§ 6 bis 35), wobei die Besonderheiten bei der Beurkundung von Verfügungen von Todes wegen nur einige ergänzende Bestimmungen (§§ 27 bis 35) erforderten. Damit sind insbesondere die innerlich nicht gerechtfertigten Abweichungen zwischen den Formvorschriften über die Beurkundung von Verfügungen von Todes wegen einerseits und anderen Willenserklärungen andererseits beseitigt worden. Das Verfahren bei der Beurkundung nicht rechtsgeschäftlicher Vorgänge war abgesehen von der Beglaubigung von Unterschriften (§ 183 FGG, jetzt §§ 40, 41 BeurkG) grundsätzlich den Ländern überlassen; es wird jetzt unter Aufhebung des Landesrechts (§ 60) in den §§ 36 bis 43 bundesrechtlich geregelt, soweit nicht der landesgesetzliche Vorbehalt des § 61 eingreift; dasselbe gilt für die Behandlung der Urkunden und die Rechtsmittel (§§ 44 bis 54). Bundesrechtliche Sondervorschriften über Beurkundungen sind gemäß § 59 aus Gründen des Sachzusammenhangs nur in wenigen Fällen aufrecht erhalten worden, so für die Aufnahme von Wechsel- und Scheckprotesten (Art. 80 bis 88 WG, Art. 55 ScheckG) und für die Beurkundung von Beschlüssen der Hauptversammlung einer Aktiengesellschaft (§ 130 AktG).

Landesrechtliche Vorschriften über das Beurkundungsverfahren, die den Vorschriften des Gesetzes entgegenstehen, sind durch den Katalog des § 60 und, soweit sie dort nicht angeführt sind, durch die Generalklausel des § 60 Satz 1 aufgehoben worden. Nur für die eng begrenzten Bereiche der §§ 48, 61 und 65 Satz 3 ist der Landesgesetzgeber noch befugt, das Beurkundungsverfahren abweichend vom Bundesrecht zu regeln (BT-Drucks. V/3282 S. 25/26 und S. 45 zu §§ 60, 61). Andere bundesrechtliche Vorbehalte zugunsten des Landesrechts, auf denen die bisherige Rechtszersplitterung beruhte, sind aufgehoben, so Art. 151 EGBGB durch § 57 Abs. 4 Nr. 2 und § 198 und § 200 Abs. 2 FGG durch § 57 Abs. 5 Nr. 2 BeurkG. Die Vorschrift des § 200 Abs. 1 FGG (dazu § 200 mit Bem.), die den Landesgesetzgeber allgemein ermächtigt, auch ohne ausdrücklichen Vorbehalt Vorschriften zur Ausführung und Ergänzung des FGG zu erlassen, ist zwar nicht förmlich aufgehoben worden, weil sie ihre Bedeutung für die noch im FGG geregelten Materien behält. Ihr Anwendungsbereich wird aber seinem Umfang nach dadurch eingeschränkt, daß das Beurkundungsrecht nicht mehr Gegenstand des FGG ist. Dasselbe gilt für § 189 FGG, auf Grund dessen im Rahmen der Vorbehalte des EGBGB auch beurkundungsrechtliche Vorschriften erlassen werden durften, solange das Beurkundungsrecht Gegenstand des FGG war. Andererseits bestimmt § 61 Abs. 3 Nr. 3 BeurkG, daß auf Grund anderer bundesrechtlicher Vorbehalte als der im BeurkG selbst enthaltenen, nämlich auf Grund der Vorbehalte des EGBGB, das Beurkundungsverfahren nicht abweichend geregelt werden darf. **13**

β) In bezug auf die *Milderung der Formenstrenge* geht das Gesetz davon aus, daß das Beurkundungswesen als Teil der vorsorgenden Rechtspflege dem bürgerlichen Rechtsverkehr bei der Ausgestaltung von Rechtsbeziehungen und bei der Verwirklichung von Rechten dienlich sein soll. Daraus ergibt sich, daß im Interesse der Zuverlässigkeit der Beurkundung gewisse unverzichtbare Mindesterfordernisse erfüllt sein müssen. Hierzu gehört die Wahrung der Unparteilichkeit der Urkundsperson, die deshalb in bestimmten Fällen von der Beurkundung ausgeschlossen wird (§§ 6 Abs. 1, 7), sowie die schriftliche Niederlegung dessen, was die Urkundsperson bezeugen soll, entweder in einer Niederschrift (§§ 8, 38) oder in einem Vermerk (§ 39). Hierzu gehört es weiter, daß die Urkundsperson durch ihre Unterschrift die Verantwortung für die richtige Beurkundung des Vorgangs übernimmt (§§ 13 Abs. 3, 37 Abs. 3, 39), ein Grundsatz, der nur in der bedauerlichen Vorschrift des § 35 aufgegeben wird. Außerdem muß sichergestellt werden, daß die Beurkundung der Wahrheit entspricht; diesem Zweck dienen die Vorschriften über die Vorlesung, Genehmigung und Unterzeichnung (§ 13 Abs. 1 Satz 1, § 38) sowie die Vorschriften über die Hinzuziehung eines Dolmetschers (§ 16) oder einer Vertrauensperson (§ 24) und deren Ausschließung (§§ 16 Abs. 3 Satz 2, 24 Abs. 2) und über die Hinzuziehung eines Schreibzeugen (§ 25), durch welche die richtige Wiedergabe des Willens der Beteiligten gewährleistet werden soll. Diese Vorschriften sowie die Bestimmungen über den notwendigen Inhalt der Niederschrift (§§ 9 Abs. 1, 37, 38) oder des Vermerks (§§ 39, 40 Abs. 3 Satz 1) sind nach wie vor Mußvorschriften; ein Verstoß zieht die Unwirksamkeit der Beurkundung nach sich. **14**

Andererseits soll nach der Absicht des Gesetzgebers der Kreis solcher Mußvorschriften eng begrenzt werden. Die Interessen der Rechtsuchenden, die einerseits in den Fällen des gesetzlichen Formzwangs genötigt werden, die Hilfe einer amtlich bestellten Urkundsperson in Anspruch zu nehmen, andererseits auf die Beachtung der Verfahrensvorschriften in der Regel **15** keinen Einfluß haben, werden empfindlich in Mitleidenschaft gezogen, wenn ein Versehen der Urkundsperson die Unwirksamkeit der Beurkundung und unter Umständen sogar des beurkundeten Rechtsgeschäfts zur Folge hat. In den meisten Fällen ist es statt dessen ausreichend, Amtspflichten der Urkundsperson zu begründen, deren Verletzung ein dienstaufsichtliches Einschreiten und Schadensersatzansprüche nach sich ziehen kann. Die Tendenz des Gesetzes, die bisherigen Nichtigkeitsgründe einzuschränken, ist daher zu begrüßen (vgl. zum bisherigen Recht bereits Voraufl. § 169 Anm. 8 Abs. 2). Das Gesetz ersetzt daher eine Reihe von bisherigen Mußvorschriften durch Sollvorschriften. Das gilt z. B. für die Vorschriften, nach denen in der Niederschrift Ort und Tag der Verhandlung anzugeben (§ 9 Abs. 2) sowie Vorlesung, Genehmigung und Unterzeichnung festzustellen sind (§ 13 Abs. 1 Satz 2), ferner für die Zuziehung von Zeugen (§ 22) mit Ausnahme des Schreibzeugen (§ 25). Die grundsätzliche Pflicht zur Vorlesung der Niederschrift wird für zwei Fälle eingeschränkt: bei den häufig ungewöhnlich umfangreichen formularmäßigen Bedingungen der Kreditinstitute für zu bestellende Grundpfandrechte (§ 14) und bei tauben und fremdsprachigen Beteiligten; in den letzteren Fällen ist der Inhalt der Niederschrift dem Beteiligten auf andere Weise zur Kenntnis zu bringen, nämlich dadurch, daß sie ihm zur Durchsicht vorgelegt oder übersetzt wird (§§ 16 Abs. 2 Satz 1, 23).

16 Zweifel darüber, ob von der Befolgung einer Vorschrift die Wirksamkeit der Beurkundung abhängt, vermeidet das Gesetz durch eine klare Terminologie. Der zwingende Charakter einer Vorschrift wird bei Geboten durch das Wort „muß", bei Verboten durch die Worte „kann nicht" zum Ausdruck gebracht, die Unschädlichkeit der Verletzung für die Wirksamkeit der Beurkundung durch die Worte „soll" oder „soll nicht". Dieser Unterschied läßt jedoch die Amtspflichten des Notars unberührt. Für ihn bleibt das „Soll" dienstrechtlich ein „Muß" (BT-Drucks. V/3282 S. 24, BT-Drucks. V/4014 zu II a). Dasselbe gilt für andere Urkundspersonen (§ 1 Abs. 2).

17 Dem Verzicht auf den zwingenden Charakter einiger Formvorschriften steht gegenüber die Ausgestaltung der Belehrungspflichten in den §§ 17 bis 21, deren Beachtung für das Zustandekommen einer vollkommenen Urkunde weit bedeutsamer ist als die Beachtung mancher häufig belangloser Förmlichkeiten, z. B. der Angabe des richtigen Datums. Solche Belehrungspflichten bestanden bisher auf Grund der Vorschriften der BNotO nur für Notare und für gerichtliche Beurkundungen nur nach einigen Landesrechten (Art. 48, 53 bis 58 HessFGG, Art. 33, 39 bis 45 NdsFGG). Durch die Verweisung in § 1 Abs. 2 werden diese Prüfungs- und Belehrungspflichten auch für Nichtnotare verbindlich gemacht; darin liegt ein besonderer Fortschritt des Gesetzes.

III. Bundesrechtliche Ergänzungsvorschriften

18 *1. Bundesnotarordnung.* Das Verfahren bei der *Urkundstätigkeit der Notare* wird teilweise betroffen durch die Vorschriften der Bundesnotarordnung vom 24. 2. 1961 (BGBl. I, 98) i. d. F. des § 57 Abs. 17 BeurkG. Gegenstand der BNotO ist zwar in erster Linie die Regelung der Notariatsverfassung und des Berufsrechts der Notare, nicht des Beurkundungsverfahrens[9]). Da aber die Grenzen flüssig sind, finden sich einzelne Bestimmungen, die zugleich verfahrensrechtliche Bedeutung haben, auch in der BNotO, wenn auch der Kreis dieser Bestimmungen durch die Änderung des § 16 BNotO und die Aufhebung des 4. Abschnitts über Prüfungs- und Belehrungspflichten des Notars (§§ 26 bis 37 BNotO) und die Einstellung entsprechender Vorschriften in das BeurkG (§§ 3, 17 bis 21, 53) wesentlich vermindert worden ist, wobei die Herausnahme dieser Bestimmungen aus der BNotO und ihre Übernahme in das BeurkG zugleich die Nebenfolge hat, daß sie gemäß § 1 Abs. 2 BeurkG auch für die Urkundstätigkeit von Nichtnotaren gelten. Soweit die Vorschriften der Bundesnotarordnung nicht entgegenstehen, sind gemäß § 118 BNotO für das von den Notaren bei ihren Amts-

[9]) Seybold-Hornig BNotO[4] § 2 Rdn. 4, § 118 Rdn. 1. Zur Notariatsverfassung vgl. Conrad, Die geschichtliche Grundlage des modernen Notariats in Deutschland, DNotZ 1960, 3; Saage, Die Notariatsverfassung in der Bundesrepublik, Betr. 1962, 693.

handlungen zu beobachtende Verfahren die bisherigen Rechtsvorschriften unberührt geblieben. Von verfahrensrechtlicher Bedeutung sind insbesondere die Vorschriften über die sachliche Zuständigkeit der Notare für Beurkundungen (§§ 20 bis 22a BNotO), über die Verwahrung von Urkunden und Akten (§§ 25, 45, 51, 55 BNotO), über die Rücknahme von Anträgen (§ 24 Abs. 3 BNotO), über die Ausschließung des Notars bei Amtshandlungen, die keine Beurkundungen sind, nach § 16 Abs. 1 BNotO (dazu § 3 Rdn. 6, 8, 9), über die Ausschließung des Notarvertreters (§ 41 Abs. 2 BNotO), über die Befugnis des Notars, sich gemäß § 16 Abs. 2 BNotO der Amtsausübung wegen Befangenheit zu enthalten (dazu § 3 Rdn. 56), über das Recht oder die Pflicht, die Amtstätigkeit zu versagen (§§ 14, 15 Abs. 2 BNotO) und über den Rechtsweg bei Amtsverweigerung nach § 15 Abs. 1 Satz 2 BNotO (dazu § 54 Rdn. 12). Landesrecht kommt für die Beurkundungstätigkeit der Notare nur noch im Rahmen der Vorbehalte nach §§ 20 Abs. 4, 118 BNotO, § 193 FGG und § 61 BeurkG in Betracht.

Im Lande *Baden-Württemberg* ist die Geltung der Bundesnotarordnung eingeschränkt. **19** Sie gilt gemäß § 115 BNotO nicht im Landesteil Baden (Bezirk des OLG Karlsruhe). Die Vorschriften des badischen Landesrechts *(Anl. 16)* über die Dienstverhältnisse der (beamteten) Notare und ihre sachliche Zuständigkeit gelten daher fort. Die BNotO gilt ferner nicht für die Bezirksnotare in Württemberg (Bezirk des OLG Stuttgart), auch soweit sie gemäß Art. 95 WürttAGBGB als öffentliche Notare tätig werden (§ 114 BNotO); ihre sachliche Zuständigkeit als öffentliche Notare bestimmt sich jedoch nach der BNotO (§ 114 Abs. 1 Satz 3 Halbs. 2 BNotO). Dagegen unterstehen im Bezirk des OLG Stuttgart der BNotO auch die bis zum 30. 6. 1937 bestellten öffentlichen Notare und die seitdem nach der RNotO und der BNotO bestellten öffentlichen Notare. Auf das von den Notaren in Baden und den Bezirksnotaren bei der Urkundstätigkeit zu beobachtende Verfahren sind jedoch gemäß § 64 BeurkG die Vorschriften dieses Gesetzes maßgebend; damit wird auch insoweit die Einheit des Beurkundungsverfahrens unbeschadet der Unterschiede der Notariatsverfassung hergestellt. Im Lande *Rheinland-Pfalz* ist die Notarordnung vom 3. 9. 1949 (GVBl. I, 391) i. d. F. des Art. 5 II Nr. 4 des REinhG vom 12. 9. 1950 (BGBl. 455) durch Art. 12 Nr. 18 NotMaßnG vom 16. 2. 1961 (BGBl. I, 77) mit Ausnahme des §§ 22 Abs. 4 und 5 sowie des § 78 aufgehoben und gemäß Art. 16 NotMaßnG durch die BNotO ersetzt worden. § 22 Abs. 4, 5 sind nunmehr durch § 55 Nr. 12 BeurkG ebenfalls aufgehoben worden.

2. Dienstordnung für Notare. Die Dienstordnung für Notare vom 1. 8. 1970 (Anl. 5) ist **20** eine von den Landesjustizverwaltungen bundeseinheitlich beschlossene Verwaltungsvorschrift, die durch Einführungserlasse der Landesjustizminister zum 1. 8. 1970 (in Schleswig-Holstein zum 1. 9. 1970) in Kraft gesetzt worden ist[9a]). Sie enthält Vorschriften über den laufenden Geschäftsbetrieb, insbesondere Bestimmungen über die Kanzlei des Notars (Amtsschild, Siegel), über die geschäftliche Behandlung der Amtsvorgänge (Verbuchung, Aufbewahrung), über die äußere Form notarieller Urkunden und Richtlinien für die Prüfung der Amtsführung und die Handhabung der Vertretung. Die Vorschriften der DONot sind lediglich Dienstanweisungen, keine Rechtsnormen. Ihre Nichtbeachtung berührt nicht die Gültigkeit des notariellen Aktes. Die genaue Beachtung der Dienstvorschriften ist jedoch Amtspflicht des Notars; ein Verstoß kann Maßnahmen der Aufsichtsbehörde oder dienststrafrechtliches Einschreiten nach sich ziehen. Die Bestimmungen der DONot gelten auch für Notarvertreter und Notariatsverweser (§ 34 Abs. 1 DONot) sowie für den Notarassessor, soweit er Notariatsgeschäfte erledigt. Die Dienstordnung gilt nicht für die Notare in Baden (§ 115 BNotO) und für die Bezirksnotare in Württemberg (§ 114 Abs. 1 BNotO)[9b]), wohl aber für die im OLG-Bezirk Stuttgart bestehenden freiberuflichen Notare. Für die Bezirksnotare in ihrer Eigenschaft als öffentliche Notare (Art. 95 WürttAGBGB) gilt die VO vom 18. 3. 1933 (WürttABl. 97) über die öffent-

[9a]) Dazu Kanzleiter, Die Neufassung der Dienstordnung für Notare, DNotZ 1970, 581.

[9b]) Nach der AV d. JM Bad.-Württ. v. 23. 6. 1970 (Die Justiz 218) Ziff. 3 ist beabsichtigt, in einer besonderen AV den 3. und 4. Abschnitt der DOfNot, gegebenenfalls mit Änderungen und Ergänzungen, auch für die Urkundstätigkeit der badischen Amtsnotare und der Bezirksnotare für anwendbar zu erklären; bis dahin, so heißt es in der AV, sei die entsprechende Anwendung des 3. und 4. Abschnitts der DOfNot unbedenklich.

lichen Notare (Anl. 18). Für andere Urkundspersonen und Stellen, die keine Notare sind, gilt die DONot nicht. Vgl. ferner die *Allgemeinen Richtlinien* der Bundesnotarkammer für die Berufsausübung der Notare vom 8. 12. 1962 (DNotZ 1963, 130) und dazu Schippel, DNotZ 1963, 261, für Bayern ergänzt durch die Richtlinien der Landesnotarkammer Bayern vom 3. 7. 1964 (Amtl. MittBl. 1964 Nr. 3 S. 5, vgl. DNotZ 1964, 580); ferner Richtlinien für die Ausbildung von Hilfskräften der Notare (DNotZ 1963, 134) und dazu Mittenzwei, DNotZ 1963, 276. Änderung des § 1 der Allg. Richtlinien DNotZ 1971, 3.

21 *3.* Die Verordnung über die *Ersetzung zerstörter oder abhanden gekommener* gerichtlicher oder notarieller *Urkunden* vom 18. 6. 1942 (RGBl. I, 395, BGBl. III, 315-4) — *Anl. 3* — ist gemäß § 57 Abs. 10 BeurkG auf Urkunden, die unter §§ 1, 68 BeurkG fallen, nicht mehr anzuwenden. Sie gilt also nicht mehr für gerichtliche oder notarielle Zeugnisurkunden im Sinne des § 1 Abs. 1, gleichviel ob sie die Form einer Niederschrift oder eines Vermerks haben, und zwar auch dann nicht, wenn die Urkunde vor dem Inkrafttreten des BeurkG errichtet worden und die Beurkundungszuständigkeit inzwischen weggefallen ist (§ 68 BeurkG). Statt dessen wird in § 46 ein Verfahren zur Wiederherstellung der Urschrift einer Niederschrift — nicht auch von Vermerkurkunden — eingeführt. Auf andere unter § 1 VO fallende Urkunden bleibt das Verfahren nach der VO weiter anwendbar. Vgl. die Bem. zu § 46.

22 *4.* Verordnung zur *Vereinfachung* des Verfahrens auf dem Gebiet des *Beurkundungsrechts* vom 21. 10. 1942 (RGBl. I, 609, BGBl. III, 315-5) — *Anl. 4.* Durch § 55 Nr. 11 BeurkG ist § 1 der VO *aufgehoben* worden.

23 Der aufgehobene § 1 VO enthielt Vorschriften über die Verwendung von Lichtbildern (Fotokopien)[10]) zur Herstellung von Ausfertigungen und beglaubigten Abschriften. Bei der Herstellung beglaubigter Abschriften genügte es, wenn der Urkundsbeamte an Stelle des Beglaubigungsvermerks bescheinigte, daß das Lichtbild ein vollständiges Lichtbild der Hauptschrift ist; bei der Herstellung von Ausfertigungen war die gleiche Bescheinigung mit dem Ausfertigungsvermerk zu verbinden. Dieses Verfahren war dazu bestimmt, der Vereinfachung zu dienen, indem es die Bescheinigung der Vollständigkeit des Lichtbildes genügen ließ, ohne daß die Urkundsperson, wie sonst, die wörtliche Übereinstimmung der Abschrift oder Ausfertigung mit der Hauptschrift im einzelnen prüfen mußte. Vielfach waren die Notare jedoch dazu übergegangen, beglaubigte Abschriften und Ausfertigungen, die unter Verwendung von Lichtbildern hergestellt waren, nur mit dem üblichen Beglaubigungs- oder Ausfertigungsvermerk zu versehen, und es entstand die Frage, ob das Fehlen der angeführten Bescheinigung der Ausfertigung oder beglaubigten Abschrift die Beweiskraft einer öffentlichen Urkunde nimmt[11]). Mit Rücksicht auf diese Schwierigkeiten ist § 1 VO aufgehoben worden, und zwar gemäß § 68 Abs. 2 BeurkG in der Weise, daß eine vor dem Inkrafttreten des Gesetzes erteilte Ausfertigung einer Niederschrift als von Anfang an wirksam anzusehen ist, wenn sie den Vorschriften des BeurkG (§ 49) entspricht. Dieses aber enthält keine besonderen Vorschriften darüber, ob Abschriften hand- oder maschinenschriftlich oder auf mechanischem oder chemischen Wege herzustellen sind (vgl. § 39). Es gilt daher der allgemeine Grundsatz, daß auch mechanische Vervielfältigungen oder Ablichtungen Abschriften sind[12]]). Es ist nur Amtspflicht des Notars, darauf bedacht zu sein, daß die Urkunden den an ihre Verkehrsfähigkeit zu stellenden Anforderungen in bezug auf Haltbarkeit und Lichtechtheit genügen. Beglaubigte Abschriften und Ausfertigungen, die unter Verwendung von

[10]) Xerox-Abzüge stehen Lichtbildern gleich, vgl. KG DNotZ 1969, 448; Bek. des BayJM v. 28. 1. 1965 (JMBl. 7). Auch die Verwendung des „Spirit-Carbon-Verfahrens" ist zulässig, vgl. MittBayNotV 1962, 89; Rohs, Geschäftsführung[5] S. 60.

[11]) So Hornig, DNotZ 1942, 437 zu I a; Saage Dt. Bundesrecht II F 10 c § 1 Anm. 5; Haegele Rpfleger 1967, 33; Frankfurt Rpfleger 1968, 153; dagegen aber KG OLGZ 1966, 492 = Rpfleger 1967, 50; KG DNotZ 1969, 448; BayObLGZ 1969, 97, 104 = DNotZ 1969, 492 = Rpfleger 1969, 241; Karle BWNotZ 1968, 21; Schmitz-Valckenberg DNotZ 1968, 476; Haegele Rpfleger 1969, 81; vgl. auch Höfer-Huhn § 34.

[12]) BGHZ 36, 62; BayObLGZ 1969, 97, 104.

Ablichtungen oder sonstigen Vervielfältigungen hergestellt sind, haben daher die Beweiskraft öffentlicher Urkunden, wenn sie mit dem Ausfertigungsvermerk nach § 49 Abs. 2 oder dem Beglaubigungsvermerk nach § 42 versehen sind. Ob der Notar sich bei der Verwendung von Ablichtungen mit dem Vergleich ihres Gesamtbildes mit der Hauptschrift begnügt oder ihre wörtliche Übereinstimmung im einzelnen prüft, ist seiner Verantwortung überlassen. Die bloße Bescheinigung der Vollständigkeit des Lichtbildes nach § 1 Abs. 1 VO kann allerdings den Beglaubigungsvermerk nicht mehr ersetzen, da die äußere Vollständigkeit des Lichtbildes Verfälschungen nicht ausschließt[13]).

In § 2 VO wird die Beweiskraft der *Übersetzung* fremdsprachiger Urkunden geregelt, die **24**
von besonders ermächtigten Übersetzern angefertigt und als richtig und vollständig bescheinigt sind. Über die Ermächtigung vgl. AV d. RJM vom 2. 11. 1942 (DJ 720), in West-Berlin aufgehoben durch AV vom 3. 2. 1951 (VOBl. II, 267 = JR 1951, 355), und AV d. RJM vom 31. 5. 1944 (DJ 168), für Bayern DolmetscherG vom 21. 10. 1953 (GVBl. 179 BayBS III, 40) sowie die weiteren bei § 8 FGG Rdn. 14 angeführten Vorschriften. Nach § 2 Abs. 3 der VO kann der Vorstandsbeamte des Amtsgericht auf Antrag bestätigen, daß die Unterschrift von dem Übersetzer herrührt und daß er zu der Übersetzung ermächtigt ist.

In § 3 VO wird die Erteilung von *Ausfertigungen und Abschriften von Übersetzungen* **25**
geregelt. Das Gericht oder der Notar, die eine fremdsprachige Urkunde verwahren, können, „wenn dies den Umständen nach angebracht erscheint", die Ausfertigung oder Abschrift von einer Übersetzung erteilen, die nach § 2 Abs. 1 VO gefertigt ist. Die Übersetzung verbleibt zusammen mit der Urschrift in der Verwahrung des Gerichts oder Notars. Nach § 3 Abs. 3 VO können die Beteiligten auch verlangen, daß die Ausfertigung oder Abschrift von der (fremdsprachigen) Urschrift erteilt wird, „wenn dazu ein besonderer Anlaß besteht". Nach § 3 Abs. 2 Satz 2 soll gegen die Ablehnung dieses Verlangens nur die Dienstaufsichtsbeschwerde gegeben sein. Dieser Ausschluß eines Rechtsmittels ist unbedenklich allenfalls nur, wenn ein Gericht entschieden hat; soweit gegen die Entscheidung eines Notars der Rechtsweg ausgeschlossen wird, ist die Vorschrift im Hinblick auf Art. 19 Abs. 4 GG nicht mehr anzuwenden, vielmehr kann entsprechend § 54 BeurkG die Zivilkammer des Landgerichts angerufen werden. Für Urkunden in fremder Sprache, die ein Notar nach § 5 Abs. 2 BeurkG errichtet hat, gilt daneben die Regelung in § 50 BeurkG.

In § 4 wird die Beweiskraft von *Niederschriften des Auswärtigen Amts* über die tele- **26**
grafische Übermittlung des Inhalts einer von einem deutschen *Konsul* aufgenommenen Urkunde geregelt. Sie steht einer Ausfertigung der konsularischen Urkunde gleich, wenn bestimmte Formen gewahrt sind. Entsprechendes gilt nach § 4 Abs. 2 für die telegrafische Übermittlung konsularisch beglaubigter oder sonstiger dem Konsul vorgelegter Urkunden; sie gelten als Zweitschrift der von dem Konsul beglaubigten oder als beglaubigte Abschrift der sonstigen Urkunde.

5. Das G betreffend die *Abgabe von Versicherungen an Eides Statt* zur Geltendmachung **27**
von Rechten und Interessen im Ausland vom 5. 2. 1921 (RGBl. 167, BGBl. III, 318-2) ist durch § 55 Nr. 5 BeurkG *aufgehoben* worden. Wegen des G betreffend die *Beglaubigung öffentlicher Urkunden* vom 1. 5. 1878 (RGBl. 89, BGBl. III, 318-1) vgl. nachst. Rdn. 48.

B. Internationales Beurkundungsrecht

I. Allgemeines

Das internationale Beurkundungsrecht[14]) ist ein Teilausschnitt des internationalen Rechts **28**
der freiwilligen Gerichtsbarkeit (dazu allgemein § 1 FGG Rdn. 133 ff.); es ist also deutsches innerstaatliches Verfahrensrecht. Es befaßt sich mit der Frage, unter welchen Voraus-

[13]) Vgl. Seybold-Hornig BNotO[4] Anh. zu § 20 Rdn. 157.

[14]) Schrifttum: Raape, Der Notar und das internationale Privatrecht, DNotZ 1950, 188; Schoetensack, Der Notar und das internationale Urkundsverfahrensrecht, DNotZ 1952, 265; Sigloch, Die Anwendbarkeit der allgemeinen Vorschriften des RFGG auf die notarielle

setzungen die inländischen Notare (Gerichte, Behörden) zur Vornahme von Beurkundungen der vorsorgenden Rechtspflege international zuständig sind und wann ihnen im Fall der Zuständigkeit die Verfahrensnormen des deutschen Rechts die Anwendung des vom deutschen internationalen Privatrecht zur Anwendung berufenen fremden materiellen Rechts gestatten oder verbieten, sowie mit der weiteren Frage, welche Voraussetzungen vorliegen müssen, damit Beurkundungen einer ausländischen Urkundsperson von einem deutschen Gericht oder einer deutschen Behörde anerkannt werden können. Hinzutreten auf dem Gebiet des Beurkundungswesens Vorschriften, welche die Förmlichkeiten regeln, die gewahrt sein müssen, wenn eine öffentliche Urkunde über die Grenzen des Staates hinaus, in dem sie errichtet wurde, verwendbar sein soll (Legalisation); insoweit ist hinsichtlich der Form der Urkunde eine Berücksichtigung der Anforderungen geboten, die das Recht des Vorlegungsstaates stellt. In einem weiteren Sinne kann man unter internationalem Beurkundungsrecht den Inbegriff der Rechtsnormen verstehen, die zu beachten sind, wenn eine Beurkundung und das beurkundete Rechtsgeschäft nach dem Recht eines fremden Staates, insbesondere des Staates der lex causae, gültig und anerkennungsfähig sein soll. Hierbei werden mithin das deutsche internationale Privatrecht und fremdes Sachrecht einbezogen[15]). Insoweit handelt es sich aber nicht mehr um Beurkundungsverfahrensrecht; denn die Maßgeblichkeit fremden Sachrechts beeinflußt zwar den Inhalt des beurkundeten Rechtsgeschäfts, grundsätzlich aber nicht das bei der Beurkundung einzuhaltende Verfahren. Diese Gesichtspunkte berühren die rechtliche Tragweite und die Wirksamkeit des zu beurkundenden Geschäfts, über welche sich aus § 17 eine Belehrungspflicht ergeben kann (vgl. § 17 Rdn. 20).

II. Internationale Zuständigkeit

29 Die Regeln über die internationale Zuständigkeit des Notars (oder der sonstigen Urkundsperson) beantworten die Frage, ob der Notar Beurkundungen in Fällen mit Auslandsberührung vornehmen darf, wenn also das zu beurkundende Geschäft nach der Staatsangehörigkeit eines oder mehrerer der Beteiligten oder nach ihrem Aufenthalt oder nach der Belegenheit einer Sache oder eines Rechts oder wegen der Maßgeblichkeit eines vom deutschen internationalen Privatrecht zur Anwendung berufenen fremden Rechts Beziehungen zum Ausland aufweist. Nicht zum Begriff der internationalen Zuständigkeit gehört die *territoriale Begrenzung der Amtstätigkeit* auf das Inland und die daraus folgende Unzulässigkeit von Beurkundungen im Ausland (dazu § 2 Rdn. 5 bis 8); dieser Mangel der „Urkundsgewalt" auf fremdem Hoheitsgebiet oder gegenüber Exterritorialen ist vielmehr dem Fehlen der Gerichtsbarkeit vergleichbar, die von der internationalen Zuständigkeit zu unterscheiden und deren Voraussetzung ist[16]). Der Unterschied zeigt sich darin, daß das Fehlen der Gerichtsbarkeit (Urkundsgewalt) Nichtigkeit nach sich zieht, während das Fehlen der internationalen Zuständigkeit keine Unwirksamkeit begründet (§ 3 FGG Rdn. 15), möglicherweise aber dazu führt, daß der Rechtspflegeakt im Ausland nicht anerkannt wird (§ 1 FGG Rdn. 135). Das Völkerrecht verbietet zwar die Ausübung hoheitlicher Tätigkeit, zu der auch die Schaffung öffentlicher Urkunden gehört, in einem fremden Staat ohne dessen Gestattung; dagegen ist es den Rechtspflegeorganen und damit dem Notar nicht untersagt, an Rechtspflegeakten mit Auslandsberührung mitzuwirken; darin liegt kein Eingriff in die Ho-

Praxis, Diss. Heidelberg 1958 S. 40 ff.; Bärmann, Die Freizügigkeit der notariellen Urkunde — Internationales Privatrecht der notariellen Urkunde, AcP 159 (1960) S. 1—40; Mann, Die Urkunde ausländischer, insbes. englischer Notare und der deutsche Rechtsverkehr, NJW 1955, 1177; Erwiderung dazu von Weber, NJW 1955, 1784; Reithmann, Internationales Vertragsrecht, 1963, S. 105 ff.; Blumenwitz, Zum Kollisionsrecht der notariellen Urkunde, DNotZ 1968, 712—750; Kegel IPR[2] § 17 V 3; Raape IPR[5] § 26 II; Keidel FGG[9] Rdn. 47 ff. vor § 167; Höfer-Huhn, Allgemeines Urkundenrecht, 1968, §§ 12 bis 14.

[15]) Hinweise geben Bärmann AcP 159 (1960), 1 ff. zu V (S. 24 ff.) und Höfer-Huhn § 14.

[16]) Vgl. § 3 FGG Rdn. 15; wie hier Blumenwitz DNotZ 1968, 712 zu A II, sowie Staudinger-Firsching BGB[11] Art. 11 EG Rdn. 17, während Bärmann AcP 159, 3 ff. und Höfer-Huhn § 13 die Frage unter dem Gesichtspunkt der internationalen Zuständigkeit behandeln.

heitsrechte des fremden Staates, da dieser dem Akt die Anerkennung versagen kann[17]). Die Normen über die internationale Zuständigkeit sind hiernach innerstaatliches, also deutsches Recht (§ 1 FGG Rdn. 134); die nach deutschem Recht begründete Zuständigkeit des Notars wird nicht dadurch ausgeschlossen, daß das maßgebliche Recht der lex causae oder der lex rei sitae sie nicht anerkennt[18]). Beurkundet z. B. der Notar einen Vertrag zwischen zwei Deutschen über die Veräußerung eines in der Schweiz belegenen Grundstücks, so wird der Vertrag keine geeignete Grundlage sein für die zum Erwerb des Eigentums nach Art. 656 ZGB erforderliche Eintragung in das Grundbuch, da nach dem gemäß Art. 55 Schlußtitel ZGB vorbehaltenen kantonalen Recht vielfach die kantonalen Beamten für die Beurkundung ausschließlich zuständig sind[19]); dem deutschen Notar hat aber weder die internationale Zuständigkeit gefehlt noch ist der Vertrag, wenn nicht andere Nichtigkeitsmängel nach deutschem Recht vorliegen, ungültig; der Erwerber kann vielmehr verlangen, daß der Eigentümer die nach schweizerischem Recht zum Eigentumsübergang erforderlichen Erklärungen in dem schweizerischen Kanton in der dort vorgeschriebenen Form abgibt[20]). Nur bringt es die Eigenart der notariellen Tätigkeit, im Gegensatz zur Inlandswirkung gerichtlicher Entscheidungen, oft mit sich, daß den Beteiligten nicht damit gedient ist, wenn der Notar nach deutschem Recht international zuständig ist und dem Geschäft das vom deutschen internationalen Privatrecht zur Anwendung berufene fremde Recht zugrunde legt, nämlich wenn und soweit das Geschäft Rechtswirkungen im Ausland entfalten soll. Dann kann es angebracht sein, daß der Notar bei der Prüfung der Frage, ob seine Beurkundungsbefugnis anerkannt werden wird und welches fremde Recht anzuwenden ist, die Rechtsordnung zugrunde legt, in deren Bereich das Geschäft Wirkungen erzeugen soll, auch wenn das Ergebnis ein anderes ist als bei Anwendung des deutschen Kollisionsrechts[21]). Nur handelt es sich hierbei nicht um die internationale Zuständigkeit, sondern um die rechtliche Tragweite des zu beurkundenden Geschäfts. Bestehen gegen die Anerkennungsfähigkeit und Vollziehbarkeit des Geschäfts im Ausland Bedenken, so hat der Notar die Beteiligten hierauf hinzuweisen. Ersuchen diese dennoch um die Beurkundung, so darf der Notar seine Amtstätigkeit nicht aus diesem Grunde versagen, sondern es ist nach § 17 Abs. 2 Satz 2 zu verfahren. Nichtigkeit, die zur Verweigerung der Amtstätigkeit verpflichten würde (§ 4 Rdn. 6) liegt nicht vor, weil für die Beurteilung der Nichtigkeit das deutsche Recht maßgebend ist. Für die Errichtung von *Testamenten* (nicht auch von Erbverträgen) sind diese Schwierigkeiten in Ansehung der Form behoben im Geltungsbereich des Übereinkommens vom 5. 10. 1961 über das auf die Form letztwilliger Verfügungen anzuwendende Recht (dazu § 72 FGG Anm. D II).

Für die deutsche internationale Zuständigkeit gilt hiernach der *Grundsatz des freien Zugangs zum Notariat.* Der Beurkundungszuständigkeit des Notars steht es nicht entgegen, daß das Geschäft nach der Person der Beteiligten oder nach seinem Gegenstand Beziehungen zum Ausland aufweist oder daß materiell fremdes Recht anzuwenden ist[22]). Das gilt auch dann, wenn das zu beurkundende Rechtsgeschäft dem deutschen Recht unbekannt ist[23]). Bei Anwendbarkeit fremden Rechts kommt es nur darauf an, ob die nach diesem wahrzunehmende Aufgabe sich als Urkundstätigkeit darstellt. Auch im Rahmen seiner internationalen Zuständigkeit ist aber für den Notar das deutsche Beurkundungsverfahrensrecht verbindlich[24]). Das gilt auch für seine sachliche Zuständigkeit nach Maßgabe der §§ 20 bis **30**

[17]) Neuhaus, Die Grundbegriffe des IPR, S. 48; für das Beurkundungswesen: Blumenwitz DNotZ 1968, 712 zu B I; verkannt in BGHZ 52, 123 = JZ 1969, 658 mit abl. Anm. v. Wengler (interz. Zuständigkeit für Erbschein).

[18]) A. M. Blumenwitz DNotZ 1968, 712 zu B II 1 b; wie hier Höfer-Huhn § 13, 5 S. 79.

[19]) Vgl. die Nachweise bei Schnitzer IPR[4] 2. Bd. Kap. XIV III 2 S. 589 sowie Staudinger-Firsching BGB[11] Art. 11 EG Rdn. 18.

[20]) Schnitzer a. a. O. Über die Beurkundung gesellschaftsrechtlicher Tatbestände bei einer österr. GmbH vgl. Stölzle, ÖstNotZ 1960, 162 sowie Gutermann, DNotZ 1963, 164 und DNotZ 1961, 98.

[21]) Blumenwitz a. a. O. zu B II 1 a.

[22]) Bärmann AcP 159, 4, 23; Blumenwitz DNotZ 1968, 712 zu B II 2 a; Höfer-Huhn § 13, 4; Keidel Rdn. 47a vor § 167.

[23]) Raape DNotZ 1950, 188 ff.; Blumenwitz a. a. O.; Höfer-Huhn § 13, 5.

[24]) Raape IPR[5] § 26 A II; Keidel Rdn. 47 c vor § 167; vgl. allgemein § 1 FGG Rdn. 145.

22a BNotO. Das ausländische Recht kann dem Notar keine Zuständigkeiten zuweisen, die er nach deutschem Recht nicht hat. Der deutsche Notar kann daher außer in den Fällen der §§ 21, 22a BNotO (dazu § 12 Rdn. 4 ff.) keine vom ausländischen Recht erforderten Rechtsbescheinigungen erteilen, die keine Tatsachenbescheinigungen i. S. des § 20 Abs. 1 Satz 2 BNotO sind[25]). Ferner kann der Notar durch zwingende Normen des deutschen Kollisionsrecht gehindert sein, ein Rechtsgeschäft unter Anwendung fremden Rechts zu beurkunden. Sähe etwa die durch Art. 17 EGBGB berufene Rechtsordnung die Scheidung einer Ehe durch einverständliche Erklärung vor einem Notar vor, so wäre der Notar durch § 41 EheG, der auch kollisionsrechtlichen Gehalt hat[26]), gehindert, dies zu beurkunden. Ähnliche Beschränkungen können sich aus Art. 30 EGBGB, §§ 134, 138 BGB ergeben, etwa wenn ein Vertrag zur Förderung der Sklaverei oder des Mädchenhandels beurkundet werden soll. Andererseits ist es dem Notar nicht verwehrt, die Beurkundungsform den Anforderungen des fremden Rechts anzupassen, soweit das deutsche Verfahrensrecht dies zuläßt. Verlangt etwa das maßgebliche ausländische Recht bei der Errichtung eines Testaments die Zuziehung von mindestens zwei Zeugen (USA), so wird der Notar dem Erblasser gemäß § 29 anheimgeben, deren Zuziehung zu verlangen[27]).

III. Anerkennung ausländischer öffentlicher Urkunden

31 Nach Art. 11 Abs. 1 Satz 1 EGBGB bestimmt sich die Form eines Rechtsgeschäfts nach den Gesetzen, welche für das den Gegenstand des Rechtsgeschäfts bildende Rechtsverhältnis maßgebend. sind. Damit ist das Recht gemeint, das auch sonst für das Rechtsverhältnis maßgebend ist (Geschäftsrecht), bei schuldrechtlichen Verträgen z. B. das nach dem wirklichen oder hypothetischen Parteiwillen anwendbare Recht, hilfsweise das Recht des Erfüllungsorts[28]), bei sachenrechtlichen Geschäften die lex rei sitae, bei Verfügungen von Todes wegen grundsätzlich das Erbstatut (Art. 24, 25 EGBGB). Dieses Recht bestimmt auch die Anforderungen, die an eine von ihm verlangte Form zu stellen sind. Urkunden, die dieser Form entsprechen, sind (vorbehaltlich der Legalisation) im deutschen Rechtsgebiet ohne weiteres anzuerkennen[29]). Ausländische notarielle Urkunden sind jedoch im Inland nicht vollstreckbar, auch wenn sie im Staat der lex causae errichtet sind und ihre Form den Anforderungen des deutschen Rechts genügt, da § 794 Abs. 1 Nr. 5 ZPO die Aufnahme durch einen deutschen Notar verlangt und § 722 ZPO nicht anwendbar ist[30]); es bedarf eines Staatsvertrages[31]). Anstelle der Form des Geschäftsrechts genügt nach Art. 11 Abs. 1 Satz 2 EGBGB die Beachtung der Form des Errichtungsortes, wobei zu bedenken ist, daß auch Formlosigkeit eine Form im Sinne dieser Vorschrift ist; die Frage der Fungibilität der Urkundspersonen kann hierbei nicht auftreten. Art. 11 EGBGB bezieht sich jedoch nicht auf Formerfordernisse, deren Wahrung das deutsche Verfahrensrecht verlangt; ein nach dem Formstatut formlos gültiges Rechtsgeschäft kann im deutschen Grundbuch nur verlautbart werden, wenn es in der Form des § 29 GBO nachgewiesen wird. Ferner kann die *Auflassung* eines in Deutschland belegenen Grundstücks nicht vor einem ausländischen Notar erklärt werden[32]). Die Form des Ortsrechts kommt nach Art. 11 Abs. 2 EGBGB nicht in Betracht für dingliche Verfügungs-

[25]) Höfer-Huhn § 13, 7; Blumenwitz DNotZ 1968, 712 zu B II 2 b; Staudinger-Firsching BGB[11] Art. 11 EG Rdn. 21.

[26]) Beitzke FamRZ 1960, 126; Staudinger-Firsching BGB[11] Art. 11 EG Rdn. 103; Palandt-Lauterbach BGB[29] § 41 EheG Anm. 2; a. M. Stuttgart FamRZ 1970, 30. Soergel-Kegel BGB[9] Art. 17 EGBGB Rdn. 45.

[27]) Vgl. Höfer-Huhn § 13, 7 S. 83; für Großbritannien gilt jetzt das Übereinkommen vom 5. 10. 1961 über das auf die Form letztwilliger Verfügungen anzuwendende Recht (dazu § 72 FGG Anm. D II).

[28]) Vgl. Soergel-Kegel BGB[9] vor Art. 7 EG Rdn. 180—208.

[29]) Soergel-Kegel a. a. O. Art. 11 EG Rdn. 24; Raape IPR[5] § 26 A I; Blumenwitz DNotZ 1968, 712 zu C I 1.

[30]) Vgl. Bärmann AcP 159, 16; Blumenwitz DNotZ 1968, 712, 736.

[31]) So für Österreich gemäß Art. 13 des Vertrages vom 6. 6. 1959 (§ 1 FGG Rdn. 162).

[32]) Riedel DNotZ 1955, 521; Weber NJW 1955, 1784; Raape IPR[5] § 26 A II S. 215; Kegel IPR[2] § 17 V 3 e a. E.; Blumenwitz DNotZ 1968, 712, 736; a. M. Mann NJW 1955, 1177.

geschäfte[33]); es gilt die von der lex rei sitae bestimmte Form. Ist das Rechtsgeschäft dem Ortsrecht unbekannt, so ist es nicht etwa formlos gültig, sondern das Ortsrecht scheidet aus, da es die Frage nicht regelt, und es gilt allein das Geschäftsrecht[34]).

In den Fällen, in denen die Form unter Ausschluß des Ortsrechts von der lex causae oder der lex fori bestimmt wird und hiernach deutsches Recht anwendbar ist, erhebt sich die Frage, ob die Formvorschriften des deutschen Rechts durch das Tätigwerden einer ausländischen Urkundsperson gewahrt werden können. Dies ist keine Frage des internationalen Privat- oder Verfahrensrechts, sondern eine solche der Auslegung und Angleichung der deutschen Sachnorm, welche die Wahrung der Form verlangt[35]). Nach deren Zweck ist es zu beurteilen, ob zwischen dem deutschen und dem ausländischen Rechtspflegeorgan Fungibilität besteht. Es kommt also darauf an, ob die ausländische Urkundsperson nach ihrer Qualifikation geeignet ist, die von der deutschen Norm mit dem Formerfordernis verfolgten Zwecke zu erfüllen[35a]). In dieser Hinsicht kommt in Betracht, daß der notary public des anglo-amerikanischen Rechtskreises dem deutschen Notar nicht vergleichbar ist, weil er keiner rechtlichen Vorbildung bedarf. Eher können die Notare des sog. Lateinischen Notariats dem deutschen Notar gleichgestellt werden; ihnen gegenüber kann nur das Bedenken erhoben werden, daß in den Fällen, in denen das deutsche Recht notarielle Beurkundung verlangt, das konsultative Element, welches neben dem Beweiszweck und dem Warnzweck für die Aufstellung dieses Formerfordernisses bestimmend war, mangels genauer Kenntnis des deutschen Rechts zu kurz kommt. Wenn das deutsche Recht die *notarielle Beurkundung eines Rechtsgeschäfts* oder die *notarielle* Beglaubigung einer Unterschrift verlangt, wird hiernach der Beurkundungsakt eines notary public nicht als ausreichend angesehen werden können[36]). Seine Akte genügen aber, wenn der Beweiszweck im Vordergrund steht, wie bei der Unterschriftsbeglaubigung[37]) oder der Beurkundung oder Beglaubigung von Wissenserklärungen, wie der eidesstattlichen Versicherung nach § 2356 Abs. 2 BGB zur Erwirkung eines Erbscheins[38]). Auch wenn das deutsche Recht nur die *öffentliche* Beurkundung einer Erklärung verlangt, wie für das Vaterschaftsanerkenntnis nach § 1600e BGB, wird man sich mit geringeren Anforderungen an die Qualifikation der Urkundsperson begnügen können[39]); soweit hierfür nach deutschem Recht Nichtnotare zuständig sind, gilt zwar auch für sie nach § 1 Abs. 2 BeurkG die Belehrungspflicht des § 17; das ist aber nicht folgerichtig durchgeführt, z. B. gemäß § 58 BeurkG nicht für die nach § 29a PStG zuständigen Standesbeamten. Bedenklich ist es im Hinblick auf § 1751a Abs. 2 BGB, die Beglaubigung einer Vollmacht zum Abschluß eines Kindesannahmevertrages durch einen notary public genügen zu lassen[40]). Geschäftsanteile an einer deutschen GmbH können, wenn die Ortsform wegen Normenmangels ausscheidet, zur Niederschrift eines ausländischen Notars verkauft und abgetreten werden; entschieden **32**

33) Über deren Umfang vgl. Kegel IPR² § 17 V 3 b; Soergel-Kegel BGB⁹ Art. 11 EG Rdn. 9 ff.; Staudinger-Firsching BGB¹¹ Art. 11 EG Rdn. 155 ff.

34) Kegel IPR² § 17 V 3 b; Raape IPR⁵ § 26 A II S. 215.

35) Raape a. a. O.; Soergel-Kegel BGB⁹ Art. 11 EG Rdn. 25; Blumenwitz DNotZ 1968, 712, 736 ff.

35a) Über ausländisches Notariatswesen vgl. Wehrens, Das Notariatswesen in Frankreich, DNotZ 1964, 7 ff.; Wagner-Schippel, Notariatswesen in Österreich, DNotZ 1964, 378; Luijten, Das Notariat in den Niederlanden, DNotZ 1965, 12; Santschi, Die Organe der öffentlichen Beurkundung in der Schweiz, DNotZ 1962, 626; Schroeder, Das Notariatswesen in der Sowjetunion, DNotZ 1964, 645; DNotZ 1969, 329 über das Notariat in der Tschechoslowakei. Rechtsvergleichende Übersicht bei Bärmann § 53 I 2.

36) Raape IPR⁵ S. 215; Staudinger-Ferid BGB¹¹ Vorbem. 117 vor § 2346; Wolff IPR³ S. 128; Bärmann AcP 159 S. 18; Saage DNotZ 1953, 584; Deutsch, SchlHA 1962, 224; Blumenwitz DNotZ 1968, 712, 738; Keidel Rdn. 154 vor § 167; teilw. abw. Mosheim DNotZ 1963, 250; Mann NJW 1955, 1177 (engl. notary public).

37) KG OLGR 8, 222; LG Berlin JW 1926, 626; Reithmann, Internationales Vertragsrecht, 1963, Rdn. 225; Soergel-Kegel BGB⁹ Art. 11 EG Rdn. 25; Blumenwitz DNotZ 1968, 712, 734.

38) LG Mainz NJW 1958, 1496 (L) = RzW 1958, 334; Soergel-Kegel BGB⁹ Art. 11 EG Anm. 25, vor Art. 24 EG Anm. 70; LG Berlin IPRspr. 1950/51 Nr. 113 (Israel); Seybold-Hornig BNotO⁴ § 20 Rdn. 23; allg. Übung der dt. Nachlaßgerichte.

39) Soergel-Kegel a. a. O.; a. M. AG Eggenfelden DAVorm. 32 (1959), 229.

40) A. M. LG Berlin DAVorm. 31 (1958) 108, 110; Soergel-Kegel a. a. O.

ist das nur für die Schweiz[41]). Deutsche können in Italien einen Erbvertrag vor einem italienischen Notar schließen[42]).

IV. Legalisation

33 Die Frage, ob eine öffentliche Urkunde zur Verwendung außerhalb des Errichtungsstaates einer Legalisation (amtlichen Bekräftigung) bedarf, tritt sowohl auf, wenn eine inländische öffentliche Urkunde im Ausland verwendet werden soll, als auch wenn umgekehrt eine ausländische öffentliche Urkunde einer inländischen Behörde vorgelegt wird[43]).

1. Legalisation inländischer öffentlicher Urkunden zur Verwendung im Ausland

34 *a) Allgemeines.* Unter Legalisation ist die Förmlichkeit zu verstehen, durch welche die diplomatische oder konsularische Vertretung des Staates, in dem die Urkunde verwendet werden soll (Vorlegungsstaat), die Echtheit der Unterschrift, die Eigenschaft, in welcher die unterzeichnende Person gehandelt hat, und, falls ein Siegel oder Stempel beigedrückt ist, dessen Echtheit bestätigt. Von einer Legalisation im weiteren Sinne spricht man, wenn außerdem bestätigt wird, daß der Aussteller für die Aufnahme der Urkunde zuständig war und (oder) daß die Formvorschriften beachtet worden sind. Der Legalisation zugänglich sind nur öffentliche Urkunden (§ 415 ZPO). Eine öffentliche Urkunde ist auch der Beglaubigungsvermerk über eine Unterschriftsbeglaubigung, jedoch bezieht sich die Legalisation nur auf diesen Vermerk, nicht auf die Privaturkunde, auf der er angebracht ist. Der Legalisation muß in der Regel, wenn nicht Staatsverträge eine Befreiung oder Vereinfachung vorsehen, eine Zwischenbeglaubigung durch eine Behörde des Errichtungsstaates vorausgehen. Die Zuständigkeit dafür bestimmt sich nach dem gemäß § 61 Abs. 1 Nr. 11 BeurkG vorbehaltenen Landesrecht. In der Regel ist der Landgerichtspräsident zuständig mit der Maßgabe, daß der Justizminister die Zuständigkeit auf den Aufsichtsrichter eines Amtsgerichts übertragen kann (§ 43 PrAGGVG, Art. 91 HessFGG, § 6 NdsAGGVG vom 5. 4. 1963, NdsGVBl. S. 225, Art. 15 BayAGGVG vom 17. 11. 1956, BayBS III, 3); demgemäß ist die Zuständigkeit zur Beglaubigung der Unterschriften der Richter und Beamten der Amtsgerichte auf den Amtsgerichtspräsidenten übertragen in Berlin gemäß AV vom 21. 11. 1958 (ABl., 1488) und in Nordrhein-Westfalen auf die Amtsgerichtspräsidenten in Dortmund, Düsseldorf, Essen und Köln gemäß AV des JM NRW vom 31. 8. 1955 (JMBlNRW 229). In Bremen ist das Amtsgericht zuständig, § 20 BremAGFGG vom 12. 5. 1964 (GBl. 50). Eine Weiter-, Nach-, Über- und Endbeglaubigung durch den Landesjustizminister, den Bundesjustizminister und schließlich das Auswärtige Amt (sog. Kettenbeglaubigung) ist heute nur noch in Ausnahmefällen erforderlich; die Mehrzahl der Staaten begnügt sich auch im vertraglosen Verkehr mit der Beglaubigung durch den Land- oder Amtsgerichtspräsidenten. Ein Verzeichnis der ausländischen konsularischen Vertretungen in der Bundesrepublik (Stand 1. 3. 1970) findet sich in der Beil. Nr. 9/70 zum BAnz. Nr. 50/70 vom 13. 3. 1970.

35 Auch die *deutschen Berufskonsuln*, die Leiter der deutschen diplomatischen Vertretungen und die bei ihnen beschäftigten hierzu ermächtigten Beamten sind befugt, die Echtheit öffent-

[41]) RGZ 88, 227, 231; RGZ 160, 225; Schilling in Staub-Hachenburg GmbHG § 15 Anm. 35; Baumbach-Hueck GmbHG[12] § 15 Anm. 3 D; Soergel-Kegel BGB[9] Art. 11 EG Anm. 14.

[42]) Soergel-Kegel a. a. O.; a. M. Weber NJW 1955, 1785; zum Erbverzichtsvertrag vgl. Staudinger-Ferid BGB[11] Rdn. 117 vor § 2346; Blumenfeld DNotZ 1968, 712 Fn. 112. Der Auffassung, daß Beurkundungen ausländischer Notare allgemein nur der öffentlichen Beurkundung, nicht aber der notariellen Beurkundung des deutschen Rechts gleichgestellt werden könnten, so Weber NJW 1955, 1784; Schlegelberger 6 vor § 167, kann nicht beigepflichtet werden.

[43]) Schrifttum: Féaux de la Croix, Die Legalisation ausl. öffentl. Urkunden, DJ 1938, 1347; ders., Die Legalisationsfrage in der notariellen Praxis, DNotZ 1939, 455; Bülow, Die Legalisation öffentlicher Urkunden, DNotZ 1955, 9; Bärmann, Die Freizügigkeit der notariellen Urkunde, AcP 159 (1960), 1 ff. zu II (rechtspolitisch); Blumenwitz DNotZ 1968, 712 zu B II 2 c S. 728; Weber, Das Haager Übereinkommen zur Befreiung ausl. öffentl. Urkunden von der Legalisation, DNotZ 1967, 469—485; Höfer-Huhn, Allg. Urkundenrecht, 1968, §§ 15 bis 18; zum Haager Übereinkommen auch die Denkschr. d. BReg. BT-Drucks. IV/2787; Ferid, Die 9 Haager Konferenz, RabelsZ 1962, 411; Über blick bei Keidel[9] Rdn. 48 ff. vor § 167.

licher Urkunden, die im Inland ausgestellt sind, zu bestätigen (§ 13 KonsularG). Sie sollen die Bestätigung aber nur vornehmen, soweit sie durch einen Staatsvertrag oder das Recht des Landes, in dem die Urkunde verwendet werden soll, vorgesehen ist[43a]). Die Bestätigung setzt voraus, daß der Beamte sich volle Gewißheit über die Echtheit der Urkunde verschafft hat. Das ist in der Regel der Fall, wenn ihm die Urkunde unmittelbar von der ausstellenden Behörde oder durch Vermittlung einer anderen Behörde zugegangen ist. Als öffentliche Urkunde gilt auch der Beglaubigungsvermerk (Dienstinstruktion z. KonsularG zu § 13). Ein Verzeichnis der Vertretungen der Bundesrepublik im Ausland ist veröffentlicht im BAnz. Nr. 231/70 vom 11. 12. 1970.

Der Notar wird in der Regel davon ausgehen müssen, daß die von ihm aufgenommene Urkunde zur Verwendung im Ausland der Legalisation bedarf oder daß, wenn der Vorlegungsstaat keinen Legalisationszwang kennt[44]), die Legalisation die Verwendung der Urkunde doch jedenfalls erleichtert. Die Legalisation entfällt, wenn der Vorlegungsstaat Vertragspartner eines Staatsvertrages über die Befreiung von der Legalisation ist. Staatsverträge, welche den zwischenstaatlichen Urkundenverkehr erleichtern, bestehen zur Zeit mit folgenden Staaten: **36**

b) Dänemark. Maßgebend ist das deutsch-dänische Beglaubigungsabkommen vom 17. 6. 1936 (RGBl. 1936 II, 213), wieder anwendbar mit Ausnahme des Art. 6 gemäß BGBl. 1953 II, 186, für Berlin gemäß GVBl. 1954, 591. Danach bedürfen keiner weiteren Beglaubigung oder Legalisation Urkunden, die von den beiderseitigen Gerichtsbehörden einschließlich der Staatsanwaltschaften, von einer obersten oder höheren Verwaltungsbehörde oder von einem obersten deutschen Verwaltungsgericht aufgenommen, ausgestellt oder beglaubigt und mit dem Siegel oder Stempel versehen sind. Für Urkunden von Kollegialgerichten genügt die Beglaubigung durch den Vorsitzenden. Dasselbe gilt für Urkunden, die von einem deutschen oder dänischen Notar aufgenommen, ausgestellt oder beglaubigt und mit dem Amtssiegel oder Amtsstempel versehen sind. Für andere deutsche Urkunden, die von einem Gerichtsvollzieher, einem anderen gerichtlichen Hilfsbeamten, einem Grundbuchamt oder einer Hinterlegungsstelle aufgenommen, ausgestellt oder beglaubigt sind, genügt die Beglaubigung durch den Amts- oder Landgerichtspräsidenten. Das gleiche gilt für Urkunden des Urkundsbeamten der Geschäftsstelle; gehört die ausführende oder beglaubigende Stelle einem Gericht höherer Ordnung an, so ist die Beglaubigung durch den Präsidenten dieses Gerichts erforderlich. Keiner Beglaubigung oder Legalisation bedürfen die beiderseitigen Ehefähigkeitszeugnisse sowie standesamtliche Auszüge aus deutschen Personenstandsbüchern. Urkunden dänischer Behörden über Standesfälle bedürfen zum Gebrauch in Deutschland der Beglaubigung durch die zuständige dänische Oberverwaltungsbehörde; dabei ist zu bescheinigen, daß der Aussteller zur Ausfertigung der Urkunde befugt ist. **37**

c) Griechenland. Maßgebend ist Art. 24 des deutsch-griechischen Abkommens über die gegenseitige Rechtshilfe in Angelegenheiten des bürgerlichen und Handels-Rechts vom 11. 5. 1938 (RGBl. 1939 II, 848) mit AusfVO vom 31. 5. 1939 (RGBl. 1939 II, 847), wieder anwendbar gemäß BGBl. 1952 II, 634. Danach bedürfen Urkunden, die von einem deutschen Landgericht oder einem griechischen Gerichtshof I. Instanz oder von einem beiderseitigen Gericht höherer Ordnung, einer obersten Verwaltungsbehörde oder einem obersten Verwaltungsgericht aufgenommen, ausgestellt oder beglaubigt und mit dem Siegel oder Stempel versehen sind, zum Gebrauch im Gebiet des anderen Staates keiner Beglaubigung oder Legalisation. Für Urkunden, die von einem anderen deutschen oder griechischen Gericht, einem Gerichtsvollzieher, einem Grundbuchamt, einer Hinterlegungsstelle oder einem deutschen oder griechischen Notar aufgenommen, ausgestellt oder beglaubigt sind, genügt zum Gebrauch im Gebiet des anderen Staates die Beglaubigung durch den Landgerichtspräsidenten in Deutschland oder den Präsidenten des Gerichts 1. Instanz in Griechenland. Das gleiche gilt **38**

[43a]) Vgl. dazu Féaux de la Croix, JW 1936, 1736.

[44]) So Belgien, vgl. Bülow DNotZ 1955, 19; Höfer-Huhn S. 117.

für die von einem Urkundsbeamten der Geschäftsstelle (Gerichtsschreiber) eines deutschen oder griechischen Gerichts aufgenommenen, ausgestellten oder beglaubigten Urkunden. Gehört der UdG (Gerichtsschreiber) einem Gericht höherer Ordnung an, so erteilt die Beglaubigung der Präsident dieses Gerichts.

39 *d) Italien.* Am 7. 6. 1969 ist in Rom ein deutsch-italienischer Vertrag über den Verzicht auf die Legalisation von Urkunden gezeichnet worden. Die von einem Gericht, einem Notar, einer Verwaltungsbehörde oder einem Gerichtsvollzieher aufgenommenen Urkunden bedürfen grundsätzlich keiner Legalisation und keiner innerstaatlichen Weiter- oder Überbeglaubigung. Der Vertrag bedarf zu seinem Inkrafttreten noch der Ratifikation in beiden Staaten (Mitt. d. BMdJ in BAnz. Nr. 104 vom 11. 6. 1969 S. 3). Bis dahin bedürfen zwar nicht alle, aber doch bestimmte Urkunden[45]) der Legalisation nach Beglaubigung durch den Landgerichtspräsidenten.

40 *e) Österreich.* Der deutsch-österreichische Beglaubigungsvertrag vom 21. 6. 1923 (RGBl. 1924 II, 55, 61, 91) ist für die Bundesrepublik und Berlin (West) wieder anwendbar gemäß BGBl. 1952 II, 436 und GVBl. Berlin 1954, 177. Danach bedürfen Urkunden, die von einer Gerichts- oder Verwaltungsbehörde des einen vertragschließenden Staates ausgestellt sind, zum Gebrauch im Gebiet des anderen Staates keiner weiteren Beglaubigung, wenn sie mit dem Siegel oder Stempel der Behörde versehen sind. Die von einem Notar ausgefertigten und mit seinem Siegel versehenen Urkunden, ferner die von den Gerichtskanzleien und gerichtlichen Hilfsämtern oder Gerichtsvollziehern ausgefertigten und mit dem Gerichtssiegel versehenen Urkunden bedürfen ebenfalls keiner weiteren Beglaubigung. Dasselbe gilt für die einer Privaturkunde von einer Gerichts- oder Verwaltungsbehörde oder einem Notar beigefügte Beglaubigung. Das Abkommen ist auch auf Personenstandsurkunden der Standesämter anwendbar. Insoweit ist Österreich auch Vertragspartner des Übereinkommens über den kostenlosen Austausch von Personenstandsurkunden und den Verzicht auf ihre Legalisation vom 26. 9. 1957 (vgl. Vorbem. E I 2 vor § 69 FGG). Seit dem 13. 1. 1968 ist Österreich ferner Vertragspartner des Haager Übereinkommens vom 5. 10. 1961 zur Befreiung ausländischer öffentlicher Urkunden von der Legalisation (nachst. Rdn. 42). Die danach erforderliche Apostille entfällt aber im Verhältnis zwischen Deutschland und Österreich, soweit Urkunden nach dem Beglaubigungsvertrag überhaupt keiner Beglaubigung bedürfen[46]).

41 *f) Schweiz.* Maßgebend ist der deutsch-schweizerische Vertrag vom 14. 2. 1907 über die Beglaubigung öffentlicher Urkunden (BGBl. 1907 411, 415). Nach Art. 1 dieses Vertrages bedürfen die von *Gerichten* des einen Teils aufgenommenen, ausgestellten oder beglaubigten Urkunden, wenn sie mit dem Siegel oder Stempel des Gerichts versehen sind, zum Gebrauch in dem Gebiet des anderen Teils keiner Beglaubigung oder Legalisation. Zu diesen Urkunden gehören auch die von einem Gerichtsschreiber (Urkundsbeamten) unterschriebenen Urkunden, sofern dessen Unterschrift nach den Gesetzen des Teiles genügt, dem das Gericht angehört. Die von anderen Stellen im Bereich der Justiz, insbesondere den *Notaren* ausgestellten Urkunden genießen diese Vergünstigung nicht; vielmehr ist die Beglaubigung der Unterschrift des Notars durch den Landgerichtspräsidenten erforderlich, aber auch genügend. Ferner sind die Urkunden einer Reihe oberster oder höherer Verwaltungsbehörden, die mit Siegel oder Stempel versehen sind, von der Beglaubigung befreit (Art. 2). Ein Verzeichnis dieser Behörden enthält die Bek. vom 20. 1. 1956 (BGBl. II, 30). Sobald die Schweiz den ihr freistehenden Beitritt zu dem Haager Übereinkommen vom 5. 10. 1961 (nachst. Rdn. 42) vollzogen hat, werden Urkunden der Notare zur Vereinheitlichung nicht mehr mit dem Zwischenbeglaubigungsvermerk, sondern mit der Apostille zu versehen sein[47]). Auf dem Gebiet des Personenstandsrechts gilt außerdem das deutsch-schweizerische Abkommen vom 6. 6. 1956 (vgl. Vorbem. E IV 1 vor § 69 FGG). Im Verhältnis zu *Liechtenstein* gilt der deutsch-schweizeri-

45) Bülow DNotZ 1955, 28.
46) Vgl. Weber DNotZ 1967, 469, 471.
47) Vgl. Weber DNotZ 1967, 471 Fn. 16; Höfer-Huhn S. 126. Vgl. ferner Vortisch, Anerkennung der Echtheit schweizerischer Urkunden in der BRD, ZGBR 1969, 104.

sche Beglaubigungsvertrag nicht[48]). Urkunden zum Gebrauch in Liechtenstein müssen nach Zwischenbeglaubigung durch den Land-(Amts-)gerichtspräsidenten den schweizerischen Konsulaten zur Legalisation vorgelegt werden, welche die Interessen Liechtensteins im Ausland wahrnehmen.

g) Haager Übereinkommen vom 5. 10. 1961 zur Befreiung ausländischer öffentlicher Urkunden von der Legalisation mit Gesetz vom 21. 6. 1965 (BGBl. 1965 II, 875, GVBl. Berlin 1965, 1825), i. d. F. des Art. 7 des Kostenermächtigungs-ÄnderungsG vom 23. 6. 1970 (BGBl. I 805), in Kraft für Deutschland seit 13. 2. 1966 (BGBl. 1966 II, 106). Vertragsstaaten sind bisher (ohne Fundstelle gemäß BGBl. 1966 II, 106) *Frankreich* mit dem französisch-britischen Kondominium Neue Hebriden, *Japan* (BGBl. 1970 II, 752), *Jugoslawien, Malawi* (BGBl. 1968 II, 76), *Malta* (BGBl. II, 131), die *Niederlande* mit Antillen (BGBl. 1967 II, 1811) und Surinam (BGBl. 1967 II, 2082), *Österreich* (BGBl. 1968 II, 76), *Portugal* (BGBl. 1969 II, 120) mit allen portugiesischen Hoheitsgebieten (BGBl. 1970 II, 121), Botsuana und Mauritius (BGBl. 1970 II, 121) sowie das Vereinigte Königreich von *Großbritannien und Nordirland* mit Jersey, Guernsey und der Insel Man sowie folgenden vertretenen Gebieten: Antigua, Bahamas, Barbados, Basutoland, Betschuanaland, Bermuda, Britisches Antarktisland-Territorium, Britisch-Guayana, Britische Salomon-Inseln, Brunei, Kaiman-Inseln, Dominica, Falkland-Inseln, Fidschi, Gibraltar, Gilbert- und Ellice-Inseln, Grenada, Hongkong, Mauritius, Montserrat, Neue Hebriden, St. Helena, St. Christopher, Nevis und Anguilla, St. Lucia, St. Vincent, Seychellen, Südrhodesien, Swasiland, Tonga, Turks- und Caicos-Inseln, Jungferninseln. Der *Beitritt* steht den Mitgliedstaaten der 9. Tagung der Haager Konferenz, nämlich außer den Staaten, die das Übereinkommen bereits ratifiziert haben, den Ländern Belgien, Dänemark, Finnland, Griechenland, Irland, Italien, Luxemburg, Norwegen, Schweden, Schweiz, Spanien und Türkei sowie den Nichtmitgliedstaaten Island und Liechtenstein unbeschränkt zu (Art. 10), während der Beitritt aller anderen Staaten nur im Verhältnis zu den Vertragsstaaten wirkt, die nicht gemäß Art. 15 Buchst. d Einspruch erheben (Art. 12). **42**

Der *sachliche Anwendungsbereich* des Übereinkommens erstreckt sich auf öffentliche Urkunden, die in einem Vertragsstaat errichtet worden und zum Gebrauch in einem anderen Vertragsstaat bestimmt sind (Art. I Abs. 1). Der Kreis dieser Urkunden ist in Art. 1 Abs. 2 abschließend aufgezählt; maßgebend ist die Stelle, welche die Urkunde errichtet hat. Es gehören dazu *notarielle Urkunden* einschließlich der Ausfertigungen, Beglaubigungsvermerke und sonstigen Bestätigungen, für welche der Notar zuständig ist (§§ 20, 21, 22a BNotO), die Urkunden *staatlicher Gerichte* (worunter auch Grundbuch- und Registerauszüge zu verstehen sind), denen Urkunden einer mit der staatlichen Gerichtsbarkeit verbundenen Amtsperson gleichgestellt sind, wie solche der Staatsanwaltschaften, der Urkundsbeamten der Geschäftsstelle und der Gerichtsvollzieher, sowie Urkunden der Verwaltungsbehörden mit Ausnahme solcher, die sich unmittelbar auf den Handelsverkehr oder das Zollverfahren beziehen[49]). Die Verfahrensvereinfachung besteht darin, daß zwischen den Vertragsstaaten die Legalisation durch die Auslandsvertretung des Vorlegungsstaates entfällt; an die Stelle der Legalisation tritt die Bestätigung in der Form einer Apostille durch eine Behörde des Errichtungsstaates (Art. 4). Die zuständigen Behörden sind durch Ausführungsvorschriften des Bundes und der Länder bestimmt[50]). Für gerichtliche und notarielle Urkunden sind in der Regel **43**

48) Hamburg JFG 10, 8; München JFG 14, 319; Keidel[9] Rdn. 49 vor § 167; Bülow DNotZ 1955, 29; Höfer-Huhn S. 123.

49) Vgl. näher Weber DNotZ 1967, 469 zu II 2.

50) Vgl. für Bundesbehörden VO v. 23. 2. 1966 BGBl. I, 138) i. d. F. der 2. VO über die Ausstellung der Apostille vom 27. 6. 1970 (BGBl. I, 905); Baden-Württemberg VO v. 8. 2. 1966 (GBl. 9); Bayern VO v. 7. 3. 1966 (GVBl. 106); Berlin VO v. 24. 3. 1966 (GVBl. 581); Bremen Bek. v. 9. 11. 1965 (ABl. 309); Hamburg AnO v. 27. 10. 1965 u. 20. 12. 1966 (Amtl. Anz. 1965, 1175, 1966, 1513); Hessen AnO v. 7. 2. 1966 (GVBl. I, 28); Niedersachsen Bek. v. 25. 4. 1966 (NdsRpfl. 1966, 101); Nordrhein-Westfalen RVO v. 8. 2. 1966 (GVBl. 36); Rheinland-Pfalz AnO v. 17. 8. 1965 (MinBl. 947); Saarland AnO v. 21. 12. 1965 (ABl. 1966, 157); Schleswig-Holstein VO v. 15. 10. 1965 (GVBl. 98). Der Inhalt dieser Bestimmungen ist bei Weber, DNotZ 1967, 469, 481 ff. wiedergegeben. Die aus-

die Landgerichtspräsidenten zuständig, für gerichtliche in ihrem Geschäftsbereich errichtete Urkunden auch die Amtsgerichtspräsidenten.

44 Die *Apostille* wird auf Antrag des Inhabers der Urkunde oder der beurkundenden Stelle, also auch des Notars, erteilt (Art. 5 Abs. 1)[51]). Durch die Apostille wird die Echtheit der Unterschrift der Urkundsperson, die Eigenschaft, in welcher sie gehandelt hat, und gegebenenfalls die Echtheit des beigedrückten Siegels oder Stempels bestätigt (Art. 2 Satz 2); sie ersetzt also die Legalisation im engeren Sinne. Mehr als die Beifügung der Apostille darf von den Gerichten und Behörden des Vorlegungsstaates nicht verlangt werden (Art. 8). Wünschen Beteiligte eine weitergehende Bestätigung, etwa darüber, daß die Urkundsperson zu der Beurkundung befugt war und die Formvorschriften gewahrt sind, so bedarf der zusätzliche Vermerk der Legalisation. Keine Bestimmungen enthält das Übereinkommen über die Beweiskraft der apostillierten Urkunde; sie bestimmt sich daher nach dem innerstaatlichen Recht der Mitgliedstaaten (für das deutsche Recht nachst. Rdn. 49, 50). Auch enthält das Übereinkommen keine Regelung über die Vergleichbarkeit und Gleichwertigkeit des Amtes und der Funktionen der beurkundenden Rechtspflegeorgane der Mitgliedstaaten[52]), so daß die oben bei Rdn. 32 erörterten Zweifel nicht behoben sind.

45 *h) In Konsularverträgen* ist vielfach bestimmt, daß Urkunden der diplomatischen und konsularischen Vertretungen inländischen öffentlichen Urkunden gleichstehen und keiner Legalisation bedürfen; vgl. *Spanien,* Konsular-Konvention vom 12. 1. 1872 (RGBl. 1872, 211); *Türkei,* Konsularvertrag vom 28. 5. 1929 (RGBl. 1930 II, 747), Fortgeltung gemäß BGBl. 1952 II, 608; *USA,* Freundschafts-, Handels- und Konsularvertrag vom 8. 12. 1923 (RGBl. 1925 II, 795), dessen Art. XVII bis XXVIII (konsularische Bestimmungen) durch den Freundschafts-, Handels- und Schiffahrtsvertrag vom 29. 10. 1954 (BGBl. 1956 II, 487, 763) aufrechterhalten sind; Art. XIX ist geändert durch Abkommen vom 3. 6. 1953 (BGBl. 1954 II, 721, 1051); *Großbritannien und Nordirland,* Konsularvertrag vom 30. 7. 1956 (BGBl. 1957 II, 284, 1958 II, 17); *Sowjetunion,* Konsularvertrag vom 25. 4. 1958 (BGBl. 1959 II, 232, 469); *Malawi,* Konsularvertrag vom 30. 7. 1956 (BGBl. 1957 II, 284, 1958 II, 17), Bek. über Weiteranwendung BGBl. 1967 II, 936. Das Haager Übereinkommen vom 5. 10. 1961 ist auf Urkunden diplomatischer und konsularischer Vertretungen nicht anwendbar (Art. 1 Abs. 3 Buchst. a).

46 *i) Gegenständliche Befreiungen.* Mitunter sind Urkunden nach dem Gegenstand der Beurkundung von der Legalisation befreit. Nach dem Übereinkommen vom 14. 9. 1961 über die Erweiterung der Zuständigkeit der Behörden, vor denen nichteheliche Kinder anerkannt werden können (BGBl. 1965 II, 17, GVBl. Berlin 1965, 663) — vgl. Vorbem. 12 vor § 69 FGG — haben die Erklärungen die gleichen Wirkungen, wie wenn sie vor der zuständigen Heimatbehörde des Erklärenden abgegeben worden wären; Ausfertigungen von Urkunden über derartige Erklärungen bedürfen im Hoheitsgebiet der Vertragsstaaten keiner Legalisation, wenn sie durch Unterschrift und Siegel oder Stempel der ausstellenden Behörde beglaubigt sind. Zuständig sind außer den Notaren die Standesbeamten (§ 29a PStG), die Amtsgerichte (§ 62 Nr. 1 BeurkG) und die ermächtigten Beamten und Angestellten des Jugendamtes (Art. 2 d. G. vom 15. 1. 1965, BGBl. 1965 II, 17). Wegen personenstandsrechtlicher Beglaubigungsabkommen vgl. Vorbem. vor § 69 FGG Anm. E I 1, 2 und IV 1, 2.

47 *k) Vertragloser Verkehr.* Wegen der Voraussetzungen und des Verfahrens zur Beschaffung der Legalisation im vertraglosen Verkehr ist hier zu verweisen auf Bülow-Arnold, Der in-

ländischen Behörden, die für die Erteilung der Apostille zuständig sind, sind ersichtlich aus der Bek. v. 1. 4. 1970 (BAnz. Nr. 77 v. 24. 4. 1970).

51) Verwaltungsbestimmungen für die zur Erteilung der Apostille zuständigen Behörden enthalten: Baden-Württemberg AV v. 9. 9. 1966 (Die J 265); Bayern Bek. v. 5. 8. 1966 (JMBl. 103); Bremen RdErl. v. 1. 2. 1966 (ABl. 39); Hessen RdErl. d. MdJ v. 27. 5. u. 30. 9. 1966 (JMBl. 183, 309); Niedersachsen AV d. MdJ v. 4. 7. 1966 (NdsRpfl. 140); Nordrhein-Westfalen RdErl. d. MdJ v. 28. 2. 1966 (MBl. 652); Rheinland-Pfalz RdErl. v. 14. 2. 1966 (MBl. 173) u. AV d. MdJ v. 9. 2. 1966 (JBl. 20); Schleswig-Holstein AV d. JM v. 29. 6. 1966 (SchlHA 161).

52) Vgl. Weber DNotZ 1967, 469, 474; Blumenwitz DNotZ 1968, 712, 730.

ternationale Rechtsverkehr in Zivil- und Handelssachen, Länderteil E jeweils zu VI, auf die Übersicht bei Höfer-Huhn, Allgemeines Urkundenrecht, 1968, § 18 und in MittRheinNotK 1968, 733 sowie auf die laufenden Bekanntmachungen in den Amtsblättern und der StAZ. Vgl. AV d. Nds. MdJ über Legalisation und Erteilung der Apostille vom 24. 11. 1969 (Nds. Rpfl. 1969, 272 = StAZ 1970, 45), ergänzt durch AV vom 6. 3. 1970 (Nds. Rpfl. 1970, 55); AV d. JM Schl.-Holst. vom 17. 3. 1970 (SchlHA 1970, 86, 135); RdErl. d. JM Hessen vom 28. 4. 1970 (Hess. JMBl. 1970, 409); AV d. JM Bad.-Württ. vom 25. 5. 1970 (Die Justiz 1970, 206); für Bayern Bek. über die Legalisation deutscher Urkunden und über die Erteilung der Apostille usw. vom 28. 12. 1966 (BayJMBl. 1967, 21), geändert durch Bek. vom 18. 1. 1968 (JMBl. 15), vom 1. 10. 1969 (JMBl. 182) und vom 1. 7. 1970 (JMBl. 84).

2. Legalisation ausländischer öffentlicher Urkunden zur Verwendung im Inland

a) Legalisation. Das Gesetz betr. die Beglaubigung öffentlicher Urkunden vom 1. 5. 1878 **48** (RGBl. 89 = BGBl. III, 318-1), dessen § 1, wonach inländische öffentliche Urkunden zum Gebrauch im Inland keiner Legalisation bedürfen, durch die Rechtsvereinheitlichung überholt ist, bestimmt in § 2:

§ 2. Zur Annahme der Echtheit einer Urkunde, welche als von einer ausländischen öffentlichen Behörde oder von einer mit öffentlichem Glauben versehenen Person des Auslandes ausgestellt oder aufgenommen sich darstellt, genügt die Legalisation durch einen Konsul oder Gesandten des Reichs.

Hiermit stimmt die Regelung in § 438 ZPO im wesentlichen überein. Das deutsche Recht **49** kennt mithin keinen Legalisationszwang in dem Sinne, daß ausländische öffentliche Urkunden von Gerichten und Behörden nur beachtet werden dürften, wenn sie legalisiert sind[53]). Das Gericht ist zwar berechtigt, die Legalisation zu verlangen, und im Grundbuchverfahren wird dies die Regel sein, es ist aber nicht dazu verpflichtet; nach Lage des Falles darf der Echtheitsbeweis auch ohne Legalisation als erbracht angesehen werden[54]). Die Legalisation erfolgt durch den deutschen Konsul, in dessen Amtsbezirk die Urkunde ausgestellt oder beglaubigt ist, oder durch den zuständigen Gesandten der Bundesrepublik (§ 14 KonsularG, § 2 G vom 1. 5. 1878). Das Verlangen einer Legalisation kommt nicht in Betracht, wenn Staatsverträge über den Verzicht auf oder die Befreiung von der Legalisation vorliegen (oben Rdn. 37 bis 46). Die Legalisation bezeugt die Echtheit der Unterschrift der ausländischen Urkundsperson und des etwa beigefügten Siegels oder Stempels und die Eigenschaft, in der der Unterzeichner gehandelt hat. Für den Nachweis der Echtheit von Unterschrift und Siegel genügt vorbehaltlich eines zulässigen Gegenbeweises der Legalisationsvermerk; dafür, daß der Aussteller in amtlicher Eigenschaft gehandelt hat, wird eine Vermutung begründet[55]). Bei Befreiung vom Legalisationserfordernis gilt die Beweisregel des § 438 Abs. 1 ZPO; die Echtheit wird aber nach einem Erfahrungssatz vermutet. Die Beweisregeln des § 438 Abs. 2 ZPO und des § 2 G vom 1. 5. 1878 können auf nicht legalisierte Urkunden nicht erstreckt werden; auch die Apostille nach dem Haager Übereinkommen vom 5. 10. 1961 (Rdn. 42) begründet nur eine tatsächliche widerlegbare Vermutung für die Echtheit[56]). Die Legalisation (und die Apostille) beweist nicht, daß die ausländische Urkundsperson nach Maßgabe des für sie maßgeblichen Rechts zur Aufnahme der Urkunde befugt war und die Formvorschriften beachtet hat. Es entspricht aber einem im internationalen Rechtsverkehr anerkannten Erfahrungssatz, daß echte ausländische öffentliche Urkunden nicht fehlerhaft und kompetenzwidrig aufgenommen sind; das Grundbuchamt darf daher ein weiteres Zeugnis der deutschen Auslandsvertretung darüber, daß der Aussteller die Form- und Zuständigkeitsvorschriften seines Landes beachtet hat, nur aus gewichtigen Gründen verlangen[57]), sofern nicht auch dies durch Staatsverträge ausgeschlossen ist. Im übrigen wird die Gültigkeit der

[53]) Bülow DNotZ 1955, 9, 40; Höfer-Huhn S. 101.

[54]) Vgl. § 12 FGG Rdn. 29 mit Nachw. in Fn. 115.

[55]) KG JFG 20, 171, 178 = DR 1939, 1946 = HRR 1939 Nr. 1296; Féaux de la Croix, DJ 1938, 1346, 1351, 1353.

[56]) Weber DNotZ 1967, 469, 475.

[57]) KG JFG 20, 171, 178; Soergel-Kegel BGB[9] Rdn. 318 vor Art. 7 EG.

Beurkundung und die Wirksamkeit der beurkundeten Erklärung durch den Legalisationsvermerk nicht gedeckt; der Vermerk kann z. B. nicht bewirken, daß die von einem amerikanischen notary public beglaubigte Urkunde als notarielle Beurkundung im Sinne der Formerfordernisse des deutschen materiellen Rechts (etwa § 313 BGB) gilt (vgl. oben Rdn. 32). Diese Fragen sind vielmehr in formeller und materieller Hinsicht von dem Gericht nach Maßgabe des anzuwendenden inländischen oder ausländischen Rechts zu prüfen und zu beurteilen[58]).

50 *b) Beweiskraft ausländischer öffentlicher Urkunden.* Für das Beweisverfahren einschließlich der Beweiswürdigung und der Regeln über die Beweiskraft von Beweismitteln ist nach deutscher Auffassung die lex fori maßgebend[59]). Das deutsche Recht stellt ausländische öffentliche Urkunden, unter der Voraussetzung ihrer abweichend von § 437 ZPO besonders zu prüfenden Echtheit, im Rahmen der §§ 415, 417, 418 ZPO inländischen Urkunden gleich, sofern die in diesen Vorschriften an inländische Urkunden gestellten Anforderungen erfüllt sind[60]). Demnach richtet sich ihr verfahrensrechtlicher Beweiswert nach diesen Bestimmungen. Solche Urkunden begründen mithin vollen Beweis des beurkundeten Vorgangs oder ihres Inhalts oder der bezeugten Tatsache, vorbehaltlich des Beweises der Unrichtigkeit der Beurkundung des Vorgangs oder der bezeugten Tatsache (§§ 415 Abs. 2, 418 Abs. 2 ZPO). Von dem verfahrensrechtlichen Beweiswert der Urkunde zu unterscheiden ist die materiellrechtliche Formbedürftigkeit des beurkundeten Rechtsgeschäfts, für die nach Art. 11 Abs. 1 Satz 2 EGBGB die Wahrung der Ortsform genügt, sofern nicht gemäß Art. 11 Abs. 2 EGBGB oder weil das Ortsrecht das Rechtgeschäft nicht kennt das Geschäftsrecht maßgebend ist (oben Rdn. 31).

C. Interzonales Beurkundungsverfahrensrecht

51 In der DDR und im Ostsektor Berlins ist die Zuständigkeit der Gerichte für Beurkundungen und Beglaubigungen auf die staatlichen Notariate übertragen worden. Daneben sind noch freiberufliche Notare tätig. Die Rechtslage ist dargestellt in der Einl. vor § 1 FGG Rdn. 45, 46[61]). Die Urkunden der Notare und Notariate sind westdeutschen notariellen Urkunden gleichzustellen; sie bedürfen keiner Legalisation. Ihre vollstreckbaren Urkunden sind hinsichtlich der Vollstreckbarkeit ebenso zu behandeln wie entsprechende Urkunden westdeutscher Notare[62]). In Berlin kann jedoch die Zwangsvollstreckung gemäß § 1 Abs. 5 des G über die Vollstreckung von Entscheidungen auswärtiger Gerichte vom 26. 2. 1953 (GVBl. für Berlin S. 152) auf Antrag des Schuldners unter gewissen Voraussetzungen durch das Landgericht für unzulässig erklärt werden. Die Auflassung eines in der Bundesrepublik und in West-Berlin belegenen Grundstücks kann auch vor einem Notariat der DDR oder des Ostsektors Berlins erklärt werden und umgekehrt[63]); ob aber der letztere Standpunkt von den Behörden der DDR anerkannt würde, erscheint zweifelhaft.

D. Inhalt und Einteilung des Gesetzes

52 Das Beurkundungsgesetz ist nach seiner Stellung im Rechtssystem ein Beurkundungsverfahrensgesetz. Da aber gleichzeitig auch die bis dahin bestehende, stark zersplitterte Ordnung der Beurkundungszuständigkeiten vereinheitlich werden sollte, enthalten die Schluß-

[58]) KGJ 27 A 250 = RJA 4, 122; **Schlegelberger,** § 12 Anm. 30.

[59]) Vgl. § 1 FGG Rdn. 145; Soergel-Kegel BGB[9] Rdn. 311 vor Art. 7 EG; BGH JZ 1955, 702 mit Anm. v. Gamillscheg; anders für die Beweislastregeln, vgl. § 12 FGG Rdn. 28.

[60]) RG JW 1927, 1097; Baumbach-Lauterbach ZPO[29] § 415 Anm. 2 A; O. Weber NJW 1955, 1784 zu 2 a; W. Weber DNotZ 1967, 469 Fn. 27; Seybold-Hornig BNotO[4] § 20 Rdn. 18.

[61]) Vgl. auch Schulz, Das Notariat in der Sowjetzone, DNotZ 1965, 275, wo dargelegt wird, daß die Notare keine Verträge (und Testamente) beurkunden dürfen, „die der gesellschaftlichen Entwicklung zuwiderlaufen".

[62]) Hamm JMBlNRW 1955, 39; Keidel FGG[9] Rdn. 86 vor § 167; vgl. allgemein Stein-Jonas-Münzberg ZPO[19] X vor § 704 und § 722 Anm. I.

[63]) BT-Drucks. I/3824; Schlegelberger vor § 167 Anm. 4 Abs. 2.

vorschriften des Fünften Abschnitts (§§ 55 bis 71) zusammen mit der Überleitung des Verfahrensrechts auch eine Neuordnung der Beurkundungszuständigkeiten.

Das Verfahrensrecht ist im Ersten bis Vierten Abschnitt (§§ 1 bis 54) geregelt. Der Erste **53**
Abschnitt (§§ 1 bis 5) gilt für Beurkundungen jeder Form und jeden Gegenstandes. Im übrigen ist Einteilungsgrund nicht die Form der Urkunde (Niederschrift oder Vermerk), sondern, wie nach bisherigem Recht, der Gegenstand der Beurkundung. Demgemäß wird die Beurkundung von Willenserklärungen einschließlich der Verfügungen von Todes wegen im Zweiten Abschnitt (§§ 6 bis 35) geregelt, während der Dritte Abschnitt (§§ 36 bis 43) sich mit der Beurkundung anderer Erklärungen sowie sonstiger Tatsachen und Vorgänge befaßt. Diese Trennung war zwar vornehmlich durch das frühere Verhältnis von Reichsrecht und Landesrecht begründet, sie ist aber beibehalten worden, weil sie auch ihre innere Berechtigung hat. Da es bei der Beurkundung von Willenserklärungen auf die Übereinstimmung von Wille und Erklärung ankommt, werden in den hierfür geltenden Verfahrensvorschriften den Beteiligten wichtige Mitwirkungsfunktionen eingeräumt, ohne die eine gültige Beurkundung nicht zustande kommen kann. Der Notar ist nicht nur Zeuge der Erklärungsabgabe, sondern Mitgestalter des Erklärungsinhalts der Urkunde. Daher kommt hier im Gegensatz zu sonstigen Beurkundungen den Prüfungs- und Belehrungspflichten (§§ 17 bis 21) besondere Bedeutung zu. Der Vierte Abschnitt mit der Überschrift „Behandlung der Urkunden" (§§ 44 bis 54) enthält Vorschriften für Nachverfahren, die sich an den Abschluß des eigentlichen Beurkundungsvorgangs anschließen können, sowie über die Rechtsmittel (§ 54).

Erster Abschnitt

Allgemeine Vorschriften

Vorbemerkung

Der Erste Abschnitt (§§ 1 bis 5) bestimmt in § 1 den Geltungsbereich des Gesetzes. Im übrigen enthält er Vorschriften, die für die im Zweiten Abschnitt geregelte Beurkundung von Willenserklärungen (§§ 6 bis 35) und für sonstige Beurkundungen nach Maßgabe des Dritten Abschnitts (§§ 36 bis 43) gemeinsam gelten und deshalb in dem Abschnitt „Allgemeine Vorschriften" zusammengefaßt werden.

Geltungsbereich

1 (1) Dieses Gesetz gilt für öffentliche Beurkundungen durch den Notar.

(2) Soweit für öffentliche Beurkundungen neben dem Notar auch andere Urkundspersonen oder sonstige Stellen zuständig sind, gelten die Vorschriften dieses Gesetzes, ausgenommen § 5 Abs. 2, entsprechend.

Übersicht

A. Beurkundung als Rechtspflege

1 Das Beurkundungswesen ist ein Teilgebiet der freiwilligen Gerichtsbarkeit[1]). An dieser materiellen Zuordnung hat sich nichts dadurch geändert, daß die Materie nicht mehr im BGB und im FGG, sondern in einem besonderen Gesetz geregelt ist. Die Beurkundungstätigkeit ist aber keine Rechtsprechung; sie gehört zu demjenigen Bereich der freiwilligen Gerichtsbarkeit, in dem Rechtspflege ausgeübt wird. Zur Gerichtsbarkeit gehört die Wahrnehmung dieser Aufgaben, wenn ein Gericht, sei es durch den Richter, sei es durch einen nichtrichterlichen Beamten (Rechtspfleger) tätig wird. Gerade weil diese Aufgaben aber keinen Rechtsprechungscharakter haben, ist ihre Übertragung auf andere Rechtspflegeorgane außerhalb der Justiz nicht nur möglich, sondern, wenn damit ein für diese Aufgaben besonders geschaffener Berufsstand, wie die Notare, betraut wird, auch der Sache dienlich. Man bezeichnet diesen Bereich staatlicher Tätigkeit, um zum Ausdruck zu bringen, daß er nicht auf die Justiz beschränkt ist, als *„vorsorgende Rechtspflege"* (§§ 1, 24 BNotO). Damit wird nicht ein bestimmt abgegrenzter Zuständigkeitsbereich bezeichnet, sondern diejenige Rechtsbetreuung, die durch rechtskundige Mitwirkung bei der Gestaltung privater Rechtsbeziehungen der Rechtssicherheit und Streitverhütung dient[2]). Als Teil der Rechtspflege hebt sich die öffentliche Beurkundung zur Verwirklichung und Sicherung privater Rechte von der staatlichen Verwaltungstätigkeit ab. Der Begriff der vorsorgenden Rechtspflege deckt sich allerdings nicht mit den Angelegenheiten der freiwilligen Gerichtsbarkeit im Sinne des § 1 FGG. Beide Begriffe verhalten sich zueinander wie zwei sich schneidende Kreise; z. B. kann zum Gebiet der vorsorgenden Rechtspflege auch die Vertretung von Beteiligten vor Verwaltungs- oder Steuerbehörden gehören (§ 3 Abs. 2 GrdstVG, § 107a Abs. 2 Nr. 2 AO), und andererseits gibt es Angelegenheiten der freiwilligen Gerichtsbarkeit, die nicht der vorsorgenden Rechts-

[1]) Höfer-Huhn, Allg. Urkundenrecht, 1968, § 1, 1; Haegele Beurkundungsrecht und freiwillige Gerichtsbarkeit, 2. Aufl. 1968 S. 1; vgl. die Behandlung der Materie in den Lehrbüchern der freiw. Gerichtsbarkeit von Baur § 9; Lent-Habscheid[4] § 43; Bärmann § 52; Pikart-Henn.

[2]) Jonas, DNotZ 1937, 520; Hornig JW 1937, 777 zu V 1 c; Schieck DNotZ 1938, 647; Bärmann vor § 52.

pflege zuzuordnen sind, wie insbesondere die echten Streitsachen[3]). Ähnlich wie bei den den Gerichten obliegenden Aufgaben der freiwilligen Gerichtsbarkeit (§ 1 FGG Rdn. 5 ff.) entsteht auch bei der Beurkundungstätigkeit die Frage, ob und welche immanenten Schranken für ihre Übertragbarkeit auf Organe der öffentlichen Verwaltung bestehen. In dieser Hinsicht hat sich erst verhältnismäßig spät die Erkenntnis durchgesetzt, daß der Sinn der öffentlichen Beurkundung von Rechtsgeschäften sich nicht in der Beweissicherung und in der Warnfunktion des Formerfordernisses (Schutz vor Unbesonnenheit) erschöpft, sondern daß eine besondere Bedeutung dem konsultativen Element zukommt, nämlich der betreuenden und belehrenden Mitwirkung einer rechtskundigen und unparteilichen Urkundsperson. Hauptzweck des Formerfordernisses für die Beurkundung von Rechtsgeschäften ist es, durch die Mitwirkung einer qualifizierten Urkundsperson das Zustandekommen einer „vollkommenen Erklärung" zu fördern, nämlich einer Erklärung, bei der objektiver Sinn und innerer Wille übereinstimmen und die deshalb geeignet ist, Gerechtigkeit und Rechtssicherheit zu verwirklichen[4]). Es ist ein Postulat der Rechtsstaatlichkeit, daß solche Aufgaben zwar nicht in richterlicher Unabhängigkeit, aber von einem unparteilichen und sachlich unabhängigen Rechtspflegeorgan wahrgenommen werden[5]). Für öffentliche Urkunden über andere Gegenstände als Rechtsgeschäfte, wie öffentliche Beglaubigungen und Tatsachenbeurkundungen, bei denen der Beweiszweck (vgl. § 415 ZPO) und allenfalls der Warnzweck im Vordergrunde steht, aber keine Belehrungspflicht aufgestellt ist, bestehen diese Bedenken nicht in gleicher Weise[6]).

B. Gegenstand des Beurkundungsrechts

I. Öffentliche Beurkundungen

Urkunde ist jede Verkörperung eines Gedankens. Das Beurkundungsrecht hat es jedoch nur mit schriftlichen Urkunden zu tun, d. h. mit der Verkörperung eines Gedankens durch übliche Schriftzeichen (vgl. § 8 Rdn. 2). Durch § 1 Abs. 1 wird der Anwendungsbereich des Gesetzes weiter dahin abgegrenzt, daß es sich um die Vornahme öffentlicher Beurkundungen handeln muß; der Beurkundungsvorgang muß also zur Errichtung einer öffentlichen Urkunde führen. Darunter sind nach der Begriffsbestimmung des § 415 Abs. 1 ZPO, die über den Zivilprozeß hinaus allgemeine Geltung beanspruchen kann, Urkunden zu verstehen, die von einer öffentlichen Behörde innerhalb der Grenzen ihrer Amtsbefugnisse oder von einer mit öffentlichem Glauben versehenen Person innerhalb des ihr zugewiesenen Geschäftskreises in der vorgeschriebenen Form aufgenommen sind. Urkunden, insbesondere auch Zeugnisurkunden von Privatpersonen, scheiden damit aus, z. B. die Niederschrift eines gewerbsmäßigen Versteigerers über die Versteigerung (§ 19 VerstV vom 12. 1. 1961 (BGBl. I, 43) oder der Beglaubigungsvermerk des Rechtsanwalts auf der bei einer Zustellung zu übergebenden Abschrift (§ 170 Abs. 2 ZPO). Aber auch von den öffentlichen Urkunden kommt nur ein Teilbereich in Betracht. Es scheiden aus die Eigenurkunden oder Dispositivurkunden, in denen der Aussteller seinen eigenen Willensentschluß als Hoheitsträger verlautbart (behördliche Entscheidungen, Anordnungen, Verfügungen)[7]); hierzu gehören auch Urkunden, die sich zwar als „Zeugnis" oder „Bescheinigung" bezeichnen, jedoch keine Tatsachen bezeugen, sondern eine Entscheidung enthalten, wie ein Prüfungszeugnis, oder eine Rechtslage feststellen, wie der Erbschein oder ein Testamentsvollstreckerzeugnis[8]). Die Beweiskraft die- 2

[3]) Jansen, DNotZ 1964, 707, 715; Seybold-Hornig BNotO[4] § 1 Rdn. 5.

[4]) Oberneck Notariatsrecht[10] S. 3/4; Weber DNotZ 1952, 315; Gonnella, Wesen und Wandel der Aufgaben des Notars in rechtsstaatlicher Betrachtung, Dt. Notartag 1956 S. 46 ff.; Schollen, Die Mitwirkung des Notars bei der Bildung des rechtsgeschäftlichen Willens, Dt. Notartag 1969 S. 52, 56; Seybold-Hornig BNotO[4] Art. 7 NotMaßnG Rdn. 6.

[5]) So insbes. Hornig, NdsRpfl. 1958, 101; DNotZ 1958, 340; eingehend Niese, Beurkundung als Rechtspflegeakt, ZZP 73, 1—45.

[6]) Auch die Bedenken von Niese beziehen sich nur auf die Beurkundung von Rechtsgeschäften, a. a. O. S. 26/27, 45 a E.

[7]) Vgl. Rietsch, Hdb. d. Urkundwiss.[2] § 4; Rosenberg ZPR[9] § 118 II, 2; Blomeyer ZPR § 77 III 2; Weber DNotZ 1962, 22; Mecke DNotZ 1968, 584 zu D 1.

[8]) Eine Zeugnisurkunde, die eine Tatsache bezeugt, ist aber das Zeugnis des Nachlaßgerichts über die Annahme des Testamentsvollstreckeramts, vgl. § 84 FGG Rdn. 27.

ser Urkunden bestimmt sich nach § 417 ZPO. Gegenstand des Gesetzes sind vielmehr die *Zeugnisurkunden,* in denen der Aussteller als Urkundsperson im eigentlichen Sinne eine von ihm wahrgenommene Tatsache, sei es die Abgabe einer Willenserklärung oder einen sonstigen Vorgang, bezeugt und damit „beurkundet". Hierbei kommt es nicht darauf an, ob die Urkunde in der Form der Niederschrift eines Wahrnehmungsberichtes (§§ 8, 36, 38) oder, wie bei der Beglaubigung einer Abschrift oder einer Unterschrift, in der Form eines Vermerks (§ 39), nämlich als zusammenfassendes Zeugnis über das Ergebnis von Wahrnehmungen errichtet wird; unter „Beurkundung" im Sinne des § 1 Abs. 1 ist die Errichtung von Zeugnisurkunden jeder Art, aber auch nur solcher, zu verstehen. Die Beschränkung auf bezeugende Urkunden ergibt sich aus der Verweisung auf die Zuständigkeit des Notars, der nicht berufen ist, Anordnungen oder Entscheidungen zu erlassen. Eine weitere Beschränkung ergibt sich daraus, daß die Urkundstätigkeit der Notare dem Gebiet der vorsorgenden Rechtspflege angehört (Rdn. 1), mithin nur die Herstellung von Urkunden zum Gegenstand hat, welche der Sicherung oder Verwirklichung privater Rechte dienen[8a]).

II. Beurkundungen durch Notare

3 Nach § 1 Abs. 1 regelt das Gesetz das Verfahren des Notars bei der Errichtung öffentlicher Zeugnisurkunden. Damit bezieht sich das Gesetz auf die Notare im Sinne des § 1 BNotO, die in den Ländern als unabhängige Träger eines öffentlichen Amtes für die Beurkundung von Rechtsvorgängen und andere Aufgaben auf dem Gebiet der vorsorgenden Rechtspflege bestellt sind. Nach § 64 Satz 1 gelten die Vorschriften des Gesetzes über das Beurkundungsverfahren aber auch für die im Lande Baden-Württemberg bestellten beamteten Notare (vgl. dazu Vorbem. 19 und § 64 Rdn. 1), nämlich die Notare im Landesteil Baden (Bezirk des OLG Karlsruhe) und die Bezirksnotare im Landesteil Württemberg (Bezirk des OLG Stuttgart). Das Gesetz setzt voraus, daß die *Beurkundungszuständigkeit* der Notare anderweit gesetzlich geregelt ist. Diese Regelung ist für Notare nach § 1 BNotO in den §§ 20 bis 22a BNotO enthalten; nach diesen Vorschriften bestimmt sich gemäß § 114 Abs. 1 Satz 3 Halbs. 2 BNotO auch die Zuständigkeit der württembergischen Bezirksnotare in ihrer Eigenschaft als öffentliche Notare, während für die Zuständigkeit der badischen Notare gemäß § 115 BNotO das Landesrecht (§ 22 BadLFGG) maßgebend ist. Die grundlegende Regelung trifft § 20 BNotO, welcher bestimmt:

§ 20. (1) Die Notare sind zuständig, Beurkundungen jeder Art vorzunehmen sowie Unterschriften, Handzeichen und Abschriften zu beglaubigen. Zu ihren Aufgaben gehören insbesondere auch die Beurkundung von Versammlungsbeschlüssen, die Vornahme von Verlosungen und Auslosungen, die Aufnahme von Vermögensverzeichnissen, die Anlegung und Abnahme von Siegeln, die Aufnahme von Protesten, die Zustellung von Erklärungen sowie die Ausstellung sonstiger Bescheinigungen über amtlich von ihnen wahrgenommene Tatsachen.

(2) Die Notare sind auch zuständig, Auflassungen entgegenzunehmen sowie Teilhypotheken- und Teilgrundschuldbriefe auszustellen.

(3) Die Notare sind ferner zuständig, freiwillige Versteigerungen durchzuführen. Eine Versteigerung beweglicher Sachen sollen sie nur vornehmen, wenn diese durch die Versteigerung unbeweglicher Sachen oder durch eine von dem Notar beurkundete oder vermittelte Vermögensauseinandersetzung veranlaßt ist.

(4) Inwieweit die Notare zur Vermittlung von Nachlaß- und Gesamtgutsauseinandersetzungen — einschließlich der Erteilung von Zeugnissen nach §§ 36 und 37 der Grundbuchordnung —, zur Aufnahme von Nachlaßverzeichnissen und Nachlaßinventaren sowie zur Anlegung und Abnahme von Siegeln im Rahmen eines Nachlaßsicherungsverfahrens zuständig sind, bestimmt sich nach den landesrechtlichen Vorschriften.

[8a]) Vgl. zum Beurkundungsbegriff des BeurkG Weber, DRiZ 1970, 45 zu III; Zimmermann Rpfleger 1970, 189 zu I 3.

Die Zuständigkeit des Notars für Beurkundungen ist hiernach umfassend. Der Notar ist für Beurkundungen „jeder Art“ zuständig, nämlich für die Beurkundung von Willenserklärungen einschließlich der Verfügungen von Todes wegen sowie für die Beurkundung von Vorgängen nicht rechtsgeschäftlicher Art, seien es Erklärungen oder sonstige Tatsachen. Die in den Eingangsworten des § 20 Abs. 1 BNotO enthaltene Generalklausel erfährt aber eine Einschränkung, abgesehen davon, daß es sich um Zeugnisurkunden handeln muß (Rdn. 2), dadurch, daß die Urkundstätigkeit des Notars auf das Gebiet der vorsorgenden Rechtspflege beschränkt ist (§ 1 BNotO). Die Beurkundung muß also der Gestaltung, Sicherung oder Klarstellung privater Rechtsverhältnisse dienen (Rdn. 1). Die Beurkundungszuständigkeit der Notare besteht ferner auch für die Errichtung von Zeugnisurkunden nicht, soweit eine ausschließliche Zuständigkeit von Gerichten oder Verwaltungsbehörden besteht, die im Rahmen des ihnen zugewiesenen Aufgabenkreises tätig werden, z. B. bei der Führung von Registern. **4**

Das von dem Notar bei der Beurkundung zu beobachtende Verfahren richtet sich auch dann nach den Vorschriften des BeurkG, wenn seine Zuständigkeit auf dem gemäß § 20 Abs. 4 BNotO vorbehaltenen *Landesrecht* beruht. Hierzu gehören die Beurkundungen bei der förmlichen Vermittlung von Nachlaß- und Gesamtgutsauseinandersetzungen, für welche bundesrechtlich nach § 86 FGG das Nachlaßgericht oder das in § 99 Abs. 2 FGG bezeichnete Amtsgericht zuständig ist, wenn und soweit die Zuständigkeit an Stelle des Gerichts oder neben diesem den Notaren landesrechtlich übertragen ist (vgl. §§ 192, 193 FGG mit Bem.). Die Aufnahme von Nachlaßverzeichnissen und -inventaren sowie die Anlegung und Abnahme von Siegeln wird von dem Vorbehalt in § 20 Abs. 4 BNotO nur insofern betroffen, als diese Maßnahmen im Rahmen eines Nachlaßsicherungsverfahrens ergehen, mithin auf Anordnung des Nachlaßgerichts (§§ 1960, 2003 BGB). Insoweit bestimmt sich die Zuständigkeit des Notars nach dem gemäß Art. 140, 147 EGBGB vorbehaltenen Landesrecht; vgl. für die Aufnahme von Nachlaßverzeichnissen und Inventaren § 77 FGG Anm. 10, für die Siegelung und Entsiegelung Art. 2 Nr. 2 BayNotG, § 18 Abs. 2 Nr. 2 BayNachlO; Art. 85 HessFGG; Art. 13 NdsFGG; Art. 87 PrFGG. Für die Aufnahme von Vermögensverzeichnissen und die Anlegung und Abnahme von Siegeln im unmittelbaren Auftrag der Beteiligten ergibt sich die Zuständigkeit des Notars bereits bundesrechtlich aus § 20 Abs. 1 Satz 2 BNotO. **5**

III. Beurkundungen durch andere Stellen als Notare

1. Abgrenzung des Anwendungsbereichs des § 1 Abs. 2. Für die Errichtung von Zeugnisurkunden auf dem Gebiet der vorsorgenden Rechtspflege sind außer den Notaren auch nach Erlaß des BeurkG vielfach noch andere Stellen zuständig, wenn auch die Zuständigkeiten nach der Zielrichtung des Gesetzes (Vorbem. 7) stark eingeschränkt worden sind. Soweit diese Zuständigkeiten mit der umfassenden Zuständigkeit der Notare konkurrieren, bestimmt § 1 Abs. 2, daß für das Beurkundungsverfahren dieser Stellen die Vorschriften des BeurkG mit Ausnahme des § 5 Abs. 2 (Beurkundungen in fremder Sprache) maßgebend sind. Das wird in § 1 Abs. 2 in der Weise zum Ausdruck gebracht, daß die Zuständigkeit dieser anderen Stellen „neben“ derjenigen der Notare begründet sein muß. Dadurch wird insoweit für gleichartige Rechtspflegeaufgaben ein einheitliches Beurkundungsverfahrensrecht geschaffen, unabhängig davon, ob im Einzelfall ein Notar oder eine andere nach Bundesrecht zuständige Stelle tätig wird (BT-Drucks. V/3282 S. 27). Nehmen dagegen andere zuständige Stellen Beurkundungen vor, für welche eine Zuständigkeit des Notars nicht besteht, so sind für das von diesen Stellen zu beobachtende Beurkundungsverfahren die Vorschriften des BeurkG nicht maßgebend, jedenfalls nicht auf Grund des § 1 Abs. 2, möglicherweise aber auf Grund einer anderen (beschränkten) Verweisung. **6**

Die *Erklärung zum Protokoll der Geschäftsstelle* des Gerichts oder zur Niederschrift einer nichtgerichtlichen Behörde ist keine öffentliche Beurkundung i. S. des BeurkG, selbst wenn das Gesetz daneben als Ersatzform die öffentliche Beglaubigung zuläßt. Sie ist eine besondere Form, um die Erklärung des Beteiligten aktenkundig zu machen, die nur dem Gericht oder **7** der Behörde zur Verfügung steht. Soweit Landesrecht diese Form vorsieht (vgl. zum Kirchenaustritt § 61 Rdn. 18), wird es durch § 60 Satz 1 nicht betroffen[8b]). Auch die Form der von der Geschäftsstelle aufzunehmenden Niederschrift bestimmt sich nicht nach § 1 Abs. 2 BeurkG, sondern nach den für das Gericht oder die Behörde jeweils geltenden Bestimmungen. Hieraus ergibt sich zugleich, daß die Aufhebung des § 128 FGG (vgl. § 128 FGG Rdn. 1) durch die Ziele des BeurkG nicht gefordert wurde.

Nicht anwendbar auf Grund des § 1 Abs. 2 sind die Vorschriften des BeurkG, soweit die Zuständigkeit anderer Stellen auf *Bundesrecht* beruht, in nachstehenden Fällen:

8 *a) Nottestamente vor dem Bürgermeister.* Der Notar ist nach § 2231 Nr. 1 nur zuständig zur Errichtung eines Testaments in ordentlicher Form. Ein vor dem Bürgermeister errichtetes Nottestament (§§ 2249, 2266 BGB) ist zwar eine öffentliche Urkunde, der Bürgermeister ist aber nicht neben dem Notar zuständig, so daß die Anwendbarkeit des § 1 Abs. 2 entfällt. Die Vorschriften des BeurkG sind nur in dem Umfang anwendbar, in welchem in § 2249 Abs. 1 BGB i. d. F. des § 57 Abs. 3 Nr. 10 BGB auf sie verwiesen wird. Das *Dreizeugentestament* und das *Seetestament* (§ 2250, 2251 BGB) sind keine öffentlichen Urkunden, so daß schon aus diesem Grunde die Anwenbarkeit des § 1 Abs. 2 entfällt; auch insoweit sind die Vorschriften des BeurkG nur anwendbar, soweit in § 2250 Abs. 3 BGB i. d. F. des § 57 Abs. 3 Nr. 11 Buchst. b BeurkG auf sie verwiesen wird.

9 *b) Konsularisches Notariat.* Die Beurkundungszuständigkeiten der Konsuln und die der Notare schließen sich gegenseitig aus, da die Notare im Amtsbezirk der Konsuln, also im Ausland, Beurkundungen nicht vornehmen dürfen (§ 2 Rdn. 6). Auf Beurkundungen durch deutsche Konsuln ist daher das BeurkG nicht auf Grund des § 1 Abs. 2, sondern nur insoweit anwendbar, als in § 16 Abs. 2, § 16a Abs. 1 Satz 2 und in § 17 Abs. 1 Satz 2 KonsularG i. d. F. des § 57 Abs. 1 BeurkG darauf verwiesen wird. Dazu näher unten Anm. F.

10 *c) Standesbeamte.* Für die Beurkundung von Eheschließungen, Geburten und Sterbefällen sind die Standesbeamten ausschließlich zuständig, so daß keine mit den Notaren konkurrierende Zuständigkeit besteht, welche nach § 1 Abs. 2 die Anwendbarkeit des BeurkG rechtfertigen könnte. Neben den Notaren ist der Standesbeamte allerdings zuständig für die Beurkundung oder Beglaubigung der zur Eheschließung erforderlichen Einwilligung der Eltern, des Vormundes oder des Pflegers, von Erklärungen über die Namensänderung der Frau, des nichtehelichen oder des an Kindes Statt angenommenen Kindes, von Erklärungen über die Anerkennung der Vaterschaft, der Zustimmungserklärung des Kindes dazu und der Zustimmung des gesetzlichen Vertreters sowie von Erklärungen über die Anerkennung der Mutterschaft und der etwa erforderlichen Zustimmung des gesetzlichen Vertreters der Mutter (§§ 5 Abs. 4, 15c Abs. 1, 29a Abs. 1, 29b Abs. 3, 31a Abs. 1 PStG i. d. F. des 3. ÄndG-PStG vom 17. 7. 1970 (BGBl. I 1099). Insoweit ist aber die Anwendbarkeit des BeurkG abweichend von § 1 Abs. 2 durch § 58 ausgeschlossen.

11 *d) Postbeamte* sind zuständig für die Aufnahme von Wechsel- und Scheckprotesten bis zu 1000 DM nach Art. 79 WG, Art. 55 ScheckG und § 40 PostO vom 16. 5. 1963 (BGBl. I, 341). Insoweit sind sie neben den Notaren zuständig (§ 20 Abs. 1 Satz 2 BNotO). Die Anwendbarkeit des BeurkG kommt gleichwohl nicht in Betracht, weil das Verfahren auch für die Notare nicht im BeurkG, sondern in den genannten, gemäß § 59 aufrechterhaltenen bundesrechtlichen Vorschriften geregelt ist. Ebenso bleiben die Vorschriften des § 195 Abs. 2 ZPO über die von Postbediensteten über Zustellungen aufzunehmende Urkunde unberührt.

12 *e) Gerichtsvollzieher.* Für Versteigerungen im Rahmen einer Zwangsvollstreckung (§ 814 ZPO) kommen die Vorschriften des BeurkG nicht in Betracht. Für Zustellungen, die im Laufe eines im Inland anhängigen Rechtsstreits oder im Rahmen eines gerichtlichen Verfahrens der freiwilligen Gerichtsbarkeit erfolgen, besteht keine alternative Zuständigkeit des

[8b]) Das hat Zimmermann Rpfleger 1970, 189 zu I 3 g überzeugend nachgewiesen; ebenso Mecke, DNotZ 1968, 595.

Notars. Das Verfahren des Gerichtsvollziehers bei Zustellung von Erklärungen (§ 132 Abs. 1 BGB, § 166 ZPO) richtet sich gemäß § 59 weiter nach den Vorschriften der ZPO, das Verfahren bei öffentlichen Versteigerungen (vgl. § 15 Rdn. 3) nach den Vorschriften des BGB (§§ 383 Abs. 3, 156, 457, 456, 458 BGB), das Verfahren bei freiwilligen Versteigerungen nach dem gemäß § 61 Abs. 1 Nr. 1 vorbehaltenen Landesrecht. Soweit die Gerichtsvollzieher nach Landesrecht zuständig sind, Wechsel- oder Scheckproteste aufzunehmen (§ 61 Abs. 1 Nr. 3), sind für das Verfahren die Art. 79—88 WG, Art. 55 ScheckG maßgebend. Wegen weiterer landesrechtlicher Zuständigkeiten der Gerichtsvollzieher vgl. § 61 Abs. 1 Nr. 2 und 3 mit Bem.

2. Landesrecht. Soweit die Zuständigkeit anderer Stellen als der Notare für selbständige **13**
Beurkundungen, für welche sie neben den Notaren zuständig sind, auf dem gemäß §§ 61, 63 vorbehaltenen Landesrecht beruht, gelten die Vorschriften des BeurkG grundsätzlich gemäß § 60 Satz 1 auch für die Form der Beurkundung. Das Landesrecht kann die Form der Beurkundung und das Beurkundungsverfahren abweichend nur insoweit regeln, als das Beurkundungsgesetz einen landesgesetzlichen Vorbehalt auch für das Beurkundungsverfahren enthält. Das ist der Fall in § 61 Abs. 1 Nr. 1, 5, 7 bis 12 (vgl. dazu § 61 Rdn. 3, 9, 11, 12, 15, 16, 17, 19).

3. Beurkundungen als Teil eines gerichtlichen oder behördlichen Verfahrens. Gerichte **14**
und Behörden sind vielfach berufen, im Rahmen des ihnen zugewiesenen Tätigkeitsbereichs zur Einleitung oder Durchführung eines Verfahrens Zeugnisurkunden über vor ihnen abgegebene Erklärungen oder über von ihnen amtlich wahrgenommene Tatsachen zu errichten. Hierbei sind die Notare zur Mitwirkung nicht berufen. Auf die Beurkundung von Anträgen, Erklärungen, Zustellungen und Vergleichen in einzuleitenden oder anhängigen Verfahren im Rahmen von Zivil-, Straf- und Verwaltungsprozessen oder in einem Verfahren der freiwilligen Gerichtsbarkeit oder in einem verwaltungsbehördlichen Verfahren ist daher das BeurkG nicht auf Grund des § 1 Abs. 2 anwendbar[9]) (möglicherweise ist die Anwendbarkeit aber anderweit bestimmt, z. B. § 1945 Abs. 2 BGB n. F.). Hierbei kommt es nicht darauf an, ob dieselbe Erklärung ihrem Inhalt nach, wenn sie außerhalb des Verfahrens abgegeben würde, auch (oder nur) von einem Notar beurkundet werden könnte, wie etwa die bei der Beurkundung eines Prozeßvergleichs (§ 794 Abs. 1 Nr. 1 ZPO) abgegebenen Willenserklärungen oder die bei der Vermittlung der Erb- oder Gesamtgutsauseinandersetzung oder bei der Dispache von dem Gericht zu beurkundenden Vereinbarungen (§§ 91, 93, 99, 155 FGG). Diese Beurkundungen stellen sich als Teil des Verfahrens dar, so daß die Vorschriften der jeweiligen Verfahrensordnung, nicht aber diejenigen des BeurkG anwendbar sind. Demgemäß sind unberührt geblieben die Befugnis und das Verfahren des UdG zur Entgegennahme von Anträgen und Erklärungen auf Grund des § 11 FGG, selbst wenn es sich um Willenserklärungen handelt, sofern dafür kein besonderes Formerfordernis aufgestellt ist (vgl. § 11 FGG Rdn. 2). Zu diesen Erklärungen rechnet die amtliche Begründung (BT-Drucks. V/3282 S. 27) auch den Austritt aus den Religionsgesellschaften des öffentlichen Rechts nach dem preuß. G vom 30. 11. 1920 (GS 1921 S. 119)[9a]). Aus dem Gebiet des Verwaltungsverfahrens gehört hierher die Beurkundung einer Einigung der Beteiligten im Enteignungsverfahren vor der Enteignungsbehörde nach § 110 BBauG, welche einem nicht mehr anfechtbaren Enteignungsbeschluß gleichsteht. Eine andere, hier nicht erörterte Frage ist es, ob das Gericht oder die Behörde für die Vornahme der Beurkundung sachlich zuständig ist; das ergibt sich aus der jeweils maßgeblichen Verfahrensordnung, in der in der Regel vorgesehen ist, daß die Beurkundung mit dem Verfahren im Zusammenhang steht und dessen Einleitung, Förderung oder Beendigung dient. Die Zuständigkeit fehlt, wenn die Beurkundung nur gelegentlich eines Amtsgeschäfts vorgenommen wird und mit diesem nur in äußeren Zusammenhang steht; z. B. dürfte das VormG,

[9]) Amtl. Begr. BT-Drucks. V/3282 S. 27; Mecke DNotZ 1968, 584 594; Palandt-Dankelmann[29] § 1 BeurkG Anm. 2.

[9a]) Insoweit gilt jetzt der landesgesetzliche Vorbehalt in § 61 Abs. 1 Nr. 12 i. d. F. des ÄndG vom 27. 6. 1970 (BGBl. I 911); vgl. § 61 Rdn. 18.

welches dem Kinde einen Pfleger zur Vertretung beim Abschluß eines Erbauseinandersetzungsvertrages mit dem Elternteil bestellt hat, diesen Vertrag nicht (mehr) selbst beurkunden; auch dürfte es kein Zeugnis über das Leben des Mündels erteilen. Eine von einer sachlich unzuständigen Behörde aufgenommene Urkunde hätte nach § 415 ZPO nicht die Kraft einer öffentlichen Urkunde. Der Landesgesetzgebung sind für die Begründung von Beurkundungszuständigkeiten anderer Stellen als der Notare durch Art. 109 Satz 3 EGBGB i. d. F. des § 57 Abs. 4 Nr. 1 BeurkG und durch § 61 Abs. 2 Nr. 2 BeurkG Schranken auferlegt. Da aber der Bund auf dem Gebiet des Verwaltungsverfahrens keine Gesetzgebungskompetenz hat, sind die Länder nicht gehindert, bei der Regelung eines Verwaltungsverfahrens Bestimmungen zu treffen, welche der Beurkundung von Erklärungen vor einer Verwaltungsbehörde Rechtswirkungen beilegen, welche über die Wirkung einer bloßen Beurkundung hinausgehen, z. B. der Beurkundung rechtsgestaltende Wirkung (Übergang des Eigentums) beilegen[10]); auch die Beglaubigung von Unterschriften kann Teil eines Verwaltungsverfahrens sein, wenn damit über den Beweiszweck hinaus verfahrensrechtliche Wirkungen erreicht werden sollen[11]).

15 Im *Ergebnis* folgt hieraus, daß das Beurkundungsverfahren von Gerichten und Behörden sich nur dann gemäß § 1 Abs. 2 nach den Vorschriften dieses Gesetzes richtet, wenn dem Gericht oder der Behörde *unabhängig von einem Verfahren, für welches es sachlich zuständig ist, eine bloße Beurkundungszuständigkeit neben den Notaren* übertragen ist. Hierher gehören die nachstehend (IV.) angeführten Angelegenheiten.

IV. Maßgeblichkeit des BeurkG für selbständige Beurkundungen von Gerichten und Behörden

Auf Grund des § 1 Abs. 2 sind die Vorschriften des BeurkG für das Beurkundungsverfahren folgender Stellen außer der Notare maßgebend:

1. Gerichte

16 *a) Anerkennung der Vaterschaft.* Nach § 62 sind die *Amtsgerichte* zuständig für die Beurkundung von Erklärungen über die Anerkennung der Vaterschaft und damit in Zusammenhang stehende Erklärungen; vgl. näher § 62 mit Bem. Zuständig ist jedes Amtsgericht, nicht nur das Vormundschaftsgericht, obwohl die nicht ohne Widerstand Gesetz gewordene Vorschrift vom Bundesrat damit gerechtfertigt worden ist, daß ein Bedürfnis für die Begründung der Zuständigkeit der Vormundschaftsgerichte bestehe (BT-Drucks. V/3282 S. 56 zu 23, BT-Drucks. V/4439 S. 5 zu 6). Das Amtsgericht ist mithin auch zuständig, wenn auf Grund des Art. 147 EGBGB andere Behörden als die Amtsgerichte Vormundschaftsgericht sind (vgl. § 35 FGG Anm. B). Die Bezirksnotare im Landesteil Württemberg des Landes Baden-Württemberg, die dort die Aufgaben des VormG wahrnehmen, sind (neben dem Amtsgericht) in ihrer Eigenschaft als öffentliche Notare zuständig. Gemäß § 29b Abs. 3 PStG erstreckt sich die Zuständigkeit auch auf Erklärungen über die Anerkennung der *Mutterschaft* nach ausländischem Recht.

17 *b) Erbscheinsverhandlung.* Die zur Erwirkung eines Erbscheins in der Regel erforderliche eidesstattliche Versicherung des Antragstellers ist nach § 2356 Abs. 2 BGB *vor Gericht* oder vor einem Notar abzugeben, ebenso gegebenenfalls nach § 2357 Abs. 3 BGB die Versicherung der übrigen Erben. Die Vorschrift ist auch anwendbar bei Erteilung eines Testamentsvollstreckerzeugnisses (§ 2368 Abs. 3 BGB), eines Zeugnisses über die Fortsetzung der Gütergemeinschaft (§ 1507 BGB) und von Überweisungszeugnissen nach §§ 36, 37 GBO, § 42 SchiffsRegO. Die Zuständigkeit des Gerichts ist unberührt geblieben[12]). Der Gesetzentwurf

[10]) Vgl. § 110 BBauG und dazu BT-Drucks. V/4439 S. 4 zu 5.

[11]) Vgl. die Stellungnahme des Bundesrats BT-Drucks. V/3282 S. 53 zu 15, die ebenda S. 58 die Zustimmung der Bundesregierung gefunden hat und Gesetz geworden ist.

[12]) So auch Haegele, Rpfleger 1969, 368; Palandt-Keidel BGB[29] § 2356 Vorb.; Frankfurt NJW 1970, 1050.

sah zwar in § 56 Abs. 2 Nr. 6 auch die Beseitigung dieser Zuständigkeit vor; die Vorschrift ist auf den Widerspruch des Bundesrats jedoch nicht Gesetz geworden (vgl. BT-Drucks. V/4439 S. 3 zu 3 u. BT-Drucks. V/4500 zu Nr. 1). Allerdings bestimmt die Generalklausel des § 56 Abs. 4, daß, auch wenn andere Vorschriften des bisherigen Bundesrechts die Erklärung vor einem Gericht oder Notar vorsehen, nur der Notar zuständig ist; durch die Anfügung des Satzes 2 an § 56 Abs. 3 durch Art. 3 Nr. 1 des ÄnderungsG vom 27. 6. 1970 ist aber klargestellt worden, daß die Generalklausel des § 56 Abs. 4 sich nicht auf § 2356 Abs. 2 BGB bezieht. Es handelt sich nicht um die Beurkundung einer Willenserklärung, sondern um eine Tatsachenbeurkundung, für deren Form § 38 maßgebend ist. Das BGB beschränkt sich darauf, die Gerichte allgemein als zuständig zu bestimmen, und überläßt es, da § 167 Abs. 1 FGG a. F. nicht eingreift, dem Landesgesetzgeber, unter den Gerichten das sachlich zuständige zu bestimmen. Bisher war das Amtsgericht sachlich zuständig (Art. 31 Abs. 1 Satz 1 PrFGG, Art. 38 HessFGG, Art. 24 NdsFGG); da diese Vorschriften durch § 60 aufgehoben sind, nach der Absicht des Gesetzgebers (a. a. O.) aber die Amtsgerichte zuständig sein sollen, hätte dies bundesrechtlich bestimmt werden müssen. Bis zu dieser Regelung ist mithin jedes Gericht und deshalb jedenfalls *auch* jedes Amtsgericht sachlich zuständig. Auf das Nachlaßgericht ist die Zuständigkeit nicht beschränkt[12a]).

2. *Jugendämter.* Die besonders ermächtigten Beamten und Angestellten des Jugendamts **18**
waren nach der bis zum 30. 6. 1970 geltenden Rechtslage gemäß § 49 JWG a. F. zuständig, Verpflichtungserklärungen nach §§ 1708, 1715 BGB einschließlich der Unterwerfung unter die sofortige Zwangsvollstreckung und Erklärungen über die Anerkennung der Vaterschaft nach §§ 1718, 1720 Abs. 2 BGB zu beurkunden und Einbenennungserklärungen nach § 1706 Abs. 2 BGB zu beglaubigen. Zur Anpassung an das Nichtehelichenrecht hat § 49 JWG mit Wirkung vom 1. 7. 1970 durch das ÄnduErgG-JWG vom 27. 6. 1970 eine neue Fassung erhalten. Danach stehen den besonders ermächtigten Beamten und Angestellten eines jeden Jugendamts, nicht nur des nach § 11 JWG örtlich zuständigen (§ 49 Abs. 3), im wesentlichen dieselben Zuständigkeiten zu wie dem Amtsgericht nach § 62 BeurkG mit der Abweichung, daß das Kind zur Zeit der Beurkundung von Verpflichtungen zur Erfüllung von Unterhaltsansprüchen oder zur Leistung einer Unterhaltsabfindung noch minderjährig sein muß und daß es bei der Beurkundung von Unterhaltsverpflichtungen nicht darauf ankommt, ob das Kind ehelich oder nichtehelich ist; vgl. näher § 62 Rdn. 24 bis 33. Außerdem erstreckt sich die Zuständigkeit auf die öffentliche Beglaubigung der Erklärung des Ehemannes der Mutter oder des Vaters des nichtehelichen Kindes über die Namenserteilung nach § 1618 BGB und der Erklärung des Kindes über die Annahme des Mädchennamens der Mutter nach § 1617 Abs. 2 Satz 2 bis 4 BGB (§ 49 Abs. 1 Nr. 4 JWG). Nach Art. 2 des G zu dem Übereinkommen vom 14. 9. 1961 über die Anerkennung der Vaterschaft und vom 12. 9. 1962 über die Feststellung der mütterlichen Abstammung nichtehelicher Kinder vom 15. 1. 1965 (BGBl. II, 17) konnten Beamte und Angestellte des Jugendamts, die ermächtigt sind, Erklärungen nach §§ 1718, 1720 Abs. 2 BGB zu beurkunden, auch die Anerkennung der Vaterschaft nach Art. 2 des Übereinkommens (mit Standesfolge) sowie die Anerkennung der Mutterschaft beurkunden[13]). Nach Aufhebung dieser Vorschrift durch Art. 2 ÄnduErgG-JWG vom 27. 6. 1970 (BGBl. I, 920) ergibt sich die Zuständigkeit des Jugendamts zur Beurkundung von Mutterschaftsanerkenntnissen aus § 29b Abs. 3 PStG. Für das Beurkundungsverfahren ist gemäß § 1 Abs. 2 das BeurkG maßgebend.

[12a]) Der gegenteiligen Meinung von Weber DRiZ 1970, 45, 47 kann nicht gefolgt werden; die Rechtslage ist jetzt im ganzen Bundesgebiet dieselbe wie bis zum 31. 12. 1969 in Bayern, wo die Zuständigkeit ebenfalls landesrechtlich nicht geregelt war (vgl. Art. 10 BayAGGVG), aber aus § 2356 Abs. 2 BGB geschlossen wurde, daß jedes Amtsgericht zuständig sei (vgl. Arndt RechtspflG § 23 Rdn. 49; Keidel FGG[9] § 167 Rdn. 34). Die Gesetzesmaterialien ergeben jedenfalls, daß eine Beschränkung der bisherigen Zuständigkeit der Amtsgerichte auf das Nachlaßgericht nicht gewollt war. Wie hier Palandt-Keidel BGB[29] § 2356 Vorb.; a. M. Mecke § 1 Fn. 72.

[13]) Dazu Link, StAZ 1968, 67; Niclas, ZBlJR 1968, 8.

V. Unselbständige Beurkundungen im Rahmen von Verrichtungen des Gerichts der freiwilligen Gerichtsbarkeit

19 Die Anwendbarkeit der Vorschriften des BeurkG über das Beurkundungsverfahren ergibt sich nicht aus § 1 Abs. 2, wenn mit der sachlichen Zuständigkeit eines Gerichts für ein bestimmtes Verfahren oder eine Verrichtung die Vornahme von Beurkundungen verbunden ist (oben Rdn. 14, 15); die Anwendbarkeit dieser Vorschriften in dem Verfahren muß vielmehr besonders bestimmt sein. Hierher gehören:

1. Nachlaßgericht

20 *a) Erbausschlagungen.* Die Ausschlagung der Erbschaft durch Erklärung gegenüber dem Nachlaßgericht kann außer in öffentlich beglaubigter Form nach § 1945 Abs. 1 Halbs. 2 BGB n. F. auch zur Niederschrift des Nachlaßgerichts erfolgen. Diese Vorschrift gilt nach § 1955 BGB auch für die Anfechtung der Annahme oder der Ausschlagung sowie nach § 1484 Abs. 2 BGB für die Ablehnung der Fortsetzung der Gütergemeinschaft durch den überlebenden Ehegatten, nicht aber für den Verzicht eines anteilsberechtigten Abkömmlings auf seinen Anteil am Gesamtgut nach § 1491 BGB und für die Aufhebung der fortgesetzten Gütergemeinschaft durch den überlebenden Ehegatten nach § 1492 BGB. Auch die Vollmacht zur Erbausschlagung (§ 1945 Abs. 3) kann nicht vom Nachlaßgericht beurkundet werden. Die Entgegennahme der Erklärung zur Niederschrift des Nachlaßgerichts geht in ihren verfahrensrechtlichen Wirkungen über die bloße Beurkundung hinaus, weil darin eine Mitwirkung des Gerichts liegt, die zur Folge hat, daß die Erklärung gemäß § 7 FGG auch wirksam ist, wenn das beurkundende Nachlaßgericht örtlich unzuständig war (vgl. § 7 FGG Rdn. 4 zu Fn. 5), eine Wirkung, welche die Einreichung einer öffentlich beglaubigten Erklärung nicht hat. Es handelt sich also um eine Beurkundung im Rahmen der dem Nachlaßgericht zugewiesenen Verrichtungen, für welche § 1 Abs. 2 nicht gilt; die Anwendbarkeit der Vorschriften des BeurkG ist deshalb in § 1945 Abs. 2 BGB besonders bestimmt worden. Die Form der Niederschrift richtet sich nach den §§ 6 bis 26 BeurkG. Die *Anfechtung einer letztwilligen Verfügung* des in § 2081 BGB bezeichneten Inhalts erfolgt durch formlose Erklärung gegenüber dem Nachlaßgericht; diese Erklärung kann gemäß § 11 FGG zum Protokoll der Geschäftsstelle jedes Amtsgerichts abgegeben werden (§ 11 Rdn. 2). Die Anfechtung eines Erbvertrages durch den Erblasser bedarf nach § 2282 Abs. 3 BGB der notariellen Beurkundung; zur Niederschrift des Nachlaßgerichts kann sie nicht erklärt werden.

21 *b) Erbauseinandersetzung.* Im Verfahren vor dem Nachlaßgericht zur Vermittlung der Auseinandersetzung eines Nachlasses (§§ 86 bis 98 FGG) hat das Gericht Vereinbarungen über die Art der Teilung und den Auseinandersetzungsplan zu beurkunden (§§ 91, 93 FGG). Die Wirkungen des Verfahrens gehen über die einer bloßen Beurkundung von Willenserklärungen hinaus, weil das Einverständnis nicht erschienener Beteiligter durch Säumnis fingiert wird (§ 91 FGG Anm. C, § 93 Anm. 3). Diese Zuständigkeit wird durch das BeurkG nicht berührt; von Einfluß auf das Verfahren ist lediglich die Aufhebung der Vorschriften der §§ 168 bis 182 FGG, welche bisher für diese Beurkundungen maßgebend waren (vgl. § 91 FGG Rdn. 3). Da die Anwendbarkeit der Formvorschriften über die Beurkundung von Willenserklärungen sachlich geboten ist, sich aber nicht aus § 1 Abs. 2 ergibt[13a]), hätte dies, wie in § 1945 Abs. 2 BGB, besonders bestimmt werden müssen. Ob diese Gesetzeslücke auf dem bei § 91 FGG Rdn. 3 aufgezeigten Wege ausgefüllt werden kann, ist nicht unzweifelhaft.

22 *c) Inventarerrichtung.* Nach § 2003 BGB kann der Erbe die Aufnahme des Inventars beim Nachlaßgericht beantragen und schon durch die Stellung des Antrags die Inventarfrist wahren. Das Nachlaßgericht ist kraft Bundesrechts zuständig, das Inventar selbst aufzunehmen, wenn es die Aufnahme nicht einem Notar oder einer nach Landesrecht zuständigen Stelle überträgt (dazu § 77 Rdn. 16). Die Zuständigkeit des Nachlaßgerichts kann auf Grund des Art. 148 EGBGB durch den Landesgesetzgeber ausgeschlossen werden. Soweit das Nachlaßgericht selbst tätig wird, handelt es sich um eine Beurkundung im Rahmen eines Verfah-

[13a]) So auch Weber DRiZ 1970, 45 zu Fn. 13; Zimmermann Rpfleger 1970, 189 zu II 5.

rens, für welche § 1 Abs. 2 nicht gilt. Bisher richtete sich das Verfahren (Tatsachenbeurkundung) gemäß § 200 Abs. 1 FGG nach Landesrecht (z. B. Art. 53 bis 56 PrFGG). Da diese Befugnis des Landesgesetzgebers entfallen ist (§ 200 FGG Rdn. 2), übrigens die genannten Vorschriften des Landesrechts durch § 60 aufgehoben sind, hätte bundesrechtlich bestimmt werden müssen, daß das Inventar des Nachlaßgerichts nach den Vorschriften des BeurkG (§§ 36 ff.) aufzunehmen ist; es besteht also eine Gesetzeslücke. Soweit der Erbe nach § 2002 BGB außer einem Notar eine zuständige Behörde oder einen Beamten zuzieht, gilt der landesgesetzliche Vorbehalt des § 61 Abs. 1 Nr. 2, ebenso für die Zuständigkeit der Behörden und Beamten, denen das Nachlaßgericht die Aufnahme des Inventars nach § 2003 BGB übertragen kann (vgl. § 77 FGG Rdn. 14 ff., § 61 BeurkG Rdn. 4); für die Inventarerrichtung durch diese nichtgerichtlichen Behörden oder Beamten gelten die Vorschriften des BeurkG (§ 61 Rdn. 6).

d) Eidesstattliche Versicherung über die Richtigkeit des Inventars. Die nach § 2006 BGB, **23**
§ 79 FGG i. d. F. des Art. 2 § 1 Nr. 3, § 5 Nr. 3 des G vom 27. 6. 1970 (BGBl. I, 911) vor dem Nachlaßgericht abzugebende eidesstattliche Versicherung des Erben über die Richtigkeit des Inventars ist Teil eines gerichtlichen Verfahrens, so daß die Vorschriften des BeurkG nicht anwendbar sind, abgesehen davon, daß diese Zuständigkeit nicht neben der der Notare besteht (§ 1 Abs. 2). Es hätte, wie in § 1945 Abs. 2 BGB, bestimmt werden müssen, daß die Niederschrift nach den Vorschriften des BeurkG (§ 38) zu errichten ist. Es gelten mithin die bei § 11 FGG Rdn. 8 dargelegten allgemeinen Grundsätze über Protokolle im Verfahren der freiwilligen Gerichtsbarkeit. Dem Nachlaßgericht steht es aber frei und es ist jedenfalls empfehlenswert, die Form des § 38 einzuhalten. Die Übertragung auf den Rechtspfleger ergibt sich aus § 3 Nr. 2 Buchst. c RechtspflG.

2. *Vormundschaftsgericht.* Nach § 1892 Abs. 2 BGB hat das Vormundschaftsgericht bei **24**
der Abnahme der Schlußrechnung des Vormundes, wenn die Rechnung als richtig anerkannt wird, das Anerkenntnis zu beurkunden. Maßgebend waren bisher die §§ 168 bis 182 FGG. Da es sich um eine Beurkundung als Teil eines Verfahrens handelt, ist § 1 Abs. 2 BeurkG nicht anwendbar. Die Anwendbarkeit der §§ 6 ff. BeurkG hätte besonders bestimmt werden müssen. Das Anerkenntnis ist allerdings auch formlos gültig[14]).

3. *Grundbuchamt.* Im Verfahren zur Klarstellung der Rangverhältnisse hat das Grund- **25**
buchamt, wenn die erschienenen Beteiligten sich über die Rangordnung einigen, die Vereinbarung zu beurkunden (§ 102 Abs. 1 Satz 2 GBO); die Bem. zu Rdn. 24 gelten entsprechend.

4. *Amtsgericht*

a) Gesamtgutsauseinandersetzung. Das Verfahren zur Vermittlung der Auseinanderset- **26**
zung eines Gesamtguts (§ 99 FGG) ist keine Verrichtung des Nachlaßgerichts, sondern des Amtsgericht als solchem (§ 99 FGG Rdn. 10). Für das Verfahren bei den auch hier nach den §§ 99, 91, 93 FGG vorkommenden Beurkundungen gelten die Bem. zu Rdn. 21.

b) Dispache. Auch bei der Dispache kann die Beurkundung von Willenserklärungen vor- **27**
kommen, nämlich wenn eine Einigung zu gerichtlichem Protokoll zu nehmen ist (§ 155 FGG Rdn. 4). Für die Beurkundung waren bisher die §§ 168 bis 182 FGG maßgebend; jetzt besteht die in Rdn. 21 erörterte Gesetzeslücke.

c) Abnahme eidesstattlicher Versicherungen. Für die Abnahme der eidesstattlichen Ver- **28**
sicherung in den Fällen der §§ 259, 260, 2028, 2057 BGB i. d. F. des Art. 2 § 1 des G vom 27. 6. 1970 (BGBl. I, 911) ist gemäß § 261 BGB n. F., § 163 FGG n. F., wenn sie nicht vor dem Vollstreckungsgericht abzugeben ist, das Amtsgericht zuständig. Das Verfahren ist auf den Rechtspfleger übertragen (§ 3 Nr. 1 Buchst. b RechtspflG i. d. F. des Art. 1 Nr. 1 des G vom 27. 6. 1970, BGBl. I 911). Für die zu errichtende Niederschrift sind die Vorschriften

[14]) Staudinger-Engler BGB[11] § 1892 Rdn. 9; Palandt-Lauterbach[28] § 1892 Anm. 5; vgl. Josef Gruch Beitr. 50, 624.

des BeurkG nicht maßgebend, weil die Notare hierfür nicht zuständig sind. Es gelten die Bem. zu Rdn. 23.

29 *d) Verklarung.* Nach § 2 der VO zur Vereinfachung des Verfahrens über Verklarungen vom 16. 8. 1944 (RGBl. I 183 = BGBl. III 4101-1) hat der Schiffer oder Schiffsoffizier zugleich mit der Einreichung des Verklarungsberichts (§ 523 HGB) bei dem nach § 145 FGG zuständigen Amtsgericht eine vor dem Gericht oder vor einem Notar abgegebene Versicherung an Eides Statt beizufügen, daß der Bericht vollständig und richtig sei (vgl. dazu § 145 FGG Rdn. 8-11). Die Abnahme dieser Versicherung war bisher ein Beurkundungsgeschäft, für welches jedes Amtsgericht und jeder Notar zuständig war. Jetzt ist die Zuständigkeit der Amtsgerichte durch § 56 Abs. 4 BeurkG beseitigt; verblieben ist aber die Beurkundungsbefugnis des örtlich und nach § 145 FGG sachlich zuständigen Verklarungsgerichts (über die örtliche Zuständigkeit vgl. § 145 FGG Rdn. 9), weil es sich um eine Beurkundung als Teil eines Verfahrens handelt[14a]). Für die Form der zu errichtenden Niederschrift gelten die Bem. zu Rdn. 23. Eine Übertragung auf den Rechtspfleger liegt nicht vor; § 3 Nr. 1 Buchst. f RechtspflG greift nicht ein, weil es sich nicht um eine selbständige Beurkundung handelt (vgl. Rdn. 31), sondern um eine solche als Teil eines Verfahrens, welches nach § 17 Nr. 2 Buchst. a RechtspflG dem Richter vorbehalten ist. Zur Beglaubigung der Abschriften der in § 2 Satz 3 VerklarungsVO bezeichneten Urkunden ist das Gericht nach der Änderung dieser Vorschrift durch § 56 Abs. 1 BeurkG nicht mehr befugt.

30 *5. Landwirtschaftsgericht.* Die Erklärung der als Hoferben Berufenen über die Wahl unter mehreren Höfen (§ 9 Abs. 1 Satz 2 HöfeO) und die Bestimmung des Hoferben unter den Abkömmlingen des Eigentümers durch den überlebenden Ehegatten (§ 14 Abs. 3 Satz 3 HöfeO) können außer in öffentlich beglaubigter Form auch zur Niederschrift des Gerichts erklärt werden; gemäß § 57 Abs. 11 ist die Niederschrift nach den Vorschriften des BeurkG (§§ 6 bis 26) zu errichten. Dasselbe gilt für die Ausschlagung des Hofanfalls (§ 11 HöfeO, § 1945 BGB). Für die Natur dieser Beurkundung als Teil eines Verfahrens gelten die Bem. zu Rdn. 20. Das Landwirtschaftsgericht ist ferner zuständig, in einem Verfahren nach §§ 13 ff. GrdstVG über die Zuweisung eines landwirtschaftlichen Betriebes, der einer nach gesetzlicher Erbfolge entstandenen Erbengemeinschaft gehört (vgl. § 86 FGG Rdn. 28), oder in einem Verfahren nach § 13 ff. der hessischen Landgüterordnung i. d. F. vom 13. 8. 1970 (Hess. GVBl. 548) zur Regelung der Erbfolge in ein in die Landgüterrolle eingetragenes Landgut eine Einigung über die Gutsübernahme zu beurkunden sowie die Auflassung entgegenzunehmen und zu beurkunden (§§ 127a, 925 Abs. 1 Satz 3 BGB).

31 *6. Übertragung auf den Rechtspfleger.* Urkundssachen sind gemäß § 3 Nr. 1 Buchst. f RechtspflG auf den Rechtspfleger übertragen. Urkundssachen sind jedoch nur die selbständigen Beurkundungen, für welche die Gerichte neben dem Notar zuständig sind (oben Rdn. 16, 17), und die Folgegeschäfte der §§ 45 bis 51, für die teilweise der UdG zuständig ist. Für Beurkundungen im Rahmen eines Verfahrens kommt es darauf an, ob das Verfahren auf den Rechtspfleger übertragen ist. Die Übertragung ergibt sich für die in Rdn. 20 bis 26, 28 angeführten Angelegenheiten aus § 3 Nr. 1 Buchst. b und h, Nr. 2 Buchst. a und c RechtspflG. Für die Dispache (Rdn. 27) besteht ein Richtervorbehalt nach § 17 Nr. 3 RechtspflG. Für Erklärungen zur Niederschrift des Landwirtschaftsgerichts (Rdn. 30) fehlt es an einer Übertragung. Soweit der Rechtspfleger zuständig ist, gelten auch für Beurkundungen die §§ 5 bis 7 RechtspflG. Außerdem wird der Richter durch die Übertragung gemäß § 8 Abs. 1 RechtspflG nicht gehindert, die Beurkundung selbst vorzunehmen (vgl. § 7 FGG Rdn. 17).

32 *7. Anwendbarkeit der Allgemeinen Vorschriften des FGG auf gerichtliche Beurkundungen.* Soweit noch eine gerichtliche Zuständigkeit für die Vornahme von Beurkundungen kraft Bundesrechts besteht, handelt es sich um eine den Gerichten im Sinne des § 1 FGG durch Bundesgesetz übertragene Angelegenheit; das war für Beurkundungen als Teil eines Verfahrens der freiwilligen Gerichtsbarkeit (oben Rdn. 21 bis 27) stets unbestritten, gilt aber auch für selbständige Beurkundungen, für welche die Gerichte neben den Notaren zuständig sind[15]).

[14a]) So auch Mecke, BeurkG, § 56 Rdn. 3.

[15]) § 1 FGG Rdn. 11; ebenso amtl. Begr. BT-Drucks. V/3282 S. 27.

Die Vorschriften des ersten Abschnitts des FGG sind daher anwendbar, soweit die für anwendbar erklärten Vorschriften des BeurkG der Ergänzung bedürfen. Das ist jedoch nur in geringem Umfange der Fall. Hierbei ist zwischen selbständigen Beurkundungen und Beurkundungen als Teil eines Verfahrens zu unterscheiden.

a) Selbständige Beurkundungen. Soweit die Gerichte neben den Notaren alternativ zuständig sind (§ 62 BeurkG, § 2356 Abs. 2 BGB, oben Rdn. 16, 17, ergibt sich aus § 1 Abs. 2 die umfassende Anwendbarkeit aller Vorschriften des BeurkG; dadurch werden die diesen Vorschriften entsprechenden Bestimmungen des ersten Abschnitts des FGG verdrängt. Das gilt nicht nur für die engeren Vorschriften über die Beurkundung von Willenserklärungen und eidesstattlichen Versicherungen (§§ 6 bis 26, § 38) einschließlich der Vorschriften über die Ausschließung (§§ 6, 7), über die Abfassung der Niederschrift (§§ 8 bis 16), über die Prüfungs- und Belehrungspflichten (§ 17 bis 21) und über die Beteiligung behinderter Personen, sondern auch für die allgemeinen Vorschriften des ersten Abschnitts (§§ 2 bis 5 Abs. 1), so daß für die Ausschließung und Ablehnung an Stelle der §§ 6, 7 FGG außer §§ 6, 7 BeurkG auch § 3 BeurkG maßgebend ist. Vorschriften über die örtliche Zuständigkeit gibt es nicht (§ 2 Rdn. 1); für die Überschreitung des Amtsbezirks gilt nicht § 166 GVG, sondern § 2 BeurkG. Für die Ablehnung der Beurkundung gilt § 4. Für die Anwendung der Vorschriften des ersten Abschnitts des FGG ist nur insoweit Raum, als ergänzende Vorschriften für die Notare sich in der BNotO befinden und deshalb für die Gerichte nicht gelten, oder wenn solche Vorschriften für die Amtstätigkeit der Notare überhaupt fehlen. Für die Bewilligung des Armenrechts gilt daher statt des § 17 Abs. 2 BNotO § 14 FGG, für Beschwerden gegen die Ablehnung der Beurkundung gelten, soweit Beschwerdegegenstand nicht eine der in § 54 Abs. 1 bezeichneten Maßnahmen ist, statt des § 15 Abs. 1 Satz 2 BNotO die §§ 19 FGG, 11 RechtspflG. Da der Notar sich gemäß § 16 Abs. 2 BNotO der Amtsausübung wegen Befangenheit enthalten kann, muß auch der gerichtlichen Urkundsperson eine entsprechende Befugnis verbleiben. Das Verfahren bestimmt sich für Richter nach § 48 ZPO; über Anzeigen des Rechtspflegers entscheidet der Richter (vgl. § 6 FGG Rdn. 24, 27). Die Beteiligten können mit Beiständen erscheinen (§ 13 FGG Rdn. 1). Für die Ausübung der Sitzungspolizei gilt § 8 FGG mit § 180 GVG. Bei der Beurkundung tatsächlicher Vorgänge mit Ausnahme von eidesstattlichen Versicherungen und der Abnahme von Eiden (§ 38) gelten bei Beteiligung Gebrechlicher (Tauber, Blinder, Stummer) oder Sprachfremder die §§ 8, 9 FGG in Verbindung mit §§ 184 bis 186, 189 GVG, da insoweit das BeurkG keine Vorschriften enthält (§ 22 Rdn. 18). Um *Rechtshilfe* (§ 2 FGG) kann das Beurkundungsgericht nicht ersuchen (§ 2 FGG Rdn. 5); das Vormundschaftsgericht kann aber die Rechtshilfe anderer Gerichte zur Aufnahme von Erklärungen nach § 62, das Nachlaßgericht zur Entgegennahme der eidesstattlichen Versicherung nach § 2356 Abs. 2 BGB in Anspruch nehmen (§ 2 FGG Rdn. 5, 10; BT-Drucks. V/3282 S. 51 zu 7). Die Vorschriften über die örtliche Zuständigkeit (§§ 3 bis 5, 7 FGG) finden keine Anwendung (§ 2 Rdn. 1). Einsicht und Abschrift kann nur nach Maßgabe des § 51 BeurkG verlangt werden, nicht gemäß § 34 FGG. **33**

b) Beurkundungen als Teil eines Verfahrens. Ist die Beurkundung Teil eines gerichtlichen Verfahrens (oben Rdn. 20 bis 30), so finden die Vorschriften des ersten Abschnitts des FGG, die nach Rdn. 33 bei selbständigen Beurkundungen anwendbar sind, zwar ebenfalls Anwendung, darüber hinaus aber noch weitere Vorschriften des FGG, während die Anwendbarkeit von Vorschriften des BeurkG eingeschränkt ist. Denn in diesen Fällen werden die sonstigen einschlägigen Verfahrensvorschriften nur insoweit eingeschränkt, als es sich um die Abfassung der Niederschrift handelt (vgl. § 1945 Abs. 2 BGB, § 9 Abs. 2 HöfeO). Es gelten also für die Beurkundung von Willenserklärungen und eidestattlichen Versicherungen die §§ 6 bis 26, 38, für sonstige Beurkundungen tatsächlicher Vorgänge die §§ 36 ff.; insbesondere sind auch für die Ausschließung statt der §§ 6, 7 FGG die §§ 6, 7, 38 BeurkG maßgebend. Andererseits bleiben anstelle des ersten Abschnitts des BeurkG (§§ 2 bis 5 Abs. 1) die entsprechenden Vorschriften der einschlägigen Verfahrensordnung anwendbar. Für die Überschreitung des Amtsbezirks ist nicht § 2 BeurkG, sondern § 166 GVG maßgebend. Für die Ausschließung gelten die §§ 6, 7 BeurkG nur in Ansehung der Beurkundung, anstelle des § 3 BeurkG aber die §§ 6, **34**

7 FGG, insbesondere für Verfahrenshandlungen, die das Verfahren neben der reinen Beurkundung von Willenserklärungen noch mit sich bringt; ist mithin der mit der Vermittlung der Erbauseinandersetzung befaßte Nachlaßrichter kraft Gesetzes ausgeschlossen, so ist die von ihm vorgenommene Beurkundung, wenn man die §§ 6 ff. BeurkG für anwendbar hält (oben Rdn. 21), unwirksam, während der Bestätigungsbeschluß nach § 7 FGG wirksam ist (§ 7 FGG Rdn. 8, § 91 Rdn. 4). Ersichtlich wäre auch die Anwendung des § 3 Abs. 2, 3 BeurkG nicht sachgemäß, da im gerichtlichen Verfahren, bei welchem nur das örtlich zuständige Gericht tätig werden kann, anders als bei dem frei wählbaren Notar nicht schon der Widerspruch eines Beteiligten dazu führen kann, daß der Richter sich der Amtsausübung enthält; es muß vielmehr ein Ablehnungsgesuch angebracht werden, über welches zu entscheiden ist. Die Gerichtssprache bestimmt sich nach § 8 FGG mit § 184 GVG; für die Verhandlung mit Sprachfremden ist dagegen § 16 BeurkG zu beachten. Das Recht auf Einsichtnahme und Abschriften ergibt sich nicht aus § 51 BeurkG, sondern aus § 34 FGG und weiteren, bei § 34 FGG Rdn. 21, 22 angeführten Vorschriften des FGG und des BGB. Die Vorschriften über die örtliche Zuständigkeit (§§ 3 bis 5, 7 FGG) finden Anwendung, da nur das örtlich zuständige Gericht zu den hier erörterten Verrichtungen berufen ist. Ein anderes zuständiges Gericht kann um Rechtshilfe ersucht werden (§ 2 FGG Rdn. 10). Die §§ 45, 46, 54 sind nicht anwendbar (§ 46 Rdn. 11, § 54 Rdn. 2).

C. Urkunden von Behörden in eigenen Angelegenheiten

35 Jede öffentliche Behörde ist befugt, in ihren eigenen Angelegenheiten rechtsgeschäftliche und andere Erklärungen abzugeben; geschieht dies in der für ihren Geschäftsbereich vorgeschriebenen Form (in der Regel unter Beifügung von Unterschrift, Siegel oder Stempel), so liegt eine öffentliche Urkunde im Sinne des § 415 ZPO vor. Auch rein privatrechtliche Urkunden, die eine Behörde im Rahmen ihrer bürgerlich-rechtlichen Amtsbefugnisse über die in ihren Amtsbereich fallenden Privatrechtsgeschäfte ausstellt, sind öffentliche Urkunden[16]), da es hierfür nicht auf den Erklärungsinhalt der Urkunde, sondern nur auf die Erfüllung der formellen Voraussetzungen des § 415 ZPO ankommt. Nach § 1 des G betr. die Beglaubigung öffentlicher Urkunden vom 1. 5. 1878 (RGBl. S. 89, BGBl. III, 318-1) bedürfen Urkunden, die von einer inländischen öffentlichen Behörde aufgenommen oder ausgestellt sind, zum Gebrauch im Inland keiner Beglaubigung (Legalisation). Hieraus folgt, daß die von einer Behörde in der verwaltungsrechtlich vorgeschriebenen Form innerhalb ihrer Amtsbefugnisse ausgestellte und deshalb öffentliche Urkunde die *öffentliche Beglaubigung* ersetzt[17]), gleichgültig, ob die Ausstellung der Urkunde ihrem Erklärungsinhalt nach zum hoheitlichen oder zum privatrechtlichen Tätigkeitsbereich der Behörde gehört. Auch Urkunden, die der mit der Ausübung der vormundschaftlichen Obliegenheiten nach § 37 Abs. 2 JWG betraute Beamte des Jugendamts ausstellt, sind dem Jugendamt als Amtsvormund zuzurechnen und bedürfen nicht der öffentlichen Beglaubigung[18]). Dasselbe ist anzunehmen, wenn das Gesetz nicht nur öffentliche, sondern notarielle Beglaubigung verlangt, da die öffentliche Urkunde gegenüber der nur beglaubigten in jedem Fall ein Mehr darstellt; für die Bezeugung ihrer Echtheit ist kein Raum mehr[19]). Deshalb genügt die in öffentlicher Urkunde erklärte Übernahme einer Stammeinlage bei Kapitalerhöhung durch eine öffentlich-rechtliche Körperschaft, die durch eine Behörde vertreten wird, der Form des § 55 GmbHG[20]).

[16]) BGHZ 6, 304, 307; 45, 342, 366; BayObLGZ 1954, 322, 329.

[17]) KG OLGR 7, 365; KGJ 26 A 85; KG JFG 2, 408; JFG 23, 306 = DR 1942, 1330 =DNotZ 1942, 415; BayObLGZ 1954, 322; BGHZ 45, 362; a. M. Höfer-Huhn Allg. Urkundenrecht § 22, 3.

[18]) BGHZ 45, 362.

[19]) KG JFG 23, 306 = DR 1942, 1330 = DNotZ 1942, 415; LG München BayNotV 1962, 161 = DNotZ 1962, 660 (L); Keidel FGG[9] 46 vor § 167; Seybold-Hornig BNotO[4] Anh. zu § 20 Rdn. 33; Weber DJ 1940, 894; Römer DNotZ 1956, 359, 363; Philippi DNotZ 1962, 147; a. M. Hieber DNotZ 1942, 417.

[20]) LG Dortmund NJW 1962, 401 = DNotZ 1962, 146 mit zust. Anm. v. Philippi = GmbHRdsch. 1962, 137 mit abl. Anm. v. Bordt; Wilhelm NJW 1961, 12; a. M. LG Hannover GmbHRdsch. 1957, 118 mit zust. Anm. v. Vogel.

36 Die Form der *notariellen Beurkundung* dagegen, deren Wahrung zur Wirksamkeit eines Privatrechtsgeschäfts gesetzlich geboten ist, ist auch dann erforderlich, wenn eine juristische Person des öffentlichen Rechts bei der Abgabe der Erklärung gesetzlich durch eine Behörde vertreten wird, da auch diese Personen, wenn sie am bürgerlichen Rechtsverkehr teilnehmen, den Vorschriften des bürgerlichen Rechts unterliegen[21]). Darüber, daß die bundes- oder landesrechtlich vorgeschriebene Beidrückung des Dienstsiegels bei Erklärungen juristischer Personen des öffentlichen Rechts durch die öffentliche Beurkundung ersetzt wird, vgl. jetzt § 67 BeurkG.

37 *Notare*, die nach § 1 BNotO bestellt sind, sind keine Behörden. Mit öffentlichem Glauben versehene Personen im Sinne des § 1 G vom 1. 5. 1878 (RGBl. S. 89, BGBl. III, 318-1) sind sie nur insoweit, als ihnen durch Bundes- oder Landesgesetz die Befugnis übertragen ist, Tatsachen mit öffentlichem Glauben zu beurkunden. Erklärungen der Notare in eigenen Angelegenheiten oder bei der Betreuung Beteiligter nach § 24 BNotO sind daher keine öffentlichen Urkunden. Soweit die Erklärung der öffentlichen Beglaubigung bedarf, wird diese Form nicht dadurch ersetzt, daß der Notar seiner Unterschrift das Dienstsiegel beisetzt[22]). Das ist ersichtlich der Standpunkt des Gesetzgebers, da sonst die für einen Sonderfall getroffene Regelung des § 24 Abs. 3 Satz 2 BNotO nicht erforderlich gewesen wäre.

D. Gerichtlicher Vergleich

38 Für die Beurkundung von rechtsgeschäftlichen Willenserklärungen in Prozessen, z. B. Anerkenntnisse, Verzichte, Vergleiche, gelten die Vorschriften des BeurkG, wie früher schon die Vorschriften der §§ 168 ff. FGG, nicht; für diese Beurkundungen sind allein die Vorschriften der ZPO (§§ 159 bis 163a) maßgebend[23]). Daran hat auch das BeurkG nichts geändert (oben Rdn. 14). Das gilt auch für Erklärungen, die ein zu dem Vergleichsabschluß hinzugezogener Dritter abgibt. Hinsichtlich einer zu wahrenden Form ist in der Rechtsprechung der Grundsatz aufgestellt worden, daß der nach den Vorschriften der maßgebenden Verfahrensordnung abgeschlossene gerichtliche Vergleich jede für das Rechtsgeschäft vorgesehene Beurkundungsform ersetzt[24]). Dieser Grundsatz ist jetzt in *§ 127a BGB* i. d. F. des § 57 Abs. 3 Nr. 1 BeurkG niedergelegt, welcher bestimmt:

§ 127a. Die notarielle Beurkundung wird bei einem gerichtlichen Vergleich durch die Aufnahme der Erklärungen in ein nach den Vorschriften der Zivilprozeßordnung errichtetes Protokoll ersetzt.

39 Die Bedeutung der Vorschrift besteht darin, daß sie eine Lücke in den Verfahrensordnungen schließt, die keine Formvorschriften für die Protokollierung gerichtlicher Vergleiche enthalten. Der Hinweis auf „ein nach den Vorschriften der ZPO errichtetes Protokoll" soll nicht etwa eine Beschränkung auf die Zivilgerichte enthalten, deren Verfahren sich nach der ZPO richtet, sondern es kommt darin zum Ausdruck, daß der Vergleich stets nach den Vorschriften der ZPO errichtet werden muß, gleichgültig, in welchem gerichtlichen Verfahren er abgeschlossen wird[24a]). Daher sind auch im Verfahren der freiwilligen Gerichtsbarkeit, wenn es nicht schon ohnehin bestimmt ist (vgl. Vorbem. vor § 8 FGG Rdn. 81) und im Privatklageverfahren Vergleiche nach der ZPO zu protokollieren. Dagegen setzt die Vorschrift voraus, daß in dem

[21]) KGJ 38 A 175; KG JFG 21, 100 = DFG 1940, 44 = DNotZ 1940, 239 = HRR 1940 Nr. 433 unter Aufgabe von HRR 1937 Nr. 1494; RGZ 169, 70; ebenso Hieber, DNotZ 1940, 134; Weber DJ 1940, 894; Römer DNotZ 1956, 359; Keidel FGG[9] 44 vor § 167; Seybold-Hornig BNotO[4] Anh. zu § 20 Rdn. 33; a. M. Hesse DJ 1940, 585; Schlegelberger 6 vor § 167.

[22]) Str., vgl. LG Hof BayNotV 1965, 147; Hieber DNotZ 1954, 461; 1956, 172; 1958, 644; Weber BayNotV 1965, 59; a. M. zu § 2198 BGB Neustadt DNotZ 1951, 339. Zur Frage, ob die Notare Behörden i. S. des § 61 PStG (Einsichtsrecht) sind, vgl. Peters, StAZ 1967, 251.

[23]) RGZ 48, 183; RG DNotV 10, 841; Schlegelberger 4 vor § 167.

[24]) KG JFG 14, 355 = JW 1936, 3477; RGZ 165, 162; BGHZ 14, 381 = NJW 1954, 1886.

[24a]) BT-Drucks. V/3282 S. 51; Weber DRiZ 1970, 45 Fn. 11; Appel FamRZ 1970, 520 zu I; Breetzke, Die Beurkundungskraft des gerichtlichen Vergleichs, NJW 1971, 178.

Verfahren überhaupt ein Vergleich zulässigerweise geschlossen werden kann (für das Verfahren der freiw. Gerichtsbarkeit vgl. dazu Vorbem. vor § 8 FGG Rdn. 80, 81). Erfordert wird ein gerichtlicher Vergleich, der nach den Vorschriften der §§ 159, 160, 162 bis 163a ZPO protokolliert ist. Vergleiche vor einer von der Landesjustizverwaltung eingerichteten Gütestelle (§ 794 Abs. 1 Nr. 1 ZPO) haben diese Wirkung nicht. Der Vergleich kann auch in einem Arrest- oder Verfügungsverfahren oder einem Verfahren nach § 627 ZPO geschlossen sein. Der im Armenrechtsprüfungsverfahren nach § 118a Abs. 3 ZPO zu richterlichem Protokoll oder nach § 20 Nr. 4 RechtspflG zum Protokoll des Rechtspflegers genommene Vergleich steht dem Prozeßvergleich gleich[25]). Auch ein im Verfahren der freiwilligen Gerichtsbarkeit abgeschlossener und ordnungsgemäß protokollierter Vergleich hat die Wirkungen des § 127a BGB, jedoch nur in echten Streitsachen, in denen ein echter, das Verfahren unmittelbar beendender gerichtlicher Vergleich zulässig ist (vgl. Vorbem. 81 vor § 8 FGG), nicht auch in sonstigen Sachen, in denen der Verfahrensgegenstand der Verfügung der Beteiligten entzogen ist. Auch Vergleiche vor dem Wiedergutmachungsamt ersetzen die notarielle Beurkundung[26]), nicht aber Vergleiche vor Verwaltungsbehörden[27]). Wird der Vergleich durch die Prozeßbevollmächtigten geschlossen und werden diese in dem Vergleichsprotokoll als solche bezeichnet, so kann das Grundbuchamt nicht die Vorlegung öffentlich beglaubigter Vollmachten verlangen[28]). Ein Schiedsvergleich (§ 1044a ZPO) ist gleichzustellen (str.).

40 Ersetzt wird durch die Aufnahme in den Vergleich die *notarielle Beurkundung* des Rechtsgeschäfts. Da aber die Schriftform und die öffentliche Beglaubigung wiederum durch die notarielle Beurkundung ersetzt werden (§§ 126 Abs. 3, 127, 129 Abs. 2 BGB), werden auch diese Formen durch den gerichtlichen Vergleich gewahrt, z. B. die Schriftform der Bürgschaftserklärung[29]). Auch die Form des Ehevertrages oder dessen Aufhebung wird durch den Prozeßvergleich gewahrt[30]). Wo Vertretung ausgeschlossen ist (§ 2347 Abs. 2, § 2274 BGB), kann die Partei auch im Anwaltsprozeß neben ihrem Anwalt die Erklärung persönlich abgeben; demgemäß können auch Erbverträge und Erbverzichtsverträge in dieser Form vor dem Prozeßgericht oder dem Gericht der freiwilligen Gerichtsbarkeit geschlossen werden[31]). Die Form des Prozeßvergleichs deckt auch Vereinbarungen über nicht rechtshängige einbezogene Ansprüche und die Erklärungen eines zum Vergleichsabschluß hinzugezogenen Dritten. Einseitige Erklärungen sind von dieser Form nicht ausgeschlossen[32]). Die Erklärung muß aber ihrem Inhalt nach Gegenstand eines Vergleichs sein können; deshalb deckt der Prozeßvergleich nicht die Form des Testaments oder Testamentswiderrufs[33]). Ausgeschlossen ist diese Form, wenn eine andere Behörde sachlich ausschließlich zuständig ist, wie der Standesbeamte für die Eheschließung. Auch die *Auflassung* kann nach § 925 Abs. 1 Satz 3 BGB in einem gerichtlichen Vergleich erklärt werden[34]). Das kann in einem Privatklage- oder Adhäsionsverfahren auch vor dem Strafrichter geschehen[35]). Ein Widerrufsvorbehalt in einem Prozeßvergleich

[25]) Vgl. Lappe, Der Vergleich im Armenrechtsprüfungsverfahren, Rpfleger 1960, 146.

[26]) BGH WM 1966, 1135; vgl. näher § 61 Rdn. 16.

[27]) RGZ 107, 284.

[28]) Saarbrücken OLGZ 1969, 210; a. M. Palandt-Degenhart[28] § 925 Anm. 4 d. Staudinger-Seufert BGB[11] § 925 Rdn. 42 k.

[29]) RGZ 64, 84.

[30]) RG LZ 1919, 641; Recht 1919 Nr. 1486; Dölle FamR S. 663 bei N. 47; Höfer-Huhn § 19, 5; Bosch FamRZ 1965, 237 zu III 1 gegen Walberer NJW 1965, 24. Zur Frage, ob vor Rechtskraft des Scheidungsurteils geschlossene Vereinbarungen über den Zugewinnausgleich der Form des Ehevertrages bedürfen, vgl. Bosch a. a. O.; Göppinger, Vereinbarungen anläßlich der Ehescheidung, 1969, Rdn. 225; Beitzke, Scheidungsvereinbarungen über Zugewinnausgleich, NJW 1970, 265.

[31]) BGHZ 14, 381; Johannsen LM § 794 Abs. 1 Nr. 1 ZPO Nr. 11; BayObLGZ 1965, 86; Palandt-Keidel BGB[28] § 2276 Anm. 2 b; Baumbach-Lauterbach ZPO[29] Anh. zu § 307 Anm. 5 A; Köln OLGZ 1970, 114.

[32]) Baumbach-Lauterbach ZPO[29] Anh. zu § 307 Anm 5 A; Schlegelberger 4 vor § 167.

[33]) BGH FamRZ 1960, 28; a. M. Rötelmann Rpfleger 1954, 249.

[34]) Über die Wirksamkeit der Auflassung trotz fehlerhafter Protokollierung vgl. Saarbrücken OLGZ 1969, 210.

[35]) A. M. Stuttgart NJW 1964, 110. Auch in einem Vergleich im Verfahren der freiwilligen Gerichtsbarkeit kann die Auflassung erklärt werden, Staudinger-Seufert BGB[11] § 925 Anm. 42c, d; Palandt-Degenhart BGB[29] § 925 Anm. 4c; BGB-RGRK[11] § 925 Anm. 46; Soergel-Baur BGB[10] § 925 Anm. 22. Vor dem Teilungsgericht (§§ 86, 99

macht aber eine darin erklärte Auflassung nach § 925 Abs. 2 BGB unwirksam[36]), ebenso der Abschluß unter einer Bedingung, z. B. daß ein Scheidungsurteil rechtskräftig wird. Steht man in der Streitfrage, ob im Anwaltsprozeß die Partei beim Abschluß eines Vergleichs vor dem Prozeßgericht anwaltlich vertreten sein muß, auf dem bejahenden Standpunkt[37]), so würde daraus folgen, daß der ohne Anwalt abgeschlossene Vergleich kein gerichtlicher ist, mag er auch von dem Gericht zu Protokoll genommen sein, und nicht die Wirkungen des § 127a BGB zeitigt. Für den Vergleich vor dem beauftragten oder ersuchten Richter besteht kein Anwaltszwang (§ 78 Abs. 2 ZPO), wohl aber vor dem Einzelrichter.

E. Echtheit und Beweiskraft öffentlicher Urkunden

Das BeurkG enthält, wie schon der zehnte Abschnitt des FGG, keine Vorschriften über die Echtheit und die Beweiskraft der Urkunden. Die Vorschriften der §§ 437, 438 ZPO über die Echtheit in- und ausländischer öffentlicher Urkunden sowie der §§ 415 bis 419 ZPO über die Beweiskraft von Urkunden enthalten jedoch eine allgemeingültige Regelung, die auch über den Zivilprozeß hinaus Geltung beansprucht (§ 15 FGG Rdn. 77). **41**

I. Echtheit

Durch § 437 ZPO wird eine einfache Rechtsvermutung (vgl. § 12 FGG Rdn. 13) für die Echtheit von Urkunden begründet, die sich nach ihrem Inhalt und vor allem nach ihrer äußeren Erscheinung als von einer inländischen öffentlichen Behörde oder von einer mit öffentlichem Glauben versehenen Person (z. B. Notar, Standesbeamter) errichtet darstellen. Bei inländischen öffentlichen Urkunden ist mithin ein Nachweis, z. B. im Grundbuchverfahren, daß der Unterzeichner in amtlicher Eigenschaft gehandelt hat, nicht zu erfordern, es sei denn, daß besondere Umstände vorliegen, welche die Legitimation des Unterzeichners zweifelhaft und die mißbräuchliche Anmaßung amtlicher Funktionen wahrscheinlich machen[38]). Eines Siegels oder Stempels bedürfen öffentliche Urkunden nur, wenn dies besonders vorgeschrieben ist. Urkunden der deutschen Konsuln stehen inländischen öffentlichen Urkunden gleich. Die Vermutung der Echtheit gilt bis zur Feststellung der Unechtheit. Über die Echtheit ausländischer öffentlicher Urkunden vgl. Vorbem. 49 vor § 1. **42**

II. Beweiskraft

Hinsichtlich der Beweiskraft öffentlicher Urkunden unterscheidet die ZPO zwischen *wirkenden Urkunden* (§ 417 ZPO) und *Zeugnisurkunden* und trennt diese wieder in Urkunden über Erklärungen (§ 415 ZPO) und über andere Tatsachen (§ 418 ZPO). **43**

1. Wirkende Urkunden. Öffentliche Urkunden, die nicht etwas bezeugen, sondern eine Anordnung, Verfügung oder Entscheidung, also die Willenserklärung einer Behörde enthalten, begründen vollen Beweis ihres Inhalts (§ 417 ZPO), also dafür, daß eine Entscheidung dieses Inhalts ergangen ist; der Beweis, daß die Entscheidung einen anderen Inhalt gehabt habe, ist ausgeschlossen[39]). Nicht bewiesen wird die materielle Richtigkeit dieses Inhalts[40]); das ist eine Frage der Bindung an Entscheidungen (vgl. § 12 Rdn. 18 ff.). Ausgeschlossen ist auch eine Beweisführung gegen die Angaben über Ort und Zeit; insoweit kann die Urkunde nur von der ausstellenden Behörde berichtigt werden[41]). Gegenbeweis gegen die Echtheit ist natürlich nach Maßgabe des § 437 ZPO statthaft. Urkunden dieser Art sind auch solche, die sich zwar **44**

FGG) kann die Auflassung nur noch erklärt werden, wenn es zu einer vereinbarten Auseinandersetzung kommt, die sich als Vergleich darstellt (§ 93 FGG Rdn. 5) nicht aber, wenn Erklärungen durch Säumnis fingiert werden.

[36]) Celle DNotZ 1957, 660.

[37]) Vgl. dazu die Nachw. bei Baumbach-Lauterbach ZPO[29] Anh. zu § 307 Anm. 4 F; E. Schneider JurBüro 1967, 530.

[38]) KGJ 3, 96; 17, 116; 21 A 101; 33 A 190; Meikel-Imhof-Riedel GBO[5] § 29 Rdn. 80.

[39]) RGZ 146 143; Rosenberg ZPR[9] § 118 III 2 A β.

[40]) Stettin OLGR 12, 68; Baumbach-Lauterbach ZPO[29] § 417 Anm. 1.

[41]) Rosenberg a. a. O.; Stein-Jonas-Pohle ZPO[18] § 417 Anm. 2; a. M. Baumbach-Lauterbach a. a. O.

als Zeugnis bezeichnen, aber keine Tatsache bezeugen, sondern eine Entscheidung enthalten, wie Prüfungszeugnisse, Erbscheine oder die Negativbescheinigung nach § 23 Abs. 2 BBauG.

2. *Zeugnisurkunden*

45 *a) Urkunden über Erklärungen.* Öffentliche Urkunden über eine vor der Behörde oder der Urkundsperson (Notar, Standesbeamter) abgegebene (nicht nur rechtsgeschäftliche) Erklärung erbringen vollen Beweis des beurkundeten Vorgangs (§ 415 Abs. 1 ZPO). Zu dem „beurkundeten Vorgang", auf den sich die Beweiskraft erstreckt, gehört außer der Abgabe der Erklärung vor der beurkundenden Behörde oder Urkundsperson auch die Tatsache, daß der Erklärende der in der Urkunde Bezeichnete ist und daß die Erklärung von dem Erschienenen an dem angegebenen Orte, zu der angegebenen Zeit und unter den in der Urkunde selbst vermerkten Umständen abgegeben worden ist. Bewiesen wird also nicht nur der Erklärungsinhalt, sondern auch der Feststellungsinhalt der Urkunde (vgl. § 9 Rdn. 2). In bezug auf den Erklärungsinhalt beweist die Urkunde nur, daß der Erklärende die beurkundete Erklärung abgegeben hat, nicht die Richtigkeit des Erklärten[42]). Wegen der Beweiskraft der Angaben zur Persönlichkeitsfeststellung vgl. § 10 Rdn. 9, 10 und zu der Frage, inwiefern die Beweiskraft der Urkunde durch äußere Mängel beeinträchtigt wird (§ 419 ZPO), § 8 Rdn. 16. Nach § 415 Abs. 2 ZPO ist der Beweis der unrichtigen Beurkundung des Vorgangs zulässig, also der Beweis, daß die beurkundete Erklärung nicht oder nicht mit diesem Inhalt, zu dieser Zeit oder an diesem Ort oder nicht von dem in der Urkunde bezeichneten Erklärenden abgegeben worden sei oder daß festgestellte Formen nicht eingehalten worden seien[43]). Unrichtig beurkundet ist auch die unvollständig wiedergegebene Erklärung[44]). Der Beweis, daß die abgegebene und beurkundete Erklärung inhaltlich unrichtig oder von Willensmängeln beeinflußt sei, ist unbeschränkt zulässig.

46 *b) Urkunden anderen Inhalts.* Urkunden anderen als des in §§ 415, 417 ZPO bezeichneten Inhalts, nämlich Zeugnisurkunden, in denen eine Tatsache bezeugt, nicht etwa ein Urteil abgegeben wird, begründen, falls sie eine eigene Wahrnehmung oder Handlung der Behörde oder der Urkundsperson wiedergeben, vollen Beweis der bezeugten Tatsachen (§ 418 Abs. 1, 3 ZPO). Gegenbeweis ist zulässig, sofern nicht Bundes- oder Landesrecht ihn ausschließt oder beschränkt (§ 418 Abs. 2 ZPO), z. B. §§ 164 Satz 2, 314 Satz 2 ZPO, § 80 ZVG. Gegenbeweis ist nur erbracht, wenn er jede Möglichkeit der Richtigkeit ausschließt[45]). Beruht das Zeugnis nicht auf der eigenen Wahrnehmung oder Handlung der Behörde oder der Urkundsperson, so hängt die Beweiskraft nach § 418 Abs. 3 vom Landesrecht ab (vgl. § 16 Nr. 1 EGZPO); dieser Vorbehalt dürfte heute gegenstandslos sein[46]). Eine Beweiskraft dieser Art haben die Personenstandsbücher und -urkunden (§§ 60, 66 PStG).

47 Über die Beweiskraft *ausländischer öffentlicher Urkunden* vgl. Vorbem. 50 vor § 1.

F. Anhang. Beurkundungsbefugnis der deutschen Konsuln

48 Die Beurkundungsbefugnisse der Konsuln ergeben sich aus dem Konsulargesetz vom 8. 11. 1867 (BGBl., 137), mehrfach geändert, zuletzt durch § 57 Abs. 1 BeurkG — *Anl. 2.* Die Konsuln sind, was die Beurkundungszuständigkeit und das Beurkundungsverfahren anbetrifft, keineswegs in jeder Hinsicht den Notaren gleichgestellt. Einerseits sind die Beurkundungszuständigkeiten nach der personellen Befähigung unterschiedlich geregelt, indem bestimmte Beurkundungen von jedem Konsul, andere nur von den dazu ermächtigten, wiederum andere nur von den Berufskonsuln und noch andere nur von den besonders ermächtigten Berufskonsuln vorgenommen werden dürfen; andererseits stehen die von den Konsuln aufgenommenen oder ausgestellten Urkunden zum Teil notariellen gleich, während andere Urkunden nur die Eigenschaft öffentlicher Urkunden haben. Schließlich sind gewisse Beurkundungs-

[42]) KGJ 45, 190; über die „innere" oder „materielle" Beweiskraft vgl. Rosenberg ZPR[9] § 118 III 3; Baumbach-Lauterbach ZPO[29] Übers. 3 B vor § 415.

[43]) RGZ 50, 420; RGZ 161, 381, 382; vgl. § 13 Rdn. 16.

[44]) RG HRR 1942 Nr. 652.

[45]) RGZ 131, 288.

[46]) Vgl. Wieczorek ZPO § 418 Anm. B III a 1.

befugnisse der Notare den Konsuln überhaupt vorenthalten. Unter einem Konsul sind die als Vorsteher eines Generalkonsulats, Konsulats oder Vizekonsulats fungierenden Berufs- oder Wahlkonsuln zu verstehen (vgl. § 2 KonsG) und außerdem die Leiter der den diplomatischen Vertretungen angegliederten Konsulatsabteilungen, ferner deren ordnungsmäßig berufene Vertreter. Zu dem Gesetz ist eine Allgemeine Dienstinstruktion vom 13. 6. 1936 (RMBl., 157) und vom 5. 11. 1938 (RMBl., 825) ergangen[47]).

I. Beurkundungszuständigkeiten

1. Zeugnisse. Jeder Konsul ist befugt, schriftliche Zeugnisse über seine amtlichen Handlungen und die bei Ausübung seines Amtes wahrgenommenen Tatsachen zu erteilen; diese Zeugnisse haben, wenn sie mit Siegel oder Stempel und Unterschrift des Konsuls versehen sind, die Beweiskraft öffentlicher Urkunden (§ 15). Hiernach sind die Konsuln z. B. befugt, die Richtigkeit von Abschriften zu beglaubigen. Diese Zeugnisse haben zwar die Eigenschaft einer öffentlichen, nicht aber die Kraft einer notariellen Urkunde[48]). **49**

2. Zustellungen. Jeder Konsul kann auf Ersuchen einer deutschen Behörde Zustellungen jeder Art an die in seinem Amtsbezirk sich aufhaltenden Personen bewirken; die Zustellung wird durch das schriftliche Zeugnis des Konsuls nachgewiesen (§ 19). **50**

3. Legalisation. Jeder Konsul ist befugt, Urkunden zu legalisieren, welche in seinem Amtsbezirk ausgestellt oder beglaubigt sind (§ 14). **51**

4. Nachlaßsicherung. Jeder Konsul ist nach Maßgabe des § 18 befugt, den in seinem Amtsbezirk befindlichen Nachlaß verstorbener deutscher Staatsangehöriger zu sichern, zu versiegeln und zu inventarisieren. **52**

5. Unterschriftsbeglaubigung. Alle Konsuln, auch Wahlkonsuln und deren Vertreter, sind ohne besondere Ermächtigung befugt, Unterschriften und Handzeichen öffentlich zu beglaubigen; diese Beglaubigungen stehen einer notariellen gleich (§ 17 i. d. F. des § 57 Abs. 1 Nr. 3 BeurkG). Deshalb genügt die konsularische Unterschriftsbeglaubigung auch in den Fällen, in denen das Gesetz ausdrücklich notarielle Beglaubigung verlangt (§ 2 Abs. 2 GmbHG, § 23 Abs. 1 Satz 2 AktG)[48a]). **53**

6. Zeugenvernehmung, Eidesabnahme. Zur Vernehmung von Zeugen und zur Abnahme von Eiden sind nur die Konsuln befugt, die dazu besonders ermächtigt sind; die darüber von ihnen aufgenommenen Verhandlungen stehen den Verhandlungen der zuständigen inländischen Behörde gleich (§ 20). **54**

7. Echtheitsbestätigung. Die *Berufskonsuln,* nicht die Wahlkonsuln, sind befugt, die Echtheit inländischer öffentlicher Urkunden zum Gebrauch im Lande ihres Amtssitzes zu bestätigen (§ 13); vgl. dazu Vorbem. vor § 1 Rdn. 35. **55**

8. Beurkundung von Erklärungen und Verfügungen von Todes wegen. Die nach § 37a Abs. 1 KonsG besonders ermächtigten Berufskonsuln sind befugt, Erklärungen, die vor ihnen abgegeben werden, öffentlich zu beurkunden und Auflassungen entgegenzunehmen; auch können deutsche Staatsangehörige vor ihnen Testamente und Erbverträge errichten (§§ 16, 16a). Die Ermächtigung hierzu und zur Ausübung der Befugnisse aus § 13 und § 20 kann auch einem an einer konsularischen Behörde beschäftigten Beamten erteilt werden, der nicht Konsul ist, wenn er die Konsulatsprüfung bestanden oder die Fähigkeit zum Richteramt oder zum höheren Verwaltungsdienst erlangt hat (§ 37a Abs. 2). Die Konsulate sind angewiesen, in das Protokoll einen Zusatz aufzunehmen, aus dem sich ergibt, daß dem beurkundenden **56**

[47]) Schrifttum: Féaux de la Croix, JW 1936, 1736; DJ 1937, 112; Hornig DNotZ 1936, 516; ferner Bek. d. BayStMdJ v. 19. u. 28. 2. 1951 (JMBl. 53 u. 55) über Beurkundungsbefugnisse der neuerrichteten Konsulate der BRep.; AV d. NdsMdJ v. 1. 8. 1951 (NdsRpfl. 1951, 135).

[48]) Féaux de la Croix JW 1936, 1738.

[48a]) Bordt GMbHRdsch. 1959, 163.

Beamten die Beurkundungsbefugnis nach § 37a verliehen ist (BayJMBl. 1951, 55). Die nach § 16 Abs. 1 KonsG beurkundeten Erklärungen können Willenserklärungen oder Erklärungen über tatsächliche Vorgänge, also auch eidesstattliche Versicherungen sein[49]). Die von dem Konsul nach § 16 formgerecht aufgenommenen Urkunden stehen inländischen notariellen Urkunden gleich (§ 16 Abs. 4). Konsulartestamente sind eine besondere Form des ordentlichen öffentlichen Testaments.

57 *9. Tatsachenbeurkundungen.* Tatsächliche Vorgänge können die Konsuln auf Grund des § 15 (oben Rdn. 49) beurkunden. Diese Urkunden haben aber nur die Eigenschaft öffentlicher Urkunden; sie erfüllen nicht die Form der notariellen Beurkundung, wenn diese gesetzliches Formerfordernis ist. Außerdem sind die ermächtigten Berufskonsuln auf Grund des § 16 Abs. 1 befugt, Erklärungen auch tatsächlicher Art mit notarieller Kraft zu beurkunden (oben Rdn. 53). Dagegen fehlt auch den besonders ermächtigten Berufskonsuln die Zuständigkeit, Tatsachen anderer Art mit der Wirkung zu beurkunden, daß die Beurkundung einer notariellen gleichsteht. Die Konsuln sind daher *nicht befugt, Wechsel- oder Scheckproteste* aufzunehmen oder *Versammlungsbeschlüsse* der Hauptversammlung einer AG oder der Gesellschafterversammlung einer GmbH zu beurkunden, für welche die notarielle Form (§ 130 AktG, § 53 Abs. 2 GmbHG) vorgeschrieben ist[50]). Das gilt selbst dann, wenn formbedürftige Beschlüsse des Alleingesellschafters einer Einmanngesellschaft beurkundet werden sollen.

58 Mit Ausnahme von Testamenten und Erbverträgen ist die Beurkundungs- und Beglaubigungsbefugnis der Konsuln nach dem Gesetz nicht auf deutsche Staatsangehörige beschränkt. Lediglich die Dienstanweisung bestimmt, inwiefern Beurkundungen bei *Beteiligung von Ausländern* vorgenommen werden sollen; eine Außerachtlassung dieser Bestimmungen berührt daher nicht die Gültigkeit der Beurkundung oder Beglaubigung. Die Gültigkeit der Beurkundung ist auch nicht davon abhängig, daß der Konsul die Grenzen seines *Amtsbezirks* eingehalten hat. Auch diese Beschränkung ist nur in der Dienstanweisung geregelt (Nr. 1 zu § 16); die inländischen Behörden sind daher einer Prüfung in dieser Richtung enthoben.

II. Beurkundungsverfahren

59 *1. Grundsatz.* Die Vorschriften des BeurkG sind auf die Beurkundungen der Konsuln nicht allgemein auf Grund des § 1 Abs. 2, sondern nur insoweit anwendbar, als das KonsularG auf diese Vorschriften verweist (oben Rdn. 9). Eine allgemeine Verweisung auf die Vorschriften des BeurkG enthalten die §§ 16 Abs. 2, 16a Abs. 1 Satz 2 und § 17 Abs. 1 Satz 2 KonsG für die Beurkundung von Erklärungen, Auflassungen, Testamenten und Erbverträgen sowie für die Beglaubigung von Unterschriften und Handzeichen. Demgemäß sind insoweit z. B. auch anwendbar § 3 über die Ausschließung und Ablehnung und § 17 über die Belehrungspflicht. Urkunden über Erklärungen, Testamente und Erbverträge sowie Beglaubigungsvermerke können auf Verlangen auch in einer anderen als der deutschen Sprache errichtet werden (§§ 16 Abs. 2 Buchst. a, 16a Abs. 1 Satz 2 Halbs. 2, 17 Abs. 1 Satz 3); Dolmetscher brauchen abweichend von § 16 Abs. 3 Satz 3 BeurkG nicht vereidigt zu werden (§§ 16 Abs. 2 Buchst. b, 16a Abs. 1 Satz 2 Halbs. 2). Alle anderen Beurkundungen (oben Rdn. 49 bis 52, 54, 55) richten sich nicht nach dem BeurkG, sondern nach dem KonsularG selbst und der Dienstanweisung. Für die Erteilung vollstreckbarer Ausfertigungen sind die Konsuln nicht zuständig (§ 16 Abs. 2 Buchst. d Satz 2).

60 *2. Behandlung der Urkunden.* Die Urschrift einer nach § 16 KonsG errichteten Niederschrift bleibt anders als im inländischen Rechtsverkehr grundsätzlich nicht in der Verwahrung des Konsuls, sondern soll den Beteiligten ausgehändigt werden (§ 16 Abs. 2 Buchst. c KonsG); geschieht dies, so soll die Urschrift nach § 45 Abs. 1 Satz 2 BeurkG mit dem Siegel versehen

[49]) Féaux de la Croix a. a. O.; der Meinung von Staudinger-Firsching BGB[11] § 2356 Anm. 31, die Aufnahme der eidesstattlichen Versicherung richte sich nach § 20 KonsG, kann nicht beigetreten werden.

[50]) Féaux de la Croix a. a. O.; der Vorschlag von Blumenwitz, DNotZ 1968, 712 Fn. 23, im Ausland abgehaltene Gesellschafterversammlungen durch den Konsul beurkunden zu lassen, ist daher nicht gangbar.

werden (BT-Drucks. V/3282 S. 42) und es ist eine Ausfertigung zurückzubehalten, die an die Stelle der Urschrift tritt und auf welcher zu vermerken ist, an wen die Urschrift ausgehändigt wurde (§ 45 Abs. 1 Satz 2 BeurkG); der Grund der Aushändigung braucht in diesem Fall, weil sie die Regel ist, nicht vermerkt zu werden. Die Aushändigung der Urschrift unterbleibt, wenn einer der Beteiligten die amtliche Verwahrung verlangt; in diesem Fall ist die Urschrift, ohne daß sie der Siegelung bedarf (BT-Drucks. a. a. O.), dem Amtsgericht Schöneberg in Berlin zur amtlichen Verwahrung zu übersenden (§ 16 Abs. 2 Buchst. c KonsG). Wird nachträglich die Aushändigung der Urschrift vom Amtsgericht Schöneberg verlangt, so ist § 45 Abs. 1 maßgebend. Konsularische Ausfertigungen können erteilt werden, solange die Urschrift nicht ausgehändigt oder an das Amtsgericht abgesandt ist. Wird die Urschrift von dem Konsul ausgehändigt, so ist die zurückzubehaltende Ausfertigung dem Amtsgericht Schöneberg zur amtlichen Verwahrung zu übersenden; dieses kann auf Grund dieser Ausfertigung, die an die Stelle der Urschrift tritt, weitere Ausfertigungen erteilen (§ 45 Rdn. 5).

Besonderheiten gelten für die Urschrift einer Urkunde, in der ein Beteiligter sich der Zwangsvollstreckung unterworfen hat (§§ 794 Abs. 1 Nr. 5, 800, 800a ZPO). Sie soll dem Gläubiger ausgehändigt werden, wenn die Beteiligten, in der Regel also der Schuldner, weder etwas anderes bestimmt noch die amtliche Verwahrung verlangt haben (§ 16 Abs. 2 Buchst. c Satz 3 KonsG). Vollstreckbare Ausfertigungen können nur von dem Amtsgericht erteilt werden, das die Urschrift (oder die nach § 45 Abs. 1 Satz 2 Halbs. 2 zurückbehaltene Ausfertigung) verwahrt (§ 16 Abs. 2 Buchst. d Satz 2 KonsG). **61**

Wegen der Behandlung konsularischer Testamente und Erbverträge vgl. § 34 Rdn. 6, 16. **62**

Überschreiten des Amtsbezirks

2 Eine Beurkundung ist nicht deshalb unwirksam, weil der Notar sie außerhalb seines Amtsbezirks oder außerhalb des Landes vorgenommen hat, in dem er zum Notar bestellt ist.

Übersicht

I. Örtliche Zuständigkeit

Aufgabe von Normen über die örtliche Zuständigkeit ist es, die Rechtspflegeaufgaben auf die verschiedenen einander nebengeordneten gleichartigen, d. h. mit gleicher sachlicher Zuständigkeit ausgestatteten Behörden in der Weise zu verteilen, daß die Zuständigkeit an verschiedenartige Beziehungen der Beteiligten oder des Verfahrensgegenstandes zu dem Amtsbezirk geknüpft ist (§ 7 FGG Rdn. 9). Derartige Beschränkungen der örtlichen Zuständigkeit der Notare und Gerichte für selbständige Beurkundungen sind weder im FGG noch im Beurkundungsgesetz oder der Bundesnotarordnung vorgesehen. Im Rahmen der sachlichen Zuständigkeit ist mithin jeder Notar und jedes Amtsgericht örtlich zuständig[1]), ohne daß es auf den Wohnsitz oder Aufenthalt der Beteiligten oder die Belegenheit des Gegenstandes, auf den sich die Beurkundung bezieht, ankommt[2]). Vorschriften wie § 11 BNotO und § 2 BeurkG **1**

[1]) Schlegelberger § 167 Rdn. 16; Keidel[9] § 167 Rdn. 13.

[2]) Undenkbar sind solche Vorschriften auch auf dem Gebiet des Beurkundungsrechts nicht. Der Kirchenaustritt konnte nach dem preuß. G. v. 14. 5. 1873 nur zum Protokoll des AG des Wohnsitzes erklärt werden. Nach **Art. 33** PrFGG bestand die örtliche Zuständigkeit der Amtsgerichte und Notare für freiwillige Versteigerungen von Grundstücken nur für die Grundstücke ihres Amtsbezirks. Nach § 167 Abs. 2 FGG i. d. F. v. 20. 5. 1898 war für die Beurkundung von Anerkennungen der Vaterschaft (§§ 1718, 1720 Abs. 2 BGB) nur der Standesbeamte zuständig, der die Geburt oder die Eheschließung beurkundet. Nach § 15 EheG soll die Ehe vor dem (örtlich) zuständigen Standesbeamten geschlossen werden.

haben es nicht mit der örtlichen Zuständigkeit zu tun, sondern mit der räumlichen Begrenzung der Amtsausübung[3]), bei der es sich um eine Frage der Behördenorganisation handelt (vgl. § 7 FGG Rdn. 9). Eine Behörde kann örtlich zuständig, gleichwohl aber gehindert sein, außerhalb ihres Amtsbezirks Amtshandlungen vorzunehmen (vgl. § 166 GVG). Andererseits kann eine Behörde örtlich unzuständig sein, obwohl sie innerhalb ihres Amtsbezirkes handelt.

2 Fragen der örtlichen Zuständigkeit können nur auftreten, wenn Beurkundungen im Rahmen eines Verfahrens vorzunehmen sind, für welches die örtliche Zuständigkeit geregelt ist. Eine solche Regelung findet sich bundesrechtlich in § 53 WEG; danach ist für die freiwillige Versteigerung eines Wohnungseigentums im Fall des § 19 WEG jeder Notar zuständig, in dessen Amtsbezirk das Grundstück liegt. Versteigert mithin ein Notar an seinem Amtssitz in Berlin ein in Hamburg belegenes Wohnungseigentum, so war er zwar örtlich unzuständig, hat aber die Grenzen seines Amtsbezirks (§ 11 BNotO) gewahrt. In gleicher Weise ist die örtliche Zuständigkeit des Notars für die freiwillige Versteigerung von Grundstücken nach aufrechterhaltenem Landesrecht (§ 15 Rdn. 5) in Art. 33 PrFGG und Art. 29 NdsFGG geregelt. Vorschriften über die örtliche Zuständigkeit gelten ferner für Beurkundungen, die bei der Vermittlung der Auseinandersetzung eines Nachlasses oder eines Gesamtguts (§§ 86, 99 FGG) und bei der Dispache (§§ 149, 155 FGG) vorkommen. Nach Art. 21 Abs. 1 PrFGG kann die Vermittlung der Auseinandersetzung nur einem Notar überwiesen werden, der seinen Amtssitz im Bezirk des dem NachlG vorgeordneten Landgerichts hat. Eine ähnliche Regelung enthält für Bayern § 8 Abs. 2 BayNachlG (Anl. 21). Nach Art. 24 HessFGG und Art. 14 NdsFGG ist die Zuständigkeit der Notare nicht örtlich begrenzt, aber auf die Notare des Landes beschränkt, dessen Recht das Verfahren regelt und dem das zuständige Gericht angehört. Beurkundungen eines örtlich unzuständigen Gerichts oder eines nach vorbehaltenem Landesrecht unzuständigen Notars sind nach §§ 7, 193, 194 Abs. 1 FGG (vgl. § 194 Rdn. 2) nicht aus diesem Grunde unwirksam. Auch die Beurkundungsbefugnisse der Jugendamtsbediensteten sind nicht mehr durch Vorschriften über die örtliche Zuständigkeit begrenzt (§ 49 Abs. 3 JWG).

II. Folgen der Überschreitung des Amtsbezirks

3 *1. Grundsatz.* Der Grundsatz des § 2, wonach eine Beurkundung nicht deshalb unwirksam ist, weil der Notar sie außerhalb seines Amtsbezirks oder außerhalb des Landes, in dem er bestellt ist, vorgenommen hat, entspricht dem § 11 Abs. 3 BNotO und war bereits in § 12 Abs. 3 RNotO niedergelegt. Für die Notariate in Baden und die Bezirksnotare in Württemberg, für welche die BNotO nicht gilt (§§ 115 Satz 1, 114 Abs. 2 Satz 1) ergab sich dieselbe Rechtsfolge schon bisher aus der VO über die Amtsbezirke der Notare vom 17. 6. 1934 (RGBl. I, 514). Für die Urkundstätigkeit der Gerichte und sonstigen Behörden und Beamten bestimmten Art. 39 PrFGG, Art. 47 HessFGG, Art. 31 NdsFGG, daß eine Beurkundung nicht deshalb ungültig ist, weil der beurkundende Richter oder Beamte sie außerhalb der Grenzen seines Bezirks vorgenommen hat. Diese landesrechtlichen Vorschriften hatten allerdings die Einhaltung der Landesgrenzen zur notwendigen Voraussetzung; ob bei einer Überschreitung der Landesgrenzen die Gültigkeit der Beurkundung aus anderen Normen (§ 166 GVG) hergeleitet werden konnte, war, insbesondere wenn am Orte der Amtshandlung die Gerichte für derartige Beurkundungen sachlich nicht zuständig waren, streitig[4]).

4 In § 2 wird die im Interesse der Rechtssicherheit notwendige Folgerung daraus gezogen, daß die Bundesrepublik (mit Berlin-West) ein einheitliches Rechtspflegegebiet ist. Die Fähigkeit des Notars, Urkunden mit öffentlichem Glauben aufzunehmen, unterliegt innerhalb des Staatsgebiets keiner die Wirksamkeit seiner Amtshandlungen beeinträchtigenden Beschränkung durch die Grenzen des Amtsbezirks oder des Landes. Diese Regelung gilt nach § 64 auch für

[3]) Verkannt von Oberneck NotR[10] S. 167; auch bei Höfer-Huhn § 11 3 heißt es unscharf, die örtliche Zuständigkeit der Notare werde amtsrechtlich durch die Vorschriften über den Amtssitz und den Amtsbezirk bestimmt.

[4]) Vgl. dazu § 2 FGG Rdn. 31; Oberneck NotR[10] S. 168.

die Notariate in Baden und die Bezirksnotare in Württemberg. Sie gilt auch für die Beurkundungstätigkeit der Gerichte und anderer Urkundspersonen, wenn die Anwendbarkeit der Vorschriften des BeurkG auf § 1 Abs. 2 beruht.

2. Räumliche Begrenzung der Urkundstätigkeit

a) Inland. Die Fähigkeit des Notars oder der sonstigen Urkundsperson zur Aufnahme **5** öffentlicher Urkunden erstreckt sich auf das Gebiet der Bundesrepublik einschließlich West-Berlins in den Grenzen des Staatsgebiets, die durch das Völkerrecht gezogen werden. Das Staatsgebiet umfaßt umliegende Häfen, geschlossene Buchten und die Küstengewässer innerhalb von drei Seemeilen vom Uferrande zur Zeit der Ebbe[4a]). Innerhalb dieser Binnengrenze des Meeres darf der Notar auch auf fremden Handelsschiffen beurkunden. Staatsschiffe (Kriegsschiffe) gelten als schwimmende Gebietsteile, auch in fremden Häfen oder Küstengewässern. Andere deutsche Seeschiffe werden nach internationalen Gepflogenheiten dem Staatsgebiet ihres Heimatstaates gleichgestellt, solange sie sich auf hoher See befinden (also nicht in fremden Häfen oder Küstengewässern); sie können aber nicht einem bestimmten Amtsbezirk zugerechnet werden, so daß jeder Notar, der sich auf dem Schiff befindet, ohne Verletzung des § 11 BNotO Beurkundungen vornehmen kann[5]). Maßgebend ist das „Recht der Flagge", also nicht etwa das Recht des Heimathafens, wo das Schiff registriert ist (Nußbaum IPR S. 81 ff.). Auf Luftfahrzeugen im Fluge gilt das Recht des Staates, der durch das Staatszugehörigkeitszeichen gekennzeichnet ist[5a]); das kann aber nicht gelten, wenn ausländische Flugzeuge nur im innerstaatlichen Verkehr eines anderen Staates eingesetzt sind (Berlin-Verkehr). Exterritorialität bedeutet sachliche oder persönliche Befreiung von der Gerichtsbarkeit des Empfangsstaats (§ 3 FGG Rdn. 15); sie bedeutet nicht, daß Gesandtschaftsgebäude nicht mehr Teile des Staatsgebiets des Empfangsstaats seien. Der Notar kann daher auf Ansuchen Beurkundungen auch in dem Gebäude einer ausländischen diplomatischen Vertretung vornehmen[6]).

b) Ausland. Im Ausland können deutsche Notare oder andere Urkundspersonen Beurkun- **6** dungen nicht wirksam vornehmen. Denn die Befugnis, Urkunden mit öffentlichem Glauben herzustellen, gehört der vorsorgenden Rechtspflege an, ist daher wie jede andere Amtstätigkeit von der Staatsgewalt abgeleitet und findet wie diese ihre Schranken an den Grenzen des Staatsgebiets. Zum fremden Staatsgebiet gehören auch die Räume einer deutschen diplomatischen Vertretung im Ausland[7]). Beurkundungen, die ein deutscher Notar im Ausland vornimmt, haben deshalb nicht die Kraft öffentlicher Urkunden und sind als Beurkundungsakte unwirksam[8]). Ob das beurkundete Rechtsgeschäft trotz Unwirksamkeit der Beurkundung gültig ist, beurteilt sich nach materiellem Recht.

Auch die *Beglaubigung einer Unterschrift* ist unwirksam, wenn der Notar den Beglaubi- **7** gungsvermerk im Ausland gefertigt hat. Zweifelhaft ist es, ob die Gültigkeit einer im Inland vorgenommenen Beglaubigung dadurch in Frage gestellt wird, daß der Beteiligte die Unterschrift zwar in Gegenwart des Notars, aber im Ausland vollzogen oder anerkannt hat; die Frage ist mit der jetzt herrschenden Meinung im Sinne der Gültigkeit zu entscheiden[9]). Der

[4a]) Manche Staaten nehmen jetzt das Küstengewässer bis zu 12 Seemeilen für sich in Anspruch, vgl. Dahm, Völkerrecht I § 123 S. 650; Wengler, Völkerrecht II S. 1078 ff.

[5]) Staudinger-Firsching BGB[11] Art. 11 EG Rdn. 121; Höfer-Huhn § 13 1.

[5a]) Nachweise bei Staudinger-Firsching BGB[11] Art. 11 EG Rdn. 123.

[6]) Schoetensack DNotZ 1952, 270; Seybold-Hornig BNotO[4] § 11 Rdn. 5 a. E.; Oberneck Notariatsrecht[10] S. 168; Höfer-Huhn § 13 1.

[7]) Schoetensack DNotZ 1952, 270; Seybold-Hornig BNotO[4] § 11 Rdn. 5.

[8]) Rietsch, Hdb. d. Urkundwiss.[2] S. 245, Oberneck NotR[10] S. 167; Barmann, Die Freizügigkeit der notariellen Urkunde, AcP 159, 1 ff., 5; Schoetensack DNotZ 1952, 270; Blumenwitz DNotZ 1968, 712 zu A III, IV; Keidel[9] § 167 Rdn. 47a; Seybold-Hornig BNotO[4] § 11 Rdn. 5; Staudinger-Firsching BGB[11] Art. 11 EG Rdn. 19.

[9]) RG DNotV 1927, 526 = JW 1927, 2126; KG JFGErg. 17, 123 = JVBl. 1938, 12; Josef DNotV 4, 372; Oberneck NotR[10] S. 167 u. S. 252; Zimmermann Rpfleger 1964, 107; Höfer-Huhn § 13,3; (107) Hornig DNotZ 1938, 357; Schoetensack DNotZ 1952, 271; Seybold-Hornig BNotO[4] § 11 Rdn. 5; Keidel[9] § 183 Anm. 10; a. M. Schlegelberger § 183 Anm. 6 zu b).

Notar verletzt aber seine Dienstpflichten, wenn er im Ausland die Anerkennung oder Vollziehung von Unterschriften entgegennimmt, um sie im Inland zu beglaubigen[10]). Da die Niederschrift über eine Hauptversammlung (§ 130 AktG) nicht an dem Orte und zu der Zeit ihrer Wahrnehmung gefertigt werden muß (§ 8 Rdn. 11), wäre die im Inland gefertigte Niederschrift über eine im Ausland abgehaltene Hauptversammlung jedenfalls gültig[11]), wenn auch der Notar dadurch seine Amtspflichten verletzt, da schon die Wahrnehmung von Tatsachen zum Zwecke der Beurkundung zur Amtstätigkeit gehört, deren Ausübung im Ausland dem Notar auch vom deutschen Recht nicht gestattet ist.

8 *c) DDR.* Das *Gebiet der DDR* wird im Sinne des Beurkundungsrechts dem Ausland gleichgestellt werden müssen[12]). Die Rechtslage ist dem Zustand in Deutschland vor der reichsrechtlichen Regelung des Notariatsrechts vergleichbar, als die Beurkundungszuständigkeit der Notare auf die Grenzen des Landes beschränkt war, in welchem sie bestellt waren[13]). Besonderheiten ergeben sich aus der Rechtslage im geteilten Berlin. Notare im Bezirk des Kammergerichts werden mit dem Amtssitz in der ungeteilten Stadt Berlin bestellt. Beurkundungen eines in West-Berlin domizilierenden Notars im Ostsektor Berlins sind daher Beurkundungen an seinem Amtssitz. Im Ostsektor Berlins amtieren sogar noch freiberufliche Notare, die der Dienstaufsicht des Landgerichtspräsidenten in West-Berlin unterstehen[14]). Hieraus muß geschlossen werden, daß jeder deutsche Notar unter den Voraussetzungen des § 11 Abs. 2 BNotO im Ostsektor Berlins Beurkundungen vornehmen darf, die nach § 2 wirksam sind, wenn er auch vielleicht nicht mit der Duldung der Behörden des Ostsektors rechnen kann[15]); andererseits könnten auch die im Ostsektor amtierenden freiberuflichen Notare in West-Berlin und in der Bundesrepublik wirksam beurkunden. Für die Staatlichen Notariate als Behörden wird man das nicht gelten lassen können.

III. Amtsbezirk

9 Der Amtsbezirk des Notars ist nach § 11 Abs. 1 BNotO der Oberlandesgerichtsbezirk, in dem er seinen Amtssitz (§ 10 Abs. 1 Satz 1 BNotO) hat. Amtshandlungen außerhalb dieses Amtsbezirks darf der Notar nach § 11 Abs. 2 BNotO nur vornehmen, wenn Gefahr im Verzuge ist oder die Aufsichtsbehörde es genehmigt. Außerdem ist der Notar standesrechtlich gehalten, Amtsgeschäfte außerhalb seines Amtssitzsprengels, also in der Regel des Amtsgerichtsbezirks, nur in begründeten Ausnahmefällen vorzunehmen, nämlich bei Gefahr im Verzuge oder wenn es einem örtlichen Herkommen entspricht oder wenn es im Interesse der Rechtsuchenden geboten ist[16]). In Berlin dürfen demgemäß die Notare trotz der Aufteilung in verschiedene Amtsgerichtsbezirke herkömmlicherweise im ganzen Stadtgebiet beurkunden. Diese Beschränkungen haben aber nur dienstrechtliche Bedeutung; beurkundungsrechtlich zieht ihre Verletzung nach § 2 keine Rechtsfolgen nach sich. Für die Überschreitung des Gerichtsbezirks bei der Urkundstätigkeit der Gerichte gilt § 2 FGG mit § 166 GVG (vgl. § 2 FGG Rdn. 28 ff.). Für andere Urkundspersonen gilt weder § 11 Abs. 2 BNotO noch § 166 GVG; sie sind auf den Amtsbezirk ihrer Behörde beschränkt.

IV. Recht der DDR

10 Nach § 8 VOStaatlNot. vom 15. 10. 1952 (GBl. DDR, 1055) — vgl. Einl. FGG Rdn. 45 — ist Dienstbereich des Staatlichen Notariats der Kreis, in dem es errichtet ist. Notariatshandlungen dürfen auch außerhalb des Dienstbereichs getätigt werden, wenn durch ihre Ver-

[10]) Schr. des Präs. d. dt. Notarkammer, DNotZ 1964, 387, 391; a. M. Seybold-Hornig a. a. O.

[11]) Offen gelassen von Bärmann AcP 159, 6; verneinend ersichtlich Blumenwitz DNotZ 1968, 712 zu A IV 3; Staudinger-Firsching BGB[11] Art. 11 EG Rdn. 19.

[12]) Ebenso Höfer-Huhn § 11 4.

[13]) Vgl. Oberneck NotR[10] S. 168.

[14]) Nach der Mitteilung von Höfer-Huhn § 10, 3 Fn. 63.

[15]) Höfer-Huhn § 11 4.

[16]) Seybold-Hornig BNotO[4] § 11 Rdn. 7; Bärmann Freiw. Gerbkt. u. Notarrecht § 53 III 2 d; Celle NdsRpfl. 1963, 208 = RheinNotK 1964, 76; NdsRpfl. 1966, 117; BGH DNotZ 1966, 409; 1967, 448; Rohs, Geschäftsführung der Notare, 5. Aufl. S. 112; Allg. Richtlinien für die Berufsausübung der Notare (DNotZ 1963, 130) § 8.

zögerung ein nicht wieder zu behebender Schaden droht. Durch einen Verstoß gegen diese Bestimmungen wird die Gültigkeit der Notariatshandlung nicht berührt. Ebenso bestimmt § 3 Abs. 3 NotVerfO, daß notarielle Handlungen nicht deswegen unwirksam sind, weil sie von einem für das Kreisgebiet nicht zuständigen Notar vorgenommen worden sind.

Verbot der Mitwirkung als Notar

3 **(1) Ein Notar soll an einer Beurkundung nicht mitwirken, wenn es sich handelt um**

1. eigene Angelegenheiten, auch wenn der Notar nur mitberechtigt oder mitverpflichtet ist,

2. Angelegenheiten seines Ehegatten, früheren Ehegatten oder seines Verlobten,

3. Angelegenheiten einer Person, die mit dem Notar in gerader Linie verwandt oder verschwägert oder in der Seitenlinie verwandt oder verschwägert oder in der Seitenlinie bis zum dritten Grade verwandt oder bis zum zweiten Grade verschwägert ist,

4. Angelegenheiten einer Person, deren gesetzlicher Vertreter der Notar ist oder deren vertretungsberechtigtem Organ er angehört, oder

5. Angelegenheiten einer Person, die den Notar in derselben Angelegenheit bevollmächtigt hat oder zu der er in einem ständigen Dienst- oder ähnlichen ständigen Geschäftsverhältnis steht.

(2) Handelt es sich um eine Angelegenheit mehrerer Personen und ist der Notar früher in dieser Angelegenheit als gesetzlicher Vertreter oder Bevollmächtigter tätig gewesen oder ist er für eine dieser Personen in anderer Sache als Bevollmächtigter tätig, so soll er vor der Beurkundung darauf hinweisen und fragen, ob er die Beurkundung gleichwohl vornehmen soll. In der Urkunde soll er vermerken, daß dies geschehen ist.

(3) Absatz 2 gilt entsprechend, wenn es sich handelt um

1. Angelegenheiten einer Person, deren nicht zur Vertretung berechtigtem Organ der Notar angehört,

**2. Angelegenheiten einer Gemeinde oder eines Kreises, sofern der Notar Mitglied der Gemeinde- oder Kreisvertretung ist, der die gesetzliche Vertretung der Gemeinde oder des Kreises obliegt,
oder**

3. Angelegenheiten einer als Körperschaft des öffentlichen Rechts anerkannten Religions- oder Weltanschauungsgemeinschaft oder einer als Körperschaft des öffentlichen Rechts anerkannten Teilorganisation einer solchen Gemeinschaft, sofern der Notar einem durch Wahlen gebildeten Organ angehört, dem die gesetzliche Vertretung der Körperschaft obliegt.

In den Fällen der Nummern 2 und 3 ist Absatz 1 Nr. 4 nicht anwendbar.

Die Vorschrift wird für Notare ergänzt durch *§ 16 BNotO* i. d. F. des § 57 Abs. 17 Nr. 2 BeurkG, welcher bestimmt:

§ 16. (1) Soweit es sich bei Amtstätigkeiten des Notars nach den §§ 20 bis 22a nicht um Beurkundungen nach dem Beurkundungsgesetz handelt, gilt § 3 des Beurkundungsgesetzes entsprechend.

(2) Der Notar kann sich der Ausübung des Amtes wegen Befangenheit enthalten.

Übersicht

A. Rechtsentwicklung

1 Beim Erlaß des BGB und des FGG wurde die Ausschließung des Notars (und des Richters) reichsrechtlich in den §§ 2234 bis 2236, 2276 BGB nur für die Beurkundung von Verfügungen von Todes wegen und in den §§ 170 bis 172 FGG für die Beurkundung sonstiger Rechtsgeschäfte geregelt. Im übrigen war die Ausschließung und Ablehnung des Notars landesrechtlich geregelt, meist in der Weise, daß die für den Richter geltenden Vorschriften der §§ 6, 7 FGG für entsprechend anwendbar erklärt wurden (Art. 84 PrFGG, Art. 15 BayNotG); der Notar konnte mithin sich auch selbst wegen Befangenheit der Amtsausübung enthalten (§ 6 Abs. 2 Satz 1 FGG). Jedoch galten diese Vorschriften nur für Amtshandlungen, die nicht die Beurkundung eines Rechtsgeschäfts zum Gegenstand hatten. Ein Ablehnungsrecht der Beteiligten, etwa im Umfang des § 3 Abs. 2 BeurkG, welches auch für rechtsgeschäftliche Beurkundungen galt, war in Art. 85 PrFGG vorgesehen. Diese landesrechtlichen Bestimmungen sind durch § 75 der Reichsnotarordnung vom 13. 2. 1937 (RGBl. I, 191) aufgehoben und durch § 17 RNotO ersetzt worden. Diese Vorschrift, deren Anwendungsbereich die gesamte Urkundstätigkeit des Notars umfaßte, ließ die zwingenden Ausschließungsgründe der §§ 2234, 2235, 2276 BGB und der §§ 170, 171 FGG unberührt, erweiterte aber die Ausschließungs- und Ablehnungsgründe, ohne an ihre Verletzung Unwirksamkeitsfolgen zu knüpfen. An die Stelle des § 17 RNotO trat mit einigen Änderungen § 16 der Bundesnotarordnung vom 24. 2.

1961 (BGBl. I, 97). Dessen Regelung ist inhaltlich mit einigen Abweichungen von § 3 BeurkG übernommen worden. Eine sachliche Änderung enthält § 3 Abs. 1 Nr. 3 gegenüber § 16 Abs. 1 Nr. 3 BNotO insofern, als die Vorschrift auf Verwandte im dritten Grade der Seitenlinie erstreckt worden ist, um sie mit § 41 Nr. 3 ZPO und § 22 Nr. 3 StPO in Einklang zu bringen (BT-Drucks. V/3282 S. 28). Abs. 3 Nr. 3 ist durch den Rechtsausschuß des BT auf Anregung kirchlicher Stellen eingefügt worden (BT-Drucks. V/4014 S. 3). Sonstige Änderungen sind nur sprachlicher Art oder beziehen sich auf die Gliederung. In § 3 Abs. 1 Nr. 5 sind die besonders den Anwaltsnotar betreffenden Ausschließungsgründe zusammengefaßt worden, die bisher auf § 16 Abs. 1 Nr. 4 und 5 BNotO verteilt waren. Um Unklarheiten darüber zu vermeiden, daß es auf die Beteiligung an der den Gegenstand des Amtsgeschäfts bildenden Angelegenheit ankommt (materielle Beteiligung), wird nicht mehr von Beteiligten, sondern von den „Angelegenheiten" einer Person gesprochen; dadurch wird klargestellt, daß der formelle Beteiligtenbegriff des § 6 Abs. 2 (vgl. § 6 Rdn. 2) hier nicht anwendbar ist. Daß eine Verletzung der Vorschrift die Gültigkeit der Amtshandlung nicht berührt, wird nicht mehr, wie in § 16 Abs. 2 BNotO besonders ausgesprochen, sondern ergibt sich aus der Fassung als Sollvorschrift; Unwirksamkeitsgründe können sich erst bei einer Verletzung der enger umgrenzten Tatbestände der §§ 6, 7 und 27 ergeben. Die Befugnis des Notars, sich selbst der Amtsausübung wegen Befangenheit zu enthalten, ergibt sich aus § 16 Abs. 2 BNotO i. d. F. des § 57 Abs. 17 Nr. 2 BeurkG. Dort wird in Abs. 1 weiter bestimmt, daß § 3 für Amtstätigkeiten des Notars entsprechend gilt, die keine Beurkundungen sind (z. B. § 20 Abs. 4 BNotO).

B. Bedeutung

Außer in § 3 finden sich Bestimmungen über die Ausschließung des Notars noch in den §§ 6 Abs. 1, 7, 27, die an die Stelle der aufgehobenen §§ 170, 171 FGG und §§ 2234 bis 2236 BGB sowie des geänderten § 2276 BGB getreten sind. Beiden Gruppen von Vorschriften ist gemeinsam, daß sie die Unabhängigkeit und Unparteilichkeit des Notars sichern sollen, deren der Notar im Hinblick darauf, daß Beurkundungen Akte der Rechtspflege sind (§ 1 FGG Rdn. 7, § 1 BeurkG Rdn. 1), ebenso bedarf wie der Richter. In beiden Fällen handelt es sich um Gründe, welche den Notar wegen seiner Beziehungen zu den Beteiligten oder wegen seiner Sachbeteiligung zur Ausübung des Notaramts im Einzelfall unfähig machen. Es besteht daher kein Wesensunterschied in dem Sinne, daß die §§ 6, 7, 27 die Unfähigkeit zur Ausübung des Notaramts begründeten, während § 3 nur ein dienstrechtliches Mitwirkungsverbot enthalte; auch haben die zwingenden Unfähigkeitsvorschriften der §§ 6, 7, 27 nicht die Bedeutung, dem Notar die sachliche Zuständigkeit zu nehmen[1]). Die sachliche Zuständigkeit ist gegeben, wenn das Geschäft seiner Art nach dem Notar übertragen ist. Vorschriften über die Ausschließung und Ablehnung von Gerichtspersonen oder Rechtspflegeorganen betreffen nicht deren Zuständigkeit, vielmehr ist das Rechtspflegeorgan, obwohl es (sachlich und örtlich) zuständig ist, im Einzelfall unfähig zur Amtsausübung, um deren Neutralität zu sichern[2]). Unterschiede bestehen nur in der Sanktion; während eine Verletzung der §§ 6 Abs. 1, 7, 27 die Unwirksamkeit der Beurkundung begründet und damit auch die Beteiligten in Mitleidenschaft zieht, läßt eine Verletzung des § 3 die Gültigkeit der Amtshandlung unberührt. Das „Soll" des § 3 bedeutet aber nicht, daß der Notar in begründeten atypischen Ausnahmefällen von der Beachtung der Vorschrift absehen dürfte; für seine Amtsführung ist die Beachtung der Unfähigkeitsgründe des § 3 zwingend geboten, ebenso wie der Richter sich über die Ausschließungsgründe des § 6 Abs. 1 FGG nicht in der Erwägung hinsetzen darf, daß ihre Verletzung nach § 7 FGG nicht die Unwirksamkeit der Amtshandlung zur Folge habe. Nur beurkundungsrechtlich zieht eine Verletzung des § 3 keine Folgen nach sich. Dienstrechtlich liegt eine Pflichtverletzung vor, die zu Maßnahmen der Dienstaufsicht nach § 94 BNotO Anlaß geben und bei schuldhaftem Verhalten als Dienstvergehen nach §§ 95 ff. BNotO geahndet werden kann. 2

[1]) So Seybold-Hornig BNotO[4] § 16 Rdn. 2; ebenso Höfer-Huhn § 39 2.

[2]) Bettermann AöR 94 (1969) S. 263 ff., 269/270.

C. Anwendungsbereich

I. Kreis der Amtsträger

3 Die Vorschrift des § 3 gilt für den Notar (§ 1 BNotO), den Notariatsverweser (§ 57 Abs. 1 BNotO) und den Notarvertreter (§ 39 Abs. 4 BNotO) in ihrer Eigenschaft als beurkundender oder hinzugezogener zweiter Notar (§§ 22, 25, 29). Für den zweiten Notar sind aber bei der Beurkundung von Willenserklärungen außerdem die Vorschriften des § 26 Abs. 1 zu beachten. Der Notarvertreter soll sich über die Fälle hinaus, in denen er selbst von § 3 betroffen ist, nach § 41 Abs. 2 BNotO der Amtsausübung auch insoweit enthalten, als der von ihm vertretene Notar von der Amtsausübung ausgeschlossen sein würde. Für die beamteten Notare in Baden und die Bezirksnotare in Württemberg gilt § 3 ebenfalls, nach § 64 Satz 2 jedoch mit der Maßgabe, daß § 3 Abs. 1 Nr. 5 in Angelegenheiten des Landes Baden-Württemberg nicht schon deswegen anwendbar ist, weil der Notar in einem Dienstverhältnis zu diesem Lande steht. Für Beurkundungen der deutschen Konsuln sind nach §§ 16 Abs. 2, 16a Abs. 1 Satz 2, 17 Abs. 1 Satz 2 KonsularG i. d. F. des § 57 Abs. 1 Nr. 1 BeurkG allgemein die Vorschriften des Beurkundungsgesetzes maßgebend, mithin auch § 3. Gemäß § 1 Abs. 2 ist § 3 entsprechend anwendbar auf die Beurkundungen anderer Urkundspersonen oder Stellen, die neben dem Notar zuständig sind, mithin auf den Richter (Rechtspfleger) bei gerichtlichen Beurkundungen, den ermächtigten Beamten oder Angestellten des Jugendamts bei Beurkundungen nach § 49 JWG, nicht aber auf Beurkundungen des Standesbeamten (§ 58). Für die Urkundstätigkeit der Gerichte werden mithin die §§ 6, 7 FGG durch § 3 ersetzt, übrigens auch durch §§ 6, 7 BeurkG. Vgl. aber wegen sonstiger Verfahrenshandlungen Rdn. 6 ff. und wegen gerichtlicher Beurkundungen als Teil eines Verfahrens § 1 Rdn. 34. Wegen der Anwendbarkeit des § 3 auf die nach § 49 JWG zu Beurkundungen ermächtigten Jugendamtsbediensteten vgl. § 62 Rdn. 26.

II. Gegenständlicher Anwendungsbereich

4 *1. Urkundstätigkeit.* Die Vorschrift des § 3 gilt unmittelbar nur für die Urkundstätigkeit des Notars im Sinne der §§ 20 bis 22a BNotO, also für denjenigen Teil seiner Amtstätigkeit, der in der Aufnahme öffentlicher Urkunden besteht. Hierbei kommt es nicht darauf an, ob Gegenstand der Beurkundung eine Willenserklärung (unter Lebenden oder von Todes wegen) oder eine Erklärung anderer Art ist oder ob sonstige Tatsachen oder Vorgänge im Sinne des § 36 einschließlich der Unterschriftsbeglaubigung (§§ 40, 41) zum Gegenstand der Beurkundung gemacht werden. Insbesondere gilt § 3 bei der Beurkundung von Willenserklärungen und Verfügungen von Todes wegen neben den §§ 6 Abs. 1, 7, 27. Soweit sich die Tatbestände dieser Vorschriften mit § 3 decken, treten ungeachtet des § 3 die von ihnen bestimmten strengeren Rechtsfolgen, nämlich Unwirksamkeit der Beurkundung, ein. Ebenso gilt § 3 nach § 1 Abs. 2 für die Urkundstätigkeit anderer neben dem Notar zuständiger Stellen. Für die Urkundstätigkeit der Gerichte werden daher die §§ 6, 7 FGG durch § 3 verdrängt, wenn es sich um selbständige Beurkundungen außerhalb eines Verfahrens handelt (vgl. § 1 Rdn. 15, 33), z. B. bei Beurkundungen nach § 62 BeurkG oder nach § 2356 Abs. 2 BGB.

5 *2. Notarische Rechtsbetreuung.* Keine Anwendung findet § 3 bei der Wahrnehmung von Aufgaben der notarischen Rechtsbetreuung nach §§ 23, 24 BNotO[3]). Diese Aufgaben gehören zwar ebenfalls zur Amtstätigkeit des Notars, d. h. zu seinem beruflichen Aufgabenkreis, der Notar wird dabei aber nicht hoheitlich tätig, so daß zu Beschränkungen seiner Amtstätigkeit im Interesse der Sicherung seiner Unabhängigkeit und Unparteilichkeit kein Anlaß besteht. Der Notar braucht nicht daran gehindert zu werden, z. B. Urkundenentwürfe für seine Angehörigen oder Vollmachtgeber zu fertigen, so wenig dies einem Rechtsanwalt verwehrt ist.

6 *3. Sonstige hoheitliche Tätigkeiten außerhalb von Beurkundungen.* Der Notar kann auf Grund von Vorschriften der Bundesnotarordnung oder auf Grund des landesrechtlichen Vor-

[3]) Seybold-Hornig BNotO[4] § 16 Rdn. 4.

behalts in § 20 Abs. 4 BNotO zur Ausübung hoheitlicher Amtstätigkeiten berufen sein, ohne daß es sich um ein Beurkundungsgeschäft handelt. Auch hierfür besteht ein Bedürfnis für Vorschriften über die Ausschließung und Ablehnung des Notars. Da § 3 insoweit nicht unmittelbar eingreift, seine Regelung aber auch für die hier erörterten Amtstätigkeiten sachgemäß ist, schreibt § 16 Abs. 1 BNotO n. F. die entsprechende Anwendung des § 3 vor. Die Einstellung dieser Vorschrift in die Bundesnotarordnung führt dazu, daß sie nach §§ 114, 115 BNotO für die Bezirksnotare in Württemberg und die badischen Notare nicht gilt. Da auf deren Verfahren gemäß § 194 Abs. 3 FGG auch § 6 FGG nicht kraft Bundesrechts anwendbar ist (§ 194 Rdn. 4), gilt insoweit Landesrecht; § 49 BadLFGG und Art. 64, 75 WürttAGBGB erklären § 6 FGG für anwendbar. Für den Gerichten übertragene bundesrechtliche Angelegenheiten gelten §§ 6, 7 FGG unmittelbar. Hierfür kommen folgende Amtstätigkeiten in Betracht:

a) Vermittlung der Auseinandersetzung eines Nachlasses oder eines Gesamtguts. Im Verfahren zur Vermittlung der Auseinandersetzung nach §§ 86, 99 FGG kommen außer der Beurkundung von Vereinbarungen über vorbereitende Maßregeln und über die Auseinandersetzung (§§ 91 Abs. 1, 93 Abs. 1 Satz 2) sonstige Verrichtungen vor, die der Vorbereitung, Förderung und dem Abschluß des Verfahrens dienen und keine Beurkundung zum Gegenstand haben (vgl. §§ 87 Abs. 2, 88, 89, 91 Abs. 3, 92, 93 Abs. 1 Satz 3, Abs. 3, 94, 95, 97 Abs. 2, 99 Abs. 1 FGG). Für die in diesem Verfahren vorgenommenen Beurkundungen gelten die Vorschriften der §§ 3, 6 Abs. 1, 7 BeurkG, und zwar unmittelbar, wenn nach vorbehaltenem Landesrecht (§ 20 Abs. 4 BNotO) ein Notar beurkundet, gemäß § 64 BeurkG für Beurkundungen der Notare in Baden und der Bezirksnotare in Württemberg und gemäß § 1 Abs. 2 BeurkG für Beurkundungen durch das Amtsgericht (vgl. § 91 Rdn. 3, 4, 6). Für die sonstigen Verrichtungen gelten im Verfahren vor dem Amtsgericht die §§ 6, 7 FGG, im Verfahren vor den auf Grund der Vorbehalte in Art. 147 EGBGB und § 193 FGG in Baden und Württemberg zuständigen nichtgerichtlichen Behörden die in Rdn. 6 angeführten Vorschriften des Landesrechts, die ebenfalls auf § 6 FGG verweisen; im Verfahren vor Notaren ohne Behördeneigenschaft, die auf Grund des Vorbehalts in § 193 FGG kraft einer Überweisung des Gerichts oder im unmittelbaren Auftrag der Beteiligten zuständig sind (Art. 21 PrFGG, Art. 24 HessFGG, Art. 14 NdsFGG, Art. 6, 7, 8 BayNachlG), ist gemäß § 16 BNotO n. F. § 3 BNotO maßgebend[4]). **7**

b) Amtsgeschäfte im Zuge der Urkundenverwahrung. Die Amtsgeschäfte, die einem Notar oder einer Behörde als Verwahrungsstelle für Urkunden, die in der Form einer Niederschrift errichtet sind, obliegen, gehören nicht unmittelbar zur Urkundstätigkeit im Sinne der §§ 20 bis 22a BNotO und damit des § 3 BeurkG. Zuständig zur Verwahrung kann ein Notar, ein Gericht oder eine nichtgerichtliche Behörde sein (§§ 25 Abs. 1, 45, 51, 55 BNotO, § 2258a BGB, §§ 41, 42 BadLFGG, § 19 Abs. 1 HambFGG, Art. 73 Abs. 1, 92 HessFGG, Art. 26 NdsFGG n. F., Art. 42, 61 Abs. 1 Satz 1 PrFGG, Art. 93, 115 WürttAGBGB). Zu den Aufgaben der Verwahrungsstelle gehört die Erteilung von Ausfertigungen (§ 48 BeurkG) und beglaubigten Abschriften der verwahrten Urkunde einschließlich der Gestattung der Einsicht (§ 51 Abs. 3 BeurkG) sowie die Ersetzung der Urschrift (§ 46 BNotO). Die Ausschließungsvorschriften der §§ 6, 7 BeurkG sind auf diese Geschäfte nicht anwendbar[5]). Es handelt sich aber auch nicht unmittelbar um die Mitwirkung an einer Beurkundung im Sinne des § 3. Für die Notare (§ 1 BNotO) bedurfte es daher der besonderen Vorschrift in § 16 BNotO n. F., durch welche § 3 für entsprechend anwendbar erklärt wird. Für die Gerichte gelten §§ 6, 7 FGG, für nichtgerichtliche Behörden (Baden-Württemberg) die in Rdn. 6 angeführten landesrechtlichen Vorschriften. **8**

c) Erteilung vollstreckbarer Ausfertigungen. Die Erteilung vollstreckbarer Ausfertigungen notarieller oder gerichtlicher Urkunden ist ein der Vorbereitung der Zwangsvollstreckung **9**

[4]) Vgl. zum bisher. Recht Josef ZZP 29, 194; Oberneck NotR[10] S. 184; KGJ 35 A 128.

[5]) Josef ZBlFG 12, 194; Schlegelberger § 182 Anm. 1; Seybold-Hornig BNotO[4] § 16 Rdn. 30.

dienender Rechtspflegeakt, ist aber gleichwohl keine Angelegenheit der streitigen Zivilgerichtsbarkeit. Darin, daß § 797 Abs. 2 ZPO dieses Geschäft dem Notar oder der Behörde zuweist, in deren Verwahrung sich die Urkunde befindet, kommt zum Ausdruck, daß es sich ebenso wie bei der Aufnahme der Urkunde oder ihre Verwahrung um eine Angelegenheit der freiwilligen Gerichtsbarkeit handelt[6]). Wenn auch die Voraussetzungen für die Erteilung der Vollstreckungsklausel sich nach den Vorschriften der ZPO bestimmen (§ 52 Rdn. 21), so kommen doch für die Ausschließung und Ablehnung die Vorschriften der §§ 41 bis 48 ZPO nicht in Betracht[7]). Es handelt sich auch nicht unmittelbar um eine Beurkundung im Sinne des § 3, sondern um eine sonstige hoheitliche Amtstätigkeit, für welche früher, soweit es sich um die Ausschließung des Notars handelt, gemäß Art. 84 PrFGG die §§ 6, 7 FGG anwendbar waren[8]) und auf welche jetzt gemäß § 16 BNotO n. F. § 3 entsprechend anwendbar ist[9]). Für die Erteilung vollstreckbarer Ausfertigungen gerichtlicher oder vom Gericht verwahrter notarieller Urkunden gelten §§ 6, 7 FGG, für die von nichtgerichtlichen Behörden (Baden-Württemberg) verwahrten Urkunden die in Rdn. 6 angeführten landesrechtlichen Vorschriften. Die Erteilung der Klausel durch einen kraft Gesetzes nach § 3 Abs. 1 BeurkG, § 6 Abs. 1 FGG ausgeschlossenen Notar oder Richter (Rechtspfleger) kann mit dem Rechtsbehelf der §§ 795, 797 Abs. 3, 732 ZPO (nicht mit der Klage nach § 768 ZPO, vgl. § 6 BeurkG Rdn. 12) gerügt werden und muß zur Aufhebung der Klausel führen.

D. Sachbeteiligung

I. Grundsatz

10 Während es nach § 6 Abs. 2 für die Abgrenzung der Ausschließungsgründe auf die formelle Beteiligung an dem Beurkundungsvorgang ankommt (§ 6 Rdn. 2), vermeidet es das Gesetz in § 3, die Worte „Beteiligung" und „Beteiligter" zu verwenden, und spricht statt dessen von den „Angelegenheiten" einer Person, um die es sich bei der Beurkundung handelt; dadurch soll schon mit der Fassung des Gesetzes dem Mißverständnis begegnet werden, als sei auch hier allein die formelle Beteiligung entscheidend. Diese Abweichung von § 6 Abs. 2 hat einen förmlichen und einen sachlichen Grund. Der förmliche Grund besteht darin, daß § 3 auch für die Beurkundung nicht rechtsgeschäftlicher Vorgänge gilt; hierbei wird aber nicht immer eine Erklärung beurkundet und eine Niederschrift aufgenommen (§ 39), so daß ein „Erklärender" in der Urkunde nicht erscheint. Der sachliche Grund besteht darin, daß nur besonders schwerwiegende und augenfällige Bedenken gegen die Unabhängigkeit und Unparteilichkeit des Notars unter den eng begrenzten Voraussetzungen der §§ 6 Abs. 1, 7, 27 die Unwirksamkeit der Beurkundung nach sich ziehen sollen, ohne daß deswegen weitere Gründe unberücksichtigt bleiben sollen, welche die Besorgnis der Befangenheit wegen Sachbeteiligung des Notars, seiner Angehörigen oder derjenigen, deren Vertreter er ist oder zu denen er in einem Abhängigkeitsverhältnis steht, rechtfertigen könnten. Für die Ausschließung nach § 3 ist daher die sachliche Beteiligung ausreichend. Der Gegenstand einer Beurkundung ist zunächst eine Angelegenheit desjenigen, dessen Rechte, Pflichten oder Verbindlichkeiten durch den Inhalt der Beurkundung betroffen, d. h. begründet, erweitert oder vermindert werden, oder der durch den Inhalt der Beurkundung in der Weise begünstigt oder belastet wird, daß er einen rechtlichen Vorteil erlangt oder einen rechtlichen Nachteil erleidet. Die Beurkundung anderer Vorgänge als Willenserklärungen, insbesondere von Wissenserklärungen und Tatsachen, wird nicht immer, wie etwa der Wechselprotest, von unmittelbarem Einfluß auf den Bestand von Rechten oder Pflichten sein, sondern Beweiszwecken dienen. In diesem Fall ist

[6]) KG OLGR 42, 36; KGJ 46, 18; KG NJW 1961, 414; KG NJW 1962, 2162; BGH NJW 1967, 1371; Josef JW 1929, 1891; Wolpers DNotZ 1951, 277; Habscheid MDR 1953, 628; Jansen DNotZ 1966, 267 zu A II; a. M. Schneider DNotZ 1966, 16.

[7]) So Josef ZBlFG 12, 194 und ZZP 40, 315, der aber diese Ansicht in JW 1929, 1891 aufgegeben hat; Schlegelberger 1 vor § 170; Mecke Rdn. 3; wie hier Seybold-Hornig BNotO[4] § 16 Rdn. 31.

[8]) KGJ 47, 4; RGZ 145, 199 = DNotZ 1934, 945.

[9]) Seybold-Hornig BNotO[4] § 16 Rdn. 31 zu § 16 BNotO.

als sachlich beteiligt derjenige anzusehen, für dessen Verhältnisse die Urkunde nach Inhalt und Zweck rechtserheblich ist. An der Erteilung einer Lebensbescheinigung ist z. B. derjenige sachlich beteiligt, dessen Fortleben bescheinigt wird. An der eidesstattlichen Versicherung ist sachlich beteiligt, wessen Rechte glaubhaft gemacht oder bestritten werden sollen. Dagegen kann nicht schon jeder irgendwie Interessierte als Sachbeteiligter angesehen werden. Das rechtliche oder gar nur wirtschaftliche Interesse an der Angelegenheit eines anderen macht diese nicht zu einer Angelegenheit des Interessierten[10]). Daher ist nicht beteiligt der Makler, dessen Maklerlohn von dem Zustandekommen des zu beurkundenden Vertrages abhängt.

An der Beurkundung nicht rechtsgeschäftlicher Vorgänge ist außer demjenigen, dessen eigene Rechte und Verbindlichkeiten betroffen werden, auch derjenige beteiligt, der an dem beurkundeten Vorgang selbst teilnimmt oder dessen Handlung, Erklärung oder Aussage beurkundet werden soll[11]), selbst wenn eine sachliche Beteiligung des Erklärenden oder Handelnden an dem Inhalt der Erklärung oder an der Handlung nicht vorliegt, der Vorgang vielmehr im Drittinteresse beurkundet wird. Durch sein Tun macht der Handelnde oder Erklärende den Vorgang zu seiner Angelegenheit im Sinne des § 3. Denn ebenso wie die Verweisung in Art. 84 PrFGG auf § 6 FGG sowohl die formelle als auch die materielle Beteiligung umfaßte (vgl. § 6 FGG Rdn. 8), bedeutet § 3 nicht, daß die formelle Beteiligung, soweit sie bei der Beurkundung von Willenserklärungen nicht von § 6 erfaßt wird, unbeachtlich sei. Der Notar kann daher nicht die Aussage seines Ehegatten beurkunden oder dessen Unterschrift beglaubigen, selbst wenn der Inhalt der Erklärung sachlich die Rechte und Pflichten weder des Notars noch des Ehegatten berührt. Aus denselben Gründen genügt die Beteiligung als Antragsteller, selbst wenn er sachlich an dem Geschäft nicht beteiligt ist[12]); durch die Erteilung des Beurkundungsauftrags hat er die Angelegenheit zu der seinen gemacht. 11

II. Beteiligung an der Angelegenheit

1. Willenserklärungen. An der Beurkundung eines Vertrages sind die Vertragspartner sachlich beteiligt, ferner derjenige, von dessen Zustimmung die Wirksamkeit des Vertrages abhängt (z. B. §§ 1365, 1369 BGB), bei Verträgen zugunsten Dritter (§§ 328, 330, 331 BGB) derjenige, der ein Recht aus dem Vertrage herleiten kann. An der Beurkundung eines Vertragsangebots oder einer Annahmeerklärung ist jeweils auch der andere Teil beteiligt. Bei der Beurkundung einseitiger empfangsbedürftiger Willenserklärungen gehört zu den sachlich Beteiligten auch der Erklärungsempfänger, bei der Anfechtung von Rechtsgeschäften mithin der Anfechtungsgegner (§ 143 BGB), bei einer Kündigung der Gekündigte, bei einer Vollmachtserteilung der Bevollmächtigte. Der Notar darf daher nicht die ihm selbst oder seinen Angehörigen (Abs. 1 Nr. 2, 3) erteilte Vollmacht beurkunden. Bei amtsempfangsbedürftigen Willenserklärungen, z. B. bei der Anfechtung der Erbeinsetzung (§ 2081 BGB) ist sachlich beteiligt derjenige, dessen Rechte von der Anfechtung betroffen werden. 12

An einer Erbausschlagung und ihrer Anfechtung sind auch diejenigen beteiligt, denen die Erbschaft infolge der Ausschlagung anfällt, die übrigen Miterben also nur, sofern Anwachsung eintritt, nicht auch Pflichtteilsberechtigte, Vermächtnisnehmer und sonstige Nachlaßgläubiger[13]). Es ist also unschädlich, wenn der Notar Gläubiger des Nachlasses ist. Auch in seiner Eigenschaft als Testamentsvollstrecker ist er an der Erbausschlagung nicht sachlich beteiligt. 13

An der Unterwerfung unter die sofortige Zwangsvollstreckung ist außer dem Schuldner auch der Gläubiger, an der Bewilligung eines Grundpfandrechts außer dem Eigentümer und Schuldner der Gläubiger, an einer Löschungsbewilligung der Eigentümer, an einer löschungs- 14

[10]) Seybold-Hornig BNotO[4] § 16 Rdn. 18; vgl. auch Rietsch, Hdb. d. Urkundwissenschaft[2] S. 121.

[11]) Josef FGG[2] Art. 84 PrFGG Anm. 1a; vgl. den (aufgehobenen) Art. 53 NdsFGG.

[12]) Vgl. Rietsch a. a. O.; Oberneck NotR[10] S. 194; vgl. auch Seybold-Hornig a. a. O. § 16 Rdn. 26—28, wo jeweils der Antragsteller (Auftraggeber) als Beteiligter bezeichnet wird.

[13]) A. M. hinsichtlich der Miterben und der Pflichtteilsberechtigten Seybold-HornigBNotO[4] § 16 Rdn. 19.

fähigen Quittung der Schuldner beteiligt. An der Bestellung einer Sicherheit für fremde Schuld (Hypothek, Bürgschaft) ist wegen der bedingten Rückgriffsansprüche (§§ 1774 Abs. 1, 1143 Abs. 1 Satz 2 BGB) auch der Schuldner beteiligt[14]). Stets aber muß die sachliche Beteiligung auf der in der Urkunde abgegebenen Willenserklärung beruhen, diese also eine Angelegenheit des Notars oder seiner Angehörigen usw. betreffen. Deshalb ist der Schuldner nicht sachlich beteiligt an der Abtretung der Forderung; der Notar darf demnach die Abtretung einer Hypothek beurkunden, die auf einem ihm oder seinen Angehörigen gehörenden Grundstück lastet[15]). Ebenso darf der Notar einen Grundstückskaufvertrag mit Übernahme der eingetragenen Hypothekenforderungen in Anrechnung auf den Kaufpreis beurkunden, selbst wenn er selbst Gläubiger der Hypothekenforderung ist. Dadurch werden die Rechte des Notars nicht betroffen, denn der persönliche Schuldner bleibt derselbe, solange der Hypothekengläubiger die Schuldübernahme nicht genehmigt; genehmigt er sie, so tritt nur ein anderer Schuldner an die Stelle des bisherigen[16]). An der Veräußerung des Grundstücks ist auch ein sonst dinglich Berechtigter (Dienstbarkeit, forderungslose Grundschuld) nicht beteiligt, da das Haftungsobjekt dasselbe bleibt. Die in einem Erbteilungsvertrage getroffene Abrede, daß der Miterbe, dem der Aktivnachlaß übereignet wird, die Nachlaßverbindlichkeiten als Alleinschuldner übernimmt, schließt den Nachlaßgläubiger von der Beurkundung nicht aus[17]). Dagegen ist die Urkundsperson sachlich beteiligt an einer Schuldmitübernahme zu ihren Gunsten.

15 Als Mitglied einer juristischen Person (Aktionär einer AG, Gesellschafter einer GmbH) ist der Notar an deren Angelegenheiten nicht beteiligt. Das gilt auch für Angelegenheiten einer Genossenschaft, deren Mitglied der Notar ist; die frühere gegenteilige Auffassung[18]) ist durch Änderung des Genossenschaftsrechts überholt. Übt der Notar über das Unternehmen einen beherrschenden Einfluß aus, z. B. als alleiniger Inhaber aller Aktien oder Geschäftsanteile, so wird zwar nicht eine ausdehnende Anwendung des § 3 Abs. 1 Nr. 1 zu erwägen sein[19]), der Notar ist aber als verpflichtet zu erachten, sich gemäß § 16 Abs. 2 BNotO wegen Befangenheit der Amtsausübung zu enthalten.

2. Beurkundung nicht rechtsgeschäftlicher Vorgänge

16 *a) Hauptversammlungen.* Die Beurkundung des Hergangs und der Beschlußfassungen in der Versammlung der Mitglieder eines Vereins, einer Aktiengesellschaft (§ 130 AktG), einer Kommanditgesellschaft auf Aktien (§ 278 Abs. 3 AktG), einer GmbH (§ 53 Abs. 2 GmbHG) oder einer ähnlichen Vereinigung hat nicht die Beurkundung von Willenserklärungen zum Gegenstande, sondern die Beurkundung sonstiger Tatsachen. Willenserklärung ist zwar die Abgabe der Einzelstimme, die aber nicht beurkundet wird, nicht jedoch der Beschluß, da er die inneren Verhältnisse der Vereinigung regelt, aber nicht nach außen wirkt[20]). Die Vorschriften des BeurkG über die Form der Beurkundung von Willenserklärungen sind nur zu wahren, wenn außerdem in derselben Niederschrift außer Beschlüssen rechtsgeschäftliche Erklärungen beurkundet werden, z. B. die Übernahme von Aktien oder Geschäftsanteilen[21]). Von diesem Fall abgesehen, richtet sich die Ausschließung des Notars ausschließlich nach § 3. Nach richtiger, wenn auch noch nicht durchweg anerkannter Ansicht ist der Notar nicht schon

[14]) Seybold-Hornig BNotO[4] § 16 Rdn. 19 Abs. 2; a. M. Schlegelberger § 171 Rdn. 11, unvereinbar mit Rdn. 5 ebenda.

[15]) Oberneck NotR[10] S. 188;; Schlegelberger § 171 Rdn. 11; a. M. Seybold-Hornig a. a. O.

[16]) Oberneck NotR[10] S. 188 mit Nachw.; Schlegelberger § 171 Rdn. 11; a. M. Seybold-Hornig a. a. O.

[17]) KGJ 34 A 12; Oberneck a. a. O.; Schlegelberger a. a. O.

[18]) Z. B. Oberneck NotR[10] S. 189; vgl. § 6 FGG Rdn. 9.

[19]) So Seybold-Hornig BNotO[4] § 16 Rdn. 19 Abs. 3; Mecke Rdn. 7.

[20]) RGZ 75, 259; 73, 44; KG JFG 17, 366 = JW 1938, 2415 = DNotZ 1938, 741 = HRR 1938 Nr. 1181; KG NJW 1959, 1446; Oberneck NotR[10] S. 198; Enneccerus-Nipperdey Allg. Teil[15] § 146 IV; Schlegelberger § 167 Anm. 2; Keidel § 168 Rdn. 4; Schmidt bei Hachenburg GmbHG[6] § 45 Anm. 8; a. M. Godin-Wilhelmi AktG[3] § 130 Anm. 4 unter Verkennung der Bedeutung des Unterschieds für das Beurkundungsrecht.

[21]) RGZ 73, 44; KG JFG 17, 366; Keidel § 168 Anm. 4; Seybold-Hornig BNotO[4] § 20 Anh. Rd. 148.

deswegen sachlich beteiligt und deshalb nach § 3 ausgeschlossen, weil er selbst oder eine der in Abs. 1 Nrn. 2 bis 5 bezeichneten Personen Mitglied (Aktionär, Gesellschafter) ist[22]). Das muß auch dann gelten, wenn der Gegenstand der Beschlußfassung die Gesamtheit der Mitglieder allgemein berührt, wie die Gewinnverteilung, die Erhöhung oder Herabsetzung des Stammkapitals oder sonstige Satzungsänderungen[23]). Sachlich beteiligt sind Mitglieder (Aktionäre) erst dadurch, daß sie als solche an der Verhandlung durch Stimmabgabe oder Stellung von Anträgen oder Widerspruch zur Niederschrift (§ 245 Nr. 1 AktG) teilnehmen[23a]). Ferner wird die Beschlußfassung zu einer „Angelegenheit" des (in der Versammlung anwesenden oder auch abwesenden) Mitglieds, wenn dessen Sonderrechte betroffen werden, wenn also Gegenstand der Beschlußfassung ein besonderes Rechtsverhältnis zur Gesellschaft, die Entlastung des Mitglieds, die Genehmigung eines mit ihm abgeschlossenen Vertrages, die Befreiung von einer Verbindlichkeit, die Erhebung eines Anspruchs gegen das Mitglied oder seine Wahl in den Vorstand oder Aufsichtsrat ist; in diesem Fall ist das Mitglied auch ausgeschlossen, wenn es nicht durch Stimmabgabe oder sonst an der Beschlußfassung teilnimmt[24]). Nimmt in diesem Sinne eine natürliche oder juristische Person an der Versammlung teil, so kann der Notar nach Abs. 1 Nr. 4 und 5 ausgeschlossen sein, wenn er deren gesetzlicher Vertreter ist oder ihrem vertretungsberechtigten Organ angehört oder von ihr in derselben Angelegenheit bevollmächtigt ist oder in einem ständigen Dienst- oder Geschäftsverhältnis zu ihr steht. Stets ausgeschlossen ist der Notar nach Abs. 1 Nr. 4 auch, wenn er dem Vorstand oder Aufsichtsrat der Gesellschaft angehört, auch wenn die Rechtsstellung dieser Organe durch die Beschlußfassung nicht besonders berührt wird[25]). Dagegen ist der Notar nicht ausgeschlossen, wenn sein Angehöriger (Abs. 1 Nrn. 2, 3) Mitglied des Vorstandes ist; denn eine „Angelegenheit" der einzelnen Vorstandsmitglieder liegt nicht vor, wenn die Gesellschaft als solche Beschlüsse faßt, und Verwandtschaft mit den Vertretern einer juristischen Person ist kein Ausschließungsgrund[25a]).

b) Unterschriftsbeglaubigung. Die Beglaubigung einer Unterschrift oder eines Handzeichens (§ 40) ist keine Beurkundung einer Willenserklärung, auch wenn die über der Unterschrift stehende Erklärung rechtsgeschäftlichen Inhalt hat und von dem Notar entworfen ist. **17**
Die Beglaubigung ist die öffentliche Beurkundung der Tatsache, daß eine Unterschrift oder ein Handzeichen von einer bestimmten Person stammt[26]). Für die Ausschließung der Urkundsperson (mit Ausnahme des Standesbeamten, vgl. § 58) gilt mithin § 3. Die Beglaubigung ist zunächst eine Angelegenheit des Beglaubigungssuchers, dessen Unterschrift oder Handzeichen beglaubigt werden soll. Ausschließungsgründe können sich aber auch aus der über der Unterschrift stehenden Erklärung ergeben. Der Notar oder Beglaubigungsbeamte darf daher sein Amt nicht ausüben, wenn sich aus dem Inhalt der Erklärung eine Sachbeteiligung im Sinne der Ausführungen zu Rdn. 10, 11 seiner selbst, seiner Angehörigen (Abs. 1 Nr. 2, 3) oder der in Abs. 1 Nr. 4, 5 genannten Bezugspersonen ergibt[27]). Die Bedenken, die daraus hergeleitet wurden, daß der Beglaubigende nach früherem Recht (Art. 60 PrFGG) nur mit Zustimmung der Beteiligten von dem Inhalt der Urkunde Kenntnis nehmen durfte, sind dadurch

[22]) Oberneck NotR[10] S. 198; Knur DNotZ 1958, 713; Lamers, DNotZ 1962, 287; Godin-Wilhelmi AktG[3] § 130 Anm. 6; Seybold-Hornig BNotO[4] § 16 Rdn. 21; a. M. Gadow-Heinichen-Schmidt AktG § 111 Anm. 1; Schlegelberger-Quassowski AktG § 111 Anm. 2; Baumbach-Hueck AktG[13] § 130 Anm. 2.

[23]) Seybold-Hornig BNotO[4] § 16 Rdn. 21; a. M. Oberneck NotR[10] S. 198; Rohs Geschäftsführung 5. Aufl. S. 118.

[23a]) Josef FGG[2] Art. 84 PrFGG Anm. 2 legt mit beachtlichen Gründen dar, daß der Notar nicht schon dadurch ausgeschlossen wird, daß seine Angehörigen mitstimmen.

[24]) Oberneck NotR[10] S. 198; Seybold-Hornig BNotO[4] § 16 Rdn. 21.

[25]) Gadow-Heinichen-Schmidt AktG § 111 Anm. 1; Lamers DNotZ 1962, 287; Seybold-Hornig BNotO[4] § 16 Rdn. 21; einschränkend Godin-Wilhelmi AktG[3] § 130 Anm. 6.

[25a]) Josef FGG[2] Art. 84 PrFGG Anm. 2 a. E.; a. M. Seybold-Hornig BNotO[4] § 16 Rdn. 21, 36; Höfer-Huhn § 31 3.

[26]) Weber DNotZ 1962, 22.

[27]) Oetker, RGPraxis Bd. 6 S. 53; Oberneck NotR[10] S. 196; Weber a. a. O.; Seybold-Hornig BNotO[4] § 16 Rdn. 20; Höfer-Huhn § 32, 9; Rohs Geschäftsführung[5] S. 117/188; Kersten-Bühling Formularbuch[14] S. 21; a. M. Schlegelberger § 183 Anm. 2; Lent-Habscheid Freiw. Gerbkt.[4] § 43 III.

entfallen, daß nach § 40 Abs. 2 BeurkG (und schon nach § 27 RNotO) die Prüfung gestattet ist, ob Gründe zur Versagung der Amtstätigkeit bestehen.

18 *c) Abschriftsbeglaubigung. Sicherstellung der Ausstellungszeit.* Bei der Beglaubigung einer Abschrift (§ 42), sofern es sich nicht um die beglaubigte Abschrift einer von dem Notar amtlich verwahrten notariellen Niederschrift (§ 51 Abs. 3) handelt, sowie bei der Sicherstellung der Ausstellungszeit (§ 43) richtet sich die Ausschließung danach, ob der Notar die vorgelegte Urkunde nach der Person ihres Ausstellers und nach ihrem Inhalt hätte aufnehmen dürfen. Denn die Amtstätigkeit bezieht sich auf den gesamten Inhalt der Urkunde, und wenn der Notar von der Aufnahme einer Urkunde ausgeschlossen ist, muß er auch von einer Tätigkeit ausgeschlossen sein, welche die Herstellung eines Ersatzes oder die Sicherung der Urkunde bezweckt[28]). Ausgeschlossen ist daher der Notar, wenn er selbst oder die in § 3 Abs. 1 Nrn. 2 bis 5 genannten Bezugspersonen die Urkunde ausgestellt haben oder an ihrem Inhalt sachlich beteiligt sind. Beteiligt ist auch der Antragsteller (oben Rdn. 11)[29]); denn auch ihm gegenüber darf die Unparteilichkeit des Notars nicht durch nahe Beziehungen getrübt sein.

19 *d) Wechselprotest.* Der Protest ist die öffentliche Beurkundung einer für den Rückgriff wesentlichen Tatsache. Auch soweit bei dem Protest rechtsgeschäftliche Erklärungen vorkommen, wie die Erklärung des Ehrenannehmers oder des Ehrenzahlers oder die Erklärung des Akzeptanten, durch die er seine anfechtbare Unterschrift bestätigt, kommen die Vorschriften über die Beurkundung von Willenserklärungen nicht in Betracht, da diese Erklärungen zwar als Teil des Protesthergangs in der Urkunde erwähnt, aber nicht im Sinne des § 8 beurkundet werden[30]). Beteiligt sind die Personen, für und gegen die Protest erhoben wird, auch der Domizilat[31]), sowie sämtliche Wechselverpflichteten, ferner der Ehrenannehmer und der Ehrenzahler, welche durch die Annahme oder Zahlung die ihnen bisher fremde Wechselsache zu ihrer Angelegenheit machen[32]).

20 *e) Bei der Aufnahme eidesstattlicher Versicherungen und der Abnahme von Eiden* ist Beteiligter stets, wer die Erklärung abgeben oder den Eid leisten soll; in diesem Fall greifen außer § 3 nach § 38 Abs. 1 auch die Ausschließungsgründe des § 6 ein. Bei Verletzung des § 6 ist die Beurkundung mithin unwirksam. Sachlich beteiligt ist, in wessen Angelegenheit die Versicherung abgegeben oder der Eid geleistet wird, mithin derjenige, dessen Rechte glaubhaft gemacht, bewiesen oder bestritten werden sollen. An der eidesstattlichen Versicherung zur Erlangung eines Erbscheins ist sachlich beteiligt jeder Erbe oder Nacherbe und jeder Antragsberechtigte (§ 84 Rdn. 3) sowie wer das behauptete Erbrecht für sich in Anspruch nimmt. Beteiligt ist auch der Testamentsvollstrecker, weil er antragsberechtigt ist und weil die Testamentsvollstreckung im Erbschein zu vermerken ist (§ 2364 BGB) sowie weil er nach §§ 2364 Abs. 2, 2362 Abs. 1 BGB die Herausgabe eines unrichtigen Erbscheins verlangen kann[33]). Nicht beteiligt sind Nachlaßverwalter, Nachlaßpfleger, sofern er nicht als Nachlaßpfleger eines Erbeserben antragsberechtigt ist, Pflichtteilsberechtigte, Vermächtnisnehmer, Nachlaßgläubiger, sofern sie nicht einen vollstreckbaren Titel besitzen (§ 792 ZPO). Entsprechendes gilt für die eidesstattliche Versicherung zur Erwirkung eines Testamentsvollstreckerzeugnisses.

21 *f)* An der *Aufnahme von Vermögensverzeichnissen,* der Mitwirkung dabei und der Ermittlung des Wertes von Vermögensgegenständen sind beteiligt der Antragsteller, der Taxator, der Eigentümer des aufzuzeichnenden Vermögens, der Nießbraucher und der Ehegatte bei Zugewinngemeinschaft, der die Aufnahme des Verzeichnisses verlangt hat (§§ 1035, 1377

[28]) Josef FGG[2] Art. 84 PrFGG Anm. 1 a); a. M. Seybold-Hornig BNotO[4] § 16 Rdn. 27; Höfer-Huhn § 42 1, die den Inhalt der Urkunde für bedeutungslos halten.

[29]) Seybold-Hornig BNotO[4] § 16 Rdn. 27; a. M. Oberneck NotR[10] S. 197; Schlegelberger[4] Art. 84 PrFGG Anm. 2.

[30]) Josef FGG[2] Art. 84 PrFGG Zus.; Oberneck NotR[10] S. 197.

[31]) JW 1895, 299; RG Gruch. Bd. 32 S. 1143; vgl. Josef, Die Ausschließung des Notars bei Wechselprotesten, BadNotV 3, 165—174.

[32]) Josef FGG[2] Art. 84 PrFGG Zus.; a. M. Oberneck NotR[10] S. 197.

[33]) A. M. Seybold-Hornig BNotO[4] § 16 Anm. 23; Höfer-Huhn § 42, 1; Rohs Geschäftsführung[5] S. 118.

Abs. 2 BGB), bei Nachlaßinventaren die Erben, Nacherben, Pflichtteilsberechtigte, Ersatzberechtigte (§§ 2314, 1934b Abs. 2 Satz 1 BGB).

g) Bei *Siegelungen* beschränkt sich der Kreis der Beteiligten auf denjenigen, für den und gen den sie stattfindet. An *Abmarkungen* sind die Nachbarn beteiligt. **22**

h) Bei *Verlosungen* ist der Veranstalter Beteiligter, nicht aber der Loszieher oder Ausrufer, auch nicht der Inhaber eines Loses. Der Notar kann daher die Losziehung beurkunden, auch wenn er selbst ein Los besitzt. Wenn aber unter mehreren Beteiligten über bestimmte Rechtsverhältnisse durch Losziehung entschieden werden soll, sind Beteiligte diejenigen, für oder gegen welche das Los entscheidet[34]). **23**

i) Bei *Lebensbescheinigungen* ist beteiligt der Antragsteller und derjenige, über dessen Leben das Zeugnis verlangt wird. **24**

E. Ausschließungs- und Ablehnungsgründe

I. Ausschließungsgründe (Abs. 1 Nr. 1 bis 5)

1. Eigene Angelegenheiten, Mitberechtigung und Mitverpflichtung des Notars (Nr. 1). **25** Ist der Notar oder die sonstige Urkundsperson (Rdn. 3) selbst an der Angelegenheit im Sinne der Ausführungen unter D. sachlich oder formell beteiligt, so darf er nicht mitwirken. Den eigenen Angelegenheiten werden solche gleichgestellt, an denen der Notar nur mitberechtigt oder mitverpflichtet ist. Dieser Zusatz ist eigentlich nur sinnvoll, wenn damit gesagt werden soll, daß die Mitberechtigung oder Mitverpflichtung an einer fremden Angelegenheit die Mitwirkung ausschließt. Eine solche Erweiterung ist erforderlich in einem Verfahren, welchem ein formeller Parteibegriff zugrunde liegt, wie im Zivilprozeß, dessen § 41 Nr. 1 die Vorschrift ebenso wie § 6 Abs. 1 Nr. 1 FGG nachgebildet ist. Bei Geltung eines materiellen Beteiligtenbegriffs ergibt sich aus der Mitberechtigung oder Mitverpflichtung ohne weiteres die eigene sachliche Beteiligung des Mitberechtigten oder Mitverpflichteten. Aus diesem Grunde bedeutet es auch keinen wesentlichen Unterschied, daß das Bestehen einer Regreßpflicht abweichend von § 41 Nr. 1 ZPO, aber übereinstimmend mit § 6 Abs. 1 Nr. 1 FGG nicht erwähnt wird. Rückgriffsansprüche aus dem Wechsel- und Scheckrecht, aus der Haftung des Hauptschuldners gegenüber dem Bürgen oder aus der Ausgleichsverpflichtung unter Gesamtschuldnern begründen ohne weiteres die sachliche Beteiligung. Drohen dem Notar Ansprüche auf Schadloshaltung nach § 19 BNotO, so ist er in dem Verfahren, in welchem die Gültigkeit seines Beurkundungsakts im Streit ist, zwar nicht nach Abs. 1 Nr. 1 ausgeschlossen, er ist aber nach § 14 Abs. 1 BNotO standesrechtlich gehalten, sich der Amtsausübung zu enthalten. Im übrigen gelten die Ausführungen bei § 6 FGG Rdn. 9 zur Mitberechtigung und Mitverpflichtung des Richters auch hier. Hiernach ist der Notar z. B. gehindert an der Anmeldung des persönlich haftenden Gesellschafters der KG, deren Kommanditist er ist (§§ 161 Abs. 2, 108 Abs. 1 HGB), nicht aber an der Anmeldung des Vorstandes oder Geschäftsführers einer AG oder GmbH, deren Aktionär oder Gesellschafter er ist. Die Mitbeteiligung muß sich gerade auf die Angelegenheit beziehen, um die es sich bei der Beurkundung handelt. Der Notar ist daher nicht ausgeschlossen, wenn ein Dritter, der zusammen mit dem Notar Miteigentümer eines Grundstücks ist, seinen Miteigentumsanteil mit einer Hypothek belastet (§ 1114 BGB) oder wenn der Miterbe des Notars die Erbschaft ausschlägt, ohne daß die erbrechtliche Stellung des Notars dadurch berührt wird (Rdn. 13). Dagegen ist der Notar an der Beurkundung der Erbteilsübertragung seines Miterben (§ 2033 BGB) wegen seines Vorkaufsrechts aus § 2034 BGB sachlich beteiligt. Die Beteiligung muß noch zur Zeit der Vornahme des Beurkundungsakts fortdauern; frühere Beteiligung ist unschädlich. Ein mittelbares, insbesondere wirtschaftliches Interesse an dem Gegenstand der Beurkundung genügt nicht.

2. Angelegenheiten des Ehegatten, früheren Ehegatten oder Verlobten (Nr. 2). Die Ehe **26** muß wirksam geschlossen sein (§ 11 EheG); gleichgültig ist, ob die Ehe noch besteht oder nicht (insoweit Abweichung von § 6 Abs. 1 Nr. 2 BeurkG, aber übereinstimmend mit § 6

[34]) Oberneck NotR[10] S. 197.

Abs. 1 Nr. 2 FGG). Der Ausschließungsgrund bleibt mithin bestehen, wenn die Ehe durch Tod, Scheidung (§ 41 EheG), Aufhebung (§ 29 EheG) oder Wiederverheiratung nach Todeserklärung (§ 38 Abs. 2 EheG) aufgelöst ist; auch durch Aufhebung wird die Ehe nur mit Wirkung für die Zukunft aufgelöst (§ 37 Abs. 1 EheG). Wird eine mit einem Nichtigkeitsgrund nach §§ 17 bis 22 EheG behaftete Ehe für nichtig erklärt, so bewirkt das Urteil zwar rechtsgestaltend die Vernichtung der Ehe mit rückwirkender Kraft, sie bleibt aber im Sinne des Abs. 1 Nr. 2 eine frühere Ehe[35]). Abweichend von § 6 Abs. 1 Nr. 2 FGG und § 6 Abs. 1 Nr. 2 BeurkG ist auch das (noch bestehende) Verlöbnis mit einem Beteiligten ein Ausschließungsgrund. Es muß sich um eine eigene Angelegenheit des Ehegatten (Verlobten) handeln. Ist der (frühere) Ehegatte (Verlobte) gesetzlicher oder gewillkürter Vertreter eines Beteiligten oder gehört er dessen vertretungsberechtigtem Organ an, so ist der Notar nicht nach Abs. 1 Nr. 2 bis 5 ausgeschlossen, und bei der Beurkundung von Willenserklärungen nach § 6 Abs. 1 Nr. 2 nur, wenn die Ehe noch besteht und der Ehegatte vor dem Notar als Vertreter handelt. Der Notar ist daher nicht gehindert, die Niederschrift über die Hauptversammlung einer AG zu führen, deren Vorstand sein Ehegatte angehört (Rdn. 16 a. E.).

3. Angelegenheiten von Verwandten und Verschwägerten (Nr. 3)

27 *a) Verwandtschaft.* Der Notar darf mit der Person, um deren Angelegenheit es sich handelt, nicht in gerader Linie oder in der Seitenlinie bis zum dritten Grade verwandt sein. Verwandtschaft ist im Sinne des bürgerlichen Rechts zu verstehen (vgl. § 6 FGG Rdn. 11). Gemäß § 1589 Abs. 1 Satz 1 sind in gerader Linie miteinander verwandt Personen, deren eine von der anderen abstammt; insoweit kommt es auf Gradesnähe nicht an. In der Seitenlinie schließt Verwandtschaft bis zum dritten Grade aus. Die Nähe der Verwandtschaft wird durch die Zahl der sie vermittelnden Geburten bestimmt. Demgemäß sind Geschwister im zweiten Grade, Onkel und Neffe im dritten Grade, Geschwisterkinder im vierten Grade der Seitenlinie miteinander verwandt. Halbbürtige Verwandtschaft steht gleich. Eine Leibesfrucht hat keine Verwandtschaft. Auch die durch Abstammung aus einer für nichtig erklärten Ehe miteinander verbundenen Personen sind verwandt. Nach Aufhebung des § 1589 Abs. 2 BGB durch Art. 1 Nr. 3 NichtehelG begründet die nichteheliche Abstammung ein Verwandtschaftsverhältnis auch zu dem Vater und dessen Verwandten; vorausgesetzt ist jedoch, daß die Vaterschaft durch Anerkennung oder gerichtliches Urteil festgestellt ist (§ 1600a BGB). Die durch nachfolgende Ehe eingetretene Legitimation begründet Verwandtschaft wie die durch eheliche Geburt vermittelte, auch wenn die Ehe später für nichtig erklärt wird (§ 1719 BGB). Nach Aufhebung des § 1737 BGB durch Art. 1 Nr. 35 NichtehelG erstrecken sich die Wirkungen der Ehelicherklärung abweichend vom früheren Recht nicht nur auf das Kind und seine Abkömmlinge, sondern unbeschränkt auch auf die Verwandten des Vaters. Dagegen erstrecken sich die Wirkungen der Kindesannahme nicht auf die Verwandten des Annehmenden (§ 1763 BGB), auf die Abkömmlinge des Kindes nur nach Maßgabe des § 1762 BGB. Die leibliche Verwandtschaft wird durch die Kindesannahme nicht berührt (vgl. § 1766 Abs. 1 BGB).

28 *b) Schwägerschaft.* Unter Schwägerschaft ist das Verhältnis des einen Ehegatten zu den Verwandten des anderen zu verstehen (§ 1590 BGB). Der Notar darf mit der Person, um deren Angelegenheit es sich handelt, nicht in gerader Linie oder in der Seitenlinie bis zum zweiten Grade verschwägert sein. Die Linie und der Grad der Schwägerschaft bestimmen sich gemäß § 1590 Abs. 1 Satz 2 BGB nach der Linie und dem Grade der sie vermittelnden Verwandtschaft. Verschwägert in gerader Linie ist der Ehegatte mit den Verwandten des anderen Ehegatten in gerader Linie; insofern kommt es auf Gradesnähe nicht an. In der Seitenlinie verschwägert ist der Ehegatte mit den Verwandten in der Seitenlinie seines Ehegatten;

[35]) Vgl. RG HRR 1930 Nr. 1059; BGHSt. 9, 38 = LM StPO § 52 Nr. 9; Keidel § 6 Anm. 20; Soergel-Ehard-Eder BGB[9] § 2334 Anm. 3; BGB-RGRK[11] § 23 EheG Anm. 48; Staudinger-Dietz BGB[11] 68 vor § 16; Stein-Jonas-Pohle ZPO[19] § 41 Anm. III 2; a. M. Schlegelberger § 6 Anm. 7; Staudinger-Firsching BGB[11] § 2234 Anm. 5; Erman-Hense BGB[3] § 2234 Anm. 2.

insofern endet der Ausschließungsgrund beim zweiten Grade. Der Notar ist im zweiten Grade der Seitenlinie verschwägert mit den Geschwistern seines Ehegatten und den Ehegatten seiner Geschwister. Zu dem Onkel des Ehegatten besteht Schwägerschaft im dritten Grade der Seitenlinie, die nicht mehr ausschließt. Nicht verschwägert und auch nicht verwandt sind Kinder aus einer früheren Ehe mit den Kindern, die der andere Ehegatte ebenfalls aus einer früheren Ehe mitgebracht hat; es besteht nur ein Schwägerschaftsverhältnis zwischen dem Kinde und dem Stiefelternteil, nicht aber zu dessen Verwandten. Für die das Schwägerschaftsverhältnis begründende Verwandtschaft zum anderen Ehegatten gelten die Bem. zu Rdn. 27. Nichteheliche Geburt steht mithin der ehelichen auch im Verhältnis zum Vater gleich, so daß die Ehefrau des Vaters mit dessen nichtehelichem Kinde in gerader Linie verschwägert ist. Durch Ehelicherklärung entsteht nach Aufhebung des § 1737 BGB durch Art. 1 Nr. 35 NichtehelG Schwägerschaft auch zwischen der Ehefrau des Vaters und dem Kinde sowie zwischen dem Ehegatten des Kindes und seinem Vater. Durch Annahme an Kindes Statt wird der Ehegatte des Annehmenden nicht mit dem Kinde, der Ehegatte des Kindes nicht mit dem Annehmenden verschwägert (§ 1763 Satz 2 BGB). Hat der Mann die Ehelichkeit des Kindes mit Erfolg angefochten, so ist er mit ihm zwar nicht verwandt, aber in gerader Linie verschwägert. Da die Kinder aus einer für nichtig erklärten Ehe ehelich sind, bleiben sie mit ihrem Vater verwandt, werden also verschwägert mit der neuen Ehefrau des Vaters. Auflösung der die Schwägerschaft begründenden Ehe durch Tod, Aufhebung (§§ 29, 39 EheG), Scheidung (§ 41 EheG), Wiederverheiratung nach Todeserklärung (§ 38 Abs. 2 EheG) beendet das Schwägerschaftsverhältnis nach § 1590 Abs. 2 BGB nicht, so daß der Ausschließungsgrund bestehen bleibt; das gilt auch, wenn die Ehe nach § 23 EheG für nichtig erklärt wird[36]). Jedoch kann Schwägerschaft nach der Auflösung der Ehe nicht mehr entstehen; daher ist der erste Ehegatte nicht verschwägert mit den Kindern seines Ehegatten aus einer zweiten Ehe oder mit dessen nach der Eheauflösung geborenen nichtehelichen Kindern.

In den Angelegenheiten einer *Partei kraft Amtes* (Testamentsvollstrecker, Konkursverwalter, Nachlaßverwalter, Zwangsverwalter) schließt sowohl das Verwandtschafts- oder Schwägerschaftsverhältnis oder das Eheband oder Verlöbnis zu dem Verwalter als auch zu dem Träger des Vermögens die Urkundsperson aus (§ 6 FGG Rdn. 11). **29**

Zu a) und b): Es muß sich um eigene Angelegenheiten des Verwandten oder Verschwägerten handeln. Verwandtschaft oder Schwägerschaft des Notars mit dem gesetzlichen oder gewillkürten Vertreter eines anderen schließt nicht aus. Nur bei der Beurkundung von Willenserklärungen darf der Erklärende, auch wenn er als Vertreter handelt, nicht Ehegatte oder Verwandter des Notars in gerader Linie sein (§ 6 Abs. 1 Nr. 2, 3); frühere Ehe, Verlöbnis und Schwägerschaft mit dem Vertreter schließen auch in diesem Fall nicht aus. **30**

4. Gesetzliche Vertretung; Organmitgliedschaft (Nr. 4)

a) Notar als gesetzlicher Vertreter. Ist der Notar oder die sonstige Urkundsperson gesetzlicher Vertreter einer natürlichen Person (Vormund, Pfleger oder Beistand nach § 1690 BGB) oder einer juristischen Person des privaten oder des öffentlichen Rechts (Vorstandsmitglied oder Abwickler einer AG, einer Genossenschaft, eines VVaG, einer Stiftung, Geschäftsführer einer GmbH, persönlich haftender Gesellschafter einer KGaA, vertretungsberechtigtes Organ einer Körperschaft, Anstalt oder Stiftung des öffentlichen Rechts, etwa Bürgermeister einer Gemeinde), so ist er ausgeschlossen, wenn es sich um Angelegenheiten des Vertretenen handelt. A*b*weichend von Nr. 5, wonach der Notar als Bevollmächtigter nur ausgeschlossen ist, wenn die Vollmacht sich auf dieselbe Angelegenheit bezieht, die Gegenstand des Amtsgeschäfts ist, ist der Notar als gesetzlicher Vertreter nicht nur in der Sache ausgeschlossen, in der er zur Vertretung berechtigt ist, sondern in allen Angelegenheiten des Vertretenen. Das gilt auch, wenn der Notar Pfleger eines Beteiligten ist, für die Angelegenheiten, die nicht zu seinem Wirkungskreis gehören. Als gesetzlicher Vertreter wird auch der besondere Vertreter nach § 30 BGB anzusehen sein, der für den ihm zugewiesenen Geschäftskreis die Stellung eines **31**

[36]) Staudinger-Dietz BGB[11] 68 vor § 16 EheG; a. M. Keidel § 6 Rdn. 23.

gesetzlichen Vertreters hat[37]). Wegen der Ausschließung der Jugendamtsbediensteten, denen nach § 37 Satz 2 JWG die Ausübung der Aufgaben des Pflegers oder Vormunds übertragen ist, von Beurkundungen nach § 49 JWG vgl. § 62 Rdn. 26.

32 *b) Organmitgliedschaft.* Außer der Eigenschaft als gesetzlicher Vertreter soll nach Nr. 4 auch die Zugehörigkeit des Notars zu dem vertretungsberechtigten Organ des Beteiligten den Notar ausschließen. Der Notar muß also zu den Personen gehören, die auf Grund der maßgebenden Organisationsbestimmungen kraft ihrer Stellung berechtigt sind, rechtsverbindlich für die Organisation (juristische Person) zu handeln, sie also zu vertreten. Hiervon werden jedoch nach Abs. 3 Satz 2 mit Abs. 3 Satz 1 Nrn. 2 und 3 die Fälle ausgenommen, in denen es sich um Angelegenheiten einer Gemeinde, eines Kreises oder einer als Körperschaft des öffentlichen Rechts anerkannten Religions- oder Weltanschauungsgemeinschaft handelt, deren vertretungsberechtigter Gemeinde- oder Kreisvertretung oder durch Wahlen gebildetem vertretungsberechtigten Organ der Notar angehört (vgl. Rdn. 51). Hiernach ist der Notar z. B. ausgeschlossen, wenn er Mitglied des Vorstandes einer AG oder einer von mehreren Geschäftsführern einer GmbH ist, auch wenn er nicht alleinvertretungsberechtigt ist. Der Ausschließungsgrund besteht auch, wenn vor dem Notar nur die anderen, auch ohne ihn vertretungsberechtigten Vorstandsmitglieder handeln.

33 Ob auch die Stellung als *Aufsichtsrat* einer AG oder KGaA als Zugehörigkeit zu einem vertretungsberechtigten Organ anzusehen ist, ist zweifelhaft. Seinem Wesen nach ist der Aufsichtsrat ein Organ zur Überwachung der Geschäftsführung des Vorstandes; Maßnahmen der Geschäftsführung können ihm nicht übertragen werden (§§ 111 Abs. 1, 4 AktG). Soweit bestimmte Arten von Geschäften der Zustimmung des Aufsichtsrates bedürfen (§§ 89, 111 Abs. 4 Satz 2, 114, 115, 278 Abs. 3 AktG), hat das Fehlen der Zustimmung keinen Einfluß auf die Wirksamkeit des Rechtsgeschäfts[38]), so daß ein Vertretungsakt nicht vorliegt[39]). Soweit der Vorsitzende des Aufsichtsrats bei Anmeldungen zum Handelsregister mitzuwirken hat (§§ 184, 188, 223, 227 usw. AktG), handelt er nicht in Vertretung der Gesellschaft, sondern in Erfüllung einer ihm selbst obliegenden Pflicht (§ 128 Rdn. 33). Für eine Vertretung der Gesellschaft durch den Aufsichtsrat verbleibt daher nur die Vertretung gegenüber den Vorstandsmitgliedern (§§ 112, 278 Abs. 3 AktG). Trotz dieser sehr eingeschränkten Vertretungsbefugnis sollte der Grundsatz, daß die Stellung als gesetzlicher Vertreter in allen Angelegenheiten des Vertretenen ausschließt, auch soweit sie nicht zum Geschäftskreis des Vertreters gehören (Rdn. 31) auch hier Geltung beanspruchen[40]). Der Aufsichtsrat ist der Gesellschaft so eng verbunden, daß ohnehin standesrechtliche Bedenken aus § 14 Abs. 1 Satz 2 BNotO beständen, wenn er in Angelegenheiten der Gesellschaft beurkunden würde. Er steht in einem Treueverhältnis zur Gesellschaft, er haftet ihr für die Erfüllung seiner Pflichten (§§ 116, 117 Abs. 2 AktG), an den Hauptversammlungen soll er teilnehmen (§ 118 Abs. 2 AktG) und er ist zur Anfechtung der Hauptversammlungsbeschlüsse befugt, wenn seine zivil- oder strafrechtliche Haftung zu befürchten ist (§ 245 Nr. 5 AktG).

34 *c)* Ist der Notar *Verwalter kraft Amtes* (Testamentsvollstrecker, Nachlaßverwalter, Konkursverwalter, Zwangsverwalter), so wird die Frage, ob er im Sinne des Abs. 1 Nr. 4 gesetzlicher Vertreter des Erben, Gemeinschuldners usw. ist, nicht schon mit dem Hinweis darauf beantwortet, daß er nach der herrschenden Amtstheorie nicht deren Vertreter sei. Die Beantwortung der Frage kann nicht davon abhängen, ob man der Amtstheorie, der Vertretungstheorie oder der Vermittlungstheorie folgt[41]). Vielmehr ist jeweils nach dem Normzweck

[37]) Vgl. Staudinger-Coing BGB § 30 Rdn. 4; Godin-Wilhelmi AktG § 76 Anm. 13.

[38]) Godin-Wilhelmi AktG[3] § 89 Anm. 9, § 111 Anm. 5.

[39]) A. M. Seybold-Hornig BNotO[4] § 16 Rdn. 34.

[40]) A. M. Rohs, Geschäftsprüfung S. 97; Seybold-Hornig a. a. O., der aber Eigenbeteiligung des Notars als Aufsichtsratsmitglied bei der Beschlußfassung in der Hauptversammlung, bei zustimmungsbedürftigen Geschäften des Vorstandes und bei Vertretungshandlungen des Aufsichtsrats annimmt; nach der hier vertretenen Auffassung handelt es sich dabei jedoch um Angelegenheiten der Gesellschaft, nicht um solche des Aufsichtsrats. Wie hier Höfer-Huhn § 42, 2.

[41]) Vgl. dazu Staudinger-Coing BGB[11] X vor § 164; Enneccerus-Nipperdey Allg. Teil[15] § 180 I 1 e.

zu prüfen, ob eine entsprechende Anwendung von Vorschriften über die Stellvertretung angebracht ist. Handelt ein derartiger Verwalter vor dem Notar, so ist es geboten, ihn für die Anwendung der Ausschließungsvorschriften einem gesetzlichen Vertreter gleichzustellen (oben Rdn. 29, § 6 BeurkG Rdn. 9). Ist der Notar selbst Verwalter, so besteht kein Anlaß, ihn aus diesem Grunde von Angelegenheiten auszuschließen, die sich nicht auf die verwaltete Vermögensmasse beziehen, sondern etwa das konkursfreie Vermögen des Gemeinschuldners, das Eigenvermögen des Erben oder deren nicht vermögensrechtliche Verhältnisse betreffen[42]).

d) Die Stellung eines *Angehörigen* des Notars (Abs. 1 Nr. 2, 3) als gesetzlicher Vertreter oder Organmitglied schließt den Notar nicht aus, da Angelegenheiten des Vertretenen nicht solche des Vertreters sind[43]), es sei denn nach § 6 Abs. 1 Nr. 2, 3 bei der Beurkundung von Willenserklärungen, wenn der Angehörige als Vertreter vor dem Notar Erklärungen abgibt. **35**

5. Der Notar als Bevollmächtigter (Nr. 5, 1. Alternative). Während Abs. 1 Nr. 4 den Fall regelt, daß der Notar gesetzlicher Vertreter ist, bezieht sich Abs. 1 Nr. 5, erste Alternative, auf den Notar, der in derselben Angelegenheit gewillkürter Vertreter (Bevollmächtigter) eines Beteiligten ist. Die Vorschrift ist vor allem für den Anwaltsnotar von Bedeutung. Sie hat ein gewisses Vorbild in Art. 85 PrFGG, der sich jedoch auf die Prozeßvollmacht beschränkte. Demnach darf der Notar an einem Urkundsgeschäft oder einer anderen Amtstätigkeit (§ 16 Abs. 1 BNotO) nicht mitwirken, wenn die Person, um deren Angelegenheit es sich handelt, ihn in derselben Angelegenheit bevollmächtigt hat. **36**

Die Vertretungsbefugnis des Notars muß sich aus einer rechtsgeschäftlich erteilten Vollmacht ergeben. Der Inhalt der Vollmacht muß sich auf einen Gegenstand beziehen, dessen Wahrnehmung außerhalb des Gebiets der vorsorgenden Rechtspflege liegt, auf welchem die Betreuung der Beteiligten zur Amtstätigkeit des Notars gehört (§ 24 BNotO). Aus dem Zweck der Vorschrift, die Unparteilichkeit des Notars zu wahren, ergibt sich, daß sie von vornherein nicht in Betracht kommt, wenn die Befugnis des Notars, in Vertretung der Beteiligten zu handeln, gerade zu seiner Berufstätigkeit gehört (vgl. § 24 Abs. 1 Satz 2 BNotO). Deshalb besteht das Hindernis nicht, wenn der Notar von der gesetzlich vermuteten Vollmacht zur Stellung von Anträgen (§ 15 GBO, § 25 SchiffsRegO, §§ 71, 129, 147 Abs. 1, 159, 161 Abs. 1 FGG, § 3 Abs. 2 GrdstVG) oder zur Zurücknahme eines Antrags (§ 24 Abs. 3 BNotO) Gebrauch macht. Dasselbe muß gelten, wenn außerhalb dieser Vollmachtsvermutungen dem Notar rechtsgeschäftlich Vollmacht erteilt ist, Amtsgeschäfte der in §§ 20 bis 23 BNotO bezeichneten Art vorzubereiten oder durchzuführen. Dazu gehört auch die Ermächtigung, die von ihm oder den Beteiligten gestellten Anträge zur Behebung von Beanstandungen des Gerichts in formeller Hinsicht zu ändern[44]) oder die vormundschaftsgerichtliche Genehmigung zu einem von ihm beurkundeten Rechtsgeschäft entgegenzunehmen und dem anderen Vertragsteil nach § 1829 BGB mitzuteilen (vgl. dazu § 7 Rdn. 7, § 55 FGG Rdn. 12). Auf diesem Gebiet können sich Hindernisse für den Notar, Vertretungen zu übernehmen, nicht mit verfahrensrechtlicher Wirkung aus § 3 Abs. 1 Nr. 1 oder 5 BeurkG ergeben, sondern nur standesrechtlich aus der in § 14 Abs. 1 BNotO normierten Pflicht zur Unparteilichkeit. **37**

Es genügt, daß der Notar zur Vertretung des Beteiligten in der Angelegenheit *berechtigt* ist; es kommt nicht darauf an, ob er dabei als Vertreter handelt. Der Notar darf deshalb auch nicht mitwirken, wenn sein Vollmachtgeber selbst handelt oder sich durch einen anderen Bevollmächtigten vertreten läßt oder wenn ein vom Notar als Hauptbevollmächtigtem bestellter Unterbevollmächtigter handelt (vgl. auch § 6 Rdn. 10 zu Fn. 13). Bei einer Anwaltssozietät wird der Vertretungsauftrag allen Anwälten gemeinsam erteilt, wenn Abweichendes nicht besonders erklärt ist[45]). Wird zum Zweck der Beurkundung der Notarsozius von der Beauftragung ausgenommen oder das Mandat in bezug auf ihn widerrufen, so entfällt zwar **38**

[42]) Im Ergebnis ebenso Seybold-Hornig BNotO[4] § 16 Rdn. 35; Rohs, Geschäftsprüfung S. 95; Höfer-Huhn § 42 1.

[43]) A. M. Seybold-Hornig a. a. O. § 16 Rdn. 36.

[44]) BayObLGZ 1955, 155, 161 = DNotZ 1956, 209.

[45]) Müller NJW 1969, 1416.

das Hindernis des § 3 Abs. 1 Nr. 5, die Beurkundung für den Mandanten des Sozius verstößt aber in der Regel gegen die Standespflichten[46]). Durch die Bestellung zum Schiedsrichter wird der Notar nicht nach Abs. 1 Nr. 5 ausgeschlossen[47]).

39 Der Notar ist nur ausgeschlossen, wenn seine Vertretungsbefugnis zur Zeit der Vornahme des Amtsgeschäfts noch fortbesteht. Ist die Vollmacht zu diesem Zeitpunkt bereits erloschen, so besteht nur die Hinweispflicht und das Ablehnungsrecht der Beteiligten nach Abs. 2.

40 Anders als bei der gesetzlichen Vertretung (Rdn. 31) wird vorausgesetzt, daß die Vollmacht sich auf *dieselbe Angelegenheit* bezieht, die Gegenstand des Amtsgeschäfts ist. Ist der Notar Bevollmächtigter in anderer Sache des Beteiligten, so ist er nicht ausgeschlossen; bei Beteiligung mehrerer muß er jedoch auf das Ablehnungsrecht nach Abs. 2 hinweisen. Identität der Angelegenheit liegt nicht nur vor, wenn dasselbe Rechtsverhältnis, auf welches sich die Vollmacht bezieht, zum Gegenstand der Beurkundung gemacht werden soll, sondern es kommt auf die Identität des Lebenssachverhalts, des historischen Vorgangs an, aus dem Ansprüche, Gegenansprüche oder Rückgriffsansprüche des vertretenen Beteiligten erwachsen können. Diese Voraussetzung wird häufig gegeben sein, wenn das Bedürfnis nach einer Beurkundung bei der anwaltlichen Tätigkeit des Anwaltsnotars hervortritt, z. B. durch Beurkundung eines Vergleichs unter den Prozeßparteien, auch bei Hinzuziehung Dritter zum Vergleichsabschluß, zur Sicherung der Ansprüche des Mandanten durch Beurkundung eines Schuldanerkenntnisses des Gegners oder zwecks Sicherung der Rückgriffsansprüche des Mandanten für den Fall seines Unterliegens gegen einen Dritten. Identität liegt auch vor, wenn der mit der Vertretung bei der Ehescheidung beauftragte Anwaltsnotar im Hinblick auf die Ehescheidung Vereinbarungen über Unterhaltspflichten, Zugewinnausgleich, Ehewohnung und Hausrat beurkundet, mag selbst zwischen den Parteien über die Scheidung Einverständnis bestehen[48]). Ist der Notar *Generalbevollmächtigter* des (sachlich) Beteiligten, so darf er in dessen Angelegenheiten allgemein nicht beurkunden, z. B. nicht die Hypothekenbestellung eines Schuldners seines Vollmachtgebers. Ist dem Notar aber eine Hausverwaltervollmacht üblichen Inhalts erteilt, so dürfte er zum Zwecke der Belastung des Grundstücks die Unterschrift seines Vollmachtgebers beglaubigen, da Verfügungen über das Grundstück von der Hausverwaltervollmacht nicht umfaßt werden. Der Anwaltsnotar, der Verfahrensbevollmächtiger ist, darf für Zwecke dieses Verfahrens nicht eidesstattliche Versicherungen der Parteien oder Dritter beurkunden.

41 Hinsichtlich der Art des Amtsgeschäfts kommt es nicht darauf an, ob ein Vertrag, eine einseitige Willenserklärung, ein nicht rechtsgeschäftlicher Vorgang oder eine Tatsache zu beurkunden ist. Abs. 1 Nr. 5 setzt, wie Abs. 2 zeigt, nicht voraus, daß mehrere an der Angelegenheit beteiligt sind[49]). Wenn der Notar im Auftrage eines Beteiligten tätig wird, den er als Anwalt vertritt, so steht er nicht mehr als Träger eines öffentlichen Amts über dessen Interessen, wie es seine Amtspflicht ist. Die Vorschrift gilt daher auch, wenn die Unterschrift unter einer einseitigen, nicht empfangsberechtigten Erklärung des Vollmachtgebers in der Sache, auf welche sich die Vollmacht bezieht, zu beglaubigen ist oder wenn der Schuldner, der dem Anwaltsnotar Vollmacht zur Abwehr der Ansprüche des Gläubigers erteilt hat, sich wegen dieser Ansprüche der sofortigen Zwangsvollstreckung unterwirft.

42 Durch das Einverständnis der Beteiligten wird der Ausschließungsgrund nicht ausgeräumt.

43 Wird die Vollmacht dem Notar erst nach der Vornahme des Amtsgeschäfts in derselben Sache erteilt, so kann der Ausschließungsgrund des Abs. 1 Nr. 5 sich nicht mehr auswirken. Standesrechtlich ist es aber dem Notar untersagt, in einer Angelegenheit, mit der er amtlich befaßt war, nachträglich als Rechtsanwalt einseitig die Interessen einzelner Beteiligter zu vertreten; er muß sich auch nach Erledigung des Amtsgeschäfts in derselben Angelegenheit jeglicher Wahrnehmung einseitiger Interessen enthalten[50]). Wird der Anwaltsnotar, der eine

[46]) MittRheinNotK 1969, 535, 543.
[47]) Seybold-Hornig BNotO[4] § 16 Rdn. 41.
[48]) Seybold-Hornig BNotO[4] § 16 Rdn. 41; MittRheinNotK 1969, 535, 539; Höfer-Huhn § 42, 3; Rohs Geschäftsführung[5] S. 121.
[49]) MittRheinNotK 1969, 535, 538.
[50]) Seybold, DNotZ 1938, 651, 654; MittRheinNotK 1969, 535, 540; OLG Frankfurt DNotZ 1960, 271; NJW 1964, 1033; DiszSen. f. Richter in Essen DNotZ 1961, 164; OLG Köln

Unterwerfungsverhandlung nach § 794 Abs. 1 Nr. 5 ZPO beurkundet hat, mit dem Betreiben der Zwangsvollstreckung beauftragt und ist noch die Vollstreckungsklausel zu erteilen, so darf er nicht den Vertretungsauftrag übernehmen mit der Folge, daß er von der Erteilung der Klausel nach Abs. 1 Nr. 5 ausgeschlossen ist, sondern er muß das Mandat ablehnen oder das irrig bereits übernommene niederlegen und alsdann die Klausel erteilen.

6. Ständiges Dienst- oder Geschäftsverhältnis (Nr. 5, 2. Alternative). Die Vorschrift entspricht der für Rechtsanwälte geltenden Bestimmung des § 46 BRAO. Maßstab für die Beurteilung, ob ein ständiges Dienst- oder ähnliches ständiges Geschäftsverhältnis zu einem sachlich Beteiligten vorliegt, muß der Grundsatz sein, daß der Notar als Rechtspflegeorgan den Urkundsbeteiligten in sachlicher Unabhängigkeit gegenüberstehen soll, so daß er in seiner rechtlichen Entscheidung frei und nur dem Gesetz unterworfen ist, ohne daß die Gewissenhaftigkeit seiner Amtsausübung durch Bindungen Anfechtungen ausgesetzt ist. Die Vorschrift setzt, wie Abs. 2 zeigt, nicht voraus, daß außer dem Dienst- oder Geschäftsherrn noch andere an der Angelegenheit beteiligt sind; trifft dies im Einzelfall zu, so kommt noch der Gesichtspunkt der Unparteilichkeit hinzu. Ein Verhältnis der hier vorausgesetzten Art läßt den Notar in den Augen anderer Beteiligter ohne weiteres als befangen erscheinen. Ein Verhältnis, welches diese Erfordernisse notarieller Amtstätigkeit gefährdet, schließt den Notar von der Beurkundung aus. **44**

Die Vorschrift gilt sowohl für den Anwaltsnotar und den Notaranwalt wie für den Nurnotar. Ein Notar, der als Syndikus oder in einer ähnlichen Stellung ständig für ein privates oder öffentliches Unternehmen tätig ist, darf Urkundsgeschäfte in den Angelegenheiten des Unternehmens nicht vornehmen. Es sollen aber nur solche Dienst- oder Beschäftigungsverhältnisse getroffen werden, die wegen ihrer Bindung zum Geschäftsherrn die Unabhängigkeit zu beeinträchtigen geeignet sind. Für Aufsichtsratsmitglieder wird das in der Regel nicht zutreffen, wenn nicht daneben ein weiteres Rechtsverhältnis der gekennzeichneten Art zu der Gesellschaft besteht[51]) (zur Ausschließung des Notars als Aufsichtsrat vgl. Rdn. 33). Für die beamteten Notare in Baden und die Bezirksnotare in Württemberg gilt die Vorschrift gemäß § 64 Satz 2 in Angelegenheiten des Landes Baden-Württemberg nicht schon deswegen, weil der Notar in einem Dienstverhältnis zu diesem Lande steht; insofern wird die sachliche Unabhängigkeit durch das Beamtenrecht gewahrt. Die Vorschrift gilt auch nicht für gerichtliche Beurkundungen in Angelegenheiten des Landes, in dessen Diensten der beurkundende Richter oder Rechtspfleger steht (vgl. Zimmermann, Rpfleger 1961, 217/218; Seybold-Hornig BNotO[4] Art. 7 NotMaßnG Anm. 20, 22; a. M. Mecke § 3 Fn. 5), wohl aber für Ratschreiber, Gemeindebeamte und Ortsgerichtsmitglieder in Angelegenheiten ihrer Gemeinde (§ 64 Rdn. 1). **45**

II. Ablehnung des Notars durch die Beteiligten (Abs. 2 und 3)

1. Voraussetzungen. Während der Notar die Ausschließungsgründe des Abs. 1 von Amts wegen zu beachten hat und die Beteiligten auf ihre Beachtung nicht verzichten können, gewähren die Absätze 2 und 3 den Personen, um deren Angelegenheiten es sich handelt, also den sachlich oder formell Beteiligten, das Recht, den Notar abzulehnen, d. h. von der Inanspruchnahme seiner Amtstätigkeit abzusehen. Die Amtspflicht des Notars bezieht sich nur darauf, die Beteiligten vor der Vornahme des Amtsgeschäfts auf ihr Ablehnungsrecht hinzuweisen. Vorausgesetzt wird dabei, daß mehrere Personen an der Angelegenheit beteiligt sind. **46**

Die Abs. 2 und 3 gelten unmittelbar nur für die Urkundstätigkeit nach §§ 20 bis 22a BNotO (Rdn. 4), insoweit auch für die Gerichte und sonstige Amtsträger, für welche die Vorschriften des BeurkG maßgebend sind (Rdn. 3). Für die Notare sind diese Bestimmungen gemäß § 16 Abs. 1 BNotO entsprechend anwendbar auch bei Amtstätigkeiten nach den §§ 20 bis 22a BNotO, die keine Beurkundungen sind (vgl. Rdn. 7 bis 9). Für Gerichte und andere **47**

RheinNotK 1963, 289. Bedenklich die Unterscheidungen von Müller, MDR 1968, 970, der die Tragweite der §§ 14, 18 BNotO nicht gebührend berücksichtigt.

51) Zur Mitgliedschaft des Notars im Aufsichtsrat einer Volksbank vgl. BGH DNotZ 1969, 312.

Behörden gelten die Abs. 2 und 3 bei Amtstätigkeiten außerhalb von Beurkundungen nicht (Rdn. 6).

2. *Ablehnungsgründe*

a) Der Notar als früherer Vertreter eines Beteiligten (Abs. 2)

48 *α) Gesetzliche Vertretung.* Nach Abs. 1 Nr. 4 ist der Notar als gesetzlicher Vertreter eines Beteiligten von der Mitwirkung ausgeschlossen, wenn das Vertretungsverhältnis bei der Vornahme des Amtsgeschäfts noch besteht, und es steht der Ausschließung nicht entgegen, wenn die Vertretungsmacht sich nicht auf den Gegenstand der Beurkundung erstreckt (Rdn. 31). Ist aber das Vertretungsverhältnis in diesem Zeitpunkt bereits beendet und erstreckte es sich außerdem auf die jetzt zu verhandelnde Angelegenheit, so haben die Beteiligten nach Abs. 2 ein Ablehnungsrecht, über welches sie von dem Notar zu belehren sind. Erstreckte sich die frühere Vertretungsmacht nicht auf dieselbe Angelegenheit, so besteht keine Belehrungspflicht.

49 *β) Bevollmächtigung.* Nach Abs. 1 Nr. 5 ist der Notar als Bevollmächtigter eines Beteiligten von der Mitwirkung ausgeschlossen, wenn sich die Vollmacht auf die den Gegenstand der Amtstätigkeit bildende Angelegenheit bezieht und zur Zeit von dessen Vornahme noch besteht (Rdn. 36—43). Abs. 2 regelt den Fall, daß zur Zeit der Vornahme des Amtsgeschäfts nur eine dieser beiden Voraussetzungen vorliegt. Das bedeutet: Die Beteiligten sind über ihr Ablehnungsrecht zu belehren, wenn der Notar zur Zeit der Vornahme des Amtsgeschäfts Bevollmächtigter eines Beteiligten ist, aber in einer *anderen Sache,* oder wenn die Vollmacht zwar inzwischen *beendet* ist, aber *in derselben Angelegenheit* erteilt war. War der Notar früher in einer anderen Sache Bevollmächtigter eines Beteiligten gewesen, so besteht keine Belehrungspflicht. Demnach besteht z. B. bei einer Beurkundung eine Hinweispflicht des Anwaltsnotars, wenn er für einen der Beteiligten in einer anderen Sache, mag sie auch mit dem zu beurkundenden Geschäft in keinerlei Zusammenhang stehen, Prozeßbevollmächtigter ist; ist er dagegen für einen Beteiligten früher in einer anderen Sache als Prozeßbevollmächtigter tätig gewesen, so kommt eine Hinweispflicht nicht in Betracht.

50 *b) Zugehörigkeit zu einem nicht zur Vertretung berechtigten Organ eines Beteiligten (Absatz 3 Satz 1 Nr. 1).* Gehört der Notar dem vertretungsberechtigten Organ eines Beteiligten an, so ist er in dessen Angelegenheiten nach Abs. 1 Nr. 4 ausgeschlossen, auch wenn er nicht selbst als Vertreter handelt (Rdn. 32). Ist das Organ nicht zur Vertretung nach außen berufen, so liegt der Ausschließungsgrund des Abs. 1 Nr. 4 nicht vor. Für diesen Fall, wenn also der Notar einem nicht zur Vertretung berechtigten Organ eines Beteiligten angehört, wird aber durch Abs. 3 Satz 1 Nr. 1 ein Ablehnungsrecht der Beteiligten begründet. Auch wenn der Notar in einer Beziehung dieser Art zu einem Beteiligten steht, soll einem möglichen Interessenwiderstreit und einer Beeinträchtigung des Vertrauens in die Unparteilichkeit des Notars Rechnung getragen werden können. Der Unterschied besteht darin, daß der Ausschließungsgrund des Abs. 1 Nr. 4 von dem Notar von Amts wegen zu beachten und unverzichtbar ist, während es den Beteiligten in dem hier erörterten Fall nach Belehrung frei steht, die Amtstätigkeit des Notars gleichwohl in Anspruch zu nehmen. Die Vorschrift bezieht sich auf juristische Personen sowohl des Privatrechts als auch des öffentlichen Rechts. Unter einem nicht zur Vertretung berechtigten Organ sind solche Einrichtungen zu verstehen, in denen sich nach den zugrundeliegenden Organisationsbestimmungen die innere Willensbildung einer sozialen Organisation (juristischen Person) vollzieht[52]). Zu diesen Organen gehören bei körperschaftlich organisierten Vereinigungen an sich auch Mitgliederversammlungen, Hauptversammlungen, Gesellschafterversammlungen, an denen teilzunehmen jedes Mitglied berechtigt ist. Nach der Entstehungsgeschichte des § 16 Abs. 5 Nr. 1 BNotO[53]), dem die Vorschrift nachgebildet ist, wird aber anzunehmen sein, daß eine derartige Ausweitung des Ablehnungsrechts nicht dem Sinn des Gesetzes entspricht, sondern die Beschränkung auf ein engeres, durch Wahlen, Ernennung oder auf Grund eines Entsenderechts gebildetes Willensbildungsorgan gemeint ist.

52) Vgl. Staudinger-Coing BGB[11] IX vor § 164.
53) Vgl. BT-Drucks. 3. Wahlper. Nr. 2128 zu Nr. 9; Seybold-Hornig BNotO[4] § 16 Rdn. 47, 48.

Das kommt sprachlich auch in dem Wort „Angehören" zum Ausdruck; einer Versammlung gehört jemand nicht schon deswegen an, weil er berechtigt ist, daran teilzunehmen. Es kommen mithin in Betracht Beiräte, Verwaltungsräte, Aufsichtsräte, sofern sie nicht, wenn auch auf einem Teilgebiet, zur Vertretung berufen sind (Rdn. 33), die Mitgliedschaft in Kreis- und Gemeindeparlamenten, in Angelegenheiten eines Landes oder des Bundes auch die Zugehörigkeit zu dem Landesparlament oder dem Bundestag.

c) Zugehörigkeit zu dem vertretungsberechtigten Organ einer Gemeinde, eines Kreises oder einer als Körperschaft des öffentlichen Rechts anerkannten Religions- oder Weltanschauungsgemeinschaft (Abs. 3 Satz 1 Nrn. 2 und 3 und Satz 2). Gehört der Notar dem vertretungsberechtigten Organ eines Beteiligten an, so ist er in dessen Angelegenheiten gemäß Abs. 1 Nr. 4 ausgeschlossen, auch wenn er nicht selbst als Vertreter handelt (Rdn. 32). Die Anwendbarkeit dieser Vorschrift wird aber durch Abs. 3 Satz 2 in Verbindung mit Abs. 3 Satz 1 Nrn. 2 und 3 eingeschränkt, wenn es sich um Angelegenheiten einer Gemeinde, eines Kreises oder einer als Körperschaft des öffentlichen Rechts anerkannten Religions- oder Weltanschauungsgemeinschaft oder der Teilorganisation einer solchen Gemeinschaft handelt und der Notar deren vertretungsberechtigter Gemeinde- oder Kreisvertretung (im kommunalrechtlichen Sinne) oder deren durch Wahlen gebildeten vertretungsberechtigten Organ angehört. Dadurch wird in diesem Umfang der vom Notar von Amts wegen zu beachtende und unverzichtbare Ausschließungsgrund des Abs. 1 Nr. 4 ausgeräumt und zu einem Ablehnungsrecht der Beteiligten abgeschwächt. Es bleibt aber auch in Angelegenheiten dieser Körperschaften der Ablehnungsgrund des Abs. 3 Satz 1 Nr. 1 bestehen, nach welchem es für das Ablehnungsrecht ausreicht, wenn der Notar einem nicht zur Vertretung berechtigten Organ der beteiligten Körperschaft angehört. Durch diese Regelung wird erreicht, daß es beurkundungsrechtlich unerheblich ist, ob die Gemeinde- oder Kreisvertretung oder das durch Wahlen gebildete Organ der Religionsgemeinschaft, dem der Notar angehört, zur Vertretung berechtigt ist oder nicht, da die Rechtsfolge in beiden Fällen dieselbe ist. Auf diese Weise sollte es nach der Absicht des Gesetzgebers bei der Schaffung des § 16 BNotO der Urkundsperson erspart bleiben, in schwierige Fragen der Auslegung der Verfassungen der genannten Körperschaften dahin einzutreten, ob ein solches Organ zur Vertretung berechtigt ist oder nicht; Zweifelsfragen hierüber hatten insbesondere hinsichtlich der Befugnisse des „Verwaltungsausschusses" nach § 62 der NdsGemO bestanden[54]). Im Rahmen dieser Regelung ist es auch unschädlich, wenn der Notar an der Beschlußfassung des Organs der Körperschaft über die den Gegenstand der Beurkundung bildende Angelegenheit selbst teilgenommen hat; es besteht nur die Belehrungspflicht nach Abs. 2. Ob der Notar, wenn mit der Erteilung des Beurkundungsauftrags an ihn zu rechnen ist, sich der Teilnahme an der Beschlußfassung enthalten muß oder sollte, ist eine hier nicht zu erörternde Frage des Gemeindeverfassungsrechts[55]). Gehört aber der Notar einem vertretungsberechtigten Organ der Gemeinde oder des Kreises an, welches nicht eine durch Wahlen gebildete „Gemeinde- oder Kreisvertretung" im Sinne des Kommunalrechts ist, so bleibt der Ausschließungsgrund des Abs. 1 Nr. 4 bestehen[56]). 51

3. Verfahren bei Vorliegen eines Ablehnungsgrundes

a) Hinweispflicht. Liegt ein Hinderungsgrund nach Abs. 2 oder 3 vor, so ist der Notar nicht verpflichtet, sich von Amts wegen der Tätigkeit zu enthalten. Der Hinderungsgrund ist vielmehr von den Beteiligten geltend zu machen. Den Notar trifft aber die Amtspflicht, wenn einer der Tatbestände der Absätze 2, 3 vorliegt, die Beteiligten vor der Beurkundung oder der Vornahme des sonstigen Amtsgeschäfts (§ 16 Abs. 1 BNotO) darauf hinzuweisen und sie darüber zu belehren, daß sie der Vornahme des Amtsgeschäfts durch ihn widersprechen können. Diese Hinweispflicht besteht auch dann, wenn den Beteiligten die Umstände bekannt sind, 52

[54]) Vgl. Grohmann und Hornig, DNotZ 1958, 60.

[55]) Vgl. dazu Goldmann, DNotZ 1968, 63; Hornig ebenda S. 68; Seybold-Hornig BNotO[4] § 16 Rdn. 48. Zum Ganzen ferner Saage, Zur Urkundstätigkeit des einem Gemeinde- oder Kreisorgan angehörigen Notars, DNotZ 1962, 232.

[56]) Saage a. a. O.; Rohs, Geschäftsführung[5] S. 124/125.

aus denen sich das Ablehnungsrecht herleitet; denn die Beteiligten werden nicht immer rechtskundig genug sein, um zu wissen, daß es von ihrem freien Willen abhängt, ob sie sich vor dem Notar auf die Abgabe von Erklärungen einlassen wollen, insbesondere, wenn ein anderer Beteiligter den Beurkundungsauftrag erteilt hat. Abweichend von § 17 Abs. 3 Satz 2 RNotO (und Art. 85 PrFGG) ist das Recht, die Tätigkeit des Notars abzulehnen, nicht mehr davon abhängig, daß der Widerspruch unverzüglich erhoben wird. Denn den Beteiligten steht es frei, die Dienste des Notars in jeder Lage des Beurkundungsverfahrens, übrigens auch aus jedem beliebigen, auch unvernünftigem Grunde, abzulehnen, und selbst nach Abschluß der Verhandlungen kann noch die Unterzeichnung der Niederschrift nach Belieben verweigert werden[57]); die Verzögerung kann nur kostenrechtliche Folgen haben (§§ 57, 141 KostO).

53 Die Hinweispflicht besteht nur gegenüber den Beteiligten, welche die Urkunds- oder sonstige Amtstätigkeit des Notars in Anspruch nehmen und auch nur diese Beteiligten haben das Recht, den Notar abzulehnen. Das sind in jedem Falle der Antragsteller und bei der Beurkundung von Erklärungen der Erklärende. Denn die Regelung in Abs. 2 setzt voraus, daß nach dem Grundsatz der freien Auswahl des Notars schon der bloße Widerspruch eines Beteiligten das Unterbleiben der Beurkundung zur Folge hat, ohne daß es auf die Berechtigung des Widerspruchs ankommt. Deshalb kann ein Aktionär, der an der von dem Notar beurkundeten Hauptversammlung teilnimmt, den Notar nicht ablehnen, auch nicht derjenige, gegen den er einen Protest erhebt oder dem er eine Erklärung zustellt[58]).

54 Abweichend von § 16 Abs. 4 BNotO enthält das Gesetz nicht mehr ausdrücklich die Bestimmung, daß der zu befragende Beteiligte anwesend sein müsse. Nach dem Sinnzusammenhang des Abs. 2 und da nach der amtlichen Begründung (BT-Drucks. V/3282 S. 28 zu § 3) eine sachliche Änderung nicht beabsichtigt war, ist anzunehmen, daß dieses Erfordernis bestehen geblieben ist[59]), zumal schwerlich angenommen werden kann, daß das Gesetz die Befugnis zur Beurkundung von der Führung eines Schriftwechsels des Notars mit den sachlich Beteiligten, aber an dem Urkundsakt nicht teilnehmenden Beteiligten abhängig machen will. Beurkundet daher der Notar z. B. die Bewilligung der Eintragung einer Hypothek für einen Gläubiger, den er in anderer Sache vertritt, so muß er den vor ihm erschienenen Eigentümer belehren; ist der Notar dagegen Vertreter des Eigentümers in anderer Sache, so braucht der nicht anwesende Gläubiger nicht befragt zu werden.

55 *b) Verfahren zur Vermittlung einer Auseinandersetzung.* Besonderheiten gelten, wenn der Notar nach vorbehaltenem Landesrecht (§ 193 FGG, § 20 Abs. 4 BNotO) für die Vermittlung der Auseinandersetzung eines Nachlasses oder eines Gesamtguts zuständig ist (vgl. dazu oben Rdn. 7). Im Geltungsbereich des Art. 21 PrFGG können Ausschließungs- und Ablehnungsgründe mit der Beschwerde gegen den Überweisungsbeschluß des NachlG geltend gemacht werden. Wird Beschwerde nicht eingelegt, so können die Beteiligten den Widerspruch in der Verhandlung vor dem Notar erheben. Hält der Notar den Widerspruch für begründet, so zeigt er dies dem NachlG an, welches alsdann nach Art. 22 PrFGG verfährt; der Notar ist dann „rechtlich verhindert". Hält der Notar den Widerspruch für unbegründet, so weist er ihn durch Verfügung zurück, wogegen nach §§ 19, 194 FGG die Beschwerde an das Landgericht stattfindet. In Hessen und Niedersachsen kann jeder Beteiligte spätestens im ersten Verhandlungstermin vor dem Notar beantragen, die Vermittlung einem anderen Notar oder dem Amtsgericht zu überweisen; über den Antrag entscheidet das Landgericht (Art. 28 HessFGG, Art. 19 NdsFGG).

III. Selbstablehnung des Notars

56 Nach § 15 Abs. 1 Satz 1 BNotO darf der Notar seine Urkundstätigkeit (§§ 20 bis 22a BNotO) nicht ohne ausreichenden Grund verweigern; dasselbe gilt für seine sonstige hoheit-

[57]) Wie hier Höfer-Huhn § 43 2; a. M. Niese ZZP 73, 36.

[58]) Seybold-Hornig BNotO[4] § 16 Rdn. 49 Abs. 3.

[59]) Das wurde bereits zu Art. 85 PrFGG trotz des Schweigens des Gesetzes ebenfalls angenommen, vgl. Josef FGG[2] Art. 85 Anm. 3. Eine Abweichung von § 16 Abs. 4 BNotO nimmt auch Rohs, Geschäftsführung, 5. Aufl. S. 122 nicht an.

liche Amtstätigkeit (oben Rdn. 7—9). Nach § 16 Abs. 2 BNotO kann er sich aber der Amtsausübung wegen Befangenheit enthalten. Befangenheit ist daher stets ein ausreichender Ablehnungsgrund. Maßgebend ist nicht, ob der Notar wirklich befangen ist, sondern ob ein Beteiligter bei verständiger Würdigung Grund zum Mißtrauen gegen die Unparteilichkeit des Notars haben kann (vgl. § 6 FGG Rdn. 14). Der Notar entscheidet über seine Amtsenthaltung selbst. Die Beteiligten können aber gegen die Ablehnung der Amtsausübung nach § 15 Abs. 1 Satz 2 BNotO die Entscheidung des Landgerichts anrufen. Für den Amtsrichter und den Rechtspfleger gilt § 6 Abs. 2 FGG (vgl. § 6 FGG Rdn. 18, 24, 27). Für nichtgerichtliche Behörden gelten die in Rdn. 6 angeführten Vorschriften des Landesrechts.

F. Eintreten für den rechtlich verhinderten Notar

Ist nach Vornahme eines Beurkundungsakts ein Ausschließungsgrund nachträglich eingetreten, z. B. infolge einer Rechtsnachfolge oder einer Eheschließung, wird aber eine weitere Amtstätigkeit notwendig, für welche der Notar als Verwahrer der Urkunde nach § 48 allein zuständig ist, z. B. die Erteilung einer Ausfertigung oder einer Vollstreckungsklausel, so hat für den rechtlich verhinderten Notar entsprechend § 45 Abs. 3 BNotO das Amtsgericht einzutreten[60]), an welches der Notar die Urkunde für diesen Zweck vorübergehend abzugeben hat. 57

Ablehnung der Beurkundung

4 Der Notar soll die Beurkundung ablehnen, wenn sie mit seinen Amtspflichten nicht vereinbar wäre, insbesondere wenn seine Mitwirkung bei Handlungen verlangt wird, mit denen erkennbar unerlaubte oder unredliche Zwecke verfolgt werden.

Übersicht

I. Pflicht zur Amtsausübung

Der dem Staat gegenüber bestehenden Pflicht des Notars, das ihm verliehene Amt auch tatsächlich auszuüben, entspricht den Beteiligten gegenüber die *Beurkundungspflicht.* Der Notar ist nicht berechtigt, den Beurkundungsauftrag ohne gesetzlich anerkannte Gründe abzulehnen. Nach § 15 Abs. 1 Satz 1 BNotO darf er seine Urkundstätigkeit (§§ 20 bis 22a BNotO) nicht ohne ausreichenden Grund verweigern. Die Urkundstätigkeit ist der Teil der Tätigkeit des Notars, der die hoheitliche Stellung des Notars als Trägers eines öffentlichen Amtes zur Voraussetzung hat. Ebenfalls zur Amtstätigkeit des Notars gehören die Aufgaben der notarischen Rechtsbetreuung nach §§ 23, 24 BNotO. Der Notar wird hierbei aber nicht hoheitlich tätig, so daß er die Übernahme dieser Aufgaben nach Ermessen ablehnen kann[1]), 1

[60]) KGJ 47, 4; RGZ 145, 199; Seybold-Hornig BNotO[4] § 16 Rdn. 31.

[1]) Seybold-Hornig BNotO[4] § 15 Rdn. 5; Bärmann, Freiw. Gerbkt. u. Notarrecht, § 53 III 2 a; a. M. Höfer-Huhn § 3, 5, 6; zur Fertigung eines Entwurfs kann der Notar auch nicht deswegen genötigt werden, weil er später die Unterschrift beglaubigen soll; a. M. Seybold-Hornig a. a. O.; in RG JW 1936, 2535 ist nur ausgesprochen, daß, wenn er beides tut, die Fertigung des Entwurfs ein Amtsgeschäft sei. Im übrigen ist die vom RG a. a. O. noch vertretene Auffassung, daß die Fertigung eines isolierten Entwurfs kein Amtsgeschäft, sondern Gegenstand vertraglicher Bindung sei, überholt; vgl. Höfer-Huhn § 3 und allgemein Römer, Notariatsverfassung und Grundgesetz, 1963.

soweit ihm eine Pflicht zum Tätigwerden nicht an anderer Stelle auferlegt ist, z. B. in § 53 BeurkG zur Einreichung beurkundeter Erklärungen beim Grundbuchamt oder Registergericht. Der Notar kann zur Ablehnung der Beurkundung verpflichtet, in anderen Fällen nur berechtigt sein. Wenn der Notar zur Ablehnung des Beurkundungsauftrags weder verpflichtet noch berechtigt ist, muß er beurkunden[2]). Die Ablehnungsgründe sind nicht erschöpfend im Gesetz aufgezählt (vgl. § 15 Abs. 1 Satz 1 BNotO). Einen der Fälle, in denen der Notar zur Ablehnung von Beurkundungen verpflichtet ist, regelt § 4. Daneben ist die mit § 4 inhaltlich übereinstimmende Vorschrift des § 14 Abs. 2 BNotO bestehen geblieben, weil sie auch für Amtstätigkeiten des Notars gilt, bei denen es sich nicht um Beurkundungen handelt. Für die Gerichte ergibt sich die Pflicht zur Beurkundung, wenn kein Ablehnungsgrund vorliegt, aus dem allgemeinen Justizgewährungsanspruch. § 4 gilt, wie sich aus seiner Stellung im Gesetz ergibt, sowohl für die Beurkundung von Willenserklärungen als auch von nicht rechtsgeschäftlichen Vorgängen (§ 36).

II. Pflicht zur Ablehnung

2 Der Notar ist verpflichtet, seine Beurkundungstätigkeit abzulehnen, wenn ein Beurkundungsverbot besteht, gleichgültig, ob die Verletzung mit Unwirksamkeitsfolgen bedroht ist (so §§ 6, 7 in Verbindung mit §§ 27, 38 Abs. 1) oder ob, wie meistens, das Verbot nur als Sollvorschrift besteht und seine Verletzung die Gültigkeit der Amtshandlung nicht berührt.

3 *1. Ausschließung und Befangenheit.* Der Notar muß jede Urkunds- und sonstige Amtstätigkeit (§ 16 Abs. 1 BNotO) ablehnen, wenn er von der Amtsausübung nach den §§ 3, 6 oder 7 oder als Notarvertreter nach § 41 Abs. 2 BNotO ausgeschlossen ist. Kommt der Notar nach sorgfältiger Prüfung zu dem Ergebnis, daß Befangenheit im Sinne des § 16 Abs. 2 BNotO vorliegt (§ 3 Rdn. 56), so wird sein Recht, sich der Amtsausübung zu enthalten, nach § 14 Abs. 1 Satz 2 BNotO zur Amtspflicht.

4 *2. Auflassung.* Nach § 925a BGB soll eine Auflassung nur entgegengenommen werden, wenn die nach § 313 Satz 1 BGB erforderliche Urkunde über den Vertrag vorgelegt oder gleichzeitig errichtet wird. Das Grundgeschäft muß mithin formgerecht beurkundet sein. Seine inhaltliche Wirksamkeit ist nur insoweit zu prüfen, als Mängel auf die dingliche Einigung übergreifen können (§§ 134, 138 BGB) oder wegen § 139 BGB, wenn die Vollmacht zur Auflassung Bestandteil des Grundgeschäfts ist[3]). Ein Verstoß berührt nicht die Gültigkeit der Auflassung. Das Grundbuchamt darf die Eintragung nicht von der Vorlegung der Urkunde abhängig machen, wenn die Auflassung vor dem Notar erklärt ist[4]). Für die Bestellung oder Übertragung von Erbbaurechten gilt die Vorschrift nicht[5]).

5 *3. Überschreitung des Amtsbezirks.* Aus § 11 Abs. 2 BNotO ergibt sich, daß der Notar die Vornahme von Amtsgeschäften außerhalb seines Amtsbezirks abzulehnen hat, wenn nicht die dort genannten Voraussetzungen vorliegen. Nach standesrechtlichen Grundsätzen kann er außerdem verpflichtet sein, die Amtsausübung außerhalb seines engeren Amtssitzsprengels zu unterlassen, wenn nicht besondere Gründe dafür vorliegen[6]). Die Gerichte dürfen Beurkun-

[2]) Rietsch, Hdb. d. Urkundwissenschaft[2] § 33; Höfer-Huhn § 3, 5. Gerade weil die Vornahme von Beurkundungen ein Rechtspflegeakt ist, darf der Notar den Beurkundungsauftrag nicht nach Belieben ohne gesetzlichen Ablehnungsgrund ablehnen; darin liegt nicht nur eine Verletzung der dem Staat gegenüber bestehenden Pflicht zur Amtsausübung, sondern auch die Verletzung der „ihm einem anderen gegenüber obliegenden Amtspflicht," die den Notar nach § 19 BNotO verantwortlich macht, etwa wenn er es ablehnt, den Auftrag zur Beurkundung des Testaments einer Sterbenden anzunehmen und die rechtzeitige Testamentserrichtung dadurch unmöglich wird; dahingestellt gelassen in Koblenz DNotZ 1955, 54 u. BGH DNotZ 1958, 34; a. M. Reithmann, DNotZ 1970, 5 zu II 2.

[3]) Hamm Rpfleger 1959, 127.

[4]) Schleswig SchlHA 1960, 341.

[5]) Ingenstau ErbbauVO § 11 Anm. B II 2 a β; Meikel-Imhof-Riedel GBO[5] § 20 Anm. 74.

[6]) Vgl. § 2 Rdn. 9.

dungen außerhalb ihres Bezirks nur unter den Voraussetzungen des § 166 GVG vornehmen (vgl. § 2 FGG Rdn. 28—31).

4. Nichtige Rechtsgeschäfte. Eine Pflicht des Notars, seine Amtstätigkeit zu versagen, kann **6** sich auch aus dem Inhalt des Geschäfts ergeben. Hierauf beziehen sich § 4 BeurkG und § 14 Abs. 2 BNotO, wonach der Notar sein Tätigwerden ablehnen soll (nach § 14 Abs. 2 BNotO zu versagen hat), wenn seine Mitwirkung bei Handlungen verlangt wird, mit denen erkennbar unerlaubte oder unredliche Zwecke verfolgt werden. Hierher gehört insbesondere die Ablehnung der Beurkundung erkennbar ungültiger Geschäfte. Der Notar darf nicht seine Hand dazu bieten, daß ein nichtiger Vertrag oder ein nichtiges sonstiges Rechtsgeschäft beurkundet wird, etwa wenn das Geschäft gegen ein gesetzliches Verbot (§ 134 BGB) oder gegen die guten Sitten (§ 138 BGB) verstößt oder wenn die vereinbarte Leistung unmöglich ist (§ 306 BGB) oder einer der Nichtigkeitsgründe der §§ 310, 312 Abs. 1 BGB, § 72 EheG vorliegt[7]). Seine Amtspflicht gebietet es ihm, in solchen Fällen die Beurkundung abzulehnen[8]). Der Notar darf sich nicht etwa damit begnügen, die Beteiligten über die Bedenken zu belehren, und die Beurkundung gleichwohl vornehmen[9]). Hat der Notar Gründe für den Verdacht, daß die Beteiligten ihm vorsätzlich oder fahrlässig unrichtige Angaben machen, oder daß sie ihm, etwa weil sie eine (unerlaubte) Gesetzesumgehung beabsichtigen, ihren wirklichen Willen nicht offenbaren wollen, so muß er versuchen, den Sachverhalt durch Befragung der Beteiligten (nicht auch durch sonstige Ermittlungen) weiter aufzuklären, bis er sich Klarheit über den Sachverhalt und den Willen der Beteiligten verschafft hat[10]). Zur Ablehnung der Beurkundung ist der Notar aber nur berechtigt und verpflichtet, wenn er von der Ungültigkeit des Geschäfts zweifelsfrei überzeugt ist[11]). In der Beurteilung dieser Frage werden oft verschiedene Meinungen vertretbar sein, insbesondere, wenn es sich darum handelt, ob ein Rechtsgeschäft gegen die guten Sitten oder gegen ein gesetzliches Verbot verstößt. Man wird deshalb dem Notar, auch im Hinblick auf seine beschränkten Aufklärungsmittel, ein gewisses Beurteilungsermessen nach beiden Richtungen hin einräumen müssen, nämlich einmal in Richtung auf die Ablehnung, wenn dringende, von den Beteiligten auf Befragen nicht zerstreute Verdachtsgründe vorliegen, die aber dem Notar für seine Überzeugungsbildung ausreichen, da „erkennbar" ersichtlich weniger ist als „offenbar" (so Art. 40 Abs. 2 PrFGG), als auch in Richtung auf die Vornahme der Beurkundung, wenn der Notar zwar hinreichende Gründe hat, das Geschäft für ungültig zu halten, aber die Möglichkeit einer späteren abweichenden Beurteilung nicht ausgeschlossen ist. In letzterer Hinsicht ist auch zu berücksichtigen, ob eine Ablehnung irreparable Folgen haben könnte, z. B. wenn der Notar zur Beurkundung eines Testaments an das Sterbebett eines verheirateten Erblassers gerufen wird, der seine Geliebte zur Erbin einsetzen möchte, oder wenn Bedenken in der Richtung bestehen, ob der Erblasser durch Erbvertrag oder gemeinschaftliches Testament gebunden ist.

Wegen bloßer Zweifel an der Gültigkeit darf die Beurkundung nicht abgelehnt, auch nicht **7** von der Ausräumung der Zweifel durch die Beteiligten abhängig gemacht werden. Bestehen solche Zweifel, so ist nach § 17 Abs. 2 (s. dort) zu verfahren. Der Notar soll durch die Ablehnung der Beurkundung nicht der Entscheidung des Prozeßgerichts vorgreifen, wenn die Möglichkeit, daß das Geschäft für gültig erachtet wird, nicht ausgeschlossen ist.

Erkennt der Notar erst während der Verhandlung, daß ein Ablehnungsgrund vorliegt, so **8** darf er das Amtsgeschäft abbrechen. Der Notar kann sogar noch nach Unterzeichnung der Urkunde durch die Beteiligten die Entstehung einer öffentlichen Urkunde dadurch verhindern, daß er selbst die Unterzeichnung der Niederschrift ablehnt (§ 13 Abs. 3). Dazu ist er aber nur berechtigt, wenn er einsieht, daß er die Beurkundung von vornherein hätte ablehnen

7) Rietsch, Hdb. d. Urkundwiss.[2] S. 116; Oberneck NotR[10] S. 208; Schlegelberger FFG, Art. 40 PrFGG Rdn. 7; Seybold-Hornig BNotO[4] § 15 Rdn. 7; Ilges, MittRheinNotK 1961, 94 ff., 106.

8) RG JR 1927, 1924 = DNotZ 1927, 518; RG DR 1940, 1568.

9) Jonas DNotZ 1937, 183.

10) Daimer, Prüfungs- und Belehrungspflicht, 2. Aufl. S. 352.

11) KGJ 35 A 49; RG JR 1927, 1924 = DNotZ 1927, 518; Oberneck NotR[11] S. 208; Schlegelberger a. a. O.; Ilges a. a. O.

sollen. Wird der Tatbestand des § 4 erst nach der Beurkundung erkannt, so ist die Erteilung einer Ausfertigung abzulehnen[12]). Ist aber das beurkundete Grundgeschäft nichtig und das dingliche Vollzugsgeschäft (Auflassung) nach § 873 Abs. 2 BGB bindend und möglicherweise, wenn es nicht auch selbst von dem Nichtigkeitsgrund ergriffen wird, unabhängig vom Grundgeschäft (§ 139 BGB) gültig, so kommt eine Verweigerung der Ausfertigung durch den Notar nicht in Betracht, vielmehr ist es den Beteiligten zu überlassen, ihre Rechte durch einstweilige Verfügung (Erwerbsverbot) zu wahren.

9 Auch die Beurkundung nicht rechtsgeschäftlicher Vorgänge kann auf Grund des § 4 abgelehnt werden. Die Beurkundung einer Tatsache ist z. B. abzulehnen, wenn die Tatsache oder ihre Feststellung gegen das Gesetz, gegen die öffentliche Ordnung oder gegen die guten Sitten verstößt[13]). Bei der Beglaubigung von Abschriften oder Unterschriften kann sich der Versagungsgrund aus dem Inhalt des vorgelegten Schriftstücks ergeben.

10 *5. Anfechtbare Rechtsgeschäfte.* Ein anfechtbares Rechtsgeschäft ist gültig, solange es nicht wirksam angefochten ist (§ 142 Abs. 1 BGB). Ein Rechtsgeschäft, welches nach §§ 119, 120 BGB angefochten werden könnte, darf der Notar aber nicht beurkunden, wenn er den Irrtum vor oder bei der Beurkundung erkennt. Vielmehr muß er dafür Sorge tragen, daß der wirkliche Wille der Beteiligten in der Urkunde seinen Niederschlag findet (§ 17 Abs. 1). Die Beurkundung eines Rechtsgeschäfts, welches erkennbar nach § 123 BGB anfechtbar ist, wäre die Mitwirkung an einer Handlung, mit der unredliche Zwecke verfolgt werden, und ist deshalb abzulehnen. Pflichtwidrig wäre z. B. die Beglaubigung der Unterschriften unter einem privatschriftlichen Vertrage, dessen Beurkundung der Notar vorher wegen seines erpresserischen Inhalts abgelehnt hat[14]). Werden dem Notar nach der Beurkundung Anfechtungsgründe bekannt, so darf er nicht schon deswegen den weiteren Vollzug der Urkunde ablehnen; denn das Anfechtungsrecht ist ein Gestaltungsrecht, dessen Rechtswirkungen erst mit der Ausübung eintreten. Wird ihm die Erklärung der Anfechtung mitgeteilt, so wird der Notar im allgemeinen nicht verpflichtet sein, daraus Folgerungen zu ziehen, da er die Berechtigung der Anfechtung nicht nachprüfen kann. Etwas anderes könnte nur unter besonderen Umständen gelten, etwa, wenn dem Notar ein substantiierter Anfechtungstatbestand mitgeteilt wird, der nach der Persönlichkeit des anderen Vertragsteils (schlechter Leumund, einschlägige Vorstrafen) glaubhaft erscheint[15]). Auch in diesem Fall wird aber der Notar mit seiner Amtstätigkeit nur solange einhalten dürfen, bis der Beteiligte in der Lage ist, seine Rechte durch einstweilige Verfügung zu wahren.

11 Geschäfte, die nach § 3 AnfG und §§ 30 bis 32 KO anfechtbar sind, werden auch durch die Anfechtung nicht nichtig, sondern die Anfechtung gewährt einen Rückgewähranspruch (§ 7 AnfG, § 37 KO). Rechtsgeschäfte, die in Gläubigerbenachteiligungsabsicht (§ 3 Abs. 1 Nr. 1 AnfG, § 31 Nr. 1 KO) oder nach der Zahlungseinstellung oder dem Antrage auf Eröffnung des Konkursverfahrens (§ 30 KO) vorgenommen werden, werden zugleich eine Unredlichkeit im Sinne des § 4 enthalten. Bei der Schenkungsanfechtung und bei Geschäften mit dem Ehegatten, Verwandten und Verschwägerten (§ 3 Abs. 1 Nrn. 2 bis 4 AnfG, §§ 31 Nr. 2, 32 KO) wird der Anfechtungstatbestand zur Zeit der Beurkundung selten erkennbar sein, es sei denn, dem Notar ist bekannt, daß der Beteiligte kurz zuvor den Offenbarungseid geleistet hat[16]). Auch hier muß der Notar von der unredlichen Absicht überzeugt sein; ein bloßer Zweifel genügt nicht. Ohne Bestehen von Verdachtsgründen ist der Notar auch nicht gehalten, nach den Beweggründen der Beteiligten und ihren Vermögensverhältnissen zu forschen[17]).

12 *6. Weitere Ablehnungspflichten* können sich ergeben bei fehlendem Nachweis der Personengleichheit, bei Prüfung der Geschäftsfähigkeit sowie bei Prüfung der Vertretungsmacht und der Verfügungsbefugnis. Vgl. dazu § 10 Rdn. 8, § 11 Rdn. 3, § 12 Rdn. 1.

[12]) KGJ 38 A 8; KG JW 1916, 1139; LG Essen DNotZ 1932, 770; Daimer S. 18, 299; Seybold-Hornig BNotO[4] § 15 Rdn. 24.

[13]) Rietsch a. a. O. S. 421; Oberneck a. a. O. S. 209.

[14]) RG DNotZ 1934, 355.

[15]) Vgl. RG DNotZ 1937, 259; 1933, 180; BGH DNotZ 1960, 265; Daimer S. 337.

[16]) Vgl. KG DNotZ 1932, 130.

[17]) Seybold-Hornig BNotO[4] § 31 Rdn. 7.

III. Berechtigung zur Ablehnung

Unter nachstehenden Voraussetzungen ist der Notar berechtigt, wenn auch nicht verpflichtet, seine Amtstätigkeit abzulehnen: 13

1. Tatsächliche Verhinderung. Der Notar ist zur Ablehnung eines Beurkundungsauftrages berechtigt, wenn er an der Vornahme des Geschäfts aus tatsächlichen Gründen verhindert ist. Ein solcher Grund ist z. B. Verhinderung durch anderweite Amtstätigkeit. Hat der Notar bereits mehrere dringende Amtsgeschäfte übernommen, so ist er verpflichtet, sie auszuführen; er kann deshalb ein weiteres dingendes Geschäft nicht annehmen. Ein Hinderungsgrund ist auch eigene Krankheit des Notars, wobei es seinem subjektiven Ermessen überlassen bleiben muß, zu beurteilen, ob sein Zustand die Enthaltung von der Amtstätigkeit geboten erscheinen läßt. Erkrankung eines Angehörigen dürfte im allgemeinen kein Ablehnungsgrund sein. Gefahr für die eigene Gesundheit ist ein Ablehnungsgrund nur, wenn der Fall nicht dringend ist; dem Ruf an das Krankenbett eines mit ansteckender Krankheit Behafteten zwecks Testamentserrichtung darf sich der Notar nicht entziehen; ablehnen kann er aber, wenn er sich durch die vorzunehmende Handlung einer unmittelbaren und augenscheinlichen Lebensgefahr aussetzen würde[18]). 14

2. Ort und Zeit der Amtshandlung. Nach § 5 Abs. 2 DOfNot. soll der Notar die Amtsgeschäfte in der Regel in seiner Geschäftsstelle vornehmen. Ein Tätigwerden außerhalb der Geschäftsstelle darf er daher ablehnen, es sei denn, daß sich die Notwendigkeit dazu aus der Natur des Geschäfts (Wechselproteste, Siegelungen, Abmarkungen, Beurkundung von Versammlungen, Verlosungen) ergibt oder es durch besondere Umstände gerechtfertigt wird, wie Krankheit, Gebrechlichkeit, Unabkömmlichkeit des Beteiligten oder die große Zahl der Beteiligten. Zeitlich sollen die Amtsgeschäfte während der (nicht näher bestimmten) üblichen Geschäftsstunden abgewickelt werden (§ 5 Abs. 1 DOfNot.). Außerhalb dieser Zeit sollen Amtsgeschäfte vorgenommen werden, wenn ein Aufschub mit erheblichen Nachteilen für die Beteiligten verbunden wäre (§ 5 Abs. 1 Satz 2 DOfNot.). Fehlt es an dieser Voraussetzung, so darf der Notar ein Tätigwerden zur Nachtzeit (18 bis 8 Uhr, vgl. § 58 Abs. 3 KostO) oder an Sonn- und Feiertagen ablehnen. In dringenden, keinen Aufschub duldenden Fällen, z. B. wenn das Testament eines Schwerkranken zu beurkunden ist, darf der Notar ein Tätigwerden auch zur Nachtzeit und an gesetzlichen Feiertagen nicht ablehnen. 15

3. Nichtzahlung des Kostenvorschusses. Nach §§ 141, 8 Abs. 2 KostO soll der Notar die Vornahme des Geschäfts davon abhängig machen, daß ein zur Deckung der Kosten (Gebühren und Auslagen) hinreichender Vorschuß gezahlt oder sichergestellt wird (vgl. dazu allgemein Vorbem. 8 vor § 13a FGG). Dieser Grundsatz ist jedoch durch die in § 8 Abs. 2 KostO vorgesehenen Ausnahmen durchbrochen. Danach kann von der Vorschußerhebung u. a. abgesehen werden, wenn dies „nicht angebracht erscheint", so daß dem Notar ein gewisser Ermessensspielraum verbleibt. Eine Vorschußerhebung entfällt, wenn der Notar dem Beteiligten nach § 17 Abs. 2 BNotO das Armenrecht bewilligt hat. 16

4. Fremdsprachigkeit. Nach § 15 Abs. 2 BNotO i. d. F. des § 57 Abs. 17 Nr. 1 BeurkG ist der Notar zu einer Beurkundung in einer anderen als der deutschen Sprache nicht verpflichtet. Er kann sie also nach freiem Ermessen ablehnen, selbst wenn er der fremden Sprache hinreichend kundig ist. Dagegen darf er eine Beurkundung in deutscher Sprache nicht deswegen ablehnen, weil ein Beteiligter der deutschen Sprache nicht kundig ist (§ 5 Abs. 1, § 16). 17

IV. Rechtsmittel

Gegen die Verweigerung der Amtstätigkeit steht den Beteiligten nach § 15 Abs. 1 Satz 2 BNotO die Beschwerde an das Landgericht zu; vgl. dazu § 54 mit Bem. Die Weigerung kann den Beteiligten mündlich eröffnet werden. Die Aufnahme einer Niederschrift darüber ist nicht 18

[18]) Schwartze DNotV 1910, 875; Rietsch Hdb. d. Urkundwiss. S. 113; Oberneck Notariatsrecht[10] S. 178; Schlegelberger § 167 Rdn. 18.

erforderlich. Wegen der Beschwerdemöglichkeit wird aber die Aufnahme eines Aktenvermerks zweckmäßig sein. Einer Person, die durch die Ausführung des abgelehnten Beurkundungsauftrags begünstigt würde, die aber mit dem Notar nicht in Verbindung getreten ist, braucht der Notar von der Ablehnung keine Kenntnis zu geben[19]).

Urkundensprache

5 (1) Urkunden werden in deutscher Sprache errichtet.

(2) Der Notar kann auf Verlangen Urkunden auch in einer anderen Sprache errichten. Er soll dem Verlangen nur entsprechen, wenn er der fremden Sprache hinreichend kundig ist.

Übersicht

A. Urkundensprache

I. Rechtsentwicklung

1 Die Vorschrift entspricht in ihrem Abs. 1 dem § 175 FGG und dem § 2240 BGB, die durch das BeurkG aufgehoben worden sind. Diese Vorschriften regelten jedoch die Sprache der Niederschrift nur bei der Beurkundung von Verfügungen von Todes wegen und anderen Rechtsgeschäften, während § 5 sich auf Urkunden über Erklärungen aller Art, nicht rechtsgeschäftliche Vorgänge und Tatsachen bezieht. Für die gerichtliche Beglaubigung von Unterschriften galten, da sie gemäß § 167 Abs. 2 Satz 1 FGG im Sinne des § 1 FGG durch Reichsgesetz den Gerichten übertragen war, die allgemeinen Vorschriften des FGG (vgl. § 1 Rdn. 11), mithin für die Sprache des Beglaubigungsvermerks § 8 FGG in Verbindung mit § 184 GVG. Für die notarielle Beurkundung von anderen Vorgängen als Rechtsgeschäften war die Frage im FGG nicht geregelt, also gemäß § 200 FGG dem Landesrecht überlassen. In den ehemals preußischen Gebieten galten gemäß Art. 84 PrFGG ebenfalls § 8 FGG mit § 184 GVG, ebenso in Hessen nach Art. 84 HessFGG. Nach Art. 67, 47 NdsFGG, § 52 Abs. 1 BadLFGG und Art. 106 Abs. 2 WürttAGBGB war § 175 FGG entsprechend anwendbar. Art. 25 BayNotG schrieb den Gebrauch der deutschen Sprache nur als Sollvorschrift vor. In § 34 Abs. 2 HambNotG waren Beglaubigungsvermerke in fremder Sprache zugelassen. Diese Vorschriften waren durch § 81 RNotO und § 118 BNotO bis zum Inkrafttreten des BeurkG aufrechterhalten worden[1]). Wo Fremdsprachigkeit nicht zugelassen war, durfte eine beglaubigte Übersetzung beigefügt werden.

II. Anwendungsbereich

2 Die Vorschrift gilt für die Urkundstätigkeit der Notare, der Gerichte und anderer Behörden und Stellen, für welche die Vorschriften des BeurkG auf Grund des § 1 Abs. 2 entsprechend gelten. Die Befugnis nach Abs. 2, Urkunden auch in einer fremden Sprache zu errichten, ist jedoch auf die Notare einschließlich der beamteten Notare in Baden und der Bezirksnotare in Württemberg (§ 64 BeurkG) beschränkt. Nach §§ 16 Abs. 2 Buchst. a, 16a Abs. 1 Satz 2 Halbs. 2 KonsularG dürfen auch die Berufskonsuln Urkunden in fremder Sprache errichten und die Konsuln nach § 17 Abs. 1 Satz 3 KonsularG Beglaubigungsvermerke in fremder Sprache abfassen. Die Vorschrift gilt, wie ihre Stellung im Gesetz ergibt,

[19]) BGH DNotZ 1970, 444.

[1]) Vgl. zum früheren Recht Sprick DNotZ 1939, 395; Schoetensack DNotZ 1952, 273; Schr. d. BJM v. 23. 4. 1963, DNotZ 1963, 323; rechtspolitisch Dumoulin, DNotZ 1964, 405.

sowohl für die Beurkundung von Willenserklärungen einschließlich der Verfügungen von Todes wegen als für die Beurkundung von Erklärungen anderer Art, von nicht rechtsgeschäftlichen Vorgängen und Tatsachen, soweit sich die Beurkundung nach dem BeurkG richtet, daher nicht im Fall des § 130 AktG.

III. Deutschsprachigkeit

Die Urkunden anderer Urkundspersonen als der Notare und Konsuln (Rdn. 2), gleichgültig, ob es sich um Niederschriften (§§ 8, 36) oder um Zeugnisse (§ 39) handelt, sind nach Abs. 1 ausschließilch in deutscher Sprache zu errichten. Unter deutscher Sprache ist zwar hochdeutsch zu verstehen, jedoch ist der Gebrauch einer Mundart ebenso unschädlich[2]) wie die Verwendung von Fremdwörtern. Die Vorschrift gehört dem zwingenden Urkundsverfahrensrecht an und ist auch dann zu beachten, wenn die Urkunde nur für den Gebrauch im Ausland bestimmt ist, mag selbst der Staat, auf dessen Gebiet die Urkunde Verwendung finden soll, Urkunden in anderer als seiner Landessprache nicht anerkennen. Es macht auch keinen Unterschied, ob das Geschäft nach deutschem oder nach ausländischem Recht der öffentlichen Beurkundung bedarf, oder ob die öffentliche Beurkundung eines Rechtsgeschäfts nach deutschem Recht nicht zwingend vorgeschrieben ist, sondern die Beteiligten sich dieser Form freiwillig bedienen[3]). Auch Protokollanlagen (§ 9 Abs. 1 Satz 2) müssen in deutscher Sprache abgefaßt sein[4]), während Zubehörurkunden, die der Niederschrift nur beigefügt werden (vgl. § 12), kein Bestandteil der Niederschrift sind und mithin nicht deren Vorschriften unterliegen. Wird ein Testament durch Übergabe einer Schrift errichtet, so darf die Schrift, weil sie kein Teil des Protokolls ist, in fremder Sprache abgefaßt sein[5]), gleichgültig, ob sie offen oder verschlossen übergeben wird. 3

Eine Verletzung der Vorschrift hat die Nichtigkeit der Beurkundung zur Folge[6]). 4

Der in deutscher Sprache abgefaßten Niederschrift kann eine von der Urkundsperson oder einem Dolmetscher verfaßte fremdsprachige Übersetzung beigefügt werden, die als solche zweifelsfrei gekennzeichnet ist[7]). Die Übersetzung kann mit der Urkunde durch Schnur und Siegel verbunden werden. Die Verbindung kann auch in der Weise geschehen, daß der deutsche und der fremdsprachige Wortlaut in zwei Spalten nebeneinander gesetzt werden, wenn dabei klar zum Ausdruck kommt, daß der fremdsprachige Text nur eine Übersetzung der deutschen Urkunde ist, maßgebend also der deutsche Text ist[8]). 5

IV. Fremdsprachigkeit

Den Notaren (und Konsuln) ist es nach Abs. 2 gestattet, Urkunden auf Verlangen auch in einer anderen als der deutschen Sprache zu errichten. Das gilt für Urkunden aller Art, gleichgültig, ob es sich um Niederschriften (§§ 8, 36) oder Zeugnisse (§ 39), insbesondere um Beglaubigungsvermerke handelt. Nach dem Zweck der Vorschrift, den internationalen Rechtsverkehr zu fördern, muß es sich aber um eine lebende Sprache handeln; auch Esperanto wird man für zulässig erachten müssen. 6

Die Urkunde kann vollständig in einer fremden Sprache errichtet werden, so daß sie in keinem Teile deutschsprachig ist. Es ist aber auch zulässig, sie nur teilweise in fremder, teilweise in deutscher Sprache aufzunehmen, oder teils in der einen, teils in der anderen fremden Sprache, so daß z. B. die Erklärungen jedes Beteiligten in seiner Muttersprache beurkundet werden können (BT-Drucks. V/3282 S. 28). Demgemäß ist es auch zulässig, daß eine Protokollanlage (§ 9 Abs. 1 Satz 2) in fremder Sprache verfaßt ist, während die Niederschrift 7

[2]) Wellstein[2] § 175 Anm. 3; Schlegelberger § 175 Anm. 3.

[3]) Vgl. DNotZ 1963, 323, 325.

[4]) Schlegelberger § 175 Anm. 3; Keidel[9] § 175 Anm. 2.

[5]) Staudinger-Firsching BGB[11] § 2240 Rdn. 8, § 2247 Rdn. 47.

[6]) Schlegelberger, Keidel a. a. O.

[7]) Schoetensack DNotZ 1952, 265, 273; Keidel[9] § 175 Anm. 2; DNotZ 1963, 326; Seybold-Hornig BNotO[4] Anh. zu § 20 Rdn. 49; Höfer-Huhn S. 81.

[8]) DNotZ 1963, 326; Seybold-Hornig a. a. O.

selbst in der deutschen oder einer anderen Sprache errichtet ist. Bei der Errichtung eines Testaments oder Erbvertrages durch Übergabe einer Schrift (§§ 2232, 2233, 2276 Abs. 1 BGB) kann die übergebene Schrift fremdsprachig (auch unter Verwendung einer toten Sprache[9]) sein, ohne daß es auf die Voraussetzungen des § 5 Abs. 2 ankommt, gleichgültig, ob die Schrift offen oder verschlossen übergeben wird; denn Gegenstand der Beurkundung ist nur die Tatsache der Übergabe der Schrift und die Erklärung des Erblassers, daß die Schrift seinen letzten Willen enthalte, nicht die in der übergebenen Schrift niedergelegte Erklärung.

8 Die Errichtung in der fremden Sprache setzt ein an den Notar gerichtetes Verlangen voraus. Zu dem Verlangen berechtigt ist bei Erklärungen der formell Beteiligte, der die zu beurkundende Erklärung abgibt, bei anderen Urkunden der Antragsteller. Sind mehrere Erklärende vorhanden, so wird unter ihnen Übereinstimmung erzielt werden müssen, da der Beteiligte, der mit der Fremdsprachigkeit nicht einverstanden ist, die Beurkundung durch seine Weigerung, Erklärungen abzugeben, vereiteln kann. Der Notar kann die fremdsprachige Beurkundung nach freiem Ermessen ablehnen (§ 15 Abs. 2 BNotO i. d. F. des § 57 Abs. 17 Nr. 1 BeurkG). Die Wirksamkeit der Beurkundung wird nicht dadurch beeinträchtigt, daß ein Verlangen nicht gestellt oder das gestellte unwirksam war. Die Beurkundung des Verlangens ist nicht erforderlich.

9 Der Notar soll nach Abs. 2 Satz 2 dem Verlangen nur entsprechen, wenn er die fremde Sprache hinreichend kennt. Der Notar kann einen Vorgang nicht in einer Sprache bezeugen, die er nicht versteht. Er könnte den Urkundentext nicht selbst gestalten, sondern müßte sich der Dienste eines Übersetzers bedienen. Dieser kann aber dem Notar nicht die Verantwortung für die Richtigkeit der Beurkundung abnehmen (BT-Drucks. V/3282 S. 28 zu § 5). Die Wirksamkeit der Beurkundung kann nicht mit der Begründung in Frage gestellt werden, daß die Sprachkenntnisse des Notars nicht hinreichend gewesen seien. Die Sollvorschrift begründet aber die Amtspflicht des Notars, in einer fremden Sprache nur zu beurkunden, wenn er sich für hinreichend sprachkundig halten darf. Eine Feststellung in der Niederschrift, daß der Notar der fremden Sprache hinreichend mächtig sei, ist nicht erforderlich.

10 Werden *Zeugen* oder ein zweiter Notar hinzugezogen (§§ 22, 25, 29), so sollen auch diese die Sprache der Niederschrift verstehen können (§ 26 Rdn. 15).

11 Weitere Erfordernisse als das Verlangen eines Beteiligten und hinreichende Sprachkenntnisse des Notars sind nicht aufgestellt. Insbesondere ist es nicht erforderlich, daß die Urkunde zur Verwendung im Ausland bestimmt ist. Auch zur Verwendung im Inland kann ein Interesse an fremdsprachigen Urkunden bestehen, etwa zur Vorlegung bei der diplomatischen oder konsularischen Vertretung eines fremden Staates oder einer Dienststelle der Stationierungskräfte oder zur Verwendung im Verkehr zwischen im Inland lebenden Ausländern. Die Errichtung öffentlicher Urkunden in fremder Sprache soll nicht mehr eingeschränkt werden, als die Rechtssicherheit es erfordert (BT-Drucks. V/3282 S. 28).

12 Bei der *Aufnahme eidlicher Erklärungen* zum Gebrauch im Ausland (sog. Affidavits) sind nunmehr infolge der Zulassung fremdsprachlicher Beurkundungen die Schwierigkeiten behoben, die bisher bestanden, um den Anforderungen des fremden Rechts zu genügen (vgl. dazu AV d. Pr. JMin. vom 19. 9. 1907, JMBl., 513, auch abgedruckt in DNotZ 1963, 328, und dazu Schr. d. BJM vom 23. 4. 1963, DNotZ 1963, 323 zu 5f). Es kann nunmehr bei Sprachkundigkeit des Notars sowohl die Niederschrift als auch die auf der ausländischen (englischen) Urkunde befindliche Bescheinigung des Notars über die von ihm wahrgenommene Tatsache der Eidesleistung in ausländischer Sprache abgefaßt werden. Andererseits darf unter Errichtung eines Protokolls in deutscher Sprache auch gemäß den bisherigen Vorschriften verfahren werden.

13 *Ausfertigungen* und Abschriften von Urkunden, die gemäß § 5 Abs. 2 in fremder Sprache errichtet sind, können die Beteiligten nach Maßgabe des § 51 verlangen. Außerdem können Ausfertigungen und Abschriften von *Übersetzungen* der Urkunde erteilt werden. Hierfür sind

[9]) Staudinger-Firsching BGB[11] § 2247 Rdn. 37.

§ 50 BeurkG und daneben § 3 der VO zur Vereinfachung des Verfahrens auf dem Gebiet des Beurkundungsrechts vom 21. 10. 1942 (RGBl. I, 609, BGBl. III, 315-5) — Anl. 9 — maßgebend. Vgl. dazu die Bem. zu § 50 und Vorbem. 25 vor § 1 BeurkG.

V. Doppelsprachigkeit

Auf Grund des Abs. 2 ist es nicht gestattet, eine Urkunde in mehreren Sprachen in der Weise zu errichten, daß dieselbe Erklärung außer in der einen auch in einer anderen Sprache beurkundet wird, so daß beide Fassungen maßgeblich wären. Dadurch könnten Schwierigkeiten bei der Auslegung entstehen. Dieser Fall ist von der Möglichkeit zu unterscheiden, eine der Erklärungen in der einen, die andere Erklärung in der anderen Sprache zu beurkunden (oben Rdn. 7). Bei einem Verstoß müßte, wenn eine Sprache die deutsche ist, die fremdsprachige Fassung außer Betracht bleiben. Ist die Urkunde in zwei Fremdsprachen verfaßt, so beständen gegen die Gültigkeit der Beurkundung Bedenken, wenn nicht ersichtlich ist, welche Fassung die maßgebliche sein soll. Natürlich ist es aber zulässig, der fremdsprachigen Urkunde eine Übersetzung in die deutsche oder eine dritte Sprache beizufügen (oben Rdn. 5). **14**

B. Verhandlungssprache

Über die Sprache der Verhandlung wird in § 5 Abs. 2 keine Bestimmung getroffen. Wie sich der Notar mit den Erschienenen verständigt, ist ihm überlassen. Jedoch muß bei der Beurkundung von Willenserklärungen, bei der Abnahme von Eiden und bei der Aufnahme von eidesstattlichen Versicherungen die Niederschrift übersetzt werden, wenn ihre Sprache nicht von allen Erschienenen verstanden wird (§§ 16, 32, 38 Abs. 1). **15**

Zweiter Abschnitt

Beurkundung von Willenserklärungen

Vorbemerkung

Der zweite Abschnitt enthält mit den Vorschriften über die Beurkundung von Willenserklärungen den für die Praxis wichtigsten Teil des Beurkundungsrechts; die Vorschriften über sonstige Beurkundungen sind in den Dritten Abschnitt eingestellt. Diese Unterteilung entspricht dem bisherigen Recht. Das frühere Bundes- und Landesrecht ließ sich im wesentlichen danach scheiden. Der Zweite Abschnitt enthält den bisher bundesrechtlich geregelten Teil des Beurkundungsverfahrensrechts, nämlich die Beurkundung eines Rechtsgeschäfts, die bisher im Zehnten Abschnitt des FGG, und die Beurkundung von Verfügungen von Todes wegen, die bisher im BGB geregelt war. Die Bezeichnung „Beurkundung eines Rechtsgeschäfts" ist nicht beibehalten worden. Es ist genauer, von der Beurkundung von Willenserklärungen zu sprechen; dadurch werden auch die Verfügungen von Todes wegen zweifelsfrei erfaßt. **1**

Es ist sachlich geboten, zwischen der Beurkundung von Willenserklärungen und sonstigen Beurkundungen zu unterscheiden. Bei der Beurkundung von Willenserklärungen beschränkt sich die Aufgabe des Notars nicht darauf, die abgegebene Erklärung möglichst getreu wiederzugeben. Er hat vielmehr auch darauf hinzuwirken, daß eine Erklärung abgegeben wird, die den beabsichtigten Rechtserfolg herbeiführt. Das wird durch besondere Amtspflichten gesichert, die sich insbesondere auf die Erforschung des wahren Willens, die Aufklärung des Sachverhalts und die rechtliche Belehrung der Beteiligten beziehen. Ferner bestehen für die Beurkundung von Willenserklärungen strenge Anforderungen an die Form, die auf die Beurkundung anderer Tatsachen nicht ohne weiteres übertragen werden können. Bei dieser ist es oft nicht zweckmäßig oder sogar unmöglich, die Niederschrift vorzulesen und unterschreiben zu lassen, z. B. bei der Beurkundung von Versammlungsbeschlüssen oder der Aufnahme eines Vermögensverzeichnisses (so amtl. Begr. BT-Drucks. V/3282 S. 29). **2**

Die Vorschriften des Zweiten Abschnitts finden Anwendung, wenn eine *Willenserklärung Gegenstand der Beurkundung* ist. Es kommt nicht darauf an, ob es sich um eine Willens- **3** erklärung unter Lebenden oder von Todes wegen handelt; im letzteren Fall sind aber die ergänzenden Vorschriften der §§ 27 bis 35 zu beachten. Auch macht es keinen Unterschied, ob ein Vertrag oder eine einseitige Willenserklärung beurkundet wird, ob die Willenserklärung empfangsbedürftig ist oder nicht und ob das Geschäft abstrakter oder kausaler Natur ist. Die Vorschriften finden nicht nur Anwendung, wenn die notarielle Beurkundung ein Formerfordernis des materiellen Rechts ist, von dessen Beachtung die Gültigkeit des Rechtsgeschäfts abhängt; sie sind auch anzuwenden, wenn eine Willenserklärung, die nur der öffentlichen Beurkundung bedarf (z. B. die Anerkennung der Vaterschaft nach § 1600e BGB), von einem Notar oder Gericht oder einer anderen Stelle, auf deren Beurkundungen das Gesetz auf Grund des § 1 Abs. 2 oder einer anderweit getroffenen Bestimmung anwendbar ist, beurkundet wird, sowie allgemein, wenn die Beteiligten für ein Rechtsgeschäft, welches der notariellen Beurkundung nicht bedarf, diese Form der Beurkundung wählen, ohne gesetzlich dazu genötigt zu sein. Soll gleichzeitig mit der Willenserklärung ein tatsächlicher Vorgang beurkundet werden, z. B. eine Zahlung, eine Übergabe, so sind beide Beurkundungsformen (§ 36) zu wahren, und zwar auch, wenn der tatsächliche Vorgang und die Willenserklärung Bestandteile desselben Rechtsgeschäfts sind[1]).

4 *Willenserklärungen* im Sinne des bürgerlichen Rechts bilden allein oder zusammen mit anderen Voraussetzungen den Tatbestand eines Rechtsgeschäfts. Unter Rechtsgeschäft ist ein Tatbestand zu verstehen, der eine Willenserklärung oder eine Mehrheit von Willenserklärungen enthält und von der Rechtsordnung als Grund für den Eintritt der als gewollt bezeichneten Rechtswirkung anerkannt ist[2]). Da Gegenstand der Beurkundung in der Regel nur die Erklärungen der Beteiligten sind, während andere Bestandteile des Rechtsgeschäfts, die zusammen mit der Willenserklärung die gewollte Wirkung hervorrufen (Übergabe einer Sache, Mitwirkung einer Behörde), außerhalb des Beurkundungsakts stehen, stellt das Gesetz (abweichend von § 168 FGG) für die Form der Beurkundung mit Recht auf die Willenserklärung ab. Willenserklärung ist eine auf die Erzielung einer Rechtsfolge gerichtete Privatwillensäußerung. Ihrem Inhalt nach muß die Erklärung auf die Herbeiführung einer Rechtswirkung gerichtet sein, nämlich auf die Begründung, Aufhebung oder Änderung eines Rechtsverhältnisses (Rechtsfolgewillen)[3]). Außer den Willenserklärungen im engeren Sinne, die zu dem Zweck abgegeben werden, den Geschäftswillen durch Kundmachung zur Geltung zu bringen (Vertragsangebot und -annahme, Anfechtung, Rücktritt, Kündigung), sind Willenserklärungen auch bloße Willensbetätigungen, bei denen die äußere Handlung nicht Mittel der Kundmachung, sondern nur Ausdruck des Geschäftswillens ist, wie die Aneignung, die Aufgabe des Eigentums, die Erbschaftsannahme[4]). Von den Willenserklärungen zu unterscheiden sind die *Rechtshandlungen,* bei denen Rechtsfolgen eintreten, nicht weil sie gewollt sind, sondern weil es das Gesetz bestimmt. Hierher gehören *Willensäußerungen* wie die Mahnung, Aufforderungen zur Abgabe einer Erklärung (§§ 108 Abs. 2, 177 Abs. 2 BGB) oder Androhungen (§ 384 BGB), ferner *Willensmitteilungen,* wie die Mitteilung einer Schuldübernahme (§ 415 Abs. 1 BGB) oder die Anzeige von der Abtretung oder Verpfändung einer Forderung (§§ 409, 1280 BGB) oder von der Erteilung einer Vollmacht (§§ 171, 173 BGB), und schließlich *Realakte,* wie die Verarbeitung (§ 950 BGB), die Übertragung und Aufgabe des Besitzes (§§ 854 Abs. 1, 856 BGB) und der Fund (§ 965 BGB). Auf Willensäußerungen und Willensmitteilungen sind die Vorschriften über Willenserklärungen entsprechend anzuwenden; denn sie erfordern die

[1]) A. M. Schlegelberger § 167 Anm. 1 zu 3, Anm. 2 a. E.

[2]) Enneccerus-Nipperdey Allg. Teil[15] § 145 II.

[3]) Enneccerus-Nipperdey a. a. O. § 137 IV 1, § 145 II A 1; Soergel-Hefermehl BGB[9] 6 vor § 116.

[4]) Soergel-Hefermehl a. a. O. 10 vor § 116; Enneccerus-Nipperdey a. a. O. § 145 II A 3; die Erbschaftsannahme liegt zwar in der Stellung des Erbscheinsantrags (BGH RdL 1968, 99), sie wird aber bei der Aufnahme der eidesstattlichen Versicherung nach § 2356 Abs. 2 BGB nicht beurkundet, so daß der Charakter als Tatsachenbeurkundung gewahrt bleibt; auch die Angabe nach § 2357 Abs. 3 BGB über die Erbschaftsannahme durch die übrigen Erben ist nur eine Tatsachenbeurkundung; die Beurkundung einer Willenserklärung liegt aber vor, wenn der antragstellende Erbe erklärt, er nehme die Erbschaft an, nicht dagegen, wenn er angibt, er habe die Erbschaft angenommen.

Betätigung eines Willens, der die gesetzliche Rechtsfolge auslöst[5]). Das muß auch für das Beurkundungsrecht gelten, weil die besonderen Sicherungen bei der Beurkundung von Willenserklärungen auch hier ihre Berechtigung haben, insbesondere hinsichtlich der Belehrungspflicht und bei der Beteiligung Behinderter und Sprachfremder, sofern, was hier regelmäßig nicht erforderlich ist, die Form der notariellen Beurkundung gewählt wird. Dagegen können Realakte (Tathandlungen), schon weil sie überhaupt keine Erklärungen sind, nur Gegenstand einer Tatsachenbeurkundung (§ 36) sein. Weder Willenserklärungen noch Rechtshandlungen sind bloße Wissenserklärungen, wie Aussagen von Zeugen und Sachverständigen und eidesstattliche Versicherungen oder die Anzeigen nach §§ 2146 Abs. 1, 2384 Abs. 1 BGB; sie sind „andere Erklärungen als Willenserklärungen" im Sinne des § 36, deren Beurkundung im Dritten Abschnitt (§§ 36 bis 43) geregelt ist. Für die Beurkundung von Willenserklärungen ist es kennzeichnend, daß sie nicht ohne genau geregelte Mitwirkung der Beteiligten erfolgen kann. Im Gegensatz dazu sind Beurkundungen über andere Gegenstände als Willenserklärungen bloße Zeugnisse der Urkundsperson über einen von ihr wahrgenommenen Vorgang (seien es Erklärungen oder andere Tatsachen) oder über ihr eigenes Tun, so daß bei dieser Beurkundung eine Mitwirkung der an ihr Interessierten nicht stattfindet, jedenfalls nicht grundsätzlich geboten ist. Über die Beurkundung solcher tatsächlicher Vorgänge, zu denen auch die Beurkundung von Versammlungsbeschlüssen und die Aufnahme von Wechselprotesten gehört, vgl. § 36 mit Bem.

Verfahrensrechtliche Erklärungen sind keine Willenserklärungen im Sinne des Zweiten **5**
Abschnitts. Als Prozeßhandlungen oder prozessuale Willenserklärungen werden, von den in diesem Zusammenhang ohnehin auszuscheidenden Handlungen des Gerichts abgesehen, Handlungen der Parteien bezeichnet, die der Einleitung, Führung oder Erledigung des gerichtlichen Verfahrens (Rechtsstreits) dienen und durch prozeßrechtliche Vorschriften geregelt sind[6]). Sie unterstehen also nach Voraussetzungen, Form und Wirkungen nicht dem Privatrecht, sondern dem Prozeßrecht, also dem öffentlichen Recht. Das gilt auch für Eintragungsbewilligungen und Anträge an das Grundbuchamt und Anmeldungen beim Registergericht[7]). Wenn Eintragungsbewilligungen und Registeranmeldungen notariell beurkundet werden, so sind die Vorschriften über die Beurkundung von Willenserklärungen nur deswegen zu beachten, weil diese Erklärungen der öffentlichen Beglaubigung bedürfen (§ 29 GBO, § 12 HGB) und diese Form nach § 129 Abs. 2 BGB nur durch die notarielle Beurkundung der Erklärung, nicht aber durch eine andere Form, etwa ein Zeugnis des Notars, ersetzt wird. Eine Besonderheit gilt für die Unterwerfung unter die sofortige Zwangsvollstreckung nach §§ 794 Abs. 1 Nr. 5, 800, 800a ZPO. Die Unterwerfungserklärung ist zwar, weil auf die Schaffung eines Vollstreckungstitels gerichtet, eine Prozeßhandlung[8]). Die Anwendbarkeit der Vorschriften des Zweiten Abschnitts ergibt sich aber daraus, daß § 794 Abs. 1 Nr. 5 ZPO die Aufnahme der Erklärung in einer Urkunde fordert, die von einem deutschen Gericht oder Notar „innerhalb der Grenzen seiner Amtsbefugnisse in der vorgeschriebenen Form aufgenommen" ist, womit auf die Vorschriften über die Beurkundung von Willenserklärungen verwiesen wird; die notarielle Beglaubigung der Unterschrift oder eine Zeugnisurkunde (§ 39) oder eine Niederschrift über die Wahrnehmungen des Notars (§ 37) wäre keine Aufnahme der Erklärung in die Urkunde.

Die Beurkundung *öffentlich-rechtlicher* Willenserklärungen ist nicht unmittelbar Gegen- **6**
stand dieses Gesetzes. Willenserklärungen des bürgerlichen und des öffentlichen Rechts unterscheiden sich dadurch, daß die als gewollt bezeichnete Rechtswirkung im ersten Fall dem bürgerlichen, im zweiten Fall dem öffentlichen Recht angehört[9]). Das BGB befaßt sich nur mit Willenserklärungen, die dem Privatrecht zuzurechnen sind, also nicht mit Willensäußerungen

[5]) Enneccerus-Nipperdey a. a. O. § 207; Lehmann Allg. Teil § 38 II; Soergel-Hefermehl a. a. O. 12 vor § 116.

[6]) BGHZ 49, 384, 386; Rosenberg ZPR[9] § 59, 1 u. 2; Baumbach-Lauterbach ZPO[30] Grdz vor § 128 Anm. 5.

[7]) A. M. Seybold-Hornig BNotO[4] Anh. zu § 20 Rdn. 3; über die Rechtsnatur der Eintragungsbewilligung vgl. Staudinger-Seufert BGB[11] § 873 Anm. 55a, der Registeranmeldung § 128 FGG Rdn. 2.

[8]) Werner, Die Rechtsnatur der notariellen Unterwerfungsklausel, DNotZ 1969, 713.

[9]) Küchenhoff, Die öffentlich-rechtliche Willenserklärung der Privatperson, Festschr. f. Laforet 1952, 317, 319/320.

auf dem Gebiet des öffentlichen Rechts, mögen sie von öffentlichen Behörden in Ausübung hoheitlicher Gewalt (Verwaltungsakte, Akte der Rechtspflege oder Rechtsprechung) oder von Privatpersonen in Angelegenheiten des öffentlichen Rechts abgegeben werden[10]), wie etwa die Einwilligung in einen mitwirkungsbedürftigen Verwaltungsakt[11]) oder die Aufgabe eines subjektiv-öffentlichen Rechts oder einer Rechtsstellung (z. B. der Verzicht auf die Zugehörigkeit zu einem Parlament oder der Kirchenaustritt). Öffentlich-rechtliche Willenserklärungen sind auch Antrag und Annahme beim Abschluß eines öffentlich-rechtlichen Vertrages. Die notarielle Beurkundung solcher Erklärungen ist aber jedenfalls, wenn das öffentliche Recht keine andere Form vorsieht, zulässig, und es werden alsdann nach ihrem Zweck die Vorschriften des BeurkG über die Beurkundung von Willenserklärungen anzuwenden sein.

1. Ausschließung des Notars

Ausschließungsgründe

6 (1) Die Beurkundung von Willenserklärungen ist unwirksam, wenn
1. der Notar selbst,
2. sein Ehegatte,
3. ein mit ihm in gerader Linie Verwandter oder
4. ein Vertreter, der für eine der in den Nummern 1 bis 3 bezeichneten Personen handelt,
an der Beurkundung beteiligt ist.

(2) An der Beurkundung beteiligt sind die Erschienenen, deren im eigenen oder fremden Namen abgegebene Erklärungen beurkundet werden sollen.

Übersicht

I. Bedeutung

1 Die Vorschrift tritt für die Beurkundung von Willenserklärungen an die Stelle des § 170 FGG, für die Beurkundung von Testamenten und Erbverträgen an die Stelle der §§ 2234, 2276 BGB a. F. In Abs. 2 wird der Begriff des Beteiligten in inhaltlicher Übereinstimmung mit § 168 Satz 2 FGG bestimmt. Die Vorschrift soll die Unparteilichkeit des Notars und seine Unabhängigkeit von den Beteiligten gewährleisten, und zwar regelt § 6 die Ausschließung wegen Beteiligung an dem Beurkundungsgeschäft, also der Amtshandlung, § 7 die Ausschließung wegen Begünstigung durch die beurkundete Willenserklärung. In § 6 werden aus den in § 3 genannten Mitwirkungsverboten einzelne, welche die Unabhängigkeit des Notars besonders schwerwiegend beeinträchtigen würden, herausgehoben und es wird bestimmt, daß ein Verstoß die Unwirksamkeit der Beurkundung der Willenserklärung zur Folge hat. Hierbei sind die Ausschließungsgründe gegenüber dem bisherigen Recht wesentlich eingeschränkt worden, um, der Zielrichtung des Gesetzes entsprechend, die Unwirksamkeitsgründe auf das

[10]) Enneccerus-Nipperdey Allg. Teil[15] § 145 II A 6; Krause, Willenserklärungen des Bürgers im Bereich des öffentlichen Rechts, VerwArch. Bd. 61 (1970), 297.

[11]) Küchenhoff a. a. O.; Forsthoff Lb. d. VerwR[9] S. 205 ff.

unbedingt gebotene Maß zu beschränken. Ferner ist erwogen worden (BT-Drucks. V/3282 Seite 29 zu § 6), daß die Ausschließungsgründe wegen Namensverschiedenheit häufig aus der Urkunde selbst nicht zu ersehen sind, im Interesse der Rechtssicherheit jedoch ein Mangel zur Unwirksamkeit nach Möglichkeit nur führen soll, wenn wenigstens der Kundige ihn der Urkunde selbst entnehmen kann.

II. Begriff des Beteiligten

Da § 6 Abs. 1 für die Ausschließung auf die Beziehung des Notars zu den an der Beurkundung Beteiligten abstellt, kommt es darauf an, deren Kreis abzugrenzen. Das geschieht durch Abs. 2 in sachlicher Übereinstimmung mit § 168 Satz 2 FGG. Danach ist die formelle Beteiligung an dem Beurkundungsvorgang, nicht die materielle Beteiligung an der beurkundeten Angelegenheit maßgebend[1]). Beteiligter ist der vor dem Notar Erschienene, der die Erklärung abgibt, die beurkundet werden soll[2]). Da diese Beteiligten nach § 9 Abs. 1 Satz 1 Nr. 1 in der Urkunde zu bezeichnen sind, ist stets aus der Urkunde selbst ersichtlich, wer im Sinne des § 6 beteiligt ist. Im Gegensatz dazu steht der materiell Beteiligte, um dessen Angelegenheit es sich handelt, weil seine Rechte und Pflichten durch die beurkundete Erklärung betroffen, d. h. begründet, erweitert oder vermindert werden oder der durch die beurkundete Erklärung begünstigt wird. Juristische Personen können hiernach, weil sie nur durch ihre Organe handeln können, niemals Beteiligte im Sinne des § 6 sein. Werden Vertragsangebot und Annahme gemäß § 128 BGB nacheinander in verschiedenen Niederschriften beurkundet, so ist bei der Beurkundung des Angebots der andere Teil, bei der Beurkundung der Annahme der Anbietende nicht beteiligt[3]). Bei Erklärungen, die ein gesetzlicher oder rechtsgeschäftlich bestellter Vertreter (oder ein Vertreter ohne Vertretungsmacht) im fremden Namen abgibt, ist der Vertreter, nicht der Vertretene, der Beteiligte[4]), wie jetzt in § 6 Abs. 2 klargestellt wird. Beteiligter ist aber, wer als Erschienener der Willenserklärung eines anderen zustimmt. Wegen des Beteiligtenbegriffs bei Beurkundung von Versteigerungen vgl. § 15 mit Bem. **2**

III. Anwendungsbereich

Die Vorschrift gilt für den beurkundenden Notar, nach § 64 auch für die Notare in Baden und die Bezirksnotare in Württemberg. Nach §§ 16, 16a KonsularG i. d. F. des § 57 Abs. 1 BeurkG ist sie auch anwendbar auf die Beurkundungen der deutschen Berufskonsuln. Nach § 1 Abs. 2 ist sie entsprechend anwendbar auf die Beurkundungen anderer Urkundspersonen oder Stellen, die neben dem Notar zuständig sind, mithin auf den Richter (Rechtspfleger) bei selbständigen gerichtlichen Beurkundungen, den ermächtigten Beamten oder Angestellten des Jugendamts bei Beurkundungen nach § 49 JWG, nicht aber bei Beurkundung von Willenserklärungen durch den Standesbeamten (§ 58). Bei gerichtlichen Beurkundungen als Teil eines Verfahrens sind §§ 6, 7 anwendbar, wenn bestimmt ist, daß die Niederschrift nach den Vorschriften des BeurkG zu errichten ist (vgl. § 1 Rdn. 20 ff., 34). Nach § 16 Abs. 3 Satz 2 gilt die Vorschrift ferner für den Dolmetscher fremder Sprachen entsprechend. Wird dagegen ein zweiter Notar hinzugezogen (§§ 22, 24 Abs. 3, 25, 29), so gilt § 6 abweichend von § 170 FGG nur für den leitenden Notar; für den zweiten Notar sind die seiner Mitwirkung entgegenstehenden Hindernisse in § 26 Abs. 1 besonders und dahin geregelt, daß ein Verstoß keine Unwirksamkeit nach sich zieht. Beurkundet ein Notarvertreter (§ 39 BNotO), so kommt es für die Anwendung des § 6 darauf an, ob die Ausschließungsgründe in seiner Person vorliegen (§ 39 Abs. 4 BNotO); nach § 41 Abs. 2 BNotO i. d. F. des § 57 Abs. 17 Nr. 9 BeurkG soll der Notarvertreter sich zwar der Amtsausübung auch insoweit enthalten, als sie dem von **3**

[1]) Vgl. zu § 168 Satz 2 FGG RGZ 49, 127, 129; 80, 400; Schlegelberger § 168 Anm. 5, § 170 Anm. 2; Keidel[9] § 168 Anm. 13; Bärmann § 52 II 2.

[2]) RGZ 155, 172 = JW 1937, 2603; BayOblLG OLGR 30, 408; Seybold-Hornig BNotO[4] § 16 Rdn. 7.

[3]) RGZ 49, 127, 129; Schlegelberger § 168 Anm. 5; Keidel[9] § 168 Anm. 13.

[4]) Denkschr. S. 88; RGZ 80, 400; Keidel[9] § 168 Anm. 13.

ihm vertretenen Notar untersagt wäre, und diese Bestimmung bezieht sich auch auf die zwingenden Ausschließungsgründe der §§ 6, 7. Da das Verbot des § 41 Abs. 2 BNotO aber als Sollvorschrift gefaßt ist, verstößt der Notarvertreter zwar gegen seine Amtspflichten, die Beurkundung ist aber nicht unwirksam[5]). Für den Notariatsverweser (§ 56 BNotO) gilt die Beschränkung des § 41 Abs. 2 BNotO nicht; er steht beurkundungsrechtlich dem Notar gleich (§ 57 Abs. 1 BNotO).

4 Sachlich bezieht sich § 6 (und § 7) nur auf die Beurkundung von Willenserklärungen (unter Lebenden oder von Todes wegen), nicht auf die Beurkundung anderer Erklärungen oder Vorgänge, für welche § 3 maßgebend ist. Nach § 38 Abs. 1 gelten aber die Vorschriften über die Beurkundung von Willenserklärungen entsprechend bei der Abnahme von Eiden und bei der Aufnahme eidesstattlicher Versicherungen, mithin auch § 6.

IV. Ausschließungsgründe

5 Die Gründe, welche den Notar von der Mitwirkung bei der Beurkundung von Willenserklärungen und ihnen gleichgestellter Erklärungen (§ 38 Abs. 1) mit der Folge ausschließen, daß eine Verletzung die Unwirksamkeit der Beurkundung nach sich zieht, sind in den §§ 6, 7, 27 BeurkG abschließend geregelt; eine Erweiterung der Nichtigkeitsfolgen auf andere Tatbestände, soweit es sich um die relative Untauglichkeit zur Amtsausübung im Einzelfall handelt (notarius inhabilis vel suspectus), kommt nicht in Betracht. Die weitergehenden Mitwirkungsverbote des § 3 berühren nicht die Gültigkeit der Beurkundung. Im einzelnen umfaßt § 6 folgende Ausschließungsgründe:

6 *1. Beteiligung des Notars (Nr. 1).* Daß der Notar Willenserklärungen, die er im eigenen Namen abgibt, nicht selbst wirksam beurkunden kann, ergibt sich bereits aus seiner Stellung als unparteiischer, mit öffentlichem Glauben versehener Urkundsperson. Die Bedeutung der Nr. 1 besteht vor allem darin, daß der Notar im Hinblick auf den formellen Beteiligtenbegriff (Rdn. 2) auch Erklärungen, die er namens eines anderen als dessen Vertreter abgibt, nicht beurkunden kann. Der Notar kann daher nicht einen Vertrag beurkunden, wenn er einen der Vertragspartner bei der Abgabe der zu beurkundenden Willenserklärung vertritt. Ein Notar, welcher als Vertreter des Vormundes dem Vertragsgegner von der Erteilung der vormundschaftsgerichtlichen Genehmigung Mitteilung macht (§ 1829 Abs. 1 Satz 2 BGB), darf dies, etwa um dem Grundbuchamt den Nachweis in der Form des § 29 GBO erbringen zu können, nicht selbst beurkunden[6]). Die Erklärung des anderen Teils, daß er die Mitteilung von dem Notar erhalten habe, kann der Notar zwar wirksam beurkunden[7]), jedoch verstößt er dadurch gegen § 3 Abs. 1 Nr. 5 BeurkG. Stets aber ist der Notar von der Mitwirkung bei der Beurkundung nach Abs. 1 Nr. 1 als Vertreter eines anderen nur ausgeschlossen, wenn er selbst als Vertreter im fremden Namen Erklärungen abgibt, nicht wenn die zu beurkundenden Erklärungen von dem Vertretenen selbst oder von einem anderen Vertreter desselben abgegeben werden[8]); allerdings werden dann die Mitwirkungsverbote des § 3 Abs. 1 Nr. 4 und 5 eingreifen. Deshalb kann der Notar, sofern nicht er selbst, sondern andere Vertretungsberechtigte die beurkundete Erklärung abgeben, die Verträge der Kirchengemeinde, deren Kirchenvorstand er angehört[8a]), oder die Auflassung an eine Stadtgemeinde, deren Stadtrat er angehört[8b]), wirksam beurkunden. Ausgeschlossen ist der Notar nach Abs. 1 Nr. 1 von der Beurkundung von Erklärungen, die er als Partei kraft Amtes (Testamentsvollstrecker, Konkursverwalter, Nachlaßverwalter, Zwangsverwalter) abgibt. Nicht gehindert ist der zum Konkursverwalter bestellte Notar, Vertragsangebote zu beurkunden, die ein Dritter der Konkursmasse macht, da er hierbei mangels Abgabe eigener Erklärungen nicht formell Beteiligter ist (Rdn. 2).

[5]) Seybold-Hornig BNotO[4] § 41 Rdn. 10.

[6]) BayObLGZ 3, 439; 16, 139; 17, 172; JFG 1, 351 = OLGR 43, 382; Seybold-Hornig BNotO[4] § 16 Rdn. 8; Keidel[9] § 170 Rdn. 15; Staudinger-Engler BGB[11] § 1829 Rdn. 12.

[7]) BayObLG OLGR 5, 407.

[8]) Oberneck, Notariatsrecht[10] S. 183; Seybold-Hornig BNotO[4] § 16 Rdn. 8; Keidel[9] § 170 Rdn. 15.

[8a]) RG ZBlFG 18, 293.

[8b]) BayObLG JFG 3, 281.

2. Beteiligung des Ehegatten des Notars (Nr. 2). Der beurkundende Notar darf nicht 7
Ehegatte des Erschienenen sein, der die zu beurkundende Erklärung abgibt. Es kommt nur darauf an, ob die Ehe zur Zeit der Beurkundung schon oder noch besteht. Ob die Ehe mit Nichtigkeitsgründen behaftet ist, ist unerheblich, solange sie nicht durch Urteil für nichtig erklärt ist (§ 23 EheG). Dagegen ist eine „Nichtehe“ keine Ehe im Rechtssinne. Abweichend vom früheren Recht (§ 170 Nr. 2 FGG, § 2234 Nr. 1 BGB) ist es unschädlich, wenn die Ehe früher bestanden hat, aber zur Zeit der Beurkundung rechtswirksam aufgelöst ist; ein Verlöbnis ist der Ehe nicht gleichgestellt (vgl. aber zu beiden Fällen § 3 Abs. 1 Nr. 2).

3. Beteiligung von Verwandten des Notars in gerader Linie (Nr. 3). Der Notar darf mit 8
dem Erschienenen, der die zu beurkundende Erklärung abgibt, nicht in gerader Linie verwandt sein. Verwandtschaft ist im Sinne des bürgerlichen Rechts zu verstehen (vgl. § 6 FGG Rdn. 11). Gemäß § 1589 Abs. 1 Satz 1 BGB sind in gerader Linie miteinander verwandt Personen, deren eine von der anderen abstammt. Nach Aufhebung des § 1589 Abs. 2 BGB durch Art. 1 Nr. 3 NichtehelG begründet die nichteheliche Abstammung ein Verwandtschaftsverhältnis auch zu dem Vater und dessen Verwandten; vorausgesetzt ist jedoch, daß die Vaterschaft durch Anerkennung oder gerichtliches Urteil festgestellt ist (§ 1600a BGB). Nach Aufhebung des § 1737 BGB durch Art. 1 Nr. 35 NichtehelG erstrecken sich die Wirkungen der Ehelicherklärung abweichend vom früheren Recht auf die Verwandten des Vaters ebenso wie die Legitimation durch nachfolgende Ehe (§ 1719). Dagegen erstrecken sich die Wirkungen der Kindesannahme nicht auf die Verwandten des Annehmenden (§ 1763 BGB), auf die Abkömmlinge des Kindes nur nach Maßgabe des § 1762 BGB. Daher kann der Vater des Annehmenden Erklärungen des Adoptivkindes oder dessen Vertreters wirksam beurkunden. Die leibliche Verwandtschaft wird durch die Kindesannahme nicht berührt (vgl. § 1766 Abs. 1 BGB). Abweichend vom früheren Recht (§ 170 Nr. 3 FGG, § 2234 Nr. 2 BGB) begründen Verwandtschaft in der Seitenlinie und Schwägerschaft in gerader Linie und in der Seitenlinie keinen Ausschließungsgrund nach Abs. 1 Nr. 3 (vgl. aber § 3 Abs. 1 Nr. 3).

4. Beteiligung eines Vertreters des Notars, seines Ehegatten oder seines Verwandten in 9
gerader Linie (Nr. 4). Der Notar ist ausgeschlossen von der Beurkundung von Willenserklärungen, die ein vor ihm Erschienener als Vertreter für ihn selbst, seinen Ehegatten oder seinen Verwandten in gerader Linie abgibt. Obwohl dem § 6 der Begriff der formellen Beteiligung zugrunde liegt, so daß nur der Vertreter, der die Erklärung abgibt, und nicht der Vertretene Beteiligter ist (Rdn. 2), soll der Notar nicht mitwirken dürfen, wenn er selbst oder eine ihm besonders nahe stehende Person (Abs. 1 Nr. 2, 3) die zu beurkundende Willenserklärung durch einen Vertreter abgeben läßt; dadurch soll der Widerstreit zwischen der Amtspflicht des Notars zur unparteiischen Amtsausübung (§ 14 Abs. 1 BNotO) und der Rücksichtnahme auf den Vorteil des Vertretenen vermieden werden. Es wird also so angesehen, als wenn der Vertretene selbst die Erklärung vor dem Notar abgebe. Der Ausschließungsgrund greift jedoch nur ein, wenn der Vertreter für den Notar, dessen Ehefrau oder Verwandte „handelt“, d. h. die zu beurkundende Erklärung in deren Namen abgibt[9a]). Ist der als Beteiligter Auftretende Vertreter der Genannten in anderer Sache, so handelt er bei der Erklärungsabgabe nicht für sie, der Notar ist mithin nicht ausgeschlossen (auch nicht nach § 3 Abs. 1). Der Vertreter kann rechtsgeschäftlicher oder gesetzlicher Vertreter (Vormund, Pfleger, Beistand nach § 1690 BGB, Inhaber der elterlichen Gewalt) sein. Dem Bevollmächtigten ist gleichzustellen der Geschäftsführer ohne Auftrag, der Vertreter ohne Vertretungsmacht und der Nichtberechtigte, dessen Erklärung in ihrer Wirksamkeit von der Zustimmung des Notars oder seiner Angehörigen (Abs. 1 Nr. 2, 3) als Berechtigter abhängt[9]). Einem Vertreter gleichzustellen ist

[9]) KG JW 1935, 2068 = DNotZ 1935, 656 = HRR 1935 Nr. 1164; Seybold-Hornig BNotO[4] § 16 Rdn. 10.

[9a]) Diese Einschränkung gilt auch für den Generalbevollmächtigten; RGZ 49, 127; Keidel[9] § 170 Anm. 5; a. M. Höfer-Huhn § 40 3; die Ausschließungsgründe des § 3 können in keinem Falle aus Zweckmäßigkeits- und Billigkeitserwägungen zu Nichtigkeitsgründen erhoben werden. Mit dem Einwand des Formalismus kann man zwar eine übertriebene und vom Gesetz nicht geforderte Formenstrenge bekämpfen, nicht aber die Formerfordernisse vermehren und ihre Wirkungen verstärken.

auch der Testamentsvollstrecker, Nachlaßverwalter oder Konkursverwalter, wenn einer der in Abs. 1 Nr. 4 Bezeichneten Erbe oder Gemeinschuldner ist. Steht die (gewillkürte oder gesetzliche) Vertretungsmacht außer einem der in Abs. 1 Nr. 1 bis 3 Bezeichneten noch einem anderen als Alleinvertretungsmacht zu und handelt nur dieser, so liegt der Ausschließungsgrund des § 6 Abs. 1 Nr. 4 nicht vor, wohl aber das Mitwirkungsverbot nach § 3 Abs. 1 Nr. 4, 5. Zu denjenigen, für welche nach Abs. 1 Nr. 4 der Erklärende als Vertreter handelt, gehört auch das Mitglied einer nicht rechtsfähigen Personenvereinigung, deren vertretungsberechtigtes Mitglied in deren Namen Erklärungen abgibt. Der Notar darf daher nicht beurkunden die Erklärungen eines vertretungsberechtigten Mitglieds oder Mitgesellschafters eines nicht rechtsfähigen Vereins, einer Gesellschaft des bürgerlichen Rechts, einer Personenhandelsgesellschaft (offene Handelsgesellschaft, Kommanditgesellschaft, Reederei), wenn er selbst oder seine in Abs. 1 Nr. 2, 3 bezeichneten Angehörigen Mitglieder oder Gesellschafter der Vereinigung sind, da sie durch die erklärenden Gesellschafter mitvertreten werden (§§ 714, 54 BGB, §§ 128, 125, 161 Abs. 2, 494 HGB)[10]. Dagegen wird der stille Gesellschafter nicht durch den Geschäftsinhaber vertreten.

10 Ist der Notar oder sein Angehöriger (Abs. 1 Nr. 2, 3) Mitglied einer juristischen Person (AG, KGaA, GmbH, e. V., Genossenschaft, VVaG), so ist er nicht gehindert, die Willenserklärungen ihrer Organe zu beurkunden, da diese nur die juristische Person, nicht aber die Mitglieder vertreten[11]. Ist der Notar selbst oder sein Angehöriger Mitglied des Vorstandes, so ist, sofern diese nicht selbst handeln, ein Ausschließungsgrund nicht gegeben, wenn ein anderes (alleinvertretungsberechtigtes) Vorstandsmitglied oder ein von diesem bevollmächtigter Vertreter oder ein Prokurist die Erklärung abgibt, da hierdurch nicht der Notar oder sein Angehöriger, sondern die juristische Person vertreten wird; für den Notar als Vertretungsberechtigten greift aber § 3 Abs. 1 Nr. 4 ein. Entsprechend kann der Notar, der selbst oder dessen Angehöriger dem Vorstand einer juristischen Person angehört, die Erklärungen eines von dem Vorstand Bevollmächtigten beurkunden[12]. Der Notar kann aber nicht die Erklärung seines Unterbevollmächtigten beurkunden, wenn er ihn in der Weise bestellt hat, daß er nicht Bevollmächtigter des Geschäftsherrn, sondern des Hauptbevollmächtigten, also des Notars, ist[13]; für den Notar gilt jedoch, wenn er selbst, nicht sein Angehöriger, Hauptbevollmächtigter ist, das Mitwirkungsverbot des § 3 Abs. 1 Nr. 5. Der Stellvertreter eines öffentlichen Beamten vertritt nicht diesen, sondern das Amt[14].

V. Rechtswirkungen der Ausschließung

11 Liegen die Unfähigkeitsgründe des § 6 Abs. 1 vor, so ist der Notar kraft Gesetzes ausgeschlossen. Die Beteiligten können durch ihr Einverständnis auf die Beachtung der Vorschrift nicht verzichten; einer Ablehnung bedarf es nicht. Der Notar hat von Amts wegen zu prüfen, ob er an der Beurkundung gehindert ist. Bei begründendem Verdacht, z. B. wegen Namensgleichheit, hat er nachzufragen[15]. Die Rechtsfolge einer Verletzung des § 6 besteht (abweichend von § 7 FGG und § 3 BeurkG) darin, daß die Beurkundung unwirksam ist. Das bedeutet, daß die Urkunde nicht die Wirkungen einer notariellen (oder öffentlichen) Beurkundung herbeiführt. Wenn die notarielle oder öffentliche Beurkundung gesetzliches Formerfordernis ist, zieht die Unwirksamkeit der Beurkundung nach § 125 Satz 1 BGB die Nichtigkeit des beurkundeten Rechtsgeschäfts nach sich. Ist die Beurkundungsform rechtsgeschäftlich bestimmt oder ist die Beurkundung eines Vertrages verabredet worden, so ist es eine Frage der Auslegung, ob die Unwirksamkeit der Beurkundung die Nichtigkeit des Rechtsgeschäfts zur

10) Oberneck NotR[10] S. 184, Schlegelberger § 170 Rdn. 2, die aber zu Unrecht die KG ausnehmen; Seybold-Hornig BNotO[4] § 16 Rdn. 10; Keidel[9] § 170 Rdn. 15.

11) Oberneck NotR[10] S. 185; Seybold-Hornig, Keidel a. a. O.

12) RGZ 108, 407; Oberneck NotR[10] S. 185; Schlegelberger § 170 Anm. 2; Seybold-Hornig BNotO[4] § 16 Rdn. 10.

13) Hamm DNotZ 1956, 103 mit Anm. v. Keidel; Keidel[9] § 170 Anm. 15; Schlegelberger § 170 Anm. 2, a. M. Seybold-Hornig BNotO[4] § 16 Rdn. 1.

14) RGZ 113, 271.

15) RGZ 154, 276.

Folge hat (§§ 125 Satz 2, 154 Abs. 2 BGB). Haben die Beteiligten die notarielle Beurkundung ohne gesetzliche Nötigung gewählt und ohne die Gültigkeit des Geschäfts gerade von der Einhaltung der Form abhängig zu machen, so kann das beurkundete Geschäft als privatschriftlich (oder mündlich) abgeschlossenes gleichwohl gültig sein[16]). Die Wirksamkeit der Auflassung wird aber nicht dadurch berührt, daß ihre Beurkundung nach § 6 unwirksam ist, da es nach § 925 BGB genügt, daß der Notar, vor dem die Auflassung erklärt ist, eine zu ihrer Entgegennahme befugte Stelle ist[17]).

Die Verletzung der Vorschrift kann nicht mit Rechtsmitteln gegen die Beurkundung gerügt **12** werden, weil die Beurkundung keine Verfügung, sondern eine Handlung des Notars ist (vgl. § 54 mit Bem.). Im Verfahren zur Vermittlung der Auseinandersetzung eines Nachlasses oder eines Gesamtguts (§§ 86, 99 FGG) kann der Verstoß mit der sofortigen Beschwerde gegen die Bestätigung geltend gemacht werden (§ 96 Rdn. 5). Im übrigen ist über die Wirksamkeit der Beurkundung als Vorfrage in dem Verfahren zu befinden, in welchem es darauf ankommt. Ist die Beurkundung der Unterwerfung unter die sofortige Zwangsvollstreckung (§ 794 Abs. 1 Nr. 5 ZPO) unwirksam, so sind Einwendungen gegen die Zulässigkeit der erteilten Vollstreckungsklausel bei dem Amtsgericht im Verfahren nach §§ 795, 797 Abs. 3, 732 ZPO anzubringen[18]). Ist auf Grund der unwirksamen Beurkundung eine Zwangshypothek eingetragen worden, so kann im Zwangsversteigerungsverfahren der Schuldner und ein Dritter nach § 115 ZVG Widerspruch gegen den Teilungsplan erheben[19]).

VI. Absolute Unfähigkeitsgründe

Außer solchen Gründen, welche den Notar wegen seiner Beziehungen zu den Beteiligten **13** oder wegen seiner Sachbeteiligung zur Amtsausübung im Einzelfall relativ unfähig machen, kann es auch absolute Unfähigkeitsgründe geben, welche den Notar an der Vornahme wirksamer Beurkundungen hindern[20]). Jedoch ist bei der Annahme solcher Gründe im Interesse der Rechtssicherheit Zurückhaltung geboten; diese Auffassung liegt auch dem Beurkundungsgesetz zugrunde, welches bestrebt ist, die Unwirksamkeitsgründe möglichst einzuschränken (BT-Drucks. V/3282 zu III, 1), sowie der Bundesnotarordnung, die an die Verletzung ihrer Bestimmungen über die Amtsausübung des Notars in keinem Falle die Nichtigkeitsfolge knüpft[21]). Die Voraussetzungen, unter denen nach § 50 BNotO eine Amtsenthebung zulässig ist, können es nicht rechtfertigen, schon vor diesem konstitutiven Akt den Amtshandlungen des Notars die Wirksamkeit zu versagen mit der Folge, daß über die Amtsfähigkeit des Notars in jedem beliebigen Verfahren als Vorfrage befunden werden dürfte. Das gilt grundsätzlich auch für den Fall, daß der Notar infolge körperlichen Gebrechens oder wegen Schwäche seiner körperlichen oder geistigen Kräfte zur Amtsausübung dauernd unfähig ist (§ 50 Abs. 1 Nr. 6 BNotO). Geisteskrankheit des Notars kann mithin, ebenso wie beim Richter (§ 7 Rdn. 18), nicht die Nichtigkeit seiner sonst formgerechten Beurkundungen begründen[22]). Allenfalls kann wegen der Besonderheit der Aufgaben des Notars und der leichten Erkennbarkeit des Mangels angenommen werden, daß Beurkundungen eines blinden Notars unwirksam sind[23]). Keiner Hervorhebung bedarf es, daß Urkunden nicht die Eigenschaft einer notariellen haben, wenn der Beurkundende nicht wirksam bestellt oder das Amt beendet ist. Eine vorläufige Amtsenthebung berührt die Gültigkeit der gleichwohl vorgenom-

[16]) Oberneck NotR[10] S. 191; Schlegelberger § 170 Anm. 1; Keidel[9] § 170 Anm. 13; Seybold-Hornig BNotO[4] § 16 Rdn. 11.

[17]) RGZ 99, 65; 132, 406; BGHZ 22, 312.

[18]) BGHZ 22, 54; eine Klage nach §§ 767, 768, 797 Abs. 4, 5 ZPO findet nicht statt (BGH a. a. O.); a. M. Oberneck NotR[10] S. 191; Schlegelberger § 170 Anm. 1; Keidel[9] § 170

[19]) RGZ 29, 233; 36, 315; Josef[2] § 170 Anm. 3; Oberneck NotR[10] S. 191; Schlegelberger § 170 Anm. 1.

[20]) Oberneck NotR[10] S. 179; Schlegelberger 1 vor § 170.

[21]) Vgl. KG OLGZ 1967, 237, 240.

[22]) Josef Recht 13, 731; BayNotV 1928, 5; AöR 34, 324; Rietsch, Hdb. d. Urkundwissenschaft, 2. Aufl. 1904 S. 671; a. M. Frankfurt Recht 1907 Nr. 3190; Oberneck NotR[10] S. 179; Schlegelberger 1 vor § 170; Keidel[9] § 170 Anm. 22; Lent-Habscheid § 43 II 3 c.

[23]) RG HRR 1935 Nr. 1165; Oldenburg DNotZ 1962, 564; BGH NJW 1963, 1010 = DNotZ 1963, 504; Oberneck, Keidel a. a. O.; Seybold-Hornig BNotO[4] § 50 Anm. 14; Saage BNotO § 50 Anm. 8.

menen Amtshandlungen nicht (§ 55 Abs. 2 Satz 2 BNotO). Amtshandlungen eines Notariatsverwesers sind nicht deswegen ungültig, weil sie gegen das Verbot des § 56 Abs. 2 BNotO verstoßen, nach Ablauf der ersten drei Monate der Bestellung neue Notariatsgeschäfte vorzunehmen[24]).

VII. Recht der DDR

14 Über die Ausschließung des Notars bestimmen §§ 8, 9 der Notariatsverfahrensordnung vom 16. 11. 1956 (GBl. DDR I, 1288, VOBl. f. Groß-Berlin-Ost I, 875) i. d. F. des § 13 des Gesetzes vom 17. 4. 1963 (GBl. DDR I, 65, VOBl. Berlin-Ost I, 385):

Ausschließung des Notars

§ 8. (1) Der Notar ist von der Vornahme einer Notariatshandlung ausgeschlossen:

1. wenn er selbst beteiligt ist oder durch einen Beteiligten vertreten wird;

2. wenn er Ehegatte eines Beteiligten ist oder gewesen ist;

3. wenn er mit einem Beteiligten in gerader Linie oder im 2. Grade der Seitenlinie verwandt oder verschwägert ist;

4. wenn er gesetzlicher Vertreter eines Beteiligten oder Mitglied eines Organs ist, das zur Vertretung eines Beteiligten befugt ist;

5. wenn er in der den Gegenstand der Notariatshandlung bildenden Angelegenheit Bevollmächtigter eines Beteiligten ist;

6. wenn er zu demjenigen, für welchen ein Beteiligter als Vertreter handelt, in einem Verhältnis der unter Ziff. 2—4 bezeichneten Art steht;

7. wenn zu seinen Gunsten in der Urkunde eine Verfügung getroffen werden soll;

8. wenn er zu denjenigen, zu deren Gunsten in der Urkunde eine Verfügung getroffen werden soll, in einem Verhältnis der in Ziff. 2—4 bezeichneten Art steht.

(2) Die Mitwirkung hat in den Fällen der Ziff. 1—6 die Nichtigkeit des Rechtsgeschäfts zur Folge. In den Fällen der Ziff. 7 und 8 ist das Rechtsgeschäft insoweit nichtig, als die Beurkundung eine Verfügung zugunsten einer der in Ziff. 1—4 bezeichneten Personen zum Gegenstand hat.

(3) Absatz 1 und 2 gelten entsprechend für die Angestellten der Notariate und die Zeugen, die zu Beurkundungen hinzugezogen werden, sowie für Dolmetscher.

§ 9. (1) Wird ein Ausschließungsgrund nach § 8 dieses Gesetzes von einem Beteiligten geltend gemacht, vom Notar aber nicht als berechtigt anerkannt, so können sowohl der Notar als auch die Beteiligten die Entscheidung des Kreisgerichts herbeiführen.

(2) Die Entscheidung des Kreisgerichts ist endgültig.

Beurkundungen zugunsten des Notars oder seiner Angehörigen

7 Die Beurkundung von Willenserklärungen ist insoweit unwirksam, als diese darauf gerichtet sind,

1. dem Notar,

2. seinem Ehegatten oder früheren Ehegatten
oder

3. einer Person, die mit ihm in gerader Linie verwandt oder verschwägert oder in der Seitenlinie bis zum dritten Grade verwandt oder bis zum zweiten Grade verschwägert ist,

einen rechtlichen Vorteil zu verschaffen.

[24]) KG OLGZ 1967, 237.

Übersicht

I. Bedeutung

1 Die Vorschrift entspricht dem § 171 FGG. Sie gilt nach § 27 entsprechend für Verfügungen von Todes wegen und tritt insoweit an die Stelle des durch § 57 Abs. 3 Nr. 8 aufgehobenen § 2235 BGB und des durch § 57 Abs. 3 Nr. 14 geänderten § 2276 BGB. Abweichungen bestehen insofern, als die Vorschrift in Nr. 3 auf Verwandte im dritten Grade der Seitenlinie erstreckt wird. Andererseits gilt die Vorschrift nicht für den zweiten Notar und für zugezogene Zeugen; für sie gilt bei demselben Tatbestand die Sollvorschrift des § 26 Abs. 1 Nr. 2. Der Zweck der Bestimmung geht dahin, der Gefährdung der Unparteilichkeit des Notars oder der sonstigen Urkundsperson entgegenzutreten, die dadurch eintreten kann, daß der Beurkundende selbst oder seine nahen Angehörigen durch die beurkundete Willenserklärung begünstigt werden. Während aber bei einem Verstoß gegen § 6 die Beurkundung in vollem Umfange unwirksam ist, tritt diese Folge im Fall des § 7 nur teilweise ein, nämlich nur insoweit, als der Notar oder seine nahen Angehörigen durch die beurkundete Willenserklärung begünstigt werden.

II. Anwendungsbereich

2 Der persönliche und sachliche Anwendungsbereich ist derselbe wie im Fall des § 6; vgl. § 6 Rdn. 3, 4. Insbesondere ist die Vorschrift nach § 16 Abs. 3 Satz 2 auf den Dolmetscher fremder Sprachen entsprechend anwendbar. Die Beurkundung ist also unwirksam, soweit dem Dolmetscher oder seinem Angehörigen (Nr. 2, 3) ein rechtlicher Vorteil verschafft wird.

III. Inhalt der beurkundeten Willenserklärung

3 In § 171 FGG war darauf abgestellt worden, ob in der Urkunde zugunsten bestimmter Personen eine Verfügung getroffen wird. Diese Fassung führte zu Auslegungsschwierigkeiten sowohl in der Frage, was unter einer „Verfügung" zu verstehen ist, als auch über die Bedeutung des Ausdrucks „zugunsten". Das Gesetz vermeidet den Ausdruck Verfügung, weil darunter nach dem Sprachgebrauch des BGB nur solche Rechtsgeschäfte verstanden werden, durch die ein Recht übertragen, inhaltlich verändert oder aufgehoben wird, was im Rahmen des § 7 nach dessen Zweck zu eng wäre. Durch die Fassung des Gesetzes wird klargestellt, daß jede rechtsgeschäftliche Willenserklärung in Betracht kommt; in diesem Sinne war § 171 FGG schon bisher verstanden worden[1]). Die Ersetzung des farblosen Ausdrucks Verfügung führt dazu, daß Erklärungen, die keine Willenserklärungen sind, wie Wissenserklärungen, die Äußerung einer Vorstellung, Mitteilungen, Geständnisse ausscheiden. Eine Quittung ist das einseitige Zugeständnis des Empfängers der Leistung und reines Beweismittel[2]); für bloße löschungsfähige Quittungen gilt die Vorschrift daher nicht[3]). Vgl. aber für Eidesabnahmen und eidesstattliche Versicherungen unten Rdn. 11. Nicht erforderlich ist, daß die Willenserklärung dem Gebiet des Vermögensrechts angehört; die Verbesserung der Rechtsstellung kann sich auch auf Familienrechte beziehen, z. B. durch eine Vereinbarung über die elterliche Gewalt nach § 1671 Abs. 2 BGB, die Berufung zum Vormund[4]) oder die Einwilligung zur Kindesannahme.

4 Im Gegensatz zu § 6 kommt es hier auf die sachliche Beteiligung in dem Sinne an, daß der Beurkundende oder sein Angehöriger (Nr. 2, 3) durch eine in der Urkunde verlautbarte Wil-

[1]) Fuchs, ZBlFG 6, 489 ff.; KGJ 38, 190; RGZ 88, 147; Schlegelberger § 171 Rdn. 1; Keidel[9] § 171 Anm. 4; Voraufl. § 171 Anm. 3.

[2]) RGZ 79, 192; 108, 50; RG HRR 1936 Nr. 661; Soergel-Reimer Schmidt BGB[9] § 368 Rdn. 3.

[3]) Werner DNotV 1, 264; a. M. zu § 171 FGG Fuchs ZBlFG 6, 489; Wellstein[2] § 171 Anm. 2; Keidel[9] § 171 Anm. 7; Schlegelberger § 171 Anm. 5.

[4]) KG RJA 16, 168; KGJ 51, 91; Seybold-Hornig BNotO[4] § 16 Rdn. 13.

lenserklärung als deren unmittelbare Wirkung einen rechtlichen Vorteil, also eine Verbesserung seiner Rechtsstellung, erlangt[5]). Der rechtliche Vorteil kann sowohl in der Begründung eines neuen Rechts als auch in der Erweiterung oder Verstärkung eines bereits vorhandenen Rechts bestehen, aber auch in der Aufhebung, Verminderung oder Abschwächung von Pflichten, z. B. in der Gewährung einer Stundung. Stets aber muß die Willenserklärung eine rechtliche Begünstigung zur Folge haben; eine rechtliche Benachteiligung der Urkundsperson oder ihrer Angehörigen stellt sich zwar ebenfalls als sachliche Beteiligung dar und ist deshalb ein Ausschließungsgrund nach § 3 Abs. 1 Nrn. 1 bis 3, zieht aber nicht die Unwirksamkeitsfolge des § 7 nach sich. Nicht erforderlich ist, daß die Willenserklärung eine Freigebigkeit enthält oder deren Vollziehung dient oder zu einer Bereicherung führt. Es kommt auf die Verbesserung der Rechtslage an. Deshalb ist es auch unerheblich, wenn dem Erwerb von Rechten die Verpflichtung zu Gegenleistungen gegenübersteht[6]). Die Vorschrift gilt auch für abstrakte Rechtsgeschäfte, insbesondere dingliche Vollziehungsgeschäfte, wie Auflassungen, Abtretung von Forderungen und Rechten, Löschungsbewilligungen[7]).

5 Nicht erforderlich ist es, daß die Zuwendung eines Vorteils in der Absicht des Beteiligten liegt[8]). Wenn das Gesetz davon spricht, daß die Willenserklärung auf die Verschaffung eines rechtlichen Vorteils gerichtet sein müsse, so kommt darin nur der allgemeine Charakter der Willenserklärung als der auf einen Rechtserfolg gerichteten Willensäußerung zum Ausdruck. Führt daher die Willenserklärung objektiv einen rechtlichen Vorteil herbei, so ist es unerheblich, wenn der Erklärende subjektiv keine Begünstigungsabsicht gehabt hat.

6 Als Willenserklärungen, die unmittelbar einen rechtlichen Vorteil verschaffen, kommen hiernach in Betracht alle Verträge, ein der Urkundsperson (oder ihren Angehörigen) gemachtes Vertragsangebot und die Annahme ihres Angebots, die Bestellung von Sicherheiten, die Übernahme einer Bürgschaft und der kumulative Schuldbeitritt für eine Forderung der Urkundsperson, Schuldanerkenntnisse, Erlaßverträge, einseitige Aufhebung von Rechten, Schenkungsversprechen, Verträge zugunsten Dritter, Abtretungen, Auflassungen, Löschungsbewilligungen, die Ernennung zum Schiedsrichter oder zum Testamentsvollstrecker durch Rechtsgeschäft unter Lebenden (§§ 2198, 2199 BGB); wegen der Ernennung durch Verfügung von Todes wegen und der Benennung als Vormund vgl. § 27 Rdn. 8, 9.

7 Auch die *Vollmachtserteilung* ist grundsätzlich darauf gerichtet, dem Bevollmächtigten einen rechtlichen Vorteil zu verschaffen. Denn der Bevollmächtigte erfährt insofern eine Erweiterung seiner Rechtsstellung, als er die Rechtsmacht erlangt, für einen anderen zu handeln und dadurch Rechtswirkungen hervorzurufen. Auf eine Verbesserung der wirtschaftlichen Lage und auf eine mit der Vollmachtserteilung in der Regel verbundene Belastung mit Pflichten gegenüber dem Vertretenen kommt es nicht an. Die Vorschrift bezweckt, die Unbefangenheit des Notars zu wahren und selbst den Schein der Möglichkeit auszuschließen, daß unter dem Einfluß des Notars zu dessen Vorteil eine unrichtige Beurkundung zustande kommt. Deshalb ist die Beurkundung einer Vollmacht zugunsten des Notars grundsätzlich nach § 7 unwirksam[9]). Diese Rechtsfolge ist ganz unausweichlich, wenn es sich um eine eigennützige, nach dem Kausalgeschäft im Interesse des Bevollmächtigten erteilte Vollmacht handelt, z. B. um eine dem Käufer vom Verkäufer erteilte Vollmacht, das Grundstück an sich selbst aufzulassen. Das gilt aber auch, obwohl es hierauf nach den dargelegten Grundsätzen nicht ankommen sollte, für eine treuhänderische Vollmacht, der eine entgeltliche Geschäftsbesorgung zugrunde liegt, z. B. eine Prozeßvollmacht oder eine Vollmacht zur Vermögensverwaltung[10]). Allenfalls läßt sich eine einschränkende Auslegung des § 7 rechtfertigen, wenn dem Notar auf dem Gebiet der vorsorgenden Rechtspflege (§ 24 BNotO) Vollmachten erteilt werden, die der

[5]) RGZ 88, 147; RGZ 155, 172; Voraufl. § 171 Anm. 3.

[6]) Fuchs ZBlFG 6, 489, 495; Keidel[9] § 171 Anm. 5; Schlegelberger § 171 Anm. 9;

[7]) Schlegelberger § 171 Anm. 8 Keidel Anm. 7; a. M. Weißler § 171 Anm. 1.

[8]) Schlegelberger § 171 Anm. 3; Keidel[9] § 171 Anm. 6.

[9]) KGJ 24 A 6; 36 A 194, 199; 38 A 190; Josef JW 1926, 33; BayNotV 26, 3; JW 1928, 1864 zu 2; Heydtmann JW 1928, 1865; Schlegelberger § 171 Rdn. 4.

[10]) Oberneck JW 1928, 2138; Keidel[9] § 171 Anm. 8.

Förderung und Durchführung der von ihm beurkundeten Rechtsgeschäfte dienen, z. B. zur Einholung, Entgegennahme und Mitteilung der vormundschaftsgerichtlichen Genehmigung[11]), oder die ihn ermächtigen, die von den Beteiligten gestellten Grundbuch- oder Registeranträge zur Behebung von Beanstandungen in förmlicher Hinsicht zu ändern und zu ergänzen[12]). Insoweit ist der Notar jedoch nach § 3 Abs. 1 Nr. 1 (ohne Unwirksamkeitsfolge) ausgeschlossen[13]). Übrigens wird die Frage nicht erheblich, wenn die Vollmachtserteilung keiner Form bedarf, da nur die Beurkundung, nicht aber die Willenserklärung unwirksam wäre (Rdn. 10); die Frage kann daher nur Bedeutung gewinnen, wenn die Vollmacht in bestimmter Form nachzuweisen ist, z. B. nach §§ 29, 31 GBO.

IV. Unmittelbarkeit der Begünstigung

Die Erlangung des rechtlichen Vorteils muß die unmittelbare Wirkung des Rechtsgeschäfts sein[14]). Daher kann der Notar zwar nicht die Übernahme der Bürgschaft für eine Schuld beurkunden, deren Gläubiger er ist, wohl aber für eine Schuld, deren Schuldner er ist[15]); als Mitverpflichteter ist er dann aber nach § 3 Abs. 1 Nr. 1 ausgeschlossen. Die Frage der Mittelbarkeit oder Unmittelbarkeit der Begünstigung tritt gar nicht erst auf, wenn es überhaupt an einer sachlichen Beteiligung des Notars oder seiner Angehörigen nach den bei § 3 Rdn. 14 dargelegten Grundsätzen fehlt. Demnach darf der Notar die Abtretung einer Forderung, deren Schuldner er ist, oder die Abtretung einer Hypothek beurkunden, die auf einem ihm oder seinen Angehörigen gehörenden Grundstück lastet. Die Mitteilung nach §§ 409, 413 BGB ist keine Willenserklärung[16]) und fällt deshalb nicht unter § 7. Ebenso ist der Notar nicht ausgeschlossen, von der Beurkundung eines Grundstückkaufvertrages mit Übernahme der eingetragenen Hypothekenforderungen in Anrechnung auf den Kaufpreis, selbst wenn er selbst Gläubiger der Forderung ist, oder von der Beurkundung einer sonstigen befreienden Schuldübernahme oder Erfüllungsübernahme in Ansehung einer ihm zustehenden Forderung (vgl. § 3 Rdn. 14). Dagegen erlangt der Notar eine von § 7 betroffene Verstärkung seiner Rechtsstellung durch eine Schuldmitübernahme. **8**

V. Begünstigter Personenkreis

Der Notar (oder die sonstige Urkundsperson) ist von der Beurkundung ausgeschlossen, **9**
wenn der durch die beurkundete Willenserklärung bewirkte rechtliche Vorteil zugute kommt

dem Notar selbst,

seinem jetzigen oder früheren Ehegatten, oder seinen Verwandten oder Verschwägerten in gerader Linie oder seinen Verwandten bis zum dritten Grade der Seitenlinie oder seinen Verschwägerten bis zum zweiten Grade der Seitenlinie.

Wegen der Abgrenzung dieses Kreises der Angehörigen vgl. § 3 Rdn. 26 bis 30. Der Notar erlangt nicht selbst einen rechtlichen Vorteil und ist deshalb nicht nach § 7 ausgeschlossen, wenn er Testamentsvollstrecker, Nachlaßverwalter oder Konkursverwalter ist und eine Willenserklärung beurkundet, durch welche die Konkurs- oder Nachlaßmasse einen rechtlichen Vorteil erlangt; das selbständige Verfügungs- und Verwaltungsrecht, welches ihm hinsichtlich der Konkurs- oder Nachlaßmasse zusteht, rechtfertigt nicht die Folgerung, daß die Willens-

11) RGZ 121, 30 = DNotZ 1928, 404 = JW 1928, 1498 mit Anm. v. Josef, Heydtmann und Oberneck ebenda S. 1864, 1865, 2138; RGZ 155, 172 = DNotZ 1937, 709; OGHBrZ DNotZ 1951, 224; KG DJZ 1933, 1201; OLG München DNotZ 1943, 60; Hamm JMBlNRW 1953, 125; 1963, 190 = Rpfleger 1964, 313 = DNotZ 1964, 541; Düsseldorf NJW 1959, 391; Hieber DNotZ 1951, 212; Weber DNotZ 1956, 285, 292; Seybold-Hornig BNotO[4] § 16 Rdn. 13; Keidel[9] § 171 Anm. 8; Rohs, Geschäftsführung[5] S. 31; Siegelmann Betrieb 1968, 386; a. M. Schlegelberger § 171 Anm. 4.

12) BayObLGZ 1955, 161 = DNotZ 1956, 209; Keidel[9] § 171 Anm. 8.

13) Vgl. § 3 Rdn. 12; Weber DNotZ 1956, 285, 292; Seybold-Hornig BNotO[4] § 16 Anm. 13; a. M. Höfer-Huhn § 42 1.

14) RGZ 88, 147; Schlegelberger § 171 Anm. 11.

15) Josef BayNotV 19, 289; Schlegelberger a. a. O. Seybold-Hornig BNotO[4] § 16 Rdn. 13.

16) Enneccerus-Nipperdey Allg. Teil[15] § 137 IV 2 a β.

erklärung zugleich dem Verwalter einen rechtlichen Vorteil verschafft[17]). Es gilt aber § 6, wenn der Notar als Konkursverwalter selbst oder wenn ein Vertreter für ihn handelt[18]). Entsprechendes gilt, wenn der Notar gesetzlicher Vertreter des Beteiligten ist, dem der rechtliche Vorteil verschafft wird; in diesem Fall gilt aber der Ausschließungsgrund des § 3 Abs. 1 Nr. 4 (vgl. § 3 Rdn. 31 bis 35).

VI. Rechtswirkungen des Verbots

10 Die Unwirksamkeit der Beurkundung beschränkt sich auf die Willenserklärung, die dem Verbot des § 7 zuwider dem darin bezeichneten Personenkreis einen rechtlichen Vorteil verschafft; enthält die Urkunde noch weitere, nicht von § 7 betroffene Willenserklärungen, so bleibt die Beurkundung insoweit wirksam und die Urkunde behält ihre Eigenschaft als öffentliche. Ob auch die Willenserklärung, deren Beurkundung nach § 7 unwirksam ist, infolge des Beurkundungsmangels nichtig ist, hängt gemäß § 125 BGB davon ab, ob die Willenserklärung nach Gesetz oder Rechtsgeschäft zu ihrer Gültigkeit der Beurkundung bedarf oder ob sie auch formlos gültig ist. Zieht die Unwirksamkeit der Beurkundung nach § 125 BGB die Nichtigkeit der Willenserklärung nach sich, so ist die weitere Frage, ob dadurch auch die Gültigkeit der übrigen, von dem Beurkundungsmangel nicht betroffenen Willenserklärungen berührt wird, nach § 139 BGB zu beurteilen.

VII. Entsprechende Anwendung

11 Die Vorschrift des § 7 gilt nach § 38 Abs. 1 entsprechend bei der Abnahme von Eiden und bei der Aufnahme eidesstattlicher Versicherungen. Diese Erweiterung war erforderlich, weil Eide und eidesstattliche Versicherungen keine Willenserklärungen sind und deshalb § 7 nicht unmittelbar anwendbar ist. Die entsprechende Anwendung führt dazu, daß die Beurkundung der Eidesabnahme und der eidesstattlichen Versicherung unwirksam ist, sofern die Rechtsstellung des in § 7 genannten Personenkreises infolge des dadurch erlangten Beweismittels eine Verstärkung erfährt und in ihrer Durchsetzbarkeit gefördert wird. Strafrechtlich hat die Verletzung nicht zur Folge, daß der ausgeschlossene Notar nicht mehr eine zur Abnahme von Eiden oder eidesstattlichen Versicherungen zuständige Stelle im Sinne der §§ 154, 156 StGB ist[19]). Da der Eid und die Versicherung mithin wirksam sind, beschränkt sich die Rechtsfolge, abgesehen von den dienstrechtlichen Folgen, die sich aber bereits aus § 3 Abs. 1 Nrn. 1 bis 3 ergeben, darauf, daß die darüber aufgenommene Urkunde keine öffentliche und deshalb zum Nachweis ungeeignet ist, wenn in dem Verfahren der Nachweis durch öffentliche Urkunden vorgeschrieben ist oder wenn es darauf ankommt, ob die Urkunde die Beweiskraft des § 415 ZPO hat.

2. Niederschrift

Grundsatz

8 Bei der Beurkundung von Willenserklärungen muß eine Niederschrift über die Verhandlung aufgenommen werden.

Übersicht

17) RGZ 49, 127; Josef BadNotZ 4, 178 ff.; Fuchs ZBlFG 6, 489 ff.; Schlegelberger § 171 Anm. 10; Keidel[9] § 171 Anm. 10; Seybold-Hornig BNotO[4] § 16 Rdn. 13.

18) KG DNotZ 1935, 656.

19) BGH NJW 1957, 756.

I. Niederschrift

Öffentliche Urkunden sind entweder Verfügungen (Anordnungen, Beschlüsse, Entscheidungen, vgl. § 417 ZPO) oder Zeugnisse oder Niederschriften. Verfügungen enthalten Willensbekundungen einer Behörde; sie sind nicht Gegenstand des Beurkundungsrechts. Zeugnisse und Niederschriften haben gemeinsam, daß in ihnen Tatsachen bestätigt werden, und zwar in den Niederschriften die Abgabe von Erklärungen und die Wahrnehmung von Tatsachen und Vorgängen, in den Zeugnissen ausschließlich tatsächliche Ereignisse. Das Gesetz erfordert grundsätzlich die Aufnahme einer Niederschrift, und zwar sowohl für die Beurkundung von Willenserklärungen (§ 8) als auch für die Beurkundung von Erklärungen anderer Art sowie von sonstigen Tatsachen oder Vorgängen (§ 36), läßt aber für die Beurkundung von Tatsachen in einfachen Fällen auch die Form eines Zeugnisses oder Vermerks zu (§ 39). Wenn, wie in § 8 für die Beurkundung von Willenserklärungen, die Aufnahme einer Niederschrift zwingend vorgeschrieben ist, kommt ohne eine Niederschrift, etwa wenn nur ein Zeugnis oder ein Vermerk ausgestellt wird, eine wirksame Beurkundung nicht zustande. **1**

1. Form der Niederschrift. Die Niederschrift muß jedenfalls die Mindesterfordernisse einer Urkunde erfüllen, also die Verkörperung der Gedankenäußerung eines Urhebers sein. Die Verkehrsfähigkeit erfordert eine gewisse Haltbarkeit, Tragbarkeit und Beweglichkeit der Urkunde; man erwartet von einer Urkunde, daß ihre Einlegung in Mappen und Akten möglich ist[1]). Die Urkunde muß unter Verwendung von Schriftzeichen hergestellt sein; daß dies solche einer lebenden Sprache sein müssen, ergibt sich aus der Vorschrift des § 5 über die Urkundensprache (§ 5 Rdn. 6). Soweit die Benutzung der deutschen Sprache vorgeschrieben ist (§ 5 Abs. 1), ist die Verwendung der im deutschen Schriftverkehr üblichen (deutschen oder lateinischen) Schriftzeichen geboten[2]). Fremde (z. B. kyrillische, hebräische) Schriftzeichen dürfen nur verwendet werden, soweit die Urkunde nach § 5 Abs. 2 zulässigerweise in der Sprache errichtet wird, für deren Niederschrift diese Schriftzeichen gebräuchlich sind. Die Verwendung einer stenographischen oder sonstigen Zeichenschrift widerspricht dem Zweck der Beurkundung, beeinträchtigt den Gebrauchswert der Urkunde und ist deshalb von der Urkundsperson zu vermeiden; ein Verstoß dürfte aber nicht die Unwirksamkeit der Beurkundung nach sich ziehen[3]). Das Verfahren nach § 163a ZPO über die Verwendung von Kurzschriftprotokollen ist auf die notarielle und gerichtliche Beurkundung nicht anwendbar[4]); Nichtigkeit der Beurkundung wäre aber ebenfalls nicht anzunehmen. Tonträger, wie Tonbänder oder Schallplatten, sind keine Niederschriften. **2**

Über die *äußere Form der Niederschrift* (Urkundenstoff, Schreibstoff, Verwendung von Vordrucken, Zulässigkeit von Abkürzungen, Auslöschungen, Rasuren, Angabe von Summen und Zahlen) enthält das BeurkG keine Vorschriften. Für die Notare sind Bestimmungen hierüber in der Dienstordnung für Notare (§§ 26 bis 30) enthalten. Landesrechtliche Vorschriften hierüber (Art. 64 PrFGG, Art. 70 bis 72 HessFGG, Art. 54 bis 56 NdsFGG, Art. 112 WürttAGBGB) sind durch § 60 BeurkG auch insoweit aufgehoben, als sie für die Beurkundungen der Gerichte galten. Sie hatten schon bisher nach § 200 Abs. 2 FGG a. F. nur die Bedeutung von Ordnungsvorschriften, deren Verletzung zwar dienstrechtlich verantwortlich machen konnte, aber weder die Gültigkeit des Beurkundungsakts noch die Beweiskraft der Urkunde (§ 415 ZPO) berührte. Die Niederschrift ist, wenn sie den im BeurkG zwingend vorgeschriebenen Formvorschriften entspricht, eine öffentliche Urkunde mit der vollen Beweiskraft des § 415 ZPO, auch wenn sie unter Verletzung von Ordnungsvorschriften aufgenommen ist[5]). Dasselbe gilt für die Verletzung von Dienstvorschriften. Die Urkundsperson hat aber die Amtspflicht, derartige Vorschriften zu beachten und darauf bedacht zu sein, daß die **3**

[1]) Rietsch, Hdb. der Urkundwiss.[2] S. 10.

[2]) Wellstein[2] § 175 Anm. 3; Schlegelberger § 175 Anm. 3; Keidel[9] § 175 Anm. 3.

[3]) Keidel[9] § 175 Anm. 3; Staudinger-Firsching BGB[11] § 2240 Anm. 8; Soergel-Ehard-Eder BGB[9] § 2240 Anm. 2.

[4]) Keidel a. a. O.; ders., Rpfleger 1970, 39; a. M. Schlegelberger § 175 Anm. 4; Palandt-Danckelmann BGB[29] § 8 BeurkG Anm. 2.

[5]) KGJ 36 A 151 = RJA 9, 224 = OLGR 17, 369 zu § 176 Abs. 3 FGG.

Glaubwürdigkeit, Verkehrsfähigkeit und Haltbarkeit der Urkunde durch Mängel der äußeren Form keine Einbuße erleidet.

4 2. *Abfassung der Niederschrift.* Der Notar soll den Willen der Beteiligten erforschen, den Sachverhalt klären und den Willen der Beteiligten unzweideutig in der Niederschrift wiedergeben (§ 17 Abs. 1). Dieser Amtspflicht genügt er grundsätzlich nur, wenn er sich dieser Tätigkeit selbst unterzieht. Das schließt nicht aus, daß der Notar sich eines Entwurfs bedient, der etwa in einfacheren Fällen von einem zur Ausbildung überwiesenen Referendar, dem Bürovorsteher oder einer sonstigen geeigneten Hilfskraft vorbereitet ist oder den die Beteiligten, insbesondere wenn sie rechtlich beraten sind, vorgelegt haben[6]). Selbst die Verwendung eines von den Beteiligten mitgebrachten Schriftstücks in der Weise, daß es durch Hinzufügung der Eingangs- und Schlußworte in die Form einer Niederschrift gebracht wird, wäre unschädlich[7]). Jedenfalls hängt die Gültigkeit der Beurkundung nicht davon ab, daß der Notar selbst der geistige Urheber der Niederschrift ist. Der Notar trägt aber die Verantwortung für die Richtigkeit der Beurkundung und dafür, daß der Inhalt des Entwurfs dem wahren Willen der Beteiligten entspricht. Hiervon muß er sich selbst spätestens nach der Vorlesung und vor der Genehmigung (§ 13) überzeugen und notfalls den Entwurf ändern oder anders abfassen. Die Verwendung ungeeigneter Entwürfe anderer Verfasser kann zu Maßnamen im Aufsichtswege Anlaß geben und, wenn die Urkunde wegen der Unklarheit ihres Inhalts zu Zweifeln und Streitigkeiten führt, die Ersatzpflicht der Urkundsperson begründen.

II. Gegenstand der Niederschrift

5 1. *Verhandlung.* Die Niederschrift muß über die Verhandlung aufgenommen werden. Das bedeutet, daß bei der amtlichen Verhandlung mit den Beteiligten eine Niederschrift über deren Verlauf aufgenommen werden muß. Es bedeutet nicht, daß in die Niederschrift alles aufgenommen werden müßte, was verhandelt worden ist. Nicht die gesamte Verhandlung in ihren verschiedenen Entwicklungsstufen, sondern dasjenige, was sich als rechtsgeschäftliche Erklärung ergibt, ist in der Niederschrift festzuhalten. Die Verhandlungen und Erörterungen der Beteiligten untereinander und des Notars mit ihnen können der Protokollaufnahme zeitlich mehr oder weniger weit vorausgehen; das Ergebnis der Verhandlungen aber, die rechtsgeschäftliche Erklärung (§ 9 Abs. 1 Nr. 2), muß bei der Aufnahme der Niederschrift festgestellt und in ihr niedergelegt werden.

6 Daß der Notar mit den Beteiligten verhandelt, wird vom Gesetz als selbstverständlich vorausgesetzt. Darüber, wie diese Verhandlung durchzuführen ist, gibt es keine näheren gesetzlichen Vorschriften, weil die Art und Weise des Verhandelns sich der gesetzlichen Regelung entzieht. Die Art der Verhandlung ist jedenfalls an ihrem Ziel, der vollkommenen Urkunde, auszurichten. Darunter sind solche Urkunden zu verstehen, bei deren Fertigung die Beteiligten über die Tragweite ihrer Erklärungen aufgeklärt, auf rechtliche Bedenken aufmerksam gemacht, ihr wirklicher Wille erforscht und durch zweckentsprechende Rechtsbelehrung auf dessen einwandfreie rechtliche Festlegung hingewirkt worden ist[7a]). Mit Recht wird darauf hingewiesen, daß die Bedeutung des Notariats und damit die Stellung des Notars in der Gesellschaft von der Gewissenhaftigkeit abhängt, mit der der Notar seine rechtsgestaltende Aufgabe — über seine geschriebenen Amtspflichten hinaus — zu erfüllen trachtet[7b]). Dabei ist zu bedenken, daß es, insbesondere bei komplexen Sachverhalten, oft dem Notar erst durch seine Verhandlung mit den Beteiligten gelingt, diesen bewußt zu machen, welche rechtliche Gestaltung ihrer Willensrichtung und Interessenlage am besten entspricht.

[6]) Oberneck NotR[10] S. 205; Schlegelberger § 175 Anm. 2; Seybold-Hornig BNotO[4] Anh. zu § 20 Rdn. 48.

[7]) Schlegelberger a. a. O.; Keidel § 175 Anm. 1; BGHZ 38, 130, 138; a. M. Wellstein 2. Aufl. § 175 Anm. 2.

[7a]) Oberneck Notariatsrecht[10] S. 3.

[7b]) Vgl. Schollen, Die Mitwirkung des Notars bei der Bildung des rechtsgeschäftlichen Willens, 18. Dt. Notartag 1969, Sdh. d. DNotZ S. 50 ff. Fn. 83.

2. *Einheit der Errichtungshandlung.* Eine überkommene Streit- und Zweifelsfrage ist es, ob und inwiefern die Notwendigkeit der Einheit der Handlung (unitas actus) ein Erfordernis des geltenden Beurkundungsrechts ist[8]). Darunter wird die Einheit des Ortes, der Zeit und der Beurkundungshandlung im engeren Sinne verstanden. Der Grundsatz bezieht sich auf die Einheit der Verhandlung und damit auf die darüber zu errichtende Niederschrift. Die Einheit wäre von diesem Standpunkt aus gewahrt, wenn die Urkunde einschließlich der Vorlesung, Genehmigung und Unterzeichnung mit allen gleichzeitig Erschienenen an demselben Ort und zur selben Zeit aufgenommen wurde. Auch von diesem Standpunkt aus wäre die Einheit der Handlung noch nicht beeinträchtigt, wenn ein Beteiligter oder Mitwirkender sich vorübergehend entfernt oder wegen eines Ohnmachtsanfalls der Verhandlung zeitweise nicht folgen kann, sofern während der dadurch veranlaßten Unterbrechung ein Fortgang der eigentlichen Verhandlung nicht stattfindet[8a]), oder wenn der Notar bei der Fertigung der Niederschrift nicht zugegen ist, sofern er nur der weiteren Verhandlung und der Vorlesung, Genehmigung und Unterzeichnung beiwohnt. Es ist aber auch keine Einheit der Handlung in dem Sinne erforderlich, daß nicht eine Unterbrechung und Fortsetzung sowohl der Verhandlung als auch der Aufnahme der Niederschrift an einem anderen Orte und zu anderer Zeit statthaft sei[8b]). Für die Angabe von Ort und Zeit ist, wenn sie während der Verhandlung wechseln, die Vornahme der nach § 13 Abs. 1 Satz 1 wesentlichen Akte der Vorlesung, Genehmigung und Unterzeichnung maßgebend. 7

Einheit der Handlung kann auch nicht gefordert werden, wenn die Niederschrift ihrem Erklärungsinhalt nach teilbar ist. Dann brauchen die Beteiligten das Ende der Beurkundung nicht abzuwarten, sondern können vorher unterschreiben und sich entfernen, sobald sie ihre Erklärung abgegeben haben (vgl. § 13 Rdn. 7). Wenn daher in einer Niederschrift verschiedene Rechtsgeschäfte nacheinander beurkundet werden, was beurkundungsrechtlich auch bei Verschiedenheit der Beteiligten nicht unzulässig ist, kann die Vorlesung, Genehmigung und Unterschrift der jeweils Beteiligten für die einzelnen Rechtsgeschäfte gesondert stattfinden und die nötigen Feststellungen hierüber (§ 9 Abs. 1 Satz 2) nebst der Unterschriftsvollziehung des Notars brauchen nur einmal am Schluß der Niederschrift vorgenommen zu werden[9]). Ebenso ist es zulässig, Vertragsangebot und Annahme an demselben Tage und Orte in der Weise zu beurkunden, daß zunächst das Vertragsangebot in die Niederschrift aufgenommen, die Erklärung dem Anbietenden vorgelesen, von ihm genehmigt und unterschrieben wird und sodann, nach dem der Anbietende sich entfernt hat, der andere Vertragsteil erscheint, die Annahme des Angebots erklärt und nunmehr die Niederschrift einschließlich der Erklärung des Anbietenden ihm vorgelesen, von ihm genehmigt und unterschrieben wird[10]). Das Erfordernis des § 128 BGB, welcher zunächst die Beurkundung des Antrags und sodann die der Annahme verlangt, ist zwar zur Zeit der Niederschrift der Vertragsannahme mangels Unterschrift der Urkundsperson noch nicht erfüllt, doch kommt es nicht darauf an, daß das Angebot früher als die Annahme beurkundet wird, sondern darauf, daß seine Beurkundung nicht später erfolgt als die Beurkundung der Annahme. Wird in einem solchen Fall die zeitlich getrennte Abgabe der Erklärungen in der Niederschrift nicht zum Ausdruck gebracht, so ist der Vorgang zwar ordnungswidrig beurkundet, die Beurkundung deshalb aber nicht unwirk- 8

[8]) Für die Geltung des Grundsatzes Rietsch, Hdb. der Urkundwiss.[2] S. 74; Hoeniger, DNotV 1909, 177 ff., 194, 201; dagegen aber die h. M., Franz, Das dt. Notariat, 1907, S. 134, 135; Oppler, ZBlFG 9, 643 ff., 646; Josef, ZBlFG 10, 145 ff.; Weißler, DNotV 1913, 609 ff., 619; Oberneck NotR[10] S. 225, 233; Keidel[9] § 175 Anm. 7; Staudinger-Firsching BGB[11] § 2240 Anm. 5; RGZ 79, 368; RG JW 1913, 495; RG JW 1936, 989. Zur „Einheit des Verfahrens“ vgl. auch Bärmann AcP 159,6; Blumenwitz DNotZ 1968, 712 zu A IV 3, 4.

[8a]) RG JW 1913, 495; Oberneck NotR[10] S. 225; Schlegelberger § 174 Anm. 6. Vgl. Rdn. 11.

[8b]) Franz, Das dt. Notariat S. 134, 135; Oppler ZBlFG 9, 646; h. M.

[9]) Josef[2] § 177 Anm. 3; Wellstein[2] § 177 Anm. 2 a; KommBer. S. 66.

[10]) Schlegelberger § 175 Anm. 5; Seybold-Hornig BNotO[4] Anh. zu § 20 Rdn. 46; Oberneck NotR[10] S. 225, der sogar (bedenklich) von dem Erfordernis absieht, daß die Fortsetzung an demselben Tage erfolgen müsse.

sam[11]). Dieses Verfahren ist natürlich nicht zulässig, wenn das materielle Recht gleichzeitige Anwesenheit beider Teile verlangt (§§ 925, 1410, 1750, 1770, 2276, 2290 Abs. 4 BGB); sind in diesen Fällen beide Vertragsteile nicht gleichzeitig anwesend, so ist die Beurkundung nichtig.

9 Eine andere Frage ist es, ob die Akte der Vorlesung, Genehmigung und Unterzeichnung durch die Beteiligten, den Notar und die sonst Mitwirkenden ihrerseits noch in der Weise auseinandergerissen werden können, daß sie an verschiedenem Orte und zu verschiedener Zeit stattfinden. Das gilt insbesondere für die Zeit, zu der der Notar seine abschließende Unterschrift zu leisten hat. Ein Rechtsgeschäft, für welches die notarielle Beurkundung gesetzliches Formerfordernis ist, wird nicht wirksam, bevor der Notar seine Unterschrift geleistet hat. Wenn er daher die Niederschrift an einem anderen Tage als dem darin angegebenen Verhandlungstage unterschreibt, beurkundet er etwas Unwahres; die Beurkundung ist aber deswegen nicht ungültig[12]). Darüber, daß der Notar eine vergessene Unterschrift nicht nach beliebig langer Zeit nachholen kann, vgl. § 13 Rdn. 39. Grundsätzlich ist es aber Amtspflicht des Notars, die Niederschrift unmittelbar im Anschluß und im zeitlichen Zusammenhang mit der Vollziehung der Urkunde durch die Beteiligten zu unterschreiben.

10 Die Einheit der Handlung kommt aber darin zum Ausdruck, daß die Urkundsperson bei der Vornahme eines einheitlichen Beurkundungsakts dieselbe bleiben muß und nicht wechseln darf. Dasselbe gilt für hinzuzuziehende notwendige Hilfspersonen. Bei Fortsetzung durch eine andere Urkundsperson ist die begonnene Beurkundung, wenn sie nicht abgeschlossen wurde, ihrem ganzen Inhalt nach zu wiederholen (vgl. den aufgehobenen Art. 61 Abs. 2 HessFGG).

11 Bei Beurkundungen in Form einer Niederschrift, die keiner Vorlesung, Genehmigung und Unterzeichnung durch die Beteiligten bedürfen, sowie in Form eines Zeugnisses, also bei der Beurkundung nicht rechtsgeschäftlicher Vorgänge (vgl. §§ 37, 39) gibt es keine Einheit der Handlung in dem Sinne, daß die Beurkundung an dem Orte und zu der Zeit der Wahrnehmung gemacht werden müßte. Die Beurkundung kann auch zu einer anderen Zeit und an einem anderen Orte vorgenommen werden. Daher brauchen auch Niederschriften über Hauptversammlungen nicht unmittelbar bei derem Schluß errichtet und abgeschlossen zu werden[13]). Aber natürlich darf die Beurkundung nicht ungebührlich verzögert werden. Die Einheit der Handlung ist nur insofern zu wahren, als die Urkundsperson dieselbe sein muß, die die Wahrnehmung gemacht hat.

12 *3. Unterbrechung der Verhandlung.* Muß ein Beteiligter oder ein Mitwirkender sich während der Verhandlung vorübergehend entfernen oder kann er der Verhandlung, z. B. infolge eines Ohnmachtsanfalls, vorübergehend nicht folgen, so kann die Verhandlung unterbrochen werden, ohne daß dies in der Niederschrift vermerkt oder die Niederschrift abgeschlossen werden müßte[14]). Hierbei ist es auch unschädlich, wenn mit der Niederschrift der Erklärungen der Beteiligten während der vorübergehenden Abwesenheit des Notars fortgefahren wird, sofern er sich nur bei der weiteren Verhandlung und bei der Vorlesung davon überzeugt, daß das Niedergeschriebene dem erklärten Willen der Beteiligten entspricht.

III. Berichtigungen und Änderungen der Niederschrift

13 *1. Änderungen vor Abschluß der Niederschrift.* Vorschriften hierüber fanden sich in Art. 64 PrFGG, Art. 71 HessFGG, Art. 55 NdsFGG, die aber durch § 60 BeurkG aufgehoben sind. Für die Notare gilt § 30 DOfNot., der dem Art. 64 PrFGG nachgebildet ist. Hiernach ist wie folgt zu verfahren:

[11]) RGZ 69, 130; RG JW 1909, 272; Schlegelberger, Oberneck a. a. O.; dazu auch (mit Anführung älteren Schrifttums) Staudinger-Ferid BGB[11] § 2348 Anm. 15; Staudinger-Kaduk BGB[11] § 313 Anm. 92; zweifelnd Staudinger-Coing BGB[11] § 128 Anm. 1; a. M. Hoeniger DNotV 1909, 177; Lenel DJZ 1909, 623.

[12]) Josef ZBlFG[10], 145; Weißler DNotV 1913, 609 ff., 619; Oberneck NotR[10] S. 274; a. M. Hoeniger, DNotV 1909, 194.

[13]) München HRR 1939 Nr. 1109; Oberneck NotR[10] S. 244; Gadow-Heinichen-Schmidt AktG § 111 Anm. 8; Godin-Wilhelmi AktG[3] § 130 Anm. 11.

[14]) Oberneck NotR[10] S. 225; Schlegelberger § 174 Anm. 6; Keidel[9] § 174 Anm. 5.

a) Geringfügige Änderungen. Änderungen geringfügiger Art, die den sachlichen Inhalt der Urkunde nicht berühren, können von dem Notar (oder mit seiner Billigung von der Schreibkraft) im Text oder am Rande vorgenommen werden, ohne daß sie durch Unterzeichnung besonders beglaubigt werden müßten. Hierzu gehören Verbesserungen der Rechtschreibung oder des Stils, Streichung eines doppelt geschriebenen Wortes. Darüber, ob eine Änderung geringfügig ist, entscheidet das Ermessen der Urkundsperson. **14**

b) Sonstige Änderungen. Hierbei ist von dem Grundsatz auszugehen, daß die in der Niederschrift enthaltenen Erklärungen vorgelesen, von den Beteiligten genehmigt und von ihrer Unterschrift gedeckt sein müssen (§ 13 Abs. 1 Satz 1). Wird daher ein Zusatz am Schluß der Niederschrift vor dem Feststellungsvermerk (§ 13 Abs. 1 Satz 2) und vor den Unterschriften angebracht, so ergibt sich aus der Niederschrift, daß sie mit dem Zusatz vorgelesen, von den Beteiligten genehmigt und unterschrieben worden ist. Wird der Zusatz erst nach dem Feststellungsvermerk und den Unterschriften der Beteiligten, aber vor der Vollziehung der Urkunde durch den Notar angebracht, dann ist er nachträglich vorzulesen, von den Beteiligten zu genehmigen und durch ihre erneute Unterschrift zu decken. Fehlt die Wiederholung des Feststellungsvermerks nach dem Zusatz, so war es nach bisherigem Recht eine Frage der Auslegung der Urkunde, ob er sich auch auf den Zusatz bezieht[15]). Jetzt begründet die Unterschrift unter dem Zusatz nach § 13 Abs. 3 Satz 3 die Vermutung, daß er vorgelesen und von den Beteiligten genehmigt ist. Außer am Schluß können Zusätze und Änderungen auch am Rande beigefügt werden; in diesem Fall soll der Randvermerk von dem Notar, aber nicht mehr von den sonst mitwirkenden Personen (zweiter Notar, Urkundszeugen, Dolmetscher) unterzeichnet werden. Die Unterzeichnung durch die Beteiligten ist nicht erforderlich; ihnen wird die Niederschrift einschließlich der am Rande vermerkten Änderung vorgelesen, so daß sich ihre Genehmigung und Unterschrift auch auf die Änderung bezieht. In gleicher Weise ist zu verfahren, wenn Streichungen in etwa benutzten gedruckten Formblättern vorgenommen werden[16]). Änderungen in Protokollanlagen, die einen Bestandteil der Urkunde bilden, brauchen nach § 30 Abs. 3 Satz 2 DOfNot (vgl. bereits Art. 64 Abs. 2 PrFGG) nicht besonders unterzeichnet zu werden, wenn aus der Niederschrift hervorgeht, daß die Änderungen genehmigt worden sind. **15**

Formgerecht beurkundete Änderungen sind selbst Teil der öffentlichen Urkunde und genießen wie diese die Beweiskraft des § 415 ZPO. Sind Verwaltungsvorschriften (§ 30 DOfNot) oder die früheren Ordnungsvorschriften der Art. 64 PrFGG, Art. 71 HessFGG, Art. 55 NdsFGG nicht beachtet worden, so kann dadurch die Gültigkeit der Beurkundung nicht berührt werden. Auch ist die Nichtbeachtung solcher Vorschriften über die Behandlung von Änderungen und Einschaltungen kein „äußerer Mangel" der Urkunde im Sinne des § 419 ZPO, der deren Beweiskraft zu mindern geeignet ist und an die Stelle der Beweisregel des § 415 ZPO die freie Beweiswürdigung nach § 419 ZPO treten läßt[17]). Denn wenn die Echtheit der Zusätze und Änderungen feststeht, wofür die Vermutung des § 437 ZPO streitet, erbringt die Urkunde gemäß § 415 ZPO vollen Beweis dafür, daß auch die ordnungswidrig beurkundeten Erklärungen vor der Urkundsperson abgegeben worden sind. Bei notariellen und gerichtlichen Urkunden gilt daher § 419 ZPO nur für Mängel, die die Urkunde nach ihrer Errichtung erlitten hat. Allerdings kann die Ordnungswidrigkeit die Führung des Beweises unrichtiger Beurkundung (§ 415 Abs. 2 ZPO) erleichtern. **16**

In Ausfertigungen und beglaubigten Abschriften brauchen Zusätze, Verbesserungen und Streichungen in der Urschrift nicht besonders dargestellt zu werden, sondern können in den **17**

[15]) Vgl. RG JW 1911, 766; RG JW 1913, 339; Josef BadNotZ 15, 96; Schlegelberger § 177 Anm. 10.

[16]) Hamm JMBlNRW 1957, 234.

[17]) So aber BGH Rpfleger 1957, 110 = DNotZ 1956, 643 mit abl. Anm. v. Knur; Hamm JMBlNRW 1956, 283 = Rpfleger 1957, 113; a. M. Schlegelberger 20 vor § 167 a. E., Art. 64 PrFGG Anm. 2, 8; vgl. auch Bruhn, Rpfleger 1957, 101; Müller, Mängel der äußeren Form und ihr Einfluß auf die Beweiskraft öffentlicher Urkunden, BWNotZ 1969, 187; Haegele, BeurkG § 1 Anm. V 5; wie hier außer Knur a. a. O. Rohs Geschäftsführung 5. Aufl. S. 53/54.

Zusammenhang des Textes aufgenommen werden, wenn sie nicht die Beweiskraft der Urkunde beeinträchtigen.

2. *Änderungen nach Abschluß der Niederschrift.*

18 *a) Schreibfehler.* Nach dem vollständigen Abschluß der Beurkundung sind Berichtigungen nur insoweit zulässig, als es sich um offenbare Schreibfehler handelt. Die Berichtigung geschieht in der Weise, daß der Notar die Niederschrift mit einem von ihm zu unterzeichnenden Nachtragsvermerk versieht (§ 30 Abs. 4 Satz 1 DOfNot). Das kommt aber nur bei Schreibversehen in Betracht, die aus dem Zusammenhang der Urkunde selbst ohne weiteres als solche erkenntlich sind, dagegen nicht, wenn das Erklärte in der Urkunde richtig wiedergegeben ist, die beurkundete Erklärung aber durch Irrtum beeinflußt ist, oder wenn der Notar irrig eine andere als die abgegebene Erklärung in der Urkunde niedergelegt hat, z. B. eine unrichtige Bezeichnung des Grundbuchblatts oder der Parzellennummer.

19 *b) Formmängel.* Fehlen in der Niederschrift Angaben, die zum Feststellungsinhalt gehören (§ 9 Rdn. 2), so erhebt sich die Frage, inwiefern die Niederschrift durch ein nachträgliches Zeugnis des Notars vervollständigt werden kann. Hierbei geht es also darum, inwiefern Vorgänge, die sich in der Verhandlung über die Aufnahme der Niederschrift ereignet haben und über welche die Niederschrift Feststellungen hätte enthalten müssen oder sollen, nachträglich beurkundet werden können. Ein solcher Fall liegt nicht vor, wenn der Notar die Niederschrift aufgenommen hat, ohne daß er sich volle Gewißheit über die Person des Erschienenen hat verschaffen können (§ 10 Rdn. 8) und dieser nunmehr vor demselben Notar erscheint und sich zu dessen Gewißheit als die Person ausweist, die in der Niederschrift als erschienen, aber nicht gehörig ausgewiesen bezeichnet ist. Hier kann derselbe Notar auf das Ansuchen dieses Beteiligten gemäß §§ 36, 39 eine Urkunde darüber erteilen, daß die in der früheren Verhandlung erschienene Person sich nunmehr zu seiner Gewißheit als die in der Niederschrift Bezeichnete ausgewiesen hat. Dadurch wird die frühere Urkunde nicht verändert, sondern ein von dem Notar amtlich wahrgenommener Vorgang beurkundet. Vorgänge aber, die in der Niederschrift bei Vermeidung der Nichtigkeit der Beurkundung hätten festgestellt werden müssen, können nicht durch ein nachträgliches Attest des Notars mit der Wirkung festgestellt werden, daß die Nichtigkeit geheilt wird[18]), daher z. B. nicht die fehlende oder unzulängliche Bezeichnung des Notars oder der Beteiligten nach § 9 Abs. 1 Satz 1 Nr. 1. Auch solche Bestandteile des Feststellungsinhalts, deren Fehlen oder Ordnungswidrigkeit die Gültigkeit der Beurkundung nicht berührt, darf der Notar ohne Verletzung seiner Amtspflicht nicht einseitig durch ein ergänzendes Nachtragsattest beurkunden, sofern es sich um solche Teile handelt, die der Vorlesung, Genehmigung und Unterzeichnung durch die Beteiligten bedürfen (vgl. § 13 Rdn. 4), daher z. B. nicht die Angaben über Ort und Tag und über die Art der Identitätsfeststellung (§ 10 Abs. 2)[18a]). Anders ist die Frage für den Abschlußvermerk (§ 9 Abs. 1 Satz 2) zu beurteilen; das Fehlen dieses Vermerks berührt nicht die Gültigkeit der Beurkundung und er bedarf nicht der Vorlesung, Genehmigung und Unterzeichnung durch die Beteiligten (§ 13 Rdn. 6), wird also von dem Notar in eigener Verantwortung gefertigt. Deshalb bestehen keine Bedenken dagegen, daß der Notar hierüber ein Ergänzungszeugnis in der Form einer Niederschrift oder eines Vermerks (§§ 36, 39) ausstellt[18b]); dasselbe gilt für die weiteren, in § 13 Rdn. 6 angeführten nicht vorlesungs- und genehmigungsbedürftigen Teile des Abschlußvermerks.

20 *c) Sonstige Änderungen* sind nach Abschluß der Niederschrift, d. h. der Unterzeichnung durch den Notar, nur noch in der Weise möglich, daß eine selbständige Nachtragsurkunde errichtet wird, deren Form allen Anforderungen genügt, die bei der Errichtung der zu än-

[18]) RGZ 79, 366; Sebold-Hornig BNotO[4] Anh. zu § 20 Rdn. 81; KG OLGR 4, 94.

[18a]) A. M. Mecke § 13 Rdn. 19.

[18b]) So bereits zum fr. Recht KG JW 1934, 304 = HRR 1934 Nr. 428 = DNotZ 1934, 105; die dort gemachte Einschränkung, daß die Urkunde noch nicht in den Verkehr gelangt sein dürfe, entfällt jetzt, weil der Vermerk kein Gültigkeitserfordernis mehr ist; wie hier jetzt Mecke § 13 Rdn. 19.

dernden Urkunde zu beachten sind[19]); bei der Beurkundung von Willenserklärungen sind also insbesondere die §§ 9, 13 zu beachten. Ist bei einer Auflassung die Bezeichnung des Grundbuchblatts zu berichtigen, so ist auch bei der Berichtigungsverhandlung die gleichzeitige Anwesenheit beider Teile (§ 925 BGB) erforderlich. Um den äußeren Zusammenhang mit der zu ergänzenden Urkunde herzustellen, kann die Nachtragsurkunde im unmittelbaren Anschluß an die Haupturkunde als deren Fortsetzung niedergeschrieben und sodann datiert, vorgelesen, genehmigt und von den Beteiligten und den mitwirkenden Personen unterschrieben werden[20]). Die mitwirkenden Personen (Notar, zweiter Notar, Urkundszeugen, Dolmetscher) brauchen, da es sich um eine selbständige Beurkundung handelt, nicht dieselben zu sein wie bei der ersten Beurkundung.

In gleicher Weise ist zu verfahren, wenn ein Beteiligter zwar der Verhandlung bis zum Abschluß der Niederschrift durch Vorlesung und Genehmigung beigewohnt, aber seine Unterschrift vergessen hat. Über die Nachholung der Unterschrift ist mithin eine Nachtragsniederschrift aufzunehmen, in der zum Ausdruck gebracht wird, daß der Beteiligte die Unterschrift versehentlich unterlassen hat und jetzt nachholt; gleichzeitig hat der Beteiligte zu bestätigen, daß ihm die Niederschrift am Tage der Errichtung vorgelesen worden ist und daß er sie damals in Gegenwart des Notars und der übrigen Beteiligten genehmigt hat. Eine bloße Nachholung der unterbliebenen Unterschrift auf der ursprünglichen Niederschrift ohne formgerechte Beurkundung dieses Vorgangs wäre unzulässig[21]). **21**

Nicht so eindeutig beantwortet wird die Frage, inwieweit Urkunden über nicht rechtsgeschäftliche Vorgänge berichtigt werden können, bei denen eine Mitwirkung der Beteiligten durch Vorlesung, Genehmigung und Unterzeichnung nicht stattfindet, sondern die der Notar einseitig als Niederschrift oder Zeugnis über seine Wahrnehmungen errichtet (vgl. §§ 37, 39). Jedenfalls liegt eine Urkunde noch nicht vor, solange sie von dem Notar noch nicht unterzeichnet ist; bis dahin kann sie also berichtigt, ergänzt oder durch eine andere ersetzt werden. Man wird aber noch einen Schritt weitergehen und zulassen müssen, daß die Urkunde auch nach ihrer Unterzeichnung geändert oder zurückgenommen werden kann, solange der Notar sie nicht durch Erteilung einer Ausfertigung oder in den Fällen des § 45 Abs. 2 durch Herausgabe der Urschrift aus seiner Verfügungsgewalt entlassen hat. Diese Frage kann nicht anders beantwortet werden als bei gerichtlichen Verfügungen (vgl. § 18 FGG Rdn. 5). Urkunden, die der Notar einseitig ohne Hinzuziehung anderer über seine eigenen Wahrnehmungen errichtet, sind ein Internum des Notars, solange sie nicht nach außen in Erscheinung getreten sind. Diese Grundsätze gelten auch für die Beurkundung von *Hauptversammlungen.* So wie der Notar die Herstellung der Niederschrift bis nach Schluß der Versammlung aufschieben kann (oben Rdn. 9), kann er auch einzelne Teile des während der Versammlung hergestellten Protokolls durch Einschiebungen und Nachträge ändern, mag er es auch schon unterschrieben haben, sofern nur das Protokoll noch nicht durch Erteilung von beglaubigten Abschriften oder Ausfertigungen in die Außenwelt gelangt ist. Nach diesem Zeitpunkt ist eine nachträgliche Beurkundung mit der Wirkung, daß sie an die Stelle der früheren unzutreffenden oder unvollständigen treten oder sie ergänzen soll, unstatthaft[22]). Urkunden über tatsächliche Vorgänge können aber natürlich, sofern die Tatsache ihrer Natur nach wiederholt wahrgenommen werden kann, auf Ansuchen des Beteiligten noch einmal errichtet werden. Beglaubigungs- **22**

[19]) RGZ 43, 274; 79, 366; Oberneck NotR[10] S. 277; Schlegelberger Art. 64 PrFGG Anm. 8; Seybold-Hornig BNotO[4] Anh. zu § 20 Anm. 80.

[20]) Oberneck NotR[10] S. 277; Schlegelberger a. a. O.

[21]) Haegele BeurkR[2] Fn. 132.

[22]) Vgl. BayObLG JW 1927, 1704 = JFGErg. 4, 176; München HRR 1939 Nr. 1109; Oberneck NotR[10] S. 244; Heinsheimer JW 1927, 2975; Geiler ZBlfHR 28, 263; im einzelnen bestehen Meinungsverschiedenheiten darüber, ob die Änderungsbefugnis schon mit der Unterzeichnung oder erst mit der Hinausgabe der Urkunde endet; vgl. auch Knur, Die Niederschrift über die Hauptversammlung der AG, DNotZ 1938, 700 ff., 713; Lamers, Die Beurkundung der Hauptversammlung einer AG, DNotZ 1962, 287; a. M. Josef JW 1928, 208 und Godin-Wilhelmi AktG[3], § 130 Anm. 12, die eine Nachtragsurkunde auch nach Erteilung von Ausfertigungen zulassen wollen. Ebenso Höfer-Huhn Allg. Urkundenrecht § 31, 7.

vermerke können von demselben Notar berichtigt oder durch einen Nachtrag ergänzt werden. Vgl. näher § 40 Rdn. 34.

23 *d)* Die Berichtigung der *Protesturkunde* ist in Art. 85 WG besonders geregelt. Danach können Schreibfehler, Auslassungen und sonstige Mängel bis zur Aushändigung der Protesturkunde an den, für den der Protest erhoben worden ist, durch einen als Berichtigung kenntlich zu machenden und von dem Protestbeamten zu unterschreibenden Vermerk berichtigt werden. Ist der protestierende Notar zugleich Rechtsanwalt und mit der Erhebung der Wechselklage beauftragt, so daß eine Aushändigung nicht stattfindet, so ist die Berichtigung bis zur Klageerhebung gestattet[23]). Schreibfehler und geringfügige Abweichungen sind hiernach zwar berichtigungsfähig[24]), aber nicht berichtigungsbedürftig, weil für die Erhaltung der Wechselrechte unschädlich, wenn sie sich aus dem Zusammenhang mit dem Wechsel, also aus der Urkunde selbst aufklären lassen[25]). Die Bedeutung des Art. 85 WG liegt daher vor allem darin, die Berichtigung von wesentlichen Mängeln zuzulassen, die die Gültigkeit des Protests in Frage stellen. Wesentlich sind die in Art. 80 WG angeführten Protestbestandteile; auch insoweit kann das Unterbleiben einer rechtzeitigen Berichtigung für die Gültigkeit des Protests unschädlich sein, wenn dadurch Zweck und Wesen des Protests nicht beeinträchtigt werden[26]). Berichtigung im Sinne des Art. 85 WG bedeutet Beseitigung der Fehler einer mangelhaften Protesturkunde. Es muß also eine Protesturkunde, und mag sie noch so mangelhaft sein, bereits vorliegen, nicht nur mangels Unterzeichnung nur ein Entwurf. Da ferner die Beurkundung innerhalb der Protestfrist wirksam erfolgt sein muß, kann die fehlende Unterschrift des Protestbeamten nur innerhalb der Protestfrist, nicht aber nach deren Ablauf im Wege der Berichtigung nachgeholt werden[27]).

Inhalt der Niederschrift

9 (1) Die Niederschrift muß enthalten

1. die Bezeichnung des Notars und der Beteiligten sowie

2. die Erklärungen der Beteiligten.

Erklärungen in einem Schriftstück, auf das in der Niederschrift verwiesen und das dieser beigefügt wird, gelten als in der Niederschrift selbst enthalten.

(2) Die Niederschrift soll Ort und Tag der Verhandlung enthalten.

Übersicht

[23]) RGZ 126, 1.
[24]) Staub-Stranz WG[13] Art. 85 Anm. 3; Stranz, Wechselrecht, 14. Aufl. Art. 85 Anm. 2.
[25]) RGZ 45, 120; 68, 247; 100, 230.
[26]) BGHZ 5, 372 = NJW 1952, 664.
[27]) Staub-Stranz a. a. O. Art. 85 Anm. 3; Stranz a. a. O. Art. 85 Anm. 2; LG Arnsberg NJW 1968, 603 mit Anm. v. Parensen.

A. Rechtsentwicklung

Die Vorschrift entspricht dem § 176 Abs. 1 und 2 FGG und für Testamente und Erbverträge dem § 2241 Abs. 1 BGB, jedoch werden gegenüber dem bisherigen Recht im Sinne einer Milderung der Formenstrenge die Nichtigkeitsgründe eingeschränkt. Anders als in den genannten Vorschriften wird nicht schon an dieser Stelle verlangt, daß in der Niederschrift außer dem Notar auch andere mitwirkende Personen (Zeugen, zweiter Notar, Vertrauensperson) oder ein etwa hinzugezogener Dolmetscher bezeichnet werden. Die allgemeine Vorschrift des § 9 sollte nicht durch Bestimmungen über Formerfordernisse belastet werden, die nur unter besonderen Voraussetzungen in Betracht kommen (BT-Drucks. V/3282 S. 29 zu § 9). Werden solche Hilfspersonen hinzugezogen, so bedarf mithin das Protokoll über § 9 Abs. 1 Nr. 1 hinaus einer Ergänzung; jedoch sind Feststellungen darüber in der Niederschrift nur in Form von Sollvorschriften vorgeschrieben (§§ 16 Abs. 3 Satz 3, 22 Abs. 1 Satz 2, 24 Abs. 1 Satz 2, 25 Satz 2), so daß eine Verletzung dieser Bestimmungen oder die Unrichtigkeit der getroffenen Feststellungen keine Nichtigkeit der Beurkundung zur Folge hat. 1

B. Inhalt der Niederschrift

I. Allgemeines

Nach § 9 ist zwischen dem *Erklärungsinhalt* und dem *Feststellungsinhalt* der Niederschrift zu unterscheiden. Der Erklärungsinhalt bildet den Kern der Niederschrift, nämlich die Wiedergabe der von den Beteiligten abgegebenen Erklärungen. Diese können entweder in der Niederschrift selbst oder in einem Schriftstück enthalten sein, auf welches in der Niederschrift verwiesen und welches ihr als Anlage beigefügt wird (§ 9 Abs. 1 Satz 1 Nr. 2 und Satz 2). Zum Feststellungsinhalt gehört die Wiedergabe der Umstände, unter denen die beurkundete Erklärung abgegeben wird. Hiervon regelt § 9 in Abs. 1 Satz 1 Nr. 1 die Bezeichnung des Notars und der Beteiligten, in Abs. 2 die Angabe von Ort und Tag der Verhandlung. Zum Feststellungsinhalt gehören aber auch die Feststellung der Identität der Beteiligten (§ 10 Abs. 2) sowie weitere Feststellungen und Vermerke über Handlungen, Wahrnehmungen und Hinweise des Notars (vgl. §§ 11, 16 Abs. 1 und Abs. 3 Satz 4, 17 Abs. 2, 3, 18, 19, 20, 21 Abs. 1, 2, 22 Abs. 1, 23 Satz 1, 24 Abs. 1, 25 Satz 2, 28, 30, 32 Satz 2). An diese beiden Inhaltsgruppen reiht sich als dritte der förmliche Abschluß der Niederschrift nach §§ 13, 14, das sog. *Abschlußverfahren;* dieses besteht darin, daß a) die Niederschrift vorgelesen (oder nach Maßgabe des § 14 auf die Vorlesung teilweise verzichtet wird), von den Beteiligten genehmigt und von ihnen eigenhändig unterschrieben wird, b) die Feststellung dieser Tatsachen in der Niederschrift erfolgt und c) die Niederschrift von dem Notar unterzeichnet wird. Gegebenenfalls tritt noch die Unterschrift des Dolmetschers (§ 16 Abs. 3 Satz 5), der Urkundszeugen oder des zweiten Notars (§ 22 Abs. 2), des Schreibzeugen (§ 25 Satz 3) oder der Vertrauensperson (§ 24 Abs. 1 Satz 2) hinzu. 2

In § 9 wird der Erklärungsinhalt und der wesentliche Teil des Feststellungsinhalts geregelt. Abs. 1 enthält Mußvorschriften, deren Verletzung die Nichtigkeit der Beurkundung nach sich zieht. Abs. 2 ist abweichend vom bisherigen Recht eine Sollvorschrift, deren Nichtbeachtung die Wirksamkeit der Beurkundung nicht berührt, aber eine Amtspflichtverletzung darstellt und zu Maßnahmen im Aufsichtswege Anlaß geben kann. 3

II. Bezeichnung des Notars und der Beteiligten

1. Zweck der Bezeichnung. Die Bezeichnung hat eine doppelte Bedeutung. Sie soll zunächst erkennbar machen, in welcher beurkundungsrechtlich erheblichen Eigenschaft die in der Niederschrift genannten und demgemäß bei der Verhandlung hervorgetretenen Personen gehandelt haben, nämlich ob sie als Beteiligte aufgetreten sind, welche die in der Niederschrift beurkundete Willenserklärung abgegeben haben, oder als Urkundsperson, also als derjenige, dem die Beurkundungsbefugnis zusteht und der für die richtige und formgerechte Beurkundung des Vorgangs verantwortlich ist (*Eigenschaftsbezeichnung*). Ist z. B. ein zweiter Notar 4 hinzugezogen worden, so muß aus der Niederschrift hervorgehen, welches der beurkundende und welches der hinzugezogene Notar ist. Ferner soll die Bezeichnung die Beteiligten und die Urkundsperson in der Weise zu individualisieren, daß sie von anderen Personen *unterschieden* werden können *(Unterscheidungsbezeichnung)*. Beide Arten von Bezeichnungen gehören zum Feststellungsinhalt der Niederschrift. Das Fehlen oder die Unrichtigkeit der Bezeichnung oder die Bezeichnung in einer Weise, welche die Eigenschaft des Bezeichneten nicht erkennen läßt oder seine Individualisierung an Hand der in der Niederschrift gemachten Angaben nicht ermöglicht, hat die Nichtigkeit der Beurkundung zur Folge.

2. Bezeichnung des Notars

5 *a) Eigenschaftsbezeichnung.* Die Kennzeichnung des Notars oder (§ 1 Abs. 2) der sonstigen Urkundsperson (Richter, Rechtspfleger, Urkundsbeamter) muß in der Weise erfolgen, daß sowohl ihre Mitwirkung überhaupt als auch die Art der Mitwirkung als Leiter der Beurkundung aus der Niederschrift ersichtlich ist. Die Niederschrift darf keinen Zweifel daran lassen, daß der Bezeichnete nicht etwa als Beteiligter oder als Berater oder Beistand oder auch als hinzugezogene Hilfsperson an der Verhandlung teilgenommen hat. Nach der Fassung des § 2241 Abs. 1 Nr. 2 BGB und des § 176 Abs. 1 Nr. 2 FGG wurde zwar hinsichtlich der Bezeichnung der „mitwirkenden Personen" nicht gefordert, daß die Art ihrer Mitwirkung entweder als Urkunds- oder als Überwachungsperson in der Niederschrift gekennzeichnet wird, da sie sich fast immer dem Zusammenhang des Protokolls werde entnehmen lassen, so daß ein Unterbleiben der Bezeichnung nach der Art der Mitwirkung die Gültigkeit der Beurkundung nicht berührte[1]). Hierin ist aber eine Änderung dadurch eingetreten, daß in § 9 Abs. 1 Satz 1 Nr. 1 die Bezeichnung des Notars gefordert wird, während hinsichtlich anderer Mitwirkender (Urkundszeugen, zweiter Notar, Schreibzeuge, Vertrauensperson) und des Dolmetschers nur erforderlich ist, daß ihre Hinzuziehung in der Niederschrift festgestellt wird (§§ 16 Abs. 3 Satz 4, 22 Abs. 1 Satz 2, 24 Abs. 1 Satz 2, 25 Satz 2). Dadurch wird der Leiter der Beurkundung aus dem Kreis der Hilfspersonen herausgehoben. Bei der Hinzuziehung eines zweiten Notars (oder wenn ein Beteiligter sich durch einen anderen Notar beraten oder vertreten läßt), ist es daher ein Erfordernis der Gültigkeit der Beurkundung, daß aus der Niederschrift hervorgeht, welches der beurkundende und welches der hinzugezogene Notar ist. Das ist insbesondere für die Folgen von Ausschließungsgründen (§§ 6, 7 gegen § 26 Abs. 1) von Bedeutung.

6 *b) Unterscheidungsbezeichnung.* Der Notar wird sich natürlich, wie es das Naheliegende ist und seiner Amtspflicht entspricht, mit seiner Amtsbezeichnung (vgl. § 13 Abs. 3 Satz 2) und seinem Namen bezeichnen. Soweit es sich jedoch um die Mindesterfordernisse handelt, die an die Gültigkeit der Beurkundung zu stellen sind, ist die namentliche Kennzeichnung nicht schlechthin erforderlich. Bei den Gesetzesvorarbeiten zum BGB wurde es als nicht notwendig und bedenklich erachtet, als einziges Mittel zur Feststellung der Nämlichkeit einer Person die Angabe gerade des Namens zu verlangen[2]). Wenn hierbei auch in erster Linie an die Bezeichnung der Beteiligten gedacht war, so gilt das doch im Hinblick darauf, daß in § 2241 Abs. 1 Nr. 2 BGB und § 176 Abs. 1 Nr. 2 FGG und ebenso noch in § 9 Abs. 1 Satz 1 Nr. 1 BeurkG insoweit kein Unterschied gemacht wird, auch für die Urkundsperson. Es genügt daher, wenn eine Bezeichnung gewählt wird, die nach dem Inhalt der Niederschrift objektiv zur Kennzeichnung der Person geeignet ist[3]). Für die Urkundsperson ist die Frage von Bedeutung für den Fall, daß der Name versehentlich ausgelassen worden ist. Wird z. B. in der Niederschrift über die Errichtung eines Nottestaments (§ 2249 Abs. 1 BGB mit § 9 BeurkG) der Bürgermeister der Gemeinde A. als Beurkundender angegeben, so kann kein Zweifel daran bestehen, daß damit die Person bezeichnet ist, die zur Zeit der Testaments-

[1]) Prot. 5, 337; Schlegelberger § 176 Anm. 7.
[2]) Prot. 5, 337; Mot. V, 272; Schlegelberger § 176 Anm. 6.
[3]) Schlegelberger a. a. O.; Staudinger-Firsching BGB[11] § 2241 Anm. 11.

errichtung in der Gemeinde A. Bürgermeister war[4]). Ebenso ist es trotz Fortlassung des Namens eine ausreichende Kennzeichnung, wenn die Geschäftsstelle des Notars nach Ort, Straße und Hausnummer angegeben ist, sofern zur Zeit der Beurkundung in diesem Hause kein weiterer Notar seine Kanzlei hatte, mögen auch an dem Ort noch weitere Notare ansässig gewesen sein[5]). Die Angabe des Amtsbezirks, des Amtssitzes und der Lage der Geschäftsstelle des Notars ist zwar empfehlenswert und überwiegend auch üblich, bei sonst ausreichender Kennzeichnung des Notars zur Gültigkeit der Beurkundung aber nicht erforderlich. Handelt ein Notar als Vertreter eines anderen Notars oder als Notariatsvertreter, so ist die Angabe dieses Verhältnisses zur Gültigkeit der Urkunde nicht erforderlich, wie es auch unschädlich ist, wenn ein Notar sich als Vertreter eines anderen bezeichnet, ohne es zu sein[6]). Ist ein Gerichtsassessor, Notarassessor, Notar a. D. oder Rechtsanwalt zum Notarvertreter oder Notariatsverweser bestellt, so genügt es, wenn aus der Niederschrift ersichtlich ist, daß sie die Befugnisse eines Notars ausüben, mag auch der Rechtsgrund dieser Befugnis nicht angegeben sein. Dienstrechtlich ist der Notarvertreter nach § 41 Abs. 1 Satz 2 BNotO allerdings gehalten, sich als solcher zu bezeichnen.

Bei gerichtlichen oder behördlichen Beurkundungen ist der beurkundende Richter (Rechtspfleger) oder Urkundsbeamte in der angeführten Art zu bezeichnen, in der Regel also mit seinem Namen. Die Angabe nur der Behörde und ihres Amtssitzes genügt nicht. Andererseits kann beim Fehlen einer gesetzlich begründeten Notwendigkeit die Gültigkeit der Beurkundung nicht davon abhängig sein, daß das Gericht oder die sonstige Behörde bezeichnet ist, für welche die Amtsperson handelt, obwohl die sachliche Zuständigkeit zur Beurkundung bei der Behörde und nicht bei der Amtsperson liegt. Die Angabe des Gerichts oder der Behörde gehört aber zu den Dienstpflichten der Urkundsperson. Bei Beurkundungen durch den Rechtspfleger muß das Tätigwerden als solcher durch die Funktionsbezeichnung „Rechtspfleger" (vgl. § 12 RechtspflG) nicht notwendig in der Niederschrift gekennzeichnet sein, sofern aus der Niederschrift sonst ersichtlich ist, daß der Beamte eine gerichtliche Beurkundung in amtlicher Eigenschaft hat vornehmen wollen, und er tatsächlich mit Rechtspflegeraufgaben betraut war. Andererseits sind auch Beurkundungen nicht unwirksam, die ein zum Rechtspflegeramt befähigter Justizbeamter als Rechtspfleger vorgenommen hat, selbst wenn er nicht mit Rechtspflegeraufgaben betraut war (§ 7 FGG Rdn. 17, 18). Die Angabe der Funktion („als Richter", „als Rechtspfleger") oder wenigstens der Dienststellung („Amtsgerichtsrat", „Justizamtmann") ist nicht schlechthin unentbehrlich; es ist dies zwar für die Eigenschaftsbezeichnung das übliche und zweckmäßige, aber keineswegs das allein mögliche oder zulässige Mittel[6a]). Es genügen Angaben, welche die Person und die Mitwirkungsart hinreichend kenntlich machen. Wegen der Angabe der Ermächtigung des Jugendamtsbediensteten (§ 49 Abs. 1 JWG) in der Niederschrift vgl. § 62 Rdn. 25. **7**

c) Bezeichnung in der Niederschrift. Die Bezeichnung des Notars muß in der Niederschrift enthalten sein. Das Erfordernis, daß die Bezeichnung in dem durch § 9 (bisher § 176 FGG) inhaltlich bestimmten Teil der Niederschrift stehen müsse, wurde bisher mit der Erwägung begründet, daß unter Niederschrift hier nicht die fertige, sondern die in der fortschreitenden Vollendung begriffene Urkunde zu verstehen sei und daß deshalb alle in § 9 (bisher § 176 Abs. 1 FGG) genannten Bestandteile in dem nach § 13 (bisher § 177 FGG) vorzulesenden Teil der Niederschrift enthalten sein müßten[7]). Von einer bloßen Wortauslegung her ist aber auch eine andere Auffassung denkbar[8]). Entscheidend ist, daß das Gesetz mit dem Verlangen der Bezeichnung in § 9 Abs. 1 Satz 1 Nr. 1 und dem Verlangen der Unterschrift des Notars in § 13 Abs. 3 zwei verschiedene Erfordernisse aufstellt. Die Unterschrift ist eine Handlung des Notars, die Bezeichnung eine zur Niederschrift zu bringende Feststellung über die Umstände der Verhandlung. Wenn schon die nach § 13 Abs. 3 erforderliche Unterschrift **8**

4) Dresden OLGR 39, 22; Seybold-Hornig BNotO[4] Anh. zu § 20 Rdn. 53.
5) Schlegelberger § 176 Rdn. 8; Oberneck NotR[10] S. 213.
6) Oberneck NotR[10] S. 212.
6a) BGHZ 38, 130, 136 = NJW 1963, 200, 203.
7) RGZ 62, 1; 75, 374; Schlegelberger § 176 Anm. 9; Oberneck NotR[10] S. 212; Voraufl. § 176 Anm. 2.
8) Vgl. RG JW 1906, 53.

genügen sollte, ist nicht ersichtlich, welchen Sinn dann noch das Erfordernis der Bezeichnung nach § 9 Abs. 1 Satz 1 Nr. 1 haben sollte; der Sinn dieser Vorschrift ist der, zu *beurkunden*, daß der Notar, vor dem die Verhandlung stattgefunden hat, derselbe ist, der die Niederschrift durch seine Unterschrift abgeschlossen hat. Dieser Umstand wird zwar fast immer im Wege der freien Beweiswürdigung aus der Niederschrift erschlossen werden können; die freie Beweiswürdigung wird aber durch die vom Gesetz erforderte Formalisierung gerade ausgeschlossen. Die Bezeichnung in der Niederschrift kann daher durch die Unterschrift nicht ersetzt werden[9]). Allerdings braucht die Bezeichnung nicht gerade im fortlaufenden Text der Niederschrift zu stehen; Bestandteil der Urkunde ist sie auch, wenn sie seitlich am Rande angebracht ist[10]). Der Form ist auch noch genügt, wenn im Text der Niederschrift zur Bezeichnung der Urkundsperson auf die Unterschrift Bezug genommen wird, etwa durch die Wendung „Vor den unterzeichneten Gerichtspersonen", und wenn sich aus den Unterschriften ergibt, daß sie von Gerichtspersonen herrühren[11]). Der allenfalls noch zuzulassenden Bezeichnung durch Bezugnahme ist aber nur genügt, wenn die Verbindung zu der Unterschrift durch einen Protokollvermerk hergestellt wird; die Form ist nicht mehr erfüllt, wenn im Protokoll jeder Hinweis fehlt, der zur Bezeichnung der Urkundsperson auf deren Unterschrift verweist[12]). Mit Recht wird darauf hingewiesen[13]), daß die Amtshaftung für fehlerhafte Beurkundungen sich letzten Endes segensreicher auswirken würde als die Legalisierung von Unkenntnis und Schlamperei des Beurkundenden. Dem Testamentsumschlag kann die Bezeichnung des Notars nicht entnommen werden[14]).

9 *3. Bezeichnung der Beteiligten.* Beteiligte im Sinne des Abs. 1 Satz 1 Nr. 1 sind die Erschienenen, deren Erklärungen beurkundet werden sollen, also die formell Beteiligten (§ 6 Rdn. 2). Handelt ein Erschienener als Vertreter, so ist der Vertreter Beteiligter und als solcher zu bezeichnen. Die Erklärung, als Bevollmächtigter oder Vertreter ohne Vertretungsmacht für einen anderen zu handeln, gehört nicht zur Bezeichnung des Beteiligten, sondern zum Erklärungsinhalt (Abs. 1 Satz 1 Nr. 2), ebenso die Angabe des Vertretenen[15]). § 9 Abs. 1 Satz 1 Nr. 1 befaßt sich nur mit den Anforderungen, die zur Gültigkeit der Beurkundung an die Bezeichnung der Beteiligten zu stellen sind; mit der darüber hinausgehenden Amtspflicht des Notars, die Beteiligten möglichst genau zu bezeichnen, befaßt sich § 10 Abs. 1. Zur Gültigkeit der Beurkundung genügt eine Bezeichnung, die den Erschienenen zu individualisieren vermag und von anderen Personen unterscheidet, so daß volle Gewißheit über die Persönlichkeit gewährt wird[16]). Das Gesetz hat bewußt davon abgesehen, die Angabe des Namens als einzige Bezeichnungsart zu fordern, um die Gültigkeit der Beurkundung nicht daran scheitern zu lassen, daß jemand sich eines Namens bedient, den er zwar tatsächlich

[9]) KGJ 23 A 168; Josef[2] Anm. 3; Ebert-Dudek-Lindemann[2] § 176 Anm. 1 b β; Schlegelberger § 176 Anm. 9; Oberneck NotR[10] S. 212; Keidel [9] § 176 Rdn. 11; Staudinger-Firsching BGB[11] § 2241 Anm. 14; Soergel-Ehard-Eder BGB[9] § 2241 Anm. 4; ebenso zu § 9 BeurkG Mecke DNotZ 1968, 601; a. M. Palandt-Danckelmann BGB[29] § 9 BeurkG Anm. 1.

[10]) KG OLGR 10, 319; Oberneck NotR[10] S. 213; Schlegelberger § 176 Anm. 12.

[11]) RGZ 50, 16; Schlegelberger § 176 Anm. 10; Keidel § 176 Anm. 11; Staudinger-Firsching BGB[11] § 2241 Anm. 15.

[12]) Schlegelberger § 176 Anm. 11; Oberneck NotR[10] S. 213; Herzfelder JW 1925, 387 (gegen ihn Josef ebenda S. 754); in dieser Richtung gehen zu weit KGJ 41, 81; Jena JW 1925, 387; München JFG 16, 143; KG JFG 20, 319 = DR 1939, 1953 = DNotZ 1940, 75; BGHZ 38, 130 = NJW 1963, 200 = Rpfleger 1963, 114 = LM § 2241 BGB Nr. 1 mit Anm. v. Mattern; LG Koblenz DNotZ 1969, 702; in diesen Entscheidungen wird durchweg im Wege der freien Beweiswürdigung in Verkennung der Beweisbedeutung des Bezeichnungserfordernisses erschlossen, daß der Unterzeichner zugleich derjenige gewesen sein müsse, vor dem die Verhandlung stattgefunden hat. Wie hier Palandt-Keidel BGB[29] § 2241 Anm. 6b; wohl auch noch Mecke § 9 Rdn. 2.

[13]) Lange NJW 1963, 1571, 1576 zu IV 6 c.

[14]) H. M., vgl. Palandt-Keidel BGB[28] § 2241 Anm. 3; Staudinger-Firsching BGB[11] § 2241 Anm. 15; Erman-Hense BGB[3] § 2241 Anm. 1b: Soergel-Ehard-Eder BGB[9] § 2241 Anm. 4. Daran hat auch § 35 BeurkG nichts geändert.

[15]) OGHbrZ 1, 209 = MDR 1949, 185 = SJZ 1949, 38 = NJW 1949, 141; Seybold-Hornig BNotO[4] Anh. zu § 20 Rdn. 58.

[16]) Schlegelberger § 176 Anm. 6; Oberneck NotR[10] S. 213; Seybold-Hornig BNotO[4] Anh. zu § 20 Rdn. 55—58; Keidel[9] § 176 Anm. 9.

gebraucht und unter dem er in seinem Lebenskreis bekannt ist, der ihm aber rechtlich nicht zusteht[17]). Die Angabe des Künstlernamens kann daher ausreichen, wenn auch die Hinzufügung des rechtlich zustehenden Namens regelmäßig empfehlenswert ist. Unter Umständen kann sogar eine Bezeichnung ohne Namensangabe ausreichen; wird der Erschienene z. B. bezeichnet als der „Oberbürgermeister von Köln", so kann kein Zweifel daran bestehen, daß Erklärender der Inhaber dieses Amtes zur Zeit der Beurkundung gewesen ist. Die Bezeichnung muß in der Niederschrift selbst enthalten sein; durch die Unterschrift wird die Bezeichnung nicht ersetzt (Rdn. 8).

III. Die Erklärungen der Beteiligten

1. Erklärung in der Niederschrift. Als Erklärung der Beteiligten ist, wie es sich nach dem **10**
Zweck der Beurkundung von selbst versteht, deren rechtsgeschäftliche Erklärung in die Niederschrift aufzunehmen. Die gleichzeitige Beurkundung von Tatsachen oder anderen nicht rechtsgeschäftlichen Vorgängen, z. B. einer Zahlung, oder eidesstattlichen Versicherungen in der Form der §§ 37, 38 wird dadurch nicht ausgeschlossen. Die Erklärung wird zweckmäßig in direkter Rede wiedergegeben, jedoch ist indirekte Rede ebenfalls freigestellt. Unrichtige oder unvollständige Widergabe der Erklärungen berührt nicht die Gültigkeit der Beurkundung, kann aber die sachliche Wirksamkeit des beurkundeten Rechtsgeschäfts beeinträchtigen oder seine Anfechtbarkeit begründen[18]). Wird neben einem Hauptvertrag ein Schiedsvertrag beurkundet, so ersetzt zwar die notarielle Beurkundung gemäß § 126 Abs. 3 BGB die nach § 1027 Abs. 1 ZPO erforderliche Schriftform; dadurch wird aber nicht das weitere in § 1027 Abs. 1 ZPO aufgestellte Erfordernis der besonderen, keine anderen Vereinbarungen enthaltenden Urkunde erfüllt. Auch bei notarieller Beurkundung des Hauptvertrages muß deshalb die Schiedsabrede in einer besonderen, keine weiteren Abmachungen enthaltenden, von den Parteien besonders unterschriebenen Urkunde enthalten sein[19]).

2. Erklärungen in einer Anlage zur Niederschrift

a) Allgemeines[20]). Die Vorschrift des Abs. 1 Satz 2 entspricht dem § 176 Abs. 2 FGG; **11**
die Änderung der sprachlichen Fassung bedeutet keine inhaltliche Änderung. Die Vorschrift dient der Vereinfachung des Beurkundungsvorgangs. Der Inhalt eines bereits vorliegenden Schriftstücks, den die Beteiligten zum Gegenstand ihrer Erklärungen machen wollen, etwa ein Vermögensverzeichnis, Inventarverzeichnis, umfangreiche Vertragsbedingungen, braucht nicht in die Niederschrift übertragen zu werden. Ferner ermöglicht die Vorschrift es, die zu beurkundende Erklärung in der Form der Anerkennung des Inhalts eines überreichten Schriftstücks abzugeben und dadurch dem Schriftstück die Eigenschaft einer öffentlichen Urkunde zu verschaffen; diese Art der Erklärung wird durch Abs. 1 Satz 2 der mündlichen Erklärung vor dem Notar gleichgestellt.

b) Anwendungsbereich. Die Vorschrift des Abs. 1 Satz 2 gilt unmittelbar nur für die Be- **12**
urkundung von Willenserklärungen. Nach § 38 Abs. 1 gilt sie entsprechend bei der Abnahme von Eiden und eidesstattlichen Versicherungen; auch eine eidesstattliche Versicherung kann daher in der Weise beurkundet werden, daß die Erklärung in einer Anlage zur Niederschrift enthalten ist[21]). Über Anlagen bei der Beurkundung von Tatsachen vgl. § 37 Rdn. 4 und zu öffentlich beglaubigten Erklärungen § 40 Rdn. 15. Auf die Beurkundung von *Testamenten und Erbverträgen* war § 176 Abs. 2 FGG bisher schon deswegen nicht anwendbar, weil insoweit die Beurkundungsvorschriften des FGG gemäß § 168 Satz 1 FGG durch die Vorschrif-

[17]) Prot. 5, 337; Schlegelberger § 176 Anm. 6.
[18]) Stuttgart JW 1923, 1051.
[19]) BGHZ 38, 155; Wellmann BB 1961, 695.
[20]) Schrifttum außer den Kommentaren zum FGG: Werner DNotV 1902, 242; Bollenbeck DNotV 1902, 469 u. 1903, 7; Thiele DNotV 1902, 391; Kroschel DNotV 1902, 285; Oberneck Notariatsrecht 8.—10. Aufl. § 36 II; Keidel DNotZ 1954, 36; Hans-Josef Müller MittRheinNotK 1959, 102—127; Petrus Bockemühle, Formbedürftige Willenserklärungen und Bezugnahme auf Anlagen, Diss. Köln 1969.
[21]) So schon zum fr. Recht in entspr. Anwendung des § 176 Abs. 2 FGG KG JFG 15, 143 = JW 1937, 1735 = DNotZ 1937, 573 = DFG 1937, 103 = HRR 1937 Nr. 935 unter Aufgabe von KGJ 25 A 60.

ten des BGB verdrängt wurden[22]). Dieser Hinderungsgrund entfällt jetzt, weil die Vorschriften des BeurkG über die Beurkundung von Willenserklärungen grundsätzlich auch für die Beurkundung von Testamenten und Erbverträgen gelten, soweit nicht die §§ 27 bis 35 Sonderregelungen enthalten; die Anwendbarkeit des § 9 Abs. 1 Satz 2 wird auch nicht ausgeschlossen durch die besondere Regelung der Errichtung eines Testaments oder Erbvertrages durch mündliche Erklärung oder Übergabe einer Schrift in §§ 2232, 2276 Abs. 1 BGB[22a]). Ist die Erklärung des letzten Willens in einer Protokollanlage enthalten, so muß allerdings, um die Form der Testamentserrichtung durch mündliche Erklärung (§ 2232 BGB) zu wahren, mindestens die Genehmigung der vorzulesenden Anlage mündlich, also nicht nur durch Zeichen oder Gebärden erfolgen (vgl. § 13 Rdn. 4), was zweckmäßig in der Niederschrift zum Ausdruck gebracht werden sollte. Wird ein Erbvertrag unter Ehegatten oder Verlobten mit einem Ehevertrag in derselben Urkunde verbunden, so ist gemäß §§ 2276 Abs. 2, 1410 BGB die Beachtung der Vorschriften über die Beurkundung von Willenserklärungen unter Lebenden erforderlich, aber auch ausreichend[23]); die Bezugnahme auf ein Schriftstück nach § 9 Abs. 1 Satz 2 ist daher statthaft, auch soweit auf erbvertragliche Erklärungen in der Anlage verwiesen wird; das Schriftstück muß aber offen sein. Ein Schenkungsversprechen von Todes wegen ist nach § 2301 Abs. 1 BGB nach den Vorschriften über Verfügungen von Todes wegen zu beurkunden; anders, wenn das Versprechen unbedingt gemacht und nur die Erfüllung auf den Zeitpunkt des Todes hinausgeschoben wird; alsdann liegt ein Rechtsgeschäft unter Lebenden vor, für dessen Form § 518 BGB maßgebend ist[24]).

13 *c) Eignung des Schriftstücks als Anlage.* Da die Vorschrift die Form der Beurkundung von Willenserklärungen regelt, bezieht sie sich nur auf Schriftstücke, die den rechtsgeschäftlichen Inhalt der zu beurkundenden Willenserklärung zum Gegenstand haben. Das Schriftstück kann die Willenserklärung, zu der die Beteiligten sich bekennen wollen, vollständig selbst enthalten. Es kann aber auch nur der Ergänzung der in der Niederschrift selbst enthaltenen rechtsgeschäftlichen Erklärungen der Beteiligten dienen und andererseits können die in der Anlage enthaltenen Erklärungen in der Niederschrift ergänzt, geändert oder berichtigt werden. In dieser Form können auch Auflassungserklärungen nicht nur beurkundet, sondern in der Form des § 925 BGB auch wirksam erklärt werden, weil in der mündlichen Genehmigung der vorzulesenden Anlage zugleich die Erklärung vor dem Notar liegt[25]). Durch Bezugnahme auf eine Anlage kann auch eine vollstreckbare Urkunde im Sinne der §§ 794 Abs. 1 Nr. 5, 800, 800a ZPO hergestellt werden, wenn das als Anlage beigefügte Schriftstück den vom Gesetz vorausgesetzten Inhalt hat, insbesondere die zu vollstreckende Forderung genau bezeichnet; selbst die Erklärung der Unterwerfung unter die sofortige Zwangsvollstreckung braucht nicht in der Niederschrift selbst enthalten zu sein[26]). Die Vorschrift des § 14 Abs. 1 Halbs. 2, nach welcher die Unterwerfungserklärung in die Niederschrift selbst aufgenommen werden muß, bezieht sich nur auf den Fall, daß das beigefügte Schriftstück nach dieser Vorschrift nicht vorgelesen wird. Die Vollstreckungsklausel wird hinter den Ausfertigungsvermerk gesetzt oder mit diesem verbunden.

14 Schriftstücke, die *keine Erklärungen* der Urkundsbeteiligten enthalten oder nicht der Ergänzung ihrer Erklärungen dienen, sind keine Anlagen zur Niederschrift im Sinne des § 9 Abs. 1 Satz 2. Hierher gehören Legitimationsurkunden wie Erbscheine, Testamentsvollstrecker-

[22]) KGJ 51, 91; Dresden OLGR 39, 22; Firsching DNotZ 1955, 292.

[22a]) So auch Mecke § 9 Rdn. 7, § 30 Rdn. 5; Palandt-Keidel BGB[30] § 2232 Anm. 2b.

[23]) Seybold DNotZ 1943, 125.

[24]) RGZ 53, 296; Palandt-Keidel BGB[28] § 2301 Anm. 2 c; Finger WM 1970, 373.

[25]) KG Recht 1923 Nr. 1370; München JFG 21, 25; Staudinger-Seufert BGB[11] § 925 Anm. 49.

[26]) RG ZBlFG 6, 16; München JFG 22, 212 = DNotZ 1941, 36 mit Anm. v. Seybold; Celle NdsRpfl. 1953, 185 = DNotZ 1954, 32 mit Anm. v. Keidel; Oberneck NotR[10] S. 216; Josef BayNotV 1926, 15; Stein-Jonas ZPO[18] § 794 Anm. VII 1; Schlegelberger § 176 Anm. 15; Keidel[9] § 176 Anm. 25; zur Frage, inwiefern sich Hindernisse bei der Zwangsvollstreckung ergeben können, wenn zur Bezeichnung der Forderung auf eine andere, nicht als Anlage beigefügte öffentliche Urkunde verwiesen wird, vgl. Wolfsteiner, Schuldübernahme und Unterwerfung, DNotZ 1968, 392, 399 zu II 3; OLG Celle, AG Hamburg, LG Hamburg DNotZ 1969, 102 mit Anm. v. Stoll.

zeugnisse, Registerzeugnisse, Bestallungen, Vollmachten, Genehmigungserklärungen. Solche Anlagen im weiteren Sinne („Beilagen") werden, selbst wenn in der Niederschrift (zum Zweck der Legitimation des Erklärenden) auf sie verwiesen wird und sie der Urkunde als Anlage beigefügt sind, nicht Bestandteile der Niederschrift und erlangen dadurch nicht die Eigenschaft einer öffentlichen Urkunde oder eine erhöhte Beweiskraft, wenn sie diese Eigenschaft nach ihrer Form nicht schon ohnehin haben[27]). Sie bedürfen auch nicht der Vorlesung und Genehmigung und die Unterschrift unter die Niederschrift deckt sie nicht[28]). Aber natürlich kann die Schrift außer der Legitimation des Erklärenden, z. B. der Vollmacht, noch weitere rechtsgeschäftliche Erklärungen enthalten, die der Erklärende zum Gegenstand der Beurkundung macht und zu denen er sich bekennt[29]); dann unterliegt die Schrift den Vorschriften über Protokollanlagen. Über die Behandlung solcher Beilagen bei Erteilung von Ausfertigungen der Haupturkunde enthält § 49 Abs. 3 eine besondere Regelung. Über Anlagen, die *keine Schriften* sind, vgl. nachst. Rdn. 27.

d) Form und Sprache des Schriftstücks. Besondere Formvorschriften für das als Anlage zu verwendende Schriftstück bestehen nicht. Es kann mit Schreibmaschine oder als Druckschrift hergestellt sein. Es muß aber jedenfalls eine Schrift sein (vgl. § 8 Rdn. 2); Tonträger wie Tonbänder oder Schallplatten wären nicht zulässig. Unterzeichnung durch die Erklärenden vor der Beurkundung sowie die Angabe von Ort und Tag sind nicht erforderlich, weil die Schrift wesentlicher Bestandteil der Niederschrift und durch diese mitbeurkundet wird[30]). Für die Sprache der Anlage gelten dieselben Bestimmungen wie für die Niederschrift, deren Bestandteil sie werden soll. Sie muß also grundsätzlich in deutscher Sprache abgefaßt sein (§ 5 Abs. 1), und die Verwendung einer anderen Sprache ist nur bei notariellen Urkunden nach Maßgabe des § 5 Abs. 2 statthaft (dazu § 5 Rdn. 6 bis 10), allerdings auch in der Weise, daß die Protokollanlage in fremder Sprache verfaßt ist, die Niederschrift aber in deutscher oder in einer dritten Sprache errichtet wird (§ 5 Rdn. 7). **15**

e) Verweisung. Zur Verweisung auf das Schriftstück gehört und genügt es, daß die Worte den Willen ausdrücken, den Erklärungsinhalt der als Anlage überreichten offenen Schrift zum Gegenstand der förmlichen Beurkundung zu machen[31]). Im übrigen kommt es auf den Ausdruck nicht an. Das Wort „Bezugnahme" oder „verweisen" braucht nicht verwendet zu werden. Andererseits kann aber nicht ein bloßer Hinweis auf ein als Anlage beigefügtes Schriftstück genügen; eine solche Erwähnung könnte auch nur der Verdeutlichung dienen, z. B. wenn bei der Erklärung der Auflassung die Erwähnung des Kaufvertrages nur bezweckt, klarzustellen, daß die Auflassung zur Erfüllung dieses Vertrages erklärt wird[32]). Es muß vielmehr deutlich sein, daß auf die Anlage zur Wiedergabe oder Vervollständigung der rechtsgeschäftlichen Erklärung verwiesen wird. Der Erklärende muß sich zum Inhalt der Anlage bekennen. Es muß der Wille des Erklärenden ersichtlich sein, die in der Anlage enthaltenen Erklärungen ganz oder teilweise zum Gegenstand der Beurkundung zu machen. Die Verweisung muß in der Niederschrift selbst erklärt sein; ein Vermerk darüber nur auf der Anlage genügt nicht[33]). Wird in der Niederschrift durch „Fehlzeichen" auf Ergänzungen hingewiesen, die aus Raummangel auf einem besonderen Blatt stehen, so sind diese selbst Teil der Niederschrift, nicht nur Protokollanlage, wie Mecke Rdn. 9 meint. Bei Ausfertigungen sind sie also in den Kontext aufzunehmen. **16**

Die Verweisung kann auf einen *Teil* der in der Anlage enthaltenen Erklärungen *beschränkt* werden. Es steht jedem Beteiligten frei, ob er alle seine Erklärungen oder nur einen **17**

[27]) KGJ 45, 12 = OLGR 29, 206; KG OLGZ 1966, 492; KGJ 22 A 209, 212; Werner a. a. O. S. 245; Weißler DNotV 9, 83; Oberneck NotR[10] S. 217; Schlegelberger § 176 Anm. 15; Keidel[9] § 176.

[28]) RG JW 1914, 350; Oberneck a. a. O.

[29]) RGZ 72, 413, 415; Weißler DNotV 10, 436; Josef ElsLothrNotZ 1913, 149; Oberneck NotR[10] S. 217; Schlegelberger § 176 Anm. 16.

[30]) RGZ 107, 281; Oberneck NotR[10] S. 216; Schlegelberger § 176 Anm. 16; Keidel[9] § 176 Anm. 20.

[31]) RG JW 1936, 990; BayObLG OLGR 28, 341; Celle NdsRpfl. 1953, 185 = DNotZ 1954, 32; Keidel DNotZ 1954, 34.

[32]) Kiel DNotV 1915, 197; Müller MittRheinNotK 1959, 102, 106.

[33]) Werner a. a. O. S. 246; Keidel[9] § 176 Anm. 18.

Teil derselben zum Gegenstand der Beurkundung machen will. Kommt ein Ausschluß der Bezugnahme auf Teile der Anlage in Betracht, so ist es Sache des Notars, auf eine Klarstellung hinzuwirken und das Ergebnis klar und eindeutig in der Niederschrift zum Ausdruck zu bringen. Wird allgemein auf die überreichte Schrift verwiesen, so wird grundsätzlich davon auszugehen sein, daß alle in der Schrift enthaltenen Erklärungen des Urkundsbeteiligten in Bezug genommen sind, und zwar ohne Rücksicht darauf, ob die Beurkundung gesetzliches Formerfordernis oder ob sie frei gewählt ist. Jedoch ist die Verweisung selbst eine nach § 133 BGB auslegungsfähige Willenserklärung. *Erklärungen Dritter,* die neben den Erklärungen des Urkundsbeteiligten noch in der Schrift enthalten sind, können durch die Verweisung nicht die Eigenschaft öffentlich beurkundeter Erklärungen erlangen[34]).

18 Fehlt es an einer Verweisung in dem vorstehend erörterten Sinne, so ist der Inhalt der Anlage, mag sie auch beigefügt sein, nicht öffentlich beurkundet. Die Niederschrift als solche ist auch ohne die Bezugnahme formell gültig. Ob die in der Niederschrift enthaltenen Willenserklärungen auch ohne öffentliche Beurkundung der in der Anlage enthaltenen Erklärungen gültig sind, richtet sich nach materiellem Recht.

19 *f) Beifügung.* Damit das in Bezug genommene Schriftstück ein Bestandteil der Niederschrift wird, ist weiter erforderlich, daß es dieser beigefügt wird. Die Beifügung ist ein tatsächlicher Vorgang, den der Notar vornimmt und dessen Gesetzmäßigkeit nicht von den Erklärungen der Beteiligten in der Niederschrift abhängt. Entscheidend ist die Beifügung, nicht die Bezeichnung als Anlage. Hierüber schreibt § 44 vor, daß Schriftstücke, die der Niederschrift nach § 9 Abs. 1 Satz 2 beigefügt worden sind, mit dieser durch Schnur und Prägesiegel verbunden werden sollen. Es gehört zwar zur Amtspflicht des Notars, diese Ordnungsvorschrift zu beachten; die Gültigkeit der Beifügung hängt aber nicht davon ab, daß gerade diese Form beachtet ist. Eine Beifügung liegt auch vor, wenn die Niederschrift unmittelbar auf das Schriftstück gesetzt wird, sofern der Raum dies zuläßt[35]). Der vielfach übliche Vermerk „Anlage zur Niederschrift vom ... Urk.-Rolle Nr. ...“ mit Unterschrift des Notars ist weniger selbst eine Beifügung als ein Zeugnis darüber. Art. 63 PrFGG gestattete es, daß die einzelnen Bogen der ganzen Urkunde nebst Anlagen mit fortlaufenden Zahlen versehen und von dem Notar einzeln unterschrieben werden, jedoch war dieses Verfahren wenig üblich. Dem gesetzlichen Erfordernis genügt jedenfalls jede räumliche Zusammenfügung des Schriftstücks mit der Niederschrift. Dazu kann es genügen, wenn die Anlage in die Urkunde über die Niederschrift lose hineingelegt oder ihr einfach zugelegt wird[36]). Dafür spricht entscheidend, daß das Schriftstück, da es Bestandteil der Niederschrift werden soll, spätestens bei Beginn des Abschlußverfahrens (§ 13) beigefügt sein muß. Zu dieser Zeit kann aber die in § 44 vorgesehene Verbindung schwerlich schon hergestellt sein; jedenfalls würde dadurch der Beurkundungshergang erheblich erschwert. Die vorgeschriebene Verbindung dient daher mehr der Sicherung der Beifügung. Demgemäß spricht § 44 Satz 2 von Schriftstücken, die der Niederschrift „beigefügt worden sind“; es wird also vorausgesetzt, daß zur Zeit der Vornahme der Verbindung die Beifügung schon erfolgt ist. Die Wirksamkeit der Beurkundung wird nicht dadurch beeinträchtigt, daß die beigefügte Schrift nach Errichtung der Urkunde abgelöst wird.

20 Fehlt es an einer wirksamen Beifügung, so wird das in Bezug genommene Schriftstück nicht Bestandteil der Niederschrift, und die darin enthaltenen Erklärungen sind nicht öffentlich beurkundet. Die Niederschrift selbst ist gleichwohl formell gültig. Ob der mit dem Rechtsgeschäft erstrebte Erfolg herbeigeführt wird, ist wie bei fehlender Verweisung in der Niederschrift (Rdn. 18) eine Frage des materiellen Rechts.

21 Aus § 9 Abs. 1 Satz 2 folgt nicht, daß jede in der Niederschrift in Bezug genommene Schrift als Anlage beigefügt werden müßte. Da dieses Verfahren nur bezweckt, einer Schrift

[34]) Dresden OLGR 29, 381 = ZBlFG 11, 260; Schlegelberger § 176 Anm. 18; Müller MittRheinNotK 1959, 102, 111.

[35]) Oberneck NotR[10] S. 217; Schlegelberger § 176 Anm. 17; Keidel[9] § 176 Anm. 18.

[36]) So zutreffend Müller MittRheinNotK 1959, 102, 109.

zur Erleichterung des Beurkundungsvorgangs durch Einverleibung in eine gerichtliche oder notarielle Urkunde deren Eigenschaften zu verschaffen, ist die Beifügung entbehrlich, wenn die Schrift, auf die verwiesen wird, selbst eine gerichtliche oder notarielle Urkunde ist[37]). Ob die in der Niederschrift abgegebene Erklärung geeignet ist, in Verbindung mit der anderen öffentlichen Urkunde den erstrebten Rechtserfolg herbeizuführen, ist eine Frage des materiellen Rechts. So bedarf es bei der Beurkundung der Verlängerung eines Vertrages nicht der Beifügung des ursprünglichen notariell beurkundeten Vertrages[38]). Beitrittserklärungen zu beurkundeten Erklärungen eines anderen sind gültig, auch wenn die frühere Erklärung nicht als Anlage beigefügt wird. Es kann sogar bei einer neuen Beurkundung auf die formell gültige Beurkundung eines materiell nichtigen Rechtsgeschäfts verwiesen werden, ohne daß die frühere Urkunde als Anlage beigefügt wird[39]). Unterliegt aber die abzugebende Erklärung einer Formvorschrift, so genügt die Bezugnahme auf eine nicht als Anlage beigefügte Schrift nur, wenn diese Schrift der Form entspricht[40]). Nicht ausgeschlossen ist es, daß in der Urkunde erwähnte Schriften, die keine öffentlichen Urkunden und nicht als Anlage beigefügt sind, zur Auslegung der beurkundeten Willenserklärung herangezogen werden, da auch formbedürftige Verträge durch Heranziehung von außerhalb der Urkunde liegenden Umständen ausgelegt werden dürfen[41]). Bei der Unterwerfung unter die sofortige Zwangsvollstreckung (§§ 794 Abs. 1 Nr. 5, 800, 800a ZPO) kann zur genauen Bezeichnung der vollstreckbaren Forderung nicht auf eine andere, nicht gemäß § 9 Abs. 1 Satz 1 als Anlage beigefügte und in Bezug genommene öffentliche Urkunde verwiesen werden[41a]); dieses Verfahren wird hier durch die Vorschriften der ZPO ausgeschlossen, welche es erfordern, daß die zu vollstreckende Forderung aus dem Vollstreckungstitel selbst ersichtlich ist. Den vollstreckbaren Inhalt kann ein Vollstreckungstitel nicht erst durch eine andere öffentliche Urkunde erhalten.

g) Verfahrensmäßige Behandlung der Anlage. Für das Beurkundungsverfahren führt der Umstand, daß die Anlage einen Teil der Niederschrift bildet, dahin, daß die auf die Niederschrift bezüglichen Vorschriften auch auf die Anlage als deren Teil angewendet werden müssen. **22**

α *Vorlesung, Genehmigung und Unterzeichnung.* Die Anlage muß als Teil der Niederschrift ebenso wie diese selbst gemäß § 13 Abs. 1 Satz 1 den Beteiligten in Gegenwart des Notars vorgelesen und von ihnen genehmigt werden[42]). Jedoch genügt es, wenn die Anlage bei ihrer Überreichung verlesen wird[43]). Ein Verzicht auf die Vorlesung ist wirkungslos[44]). Ausnahmsweise ist die Vorlesungspflicht nach Maßgabe des § 14 eingeschränkt (vgl. § 14 mit Bem.). Auf Verlangen ist die Anlage nach § 13 Abs. 1 Satz 4 zur Durchsicht vorzulegen. Hieraus ergibt sich zugleich, daß, anders als bei der Testamentserrichtung durch Übergabe einer Schrift (§ 2232 BGB) nur eine offene Schrift als Anlage verwendbar ist. Die Anlage braucht aber neben der Unterzeichnung der Niederschrift von dem Notar und den Beteiligten **23**

[37]) RGZ 77, 415, 418; RG Recht 1909 Nr. 2373; Stuttgart JW 1923, 1051; KGJ 48, 175; KG OLGR 42, 198; Hamm DNotZ 1932, 714; LG Dresden DNotZ 1934, 803; LG Mainz DNotZ 1943, 59; Frankfurt Rpfleger 1956, 193; Crusius, Bezugnahme auf außerhalb der Niederschrift liegende Schriftstücke, DNotZ 1966, 657, 662; Kroschel DNotV 1902, 285 ff.; Thiele DNotV 1902, 496 ff.; Bourier DNotV 1919, 252; Oberneck NotR[10] S. 217; Seybold-Hornig BNotO[4] Anh. zu § 20 Rdn. 61; Schlegelberger § 176 Anm. 17; Keidel 9 § 176 Anm. 17. Dazu auch DNotZ 1971, 4.

[38]) RGZ 77, 415, 418; RG BayZ 1934, 298; RG Recht 1909 Nr. 2373.

[39]) Stuttgart JW 1923, 1051; LG Mainz DNotZ 1943, 59; Keidel[9] § 176 Anm. 17; Oberneck NotR[10] S. 218; Seybold-Hornig BNotO[4] Anh. zu § 20 Rdn. 61; vgl. auch KG JFGErg. 21, 24.

[40]) Dresden OLGR 23, 381.

[41]) RG LZ 1919, 470; Staudinger-Kaduk BGB[11] § 313 Anm. 98, 99, 105.

[41a]) KGJ 52, 190, 195; BGHZ 22, 54, 61 = NJW 1957, 23 = DNotZ 1957, 200; Wolfsteiner DNotZ 1968, 399 zu II 3; a. M. Sternberg, Festschr. f. Oberneck 1929 S. 34; vgl. die Angaben über Rechtspr. und Schrifttum bei Wolfsteiner a. a. O. Fn. 25.

[42]) KGJ 22 A 209; RGZ 54, 195; 61, 145; 72, 413; 102, 276; 137, 324, 347; Oberneck NotR[10] S. 216; Schlegelberger § 177 Anm. 3; Keidel[9] § 176 Anm. 22.

[43]) Rostock OLGR 31, 292.

[44]) RG LZ 1914, 853.

nicht besonders unterschrieben zu werden[45]) weil das Erfordernis der Unterschrift sich nur auf die Niederschrift als Ganzes, nicht auf deren einzelne Teile bezieht. Der Abschlußvermerk (§ 13 Abs. 1 Satz 2) deckt auch die Anlage zur Niederschrift. Eine besondere Feststellung, daß auch die Anlage vorgelesen und genehmigt ist, ist daher, wenn auch zweckmäßig, nicht erforderlich; die Feststellung, daß die „Niederschrift" vorgelesen und genehmigt sei, umfaßt bis zum Beweise des Gegenteils auch die Vorlesung und Genehmigung der Anlage[46]). Ebenso erstreckt sich die Vermutung des § 13 Abs. 1 Satz 3 auch auf die Vorlesung und Genehmigung der Anlage.

24 β) *Ausfertigung.* Da die Anlage Bestandteil der Niederschrift geworden ist, muß sie auch bei jeder Ausfertigung der Niederschrift mit ausgefertigt werden, soweit nicht nach § 49 Abs. 5 eine auszugsweise Ausfertigung erteilt wird. Das geschieht in der Weise, daß die Abschrift der Anlage unmittelbar an die Abschrift der Hauptniederschrift angereiht und der Ausfertigungsvermerk an den Schluß des Ganzen gesetzt wird[47]). Anlagen, auf die in der Niederschrift nicht Bezug genommen wird, können nicht Teil der Ausfertigung sein; über die Form ihrer Beifügung vgl. § 49 Abs. 3.

25 γ) *Prüfungs- und Belehrungspflicht.* Der Umstand, daß die zu beurkundenden Erklärungen bereits in einer überreichten Schrift niedergelegt sind, enthebt den Notar nicht seiner nach § 17 bestehenden Amtspflicht, den wahren Willen der Beteiligten zu erforschen, sie zu belehren und auf die Behebung von Mängeln der Schrift in sachlicher oder förmlicher Hinsicht hinzuwirken[48]). Gegebenenfalls können Ergänzungen oder Änderungen der Schrift in die Niederschrift aufgenommen werden. Ist der Notar der Meinung, daß die Schrift den wahren Willen der Beteiligten nicht klar und deutlich genug zum Ausdruck bringt, so kann er von der Verwendung der Anlage absehen und die Erklärungen unmittelbar in der Niederschrift beurkunden; gegen seine bessere Einsicht kann ihm die Verwendung der Anlage von den Beteiligten nicht aufgedrängt werden. Notfalls ist nach § 17 Abs. 2 Satz 2 zu verfahren. Wenn der Notar die überreichte Schrift mit den Beteiligten nicht erörtert, sondern sie nur vorliest, so kann dies seine dienstrechtliche oder zivilrechtliche Verantwortlichkeit begründen, die Beurkundung wird aber dadurch nicht unwirksam.

26 *h) Gleichwertigkeit von Niederschrift und Anlage.* Die in der in Bezug genommenen und beigefügten Schrift enthaltenen Erklärungen der Urkundsbeteiligten sind als Teil der Niederschrift ebenso notariell (oder gerichtlich) beurkundet, als wenn sie in der Niederschrift selbst enthalten wären. Ein Unterschied in der Wirksamkeit und Beweiskraft der Beurkundung besteht nicht. Die Schrift genügt, sofern die öffentliche (gerichtliche oder notarielle) Beurkundung gesetzliches Formerfordernis ist, dieser Form und genießt die Beweiskraft des § 415 ZPO[49]). Sind die Voraussetzungen, von denen es abhängt, ob die Schrift Bestandteil der Niederschrift wird, nicht gewahrt, so kann der darin enthaltene Vertrag gleichwohl rechtswirksam sein, wenn er nach materiellem Recht keiner Form bedarf oder nur der einfachen Schriftform unterliegt[50]).

3. Anlagen, die keine Schriften sind

27 Nach § 9 Abs. 1 Satz 2 muß die Anlage, auf die verwiesen wird, ein Schriftstück sein. Damit scheiden Karten, Pläne, Zeichnungen, Lichtbilder und Muster als Anlagen im Sinne dieser Vorschrift aus. Sie können die Eigenschaft als öffentliche Urkunden auch nicht dadurch

[45]) RGZ 54, 195; 107, 281; Josef[2] § 176 Anm. 6; Wellstein[2] § 177 Anm. 2a; Schlegelberger § 177 Anm. 3; Keidel § 176 Anm. 22.

[46]) KGJ 22 A 209; RGZ 71, 318; 96, 181; Oberneck NotR[10] S. 216; Schlegelberger § 177 Anm. 3; Rohs Geschäftsführung[5] S. 50; Hänle BWNotZ 1964, 119/120.

[47]) Oberneck NotR[10] S. 218, 284.

[48]) Oberneck a. a. O. S. 216; Seybold-Hornig BNotO[4] Anh. zu § 20 Rdn. 60; Schlegelberger § 176 Anm. 15; Müller MittRheinNotK 1959, 102, 115.

[49]) Keidel § 176 Anm. 25; Müller MittRheinNotK 1959, 102, 113.

[50]) Celle NdsRpfl. 1954, 82; Seybold-Hornig BNotO[4] Anh. zu § 20 Rdn. 60.

erlangen, daß sie der Niederschrift beigefügt sind und in dieser auf sie verwiesen wird[51]). Die Vorschrift des § 9 Abs. 1 Satz 2 kann insoweit auch nicht entsprechend angewendet werden. Sie setzt voraus, daß die in Bezug genommene Urkunde Erklärungen enthält. Auch könnten die übrigen Bestimmungen des Beurkundungsverfahrens nicht angewendet werden; Karten und Zeichnungen könnten insbesondere nicht vorgelesen werden. Andererseits ist die Beifügung von Karten, Plänen usw. nicht unzulässig[52]). Sie können zur Verdeutlichung der in der Niederschrift abgegebenen Erklärung dienen, z. B. zur näheren Darstellung der Grenzen eines im übrigen in der Niederschrift selbst hinreichend bestimmten Grundstücks oder des Grundstücksteils, auf den die Ausübung einer Dienstbarkeit beschränkt ist[52a]). Hierbei handelt es sich nicht um eine Frage des Urkundsverfahrensrechts, sondern darum, ob der Vertragsgegenstand entsprechend der vom materiellen Recht erforderten Form (z. B. § 313 BGB) bezeichnet ist.

IV. Angabe von Ort und Tag der Verhandlung

1. Allgemeines. Nach Abs. 2 ist die Angabe von Ort und Tag der Verhandlung abweichend von § 176 Abs. 1 Nr. 1 FGG und teilweise auch von § 2241 BGB nicht mehr zwingendes Erfordernis in dem Sinne, daß das Fehlen oder die Unrichtigkeit dieser Angaben die Unwirksamkeit der Beurkundung zur Folge hat. In der amtl. Begründung (BT-Drucks. V/3282 S. 30 zu § 9) wird hierzu bemerkt, diese Angaben seien zwar so bedeutsam, daß es erforderlich sei, dem Notar die Amtspflicht aufzuerlegen, Tag und Ort der Verhandlung in der Niederschrift anzugeben; jedoch solle die Beurkundung nicht deswegen unwirksam sein, weil diese Angaben fehlen oder nicht zutreffen, z. B. ein unrichtiges Datum genannt ist. Dieser Wertung des Gesetzgebers ist beizupflichten, zumal die früher vertretene Rechtsauffassung, daß die inhaltliche Unrichtigkeit vorhandener Orts- und Zeitangaben die Unwirksamkeit der Beurkundung begründe[53]), einer ausreichenden Rechtsgrundlage entbehrte. Dieser Auffassung ist nunmehr der Boden entzogen. Dadurch, daß Abs. 2 die Angabe von Ort und Zeit nur noch als Ordnungsvorschrift fordert, hat auch die bisherige kasuistische Rechtsprechung darüber, welche Anforderungen an diese Angaben zu stellen sind[54]), ihre Bedeutung im wesentlichen verloren; sie kann Bedeutung allenfalls nur noch für die Frage haben, welchen Inhalt die Amtspflicht des Notars bei der Beachtung des Abs. 2 hat. **28**

Die Angabe von Ort und Zeit gehört zum Feststellungsinhalt der Urkunde. Die Urkundsperson hat daher die Angabe nach eigenem Gutdünken zu gestalten. Die Angabe soll in der Niederschrift selbst enthalten sein. Orts- und Zeitangaben in einer Protokollanlage genügen nur, wenn die Niederschrift insoweit auf die Angaben in der Anlage verweist[55]). Die Angabe muß vor dem Abschlußvermerk (§ 13 Abs. 1 Satz 2) stehen[56]), da sie mit vorzulesen ist. Innerhalb dieser Grenze ist die Stelle der Niederschrift unwesentlich[57]). Es ist nicht erforderlich, daß die Angaben die Überschrift der Niederschrift bilden oder von deren übrigem Inhalt abgesondert sind, sofern die Angabe als Feststellung des Notars erscheint, nicht als Erklärung der Beteiligten. **29**

a) Ortsangabe. In der Regel ist es einerseits geboten, andererseits ausreichend, die politische Gemeinde anzugeben, auf deren Gebiet die Verhandlung stattfindet. Ist diese bei Ver- **30**

51) KGJ 22 A 209, 212; BGH LM § 176 FGG Nr. 2 = NJW 1968, 1331 = DNotZ 1968, 623; Bollenbeck DNotV 1902, 471; Thiele DNotV 1902, 491; Oberneck NotR[10] S. 217; Schlegelberger § 176 Anm. 16; Keidel[9] § 176 Anm. 15.

52) Schlegelberger a. a. O.; Keidel[9] § 176 Anm. 16; Müller MittRheinNotK 1959, 102, 117; Rohs Geschäftsführung[5] S. 51.

52a) Vgl. BGH DNotZ 1968, 22; a. M. Müller, Die Bezeichnung nicht vermessener Grundstücksteilflächen im notariellen Veräußerungsvertrag, DNotZ 1966, 77, 80 f.; dagegen zutreffend Höfer-Huhn § 24, 4. Vgl. auch Crusius, Bezugnahme auf außerhalb der Niederschrift liegende Schriftstücke und Umstände, DNotZ 1966, 657, 661; Haegele, Urkundenvorlage beim Grundbuchamt, Rpfleger 1967, 33, 43.

53) Vgl. BGHZ 29, 6; dagegen aber Voraufl. § 176 Anm. 4; Schlegelberger § 176 Anm. 13.

54) Vgl. Voraufl. § 176 Anm. 3, 3a; Schlegelberger § 176 Anm. 2, 3; Keidel[9] § 176 Anm. 2 bis 6.

55) KG JFG 17, 366 = DNotZ 1938, 741 = JW 1938, 2415 = HRR 1938 Nr. 1181.

56) RGZ 50, 215; Schlegelberger § 176 Anm. 2.

57) RG JW 1911, 589.

handlungen außerhalb der Geschäftsstelle nicht mit Sicherheit festzustellen, so genügt auch eine Ortsbezeichnung (z. B. „auf Gut X. bei Y." oder „im Wirtshaus Buschmühle bei X."). Die Ortsangabe sollte aber so bestimmt sein, daß sich aus ihr in Verbindung mit dem übrigen Inhalt der Niederschrift oder offenkundigen Tatsachen der Ort sicher feststellen läßt. Der Straßenname genügt als Ortsangabe, wenn er so bezeichnend ist, daß er zweifelsfrei auf einen bestimmten Ort hinweist[58]) oder wenn sich der Name der Stadt sonst aus der Urkunde ergibt[59]). Allgemein genügt jede Ortsangabe, die es ermöglicht, an Hand der Urkunde allein oder in Verbindung mit offenkundigen Tatsachen den Ort festzustellen[60]). Der Vermerk „Verhandelt vor dem Notariat Adorf" bedeutet Verhandlung am Amtssitz und umfaßt die Ortsangabe[61]). Bei Ortsnamen, die häufig vorkommen (z. B. Neustadt), sollte zwar ein unterscheidender Zusatz gemacht werden, seine Weglassung ist aber schon bisher für unschädlich erachtet worden[62]). Wird die Verhandlung, nachdem die Protokollierung bereits begonnen hat, ohne Abschluß der Niederschrift an einem anderen Orte fortgesetzt, so ist der Ort des Protokollabschlusses maßgebend (§ 8 Rdn. 7), da der bis dahin gefertigte Teil der Niederschrift nur ein Entwurf ist und dem Ort der vorausgegangenen Verhandlungen ohnehin keine Bedeutung zukommen kann[63]).

31 *b) Zeitangabe.* Die Zeit der Verhandlung ist in der Regel kalendermäßig nach Jahr, Monat und Monatstag anzugeben. Verständliche Abkürzungen, z. B. „Dez." oder „12." sind zwar unschädlich, aber in förmlichen Urkunden nicht angebracht. Eine zweifelsfreie Bezeichnung in anderer Weise kann genügen[64]), z. B. Ostermontag 1969, nicht aber Ostern 1969[65]). Erstreckt sich eine einheitliche Verhandlung über Mitternacht hinaus, so ist es unschädlich, wenn der bereits abgelaufene Tag noch als Verhandlungstag angegeben wird[66]). Wird die Verhandlung unterbrochen und an einem anderen Tage fortgesetzt, so ist der maßgebende Verhandlungstag, der jedenfalls angegeben werden sollte, der Abschlußtag (§ 8 Rdn. 7); die Angabe auch der vorausgegangenen Verhandlungstage ist natürlich zulässig, aber auch durch die Sollvorschrift des Abs. 2 wohl kaum geboten[67]).

32 *2. Berichtigung von Orts- und Zeitangaben.* Wenn auch das Fehlen oder die Unrichtigkeit dieser Angaben nicht mehr die Gültigkeit der Beurkundung berührt (Rdn. 28), so nehmen diese Angaben doch an der Beweiskraft der öffentlichen Urkunde nach § 415 ZPO teil und ihr Fehlen führt dazu, daß die Niederschrift insoweit keine Beweiskraft hat. Wegen dieser Beweisbedeutung können diese Angaben wie bisher[68]), nicht durch einen bloßen Nachtragsvermerk des Notars nach § 30 DOfNot berichtigt werden, wenn nicht ein offensichtlicher Schreibfehler unterlaufen ist, der aber beim Fehlen der Angabe niemals vorliegen kann (vgl. allgemein § 8 Rdn. 18 bis 20).

Feststellung der Beteiligten

10 (1) In der Niederschrift soll die Person der Beteiligten so genau bezeichnet werden, daß Zweifel und Verwechslungen ausgeschlossen sind.

(2) Aus der Niederschrift soll sich ergeben, ob der Notar die Beteiligten kennt oder wie er sich Gewißheit über ihre Person verschafft hat. Kann sich der Notar diese Gewißheit nicht verschaffen, wird aber gleichwohl die Aufnahme der Niederschrift verlangt, so soll der Notar dies in der Niederschrift unter Anführung des Sachverhalts angeben.

[58]) München JFG 14, 71.
[59]) KGJ 39 A 69.
[60]) Karlsruhe DNotZ 1955, 49 mit Anm. v. Keidel.
[61]) Karlsruhe a. a. O.
[62]) RG JW 1907, 143; Seybold-Hornig BNotO[4] Anh. zu § 20 Rdn. 50; a. M. Schlegelberger § 176 Anm. 2.
[63]) A. M. Keidel[9] § 176 Anm. 2; Seybold-Hornig BNotO[4] Anh. zu § 20 Rdn. 50.
[64]) KGJ 41, 86.
[65]) KG Recht 1904 Nr. 1856.
[66]) RGZ 136, 125; Endemann JW 1933, 171; Keidel § 176 Anm. 2; offen gelassen in BGH DNotZ 1963, 313; Scherer DNotZ 1963, 297 nahm Nichtigkeit an.
[67]) Vgl. BGHZ 29, 6 = NJW 1959, 626 = DNotZ 1959, 215.
[68]) RGZ 129, 285; RG Warn. 1931 Nr. 129; Seybold-Hornig BNotO[4] Anh. zu § 20 Rdn. 81; Oberneck NotR[10] S. 212; a. M. Keidel DNotZ 1952, 573.

Übersicht

I. Bezeichnung der Person der Beteiligten

Während § 9 Abs. 1 Satz 1 Nr. 1 die Frage regelt, welche Anforderungen zur Gültigkeit der Beurkundung an die Bezeichnung der Beteiligten zu stellen sind (dazu § 9 Rdn. 9), macht die Sollvorschrift des § 10 Abs. 1 es dem Notar zur Amtspflicht, die Beteiligten so genau zu bezeichnen, daß Zweifel und Verwechselungen ausgeschlossen sind. Die Vorschrift ist dem (aufgehobenen) § 27 Abs. 4 Satz 1 BNotO nachgebildet. Was im einzelnen zur genauen Bezeichnung der Person erforderlich ist, bestimmt das Gesetz nicht, weil eine Bindung der Urkundsperson nicht immer angebracht ist und Einzelheiten besser in der Dienstordnung für Notare ihren Platz finden. Es entspricht aber der Natur der Sache und den Gepflogenheiten, daß eine Person mit ihrem Familiennamen, Vornamen (Rufname), Beruf, Wohnort und Wohnung zu bezeichnen ist. Bei verheirateten oder verheiratet gewesenen Frauen und Witwen ist die Anführung des Mädchennamens geboten[1]). Bei häufig vorkommenden Familiennamen kann die Angabe des Geburtstags und sämtlicher Vornamen angebracht sein. Bei Urkunden, die in einem Register (Grundbuch, Handelsregister) vollzogen werden sollen, ist zweckmäßig, schon bei der Bezeichnung der Beteiligten darauf Rücksicht zu nehmen, welche Anforderungen an ihre Bezeichnung in dem Register gestellt werden (vgl. § 15 Abs. 1 Buchst. a GBVfg., §§ 40 Nr. 3, 43 Nr. 4 HdlRegVfg.). Unter „Stand" im Sinne dieser Bestimmungen ist weder der Familienstand noch der Stand im Sinne der ehemaligen Ständegliederung (Bauern-, Bürger-, Adelsstand), sondern der soziale Stand zu verstehen, der durch die Stellung im bürgerlichen Leben, insbesondere durch die Zugehörigkeit zu einer bestimmten Berufsgruppe begründet und äußerlich in der Regel durch die Angabe des Berufs gekennzeichnet wird[2]). Verheiratete oder geschiedene Frauen oder Witwen, die keinen eigenen Beruf ausüben, teilen im allgemeinen auch jetzt noch den sozialen Stand ihres (letzten) Ehemanns, sind also nach dessen Beruf zu bezeichnen; die Bezeichnung „Hausfrau" ist als Bezeichnung des sozialen Standes, da sie keine Unterscheidungskraft besitzt, kaum geeignet und ihre Verwendung in notariellen Urkunden wohl auch nicht üblich[3]). Auch akademische Grade sind zur Kennzeichnung geeignet; der Beteiligte dürfte sogar einen Rechtsanspruch darauf haben, daß er unter Anführung seines akademischen Grades bezeichnet wird[4]). Die Angabe des Familienstandes (ledig, verheiratet) wird weniger der Kennzeichnung der Person als der Klarstellung, ob eine güterrechtliche Verfügungsbeschränkung (z. B. § 1365 BGB) in Betracht kommt, dienlich sein. Der Notar wird in der Regel auf die Angaben der Erschienenen angewiesen sein, stellt er aber aus den Ausweisurkunden fest, daß sie von den Angaben des Erschienenen, z. B. über Beruf oder Wohnung, abweichen, so wird er auf Aufklärung hinzuwirken haben. Die Bezeichnung gehört zum Feststellungsinhalt der Urkunde; ihre Gestaltung ist daher Sache des Notars. 1

[1]) Oberneck NotR[10] S. 213; er gehört zur Feststellung der Identität einer Frau, BVerwG FamRZ 1961, 439. Vgl. jetzt § 25 Abs. 2 DOfNot und dazu Kanzleiter, DNotZ 1970, 581 zu 8.

[2]) KGJ 51 A 140, 141; BayObLGZ 1963, 80, 82; Güthe-Triebel GBO[6] § 15 GBVfg. Anm. 14.

[3]) Die Bezeichnung „Hausfrau" lassen für Grundbucheintragungen zu Hamm NJW 1962, 1625 = JR 1963, 24 = BWNotZ 1962, 171; BayObLGZ 1963, 80 = NJW 1963, 1361 = DNotZ 1963, 683 = Rpfleger 1963, 295 mit abl. Anm. v. Haegele.

[4]) Vgl. BGHZ 38, 380 zu § 62 PStG.

II. Feststellung der Persönlichkeit der Beteiligten

2 *1. Allgemeines.* Abs. 2 enthält Bestimmungen über die Feststellung der Identität der Beteiligten. Die Vorschrift stimmt inhaltlich überein mit § 176 Abs. 3 FGG und § 2241a Abs. 1 und 2 BGB; die Änderung der Fassung ist nur sprachlicher Art. Das Gesetz unterscheidet hinsichtlich der Art der Feststellung der Persönlichkeit drei Fälle: a) die Beteiligten sind dem Notar bekannt; dann soll dies in der Niederschrift vermerkt werden; b) die Beteiligten sind dem Notar nicht bekannt, er vermag sich aber Gewißheit über ihre Person zu verschaffen; dann soll sich aus der Niederschrift ergeben, wie er sich diese Gewißheit verschafft hat; in der Angabe des Mittels für die Erlangung der Gewißheit liegt daher bereits die Versicherung dieser Gewißheit, so daß es daneben der ausdrücklichen Feststellung der Gewißheit nicht bedarf[5]); c) der Notar kann sich diese Gewißheit nicht verschaffen; wird die Aufnahme der Niederschrift gleichwohl verlangt, so soll dies in der Niederschrift unter Anführung des Sachverhalts angegeben werden. Diese bereits in § 176 Abs. 3 Satz 2 FGG enthalten gewesene Bestimmung war auf Veranlassung der Reichtagskommission eingefügt worden in der Erwägung, daß dafür ein praktisches Bedürfnis namentlich in solchen Fällen bestehe, in denen die Beteiligten ein Interesse daran hätten, daß die Beurkundung keinen Aufschub erleide, aber nicht im Stande seien, der Urkundsperson den Nachweis ihrer Identität zu erbringen, z. B. weil sie sich auf einer Reise in fremder Gegend befinden. Wenn die Beteiligten selbst nicht die Befürchtung hegten, daß ihre Identität später bestritten würde, so liege kein Grund vor, dem Notar vorzuschreiben, daß er die Beurkundung wegen mangelnder Gewißheit über die Persönlichkeit ablehne (KommBer. S. 66).

3 Das Gesetz verlangt neben der Bezeichnung der Beteiligten nach § 9 Abs. 1 Satz 1 Nr. 1 in der Form des § 10 Abs. 1 noch die in Abs. 2 genannten Angaben. Wie der Wortlaut des Abs. 2 ergibt, handelt es sich hierbei um eine *Ordnungsvorschrift,* deren Nichtbeachtung die Gültigkeit der Urkunde als einer öffentlichen, gerichtlichen oder notariellen Urkunde und insbesondere die Wirksamkeit der Erklärung als einer gerichtlich oder notariell beurkundeten nicht berührt. Die unrichtige Identifizierung eines unter fremden Namen auftretenden Erschienenen ist jedenfalls kein Mangel der Beurkundungsform[6]). Über die Beweiskraft der Persönlichkeitsfeststellung vgl. nachst. Rdn. 9. Der Vermerk nach Abs. 2 gehört zu dem vorzulesenden Teil der Niederschrift (§ 13 Rdn. 4)[6a]), jedoch ist die Vorlesung kein Gültigkeitserfordernis.

4 Auf die Feststellung der Persönlichkeit der Beteiligten hat der Notar besondere Sorgfalt zu verwenden. Das Maß der Sorgfalt bei dieser Prüfung ist im Hinblick auf die förmliche Beweiskraft notarieller Urkunden (§ 415 ZPO) ein besonders hohes, weil der Verkehr sich muß darauf verlassen können, daß die beurkundeten Erklärungen oder die beglaubigte Unterschrift wirklich von der Person abgegeben sind, die in der Urkunde als Erklärender oder Urheber der Unterschrift bezeichnet ist. Die Rechtsprechung wendet einen strengen Maßstab an[7]).

2. Arten der Identifizierung. Nach Abs. 2 sind drei Fälle zu unterscheiden:

5 *a) Kenntnis der Person des Beteiligten.* Damit ist gemeint, daß der Notar die Überzeugung von der Identität des Beteiligten schon vor der Verhandlung bei früherer Gelegenheit erlangt hat[8]). Dann ist diese Kenntnis in der Niederschrift zu vermerken; die Formel „persönlich bekannt“ genügt. Es ist nicht erforderlich, zu vermerken, wodurch diese Bekanntschaft vermittelt worden ist. Einführung des Beteiligten durch den Bürovorsteher, der ihn

[5]) KG OLGR 3, 175; 10, 41; KGJ 36 A 151, 155 = RJA 9, 224; Schlegelberger § 176 Anm. 21.

[6]) Letzgus AcP 126, 27, 65 (auch über die sachlich-rechtlichen Folgen); Keidel[9] § 176 Anm. 31.

[6a]) So auch Keidel[9] § 176 Anm. 32.

[7]) RGZ 81, 126; 124, 62 = JW 1929, 2507 mit Anm. v. Elze und Anm. v. Josef, Noest, Oberneck in JW 1930, 60; RG JW 1930, 129; RGZ 156, 82 = DNotZ 1938, 42 mit Anm. v. Seybold; RG DNotZ 1940, 310; BGH DNotZ 1956, 503 = MDR 1956, 541 mit Anm. v. Pohle.

[8]) RG Gruch Beitr. 33, 457; Keidel[9] § 176 Anm. 36; Schlegelberger § 176 Anm. 20.

soeben erst kennengelernt hat, befreit den Notar nicht von eigener Prüfung[9]). Jede Identitätsbestätigung bezieht sich auf zwei Tatsachen, nämlich a), daß der Bestätigende die Person kenne, d. h. von anderen unterscheide und aus mehreren herausfinde, und b) darauf, daß diese Person einen bestimmten Namen führe[10]). Es kann sein, daß man eine Person kennt, also sie von anderen unterscheiden kann, ohne ihren Namen zu wissen, und es ist möglich, daß man eine Person nach Namen und Verhältnissen kennt, ohne sie von Person zu kennen. Die Identitätsbestätigung setzt daher Kenntnis der Person und dem Namen nach voraus. Die Anschauung von der Person ist entweder vorhanden oder nicht. Die Kenntnis von ihrem Namen und ihren Verhältnissen kann größeren oder geringeren Umfang haben. Es kann sein, daß man eine Person nur dem Familiennamen nach kennt, ohne den Vornamen zu wissen, oder daß man jemanden der Person nach kennt und weiß, welchen Namen er früher geführt hat, ohne zu wissen, ob sich dieser Name durch spätere Ereignisse (Heirat, Adoption) geändert hat. Die Bestätigung dem Namen nach besagt, daß die Person diesen Namen allgemein führe und daß sie dies mit Recht tue. Hierüber kann man aber in den seltensten Fällen Gewißheit haben. Für das Kennen einer Person kann daher nur eine Überzeugung von ihrer Identität verlangt werden, die sich auf die in einem bestimmten Kreise offenkundige Tatsache stützt, daß diese Person diesen Namen führt, sowie auf die allgemeine Überzeugung, daß sie ihn mit Recht führe. Andererseits ist eine Kenntnis dieser Art nicht schon vorhanden, wenn der Beteiligte sich dem Notar in einer vorausgegangenen Verhandlung ausgewiesen hat oder ihm soeben erst vorgestellt worden ist.

b) Verschaffung von Gewißheit über die Person eines nicht bekannten Beteiligten. Die **6**
Art der Identitätsfeststellung ist dem Ermessen des Notars überlassen. An Beweisregeln ist der Notar nicht gebunden; er hat sich seine Überzeugung in freier und gewissenhafter Würdigung aller Umstände im Bewußtsein seiner Verantwortlichkeit zu bilden. Da heute nach dem G über Personalausweise vom 19. 12. 1950 (BGBl. S. 807) bei fast jeder Person der Besitz eines amtlichen, mit Lichtbild und eigenhändiger Unterschrift versehenen Ausweises vorausgesetzt werden kann, ist dies in erster Linie das geeignete Ausweismittel[11]). Amtliche Ausweise sind solche, die von einer inländischen Behörde ausgestellt sind. Es kommen in Betracht Reisepässe, Personalausweise, Kraftfahrzeug-Führerscheine, Dienstausweise einer Behörde, bei Ausländern ausländische Reisepässe. Der Notar hat die Gültigkeit des Ausweises zu prüfen. Es steht ihm aber frei, sich auch mit einem Ausweis zu begnügen, dessen Gültigkeitsdauer bereits abgelaufen ist, wenn sonst keine Zweifel an der Identität bestehen[11a]). Für die Echtheit des Ausweises kann der Notar nur verantwortlich gemacht werden, wenn die Fälschung oder Verfälschung erkennbar war. Außer durch Personalausweis, wenn ein solcher aus glaubhaft vorgebrachten Gründen nicht vorgelegt werden kann, kommt auch eine Identifizierung durch Erkennungszeugen in Betracht. Dafür sind regelmäßig nur solche Personen geeignet, die der Notar selbst als zuverlässig kennt und die nicht an der den Gegenstand der Amtshandlung bildenden Angelegenheit beteiligt sind oder zu einem Beteiligten in näheren verwandtschaftlichen oder sonstigen dem Notar bekannten Beziehungen stehen (so jetzt § 25 Abs. 1 Satz 3 DOfNot). Es genügt deshalb nicht, wenn der durch Personalausweis ausgewiesene Mann eine mitgebrachte Frau, die Erklärungen abgeben soll, als seine Ehefrau vorstellt[12]) oder wenn die Ehefrau, welcher der Ehemann eine Generalvollmacht erteilen will, als Erkennungszeuge für den Ehemann auftritt[13]); die als zuverlässig bekannte Darlehnsvermittlerin ist keine geeignete Erkennungszeugin für den Grundstückseigentümer, der für ein von ihr

[9]) RG JW 1932, 2864.

[10]) Vgl. dazu Rietsch, Hdb. d. Urkundwiss. 2. Aufl. § 68.

[11]) RGZ 156, 82 = DNotZ 1938, 42 mit Anm. v. Seybold; BGH MDR 1956, 541 mit Anm. v. Pohle = DNotZ 1956, 503; Seybold-Hornig BNotO[4] § 27 Rdn. 4.

[11a]) Seybold-Hornig BNotO[4] § 27 Rdn. 5; Kanzleiter, DNotZ 1970, 581 zu 8.

[12]) RGZ 124, 62 = JW 1929, 2507 mit Anm. v. Josef, Noest, Oberneck in JW 1930, 60.

[13]) RG DNotZ 1940, 310. In der älteren Rechtsprechung wurde die Vorstellung durch den Gegenbeteiligten nicht für schlechthin gesetzwidrig erachtet, KG OLGR 10, 40; RG JW 1913, 1044; vgl. aber Hamm OLGR 33, 9. Dazu auch Reithmann, DNotZ 1961, 223.

vermitteltes Darlehen eine Hypothek bestellt[14]). Der Notar braucht den Erkennungszeugen nach den Quellen seiner Kenntnis nur zu fragen, wenn besondere Umstände Bedenken rechtfertigen[15]). Letzten Endes kann in Verbindung mit anderen Umständen auch die Vorlegung von Urkunden ausreichen, die sorgfältig aufbewahrt zu werden pflegen, wie die Vorlegung des Hypothekenbriefs durch den Zedenten[16]). Derartige Urkunden und Legitimationspapiere sind jedoch nur mit größter Vorsicht zu verwenden[16a]). Im Gespräch erwiesene Sachkunde, die früher, als der Besitz eines Personalausweises noch nicht allgemein verbreitet war, für ausreichend erachtet wurde[17]) dürfte heute den Anforderungen nicht mehr genügen[18]). Die Identitätsprüfung muß der Notar selbst vornehmen. Ausweispapiere muß er selbst einsehen; es genügt nicht, daß sie seinem Büroangestellten vorgelegen haben. Keinesfalls ist es angängig, daß der Bürovorsteher die Persönlichkeit feststellt und den Beteiligten alsdann dem Notar als ihm bekannt vorstellt[19]).

7 Die Art und Weise der Persönlichkeitsfeststellung soll sich aus einem Vermerk in der Niederschrift ergeben. Es ist also das Feststellungsmittel anzugeben. Angabe der Beweismittel nur nach der Gattung (Zeugen, Urkunden) genügt nicht; das Feststellungsmittel muß konkret bezeichnet werden[20]), z. B. als polizeilicher Personalausweis, Führerschein usw. Die Angabe der Nummer des Ausweises, der ausstellenden Behörde und des Ausstellungsdatums ist zwar zweckmäßig und vielfach üblich, aber nicht vorgeschrieben. Ein Erkennungszeuge ist namhaft zu machen; daß er seine Angaben durch Unterschrift in der Niederschrift bestätigt, ist nicht erforderlich, aber auch nicht unzulässig[21]).

8 *c) Mangelnde Gewißheit über die Person des Beteiligten.* Kann sich der Notar über die Person eines Beteiligten auf Grund der vorgelegten Feststellungsmittel oder in Ermangelung solcher keine volle Gewißheit verschaffen, so ist der Erschienene zunächst über die Folgen mangelhafter Identitätsfeststellung zu belehren, namentlich darauf hinzuweisen, daß durch diesen Mangel die Verwertbarkeit und Beweiskraft der Urkunde beeinträchtigt werde. Wird gleichwohl die Aufnahme der Urkunde verlangt, so muß die Feststellung der Persönlichkeit offenbleiben. Der Notar soll dann aber zur Vermeidung unrichtiger Beurkundung in der Niederschrift angeben, welche Beweismittel für die Identitätsfeststellung vorgebracht worden sind und weshalb sie zur Verschaffung der Gewißheit über die Person des Erschienenen nicht ausgereicht haben sowie, daß der Erschienene trotz Belehrung über die sich daraus ergebenden Folgen die Aufnahme der Verhandlung verlangt habe. Dagegen darf der Notar die Beurkundung nicht schon aus dem Grunde mangelnder Persönlichkeitsfeststellung ablehnen, wie sich aus den bei Rdn. 2 wiedergegebenen Vorstellungen ergibt, die dem Gesetzgeber zur Einführung der Vorschrift Anlaß gegeben haben[22]). Die Vorschriften in § 27 Abs. 3 Satz 1 BNotO und Art. 34 Abs. 3 NdsFGG, die dies im Widerspruch zu § 176 Abs. 3 Satz 2 FGG vorsahen, sind aufgehoben. Es besteht auch kein Grund, die Pflicht zur Beurkundung auf unaufschiebbare Geschäfte, bei der Testamentserrichtung insbesondere auf den Fall von Erkrankung oder Lebensgefahr zu beschränken. Ablehnen darf der Notar die Beurkundung nur nach Maßgabe des § 4, wenn er die Überzeugung erlangt, daß der Erschienene seine Persönlichkeit

[14]) RG DNotZ 1936, 633 = JW 1936, 1956 mit Anm. v. Plaßmann.
[15]) RGZ 81, 157; RG JW 1928, 1864; 1930, 129.
[16]) KG JW 1933, 1179; RG DNotZ 1933, 59, 153; nicht nur ein Grundbuchauszug, RG JW 1936, 1956 mit Anm. v. Plaßmann = DNotZ 1936, 633.
[16a]) RG JW 1932, 2864 (Gewerbeschein, Steuerbescheid ungeeignet); Düsseldorf Rpfleger 1956, 210; Grunau DNotZ 1937, 372; Rohs DNotZ 1938, 21; Hilderscheid DNotZ 1939, 15.
[17]) Schlegelberger § 176 Anm. 22; Keidel[9] § 176 Anm. 33; Güthe-Triebel GBO[6] § 29 Anm. 86.
[18]) Vgl. den Sachverhalt in RG DNotZ 1936, 633 = JW 1936, 1956 mit Anm. v. Plaßmann; Daimer Prüfungs- und Belehrungspflicht 2. Aufl. § 7 Rdn. 16.
[19]) RG JW 1932, 2864.
[20]) KGJ 31 A 245; Schlegelberger § 176 Anm. 22; Keidel[9] § 176 Anm. 37.
[21]) KGJ 21 A 188 = RJA 2, 33; Oberneck NotR[10] S. 214; Schlegelberger § 176 Anm. 21; Keidel[9] § 176 Anm. 37.
[22]) Firsching, DNotZ 1955, 285; Staudinger-Firsching BGB[11] § 2241a Anm. 14; BGB-RGRK[11] § 224a Anm. 4; a. M. Palandt-Keidel BGB[28] § 2241a Anm. 2; Keidel[9] § 176 Anm. 38.

absichtlich verdunkelt, weil er mit der Urkunde unredliche Zwecke verfolgt. Die zunächst nicht nachgewiesene Identität kann durch ein Nachtragszeugnis bestätigt werden (§ 8 Rdn. 19).

III. Beweiskraft der Persönlichkeitsfeststellung

Die Feststellung der Persönlichkeit des Beteiligten erbringt gemäß § 415 Abs. 1 ZPO vollen Beweis dafür, daß die beurkundete Erklärung von der Person abgegeben worden ist, welche der Notar als vor ihm erschienen festgestellt hat. Sie beweist mithin mit öffentlichem Glauben die Nämlichkeit des Erklärenden mit dem Bezeichneten, nicht nur die Behauptung des Erschienenen, die bezeichnete Person zu sein. Eine Nachprüfung der Identitätsfeststellung durch die Behörde, welcher die Urkunde vorgelegt wird, insbesondere durch das Grundbuchamt oder Registergericht auf ihre Schlüssigkeit, also darauf, ob der Notar auf Grund der angegebenen Feststellungsmittel die Gewißheit von der Persönlichkeit des Erschienenen hätte erlangen dürfen, findet nicht statt; auch wenn die Niederschrift die in § 10 Abs. 2 vorgeschriebenen Angaben ordnungswidrig nicht enthält, wird die Beweiskraft der Feststellung nicht beeinträchtigt[23]). Läßt aber die Niederschrift erkennen, daß der Notar keine volle Gewißheit über die Persönlichkeit des Erschienenen erlangt hat (Rdn. 8), so entbehrt sie insoweit der Beweiskraft. Ferner ist nach § 415 Abs. 2 ZPO der Beweis der Unrichtigkeit der Feststellung zulässig; für das Grundbuchantragsverfahren, in dem Beweise von Amts wegen nicht erhoben werden (§ 12 FGG Rdn. 2), bedeutet dies, daß das Grundbuchamt die Eintragung ablehnen darf, wenn es auf Grund bestimmter Tatsachen zu der Annahme gelangt, daß der Notar sich getäuscht hat oder irregeführt worden und die Identität mithin unrichtig festgestellt ist[24]). **9**

Die Beweiskraft des § 415 ZPO genießen auch die Merkmale, mit denen der Notar die Beteiligten zur Kennzeichnung ihrer Persönlichkeit bezeichnet hat, z. B. als Witwe oder Ehefrau, aber nur in Ansehung des beurkundeten Vorgangs, z. B. der Auflassung, nicht wenn das Merkmal außerhalb dieses Vorgangs anderweit bewiesen werden soll[25]). Ist daher die im Grundbuch als Ehefrau eingetragene Eigentümerin in der notariellen Niederschrift als Witwe bezeichnet, so darf das Grundbuchamt nicht die Vorlegung einer Sterbeurkunde des Ehemanns verlangen[26]). Ist im Grundbuch als Berechtigte die ledige Anna Müller eingetragen und verfügt jetzt in einer notariellen Urkunde eine Frau Anna Schulze, geb. Müller, über das Recht, so darf das Grundbuch nicht die Vorlegung einer Heiratsurkunde zum Nachweis dafür verlangen, daß die eingetragene Berechtigte jetzt den Namen Schulze führe[27]). Die Beweiskraft der notariellen Urkunde bezieht sich aber nur auf die Identität des Erklärenden mit dem Erschienenen, nicht auf die Identität des Erklärenden mit dem im Grundbuch eingetragenen Berechtigten. Dieser Nachweis kann mit öffentlichen Urkunden überhaupt nicht erbracht werden; diese Frage hat das Grundbuchamt in freier Würdigung aller ihm bekannten Tatsachen und unter Berücksichtigung allgemeiner Erfahrungssätze zu beurteilen[28]). **10**

Feststellungen über die Geschäftsfähigkeit

11 (1) Fehlt einem Beteiligten nach der Überzeugung des Notars die erforderliche Geschäftsfähigkeit, so soll die Beurkundung abgelehnt werden. Zweifel an der erforderlichen Geschäftsfähigkeit eines Beteiligten soll der Notar in der Niederschrift feststellen.

(2) Ist ein Beteiligter schwer krank, so soll dies in der Niederschrift vermerkt und angegeben werden, welche Feststellungen der Notar über die Geschäftsfähigkeit getroffen hat.

[23]) KGJ 36 A 151 = RJA 9, 224 = OLGR 17, 369; anders früher KGJ 20 A 177; 23 A 5; 31 A 245; Hamm JMBlNRW 1964, 53 = DNotZ 1965, 46; Josef BayNotV 1929, 371; Schlegelberger § 176 Anm. 24; Keidel[9] § 176 Anm. 24; Güthe-Triebel GBO[6] § 29 Anm. 133; Meikel-Imhof-Riedel GBO[5] Anh. zu § 18 Rdn. 97.

[24]) KGJ 36 A 151, 154; Meikel-Imhof-Riedel a. a. O.

[25]) KGJ 44, 208; 45, 187; Schlegelberger § 176 Anm. 24; Keidel[9] § 176 Anm. 42.

[26]) KGJ 44, 208.

[27]) LG Berlin NJW 1962, 1363 = Rpfleger 1963, 53 mit Anm. v. Haegele; Hamm JMBlNRW 1964, 53 = DNotZ 1965, 46.

[28]) Vgl. KG DNotZ 1954, 470; Meikel-Imhof-Riedel GBO[5] § 29 Anm. 18.

Übersicht

I. Bedeutung

1 Die Vorschrift lehnt sich inhaltlich an § 28 BNotO und verschiedene landesrechtliche Vorschriften an (§ 63 BadFGVO, Art. 28 BayNotG, § 17 Abs. 1 HambFGG, Art. 51 HessFGG, Art. 36 NdsFGG, Art. 40 Abs. 1 PrFGG, Art. 109 WürttAGBGB). Sie stellt auf die *erforderliche* Geschäftsfähigkeit ab, um auch die Testierfähigkeit zu erfassen (BT-Drucks. V/3282 Seite 30 zu § 11). Bei der Errichtung von Verfügungen von Todes wegen ist § 11 ebenfalls anzuwenden; insoweit ist aber noch die besondere Vorschrift des § 28 zu beachten.

II. Prüfung der Geschäftsfähigkeit

2 *1. Grundsatz.* Abweichend von § 28 Abs. 1 Satz 1 BNotO wird dem Notar nicht mehr allgemein zur Pflicht gemacht, sich vor der Beurkundung von der Geschäftsfähigkeit der Beteiligten zu überzeugen, wodurch er ohnehin überfordert wäre. Der Vorschrift läßt sich nur entnehmen, insoweit übereinstimmend mit Art. 40 Abs. 1 PrFGG, daß der Notar in eine Prüfung einzutreten hat, wenn sich ihm Bedenken aufdrängen, wenn er also in der Verhandlung Wahrnehmungen macht, welche Zweifel an der erforderlichen Geschäftsfähigkeit begründen oder wenn ihm das Bestehen solcher Zweifel aus anderen Vorgängen bekannt ist.

3 Ist der Beteiligte, wenn es sich um die Beurkundung eines Rechtsgeschäfts unter Lebenden oder eines Erbvertrages (§ 2275 BGB) handelt, geschäftsunfähig, oder ist er zwar beschränkt geschäftsfähig (§§ 106, 114 BGB), genügt aber beschränkte Geschäftsfähigkeit für das Rechtsgeschäft nicht und steht weiter fest, daß das Rechtsgeschäft auch mit Zustimmung des gesetzlichen Vertreters nicht wirksam werden kann, etwa weil die Einwilligung des gesetzlichen Vertreters zu einem einseitigen Rechtsgeschäft fehlt (§ 111 Satz 1 BGB), so soll die Beurkundung nach Abs. 1 Satz 1 abgelehnt werden. Dasselbe gilt bei der Beurkundung eines Testaments oder einseitiger Verfügungen von Todes wegen in einem Erbvertrage (§ 2299 Abs. 2 BGB), wenn der Erblasser testierunfähig ist (§ 2229 BGB). Begründen dagegen die Wahrnehmungen des Notars in dieser Hinsicht nur Zweifel, so darf die Beurkundung nicht aus diesem Grunde abgelehnt werden.

4 Bestehen Zweifel an der vollen Geschäftsfähigkeit aus Gründen des Alters, so werden sie verhältnismäßig leicht durch Nachfrage geklärt werden können. Wenn der Beteiligte nach seinem Erscheinungsbild den Gedanken, daß er noch minderjährig sein könnte, nicht aufkommen läßt, besteht regelmäßig kein Anlaß, die Volljährigkeit nachzuprüfen[1]). Bei verheirateten Männern erübrigt sich eine Nachfrage, da sie, auch wenn sie noch nicht 21 Jahre alt sind, für volljährig erklärt sein müssen (§ 1 EheG). Dagegen kann eine verheiratete Frau nicht selten minderjährig sein, so daß sie der Mitwirkung ihres gesetzlichen Vertreters bedarf, soweit sie in ihren persönlichen Angelegenheiten nach bürgerlichem Recht nicht teilgeschäftsfähig ist (dazu § 13 FGG Rdn. 19). Die Geschäftsfähigkeit von *Ausländern* beurteilt sich gemäß Art. 7 EGBGB nach ihrem Heimatrecht, sofern dieses nicht auf das deutsche Recht zurückverweist (Art. 27 EGBGB)[2]). Nachforschungen nach der Staatsangehörigkeit anzustellen, hat der Notar aber nur Anlaß, wenn die Umstände (Sprache, Name) dies nahelegen[3]). Übrigens kann der Notar auch bei Ausländern davon ausgehen, daß sie volljährig sind, wenn sie das

[1]) RG DNotZ 1936, 391, 393; Daimer S. 74.

[2]) Dazu Reithmann, Geschäftsfähigkeit und Verfügungsbefugnis nach deutschem internen Recht und Kollisionsrecht, DNotZ 1967, 232, 237.

[3]) Grader DNotZ 1959, 563.

21. Lebensjahr vollendet haben, da ausländische Rechte diese Grenze nur selten überschreiten[4]). Im Verhältnis zwischen der Bundesrepublik und der DDR und dem Ostsektor Berlins kommt es auf das interzonale Personalstatut, in der Regel also auf den gewöhnlichen Aufenthalt, an (dazu Anh. nach § 56 FGG Rdn. 11).

In eine schwierigere Lage kommt der Notar, wenn er vor die Frage gestellt ist, ob der Beteiligte aus dem tatsächlichen Grunde des § 104 Nr. 2 BGB geschäftsunfähig oder aus den Gründen des § 2229 Abs. 4 BGB testierunfähig ist. Hierüber kann er sich als medizinischer Laie kein abschließendes Urteil bilden. Auch die Auskünfte von Ärzten und Krankenschwestern brauchen nicht immer zuzutreffen und werden möglicherweise durch später eingeholte Gutachten widerlegt. Es ist nicht Sache des Notars, in solchen Fällen über die Geschäftsfähigkeit abschließend zu entscheiden und die Klärung dieser Frage im Prozeßwege durch Verweigerung der Beurkundung von vornherein abzuschneiden. Das gilt insbesondere für die Beurkundung von Testamenten und Erbverträgen, wenn die Testierfähigkeit, bei Erbverträgen die Geschäftsfähigkeit nicht unzweifelhaft ist. Der Notar wird die Beurkundung nur ablehnen können, wenn nach den von ihm gemachten Wahrnehmungen und nach der mit dem Erblasser gepflogenen Unterhaltung jeder vernünftige Zweifel daran, daß der Beteiligte geschäfts- oder testierunfähig ist, schlechthin ausgeschlossen erscheint[5]). **5**

2. Feststellungen in der Niederschrift

a) Zweifel an der Geschäftsfähigkeit (Abs. 1 Satz 1). Besteht kein Anlaß, an der Geschäftsfähigkeit des Beteiligten zu zweifeln, so ist ein positiver Vermerk darüber, daß der Notar sich von der Geschäftsfähigkeit überzeugt habe, nicht erforderlich und mit Rücksicht auf den Beteiligten, der dadurch merkwürdig berührt sein könnte, auch nicht angebracht (Ausnahme Abs. 2 und für die Errichtung von Testamenten und Erbverträgen § 28). Bestehen zunächst Zweifel, so hat der Notar den Beteiligten Gelegenheit zu geben, sie zu beheben. Gelingt es, die Bedenken so zu zerstreuen, daß jeder berechtigte Zweifel entfällt, so kann die Beurkundung vorgenommen werden, ohne die anfänglichen Bedenken in der Niederschrift zu vermerken. Abs. 1 Satz 2 bezieht sich nur auf Zweifel, die trotz ihrer Erörterung mit den Beteiligten bestehen bleiben. Die Pflicht zur Erörterung dieser Zweifel ergibt sich aus § 17 Abs. 2 Satz 1. Nach § 17 Abs. 2 Satz 2 hat der Notar die Beteiligten auch über die Folgen zu belehren, die sich aus dem Mangel der Geschäftsfähigkeit für die Wirksamkeit des Rechtsgeschäfts ergeben können. Wegen bloßer Zweifel darf die Beurkundung nicht abgelehnt werden. Bestehen die Beteiligten auf der Beurkundung, so ist in dem Vermerk, den der Notar nach Abs. 1 Satz 2 in die Niederschrift aufnehmen soll, anzugeben, welche Art die Zweifel sind und worauf sie sich gründen sowie welche Erklärungen die Beteiligten dazu abgegeben haben. **6**

b) Schwere Erkrankung (Abs. 2). Die Bedeutung des Abs. 2 und die Abweichung von Abs. 1 Satz 2 besteht darin, daß der Notar, wenn er den Beteiligten schwer erkrankt antrifft, eine Feststellung über die Geschäftsfähigkeit in der Niederschrift auch dann zu treffen hat, wenn seine Prüfung positiv ausfällt und sich keine Zweifel ergeben. In diesem Fall ist sowohl die Tatsache der schweren Erkrankung als auch die Feststellung über die Geschäftsfähigkeit in die Niederschrift aufzunehmen. Als schwer in diesem Sinne wird man nur eine Krankheit bezeichnen können, die nach ihrer Art oder ihrem fieberhaften Verlauf die Geisteskräfte zu schwächen geeignet ist. Erlangt der Notar die Überzeugung von der Geschäftsunfähigkeit oder ergeben sich nicht behebbare Zweifel, so ist nach Abs. 1 zu verfahren. **7**

Wird eine Feststellung nach Abs. 1 Satz 2 oder Abs. 2 nicht getroffen, obwohl sie geboten gewesen wäre, so wird dadurch die Gültigkeit der Beurkundung nicht berührt. **8**

[4]) Nach argentinischem Recht (Art. 128 Cc) tritt die Volljährigkeit erst mit der Vollendung des 22. Lebensjahres ein.

[5]) Ähnlich einschränkend Staudinger-Firsching BGB[11] § 2241a Rdn. 16; BGB-RGRK[10] § 2241a Anm. 3; Seybold-Hornig BNotO[4] § 28 Anm. 8; a. M. Palandt-Keidel BGB[28] § 2241a Anm. 3, wo Ablehnung schon empfohlen wird, wenn testierunfähig höchst wahrscheinlich; wie hier jetzt Palandt-Keidel BGB[29] § 28 BeurkG Anm. 4; Mecke BerurkG § 11 Rdn. 3.

III. Bedeutung der Feststellungen über die Geschäftsfähigkeit für das gerichtliche Verfahren

9 Eine Bindung des Gerichts an Feststellungen des Notars über die Geschäftsfähigkeit besteht nicht[6]). Beweis i. S. des § 418 ZPO erbringt die Feststellung nur insoweit, als der Notar eine Tatsache feststellt, z. B. die Bettlägerigkeit, nicht soweit er ein Urteil abgibt. Sind in der Niederschrift Zweifel über die Geschäftsfähigkeit nicht festgestellt, so wird auch bei dem Prozeßgericht, dem Grundbuchamt und dem Gericht der freiwilligen Gerichtsbarkeit kein Anlaß zu Zweifeln bestehen, weil sie davon ausgehen können, daß der Notar pflichtgemäß gehandelt und keine Wahrnehmungen gemacht hat, die Zweifel hätten begründen können. Dasselbe gilt, wenn der Notar in den Fällen der §§ 11 Abs. 2, 28 seine Überzeugung von der Geschäfts- oder Testierfähigkeit positiv festgestellt hat. Im übrigen ist im Zivilprozeß oder im Verfahren der freiwilligen Gerichtsbarkeit über die Geschäfts- oder Testierfähigkeit selbständig Beweis zu erheben, wenn es in dem Verfahren auf die Wirksamkeit des beurkundeten Rechtsgeschäfts ankommt. Im Zivilprozeß muß, wer die Geschäftsunfähigkeit behauptet, ins einzelne gehende Tatsachen anführen, die der Geschäftsfähigkeit entgegenstehen; dazu werden in der Niederschrift des Notars festgestellte Zweifel allerdings in der Regel ausreichen. Im Verfahren der freiwilligen Gerichtsbarkeit ist die Frage Gegenstand der Amtsermittlungstätigkeit, insbesondere im Erbscheinsverfahren; über die Verteilung der Feststellungslast hierbei vgl. § 12 FGG Rdn. 9. Besonderheiten gelten im Grundbuchantragsverfahren, in dem Beweiserhebungen nicht stattfinden. Sind in der Niederschrift Zweifel über die Geschäftsfähigkeit niedergelegt, so ist die Urkunde für das Grundbuchamt unbrauchbar, weil die Zweifel in diesem Verfahren nicht behoben werden können; der auf die Urkunde gestützte Antrag ist zurückzuweisen. Aber auch wenn der Notar keine Zweifel gehabt hat, kann das Grundbuchamt bei durch Tatsachen begründeten Zweifeln die Zustimmung eines Pflegers oder den Nachweis der Geschäftsfähigkeit verlangen[7]).

Nachweise für die Vertretungsberechtigung

12 Vorgelegte Vollmachten und Ausweise über die Berechtigung eines gesetzlichen Vertreters sollen der Niederschrift in Urschrift oder in beglaubigter Abschrift beigefügt werden. Ergibt sich die Vertretungsberechtigung aus einer Eintragung im Handelsregister oder in einem ähnlichen Register, so genügt die Bescheinigung eines Notars nach § 21 der Bundesnotarordnung.

Übersicht

[6]) KGJ 35 A 199; OGHbrZ 2, 45; Schlegelberger Art. 40 PrFGG Anm. 2 zu c; Oberneck NotR[10] S. 206; a. M. Keidel[9] § 176 Rdn. 42.

[7]) KG OLGR 43, 210; München JFG 17, 187.

I. Prüfung der Vertretungs- und Verfügungsberechtigung

Die Vorschrift entspricht dem § 29 Abs. 3 BNotO (vgl. auch § 67 BadFGVO, Art. 52 Abs. 3 HessFGG, Art. 38 Abs. 3 NdsFGG, Art. 110 Abs. 2 WürttAGBGB, § 18 Abs. 2 HambFGG). Sie befaßt sich nur mit der Behandlung vorgelegter Vollmachten und Ausweise über die Vertretungsberechtigung. Eine besondere Amtspflicht, die Vertretungsmacht und Verfügungsberechtigung des Beteiligten zu prüfen, wird dem Notar abweichend von § 29 Abs. 1, 2 BNotO durch das BeurkG nicht mehr auferlegt. Eine solche Pflicht besteht daher nur noch im Rahmen der allgemeinen Belehrungspflicht nach § 17 Abs. 1 und der auf § 4 beruhenden Pflicht, offenbar ungültige Beurkundungen zu vermeiden. Tritt ein rechtsgeschäftlich bestellter Vertreter auf, so erstreckt sich die Prüfung darauf, ob bei dem vorzunehmenden Rechtsgeschäft Vertretung überhaupt zulässig ist (über die Fälle ausgeschlossener Vertretung vgl. § 13 FGG Rdn. 29, 30), ob die Vollmacht von dem Vollmachtgeber ausgestellt ist, ob sie ihrem Umfang nach das vorzunehmende Rechtsgeschäft deckt, ob sie bei Vornahme eines Insichgeschäfts eine Befreiung von den Beschränkungen des § 181 BGB enthält[1]) und ob eine etwa erforderliche besondere Form der Vollmacht (z. B. § 23 Abs. 1 Satz 2 AktG, § 2 Abs. 2 GmbHG) gewahrt ist[2]). Bei den gesetzlichen Vertretern des Familienrechts ist besonders darauf zu achten, ob sie etwa kraft Gesetzes von der Vertretung ausgeschlossen sind (§§ 1629 Abs. 2, 1795, 1915 BGB); gegebenenfalls ist die Bestellung eines Pflegers anzuregen[3]). Bei Rechtsgeschäften von juristischen Personen und Handelsgesellschaften muß sich die Vertretungsmacht aus Gesetz, Satzung oder Gesellschaftsvertrag ergeben[4]). Die Prüfung der Verfügungsbefugnis hat sich darauf zu beziehen, ob der Inhaber des Rechts keinen Verfügungsbeschränkungen unterliegt (z. B. nach § 1365 BGB, dazu § 125 Rdn. 24, oder nach § 6 KO) oder ob der Beteiligte, z. B. als Testamentsvollstrecker oder Konkursverwalter, zur Verfügung über fremde Rechte befugt ist. Die Rechtsinhaberschaft hat der Notar nur zu prüfen, wenn es, wie für den Grundbuchverkehr in § 21 Abs. 1, besonders bestimmt ist; sonst kann er die Rechtswirksamkeit vorausgegangener Erwerbsakte grundsätzlich voraussetzen, es sei denn, daß ihm Umstände bekannt sind, die dieser Annahme entgegenstehen. Das gilt auch für die Rechtsinhaberschaft an GmbH-Geschäftsanteilen, deren Abtretung beurkundet werden soll[5]). 1

II. Behandlung der Vollmachten und Ausweise

Werden Vollmachten oder Ausweise über die gesetzliche Vertretungsmacht vorgelegt, so sollen sie nach § 12 Satz 1 der Niederschrift beigefügt werden. Der Notar kann also die Beurkundung nicht davon abhängig machen, daß solche Urkunden beigebracht werden; er kann nur auf die Zweckmäßigkeit dieses Verfahrens hinweisen und über die Schwierigkeiten belehren, die sich bei der Vollziehung des beurkundeten Rechtsgeschäfts aus dem fehlenden Nachweis der Vertretungsmacht ergeben können. Die Urkunden sollen in Urschrift oder beglaubigter Abschrift beigefügt werden. Bei Vollmachten ist jedoch zu beachten, daß ihre Vorlegung in beglaubigter Abschrift als Nachweis nicht genügt, weil die Vollmacht gleichwohl widerrufen oder erloschen sein kann und nach § 172 BGB nur die Vorlegung der Vollmachtsurkunde, 2

[1]) Die Befreiung des alleinigen Gesellschafter-Geschäftsführers der GmbH von den Beschränkungen des § 181 BGB muß im Gesellschaftsvertrag selbst enthalten sein, BGHZ 33, 189; München NJW 1968, 2109; dazu kritisch Blomeyer NJW 1969, 127; grundlegend Winkler, DNotZ 1970, 476.

[2]) Der Form des § 2 Abs. 2 GmbHG bedarf auch die Vollmacht zum Abschluß eines GmbH'Vorvertrages, vgl. Reinicke NJW 1969, 1830 zu BGH NJW 1969, 1856.

[3]) RG DNotZ 1936, 42.

[4]) Über die Vertretung von Handelsgesellschaften und den Nachweis der Vertretung vgl. Liermann DNotZ 1967, 221; wegen einheitlicher Vollmachtsformulare für den Bereich der EWG vgl. DNotZ 1964, 672 und 1967, 545; wegen der Form ausländischer Vollmachten vgl. Reithmann DNotZ 1956, 125. Zur Vertretung von ausländischen Handelsgesellschaften vgl. für England Jacob-Steinorth DNotZ 1960, 126; für Frankreich Mezger DNotZ 1959, 25; für Niederlande Czapski DNotZ 1958, 39; für Österreich Köhler DNotZ 1960, 296; für die Schweiz Schnitzer DNotZ 1959, 180; für USA Jacob-Steinorth DNotZ 1958, 361. Über die Befugnis zur Vertretung kommunaler Körperschaften und Anstalten vgl. Schürner-Opladen MittRheinNotK 1970, 443—477.

[5]) Weber, DNotZ 1955, 626 gegen Daimer, Prüfungs- und Belehrungspflicht § 9 Rdn. 4, 46 bis 59.

also der Urschrift oder der Ausfertigung, den Dritten schützt[6]). Wird die Urschrift oder Ausfertigung der Vollmacht noch anderweit benötigt und deshalb der Niederschrift nur eine beglaubigte Abschrift beigefügt, so ist außerdem in der Niederschrift selbst festzustellen, daß die Vollmacht in Urschrift oder Ausfertigung vorgelegen hat[7]). Bei gesetzlicher Vertretungsmacht kann die Bestallung des Vormundes oder Pflegers (§§ 1791, 1915 BGB), bei Vereins- oder bestellter Amtsvormundschaft oder Pflegschaft die schriftliche Verfügung des Vormundschaftsgerichts (§§ 1791a Abs. 2, 1791b Abs. 2, 1915 BGB), bei gesetzlicher Amtsvormundschaft oder Pflegschaft nach § 1706 BGB die Bescheinigung des Vormundschaftsgerichts nach § 1791c beigefügt werden. Bei Handelsgesellschaften und juristischen Personen kommt ein Zeugnis des Registergerichts nach § 9 Abs. 3 HGB, § 69 BGB in Betracht, außerdem die Vertretungsbescheinigung nach § 21 BNotO (nachst. Rdn. 4). Die Vertretungsbefugnis für wirtschaftliche Vereine, deren Rechtsfähigkeit auf staatlicher Verleihung beruht (§ 22 BGB), sowie für Stiftungen kann durch eine von der Aufsichtsbehörde auszustellende Vertretungsbescheinigung nachgewiesen werden[8]).

3 Die Art der Beifügung ist nicht näher geregelt. Insbesondere bezieht sich die Vorschrift des § 44 über die Verbindung mit Schnur und Prägesiegel nicht auf die in § 12 Satz 1 erwähnten Urkunden. Werden aber Abschriften dieser Urkunden mit der Ausfertigung durch Schnur und Prägesiegel verbunden oder befinden sie sich mit dieser auf demselben Blatt, so ergibt sich eine Vereinfachung des Verfahrens insofern, als der Ausfertigungsvermerk nach § 49 Abs. 3 zugleich die Beglaubigung der Abschrift umfaßt. Die Urkunden werden durch ihre Beifügung nicht Protokollanlagen im Sinne des § 9 Abs. 1 Satz 2 (§ 9 Rdn. 14).

III. Vertretungsbescheinigung nach § 21 BNotO (Satz 2)

§ 21 BNotO bestimmt in der Fassung des § 57 Abs. 17 Nr. 4 BeurkG:

§ 21. (1) Die Notare sind zuständig, Bescheinigungen über eine Vertretungsberechtigung auszustellen, sofern sich diese aus einer Eintragung im Handelsregister oder in einem ähnlichen Register ergibt. Die Bescheinigung hat die gleiche Beweiskraft wie ein Zeugnis des Registergerichts.

(2) Der Notar darf die Bescheinigung nur ausstellen, wenn er zuvor das Register oder eine beglaubigte Abschrift desselben eingesehen hat. Er hat den Tag der Einsichtnahme des Registers oder den der Ausstellung der Abschrift in der Bescheinigung anzugeben.

4 *1. Bedeutung*[8a]). Nach § 20 Abs. 1 BNotO kann der Notar Bescheinigungen nur über Tatsachen ausstellen. Für die Erteilung von Bescheinigungen, die ein Urteil über das Wahrgenommene enthalten, ist er nicht zuständig (vgl. § 36 Rdn. 5). Hiervon macht § 21 BNotO für Vertretungsbescheinigungen eine Ausnahme. Die Vorschrift ist erstmals durch § 23 RNotO eingeführt und in § 21 BNotO unverändert übernommen worden. Eine nicht unwesentliche Änderung hat die Vorschrift gemäß § 57 Abs. 17 Nr. 4 BeurkG durch Änderung des Abs. 1 Satz 1 und Wegfall des bisherigen Abs. 3 erfahren. Bis dahin war der Notar nur befugt, Bescheinigungen über die Vertretungsberechtigung „der bei einer Beurkundung oder Unterschriftsbeglaubigung Beteiligten" auszustellen. Diese Beschränkung ist entfallen; die Bescheinigung kann jetzt auch ausgestellt werden, wenn sie mit keinem Beurkundungsvorgang in Zusammenhang steht. Damit ist auch die Beschränkung des bisherigen Abs. 3 entfallen, nach welchem die Beziehung zu einer bestimmten Beurkundung oder Unterschriftsbeglaubigung auch äußerlich dadurch zum Ausdruck kam, daß die Bescheinigung auf die Urkunde selbst oder ihre Ausfertigung oder auf ein damit zu verbindendes Blatt zu setzen war. Die Beschei-

[6]) RG JW 1934, 2394.

[7]) Seybold-Hornig BNotO[4] § 29 Anm. 28; Haegele Rpfleger 1967, 33, 40; Höfer-Huhn § 27 Stichwort „Vollmacht".

[8]) Vgl. KG OLGZ 1965, 336.

[8a]) Vgl. dazu Göttlich, Notar-Bescheinigungen in Handelsregistersachen, Büro 1970, 105.

nigung darf nunmehr auch isoliert als Zeugnis nach § 39 erteilt werden. Die Bescheinigung ist insbesondere von Bedeutung für den Nachweis der Vertretungsbefugnis gegenüber dem Grundbuchamt oder dem Schiffsregistergericht (§ 32 GBO, § 37 Abs. 1 SchiffsRegO), aber auch gegenüber anderen Behörden und im Verkehr mit dem Ausland; sie erspart den Beteiligten die Beschaffung von Registerzeugnissen und beglaubigten Registerabschriften. Der Ausstellung der Bescheinigung gehört zur Urkundstätigkeit; der Notar darf also die Ausstellung nicht ohne ausreichenden Grund verweigern (§ 4 Rdn. 1). Daneben darf der Notar natürlich als Tatsache bescheinigen (§§ 36, 39), daß ihm ein gerichtliches Zeugnis (§ 32 GBO, § 69 BGB) mit wörtlich wiederzugebenden Inhalt vorgelegen hat.

2. Voraussetzungen. Es muß sich um eine Bescheinigung über die Vertretungsberechtigung handeln, also um die Vertretungsbefugnis eines gesetzlichen oder gewillkürten Vertreters, soweit eine rechtsgeschäftliche Vertretungsmacht, wie die Prokura, in einem Register verlautbart wird. Die Befugnis, im eigenen Namen über eigene Rechte frei von Verfügungsbeschränkungen zu verfügen, ist keine Vertretungsbefugnis; Bescheinigungen aus dem Güterrechtsregister über die güterrechtlichen Verhältnisse der Ehegatten (vgl. dazu § 162 FGG mit Bem.) kann der Notar auf Grund des § 21 BNotO nicht erteilen[9]). Bescheinigungen über andere in einem Register verlautbarte Rechtsverhältnisse von juristischen Personen und Handelsgesellschaften können nur unter den Voraussetzungen des § 22a BNotO erteilt werden (nachst. Rdn. 11). **5**

Die Vertretungsberechtigung muß sich aus einer Eintragung im Handelsregister oder einem ähnlichen Register ergeben. Ähnliche Register sind das Vereins- und das Genossenschaftsregister. Es kommen demnach in Betracht Bescheinigungen über die Vertretungsbefugnis der Gesellschafter einer offenen Handelsgesellschaft oder Kommanditgesellschaft, der Vorstandsmitglieder einer juristischen Person des § 33 HGB, einer Aktiengesellschaft, einer KGaA oder Genossenschaft, der Geschäftsführer einer GmbH, der Liquidatoren dieser Unternehmen und Handelsgesellschaften, ihrer Prokuristen sowie der Vorstandsmitglieder oder Liquidatoren eines eingetragenen Vereins. Über Vertretungsbefugnisse, die sich nicht aus diesen öffentlichen Registern ergeben, darf der Notar Bescheinigungen nicht ausstellen. Das gilt sowohl für Vertretungsbefugnisse, die zwar eintragungsfähig, aber noch nicht eingetragen sind, mögen sie auch dem Notar amtlich bekannt sein, als auch für nicht eintragungsfähige Vertretungsverhältnisse. Der Notar darf daher z. B. keine Bescheinigung über die nicht eingetragene Ermächtigung einzelner Vorstandsmitglieder nach § 78 Abs. 4 AktG oder darüber erteilen, wer der gesetzliche Vertreter eines minderjährigen Geschäftsinhabers oder Gesellschafters ist. In bezug auf Vollmachten und Bestallungen ist der Notar zwar berechtigt, als Tatsache zu beurkunden, daß jemand sich zu einer bestimmten Zeit im Besitz einer in Urschrift oder Ausfertigung vorgelegten Ausweisurkunde (Vollmacht, Bestallung) befunden hat[10]); dagegen ist der Notar nicht befugt, ein Zeugnis über den Inhalt und die Form einer Urkunde, z. B. einer Vollmacht, zu erteilen, weil es sich dabei nicht um eine Tatsache, sondern um ein Urteil handelt[11]). **6**

3. Inhalt des Zeugnisses. Der Notar hat unter genauer Bezeichnung des Vertretenen (Firma) zu bescheinigen, wer zu dessen Vertretung ausweislich des Registers befugt ist. Wird die Bescheinigung nicht im Zusammenhang mit einem bestimmten Beurkundungsvorgang verlangt, so ist sie auf alle Vertretungsberechtigten und den Umfang ihrer Vertretungsmacht zu erstrecken, sofern das Verlangen nicht auf einzelne von ihnen beschränkt ist. Soll die Bescheinigung sich auf eine bestimmte Beurkundung oder Unterschriftsbeglaubigung beziehen, so wird sie ihrem Zweck entsprechend auf die Personen zu beschränken sein, die in der Urkunde gehandelt haben. Es genügt dann, wenn der Notar die Befugnis der Handelnden zur Vertretung bei dem Geschäft bestätigt, welches beurkundet worden ist. Haben bei dem beurkundeten Geschäft mehrere gehandelt, die nur gemeinsam vertretungsberechtigt sind, so ist das Zeug- **7**

[9]) Seybold-Hornig BNotO[4] § 21 Rdn. 2; a. M. Höfer-Huhn § 35 2.

[10]) KGJ 23 A 120; 25 A 120.

[11]) KGJ 43, 154; Hamburg KGJ 38 A 321 = RJA 10, 159.

nis über die gemeinschaftliche Vertretungsberechtigung auszustellen; ebenso kann das Zeugnis, wenn nur einer von mehreren Gesamtvertretungsberechtigten gehandelt hat, unter Hervorhebung der Notwendigkeit zur Mitwirkung weiterer Mitvertreter erteilt werden, sofern das Geschäft durch den nachträglichen Beitritt des Mitvertreters wirksam werden kann. Aus der Bescheinigung muß hervorgehen, daß der Beteiligte nach dem Registereintrag als Vorstandsmitglied, Gesellschafter, Geschäftsführer, Liquidator oder Prokurist zur Vertretung befugt ist.

4. Verfahren

8 *a) Einsicht des Registers.* Der Notar darf die Bescheinigung nur auf Grund einer Einsichtnahme in das Register oder auf Grund einer ihm vorgelegten beglaubigten Registerabschrift erteilen. Da er hierbei eigene Wahrnehmungen mit öffentlicher Beweiskraft bezeugen soll, muß er die Einsicht in das Register oder die Registerabschrift persönlich vornehmen, ohne sie einer Hilfskraft oder einem Vertreter überlassen zu dürfen[12]). Der Tag der Einsichtnahme in das Register oder der Ausstellung der Registerabschrift — nicht der Einsichtnahme in sie — ist in der Bescheinigung anzugeben. Fehlen diese Angaben, so hat die Bescheinigung keine Beweiskraft, da nicht ersichtlich ist, für welchen Zeitpunkt das Bestehen des Vertretungsverhältnisses bezeugt wird[13]). Die Ordnung gebietet es, das Registergericht und dessen Aktenzeichen zu bezeichnen. Ergibt sich die behauptete Vertretungsmacht nicht aus dem Register, so ist die Erteilung der Bescheinigung abzulehnen, ebenso, wenn die vorgelegte Registerabschrift veraltet ist, wenn also wegen der Länge der zwischen ihrer Ausstellung und der Erteilung der Bescheinigung verflossenen Zeit Änderungen des Registerinhalts nicht mehr unwahrscheinlich sind und das Register nicht am Amtssitz des Notars geführt wird, so daß er den Mangel durch eigene Einsichtnahme beheben könnte.

9 *b) Form der Bescheinigung.* Die Form richtet sich nach § 39. Es ist also eine Urkunde auszustellen, die das Zeugnis, die Unterschrift und das Siegel des Notars tragen muß und Ort und Tag der Ausstellung angeben soll. Die Urschrift ist nach § 45 Abs. 2 auszuhändigen, wenn nicht ihre Verwahrung verlangt wird. Wird die Bescheinigung im Hinblick auf eine bestimmte Beurkundung erteilt, so kann sie auch auf die Urkunde selbst oder auf ein damit zu verbindendes Blatt gesetzt werden, jedoch ist dies nicht mehr zwingend geboten (Rdn. 4). Außerdem kann die Bescheinigung, wenn der Notar die Erklärungen des Vertreters beurkundet oder seine Unterschrift beglaubigt, in die Niederschrift selbst aufgenommen oder mit dem Beglaubigungsvermerk verbunden werden. Die Bescheinigung nach § 21 BNotO kann ferner mit einer solchen nach § 22a BNotO (nachst. Rdn. 11) verbunden werden.

10 *5. Beweiskraft der Bescheinigung.* Die Bescheinigung hat nach Abs. 1 Satz 2 die gleiche Beweiskraft wie ein entsprechendes Zeugnis des Registergerichts. Die Beweiskraft dieser der Legitimation gegenüber Behörden und Gerichten dienenden Zeugnisse ergibt sich nicht aus der Natur des Handels-, Vereins- und Genossenschaftsregisters, die keinen öffentlichen Glauben genießen, sondern mit verfahrensrechtlicher Wirkung aus der besonderen Anordnung in den §§ 32 GBO, 26 Abs. 2 GenG, § 69 BGB. Die Bescheinigung beweist auch das Bestehen der Gesellschaft; es wird zwar darin nicht besonders bezeugt, ist aber notwendige Voraussetzung für die bezeugte Vertretungsbefugnis. Die Behörde muß sich mit dem Nachweis begnügen, es sei denn, daß auf Tatsachen, nicht nur auf Vermutungen gestützte Zweifel an der Richtigkeit der bezeugten Vertretungsbefugnis bestehen. Die Dauer der Beweiskraft erstreckt sich, wenn keine besonderen Umstände entgegenstehen, auch noch auf die nächste Zeit nach seiner Erteilung. Wie lange dieser Zeitraum zu bemessen ist, ist von Fall zu Fall unter Berücksichtigung aller in Betracht kommenden Umstände von der Behörde, insbesondere dem Gericht, dem der Nachweis erbracht werden soll, ohne Bindung an die Auffassung des Notars zu prüfen. Das Bestreben, Eintragungen auf möglichst zuverlässige Grundlagen zu stützen, ist abzuwägen

[12]) Seybold-Hornig BNotO[4] § 21 Rdn. 6; Höfer-Huhn § 35 5.

[13]) KG JFG 18, 322 = DNotZ 1939, 124 = JW 1939, 251 = DFG 1939, 40.

gegen die Notwendigkeit, den Rechtsverkehr nicht über Gebühr zu erschweren[14]). Der Nachweis, daß die Vertretungsbefugnis in der Vergangenheit zu einem bestimmten Zeitpunkt bestanden hat, kann nur durch eine beglaubigte Registerabschrift geführt werden (Ausnahme für Verwendung im Ausland nach § 22a BNotO); für deren Erteilung ist aber ausschließlich der Urkundsbeamte der Geschäftsstelle, nicht der Notar, zuständig[15]).

IV. Anhang. Bescheinigungen über sonstige rechtserhebliche Umstände von juristischen Personen oder Handelsgesellschaften

Der durch § 57 Abs. 17 Nr. 6 eingefügte § 22a BNotO bestimmt:

§ 22a. (1) Der Notar kann Bescheinigungen über das Bestehen oder den Sitz einer juristischen Person oder Handelsgesellschaft, die Firmenänderung, eine Verschmelzung oder sonstige rechtserhebliche Umstände ausstellen, wenn sich diese aus einem öffentlichen Register ergeben.

(2) Der Notar darf die Bescheinigung nur erteilen, wenn dargelegt wird, daß sie im Ausland verwendet werden soll.

1. Bedeutung[16]). Die Vorschrift ist durch den Rechtsausschuß des Bundestages in das Gesetz 11
eingefügt worden. Sie soll dem Bedürfnis Rechnung tragen, daß häufig Bescheinigungen dieser Art von ausländischen Gerichten oder Behörden als Voraussetzung für die Geltendmachung von Rechten im Ausland gefordert werden (BT-Drucks. V/4014 S. 5). Sie stellt ebenso wie § 21 BNotO eine Durchbrechung des Grundsatzes dar, daß der Notar Bescheinigungen nur über tatsächliche Wahrnehmungen ausstellen darf. Die Bescheinigung kann sich beziehen auf die Rechtsverhältnisse einer juristischen Person oder einer Handelsgesellschaft, also nicht auf die eines Einzelkaufmanns. Es kommen in Betracht die im Handelsregister eingetragenen juristischen Personen der §§ 33, 36 HGB, Genossenschaften, Versicherungsvereine auf Gegenseitigkeit, offene Handelsgesellschaften, Kommanditgesellschaften, Aktiengesellschaften, Kommanditgesellschaften auf Aktien, Gesellschaften mit beschränkter Haftung, bergrechtliche Gewerkschaften, eingetragene Vereine. Öffentliche Register, aus denen sich das zu bezeugende Rechtsverhältnis ergibt, können nur das Handelsregister, das Genossenschaftsregister und das Vereinsregister sein. Als Gegenstand der Bescheinigung werden angegeben das Bestehen oder der Sitz des Unternehmens, die Firmenänderung, eine Verschmelzung oder sonstige rechtserhebliche Umstände. Unter Verschmelzung ist die Vereinigung zweier Gesellschaften in der Weise zu verstehen, daß das Vermögen im Wege der Gesamtrechtsnachfolge ohne Abwicklung entweder auf eine der beiden Gesellschaften (Verschmelzung durch Aufnahme) oder auf eine neu zu bildende Gesellschaft (Verschmelzung durch Neubildung) übergeht (vgl. § 339 AktG). Als sonstige rechtserhebliche Umstände kommen vor allem Umwandlungen der Gesellschaftsform in Betracht (vgl. G über die Umwandlung von Kapitalgesellschaften und bergrechtlichen Gewerkschaften vom 12. 11. 1956 [BGBl. I, 844] i. d. F. des § 39 EG-AktG vom 6. 9. 1965 [BGBl. I, 1185] und des G zur Ergänzung der handelsrechtlichen Vorschriften über die Änderung der Unternehmensform vom 15. 8. 1969 [BGBl. I, 1171]), jetzt i. d. F. der Bek. vom 6. 11. 1969 (BGBl. I, 2081).

Der Notar darf die Bescheinigung nur erteilen, wenn dargelegt wird, daß sie im Ausland 12
verwendet werden soll. Eine Verletzung wäre nicht nur ein Verstoß gegen die Amtspflicht, sondern die Bescheinigung hätte auch im Inland keine Beweiskraft, da die Erteilung für inländische Rechtsverhältnisse den Geschäftskreis des Notars überschreitet (§ 415 Abs. 1 ZPO). Die Erteilung der Bescheinigung gehört zur Urkundstätigkeit; der Notar darf sie mithin nicht ohne ausreichenden Grund verweigern. In § 15 BNotO wird die Vorschrift zwar nicht genannt; das ist aber ersichtlich nur ein durch die nachträgliche Einfügung (vgl. Rdn. 11) verursachtes Redaktionsversehen.

[14]) KG JFG 17, 228 = HRR 1938 Nr. 743 = DFG 1938, 98 = JW 1938, 1834 = DNotZ 1938, 679.

[15]) Hamm OLGZ 1967, 333.

[16]) Dazu Göttlich, Notar-Bescheinigungen in Handelsregistersachen, Büro 1970, 105.

13 2. Für die *Form der Bescheinigung* gelten die Bem. oben zu Rdn. 9. Ob der Notar die Bescheinigung auf Grund einer Einsichtnahme in das Register oder auf Grund ihm vorliegender beglaubigter Registerabschriften erteilt, ist ihm überlassen. Eine Angabe in der Bescheinigung darüber ist abweichend von § 21 BNotO nicht erforderlich. Stets aber muß der Notar die Feststellung persönlich treffen (oben Rdn. 8). Die Ordnung gebietet es, daß das Registergericht und das Aktenzeichen angeführt werden.

14 3. Die *Gebühren* regelt § 150 Abs. 2 KostO i. d. F. des § 57 Abs. 16 Nr. 2 BeurkG (Festgebühr von 50 DM).

V. Landesrecht

15 Für die Notare in Baden, für welche die BNotO nicht gilt (§ 115 BNotO), ist eine den §§ 21, 22a BNotO entsprechende Regelung eingeführt worden durch die §§ 25, 26 Bad-LFGG, eingefügt mit Wirkung vom 1. 7. 1970 durch Art. 3 des Gesetzes vom 30. 6. 1970 (GBl. Bad.-Württ. S. 289) — *Anl. 16* —. Für die Bezirksnotare in Württemberg in ihrer Eigenschaft als öffentliche Notare gelten die §§ 21, 22a BNotO unmittelbar gemäß § 114 Abs. 1 Satz 3 Halbs. 2 BNotO.

Vorlesen, Genehmigen, Unterschreiben

13 (1) Die Niederschrift muß in Gegenwart des Notars den Beteiligten vorgelesen, von ihnen genehmigt und eigenhändig unterschrieben werden. In der Niederschrift soll festgestellt werden, daß dies geschehen ist. Haben die Beteiligten die Niederschrift eigenhändig unterschrieben, so wird vermutet, daß sie in Gegenwart des Notars vorgelesen und von ihnen genehmigt ist. Die Niederschrift soll den Beteiligten auf Verlangen vor der Genehmigung auch zur Durchsicht vorgelegt werden.

(2) Werden mehrere Niederschriften aufgenommen, deren Wortlaut ganz oder teilweise übereinstimmt, so genügt es, wenn der übereinstimmende Wortlaut den Beteiligten einmal vorgelesen wird. § 18 der Bundesnotarordnung bleibt unberührt.

(3) Die Niederschrift muß von dem Notar eigenhändig unterschrieben werden. Der Notar soll der Unterschrift seine Amtsbezeichnung beifügen.

Übersicht

A. Bedeutung

1 Die Vorschrift regelt das sogenannte Abschlußverfahren. Die in diesem Abschnitt des Beurkundungsvorgangs in die Niederschrift aufzunehmenden Vermerke gehören nicht zum Erklärungsinhalt, sondern zum Feststellungsinhalt der Urkunde (§ 9 Rdn. 2). Die Vorschrift wird ergänzt durch die Bestimmungen in § 14 über die Einschränkung der Vorlesungspflicht und bei der Beteiligung Sprachfremder und behinderter Personen durch die Bestimmungen der §§ 16 und 22 bis 25. Für die Beurkundung von Versteigerungen enthält § 15 gewisse Erleichterungen.

Die Bestimmungen des § 13 treten an die Stelle des § 177 Abs. 1, 3 FGG und des § 2242 Abs. 1, 4 BGB. Inhaltlich ist die in § 2242 Abs. 1 BGB nur für Testamente enthalten gewesene Regelung für die Beurkundung von Willenserklärungen jeder Art übernommen worden, weil diese Regelung dem Bestreben des Gesetzes, Vorschriften, deren Verletzung die Unwirksamkeit der Beurkundung zur Folge hat, möglichst einzuschränken, besser entgegenkommt als § 177 Abs. 1 BGB, vor allem insofern, als die Feststellung des Vorlesens, Genehmigens und Unterschreibens nach § 2242 Abs. 1 BGB im Gegensatz zu § 177 Abs. 1 FGG nur ein Sollerfordernis war und außerdem die Unterschrift der Beteiligten die Vermutung begründete, daß die Niederschrift vorgelesen und genehmigt worden ist (BT-Drucks. V/3282 S. 30 zu § 13). **2**

Zwingend sind die Vorschriften in § 13 Abs. 1 Satz 1 und in Abs. 3 Satz 1. Ihre Verletzung hat die Unwirksamkeit der Beurkundung als einer öffentlichen zur Folge. Die übrigen Bestimmungen sind Sollvorschriften, deren Beachtung zwar zur Amtspflicht des Notars gehört, deren Verletzung aber die Gültigkeit der Beurkundung nicht berührt. **3**

B. Vorlesung, Genehmigung und Unterschrift der Beteiligten

I. Gegenstand des Vorgangs

Vorzulesen, von den Beteiligten zu genehmigen und von ihnen zu unterschreiben ist nach Abs. 1 Satz 1 die Niederschrift. Darunter kann hier, da die Niederschrift erst durch die Unterschrift des Notars abgeschlossen wird, nicht die fertige, sondern nur die in der fortschreitenden Vollendung begriffene Urkunde verstanden werden[1]). Das Gesetz hat sich nicht damit begnügt, die Erfordernisse aufzustellen, denen eine fertige Urkunde genügen muß, sondern bestimmt, welchen Inhalt die Niederschrift in einem gewissen Entwicklungsabschnitt der Verhandlung haben muß. Diesen Abschnitt bildet der Beginn der Vorlesung. Im Zeitpunkt der Vorlesung muß die Niederschrift bereits einen vom Gesetz vorgeschriebenen Inhalt haben. Dieser Inhalt wird durch die §§ 9, 10 bestimmt. Die Vorlesung, Genehmigung und Unterzeichnung hat sich auf den hierdurch bestimmten Inhalt der Niederschrift zu erstrecken, auch soweit darin Sollvorschriften genügt wird, und ohne Rücksicht darauf, ob die Feststellungen zum Erklärungsinhalt oder zum Feststellungsinhalt der Niederschrift gehören, mithin auch auf die Bezeichnung des Notars und der Beteiligten (§ 9 Abs. 1 Satz 1 Nr. 1) und auf die Angabe von Ort und Tag der Verhandlung[2]). Das Unterbleiben der Vorlesung und Genehmigung von Feststellungen, die nur als Sollerfordernis vorgeschrieben sind, kann allerdings nicht die Unwirksamkeit der Beurkundung nach sich ziehen; deshalb ist es jetzt unschädlich, wenn die Angaben über Ort und Tag der Verhandlung (§ 9 Abs. 2) nicht vorgelesen werden. Dagegen gehört die Bezeichnung des Notars und der Beteiligten nach wie vor zu dem notwendig bei Vermeidung der Nichtigkeit der Beurkundung vorzulesenden Teil der Niederschrift. Die Erwägung, daß dieser Teil der Niederschrift zum Feststellungsinhalt der Urkunde gehöre, auf dessen Gestaltung die Beteiligten keinen Einfluß hätten und der für sie nicht bedeutsam sei, greift nicht durch; das Gesetz hat die Bezeichnung des Notars und der Beteiligten als eine wichtige Garantie für die richtige Beurkundung des Vorgangs und als wesentlichen Teil der öffentlichen Urkunde erachtet und die Gewähr dafür bieten wollen, daß der Beteiligte durch Genehmigung und Unterschrift nur eine bis zum Abschlußvermerk fertiggestellte Niederschrift zu unterschreiben veranlaßt werde[3]). Dadurch wird es mindestens erschwert, daß die Verhandlung in Wirklichkeit vor einer anderen Person stattfindet als dem Notar oder der sonstigen Urkundsperson, die schließlich nach Abs. 3 die Niederschrift unterzeichnet. **4**

[1]) RGZ 62, 1; 75, 374; Saage DNotZ 1959, 340, 344; Schlegelberger § 176 Anm. 9; Keidel[9] § 177 Anm. 2.

[2]) So zu § 177 FGG und § 2242 BGB RGZ 50, 215; 62, 1; 108, 397; RG JW 1929, 587; Josef JheringsJ 61, 412; Schlegelberger § 177 Anm. 2; Seybold-Hornig BNotO[4] § 20 Anh. Rdn. 62; Palandt-Keidel BGB 28 § 2242 Anm. 2; Soergel-Ehard-Eder BGB[9] § 2242 Anm. 2; Erman-Hense BGB[3] § 2242 Anm. 2; BGB-RGRK[10] § 2242 Anm. 2; a. M. Staudinger-Firsching BGB[11] § 2242 Anm. 7; Mecke BeurkG § 13 Rdn. 2; wie hier Palandt-Danckelmann BGB[29] § 13 BeurkG Rdn. 2.

[3]) Schlegelberger § 176 Anm. 10; a. M. Staudinger-Firsching a. a. O.

5 Die Pflicht zur Vorlesung und Genehmigung erstreckt sich auch auf Erklärungen in einer *Anlage* zur Niederschrift, die nach § 9 Abs. 1 Satz 2 als Bestandteil der Niederschrift gilt (§ 9 Rdn. 23). Nicht vorgelesen zu werden brauchen Legitimationsurkunden, die der Niederschrift beigefügt werden, sofern sie nicht ausnahmsweise die Erklärungen der Beteiligten in der Niederschrift ergänzen (§ 9 Rdn. 14). Protokollanlagen im Sinne des § 9 Abs. 1 Satz 2 brauchen auch nicht besonders unterschrieben zu werden (§ 9 Rdn. 23). Bei der Errichtung eines *Testaments* oder Erbvertrages durch Übergabe einer Schrift (§§ 2232, 2276 Abs. 1 BGB) braucht die Schrift, auch wenn sie offen übergeben wird, nicht vorgelesen zu werden; sie braucht auch nicht unterschrieben zu sein[4]).

6 *Nicht zu beziehen* ist die Pflicht zur Vorlesung, Genehmigung und Unterzeichnung auf den Feststellungsvermerk nach Abs. 1 Satz 2, gleichgültig ob er, was zulässig ist, hinter den Unterschriften der Beteiligten oder, wie es üblich ist, vor ihnen steht[5]); mithin braucht auch nicht vorgelesen und genehmigt zu werden der Vermerk nach § 14 Abs. 3 darüber, daß die Beteiligten auf das Vorlesen des beigefügten Schrifstücks verzichtet haben und daß es ihnen zur Kenntnisnahme vorgelegt worden ist; ebenso nicht die Vermerke darüber, daß die Niederschrift anstelle des Vorlesens bei Beteiligung Sprachfremder nach § 16 Abs. 2 Satz 1 übersetzt oder bei Beteiligung Tauber nach § 23 Satz 1 zur Durchsicht vorgelegt worden ist. Keiner Vorlesung und Genehmigung bedarf es in bezug auf die Feststellung nach § 25 darüber, daß der Beteiligte seinen Namen nicht schreiben kann[6]) sowie hinsichtlich der Feststellungen nach §§ 16 Abs. 1, 3, 24 Abs. 1. Vgl. auch § 22 Rdn. 15.

7 Eine *Teilung der Schlußverhandlung* ist zulässig, wenn in einer Niederschrift mehrere Rechtsgeschäfte beurkundet werden. Die Beurkundung kann dann in der Weise geschehen, daß die allgemeinen Förmlichkeiten der Niederschrift nur einmal, die mehreren rechtsgeschäftlichen Erklärungen verschiedener Beteiligter aber nacheinander und voneinander abgesondert in der Niederschrift erscheinen. Dann genügt es, wenn außer dem allgemeinen und gemeinschaftlichen Feststellungsinhalt der Niederschrift die auf sämtliche Rechtsgeschäfte gemeinsam sich beziehenden Erklärungen, z. B. bei einer Versteigerung mehrerer Gegenstände die Versteigerungsbedingungen, nur einmal vorgelesen werden, darauf die auf jedes einzelne Rechtsgeschäft bezüglichen Erklärungen getrennt für die jeweils Beteiligten. Hat ein Beteiligter die ihn betreffenden besonderen Erklärungen und den etwa noch ihn allein betreffenden Feststellungsinhalt nach Vorlesung genehmigt und unterschrieben, so kann er sich entfernen, soweit er nicht an später aufzunehmenden Erklärungen nochmals beteiligt ist. In der Reichstagskommission (KommBer. S. 66) lag ein Antrag vor, nach welchem dieses Verfahren durch eine besondere Vorschrift zugelassen werden sollte; es wurde angeführt, daß bei Versteigerungen die einzelnen Ersteigerer, nachdem sie ihren Zweck erreicht hätten, sich möglichst bald entfernen wollten. Die Auffassung ging aber dahin, daß der Antrag überflüssig sei, weil § 177 Abs. 1 FGG der Zulässigkeit dieses Verfahrens nicht entgegenstehe. Der Abschlußvermerk (Abs. 1 Satz 2) und die Unterschrift des Notars brauchen nur einmal am Schluß der Niederschrift zu erscheinen[7]).

II. Vorlesung

8 *1. Vorlesungsadressat.* Die Niederschrift ist nach Abs. 1 Satz 1 den Beteiligten vorzulesen. Das sind nach § 6 Abs. 2 die Erschienenen, deren Erklärungen beurkundet werden sollen. Daß die Niederschrift auch den zur Beurkundung hinzugezogenen Hilfspersonen vorgelesen werden müßte, nämlich den Urkundszeugen oder dem zweiten Notar nach §§ 22, 29 oder der Vertrauensperson nach § 24 Abs. 1 Satz 2, ist nicht besonders vorgeschrieben. Für das bisherige Recht ergab sich dies als zwingendes Erfordernis aus § 174 FGG und § 2239 BGB sowie

[4]) Staudinger-Firsching BGB[11] § 2238 Anm. 18, § 2242 Anm. 8.

[5]) RGZ 62, 1; 63, 31; 69, 79; 75, 374; KGJ 43, 97; Keidel[9] § 177 Anm. 33; Schlegelberger § 177 Anm. 2; Oberneck NotR[10] S. 219; Seybold-Hornig BNotO[4] Anh. zu § 20 Rdn. 62.

[6]) So schon früher zu § 177 Abs. 2 Satz FGG RGZ 63, 31; Keidel[9] § 177 Anm. 40; Schlegelberger § 177 Anm. 13; Staudinger-Firsching BGB[11] § 2242 Anm. 8 c; a. M. Seybold-Hornig BNotO[4] Anh. zu § 20 Rdn. 62

[7]) Ebert-Dudek-Lindemann[2] § 177 Anm. 1; Schlegelberger § 177 Anm. 4; Keidel[9] § 177 Anm. 4; Colmar OLGR 6, 108; RG JW 1913, 339.

daraus, daß sowohl § 177 Abs. 1 Satz 1 FGG als auch § 2242 Abs. 1 Satz 1 BGB in den Eingangsworten „Das Protokoll (die Niederschrift) muß vorgelesen“ keine Einschränkung des Kreises der Vorlesungsadressaten enthielten. Daraus, daß das BeurkG keine dem § 174 FGG oder dem § 2239 BGB entsprechende Bestimmung enthält, übrigens auf den Begriff der „mitwirkenden Personen“ überhaupt verzichtet (BT-Drucks. V/3282 S. 30 zu § 9), dagegen in § 13 Abs. 1 Satz 1 die Beteiligten als diejenigen bezeichnet, denen vorzulesen ist, muß geschlossen werden, daß eine Vorlesung vor den Urkundszeugen und dem zweiten Notar kein Wirksamkeitserfordernis der Beurkundung ist. Eine Ausnahme gilt nur für den Schreibzeugen und den an Stelle eines solchen zugezogenen zweiten Notar, die nach § 25 bei der Vorlesung und der Genehmigung zugezogen werden müssen. Eine solche Ausnahme muß weiter anerkannt werden für die nach § 24 Abs. 1 zuzuziehende Vertrauensperson. Ihre Zuziehung „zu der Beurkundung“, zu der auch die Vorlesung gehört, ist, wenn der Notar die Feststellung nach § 24 Abs. 1 Satz 1 getroffen hat, zwingend vorgeschrieben, und der taube oder stumme Beteiligte, mit dem auch eine schriftliche Verständigung nicht möglich ist, kann den Inhalt der Niederschrift nur durch die Vertrauensperson erfahren. Wenn aber die Zuziehung von Urkundszeugen oder eines zweiten Notars nur als Sollerfordernis verlangt wird (§§ 22, 29), ist es zwar Amtspflicht des Notars, die Niederschrift auch ihnen vorzulesen, weil sie sonst ihre Aufgabe, den Beurkundungsvorgang zu überwachen, nicht ordnungsgemäß wahrnehmen können, die Wirksamkeit der Beurkundung ist aber, wie auch beim Unterbleiben der Zuziehung überhaupt, hiervon nicht abhängig.

2. Notwendigkeit der Vorlesung. Die Vorlesung ist wesentliches Formerfordernis, dessen Nichtbeachtung die Nichtigkeit der Beurkundung nach sich zieht. Ist die Vorlesung Form, so ließe sich die Auffassung vertreten, daß sie unter allen Umständen erfolgen muß, und man dürfte nicht sagen, daß sie nur der Vermittlung des Inhalts der Niederschrift diene und deshalb entfalle, wenn kein Beteiligter oder Mitwirkender sie verstehen oder hören könne[8]). Das Gesetz hat diese Frage für zwei besondere Fälle aber anders gelöst. Bei einem sprachfremden Beteiligten tritt an die Stelle des Vorlesens die Übersetzung der Niederschrift (§ 16 Abs. 2 Satz 1), bei einem tauben Beteiligten die Vorlegung zur Durchsicht (§ 23); in diesen Fällen ist die Übersetzung oder Vorlegung zwingendes Formerfordernis. Dadurch entfällt aber nur die Vorlesung gegenüber dem behinderten Beteiligten, nicht gegenüber den sonstigen Urkundsbeteiligten, und nicht die als Sollerfordernis gebotene Vorlesung gegenüber den Urkundszeugen oder dem zweiten Notar (Rdn. 8). Im übrigen entfällt die Notwendigkeit der Vorlesung nicht deswegen, weil die Beteiligten von dem Inhalt der Urkunde auf andere Weise, etwa durch eine Vorlegung zur Durchsicht nach Abs. 1 Satz 4, bereits Kenntnis haben. Ein Verzicht der Beteiligten auf die Vorlesung der Niederschrift (einschließlich der Protokollanlage nach § 9 Abs. 1 Satz 2) ist unzulässig und nicht geeignet, den Mangel zu beheben[9]). In engen Grenzen läßt § 14 bei der Bestellung von Grundpfandrechten, Schiffshypotheken und Registerpfandrechten an Luftfahrzeugen einen Verzicht auf die Vorlesung beigefügter Schriftstücke zu; in diesem Fall tritt die Feststellung des Verzichts der Beteiligten in der Niederschrift als zwingendes Formerfordernis an die Stelle der Vorlesung (§ 14 Abs. 3). Lautes Diktieren kann die Vorlesung nicht ersetzen, da erst festzustellen bleibt, ob das Geschriebene dem Diktat entspricht[10]). 9

3. Art der Vorlesung. Das Vorlesen besteht darin, daß das Geschriebene durch lautes wörtliches Ablesen aus der Niederschrift zu Gehör gebracht wird. Deshalb ist es unzulässig, den Text der Niederschrift auf ein Tonband zu sprechen und dieses anstelle der Vorlesung abspielen zu lassen[11]). Hier ist die Unmittelbarkeit der Vorlesung nicht mehr gewahrt; außer- 10

[8]) So Rietsch, Handb. d. Urkundwiss., 2. Aufl. S. 465.
[9]) RG JW 1914, 410; Keidel[9] § 177 Anm. 9.
[10]) KG DNotZ 1944, 153 = DFG 1944, 48; mit Anm. v. Vogel; Rietsch a.a.O.; Keidel[9] § 177 Anm. 10; Schlegelberger § 177 Anm. 5.
[11]) A. M. Bühling JR 1960, 3; Kersten-Bühling Formularbuch[14] § 17,7; Höfer-Huhn § 52, 3; Haegele Rpfleger 1967, 159; ders., BeurkG § 13 Anm. V 7; Palandt-Danckelmann BGB[29] § 13 BurkG Anm. 2; wie hier Reithmann DNotZ 1960, 447; Keidel[9] § 177 Anm. 6; Schippel DNotZ 1970, 62; Rohs Geschäftsführung[5] S. 49.

dem besteht dafür kein praktisches Bedürfnis mehr, seitdem gemäß § 14 auf die Vorlesung umfangreicher Hypothekenbedingungen verzichtet werden kann. Das Verlesene muß Bestandteil der späteren, bis dahin noch unfertigen Niederschrift oder ihrer Anlage sein, nicht nur ein Entwurf, der später ohne nochmalige Vorlesung in die Niederschrift übertragen wird, weil das Übertragene nicht verlesen wäre und damit eine notwendige Sicherheitsgarantie entfiele. Dieser Grundsatz wird durch § 13 Abs. 2 durchbrochen. Werden mehrere Niederschriften aufgenommen, entweder über dieselben Erklärungen derselben Beteiligten (Doppelurschriften) oder über verschiedene, aber ganz oder teilweise gleichlautende Erklärungen derselben oder verschiedener Beteiligter, so reicht es nach Abs. 2 aus, wenn der übereinstimmende Wortlaut den Beteiligten nur einmal vorgelesen wird. Die Übereinstimmung kann sowohl den Feststellungsinhalt als auch den Erklärungsinhalt betreffen. Jeweils besonders vorzulesen ist dann nur noch der Teil der Niederschrift, der von dem übereinstimmenden Inhalt der Niederschriften abweicht. Dieses Verfahren war vorgeschlagen worden, um *Serienbeurkundungen,* wie sie bei der Anlegung von Siedlungen und der Begründung von Wohnungseigentum vorkommen, bewältigen zu können[12]). Den Notar trifft hierbei die erhöhte Amtspflicht, darauf zu achten, daß die gleichlautende Fassung der nur einmal vorgelesenen Urkundentexte gewährleistet ist; jedoch macht es die Gesetz gewordene Regelung nicht zur Bedingung, daß die Niederschrift auf mechanischem Wege (Druck, Vervielfältigung) in einem Arbeitsgang hergestellt ist. Der Notar darf aber dieses Verfahren nur anwenden, wenn er dadurch seine Verschwiegenheitspflicht (§ 18 BNotO) nicht verletzt (Abs. 2 Satz 2), mithin, da die Beteiligten ihn von dieser Pflicht befreien können, nicht gegen den Widerspruch eines Beteiligten. In der Regel wird die Niederschrift erst vorgelesen, wenn sie bis auf die Unterschriften fertiggestellt ist; die Vorlesung kann aber auch in Abschnitten vorgenommen werden[13]).

11 Die Person des Vorlesers ist gesetzlich nicht bestimmt; Sollvorschriften des Landesrechts hierüber (Art. 26 Abs. 3 BayNotG, Art. 113 WürttAGBGB) sind aufgehoben. In erster Linie obliegt die Vorlesung dem Notar oder der sonstigen Urkundsperson selbst. Er kann aber auch eine Person seines Vertrauens damit beauftragen, z. B. einen anderen Mitwirkenden oder einen Angestellten seiner Kanzlei. Die Vorlesung durch einen der Urkundsbeteiligten ist zwar ungehörig, aber kein Nichtigkeitsgrund. In jedem Fall muß der Notar, wie in dem gesetzlichen Erfordernis seiner Gegenwart (Abs. 1 Satz 1) zum Ausdruck kommt, die Vorlesung persönlich überwachen.

12 *4. Vorlegung zur Durchsicht (Abs. 1 Satz 4).* Mancher Beteiligte kann den Inhalt der Niederschrift durch eigenes Lesen besser als durch Vorlesen erfassen. Das Gesetz sieht deshalb vor, daß die Niederschrift den Beteiligten auf Verlangen zur Durchsicht vorgelegt werden soll, und zwar schon vor der Genehmigung, weil nur dann die Vorschrift die Richtigkeit der Beurkundung zu sichern geeignet ist und den Beteiligten die Prüfung erleichtert, ob ihr Wille richtig zum Ausdruck gekommen ist und ob sie die Niederschrift genehmigen sollen[14]). Der Notar genügt seiner Pflicht, wenn er die Urkunde auf Verlangen vorlegt; auf Aushändigung der Urkunde zwecks Prüfung an anderem Ort und zu anderer Zeit haben die Beteiligten auf Grund des Abs. 1 Satz 4 keinen Anspruch. Ob der Beteiligte die Niederschrift genau und gründlich durchsieht oder nur überfliegt oder sie nicht wirklich liest, ist ihm überlassen. Die Durchsicht nach Abs. 1 Satz 4 erfolgt neben der Vorlesung und kann diese nicht ersetzen (Ausnahme bei tauben Beteiligten nach § 23). Eine Feststellung in der Niederschrift über die Vorlegung zur Durchsicht ist nicht erforderlich.

12) Vgl. Keidel und Saage, DNotZ 1959, 340; Keidel[9] § 177 Anm. 5; Seybold-Hornig BNotO[4] Anh. zu § 20 Rdn. 63; Höfer-Huhn § 52,3; Rohs Geschäftsführung[5] S. 48.

13) RGZ 108, 397, 403 = JW 1925, 357 mit Anm. v. Herzfelder; KG DNotZ 1953, 255 mit Anm. v. Hornig; Schlegelberger § 177 Anm. 5; Keidel[9] § 177 Anm. 4; Staudinger-Firsching BGB[11] § 2242 Anm. 6.

14) Über Bedeutung der Durchsicht vgl. Rietsch, Hdb. d. Urkundwiss. 2. Aufl. S. 474; Mot. V, 273; BT-Drucks. V/4014 S. 3 zu § 13.

III. Genehmigung

Die Niederschrift muß von den Beteiligten genehmigt werden. Die Genehmigung mitwirkender Personen ist nicht erforderlich, auch nicht die der Vertrauensperson nach § 24 (Abweichung von § 178 Abs. 2 Satz 2 FGG). Ausnahmsweise entfällt die Genehmigung bei Stummheit des Erblassers nach § 31 Satz 3. Die Genehmigung bezieht sich auf den Erklärungsinhalt und den Feststellungsinhalt in dem in Rdn. 4, 5 erörterten Umfang; sie ist ein wesentliches Formerfordernis der Beurkundung, dessen Fehlen Unwirksamkeit der Beurkundung nach sich zieht. Aus Abs. 1 Satz 1 ergibt sich, daß die Genehmigung neben der Unterschrift ein selbständiges Erfordernis ist. Eine andere Frage ist es, in welcher Weise die Genehmigung zum Ausdruck gebracht werden muß und ob sie bereits in der widerspruchslosen Unterschrift gefunden werden kann. Sie braucht jedenfalls nicht ausdrücklich mündlich oder förmlich erklärt zu werden; es genügt jede Äußerung, die im Verkehr als Billigung aufgefaßt wird und über den Genehmigungswillen keinen Zweifel läßt, z. B. Kopfnicken[15]), allerdings nicht schon die Anhörung der Vorlesung „mit dem Ausdruck der Befriedigung"[16]). Der Notar ist deshalb nicht gehindert, die Genehmigung in der der Vorlesung nachfolgenden widerspruchslosen Unterzeichnung zu finden und darauf seinen nach Abs. 1 Satz 2 vorgeschriebenen Feststellungsvermerk zu gründen[17]). **13**

Besonderheiten sind bei der Errichtung von *Testamenten und Erbverträgen* durch mündliche Erklärung nach §§ 2232, 2276 Abs. 1 BGB zu beachten. Hat der Erblasser seinen letzten Willen zuvor mündlich erklärt, so genügt für die Genehmigung die Wahrung der vorstehend in Rdn. 13 erörterten Form. Wenn aber, wie es für zulässig erachtet wird, die Erklärung des letzten Willens und die Genehmigung der Niederschrift in einem Akte zusammengefaßt werden, indem der Erblasser bei oder nach der Vorlesung dem Vorgelesenen zustimmt, muß diese Zustimmung, weil sie außer der Genehmigung auch die mündliche Erklärung enthält, mündlich durch das verständlich gesprochene Wort, also mindestens durch ein „Ja", erklärt worden ist[18]). Es ist nicht erforderlich, daß der Erblasser außerdem vorher durch mündliche Erklärung zum Ausdruck gebracht hat, daß das Testament den ihm später vorgelesenen Inhalt haben solle[19]). Die Beurkundung ist auch nicht deshalb unwirksam, weil der beurkundende Notar den von einem Dritten abgefaßten Testamentsentwurf dem Erblasser in einem Zuge vom Anfang bis zum Ende vorgelesen hat, auch wenn der Entwurf mehrere Verfügungen von Todes wegen enthält, und der Erblasser sodann das Vorgelesene insgesamt mündlich genehmigt hat[20]). Daß ein solches Verfahren nicht gerade vorbildlich ist, bedarf keiner Hervorhebung. **14**

Die Genehmigung muß der Vorlesung nachfolgen[21]). Sie muß in Gegenwart der übrigen Beteiligten und des Notars erklärt werden[22]), ferner in Gegenwart des Schreibzeugen (§ 25). Ebenso ist die Gegenwart der Vertrauensperson (§ 24) notwendiges Erfordernis, da nur sie die Erklärung der Genehmigung dem Notar vermitteln kann. Die Anwesenheit von Urkundszeugen und des zweiten Notars (§§ 22, 29) ist zwar ebenfalls geboten, aber nur Sollerfordernis. **15**

[15]) RGZ 108, 397, 403 = JW 1925, 357 mit Anm. v. Herzfelder; Dresden JFG 1, 355; OGHbrZ 3, 383, 389; Schlegelberger § 177 Anm. 6; Seybold-Hornig BNotO[4] Anh. zu § 20 Rdn. 66; Staudinger-Firsching BGB[11] § 2242 Anm. 9.

[16]) BayObLGZ 1965, 341.

[17]) RG JW 1929, 587; Schlegelberger, Staudinger-Firsching a. a. O.

[18]) RGZ 161, 378 = DNotZ 1940, 72; OGHbrZ 2, 45; 3, 383, 387/388; BGHZ 2, 172; BGHZ 37, 79 zu B I 1 = NJW 1962, 1149 = MDR 1962, 557 = Rpfleger 1963, 191; Vogels DJ 1939, 1808; Staudinger-Firsching BGB[11] §2238 Anm. 13; Palandt-Keidel BGB[28] § 2242 Anm. 2.

[19]) BGHZ 37, 79 zu B I 1.

[20]) KG DNotZ 1960, 485 = MDR 1960, 483 = MittRheinNotK 1960, 569; ebenso bei abschnittweiser Vorlesung und Genehmigung BGHZ 37, 79 zu B I 1.

[21]) KG JFG 14, 165 = JW 1936, 3485 = HRR 1936 Nr. 1562 = DNotZ 1937, 136 = DJ 1936, 1816 mit Anm. v. Vogels.

[22]) BGHZ 29, 6, 8 = NJW 1959, 626 = DNotZ 1959, 215; Oberneck NotR[10] S. 219; Keidel[9] § 177 Anm. 17.

IV. Vermutung der Vorlesung und Genehmigung

16 Nach Abs. 1 Satz 3 begründet die eigenhändige Unterschrift der Beteiligten die Vermutung, daß die Niederschrift ihnen in Gegenwart des Notars vorgelesen und von ihnen genehmigt worden ist. Die Vorschrift ist dem § 2242 Abs. 1 Satz 3 BGB nachgebildet. Sie hat vor allem Bedeutung, wenn der Feststellungsvermerk nach Abs. 1 Satz 2 fehlt; ist dieser Vermerk vorhanden, so ist die Vorlesung und Genehmigung mit der Beweiskraft des § 415 Abs. 1 ZPO erwiesen, gegen welche der Gegenbeweis unrichtiger Beurkundung nach § 415 Abs. 2 ZPO zulässig ist. Die Vermutung des Abs. 1 Satz 3 ist eine widerlegbare Tatsachenvermutung (dazu § 12 FGG Rdn. 12). Die Vermutungsbasis, die eigenhändige Unterschrift, muß im Streitfall von dem bewiesen werden, der sich auf die Gültigkeit der Beurkundung beruft. Ein Vorbehalt bei der Unterschrift schließt die Vermutung aus. Die Vermutung greift nicht ein, wenn bei Schreibunfähigkeit nach § 25 verfahren worden ist. Sowohl gegenüber der beurkundeten als auch gegenüber der vermuteten Genehmigung ist der Gegenbeweis zulässig, daß die beurkundete Erklärung ganz oder zum Teil nicht abgegeben oder nicht vorgelesen oder bei der Vorlesung überhört worden sei und deshalb von der Genehmigung nicht gedeckt werde[23]). Der Beweis unrichtiger Beurkundung kann aber nicht durch Parteivernehmung geführt werden[24]).

V. Unterschrift der Beteiligten

17 *1. Art der Unterschrift.* Die Niederschrift muß von den Beteiligten unterschrieben werden. Unter Unterschrift ist die Namensunterschrift zu verstehen, die in der Regel unter Verwendung des Familiennamens geleistet wird. Die Unterzeichnung nur mit der Amts- oder Berufsbezeichnung würde jedenfalls im allgemeinen nicht genügen (vgl. aber § 9 Rdn. 9). Dem Zweck, dem das Erfordernis der Unterschrift dient, kann jede Unterschrift genügen, die im Zusammenhang mit dem sonstigen Urkundeninhalt die Möglichkeit der Identifizierung des Unterzeichnenden bietet[24a]). Es besteht kein Anlaß, an die Art der Unterschrift strengere Anforderungen als an die Bezeichnung des Beteiligten (dazu § 9 Rdn. 9) zu stellen. Inwieweit ein anderer Name als der Familienname genügt, ist unter Berücksichtigung der Verkehrssitte sowie des Umstandes zu würdigen, ob er den Aussteller der Urkunde zweifelsfrei kennzeichnet und die Ernstlichkeit der Unterschriftsleistung feststeht. Die Unterzeichnung nur mit dem Vornamen ist daher nicht völlig ausgeschlossen (vgl. Rdn. 19), ebenso die Verwendung eines verstümmelten Familiennamens, unter dem der Unterzeichner bekannt ist[24b]). Unschädlich kann auch eine versehentliche Auslassung sein, z. B. wenn eine Frau unter Fortlassung des Ehenamens unterschreibt „Anna geb. Mai". Die Beifügung des Vornamens zum Familiennamen ist nicht erforderlich, aber zur Unterscheidung zu empfehlen. Frauen können mit dem Ehenamen unterschreiben, ohne den Geburtsnamen hinzufügen zu müssen[25]). Andererseits ist es unschädlich, wenn eine verheiratete, geschiedene oder verwitwete Frau statt mit dem Ehenamen mit dem Mädchennamen unterschreibt, sei es, daß die Weiterführung dieses Namens dem Ortsgebrauch entspricht, oder daß sie sich irrig für berechtigt hält, diesen Namen zu führen und ihn auch tatsächlich führt[26]); es kommt nicht darauf an, ob der verwendete Name nach bürgerlichem Recht berechtigt geführt wird, sondern darauf, ob er auf Grund der Tatsache, daß er tatsächlich geführt wird, zur Kennzeichnung der Person ausreicht. Demgemäß ist es unschädlich, wenn mit einem rechtlich nicht zustehenden, aber tatsächlich geführten

[23]) RGZ 50, 420; RG JW 1916, 1113; BGH Rpfleger 1957, 110; Schlegelberger § 177 Anm. 6; Oberneck NotR[10] S. 218; Keidel[9] § 177 Rdn. 7, 18; a. M. für Überhören Baumbach-Lauterbach ZPO[29] § 415 Anm. 4.

[24]) BGH NJW 1965, 1714; a. M. Stein-Jonas-Pohle ZPO[18] § 415 III 1; Baumbach, Lauterbach a. a. O.

[24a]) Erman-Westermann BGB[3] § 126 Anm. 5.

[24b]) KGJ 50, 79 („Eitopp" statt „Eickhoff").

[25]) KGJ 41, 148.

[26]) LG Krefeld RheinNotZ 53 (1907), 13; AG Bielefeld StAZ 1964, 135; Schlegelberger § 177 Anm. 7; Oberneck NotR[10] S. 221; Staudinger-Firsching BGB[11] § 2242 Anm. 10; MittRheinNotK 1960, 575 (ohne Verf.); a. M. Keidel[9] § 177 Anm. 23.

Namen unterschrieben wird[27]). Auch die Unterzeichnung mit dem Künstlernamen, dessen der Beteiligte sich zu bedienen pflegt, ist statthaft[28]), wenn auch zweckmäßig zu vermeiden und jedenfalls durch Beifügung des bürgerlichen Namens zu ergänzen. Wesentlich ist, daß die Unterschrift die Person des Ausstellers kennzeichnet.

Werden Erklärungen von einem *Vertreter* abgegeben, so ist dieser nach § 6 Abs. 2 Beteiligter im Sinne des § 13 Abs. 1 Satz 1 und muß deshalb mit seinem Namen, nicht mit dem Namen des Vertretenen, unterzeichnen. Beurkundungsrechtlich ist es jedoch unschädlich, wenn der rechtsgeschäftlich bestellte Vertreter sich bei der Unterschrift des Namens des Vertretenen bedient[29]). Bei einem Prokuristen kommt die Beifügung des Prokurazusatzes nicht in Betracht, ist aber unschädlich[30]). Ein Einzelkaufmann kann wahlweise mit seinem bürgerlichen Namen oder mit der Firma (§ 17 HGB) unterschreiben[31]), letzteres insbesondere, wenn die Beurkundung sich auf das Handelsgeschäft bezieht; aber auch sonst wäre er durch die Firma hinreichend gekennzeichnet. Ein unvollständiger Firmengebrauch kann ausreichen[32]). Zweckmäßiger ist es, den bürgerlichen Namen mit dem Zusatz „in Firma . . .“ zu verwenden. Die Gesellschafter von Personenhandelsgesellschaften und die gesetzlichen Vertreter von Kapitalgesellschaften und juristischen Personen des privaten oder öffentlichen Rechts unterzeichnen mit ihrem Familiennamen. Die Angabe des Vertretungsverhältnisses gehört zum Erklärungsinhalt der Urkunde. Sehen die Organisationsnormen von juristischen Personen des öffentlichen Rechts (Gemeinde- oder Kreisordnung) die Beidrückung des Dienstsiegels vor, so ist dies bei öffentlicher Beurkundung nicht erforderlich (vgl. § 67 mit Bem.). **18**

Bei der Beurkundung von *Testamenten* kommt die Formerleichterung für eigenhändige Testamente nach § 2247 Abs. 3 BGB nicht in Betracht[33]). Die Unterzeichnung mit dem Vornamen allein kann unter besonderen Umständen ausreichen, wenn eine Person sich herkömmlicherweise mit dem Vornamen allein zu bezeichnen pflegt und unter ihm bekannt ist, wie es bei Angehörigen (früher) regierender Häuser und Bischöfen der Fall ist[34]). **19**

Abweichungen zwischen der Bezeichnung des Beteiligten nach § 9 Abs. 1 Satz 1 Nr. 1 und der Namensunterschrift sind nach Möglichkeit zu vermeiden. Sie können z. B. vorkommen, wenn eine verheiratete Frau, die im Eingang mit ihrem Ehenamen bezeichnet ist, versehentlich noch mit ihrem Mädchennamen unterschreibt oder der eingangs mit dem bürgerlichen Namen bezeichnete Einzelkaufmann mit der Firma. Die Beurkundung ist als gültig zu erachten, wenn sich aus dem Feststellungsvermerk die Identität des Unterschreibenden mit dem in der Niederschrift bezeichneten Beteiligten ergibt[35]). **20**

2. *Form der Unterschrift.* Die Unterschrift muß *eigenhändig* sein, d. h. unmittelbar von dem Aussteller persönlich aus eigener Kraft auf dem Urkundenpapier vollzogen sein. Auf die Verwendung gerade der Hand kommt es allerdings, z. B. bei Körperbehinderten, nicht an. Durch einen Vertreter kann die Unterschrift nicht geleistet werden. Bei Gebrechlichkeit ist fremde Hilfeleistung durch Stützen der Hand zulässig, jedoch darf daraus nicht ein Führen der Hand oder der Feder werden. Die Hand des Beteiligten muß in der von ihm gewollten **21**

27) RG WarnRspr. 1913 Nr. 300; Oberneck NotR[10] S. 221; Soergel-Ehard-Eder BGB[9] § 2242 Anm. 6; vgl. Mot. I, 184, 185.

28) Schlegelberger § 177 Anm. 7; Seybold-Hornig BNotO[4] Anh. zu § 20 Rdn. 68; Keidel[9] § 177 Anm. 23.

29) LG Darmstadt DNotZ 1942, 178; Oberneck NotR[10] S. 221; Güthe-Triebel GBO[6] § 29 Anm. 78; Meikel-Imhof-Riedel GBO[5] § 29 Rdn. 41; Seybold-Hornig BNotO[4] Anh. zu § 20 Rdn. 68; Keidel[9] § 177 Anm. 25; ebenso für die gesetzliche Schriftform nach § 126 BGB RGZ 50, 52; 74, 69; 76, 99; Josef AcP 100, 418; Schultze-Görlitz DJZ 01, 524; a. M. Schlegelberger § 177 Anm. 7; Höfer-Huhn § 52, 5.

30) KGJ 41, 175.

31) KGJ 37 A 226; Oberneck NotR[10] S. 221; Wellstein[2] § 177 Anm. 2d; Schlegelberger § 177 Anm. 7; Seybold-Hornig a. a. O.; Keidel § 177 Anm. 24.

32) RG WarnRspr. 1914 Nr. 272.

33) Staudinger-Firsching BGB[11] § 2242 Anm. 10; Soergel-Ehard-Eder BGB[9] § 2242 Anm. 6.

34) Oberneck NotR[10] S. 221; Wellstein[2] § 177 Anm. 2d; Ebert-Dudek-Lindemann[2] § 177 Anm. 1 c; Josef AcP 94, 465 ff. und 100, 418 ff.; Soergel-Ehard-Eder a. a. O.

35) Josef Recht 1910, 296; BayNotV 1927, 132; Oberneck NotR[10] S. 221; Seybold-Hornig BNotO[4] Anh. zu § 20 Rdn. 68; Schlegelberger § 177 Anm. 8; Keidel[9] § 177 Anm. 26; Staudinger-Firsching BGB[11] § 2242 Anm. 10.

Bewegung noch frei gewesen sein[36]); die Unterstützung des Dritten darf die Hand des Beteiligten bei der Formung der Unterschrift nicht gänzlich ausschalten[37]). Das Nachmalen der Schriftzüge einer vorgezeichneten Unterschrift genügt dem Erfordernis der Echtheit nicht. Eine Unterschrift leisten kann aber auch, wer seine Unterschrift nur äußerlich eingelernt hat, ohne die Buchstaben zu verstehen, oder wer sie nach einem Muster leistet; es kommt nicht auf das Verstehen der Schriftzüge, sondern auf die volle Eigenhändigkeit der Schrift an, zumal der Grad der Schriftkenntnis sich später schwer feststellen läßt[38]). Die Verwendung eines Faksimilestempels oder eine sonstige mechanische Fertigung genügt nicht. Ein Handzeichen ist keine Unterschrift; auch die Beglaubigung genügt nicht; es ist nach § 25 zu verfahren. Dasselbe gilt für unleserliche Striche und Krakel, die als mißlungener Versuch einer Unterschriftsleistung erkennbar sind. Die Unterschrift muß unmittelbar auf das Urkundenpapier selbst gesetzt werden; unterschreibt jemand mittels untergelegten Durchschlagpapiers mehrere Urkunden auf einmal, so ist nur die auf die oberste Urkunde gesetzte Unterschrift echt[39]).

22 Auch ein *Blinder,* der schreiben kann, muß die Niederschrift bei Vermeidung der Unwirksamkeit der Beurkundung seiner Erklärung unterschreiben. Der Blinde kann zwar nicht im rechtlichen Sinne der Billigung des Inhalts der Urkunde unterschreiben, weil er nicht sieht, was er unterschreibt; aber entscheidend ist die tatsächliche Echtheit der Unterschrift, und die fehlende Wahrnehmungsfähigkeit wird durch die Zuziehung der Urkundszeugen ausgeglichen[40]). Die Feststellung der Überzeugung des Notars von der Blindheit enthält deshalb nicht ohne weiteres die Feststellung seiner Überzeugung von der Schreibunfähigkeit[41]). Ebenso liegt in der Erklärung, blind zu sein, nicht ohne weiteres die Erklärung, nicht schreiben zu können[41a]); nur wenn im Einzelfall die Erklärung zugleich so aufzufassen ist, ist nach § 25 zu verfahren. Ferner wird anzunehmen sein, daß auch die Unterschrift eines blinden Beteiligten die Vermutung des § 13 Abs. 1 Satz 3 begründet.

23 Die Unterschrift muß ausgeschrieben sein. Eine Paraphe genügt nicht. Eine Verstümmelung durch Auslassung von Buchstaben ist aber unschädlich. Leserlichkeit ist nicht zu fordern. Die Anforderungen, die an die Unterzeichnung bestimmender Schriftsätze gestellt werden (vgl. § 29 FGG Rdn. 8) können hier, wo die Herkunft der Unterschrift von dem bezeichneten Beteiligten von einer Urkundsperson bezeugt wird, nicht Maßstab sein. Es genügt daher ein Schriftzug, der sich allenfalls noch als Unterschrift des bezeichneten Beteiligten deuten läßt. Um so mehr genügt es, wenn die Unterschrift besonders deutlich, z. B. in Rundschrift oder Druckbuchstaben, gefertigt ist. Einen Beteiligten, der mit fremden Schriftzeichen (kyrillisch, hebräisch, chinesisch usw.) unterschreiben kann, als schreibunfähig zu behandeln, ist ersichtlich unangemessen und grenzt an eine Verletzung der Menschenwürde. Auch eine solche Unterschrift identifiziert ihren Urheber; die Vorschriften über die Urkundensprache (§ 5) kommen hier nicht in Betracht, weil die Unterschrift nicht zum Text der Urkunde gehört[42]). Auf das

36) KGJ 48, 82; Keidel[9] § 177 Anm. 19; Schlegelberger § 177 Anm. 9.

37) BayObLGZ 1951, 598 = DNotZ 1952, 78 mit Anm. v. Rechenmacher; BGH LM § 16 TestG Nr. 1; Köln JMBlNRW 1957, 90 = DNotZ 1957, 158; Vogels JW 1938, 2161; Keidel MDR 1958, 837; BGHZ 27, 274 = NJW 1958, 1398.

38) Vgl. Rietsch, Hdb. d. Urkundwiss. 2. Aufl. S. 514/515.

39) Das war bis BayOblGZ 1965, 258 und BGHZ 47, 68 = LM § 2247 BGB Nr. 3 mit Anm. v. Johannsen (beide zu § 2247 BGB) nahezu unbestritten; vgl. Rietsch a. a. O. S. 444, 515; Jansen NJW 1966, 663; Bartholomeyczik ErbR § 18 I 1.

40) RGZ 86, 385; KGJ 45, 120 = RJA 13, 206; Koblenz NJW 1958, 1784; BGHZ 31, 136 = MDR 1960, 39 = DNotZ 1960, 158 = NJW 1960, 813 mit Anm. v. Bärmann = Rpfleger 1960, 11 mit Anm. v. Haegele; Rietsch a. a. O. S. 517; Oberneck NotR[10] S. 228; Schlegelberger § 177 Anm. 12; Keidel[9] § 177 Anm. 21; a. M. Hamm Rpfleger 1959, 379 mit abl. Anm. v. Haegele.

41) BGHZ 31, 136.

41a) Saarbrücken JBl. Saar 1962, 120.

42) Wie hier Keidel § 177 Anm. 27, jedoch ist es nicht erforderlich, daß der Notar und die anderen Beteiligten die Unterschrift verstehen können oder ein Dolmetscher hinzugezogen wird; Weißler § 177 Anm. 3 u. DNotV 1, 116; Rausnitz § 177 Anm. 7; a. M. die h. M., Schlegelberger § 177 Anm. 9; Oberneck NotR[10] S. 223; Rietsch, Hdb. d. Urkundwiss. 2. Aufl. S. 496; Höfer-Huhn § 51, 5; Seybold-Hornig BNotO[4] Anh. zu § 20 Rdn. 67; Kersten-Bühling Formularbuch[14], § 14 7 c; Staudinger-Firsching BGB[11] § 2242 Anm. 11. Wie hier jetzt Höfer, JurA 1970, 745/746.

verwendete Schreibmittel kommt es nicht an; selbst die Unterzeichnung mit Bleistift würde die Gültigkeit der Urkunde nicht berühren.

3. Ort der Unterschrift. Die Unterschrift muß räumlich den Teil der Niederschrift decken, der vorzulesen und zu genehmigen ist (vgl. Rdn. 4). Welche Stelle der Niederschrift diesem Erfordernis noch genügt, bestimmt die Verkehrssitte; die Anbringung seitlich neben dem Abschluß kann genügen[43]), aber wohl nicht mehr die Unterzeichnung vor Beginn der Erklärung[44]). Ob die Unterschrift über oder unter dem Feststellungsvermerk nach Abs. 1 Satz 2 steht, ist gleichgültig[45]); üblich ist jedoch die Unterzeichnung unter dem Feststellungsvermerk. Wegen des Verhältnisses zur Unterschrift des Notars vgl. Rdn. 37. **24**

4. Verweigert ein Beteiligter die Genehmigung oder die Unterschrift, wozu er vorbehaltlich der Kostenfolgen (§§ 57, 141 KostO) aus jedem beliebigen, auch unvernünftigen, Grunde oder ohne Angabe von Gründen befugt ist, so kann die Beurkundung in Ansehung seiner Erklärungen nicht zustande kommen. Ob die Erklärungen der übrigen Beteiligten selbständige Bedeutung behalten, richtet sich nach der Art des Rechtsgeschäfts und nach materiellem Recht[46]). Bei der Unterzeichnung durch die Beteiligten brauchen die übrigen Beteiligten nicht zugegen zu sein[47]). Erklärt ein Beteiligter erst nach der Leistung seiner Unterschrift, aber vor der unterschriftlichen Vollziehung der Niederschrift durch den Notar, daß er den Urkundsauftrag zurücknehme, so muß der Notar von der Vollziehung der Urkunde absehen[48]). **25**

VI. Feststellungsvermerk (Abs. 1 Satz 2)

In § 177 Abs. 1 Satz 2 FGG war die Feststellung der Vorlesung, Genehmigung und Unterzeichnung durch die Beteiligten als zwingendes Formerfordernis vorgeschrieben. Das Fehlen dieser Feststellung machte die Beurkundung nichtig, mochte auch der festzustellende Vorgang unstreitig oder erwiesenermaßen stattgefunden haben[49]). Schon das TestG hatte aber, um die Nichtigkeitsgründe nach Möglichkeit einzuschränken, die Mußvorschrift des § 2242 Abs. 1 Satz 2 BGB für das Testamentsrecht in eine Sollvorschrift abgeschwächt. Das BeurkG ist in § 13 Abs. 1 Satz 2 dieser Regelung für das allgemeine Beurkundungsrecht gefolgt. Das Fehlen der Feststellung, ihre Unvollständigkeit oder Ungenauigkeit berührt daher die Gültigkeit der Beurkundung nicht mehr. Gleichwohl ist es nach wie vor Amtspflicht des Notars, die Feststellung zu treffen, schon weil sie die Vorlesung, Genehmigung und Unterzeichnung durch die Beteiligten mit der Beweiskraft des § 415 ZPO feststellt und dadurch Angriffe gegen den Bestand der Urkunde wesentlich erschwert. **26**

Der Feststellungsvermerk ist ein Zeugnis der Urkundsperson darüber, daß Abs. 1 Satz 1 beachtet ist. Er braucht deshalb den Beteiligten nicht vorgelesen und von ihnen genehmigt zu werden und bedarf nicht der Deckung durch ihre Unterschrift; er kann daher den Unterschriften der Beteiligten auch nachfolgen. Die Feststellung hat sich mit hinreichender Deutlichkeit auf alle drei Erfordernisse der Vorlesung, Genehmigung und Unterzeichnung zu beziehen[50]). Die Eigenhändigkeit der Unterschrift braucht nicht besonders hervorgehoben zu werden[51]). Die bei gerichtlichen Protokollen übliche Abkürzung „v. g. u." ist für genügend angesehen worden[52]); sie ist aber ordnungswidrig und bei notariellen Protokollen mit Recht nicht gebräuchlich. In dem Vermerk: „Auf Vorlesung unterzeichnet" ist eine ausreichende Feststellung auch der Genehmigung gefunden worden[52a]). Die Beifügung eines Zusatzes am Schluß der Urkunde vor den Unterschriften, aber erst nach dem Feststellungsvermerk, berührt **27**

[43]) KG Recht 1928 Nr. 1570; BayObLGZ 31, 316; Schlegelberger § 177 Anm. 7; Keidel[9] § 177 Anm. 29.
[44]) KGJ 35 A 253.
[45]) RGZ 62, 1; 63, 37; 69, 82.
[46]) Schlegelberger Anm. 7; Keidel § 177 Anm. 31.
[47]) Oberneck NotR[10] S. 223; Seybold-Hornig BNotO[4] Anh. zu § 20 Rdn. 43.
[48]) Josef BayNotV 1935, 320; Keidel[9] § 177 Anm. 46.
[49]) KG JFG 5, 98; Celle NdsRpfl. 1962, 224.
[50]) RGZ 50, 517; RG JW 1904, 208; WarnRspr. 1931 Nr. 86; Dresden JFG 1, 355.
[51]) KGJ 20 A 128; Hamburg OLGR 11, 247; München JFG 15, 262.
[52]) KGJ 25 A 53; RGZ 53, 150; vgl. auch KGJ 20 A 128 und Dresden OLGR 3, 72.
[52a]a) RG DRiZRspr. 1931 Nr. 646; RG JW 1929, 587; HRR 1942 Nr. 130; Köln HRR 1934 Nr. 174; KG JFG 15, 165.

die Gültigkeit und Beweiskraft nicht, wenn erkennbar ist, daß der Zusatz Gegenstand der Vorlesung und Genehmigung war, z. B. durch ein Hinweiszeichen[53]); anders, wenn ein nachträglich angehängter Zusatz durch den vorausgegangenen Feststellungsvermerk ersichtlich nicht gedeckt wird[54]); vgl. zu Protokollberichtigungen allgemein § 8 Rdn. 13 ff. Beim Vorhandensein von Anlagen (§ 9 Abs. 1 Satz 2) empfiehlt sich die Feststellung, daß auch sie mitverlesen worden sind, doch diese besondere Hervorhebung ist nicht erforderlich[55]), weil der Vermerk die Anlage einschließt. Der Feststellungsvermerk darf aber nicht an den Schluß der Anlage anschließen, sondern ist in die Niederschrift selbst aufzunehmen[56]). Der Feststellungsvermerk kann nachgeholt werden, solange der Notar die Niederschrift nicht durch seine Unterschrift abgeschlossen hat[57]), aber auch später noch (§ 8 Rdn. 19).

VII. Gegenwart des Notars und anderer Mitwirkender

28 *1. Rechtsentwicklung.* Die Anwesenheit der „mitwirkenden Personen" war in § 174 FGG und § 2239 BGB a. F. besonders geregelt. Dabei enthielt § 174 FGG eine wesentliche Abweichung von der entsprechenden Vorschrift des § 2239 BGB für die Errichtung von Testamenten und Erbverträgen insofern, als dort die Anwesenheit der mitwirkenden Personen während der ganzen Verhandlung verlangt wurde, in § 174 FGG dagegen nur während der Dauer der Vorlesung, Genehmigung und Unterzeichnung. Diese Unterscheidung wurde mit der Erwägung gerechtfertigt, die Anforderungen des § 2239 BGB gingen für die Beurkundung von Rechtsgeschäften unter Lebenden über das Bedürfnis hinaus (Denkschr. S. 88). Das BeurkG beschränkt sich darauf, in § 13 Abs. 1 Satz 1 zu bestimmen, daß die Vorlesung, Genehmigung und Unterzeichnung durch die Beteiligten in Gegenwart des Notars stattfinden müssen. Es übernimmt damit, soweit es sich um die Anwesenheit des Notars handelt, die Regelung des § 174 FGG auch für die Beurkundung von Testamenten und Erbverträgen. Dadurch wird eine Quelle möglicher Unwirksamkeitsgründe verstopft; sachlich hatte der Unterschied zwischen § 174 FGG und § 2239 BGB allerdings bereits dadurch an Bedeutung eingebüßt, daß die Zusammenfassung der mündlichen Erklärung des letzten Willens und der Vorlesung und Genehmigung der Niederschrift zu einem Akt für zulässig erachtet worden war (oben Rdn. 14).

29 *2. Gegenwart des Notars.* Der Notar muß zugegen sein, wenn die Niederschrift den Beteiligten vorgelesen, von ihnen genehmigt und unterschrieben wird. Fehlt es an seiner Anwesenheit auch nur bei einem dieser Akte, so ist die Beurkundung nichtig, auch wenn die Niederschrift den Mangel nicht ergibt. Insbesondere ist es unzulässig, daß der Notar erst nach der Vorlesung bei der Genehmigung und Vollziehung der Unterschriften erscheint oder sich vor der Vollziehung der Unterschriften der Beteiligten entfernt. Andererseits ist es zur Gültigkeit der Beurkundung ausreichend, wenn der Notar bei den genannten drei Akten anwesend ist; die Gültigkeit hängt nicht davon ab, daß der Notar, wie es allerdings seiner Amtspflicht entspricht, persönlich mit den Beteiligten über ihre Erklärungen verhandelt und an dem Beurkundungsvorgang bis zu seinem Abschluß unausgesetzt mitwirkt[58]).

30 Gegenwart bedeutet Übereinstimmung von Ort und Zeit. Zweifelhaft kann hieran nur sein, inwieweit die Einheitlichkeit des Ortes gewahrt sein muß. Nach den jeweiligen räumlichen Verhältnissen kann es dazu ausreichen, daß der Notar vom Nebenzimmer aus bei geöffneter Tür den Vorgängen beigewohnt und ihnen auch tatsächlich seine Aufmerksamkeit zugewendet, nicht nur die Möglichkeit dazu gehabt hat[59]). Die Überwachung des Vorgangs, deren Sicherstellung Zweck der Vorschrift ist, setzt außer dem Gebrauch des Gehörsinns auch den des Gesichtssinns voraus, weil die Vorlesung aus der Niederschrift und die Unter-

[53]) RG JW 1911, 766 = DJZ 1911, 1219.
[54]) RG JW 1913, 339; dazu Knur DNotZ 1956, 645.
[55]) RGZ 71, 318; 96, 181.
[56]) RG Recht 1911 Nr. 1033; 1909 Nr. 726; Oberneck NotR[10] S. 223.
[57]) RGZ 79, 366; weitherziger (solange das Protokoll nach außen nicht in Erscheinung getreten ist) KG JW 1934, 304.
[58]) RGZ 61, 95.
[59]) RGZ 61, 95; RG JR 1925, 1439; Colmar Recht 1913 Nr. 968; Celle NdsRpfl. 1956, 131; Keidel[9] § 174 Anm. 4; Schlegelberger § 174 Anm. 2; vgl. auch zur Gegenwart von Zeugen BGH NJW 1964, 2055.

schriftsleistung durch die Beteiligten nur mit dem Gesichtssinn wahrgenommen werden können. Der Notar muß daher von seinem räumlichen Standplatz aus den Vorgängen zusehen und zuhören und demgemäß nach den örtlichen Verhältnissen dazu in der Lage sein; es genügt nicht, daß er die Vorgänge nur hören kann[60]). Von einem Verschütteten kann daher kein öffentliches Testament aufgenommen werden[61]). Außerdem muß den Beteiligten bewußt sein, daß nicht der mit ihnen verhandelnde Gehilfe, sondern der im Nebenzimmer weilende Notar die verantwortliche Urkundsperson ist[62]).

Aus § 13 Abs. 1 Satz 1 darf nicht geschlossen werden, daß der Notar sich damit begnügen dürfte, bei der Vorlesung, Genehmigung und bei der Leistung der Unterschriften der Beteiligten zugegen zu sein. Damit wird nur ein Mindesterfordernis für die Gültigkeit der Beurkundung aufgestellt. Die Amtspflichten des Notars gehen darüber hinaus. Er muß die Erklärungen der Beteiligten selbst entgegennehmen, ihren Willen erforschen, den Sachverhalt klären und die Beteiligten über die rechtliche Tragweite des Geschäfts belehren (§ 17). Er muß auch die Prüfung der Personengleichheit und der Geschäftsfähigkeit sowie der Gültigkeit des Geschäfts (§§ 4, 17 Abs. 2) und die Belehrung über Genehmigungserfordernisse (§ 18) in eigener Verantwortung vornehmen. Er muß auch die ordnungsmäßige Mitwirkung etwa hinzugezogener Hilfspersonen (§§ 16, 22, 24, 25, 29) und deren Unterschriftsleistung überwachen. **31**

Eine besondere Feststellung darüber, daß die in § 13 Abs. 1 Satz 1 genannten Akte in Gegenwart des Notars vorgenommen wurden, braucht in die Niederschrift nicht aufgenommen zu werden; sie ergibt sich schon aus der Bezeichnung des Notars nach § 9 Abs. 1 Satz 1 Nr. 1. Über das Verfahren bei einem notwendigen Wechsel des Notars vgl. § 8 Rdn. 10. **32**

3. Gegenwart anderer Mitwirkender. Nach § 25 muß bei der Beurkundung von Erklärungen Schreibunfähiger auch der Schreibzeuge oder zweite Notar bei Vermeidung der Nichtigkeit bei dem Vorlesen und der Genehmigung zugegen sein. Bei sonstigen Hilfspersonen (Urkundszeugen und zweiter Notar nach §§ 22, 29, Vertrauensperson nach § 24) gehört es zu den Amtspflichten des Notars, darüber zu wachen, daß sie beim Vorlesen, bei der Genehmigung und der Unterschrift der Beteiligten anwesend sind. Abweichend vom bisherigen Recht (§ 174 FGG) hat ein Mangel in dieser Hinsicht aber keine Nichtigkeitsfolgen mehr. **33**

Die *Beteiligten,* deren Erklärungen beurkundet werden, brauchen bei der Unterzeichnung durch die Urkundsperson und andere Mitwirkende sowie bei der Feststellung, daß vorgelesen, genehmigt und unterschrieben ist, nicht mehr zugegen zu sein[63]). **34**

VIII. Unterschrift des Notars

1. Art und Form der Unterschrift. Die Unterschrift des Notars ist der Vorgang, in welchem die Vollendung der Urkunde zum Ausdruck kommt und welcher ihr die Eigenschaft einer öffentlichen Urkunde mit der Beweiskraft des § 415 ZPO verleiht. Von der Beifügung des Siegels ist die Vollendung der Urschrift einer Niederschrift nicht abhängig. Die Unterschrift muß eine eigenhändige Namensunterschrift sein. Die Verwendung eines Faksimilestempels ist unzulässig, ebenso das Durchschreiben mit Hilfe von untergelegtem Durchschlagpapier (vgl. oben Rdn. 21); von diesem im Interesse der Rechtssicherheit unabdingbaren Erfordernis kann der Notar auch bei Massenbeurkundungen nicht befreit werden. Die Unterschrift ist mit dem ausgeschriebenen Familiennamen zu leisten; die Beifügung des Vornamens ist nicht erforderlich und dem Notar freigestellt. Eine Paraphe genügt nicht. Die Unterschrift soll mit der nach § 1 DOfNot. bei dem Landgerichtspräsidenten hinterlegten übereinstimmen, jedoch hat die Nichtbeachtung dieser Dienstvorschrift keine beurkundungsrechtlichen Folgen. **35**

60) Planck-Strecker BGB⁴ § 2239 Anm. 3; Staudinger-Firsching BGB¹¹ § 2339 Anm. 9; Soergel-Ehrad-Eder BGB⁹ § 2239 Anm. 4; Keidel⁹ § 177 Anm. 4; Schlegelberger § 177 Anm. 2; a. M. Leonhard ErbR § 2239 Anm. 1 und Kretzschmar ErbR² § 17 IV 4, die Sehen nicht für erforderlich halten.

61) Staudinger-Firsching a. a. O.; a. M. BGB-RGRK¹¹ § 2239 Anm. 4; Palandt-Keidel BGB²⁸ § 2239 Anm. 2.

62) RGZ 61, 95, 99; Josef² § 174 Anm. 3.

63) RGZ 79, 366; KGJ 43, 97, 99; RGJW 1936, 989 = DJ 1936, 258.

Entscheidend ist, daß die Unterschrift die Identität des Unterzeichners mit dem in der Niederschrift nach § 9 Abs. 1 Satz 1 Nr. 1 bezeichneten Notar erkennen läßt. Hierfür kann auch der sonstige Urkundeninhalt herangezogen werden. Eine Beurkundung, bei welcher der Notar irrtümlich mit dem Familiennamen eines Beteiligten unterzeichnet, der Name des Notars aber im übrigen aus der Niederschrift hervorgeht, kann hiernach noch als gültig erachtet werden[64]). Nach Abs. 3 Satz 2 soll der Notar auch seine Amtsbezeichnung der Unterschrift beifügen; das braucht nicht eigenhändig zu geschehen. Diese bisher in § 1 DOfNot. enthaltene Dienstvorschrift ist jetzt zum Sollerfordernis erhoben worden.

36 Leserlichkeit der Unterschrift ist kein Gültigkeitserfordernis, wenn auch der Notar bemüht sein sollte, seine Unterschrift so zu leisten, daß die Übereinstimmung des Namenszuges mit der Bezeichnung des Notars in der Niederschrift erkennbar bleibt. Genügend, als Mindestgebot aber auch erforderlich ist ein die Identität des Unterzeichners ausreichend kennzeichnender individueller Schriftzug, der einmalig ist, die Nachahmung durch einen Dritten mindestens erschwert, entsprechende charakteristische Merkmale aufweist und sich als Unterschrift eines Namens darstellt[64a]).

37 *2. Ort der Unterschrift.* Die Unterschrift des Notars muß jedenfalls unmittelbar auf der Niederschrift selbst stehen. Wird in der Niederschrift auf eine Protokollanlage Bezug genommen (§ 9 Abs. 1 Satz 2), so darf die Unterschrift, ebenso wie der Feststellungsvermerk (Rdn. 27), nicht lediglich auf der Protokollanlage stehen; auch die Unterschrift auf der von dem Erblasser nach § 2232 BGB übergebenen Schrift genügt dem Erfordernis nicht[65]). Eine Ausnahme bei der Errichtung von Verfügungen von Todes wegen, wenn der Notar wenigstens die Aufschrift auf dem verschlossenen Umschlag unterschrieben hat, enthält § 35. Im übrigen hat die Unterschrift des Notars die Bedeutung eines Zeugnisses über die richtige Beurkundung des Hergangs, insbesondere einer Bekräftigung der Richtigkeit aller den Feststellungsinhalt und den Erklärungsinhalt betreffenden Angaben der Niederschrift[66]). Der Notar kann daher die Unterschrift erst leisten, wenn die Niederschrift in diesem Sinne vollständig hergestellt ist. Was das räumliche Verhältnis der Unterschriften der Beteiligten, des Notars und der sonst mitwirkenden Personen zueinander anbetrifft, so kommt natürlich die Stellung des Notars als der verantwortlichen Urkundsperson am besten darin zum Ausdruck, daß er als letzter hinter allen anderen Unterschriften unterzeichnet, der Übersichtlichkeit halber zweckmäßig unter Verwendung einer neuen Zeile. Eine andere Frage ist es, inwiefern die Gültigkeit der Beurkundung von der Einhaltung dieser äußeren Reihenfolge abhängt. In dieser Hinsicht genügt es, wenn die Unterschrift des Notars sich räumlich zu dem vorausgegangenen Teil der Niederschrift in einem Verhältnis befindet, daß dadurch der gesamte Inhalt der Niederschrift einschließlich des Feststellungsvermerks, die Unterschriften der Beteiligten und die sonst vorgesehenen Feststellungen gedeckt werden[67]). Auf die Reihenfolge der Unterschriften in räumlicher und zeitlicher Hinsicht kann es nicht ankommen, jedenfalls läßt sich dem Gesetz nicht entnehmen, daß daraus ein Nichtigkeitsgrund hergeleitet werden dürfte[68]). Überhaupt ist ein kleinlicher Streit darüber, ob eine Unterschrift vor oder hinter, rechts oder links von einer anderen stehen müsse, einer ernsthaften Rechtsfindung nicht wür-

[64]) BayObLGZ 1955, 206 = JZ 1955, 706 = DNotZ 1956, 95 mit Anm. v. Keidel = NJW 1956, 24 mit abl. Anm. von Firsching; zust. Schlegelberger § 177 Anm. 15; Seybold-Hornig BNotO[4] Anh. zu § 20 Rdn. 73; Keidel § 177 Anm. 48; a. M. Staudinger-Firsching BGB[11] § 2242 Anm. 37.

[64a]) BGH LM § 130 ZPO Nr. 3 = Warn. 1964 Nr. 143; BGH LM § 170 ZPO Nr. 8 = MDR 1960, 396 = Betr. 1960, 350 = DNotZ 1960, 447 (L); BGH DNotZ 1970, 595 (für die Unterzeichnung des Beglaubigungsvermerks); vgl. auch § 40 Rdn. 19, § 29 FGG Rdn. 8.

[65]) Staudinger-Firsching BGB[11] § 2242 Anm. 29; HRR 1936 Nr. 598. Zu weit geht wohl OLG München, DRW 1940, 119, wonach die Unterschrift des Richters auf einer der Niederschrift angeklebten Mitteilungsverfügung genügen soll.

[66]) RGZ 68, 297, 300; KGJ 43, 97, 99.

[67]) RG JW 1936, 989 = DJ 1936, 258 a. E.; BGB-RGRK[10] § 2242 Anm. 10; Staudinger-Firsching BGB[11] § 2242 Anm. 30.

[68]) KGJ 43, 97, 101; BGB-RGRK[10] § 2242 Anm. 10; Soergel-Ehard-Eder BGB[9] § 2242 Anm. 15; a. M. Cordes DJZ 11, 476; Schlegelberger § 177 Anm. 15; Keidel[9] § 177 Anm. 45; Rohs Geschäftsführung[5] S. 46.

dig. Es ist daher nicht nur zulässig, daß die Unterschriften der Mitwirkenden seitlich neben der des Beteiligten stehen[69]), sondern es kann auch die Gültigkeit der Beurkundung nicht berühren, wenn der Notar, wenn auch höchst unzweckmäßig, in Erwartung der Unterschriften der Beteiligten vor diesen unterzeichnet[70]). Denn durch den Feststellungsvermerk und seine Unterschrift bekräftigt er, daß auch die nachfolgenden Unterschriften der Beteiligten vor ihm geleistet sind. Einigkeit besteht darüber, daß es auf die Reihenfolge der Unterschriften mehrerer mitwirkender Personen im Verhältnis zueinander nicht ankommt[71]).

3. Verhältnis der Unterschriften der Beteiligten, des Notars und anderer Mitwirkender zueinander. Außer der Unterschrift des Notars ist noch die Unterschrift des Dolmetschers (§ 16 Abs. 3 Satz 5), der Urkundszeugen oder des zweiten Notars (§§ 22 Abs. 2, 29 Satz 2), der Vertrauensperson (§ 24 Abs. 1 Satz 3) und des Schreibzeugen oder des an seiner Stelle fungierenden zweiten Notars (§ 25 Satz 3) vorgesehen. Zwingend ist jedoch nur die Unterschrift des Schreibzeugen und des bei Schreibunfähigkeit zugezogenen zweiten Notars angeordnet; die Unterschriften der übrigen Mitwirkenden und des Dolmetschers sind nur Sollerfordernis. Ihr Fehlen oder ihre Unzulänglichkeit berührt daher die Gültigkeit der Beurkundung nicht. Unter der Geltung des § 174 FGG wurde auf Grund der Fassung dieser Vorschrift angenommen, daß jeder Mitwirkende, wozu jedoch der Dolmetscher nicht gerechnet wurde[72]), seine Unterschrift in Gegenwart aller anderen Mitwirkenden leisten müsse, weil jeder von ihnen die Unterzeichnung durch die anderen Mitwirkenden mit zu bezeugen habe[73]), wenn dies auch nicht gänzlich unbestritten war[74]). Nach Aufhebung des § 174 FGG läßt sich diese Auffassung nicht mehr vertreten, da sie im BeurkG an keiner Stelle zum Ausdruck gekommen ist. Es kann nur noch als Amtspflicht des Notars betrachtet werden, durch seine Gegenwart darüber zu wachen, daß die übrigen Mitwirkenden (und der Dolmetscher) die Niederschrift ordnungsgemäß unterschreiben, ohne daß an eine Unterlassung Nichtigkeitsfolgen geknüpft werden dürften. **38**

Der Notar und die übrigen Mitwirkenden können noch nach Entfernung der Beteiligten unterzeichnen. Die Beteiligten brauchen also bei der Leistung dieser Unterschriften nicht mehr zugegen zu sein (oben Rdn. 34); das gilt bei der Errichtung von Verfügungen von Todes wegen auch für den Erblasser. Hieraus ergibt sich, daß der Notar und die übrigen Mitwirkenden die Niederschrift durch Vollziehung ihrer Unterschriften noch zum Abschluß bringen dürfen, wenn der Beteiligte nach Abgabe seiner Erklärung, Vorlesung und Genehmigung und Leistung seiner Unterschrift (oder nach Zuziehung des Schreibzeugen) geschäfts- oder testierunfähig wird[75]). Das gilt auch, wenn der Beteiligte zu diesem Zeitpunkt stirbt, noch bevor der Notar die Niederschrift durch seine Unterschrift zum Abschluß bringen konnte[76]). Die Erwägung, daß im Zeitpunkt des Todes des Beteiligten keine gültige Verfügung vorgelegen habe, ist formell richtig, aber begriffsjuristisch und enthält eine petitio principii, da es sich um die Frage handelt, inwiefern eine zur Zeit des Todes noch unfertige Rechtslage noch zur Vollendung gebracht werden kann[77]). Im Hinblick darauf, daß der Erblasser seinerseits alles **39**

69) KGJ 32 A 94 = RJA 7, 181; Keidel § 177 Anm. 45a; a. M. selbst hier Schlegelberger a. a. O.

70) Colmar OLGR 10, 311; KGJ 43, 97; Hamm OLGR 36, 188 (Schreibzeuge); LG Berlin JW 1938, 949 (Zeugen); Soergel-Ehard-Eder BGB[9] § 2242 Anm. 15; Oberneck NotR[10] S. 224.

71) Schlegelberger a. a. O.; Staudinger-Firsching BGB[11] § 2242 Anm. 31.

72) KGJ 43, 26 = RJA 12, 14; Schlegelberger § 174 Anm. 3; Keidel[9] § 174 Anm. 2; Voraufl. § 174 Anm. 1.

73) KGJ 48, 93; RG JW 1936, 989 = DJ 1936, 258; Keidel[9] § 174 Anm. 6; Schlegelberger § 174 Anm. 4; Voraufl. § 177 Anm. 19.

74) Ebert-Dudek-Lindemann[2] § 174 Anm. a. E.; Josef[2] § 174 Anm. 3; KGJ 13, 68.

75) Soergel-Ehard-Eder BGB[9] § 2242 Anm. 15; Keidel[9] § 177 Anm. 46; Staudinger-Firsching BGB[11] § 2242 Anm. 34, h. M.; für den Fall des Schwindens der geistigen Kräfte bei der Vorlesung und Genehmigung, aber nach der Abgabe der Erklärung vgl. BGHZ 30, 294.

76) LG Berlin DJ 1935, 1772 = DNotZ 1936, 113; Soergel-Ehard-Eder BGB[9] § 2242 Anm. 15; Erman-Hanse BGB[3] § 2242 Anm. 4; Lange ErbR § 18 VI 1; Keidel[9] § 177 Anm. 46; Ebert-Dudek-Lindemann[2] zu § 174; Schlegelberger § 177 Anm. 15; a. M. Staudinger-Firsching BGB[11] § 2242 Anm. 33 und ihm folgend Palandt-Keidel BGB[28] § 2242 Anm. 8b; BGB-RGRK[11] § 2242 Anm. 18 hält diese Auffassung abweichend von der 10. Aufl. Anm. 10 für beachtlich.

77) Vgl. Staudinger-Boehmer BGB[11] § 1922 Anm. 216.

zur Verlautbarung seines letzten Willens Erforderliche getan hat und der Notar nicht berechtigt ist, auf Grund eigener Willensentschließung durch eine Verweigerung seiner Unterschrift die Vollendung des Rechtsakts zu unterbinden, ist anzunehmen, daß der Notar nicht nur nicht gehindert ist, sondern sogar die Amtspflicht hat, die Beurkundung durch seine Unterschrift zum Abschluß zu bringen. Um einen Fall der „Nachholung" der Unterschrift (dazu nachst. Rdn. 39) handelt es sich hierbei nicht, da von einer solchen nur gesprochen werden kann, wenn eine ordnungswidrig unterlassene Unterschrift nach Beendigung des Beurkundungsvorgangs nachträglich auf der Niederschrift angebracht werden soll.

40 *4. Nachholung der Unterschrift.* Fehlt die Unterschrift des Notars oder des Schreibzeugen (§ 25 Satz 2), so ist die Beurkundung unwirksam[78]). Ist die notarielle Beurkundung gesetzliches Formerfordernis, so ist das beurkundete Rechtsgeschäft nach § 125 Satz 1 BGB nichtig. Hat der Notar seine Unterschrift bis zur Beendigung des Beurkundungsvorgangs verabsäumt, so kann er diese Rechtsfolge nicht dadurch beseitigen, daß er seine Unterschrift nachträglich beifügt. Hierbei handelt es sich nicht darum, daß bis zur Unterschrift des Notars die Niederschrift noch nicht abgeschlossen ist, sondern es liegt ein fehlgeschlagener Beurkundungsversuch vor. Durch die nachträgliche unterschriftliche Ergänzung würde der Notar eine Veränderung in der Rechtswelt herbeiführen, zu der er ohne erneutes Ansuchen der Beteiligten und formgerechte Wiederholung des Beurkundungsakts nicht befugt ist. Maßgebend ist der Zeitpunkt, in welchem der Notar die Urkunde dadurch aus seiner Verfügungsgewalt entlassen hat, daß sie nach außen in Erscheinung getreten ist, spätestens durch Erteilung einer Ausfertigung oder, wenn es sich um ein Testament oder einen Erbvertrag handelt, durch die Verbringung in die amtliche Verwahrung nach § 34 Abs. 1 Satz 4[79]). Bei Verfügungen von Todes wegen kann die Unterschrift keinesfalls noch nachgeholt werden, wenn der Erblasser bereits verstorben ist (anders, wenn er während der Verhandlung vor ihrem Abschluß stirbt, vgl. Rdn. 38)[80]); und deshalb keinesfalls nach der Eröffnung des Testaments[81]). Dasselbe gilt für sonstige etwa mitwirkende Personen[82]). Übrigens hat die Frage für Verfügungen von Todes wegen dadurch wesentlich an Bedeutung eingebüßt, daß § 35 das Fehlen der Unterschrift des Notars für unschädlich erklärt, wenn der Notar die Aufschrift auf dem nach § 34 Abs. 1 Satz 1 errichteten Umschlag unterschrieben hat. Wegen der Nachholung der Unterschrift Beteiligter vgl. § 8 Rdn. 20.

41 Der aus dem Amt ausgeschiedene Notar kann Unterschriften in amtlicher Eigenschaft nicht mehr leisten, während seiner Amtszeit verabsäumte mithin nicht mehr nachholen. Der Notarvertreter, Notariatsverweser oder Amtsnachfolger ist dazu ebenfalls nicht befugt.

Eingeschränkte Vorlesungspflicht

14 (1) Werden bei der Bestellung einer Hypothek, Grundschuld, Rentenschuld, Schiffshypothek oder eines Registerpfandrechts an Luftfahrzeugen Erklärungen, die nicht im Grundbuch, Schiffsregister, Schiffsbauregister oder im Register für Pfandrechte an Luftfahrzeugen selbst angegeben zu werden brauchen, in ein Schriftstück aufgenommen, auf das in der Niederschrift verwiesen und das dieser beigefügt wird, so braucht es nicht vorgelesen zu werden, wenn die Beteiligten auf das Vorlesen verzichten; eine Erklärung, sich der sofortigen Zwangsvollstreckung zu unterwerfen, muß in die Niederschrift selbst aufgenommen werden.

78) KG DFG 1941, 27 = HRR 1941 Nr. 327.

79) Vgl. RGZ 79, 366, 370; Keidel DNotZ 1957, 583; Keidel[9] § 177 Anm. 45; Schlegelberger § 177 Anm. 15 a. E.; Haegele BeurkR[2] Fn. 132; a. M. Staudinger-Firsching BGB[11] § 2242 Anm. 35; Rohs Geschäftsführung[5] S. 47.

80) Erman-Hense BGB[3] § 2242 Anm. 7; insoweit ist Staudinger-Firsching BGB[11] § 2242 Anm. 33 und Palandt-Keidel BGB[28] § 2242 Anm. 8 b beizupflichten, die aber den Unterschied zwischen Nachholung einer verabsäumten Unterschrift und Tod des Erblassers während der Verhandlung nicht beachten.

81) KGJ 38 A 141; KG OLGR 33, 8; München DNotZ 1944, 12.

82) KG DFG 1941, 27 = HRR 1941 Nr. 327; RG JW 1936, 989.

(2) Wird nach Absatz 1 das beigefügte Schriftstück nicht vorgelesen, so soll es den Beteiligten zur Kenntnisnahme vorgelegt und von ihnen unterschrieben werden. § 17 bleibt unberührt.

(3) In der Niederschrift muß festgestellt werden, daß die Beteiligten auf das Vorlesen verzichtet haben; es soll festgestellt werden, daß ihnen das beigefügte Schriftstück zur Kenntnisnahme vorgelegt worden ist.

1. Voraussetzungen. Die Vorschrift kommt dem Bedürfnis entgegen, den Beurkundungs- **1**
vorgang zu erleichtern, wenn umfangreiche Bedingungen von Kreditinstituten zu beurkunden sind[1]). Bei der Bestellung einer Hypothek, Grundschuld, Rentenschuld, Schiffshypothek oder eines Registerpfandrechts an Luftfahrzeugen kann auf die sonst nach § 13 Abs. 1 Satz 1 zwingend vorgeschriebene Vorlesung solcher Erklärungen verzichtet werden, die nicht nach §§ 1115 Abs. 1 Halbs. 1, 1116 Abs. 2 Satz 3, 1184 Abs. 2, 1189 Abs. 1 Satz 2, 1190 Abs. 1 Satz 2, 1192, 1199 Abs. 2 Satz 2 BGB, nach § 24 Abs. 1 Satz 1 SchiffsRG oder nach § 24 Abs. 1 Satz 1 LuftfahrzRG und anderen Vorschriften in das Grundbuch oder Register selbst eingetragen werden müssen, derentwegen also auf die Eintragungsbewilligung Bezug genommen werden kann. Zu den Erklärungen, die in das Grundbuch oder Register selbst eingetragen werden müssen, gehört auch die Unterwerfung unter die sofortige Zwangsvollstreckung gegen den jeweiligen Eigentümer nach §§ 800, 800a ZPO[2]); diese Erklärung wird daher durch Abs. 1 Halbs. 2 von dem Verzicht auf die Vorlesung und von der Aufnahme in das besondere beigefügte Schriftstück ausgenommen. Das gilt übrigens auch, wenn der Schuldner sich nur persönlich nach § 794 Abs. 1 Nr. 5 ZPO der sofortigen Zwangsvollstreckung unterwirft. Dadurch wird es nicht ausgeschlossen, daß die Unterwerfung unter die sofortige Zwangsvollstreckung und andere Erklärungen, für die Abs. 1 nicht gilt, nach allgemeinen Grundsätzen in eine Protokollanlage nach § 9 Abs. 1 Satz 2 aufgenommen werden (vgl. § 9 Rdn. 13), die alsdann mit vorzulesen ist (§ 9 Rdn. 23). Die allgemeine Vorschrift des § 9 Abs. 1 Satz 2 wird durch § 14 nicht eingeschränkt.

Bei der Eintragung einer *Löschungsvormerkung* nach § 1179 BGB kann zur näheren Be- **2**
zeichnung des zu sichernden Löschungsanspruchs auf die Eintragungsbewilligung Bezug genommen werden[3]). Auch diese Bestimmungen können daher, wenn die Löschungsvormerkung bei Bestellung der Hypothek usw. bewilligt wird, in das nach § 14 errichtete Schriftstück aufgenommen werden. Unmittelbar in das Grundbuch einzutragen und deshalb in die Niederschrift selbst aufzunehmen sind aber die Bezeichnung des Vormerkungsberechtigten und des von dem Löschungsanspruch betroffenen Rechts (und natürlich, wie auch sonst, die Eintragungsbewilligung).

2. Verfahren

a) Verweisung auf ein beigefügtes Schriftstück. Die Erklärungen, auf deren Vorlesung **3**
nach Abs. 1 verzichtet werden darf, müssen von dem übrigen vorlesungspflichtigen und in die Niederschrift (oder eine Protokollanlage nach § 9 Abs. 1 Satz 2) aufzunehmenden Inhalt der Erklärung durch die Aufnahme in ein besonderes Schriftstück räumlich getrennt sein. Auf dieses Schriftstück muß in der Niederschrift verwiesen und es muß dieser beigefügt werden. Für den Begriff der Verweisung und der Beifügung gelten die Bem. zu denselben Erfordernissen bei der Protokollanlage nach § 9 Abs. 1 Satz 2 entsprechend (§ 9 Rdn. 16 bis 20). Nach § 44 soll das Schriftstück mit der Niederschrift durch Schnur und Prägesiegel verbunden werden.

[1]) Über die maßgebenden Erwägungen des Gesetzgebers vgl. BT-Drucks. V/3282 S. 30 und BT-Drucks. V/4014 S. 3, jeweils zu § 14. Dazu auch Fuchs, Zur Vereinfachung der Grundkreditformulare, DNotZ 1969, 133 (auch zu § 14 BeurkG).

[2]) KGJ 45, 261; Baumbach-Lauerbach ZPO[28] § 800 Anm. 1 C.

[3]) BayObLGZ 1956, 196; Staudinger-Scherübl BGB[11] § 1179 Anm. 14 f.

4 *b) Verzicht der Beteiligten.* Das Verfahren setzt außer den sachlichen Voraussetzungen des Abs. 1 und der Aufnahme der Erklärungen in ein besonderes Schriftstück voraus, daß die Beteiligten auf die Vorlesung verzichten. Beteiligte sind nach § 6 Abs. 2 die Erschienenen, die die zu beurkundende Erklärung abgeben. Tritt also nur der Schuldner und Eigentümer als Erklärender auf, wie es regelmäßig der Fall sein wird, so ist ein Verzicht des Gläubigers nicht erforderlich. Der Verzicht muß nach § 13 Abs. 1 Satz 1 in Gegenwart des Notars erklärt werden, da er die sonst gebotene Vorlesung ersetzt. Ohne Verzichtserklärung ist die Beurkundung der in dem beigefügten Schriftstück enthaltenen Erklärungen als öffentliche unwirksam.

5 *c) Vorlegung zur Kenntnisnahme und Unterschrift.* Verzichten die Beteiligten auf die Vorlesung des Schriftstücks, so soll der Notar es ihnen zur Kenntnisnahme vorlegen (Abs. 2), und zwar abweichend von § 13 Abs. 1 Satz 4 nicht erst auf Grund eines Verlangens. Inwieweit der Beteiligte von der ihm gebotenen Gelegenheit zur Kenntnisnahme Gebrauch macht, ob er also das Schriftstück gründlich durchliest oder nur überfliegt oder überhaupt nicht liest, ist ihm überlassen. Außerdem sollen die Beteiligten das Schriftstück unterschreiben, wodurch, wie es in der amtlichen Begründung heißt, ihre Verantwortlichkeit für die darin niedergelegten Verpflichtungen herausgestellt werden soll. Hierin liegt eine Abweichung von der Behandlung der Protokollanlage nach § 9 Abs. 1 Satz 2 (vgl. § 9 Rdn. 23), deren Berechtigung zweifelhaft erscheint. Der Notar selbst braucht das beigefügte Schriftstück nicht zu unterzeichnen. Für Art und Form der Unterschrift gelten die Bem. zu § 13 Rdn. 17 bis 23. Unterbleiben Vorlegung und Unterschrift, so wird dadurch die Gültigkeit der Beurkundung nicht berührt. Das Erfordernis, nach § 13 Abs. 1 Satz 1 die Niederschrift selbst zu unterschreiben, bleibt natürlich unberührt, so daß der Beteiligte, wenn nach § 14 verfahren wird, zwei Unterschriften zu leisten hat.

6 *d) Belehrungspflicht.* Durch den Hinweis in Abs. 2 Satz 2 auf § 17 wird klargestellt, daß der Verzicht auf die Vorlesung die Prüfungs- und Belehrungspflicht des Notars unberührt läßt, diese Pflicht sich also auch auf die in das beigefügte Schriftstück verwiesenen Erklärungen der Beteiligten bezieht. Der Notar muß sich daher über den Inhalt des Schriftstücks unterrichten. Es wird sogar als Vorzug des Verfahrens hervorgehoben, daß die Abkürzung des äußeren Beurkundungsvorgangs es dem Notar um so eher ermöglicht, sich der Belehrung der Beteiligten zu widmen und dabei die bedeutsamen Bedingungen des Schriftstücks ausführlicher zu erörtern (BT-Drucks. V/4014 S. 3 zu § 14).

7 *e) Feststellungen in der Niederschrift.* Nach Abs. 3 hat der Notar in der Niederschrift zwei Feststellungen zu treffen, von denen die eine zwingend, die andere nur ein Sollerfordernis ist. Es muß festgestellt werden, daß die Beteiligten auf das Vorlesen des beigefügten Schriftstücks verzichtet haben; fehlt diese Feststellung, so ist die Beurkundung der in dem Schriftstück enthaltenen Erklärungen unwirksam, auch wenn der Verzicht tatsächlich erklärt worden ist (Abweichung von § 13 Abs. 1 Satz 2). Außerdem soll festgestellt werden, daß das beigefügte Schriftstück den Beteiligten zur Kenntnisnahme vorgelegt worden ist; das Unterbleiben dieser Feststellung berührt die Gültigkeit der Beurkundung nicht. Darauf, daß die Beteiligten das Schriftstück unterschrieben haben, braucht sich die Feststellung nicht zu erstrecken. Für die Behandlung des Feststellungsvermerks gelten im übrigen die Bem. zu § 13 Rdn. 26, 27.

8 *3. Wirkung der Beurkundung.* Die in dem beigefügten Schriftstück enthaltenen Erklärungen sind, wenn die zwingenden Vorschriften des § 14 beachtet sind, nicht etwa nur privatschriftliche Erklärungen, sondern sie sind wie die Niederschrift selbst öffentlich beurkundet und nehmen an deren Beweiskraft (§ 415 ZPO) teil. Insoweit gelten dieselben Grundsätze wie für die vorgelesene Protokollanlage nach § 9 Abs. 1 Satz 2 (§ 9 Rdn. 26). Wenn aber das beigefügte Schriftstück Erklärungen enthält, auf deren Vorlesung nach Abs. 1 nicht verzichtet werden kann, z. B. eine Unterwerfung unter die Zwangsvollstreckung, so sind diese Erklärungen nicht öffentlich beurkundet. Ob sie und die übrigen in der Niederschrift und in dem beigefügten Schriftstück enthaltenen Erklärungen rechtswirksam sind, richtet sich nach materiellem Recht.

Versteigerungen

15 Bei der Beurkundung von Versteigerungen gelten nur solche Bieter als beteiligt, die an ihr Gebot gebunden bleiben. Entfernt sich ein solcher Bieter vor dem Schluß der Verhandlung, so gilt § 13 Abs. 1 insoweit nicht; in der Niederschrift muß festgestellt werden, daß sich der Bieter vor dem Schluß der Verhandlung entfernt hat.

1. Vornahme und Beurkundung von Versteigerungen. Die Versteigerung ist kein reines Beurkundungsgeschäft, sondern in erster Linie eine amtliche Verrichtung, die aber nach ihrem Zweck Beurkundungen mit sich bringt. Die Vorschrift gilt für die Beurkundung der bei der Versteigerung vorkommenden rechtsgeschäftlichen Erklärungen der Beteiligten, namentlich der Gebote und ihrer Annahme (§§ 145, 156 BGB), für deren Beurkundung im übrigen die §§ 6 bis 16, 22 bis 26 maßgebend sind. Soweit aus Anlaß der Versteigerung auch Vorgänge nicht rechtsgeschäftlicher Art in der Niederschrift festzuhalten sind (Bekanntgabe der Versteigerungsbedingungen, Aufforderung zur Abgabe von Geboten, Leistung von Zahlungen), sind die Bestimmungen der §§ 36, 37 zu beachten. Die Niederschrift wird also in der Regel sowohl den Vorschriften der §§ 6 bis 16, 22 bis 26 als auch denen der §§ 36, 37 über die Beurkundung anderer Vorgänge als Rechtsgeschäfte genügen müssen. 1

Im übrigen ist zwischen der Vornahme der Versteigerung einschließlich der dabei vorkommenden Beurkundungen und der Beurkundung der von einem anderen vorgenommenen Versteigerung zu unterscheiden. Vorgenommen wird die Versteigerung von demjenigen, der die zu ihrer Abwicklung notwendigen Erklärungen (Bekanntgabe der Versteigerungsbedingungen, Ausgebot, Zuschlag) abgibt; er ist der Versteigerer. Er kann sich hierbei der Unterstützung von Hilfspersonen (z. B. Ausrufern) bedienen und darf bei der Erteilung des Zuschlags auch Weisungen seines Auftraggebers folgen. Gibt der Notar die genannten Erklärungen ab, so ist er selbst Versteigerer. Beschränkt sich dagegen der Notar darauf, die von einem anderen vorgenommene Versteigerung zu beurkunden, so ist nur der andere Versteigerer. Der Notar hat in diesem Fall zu prüfen, ob der andere nach den bestehenden Vorschriften (§ 34b GewO, Versteigerervorschriften vom 12. 1. 1961, BGBl. I, 43) zur Abhaltung von Versteigerungen befugt ist. Ist das nicht der Fall, so hat der Notar die Beurkundung abzulehnen[1]). 2

2. Anwendungsbereich. Die Vorschrift gilt für Versteigerungen außerhalb der Zwangsvollstreckung, also für *freiwillige Versteigerungen* auf Antrag des Berechtigten und für *öffentliche Versteigerungen*, wenn der Auftrag zum Verkauf für Rechnung eines anderen auf gesetzlicher Ermächtigung beruht (§§ 373, 489, 753, 966, 979, 983, 1003, 1219, 1235, 2042 BGB, §§ 371, 373, 376, 379, 388, 391, 437, 440 HGB, §§ 65 Abs. 3, 214 Abs. 3, 226 Abs. 3, 383 Abs. 2 AktG, § 23 GmbHG). Auf Teilungsversteigerungen nach § 180 ZVG ist die Vorschrift nicht anwendbar; auch die Mitglieder einer (Bruchteils- oder Erben-)Gemeinschaft sind aber nicht gehindert, einen Auftrag zur freiwilligen Versteigerung zu erteilen, da § 753 BGB nachgiebiges Recht ist. Die öffentliche Versteigerung zum Zwecke der Teilung (§§ 753, 2042 BGB) setzt voraus, daß gegen die übrigen Gemeinschafter ein Urteil auf Einwilligung vorliegt. Gegenstand der Versteigerung können bewegliche oder unbewegliche Sachen, Rechte (Pachtrechte) oder Forderungen sein, ihr Ziel die Erlangung eines Meistgebots oder eines Mindestgebots (Submission). Die Zwangsveräußerung eines Wohnungseigentums auf Grund Urteils, die sich in den Formen der freiwilligen Versteigerung vollzieht (§§ 19, 53 WEG) gehört kraft der Verweisung in § 53 Abs. 2 Satz 2 WEG ebenfalls hierher. 3

3. Zuständigkeit. Die Zuständigkeit ergibt sich für Notare aus § 20 Abs. 3 BNotO und § 53 WEG, für die Notare in Baden aus §§ 37, 39 BadLFGG, für die Bezirksnotare in Würt- 4

[1]) AV d. JM NRW v. 4. 4. 1962 (JMBlNRW 102), wo darauf hingewiesen wird, daß der Notar bei der Ankündigung der Versteigerung klar erkennen lassen soll, in welcher Eigenschaft er daran teilnimmt.

temberg aus Art. 95, 106 WürttAGBGB, für die Gerichte aus dem Landesrecht (Art. 31, 33 PrFGG, Art. 38 bis 40 HessFGG, Art. 25 Nr. 2 NdsFGG), soweit es durch § 61 Abs. 1 Nr. 1 BeurkG aufrechterhalten ist. Die Notare sollen nach § 20 Abs. 3 Satz 2 BNotO eine Versteigerung beweglicher Sachen nur vornehmen, also dabei als Versteigerer tätig werden (Rdn. 2), wenn diese durch die Versteigerung unbeweglicher Sachen oder durch eine von dem Notar beurkundete oder vermittelte Vermögensauseinandersetzung veranlaßt ist. Im übrigen soll die Versteigerung beweglicher Sachen den gewerbsmäßigen Versteigerern (§ 34b GewO) vorbehalten bleiben. Nicht verwehrt wird dem Notar durch § 20 Abs. 3 BNotO die Beurkundung der von einem anderen vorgenommenen Versteigerung beweglicher Sachen. Im übrigen ist die Beschränkung des § 20 Abs. 3 nur eine Sollvorschrift, deren schuldhafte Verletzung zwar Maßnahmen der Dienstaufsicht zur Folge haben kann, aber die Gültigkeit des Aktes nicht berührt. Keinen Beschränkungen unterliegt die sachliche Zuständigkeit des Notars für die Versteigerung von Grundstücken und grundstücksgleichen Rechten, von Rechten anderer Art und von Forderungen. Als eine freiwillige Versteigerung von Rechten kommt z. B. in Betracht die öffentliche Versteigerung von Aktien nach §§ 65 Abs. 3, 214 Abs. 3, 226 Abs. 3 AktG, von Geschäftsanteilen einer GmbH nach § 23 GmbHG, von Patenten und Lizenzen, auch die Versteigerung einer Jagdpacht oder die Verpachtung eines Grundstücks zum Zwecke der Torfgewinnung. Auch die Versteigerung von Holz auf dem Stamm oder von Früchten auf dem Halm ist keine Versteigerung beweglicher Sachen (Seybold-Hornig BNotO 4. Aufl. § 20 Rdn. 27). Vorschriften des Landesrechts über die Zuständigkeit der Gerichte und anderer Stellen für freiwillige Versteigerungen (dazu § 61 Rdn. 2) sind durch § 61 Abs. 1 Nr. 1 Halbs. 2 BeurkG und die Aufhebung des Art. 142 EGBGB durch § 57 Abs. 4 Nr. 2 BeurkG (vgl. auch § 60 Satz 1) insoweit beseitigt, als sie sich auf die Beurkundung der freiwilligen Versteigerung von Grundstücken und grundstücksgleichen Rechten beziehen; mit der Entziehung der Befugnis zur Beurkundung solcher Immobiliarversteigerungen ist im praktischen Ergebnis auch die Zuständigkeit zu ihrer Vornahme entfallen, obwohl insoweit die Vorschriften des Landesrechts in § 60 nicht förmlich aufgehoben worden sind (§ 61 Rdn. 2, Art. 31 PrFGG Anm. 1, Art. 38 Anm. 3, Vorbem. vor Art. 66). Für Versteigerungen dieser Art sind daher die Notare ausschließlich zuständig.

5 *4.* Das *Versteigerungsverfahren* ist für die öffentliche Versteigerung nach den in Rdn. 3 angeführten Vorschriften des BGB, des HGB, des AktG und des GmbHG in diesen Gesetzen geregelt. Die Versteigerung eines Wohnungseigentums auf Grund des § 19 WEG durch den Notar ist eine in die Formen der freiwilligen Versteigerung gekleidete Zwangsversteigerung zur Entfernung des verurteilten Wohnungseigentümers aus der Gemeinschaft; das Verfahren ist in den §§ 53 bis 58 WEG geregelt. Die freiwillige Versteigerung von Grundstücken und grundstücksgleichen Rechten ist landesrechtlich geregelt für Hessen in Art. 93 bis 104 HessFGG, für Niedersachsen in Art. 28 bis 39 NdsFGG, für Baden in §§ 45 bis 49 AV-FGG, für Bayern in §§ 176 bis 179 NotGeschO, für Bezirksnotare und öffentliche Notare in Württemberg in § 10 ÖNotV vom 18. 3. 1933 (ABl., 97). Aus § 118 BNotO ergibt sich, daß diese Vorschriften, die durch BeurkG nicht förmlich aufgehoben sind, noch fortgelten, soweit sie das Verfahren des Notars regeln (z. B. Inhalt und Bekanntmachung der Terminsbestimmung, Fristen, Bietungsstunde). Demgemäß heißt es in der amtlichen Begründung (BT-Drucks. V/3282 S. 45 zu § 61), daß die landesrechtlichen Vorschriften über das Verfahren bei der Beurkundung (gemeint ist Vornahme) freiwilliger Versteigerungen gemäß § 61 Abs. 1 Nr. 1 unberührt blieben. Die Vorschriften des BeurkG sind nur insofern maßgebend, als Gebot und Zuschlag nach materiellem Recht formbedürftig sind und deshalb beurkundet werden müssen. Die Bestimmungen der Art. 66 bis 76 PrFGG galten nur für die gerichtliche Versteigerung, nicht für die notarielle; da die Zuständigkeit der Gerichte für Grundstücksversteigerungen beseitigt ist, sind diese Vorschriften gegenstandslos. Sie können dem Notar noch als Richtschnur dienen. Vgl. die Erläuterungen der Art. 66 bis 76 PrFGG in Anl. 10. Aufrechterhalten sind die Vorschriften der Art. 33 PrFGG, Art. 39, 86 HessFGG, Art. 29 NdsFGG, welche die örtliche Zuständigkeit des Notars regeln; vgl. die Bem. zu Art. 33 PrFGG (Anl. 10).

5. *Abweichender Beteiligtenbegriff.* Den Begriff des *Beteiligten* bestimmt Satz 1 für die bei der Versteigerung abgegebenen rechtsgeschäftlichen Erklärungen abweichend von § 6 Abs. 2 dahin, daß nur Bieter als Beteiligte gelten, die an ihr Gebot gebunden bleiben. Die Bindung kann auf §§ 145, 156 BGB oder auf den hiervon etwa abweichenden Versteigerungsbedingungen beruhen. In Ansehung des gebunden bleibenden Bieters sind daher die Vorschriften der §§ 6 bis 26 wie bei der sonstigen Beurkundung eines Rechtsgeschäfts zu beachten. Eine Verletzung dieser Vorschriften, soweit sie zwingend sind, macht die Beurkundung nichtig. Ob der Bieter gleichwohl für die Erfüllung seines Gebots haftet, hängt davon ab, ob der Vertrag nach sachlichem Recht formbedürftig ist. **6**

6. *Abweichung von den allgemeinen Beurkundungsvorschriften.* Satz 2 des § 15 enthält eine Ausnahme von § 13 Abs. 1. Grundsätzlich muß die Niederschrift dem gebunden bleibenden Bieter vorgelesen, von ihm genehmigt und unterschrieben werden. Werden mehrere Gegenstände nacheinander versteigert, so kann das Vorlesen, Genehmigen und Unterschreiben in Ansehung jedes Gegenstandes und gebunden bleibenden Bieters nach Beurkundung von Gebot und Zuschlag gesondert stattfinden, so daß der Ersteigerer sich entfernen kann, während der Notar die gesamte Niederschrift erst am Schluß unterzeichnet[2]). Im Hinblick auf die Verhältnisse des Versteigerungsgeschäfts gestattet es aber Satz 2, das Vorlesen, die Genehmigung und die Unterschrift des Bieters durch die Feststellung zu ersetzen, daß der Bieter sich vor dem Schluß der Verhandlung entfernt hat, mag dies vor oder nach dem Zuschlag geschehen sein. Diese Feststellung in der Niederschrift ist abweichend von § 13 Abs. 1 Satz 2 zwingend vorgeschrieben; ihr Fehlen würde die Beurkundung nichtig machen. Der Grund der vorzeitigen Entfernung ist unerheblich, sofern darin nicht etwa eine Unterschriftsverweigerung zum Ausdruck kommt; in diesem Fall kommt eine wirksame Beurkundung nicht zustande (§ 13 Rdn. 25). **7**

Eine Niederschrift in der Form des Satzes 2 erfüllt bei einer Grundstückversteigerung auch die Form des § 313 BGB. Für die Beurkundung der *Auflassung* dagegen gilt die Vorschrift nicht; hierbei müssen mithin die Vorschriften des § 13 Abs. 1 einschließlich Vorlesung, Genehmigung und Unterzeichnung der Auflassungserklärung durch den Ersteher voll gewahrt werden[3]). Auf Grund des Vorbehalts in Art. 143 Abs. 2 EGBGB i. d. F. des § 57 Abs. 4 Nr. 3 BeurkG kann aber das Landesrecht bestimmen, daß es bei der Auflassung der gleichzeitigen Anwesenheit beider Teile nicht bedarf, wenn das Grundstück durch einen Notar versteigert worden ist und die Auflassung noch im Versteigerungstermin stattfindet. Von diesem Vorbehalt ist Gebrauch gemacht in Art. 26 § 2 PrAGBGB mit preuß. G vom 13. 5. 1918 (GS, 51), Art. 82 BayAGBGB, Baden, § 16 Abs. 2 AGBGB, Bremen, Art. 18 AGBGB, Hessen, Art. 91 AGBGB. Die Zwangsvollstreckung aus der Versteigerungsniederschrift wegen des Anspruchs auf Erfüllung des Gebots findet nur gemäß § 794 Abs. 1 Nr. 5 ZPO statt, also nur, wenn die Versteigerungsbedingungen die Bestimmung enthalten, daß der Bieter sich wegen des Anspruchs der sofortigen Zwangsvollstreckung unterwirft, und nur wegen der in § 794 Abs. 1 Nr. 5 ZPO bezeichneten Ansprüche, nicht auch wegen des Anspruchs auf Räumung. **8**

7. *Zuschlag.* Der Zuschlag ist die Erklärung des Versteigerers, daß er den mit dem Gebot erklärten Vertragsantrag annehme (§ 156 Satz 1 BGB). Bei der freiwilligen Versteigerung kann der Notar sich darauf beschränken, die Vorgänge bei der von dem Auftraggeber selbst geleiteten Versteigerung zu beurkunden. Übernimmt der Notar auch die Leitung der Versteigerung, so wird er durch § 6 Abs. 1 Nr. 1 nicht gehindert, den von ihm erteilten Zuschlag zu beurkunden; denn die Erteilung des Zuschlags ist Bestandteil seiner amtlichen Verrichtung[4]). **9**

[2]) Vgl. § 13 Rdn. 7; Keidel[9] § 181 Anm. 11; Schlegelberger § 177 Anm. 4.

[3]) Schlegelberger § 181 Anm. 6; Oberneck NotR S. 303; Keidel[9] § 181 Anm. 4; a. M. BayObLGZ 13, 298.

[4]) So auch Franz, DNotV 6, 161 ff.; Schlegelberger § 181 Anm. 3; Oberneck NotR[10] S. 301; S. 301; Keidel[9] § 181 Anm. 3; ebenso je zu § 53 WEG Weitnauer-Wirths Anm. 3, Diester Anm. 4, BGB-RGRK Anm. 3, Bärmann Anm. II 2.

Übersetzung der Niederschrift

16 (1) Ist ein Beteiligter nach seinen Angaben oder nach der Überzeugung des Notars der deutschen Sprache oder, wenn die Niederschrift in einer anderen als der deutschen Sprache aufgenommen wird, dieser Sprache nicht hinreichend kundig, so soll dies in der Niederschrift festgestellt werden.

(2) Eine Niederschrift, die eine derartige Feststellung enthält, muß dem Beteiligten anstelle des Vorlesens übersetzt werden. Wenn der Beteiligte es verlangt, soll die Übersetzung außerdem schriftlich angefertigt und ihm zur Durchsicht vorgelegt werden; die Übersetzung soll der Niederschrift beigefügt werden. Der Notar soll den Beteiligten darauf hinweisen, daß dieser eine schriftliche Übersetzung verlangen kann. Diese Tatsachen sollen in der Niederschrift festgestellt werden.

(3) Für die Übersetzung muß, falls der Notar nicht selbst übersetzt, ein Dolmetscher zugezogen werden. Für den Dolmetscher gelten die §§ 6, 7 entsprechend. Ist der Dolmetscher nicht allgemein vereidigt, so soll ihn der Notar vereidigen, es sei denn, daß alle Beteiligten darauf verzichten. Diese Tatsachen sollen in der Niederschrift festgestellt werden. Die Niederschrift soll auch von dem Dolmetscher unterschrieben werden.

Übersicht

I. Bedeutung

1 Die Vorschrift regelt denselben Gegenstand wie die §§ 179, 180 FGG und die §§ 2244, 2245 BGB. Sie weicht von diesen Vorbildern jedoch in mehrfacher Hinsicht wesentlich ab, und zwar im Interesse der Vermeidung von Fehlerquellen und im Sinne einer Milderung der Formenstrenge. Der Anwendungsbereich der Vorschrift erstreckt sich sowohl auf die Beurkundung von Willenserklärungen unter Lebenden und die Abnahme von Eiden und eidesstattlichen Versicherungen (§ 38 Abs. 1) als auch auf die Beurkundung von Verfügungen von Todes wegen; für diesen Fall wird die in § 16 getroffene Regelung aber durch die Bestimmungen des § 32 ergänzt, die nach § 33 bei der Beurkundung von Erbverträgen auch für die Erklärung des anderen Vertragschließenden gelten. Wird ein Erbvertrag mit einem Ehevertrag verbunden, so genügt nach § 2276 Abs. 2 BGB die Beachtung der Vorschriften des § 16. Für die Beurkundungen der deutschen Berufskonsuln gilt die Vorschrift mit einer Abweichung hinsichtlich der Beeidigung des Dolmetschers (§§ 16 Abs. 2 Buchst. b, 16a Abs. 1 Satz 2 KonsularG i. d. F. des § 57 Nr. 1 und 2 BeurkG).

II. Sprachunkundigkeit

2 *1. Begriff.* Die Vorschrift ist anzuwenden, wenn ein Beteiligter nach seinen Angaben oder nach der Überzeugung des Notars der Sprache, in der die Niederschrift errichtet werden soll, nicht hinreichend kundig ist. Als Sprache der Niederschrift kommt sowohl die deutsche als auch, jedoch ausschließlich für Beurkundungen der Notare, eine andere Sprache in Betracht, in welcher der Notar die Urkunde auf Verlangen gemäß § 5 Abs. 2 errichtet. Ist ein Beteiligter der deutschen und zugleich einer fremden Sprache kundig, so braucht das Verfahren nach § 16 nur eingehalten zu werden, wenn keine dieser beiden Sprachen die Sprache der Nieder-

schrift ist. Beherrscht der Beteiligte mehrere fremde Sprachen, von denen keine die der Niederschrift ist, so steht es ihm frei, in welcher Sprache er sich erklären will. Es ist nicht notwendig, daß die fremde Sprache, in der die Verständigung stattfindet, gerade die Muttersprache des Beteiligten ist; so kann z. B. mit einem Norweger, der englisch spricht, in englischer Sprache verhandelt werden.

Einer Sprache kundig ist jemand nicht schon, wenn er sie verstehen kann; er muß seine Gedanken in dieser Sprache auch geläufig ausdrücken können[1]). „Kundig" hat dieselbe Bedeutung wie das in § 179 FGG, § 2244 Abs. 1 BGB verwendete „mächtig"; der Wechsel im Ausdruck hat nur sprachliche Gründe. Durch den Zusatz „hinreichend" wird klargestellt, daß es auf die im Einzelfall erforderlichen Sprachkenntnisse ankommt (BT-Drucks. V/3282 Seite 31). **3**

Spricht ein Beteiligter eine deutsche Mundart, die nicht hochdeutsch ist und die der Notar nicht versteht, so ist die Beachtung des Verfahrens nach § 16 und insbesondere die Hinzuziehung eines Dolmetschers nicht geboten; es genügt jede andere Art der Verständigung, z. B. durch eine Vertrauensperson[2]). Feststellungen in der Niederschrift hierüber sind nicht erforderlich. **4**

2. *Voraussetzungen für die Annahme der Sprachunkundigkeit.* Maßgebend dafür, ob ein Beteiligter als sprachunkundig anzusehen ist, sind entweder die Angaben dieses Beteiligten selbst oder die Überzeugung des Notars. Der Gesetzgeber hat also die Erfordernisse des § 179 FGG (Erklärung) und des § 2244 BGB (Überzeugung) in der Weise miteinander vereinigt, daß es alternativ auf den einen oder anderen Umstand ankommt. Geben die Umstände Anlaß zu Zweifeln, ob der Beteiligte der Sprache der Niederschrift hinreichend kundig ist, so hat der Notar sich hierüber Gewißheit zu verschaffen; das gehört zu seinen Amtspflichten (§ 17). Erklärt der Beteiligte, daß er der Sprache der Niederschrift nicht kundig sei, und hat der Notar keine hinreichenden Anhaltspunkte dafür, an der Richtigkeit der Erklärung zu zweifeln, mag er auch von ihrer Richtigkeit nicht voll überzeugt, aber auch zu einer gegenteiligen Feststellung nicht in der Lage sein, so darf der Notar nach § 16 verfahren. Der Notar ist aber an die Angaben des Beteiligten über angeblich fehlende oder vorhandene Sprachkenntnisse nicht gebunden (BT-Drucks. V/3282 S. 31). Weigert sich der Beteiligte, die Erklärung abzugeben, erklärt er also wahrheitswidrig, d. h. entgegen der Überzeugung des Notars, der Sprache der Niederschrift kundig zu sein (etwa weil er glaubt, die Verständigung werde mit Hilfe eines anderen Beteiligten oder einer Person seines Vertrauens möglich sein, und um die mit der Hinzuziehung eines Dolmetschers verbundenen Weiterungen und Kosten zu vermeiden), so hat der Notar die Amtspflicht, gemäß seiner Überzeugung nach § 16 zu verfahren; der Beteiligte kann dann aber die Abgabe seiner zu beurkundenden Erklärung verweigern, wenn er der Meinung ist, daß die Überzeugung des Notars irrig sei. Erklärt der Beteiligte offensichtlich zu Unrecht, also entgegen der Überzeugung des Notars, der Sprache der Niederschrift nicht kundig zu sein, so darf der Notar die Beurkundung ablehnen[3]). **5**

Beteiligter im Sinne des Abs. 1 ist ein Erschienener, der die zu beurkundende Erklärung abgibt (§ 6 Abs. 2). Nur auf die Erklärung des der Sprache der Niederschrift nicht kundigen Beteiligten kommt es an; andere Personen haben kein Recht, die Beachtung des Verfahrens nach § 16, insbesondere die Hinzuziehung eines Dolmetschers zu verlangen. Sie können aber natürlich die Abgabe ihrer eigenen Erklärungen verweigern, wenn sie der Meinung sind, daß ohne Dolmetscher eine hinreichende Verständigung nicht möglich sei. **6**

[1]) BGH NJW 1963, 1777 = MDR 1963, 836 = DNotZ 1964, 174 = LM § 179 FGG Nr. 1; Staudinger-Firsching BGB[11] § 2244 Anm. 6; Keidel FGG[9] § 179 Anm. 2; a. M. Mecke Rdn. 2, Palandt-Keidel BGB[29] § 2244 Anm. 4 c, die es genügen lassen, daß der Beteiligte das Vorlesen versteht.

[2]) Josef[2] § 179 Anm. 4; Keidel[9] § 179 Anm. 2; Schlegelberger § 179 Anm. 2; Staudinger-Firsching BGB[11] § 2244 Anm. 5; a. M. Ebert-Dudek-Lindemann[2] § 179 Anm. 2; Oetker RheinZ 1924, 25.

[3]) So schon zum früheren Recht Schlegelberger § 179 Anm. 2; Keidel[9] § 179 Anm. 3; a. M. Ebert-Dudek-Lindemann § 179 Anm. 2.

7 Die *Erklärung*, welche die Bedeutung einer Mitteilung tatsächlichen Inhalts hat, kann in jeder beliebigen *Form* abgegeben werden, durch Worte in deutscher oder fremder Sprache, durch Zeichen oder Gesten. Ist eine Verhandlung in deutscher Sprache und deshalb bereits eine Verständigung über die Abgabe der Erklärung oder eine Bestimmung der Sprache, deren der Beteiligte sich bedient, unmöglich, so kann die Abgabe der Erklärung durch Vermittlung des hinzuzuziehenden Dolmetschers herbeigeführt werden. Die Erklärung liegt nicht stets schon im Gebrauch der fremden Sprache[4]).

8 *3. Feststellung der Sprachunkundigkeit in der Niederschrift.* Die Voraussetzungen, von denen die Notwendigkeit der Beachtung des Abs. 2 abhängt, also die Erklärung des Beteiligten oder die Überzeugung des Notars, sollen gemäß Abs. 1 in der Niederschrift festgestellt werden. Damit wird eine Amtspflicht des Notars zur Feststellung in der Niederschrift begründet. An diese Feststellung knüpft die Regelung in Abs. 2 und 3 an. Demgemäß sind die Vorschriften über die Übersetzung und die Hinzuziehung eines Dolmetschers zwingend nur, wenn sich die Notwendigkeit dazu aus der Niederschrift selbst ergibt. Ein Verstoß hiergegen macht die Beurkundung nur unwirksam, wenn die Niederschrift eine Feststellung nach Abs. 1 enthält. Dadurch wird im Interesse der Sicherheit des Rechtsverkehrs gewährleistet, daß die Unwirksamkeit aus der Urkunde selbst festzustellen ist (BT-Drucks. V/3282 S. 31). Enthält die Urkunde die Feststellung nach Abs. 1 und ist der Notar nach Abs. 2, 3 verfahren, so ist es unerheblich, ob die Erklärung des Beteiligten falsch oder die Überzeugung des Notars irrig war; ebenso ist es auf die Gültigkeit der Beurkundung ohne Einfluß, wenn die in der Niederschrift enthaltene Feststellung nach Abs. 1 unrichtig war, weil weder der Beteiligte die Erklärung abgegeben noch der Notar die Überzeugung von der Sprachunkenntnis gehabt hat. Ist der Notar nach Abs. 2, 3 verfahren, obwohl eine Feststellung in der Niederschrift nach Abs. 1 fehlt, etwa versehentlich unterblieben ist, so ist die Beurkundung unwirksam, wenn die Niederschrift nach Abs. 2 Satz 1 dem sprachunkundigen Beteiligten anstelle des Vorlesens nur übersetzt worden und nicht in der Sprache der Niederschrift vorgelesen worden ist, mag der Beteiligte dieser Sprache auch tatsächlich unkundig gewesen sein, weil dann die zwingende Vorschrift des § 13 Abs. 1 Satz 1 verletzt ist; ist aber die Niederschrift in diesem Fall (außer der Übersetzung) auch noch vorgelesen worden, etwa weil noch andere, nicht sprachunkundige Beteiligte vorhanden waren, so ist die Beurkundung wirksam.

III. Beurkundungsverfahren

1. Übersetzung der Niederschrift

9 *a) Notwendige Erfordernisse.* Der Beurkundungsvorgang vollzieht sich in der Weise, daß die zu beurkundende fremdsprachige Erklärung des sprachunkundigen Beteiligten zunächst mündlich in die Sprache der Niederschrift übertragen wird, und zwar von dem Notar oder dem Dolmetscher (Rdn. 12). Die so übersetzte Erklärung wird sodann in die Niederschrift in der Sprache aufgenommen, in der die Niederschrift errichtet werden soll, in der Regel also in deutscher Sprache (§ 5 Abs. 1). Diese Niederschrift muß sodann nach der zwingenden Vorschrift des Abs. 2 Satz 1 bei Vermeidung der Nichtigkeit der Beurkundung dem sprachunkundigen Beteiligten in jedem Fall mindestens mündlich in die ihm geläufige Sprache übersetzt werden. Diese Übersetzung muß der Dolmetscher oder der Notar, wenn er nach Abs. 3 ohne Dolmetscher verhandelt, selbst vornehmen[5]). Sie ist auch dann nicht entbehrlich, wenn der Sprachunkundige taub ist (vgl. § 23 Rdn. 3). Die Übersetzung hat sich zu erstrecken auf diejenigen Teile der Niederschrift, die sonst nach § 13 Abs. 1 Satz 1 der Vorlesungspflicht unterliegen (vgl. dazu § 13 Rdn. 4 bis 6), insbesondere also auch auf eine Protokollanlage im Sinne des § 9 Abs. 1 Satz 2; dagegen braucht bei der Errichtung einer Verfügung von Todes wegen durch Überreichung einer Schrift (§§ 2232, 2276 Abs. 1 BGB) die Schrift, auch wenn

[4]) RGZ 85, 308.
[5]) RGZ 134, 274; daran hat das BeurkG, wie die Fassung des Abs. 3 Satz 1 zeigt, nichts geändert.

sie offen übergeben wird, nicht übersetzt zu werden[6]), wohl aber die Erklärung, daß die Schrift den letzten Willen enthalte. Im Falle des § 31 muß die schriftliche Erklärung des am Sprechen verhinderten Erblassers übersetzt werden. Soweit nach § 14 Abs. 1 bei der Bestellung von Grundpfandrechten, Schiffshypotheken und Registerpfandrechten auf die Vorlesung des beigefügten Schriftstücks verzichtet werden kann, ist anzunehmen, daß auch auf die Übersetzung verzichtet werden kann, da sie nach § 16 Abs. 2 Satz 1 an die Stelle der Vorlesung tritt; es ist dann Sache des sprachunkundigen Beteiligten, inwieweit er sich bei der Vorlegung zur Kenntnisnahme nach § 14 Abs. 2 die Kenntnis des Schriftstücks von dem Dolmetscher oder sonstwie vermitteln lassen will. Im übrigen aber ist ein Verzicht auf die Übersetzung unzulässig.

Eine *Vorlesung* der Niederschrift, die sonst nach § 13 Abs. 1 Satz 1 geboten ist, erübrigt **10**
sich gegenüber dem sprachunkundigen Beteiligten, da er die Sprache der Niederschrift nicht versteht. Die (mündliche) Übersetzung ersetzt nach Abs. 2 Satz 1 das Vorlesen. Es wird auch anzunehmen sein, daß die Unterschrift des sprachunkundigen Beteiligten entsprechend § 13 Abs. 1 Satz 3 die Vermutung begründet, daß die Niederschrift ihm übersetzt worden ist. Nur des Dolmetschers wegen braucht die Niederschrift nicht vorgelesen zu werden[7]), zumal der Dolmetscher die Niederschrift aus seiner Übersetzung kennt. Sind aber noch andere, der Sprache der Niederschrift kundige Beteiligte vorhanden, so muß ihnen die Niederschrift nach § 13 Abs. 1 Satz 1 vorgelesen werden, auch wenn sie der Sprache, in der mit dem Sprachunkundigen verhandelt worden ist, mächtig sind. Ist der Sprachunkundige zwar der einzige Beteiligte, wirken aber Überwachungspersonen mit, die die Sprache der Niederschrift verstehen, so ist zu unterscheiden. Dem Schreibzeugen muß die Niederschrift vorgelesen werden, da er nach § 25 beim Vorlesen zugegen sein muß, ebenso der Vertrauensperson nach § 24 Abs. 1 Satz 2 (vgl. § 13 Rdn. 8). Gegenüber den Urkundszeugen und dem zweiten Notar, deren Zuziehung nur instruktiv vorgeschrieben ist (§§ 22, 29) ist die Vorlesung zwar ebenfalls angebracht und Amtspflicht des Notars, da sie sonst ihre Überwachungsaufgabe nicht ordnungsgemäß erfüllen können; die Unterlassung zieht aber keine Unwirksamkeit nach sich.

b) Schriftliche Übersetzung. Eine schriftliche Übersetzung der Niederschrift soll angefertigt **11**
werden, wenn der sprachunkundige Beteiligte (nicht auch ein anderer) es verlangt (Abs. 2 Satz 2); über das Recht, dieses Verlangen zu stellen, soll der Notar den Beteiligten belehren (Abs. 2 Satz 3). Für die Beurkundung von Testamenten und Erbverträgen gilt insoweit Abweichendes nach §§ 32, 33. Die schriftliche Übersetzung ersetzt aber nicht die mündliche Übersetzung der Niederschrift; sie soll dem sprachunkundigen Beteiligten die Möglichkeit verschaffen, sich einen Beweis für den Fall zu sichern, daß die Niederschrift nicht richtig übersetzt worden ist (BT-Drucks. V/3282 S. 31). Maßgebend ist zwar der Wortlaut der Niederschrift; die fremdsprachige Übersetzung kann aber unter Umständen zur Erläuterung eines nicht klaren oder mehrdeutigen Ausdrucks oder Satzes der Niederschrift dienen[8]).

Die Übersetzung kann von dem Dolmetscher oder, wenn der sprachkundige Notar ohne **12**
Dolmetscher verhandelt, von dem Notar angefertigt werden, es kann aber auch eine anderweit hergestellte Übersetzung Verwendung finden; im letzteren Fall ist es nicht erforderlich, daß der Dolmetscher (oder Notar) die Übersetzung besonders beglaubigt (Abweichung von § 2242 Abs. 2 Satz 2 BGB). Es genügt, daß der Dolmetscher den gesamten Vorgang einschließlich der Richtigkeit der Übersetzung überwacht, was er durch seine Unterschrift auf der Niederschrift (Abs. 3 Satz 5) bestätigt. Empfehlenswert ist es aber in jedem Fall, daß der Dolmetscher (Notar) die Richtigkeit der Übersetzung durch einen schriftlichen und unterschriebenen Vermerk versichert.

Die schriftliche Übersetzung braucht nicht vorgelesen zu werden (Abweichung von § 2244 **13**
Abs. 2 Satz 2 BGB). Es genügt, wenn sie dem Sprachunkundigen zur Durchsicht vorgelegt

[6]) Kipp-Coing ErbR[10] § 15 IV 1; Staudinger-Firsching BGB[11] § 2242 Anm. 13.

[7]) A. M. früher KGJ 22 A 19; Haegele BeurkG § 16 Anm. V 1.

[8]) RGZ 97, 299; Cramer ZBlFG 15, 447; Staudinger-Firsching BGB[11] § 2244 Anm. 15; Soergel-Ehard-Eder BGB[9] § 2244 Anm. 4.

wird (dazu § 13 Rdn. 12). Das gilt auch für die Beurkundung von Verfügungen von Todes wegen (§§ 32, 33).

14 *c) Beifügung.* Die schriftliche Übersetzung soll der Niederschrift beigefügt werden. Daß dies „als Anlage" zu geschehen habe, wird abweichend von § 2244 Abs. 2 Satz 2 Halbs. 2 BGB nicht bestimmt. Die Übersetzung hat daher nicht die Bedeutung einer Anlage im Sinne des § 9 Abs. 1 Satz 2 und sie kann deshalb auch nicht mehr als wesentlicher Bestandteil der Niederschrift angesehen werden[9]). Sie ist nur ein besonderes Sicherungsmittel zur Gewährleistung der inhaltlichen Richtigkeit der Beurkundung. Eine mechanische Verbindung mit der Niederschrift ist nicht zwingend geboten; die Vorschrift des § 44 Satz 2 über die Verbindung mit Schnur und Siegel ist hier nicht für anwendbar erklärt, ihre Anwendung aber zu empfehlen. Bei der Errichtung von Testamenten und Erbverträgen soll die Übersetzung nach § 34 Abs. 1 Satz 2, Abs. 2 in den Umschlag genommen werden.

15 *d) Feststellungsvermerk.* Nach Abs. 2 Satz 4 soll in der Niederschrift festgestellt werden, ob sie dem sprachunkundigen Beteiligten anstelle des Vorlesens (mündlich) übersetzt worden ist. Dieser Vermerk entspricht dem Feststellungsvermerk nach § 13 Abs. 1 Satz 2. Außerdem soll vermerkt werden, daß der Notar den Beteiligten über sein Recht, eine schriftliche Übersetzung zu verlangen, belehrt hat, ob der Beteiligte dieses Verlangen gestellt hat und demgemäß eine schriftliche Übersetzung gefertigt und ihm zur Durchsicht vorgelegt worden ist und ob die gefertigte Übersetzung der Niederschrift beigefügt worden ist. Das Unterbleiben dieser Feststellungen hat keine Ungültigkeitsfolgen.

2. Hinzuziehung eines Dolmetschers

16 *a) Entbehrlichkeit.* Die Zuziehung eines Dolmetschers ist entbehrlich, wenn der Notar selbst der Sprache des Beteiligten kundig ist, d. h. wenn er die Sprache soweit beherrscht, daß er sich in ihr mündlich zuverlässig verständigen kann. Fähigkeit im schriftlichen Gebrauch der fremden Sprache ist, wenn die Niederschrift in deutscher Sprache errichtet wird (§ 5 Abs. 1), nur erforderlich, wenn eine schriftliche Übersetzung verlangt wird. Dem Notar ist es auch bei Kenntnis der fremden Sprache freigestellt, statt der fremdsprachigen Verhandlung mit dem Beteiligten der Zuziehung eines Dolmetschers den Vorzug zu geben. Eine Nachprüfung, ob der Notar sich ausreichende Sprachkenntnisse mit Recht zugetraut hat, findet nicht statt. Daß außer dem die Beurkundung leitenden Notar auch sonstige Mitwirkende (§§ 22, 24, 25, 29) der fremden Sprache kundig sind, wird (anders als in § 2245 BGB a. F.) für die Abstandnahme von der Zuziehung eines Dolmetschers nicht vorausgesetzt. Eine Versicherung des Notars, daß er der fremden Sprache kundig sei, braucht die Niederschrift abweichend von § 2245 Abs. 2 Satz 2 BGB a. F. nicht zu enthalten. Die Niederschrift wird auch in diesem Fall gemäß § 5 Abs. 1 nur in deutscher Sprache oder im Fall des § 5 Abs. 2 in der fremden Sprache errichtet, die der Beteiligte nicht versteht. Wird gemäß § 5 Abs. 2 eine Niederschrift in fremder Sprache errichtet, die der Beteiligte versteht, so liegt ein Fall des § 16 nicht vor und es braucht nicht nach dieser Vorschrift verfahren zu werden, sofern nicht noch weitere Beteiligte vorhanden sind, welche die Sprache der Niederschrift nicht verstehen (§ 5 Rdn. 13).

17 *b) Dolmetscher.* Übersetzt der Notar nicht selbst, so muß bei Vermeidung der Nichtigkeit der Beurkundung für die Übersetzung ein Dolmetscher hinzugezogen werden. Insofern ist die Vorschrift also strenger als § 179 FGG, nach dessen Abs. 5 eine Beurkundung nicht deswegen unwirksam war, weil die Zuziehung eines Dolmetschers unterblieben war; allerdings ist der Unwirksamkeitsgrund des § 16 Abs. 3 Satz 1 davon abhängig, daß die Niederschrift die Feststellung nach Abs. 1 enthält (Rdn. 8).

18 Die *Person des Dolmetschers* wird von dem Notar frei ausgewählt. Die Vorschrift des § 190 GVG, wonach der als Protokollführer amtierende Urkundsbeamte der Geschäftsstelle

[9]) Wie RGZ 97, 299 in Abweichung von RG JW 1915, 582 angenommen hatte; wie hier jetzt Palandt-Keidel BGB[29] § 32 BeurkG Anm. 3 b unter Bezugnahme auf Mecke, BeurkG § 16 Rdn. 5.

zugleich Dolmetscher sein kann und nicht beeidigt zu werden braucht, ist mangels Anwendbarkeit des § 8 FGG bei Beurkundungen nicht anwendbar (§ 8 FGG Rdn. 16). Es kann aber ein anderer Urkundsbeamter oder sonstiger Gerichtsbeamter, der bei der Beurkundung nicht mitwirkt, Dolmetscher sein. Eine notwendig mitwirkende Person kann nicht zugleich Dolmetscher sein, da dieser als unparteiischer Mittelsmann die sprachliche Verständigung zwischen dem Beteiligten und den für die Beurkundung Verantwortlichen herbeizuführen hat; das gilt auch für den Schreibzeugen[10]). Soweit aber die Hinzuziehung von Überwachungspersonen nur noch instruktiv vorgesehen ist (§§ 22, 29), ist es für die Wirksamkeit der Beurkundung unschädlich, wenn der Zeuge (zweite Notar) zugleich als Dolmetscher auftritt. Ferner muß es, wenn der sprachunkundige Beteiligte zugleich taub oder stumm und eine schriftliche Verständigung mit ihm nicht möglich ist, für zulässig erachtet werden, daß der Dolmetscher fremder Sprachen zugleich als Vertrauensperson nach § 24 auftritt, wenn er sich mit dem Beteiligten zu verständigen vermag, da beide Aufgaben ihrem Wesen nach gleichartig sind[10a]); in diesem Fall ist sowohl § 16 als auch § 24 zu beachten. Sind mehrere der Sprache der Niederschrift nicht kundige Beteiligte vorhanden, die sich verschiedener Sprachen bedienen, so bedarf es nur eines Dolmetschers, wenn er zur Übertragung aus den verschiedenen Sprachen befähigt ist.

Für die *Ausschließung des Dolmetschers* sind nach Abs. 3 Satz 2 die für den Notar **19**
geltenden Vorschriften der §§ 6, 7 entsprechend anzuwenden. Der Umstand, daß die Tätigkeit des Dolmetschers für den Notar überwiegend ganz unkontrollierbar ist, nötigt dazu, an seine Unparteilichkeit dieselben Anforderungen wie an die des Notars zu stellen. Ein Dolmetscher ist mithin aus denselben Gründen kraft Gesetzes ausgeschlossen, aus denen auch ein Notar nach den §§ 6, 7 ausgeschlossen wäre. Als Dolmetscher unfähig sind demnach Personen, die selbst oder deren nahe Angehörige an der Beurkundung beteiligt sind oder durch das zu beurkundende Geschäft begünstigt werden. Die Nichtbeachtung der Ausschließungsgründe hat die Unwirksamkeit der Beurkundung zur Folge, im Fall des § 7 in dem dort bezeichneten Umfang. Die Beurkundung von Verfügungen von Todes wegen ist nach § 27 auch insoweit unwirksam, als der Dolmetscher darin bedacht oder zum Testamentsvollstrecker ernannt wird.

Eine *Ablehnung* des Dolmetschers wegen Befangenheit gibt es nicht. Dem Notar steht es **20**
aber frei, einen den Beteiligten nicht genehmen Dolmetscher durch einen anderen zu ersetzen.

c) Beeidigung. Der Dolmetscher soll grundsätzlich beeidigt sein. Nach § 22 Abs. 3 BNotO **21**
a. F. war der Notar befugt, zu einer Amtshandlung zugezogene Dolmetscher zu beeidigen. Nach Aufhebung des § 22 Abs. 3 BNotO durch § 57 Abs. 17 Nr. 5 BeurkG ergibt sich diese Zuständigkeit unmittelbar aus § 16 Abs. 3 Satz 3. Die Hereinnahme dieser Vorschrift in das BeurkG hat zugleich die Folge, daß jetzt gemäß § 64 auch die württembergischen Bezirksnotare, für die bisher § 13 ÜNotV (Anl. 18) galt, und die badischen Amtsnotare für die Beeidigung zuständig sind. Dagegen kann die in § 1 Abs. 2 vorgeschriebene „entsprechende" Anwendung nicht so weit gehen, die Beeidigungsbefugnis auch anderen Urkundsstellen zuzugestehen, die allgemein keine Befugnis zur Eidesabnahme haben[10b]). Für Beurkundungen des Rechtspflegers steht dem § 4 Abs. 2 Nr. 1 RechtspflG entgegen. Es kann schwerlich angenommen werden, daß z. B. der Jugendamtsbedienstete (§ 49 JWG) oder ein Vermessungsbeamter (§ 62 Rdn. 12) zur Beeidigung des Dolmetschers befugt sein soll; auch die amtliche Begründung (BT-Drucks. V/3282 S. 32) gibt dafür nichts her, bemerkt vielmehr unter Hinweis auf § 22 Abs. 3 BNotO, daß die Regelung dem geltenden Recht entspreche, wollte dieses also nicht ändern.

Der Dolmetscher soll über die Bedeutung des Eides belehrt werden (§ 38 Abs. 2). **22**
Über die Eidesnorm fehlen Vorschriften; es ist aber angebracht, sie in Anlehnung an § 189 GVG zu fassen. Die Beeidigung für den Einzelfall erübrigt sich, wenn der Dolmetscher allgemein beeidigt ist; dann genügt es, wenn der Dolmetscher sich auf diesen Eid beruft. Die allgemeine Beeidigung darf aber, wenn ein Notar beurkundet, nicht auf gerichtliche An-

[10]) KGJ 43, 26; Schlegelberger § 179 Anm. 4; Staudinger-Firsching BGB[11] § 2244 Anm. 10.

[10a]) So auch Schlegelberger Art. 41 PrFGG Anm. 3.

[10b]) So Mecke Rdn. 8.

gelegenheiten beschränkt sein, sondern muß auf notarielle Angelegenheiten erstreckt sein; ob das der Fall ist, bestimmt das Landesrecht (vgl. § 86 PrAGGVG Anm. 3). Die Ermächtigung als Übersetzer nach § 2 BeurkVereinfVO vom 21. 10. 1942 (BGBl. III, 315-5) ersetzt nicht die Beeidigung[11]). Auch ist der Notar nicht genötigt, seine Auswahl unter den nach dieser Vorschrift ermächtigten Übersetzern zu treffen; er kann auch jeden anderen geeigneten Dolmetscher hinzuziehen. Der von einem Berufskonsul zugezogene Dolmetscher braucht nicht beeidigt zu sein (§§ 16 Abs. 2 Buchst. b, 16a Abs. 1 Satz 2 KonsularG).

23 Die Beeidigung des Dolmetschers ist abweichend vom früheren Recht (§ 179 Abs. 1 FGG, § 2244 Abs. 1 BGB) nur noch instruktionell vorgeschrieben. Die Hinzuziehung eines unbeeidigten Dolmetschers hat daher nicht die Nichtigkeit der Beurkundung zur Folge. Der Notar hat aber die Amtspflicht, entweder einen allgemein beeidigten Dolmetscher hinzuzuziehen oder ihn im Einzelfall zu beeidigen. Dieses Erfordernis entfällt, wenn alle Urkundsbeteiligten (§ 6 Abs. 2) darauf verzichten. Abweichend von § 179 Abs. 1 FGG ist der Verzicht des sprachunkundigen Beteiligten allein nicht ausreichend; es wurde erwogen, daß auch die anderen Beteiligten ein berechtigtes Interesse an einer gewissenhaften Übersetzung haben könnten (BT-Drucks. V/3282 S. 32).

24 Bei der Beurkundung der Beeidigung des Dolmetschers sind gemäß § 38 Abs. 1 die Vorschriften über die Beurkundung von Willenserklärungen zu beachten. Die Niederschrift muß also insbesondere insoweit dem Dolmetscher vorgelesen, von ihm genehmigt und unterschrieben werden.

25 d) Zur *Anwesenheit des Dolmetschers* ergibt sich aus seiner Aufgabe, daß er so lange zugegen sein wird, als der Beurkundungsvorgang es erfordert. Insbesondere wird der Notar den Dolmetscher regelmäßig schon bei der Erforschung des Willens des Beteiligten benötigen. Zur Vermeidung der Unwirksamkeit der Beurkundung ist es aber nur erforderlich, daß der Dolmetscher bei der Übersetzung der Niederschrift nach Abs. 2 Satz 1 zugegen ist (vgl. Abs. 3 Satz 1: „für die Übersetzung"). Auch die Genehmigung erfordert nicht unbedingt die Anwesenheit des Dolmetschers, da sie auch durch Zeichen zum Ausdruck gebracht werden kann (§ 13 Rdn. 13). Regelmäßig wird es aber angebracht sein, auch die Erklärung der Genehmigung durch den Dolmetscher vermitteln zu lassen.

26 *e) Feststellungsvermerk.* Nach Abs. 3 Satz 4 sollen die in Abs. 3 Satz 1 bis 3 erwähnten Tatsachen in der Niederschrift festgestellt werden. Dazu gehört, ob der Notar selbst übersetzt oder einen Dolmetscher hinzugezogen hat, ob der Dolmetscher allgemein beeidigt oder für den Einzelfall von dem Notar beeidigt worden ist oder ob alle Beteiligten auf die Beeidigung verzichtet haben. Wegen der weiteren Feststellungen nach Abs. 2 Satz 4 vgl. oben Rdn. 15. Nach § 22 Abs. 4 BNotO soll der Notar ferner, wenn er den Dolmetscher beeidigt hat, angeben, daß er ihn über die Bedeutung des Eides belehrt hat. Zur Vollständigkeit dieses Vermerks gehört es, daß der Dolmetscher namentlich oder jedenfalls so genau bezeichnet wird, daß er identifiziert werden kann; das ist wichtig, weil nur so der Urkunde selbst entnommen werden kann, ob die Beurkundung etwa wegen Ausschließung des Dolmetschers unwirksam ist (§§ 6, 7, 27). Gleichwohl wird man wegen des Fehlens einer gesetzlichen Anordnung nicht annehmen können, daß mangelnde Bezeichnung des Dolmetschers die Beurkundung unwirksam macht. Dieser Feststellungsvermerk braucht ebenso wie der nach Abs. 2 Satz 4 (oben Rdn. 15) den Beteiligten nicht vorgelesen, von ihnen genehmigt und unterschrieben und dem sprachunkundigen Beteiligten nicht übersetzt zu werden[12]). Das Fehlen oder die Unvollständigkeit des Feststellungsvermerks berührt nicht die Gültigkeit der Beurkundung.

27 *f) Unterschrift des Dolmetschers.* Der Dolmetscher soll die Niederschrift unterschreiben (Abs. 3 Satz 5). Damit bestätigt er, daß er als Dolmetscher mitgewirkt hat. Eine Genehmigung der Niederschrift durch den Dolmetscher, die ohnehin nicht eine sachliche Billigung

[11]) Hornig DNotZ 1942, 437, 439; Seybold-Hornig BNotO[4] § 22 Rdn. 13; Staudinger-Firsching BGB[11] § 2244 Anm. 11.

[12]) Vgl. oben Rdn. 9; § 13 Rdn. 6; ebenso zum früheren Recht KGJ 35 A 83; Schlegelberger § 179 Anm. 5; Keidel[9] § 179 Anm. 14.

ihres Inhalts, sondern nur die Bestätigung der richtigen Wiedergabe der Erklärung des Sprachunkundigen enthalten könnte, ist nicht erforderlich. Die Wirksamkeit der Beurkundung hängt nicht von der Unterschrift des Dolmetschers ab. Die Unterschrift des sprachunkundigen Beteiligten wird dadurch nicht erübrigt.

3. Prüfungs- und Belehrungspflichten

Grundsatz

17 **(1) Der Notar soll den Willen der Beteiligten erforschen, den Sachverhalt klären, die Beteiligten über die rechtliche Tragweite des Geschäfts belehren und ihre Erklärungen klar und unzweideutig in der Niederschrift wiedergeben. Dabei soll er darauf achten, daß Irrtümer und Zweifel vermieden sowie unerfahrene und ungewandte Beteiligte nicht benachteiligt werden.**

(2) Bestehen Zweifel, ob das Geschäft dem Gesetz oder dem wahren Willen der Beteiligten entspricht, so sollen die Bedenken mit den Beteiligten erörtert werden. Zweifelt der Notar an der Wirksamkeit des Geschäfts und bestehen die Beteiligten auf der Beurkundung, so soll er die Belehrung und die dazu abgegebenen Erklärungen der Beteiligten in der Niederschrift vermerken.

(3) Kommt ausländisches Recht zur Anwendung oder bestehen darüber Zweifel, so soll der Notar die Beteiligten darauf hinweisen und dies in der Niederschrift vermerken. Zur Belehrung über den Inhalt ausländischer Rechtsordnungen ist er nicht verpflichtet.

Übersicht

A. Rechtsentwicklung

Die Erkenntnis, daß die Aufgabe des Notars sich nicht darin erschöpft, die Erklärungen der Beteiligten formgültig zu beurkunden, hat erst verhältnismäßig spät einen gesetzlichen Niederschlag gefunden. Das FGG (§ 177) und das BGB (§ 2242) enthielten nur formale Vorschriften über die Vorlesung, Genehmigung und Unterzeichnung der Niederschrift. Spärliche Ansätze in Richtung auf eine Prüfungs- und Belehrungspflicht enthielten Art. 40 PrFGG und Art. 27 BayNotG (vgl. auch Art. 111 WürttAGBGB, § 61 BadFGVO). Nach Art. 40 PrFGG sollten Zweifel an der Gültigkeit des Geschäfts oder daran, ob ein Beteiligter die zu dem Rechtsgeschäft erforderliche Geschäftsfähigkeit oder Einsicht besitzt, mit den Beteiligten erörtert werden. Art. 27 BayNotG verpflichtete den Notar, „vor der Beurkundung einer rechtsgeschäftlichen Erklärung den wahren Willen der Beteiligten zu ermitteln. Hegt er Zweifel darüber, ob die Beteiligten die Bedeutung und die Folgen des beabsichtigten Geschäfts völlig erkannt haben, so hat er ihnen die nötige Belehrung zu erteilen". Die Rechtsprechung ging zunächst davon aus, daß der Notar nur für die Formgültigkeit der Beurkundung einzustehen habe, und umschrieb seine Aufgabe als Klarlegung, Gestaltung und Fassung des in der aufzunehmenden Urkunde niederzulegenden Parteiwillens[1]). Die Auffassung, daß dem Notar als 1

[1]) RG ZBlFG 12, 23; RG JW 1915, 513; WarnR 1915 Nr. 235.

Urkundsperson nicht nur rein formale Aufgaben obliegen, sondern daß er ein Träger vorsorgender Rechtspflege ist, führte zu einer Steigerung der Anforderungen an seine Amtspflichten[2]). In JW 1921, 236 erklärte das RG es als Pflicht des Notars, den wirklichen Willen der Beteiligten zu erforschen und durch zweckentsprechende Rechtsbelehrung auf dessen einwandfreie Feststellung hinzuwirken, wozu auch der Hinweis auf Verfügungsbeschränkungen auf Grund einer altrechtlichen Gütergemeinschaft gehöre. Später wurde ausgesprochen, daß der Notar sich nicht ohne weiteres mit äußerlich unbedenklichen Erklärungen der Beteiligten begnügen dürfe, vielmehr den wahren Willen erforschen, Rechtsbelehrungen erteilen und unter Umständen über die Bedeutung der zu beurkundenden Erklärungen aufklären müsse[3]). In RGZ 149, 286 (292) wurde ausgeführt, der Notar sei zwar nicht wirtschaftlicher Berater der Beteiligten, doch habe er nicht nur deren rechtsgeschäftlichen Willen genau zu erforschen und klar zum Ausdruck zu bringen, sondern auch dafür Sorge zu tragen, daß der von den Beteiligten erstrebte rechtliche Erfolg mit der Urkunde erreicht werde. Diese Grundsätze fanden zuerst ihren Niederschlag in § 30 Abs. 1 der Dienstordnung für Notare vom 5. 6. 1937 (DJ, 874); darin wurden die Pflichten des Notars bei der Beurkundung von Rechtsgeschäften vierfach aufgegliedert in die Pflicht zur Erforschung des Willens der Beteiligten, zur Aufklärung des Sachverhalts, zur Belehrung über die rechtliche Tragweite des Geschäfts und zur klaren und unzweideutigen Wiedergabe der Erklärungen in der Niederschrift. Diese Bestimmung wurde als § 26 in die BNotO vom 24. 2. 1961 (BGBl. I, 97) eingestellt und für gerichtliche Beurkundungen in Art. 48 HessFGG und Art. 33 NdsFGG übernommen. Für Verfügungen von Todes wegen hatte § 15 TestG (später § 2241b BGB) eine Pflicht des Richters oder Notars zur Erörterung von Bedenken gegen den Inhalt[4]) und die Gültigkeit des Testaments begründet.

2 Abs. 1 des § 17 tritt an die Stelle des § 26 BNotO und der entsprechenden landesrechtlichen Bestimmungen. Die Umstellung der beiden Sätze des § 26 BNotO hat jedoch nicht nur sprachliche Bedeutung (so amtl. Begr., BT-Drucks. V/3282 S. 32), sondern bedeutet eine Gewichtsverlagerung zugunsten einer Verstärkung der Mitwirkungspflicht des Notars, die jetzt nicht mehr nur Mittel zu dem Zweck ist, Irrtümer zu vermeiden und unerfahrene und ungewandte Beteiligte vor Benachteiligung zu schützen[5]); nach der neuen Fassung ist die Belehrungspflicht verselbständigt und die Vermeidung von Irrtümern und der Schutz Unerfahrener und Ungewandter tritt unterstützend hinzu.

3 Abs. 2 des § 17 (Bedenken gegen die Gültigkeit des Geschäfts) tritt an die Stelle des § 31 BNotO. Abs. 3 (Hinweis auf Anwendbarkeit ausländischen Rechts) ist neu.

B. Prüfungs- und Belehrungspflicht

I. Allgemeines[6])

4 Wenn das Gesetz die Wirksamkeit bestimmter Rechtsgeschäfte von der Wahrung einer Form abhängig macht, so liegt darin eine Durchbrechung des Grundsatzes der Formfreiheit, die der Rechtfertigung durch besondere damit verfolgte Zwecke bedarf. Als diese Zwecke werden herkömmlicherweise bezeichnet der *Beweiszweck*, der *Warnungszweck* und der *Klarstellungszweck*. Die Form soll den Beweis des Rechtsgeschäfts seinem Bestande und Inhalt nach sicherstellen (Beweiszweck), sie soll die Beteiligten zur Besonnenheit anhalten, sie vor Übereilung schützen und die Ernstlichkeit der Erklärung gewährleisten (Warnungszweck), und

[2]) Vgl. dazu Grunau, Die Amtshaftung des Notars, DNotZ 1937, 376; Daimer, DJ 1943, 399.

[3]) RG DNotZ 1933, 427; 1935, 312; 1936, 46; ebenso jetzt BGH DNotZ 1954, 329; 1956, 204; 1956, 319; 1958, 100.

[4]) Insofern nicht unbedenklich, vgl. Staudinger-Firsching BGB[11] § 2241b Rdn. 6.

[5]) So zutreffend Flume Dt. Notartag 1969 S. 30, 33.

[6]) Schrifttum: Szkolny, Die Belehrungspflicht des Notars, 1927; Buhl, Das Rechtsverhältnis des Notars zum Auftraggeber in Deutschland, 1929; Daimer, Die Prüfungs- und Belehrungspflicht des Notars, 2. Aufl. 1955; Daimer/Weber, Gedanken zur Prüfungs- und Belehrungspflicht des Notars, DNotZ 1955, 621; Daimer, Belehrungspflicht bei Beurkundung von letztwilligen Verfügungen, DJ 1941, 1102; 1942, 488; 1943, 399;

sie soll schließlich die Vollendung des Geschäftsabschlusses (Unterscheidung von Vorverhandlungen) außer Zweifel stellen und den Geschäftswillen unzweideutig zum Ausdruck bringen (Klarstellungszweck). Von diesen Zwecken ist der Beweiszweck am wenigsten geeignet, die Form gerade der notariellen Beurkundung zu rechtfertigen[7]); denn er wird auch durch die einfache Schriftform und hinsichtlich der Echtheit durch Unterschriftsbeglaubigung erreicht. Der Warnungszweck ferner könnte auch durch andere Mittel, etwa die Hinzuziehung von Zeugen oder die mündliche Erklärung vor einer Behörde[8]) erfüllt werden. Nur vom Klarstellungszweck läßt sich sagen, daß er nur unvollkommen erreicht wird, wenn es an der Mitwirkung einer rechtskundigen Urkundsperson fehlt. Ihre eigentliche Rechtfertigung findet daher die Form der öffentlichen Beurkundung in der Mitwirkung einer unparteiischen und rechtskundigen Urkundsperson bei der Gestaltung des Erklärungsinhalts der Urkunde, durch welche die Beteiligten vor rechtlichem Unverstand geschützt werden und welche gewährleistet, daß der objektive Sinn der beurkundeten Erklärung mit dem subjektiven Willen übereinstimmt und der gewollte Rechtserfolg erreicht wird[9]). Hierüber enthält § 17 die grundlegenden Vorschriften; die nachfolgenden §§ 18 bis 21 enthalten eine Konkretisierung der Prüfungs- und Belehrungspflicht für besonders bedeutsame Einzelfälle.

II. Willenserforschung

Der Notar soll den Willen der Beteiligten erforschen. Denn im Erklärungsakt wird der rechtsgeschäftliche Wille vollzogen; Wille und Erklärungsbedeutung müssen übereinstimmen, wenn das Rechtsgeschäft unangreifbar sein soll. Von dieser Übereinstimmung soll sich der Notar überzeugen. Er darf sich deshalb nicht ohne weiteres mit einer äußerlich einwandfrei erscheinenden Erklärung begnügen, wenn es nicht ausgeschlossen ist, daß der Erklärende damit einen anderen Sinn verbindet als der Erklärung im Verkehr zukommt[10]). Zum Zweck der Willenserforschung muß der Notar mit den Beteiligten verhandeln[11]); das geschieht durch Reden und Zuhören im Gespräch[12]). Diese Pflicht obliegt dem Notar persönlich; er darf sie nicht auf einen anderen delegieren[13]). Will der Notar einen ihm vorgelegten Entwurf verwenden, so ist er nicht der Verpflichtung enthoben, durch Verhandlung mit den Beteiligten festzustellen, ob der Entwurf ihrem wahren Willen entspricht und ihn vollständig wiedergibt[14]); er darf sich nicht darauf beschränken, den Entwurf nur vorzulesen[15]). Die Pflicht zur Willenserforschung besteht auch, wenn die Beteiligten sich zuvor von anderen, selbst rechts- 5

Bärmann, Vorsorgende Rechtspflege und Belehrungspflicht, DJ 1943, 147; Grader, Die Belehrungspflicht des Notars in Fällen mit Auslandsberührung, DNotZ 1959, 563; Saage, Die Prüfungs- und Belehrungspflichten des Notars, Betr. 1962, 1165; Herold, Die Belehrungspflichten des Notars bei Grundstücksgeschäften, in Bl. f. Grundstücks-, Bau- und Wohnungsrecht 1959, 225; Haegele u. Gruber, Zur Belehrungspflicht bei Veräußerung eines Hofes, DNotZ 1960, 284; Römer, Notariatsverfassung und Grundgesetz, 1963, S. 15 ff.; Reithmann, Die Beratung bei der Beurkundung, Dt. Notartag 1965, 86 ff.; ders., Belehrungspflicht, Beratung und Betreuung bei der Beurkundung von Grundstückskaufverträgen, DNotZ 1969, 70; ders., Zur Haftung des Notars, DNotZ 1970, 5; Pagendarm, Die Haftung des Notars nach der Rechtsprechung des BGH, DRiZ 1959, 133; dazu auch Pikart, WertpMitt. 1961, 1134; 1965, 759; Knur, Notar und Steuerrecht, DNotZ 1966, 707; Scheffler, RheinNotK 1958, 457 ff.; ders., MittBayNotV 1959, 1; ders., Belehrungspflicht und Urkundenvollzug, RheinNotK 1967, 427; Schollen, Die Mitwirkung des Notars bei der Bildung des rechtsgeschäftlichen Willens. Dt. Notartag 1969, 51; Seybold-Hornig BNotO⁴ Bem. zu § 26; Bärmann, Freiw. Gerichtsbarkeit und Notarrecht, 1968, § 53 III 3; Rohs, Die Geschäftsführung der Notare, 5. Aufl. 1969 zu VIII; Höfer-Huhn, Allg. Urkundenrecht, 1968, § 46. Aufschluß über die Rechtsprechung geben auch die Kommentare zu § 839 BGB.

7) So aber Schlegelberger 1 vor § 167, der den Beweiszweck als den Bestimmungsgrund der Form ansieht.

8) Die Wirksamkeit inhaltlich einfacher Erklärungen, die vor Behörden abzugeben sind, wie der Eheschließung und der Auflassung, ist nicht von der Beurkundung abhängig.

9) Vgl. Flume, Dt. Notartag 1969, 30 zu 2; Schollen ebenda S. 51 ff.

10) BGH DNotZ 1961, 162.

11) RG DNotZ 1933, 793.

12) Vgl. Schollen, Dt. Notartag 1969, S. 51 ff., 63 ff.

13) RG DNotZ 1933, 793.

14) RG DNotZ 1933, 793; RG JW 1936, 2535; Seybold-Hornig BNotO⁴ § 26 Rdn. 12; Höfer-Huhn § 46, 4.

15) RG JW 1914, 335, 490.

kundigen Personen haben beraten lassen[16]). Soll ein Darlehensgeschäft mit einer Bank beurkundet werden, so darf der Notar sich nicht darauf verlassen, daß die Angelegenheit zwischen dem Darlehensnehmer und der Bank bereits abschließend besprochen sei[17]).

III. Aufklärung des Sachverhalts

6 Der Notar kann rechtsgeschäftlichen Willenserklärungen die rechtlich einwandfreie und dem bezweckten Erfolg dienliche Fassung nur geben, wenn er den Sachverhalt kennt. Bei dessen Ermittlung ist der Notar allerdings in der Regel (wenn auch nicht immer, z. B. bei Feststellung des Grundbuchstandes nach § 21 Abs. 1) auf die Angaben der Beteiligten angewiesen; auf die Richtigkeit der tatsächlichen Angaben, welche die Beteiligten machen, darf der Notar vertrauen, solange ihm ihre Unrichtigkeit nicht bekannt ist[18]). Erweisen sich diese Angaben als unrichtig, so braucht der Notar für die daraus etwa entstandenen Unwirksamkeitsfolgen nicht einzustehen[19]). Vorsicht ist allerdings bei Rechtstatsachen geboten; der Notar kann nicht ohne weiteres davon ausgehen, daß rechtsunkundige Beteiligte mit solchen Angaben die richtigen Vorstellungen verbinden. Ein Laie wird sich z. B. als Eigentümer eines Grundstücks bereits bezeichnen, wenn er einen notariellen Kaufvertrag darüber abgeschlossen hat, auch wenn er als Eigentümer noch nicht im Grundbuch eingetragen ist, und Eheleute haben über ihren Güterstand oft sehr unklare und irrige Vorstellungen; der Notar muß in diesen Fällen durch nähere Befragung die Tatsachen erforschen, aus denen sich die angegebene Rechtsfolge herleiten soll[20]). Der Notar darf ferner nicht ohne weiteres von der Vollständigkeit der tatsächlichen Angaben der Beteiligten ausgehen. Oft können die Beteiligten nicht wissen, auf welche Tatsachen es für die Rechtswirksamkeit und den rechtlichen Erfolg des erstrebten Geschäfts ankommt. Gibt der Sachverhalt in dieser Hinsicht zu Zweifeln Anlaß, so muß der Notar sich durch Fragen Gewißheit darüber verschaffen, daß die Beteiligten sich über alle nach seiner Kenntnis und Erfahrung wesentlichen Tatsachen vollständig erklärt haben[21]). Das gilt insbesondere bei der Errichtung von *Verfügungen von Todes wegen.* Hier ist regelmäßig eine Befragung über Verehelichung, Güterstand und Vorhandensein pflichteilsberechtigter Verwandter angebracht, auch über das Vorhandensein nichtehelicher Abkömmlinge (nicht nur Kinder)[22]). Durch Befragung ist auch festzustellen, ob der Erblasser bereits eine Verfügung von Todes wegen errichtet hat und ob er bereits durch Erbvertrag oder wechselbezügliche Verfügungen eines gemeinschaftlichen Testaments letztwillig gebunden ist[23]). Bei gegebenem Anlaß ist auch die Staatsangehörigkeit des Erblassers festzustellen[24]).

IV. Belehrungspflicht

7 *1. Grundsatz.* Der Notar soll die Beteiligten über die rechtliche Tragweite des Geschäfts belehren. Darunter ist eine *Rechtsbelehrung* zu verstehen. Diese ist zunächst auf die Anforderungen zu erstrecken, die an eine rechtswirksame Beurkundung der beabsichtigten Willenserklärung zu stellen sind. Der Notar ist schon kraft seiner Amtspflicht gehalten, rechtlich einwandfreie Urkunden zu errichten und ihnen den Inhalt zu geben, der dem Willen der Beteiligten und dem Zweck der Beurkundung entspricht. Erkennt er, daß die Beteiligten eine Beurkundung erwarten, die diesen Anforderungen nicht entspricht, so hat er den Beurkundungsauftrag nicht unbesehen auszuführen, sondern er hat die Beteiligten entsprechend zu belehren, z. B. darüber, daß die Form des § 313 BGB für den Grundstückskaufvertrag nur gewahrt ist, wenn alle Vertragsabreden in der gesetzlichen Form beurkundet sind[25]). Hierher

[16]) RGZ 149, 286.
[17]) RG DNotZ 1929, 668.
[18]) BGH DNotZ 1958, 99; 1961, 162, 163.
[19]) RG DNotZ 1940, 85.
[20]) RG DNotZ 1936, 46; Seybold-Hornig BNotO[4] § 26 Rdn. 14.
[21]) RG JW 1936, 2535; Grunau DNotZ 1937, 378.
[22]) Über die Gestaltung des Erbrechts nichtehelicher Kinder vgl. Damrau FamRZ 1969, 579; Firsching, Rpfleger 1970, 41 zu IX.
[23]) RG DNotZ 1940, 152 = DRW 1940, 723 mit Anm. v. Vogels; Seybold-Hornig BNotO[4] § 26 Rdn. 14; Staudinger-Firsching BGB[11] § 2241b Rdn. 8.
[24]) BGB DNotZ 1963, 315.
[25]) BGH VersR 1959, 28; DNotZ 1962, 263 = NJW 1962, 586; BGH DNotZ 1966, 737; DNotZ 1969, 576; Pagendarm DRiZ 1959, 133 zu 2 a.

gehört auch die Frage, ob die Beteiligten die erforderliche Geschäftsfähigkeit besitzen, ob sie durch Verfügungsbeschränkungen beschränkt sind, ob jemand berechtigt ist, als gesetzlicher Vertreter oder rechtsgeschäftlich Bevollmächtigter für jemand anders zu handeln, ob ein Verwalter fremden Vermögens verfügungsberechtigt ist und ob das Rechtsgeschäft mit Mängeln behaftet ist, die seine Nichtigkeit oder Anfechtbarkeit begründen könnten. In zweifelhaften Fällen ist der Notar verpflichtet, sich an Hand der Rechtsprechung und des Schrifttums über die Rechtslage zu unterrichten[26]). In umstrittenen Rechtsfragen ist er jedenfalls gedeckt, wenn er sich an die vorherrschende Meinung hält und seinen Entschließungen die Rechtsprechung der Obergerichte zugrunde legt. Eine abweichende eigene Meinung darf er nicht vertreten, wenn er die Beteiligten dadurch der Gefahr einer Schädigung für den Fall aussetzt, daß seine Meinung in einem späteren Rechtsstreit keine Billigung findet. In zweifelhaften Formfragen hat er grundsätzlich den Weg zu wählen, der das beurkundete Rechtsgeschäft unangreifbar macht, auch wenn dadurch höhere Kosten entstehen[27]). Erweist sich aber die von dem Notar in einem zweifelhaften Fall vertretene Rechtsansicht als richtig, so kann er nicht dafür haftbar gemacht werden, daß wegen der Zweifelhaftigkeit der Rechtslage ein Rechtsstreit entsteht, der alsdann unrichtig entschieden wird[28]). In diesem Zusammenhang ist der Rechtssatz aufgestellt worden, daß der Notar von mehreren in Betracht kommenden Maßnahmen diejenige zu wählen hat, welche die sicherere und gefahrlosere ist. Er handelt schuldhaft, wenn er einen anderen Weg geht, den er bei Anwendung der erforderlichen Sorgfalt als den gefährlicheren erkennen mußte; mindestens muß er den Auftraggeber über bestehende Bedenken belehren[29]). Dieser Rechtssatz ist aber nur anwendbar, wenn dem Notar unter den gleichen Voraussetzungen zur Erreichung desselben Rechtserfolgs mehrere Wege nebeneinander zur Verfügung stehen[30]). Bedarf das beurkundete Rechtsgeschäft zu seinem Vollzuge der Eintragung in ein Register und ist nach der obergerichtlichen Rechtsprechung damit zu rechnen, daß die Eintragung abgelehnt werden wird, so hat der Notar darüber zu belehren, auch wenn er diese Rechtsprechung für unrichtig hält, z. B. über die Zulässigkeit eines Mantelkaufs[30a]).

Die Belehrungspflicht erstreckt sich weiter darauf, welche unmittelbaren Rechtswirkungen das Rechtsgeschäft zeitigt und ob zur Vollendung des Rechtsgeschäfts außer der Beurkundung der Willenserklärung noch weitere Tatbestände erforderlich und gegebenenfalls herbeizuführen sind. Auch das gehört zur rechtlichen Tragweite des Geschäfts. Beim Grundstückskaufvertrag wird der Notar darauf hinweisen, daß der Käufer das Eigentum erst auf Grund einer Auflassung und der Eintragung der Eigentumsänderung in das Grundbuch erwirbt, und daß diese Eintragung erst erfolgen kann, wenn etwa erforderliche behördliche Genehmigungen und die steuerliche Unbedenklichkeitsbescheinigung vorliegen (vgl. §§ 18, 19 mit Bem.)[31]). Entsprechend ist bei der Beurkundung des Gesellschaftsvertrages der GmbH oder AG darauf hinzuweisen, daß die Gesellschaft erst mit der Eintragung in das Handelsregister entsteht[32]). Bei Schuldübernahme ist darüber zu belehren, daß der bisherige Schuldner nur befreit wird, wenn der Gläubiger sie genehmigt. Bei der Erbauseinandersetzung hat der Notar, wenn ein Miterbe **8**

[26]) RG DNotZ 1935, 740 mit Anm. v. Seybold; RG DNotZ 1937, 752 = JW 1937, 2765.

[27]) Vgl. BGH NJW 1962, 586; Saller DNotZ 1942, 214; Daimer S. 146.

[28]) Vogels DNotZ 1936, 43 zu RG ebenda; Seybold-Hornig BNotO[4] § 26 Rdn. 22.

[29]) RG WarnR 1921, 103; RGZ 148, 321, 325; BGHZ 27, 274, 276; BGH DNotZ 1962, 263; BGH MittBayNotV 1968, 302.

[30]) BGHZ 27. 274, 277; Pagendarm DRiZ 1959, 133 zu 3 f; unter diesem Gesichtspunkt verlieren auch die Einwendungen von Reithmann, DNotZ 1970, 5, 16 an Gewicht.

[30a]) RG JW 1934, 27 mit Anm. v. Fischer; zum Mantelkauf vgl. § 125 FGG Rdn. 24 sowie Brincker, Die Einmann-GmbH, MittRheinNotK 1970, 163, 179.

[31]) Zur Belehrungspflicht bei Grundstücksgeschäften insbes. Herold, Bl. f. Grundstücks-, Bau- und Wohnungsrecht, 1959, 225; Reithmann, DNotZ 1969, 70; über Umfang der Sicherung durch Auflassungsvormerkung, wenn mit Voranträgen zu rechnen ist, vgl. BGH DNotZ 1969, 496.

[32]) Auf die Möglichkeit persönlicher Haftung der für die Vorgesellschaft im Gründungsstadium Handelnden braucht der Notar nur hinzuweisen, wenn ihm erkennbar geworden ist, daß ein solches Handeln in Unkenntnis der Rechtsfolgen beabsichtigt ist; denn hier handelt es sich nicht um eine Rechtswirkung der Beurkundung; vgl. BGH DNotZ 1954, 329 = LM § 21 RNotO Nr. 2 (Belehrungspflicht verneint); LM § 21 RNotO Nr. 8 (Belehrungspflicht bejaht); weitergehend Reithmann DNotZ 1969, 82.

Nachlaßverbindlichkeiten allein übernimmt, die Miterben über die Fortdauer ihrer Mithaft aufzuklären[33]). Bei der Verpfändung einer Forderung ist darüber zu belehren, daß zu ihrer Wirksamkeit die Anzeige des Gläubigers an den Schuldner gehört (§ 1280), bei der Abtretung darüber, daß ohne Anzeige der Schuldner noch mit befreiender Wirkung an den bisherigen Gläubiger leisten kann (§ 407 BGB). Wird bei Veräußerung eines Handelsgeschäfts unter Firmenfortführung der Ausschluß der Schuldenhaftung des Übernehmers vereinbart (§ 25 HGB), so ist es erforderlich, den Erwerber über die Voraussetzungen der Wirksamkeit gegenüber Dritten (unverzügliche Eintragung und Bekanntmachung oder Mitteilung) aufzuklären.

9 2. *Betreuende Belehrungspflicht.* Während die vorstehend erörterten Belehrungspflichten bei der Beurkundung von Willenserklärungen der Urkundstätigkeit immanent sind, weil es bei jeder Beurkundung darauf ankommt, den Willen der Beteiligten rechtswirksam zu verlautbaren und, wenn der Tatbestand des Rechtsgeschäfts sich nicht in der Abgabe der Willenserklärung erschöpft, den Weg aufzuzeigen, der zur Verwirklichung des erstrebten Erfolges noch zu beschreiten ist (Belehrung über die rechtliche Tragweite), kann darüber hinaus eine betreuende Belehrungspflicht bestehen, die sich auf außerhalb des zu beurkundenden Vorgangs liegende rechtliche Erfordernisse bezieht und den Notar veranlassen kann, den Beteiligten die nötige Aufklärung zu geben, um sie vor nicht bedachten rechtlichen Folgen ihrer beurkundeten Erklärungen oder vor dem Ausbleiben der erwarteten Folgen zu bewahren. In Rechtsprechung[34]) und Schrifttum[35]) ist der „speziellen Belehrungspflicht aus Urkundstätigkeit" eine „allgemeine Belehrungspflicht aus Betreuungsverpflichtung" gegenübergestellt woden. Diese Belehrungspflicht besteht ebenfalls kraft Gesetzes; sie setzt nicht voraus, daß die Beteiligten über den Urkundsauftrag hinaus dem Notar einen besonderen Auftrag zur Beratung und Betreuung (§ 24 BNotO) erteilt haben. Sie ist aus der Stellung des Notars als eines Organs der vorsorgenden Rechtspflege herzuleiten, welche ihm die Amtspflicht auferlegt, auf Gefahren hinzuweisen, die dem Notar ohne weiteres erkennbar sind[36]); sie kann sich auch aus § 17 Abs. 1 Satz 2 ergeben (Bewahrung unerfahrener und ungewandter Beteiligter vor Benachteiligungen). Diese betreuende Belehrungspflicht besteht allerdings nur unter besonderen Umständen. Sie tritt nur ein, wenn besondere Umstände vermuten lassen, einem Beteiligten drohe ein Schaden und der Beteiligte sei sich dessen namentlich wegen mangelnder Kenntnis der Rechtslage nicht oder nicht voll bewußt. Der Notar darf es nicht untätig geschehen lassen, daß die Beteiligten in die Gefahr eines folgenschweren Schadens geraten, der durch wenige aufklärende Worte hätte verhindert werden können[37]). Es genügt, daß auf Grund besonderer Umstände die Gefahr einer Schädigung naheliegt. Die betreuende Belehrungspflicht entfällt nicht schon, wenn der Notar annimmt, daß die Gefahren auch für die Beteiligten offen zutage lägen; sie entfällt erst, wenn der Notar mit Sicherheit annehmen kann, daß die Beteiligten die sich für sie ergebenden Gefahren erkennen; es kommt mithin nicht auf die objektive Beurteilung der Sachlage, sondern auf die Einsichtsfähigkeit des jeweiligen Beteiligten an[38]). Sind diese Voraussetzungen gegeben, so erstreckt sich die Belehrungspflicht auf außerhalb der zu beurkundenden Erklärung liegende, zur Herbeiführung des rechtlich Erstrebten nötige rechtliche Erfordernisse, auf möglicherweise nicht bedachte Rechts-

[33]) RG DNotZ 1936, 627.

[34]) BGH LM § 21 RNotO Nr. 2 = DNotZ 1954, 329 (GmbH-Vertrag); DNotZ 1954, 319 (Grundstückskauf); DNotZ 1956, 319 (Hypothek); MDR 1957, 605 = BB 1957, 89 (GmbH' Vertrag); DNotZ 1958, 23 (Grundstückskauf); VersR 1958, 124; 1959, 28 (Grundstückskauf); VersR 1960, 665 (Hypothek); Betr. 1961, 403; DNotZ 1966, 183, 186 = NJW 1966, 157 (Darlehnsvertrag); 1967, 446 (Grundstückskauf); DNotZ 1969, 507 (Eigentümerbriefgrundschuld); DNotZ 1969, 769 = VersR 1969, 902 (Bestellung und Abtretung von Eigentümergrundschuld); vgl. bereits RG JW 1936, 648 mit Zusammenfassung der ständ. Rspr. des RG.

[35]) Pagendarm, Die Haftung des Notars nach der Rechtsprechung des BGH, DRiZ 1959, 133; Soergel-Glaser BGB[9] § 839 Anm. 239; Scheffler RheinNotK 1967, 427; Seybold-Hornig BNotO[4] § 26 Rdn. 32 ff.; Rohs, Geschäftsführung[5] Abschn. VIII; Bärmann, Freiw. Gerichtsbarkeit § 53 III 3 e; Reithmann, DNotZ 1969, 70; ders., DNotZ 1970, 5, 19.

[36]) BGH Betr. 1961, 403; Pagendarm DRiZ 1959, 135; Saage Betr. 1962, 1165 zu I 2.

[37]) RG JW 1936, 648; BGH LM § 21 RNotO Nr. 2; BGH VersR 1960, 33; BGH DNotZ 1969, 769 = VersR 1969, 902.

[38]) BGH VersR 1960, 33; Pagendarm DRiZ 1959, 135.

folgen und auf naheliegende wirtschaftliche Gefahren[39]). Eine solche Belehrungspflicht besteht regelmäßig, wenn ein Beteiligter ohne jede Sicherheit vorleisten will; sie ist z. B. angenommen worden bei Zahlung des Grundstückskaufpreises vor Eintragung einer Auflassungsvormerkung im Grundbuch[40]) und bei Auszahlung des hypothekarisch zu sichernden Darlehens vor Eintragung der Hypothek im Grundbuch[41]). Aus gegebenem Anlaß ist über die Haftung des Vermögensübernehmers aus § 419 BGB zu belehren.

Die *wirtschaftlichen Auswirkungen* der beurkundeten Erklärungen braucht der Notar in der Regel nicht in Betracht zu ziehen. Der Notar ist kein Wirtschafts- oder Steuerberater[42]). Geht es nur darum, daß ein zu beurkundendes Rechtsgeschäft nach Lage der tatsächlichen Umstände für einen Beteiligten wirtschaftlich nachteilig sein kann, so ist es nicht Sache des Notars, durch Belehrungen oder Aufklärungen einzugreifen[43]). Wird das wirtschaftliche Risiko einer geschäftlichen Unternehmung oder eines bewußt eingegangenen gewagten Geschäfts verkannt oder wird die wirtschaftliche Bedeutung der hinreichend erörterten rechtlichen Hindernisse unterschätzt, so kann der Notar dafür nicht verantwortlich gemacht werden[44]). Außerhalb der notariellen Belehrung liegen auch Fragen etwa darüber, ob der Grundstückskaufpreis zu hoch oder zu niedrig ist, ob das zu kaufende Grundstück bebaubar ist, ob das zu belastende Grundstück genügend Sicherheit bietet oder ob ein Grundpfandrecht ohne Gefahr hinter ein anderes zurücktreten kann[45]). Ebensowenig ist es Aufgabe des Notars, die Vertrauens- und Kreditwürdigkeit oder die Zuverlässigkeit der an einem Vertrage beteiligten Personen zu prüfen und in dieser Beziehung durch Hinweise oder Warnungen einzugreifen[46]); allenfalls können Pflichten des Notars aus § 4 oder aus § 17 Abs. 1 Satz 2 entstehen, wenn es den Umständen nach naheliegt, daß ein unerfahrener oder ungewandter Beteiligter von einem Betrüger geprellt wird[47]). Anders ist es nur, wenn die wirtschaftliche Gefahr gerade aus der rechtlichen Anlage des Vertragswerks oder der vorgesehenen Art der Durchführung erwächst[48]). Wegen der Belehrung über *steuerliche Umstände* vgl. § 19 Rdn. 2 ff. **10**

3. Abgrenzung des zu belehrenden Personenkreises. Der Kreis der zu belehrenden Personen ist nicht gleichzusetzen mit dem geschützten Personenkreis, demgegenüber dem Notar nach Maßgabe des § 19 BNotO Amtspflichten obliegen[49]); er ist wesentlich enger. Die Belehrungspflicht aus § 17 besteht nur gegenüber dem formell Beteiligten im Sinne des § 6 Abs. 2, dessen Erklärungen beurkundet werden[50]). Das gilt selbst dann, wenn ein anderer materiell Beteiligter, ohne Erklärungen abzugeben, bei der Beurkundung anwesend ist, sofern darin nicht ein besonderer Betreuungsauftrag liegt[51]). Tritt ein Bevollmächtigter auf, so ist dieser zu belehren. Die Belehrungspflicht gegenüber dem Erklärungen abgebenden Beteiligten entfällt aber nicht deswegen, weil sein außerdem anwesender Vertreter oder der als Beistand miterschienene Ehemann der beteiligten Ehefrau die Tragweite des Geschäfts erfaßt hat[52]). Handelt ein Vertreter ohne Vertretungsmacht vorbehaltlich der Genehmigung des Vertretenen, so ist der vollmachtlose Vertreter zu belehren; eine unmittelbare Belehrungspflicht gegen- **11**

[39]) Vgl. BGH Betr. 1961, 403; BGH DNotZ 1967, 446 = VersR 1967, 187 = BB 1967, 513; Scheffler RheinNotK 1967, 427; dazu auch Reithmann, DNotZ 1969, 70.

[40]) BGH DNotZ 1954, 319; BGH VersR 1959, 743; 1961, 349; BGH DNotZ 1967, 446 = VersR 1967, 187 = BB 1967, 513; dazu Reithmann DNotZ 1969, 70 zu II 1.

[41]) BGH DNotZ 1956, 319; VersR 1960, 665.

[42]) RG JW 1930, 3306; 1935, 2043; KG DNotZ 1941, 306; BGH LM § 38 DONot Nr. 1; BGH NJW 1967, 931.

[43]) BGH DNotZ 1967, 323 = NJW 1967, 931; Daimer § 6 Rdn. 10, 11, 12; § 14 Rdn. 37, 41.

[44]) RG DNotZ 1937, 252; 1940, 29; Seybold-Hornig BNotO[4] § 26 Rdn. 23.

[45]) RGZ 149, 286, 293; RG WarnR 1935 Nr. 20.

[46]) RG JW 1933, 510; 1935, 3091; 1936, 803 = DNotZ 1936, 387; RG WarnR 1927 Nr. 40; 1935 Nr. 20; BGH NJW 1967, 931 = DNotZ 1967, 323.

[47]) BGH NJW 1967, 931 = DNotZ 1967, 323.

[48]) BGH DNotZ 1967, 446 = VersR 1967, 187 = BB 1967, 513.

[49]) Zu dieser Abgrenzung vgl. BGH DNotZ 1969, 769; Staudinger-Schäfer BGB[11] § 839 Rdn. 516; Arndt, Der von der Notartätigkeit betroffene Dritte, DNotZ 1961, 466; Reithmann, Zur Haftung des Notars — Wem gegenüber obliegen dem Notar Amtspflichten, DNotZ 1970, 5.

[50]) RGZ 122, 80 = JW 1929, 110; RG JW 1933, 1715; BGH NJW 1966, 157 zu II 2 c; Oberneck NotR[10] S. 34; Reithmann DNotZ 1970, 5 zu II 4.

[51]) RG JW 1933, 1715 mit Anm. v. Fritz Jonas; vgl. aber nachst. Rdn. 12.

[52]) RG DNotV 1929, 670; 1933, 63.

über dem Vertretenen besteht nicht; es ist Sache des vollmachtlosen Vertreters, die erhaltenen Belehrungen bei Einholung der Genehmigung des Vertragsteils weiterzugeben, oder Sache des Vertretenen, sich vor Erteilung der Genehmigung anderweit belehren zu lassen[53]). Wird bei Vertragserklärungen nur die Erklärung des einen Teils beurkundet, weil nur sie einer Form bedarf, wie das Schenkungsversprechen (§ 518 BGB), die Bürgschaftserklärung (§ 766 BGB) oder ein Schuldversprechen mit Zwangsvollstreckungsunterwerfung, so besteht eine Belehrungspflicht nur gegenüber dem Erklärenden; für den anderen Teil ergibt sich aus dem Umstand, daß seine Erklärung keiner Form bedarf, daß das Gesetz ihn nicht als belehrungsbedürftig ansieht. Andererseits besteht eine Belehrungspflicht gegenüber allen Beteiligten auch dann, wenn kein gesetzlicher Formzwang besteht, die Beteiligten aber aus freien Stücken die Form der notariellen Beurkundung wählen, etwa für den Abschluß des Gesellschaftsvertrages einer OHG oder KG oder eines Pachtvertrages.

12 Andere Grundsätze gelten für die *betreuende Belehrungspflicht* (Rdn. 9). Sie obliegt in Erweiterung des § 17 dem Notar auch gegenüber Personen, die sich an ihn in seiner Eigenschaft als öffentliche Urkundsperson wenden, ohne selbst urkundliche Erklärungen abzugeben[54]). So trifft den Notar, der von einem Gläubiger darum angegangen wird, zwecks Hypothekenbestellung die Eintragungsbewilligung des Grundstückseigentümers zu beurkunden, eine Pflicht zur rechtlichen Betreuung auch des Gläubigers[55]). Diese weitergehende betreuende Belehrungspflicht besteht aber nur gegenüber den Personen, die mit dem Notar in Verbindung treten und seine Amtstätigkeit in Anspruch nehmen; sie gilt nicht gegenüber einem solchen mittelbar (d. h. materiell) Beteiligten, der mit dem Notar gar nicht in Berührung kommt[56]).

13 Die Belehrungspflicht nötigt den Notar, auch wenn sie gesetzlich vorgeschrieben ist, nicht dazu, Belehrungen pedantisch auch dort anzubringen, wo sie ersichtlich unangebracht sind. Die Belehrungspflicht besteht nicht um ihrer selbst willen, sondern dient dem Zweck, die Rechtskenntnisse zu vermitteln, die zur richtigen Beurteilung der Sachlage nötig sind[57]). Eine Belehrung ist daher überflüssig, wenn der Notar sicher sein kann, daß die Beteiligten die rechtliche Tragweite ohnehin genau kennen, wie es bei Rechtskundigen in der Regel zutreffen wird, oder wenn das Geschäft in den Geschäftsbereich eines Beteiligten fällt, der auf diesem Gebiet besondere Erfahrungen besitzt, wie Kreditinstitute bei der Bestellung von Grundpfandrechten. Auch wo eine Belehrung geboten ist, kann der Notar sich auf das wesentliche beschränken; er braucht keine erschöpfende Darstellung der gesamten Materie zu geben[58]). Bei der Bestimmung des Umfangs der zu erteilenden Belehrung ist aber auf die Persönlichkeit des Beteiligten Rücksicht zu nehmen; unerfahrene und ungewandte Beteiligte bedürfen unter Umständen einer eingehenderen Belehrung (§ 17 Abs. 1 Satz 2).

14 *4. Beratung und Betreuung.* Die Belehrungspflicht schließt keine Pflicht zur Beratung der Beteiligten ein, also zur Einflußnahme auf ihre sachlichen Entschließungen. Zur Beratung und Betreuung der Beteiligten zur Förderung ihrer wirtschaftlichen Ziele ist der Notar nicht kraft Gesetzes verpflichtet[59]). Zur Übernahme einer solchen Tätigkeit ist der Notar zwar nach § 24 BNotO zuständig, sei es neben einer Urkundstätigkeit, sei es außerhalb einer solchen; die Pflicht zur Amtsausübung erstreckt sich hierauf aber nicht (§ 4 Rdn. 1). Es bedarf eines Auftrags der Beteiligten, den der Notar nach Ermessen ablehnen kann und dessen Übernahme grundsätzlich eine Gebühr nach § 147 KostO auslöst, wenn die Beratung nicht lediglich anläßlich einer Beurkundung geleistet wird. Art und Umfang der Pflichten des Notars ergeben

53) A. M. Reithmann DNotZ 1970, 5, 12.
54) RGZ 153, 153 = JW 1937, 873; BGH NJW 1966, 157 = DNotZ 1966, 183.
55) Vgl. BGHZ 19, 5 = NJW 1956, 259; Arndt DNotZ 1961, 466, 467; Seybold-Hornig BNotO[4] § 26 Rdn. 18.
56) RGZ 153, 153; BGH NJW 1966, 157; Scheffler RheinNotK 1967, 427, 433.
57) Seybold-Hornig BNotO[4] § 26 Rdn. 19; Reithmann DNotZ 1970, 5, 12.
58) RG DNotV 1933, 63; JW 1921, 238; KG JW 1933, 529 mit Anm. v. Mühsam-Werther; Haegele BeurkG § 17 Anm. V 1.
59) Oberneck NotR[10] S. 36; Seybold-Hornig BNotO[4] § 26 Rdn. 22; Palandt-Danckelmann BGB[29] § 17 BeurkG Anm. 2; Reithmann DNotZ 1970, 5, 13.

sich dann aus dem erteilten Auftrag; seine Haftung gegenüber dem Auftraggeber bestimmt sich nach § 19 Abs. 1 Satz 2 Halbs. 2 BNotO, so daß keine Haftungssubsidiarität eintritt, es sei denn, daß die Beratung in einem so engen Zusammenhang mit einer Urkundstätigkeit steht, daß sie nicht als Gegenstand einer selbständigen Rechtsbetreuung im Sinne der §§ 23, 24 BNotO angesehen werden kann[59a]).

V. Wiedergabe der Erklärungen in der Niederschrift

Die Aufgabe des Notars besteht darin, bei der Klarlegung, Gestaltung und Formung der Willenserklärungen (nicht auch bei der Willensbildung) verantwortlich mitzuwirken[60]). Er soll deshalb ihre Erklärungen in der Niederschrift klar und unzweideutig wiedergeben (Formulierungspflicht); in derselben Linie liegt es, wenn ihm zur Pflicht gemacht wird, darauf zu achten, daß Irrtümer und Zweifel vermieden werden (Abs. 1 Satz 2). Vermeidung von Irrtümern bedeutet, daß der Wille des Erklärenden und der Erklärungssinn des Beurkundeten nicht auseinanderfallen sollen. Unzweideutig und frei von Zweifeln ist eine Erklärung, wenn sie keiner Auslegung bedarf. Da die Verhütung künftigen Streites ein Hauptzweck der Beurkundung ist, hat der Notar gerade hierauf besonders bedacht zu sein. Bei der Übernahme von Hypotheken in Anrechnung auf den Kaufpreis ist in der Regel eine befreiende Schuldübernahme gewollt; in der Urkunde sollte das deutlich zum Ausdruck kommen[61]). Die Klauseln, mit denen in Kaufverträgen Gewährleistungsansprüche ausgeschlossen werden sollen, sollten so gefaßt werden, daß im späteren Streitfall über ihre Bedeutung keine Unklarheiten aufkommen können[62]). Bei der Errichtung gemeinschaftlicher Testamente durch Ehegatten ist durch die Fassung eindeutig klarzustellen, ob die nach dem Tode des Längstlebenden als Erben berufenen Schlußerben des Letztversterbenden im Sinne des § 2269 BGB oder Nacherben des Erstversterbenden und Ersatzerben (§ 2102 Abs. 1 BGB) des Letztversterbenden sein sollen. Häufig ist eine Klarstellung darüber angebracht, ob gesetzliche Auslegungsregeln (§§ 2069, 2097, 2102 Abs. 2, 2108 Abs. 2 BGB) anwendbar sein sollen oder nicht. Bedarf eine notariell beurkundete Willenserklärung der Auslegung, so kommt es auf den Willen und die Vorstellungen des Erklärenden an, nicht auf die Auffassung des Notars[63]). 15

VI. Verfahren bei Zweifeln (Abs. 2)

1. Erörterungspflicht. Soweit Abs. 2 dem Notar zur Pflicht macht, Zweifel darüber zur Erörterung zu stellen, ob das Geschäft dem wahren Willen der Beteiligten entspricht, wird damit nur eine Anleitung gegeben, auf welche Weise der Notar seiner schon auf Abs. 1 beruhenden Pflicht zur Willenserforschung (Rdn. 5) nachkommen soll. Bedeutsamer ist die Pflicht, Zweifel darüber, ob das Geschäft dem Gesetz entspricht, mit den Beteiligten zu erörtern. Diese Zweifel können sich darauf beziehen, ob ein Geschäft wegen Vorliegens eines Nichtigkeitsgrundes ungültig ist (§ 4 Rdn. 6), aber auch darauf, ob außerhalb des Grundsatzes der Vertragsfreiheit ein Geschäft dieser Art gesetzlich zulässig ist, sich z. B. innerhalb des geschlossenen Kreises der beschränkten dinglichen Rechte hält, oder ob beim Abschluß eines Ehevertrages die Schranken eingehalten sind, die der Vereinbarung eines andersartigen Güterstandes als der gesetzlich zugelassenen, wenn auch abänderbaren Vertragstypen entgegenstehen. Bedenken darüber, ob das Geschäft dem Gesetz entspricht, können sich auch auf das Vorliegen eines Anfechtungsgrundes stützen. Soweit es sich um die Anfechtbarkeit wegen Willensmangels (§§ 119 bis 123 BGB) handelt, fällt diese Prüfung regelmäßig mit der Prüfung 16

[59a]) BGH VersR 1964, 1076.

[60]) Vgl. Schollen, Die Mitwirkung des Notars bei der Bildung des rechtsgeschäftlichen Willens, Dt. Notartag 1969, 57—71; wenn dort von einer Einflußnahme auf die Willensbildung die Rede ist, so ist damit eine beratende Tätigkeit gemeint, die der Notar zwar im Einvernehmen mit dem Beteiligten übernehmen kann (§ 24 BNotO), die aber über seine gesetzlichen Amtspflichten aus § 17 hinausgeht (a. a. O. S. 59, 66).

[61]) Daimer S. 170.

[62]) Vgl. über die Auslegung der hierbei häufig verwendeten formelhaften Wendungen Soergel-Ballerstedt BGB[9] § 476 Rdn. 8; Staudinger-Ostler BGB[11] § 476 Rdn. 5 ff.

[63]) BGH DNotZ 1961, 397.

zusammen, ob das Geschäft dem wahren Willen der Beteiligten entspricht. Anders verhält es sich mit der Anfechtbarkeit nach § 3 AnfG, §§ 30 bis 32 KO. Wenn dem Notar Tatsachen bekannt sind, welche die Anfechtbarkeit des Geschäfts nach diesen Vorschriften begründen könnten, hat er die Beteiligten darüber zu belehren, z. B. beim Abschluß von Sicherungsübereignungsverträgen[64]).

17 Nach Abs. 2 braucht der Notar nur zu verfahren, wenn er selbst Bedenken in der angeführten Richtung hat. Bedenken, die von den Beteiligten vorgebracht werden, die aber der Notar nicht teilt, geben dazu keinen Anlaß. Hat der Notar die Rechtslage, die ihm zunächst nicht zweifelsfrei erschien, geprüft und hat diese Prüfung seine anfänglichen Bedenken zerstreut, so ist er zu einer Eröterung mit den Beteiligten nicht mehr verpflichtet[65]).

18 *2. Vermerk in der Niederschrift.* Kommt der Notar zu der Überzeugung, daß die zu beurkundende Willenserklärung nicht dem Gesetz oder dem wahren Willen aller Beteiligten entspricht, so hat er die Beurkundung abzulehnen (§ 4 Rdn. 6). Rechtsgeschäfte, von denen der Notar erkennt, daß sie in Gläubigerbenachteiligungsabsicht (§ 3 Abs. 1 Nr. 1 AnfG, § 31 Nr. 1 KO) oder nach der Zahlungseinstellung oder dem Antrage auf Eröffnung des Konkursverfahrens (§ 30 KO) vorgenommen werden, dienen im Sinne des § 4 unredlichen Zwecken, so daß ihre Beurkundung aus diesem Grunde abzulehnen ist (§ 4 Rdn. 11). Bleibt der Notar nach der Erörterung mit den Beteiligten im Zweifel, bestehen diese aber auf der Beurkundung, so soll der Notar die erteilte Belehrung und die dazu abgegebenen Erklärungen der Beteiligten in der Niederschrift vermerken. Durch einen Vermerk in einer Aktennotiz, die der Notar bei seinen Nebenakten behält[66]), erfüllt der Notar diese Amtspflicht nicht. Die Unterlassung des Vermerks in der Niederschrift könnte eine Amtspflichtverletzung gegenüber Dritten sein, die im Vertrauen auf die Ordnungsmäßigkeit und Unbedenklichkeit des beurkundeten Rechtsgeschäfts handeln. Auch kann in der Anbringung des Vermerks in der Niederschrift keinesfalls eine Verletzung der Verschwiegenheitspflicht liegen. Es ist Sache der Beteiligten, inwieweit sie trotz des Vermerks gegenüber Dritten und Behörden von der Urkunde Gebrauch machen wollen. Der Vermerk kann allerdings unter Umständen geeignet sein, die Verwertbarkeit der Urkunde zu beeinträchtigen; das Bestreben der Beteiligten, die Bedenklichkeit eines Geschäfts nach außen nicht hervortreten zu lassen, verdient aber keine Förderung durch den Notar.

19 Andererseits sollte der Notar Vermerke über erfolgte Belehrungen in die Niederschrift nur aufnehmen, soweit es gesetzlich bestimmt ist (§§ 17 Abs. 2, 3, 18 bis 21). Daß der Notar seiner allgemeinen Belehrungspflicht aus § 17 Abs. 1 genügt hat, gehört nicht in die Niederschrift. Es ist auch nicht der Zweck der Niederschrift, dem Notar in seinem Interesse für den Fall der Erhebung von Regreßansprüchen ein Beweismittel an die Hand zu geben; in solchen Fällen ist die Fertigung eines Aktenvermerks angebracht. Es muß auch bezweifelt werden, daß ein nicht vorgeschriebener Vermerk in der Niederschrift die Beweiskraft einer öffentlichen Urkunde im Sinne der §§ 415, 418 ZPO hat[67]), da es außerhalb der gesetzlich bestimmten Fälle nicht zu den Amtsbefugnissen des Notars gehört, zu bezeugen, daß er seine Amtspflichten erfüllt hat.

VII. Anwendbarkeit ausländischen Rechts (Abs. 3)

20 *1. Beschränkung der Belehrungspflicht.* In Fällen mit Auslandsberührung kann es vorkommen, daß ausländisches Recht sowohl materiellrechtlich auf das zu beurkundende Rechtsgeschäft als auch hinsichtlich der Rechts- und Geschäftsfähigkeit der Beteiligten anwendbar ist. Ob das der Fall ist, bestimmt das deutsche internationale Privatrecht. Nach Abs. 3 Satz 2 ist der Notar zur Belehrung über den Inhalt ausländischer Rechtsordnungen nicht verpflichtet[68]). Eine Ausdehnung der Belehrungspflicht auf ausländische Rechtsordnungen und die

[64]) RG DNotZ 1933, 799; 1934, 939; 1935, 312.
[65]) RG DNotZ 1939, 193.
[66]) So Seybold-Hornig BNotO[4] § 31 Rdn. 10.
[67]) So Seybold-Hornig BNotO[4] § 26 Rdn. 36.
[68]) Vgl. Grader, Die Belehrungspflicht des Notars in Fällen mit Auslandsberührung, DNotZ 1959, 563; Reithmann, Internationales Vertragsrecht, 1963.

damit verbundene Haftung für die Richtigkeit einer solchen Belehrung können dem Notar nicht zugemutet werden (BT-Drucks. V/3282 S. 32). Natürlich steht es aber dem Notar frei, sich über das ausländische Recht zu unterrichten (über Ermittlung und Anwendung ausländischen Rechts vgl. auch § 12 FGG Rdn. 24—28).

Zu den ausländischen Rechtsnormen, über deren Inhalt keine Belehrungspflicht besteht, **21**
gehören auch ausländische Devisenbestimmungen, die nach dem Währungsabkommen von *Bretton Woods* vom 22. 7. 1944, dem die Bundesrepublik beigetreten ist (BGBl. 1952 II, 637, 728), auch im Inland Berücksichtigung zu finden haben[69]). Nach diesem Abkommen findet die ausländische Devisenbestimmung auf ein Schuldverhältnis Anwendung, das gegen ein Devisengesetz eines Mitgliedsstaates des Abkommens verstößt; hierfür kommt es weder auf das Schuldstatut noch darauf an, welches Recht vereinbart worden ist. Den devisenrechtlichen Bestimmungen des Währungsabkommens unterliegen jedoch nur die Angehörigen der Staaten, die dem Abkommen beigetreten sind. Devisenverträge, die gegen solche Devisenbestimmungen verstoßen, sollen nicht durchsetzbar (wenn auch erfüllbar) sein.

Das *Recht der DDR* kann, auch soweit es von dem Recht der Bundesrepublik abweicht, **22**
im Sinne des Abs. 3 einem ausländischen Recht nicht gleichgestellt werden. Dieses Recht steht uns nicht so fern, daß seine Kenntnis bei Notaren und anderen Urkundspersonen nicht vorausgesetzt werden dürfte; außerdem bestehen genügend Unterrichtungsmöglichkeiten.

2. *Hinweispflicht.* Der Notar soll jedoch die Beteiligten darauf hinweisen, daß ausländi- **23**
sches Recht anwendbar ist oder möglicherweise anwendbar sein könnte. Hierzu ist er in der Lage, weil die Frage, ob ein fremdes Recht zur Anwendung berufen ist, sich nach den Normen des internationalen Privatrechts richtet, die deutsches Recht sind und deren Kenntnis mithin bei dem Notar erwartet werden kann. Über den Hinweis soll, wenn die Beteiligten wegen Ungeklärtheit der Rechtslage von der Beurkundung nicht Abstand nehmen, ein Vermerk in die Niederschrift aufgenommen werden.

Genehmigungserfordernisse

18 Auf die erforderlichen gerichtlichen oder behördlichen Genehmigungen oder Bestätigungen oder etwa darüber bestehende Zweifel soll der Notar die Beteiligten hinweisen und dies in der Niederschrift vermerken.

Übersicht

[69]) Vgl. dazu Reithmann, Internationales Vertragsrecht, 1963, Rdn. 173 ff.; Staudinger-Weber BGB[11] Vorbem. zu §§ 244, 245 Rdn. 475 mit Nachw. über Rechtspr. u. Schrifttum; BGH LM Nr. 1 zu Intern. Währungsfonds = NJW 1962, 1251 (L); BGH NJW 1970, 1002. Vertragsstaaten sind ersichtlich aus Fundstellennachweis B, Völkerrechtl. Vereinbarungen (Beil. z. BGBl. II) S. 114.

I. Belehrung über behördliche Genehmigungserfordernisse

1 Die Vorschrift stimmt inhaltlich mit dem aufgehobenen § 30 BNotO überein. Zur Belehrung über die rechtliche Tragweite eines Geschäfts, zu welcher der Notar nach § 17 Abs. 1 verpflichtet ist, gehört auch die Belehrung über die Notwendigkeit einer Genehmigung oder Bestätigung durch ein Gericht oder eine sonstige Behörde. Das wird in § 18 besonders hervorgehoben. Durch die Fassung der Vorschrift wird klargestellt, daß der Notar die jeweils in Betracht kommenden Genehmigungen oder Bestätigungen einzeln bezeichnen soll (BT-Drucks. V/3282 S. 32 zu § 18). Die Hinweispflicht besteht auch, wenn der Notar über die Notwendigkeit der Genehmigung oder Bestätigung Zweifel hegt. Der Hinweis soll in der Niederschrift vermerkt werden.

II. Bestätigung

2 Einer Bestätigung durch das nach den §§ 65, 66 FGG zuständige Amtsgericht bedarf der Vertrag über die Begründung oder Aufhebung eines Kindesannahmeverhältnisses (§§ 1741 Satz 2, 1770 BGB). Die Bestätigung setzt den Antrag eines Vertragschließenden voraus; der Notar bedarf dazu einer rechtsgeschäftlich erteilten Vollmacht, da eine gesetzliche Vollmachtsvermutung nicht besteht (§ 65 FGG Rdn. 4, 5). Für das Verfahren kann es von Bedeutung sein, ob die Beteiligten den Notar mit der Einreichung des (von ihnen gestellten) Antrags auf Bestätigung bei dem Gericht „betraut" haben, weil dann gemäß §§ 1753 Abs. 2, 1770 BGB die Bestätigung noch nach dem Tode des Annehmenden statthaft ist (vgl. dazu § 66 FGG Rdn. 5); es empfiehlt sich deshalb, dieses Betrauen in der Urkunde zum Ausdruck zu bringen.

III. Behördliche Genehmigungserfordernisse

3 Der rechtsgeschäftliche Verkehr unterliegt nicht selten Beschränkungen durch das Bestehen behördlicher oder gerichtlicher Genehmigungserfordernisse. Das gilt insbesondere für den Verkehr mit Grundstücken. Teils bedarf die Veräußerung, Teilung oder Belastung von Grundstücken der Genehmigung, teils der Erwerb von Grundbesitz durch bestimmte Personen. Diese Vorschriften gehören dem öffentlichen Bodenrecht an, wenn sie im Interesse der Planung und Lenkung der Bodenverteilung und Bodenbewirtschaftung geschaffen sind. Auf diesem Gebiet wird durch Verwaltungsakte tief in den privaten Rechtsverkehr eingegriffen. Andere Genehmigungserfordernisse dienen der Sicherung der Währung. In noch anderen Fällen ist die Genehmigung einer Aufsichtsbehörde erforderlich; dann handelt es sich, ähnlich wie bei der vormundschaftsgerichtlichen Genehmigung, um eine Beschränkung der Vertretungsmacht. Im einzelnen kommen hierfür in Betracht:

4 *1. Bodenverkehrsgenehmigung nach dem Bundesbaugesetz.* Für die Frage, ob eines der in § 19 BBauG geregelten Genehmigungserfordernisse besteht, kommt es darauf an, ob das Grundstück im *Innenbereich,* nämlich innerhalb des räumlichen Geltungsbereichs eines Bebauungsplans nach § 30 BBauG und innerhalb der im Zusammenhang bebauten Ortsteile, für die ein solcher Bebauungsplan nicht vorhanden ist, oder im *Außenbereich* liegt, nämlich außerhalb des eben genannten Bereichs.

5 *a)* Liegt das Grundstück im *Innenbereich,* so ist nach § 19 Abs. 1 BBauG nur die Realteilung (Begriff § 19 Abs. 3 BBauG) genehmigungsbedürftig[1]). Für die Veräußerung von im Innenbereich belegenen Grundstücken im ganzen kommt daher eine Bodenverkehrsgenehmigung nicht in Betracht; in derartigen klar liegenden Fällen ist auch die Einholung einer Negativbescheinigung nach § 23 Abs. 2 BBauG nicht angebracht.

6 *b)* Liegt das Grundstück im *Außenbereich,* so sind nach § 19 Abs. 2 BBauG genehmigungsbedürftig die Einigung über die Bestellung eines Erbbaurechts, die Auflassung eines Grundstücks, wenn sie nach dem Inhalt des zugrunde liegenden Verpflichtungsgeschäfts zum

[1]) Zum Begriff der Teilung vgl. Bitter, DVBl. 1962, 41, 44; Haegele Rpfleger 1964, 203 zu A II 2; Weber DNotZ 1963, 637 (sachenrechtliche, nicht nur katastermäßige Teilung erforderlich).

Zwecke der Bebauung oder kleingärtnerischen Nutzung vorgenommen wird, sowie die Teilung eines Grundstücks, wenn es bebaut oder seine Bebauung genehmigt ist oder wenn die Teilung zum Zwecke der Bebauung oder der kleingärtnerischen Dauernutzung vorgenommen wird. Soweit es hiernach zur Begründung der Genehmigungspflicht auf den Erwerbszweck ankommt, ist in erster Linie die einseitige Angabe des Käufers maßgebend; für die Frage, ob der Erwerbszweck aus dem Inhalt des Verpflichtungsgeschäfts hervorgeht, genügt es aber auch, wenn dieser Zweck im Wege der Schlußfolgerung solchen Angaben im Verpflichtungsgeschäft entnommen werden kann, die ihn nur mittelbar dartun, sofern dies sich sicher und eindeutig aus anderen Erklärungen im beurkundeten Vertrag ergibt[2]). Fehlt es, wie etwa bei der Erfüllung eines Vermächtnisses, an einem Verpflichtungsgeschäft, oder wird in einem solchen ein Erwerbszweck der genannten Art nicht angegeben, so ist die Auflassung nicht genehmigungsbedürftig[3]). Hat der Käufer im Fall des § 19 Abs. 2 Nr. 1 BBauG sich zu dem dort genannten Erwerbszweck in dem Verpflichtungsgeschäft zwar ausdrücklich bekannt, aber weiter erklärt, das Grundstück in jedem Fall erwerben zu wollen, so wird die Wirksamkeit der Auflassung durch die Versagung der Genehmigung nicht berührt[4]). Das Genehmigungserfordernis bezieht sich nur auf die Auflassung, nicht auf das Verpflichtungsgeschäft[5]). Für die Veräußerung eines bebauten Grundstücks im ganzen, wo auch immer es liegen mag, ist hiernach eine Bodenverkehrsgenehmigung niemals erforderlich[6]). Zweifel können sich allenfalls ergeben, wenn sich aus dem Inhalt des Verpflichtungsgeschäfts ergibt, daß das unbebaute Grundstück zum Zwecke der Bebauung veräußert wird, aber nicht ohne weiteres feststeht, ob es im Außenbezirk liegt; in diesem Fall empfiehlt sich die Einholung eines Negativattestes nach § 23 Abs. 2 BBauG. Ausnahmen von der Genehmigungspflicht bestehen nach § 19 Abs. 5 und auf Grund des landesrechtlichen Vorbehalts nach § 19 Abs. 6 BBauG; vgl. zu diesem für Bayern VO über die Gebiete ohne Genehmigungspflicht für den Bodenverkehr vom 24. 9. 1970 (GVBl. 425)[7]). Die Genehmigung kann nach § 20 Abs. 2 BBauG unter Auflagen erteilt werden. Zuständig ist nach § 19 Abs. 4 BBauG die Gemeinde oder die Baugenehmigungsbehörde.

Die Genehmigung gilt nach § 19 Abs. 4 Satz 3 BBauG als erteilt, wenn sie nicht binnen **7**
zwei Monaten nach Eingang des Antrags versagt wird[7a]). Dieser Nachweis wird dem Grundbuchamt in der Regel nur durch ein Zeugnis der Behörde nach § 23 Abs. 2 BBauG erbracht

[2]) BayObLGZ 1964, 101 = MDR 1964, 596 = Rpfleger 1964, 214 = RdL 1964, 214 = RheinNotK 1964, 765; BayObLGZ 1966, 37 = NJW 1966, 1414 = MDR 1966, 675 = RdL 1966, 136 = DNotZ 1966, 668 = Rpfleger 1967, 18; dazu Haegele, Rpfleger 1964, 205 und 1967, 20; v. Blumenthal, MDR 1968, 104.

[3]) BVerwG MDR 1964, 945; Horber GBO[10] § 20 Anm. 6 C; Palandt-Degenhart BGB[28] 12 b dd) vor § 873; das GBA kann auch kein Negativattest verlangen, LG Düsseldorf Rpfleger 1962, 448.

[4]) BayObLGZ 1966, 37 = DNotZ 1966, 668.

[5]) BGHZ 37, 233 = DNotZ 1963, 226/227 ff. = MDR 1962, 727 = NJW 1962, 1715/1717 = Rpfleger 1963, 12; OLG Braunschweig, 1957, 18; OVG Lüneburg, DNotZ 1966, 610/611 = MDR 1966, 706; Baur, Sachenrecht, § 26 II 3 a, S. 224; Eppig, DNotZ 1960, 509/515; Strutz, DNotZ 1970, 280; Palandt-Danckelmann, BGB § 275 Anm. 9 b; Palandt-Degenhardt, BGB Üb. vor § 873 Anm. 12 b, dd; Ripfel, BB 1960, 1184/1185; Schrödter, BBauG 2, § 19 Anm. 4 f; Zinkahn-Bielenberg, BBauG, § 19 Rdz. 37; OLG Celle, DNotZ 1968, 509/510, spricht wohl nur irrtümlich von der Genehmigung des „Kaufvertrages" nach § 19 BBauG. So auch Brügelmann-Grauvogel, BBauG, § 19 Anm. III 2 a, § 24 Anm. V 1 d, bb für den Fall der Auflassung (ebenso Hönn, NJW 1962, 1255 f.), während sie beim Erwerb einer Grundstücksteilfläche bereits den schuldrechtlichen Vertrag für genehmigungspflichtig halten.

[6]) KG DNotZ 1962, 555; BGH DNotZ 1963, 226; Höfer-Huhn § 47 2.

[7]) Weiteres Landesrecht: Baden-Württemberg VO vom 18. 7. 1961 (GBl. 221), vom 22. 1. 1963 (GBl. 14), vom 16. 12. 1963 (GBl. 214) und vom 16. 7. 1969 (GBl. 153); Hessen VO vom 20. 6. 1961 (GVBl. 84) und vom 21. 9. 1965 (GVBl. 203); Niedersachsen VO vom 11. 7. 1961 (GVBl. 167) und vom 31. 5. 1965 (GVBl. 139); Nordrhein-Westfalen VO vom 29. 11. 1960 (GVBl. 436, ber. 1961, 116) i. d. F. vom 28. 11. 1961 (GVBl. 361, ber. S. 378); Rheinland-Pfalz VO vom 13. 3. 1968 (GVBl. 28, ber. S. 123); Saarland VO vom 20. 12. 1965 (ABl. 1966, 2) und vom 15. 5. 1969 (ABl. 281); Schleswig-Holstein VO vom 14. 2. 1964 (GVBl. 21).

[7a]) Vgl. dazu **Dammertz/Faßbender, Zur fiktiven Genehmigung im Grundstücksverkehr,** DNotZ 1968, 646; Steiner DVBl. 1970, 34; BVerwG DÖV 1970, 139 = RheinNotK 1970, 301; OVG Münster NJW 1971, 73 (Fristberechnung).

werden können[8]). Die Genehmigung kann nach Abschluß des Kaufvertrages bereits vor Erklärung der Auflassung beantragt und erteilt werden[9]). Eine gesetzliche Vollmachtsvermutung für den Notar zur Antragstellung (vgl. § 13 FGG Rdn. 45) besteht nicht. Die Vollmacht für den Notar zur Stellung des Antrags und Entgegennahme des Bescheids muß also rechtsgeschäftlich erteilt werden. Die Vollmacht kann auch dahin eingeschränkt werden, daß sie nicht zur Entgegennahme einer Versagung der Genehmigung oder einer Genehmigung unter Auflagen ermächtigt. Wird in diesem Fall der Bescheid gleichwohl dem Notar zugestellt, die Zustellung an die Beteiligten selbst innerhalb der Frist des § 19 Abs. 4 BBauG aber versäumt, so ist der Bescheid nicht fristgemäß wirksam geworden und die Genehmigung gilt deshalb als erteilt[10]). Die Genehmigung kann von der Behörde nicht widerrufen werden[11]). Gegen die unbeschränkt erteilte Genehmigung ist ein Rechtsbehelf nicht gegeben, da die Beteiligten dadurch nicht in ihren Rechten verletzt werden. Gegen die Versagung der Genehmigung und die Genehmigung unter Auflagen findet der Widerspruch und die Klage im Verwaltungsrechtsweg statt[12]).

8 Das *Grundbuchamt* darf einen genehmigungspflichtigen Rechtsvorgang erst eintragen, wenn der Genehmigungsbescheid vorgelegt wird (§ 23 Abs. 1 BBauG). Ein Rechtskraftattest kann nicht verlangt werden[12a]). Ob etwa beigefügte Auflagen erfüllt sind, braucht das GBA nicht zu prüfen[13]). Bedingte Genehmigungen sind nicht vorgesehen.

9 *c) Besonderheiten gelten bei Durchführung eines Umlegungsverfahrens.* Gemäß § 51 Abs. 1 BBauG dürfen von der Bekanntmachung des Umlegungsbeschlusses an bis zur Bekanntmachung des Umlegungsplanes (§ 71 BBauG) im Umlegungsgebiet Verfügungen über Grundstücke und über Rechte an einem Grundstück nur mit schriftlicher Genehmigung der Umlegungsstelle getroffen werden. Darunter sind Verfügungen jeder Art zu verstehen; der Nachsatz „durch die einem anderen ein Recht zur Nutzung oder Bebauung eines Grundstücks oder Grundstücksteils eingeräumt wird", bezieht sich nur auf die weiter der Genehmigungspflicht unterworfenen Vereinbarungen[14]). Das schuldrechtliche Rechtsgeschäft, durch das sich jemand zur Verfügung über ein Grundstück verpflichtet, unterliegt als solches nicht der Genehmigungspflicht nach § 51 Abs. 1 Nr. 1 BBauG, sofern nicht gleichzeitig ein Nutzungsrecht gewährt wird[14a]). Auch die Eintragung einer Auflassungsvormerkung bedarf nicht der Genehmigung der Umlegungsstelle[15]). Gegen die Versagung der Genehmigung findet nach § 157 BBauG der bei der Verwaltungsbehörde ohne Anwaltszwang[15a]) einzulegende Antrag auf gerichtliche Entscheidung an das Landgericht, Kammer für Baulandsachen, statt.

10 2. *Grundstücksverkehrsgesetz*[16]). Die Veräußerungsbeschränkungen des GrdstVG erfassen *land- und forstwirtschaftliche Grundstücke* und Teile von Grundstücken sowie kultivierbares Moor- und Ödland. Landwirtschaft ist nach § 1 Abs. 2 GrdstVG die Bodenbewirtschaftung und mit der Bodennutzung verbundene Tierhaltung, um pflanzliche oder tierische Erzeug-

[8]) Über andere Nachweisarten vgl. Röll BNotV 1961, 207, 209; Haegele, Beschränkungen im Grundstücksverkehr 2. Aufl. Rdn. 278.

[9]) VerwG Braunschweig DNotZ 1961, 652; Haegele Rpfleger 1964, 206.

[10]) Vgl. dazu RheinNotK 1962, 424.

[11]) Brügelmann-Förster BBauG § 19 Anm. IV 1 c; Löscher Rpfleger 1961, 343; Haegele, Beschränkungen im Grundstücksverkehr 2. Aufl. Rdn. 283. Vgl. aber OVG Lüneburg DÖV 1970, 140 = RheinNotK 1970, 305 über Rücknahme einer nicht erforderlichen Genehmigung.

[12]) Dazu Hering, Verwaltungsverfahren und Gerichtsverfahren nach dem BBauG, DVBl. 1961, 217.

[12a]) A. M. Meikel-Imhof-Riedel GBO[6] § 20 Anm. 83 b; Haegele, Beschränkungen im Grundstücksverkehr, 3. Aufl. Rdn. 473.

[13]) KG JW 1937, 895.

[14]) BayObLGZ 1964, 170 = Rpfleger 1964, 215 = NJW 1964, 1325 = MDR 1964, 675 = DNotZ 1965, 289; Celle NdsRpfl. 1965, 83; Horber GBO[10] § 19 Anm. 10 B b; a. M. Eppig DNotZ 1960, 524; Haegele Rpfleger 1964, 207.

[14a]) BGHZ 37, 233, 237; Brügelmann-Stahnke BBauG § 51 Rdn. II 2 a; Meyer-Stich-Tittel BBauR § 51 Rdn. 5; Schroedter BBauG[2] § 51 Rdn. 1; Eppig DNotZ 1960, 509, 515; Haegele Rpfleger 1961, 3, 6.

[15]) BayObLGZ 1969, 303 = Rpfleger 1970, 25.

[15a]) BGHZ 41, 183.

[16]) Schrifttum: Kommentare von Lange 2. Aufl. 1964; Pikalo-Bendel 1963; Treutlein-Crusius 1963; Vorwerk-von Spreckelsen 1963; Wöhrmann 1963; Haegele, Beschränkungen im Grundstücksverkehr, 3. Aufl. 1970; Ehrenforth, RSiedlG und GrdstVG, 1965; Herminghausen, Beiträge zum GrdstVG, 1965;

nisse zu gewinnen, besonders der Ackerbau, die Wiesen- und Weidewirtschaft, der Erwerbsgartenbau, der Erwerbsobstbau und der Weinbau, sowie die Fischerei in Binnengewässern. Nach § 2 Abs. 3 Nr. 1 können die Länder der Genehmigungspflicht unterstellen Fischereirechte und grundstücksgleiche Rechte, welche die land-(forst-)wirtschaftliche Nutzung zum Gegenstand haben; so Rheinland-Pfalz, G vom 19. 12. 1962 (BS 7810-3), Nordrhein-Westfalen, G vom 13. 2. 1962 (GVBl., 80). Dazu gehören Anteile an Realgemeinden[17]), Haubergsanteile[18]), Jahnschaftsanteile (Kreis Olpe)[19]), Waldgenossenschaftsanteile (Kreis Siegen)[20]). Ferner können die Länder nach § 2 Abs. 3 Nr. 2 die Veräußerung von Grundstücken bis zu einer bestimmten Größe von der Genehmigungspflicht befreien: Baden-Württemberg, G vom 19. 6. 1962, GBl., 43 (Freigrenze 10 ar außer bei Veräußerung der Hofstelle und bei Wein- und Gartenbau); Bayern, G vom 21. 12. 1961, GVBl., 259 (Freigrenze in der Regel bis 1 ha)[21]); Hessen, G vom 17. 4. 1962, GVBl., 263 (selbständige unbebaute Grundstücke unter 0,25 ha); Saarland VO vom 3. 7. 1969 (Freigrenze 15 ar).

Genehmigungspflichtige Rechtsgeschäfte sind nach § 2 Abs. 2, 3 GrdstVG: 1. die rechtsgeschäftliche Veräußerung eines Grundstücks und der schuldrechtliche Vertrag darüber, 2. die Einräumung und die Veräußerung eines Miteigentumsanteils, 3. die Veräußerung eines Erbanteils außer an einen Miterben, wenn der Nachlaß im wesentlichen aus einem land-(forst-)wirtschaftlichen Betrieb besteht[22]), 4. die Bestellung eines Nießbrauchs[23]). **11**

Mit der Genehmigung des schuldrechtlichen Vertrages gilt auch das seiner Ausführung dienende dingliche Erfüllungsgeschäft (nicht nur die Auflassung, § 2 Abs. 1 Satz 2 insofern zu eng) als genehmigt, sofern beide sich decken[24]). Die Genehmigung auch der Auflassung ist hinfällig, wenn der Kaufvertrag wegen Scheins nichtig ist[25]), ebenso wenn mündliche Nebenabreden oder Änderungen, die für die Genehmigung von Bedeutung sind, der Genehmigungsbehörde vorenthalten worden sind. Genehmigungspflichtig sind auch Umgehungsgeschäfte, insbesondere Kettengeschäfte über den Verkauf von Teilgrundstücken, die einzeln die Freigrenze nicht übersteigen[26]). **12**

Genehmigungspflichtig sind nach § 2 auch Erbauseinandersetzungsverträge[27]), auch bei Vermittlung durch das Nachlaßgericht, Verträge über die Auseinandersetzung ehelicher Gütergemeinschaften[28]), Tauschverträge[29]), Vermächtniserfüllung[30]), Schenkung[31]), sowie die Abtretung des Auflassungsanspruchs[32]), der die Übertragung des Anwartschaftsrechts aus Auflassung gleichzustellen ist. **13**

Keiner Genehmigungspflicht unterliegt die Abgabe von Geboten und der Zuschlag in der Zwangsversteigerung (vgl. § 37 GrdstVG)[33]), die Umwandlung einer Erbengemeinschaft in **14**

Lange, Die wichtigsten Neuerungen des GrdstVG, NJW 1961, 1649; Hamelbeck, Rechtsgeschäftliche Veräußerungen nach dem GrdstVG, RheinNotK 1962, 37; Roemer, Zweifelsfragen im GrdstVG aus der Sicht des Notars, RheinNotK 1962, 457; Bergmann SchlHA 1961, 251, 275, 311; Bendel und Wöhrmann RdL 1962, 169, 221; Schulte RdL 1961, 249, 277; Faßbender-Dammertz, Zur Genehmigungsbedürftigkeit der Teilung eines ldw. Grundstücks, DNotZ 1967, 742; zur Verfassungsmäßigkeit und verfassungskonformen Auslegung des GrdstVG vgl. BVerfGE 21, 73 und 306 und dazu Faßbender, DNotZ 1967, 10. Vgl. auch Haegele, Beiträge zum landw. Grundstücksverkehrsrecht, BWNotZ 1970, 69.

17) Hamm RdL 1962, 155.

18) Hamm RdL 1966, 184.

19) Vgl. BGH LM ForstG f. Olpe Nr. 1.

20) Hamm RdL 1956, 332; BGH RdL 1957, 207; dazu Herminghausen a. a. O. S. 25.

21) Dazu München RdL 1962, 125; 1963, 63; 1964, 212; 1965, 262; Nürnberg RdL 1964, 210; BayObLGZ 1963, 101 = NJW 1963, 1455 (Miteigentumsanteil); Vgl. auch Ertl BayNotV 1962, 109; 307; 1964, 101; RdL 1964, 113; BayObLGZ 1969, 144 (Negativattest).

22) Dazu Roemer, RheinNotK 1962, 457.

23) Dazu Celle RdL 1962, 262; NdsRpfl. 1964, 10.

24) Vgl. BayObLGZ 1962, 362, 370 = RdL 1963, 41; München RdL 1959, 296.

25) Vgl. Lange GrdstVG § 2 Anm. 14.

26) BGHZ 21, 221; BGH RdL 1960, 35; BayObLGZ 1957, 10.

27) Celle RdL 1966, 151; vgl. BVerfGE 21, 94; a. M. Höfer-Huhn § 47, 3.

28) Lange GrdstVG § 2 Anm. 6.

29) Hamm RdL 1960, 321.

30) München RdL 1961, 286; Hamm RdL 1965, 298.

31) BGH NJW 1957, 259; Köln RdL 1964, 13.

32) Hamm RdL 1955, 55.

33) Dazu Schiffhauer RdL 1965, 228.

eine Bruchteilsgemeinschaft[34]), die ehevertragliche Vereinbarung von Gütergemeinschaft, die Grundbuchberichtigung, Erwerb infolge Rückerstattung, die Bestellung oder Übertragung eines Erbbaurechts[35]), Belastungen (außer Nießbrauch), z. B. mit einem Wegerecht[36]), einem dinglichen Vorkaufsrecht, Vorverträge, Vertragsangebote, Ankaufsrechte, Optionen[37]), die Vereinbarung eines Rücktrittsvorbehalts[38]), die Erteilung von Veräußerungsvollmachten, auch wenn sie unwiderruflich sind[39]), die Bewilligung von Vormerkungen und Widersprüchen, die Veräußerung von Bestandteilen und Zubehör. In den in § 4 angeführten Fällen ist die Genehmigung nicht notwendig; der Erwerb durch rechtsfähige kirchliche Anstalten und Stiftungen ist aber nicht genehmigungsfrei[40]).

15 Über die Genehmigung entscheidet auf *Antrag* der Vertragsparteien oder eines durch den Vertrag begünstigten Dritten die landesrechtlich bestimmte Genehmigungsbehörde (Landwirtschaftsbehörde). Der Antrag ist ein Verfahrensantrag, kein Sachantrag[41]). Für den beurkundenden *Notar* gilt nach § 3 Abs. 2 Satz 2 GrdstVG eine gesetzliche Vollmachtsvermutung; macht er hiervon Gebrauch, so ist er befugt, Bescheide und Zwischenbescheide entgegenzunehmen; richtigerweise ist anzunehmen, daß er allein der richtige Bekanntmachungsadressat ist (vgl. § 13 FGG Rdn. 45). Die Genehmigung kann schon vor der Beurkundung des Rechtsgeschäfts beantragt und erteilt werden (§ 2 Abs. 1 Satz 3 GrdstVG), daher auch zu einem vollständigen Vertragsentwurf[42]). Der Vertrag oder Entwurf muß alle wesentlichen Bedingungen enthalten[43]); auch nachträgliche Änderungen sind genehmigungspflichtig[44]). Die Gültigkeit des Vertrages ist, außer wenn durch die Genehmigung Rechte Dritter betroffen werden[45]), nicht zu prüfen. Daher rechtfertigen Zweifel auch nicht die Aussetzung des Verfahrens[46]). Ist der Vertrag offensichtlich nichtig, so kann die Entscheidung über die Genehmigung abgelehnt (nicht etwa die Genehmigung versagt) werden[47]).

16 Die Genehmigung gilt als erteilt, wenn seit Eingang des Antrags nebst Vertragsurkunde (oder Vertragsentwurf)[48]) eine Frist verstrichen ist, die in der Regel einen Monat, bei Erlaß eines Zwischenbescheides zwei Monate oder, wenn eine Erklärung über die Ausübung des Vorkaufsrechts des Siedlungsunternehmens herbeizuführen ist (§ 20 Rdn. 2), drei Monate beträgt (§ 6 GrdstVG)[49]). Unter den Voraussetzungen des § 8 ist die Genehmigung zu erteilen. Die Gründe, aus denen die Genehmigung durch Auflagen (§ 10) oder Bedingungen (§ 11) eingeschränkt oder ganz versagt werden kann, ergeben sich aus § 9. Von Bedeutung ist hiervon die Vermeidung einer ungesunden Bodenverteilung[50]) (§ 9 Abs. 1 Nr. 1 mit Abs. 2 GrdstVG), die insbesondere vorliegt, wenn das Grundstück an einen Nichtlandwirt trotz Vorhandenseins kaufwilliger Landwirte veräußert wird, die aber bereit sein müssen, einen vertretbaren, nämlich in der Regel den mit dem Nichtlandwirt vereinbarten[51]) Kaufpreis zu zahlen[52]). Weitere Versagungsgründe sind die unwirtschaftliche Aufteilung oder Verkleinerung des Betriebes (§ 9 Abs. 1 Nr. 2, Abs. 3) und ein grobes Mißverhältnis des Gegenwerts zum Grundstückswert (§ 9 Abs. 1 Nr. 3); ein solches Mißverhältnis liegt vor, wenn die Gegenleistung den Verkehrs-

34) Oldenburg NdsRpfl. 1964, 195.
35) Hamm OLGZ 1966, 367 = NJW 1966, 1416; Uibel NJW 1965, 1183; Steppuhn DNotZ 1965, 38; Rötelmann MDR 1965, 539 u. DNotZ 1965, 399; Treutlein BlGBW 1965, 174; Haegele Beschränkungen Rdn. 77; Horber GBO[10] § 19 Anm. 10 B a; Palandt-Degenhart BGB[28] Einl. 7 b cc) vor § 854; a. M. LG Aurich DNotZ 1965, 416; Höfer-Huhn § 47, 3.
36) Oldenburg DNotZ 1967, 394.
37) Vgl. Celle RdL 1964, 66.
38) Hamm RdL 1965, 271.
39) Palandt-Degenhart BGB[28] Einl. 7 b cc) vor § 854; str., a. M. Haegele, Beschränkungen Rdn. 92.
40) BGHZ 39, 299.
41) BGHZ 49, 302; vgl. Vorbem. vor §§ 8—18 FGG Rdn. 11; a. M. für den Antrag nach § 8 GrdstVG Roemer RheinNotK 1962, 457, 467.
42) Kobler DNotZ 1957, 171.
43) München DNotZ 1954, 314.
44) Schleswig SchlHA 1965, 280.
45) Vgl. BGH NJW 1956, 142.
46) Nürnberg BayJMBl. 1954, 276.
47) Herminghausen DNotZ 1963, 465.
48) BGH NJW 1964, 1676.
49) Wegen Einzelfragen hierzu vgl. Liermann MDR 1963, 423; BGHZ 44, 202; BGH RdL 1966, 17; NJW 1966, 1408; WPM 1968, 534 (unzuständige Behörde).
50) Dazu BVerfGE 21, 306 = NJW 1967, 1363.
51) BGHZ 45, 279 = LM § 9 GrdstVG Nr. 8 mit Anm. v. Grell.
52) BGH RdL 1968, 66 unter Aufgabe der bish. Rechtspr.; dazu Horn RdL 1968, 113.

wert des Grundstücks um mehr als die Hälfte übersteigt[53]), was auch für Hofübergabeverträge gilt[53a]). Ein Versagungsgrund ist es nicht schon, daß der Erwerber eine Kapitalanlage erstrebt[54]). Stets ist die Versagung der Genehmigung mit der Eigentumsgarantie des Art. 14 Abs. 1 Satz 1 GG nur vereinbar, wenn durch das Veräußerungsgeschäft nachteilige Folgen für die Agrarstruktur eintreten[54a]).

Der Kreis der Auflagen, die nur dem Erwerber gemacht werden können[55]), und der Bedingungen ist in den §§ 10, 11 GrdstVG abschließend geregelt[56]). Sie sind nur zulässig, um einen sonst vorhandenen Versagungsgrund auszuräumen[57]). So kann bei der Erbauseinandersetzung der Versagungsgrund des § 9 Abs. 1 Nr. 1 durch eine Veräußerungsauflage nach § 10 Abs. 1 Nr. 2 beseitigt werden[58]). Die durch die Auflage beschwerte Vertragspartei hat innerhalb eines Monats seit der Unanfechtbarkeit der Entscheidung ein gesetzliches Rücktrittsrecht (§ 10 Abs. 2); auch kann die Auflage bei einer Veränderung der Verhältnisse durch Antrag auf gerichtliche Entscheidung geändert oder aufgehoben werden (§ 22 Abs. 4 GrdstVG). Bedingungen müssen befristet sein (§ 11 Abs. 1). **17**

Gegen die unbeschränkte Erteilung der Genehmigung oder die Feststellung der Genehmigungsfreiheit haben die Vertragsparteien keinen Rechtsbehelf (vgl. § 20 FGG Rdn. 21, 76). Gegen die Versagung der Genehmigung, ihre Erteilung unter Auflagen oder Bedingungen, die Verweigerung eines Zeugnisses über die Genehmigungsfreiheit (§ 5) oder über die Unanfechtbarkeit der Entscheidung über die Genehmigung oder der Genehmigung infolge Fristablaufs (§ 6 Abs. 3) oder über den Eintritt der Bedingung (§ 11 Abs. 2) findet innerhalb von zwei Wochen seit Zustellung der Entscheidung der Antrag auf gerichtliche Entscheidung an das Landwirtschaftsgericht statt (§ 22 GrdstVG); wegen des Verfahrens vgl. Vorbem. 3 vor § 19 FGG. Gegen die Versäumung der Antragsfrist kann nach § 22 Abs. 2 Satz 2 GrdstVG Wiedereinsetzung in den vorigen Stand gewährt werden (vgl. § 22 FGG Rdn. 30). **18**

Das Grundbuchamt darf auf Grund eines genehmigungsbedürftigen Rechtsgeschäfts eine Rechtsänderung erst eintragen, wenn die Erteilung der behördlichen Genehmigung und ihre Unanfechtbarkeit nachgewiesen ist oder im Zweifelsfall ein Zeugnis über die Genehmigungsfreiheit vorgelegt wird (§§ 7 Abs. 1, 5 GrdstVG). Ein Mangel der Genehmigung wird geheilt, wenn die nicht genehmigte Rechtsänderung mindestens ein Jahr im Grundbuch eingetragen ist, ohne daß zuvor ein Widerspruch eingetragen oder ein Antrag auf Grundbuchberichtigung oder ein Antrag oder ein Ersuchen auf Eintragung eines Widerspruchs gestellt worden ist (§ 7 Abs. 3 GrdstVG). **19**

3. Höferecht. Im Geltungsbereich der Höfeordnung f. d. brit. Zone vom 24. 4. 1947, Anl. B der VO Nr. 84 (ABl. brit. MilReg., 505) i. d. F. des ÄndG vom 24. 8. 1964 (BGBl. I, 693) bedarf der Eigentümer eines Hofes der Zustimmung des Gerichts, wenn er bei der Bestimmung des Hoferben oder in einem Übergabevertrag seine sämtlichen Abkömmlinge übergehen will (§ 7 Abs. 2). Die Zustimmung des Gerichts ist ferner erforderlich zur Bestimmung des Hoferben eines Ehegattenerbhofs durch einen Ehegatten allein (§ 8 Abs. 2, Abs. 3 Satz 3) und zu einer durch Verfügung von Todes wegen getroffenen Anordnung, welche als Rechtsgeschäft unter Lebenden der Genehmigung nach dem GrundstücksverkehrsG bedürfen würde (§ 16 HöfeO). Eine nach den Vorschriften des GrundstücksverkehrsG erforderliche Genehmigung, z. B. zu einem Übergabevertrage, wird durch das Gericht erteilt (§ 17 Abs. 3 HöfeO). Zuständig ist das Landwirtschaftsgericht (§ 18 Abs. 1 HöfeO). Im Geltungsbereich der Höfeordnung Rheinland-Pfalz i. d. F. vom 18. 4. 1967 (GVBl., 138) bedarf die innerbetriebliche Teilung eines Hofes der Genehmigung des Höfeausschusses (§ 8). Über Anträge **20**

[53]) BGH Betr. 1968, 1488; die Verfassungsmäßigkeit bejaht BVerfGE 21, 87.
[53a]) Oldenburg RdL 1967, 390.
[54]) BVerfGE 21, 73 = NJW 1967, 619.
[54a]) BVerfGE 26, 215; Frankfurt OLGZ 1970, 273 = DNotZ 1970, 293; BGH RdL 1970, 67 = RheinNotK 1970, 358.
[55]) Celle NdsRpfl. 1963, 248.
[56]) Celle DNotZ 1964, 118; Palandt-Degenhart BGB[28] Einl. 7 b cc) vor § 854; a. M. Karlsruhe RdL 1966, 208.
[57]) Celle DNotZ 1964, 118.
[58]) Celle DNotZ 1967, 113.

auf Löschung des Hofes in der Höferolle entscheidet das Landwirtschaftsgericht (§ 6), auf Löschung einzelner Grundstücke der Höfeausschuß (§ 7).

21 *4. Entschuldungsrecht*[59]*).* Nach Art. 1 Abs. 1 der VO über die Veräußerung von Entschuldungsbetrieben vom 6. 1. 1937 (RGBl. I, 5) bedarf der Genehmigung die Veräußerung eines Grundstücks, auf dem im Grundbuch ein Entschuldungsvermerk eingetragen ist (§§ 80, 81 SchRegG) oder das einem mit einem Entschuldungsvermerk behafteten Grundstück nach Art. 1 Abs. 3 VO oder nach den Bestimmungen der 2. DVO vom 19. 8. 1937 (RGBl. I, 909) gleichsteht. Der Genehmigung bedarf auch das Verpflichtungsgeschäft. Genehmigungsbedürftig sind auch Rechtsgeschäfte, durch die ein der Veräußerung ähnlicher wirtschaftlicher Erfolg herbeigeführt wird. Das kann vorliegen bei der Bestellung eines Nießbrauchs, eines Erbbaurechts oder einer selbständigen Kohlenabbaugerechtigkeit[60]) sowie bei der Übertragung von Erbanteilen. Kein Geschäft dieser Art ist der Abschluß eines Ehevertrages über die Einführung der allgemeinen Gütergemeinschaft[61]). Die Genehmigung ist nicht erforderlich nach § 10 der VO vom 10. 3. 1937 (RGBl. I, 292) — nachst. Rdn. 22 —, wenn ein zu einem entschuldeten Betrieb gehörendes Grundstück zum Bau von Heuerlings- und Werkswohnungen sowie von Eigenheimen für ländliche Arbeiter und Handwerker veräußert wird. Die Genehmigung kann nach Art. 1 Abs. 2 VeräußVO unter Auflagen, aber auch unter Bedingungen[62]) erteilt werden. Die Genehmigung des Verpflichtungsgeschäfts deckt nach Art. 1 Abs. 1 Satz 3 VeräußVO auch das entsprechende Erfüllungsgeschäft. Zuständig ist nach § 3 AbwicklG vom 25. 3. 1952 (BGBl. I, 203) i. d. F. des G vom 26. 7. 1956 (BGBl. I, 669) und des ÄndG vom 25. 7. 1968 (BGBl. I, 859), § 3 AbwicklVO für die brit. Zone vom 5. 7. 1948 (VOBl. brZ, 199), § 3 BayAbwicklG vom 28. 11. 1949 (BayBS III, 133) das Entschuldungsamt (Amtsgericht). Gegen die Entscheidung des Entschuldungsamts ist die sofortige Beschwerde an das OLG gegeben (§ 13 Abs. 2 AbwicklG). Ist ein Grundstück unter Erteilung der Genehmigung veräußert worden, so hat das Entschuldungsamt das Grundbuchamt in der Regel um die Löschung des Entschuldungsvermerks zu ersuchen (§ 4 AbwicklG); mit der Löschung des Vermerks erlischt die Verfügungsbeschränkung nach der VeräußVO. Nach der VO über die Löschung des Entschuldungsvermerks (LöschungsVO) vom 31. 1. 1962 (BGBl. I, 67) i. d. F. der ÄndVO vom 22. 7. 1968 (BGBl. I, 865) eröffnen ferner die Entschuldungsämter allgemein von Amts wegen das Verfahren zur Löschung noch bestehender Entschuldungsvermerke und ordnen ihre Löschung unter Ansetzung eines vom Eigentümer zu erbringenden Ausgleichsbetrages an.

22 *5. Landarbeiterwohnungsbau.* Nach § 11 der VO zur beschleunigten Förderung des Baues von Heuerlings- und Werkswohnungen sowie von Eigenheimen für ländliche Arbeiter und Handwerker vom 10. 3. 1937 (RGBl. I, 292) ist die Genehmigung der Durchführungsbehörde erforderlich zur Veräußerung, Abveräußerung von Teilen und zur Belastung eines Eigenheims. Die Verfügungsbeschränkung ist daraus ersichtlich, daß das Grundstück im Grundbuch als „Rentenstelle für ländliche Arbeiter und Handwerker" ausgewiesen ist. Die Genehmigung ist auch erforderlich zur Durchführung der Zwangsversteigerung wegen einer persönlichen Forderung. Als Belastung gilt auch die Abtretung oder Belastung einer Eigentümergrundschuld, § 1 Abs. 5 DVO vom 27. 1. 1938 (RGBl. I, 107). Der Bundesrepublik steht bei Veräußerung oder Teilveräußerung ein Ankaufsrecht zu.

23 *6. Fideikommißrecht.* Nach § 18 des G über das Erlöschen der Familienfideikommisse und sonstiger gebundener Vermögen vom 6. 7. 1938 (RGBl. I, 825) mit §§ 16 Abs. 1, 26 DVO vom 20. 3. 1939 (RGBl. I, 509) und dem G zur Änderung von Vorschriften des Fideikommiß- und Stiftungsrechts vom 28. 12. 1950 (BGBl. I, 820) ist zur Veräußerung von Grundbesitz durch Stiftungen, Genossenschaften, sonstige juristische Personen und Personenverbände, die aus Anlaß der Auflösung der Fideikommisse vor Inkrafttreten des Gesetzes gebildet wor-

[59]) S c h r i f t t u m : Haegele, Das Gesetz zur Abwicklung der landwirtschaftlichen Entschuldung, DNotZ 1952, 210; von Köhler, Schwierigkeiten beim Verkauf von Entschuldungsgrundstücken, DNotZ 1954, 184; Haegele, Beschränkungen im Grundstücksverkehr 3. Aufl. Rdn. 227—273.

[60]) KG JFG 16, 223.

[61]) BayObLGZ 1954, 280 = RdL 1955, 47.

[62]) KG HRR 1940 Nr. 1077.

den sind, die Genehmigung des Justizministers oder, bei Grundbesitz von nicht mehr als 50 ha, des Fideikommißgerichts erforderlich. Das gleiche gilt für Grundstücksveräußerungen durch Familienstiftungen, Familienvereine und sonstige dem Familieninteresse dienende juristische Personen und Personenverbände, denen bei der Fideikommißauflösung land- oder forstwirtschaftliche Grundstücke eines Fideikommisses angefallen oder übertragen worden sind. Diese Vorschriften gelten nach der VO vom 17. 5. 1940 (RGBl. I, 806) auch für sonstige Familienstiftungen, jedoch nur, wenn zu ihrem Vermögen land- oder forstwirtschaftlicher Grundbesitz gehört[63]).

Diese Vorschriften sind *aufgehoben* in *Bayern* (Art. 50 StiftgsG vom 26. 11. 1954, BayBS II, 661, AVO vom 22. 8. 1958, GVBl., 238), in *Württemberg-Hohenzollern* (Art. 3 G vom 26. 2. 1952, RegBl., 11), in *Baden-Württemberg* (VO vom 8. 1. 1948, RegBl., 12), in *Hessen* (G vom 4. 4. 1966, GVBl., 77) und in *Niedersachsen* (StiftG vom 24. 7. 1968, GVBl., 119, § 23 Abs. 3). Die VO vom 17. 5. 1940 ist ferner aufgehoben im früheren Land *Baden* (G vom 29. 8. 1951, GVBl., 135) und in *Hamburg* (Art. 4 G vom 18. 3. 1958, GVBl., 67). Über *Schutzforsten* vgl. § 7 der VO über den Waldschutz bei der Fideikommißauflösung (SchutzforstVO) vom 21. 12. 1939 (RGBl. I, 2459, BGBl. III, 7811-2-2)[64]). **24**

7. Heimstätten. Grundstücke, die im Grundbuch als Reichsheimstätten ausgewiesen sind, unterliegen nach dem RHeimstG vom 25. 11. 1937 (RGBl. I, 1291) einer Reihe von Verfügungsbeschränkungen. Die Zustimmung des Heimstättenausgebers ist erforderlich zur Teilung der Heimstätte, auch wenn sie im Wege der Erbauseinandersetzung erfolgt, zur Veräußerung einzelner Grundstücke oder Grundstücksteile, Vereinigung eines anderen Grundstücks mit der Heimstätte und zur Belastung der Heimstätte mit Rechten nach Abt. II und III des Grundbuchs. Hypotheken und Grundschulden können grundsätzlich nur als unkündbare Tilgungsrechte eingetragen werden, wenn keine Ausnahmegenehmigung erteilt ist; dieser Genehmigung bedarf es in Bayern nicht für Belastungen bis zu 25 000 DM (VO vom 4. 8. 1969, BayGVBl., 318). Wegen des Vorkaufsrechts des Heimstättenausgebers vgl. § 20 Rdn. 5. Als Belastung gilt auch die Eintragung einer Vormerkung zur Sicherung des Anspruchs auf Bestellung einer Hypothek[65]). **25**

8. Genehmigung nach dem Bundesversorgungsgesetz. Nach § 75 des BVersG i. d. F. vom 20. 1. 1967 (BGBl. I, 142) ist die Genehmigung des Versorgungsamts erforderlich zur Veräußerung oder Belastung eines mit einer Kapitalabfindung erworbenen Grundstücks, Erbbaurechts, Wohnungseigentums oder Wohnungserbbaurechts, wenn eine entsprechende Verfügungsbeschränkung im Grundbuch eingetragen ist. Genehmigungsbedürftig ist auch die Eintragung einer Vormerkung[66]). **26**

9. Beschränkungen für Wasser- und Bodenverbände. Wasser- und Bodenverbände bedürfen nach § 122 der Ersten WasserverbandVO vom 3. 9. 1937 (RGBl. I, 933) zu einer Reihe von Rechtsgeschäften der Genehmigung der Aufsichtsbehörde, darunter zur Veräußerung von Grundstücken und grundstücksgleichen Rechten, zur Aufnahme von Darlehen, zum Eintritt in Gesellschaften und andere Vereinigungen des bürgerlichen Rechts, zur Übernahme von Bürgschaften und zur Bestellung von Sicherheiten. Die oberste Aufsichtsbehörde kann für bestimmte Geschäfte Ausnahmen zulassen, die in der Satzung anzugeben sind (§ 122 Abs. 4). Geschäfte des bürgerlichen Rechtsverkehrs, die ohne die erforderliche Genehmigung abgeschlossen sind, sind unwirksam (§ 123). **27**

10. Flurbereinigung. Die Einleitung eines Flurbereinigungsverfahrens nach dem Flurbereinigungsgesetz vom 14. 7. 1953 (BGBl. I, 591 = BGBl. III, 7815-1) zieht grundsätzlich keine **28**

[63]) KG OLGZ 1965, 336.

[64]) Dazu Grosse-Wentrup RdL 1956, 154; Haegele, Beschränkungen im Grundstücksverkehr, 3. Aufl. Rdn. 286; Palandt-Degenhart BGB[28] Art. 59 EG Anm. 1; Celle MDR 1947, 198.

[65]) KG JFG 7, 378.

[66]) KG JFG 7, 389; zweifelnd Horber GBO[10] § 19 Anm. 10 B e.

Verfügungsbeschränkung nach sich. Nur die Vornahme tatsächlicher Eingriffe und Nutzungsänderungen am Grundstück unterliegt nach § 34 FlurbG gewissen Beschränkungen. Ist jedoch ein Teilnehmer statt mit Land in Geld abgefunden worden und die Geldabfindung ausgezahlt, so besteht nach § 53 FlurbG ein Veräußerungs- und Belastungsverbot, welches zu seiner Erhaltung gegenüber dem öffentlichen Glauben des Grundbuchs der Eintragung in das Grundbuch bedarf. Ferner bedarf die Teilnehmergemeinschaft, die eine Körperschaft des öffentlichen Rechts ist, nach § 17 FlurbG zum Abschluß von Verträgen der Zustimmung der Flurbereinigungsbehörde. Ist in einem schuldrechtlichen Veräußerungsvertrage nur das in die Flurbereinigung eingebrachte Grundstück bezeichnet, nicht aber das künftige Ersatzgrundstück, etwa weil es bei Vertragsabschluß noch nicht bestimmt war, so bedarf es keiner Nachtragsurkunde, in der das Ersatzgrundstück bezeichnet wird; denn das Ersatzgrundstück tritt in jeder Hinsicht ohne weiteres an die Stelle des eingebrachten Grundstücks[67]).

29 *11. Landpachtverträge.* Verträge, durch die Grundstücke zur landwirtschaftlichen Nutzung gegen Entgelt verpachtet werden (Landpachtverträge), bedürfen zwar zu ihrer Wirksamkeit keiner behördlichen Genehmigung mehr, sie unterliegen aber den besonderen Vorschriften des Landpachtgesetzes vom 25. 6. 1952 (BGBl. I, 343). Danach ist der Verpächter verpflichtet, den Abschluß des Vertrages der Landwirtschaftsbehörde anzuzeigen; das gleiche gilt für die Änderung von Bestimmungen über den Pachtgegenstand, die Pachtdauer und die Pachtleistungen (§ 3). Ausnahmen von der Anzeigepflicht ergeben sich aus § 4. Die Landwirtschaftsbehörde kann den Vertrag binnen vier Wochen nach dem Eingang der Anzeige beanstanden und den Vertragsteilen aufgeben, den Vertrag aufzuheben oder zu ändern. Der Beanstandungsbescheid muß mit Gründen und einer Rechtsmittelbelehrung versehen sein und ist beiden Vertragsteilen zuzustellen (§ 17 Abs. 3 LPachtG); hat der beurkundende Notar den Vertrag angezeigt, so muß die Zustellung an ihn erfolgen. Fehlt die Rechtsmittelbelehrung, so wird die gesetzte Frist nicht in Lauf gesetzt. Kommen die Vertragsteile der Aufforderung nicht innerhalb bestimmter Frist, die vor ihrem Ablauf auf Antrag verlängert werden kann, nach, so gilt der Vertrag als aufgehoben, sofern nicht einer der Vertragsteile Antrag auf gerichtliche Entscheidung (§ 1 Nr. 1 LwVG) stellt (§ 5). Gegen die Versäumung der Antragsfrist kann Wiedereinsetzung in den vorigen Stand gewährt werden (str., vgl. § 22 FGG Rdn. 30). Das Gericht kann entweder den Vertrag aufheben oder feststellen, daß er nicht zu beanstanden ist. Auch hierüber wird der Notar belehren müssen.

30 *12. Wertsicherungsklauseln[68]).* Die Eingehung von Geldschulden in anderer Währung als in Deutscher Mark bedarf nach § 3 Satz 1 WährG (Nr. 2c WährVO Berlin) der Genehmigung. Das gleiche gilt für Geldschulden, deren Betrag in Deutscher Mark durch den Kurs einer solchen anderen Währung oder durch den Preis oder eine Menge von Feingold oder von anderen Gütern oder Leistungen bestimmt werden soll (§ 3 Satz 2 WährG). Auf Rechtsgeschäfte zwi-

[67]) Röll DNotZ 1960, 651.

[68]) Schrifttum: Dürkes, Wertsicherungsklauseln, 7. Aufl. 1966; Ziehm, Die Wertsicherungsklausel, 1966; Mees, Nichtgenehmigte Wertsicherungsklauseln, NJW 1957, 1261; Reithmann, Wertsicherungsklauseln in der neueren Rechtsprechung, DNotZ 1960, 172; Clotten, Währungsklauseln, RheinNotK 1966, 603; Fögen, Einzelfragen und neue Genehmigungsgrundsätze zu § 3 WährG (Wertsicherungsklauseln), BB 1964, 1015; ders., Genehmigungsbedürftige „Wertsicherungsklauseln“ und nichtgenehmigungsbedürftige „Leistungsvorbehalte (Billigkeitsklauseln)“, BB 1967, 738; Hartmann, Die Wertsicherungsmöglichkeiten für die bedeutsamsten Dauerschuldverhältnisse ... nebst Formulierungsvorschlägen, Betrieb 1967 Beil. Nr. 2/67; Dürkes, Wertsicherungsfragen aus der Sicht der Notare und der Grundbuchbeamten, BWNotZ 1966, 58 und 1967, 1; Hoffmann, Wertsicherungsklauseln im Bereich des Landwirtschaftsrechts, RdL 1966, 309; Weitnauer, Wertsicherungsklauseln beim Erbbauzins, DNotZ 1957, 295; Hönn, Zum variablen Erbbauzins, NJW 1968, 827; Holtzmann und Münzberg, Erbbauzins und Gleitklauseel, NJW 1969, 407; Kunz NJW 1969, 827; zum gleitenden Erbbauzins (Sicherung durch Vormerkung) vgl. auch Düsseldorf OLGZ 1968, 67 = Rpfleger 1969, 51 mit Anm. v. Haegele; Düsseldorf OLGZ 1969, 221; BayObLGZ 1969, 97; BGH DNotZ 1971, 42; Staudinger-Weber BGB[11] § 244 Rdn. 221 ff.; Palandt-Danckelmann-Heinrichs BGB[28] § 245 Anm. 5; Rohs, Die Geschäftsführung der Notare, 5. Aufl. S. 86 ff. Pikart, Die Rechtsprechung des BGH zur Wertsicherungsklausel, WM (IV B) 1969, 1062.

schen Gebietsansässigen und Gebietsfremden findet § 3 Satz 1 WährG keine Anwendung (§ 49 Abs. 1 AWG). Zuständig ist die Deutsche Bundesbank (§ 49 Abs. 2 AWG); Anträge sind bei der Landeszentralbank einzureichen. Das Eingehen von Devisenschulden ist mithin verboten. Wertsicherungsklauseln bedürfen der Genehmigung, wenn eine Veränderung der vereinbarten Vergleichsgröße automatisch auch eine Änderung der durch die Klausel gesicherten Geldschuld nach sich ziehen soll. Eine genehmigungspflichtige Wertsicherungsklausel liegt vor, wenn eine dritte Größe zur bindenden Bezugsgröße gemacht wird[69]), wenn also die Anpassung der gesicherten Geldforderung ohne weiteres Zutun der Vertragsteile von selbst erfolgen soll[70]). Nicht genehmigungspflichtig ist dagegen ein sog. Leistungsvorbehalt; er liegt vor, wenn die Höhe des zu zahlenden Betrages zunächst unbestimmt bleibt, aber bestimmbar ist, wenn also die Veränderung der Bezugsgröße nur die Voraussetzung für eine Änderung der Leistung bildet, deren genaue Höhe alsdann auf Grund von Verhandlungen der Entwicklung der Bezugsgröße angepaßt und neu festgesetzt werden muß[71]). Vereinbarungen, nach denen die Höhe des Ruhegehalts oder von Unterhalt von der Entwicklung der Beamtengehälter oder von anderen vergleichbaren Leistungen abhängen soll, sog. Spannungsklauseln, fallen ebenfalls nicht unter § 3 WährG[72]). Die Grundsätze der Deutschen Bundesbank bei der Entscheidung über Genehmigungsanträge sind niedergelegt in der Mittlg. d. Dt. Bundesbank Nr. 1006/69 vom 9. 9. 1969 (BAnz. Nr. 169 S. 3 = RheinNotK 1969, 584). Soweit nach diesen Grundsätzen eine nach § 3 Satz 2 WährG erforderliche Genehmigung nicht ausgeschlossen ist, kann im allgemeinen mit ihrer Erteilung gerechnet werden. Auf die Genehmigungspflicht oder Zweifel darüber muß der Notar hinweisen[73]). Im Zweifel kann ein Negativattest beantragt werden. Ein solches ist im Gesetz zwar nicht ausdrücklich vorgesehen; nach der Rechtsprechung des BGH darf jedoch bei Erteilung eines solchen Attestes die Genehmigungsbedürftigkeit von den Gerichten nicht mehr geprüft werden[74]).

13. Außenwirtschaftsverkehr[75]). Das Außenwirtschaftsgesetz vom 28. 4. 1961 (BGBl. I, **31**
481, BGBl. III, Nr. 7400-1), mehrfach geändert (vgl. Sartorius I Nr. 890), zuletzt durch Art. 3 des G vom 30. 7. 1968 (BGBl. I, 874) — AWG — mit Außenwirtschaftsverordnung vom 22. 8. 1961 (BGBl. I, 1381) i. d. F. vom 20. 12. 1966 (BGBl. 1967 I, 2), mehrfach geändert (vgl. Sartorius I Nr. 891), zuletzt durch 18. ÄndVO vom 16. 12. 1969 (BGBl. I, 2317) — AWV — hat, anders als das Devisengesetz von 1938, nicht nur den zwischenstaatlichen Zahlungsverkehr und den Verkehr mit Devisen zum Gegenstand; es enthält vielmehr eine auf dem Grundsatz wirtschaftlicher Freiheit abgestellte Regelung des gesamten Außenwirtschaftsverkehrs, d. h. des gesamten Waren-, Dienstleistungs-, Kapital-, Zahlungs- und sonstigen Wirtschaftsverkehrs mit fremden Wirtschaftsgebieten sowie des Verkehrs mit Auslandswerten und Gold zwischen Gebietsansässigen (§ 1 AWG). Seiner Tendenz entsprechend enthält es mit Ausnahme des § 10 (Wareneinfuhr) keine unmittelbaren Beschränkungen, sondern nur Beschränkungsermächtigungen. Es bedarf daher der materiellen Ausfüllung durch Rechtsverordnungen (AußenwirtschaftsVO). Für die notarielle Praxis kommen vor allem in Betracht die allgemeine Vorschrift des § 7 AWG, nach welcher Rechtsgeschäfte und Handlungen im Außenwirtschaftsverkehr zum Schutz der Sicherheit und der auswärtigen Interessen der Bundesrepublik beschränkt werden können, sowie die Vorschriften der §§ 22, 23 AWG über den Kapitalverkehr. Nach § 22 AWG (Kapitalausfuhr) können u. a. der Genehmigungspflicht unterworfen werden Rechtsgeschäfte zwischen Gebietsansässigen und Gebietsfremden,

69) BGH BB 1958, 1220.
70) Dürkes a. a. O. S. 29, sog. Gleitklausel.
71) BGH DNotZ 1957, 302; 1963, 41; NJW 1967, 830; 1969, 91; 1970, 2103; Pikart WM 1969, 1062, 1064; BGH LM § 3 WährG Nr. 15; Staudinger-Weber BGB[11] § 244 Rdn. 298 ff.
72) BGHZ 14, 310; BGH LM § 133 (A) BGB Nr. 2 = NJW 1952, 377 (L) = Betr. 1952, 100 = BB 1952; 88 mit Anm. v. d. Goltz = DNotZ 1952, 120 mit Anm. v. G. u. D. Reinicke; BGH BB 1954, 976; 1965, 1426 (Leibrentenvertrag); BGH DNotZ 1970, 536; Henn, Wertsicherungen von betrieblichen Pensionsvereinbarungen; Staudinger-Weber BGB[11] § 244 Rdn. 284 ff.
73) BGH BB 1959, 1079; 1960, 919; 1962, 199.
74) BGHZ 1, 301; BGH BB 1955, 876; Staudinger-Weber BGB[11] § 244 Rdn. 355.
75) Vgl. die umfassende Darstellung bei Staudinger-Weber BGB[11] Vorbem. zu §§ 244, 245 mit Schrifttumsangaben bei Rdn. 111.

welche den entgeltlichen Erwerb von Grundstücken und von Rechten an solchen Grundstücken sowie die Gewährung von Darlehen oder sonstigen Krediten und die Gewährung von Zahlungsfristen an Gebietsfremde zum Gegenstand haben, nach § 23 AWG (Kapitaleinfuhr) Rechtsgeschäfte über den entgeltlichen Erwerb von Grundstücken im Wirtschaftsgebiet und von in einem inländischen Schiffsregister eingetragenen Schiffen oder von Rechten daran durch Gebietsfremde, über den entgeltlichen Erwerb von Unternehmen oder Beteiligungen an Unternehmen mit dem Sitz im Wirtschaftsgebiet durch Gebietsfremde sowie die Aufnahme von Darlehen oder sonstigen Krediten oder die Inanspruchnahme von Zahlungsfristen durch Gebietsansässige. Von diesen Ermächtigungen ist in den §§ 51, 52 AWV nur in beschränktem Umfange Gebrauch gemacht worden. Auf dem Gebiet des Kapitalverkehrs besteht ein Genehmigungserfordernis hinsichtlich der Erfüllung von Auslandsschulden im Hinblick auf das Londoner Schuldenabkommen (§ 51 AWV) und für Rechtsgeschäfte über Geldmarktpapiere (§ 52 AWV). Einschneidendere Beschränkungen enthält der auf der Generalklausel des § 7 AWG beruhende § 51a AWV, eingefügt durch die 13. ÄndVO vom 7. 11. 1968 (BGBl. I, 1129), über den Erwerb von Kapitalanlagen, auch von Grundstücken, Rechten an Grundstücken, Unternehmen und Beteiligungen in Südrhodesien durch Gebietsansässige. Im übrigen ist, von dem Sonderfall des § 7 AWG abgesehen, der Erwerb von Beteiligungen an ausländischen Unternehmen und die Errichtung von Unternehmen und Zweigniederlassungen im Ausland nicht beschränkbar[76]). *Meldepflichten* bestehen bei Erwerb und Veräußerung von Vermögensanlagen Gebietsansässiger in fremden Wirtschaftsgebieten (§ 55 AWV) und von Gebietsfremden im Wirtschaftsgebiet (§ 57 AWV). Ferner sind Zahlungen von Gebietsansässigen an Gebietsfremde und umgekehrt meldepflichtig (§ 59 AWV), im Verkehr mit Südrhodesien genehmigungspflichtig (§ 58a AWV). Die Meldepflicht obliegt den Vertragsteilen und den Geldinstituten (§§ 58, 69 AWV); dem beurkundenden Notar ist eine Meldepflicht nicht auferlegt. Vgl. auch den RdErl. Außenwirtschaft Nr. 3/68 vom 16. 1. 1968 (BAnz. Nr. 11/68).

32 *14. Interzonenwirtschaftsverkehr.* Der Interzonenwirtschaftsverkehr gehört nicht zum Außenwirtschaftsverkehr im Sinne des AWG[77]). Denn das Währungsgebiet der DM-Ost (Mark der Deutschen Notenbank) gehört nach § 4 Abs. 1 Nr. 2 AWG nicht zu den „fremden Wirtschaftsgebieten“. Andererseits rechnet es gemäß Nr. 1 dieser Vorschrift aber auch nicht zum Wirtschaftsgebiet. Seine Bewohner sind weder „Gebietsansässige“ noch „Gebietsfremde“ im Sinne des AWG. Auf den Interzonenwirtschaftsverkehr sind vielmehr die alliierten Devisenbewirtschaftungsgesetze, also das MRG 53 und das AHKG 33[78]) und die hierzu erlassenen Durchführungsverordnungen, Allgemeinen Genehmigungen und sonstigen Vorschriften anzuwenden[79]). Die Allgemeinen Genehmigungen sind der Mitteilung der Deutschen Bundesbank Nr. 6004/61 vom 24. 8. 1961 (BAnz. Nr. 167) i. d. F. der Mitteilung Nr. 6002/62 vom 29. 6. 1962 (BAnz. Nr. 125) zu entnehmen[80]).

33 West-Berlin ist dem „Gebiet“ (der Bundesrepublik) durch die AllgGen. Nr. 48/49 und 31/50 (BAnz. Nr. 57/50 = VOBl. Berlin 1950 I, 313) und § 16 Abs. 1 der InterzonenhandelsVO vom 18. 7. 1951 (BGBl. I, 463) devisenrechtlich praktisch gleichgestellt worden. In West-Berlin gilt für die Regelung des Wirtschaftsverkehrs mit dem Währungsgebiet der DM-Ost die Verordnung Nr. 500 über die Devisenbewirtschaftung und die Kontrolle des Güterverkehrs vom 17. 5. 1950 (VOBl. I, 304), die mit dem MRG 53 im wesentlichen übereinstimmt[81]). Dem AHKG 33 entspricht für West-Berlin die VO Nr. 503 vom 15. 1. 1951 (ABlAHK 1951, 177). Die angeführte Allgemeine Genehmigung gilt auch für das Gebiet von West-Berlin. Die Veräußerung von Grundstücken, die im Eigentum oder Miteigentum von

[76]) Vgl. Langen, AWG Vorbem. 13 vor § 22; Sieg-Fahning-Kölling AWG Vorbem. II b vor § 22.

[77]) Fertig NJW 1961, 711; amtl. Begr. zu § 47 Abs. 1 AWG, abgedr. bei Langen, AWG, § 47 Anm. 1.

[78]) Über deren Inhalt vgl. Staudinger-Weber BGB[11] Vorbem. zu §§ 244, 245 Rdn. 74 ff.

[79]) Fertig NJW 1961, 711; Langen AWG § 47 Anm. 5; Sieg-Fahning-Kölling AWG Vorbem. zu § 47.

[80]) Darstellung des Inhalts bei Staudinger-Weber BGB[11] Vorbem. zu §§ 244, 245 Rdn. 95.

[81]) Vgl. Schütz, Neues Devisenrecht in Berlin, JR 1950, 627.

natürlichen Personen mit gewöhnlichem Aufenthalt im Währungsgebiet der DM-Ost stehen, an Personen mit gewöhnlichem Aufenthalt, Hauptniederlassung oder Sitz im Bundesgebiet einschließlich West-Berlin ist allgemein genehmigt; dasselbe gilt für Verfügungen anderer Art. Der Gegenwert ist in der Regel auf ein DM-Sperrkonto des Gläubigers einzuzahlen. Die Regelung von Erbschaften (Erbauseinandersetzung) ist jedoch nicht allgemein genehmigt. Rechtsgeschäfte von Personen mit gewöhnlichem Aufenthalt, Hauptniederlassung oder Sitz im Bundesgebiet einschließlich West-Berlin über Vermögenswerte im Währungsgebiet der DM-Ost oder deren Erwerb sind allgemein genehmigt (Abschn. B VI, D der Mitt. Nr. 6004/61; Abschn. I 12 der Mitt. Nr. 6005/61 vom 24. 8. 1961, BAnz. Nr. 167).

15. Grundstückserwerb durch Ausländer. Landesrechtliche Erwerbsbeschränkungen, nach denen ausländische natürliche oder juristische Personen zum Erwerb inländischen Grundbesitzes oder ausländische juristische Personen zu sonstigem Vermögenserwerb im Werte von mehr als 5000 DM, auch durch Schenkung oder Verfügung von Todes wegen, der staatlichen Genehmigung bedürfen, können auf den Vorbehalten in Art. 86, 88 EGBGB beruhen. Eine Genehmigungspflicht für den Erwerb von Grundstücken durch ausländische natürliche Personen besteht aber nur noch in Rheinland-Pfalz, RegBez. Rheinhessen, gemäß § 15 HessAGBGB. Soweit Art. 86 EGBGB sich auf inländische juristische Personen bezieht, ist die Vorschrift durch Teil II Art. 2 Abs. 1 GesEinhG vom 5. 3. 1953 aufgehoben worden. Für juristische Personen mit dem Sitz im Ausland gilt die Vorschrift fort. Auf Staatsangehörige der EWG-Staaten und auf Gesellschaften nach dem Recht eines EWG-Staates mit Sitz oder Hauptniederlassung innerhalb der EWG sind aber landesrechtliche Erwerbsbeschränkungen des in den Art. 86, 88 EGBGB bezeichneten Inhalts nicht mehr anzuwenden (G vom 2. 4. 1964, BGBl. I, 248 = BGBl. III, 403-20). Soweit hiernach noch landesrechtliche Erwerbsbeschränkungen bestehen, ist hier auf die Kommentare zu Art. 86, 88 EGBGB zu verweisen. **34**

16. Sonstige Verfügungsbeschränkungen im Grundstücksverkehr

a) Innungen, Handwerkskammern. Beschlüsse der Innungsversammlung einer Handwerksinnung und der Mitgliederversammlung einer Kreishandwerkerschaft über den Erwerb, die Veräußerung oder die dingliche Belastung von Grundeigentum bedürfen der Genehmigung der Handwerkskammer (§ 61 Abs. 2 Nr. 7, Abs. 3 und § 89 Abs. 1 Nr. 3 HandwO). Beschlüsse der Vollversammlung der Handwerkskammer über die dingliche Belastung von Grundeigentum und die Aufnahme von Anleihen bedürfen der Genehmigung der obersten Landesbehörde (§ 106 Abs. 1 Nr. 6, Abs. 2 HandwO). Über Innungen, die keine Handwerksinnungen sind, vgl. Art. V des 4. G zur Änderung der GewerbeO vom 5. 2. 1960 (BGBl. I, 61). **35**

b) Versicherungsunternehmen, Bausparkassen. Versicherungsaktiengesellschaften, Versicherungsvereine auf Gegenseitigkeit und Bausparkassen bedürfen nach §§ 54 Abs. 1, 112 VersAufsGesetz zum Erwerb von Grundstücken der Genehmigung der Aufsichtsbehörde. Das gilt auch für den Erwerb im Wege der Zwangsversteigerung, wenn das Unternehmen das Grundstück nicht beliehen hat. **36**

c) Sozialversicherungsträger. Sie bedürfen nach § 27c Satz 1 i. V. m. § 26 Abs. 2 RVO der Genehmigung der Aufsichtsbehörde zum Erwerb von Grundstücken, wenn es sich um eine Vermögensanlage handelt. Außerdem sieht § 27d RVO vor, daß der Erwerb von Grundstücken über einen vom RArbMin. festgesetzten Kaufpreis hinaus der Genehmigung bedarf; eine solche Festsetzung ist jedoch nicht erfolgt, so daß die Vorschrift gegenstandslos ist[82]). Die Veräußerung und Belastung von Grundstücken der Sozialversicherungsträger unterliegt keiner Genehmigungspflicht. **37**

d) Hypothekenbanken, Schiffspfandbriefbanken. Die Vorschriften der §§ 5 Abs. 4, 11 HypothekenbankG i. d. F. vom 5. 2. 1963 (BGBl. I, 81) und der §§ 5 Abs. 4, 11 SchiffsbankG i. d. F. vom 8. 5. 1963 (BGBl. I, 302), welche den Erwerb von Grundstücken und die Vor- **38**

[82]) KG JFG 4, 315; Horber GBO[10] § 20 Anm. 6 K c; a. M. Wickenhagen Rpfleger 1953, 163; Meikel-Imhof-Riedel GBO[5] Anh. zu § 18 Rdn. 160.

nahme von Beleihungsgeschäften beschränken, haben nur interne Bedeutung und berühren nicht die Wirksamkeit des Rechtsgeschäfts.

39 *17. Körperschaften des öffentlichen Rechts, Kirchen.* Gemeinde und Kreise bedürfen vielfach nach Maßgabe der landesrechtlichen Gemeinde- und Kreisordnungen der Genehmigung der Aufsichtsbehörde zur unentgeltlichen Veräußerung von Vermögensgegenständen jeder Art, zur Veräußerung von Grundstücken und grundstücksgleichen Rechten, von Beteiligungen an wirtschaftlichen Unternehmen, von Sachen, die einen besonderen wissenschaftlichen, geschichtlichen oder künstlerischen Wert haben, sowie zur Aufnahme von Darlehen, Übernahme von Bürgschaften und Bestellung von Sicherheiten[82a]); vgl. für *Baden-Württemberg*, GemeindeO vom 25.7.1955 (GBl., 129) i. d. F. vom 8.3.1965 (GBl., 61) §§ 80 Abs. 3, 94, 95, 1. DVO vom 31. 10. 1955 (GBl., 235) §§ 15, 19; *Bayern*, GemeindeO vom 25. 1. 1952 (BayBS I, 461), zuletzt geändert durch G vom 31. 7. 1970 (GVBl. 362) Art. 63, 85; Landkreisordnung vom 16. 2. 1952 (BayBS I, 515) i. d. F. vom 28. 11. 1960 (GVBl., 266) und vom 23. 6. 1967 (GVBl., 361); *Hessen*, GemeindeO i. d. F. vom 1. 7. 1960 (GVBl., 103) §§ 94, 107, 108; LandkreisO i. d. F. vom 1. 7. 1960 (GVBl., 131) § 52; *Niedersachsen*, GemeindeO vom 29. 9. 1967 (GVBl., 383) §§ 84, 100, 101; LandkreisO vom 29. 9. 1967 (GVBl., 403) § 65; *Nordrhein-Westfalen*, GemeindeO vom 28. 10. 1952 (GVBl., 283) i. d. F. der Bek. vom 11. 8. 1969 (GVBl., 656) §§ 64, 80, 81; KreisO i. d. F. der Bek. vom 11. 8. 1969 (GVBl., 670) § 42; *Rheinland-Pfalz*, SelbstverwaltungsG i. d. F. vom 25. 9. 1964 (GVBl., 145) und vom 10. 7. 1969 (GVBl., 138) Teil A (GemeindeO) §§ 75 Abs. 2, 91, 92, 118, Teil B (AmtsO) § 16, Teil C (LandkreisO) § 31; *Saarland*, KommunalselbstverwaltungsG i. d. F. vom 10. 9. 1968 (ABl. Saar, 689) Teil A (GemeindeO) §§ 78 Abs. 2, 94, 95, 118, Teil B (AmtsO) § 22, Teil C (KreisO) § 51; *Schleswig-Holstein*, GemeindeO vom 24. 1. 1950 (GVBl., 25) §§ 78, 93, 94, DVO vom 23. 2. 1950 (GVBl., 71) mit ErgVO vom 9. 12. 1959 (GVBl., 220) und VO über die Genehmigungsfreiheit von Rechtsgeschäften der Gemeinden vom 5. 2. 1960 (GVBl., 16). Zur Bestellung von Dienstbarkeiten, zur Abgabe von Löschungsbewilligungen, zur Bewilligung von Pfandentlassungen oder eines Rangrücktritts durch eine Gemeinde ist eine Genehmigung der Aufsichtsbehörde nicht erforderlich. Als genehmigungsbedürftige unentgeltliche Veräußerung von Vermögensgegenständen wird aber auch die unentgeltliche Bestellung einer Grunddienstbarkeit (Wegerecht) angesehen[83]). Der Genehmigung bedarf jeweils schon das schuldrechtliche Geschäft; wird es genehmigt, so gilt auch die Genehmigung zu dem entsprechenden Erfüllungsgeschäft als erteilt. Das ohne Genehmigung vorgenommene Rechtsgeschäft ist schwebend unwirksam; mit der Erteilung der Genehmigung wird es wirksam, mit ihrer (rechtskräftigen) Versagung endgültig unwirksam, beides mit Rückwirkung.

40 Für *Kirchen*, die Körperschaften des öffentlichen Rechts sind, muß im Hinblick auf Art. 140 GG, Art. 137 WeimVerf. davon ausgegangen werden, daß sie ihre Angelegenheiten, auch soweit sie vermögensrechtlicher Art sind, selbständig ordnen, so daß für eine Staatsaufsicht kaum noch Raum bleibt. In den ehemals preußischen Gebieten war die Regelung enthalten in dem G betr. die Kirchenverfassungen der evangelischen Landeskirchen vom 8. 4. 1924 (GS, 221) Art. 6 und in dem G über die Verwaltung des katholischen Kirchenvermögens vom 24. 7. 1924 (GS, 585) § 15. Diese Regelungen werden nur noch insoweit anwendbar sein, als die Genehmigung der Staatsbehörde zur Veräußerung von Gegenständen (einschließlich Bauwerken) erforderlich ist, die einen geschichtlichen, wissenschaftlichen oder künstlerischen Wert haben. Im übrigen wird eine staatsaufsichtliche Genehmigung nicht mehr für erforderlich zu erachten sein[84]). Es kann jedoch nach Kirchenverfassungsrecht die kirchenaufsichtliche Genehmigung der kirchlichen Aufsichtsbehörde bei Veräußerung, Erwerb und

[82a]) Dazu Schürner-Opladen, Die Vertretung der kommunalen Körperschaften und Anstalten, MittRheinNotK 1970, 443 zu A IV.

[83]) KG JW 1938, 1834 = JFG 17, 256 = DFG 1938, 104 = HRR 1938 Nr. 976.

[84]) Vgl. Güthe-Triebel GBO[6] S. 1930, 1934, 1938; Meikel-Imhof-Riedel GBO[5] Anh. zu § 18 Rdn. 177; LG Dortmund Rpfleger 1961, 444 mit Anm. v. Wehrens; vgl. auch Brand-Schnitzler Grundbuchsachen 9. Aufl. S. 478 ff. In Niedersachsen ist das pr. G vom 8. 4. 1924 aufgehoben, G vom 18. 4. 1955 (Nds. GVBl. 159).

Belastung von Grundstücken und grundstücksgleichen Rechten sowie bei Verfügungen über Rechte an Grundstücken erforderlich sein, und zwar auch mit der Wirkung, daß das Rechtsgeschäft ohne die erforderliche Genehmigung unwirksam ist[85]).

18. Vormundschaftsgerichtliche Genehmigung. Wird eine Willenserklärung beurkundet, die ein Inhaber der elterlichen Gewalt, Vormund oder Pfleger als gesetzlicher Vertreter eines Kindes, Mündels oder Pflegebefohlenen abgibt und ergibt sich aus der Urkunde, daß die Erklärung einen der Tatbestände der §§ 1643, 1812 Abs. 3, 1821, 1822, 1915 BGB erfüllt, so hat der Notar den gesetzlichen Vertreter darauf hinzuweisen, daß eine Genehmigung des Vormundschaftsgerichts erforderlich ist[86]). Die Belehrungspflicht erstreckt sich auch darauf, daß die vormundschaftsgerichtliche Genehmigung erst wirksam wird, wenn sie bei einseitigen Rechtsgeschäften dem gesetzlichen Vertreter gegenüber erklärt wird (§§ 1828, 1831 BGB) und bei Verträgen darüber hinaus von diesem dem anderen Vertragsteil mitgeteilt wird[87]). Eine Pflicht zur Belehrung darüber, daß der gesetzliche Vertreter den Notar oder eine sonstige Person bevollmächtigen kann, die Genehmigung für ihn entgegenzunehmen und sie dem anderen Vertragsteil mitzuteilen (vgl. zur Doppelbevollmächtigung nachst. Rdn. 45 ff.), besteht allerdings nur, wenn eine besondere Gefährdung eines Beteiligten erkennbar ist, etwa wenn ein Kredit gegeben werden soll, bevor die Eintragung des Grundpfandrechts gesichert ist[88]). **41**

Ist die genehmigungsbedürftige Erklärung zur Vorlage beim *Grundbuchamt* bestimmt, so ist diesem in der Form des § 29 GBO nachzuweisen, daß die vormundschaftsgerichtliche Genehmigung erteilt und dem Vormund gegenüber erklärt ist (§ 1828 BGB), bei nachträglicher Genehmigung eines Vertrages außerdem, daß die Genehmigung dem anderen Vertragsteil durch den Vormund mitgeteilt worden ist[89]). **42**

Bei *einseitigen Rechtsgeschäften* ist gemäß § 1828 BGB der Nachweis erforderlich und ausreichend, daß die Genehmigung dem gesetzlichen Vertreter zugegangen ist. Dieser Nachweis wird in der Regel dadurch geführt, daß das Vormundschaftsgericht den Beschluß, wenn es ihn nicht nach § 16 Abs. 3 zur Niederschrift bekannt macht, dem gesetzlichen Vertreter förmlich zustellt und eine Bescheinigung hierüber in den Ausfertigungsvermerk aufnimmt; dieser Vermerk genügt der Form des § 29 GBO und beweist das Wirksamwerden der Genehmigung[90]). Legt der gesetzliche Vertreter selbst die Genehmigung dem Grundbuchamt vor, so ist ein besonderer Nachweis des Zugehens nicht erforderlich[91]). Dem Erfordernis des § 1831 BGB, nach welchem bei einseitigen Rechtsgeschäften die Genehmigung vor dessen Vornahme erteilt sein muß, ist genügt, wenn die Genehmigung des Vormundschaftsgerichts dem Vormund gegenüber in dem Zeitpunkt erklärt ist, in dem das genehmigungsbedürftige einseitige Rechtsgeschäft wirksam wird[92]); im Grundbuchverkehr genügt es deshalb, wenn der Genehmigungsbeschluß gleichzeitig mit der Eintragungsbewilligung dem Grundbuchamt vorgelegt wird[93]). Darüber hinaus kann eine fehlende vormundschaftsgerichtliche Genehmigung zu einseitigen Rechtsgeschäften (Eintragungsbewilligung) durch Zwischenverfügung nach § 18 GBO unter Fristsetzung nachgefordert werden, weil das Grundbuchamt auf diese Weise den Zustand **43**

[85]) Vgl. KGJ 42, 188 = OLGR 24, 89; RGZ 152, 369 = JW 1937, 398; Helm JW 1937, 2178; Güthe-Triebel GBO[6] S. 1930 ff., 1934; Brand-Schnitzler Grundbuchsachen 9. Aufl. § 148 S. 474; Meikel-Imhof-Riedel GBO[5] Anh. zu § 18 Rdn. 176, 181 ff.

[86]) BGH FamRZ 1967, 67 (L) = VersR 1966, 1186 = Betr. 1967, 19.

[87]) Celle DNotZ 1955, 94; BGHZ 19, 5, 9; Seybold-Hornig BNotO[4] § 29 Rdn. 9; Weber DNotZ 1956, 285.

[88]) BGHZ 19, 9 = DNotZ 1956, 319; dagegen Hieber DNotZ 1955, 97; Weber DNotZ 1956, 285; Seybold-Hornig BNotO[4] § 29 Rdn. 10. Ferner Siegelmann, Betr. 1968, 387.

[89]) Güthe-Triebel GBO[6] § 20 Anm. 43; Meikel-Imhof-Riedel BGO[5] § 18 Rdn. 123, § 19 Rdn. 74, § 20 Rdn. 58; Dölle FamR II § 128 VI 4; Staudinger-Engler BGB[11] § 1829 Rdn. 39; Meyer-Stolte Rpfleger 1967, 294 zu IV; a. M. Thieme GBO § 29 Anm. 2.

[90]) Güthe-Triebel GBO[6] § 19 Anm. 48, § 29 Anm. 102; Meikel-Imhof-Riedel GBO[5] § 19 Rdn. 74; Haegele, Grundbuchrecht Rdn. 2053.

[91]) Güthe-Triebel GBO[6] § 19 Anm. 48, § 20 Anm. 43; Meikel-Imhof-Riedel GBO[5] § 19 Rdn. 74.

[92]) KG JFG 6, 108 = HRR 1929 Nr. 1648; Staudinger-Engler BGB[11] § 1831 Anm. 6.

[93]) KG JFG 13, 393 = JW 1936, 2745; Güthe-Triebel, Meikel-Imhof-Riedel a. a. O.

der Ungewißheit innerhalb bestimmter Frist beseitigen kann[94]). Diese Grundsätze gelten auch, wenn materiellrechtlich ein dinglicher Vertrag (Einigung) erforderlich ist, dem Grundbuchamt gegenüber aber infolge des formellen Konsensprinzips die einseitige Eintragungsbewilligung des Betroffenen genügt; da dem Grundbuchamt im Rahmen des § 19 GBO die Prüfung des dinglichen Vertrages entzogen ist, kann es, wenn die Erteilung der vormundschaftsgerichtlichen Genehmigung zu der Eintragungsbewilligung durch Erklärung gegenüber dem gesetzlichen Vertreter nachgewiesen ist, nicht den Nachweis verlangen, daß die Genehmigung nach § 1829 BGB dem anderen Vertragsteil mitgeteilt worden ist[95]). Materiellrechtlich ist aber auch hier die Mitteilung der vormundschaftsgerichtlichen Genehmigung nach § 1829 BGB vom Vormund an den anderen Vertragsteil erforderlich[96]).

44 Bei der vormundschaftsgerichtlichen Genehmigung von *Verträgen* ist dem Grundbuchamt im Rahmen des materiellen Konsensprinzips (§ 20 GBO) nicht nur die Erteilung der Genehmigung durch Erklärung gegenüber dem gesetzlichen Vertreter (§ 1828 BGB), sondern im Hinblick auf § 1829 Abs. 1 Satz 2 BGB bei der Nachgenehmigung auch die Mitteilung durch den gesetzlichen Vertreter an den anderen Vertragsteil und das Zugehen auf der Gegenseite in der Form des § 29 GBO nachzuweisen[97]). Dieser Nachweis kann dadurch erbracht werden, daß der gesetzliche Vertreter den Beschluß des VormG dem anderen Vertragsteil durch den Gerichtsvollzieher förmlich zustellen läßt. Aus der Zustellungsurkunde ergibt sich der Auftrag des gesetzlichen Vertreters, also sein Mitteilungswille, sowie der Zugang auf der Gegenseite; die Zustellungsurkunde erfüllt die Form des § 29 Abs. 1 Satz 2 GBO[98]). Der Nachweis kann ferner durch ein Empfangsbekenntnis in der Form des § 29 Abs. 1 Satz 1 GBO erbracht werden.

45 Zur Erleichterung des Genehmigungsverfahrens ist es zulässig, daß die Beteiligten ihre Rechte durch *Bevollmächtigte* ausüben lassen. Sowohl der gesetzliche Vertreter kann einen Bevollmächtigten bestellen, der die Genehmigung nach § 1828 BGB entgegennimmt und sie nach § 1829 Abs. 1 Satz 2 BGB der Gegenseite mitteilt, als auch kann der andere Vertragsteil Vollmacht erteilen, diese Mitteilung für ihn entgegenzunehmen[99]). Ferner ist es zulässig, daß beide Vertragsteile demselben Dritten Vollmacht erteilen, diese Handlungen in ihrem Namen vorzunehmen[100]), wenn auch wegen des Schutzzwecks der Vorschrift der gesetzliche Vertreter diese Vollmacht nicht gerade dem anderen Vertragsteil erteilen darf[101]). Diese *Doppelvollmacht* kann auch dem beurkundenden Notar (oder einem Notariatsangestellten) erteilt werden. Der Notar ist nicht gehindert, diese Doppelvollmacht auf sich selbst zu beurkunden[102]). Die Erteilung einer solchen Doppelvollmacht zieht besondere Belehrungspflichten des Notars nach sich. Der gesetzliche Vertreter muß erkennen, daß das Gesetz ihm die Möglichkeit einräumt, von der vormundschaftsgerichtlichen Genehmigung keinen Gebrauch zu machen, in dem er die Mitteilung an den Gegner unterläßt, wenn er nachträglich zu der Einsicht kommt, daß das Geschäft besser unterbleibt, und daß er die Entscheidung hierüber auf den Bevollmächtigten überträgt. Er muß auch wissen, daß er die Vollmacht bis zum Tätigwerden des Bevollmächtigten widerrufen kann[103]) und daß er diesen mit Weisungen versehen kann, etwa dahin, die

94) KG JFG 13, 393 = JW 1936, 2745; Schleswig DNotZ 1959, 606 = SchlHA 1959, 176; Staudinger-Engler BGB[11] § 1831 Anm. 9. Vgl. ferner § 55 FGG Rdn. 9.

95) Güthe-Triebel GBO § 19 Anm. 45, 48; Seybold-Hornig BNotO[4] § 29 Anm. 10; LG Flensburg Rpfleger 1966, 267 mit Anm. v. Haegele.

96) Vgl. BGHZ 19, 5, wo dem Notar eine Belehrungspflicht über § 1829 BGB bei Bestellung einer Sicherungshypothek auferlegt wird.

97) Güthe-Triebel GBO[6] § 20 Anm. 43; Meikel-Imhof-Riedel GBO[5] § 20 Anm. 58; Staudinger-Engler BGB[11] § 1829 Rdn. 39; Dölle FamR II § 128 VI 6 c aa S. 798. Vgl. dazu § 55 FGG Rdn. 12.

98) Güthe Triebel GBO[6] § 29 Anm. 102; Hesse-Saage-Fischer GBO[4] §§ 19 III 1; Horber GBO[10] § 29 Anm. 5 A b.

99) RGZ 121, 30; RG HRR 1929 Nr. 1649; Palandt-Lauterbach BGB[28] § 1829 Anm. 2 b; Staudinger-Engler BGB[11] § 1829 Rdn. 11.

100) RGZ 121, 30; BayObLG JFG 1, 347; 6, 101; 7, 86; KG DJZ 1933, 1201; OGHZ 1, 198 = DNotZ 1951, 224; Düsseldorf NJW 1959, 391; Hamm MDR 1953, 487; DNotZ 1964, 541 = Rpfleger 1964, 313; Güthe-Triebel GBO[6] S. 2066; Meikel-Imhof-Riedel GBO[5] § 19 Anm. 74; Staudinger-Engler BGB[11] § 1829 Rdn. 11. Vgl. § 55 FGG Rdn. 12.

101) Vgl. Columbus FamRZ 1967, 205; Machleid JZ 1959, 145, 147.

102) Vgl. § 3 Rdn. 37, § 7 Rdn. 7.

103) BayObLG JFG 1, 351, 355; Hamm Rpfleger 1964, 313, 315.

Mitteilung nicht für den anderen Vertragsteil entgegenzunehmen, wenn die Genehmigung nur unter Bedingungen oder Auflagen erteilt wird.

In der Doppelvollmacht muß unzweideutig ihr doppelter Inhalt zum Ausdruck gebracht werden, nämlich die Bevollmächtigung durch den gesetzlichen Vertreter zur Entgegennahme der Genehmigung und zu ihrer Mitteilung an den anderen Vertragsteil und die Ermächtigung des anderen Vertragsteils zur Entgegennahme der Mitteilung der Genehmigung. Diesem Erfordernis wird etwa folgende Fassung gerecht[104]): **46**

„Der Vormund beantragt die Erteilung der vormundschaftsgerichtlichen Genehmigung und bevollmächtigt den beurkundenden Notar, diese Genehmigung vom Vormundschaftsgericht für ihn in Empfang zu nehmen und sie dem Vertragsgegner mitzuteilen. Dieser bevollmächtigt den Notar zur Empfangnahme der Mitteilung des Vormundes."

Die Doppelbevollmächtigung darf nicht dazu führen, daß der Bevollmächtigte keine Entscheidungsmöglichkeit mehr hat. Unzulässig ist deshalb die Bestimmung, daß die Genehmigung mit dem Eingang bei dem Bevollmächtigten wirksam werden soll[105]). Diesem würde dadurch die Möglichkeit abgeschnitten, namens seines Vollmachtgebers zu prüfen, ob das Rechtsgeschäft nach wie vor dem Mündelinteresse entspricht und er deshalb die Wirksamkeit durch Entgegennahme der Mitteilung für den anderen Teil herbeiführen soll. Ferner entspricht es der Amtspflicht des Notars, sich nicht bevollmächtigen zu lassen oder von der Entgegennahme der Mitteilung für den anderen Teil abzusehen, wenn damit zu rechnen ist, daß andere Beteiligte gegen die Erteilung der Genehmigung nach § 57 Abs. 1 Nr. 9 oder der Mündel nach § 59 FGG, § 1827 BGB Beschwerde einlegen werden, weil er dadurch das Beschwerderecht im Hinblick auf § 55 FGG vereiteln würde (vgl. § 55 FGG Rdn. 12). **47**

Zum Wirksamwerden des genehmigten Vertrages ist hiernach auch bei Doppelbevollmächtigung eine Entschließung des Bevollmächtigten erforderlich, die er nach Zugang der Genehmigung des Vormundschaftsgerichts zu fassen hat. Der Vorgang, mit welchem der Bevollmächtigte sich entschließt, die ihm zugegangene Genehmigung sich selbst als dem Vertreter des anderen Teils mitzuteilen, und diesen Entschluß ausführt, muß daher äußerlich erkennbar gemacht werden. Wenn der Bevollmächtigte ein anderer als der beurkundende Notar ist, muß hierüber im Hinblick auf das Formerfordernis des § 29 GBO eine mindestens öffentliche beglaubigte Erklärung des Bevollmächtigten herbeigeführt werden[106]). Ist der Notar selbst der Bevollmächtigte, so empfiehlt es sich, auf die Ausfertigung des Genehmigungsbeschlusses den mit Unterschrift, Datum und Amtssiegel versehenen Vermerk zu setzen, daß der Notar die ihm als Bevollmächtigtem des gesetzlichen Vertreters zugegangene Genehmigung sich selbst als dem gleichzeitig Bevollmächtigten des anderen Vertragsteils mitgeteilt habe; dieser Vermerk genügt mindestens gewohnheitsrechtlich der Form des § 29 Abs. 1 Satz 2 GBO[107]). Es ist aber auch ausreichend, wenn der Notar, dem die Doppelvollmacht erteilt ist, den Genehmigungsbeschluß dem Grundbuchamt zum Vollzuge einreicht und dadurch von der Genehmigung den Gebrauch macht, zu dem er ermächtigt ist, da hierin die Betätigung des Willens des Doppelbevollmächtigten in einer für das Grundbuchamt offenkundigen Form (§ 29 Abs. 1 Satz 2 GBO) zum Ausdruck kommt[108]). **48**

104) In Anlehnung an den Vorschlag von Haegele, Rpfleger 1952, 313 und Grundbuchrecht Rdn. 2056; über weitere Fassungsvorschläge vgl. Meyer-Stolte Rpfleger 1967, 294, 301 sowie Kersten-Bühling Formularbuch[14] Muster 718a.

105) OGHZ 1, 198 = DNotZ 1951, 224; BGH NJW 1954, 1125; Neustadt MDR 1957, 856; Düsseldorf NJW 1959, 391 = DNotZ 1959, 260; a. M. Wangemann NJW 1955, 531.

106) BayObLG JFG 1, 351 = JW 1923, 758.

107) Hieber DNotZ 1951, 213; Haegele Rpfleger 1952, 314; Hieber DNotZ 1954, 461, 463, 466; Kersten-Bühling Formularbuch[14] Muster 718b; Hamm Rpfleger 1964, 313 mit Anm. v. Haegele = DNotZ 1964, 541 = JMBlNRW 1963, 190; a. M. Schäfer BWNotZ 1965, 201, 203; Meyer-Stolte Rpfleger 1967, 294, 302.

108) RGZ 121, 30, 33; OGHZ 1, 198 = DNotZ 1951, 224; KG DJZ 1933, 1201; KG DNotZ 1941, 418; Hamm DNotZ 1964, 541; Staudinger-Engler BGB[11] § 1829 Rdn. 11; Palandt-Lauterbach BGB[28] § 1829 Anm. 2 c; Erman-Hefermehl BGB[3] § 1829 Anm. 4; a. M. Schäfer BWNotZ 1965, 201; Meyer-Stolte Rpfleger 1967, 294, 302; Rohs Geschäftsführung 5 S. 32 Fn. 54.

49 Gegenüber dem *Registergericht* genügt die Vorlegung einer Ausfertigung des Genehmigungsbeschlusses und die Erklärung der Beteiligten in der Anmeldung, daß die Genehmigung mitgeteilt sei.

IV. Beschaffung der Genehmigung

50 Die Einholung der erforderlichen Genehmigungen obliegt an sich den Beteiligten selbst; sie gehört nicht mehr zu den Amtspflichten, die dem Notar kraft Gesetzes obliegen. Er kann aber diese Aufgabe als betreuende Tätigkeit nach § 24 Abs. 1 BNotO im Auftrage der Beteiligten übernehmen. Oft werden die Beteiligten stillschweigend die Erwartung hegen, daß der Notar die erforderlichen Genehmigungen besorgt. Ist dies der Fall, so hat der Notar besonders darauf hinzuweisen, wenn er im einzelnen Fall die Genehmigung nicht einholen, sondern den Beteiligten überlassen will[109]). Jedenfalls empfiehlt es sich, diesen Punkt klarzustellen. Soweit die Erteilung der Genehmigung, wie in der Regel, einen Antrag erfordert, bedarf der Notar einer rechtsgeschäftlich erteilten Vollmacht; im Fall des § 3 Abs. 2 GrdstVG besteht eine gesetzlich vermutete Vollmacht des Notars (vgl. § 13 FGG Rdn. 45). Auch in anderen Fällen werden die Verwaltungsbehörden, wenn der beurkundende Notar namens der Beteiligten eine Genehmigung beantragt, auf den Nachweis der Vollmacht verzichten können (vgl. § 13 FGG Rdn. 46). Zur Klarstellung kann es sich aber empfehlen, die Ermächtigung zur Antragstellung in die Niederschrift aufzunehmen.

51 Nach § 31 DOfNot soll der Notar notwendige Genehmigungen möglichst frühzeitig und möglichst gleichzeitig beantragen. In geeigneten Fällen kann er im Einverständnis der Beteiligten der Genehmigungsbehörde vor der Beurkundung einen Entwurf mit der Bitte um Bekanntgabe etwaiger Bedenken vorlegen, und er soll dieses Verfahren, wenn es zweckmäßig erscheint, den Beteiligten nahelegen. Für die Fälle, in denen das Geschäft der Genehmigung eines Gerichts oder der Eintragung in ein vom Gericht geführtes Register bedarf, gilt dies nicht, da eine Pflicht der Gerichte, solche Vorbescheide zu erteilen, nicht besteht (§ 19 FGG Rdn. 18; § 55 FGG Rdn. 5; § 128 FGG Rdn. 30; so auch Kanzleiter, DNotZ 1970, 581 zu 14).

Unbedenklichkeitsbescheinigung

19 Darf nach dem Grunderwerbsteuerrecht oder dem Kapitalverkehrsteuerrecht eine Eintragung im Grundbuch oder im Handelsregister erst vorgenommen werden, wenn die Unbedenklichkeitsbescheinigung des Finanzamts vorliegt, so soll der Notar die Beteiligten darauf hinweisen und dies in der Niederschrift vermerken.

Übersicht

I. Bedeutung

1 Die Vorschrift entspricht dem § 34 Abs. 1 BNotO. Sie weicht vom bisherigen Recht aber insofern ab, als bestimmt wird, daß der Notar den Hinweis in der Niederschrift vermerken soll. Dadurch soll vermieden werden, daß über die Frage, ob der Notar belehrt hat, nach-

[109]) RG DNotZ 1935, 496; BGH DNotZ 1956, 319; BGH VersR 1959, 739; Seybold-Hornig BNotO § 30 Rdn. 22; Reithmann DNotZ 1970, 5, 14.

träglich Streit entsteht (BT-Drucks. V/3282 S. 32). Richtigerweise dürfte der Zweck der Vorschrift aber dahin gehen, dem Notar seine Belehrungspflicht vor Augen zu halten und der Erfüllung dieser Pflicht einen gewissen Nachdruck zu verleihen. Nicht übernommen ist § 34 Abs. 2 BNotO, der den Notar verpflichtete, darauf hinzuweisen, daß gerichtliche Handlungen von der Vorauszahlung der Kosten abhängig gemacht werden können. Insoweit besteht mithin keine Hinweispflicht mehr.

II. Grenzen der Belehrungspflicht über steuerliche Umstände

Die Aufgabe des Notars besteht darin, den rechtsgeschäftlichen Willen der Beteiligten zu ermitteln und ihn klar und unzweideutig urkundlich niederzulegen. Hierbei hat er über die rechtliche Tragweite des Geschäfts zu belehren (§ 17 Abs. 1); zur rechtlichen Tragweite des Geschäfts gehören aber nicht dessen steuerrechtliche Auswirkungen. Wenn das Steuerrecht an den von den Beteiligten gesetzten Tatbestand eine Steuerpflicht knüpft, so kann das für den Notar im allgemeinen kein Anlaß sein, hierauf besonders hinzuweisen, da ihm eine allgemeine Belehrungspflicht über die steuerlichen Folgen eines Geschäfts nicht auferlegt ist[1]. Auch kann nicht erwartet werden, daß der Notar alle Teilgebiete des Rechts wie ein Spezialist beherrscht; das gilt insbesondere auch vom Steuerrecht und seiner Handhabung in Rechtsprechung und Verwaltungspraxis. Die Steuer- und Wirtschaftsberatung gehört nicht zum Aufgabenkreis des Notars, sondern ist Sache der Steuerberater und Wirtschaftsprüfer. Auch erwächst aus der Steuerpflicht keine „Gefahr" oder „Schädigung" eines Beteiligten, sondern sie ist eine gesetzlich bestimmte Folge der Verwirklichung des steuerrechtlichen Tatbestandes[2]). Allenfalls sollte der Notar um die Möglichkeit der steuerrechtlichen Erheblichkeit eines Geschäfts wissen und gehalten sein, auf diese Möglichkeit hinzuweisen, wenn erkennbar ist, daß bei den Beteiligten darüber Unkenntnis oder Irrtum besteht[3]). 2

Wenn allerdings dem Notar etwa gerade unter Berücksichtigung der steuerlichen Auswirkungen die Gestaltung des Geschäfts übertragen ist und mehrere Gestaltungsmöglichkeiten mit der Folge unterschiedlicher Besteuerung zur Wahl stehen, dann ist es Sache des Notars, auf diese unterschiedlichen steuerlichen Folgen hinzuweisen und die Rechtsgestaltung auf sie auszurichten, immer in dem Bewußtsein, daß eine auch materiell sinnvolle Rechtsgestaltung den Vorrang vor der Nebenfolge der Besteuerung hat[4]). Wenn die Beteiligten nach ihrem erklärten oder dem Notar erkennbaren Willen sich bei dem Abschluß des Geschäfts von bestimmten Vorstellungen über die Höhe der Steuern bestimmen lassen, so hat der Notar hierauf einzugehen und den Beteiligten erforderlichenfalls die Hinzuziehung eines Steuerberaters zu empfehlen[5]). Hat der Notar, ohne dazu verpflichtet zu sein, die Beteiligten in steuerlicher Hinsicht beraten, so haftet er für unrichtige Auskünfte über die Steuerverpflichtung[5a]). 3

Auch § 19 begründet keine Belehrungspflicht über steuerliche Folgen; denn der Hinweis bezieht sich nur darauf, welche Hindernisse dem Vollzuge des Geschäfts im Grundbuch oder im Handelsregister entgegenstehen können. Ausnahmsweise besteht eine Belehrungspflicht über steuerrechtliche Folgen bei Vorgängen, die der Schenkungssteuer unterliegen (Rdn. 11). 4

III. Grunderwerbsteuer

Nach § 189d Abs. 1 RAbgO darf der Erwerber eines Grundstücks, eines Erbbaurechts oder eines Erbpachtrechts in das Grundbuch erst eingetragen werden, wenn eine Bescheinigung des zuständigen Finanzamts darüber vorgelegt wird, daß der Eintragung steuerliche Bedenken nicht entgegenstehen[6]). Hierauf soll der Notar die Beteiligten hinweisen. Die 5

[1]) RGZ 142, 424; RG JW 1932, 2855; RG JW 1934, 477 mit Anm. v. Wolpers; Seybold-Hornig BNotO⁴ § 34 Anm. 1; Knur, Notar und Steuerrecht, DNotZ 1966, 707.

[2]) Weber DNotZ 1955, 628.

[3]) Flume, 18. Dt. Notartag 1969 S. 30 ff., 36; Knur, DNotZ 1966, 707, 711; RG JW 1935, 1483.

[4]) Vgl. Flume a. a. O. S. 40.

[5]) RG DNotZ 1933, 121

[5a]) RG DNotZ 1932, 126; Knur, DNotZ 1966, 707, 711.

[6]) Die Vorschrift gilt als Landesrecht fort und ist mit dem Grundgesetz vereinbar, BayObLGZ 1965, 487 = DNotZ 1966, 365.

Erhebung der Grunderwerbsteuer beruht auf dem GrunderwerbsteuerG vom 29. 3. 1940 (RGBl. I, 585) nebst DVO vom 30. 3. 1940 (RGBl. I, 590). Diese Vorschriften gelten gemäß Art. 105 Abs. 2, 124, 125, 129 GG als Landesrecht fort, soweit sie nicht durch Landesgesetz geändert worden sind[7]); das ist (außer in Bremen) weitgehend geschehen: *Baden-Württemberg*, GrEStG vom 25. 5. 1970 (BWGBl., 295); *Bayern*, GrEStG i. d. F. vom 16. 7. 1969 (GVBl., 170); *Berlin*, GrEStG vom 18. 7. 1969 (GVBl., 1034 = BStBl. I, 519); *Hamburg*, GrEStG i. d. F. vom 26. 4. 1966 (GVBl., 129) mit DVO Amtl. Anz. 1966, 1183; *Hessen*, GrEStG i. d. F. vom 31. 5. 1965 (GVBl. 110), geändert durch G vom 15. 7. 1970 (GVBl., 401); *Niedersachsen* GrEStG vom 29. 3. 1940 (RGBl. I, 585) i. d. F. vom 29. 10. 1962 (GVBl., 217), vom 12. 6. 1964 (GVBl., 94) und vom 19. 3. 1970 (GVBl., 66); *Nordrhein-Westfalen* GrEStG i. d. F. der Bek. vom 12. 7. 1970 (GVBl., 612); *Rheinland-Pfalz* GrEStG i. d. F. der Bek. vom 1. 6. 1970 (GVBl., 166) mit DVO vom 24. 9. 1964 (GVBl., 175); *Saarland* GrEStG i. d. F. der Bek. vom 3. 3. 1970 (ABl. Saarland 158); *Schleswig-Holstein* GrEStG i. d. F. vom 3. 2. 1967 (GVBl., 20), geändert durch G vom 25. 3. 1970 (GVBl., 86). Die Grunderwerbssteuerpflicht entsteht nicht erst durch den Eigentumswechsel, sondern schon durch den Abschluß eines Kaufvertrages oder eines anderen Rechtsgeschäfts, das den Anspruch auf Übereignung begründet. Wenn ein solches Rechtsgeschäft nicht vorausgegangen ist, knüpft sich die Steuerpflicht an die Auflassung oder an den Eigentumsübergang, wenn es auch keiner Auflassung bedarf (§ 1). Gehört ein inländisches Grundstück zum Vermögen einer Gesellschaft, so unterliegt der Steuer auch ein Rechtsgeschäft, auf Grund dessen alle Anteile der Gesellschaft in einer Hand vereinigt werden (§ 1 Abs. 3). Ist der Rechtsvorgang von dem Eintritt einer Bedingung abhängig oder bedarf er der Genehmigung einer Behörde, so entsteht die Steuerschuld erst mit dem Eintritt der Bedingung oder der Erteilung der Genehmigung (§ 3 Abs. 5 Nr. 5 StAnpG). Der Steuersatz beträgt einschließlich der zugunsten der Stadt- und Landkreise erhobenen Zuschläge regelmäßig 7% (§ 13). Die Steuer wird vom Wert der Gegenleistung, hilfsweise vom Einheitswert des Grundstücks, berechnet (§ 10). Zubehör wie Maschinen, und sonstige Vorrichtungen aller Art, die zu einer Betriebsanlage gehören, unterliegen nicht der Grunderwerbsteuer, mögen sie Grundstücksbestandteile sein oder nicht (§ 2 Abs. 1 Nr. 1). Ihr Wert ist mithin von der Gegenleistung abzusetzen, wobei das Finanzamt an die im Vertrag etwa vorgenommene Aufteilung des Kaufpreises nicht gebunden ist; insoweit kommt aber Umsatzsteuer in Betracht. Die Grunderwerbsteuer selbst darf der Gegenleistung weder hinzugerechnet noch von ihr abgezogen werden (§ 11 Abs. 4). Das Gesetz sieht eine Reihe von allgemeinen und besonderen Steuerbefreiungen vor, so für den Erwerb im Wege der Erbfolge, auf Grund einer Schenkung, im Wege der Erbauseinandersetzung, durch Ehegatten bei der Begründung der allgemeinen Gütergemeinschaft, bei Erwerbsgeschäften zwischen Verwandten in gerader Linie (§ 3), sowie zur Förderung der Schaffung von Kleinwohnungen, Eigenheimen, Eigentumswohnungen und Arbeiterwohnstätten (§ 4). Eine Steuerbefreiung besteht unter gewissen Voraussetzungen auch für den Erwerb in der Zwangsversteigerung zur Rettung eines Grundpfandrechts (§ 9). Vgl. ferner für *Bayern* Gesetz über die Grunderwerbsteuerbefreiung für den sozialen Wohnungsbau (GrESWG) i. d. F. vom 16. 7. 1969 (GVBl., 176), für *Schleswig-Holstein* Gesetz über Befreiungen von der Grunderwerbsteuer beim Erwerb von Grundstücken zur Verbesserung der Struktur land- und forstwirtschaftlicher Betriebe i. d. F. vom 25. 3. 1970 (GVBl. 88), für *Nordrhein-Westfalen* Gesetz über Grunderwerbsteuerbefreiung bei Maßnahmen zur Verbesserung der Wirtschaftsstruktur vom 24. 11. 1969 (GVBl. 878) und Gesetz über Grunderwerbsteuerbefreiung für den Wohnungsbau (GrEStWoBauG) vom 20. 7. 1970 (GVBl. 620), für *Rheinland-Pfalz* Landesgesetz über Grunderwerbsteuerbefreiung beim Wohnungsbau i. d. F. des 3. ÄndG vom 26. 2. 1970 (GVBl. 74). In Ergänzung des Bundesgesetzes über steuerliche Maßnahmen bei Änderung der Unternehmensform vom 14. 8. 1969 (BGBl. I 1163) haben die Länder Gesetze über die Grunderwerbsteuerbefreiung bei Änderung der Unternehmensform erlassen, so Bad.-Württ. G vom 12. 5. 1970 (GBl. 155); Berlin G vom 12. 2. 1970 (GVBl. 429); Bremen G vom 16. 12.

[7]) Boruttau-Klein GrEStG 8. Aufl. Vorbem. vor § 1 Rdn. 11 (jetzt 9. Aufl. 1970); dazu Alsen, Die Zersplitterung des Grunderwerbssteuerrechts, BB 1965, 1185.

1969 (GBl. 159); Hamburg G vom 1. 12. 1969 (GVBl. 231); Hessen G vom 4. 2. 1970 (GVBl. I 93); Niedersachsen G vom 19. 3. 1970 (GVBl. 66); Nordrhein-Westfalen G vom 5. 5. 1970 (GVBl. 314); Rheinland-Pfalz G vom 22. 4. 1970 (GVBl. 144); Saarland G vom 25. 2. 1970 (ABl. 154); Schleswig-Holstein G vom 25. 3. 1970 (GVBl. 86). In Bayern erging das Gesetz über Grunderwerbsteuerbefreiung bei Änderung der Unternehmensform und bei Betriebsinvestition in volkswirtschaftlich förderungsbedürftigen Gebieten vom 27. 7. 1970 (GVBl. 335).

Der *Notar* hat, bevor er einen Hinweis nach § 19 macht, zu prüfen, ob ein Rechtsvorgang vorliegt, der seiner Art nach unter das GrunderwerbsteuerG fällt. Ist das nicht der Fall, so wäre ein Hinweis auf die Notwendigkeit der Unbedenklichkeitsbescheinigung unangebracht und fehlerhaft, weil in diesem Fall auch das Grundbuchamt die Bescheinigung nicht verlangen dürfte[8]). Liegt dagegen ein Erwerbsvorgang im Sinne des § 1 GrEStG vor, so ist die Unbedenklichkeitsbescheinigung auch dann erforderlich, wenn eine Steuer nicht zu erheben ist; darüber, ob eine Steuerbefreiung vorliegt, befindet allein das Finanzamt[9]). Die Bescheinigung ist auch für berichtigende Eintragungen erforderlich; verschiedentlich ist jedoch bestimmt, daß es für Eintragungen auf Grund Erbfolge der Bescheinigung nicht bedarf, wenn Erben oder Erbeserben auf Grund Erbscheins oder öffentlichen Testaments eingetragen werden sollen[10]). Dem Erwerb des Eigentums oder Miteigentums am Grundstück steht gleich die Übertragung (nicht die Bestellung) eines Erbbaurechts[11]) oder eines Wohnungserbbaurechts[12]) und die Veräußerung und Übertragung von Wohnungseigentum wegen der damit verbundenen Veräußerung von Miteigentum am Grundstück [13]), nicht aber die Bestellung oder Veräußerung eines Dauerwohnrechts[14]). **6**

IV. Kapitalverkehrsteuer

Das Kapitalverkehrsteuergesetz (KVG) i. d. F. der Bek. vom 24. 7. 1959 (BGBl. I, 530) mit den sich aus den Gesetzen vom 9. 8. 1960 (BGBl. I, 682), vom 25. 3. 1965 (BGBl. I, 147) und vom 15. 8. 1969 (BGBl. I, 1182) ergebenden Änderungen nebst DVO i. d. F. der Bek. vom 20. 4. 1960 (BGBl. I, 243) — KVStDV — unterwirft nicht sämtliche denkbaren Kapitalbewegungen der Steuerpflicht, sondern will nur „die Zusammenballung und Bewegung unpersönlichen (anonymen) Kapitals“ steuerlich erfassen (amtl. Begr. RStBl. 1934, 1460). Diesen Begriff sieht es nicht als gegeben an bei den Personengesellschaften, wie der offenen Handelsgesellschaft, der Kommanditgesellschaft, der Gesellschaft bürgerlichen Rechts, dem Verein und der Genossenschaft. Rechtsvorgänge bei diesen Personenvereinigungen sind also steuerfrei. Jedoch gelten Anteile der Kommanditisten an einer Kommanditgesellschaft, zu deren persönlich haftenden Gesellschaftern eine Kapitalgesellschaft gehört (GmbH & Co.), nach § 6 Abs. 1 Nr. 4 KVG als Gesellschaftsrechte an Kapitalgesellschaften[15]). Das Gesetz kennt, nachdem die Wertpapiersteuer (§§ 11 bis 16 KVG) durch Art. 3 des G vom 25. 3. 1965 (BGBl. I, 147) aufgehoben worden ist, zwei Arten der Kapitalverkehrsteuer: **7**

1. Der *Gesellschaftsteuer* unterliegt die Zusammenfassung von haftendem Kapital bei einer Kapitalgesellschaft (Begriff § 5 KVG) durch den erstmaligen Erwerb von Gesellschaftsrechten, unter Umständen auch die Stärkung der Kapitalkraft durch Darlehen zur Finanzierung inländischer Kapitalgesellschaften und diesen gleichgestellter Zusammenschlüsse (§§ 2 bis 10 KVG). **8**

[8]) KGJ 52, 151; BayObLGZ 1951, 681 = Rpfleger 1952, 189; Celle DNotZ 1953, 154 u. 156.

[9]) KG JFG 13, 234; BayObLGZ 1951, 681; BGH NJW RzW 1952, 270; Büttel DNotZ 1966, 644 zu 6.

[10]) Vgl. für Bayern JMBek. vom 6. 11. 1950 (BayBSVJu III 99), wegen anderer Länder DNotZ 1953, 174. Für das Saarland jetzt bestimmt in § 22 Abs. 4 GrEStG. Vgl. dazu Boruttau-Klein GrEStG[8] DVO Rdn. 44.

[11]) Boruttau-Klein GrEStG[8] § 2 Rdn. 74.

[12]) Boruttau-Klein a. a. O. § 2 Rdn. 75.

[13]) Boruttau-Klein a. a. O. § 2 Rdn. 69.

[14]) Boruttau-Klein a. a. O. § 2 Rdn. 77. Vgl. Biedermann, Grundzüge des Grunderwerbsteuerrechts, DStR 1969, 661, 695, 726, 760; 1970, 39, 71; Ruyter, Übersicht ü. d. Rechtspr. d. BFH zur GrErwSt, DNotZ 1970, 198.

[15]) Diese Vorschrift ist mit dem Grundgesetz vereinbar, BVerfGE 24, 174 = NJW 1968, 2187 = GmbHRdsch. 1968, 228 = RheinNotK 1968, 215.

9 2. Der *Börsenumsatzsteuer* unterliegen nicht die einmaligen Kapitalbildungs- und Finanzierungsgeschäfte, sondern die laufenden Wertpapierbewegungen in der Gestalt von Anschaffungsgeschäften über Schuldverschreibungen und Dividendenwerte, gleichgültig, ob sie über eine Börse abgewickelt werden oder nicht (§§ 17 bis 25 KVG). Als Wertpapiere gelten Schuldverschreibungen (§ 12 KVG), Dividendenwerte und Anteilscheine an Kapitalanlagegesellschaften (§ 19 Abs. 1). Als Dividendenwerte gelten Aktien, Kuxe und andere Anteile an inländischen und ausländischen Kapitalgesellschaften, Zertifikate über Shares, Aktienanteile, Genußscheine sowie Bezugsrechte auf diese Werte (§ 19 Abs. 2, 3 KVG).

10 Nach § 189d Abs. 2 RAgbO, § 7 KVStDV darf eine Kapitalgesellschaft oder ihre Kapitalerhöhung (bei Aktiengesellschaften und Kommanditgesellschaften auf Aktien die Durchführung der Erhöhung) in das Handelsregister erst eingetragen werden, wenn eine Bescheinigung des Kapitalverkehrsteueramts darüber vorgelegt wird, daß der Eintragung steuerliche Bedenken nicht entgegenstehen. Hierüber soll der Notar die Beteiligten nach § 19 belehren und einen Vermerk darüber in die Niederschrift aufnehmen.

V. Schenkungsteuer

11 Die einzige Vorschrift, die dem Notar eine Pflicht zur Belehrung über steuerliche Folgen auferlegt, ist § 13 ErbStDV i. d. F. vom 19. 1. 1962 (BGBl. I, 22). Diese Ausnahmevorschrift ist einer Ausdehnung auf andere Steuern nicht fähig[16]). Danach hat der Notar bei der Beurkundung von Schenkungen (§ 3 ErbStG) und Zweckzuwendungen unter Lebenden (§ 4 Nr. 2 ErbStG) die Beteiligten auf die mögliche Steuerpflicht hinzuweisen. Der Hinweis braucht sich also nur auf die Möglichkeit der Steuerpflicht zu beziehen. Der Notar ist nicht zu einer eingehenden Belehrung darüber verpflichtet, ob das Rechtsgeschäft wirklich der Steuerpflicht unterliegt und in welcher Höhe die Steuer entsteht; insoweit darf der Notar die Beteiligten an das Finanzamt oder einen Steuerberater verweisen. Ein Hinweis bei Vorbesprechungen kann dazu genügen[17]). Die Hinweispflicht gilt auch für Rechtsgeschäfte, die zum Teil oder der Form nach entgeltlich sind, aber nach den Umständen, die bei der Beurkundung oder sonst bekanntgeworden sind, eine Schenkung oder Zweckzuwendung unter Lebenden enthalten (§ 13 Abs. 3 ErbStDV).

VI. Steuerliche Beistandspflicht des Notars. Urkundensperre

12 Den Behörden und Beamten ist durch die §§ 188 bis 189d RAbgO eine umfassende steuerliche Beistandspflicht zur Erleichterung der Besteuerung auferlegt. Die früher den Notaren in gleichem Umfange auferlegte Beistandspflicht ist jedoch durch die Änderung der §§ 177, 188 und 189 Satz 1 RAbgO durch § 162 Nrn. 25 bis 27 der FinGerO vom 6. 10. 1965 (BGBl. I, 1477) im Hinblick auf ihre Vertrauensstellung zu den Beteiligten nicht unwesentlich eingeschränkt worden[17a]). Die Notare sind nicht mehr, wie nach § 188 RAbgO Behörden und Beamte, verpflichtet, den Finanzämtern jede zur Durchführung der Besteuerung dienliche Hilfe, insbesondere durch Gewährung von Einsichten in Urkunden, zu leisten; sie sind auch nicht mehr verpflichtet, Steuervergehen, die sie amtlich erfahren, den Finanzämtern mitzuteilen (§ 189 Abs. 1 RAbgO n. F.). Notare und ihre Gehilfen können Auskünfte über das, was ihnen in dieser Eigenschaft anvertraut ist, verweigern (§ 177 Abs. 1 Nrn. 3, 4, RAbgO), es sei denn, daß sie von der Verschwiegenheitspflicht (§ 18 BNotO) entbunden sind[17b]). Unberührt bleibt nach § 177 Abs. 4 RAbgO jedoch die Anzeigepflicht der Notare, die sich aus §§ 189a, 189b RAbgO und aus § 12 WechselStG ergibt; insoweit sind die Notare auch zur Vorlegung von Urkunden und zur Erteilung weiterer Auskünfte verpflichtet. Demnach besteht eine steuerliche Beistandspflicht der Notare in folgendem Umfange:

[16]) BGH DNotZ 1953, 492; Reithmann Dt. Notartag 1965, 102 ff.; Knur DNotZ 1966, 707, 710.

[17]) Frankfurt DNotZ 1951, 460.

[17a]) Dazu Büttel, Zur Rechtsstellung der Notare gegenüber den Finanzämtern, DNotZ 1966, 644.

[17b]) Zur Amtsverschwiegenheit der Notare im Zivil- und Strafverfahren vgl. RheinNotK 1960 S. 303 ff.

1. Grunderwerbsteuer. Rechtsvorgänge, die unter das Grunderwerbsteuergesetz fallen, hat der Notar dem zuständigen Finanzamt binnen zwei Wochen anzuzeigen, wenn er den Rechtsvorgang oder den Antrag auf Berichtigung des Grundbuchs entweder beurkundet oder eine Urkunde darüber entworfen und eine Unterschrift darauf beglaubigt hat (§ 189b RAbgO, §§ 2 ff. GrEStDVO). Die Anzeige ist auch zu erstatten, wenn die Wirksamkeit des Vorgangs vom Eintritt einer Bedingung, dem Ablauf einer Frist oder einer Genehmigung abhängt und unabhängig davon, ob ein Befreiungstatbestand vorliegt. Die Absendung der Anzeige ist auf der Urschrift der Urkunde oder im Fall der Unterschriftsbeglaubigung auf der zurückzubehaltenden Abschrift zu vermerken. Die „Veräußerungsanzeige" geschieht unter Verwendung eines Musters, dem eine einfache Abschrift der Urkunde beizufügen ist (§ 4 GrEStDVO). Das Finanzamt hat den Empfang der Anzeige sofort zu bestätigen; das Bestätigungsschreiben ist mit der Urkunde (Urschrift, beglaubigte Abschrift) zu verbinden. **13**

Eine *Urkundensperre* besteht nach § 189c Abs. 1 RAbgO, § 6 GrEstDVO. Danach darf der Notar die Urkunde (Urschrift, Ausfertigung, beglaubigte Abschrift) nicht aushändigen, bevor die Empfangsbestätigung des Finanzamts eingegangen ist oder das Finanzamt sich mit der Aushändigung einverstanden erklärt hat. Eine vorherige Anfertigung der Ausfertigung oder beglaubigten Abschrift ist nicht untersagt. Unter Aushändigung ist nicht nur die unmittelbare Hingabe an die Beteiligten zu verstehen, sondern auch die Übersendung im Auftrage oder in Vertretung der Beteiligten an Dritte, auch an amtliche Stellen[18]). Durch diese Regelung soll jedoch der Grundbuchverkehr nicht behindert werden. Deshalb darf der Notar die Urkunde gleichzeitig mit der Absendung der Anzeige, über die ein Aktenvermerk zu machen ist, dem Grundbuchamt zwecks Erledigung der Anträge zuleiten (§ 6 Abs. 2 GrEStDVO). In Rheinland-Pfalz, in Nordrhein-Westfalen, im Saarland und in Schleswig-Holstein besteht eine Urkundensperre nur bis zur Absendung der Anzeige und dem Vermerk darüber auf der Urkunde (§ 9 GrEStDVO Rhld.-Pf., § 21 GrEStG NRW, § 21 GrEStG Saarland, § 23 GrEStG Schl.-H.). In Baden-Württemberg und Berlin besteht keine Urkundensperre (§ 36 GrEStG BW, § 30 GrEStG Berlin). Im übrigen ist die Urkundenaushändigung vor Eingang der Empfangsbestätigung des Finanzamts weitgehend durch Verwaltungsanordnung genehmigt[19]). **14**

2. Kapitalverkehrsteuer. Nach § 189b RAbgO, §§ 3, 38 KVStDV vom 20. 4. 1960 (BGBl. I, 243) haben die Notare dem Kapitalverkehrsteueramt binnen zwei Wochen durch Übersendung einer beglaubigten Abschrift der Urkunde Anzeige zu erstatten, wenn sie einen unter das KapitalverkehrsteuerG fallenden Rechtsvorgang, also die der Gesellschaftssteuer und der Börsenumsatzsteuer unterliegenden Rechtsgeschäfte (oben Rdn. 9), beurkundet haben oder wenn sie über einen solchen Rechtsvorgang eine Urkunde entworfen und auf ihr eine Unterschrift beglaubigt haben. Die Anzeigepflicht besteht auch, wenn der Rechtsvorgang von der Besteuerung ausgenommen ist. Das gilt auch für die Kapitalerhöhung aus Gesellschaftsmitteln[20]). Die Absendung der Anzeige ist auf der Urschrift oder im Fall der Unterschriftsbeglaubigung auf der zurückbehaltenen Abschrift zu bescheinigen. Die unverzüglich zu erteilende Eingangsbestätigung des Finanzamts ist mit der Urkunde zu verbinden. **15**

Eine *Urkundensperre* ist in § 189c RAbgO, §§ 3 Abs. 5, 38 Abs. 3 KVStDV in der Weise angeordnet, daß der Notar den Beteiligten die Urschrift, eine Ausfertigung oder beglaubigte Abschrift der Urkunde erst aushändigen darf, wenn das Kapitalverkehrsteueramt den Eingang der Abschrift bestätigt oder der Aushändigung der Urkunde zugestimmt hat. Die Bestätigung des Finanzamts ist jedoch seit RdF vom 19. 3. 1943 (RStBl., 290) nicht mehr erforderlich; es genügt die Absendung der Anzeige und der Vermerk darüber auf der Urkunde. Nach diesen Grundsätzen kann auch jetzt noch verfahren werden[21]). **16**

[18]) Seybold-Hornig BNotO[4] § 18 Rdn. 14.
[19]) Vgl. Boruttau-Klein GrEStG[8] § 6 DVO Rdn. 29a; Rohs, Geschäftsführung[5] S. 208.
[20]) BayNotV 1961, 120; Seybold-Hornig BNotO[4] S. 204 Fn. 1; Höfer-Huhn S. 278 Fn. 30; a. M. Schippel DNotZ 1960, 373.
[21]) Vgl. Kühn RAbgO[9] § 189c Anm. 1 unter Hinweis auf BW 17. 10. 1962, BStBl. II 176; Mitt. in DNotZ 1964, 3; Rohs, Geschäftsführung[5] S. 208.

17 *3. Erbschafts- und Schenkungssteuer*[22]*)*. Nach § 189a RAbgO, § 13 ErbStDVO vom 19. 1. 1962 (BGBl. I, 22) haben die Notare dem für die Verwaltung der Erbschaftsteuer zuständigen Finanzamt alsbald eine beglaubigte Abschrift der Urkunde über die Beurkundung einer Schenkung (§ 3 ErbStG) oder einer Zweckzuwendung unter Lebenden (§ 4 Nr. 2 ErbStG) zu übersenden. Das gilt auch für Rechtsgeschäfte, die zum Teil oder der Form nach entgeltlich sind, aber nach den bekanntgewordenen Umständen eine Schenkung oder Zweckzuwendung unter Lebenden enthalten (§ 13 Abs. 3 ErbStDVO). Die Anzeigepflicht entfällt bei Schenkungs- und Übergabeverträgen, deren Gegenstand Hausrat im Wert bis zu 5000 DM und anderes Vermögen im Wert bis zu 1000 DM ist. Nach § 12 Abs. 1, 5 ErbStDVO haben die Notare auch die Abwicklung von Erbauseinandersetzungen anzuzeigen, sofern ihnen die förmliche Vermittlung der Auseinandersetzung nach § 86 FGG als Geschäft des Nachlaßgerichts übertragen ist, also nicht die Beurkundung eines vereinbarten Erbauseinandersetzungsvertrages.

18 *4. Wechselsteuer.* Nach § 12 WechselsteuerG i. d. F. vom 24. 7. 1959 (BGBl. I, 536) müssen die Notare die ihnen vorgelegten Wechsel und wechselähnlichen Urkunden (§ 5 WStG) darauf prüfen, ob die Wechselsteuer entrichtet ist. Auf der nach dem Wechselgesetz zurückzubehaltenden Abschrift des Protestes muß vermerkt werden, welche oder daß keine Wechselsteuer entrichtet ist. Gemäß § 189 RAbgO hat der Notar Anzeige zu erstatten, wenn die Steuer nicht oder nicht in der vorgeschriebenen Höhe entrichtet ist und trotz Aufforderung nicht sofort nachentrichtet wird.

VII. Weitere Mitteilungspflichten des Notars

19 *1. Bundesbaugesetz.* Nach § 143 Abs. 1 BBauG ist jeder Vertrag, durch den sich jemand verpflichtet, das Eigentum an einem Grundstück gegen Entgelt zu übertragen, von der beurkundenden Stelle (Notar) in Abschrift dem bei den kreisfreien Städten und Landkreisen gebildeten Gutachterausschuß zu übersenden. Ausgenommen sind Grundstücke, die einer land- oder forstwirtschaftlichen Nutzung „vorbehalten“ sind, da über diese keine Wertgutachten erstattet werden (§ 136 Abs. 1 Satz 2 BBauG). Ob diese Ausnahme vorliegt, ergibt sich aus dem Flächennutzungsplan (§§ 5 Abs. 2 Nr. 8, 9 Abs. 1 Nr. 10 BBauG); daß das Grundstück derzeitig land- oder forstwirtschaftlich genutzt wird, genügt nicht.

20 *2. Personenstandsrecht.* Erklärungen über die *Anerkennung der nichtehelichen Vaterschaft* (§§ 1600a, 1600e BGB) sind gemäß § 29 Abs. 2 PStG i. d. F. des Art. 8 Nr. 3 NichtehelG in beglaubigter Abschrift dem Standesbeamten, der die Geburt des Kindes beurkundet hat, oder, wenn die Geburt nicht im Geltungsbereich des PStG beurkundet ist, dem Standesbeamten des Standesamts I in Berlin (West) zu übersenden. Da die Anerkennung der Vaterschaft nach § 29 Abs. 1 PStG n. F. von Amts wegen am Rande des Geburtseintrags vermerkt wird, kann der Anerkennende die Übersendung nicht mehr, wie bisher[23]), ausschließen oder die Hinterlegung in verschlossenem Umschlag verlangen (sog. Anerkennung in geheimer Urkunde); das würde der Bedeutung der Anerkennung nach dem NichtehelG widersprechen (amtl. Begr. BT-Drucks. V/3719 S. 57). Nach § 1600e Abs. 2 BGB ist eine beglaubigte Abschrift außer dem Standesbeamten auch dem Kinde und seiner Mutter zu übersenden. Auch die Anerkennung der Mutterschaft zu einem nichtehelichen Kinde gemäß dem Heimatrecht eines ausländischen Elternteils ist in beglaubigter Abschrift dem Standesbeamten zu übersenden (§ 29b Abs. 2 PStG n. F.). Von Beurkundungen und Beglaubigungen, durch die der Ehemann der Mutter oder der Vater des nichtehelichen Kindes dem Kinde nach § 1618 BGB seinen Namen erteilt, sowie von den Einwilligungserklärungen des Kindes und der Mutter hat der Notar nach § 30 Abs. 2 PStG, § 27 AVO-PStG eine beglaubigte Abschrift dem Standesbeamten zu übersenden, der die Geburt des Kindes beurkundet hat oder, wenn die Geburt nicht im Geltungsbereich des PStG

[22]) Vgl. dazu Huken, Die Erbschaftsteuer in der notariellen Praxis, MittRheinNotK 1967, 293, 364.

[23]) Vgl. Maßfeller, StAZ 1961, 125; Seybold-Hornig BNotO[4] § 18 Rdn. 22; Staudinger-Göppinger BGB[11] § 1718 Rdn. 63; DienstAnw. f. d. Standesbeamten § 373.

beurkundet ist, dem in § 27 Abs. 2 AVO-PStG bezeichneten Standesbeamten. Erklärungen, durch die eine Ehefrau nach § 1355 BGB dem Familiennamen ihres Mannes ihren Mädchennamen hinzufügt oder eine geschiedene Ehefrau ihren früheren Mädchennamen oder einen früheren Ehenamen wieder annimmt oder der frühere Ehemann seiner geschiedenen Frau die Führung seines Namens untersagt, sind nach § 15c PStG dem Standesbeamten zu übersenden, der das Familienbuch der Frau führt oder, wenn ein solches nicht geführt wird, der die Eheschließung beurkundet hat oder dem Standesbeamten des Standesamts I Berlin (West), wenn die Ehe nicht im Geltungsbereich des PStG geschlossen worden ist.

3. Über Mitteilungspflichten bei *Erbverträgen,* die in der Verwahrung des Notars verbleiben, vgl. § 34 Rdn. 11 und über die Anzeigepflicht gegenüber dem *Registergericht* § 125a FGG mit Bem. **21**

Gesetzliches Vorkaufsrecht

20 Beurkundet der Notar die Veräußerung eines Grundstücks, so soll er, wenn ein gesetzliches Vorkaufsrecht in Betracht kommen könnte, darauf hinweisen und dies in der Niederschrift vermerken.

Übersicht

I. Gesetzliche Vorkaufsrechte an Grundstücken

Die Vorschrift entspricht mit Abweichungen dem früheren § 33 BNotO. Als gesetzliche Vorkaufsrechte an Grundstücken kommen in Betracht: **1**

1. Reichssiedlungsgesetz[1]*).* Nach § 4 RSiedlG vom 11. 8. 1919 (RGBl., 1419, BGBl. III, 2331-1) in der Fassung des § 27 Nr. 2 GrdstVG vom 28. 7. 1961 (BGBl. I, 1091) steht dem gemeinnützigen Siedlungsunternehmen (oder nach § 4 Abs. 5 einer landesrechtlich bestimmten anderen Stelle) ein gesetzliches Vorkaufsrecht zu, wenn ein landwirtschaftliches Grundstück oder kultivierbares Moor- und Ödland durch Kaufvertrag (oder Umgehungsgeschäft)[2]) veräußert wird, dessen Größe mindestens 2 ha oder eine nach § 4 Abs. 4 landesrechtlich bestimmbare höhere oder (für beschränkte Zeit) niedrigere Grenze erreicht. Forstwirtschaftliche Grundstücke werden nicht erfaßt[3]), wohl aber Weinberge[4]). Bei Verkauf mehrerer zusammengehöriger Grundstücke kommt es auf die Gesamtgröße an[5]). Das Vorkaufsrecht entfällt bei Verkauf an öffentlichrechtliche Körperschaft, Ehegatten oder nahe Verwandte und Verschwägerte (§ 4 Abs. 2). Das Vorkaufsrecht setzt voraus, daß die Veräußerung nach dem GrdstVG genehmigungspflichtig ist (vgl. § 18 Rdn. 11) und die Genehmigung gemäß § 9 GrdstVG nach Auffassung der Genehmigungsbehörde zu versagen wäre. Die Genehmigungs- **2**

[1]) S c h r i f t t u m : **Alberty, Das Vorkaufsrecht** der gemeinnützigen Siedlungsgesellschaft, 1954; Kahlke, Das gesetzliche Vorkaufsrecht der landw. Siedlung; Schulte, Das siedlungsrechtliche Vorkaufsrecht, Voraussetzungen und Rechtsbehelfe, RdL 1965, 305; Pannwitz, Das Verhältnis des siedlungsrechtl. Vorkaufs- und Wiederkaufsrechts zueinander, RdL 1968 S. 146.

[2]) Kahlke Vorkaufsrecht S. 26; vgl. auch BGHZ 34, 200, 205.

[3]) München RdL 1964, 236; BGH RdL 1966, 17.

[4]) BGH MDR 1966, 490.

[5]) Koblenz RdL 1964, 292.

behörde hat, bevor sie über den Genehmigungsantrag entscheidet, den Kaufvertrag der Siedlungsbehörde vorzulegen (§ 12 GrdstVG); diese leitet ihn an das Siedlungsunternehmen zur Entscheidung über die Ausübung des Vorkaufsrechts weiter. Die Erklärung über die Ausübung des Vorkaufsrechts ist über die Siedlungsbehörde der Genehmigungsbehörde zuzuleiten (§ 6 RSiedlG). Die Genehmigungsbehörde hat alsdann den Beteiligten eine entsprechende Mitteilung unter Rechtsmittelbelehrung zuzustellen nebst Begründung, warum die Genehmigung nach § 9 GrdstVG zu versagen wäre; es ist aber nicht etwa die Versagung der Genehmigung auszusprechen[6]). Kann die Veräußerung unter Auflagen genehmigt werden, so besteht kein Vorkaufsrecht[7]). Durch die Mitteilung der Genehmigungsbehörde wird das Vorkaufsrecht ausgeübt[8]); im Verhältnis zwischen dem Verkäufer und dem Vorkaufsberechtigten gilt damit die Veräußerung als genehmigt (§ 6 RSiedlG). Bis zum Zugang der Mitteilung (wegen der zu wahrenden Frist vgl. § 6 Abs. 2 RSiedlG, § 6 Abs. 1 GrdstVG) kann durch Rücknahme des Genehmigungsantrags oder vereinbarte Aufhebung des Kaufvertrages die Ausübung des Vorkaufsrechts hinfällig gemacht werden[9]). Verwendet das Siedlungsunternehmen das Grundstück nicht binnen sechs Jahren für Siedlungszwecke, so hat der Erstkäufer oder ein nach § 5 RSiedlG ausgefallener Vorkaufsberechtigter Anspruch auf Übereignung (§ 9 RSiedlG).

3 Einwendungen gegen das Vorkaufsrecht, die sich darauf gründen, daß die Veräußerung nicht genehmigungspflichtig sei oder keine Versagungsgründe vorlägen, sind gemäß § 10 RSiedlG, § 22 GrdstVG von den Beteiligten binnen zwei Wochen seit der Zustellung durch Antrag auf gerichtliche Entscheidung an das Landwirtschaftsgericht geltend zu machen[10]).

4 Auf das Vorkaufsrecht sind nach § 8 Abs. 1 Satz 1 RSiedlG die §§ 505 Abs. 2, 506 bis 509 BGB sinngemäß anzuwenden. Das Vorkaufsrecht hat mithin nicht mehr dingliche Wirkung, insbesondere die Wirkung einer Vormerkung nach § 1098 Abs. 2 BGB, sondern nur noch die Bedeutung eines persönlichen Vorkaufsrechts[11]). Seine Durchführung wird dadurch gesichert, daß seine Ausübung mit dem Genehmigungsverfahren nach § 2 GrdstVG verknüpft ist. Nach § 7 GrdstVG ist eine Eintragung im Grundbuch erst zulässig, wenn die unanfechtbare Genehmigung dem Grundbuchamt nachgewiesen ist.

5 2. *Reichsheimstättengesetz.* Nach §§ 11, 14 bis 16 RHeimstG vom 10. 5. 1920 i. d. F. vom 25. 11. 1937 (RGBl. I, 1291) mit §§ 13 ff. AusfVO vom 19. 7. 1940 (RGBl. I, 1027) steht dem Heimstättenausgeber ein gesetzliches Vorkaufsrecht zu. Das Vorkaufsrecht ist einer besonderen Verlautbarung im Grundbuch zwar nicht bedürftig, es ist aber durch die Eintragung des Heimstättenvermerks nach § 4 Abs. 1 RHeimstG aus dem Grundbuch ersichtlich; denn die Entstehung des Vorkaufsrechts ist nach den §§ 7, 11 RHeimstG die gesetzliche Folge der Eintragung der Heimstätteneigenschaft in das Grundbuch[12]). Das Vorkaufsrecht kann ausgeübt werden, sobald der Heimstätter mit einem Dritten einen (entgeltlichen oder unentgeltlichen) Vertrag über die Veräußerung der Heimstätte schließt. Es gilt auch für die Veräußerung im Wege der Zwangsvollstreckung oder durch den Konkursverwalter; ausgenommen ist die Veräußerung an nahe Verwandte oder Verschwägerte (§ 11 Abs. 2). Die §§ 504, 505, 508 bis 510, 513 BGB gelten entsprechend (§ 11 Abs. 1 Satz 3); Dritten gegenüber hat das Vorkaufsrecht die Wirkung einer Vormerkung zur Sicherung des durch die Ausübung entstehenden Anspruchs auf Eigentumsübertragung (§ 14 Satz 1). Bei Ausübung des Rechts hat der Ausgeber als Kaufpreis höchstens den Betrag zu zahlen, den er beim Heimfall der Heimstätte erlegen müßte (§ 15); insofern ähnelt das Recht einem dinglichen Wiederkaufsrecht[13]). Wenn die Heimstätte an einen Dritten veräußert wird, soll das Grundbuchamt die

[6]) Oldenburg NdsRpfl. 1964, 197; Celle RdL 1963, 209; Hamm RdL 1967, 151.

[7]) BGH NJW 1965, 816.

[8]) Wegen der Form vgl. Karlsruhe RdL 1968, 69.

[9]) BGHZ 41, 114; Schulte RdL 1964, 117.

[10]) Zum Verfahren bei Ausübung des Vorkaufsrechts vgl. Herminghausen DNotZ 1965, 211; Bendel und Kahlke RdL 1962, 169, 312; Pannwitz RdL 1963, 197.

[11]) KG DNotZ 1962, 555, 557; Palandt-Degenhardt BGB[28] 3 a vor § 1094; a. M. Kahlke Vorkaufsrecht S. 71.

[12]) Wormit-Ehrenforth, RHeimstG[4] § 7 Anm. 1, § 14 Anm. 1.

[13]) Palandt-Degenhardt BGB[28] 3 b vor § 1094; Staudinger-Dittmann BGB[11] 11 vor § 1094.

Eintragung der Eigentumsänderung so lange aussetzen, bis die Nichtausübung des Vorkaufsrechts nachgewiesen ist (§ 11 Abs. 3). Der Nachweis der Nichtausübung bedarf nicht der Form des § 29 GBO[14]).

3. Bundesbaugesetz. Ein umfassendes gesetzliches Vorkaufsrecht ist den Gemeinden durch die §§ 24 bis 26 BBauG vom 23. 6. 1960 (BGBl. I, 341) eingeräumt worden[15]). Zu unterscheiden sind das allgemeine Vorkaufsrecht nach § 24 BBauG und die besonderen Vorkaufsrechte nach den §§ 25, 26 BBauG. **6**

a) Vorkaufsrecht auf Grund Bebauungsplans. Das allgemeine Vorkaufsrecht besteht beim Kauf von Grundstücken, die in einem Bebauungsplan als Baugrundstücke für den Gemeindebedarf oder als Verkehrs-, Versorgungs- oder Grünflächen festgesetzt sind (§ 24 Abs. 1 Nr. 1 BBauG). Dieses Vorkaufsrecht besteht auch beim Verkauf an Ehegatten und Verwandte oder Verschwägerte (§ 24 Abs. 3). **7**

b) Vorkaufsrecht bei Umlegungsgrundstücken. Das allgemeine Vorkaufsrecht besteht nach § 24 Abs. 1 Nr. 2 ferner bei Grundstücken, die in ein Verfahren zur Bodenordnung (§§ 45 bis 84 BBauG) einbezogen sind. Hierfür kommt vor allem das Umlegungsverfahren nach §§ 45 ff. BBauG in Betracht. Ein solches Verfahren kann nach § 45 Abs. 2 bereits eingeleitet werden, wenn ein Bebauungsplan noch nicht aufgestellt ist; in diesem Fall können vom Vorkaufsrecht mithin auch Grundstücke erfaßt werden, die im Zeitpunkt des Verkaufs außerhalb des räumlichen Geltungsbereichs eines Bebauungsplans liegen. Im Grenzregelungsverfahren (§§ 80 ff. BBauG) können aber Vorkaufsrechte nicht entstehen[16]). **8**

c) Vorkaufsrecht an unbebauten Grundstücken nach besonderer Satzung. Im Geltungsbereich eines Bebauungsplans sowie in Gebieten, für welche die Gemeinde die Aufstellung eines Bebauungsplans beschlossen hat, kann die Gemeinde durch genehmigungspflichtige Satzung ein Vorkaufsrecht an allen Baugrundstücken begründen (§ 25 BBauG). Die Vorschriften des § 24 Abs. 2 bis 5 über das allgemeine Vorkaufsrecht sind anzuwenden; im übrigen gilt aber eine umfassende Sonderregelung. Das Vorkaufsrecht ist von dem zusätzlichen Erfordernis abhängig, daß anzunehmen ist, der Erwerber werde das Grundstück nicht binnen einer (verlängerbaren) Frist von drei Jahren entsprechend den baurechtlichen Festsetzungen nutzen, was die Gemeinde nachweisen muß[17]). Hat die Gemeinde das Vorkaufsrecht aus diesem Grunde nicht ausüben können, so kann sie nach fruchtlosem Ablauf der genannten Frist innerhalb eines Jahres die Übereignung des Grundstücks verlangen, sofern sie sich dieses Recht vor Ablauf der Frist zur Ausübung des Vorkaufsrechts durch schriftliche Mitteilung an den Käufer vorbehalten hat (§ 25 Abs. 2, 3). Zur Sicherung dieses Anspruchs ist auf Ersuchen der Gemeinde eine Vormerkung in das Grundbuch einzutragen[18]). Bei nicht zweckentsprechender Verwendung des Grundstücks durch die Gemeinde besteht nach Maßgabe des § 25 Abs. 5 ein Wiederkaufsrecht des Käufers, dem gegenüber das Vorkaufsrecht ausgeübt worden ist. **9**

d) Besonderes Vorkaufsrecht in Sanierungsgebieten. In Sanierungsgebieten, für welche ein Bebauungsplan gilt oder seine Aufstellung beschlossen ist, kann die Gemeinde durch genehmigungspflichtige Satzung gemäß § 26 BBauG ein Vorkaufsrecht auch an bebauten Grundstücken begründen, auf welches § 24 Abs. 2 bis 5 BBauG anzuwenden ist. Sanierungsgebiete sind Gebiete, in denen zur Beseitigung städtebaulicher Mißstände besondere der Stadterneuerung dienende Maßnahmen erforderlich sind (§ 5 Abs. 4 BBauG). **10**

14) Meikel-Imhof-Riedel GBO[5] § 20 Rdn. 85 zu 2.

15) Schrifttum außer den Kommentaren von Brügelmann-Förster-Grauvogel-Kopp-Oedekoven-Pohl-Stahnke, von Hausen-von der Heide, Heitzer-Österreicher, Knaup-Ingenstau, Neuffer, Schütz-Froberg sowie Haegele, Beschränkungen des Grundstücksverkehrs, 3. Aufl. 1970; Dittus Grundeigentum 1961, 440; Ebert NJW 1961, 1430; Eppig DNotZ 1960, 509, 526; Haegele DNotZ 1961, 229; Rpfleger 1961, 3; 1964, 207; JurBüro 1968, 503; Kahlke NJW 1962, 1381 (Rechtsweg); Krämer RheinNotK 1961, 86; Ripfel BB 1960, 1184; 1964, 1465; Schack DVBl. 1961, 229; Weber DNotZ 1961, 236; 1962, 510; Dubon BayNotV 1961, 299 (Fälle, in denen das Vorkaufsrecht nicht besteht); Zuleeg, DVBl. 1966, 233 (Verfahrensfragen).

16) Eppig DNotZ 1960, 527; Ebert NJW 1961, 1431.

17) Dazu Ebert NJW 1961, 1432.

18) Dazu LG Hamburg Rpfleger 1962, 102 mit Anm. v. Haegele.

11 *e) Voraussetzungen, Inhalt und Ausübung des Vorkaufsrechts nach dem BBauG.* Das Vorkaufsrecht geht anderen Vorkaufsrechten (außer nach dem RSiedlG) im Range vor; rechtsgeschäftliche Vorkaufsrechte erlöschen durch den Eigentumserwerb auf Grund der Ausübung des Rechts (mithin auch sie sichernde Vormerkungen), selbst solche, die für mehrere oder alle Verkaufsfälle bestellt sind; aber Entschädigungspflicht der Gemeinde für ältere Erwerbsrechte (§§ 24 Abs. 5, 28 BBauG)[19]). Außer im Fall des allgemeinen Vorkaufsrechts nach § 24 Abs. 1 Nr. 1 (Rdn. 7) besteht das Vorkaufsrecht nicht bei Verkauf an Ehegatten, nahe Verwandte oder Verschwägerte (§ 24 Abs. 3). Es besteht auch nicht bei Tausch, Auseinandersetzung, (gemischter) Schenkung, Übergabeverträgen, Ausstattung, Einbringung von Grundbesitz in eine Gesellschaft, Veräußerung an den Miteigentümer[20]) oder im Wege der Zwangsversteigerung zur Befriedigung eines Gläubigers; anders bei Zwangsversteigerungen nach den §§ 175 ff., 180 ff. ZVG, insbesondere zwecks Aufhebung einer Gemeinschaft[21]). Das Vorkaufsrecht nach § 24 Abs. 1 Nr. 1 BBauG umfaßt grundsätzlich nur die Teilfläche, die als Verkehrs-, Versorgungs- oder Grünfläche festgesetzt ist; kann diese nicht ohne Nachteil für den Verpflichteten abgetrennt werden, so kann er entsprechend § 508 Satz 2 BGB, § 92 Abs. 3 BBauG verlangen, daß der Vorkauf auf das gesamte Grundstück erstreckt wird[22]). Werden mehrere, je dem Vorkaufsrecht unterliegende Grundstücke durch ein einheitliches Rechtsgeschäft veräußert, so kann das Vorkaufsrecht nur an allen damit belasteten Grundstücken oder aber gar nicht ausgeübt werden[23]).

12 Auf das Vorkaufsrecht sind die §§ 504 bis 509, 510 Abs. 1, 512, 1098 Abs. 2, 1099 bis 1102 BGB anzuwenden (§ 24 Abs. 4 BBauG). Es hat mithin die Wirkung einer Vormerkung (§ 1098 Abs. 2 BGB), bedarf aber zu seiner Erhaltung gegenüber dem öffentlichen Glauben des Grundbuchs nicht der Eintragung, die jedoch auch nicht unzulässig ist[24]). Das Grundbuchamt darf die Eintragung der Eigentumsänderung nicht von dem Nachweis der Nichtausübung des Vorkaufsrechts abhängig machen; es besteht also *keine Grundbuchsperre*[25]).

13 Die Frist zur Ausübung des Vorkaufsrechts beträgt einen Monat (§ 24 Abs. 4 BBauG). Sie beginnt mit der Mitteilung des Kaufvertrages an die Gemeinde nach § 510 BGB. Der Fristenlauf setzt aber voraus, daß der Kaufvertag wirksam ist, insbesondere etwa erforderliche behördliche Genehmigungen erteilt sind[26]). Zu diesen Genehmigungen gehört aber nicht die etwa zu der Auflassung nach § 19 BBauG erforderliche Genehmigung, weil diese Genehmigung sich auf das dingliche Erfüllungsgeschäft bezieht, das Vorkaufsrecht aber an den schuldrechtlichen Kaufvertrag anknüpft. Die Mitteilung des im übrigen wirksamen Kaufvertrages setzt daher die Ausübungsfrist in Lauf, auch wenn eine nach § 19 BBauG erforderliche Genehmigung noch aussteht[27]). Die Ausübung ist privates Rechtsgeschäft, nicht Verwaltungsakt[28]). Sie gehört nicht zu den Geschäften der laufenden Verwaltung (anders die Erklärung

[19]) Über ältere Erwerbsrechte vgl. Dieterle BWNotZ 1966, 87.

[20]) BGHZ 13, 133 = DNotZ 1954, 385 = NJW 1954, 1035; BGH LM § 1098 BGB Nr. 3 = DNotZ 1957, 654; BGHZ 48, 1 = DNotZ 1968, 25; BGH DNotZ 1970, 423 (Erbauseinandersetzung, auch wenn Erwerber vorher den Anteil eines Miterben erworben hat); Brügelmann-Grauvogel BBauG § 24 Anm. II 2 a; BGB-RGRK[11] § 504 Anm. 33; Soergel-Siebert BGB[10] § 504 Anm. 3, 4, § 1095 Anm. 2, § 1097 Anm. 3; Bedenken bei Wolff-Raiser Sachenrecht 10. Bearb. § 126 Fn. 25.

[21]) Krämer RheinNotK 1961, 204; Stöber Rpfleger 1961, 275; Dubon BayNotV 1961, 301; Haegele Rpfleger 1964, 208.

[22]) BayObLGZ 1966, 310 = NJW 1967, 113.

[23]) Vgl. Karlsruhe BWNotZ 1958, 218; Haegele Rpfleger 1964, 208.

[24]) KG NJW 1962, 1446 = DNotZ 1962, 555 = MDR 1962, 653 = Rpfleger 1962, 267; Palandt-Degenhardt BGB[28] 3 c bb) vor § 1094.

[25]) KG NJW 1962, 1446 = DNotZ 1962, 555 = MDR 1962, 653 = Rpfleger 1962, 267; Hamm MDR 1966, 50 = Rpfleger 1965, 373; Karlsruhe Rpfleger 1966, 376; BayObLGZ 1967, 77 = DNotZ 1968, 117; Lutter MDR 1962, 177; Palandt-Degenhardt BGB[28] 3 c bb) vor § 1094; jetzt auch Horber GBO[10] § 20 Anm. 6 L b; Haegele Rpfleger 1964, 208.

[26]) RGZ 144, 158; BGH DNotZ 1954, 532 = NJW 1954, 1442; NJW 1960, 1808; WPM 1966, 891; Celle NJW 1963, 352.

[27]) Dittus in Bauamt und Gemeindebau 1963, 61; Kormann BlGBW 1962, 5; Strutz DNotZ 1970, 280; a. M. Ebert NJW 1961, 1434; Eppig DNotZ 1960, 533; Krämer RheinNotK 1961, 206; vgl. auch Haegele Rpfleger 1964, 209; JurBüro 1968, 503.

[28]) BGHZ 36, 157; BVerwG NJW 1959, 64; a. M. OVG Münster NJW 1968, 1298.

über die Nichtausübung), erfordert also eine Beschlußfassung des Gemeinderats[29]), sofern es sich nicht um eine Großstadt handelt, deren Wiederaufbau ständig derartige Geschäfte mit sich bringt[30]). Im Streitfall sind die Voraussetzungen für die Ausübung, auch soweit sie auf dem öffentlichen Recht beruhen, vom ordentlichen Gericht nachzuprüfen[31]).

4. Landesrechtliche Vorkaufsrechte. Die landesrechtlichen gesetzlichen Vorkaufsrechte, die auf den Vorbehalten des EGBGB beruhten, sind überwiegend durch § 186 BBauG aufgehoben worden; vgl. auch die Übergangsvorschrift in § 178 BBauG. In *Bayern* besteht ein gesetzliches Vorkaufsrecht nach Art. 3 des Almgesetzes vom 28. 4. 1932 (BayBS IV, 359). Wenn ein Anteil an einem gemeinschaftlichen Almgrundstück oder an einem gemeinschaftlichen Almrecht ohne das landwirtschaftliche Anwesen, zu dem der Anteil gehört, veräußert wird, haben die übrigen Teilnehmer ein Vorkaufsrecht. In *Württemberg* besteht ein gesetzliches Vorkaufsrecht an Stockwerkseigentum nach Art. 228 WürttAGBGB. Wird ein Stockwerkseigentum an andere Personen als an Ehegatten, Abkömmlinge, angenommene Kinder oder Mitstockwerkseigentümer verkauft, so sind die anderen Stockwerkseigentümer nach dem Verhältnis ihrer Stockwerksrechte zum Vorkauf berechtigt. Handelt es sich um eine Bruchteils- oder sonstige Gemeinschaft an einem Stockwerkseigentum, so steht das Vorkaufsrecht zunächst den Teilhabern an der Gemeinschaft zu. Auf das Vorkaufsrecht finden die Vorschriften der §§ 1096, 1098 bis 1102 BGB entsprechende Anwendung. Die Frist zur Ausübung des Vorkaufsrechts beträgt drei Wochen. Das Vorkaufsrecht erstreckt sich auch auf einen Verkauf im Weg der Zwangsversteigerung oder durch den Konkursverwalter. Nach Art. 26 des *bayerischen Fischereigesetzes* vom 15. 8. 1908 (BayBS IV 453) sind beim Verkauf eines von einem Grundstück unabhängigen Koppelfischereirechts an einem nicht geschlossenen Gewässer die übrigen Mitfischereiberechtigten und nach diesen die an der gleichen Wasserstrecke sonst Fischereiberechtigten zum Vorkauf berechtigt[31a]). **14**

5. Gesetzliches Vorkaufsrecht der Miterben. Das gesetzliche Vorkaufsrecht, welches nach § 2034 BGB den Miterben beim Verkauf eines Erbanteils durch einen Miterben oder dessen Erben an einen Dritten zusteht[32]), fällt nicht unter § 20, selbst wenn zu dem Nachlaß ein Grundstück gehört, da es nur an einem Erbanteil, nicht aber unmittelbar an dem Nachlaßgrundstück besteht. Es besteht aber die allgemeine Belehrungspflicht nach § 17 Abs. 1, da das Vorkaufsrecht die rechtliche Tragweite des Geschäfts berührt[33]). Die Übertragung eines Erbanteils an einem Nachlaß, zu dem ein Grundstück gehört, löst nicht ein an dem Grundstück bestehendes Vorkaufsrecht aus[33a]). **15**

II. Hinweispflicht

Nach § 33 BNotO sollte der Notar bei der Veräußerung von Grundstücken, an denen ein gesetzliches Vorkaufsrecht besteht, „auf das Bestehen und die Bedeutung des Vorkaufsrechts hinweisen". Durch § 20 wird die Hinweispflicht des Notars abgeschwächt und auf ein vernünftiges Maß zurückgeführt. Dem Notar wird es häufig nicht bekannt sein, ob im Einzelfall nach Lage der Verhältnisse ein gesetzliches Vorkaufsrecht besteht; er braucht daher nur noch darauf aufmerksam zu machen, daß ein gesetzliches Vorkaufsrecht möglicherweise in Betracht kommt. Auch ist es dem Notar kaum zumutbar, die „Bedeutung" eines Vorkaufsrechts stets von sich aus umfassend zu erläutern. Es greift daher nur die allgemeine Belehrungspflicht nach § 17 ein, nach welcher der Notar den Beteiligten, falls dies erforderlich ist, die rechtliche Tragweite eines solchen Vorkaufsrechts zu erläutern hat. **16**

Die Mitteilung des Kaufvertrages an den Vorkaufsberechtigten zwecks Erklärung über die Ausübung des Vorkaufsrechts oder die Einholung einer Erklärung darüber, ob das Vorkaufs- **17**

29) Vgl. BGH NJW 1960, 1805 = MDR 1960, 751.
30) BGHZ 32, 375; BGH DVBl. 1962, 62; BayObLGZ 1966, 310.
31) BGHZ 29, 113; 36, 158.
31a) Dazu BayObLGZ 1965, 153 = RdL 1965, 190.
32) Vgl. dazu die Darstellung von Dumoulin, RheinNotK 1967, 740 ff., 763.
33) BGH VersR 1968, 1059 = MDR 1968, 1002 = BB 1968, 1016 mit Ausführungen über den Umfang der Belehrungspflicht.
33a) BGH DNotZ 1970, 423.

recht besteht, obliegt dem Notar nur, wenn er von den Beteiligten damit beauftragt ist. Die Einholung einer Erklärung hierüber gehört nicht zur Vollzugstätigkeit im Sinne des § 146 Abs. 1 Satz 1 KostO, da die Vollziehung des Geschäfts im Grundbuch davon nicht abhängig ist, kann aber eine Gebühr nach § 147 Abs. 1 KostO auslösen[34]). Wird dem Notar der Auftrag dazu nicht erteilt, so hat er die Beteiligten über die notwendigen Schritte gegenüber dem Vorkaufsberechtigten zu belehren.

18 Der Hinweis auf das gesetzliche Vorkaufsrecht soll in der Niederschrift vermerkt werden.

Grundbucheinsicht, Briefvorlage

21 (1) Bei Geschäften, die im Grundbuch eingetragene oder einzutragende Rechte zum Gegenstand haben, soll sich der Notar über den Grundbuchinhalt unterrichten. Sonst soll er nur beurkunden, wenn die Beteiligten trotz Belehrung über die damit verbundenen Gefahren auf einer sofortigen Beurkundung bestehen; dies soll er in der Niederschrift vermerken.

(2) Bei der Abtretung oder Belastung eines Briefpfandrechts soll der Notar in der Niederschrift vermerken, ob der Brief vorgelegen hat.

Übersicht

I. Allgemeines

1 Die Vorschrift tritt in ihrem Abs. 1 an die Stelle der §§ 35 Abs. 1 und 36 BNotO (vgl. auch Art. 57, 58 HessFGG und Art. 44, 45 NdsFGG), in ihrem Abs. 2 an die Stelle des § 35 Abs. 2 BNotO, weicht von diesen Vorbildern aber in wesentlichen Punkten ab. Während bisher bei Geschäften, die im Grundbuch eingetragene Rechte zum Gegenstand haben, dem Notar zur Pflicht gemacht wurde, sich darüber zu vergewissern, ob die Beteiligten eine zuverlässige Kenntnis des Grundbuchstandes haben (§ 35 Abs. 1 BNotO), und eine Verpflichtung des Notars, sich selbst Kenntnis vom Grundbuchstand zu verschaffen, nur bestand, wenn eine Auflassung oder die Bestellung oder Übertragung eines grundstücksgleichen Rechts zu beurkunden war, wird diese Unterscheidung jetzt nicht mehr gemacht. In allen Fällen, also auch bei der Beurkundung nur schuldrechtlicher Vereinbarungen über im Grundbuch eingetragene Rechte oder bei der Begründung, Inhaltsänderung, Übertragung oder Aufhebung beschränkter dinglicher Rechte, soll der Notar sich eine eigene Kenntnis vom Grundbuchinhalt verschaffen. Es wurde erwogen, daß die Kenntnis der Beteiligten, auf die § 35 Abs. 1 BNotO abstellte, nicht genüge, weil der Notar, vor allem um seiner Belehrungspflicht nachkommen zu können, einer eigenen Kenntnis bedürfe, und daß nicht vollziehbare Urkunden vom Grundbuchamt tunlichst ferngehalten werden sollten (BT-Drucks. V/3282 S. 32 zu § 21).

2 Abs. 2 über die Feststellung der Briefvorlage gilt abweichend von § 35 Abs. 2 BNotO nur für die Beurkundung, nicht auch für die Beglaubigung der Abtretung oder Belastung eines Briefpfandrechts, weil die Prüfungspflicht des Notars sich bei der Beglaubigung einer Unterschrift nach § 40 Abs. 2 nicht darauf erstreckt, ob die unterschriebene Erklärung materiell wirksam ist.

[34]) KG Rpfleger 1968, 80; BayObLGZ 1967, 77 = DNotZ 1968, 117; Frankfurt DNotZ 1968, 765; Stuttgart KostRspr. § 146 KostO Nr. 17; Kaiser DNotZ 1965, 506; Korintenberg-Wenz-Ackermann KostO[7] § 146 Fn. 4b.

II. Unterrichtung über den Grundbuchinhalt

1. Gegenstand der Beurkundung. Die Pflicht, sich über den Grundbuchinhalt zu unterrichten, besteht bei der Beurkundung von Willenserklärungen, welche im Grundbuch eingetragene oder einzutragende Rechte zum Gegenstand haben. Im Grundbuch eintragungsfähig sind das Eigentum am Grundstück, Erbbaurechte, Wohnungs- und Teileigentum (§ 1 WEG), beschränkte dingliche Rechte am Grundstück wie Grunddienstbarkeiten, beschränkte persönliche Dienstbarkeiten, Nießbrauch, Dauerwohnrechte und Dauernutzungsrechte (§ 31 WEG), Vorkaufsrecht, Reallasten, Hypotheken, Grund- und Rentenschulden, Vormerkungen und Widersprüche. Nießbrauch und Pfandrecht können auch an einem das Grundstück belastenden Recht bestehen. Als grundstücksgleiche Rechte kommen Bergwerkseigentum, Fischereirechte sowie andere Nutzungsrechte in Betracht, für welche nach Landesrecht die sich auf Grundstücke beziehenden Vorschriften gelten. *Öffentliche Lasten* sind nur eintragungsfähig, wenn ihre Eintragung gesetzlich zugelassen oder vorgeschrieben ist (§ 54 GBO). Über nicht eingetragene öffentliche Lasten hat der Notar keine Belehrungspflicht; mit ihrem Vorhandensein muß im Verkehr grundsätzlich gerechnet werden[1]). Eine besondere Stellung nimmt die öffentliche Last für die Hypothekengewinnabgabeschuld ein (§ 111 LAG); ihr Bestehen, wenn auch nicht ihr Betrag, wird in Abt. II des Grundbuchs vermerkt (§ 111a LAG i. d. F. vom 1. 10. 1969, BGBl. I, 1909). Über Betrag und Rang können Eigentümer und dinglich Berechtigte gemäß § 128 LAG sich durch eine Auskunft des Finanzamts vergewissern. Ist die öffentliche Last nicht im Grundbuch vermerkt, so kann sie jetzt regelmäßig als nicht bestehend oder erloschen angesehen werden, da die Frist des § 111c Abs. 2 LAG überall verstrichen sein wird. Mit Rücksicht auf diese Rechtslage ist die Belehrungspflicht des Notars auch auf das Bestehen oder Nichtbestehen der öffentlichen Last aus § 111 LAG zu erstrecken. Hauszinssteuer-Abgeltungslasten sind seit dem Ende des Jahres 1964 erloschen (§ 23 GBMaßnG vom 20. 12. 1963, BGBl. I, 986). Eintragungsfähig ist nach § 64 Abs. 6 BBauG auch die öffentliche Last für im Umlegungsverfahren begründete Ausgleichspflichten; auf sie erstreckt sich die Belehrungspflicht, sofern sie eingetragen sind. Der Erschließungsbeitrag (§ 134 BBauG) ist nicht eintragungsfähig. 3

Die Geschäfte können sowohl dingliche Verfügungsgeschäfte (Begründung, Übertragung, Inhaltsänderung, Belastung oder Aufhebung) in Ansehung von Rechten an Grundstücken oder an Grundstücksrechten sein als auch obligatorische Verpflichtungsgeschäfte (Kaufvertrag, Schenkung). Insoweit wird kein Unterschied mehr gemacht (Rdn. 1). Gegenstand eines im Grundbuch eingetragenen Rechts ist auch die dingliche Unterwerfung unter die sofortige Zwangsvollstreckung (§ 800 ZPO), etwa wenn sie für sich allein zu einem bereits eingetragenen Recht erklärt wird. 4

Auf im Schiffsregister, Schiffsbauregister und im Register für Pfandrechte an Luftfahrzeugen sowie im Kabelbuch (§ 1 FGG Rdn. 29) eingetragene Rechte ist die Vorschrift nicht anwendbar, auch nicht entsprechend. Insoweit gilt nur die allgemeine Belehrungspflicht nach § 17. 5

2. Verschaffung der Kenntnis vom Grundbuchinhalt. Aus dem Grundbuch ergibt sich, ob das Recht, über welches verfügt werden soll, tatsächlich besteht, ob es dem Verfügenden zusteht, welchen Inhalt und Umfang es hat und ob Belastungen und Verfügungsbeschränkungen bestehen. Die Kenntnis hiervon wird erlangt durch eine Einsichtnahme in das Grundbuch (§ 12 GBO), zu der die Notare ohne Darlegung eines berechtigten Interesses befugt sind (§ 43 GBVfg.). Der Notar genügt seiner Pflicht, wenn er statt des Grundbuchs das bei den Grundakten befindliche Handblatt (§ 24 Abs. 4 GBVfg.) einsieht. Das Gesetz legt dem Handblatt zwar weder öffentlichen Glauben noch selbständige urkundliche Bedeutung bei, so daß bei Abweichungen zwischen Grundbuch und Handblatt das Grundbuch allein maßgebend 6

[1]) BGH DNotZ 1953, 492, 494; Seybold-Hornig BNotO[4] § 35 Rdn. 14; Pagendarm DRiZ 1959, 135, 136.

bleibt. Die mit der Führung des Grundbuchs beauftragten Beamten haben aber für die Übereinstimmung des Handblatts mit dem Grundbuchblatt zu sorgen (§ 24 Abs. 4 Satz 2 GBVfg.). Das führt dazu, daß im laufenden Geschäftsverkehr das Grundbuch völlig durch das Handblatt ersetzt wird, so daß der Notar, der sich mit der Einsicht in das Handblatt begnügt, keinesfalls fahrlässig handelt[2]). Urkunden, auf die im Grundbuch zur Ergänzung einer Eintragung Bezug genommen ist, braucht der Notar grundsätzlich nicht einzusehen, es sei denn, daß es nach der Art des zu beurkundenden Geschäfts gerade darauf ankommt, den näheren Inhalt des eingetragenen Rechts festzustellen[3]). Im übrigen wird eine Verpflichtung, die Grundakten einzusehen, nicht begründet. Dem Notar ist auch keine Amtspflicht auferlegt, sich durch Einsichtnahme in die Grundakten zu vergewissern, ob noch unerledigte Anträge vorliegen; eine Einsichtnahme in die Grundakten ist auch häufig nicht geeignet, hierüber Gewißheit zu erlangen, da keine hinreichende Gewähr dafür besteht, daß Anträge sogleich zu den Grundakten gelangen oder in ihnen vermerkt werden[4]). Wenn der Notar allerdings weiß, daß noch unerledigte Anträge vorliegen, die den Erfolg des jetzt zu beurkundenden Geschäfts beeinträchtigen könnten, ist er, ohne durch seine Verschwiegenheitspflicht (§ 18 BNotO) daran gehindert zu sein, verpflichtet, die Beteiligten darüber aufzuklären[5]). Bezieht sich das Geschäft auf ein noch nicht abgeschriebenes Trennstück, so ist das Grundbuchblatt des Stammgrundstücks einzusehen.

7 Dem Notar wird nicht zur Pflicht gemacht, das Grundbuch persönlich einzusehen. In § 36 Abs. 1 Satz 2 BNotO war ausdrücklich bestimmt, daß er sich dazu einer anderen Person bedienen kann, die ihm als hinreichend sachkundig und zuverlässig bekannt ist. Diese Bestimmung wird zwar in § 21 nicht wiederholt, die Fortgeltung des Grundsatzes ergibt sich aber aus der Fassung des § 21 Abs. 1 Satz 1, in welcher dem Notar keine ins einzelne gehenden Vorschriften darüber gemacht werden, wie er sich die Kenntnis vom Grundbuchinhalt verschafft. Es bleibt daher dem Notar überlassen, den zweckmäßigsten Weg zu wählen; er kann sich aller ihm zuverlässig erscheinenden Mittel bedienen (BT-Drucks. V/3282 S. 33 zu § 21). Als geeignete Personen kommen zur Ausbildung überwiesene Referendare, Bürovorsteher oder Notargehilfen, deren Ausbildungsstand die Betrauung mit dieser Aufgabe zuläßt, in Betracht, aber auch dem Notar als zuverlässig und sachkundig bekannte Personen, die nicht seinem Büro angehören.

8 Ist dem Notar eine Einsichtnahme in das Grundbuch nicht möglich oder nicht zumutbar, weil das Grundbuch bei einem Grundbuchamt außerhalb seines Amtssitzsprengels (§ 2 Rdn. 9) geführt wird, so ist die Einsichtnahme in eine beglaubigte Grundbuchblattabschrift das geeignete Mittel zur Unterrichtung; das wird auch sonst gelten können, wenn eine Einsicht in das Grundbuch selbst an sich möglich wäre. Besteht diese Möglichkeit nicht, so muß der Notar den Beteiligten aufgeben, sich eine beglaubigte Grundbuchblattabschrift zu beschaffen und sie ihm vorzulegen. Die Abschrift muß so beschaffen sein, daß sie eine zuverlässige Kenntnis des derzeitigen Grundbuchstandes vermittelt. Es wird also weiter, wie bisher nach § 36 Abs. 1 Satz 3 BNotO, zu fordern sein, daß die Abschrift in jüngster Zeit ausgestellt oder berichtigt und es den Umständen nach unwahrscheinlich ist, daß in der Zwischenzeit Änderungen eingetreten sind.

9 *3. Beurkundung ohne Kenntnis des Grundbuchinhalts.* Kann der Notar sich keine Kenntnis vom Grundbuchinhalt verschaffen, weil das Grundbuchamt nicht zu seinem Amtssitzsprengel gehört oder weil die Beurkundung außerhalb der Dienststunden des Grundbuchamts verlangt wird, und wird ihm auch keine (geeignete) beglaubigte Grundbuchabschrift vorgelegt, so soll er die Beurkundung grundsätzlich ablehnen (Abs. 1 Satz 2). Nur ausnahmsweise soll der Notar die Beurkundung ohne Kenntnis des Grundbuchinhalts vornehmen, wenn die Beteiligten auf einer sofortigen Beurkundung bestehen und der Notar sie über die damit

[2]) Güthe-Triebel GBO[6] § 46 GBVfg. Anm.; a. M. Hesse-Saage GBO[4] § 46 GBVfg. Anm. I 2; Meikel-Imhof-Riedel BOG[5] § 12 Rdn. 17.
[3]) RG HRR 1934 Nr. 805.
[4]) Vgl. Ertl, DNotZ 1969, 650, 658.
[5]) Celle DNotZ 1926, 531; Stettin DNotZ 1926, 528; Seybold-Hornig BNotO[4] § 35 Rdn. 5.

verbundenen Gefahren belehrt hat. Diese Gefahren bestehen insbesondere darin, daß der Vollzug der Urkunde im Grundbuch und damit bei konstitutiven Eintragungen der Erwerb des Rechts möglicherweise durch unbekannte Hindernisse in Frage gestellt ist. Bei nur berichtigenden Eintragungen (z. B. Umschreibung des Eigentums oder sonstigen Rechts auf Grund Erbfolge) werden solche Gefahren allerdings kaum bestehen. Kommt der Notar seiner Belehrungspflicht nach, so haftet er nicht, wenn ein Schaden entsteht, für den die mangelnde Kenntnis des Grundbuchinhalts ursächlich war[6]).

4. Vermerk in der Niederschrift. Beurkundet der Notar ohne Kenntnis des Grundbuchinhalts, so soll er nach Abs. 1 Satz 2 Halbs. 2 in der Niederschrift vermerken, daß die Beteiligten die sofortige Beurkundung trotz Belehrung über die damit verbundenen Gefahren verlangt haben. Hat dagegen der Notar das Grundbuch eingesehen oder hat ihm eine beglaubigte Grundbuchblattabschrift vorgelegen, so ist ein Vermerk darüber abweichend von § 36 Abs. 2 BNotO nicht mehr vorgeschrieben. Aus dem Fehlen eines Vermerks über die eingangs angeführte Belehrung ergibt sich also regelmäßig, daß der Notar in Kenntnis des Grundbuchinhalts beurkundet hat, da grundsätzlich zu vermuten ist, daß ein Notar ordnungsgemäß verfährt. **10**

III. Abtretung oder Belastung von Briefpfandrechten (Abs. 2)

1. Prüfungspflicht. Auch bei der Beurkundung (nicht auch der Beglaubigung) der Abtretung oder Belastung (Verpfändung) eines Briefpfandrechts (Hypothek, Grundschuld, Rentenschuld) besteht die Amtspflicht des Notars, sich gemäß Abs. 1 Satz 1 über den Grundbuchinhalt zu unterrichten. Hier besteht jedoch die Besonderheit, daß das Grundbuch, da Briefpfandrechte durch Abtretung nach §§ 1154, 1192, 1199 BGB außerhalb des Grundbuchs ihren Inhaber wechseln können, keine Gewähr dafür bietet, daß der im Grundbuch Eingetragene noch der Berechtigte ist. Ebenso kann ein Briefpfandrecht außerhalb des Grundbuchs nach den für die Übertragung geltenden Regeln mit einem Nießbrauch belastet oder verpfändet werden (§§ 1069, 1274 BGB) oder es kann ein Pfändungspfandrecht durch Pfändungsbeschluß und Übergabe des Briefes an den Gläubiger oder Wegnahme des Briefes durch den Gerichtsvollzieher begründet werden (§ 830 ZPO). Hinsichtlich des Gläubigerrechts und der Freiheit von Belastungen kann also die Kenntnis des Grundbuchinhalts keinen Aufschluß geben. Andererseits besteht keine allgemeine Amtspflicht des Notars mehr, die Verfügungsbefugnis und Rechtsinhaberschaft zu prüfen (§ 12 Rdn. 1), und weder dem Abs. 1 noch dem Abs. 2 des § 21 kann eine besondere Amtspflicht des Notars entnommen werden, über die Kenntnis vom Grundbuchinhalt hinaus eine Prüfung in der Richtung anzustellen, ob der Verfügende durch die vorgelegten Urkunden als Inhaber des Rechts legitimiert ist. Insoweit besteht mithin nur die allgemeine Belehrungspflicht nach § 17 und die auf § 4 beruhende Pflicht, offenbar ungültige Beurkundungen zu vermeiden. Keine Bedenken bestehen in dieser Richtung, wenn der Verfügende durch die Innehabung des Briefes und eine Kette öffentlich beglaubigter, auf einen eingetragenen Gläubiger zurückführender Abtretungserklärungen oder diesen gleichgestellter Urkunden ausgewiesen ist (§ 1155 BGB). Ist eine Abtretungserklärung nur schriftlich erteilt und die Abtretung damit neben der Übergabe des Briefes materiell wirksam (§ 1154 Abs. 1 BGB), so ist eine Belehrung nur angebracht, wenn Anhaltspunkte für Zweifel an der Echtheit der Unterschrift bestehen[7]). Fehlt es an einem solchen Nachweis der Legitimation, so besteht die Belehrungspflicht nach § 17 Abs. 2 Satz 2. **11**

2. Vermerk über die Vorlegung des Briefes. Bei Grundpfandrechten, über die ein Brief erteilt ist, hängt die Verfügungsmacht vom Besitz des Briefes ab. Deshalb soll der Notar nach Abs. 2 bei der Beurkundung der Abtretung oder Belastung eines solchen Rechts in der Niederschrift vermerken, ob der Brief vorgelegen hat; dadurch wird zugleich bei den Beteiligten das Bewußtsein für die Bedeutung der Briefübergabe geweckt. In der Niederschrift ist sowohl **12**

[6]) Oldenburg Rpfleger 1953, 590.

[7]) Düsseldorf DNotZ 1935, 583; Seybold-Hornig BNotO[4] § 35 Rdn. 17.

positiv zu vermerken, daß der Brief vorgelegen hat, als auch negativ, daß er nicht vorgelegen hat. Der Notar kann aber die Beurkundung nicht wegen fehlender Briefvorlegung ablehnen, zumal die Übergabe bei der Abtretung durch Vereinbarung eines Besitzkonstituts oder Abtretung des Herausgabeanspruchs ersetzt werden kann (§§ 1154 Abs. 1 Satz 1 Halbs. 2, 1117 Abs. 1 Satz 2, 930, 931 BGB; wegen der Verpfändung vgl. aber § 1274 Abs. 1 Satz 2 mit §§ 1205, 1206 BGB). Auf die Wirksamkeit des Geschäfts oder der Beurkundung hat das Vorhandensein oder Fehlen des Vermerks keinen Einfluß.

IV. Öffentlich beglaubigte Erklärungen

13 Werden Willenserklärungen, die im Grundbuch eingetragene oder einzutragende Rechte zum Gegenstand haben, lediglich öffentlich beglaubigt, so hat der Notar keine Pflicht, sich Kenntnis vom Grundbuchinhalt zu verschaffen, und keine Prüfungs- und Belehrungspflicht (§ 40 Abs. 2), es sei denn, daß er die Urkunde auch entworfen hat. Auch ein Vermerk im Beglaubigungsvermerk darüber, ob der Brief vorgelegen hat, ist abweichend von § 35 Abs. 2 BNotO bei Beglaubigungen nicht mehr vorgeschrieben; die Anbringung des Vermerks ist aber natürlich auch nicht verboten und wird oft den Interessen der Beteiligten dienlich sein.

4. Beteiligung behinderter Personen

Taube, Stumme, Blinde

22 (1) Vermag ein Beteiligter nach seinen Angaben oder nach der Überzeugung des Notars nicht hinreichend zu hören, zu sprechen oder zu sehen, so soll zu der Beurkundung ein Zeuge oder ein zweiter Notar zugezogen werden, es sei denn, daß alle Beteiligten darauf verzichten. Diese Tatsachen sollen in der Niederschrift festgestellt werden.

(2) Die Niederschrift soll auch von dem Zeugen oder dem zweiten Notar unterschrieben werden.

Übersicht

I. Allgemeines

1 Die Vorschrift regelt denselben Gegenstand wie früher § 169 FGG und § 2233 Abs. 1 BGB a. F., jedoch mit erheblichen Abweichungen. Nach früherem Recht mußten zwei Zeugen oder bei gerichtlichen Beurkundungen ein Urkundsbeamter der Geschäftsstelle, bei notariellen Beurkundungen ein zweiter Notar hinzugezogen werden, wenn ein Beteiligter an körperlichen Gebrechen leidet, die ihn an der eigenen Überwachung des Beurkundungsvorgangs hindern. Der Gesetzgeber des BeurkG hat jedoch dem Sinn der Zeugenhinzuziehung (mit Recht) sehr skeptisch gegenübergestanden, nachdem schon das TestamentsG bei der Errichtung von Verfügungen von Todes wegen die Zuziehung von Zeugen wesentlich eingeschränkt hatte[1]). Es wurde erwogen, daß die Zeugen, da sie weder dem Gegenstand der Beurkundung noch den Beteiligten nahestehen dürfen, im allgemeinen mit den Verhältnissen nicht vertraut sind und daher in der Regel nur der Form halber hinzugezogen werden, ohne daß dadurch der Beurkundungsvorgang sachlich gefördert würde (BT-Drucks. V/3282 S. 33). Das Gesetz schränkt

[1]) Vgl. Staudinger-Firsching BGB[11] § 2233 Anm. 3.

deshalb die Zuziehung von Zeugen wesentlich ein. Es genügt in jedem Falle ein Zeuge oder ein zweiter Notar. Auch ist die Wirksamkeit der Beurkundung, von dem Schreibzeugen (§ 25) abgesehen, nicht mehr davon abhängig, daß die hierauf bezüglichen Vorschriften beachtet werden, und die Beteiligten können auf die Zuziehung verzichten. Schließlich werden die Ausschließungsgründe vermindert, und die Hinzuziehung eines ausgeschlossenen Zeugen oder zweiten Notars hat nicht die Unwirksamkeit der Beurkundung zur Folge (§ 26).

II. Arten der Behinderung

Die Art der Behinderung wird dahin gekennzeichnet, daß ein Beteiligter, der die zu beurkundende Erklärung abgibt (§ 6 Abs. 2), nicht hinreichend zu hören, zu sehen oder zu sprechen vermag. In § 169 FGG und § 2233 Abs. 1 BGB a. F. waren diese Fälle mit den Worten „taub, blind, stumm oder sonst am Sprechen verhindert" umschrieben. Diese Fassung brachte nur in bezug auf das Sprachvermögen zum Ausdruck, daß es nicht auf das dauernde Unvermögen, sondern auf die Behinderung im Zeitpunkt der Beurkundung ankommt. Für die Hör- oder Sehfähigkeit, die gleichfalls nur vorübergehend ausfallen kann, muß jedoch dasselbe gelten; dies soll die Fassung des Gesetzes verdeutlichen (BT-Drucks. V/3282 S. 33). Zugleich berücksichtigt das Gesetz die Fälle, in denen ein Beteiligter zwar nicht völlig taub, stumm oder blind ist, jedoch einem derartig Behinderten so nahe kommt, daß er für die Beurkundung wie ein solcher zu behandeln ist. **2**

1. *Hörbehinderung* ist gänzliches Fehlen *(Taubheit)* oder so schwere Beeinträchtigung des Gehörsinns, daß eine zuverlässige Verständigung von Mund zu Ohr durch das Mittel der Sprache, notfalls mit Hilfe eines Lautverstärkers, nicht möglich ist[2]). Bloße Schwerhörigkeit, die durch lautes Sprechen noch überwunden werden kann, genügt nicht. Die Art der Verständigung mit dem Tauben (schriftlich, Zeichensprache, Dolmetscher) ist dem Ermessen des Notars überlassen. Für das Verfahren ist außer § 22 auch § 23 zu beachten, wonach die Niederschrift auch ohne Verlangen dem Beteiligten anstelle des Vorlesens zur Durchsicht vorgelegt werden muß. Ist der Beteiligte außerdem lesensunkundig, so ist ferner § 24 zu beachten; die dort vorgesehene Vertrauensperson ist neben dem Zeugen nach § 22 zuzuziehen (§ 24 Abs. 3). Kann der Beteiligte seinen Namen nicht schreiben, so kann der nach § 22 zugezogene Zeuge (zweite Notar) zugleich die Aufgaben des Schreibzeugen übernehmen, es sind dann aber die über § 22 hinausgehenden Vorschriften des § 25 zu beachten. **3**

2. *Sehbehinderung* liegt vor, wenn dem Beteiligten das Sehvermögen dauernd *(Blindheit)* oder vorübergehend (Augenleiden, Behinderung durch Verband) fehlt oder wenn er so hochgradig schwachsichtig ist, daß er den Vorgängen der Verhandlung mit dem Gesichtsinn nicht folgen kann. Dem steht es gleich, wenn ein Kurzsichtiger kein Augenglas bei sich führt und deshalb nicht hinreichend sehen kann. Daß der Beteiligte Geschriebenes noch lesen kann, braucht nicht immer auszureichen[3]). Im übrigen gibt es keine besonderen Vorschriften über die Verhandlung mit Blinden. Wer jedoch Geschriebenes nicht lesen kann, kann ein Testament oder einen Erbvertrag nur durch mündliche Erklärung errichten (§§ 2233 Abs. 2, 2276 Abs. 1 BGB). Über die Unterschrift des Blinden vgl. § 13 Rdn. 22. **4**

3. *Stumm* ist, wer sich infolge organischen Fehlers durch Sprachlaute nicht verständlich machen kann[4]). Dem steht gleich eine Verhinderung am Sprechen, die auf zeitweiser Lähmung, Krankheit oder ärztlichem Verbot beruhen kann. Am Sprechen verhindert ist, wer seine Sprache überhaupt nicht gebrauchen und nur noch unartikuliert lallen kann; unschädlich ist es **5**

[2]) Schlegelberger § 169 Anm. 2; Staudinger-Firsching BGB[11] § 2233 Anm. 6.

[3]) Vogels-Seybold TestG § 6 Anm. 4; Staudinger-Firsching BGB[11] § 2233 Anm. 7; nach anderer Auffassung soll erforderlich sein, daß der Beteiligte Geschriebenes nicht lesen kann, Oldenburg NdsRpfl. 1948, 175 = NJW 1949, 80 = MDR 1949, 178; Hamm OLGZ 1967, 65; Keidel § 169 Anm. 3; Soergel-Ehard-Eder BGB[9] § 2233 Anm. 3; dazu Seybold DNotZ 1967, 543; diese Auffassung wird sich im Hinblick auf die weitere Fassung des § 22 nicht mehr halten lassen. Über hochgradige Schwachsichtigkeit des Erblassers Schleswig SchlHA 1970, 138.

[4]) Planck-Strecker BGB[4] § 2243 Anm. 2.

dagegen, wenn er nur insofern behindert ist, als er das Sprechen in einzelnen Punkten durch Zeichen und Gebärden unterstützen oder ersetzen muß[4a]). Die Möglichkeit einer Verständigung durch Zeichensprache enthebt nicht von der Anwendung des § 22. Ist der Beteiligte *taubstumm,* so sind auch die Vorschriften für am Hören Behinderte (Rdn. 3) zu beachten. Die Verständigung wird in der Regel schriftlich vor sich gehen können. Bei Stummen ohne Schriftkunde ist nach § 24 zu verfahren, d. h. es ist eine Vertrauensperson hinzuzuziehen, ohne daß dadurch die Zuziehung weiterer Mitwirkender nach § 22 entfällt (§ 24 Abs. 3). Verfügungen von Todes wegen kann ein am Sprechen verhinderter Erblasser nur durch Übergabe einer Schrift errichten (§§ 2233 Abs. 3, 2276 Abs. 1 BGB); bei der Beurkundung ist außerdem § 31 zu beachten.

III. Feststellung der Behinderung

6 Es kommt nicht darauf an, ob der Beteiligte wirklich im Sinne der Vorschrift behindert ist, sondern es wird alternativ auf die Angaben des Beteiligten hierüber oder auf die Überzeugung des Notars abgestellt. Es soll nicht mehr allein maßgebend sein, ob der Notar die Behinderung erkennt, d. h. von ihrem Bestehen überzeugt ist, sondern in erster Linie, ob der Beteiligte sich selbst für behindert erklärt. Diese Angabe ist für den Notar maßgebend. Daneben wird auf die Überzeugung des Notars abgestellt für den Fall, daß der Beteiligte seine von dem Notar erkannte Behinderung nicht zugeben will (BT-Drucks. V/3282 S. 33). Der Notar ist darauf angewiesen, sich seine Überzeugung in freier Würdigung des in der Verhandlung gewonnenen Eindrucks zu bilden; Amtsermittlungen kommen natürlich nicht in Betracht, auch kann der Notar dem Beteiligten nicht aufgeben, ein ärztliches Attest beizubringen. Hält der Beteiligte sich entgegen der Überzeugung des Notars für nicht behindert und widerspricht er der Einhaltung des Verfahrens nach § 22, so kann die Beurkundung, sofern darin nicht ein beachtlicher Verzicht liegt, nicht zustandekommen. Im übrigen entscheidet, wenn keine Erklärung des Beteiligten vorliegt, die pflichtgemäß zu bildende subjektive Überzeugung des Notars; ein Tatsachenirrtum ist unschädlich[5]). Eine Verletzung der Amtspflicht liegt erst vor, wenn der Notar die Überzeugung von der Blindheit usw. gehabt hat, gleichwohl aber nicht nach § 22 verfahren ist, oder wenn er den Sachverhalt, der das Gebrechen begründet, richtig erkannt, aber über den Rechtsbegriff der Blindheit usw. geirrt hat[6]). Im übrigen haben diese Fragen dadurch an Bedeutung eingebüßt, daß eine Verletzung des § 22 keine Unwirksamkeit mehr begründet.

IV. Beurkundungsverfahren

7 *1. Zuziehung von Nebenpersonen.* Liegt der Tatbestand des § 22 Abs. 1 vor, so hat der Notar die Amtspflicht („soll"), zu der Beurkundung einen Zeugen oder einen zweiten Notar hinzuzuziehen, sofern nicht darauf verzichtet wird (Rdn. 14). Bei gerichtlichen Beurkundungen tritt gemäß der nach § 1 Abs. 2 gebotenen oder anderweit bestimmten entsprechenden Anwendung an die Stelle des zweiten Notars nicht, wie früher, der Urkundsbeamte der Geschäftsstelle, sondern ein zweiter Rechtspfleger oder, wenn der Richter beurkundet, ein zweiter Richter[7]); es wird aber auch zulässig sein, daß neben dem Richter ein Rechtspfleger hinzugezogen wird. Der Urkundsbeamte der Geschäftsstelle kann aber, wenn er bei der Beurkundung nicht (als Protokollführer) mitwirkt, Zeuge sein. Bei Beurkundungen anderer Behörden oder Stellen tritt an die Stelle des zweiten Notars ein der leitenden Urkundsperson gleichwertiger Beamter.

[4a]) Köln MDR 1957, 740 = DNotZ 1958, 94; BayObLGZ 1968, 268 = DNotZ 1969, 301.
[5]) KG JFG 14, 249.
[6]) Oldenburg NdsRpfl. 1948, 175 = MDR 1949, 178 = NJW 1949, 80; Hamm OLGZ 1967, 65 = DNotZ 1967, 317; Seybold, DNotZ 1967, 543.
[7]) BT-Drucks. V/3282 S. 27; Haegele, Rpfleger 1969, 365 Fn. 17; daß die durch sachliche Gründe nicht gebotene Ausschaltung des Urkundsbeamten eine glückliche Lösung sei, wird man nicht behaupten können.

Die *Auswahl unter den Zuzuziehenden* trifft die Urkundsperson. Vorschläge der Beteiligten wird der Notar meistens berücksichtigen, er ist aber nicht daran gebunden. Daß der Notar statt vorgeschlagener Zeugen auch ohne Verlangen des Beteiligten einen zweiten Notar hinzuziehen kann, ergibt § 151 Abs. 2 KostO. Die Beteiligten haben keinen Anspruch darauf, daß nur ihnen genehme Personen bei der Verhandlung mitwirken, da die Verantwortung bei der Urkundsperson liegt. Zeugen können daher auch dann zurückgewiesen werden, wenn ein gesetzlicher Hinderungsgrund (§ 26) nicht besteht[8]) oder nicht nachweisbar ist. **8**

Der maßgebende Gesichtspunkt dafür, statt eines Zeugen einen zweiten Notar hinzuzuziehen, wird in der Regel der sein, daß die Hinzuziehung eines zweiten Notars gegenüber der Zuziehung von Zeugen den besonderen Vorteil der Sicherung der Geheimhaltung mit Rücksicht auf die dem Notar auferlegte Verschwiegenheitspflicht (§ 18 BNotO) bietet; dasselbe gilt für die Hinzuziehung eines zweiten Rechtspflegers. Das ist besonders bei der Beurkundung von Verfügungen von Todes wegen bedeutsam. Es ist daher anzunehmen, daß der Notar einem Verlangen des Beteiligten, statt des Zeugen einen zweiten Notar hinzuzuziehen, wird stattgeben müssen; das zeigt auch die unterschiedliche Gebührenregelung in § 151 KostO je nach dem, ob der zweite Notar mit oder ohne Verlangen des Beteiligten zugezogen worden ist. **9**

Der *zweite Notar* leitet nicht die Beurkundung, sondern ist nur Überwachungsperson. Rechtlich hat er die Stellung eines Zeugen. Auf die Fassung der Niederschrift hat er keinen unmittelbaren Einfluß. Er kann aber, übrigens ebenso wie der Zeuge, die Aufnahme der Urkunde in der vom leitenden Notar gewählten Art, wenn er sie nicht glaubt verantworten zu können, durch Versagung seiner Mitwirkung, namentlich durch Verweigerung seiner Unterschrift (§ 22 Abs. 2) verhindern. **10**

Sind an der Beurkundung mehrere im Sinne des § 22 behinderte Personen beteiligt oder leidet ein Beteiligter an mehreren Gebrechen, so genügt es, wenn ein Zeuge oder ein zweiter Notar hinzugezogen wird[9]). **11**

Ein Zwang, als Zeuge mitzuwirken, besteht nicht, auch keine gesetzliche Verschwiegenheitspflicht. Der Zeuge wird nicht beeidigt. Seine Vergütung wird frei vereinbart und als Auslage in Ansatz gebracht (§ 137 Nr. 3 KostO). Ein Notar ist nach Maßgabe des § 15 BNotO verpflichtet, auf Ersuchen als zweiter Notar mitzuwirken. **12**

Zum *Wesen der Zuziehung* gehört es, daß der Zeuge sich bewußt ist, für die richtige Beurkundung mit verantwortlich zu sein, und daß auch der beurkundende Notar mindestens dieses Bewußtsein hat und die Mitwirkung des anderen als Zeugen billigt[10]). Es genügt nicht, daß der Zeuge den Vorgang nur zufällig miterlebt oder sich für den Fall bereithält, daß die Mitwirkung eines Zeugen erforderlich werden sollte. Der Zeuge soll nicht nur Tatzeuge, sondern Solennitätszeuge sein. Ist der Zeuge in diesem Sinne zugezogen, so kommt es nicht darauf an, ob er den Vorgängen seine Aufmerksamkeit in größerem oder geringerem Maße zuwendet. Es genügt, wenn er dazu in der Lage ist, die Vorgänge mit den Sinnen wahrzunehmen; dazu kann unter Umständen die Anwesenheit im Nebenzimmer bei geöffneter Tür genügen[11]). Die ausdrückliche Beurkundung der Zuziehung ist neben der Bezeichnung des Zeugen in der Niederschrift nicht erforderlich[12]). Es gehört zu den Amtspflichten des Notars, darüber zu wachen, daß die Nebenperson mindestens bei der Vorlesung, Genehmigung und der Unterschriftsleistung des Beteiligten anwesend ist (vgl. § 13 Rdn. 29, 30, 33); jedoch haben Mängel in dieser Beziehung keine Unwirksamkeitsfolgen. **13**

[8]) Teilw. hiervon und untereinander abw. Schlegelberger § 169 Anm. 6; Keidel § 169 Anm. 11; Staudinger-Firsching BGB[11] § 2233 Anm. 13.

[9]) Keidel[9] § 169 Anm. 12; Schlegelberger § 169 Anm. 5.

[10]) Vgl. RG DR 1945, 56; KG DFG 1942, 110; zu weitgehend KG DFG 1943, 42.

[11]) KG OLGR 32, 64; BGH NJW 1964, 2055; Staudinger-Firsching BGB[11] § 2239 Anm. 9; Planck-Strecker BGB[4] § 2239 Anm. 4; Soergel-Ehard-Eder BGB[9] § 2239 Anm. 4; BGB-RGRK[11] § 2239 Anm. 4; Kipp-Coing ErbR § 27 V.

[12]) RG JW 1909, 20 = DNotV 9, 80.

14 2. *Verzicht auf Zuziehung.* Die Zuziehung der Nebenperson ist nicht erforderlich, wenn alle Beteiligten (§ 6 Abs. 2) darauf verzichten. Der Verzicht des behinderten Beteiligten allein genügt nicht; es wurde erwogen, daß auch ein anderer Beteiligter auf die Anwesenheit des Zeugen Wert legen könne, damit dieser später über die Vorgänge bei der Beurkundung aussagen könne (BT-Drucks. V/3282 S. 33). Wird verzichtet, so dürfte der Notar nicht befugt sein, gleichwohl einen Zeugen oder zweiten Notar hinzuzuziehen.

15 3. *Feststellungsvermerk.* Nach Abs. 1 Satz 2 soll in der Niederschrift festgestellt werden, daß der Beteiligte am Hören, Sprechen oder Sehen behindert ist, ob diese Annahme auf seinen Angaben oder auf der Überzeugung des Notars beruht und daß demgemäß ein Zeuge oder ein zweiter Notar hinzugezogen worden ist oder ob alle Beteiligten darauf verzichtet haben. Die namentliche Bezeichnung der Nebenperson ist zwar abweichend von § 176 Abs. 1 Nr. 2 FGG, § 2241 Abs. 1 Nr. 2 BGB a. F. nicht mehr zwingend geboten, gehört aber zur Ordnungsmäßigkeit der Beurkundung. Dieser Feststellungsvermerk gehört, soweit er die Bezeichnung der Nebenperson enthält, zu dem vorlesungspflichtigen Feststellungsinhalt der Niederschrift, wenn auch das Unterbleiben der Vorlesung, wie die Unterlassung der Feststellung überhaupt, keine Unwirksamkeitsfolgen nach sich zieht (vgl. § 13 Rdn. 4, 6).

16 4. *Unterschrift.* Nach Abs. 2 soll der Zeuge oder zweite Notar die Niederschrift unterschreiben. Dadurch werden diese in die Lage versetzt, durch Verweigerung der Unterschrift eine nach ihrer Meinung unrichtige Beurkundung zu verhindern. Die Unterschrift ist zwar nur Sollerfordernis; der Notar verletzt aber seine Amtspflicht, wenn er die Niederschrift trotz Verweigerung der Unterschrift zum Abschluß bringt.

V. Beistände

17 Das Gegenteil der Zeugenzuziehung ist die Ausschließung von Personen, die mit der Beurkundung nichts zu tun haben. Sie steht den Beteiligten jederzeit zu, wenn sie darüber einig sind, dem Notar nur mit ihrer Zustimmung. Hieraus ergibt sich bereits, daß es den Beteiligten freisteht, mit Beiständen zu erscheinen, ohne daß es einer gesetzlichen Vorschrift darüber bedarf. Für gerichtliche Beurkundungen ergibt sich dies aus der Anwendbarkeit des § 13 Satz 1 FGG (vgl. § 1 FGG Rdn. 11, § 13 Rdn. 1, 27). Der Notar muß jedoch für befugt erachtet werden, mitgebrachte unbeteiligte Personen zurückzuweisen, wenn er den Eindruck gewinnt, daß ihre Gegenwart ihn an der Erfüllung seiner Amtspflicht hindert, den wahren Willen des Beteiligten zu erforschen (§ 17 Abs. 1), insbesondere, wenn bei der Errichtung von Verfügungen von Todes wegen der zu Bedenkende oder eine Person zugegen sein will, von der der Erblasser wegen Krankheit oder Hilflosigkeit abhängig ist. Der Beteiligte kann aber nicht die Zuziehung einer Schreibkraft des Notars ausschließen und ihn dadurch nötigen, die Niederschrift selbst zu fertigen[13]). Daß Büroangestellte von der Urkunde Kenntnis erlangen, ist nahezu unvermeidlich; außerdem sind sie nach § 6 DOfNot. zur Verschwiegenheit verpflichtet.

VI. Urkunden über nicht rechtsgeschäftliche Vorgänge

18 Für Urkunden über andere Gegenstände als Rechtsgeschäfte (§ 36), an denen Personen mit den in § 22 angeführten Gebrechen beteiligt sind, galt bis zum Inkrafttreten des BeurkG Landesrecht. § 169 FGG war anwendbar auf notarielle Urkunden nach Art. 31 BayNotG, auf gerichtliche und notarielle Urkunden nach Art. 65, 86 HessFGG und Art. 47, 67 NdsFGG. In den ehemals preuß. Gebieten war in beiden Fällen gemäß Art. 1, 31, 84 PrFGG i. V. mit § 8 FGG § 186 GVG anwendbar, ebenso in Hessen nach Art. 84 HessFGG bei Amtshandlungen des Notars. Diese Vorschriften sind durch § 60 BeurkG aufgehoben. Das BeurkG schreibt in § 38 Abs. 1 die entsprechende Anwendung der Vorschriften über die Beurkundung von Willenserklärungen, also auch der §§ 22 bis 26, nur für die Abnahme von Eiden und eidesstattlichen Versicherungen vor. Demgemäß fehlen gesetzliche Vorschriften über die Auf-

[13]) A. M. Staudinger-Firsching BGB[11] § 2233 Anm. 13.

nahme anderer notarieller Urkunden, insbesondere von Zeugnissen nach § 39 und Unterschriftsbeglaubigungen. Dem Notar ist es in diesen Fällen überlassen, nach pflichtmäßigem Ermessen diejenigen Vorkehrungen zu treffen, welche ihm geeignet erscheinen, Zweifel und Täuschung auszuschließen. Vgl. ferner § 37 Rdn. 26 und für Unterschriftsbeglaubigungen § 40 Rdn. 25. Wegen der Urkundstätigkeit der Gerichte vgl. § 1 Rdn. 33.

23 Eine Niederschrift, in der nach § 22 Abs. 1 festgestellt ist, daß ein Beteiligter nicht hinreichend zu hören vermag, muß diesem Beteiligten anstelle des Vorlesens zur Durchsicht vorgelegt werden; in der Niederschrift soll festgestellt werden, daß dies geschehen ist. Hat der Beteiligte die Niederschrift eigenhändig unterschrieben, so wird vermutet, daß sie ihm zur Durchsicht vorgelegt und von ihm genehmigt worden ist.

I. Bedeutung

In § 2242 Abs. 2 BGB und verschiedenen landesrechtlichen Bestimmungen (vgl. Art. 41 Abs. 1 PrFGG, Art. 62 Abs. 1 HessFGG, Art. 37 Abs. 1 NdsFGG, Art. 18 Abs. 1 HambFGG, § 65 Abs. 1 BadFGVO, Art. 29 Abs. 1 BayNotG) war vorgeschrieben, daß die Niederschrift einem Tauben zur Durchsicht vorgelegt werden soll, auch wenn er dies nicht verlangt. Diese Vorschriften trugen dem Umstand Rechnung, daß der Taube den Inhalt der Niederschrift nicht durch die Vorlesung nach § 13 Abs. 1 Satz 1, sondern in der Regel nur dadurch zur Kenntnis nehmen kann, daß er sie selbst liest. Da dieses Verfahren sachgemäß ist, hat das BeurkG diese Regelung übernommen, darüber hinaus aber bestimmt, daß einem Tauben die Niederschrift stets zur Durchsicht vorgelegt werden muß. 1

II. Verfahren

1. Vorlegung zur Durchsicht. Vorausgesetzt wird, daß die Niederschrift nach § 22 Abs. 1 Satz 2 die Feststellung enthält, daß der Beteiligte nicht hinreichend zu hören vermag. Ist dies der Fall, so muß die Niederschrift diesem Beteiligten an Stelle des Vorlesens (§ 13 Abs. 1 Satz 1) zur Durchsicht vorgelegt werden, und zwar in Gegenwart des Notars[1]); über Durchsicht im allgemeinen vgl. § 13 Rdn. 12. Diese Vorschrift ist zwingend. Hat der Beteiligte die Niederschrift unterschrieben, so wird nach Satz 2 entsprechend § 13 Abs. 1 Satz 3 die Vermutung begründet, daß Vorlegung und Genehmigung erfolgt sind (dazu § 13 Rdn. 16). Die Notwendigkeit, die Niederschrift anderen Beteiligten vorzulesen, bleibt dadurch unberührt; als Sollerfordernis ist auch angebracht die Vorlesung gegenüber dem Zeugen oder zweiten Notar (§ 16 Rdn. 10). Die Vorlegung zur Durchsicht soll in der Niederschrift festgestellt werden. Diese Feststellung braucht nicht notwendig in dem vorzulesenden Teil der Niederschrift enthalten zu sein. 2

Ist eine schriftliche Verständigung mit dem Tauben (nach seinen Angaben oder der Überzeugung des Notars) nicht möglich, so ist nach § 24 zu verfahren. 3

2. Sprachfremder Tauber. Ist ein Tauber zugleich sprachfremd, versteht er also die Sprache der Niederschrift nicht, so nützt ihm die Vorlegung zur Durchsicht nichts; sie ist also kein geeignetes Mittel, an Stelle der Vorlesung die Kenntnisnahme zu ermöglichen. Der Fall des § 24 liegt nur vor, wenn der Taube auch in fremder Sprache Geschriebenes nicht zu lesen vermag. Kann der Taube dies, so ist bei Testamenten und Erbverträgen § 23 auf die nach § 32 zu fertigende schriftliche Übersetzung anzuwenden, falls nicht die Niederschrift selbst gemäß § 5 Abs. 2 in fremder Sprache abgefaßt wird. Bei Willenserklärungen unter Lebenden oder wenn gemäß § 32 Satz 2 auf die schriftliche Übersetzung verzichtet wird, muß in diesem Fall der Dolmetscher die Verständigung über den Inhalt der Niederschrift auf schriftlichem Wege erreichen. 4

[1]) So auch Mecke BeurkG § 23 Rdn. 3.

Besonderheiten für Taube und Stumme, mit denen eine schriftliche Verständigung nicht möglich ist

24 **(1) Vermag ein Beteiligter nach seinen Angaben oder nach der Überzeugung des Notars nicht hinreichend zu hören oder zu sprechen und sich auch nicht schriftlich zu verständigen, so soll der Notar dies in der Niederschrift feststellen. Wird in der Niederschrift eine solche Feststellung getroffen, so muß zu der Beurkundung eine Vertrauensperson zugezogen werden, die sich mit dem behinderten Beteiligten zu verständigen vermag; in der Niederschrift soll festgestellt werden, daß dies geschehen ist. Die Niederschrift soll auch von der Vertrauensperson unterschrieben werden.**

(2) Die Beurkundung von Willenserklärungen ist insoweit unwirksam, als diese darauf gerichtet sind, der Vertrauensperson einen rechtlichen Vorteil zu verschaffen.

(3) Das Erfordernis, nach § 22 einen Zeugen oder zweiten Notar zuzuziehen, bleibt unberührt.

Übersicht

I. Bedeutung

1 Die Vorschrift vereinigt in sich die bisherigen bundes- und landesrechtlichen Bestimmungen, die in von einander abweichender Weise einerseits die Frage regelten, wie zu verfahren ist, wenn bei der Beurkundung von Rechtsgeschäften unter Lebenden ein Beteiligter stumm oder sonst am Sprechen verhindert und eine schriftliche Verständigung mit ihm nicht möglich ist (§ 178 FGG), andererseits das Verfahren sowohl bei der Beurkundung von Verfügungen von Todes wegen als auch von Rechtsgeschäften unter Lebenden betrafen, wenn ein Beteiligter taub ist und Geschriebenes nicht lesen kann (§§ 2242 Abs. 2 Satz 2, 2276 Abs. 1 BGB, Art. 41 Abs. 2 PrFGG, Art. 62 Abs. 2 HessFGG, Art. 37 Abs. 2 NdsFGG, § 65 Abs. 2 BadFGVO, Art. 29 Abs. 2 BayNotG). Die Vorschrift lehnt sich an die letztgenannten Bestimmungen an, insbesondere an § 2242 Abs. 2 Satz 2 BGB a. F. und Art. 41 Abs. 2 PrFGG, erhebt aber die Notwendigkeit zur Zuziehung einer Vertrauensperson zum zwingenden Erfordernis.

2 Zu § 178 FGG bestand die Streitfrage, ob auch die *Auflassung* nach § 925 BGB in dieser Form erklärt werden könne[1]). Die Frage ist auch für § 24 zu bejahen. Dagegen ist die Vorschrift auf *Verfügungen von Todes wegen Stummer* nicht anwendbar; der schreibunfähige stumme oder am Sprechen verhinderte Erblasser ist auf Grund der §§ 2233 Abs. 3, 2276 Abs. 1 BGB in Verbindung mit § 31 BeurkG unfähig, ein Testament oder einen Erbvertrag zu errichten[2]), ebenso nach §§ 2233 Abs. 2, 2247 Abs. 4 der lesensunkundige Stumme. Taube Erblasser, die Geschriebenes nicht lesen können, können nach § 24 testieren, wenn sie nicht zugleich stumm sind, jedoch gemäß § 2233 Abs. 2 BGB nur durch mündliche Erklärung. Wegen der Besonderheiten bei Verbindung von Ehe- und Erbvertrag (§ 2276 Abs. 2 BGB) vgl. Vorbem. vor § 27 Rdn. 4.

[1]) Verneinend Oberneck NotR[10] S. 229 mit Schrifttum; bejahend Josef[2] § 178 Anm. 8; Güthe-Triebel GBO[6] § 29 Anm. 51; Schlegelberger § 178 Anm. 1; Keidel[9] § 178 Anm. 2.

[2]) KGJ 53, 80 = RJA 17, 70; Staudinger-Firsching BGB[11] § 2243 Anm. 4, § 2238 Anm. 30; Palandt-Keidel BGB[28] § 2243 Anm. 1; Haegele Rpfleger 1969, 414, 417.

II. Voraussetzungen

Die Vorschrift ist anwendbar, wenn über den Tatbestand des § 22 hinaus, daß ein Beteiligter am Hören oder Sprechen verhindert ist, die weitere Schwierigkeit hinzutritt, daß er sich auch nicht schriftlich verständigen kann. Auch hier ist nicht das wirkliche Vorliegen dieser Behinderungen, sondern die Angabe des Beteiligten oder die Überzeugung des Notars maßgebend (vgl. dazu § 22 Rdn. 6). Unter schriftlicher Verständigung ist nicht ausschließlich beiderseitige Schriftlichkeit, d. h. schriftliche Stellung der Fragen und schriftliche Beantwortung zu verstehen. Schriftliche Verständigung ist daher noch möglich, wenn ein Tauber sprechen oder schreiben und lesen kann oder wenn der Stumme zwar nicht lesen, wohl aber schreiben kann und zu hören vermag, nicht aber, wenn er weder lesen noch hören kann[3]). Auf welchen Ursachen die Unmöglichkeit schriftlicher Verständigung beruht, ist unerheblich; es kommen sowohl Schreib- und Lesensunkunde als auch Erblindung, Augenerkrankung, Verletzung der Hand in Betracht. Ist schriftliche Verständigung möglich, so richtet sich das Verfahren lediglich nach §§ 22, 23; eine andere Art der Verständigung ist, solange die schriftliche möglich ist, nicht zulässig. Das gilt auch für die Beurkundung der Erklärungen Taubstummer. **3**

III. Beurkundungsverfahren

1. Feststellung. Liegt der in Rdn. 3 erörterte Tatbestand vor, so ist zunächst § 22 zu beachten, d. h. der Notar soll zu der Beurkundung einen Zeugen oder einen zweiten Notar hinzuziehen; dieses Erfordernis bleibt nach Abs. 3 unberührt (Abweichung von § 178 Abs. 3 FGG), vorbehaltlich des auch hier zulässigen Verzichts aller Beteiligten. Ferner wird die Amtspflicht des Notars begründet, in der Niederschrift festzustellen, daß der Beteiligte nach seinen Angaben oder nach der Überzeugung des Notars nicht hinreichend hören oder sprechen und sich auch nicht schriftlich verständigen kann. Ist der Stumme oder Taube zugleich sprachfremd, so ist auch § 16 zu beachten. **4**

2. Zuziehung einer Vertrauensperson. An die Feststellung in der Niederschrift darüber, daß der Tatbestand des Abs. 1 Satz 1 vorliegt, knüpft sich die Notwendigkeit, zu der Beurkundung eine Vertrauensperson hinzuzuziehen. Andererseits schützt diese auf ihre tatsächliche Richtigkeit nicht nachprüfbare Feststellung vor Angriffen auf die Urkunde, die darauf gestützt werden, daß eine schriftliche Verständigung möglich und die Verständigung durch eine Vertrauensperson deshalb nicht zulässig gewesen sei. Die Anwesenheit einer Vertrauensperson ist nicht nur, wie nach den früheren Vorschriften für taube Beteiligte (Rdn. 1), ein Sollerfordernis, sondern Wirksamkeitserfordernis der Beurkundung. Sie ist nicht deswegen entbehrlich, weil der Notar sich auch selbst ohne fremde Hilfe (durch Zeichen) verständigen könnte. Die Vertrauensperson braucht auch bei stummen Beteiligten kein beeidigter Dolmetscher zu sein, wenn auch ein Taubstummen-Dolmetscher besonders geeignet sein wird. Die Fähigkeit dazu besitzt jeder, der sich mit dem Beteiligten verständigen kann und mit dessen Zuziehung dieser einverstanden ist. Vertrauensperson kann auch ein naher Angehöriger oder ein Minderjähriger sein; die Ausschließungsgründe des § 26 finden keine Anwendung, da die Vertrauensperson weder als Urkundsperson noch als Urkundszeuge oder Dolmetscher angesehen wird. Nur Personen, die aus der zu beurkundenden Willenserklärung einen rechtlichen Vorteil erlangen würden (vgl. § 7), können nach Abs. 2 nicht zugezogen werden, ebenso nach § 27 Personen, die bei der Beurkundung einer Verfügung von Todes wegen bedacht oder zum Testamentsvollstrecker ernannt werden. Von dieser Einschränkung abgesehen, ist es nicht gänzlich ausgeschlossen, daß auch ein anderer Urkundsbeteiligter die Aufgaben der Vertrauensperson wahrnimmt, jedoch wird der Notar in diesem Fall besonders sorgfältig prüfen müssen, ob ein Interessenwiderstreit ausgeschlossen erscheint. Bei Beurkundungen Sprachfremder kann der nach § 16 zuzuziehende Dolmetscher zugleich Vertrauensperson sein, wenn er die Fähigkeit besitzt, sich mit dem Stummen oder Tauben zu verständigen. Dagegen können die **5**

[3]) Schlegelberger § 178 Anm. 1; Keidel[9] § 178 Anm. 1.

Aufgaben der Vertrauensperson nicht gleichzeitig von dem nach § 22 zuzuziehenden Zeugen oder zweiten Notar wahrgenommen werden (Abs. 3); geschieht dies im Einzelfall dennoch, so ist die Beurkundung nicht unwirksam, da jedenfalls die Vorschrift des § 24 Abs. 1 Satz 2 beachtet und nur die Sollvorschrift des § 22 verletzt ist.

6 *3. Abfassung der Niederschrift*

a) Feststellung. Die Zuziehung der Vertrauensperson soll nach Abs. 1 Satz 2 Halbs. 2 in der Niederschrift festgestellt werden. Dazu gehört auch die Bezeichnung der Vertrauensperson, jedoch ist sie nicht zwingend vorgeschrieben. Nicht vorgeschrieben ist die Feststellung, daß der Beteiligte die Vertrauensperson nach der Überzeugung des Notars verstanden hat (so Art. 41 Abs. 2 PrFGG). Es genügt aber nicht, daß die Vertrauensperson erklärt, der Beteiligte habe ihn verstanden. Der Notar muß selbst diese Überzeugung gewinnen; anderenfalls muß er die Beurkundung ablehnen und den Beteiligten bleibt es überlassen, die Bestellung eines Pflegers nach § 1910 BGB herbeizuführen. Dieser Feststellungsvermerk braucht ebenso wie der Vermerk nach Abs. 1 Satz 1 nicht notwendig in dem vorzulesenden Teil der Niederschrift enthalten zu sein (vgl. § 16 Rdn. 24).

7 *b) Protokollabschluß.* Die Niederschrift soll auch von der Vertrauensperson unterschrieben werden (Abs. 1 Satz 3); ihre Genehmigung ist nicht erforderlich. Die Feststellung der Unterzeichnung durch die Vertrauensperson ist nicht vorgeschrieben, aber zu empfehlen. Bei grundloser Weigerung der Vertrauensperson ist die Wiederholung der Handlung unter Hinzuziehung einer anderen Vertrauensperson erforderlich. Die Pflicht zur Vorlesung der Niederschrift (§ 13 Abs. 1 Satz 1) entfällt nicht, auch wenn der Beteiligte taub ist und andere Beteiligte nicht vorhanden sind, da § 23 nicht anwendbar ist und die Vertrauensperson den Inhalt der Niederschrift kennen muß. Außerdem muß der Beteiligte genehmigen und unterschreiben, falls er seinen Namen schreiben kann; anderenfalls ist nach § 25 zu verfahren.

Schreibunfähige

25 Vermag ein Beteiligter nach seinen Angaben oder nach der Überzeugung des Notars seinen Namen nicht zu schreiben, so muß bei dem Vorlesen und der Genehmigung ein Zeuge oder ein zweiter Notar zugezogen werden, wenn nicht bereits nach § 22 ein Zeuge oder ein zweiter Notar zugezogen worden ist. Diese Tatsachen sollen in der Niederschrift festgestellt werden. Die Niederschrift muß von dem Zeugen oder dem zweiten Notar unterschrieben werden.

Übersicht

I. Schreibunfähiger Beteiligter

1 *1. Allgemeines.* Die Vorschrift tritt an die Stelle des § 177 Abs. 2 FGG und des § 2242 Abs. 3 BGB. Sie stellt gegenüber dem früheren Recht klar, daß es nur auf die Unfähigkeit ankommt, den *Namen* zu schreiben, da die sonst nach § 13 Abs. 1 Satz 1 erforderliche Unterschrift durch das hier vorgesehene Verfahren ersetzt werden soll. Das frühere Recht enthielt ferner eine sachlich nicht gerechtfertigte, nur durch historische Gründe veranlaßte Unterscheidung insofern, als für die Feststellung der Behinderung bei der Beurkundung von Rechtsgeschäften unter Lebenden nach § 177 Abs. 2 FGG die Erklärung des Beteiligten, bei der Beurkundung von Verfügungen von Todes wegen dagegen nach § 2242 Abs. 3 BGB a. F. die Überzeugung des Notars maßgebend war. Die Nichtbeachtung dieses Unterschieds zog die

Nichtigkeit der Beurkundung nach sich[1]). Das Gesetz vermeidet diese Fehlerquelle, indem es die Erklärung des Beteiligten gleichwertig neben die Überzeugung des Notars stellt.

2. Schreibunfähigkeit. Sie liegt vor, wenn der Beteiligte außerstande ist, aus eigener Kraft die nach § 13 Abs. 1 Satz 1 erforderliche eigenhändige Namensunterschrift zu leisten. Auf welcher Ursache die Unfähigkeit dazu beruht, ist unerheblich. Außer Analphabetentum kommt auch Krankheit, Lähmung oder Verletzung in Betracht. Ein Amputierter oder Körpergeschädigter, der mit dem Mund oder dem Fuß schreiben kann, ist nicht schreibunfähig, ebensowenig ein Beteiligter, dessen Unterschriftsleistung durch Schwäche oder Zittern der Hand erschwert ist, solange er noch mit Unterstützung schreiben kann, die jedoch nicht zu einem die frei gewollte Bewegung ausschließendem Führen der Hand werden darf (§ 13 Rdn. 21). Ein Handzeichen ist aber keine Unterschrift. Ein Blinder, der des Schreibens kundig ist, ist infolge der Blindheit nicht unfähig, seine Namensunterschrift zu leisten (§ 13 Rdn. 22); Blindheit kann auch nicht als genügender Grund für Schreibunfähigkeit im Sinne des § 25 angesehen werden[2]). Schreibunfähig ist ferner nicht, wer nur mit fremden Schriftzeichen (kyrillisch, hebräisch, chinesich) unterschreiben kann (§ 13 Rdn. 23); solange diese Frage nicht höchstrichterlich geklärt ist, empfiehlt es sich allerdings, den Beteiligten sowohl unterschreiben zu lassen als auch nach § 25 zu verfahren. **2**

3. Feststellung der Schreibunfähigkeit. Für die Annahme der Unfähigkeit, den Namen zu schreiben, genügt entweder die Erklärung des Beteiligten oder die Überzeugung des Notars. Damit hat die umfangreiche frühere Rechtsprechung darüber, inwiefern im Fall des § 177 Abs. 2 FGG in der Feststellung der Schreibunfähigkeit durch die Urkundsperson die Erklärung des Beteiligten oder im Fall des § 2242 Abs. 3 BGB a. F. in der Beurkundung der Erklärung die Überzeugung der Urkundsperson davon gefunden werden kann, ihre Bedeutung verloren. Die Erklärung, seinen Namen nicht schreiben zu können, braucht nicht gerade in diesen Worten abgegeben zu werden. Sie kann z. B. darin liegen, daß der Beteiligte die Niederschrift mit drei Kreuzen unterzeichnet[3]), jedoch nicht schon in der Erklärung, blind zu sein[4]). Dagegen reicht jetzt die Erklärung aus, wegen Blindheit nicht schreiben zu können. Demgemäß kann die Überzeugung des Notars von der Schreibunfähigkeit auch in anderer Form ausgedrückt werden. Sie liegt jedenfalls in jeder Feststellung der Schreibunfähigkeit, mag auch nicht besonders zum Ausdruck gebracht worden sein, daß der Notar von der Richtigkeit dieser Feststellung überzeugt gewesen ist. Auch das Fehlen einer ausdrücklichen Feststellung kann ausnahmsweise unschädlich sein, wenn die Überzeugung des Notars von der Schreibunfähigkeit sich aus dem sonstigen Inhalt der Niederschrift entnehmen läßt[5]). Ohne diese Überzeugung oder die Erklärung des Beteiligten darf der Notar von dessen Unterschrift nicht absehen[6]). Der Mangel der Unterschrift kann nicht dadurch ausgeräumt werden, daß die Schreibfähigkeit nachträglich außerhalb der Niederschrift anderweit erwiesen wird[7]). Da aber abweichend vom früheren Recht die Feststellung der Überzeugung des Notars oder der Erklärung des Beteiligten in der Niederschrift nicht mehr zwingendes Formerfordernis ist (Satz 2), kann nachträglich der Beweis erbracht werden, daß die Erklärung abgegeben worden ist oder der Notar bei der Beurkundung die Überzeugung gehabt hat. **3**

Unerheblich ist es, ob die Erklärung des Beteiligten der Wahrheit entspricht oder die Überzeugung des Notars richtig ist. Die Urkunde kann nicht mit dem Nachweis entkräftet **4**

[1]) Vgl. BGHZ 17, 36; 28, 188.

[2]) RGZ 86, 385; BGHZ 31, 136; Staudinger-Firsching BGB[11] § 2238 Anm. 32; a. M. Soergel-Ehard-Eder BGB[9] § 2242 Anm. 7, 12.

[3]) RG JW 1908, 556[17] = DNotV 9, 554; JW 1907, 260[21]; Braunschweig OLGR 18, 354; KGJ 37 A 124.

[4]) BGHZ 31, 136; Saarbrücken JBl. Saar 1962, 120.

[5]) Celle MDR 1950, 353; Frankfurt HEZ 1, 34; Oldenburg NdsRpfl. 1957, 245; Hamm JMBl-NRW 1958, 102; Coing NJW 1949, 755 Anm.; BGHZ 28, 188; Soergel-Ehard-Eder BGB[9] § 2242 Anm. 13; Staudinger-Firsching BGB[11] § 2242 Anm. 20—22; Palandt-Keidel BGB[28] § 2242 Anm. 7.

[6]) Vgl. BGHZ 27, 274 = LM § 2247 BGB Nr. 1 mit Anm. Pagendarm; dazu Keidel MDR 1958, 837.

[7]) KG JFG 19, 98, 279; Soergel-Ehard-Eder BGB[9] § 2242 Anm. 13; a. M. Vogels-Seybold TestG § 16 Anm. 12; Böhmer DNotZ 1940, 140.

werden, dem Beteiligten sei die Leistung der Unterschrift möglich gewesen. Die Erklärung des Beteiligten ist auch maßgebend, wenn sie auf Selbsttäuschung beruht; der Notar darf die Beurkundung nicht deswegen ablehnen, weil er die Richtigkeit der Erklärung bezweifelt[8]). Ist dagegen die Erklärung offensichtlich bewußt unwahr, so darf die Beurkundung abgelehnt werden[9]). Ferner muß der Grund der Schreibunfähigkeit außerhalb des Willens des Beteiligten liegen, die Erklärung darf mithin nicht die Bedeutung haben, nicht unterschreiben zu wollen, etwa aus Gründen der Feiertagsheiligung[10]); an einer solchen Erklärung muß die Beurkundung scheitern.

II. Beurkundungsverfahren

5 *1. Schreibzeuge.* Bei erklärter oder nach Überzeugung des Notars bestehender Schreibunfähigkeit des Beteiligten muß der Notar zur Vermeidung der Nichtigkeit der Beurkundung einen Schreibzeugen oder einen zweiten Notar hinzuziehen. Abweichend von §§ 16, 23, 24 ist die Zuziehung Wirksamkeitserfordernis nicht nur dann, wenn die Angabe des Beteiligten oder die Überzeugung des Notars von der Schreibunfähigkeit in der Niederschrift festgestellt ist. Für die Ausschließung des Zeugen gilt § 26. Der Wille zur Zuziehung braucht ihm nicht ausdrücklich bedeutet zu werden; es genügt, wenn sie irgendwie für ihn erkennbar geworden ist[11]). Der Zeuge (zweite Notar) muß zwar nicht während der ganzen Verhandlung, aber doch bei der Vorlesung und Genehmigung zugegen sein. Es genügt nicht, daß der Zeuge zunächst als Erkennungszeuge aufgetreten und dann anwesend geblieben ist, aber erst nach der Vorlesung und Genehmigung lediglich zur Bestätigung der von dem Schreibunfähigen gemachten Kreuze wieder zugezogen wird[12]). Stellt sich die Schreibunfähigkeit erst nach der Vorlesung und Genehmigung heraus, so muß nach Hinzuziehung des Schreibzeugen in dessen Gegenwart die Vorlesung wiederholt und die Genehmigung des Beteiligten noch einmal erklärt werden. Wird der Schreibzeuge erst zugezogen, nachdem andere Beteiligte als der Schreibunfähige bereits unterschrieben haben, so ist in Ansehung ihrer eine Wiederholung der Vorlesung, Genehmigung und Unterzeichnung nicht erforderlich[13]); der gegenteilige Standpunkt könnte nur vertreten werden, wenn der Grundsatz der unitas actus gälte, was nicht der Fall ist (§ 8 Rdn. 6 ff.).

6 Die Zuziehung eines einzigen Schreibzeugen genügt, auch wenn mehrere Beteiligte schreibunfähig sind. Entbehrlich ist die Zuziehung eines besonderen Schreibzeugen, wenn bereits wegen der Beteiligung eines Tauben, Blinden oder Stummen, der nicht zugleich der schreibunfähige Beteiligte zu sein braucht, nach § 22 ein Zeuge oder zweiter Notar hinzugezogen worden ist; an dessen Mitwirkung sind dann aber die über die Sollvorschrift des § 22 hinausgehenden strengeren Anforderungen des § 25 zu stellen. Dasselbe gilt, wenn bei der Beurkundung von Verfügungen von Todes wegen ohne gesetzliche Nötigung auf Verlangen der Beteiligten gemäß § 29 bis zu zwei Zeugen oder ein zweiter Notar hinzugezogen worden sind; das wird zwar in § 25 nicht besonders bestimmt (anders § 2242 Abs. 3 Satz 2 Halbs. 2 BGB, § 177 Abs. 2 Satz 3 FGG), kann aber nicht zweifelhaft sein. Dagegen macht die Zuziehung einer Vertrauensperson nach § 24 die Zuziehung des Schreibzeugen nicht entbehrlich (vgl. § 24 Abs. 3, anders § 178 Abs. 3 FGG), auch nicht die Hinzuziehung eines Dolmetschers fremder Sprachen nach § 16[14]).

7 *2. Feststellungsvermerk.* Die Tatsachen, die für die Beachtung des Verfahrens nach § 25 wesentlich sind, sollen nach Satz 2 in der Niederschrift festgestellt werden. Dazu gehören die Angaben des Beteiligten oder die Überzeugung des Notars von der Unfähigkeit des Beteiligten, seinen Namen zu schreiben, die Zuziehung des Schreibzeugen oder zweiten Notars und

8) RGZ 69, 79, 81.
9) Schlegelberger § 177 Anm. 12 b; Keidel[9] § 177 Anm. 37.
10) Keidel, Schlegelberger a. a. O.
11) KG DR 1943, 697 = DFG 1943, 42 = DNotZ 1943, 179.
12) KG DRW 1940, 1849 = DNotZ 1940, 399.
13) Schlegelberger § 177 Anm. 14.
14) Vgl. § 16 Rdn. 18; Schlegelberger § 177 Anm. 14; § 179 Anm. 4; Vogels-Seybold TestG § 16 Anm. 13, § 18 Anm. 7; Soergel-Ehard-Eder BGB[9] § 2242 Anm. 14; Staudinger-Firsching BGB[11] § 2242 Anm. 13.

dessen Anwesenheit bei der Vorlesung und Genehmigung. Da es sich hierbei nur noch um ein Sollerfordernis handelt, ist abweichend vom früheren Recht[15]) die Gültigkeit der Beurkundung beim Fehlen der Unterschrift des Beteiligten nicht mehr davon abhängig, daß die Niederschrift diese Feststellung enthält und daß sie vollständig ist. Es genügt, daß die Formen des § 25 Satz 1 tatsächlich gewahrt worden sind, worüber beim Fehlen des Vermerks im Streitfall Beweis erhoben werden kann. Der Beweis hat sich aber nicht darauf zu erstrecken, ob der Beteiligte wirklich schreibunfähig war, sondern darauf, ob er dies erklärt hat oder der Notar bei der Beurkundung davon überzeugt war; denn ohne diese Erfordernisse ist eine Beurkundung ohne Unterschrift ungültig, mag der Beteiligte auch tatsächlich schreibunfähig gewesen sein. Zur Vollständigkeit des Vermerks gehört auch die Bezeichnung des Schreibzeugen in der Niederschrift; jedoch ist auch dies (abweichend von § 176 Abs. 1 Nr. 2 FGG, § 2241 Abs. 1 Nr. 2 BGB a. F.) kein zwingendes Formerfordernis mehr, obwohl sich aus der Notwendigkeit der Unterschrift (Satz 3) eigentlich ergeben müßte, daß die Unterschrift in der Niederschrift als die des Schreibzeugen gekennzeichnet wird. Die Angabe des Grundes der Schreibunfähigkeit ist nicht erforderlich. Die Niederschrift braucht nicht notwendig zu ergeben, in welchem Abschnitt der Verhandlung die Zuziehung erfolgte; ergibt der Feststellungsvermerk hierüber nichts oder läßt die Feststellung sogar auf eine verspätete Zuziehung (erst nach der Vorlesung) schließen, so ist die Beurkundung gültig, wenn die rechtzeitige Zuziehung anderweit bewiesen werden kann[16]). Der Feststellungsvermerk gehört nicht zu dem Teil der Niederschrift, der den Beteiligten notwendig vorgelesen, von ihnen genehmigt und unterschrieben werden muß[17]).

3. Unterschrift des Schreibzeugen. Nach Satz 3 ist die Unterschrift des Schreibzeugen (zweiten Notars) ein zwingendes Formerfordernis und ein Erfordernis der Wirksamkeit der Beurkundung. Der Gesetzgeber glaubte hierauf nicht verzichten zu können, weil die Unterschrift des Schreibzeugen ein wesentliches Merkmal einer echten Urkunde, nämlich die Unterschrift des Beteiligten, ersetze (BT-Drucks. V/3282 S. 34). Der Schreibzeuge bestätigt mit seiner Unterschrift, daß die Niederschrift in Gegenwart des schreibunfähigen Beteiligten vorgelesen und von diesem genehmigt worden ist. Seine Niederschrift muß also dem Feststellungsvermerk nach Satz 2 nachfolgen. Es ist aber abweichend von § 174 FGG (vgl. § 13 Rdn. 33) kein Wirksamkeitserfordernis, daß er bei der Unterschriftsleistung der anderen schreibfähigen Beteiligten oder bei der Unterzeichnung durch den Notar zugegen ist. Vgl. ferner § 13 Rdn. 34, 38. **8**

III. Schreibunfähigkeit von Nebenpersonen

§ 25 bezieht sich nur auf die Schreibunfähigkeit Beteiligter. Erklärt eine zu der Beurkundung hinzugezogene Nebenperson, deren Unterschrift vorgeschrieben ist, nicht schreiben zu können, etwa der Dolmetscher (§ 16 Abs. 3 Satz 5), die Vertrauensperson (§ 24 Abs. 1 Satz 3) oder ein Zeuge (§§ 22 Abs. 2, 25 Satz 3, 29 Satz 2), so muß der Beurkundungsakt unter Hinzuziehung einer anderen geeigneteren Person wiederholt werden. Das gilt auch, wenn die Unterschrift nur Sollerfordernis ist, da derartige Vorschriften gleichwohl vom Notar zu beachten sind. Die Ersetzung der Unterschrift von Nebenpersonen durch Handzeichen oder Feststellung der Schreibunfähigkeit ist vom Gesetz nicht zugelassen, da diese Personen ersetzbar sind. Beim Zeugen liegt außerdem der Ausschließungsgrund des § 26 Abs. 2 Nr. 5 vor, den der Notar ebenfalls nicht unbeachtet lassen darf. Ein Notar, der etwa wegen einer Lähmung oder Verletzung der Hand nicht schreiben kann, ist an der Ausübung seines Amtes gehindert. **9**

15) Vgl. Keidel[9] § 177 Anm. 38 a. E.

16) KG DFG 1943, 42 = DNotZ 1943, 179 = DR 1943, 697.

17) RGZ 63, 31; KG JFG 19, 98, 102; Schlegelberger § 177 Anm. 13; Keidel[9] § 177 Anm. 40; Staudinger-Firsching BGB[11] § 2242 Anm. 23.

Verbot der Mitwirkung als Zeuge oder zweiter Notar

26 (1) Als Zeuge oder zweiter Notar soll bei der Beurkundung nicht zugezogen werden, wer

1. selbst beteiligt ist oder durch einen Beteiligten vertreten wird,

2. aus einer zu beurkundenden Willenserklärung einen rechtlichen Vorteil erlangt,

3. mit dem Notar verheiratet ist oder

4. mit ihm in gerader Linie verwandt ist.

(2) Als Zeuge soll bei der Beurkundung ferner nicht zugezogen werden, wer

1. zu dem Notar in einem ständigen Dienstverhältnis steht,

2. minderjährig ist,

3. geisteskrank oder geistesschwach ist,

4. nicht hinreichend zu hören, zu sprechen oder zu sehen vermag,

5. nicht schreiben kann oder

6. der deutschen Sprache nicht hinreichend kundig ist; dies gilt nicht im Falle des § 5 Abs. 2, wenn der Zeuge der Sprache der Niederschrift hinreichend kundig ist.

Übersicht

I. Allgemeines

1 Die Vorschrift regelt die Ausschließung der Urkundszeugen und des zweiten Notars und tritt für die Beurkundung von Willenserklärungen unter Lebenden an die Stelle der §§ 170 bis 173 FGG und für die Beurkundung von Verfügungen von Todes wegen an die Stelle der §§ 2234 bis 2237 BGB a. F. Die Ausschließungsgründe sind gegenüber dem früheren Recht vermindert, damit auch Angehörige des behinderten Beteiligten, die er kennt und denen er vertraut, hinzugezogen werden können (BT-Drucks. V/3282 S. 34). Auch die Ausschließung wegen naher Verwandtschaft mit dem Notar wird eingeschränkt. Alle Ausschließungsgründe sind nur noch als Sollvorschriften ausgestaltet.

II. Anwendungsbereich

2 Die Vorschrift gilt für Urkundszeugen einschließlich des Schreibzeugen und den zweiten Notar, die nach den §§ 22, 25, 29 herangezogen werden. Der Erkennungszeuge (§ 10 Rdn. 6) ist kein Zeuge im Rechtssinne. Keine Anwendung findet § 26 auf die nach § 24 Abs. 1 Satz 2 hinzugezogene Vertrauensperson, die nur nach Maßgabe der §§ 24 Abs. 2, 27 ausgeschlossen ist, sowie auf den Dolmetscher fremder Sprachen, für den gemäß §§ 16 Abs. 3 Satz 2, 27 die Bestimmungen der §§ 6, 7 über die Ausschließung des Notars entsprechend gelten. § 26 Abs. 1 findet gemäß § 1 Abs. 2 auch Anwendung bei gerichtlichen Beurkundungen auf den zweiten Rechtspfleger (Richter) und bei Beurkundungen anderer Behörden außer der Standesämter (§ 58) auf den zweiten Urkundsbeamten, der anstelle des zweiten Notars hinzugezogen wird. Für den zweiten Notar und die ihm entsprechenden anderen Urkundspersonen gelten außerdem aber noch die Ausschließungsgründe des § 3 Abs. 1 und die Ablehnungsgründe des

§ 3 Abs. 2 (vgl. § 3 Rdn. 3). Der zweite Notar kann sich ferner gemäß § 16 Abs. 2 BNotO der Amtsausübung wegen Befangenheit enthalten; für den zweiten Rechtspfleger (Richter) gilt insoweit § 6 Abs. 2 FGG (§ 3 Rdn. 56).

Abs. 1 des § 26 gilt für Zeugen und zweite Notare oder an dessen Stelle handelnde andere Urkundspersonen gemeinsam, Abs. 2 nur für Zeugen. Die Bestimmungen in Abs. 2 sind mit nur sprachlichen Änderungen dem § 2237 BGB a. F. nachgebildet; jedoch sind die früheren Ausschließungsgründe des § 2237 Nr. 2 (Verlust der bürgerlichen Ehrenrechte) und Nr. 3 (Aberkennung der Eidesfähigkeit) fortgefallen, da diese Nebenstrafen durch das 1. StrRG vom 25. 6. 1969 (BGBl. I, 645) beseitigt sind. **3**

III. Rechtsfolgen der Ausschließung

Ist ein zweiter Notar oder Zeuge nach § 26 von der Mitwirkung ausgeschlossen, so darf ihn der Notar nicht hinzuziehen und eine ihm als Zeugen vorgeschlagene Person muß er zurückweisen. Das erfordert seine Amtspflicht. Bestehen Anhaltspunkte dafür, daß ein Ausschließungsgrund vorliegt, so muß der Notar seine Zweifel durch Befragung des Zeugen oder der Beteiligten klären, z. B. wenn das jugendliche Aussehen des Zeugen die Möglichkeit offenläßt, daß er minderjährig ist. Der Notar ist aber nicht gehalten, jedesmal von Amts wegen festzustellen, daß kein Ausschließungsgrund vorliegt oder gar einen Vermerk darüber in die Niederschrift aufzunehmen, wenn nach der Sachlage mit einer solchen Möglichkeit nicht gerechnet zu werden braucht. Soweit die Ausschließungsgründe nicht erkennbar sind, z. B. Geisteskrankheit (Abs. 2 Nr. 3), kann die Zuziehung dem Notar nicht zum Verschulden angerechnet werden (BT-Drucks. V/4014 S. 4 zu § 26). Wird der Ausschließungsgrund erst im Laufe der Beurkundung erkannt, so muß der Beurkundungsakt, soweit es des Zeugen bedarf, unter Hinzuziehung eines anderen Zeugen wiederholt werden, auch soweit die Mitwirkung des Zeugen nur Sollerfordernis ist. In keinem Fall aber hat die Mitwirkung eines ausgeschlossenen Zeugen oder zweiten Notars die Unwirksamkeit der Beurkundung zur Folge. Das gilt auch für den Schreibzeugen, obwohl dessen Zuziehung nach § 25 ein zwingendes Formerfordernist ist (BT-Drucks. V/3282 S. 34 zu § 26). **4**

IV. Ausschließungsgründe

1. Gemeinsame Ausschließungsgründe für Zeugen und zweite Notare (Abs. 1)

a) Beteiligung des Zeugen oder seines Vertreters (Nr. 1). Der Zeuge ist ausgeschlossen, wenn er selbst an der zu beurkundenden Willenserklärung beteiligt ist oder ein Vertreter für ihn handelt. Die Vorschrift entspricht der für den Notar geltenden Bestimmung des § 6 Abs. 1 Nr. 1 und 4. Es ist der formelle Beteiligtenbegriff des § 6 Abs. 2 maßgebend (vgl. § 6 Rdn. 3). Für den Begriff der Vertretung gelten die Bem. zu § 6 Rdn. 9, 10. Der Zeuge ist nicht ausgeschlossen, wenn für seinen Ehegatten oder seinen Verwandten in gerader Linie ein Vertreter handelt, wie er auch nicht ausgeschlossen ist, wenn sein Ehegatte oder ein Verwandter oder Verschwägerter die zu beurkundende Erklärung abgibt. Abweichend von § 2234 BGB darf daher bei der Beurkundung eines Testaments der Ehegatte oder Sohn des Erblassers Zeuge sein, sofern er nicht in dem Testament bedacht wird (§ 27). **5**

b) Erlangung eines rechtlichen Vorteils (Nr. 2). Der Zeuge ist ausgeschlossen, wenn er selbst (nicht nur sein Ehegatte, ein Verwandter oder Verschwägerter) aus der zu beurkundenden Willenserklärung einen rechtlichen Vorteil erlangt. Die Vorschrift entspricht dem § 7 Nr. 1. Für den Begriff des rechtlichen Vorteils gelten die Bem. zu § 7 Rdn. 3 bis 8. Von der Beurkundung von Verfügungen von Todes wegen ist der Zeuge ferner nach § 27 ausgeschlossen, wenn er darin bedacht oder zum Testamentsvollstrecker ernannt wird. **6**

c) Ehegatte des Notars (Nr. 3). Der Zeuge darf nicht Ehegatte des Notars sein (vgl. § 6 Rdn. 7). Der Verlobte oder frühere Ehegatte des Notars ist nicht ausgeschlossen. **7**

d) Verwandte des Notars in gerader Linie (Nr. 4). Über den Begriff der Verwandtschaft vgl. § 6 Rdn. 8. Untereinander oder mit dem Dolmetscher oder der Vertrauensperson (§ 24) dürfen die Zeugen verwandt oder verschwägert oder miteinander verheiratet sein. **8**

2. *Ausschließungsgründe für Zeugen allein (Abs. 2)*

9 *a) Ständiges Dienstverhältnis* (Nr. 1). Ausgeschlossen ist ein Zeuge, der zu dem beurkundenden Notar (Richter, Rechtspfleger) in einem ständigen Dienstverhältnis steht. Die Vorschrift unterscheidet nicht mehr, wie § 2237 Nr. 6 BGB und § 173 Nr. 4 FGG, zwischen Hausangestellten und Gehilfen, jedoch werden nach wie vor beide Gruppen umfaßt. Es gehören dazu Personen, die auf Grund eines ständigen Dienstverhältnisses in dem Hauswesen des Richters oder Notars oder in den Amtsräumen des Notars untergeordnete häusliche, wirtschaftliche oder persönliche Dienste verrichten, insbesondere *Hausangestellte,* Gärtner, Kraftfahrer, auch wenn sie nicht in die häusliche Gemeinschaft aufgenommen sind. Ferner gehören dazu *Bürogehilfen,* die den Notar bei seiner Amtstätigkeit unterstützen, mögen die Dienste gehobener (Bürovorsteher) oder mechanischer Art (Stenotypistin, Bote) sein. Von dem Bestehen eines Dienstverhältnisses wird man auch sprechen können, wenn die Dienste dem Notar auf Grund eines Vertrages mit einem Dritten zu leisten sind, so daß die Bürogehilfen auch im Dienste des Notarvertreters stehen[1]). Zur Ausbildung überwiesene Referendare und Notarassessoren im Anwärterdienst (§ 7 BNotO) gehören nicht dazu, auch nicht Personen, die im Staatsdienst stehen, wie der bayerische Notariatsbeamte[2]). Justizbeamte und Justizangestellte, die den Richter (Rechtspfleger) bei seiner Amtstätigkeit dienstlich unterstützen, sind daher bei gerichtlichen Beurkundungen nicht nach Abs. 2 Nr. 1 ausgeschlossen. Das Dienstverhältnis muß zur Zeit der Beurkundung bestehen; es schadet nichts, wenn es früher bestanden hat.

10 Unschädlich ist es, wenn der Zeuge im Dienst des Beteiligten oder des zweiten Notars oder eines anderen Mitwirkenden oder des Dolmetschers steht[3]).

11 *b) Minderjährige* (Nr. 2). Wer für volljährig erklärt ist (§ 3 Abs. 2 BGB), darf Zeuge sein. Ein Volljähriger, der nach § 114 BGB beschränkt geschäftsfähig ist, weil er wegen Geistesschwäche, Verschwendung oder Trunksucht entmündigt ist oder nach § 1906 BGB unter vorläufiger Vormundschaft steht, ist nicht untauglich, sofern nicht Abs. 2 Nr. 3 vorliegt. Für Ausländer, die als solche natürlich nicht mehr ausgeschlossen sind, sofern ihre Zuziehung nicht an mangelnden Sprachkenntnissen (Abs. 2 Nr. 6) scheitert, kommt es darauf an, ob sie nach ihrem Personalstatut minderjährig sind (vgl. § 13 FGG Rdn. 14). Wegen Eintritts der Volljährigkeit nach dem Recht der DDR vgl. Anh. zu § 56 FGG Rdn. 11, 12.

12 *c) Geisteskranke und Geistesschwache* (Nr. 3). Es kommt darauf an, ob der Tatbestand des § 6 Abs. 1 Nr. 1 oder des § 104 Nr. 2 BGB vorliegt. Das wird für den Notar schwer und kaum jemals abschließend zu beurteilen sein. Wenn in dieser Hinsicht Verdachtsgründe bestehen, kann der Notar von seiner nach der hier vertretenen Auffassung bestehenden Befugnis Gebrauch machen, vorgeschlagene Zeugen auch dann zurückzuweisen, wenn ein gesetzlicher Hinderungsgrund nicht besteht oder nicht nachweisbar ist (§ 22 Rdn. 8).

13 *d) Behinderung des Zeugen am Hören, Sprechen oder Sehen* (Nr. 4). Wegen der Voraussetzungen, unter denen eine Behinderung dieser Art angenommen werden darf, gelten die Bem. zu § 22 Rdn. 2 bis 5. Es versteht sich von selbst, daß eine Person, die den Beurkundungsvorgang überwachen soll, nicht selbst unfähig sein soll, Wahrnehmungen zu machen und ihre Meinung mit den Mitteln der Sprache zu äußern. Wenn es aber gleichwohl vorkommen sollte, daß ein mit solchen Mängeln behafteter Zeuge mitgewirkt hat, etwa weil dem Notar die Taubheit des Zeugen verborgen geblieben ist, so soll nach der eindeutigen Entscheidung des Gesetzgebers die Gültigkeit der Beurkundung daran nicht scheitern. Es geht daher nicht an, bei besonders groben Verstößen dieser Art gleichwohl die Ungültigkeit der Beurkundung zu verfechten[4]).

14 *e) Schreibunfähigkeit des Zeugen* (Nr. 5). Als Zeuge ist ausgeschlossen, wer nicht schreiben kann. Der Grund der Schreibunfähigkeit ist auch hier unerheblich (vgl. § 25 Rdn. 2). Da die

[1]) Schlegelberger § 173 Rdn. 3 zu 4.
[2]) Keidel § 173 Anm. 5; Seybold-Hornig BNotO[4] Anh. zu § 20 Rdn. 41.
[3]) Keidel[9] § 173 Anm. 5.
[4]) So aber Staudinger-Firsching BGB[11] § 2237 Anm. 11; dagegen bereits Voraufl. § 169 Anm. 8 Abs. 2.

Ersetzung der Unterschrift durch Handzeichen oder Feststellung der Schreibunfähigkeit bei Mitwirkenden vom Gesetz nicht zugelassen ist, hindert die Unfähigkeit, seinen Namen zu schreiben, beim Schreibzeugen eine wirksame Beurkundung (§ 25 Rdn. 8), und auch soweit die Unterschrift des Zeugen nur Sollerfordernis ist, ist der Notar gehalten, auf die Einhaltung der Vorschrift bedacht zu sein (§ 25 Rdn. 9). Da die Bestimmung des Abs. 2 Nr. 5 schwerlich einen anderen Zweck haben kann als zu gewährleisten, daß der Zeuge seine Unterschrift leisten kann, muß der Ausschließungsgrund einschränkend dahin verstanden werden, daß der Zeuge seinen Namen muß schreiben können. Nicht erforderlich ist es, daß der Zeuge des Lesens kundig ist, da diese Fähigkeit nicht in Betracht kommt[5]).

f) Sprachkundigkeit (Nr. 6). Ein Zeuge ist ausgeschlossen, wenn er der deutschen Sprache nicht hinreichend kundig ist; vgl. zu diesem Begriff § 16 Rdn. 3. Wenn jedoch die Niederschrift gemäß § 5 Abs. 2 in fremder Sprache errichtet wird, ist Unkenntnis der deutschen Sprache unschädlich, wenn der Zeuge die Sprache der Niederschrift versteht. Darüber hinaus wird sogar das in Abs. 2 Nr. 6 nicht zum Ausdruck gebrachte Erfordernis aufzustellen sein, daß der Zeuge, auch wenn er der deutschen Sprache kundig ist, im Fall des § 5 Abs. 2 die Sprache der Niederschrift verstehen soll (so auch § 2245 Abs. 1 BGB a. F.), weil er sonst seine Aufgabe nicht ordnungsgemäß wahrnehmen kann und § 16 die Zuziehung eines Dolmetschers nur bei Sprachunkundigkeit eines Beteiligten vorsieht. **15**

5. Besonderheiten für Verfügungen von Todes wegen

Vorbemerkung

I. Verfügungen von Todes wegen

Verfügungen von Todes wegen sind Rechtsgeschäfte, die im Hinblick auf den Tod getroffen werden und erst mit seinem Eintritt wirksam werden sollen. Nach dem Sprachgebrauch des BGB sind darunter *Testamente* (§ 1937 BGB) und *Erbverträge* (§ 1941 BGB) zu verstehen. Testamente sind einseitige Verfügungen des Erblassers von Todes wegen; sie sind letztwillige Verfügungen, weil sie, wenn sie nicht widerrufen werden, das letzte Wort des Erblassers über die Regelung seiner Angelegenheiten für den Fall seines Todes darstellen. Der Ausdruck letztwillige Verfügungen bezeichnet aber auch die einzelnen, im Testament getroffenen Anordnungen (§ 2253 Abs. 1 BGB). Durch den Erbvertrag wird die Verfügung von Todes wegen zum Gegenstand eines bindenden Vertrages gemacht. Inhaltlich können Verfügungen von Todes wegen erbrechtlicher Art sein, wenn sie sich auf die Verteilung oder Verwaltung des Nachlasses beziehen, oder familienrechtliche Anordnungen enthalten (z. B. §§ 1638 Abs. 1, 1777 Abs. 3, 1917 BGB). In einem Erbvertrage können als vertragsmäßige (bindende) Verfügungen nur Erbeinsetzungen, Vermächtnisse und Auflagen angeordnet werden (§ 1941 BGB); einseitige (widerrufliche) Verfügungen von Todes wegen, die Inhalt eines Testaments sein könnten, können aber auch in einem Erbvertrage enthalten sein (§§ 2278 Abs. 2, 2299 BGB). **1**

II. Formen des Testaments und des Erbvertrages

1. Bei *Testamenten* unterscheidet das BGB zwischen ordentlichen und außerordentlichen Testamenten. Formen des ordentlichen Testaments sind das eigenhändige (holographische) Testament (§§ 2231 Nr. 2, 2247 BGB) und das öffentliche Testament zur Niederschrift eines Notars (§ 2231 Nr. 1 BGB); deutsche Staatsangehörige können ein öffentliches Testament (oder einen Erbvertrag) auch vor einem deutschen Berufskonsul oder vor einem an einer konsularischen Behörde beschäftigten Beamten, der nicht Konsul ist, errichten, wenn der Konsul oder Beamte hierzu vom Auswärtigen Amt besonders ermächtigt ist (§§ 16a, 37a KonsularG i. d. F. des § 57 Abs. 1 Nr. 2 BeurkG). Vor einem Richter kann ein öffentliches Testament seit dem Inkrafttreten des BeurkG nicht mehr errichtet werden. Als außerordentliche Testa- **2**

[5]) Schlegelberger § 173 Anm. 2 zu 4.

mentsformen, die nach Anlaß und Geltungsdauer (§ 2252 BGB) beschränkt sind, kennt das Gesetz das Nottestament vor dem Bürgermeister (§ 2249 BGB i. d. F. des § 57 Abs. 3 Nr. 10 BeurkG), das Dreizeugentestament (§ 2250 BGB i. d. F. des § 57 Abs. 3 Nr. 11 BeurkG) und das Seetestament (§ 2251 BGB).

3 2. *Erbverträge* können bei gleichzeitiger Anwesenheit beider Teile nur zur Niederschrift eines Notars errichtet werden (§ 2276 Abs. 1 BGB i. d. F. des § 57 Abs. 3 Nr. 14 BeurkG), von deutschen Staatsangehörigen auch vor einem ermächtigten Berufskonsul oder Konsulatsbeamten (§§ 16a, 37a KonsularG). Der Erblasser muß auch in den Fällen beschränkter Geschäftsfähigkeit (§ 2275 Abs. 2, 3 BGB) persönlich anwesend sein; die (formlose) Zustimmung des gesetzlichen Vertreters kann nachgebracht werden (§ 182 Abs. 2 BGB). Eigenhändige Errichtung (§ 2247 BGB) und die außerordentlichen Testamentsformen (§§ 2249 bis 2251 BGB) sind beim Erbvertrag nicht zugelassen.

3. Besonderheiten

4 *a)* Die für Verfügungen von Todes wegen bestimmten Formen gelten auch für den *Widerruf* eines Testaments oder einer einzelnen letztwilligen Verfügung durch ein Widerrufstestament (§ 2254 BGB) oder ein späteres widersprechendes Testament (§ 2258 Abs. 1 BGB), die Formen des Erbvertrages auch für den Aufhebungsvertrag (§ 2290 Abs. 4 BGB). Eine Besonderheit gilt für einen Erbvertrag zwischen Ehegatten oder Verlobten, der mit einem *Ehevertrag* in derselben Urkunde verbunden wird. Für einen solchen Vertrag genügt die Form des Ehevertrages (§§ 2276 Abs. 2, 1410 BGB). Die dadurch gewonnenen Formerleichterungen sind jedoch seit der Angleichung der Beurkundungsvorschriften des BGB und des FGG durch das BeurkG gering. Ein wesentlicher, wenn auch bedenklicher Unterschied besteht darin, daß ein am Sprechen verhinderter Erblasser, mit dem auch eine schriftliche Verständigung nicht möglich ist, keinen Erbvertrag (§§ 2333 Abs. 3, 2276 Abs. 1 BGB, § 31 BeurkG), wohl aber gemäß § 2276 Abs. 2 BGB einen mit einem Ehevertrag verbundenen Erbvertrag schließen kann, wenn nach § 24 BeurkG eine Vertrauensperson hinzugezogen wird. Andererseits kann die Form des Ehevertrages Erschwerungen mit sich bringen, da ein Schriftstück, auf das in der Niederschrift verwiesen wird, nach § 9 Abs. 1 Satz 2 offen sein muß[1]). Denn nach § 2276 Abs. 2 BGB genügt zwar für den verbundenen Ehe- und Erbvertrag die Form des Ehevertrages, nicht aber umgekehrt für den Ehevertrag die Form des Erbvertrages[1a]).

5 *b)* Auf *Schenkungsversprechen für den Todesfall* finden nach § 2301 BGB die Vorschriften über Verfügungen von Todes wegen Anwendung. Darunter sind Schenkungsversprechen oder schenkungsweise gegebene Schuldversprechen oder Schuldanerkenntnisse (§§ 780, 781 BGB) zu verstehen, die unter der Bedingung erteilt werden, daß der Beschenkte den Schenker überlebt. Wenn der Empfänger ein grundsätzlich unwiderrufliches Recht erwerben soll, ist die Form des Erbvertrages zu wahren. Vom Schenkungsversprechen auf den Todesfall zu unterscheiden ist ein unbedingtes Versprechen, dessen Erfüllung auf den Zeitpunkt des Todes hinausgeschoben wird; darin liegt ein Rechtsgeschäft unter Lebenden; das Schenkungsversprechen bedarf der Form des § 518 BGB[2]). Rechtsgeschäfte unter Lebenden sind auch Verträge zugunsten Dritter, aus denen der Dritte das ihm zugewandte Recht erst mit dem Tode des Versprechenden erwerben soll, z. B. Versicherungsverträge auf den Todesfall.

6 *c) Sonstige erbrechtliche Erklärungen* bedürfen nicht der für Verfügungen von Todes wegen geltenden Form, z. B. nicht die Anfechtung eines Erbvertrages durch den Erblasser (§ 2282 Abs. 3 BGB), der Rücktritt vom Erbvertrag (§ 2296 Abs. 2 BGB), der einseitige Widerruf eines gemeinschaftlichen Testaments (§§ 2270, 2271, 2296 BGB), die Zustimmung des anderen Vertragschließenden zur Aufhebung eines in einem Erbvertrag angeordneten Vermächtnisses oder einer Auflage (§ 2291 Abs. 2 BGB), der Erbverzichtsvertrag oder dessen Aufhebung oder der Verzicht auf eine letztwillige Zuwendung oder den Erbersatzanspruch

[1]) Vgl. dazu Seybold, DNotZ 1943, 125.
[1a]) Seybold-Hornig BNotO[4] Anh. zu § 20 Rdn. 86; a. M. Staudinger-Dittmann BGB[11] § 2276 Anm. 13. Wie hier Palandt-Keidel BGB[29] § 2276 Anm. 9; Mecke BeurkG § 33 Rdn. 5.
[2]) BGHZ 8, 31; BGH NJW 1959, 2254.

(§§ 2348, 2351, 2352, 1934b Abs. 2 BGB). Diese Erklärungen und Verträge bedürfen zwar der notariellen Beurkundung, diese untersteht aber ausschließlich den Formvorschriften über die Beurkundung von Willenserklärungen unter Lebenden.

III. Errichtungsarten des ordentlichen öffentlichen Testaments und des Erbvertrages

Die Arten, in denen ein ordentliches öffentliches Testament errichtet werden kann, sind in den §§ 2232, 2233 BGB geregelt. Diese Vorschriften sind nach § 2276 Abs. 1 Satz 2 BGB auch auf die Errichtung eines Erbvertrages anzuwenden; was nach diesen Vorschriften für den Erblasser bestimmt ist, gilt bei Errichtung von Erbverträgen für jeden der Vertragschließenden (§ 2276 Abs. 1 Satz 2 Halbs. 2 BGB). Demnach sind drei Errichtungsarten zugelassen (§2232): durch mündliche Erklärung, durch Übergabe einer offenen oder durch Übergabe einer verschlossenen Schrift. Auch eine Verbindung der Errichtungsarten ist in der Weise zulässig, daß außer den in der übergebenen Schrift enthaltenen weitere Verfügungen mündlich erklärt werden; in bezug auf die übergebene Schrift entfällt aber dadurch nicht die nach § 2232 Satz 1 BGB erforderliche Erklärung, daß die Schrift den letzten Willen enthalte[3]). **7**

1. Mündliche Erklärung. Das Erfordernis der mündlichen Erklärung, welches in § 2232 Satz 1 BGB n. F. beibehalten ist, schließt es aus, daß der Erblasser seine Erklärung durch bloße Zeichen oder Gebärden abgibt; sie kann aber auch in einem nach § 9 Abs. 1 Satz 2 als Anlage zur Niederschrift genommenen Schriftstück enthalten sein (vgl. § 9 Rdn. 12). Der Erblasser muß seine Erklärung vielmehr durch das Mittel der Sprache kundgeben. Das braucht nicht in zusammenhängender Rede zu geschehen; es genügt, wenn der Erblasser Fragen des Notars bejahend oder verneinend beantwortet oder dem Inhalt einer vorbereiteten Niederschrift nach der Vorlesung zustimmt (über die Zusammenfassung von Erklärung und Genehmigung zu einem Akt vgl. näher § 13 Rdn. 14), sofern dies mit lautlicher Wortbildung, also mit einem noch verständlich gesprochenen Wort, geschieht[4]). Dagegen wird die mündliche Erklärung nicht ersetzt durch stillschweigende Genehmigung der vorgelesenen Niederschrift durch Gebärden (Kopfnicken) oder deren Unterzeichnung oder Stillschweigen zum Diktat[5]). Die Worte müssen von dem Notar als Worte bestimmten Inhalts verstanden worden, also nicht nur ein unverständliches Lallen gewesen sein[6]). Daß auch die Zeugen oder der zweite Notar den Sinn der Worte erfaßt haben, ist nicht erforderlich, da von ihrer Mitwirkung die Gültigkeit der Beurkundung nicht abhängt[7]). Wird der Erblasser, nachdem er seine Erklärung mündlich abgegeben hat, sprech- und schreibunfähig, so kann er seine Genehmigung noch durch Gebärden erklären (vgl. § 13 Rdn. 13, 14), und diese Form der Genehmigung genügt auch gegenüber dem zuzuziehenden Schreibzeugen, der nach § 25 nur bei der Vorlesung und Genehmigung, nicht bei der Abgabe der Erklärung zugegen sein muß[8]). **8**

Bei der Errichtung eines *Erbvertrages* müssen die Erklärungen beider Vertragsteile mündlich abgegeben werden. Die mündlichen Erklärungen sind in die Niederschrift oder in eine Protokollanlage (§ 9 Abs. 1 Satz 2) aufzunehmen. **9**

2. Übergabe einer offenen Schrift. Der Errichtungsakt besteht darin, daß der Erblasser dem Notar eine offene Schrift übergibt mit der Erklärung, daß die Schrift seinen letzten Willen enthalte. **10**

a) Übergabe. Die Schrift muß jedenfalls bei dem Beurkundungsvorgang körperlich vorhanden sein. Besitzrechtliche Vorschriften sind kein geeignetes Kriterium für das Erfordernis **11**

[3]) Staudinger-Firsching BGB[11] § 2238 Anm. 23; Palandt-Keidel BGB[28] § 2238 Anm. 2 b; Seybold-Hornig BNotO[4] Anh. zu § 20 Rdn. 106.

[4]) BGHZ 2, 172; 37, 84; KG DNotZ 1960, 485; BayObLGZ 1968, 268 zu II 2b; Staudinger-Firsching BGB[11] § 2238 Rdn. 9, 10; Palandt-Keidel BGB[28] § 2238 Anm. 3 c; Bartholomeyczik ErbR § 17 III 3 a.

[5]) KG DNotZ 1960, 485; BayObLGZ 1968, 268, 273; Palandt-Keidel a. a. O.

[6]) RGZ 108, 397; OGHbrZ 3, 383; vgl. auch RG JW 1910, 61.

[7]) Staudinger-Firsching BGB[11] § 2238 Rdn. 10; Palandt-Keidel BGB[28] § 2238 Anm. 3 b; a. M. Palandt-Keidel BGB[29] § 2232 Anm. 2 b.

[8]) Seybold DNotZ 1952, 77; Staudinger-Firsching a. a. O. Anm. 11.

der Übergabe. Überreichung von Hand zu Hand ist nicht erforderlich. Formalismus ist in dieser Frage nicht angebracht. Wesentlich ist die sichere Übermittlung des letzten Willens durch den Verfügenden an den Notar. Deshalb genügt es, insbesondere wenn der Notar selbst die Schrift gefertigt hat, daß sie bei dem Beurkundungsvorgang in der Weise vorliegt, daß der Verfügende in der Lage ist, sie an sich zu nehmen, sie aber mit seinem erkennbar hervorgetretenen Willen in der Hand des Notars beläßt[9]). Der Wille dazu kann z. B. dadurch erkennbar werden, daß der Erblasser eine entsprechende Frage des Notars zustimmend beantwortet oder daß er die nach § 30 zu treffende Feststellung in der Niederschrift über die Übergabe nach § 13 Abs. 1 Satz 1 genehmigt.

12 *b)* Die *Schrift* braucht weder von dem Erblasser noch überhaupt mit der Hand geschrieben noch von dem Erblasser unterschrieben zu sein. Sie braucht auch nicht datiert zu sein; Unterschrift und Datierung werden durch die Niederschrift ersetzt. Demgemäß gelten mehrere verschieden datierte Schriften als einheitlich im Zeitpunkt der Protokollerrichtung abgegeben; soweit sie sich inhaltlich widersprechen, heben sie sich gegenseitig auf[10]). Die Schrift kann in fremder, sogar in einer toten Sprache, abgefaßt sein, auch wenn die Niederschrift gemäß § 5 Abs. 1 in deutscher oder gemäß § 5 Abs. 2 in einer anderen fremden Sprache errichtet wird, und es kann ein verständliches Kurzschriftsystem oder eine gebräuchliche Blindenschrift verwendet werden, auch wenn der Notar die Schrift nicht kennt und die Sprache nicht versteht (vgl. § 30 Satz 4). Der Erblasser muß aber die Schriftzeichen lesen können und die Sprache der Schrift verstehen[11]). Nicht erforderlich ist es, daß der Erblasser den Inhalt der Schrift tatsächlich kennt[12]); wird die Schrift offen übergeben, so ergibt sich die Kenntnis allerdings daraus, daß der Notar sie nach § 30 Satz 4, § 17 mit dem Beteiligten zu erörtern hat; wird die Schrift aber verschlossen übergeben, so ist eine solche Kenntnis nicht feststellbar oder nachweisbar, so daß für die offene Schrift im Grundsatz nichts anderes gelten kann.

13 Die Schrift gilt, auch wenn sie verschlossen übergeben ist, als Bestandteil des öffentlichen Testaments und ist deshalb eine *öffentliche Urkunde* im Sinne des § 35 GBO[13]). Entspricht die übergebene Schrift den Formerfordernissen des eigenhändigen Testaments (§ 2247 BGB) so liegen nicht etwa zwei Testamente vor; denn die Schrift ist in die öffentliche Urkunde als deren Bestandteil aufgegangen[14]). Ist aber das öffentliche Testament wegen Formmangels nichtig, so kann die Schrift im Wege der Umdeutung (§ 140 BGB) als eigenhändiges Testament aufrechterhalten werden[15]), und der Beweis, daß sie als Privattestament keinesfalls gewollt war, wird kaum jemals zu führen sein.

14 *c)* Die *Erklärung,* daß die Schrift den letzten Willen enthalte, braucht nicht gerade mit diesen Worten abgegeben zu werden[16]); jedoch ist die Erklärung des Erblassers, daß er die in der als Anlage zum Protokoll genommenen Schrift enthaltenen Erklärungen wiederhole, nicht als ausreichend erachtet worden[17]). § 2232 Satz 1 BGB n. F. bestimmt abweichend von § 2238 Abs. 1 BGB a. F. nicht mehr, daß diese Erklärung mündlich abgegeben werden müsse. Die Mindesterfordernisse der Mündlichkeit (Rdn. 8) brauchen daher nicht erfüllt zu sein; es genügt, wenn der Erblasser die entsprechende Frage des Notars durch Gebärden zustimmend beantwortet oder die diese Erklärung enthaltende Niederschrift in dieser Form geneh-

[9]) RGZ 150, 189 = JW 1936, 1840 = DJ 1936, 681; Soergel-Ehard-Eder BGB[11] § 2238 Anm. 10; Staudinger-Firsching BGB[11] § 2238 Anm. 16; Palandt-Keidel BGB[28] § 2238 Anm. 4; h. M., Bedenken nur bei Kipp-Coing ErbR[10] § 14 Fn. 21.

[10]) BGB-RGRK § 2238 Anm. 4; Soergel-Ehard-Eder BGB[9] § 2238 Anm. 7.

[11]) Soergel-Ehard-Eder a. a. O. Anm. 6; Staudinger-Firsching BGB[11] § 2238 Anm. 17.

[12]) RGZ 76, 94; Staudinger-Firsching a. a. O. Anm. 16; Soergel-Ehard-Eder a. a. O.; a. M. Erman-Hense BGB[3] § 2238 Anm. 3, 4; Palandt-Keidel BGB[28] § 2238 Anm. 4.

[13]) Güthe-Triebel GBO[6] § 35 Anm. 96; Soergel-Ehard-Eder BGB[9] § 2238 Anm. 9; Staudinger-Firsching BGB[11] § 2238 Anm. 21.

[14]) RGZ 84, 165.

[15]) RG HRR 1931 Nr. 745 = WarnR 1931 Nr. 50; RGZ 104, 322; 171, 108; vgl. auch KGJ 50, 81 = RJA 15, 280 = Recht 1919 Nr. 609; Bartholomeyczik ErbR § 17 III 3 b.

[16]) RGZ 82, 154.

[17]) RG BayZ 1918, 191; Dresden OLGR 39, 22; vgl. dazu Staudinger-Firsching BGB[11] § 2238 Anm. 24.

migt (vgl. § 13 Rdn. 13). Wenn allerdings Sprechbehinderung (§ 22 Rdn. 5) die Ursache dafür ist, daß die Erklärung nicht mündlich abgegeben wird, sind die Vorschriften des § 31 zu beachten. Die Erklärung muß in die Niederschrift selbst aufgenommen werden (§ 9 Abs. 1 Satz 1 Nr. 2). Jedoch ist die Aufnahme in eine Anlage zur Niederschrift (§ 9 Abs. 1 Satz 2), wenn auch ungewöhnlich und unzweckmäßig, nicht schlechthin ausgeschlossen (§ 9 Rdn. 12). Zum Inhalt der Niederschrift und zum Verfahren des Notars vgl. weiter § 30 mit Bem.

3. Übergabe einer verschlossenen Schrift. Diese Form ist besonders geeignet, dem Geheim- **15**
haltungsinteresse des Erblassers Rechnung zu tragen. Andererseits ist diese Form mit dem Nachteil verbunden, daß die Beratung durch den Notar ausgeschlossen oder jedenfalls erschwert ist (vgl. § 30 Rdn. 2). Der Verschluß braucht nicht besonders gesichert zu sein. Die Schrift wird erst bei der Testamentseröffnung (§ 2260 Abs. 2) geöffnet; der Notar darf sie nicht ohne Zustimmung des Erblassers öffnen. Es ist aber natürlich auch hier zulässig, daß der Notar selbst die Schrift entworfen hat. Im übrigen gelten die Bem. zu Rdn. 11 bis 14. Vgl. ferner § 30 mit Bem.

4. Ausschluß von Errichtungsarten. Grundsätzlich steht es dem Erblasser frei, unter den **16**
nach § 2232 BGB zugelassenen drei Errichtungsarten zu wählen. Nach Maßgabe des § 2333 BGB kann aber die eine oder andere Errichtungsart wegen besonderer Eigenschaften oder Verhältnisse des Erblassers ausgeschlossen sein.

a) Ausschluß der Errichtung durch Übergabe einer verschlossenen Schrift. Ein *minderjähri-* **17**
ger Erblasser, der nach § 2229 Abs. 1, 2 BGB testierfähig ist, kann gemäß § 2233 Abs. 1 BGB das Testament nur durch mündliche Erklärung oder Übergabe einer *offenen* Schrift errichten. Dadurch soll gewährleistet werden, daß der Notar von dem Inhalt der Schrift Kenntnis nehmen und den Minderjährigen beraten kann (vgl. § 30 Satz 4). Durch die Zulassung der offenen Schrift (seit dem TestG) erlangt auch der Minderjährige, der stumm oder am Sprechen verhindert ist, aber schreiben kann, die Möglichkeit, ein Testament zu errichten (vgl. §§ 2233 Abs. 3, 2247 Abs. 4 BGB, § 31 BeurkG).

b) Ausschluß der Errichtung durch Übergabe einer (offenen oder verschlossenen) Schrift. **18**
Wer nicht imstande ist, *Geschriebenes zu lesen,* kann das Testament nach § 2233 Abs. 2 BGB nur durch mündliche Erklärung errichten; das eigenhändige Testament ist ihm ebenfalls verwehrt (§ 2247 BGB). Wer durch Übergabe einer Schrift testiert, soll wenigstens in der Lage sein, sich von deren Inhalt Kenntnis zu verschaffen (Mot. V, 277). Maßgebend sind die Angaben des Erblassers oder die Überzeugung des Notars (vgl. dazu § 22 Rdn. 6). Eine Feststellung darüber in der Niederschrift ist nicht vorgeschrieben, aber zu empfehlen. Wird die Erklärung nicht abgegeben oder die Überzeugung nicht gewonnen, so kann ein durch Übergabe einer Schrift errichtetes Testament auch gültig sein, wenn der Erblasser tatsächlich Geschriebenes nicht lesen kann. Die Ursache des Unvermögens zu lesen ist unerheblich. Es kann sowohl auf Lesensunkunde als auch auf geschwächter Sehkraft beruhen. Auf die größere oder geringere Leserlichkeit des Schriftstücks oder die Lesegewandtheit des Erblassers kommt es nicht an. Der Erblasser muß auch der Schriftzeichen, mit denen die Schrift aufgesetzt ist, kundig sein. Ein *Blinder,* der die Blindenschrift beherrscht, kann das Testament durch Übergabe einer in dieser Schrift verfaßten (offenen oder verschlossenen) Urkunde errichten, und er muß diese Schrift verwenden, wenn er die Errichtung durch Übergabe einer Schrift wählt[18]). Nicht erforderlich ist, daß der Notar oder zugezogene Zeugen (§ 22) die Blindenschrift lesen können. Beherrscht der Erblasser die Blindenschrift nicht, so kann er nur mündlich testieren. Über die Notwendigkeit der Unterzeichnung der Niederschrift durch den Blinden vgl. § 13 Rdn. 22.

c) Ausschluß der Errichtung durch mündliche Erklärung. Wer am *Sprechen verhindert* ist, **19**
kann das Testament gemäß § 2233 Abs. 3 BGB nur durch Übergabe einer (offenen oder ver-

[18]) Planck-Strecker BGB[4] § 2238 Anm. 5 b; Vogels-Seybold TestG[4] § 11 Anm. 10; Staudinger-Firsching BGB[11] § 2238 Anm. 32; Soergel-Ehard-Eder BGB[9] § 2238 Anm. 14; vgl. auch Schulze DNotZ 1955, 629.

schlossenen) Schrift errichten. Wegen Stummheit und Sprechbehinderung vgl. § 22 Rdn. 5. Die Möglichkeit, sich durch die Zeichensprache verständlich zu machen, enthebt nicht von der Anwendung des § 2233 Abs. 3 BGB[19]). Maßgebend sind die Angaben des Erblassers oder die Überzeugung des Notars (vgl. dazu § 22 Rdn. 6). Wegen des Verfahrens ist § 31 zu beachten; vgl. die dortigen Bem. Aus § 2233 Abs. 2, 3 mit § 31 BeurkG und § 2247 Abs. 4 BGB folgt, daß ein Stummer oder sonst am Sprechen Verhinderter, der Geschriebenes nicht lesen und nicht schreiben kann, überhaupt unfähig ist, ein Testament zu errichten. Er ist jedoch fähig, in Verbindung mit einem Ehevertrag einen Erbvertrag zu schließen (vgl. oben Rdn. 4).

20 *d) Ein tauber Erblasser,* der nicht zugleich stumm ist, kann ein Testament in allen drei Errichtungsarten unter Beachtung der §§ 22, 23 errichten. Kann er Geschriebenes nicht lesen, so wird nur die Errichtung durch Übergabe einer Schrift durch § 2233 Abs. 2 ausgeschlossen und bei der Beurkundung ist § 24 zu beachten.

21 *5. Besonderheiten beim Erbvertrag.* Ein Erbvertrag kann nach § 2276 Abs. 1 mit §§ 2232, 2333 BGB sowohl durch mündliche Erklärung als auch durch Übergabe einer offenen oder verschlossenen Schrift errichtet werden. Was in den §§ 2232, 2233 BGB für den Erblasser bestimmt ist, gilt gemäß § 2276 Abs. 1 Satz 2 Halbs. 2 BGB für jeden der Vertragschließenden. Hieraus ergibt sich: Wird der Erbvertrag durch Übergabe einer Schrift errichtet, so muß der Erblasser bei der Übergabe mündlich erklären, daß er einen Erbvertrag schließen wolle und daß die Schrift seine Verfügungen von Todes wegen enthalte. Die Erklärung des anderen Vertragsteils ist darauf zu richten, daß er die vertragsmäßigen Verfügungen des Erblassers annehme; diese Erklärung kann mündlich abgegeben werden oder in einer Schrift enthalten sein, die der Annehmende mit der Erklärung überreicht, daß sie seine Annahmeerklärung enthalte. Wenn auch der andere Vertragsteil seinerseits in dem Erbvertrag vertragsmäßige oder einseitige Verfügungen von Todes wegen treffen will (§§ 2278, 2299 BGB), kann er dies ebenfalls mündlich oder durch Übergabe einer Schrift tun; im letztgenannten Fall muß er sie mit der entsprechenden mündlichen Erklärung überreichen. Wenn beide Vertragsteile als Erblasser verfügen, können sie ihre Verfügungen in einer gemeinschaftlichen oder in zwei getrennten Schriften niederlegen[20]). Auch eine Verbindung der Errichtungsarten ist in der Weise zulässig, daß der eine Vertragsteil seinen Willen mündlich erklärt, der andere durch Übergabe einer Schrift[21]). Es ist nicht unbedingt erforderlich, daß der andere Vertragsteil den Inhalt der verschlossenen Schrift kennt[22]).

22 Für den *Ausschluß von Errichtungsarten* (§ 2233 BGB) steht jeder Vertragschließende einem Erblasser gleich, auch wenn es sich um einen einseitigen Erbvertrag handelt (§ 2276 Abs. 1 Satz 2 Halbs. 2 BGB). Auch wenn nur der Vertragspartner minderjährig ist, muß der ganze Vertrag mündlich oder durch Übergabe einer offenen Schrift errichtet werden (§ 2233 Abs. 1 BGB). Ist ein Vertragsteil lesensunkundig, so kann der Vertrag nur durch mündliche Erklärung errichtet werden (§ 2233 Abs. 2). Ist ein Vertragsteil stumm oder am Sprechen verhindert, so ist die Errichtung des Vertrages durch mündliche Erklärung ausgeschlossen (§ 2233 Abs. 3 BGB); die nach § 31 erforderliche schriftliche Erklärung braucht aber nur der Vertragsteil abzugeben, der am Sprechen verhindert ist; der andere Teil kann die Erklärung, daß die Schrift seine Verfügungen von Todes wegen enthalte oder daß er die vertragsmäßigen Verfügungen des anderen annehme, beliebig erklären (§ 33). Handelt für einen Vertragschließenden ein gesetzlicher oder bevollmächtigter *Vertreter,* was beim einseitigen Erbvertrag für den nur annehmenden Teil zulässig ist, so kommt es für die Notwendigkeit der besonderen Errichtungsart bei Minderjährigkeit, Leseunvermögen und Sprechverhinderung allein auf die Person des Vertreters an[23]). Dasselbe gilt, wie sich jetzt aus § 6 Abs. 2 ergibt, für die Notwendigkeit zur Zuziehung von Zeugen (§ 22), eines Dolmetschers (§ 16), einer Vertrauens-

[19]) RGZ 85, 120; Staudinger-Firsching BGB[11] § 2243 Anm. 2.

[20]) Planck-Greiff BGB[4] § 2276 Anm. 3 b; Staudinger-Dittmann BGB[11] § 2276 Anm. 8.

[21]) Staudinger-Dittmann a. a. O.; Soergel-Ehard-Eder BGB[9] § 2276 Anm. 5.

[22]) Vogels-Seybold TestG § 30 Anm. 6; Staudinger-Dittmann a. a. O. Anm. 8.

[23]) Soergel-Ehard-Eder BGB[11] § 2276 Anm. 8; Staudinger-Dittmann BGB[11] § 2276 Anm. 5, 8; teilw. str.

person (§ 24) oder eines Schreibzeugen (§ 25). *Ausschließungsgründe* werden nicht nur durch die Person des verfügenden Erblassers, sondern auch durch die des nicht verfügenden Vertragsteils bestimmt, wenn dieser als Beteiligter auftritt; wird der andere Vertragsteil vertreten, so kommt es gemäß § 6 Abs. 2 auf die Person des Vertreters und nach § 6 Abs. 1 Nr. 4 darauf an, ob der Vertreter für eine der in § 6 Nrn. 1 bis 3 bezeichneten Personen handelt.

IV. Beurkundungsverfahren

Das Verfahren zur Beurkundung von Testamenten und Erbverträgen war bis zum Inkraft- **23**
treten des BeurkG lückenlos in den §§ 2233 bis 2245, 2276 BGB geregelt, jedenfalls seitdem die Vorschriften der §§ 6 bis 20 des TestG vom 31. 7. 1938 (RGBl. I, 973) durch das GesEinhG vom 5. 3. 1953 (BGBl. I, 33) ohne sachliche Änderung als §§ 2233 bis 2245 in das BGB eingefügt worden waren. Für eine Anwendung der Vorschriften des FGG über die Beurkundung von Rechtsgeschäften (§§ 168 ff.) blieb daher kein Raum. Jetzt gelten die Vorschriften der §§ 6 bis 26 BeurkG über die Beurkundung von Willenserklärungen auch für die Beurkundung von Verfügungen von Todes wegen; sie werden aber im Hinblick auf die Besonderheiten, die bei Verfügungen von Todes wegen auftreten, durch die §§ 27 bis 35 ergänzt. Hiervon bezieht sich § 27 auf die Ausschließung von Personen, die in einer Verfügung von Todes wegen bedacht werden, § 28 auf die Feststellung der Geschäftsfähigkeit des Erblassers, § 29 auf die Zuziehung von Zeugen. In § 30 wird das Verfahren bei Errichtung einer Verfügung von Todes wegen durch Übergabe einer Schrift, in § 31 bei Übergabe einer Schrift durch Stumme, in § 32 bei Beteiligung eines sprachunkundigen Erblassers geregelt und in § 33 die Geltung der §§ 30 bis 32 bei der Errichtung von Erbverträgen auch auf den anderen Vertragschließenden ausgedehnt. In § 34 wird die Verschließung und Verwahrung von Testamenten und Erbverträgen geregelt und schließlich in § 35 eine Sondervorschrift für den Fall gegeben, daß der Notar die Niederschrift nicht unterschrieben hat.

Begünstigte Personen

27 Die §§ 7, 16 Abs. 3 Satz 2, § 24 Abs. 2, § 26 Abs. 1 Nr. 2 gelten entsprechend für Personen, die in einer Verfügung von Todes wegen bedacht oder zum Testamentsvollstrecker ernannt werden.

Übersicht

I. Allgemeines

Die Vorschrift bezieht sich auf die *Ausschließung von der Beurkundung von Verfügungen* **1**
von Todes wegen im Hinblick auf das Verhältnis des beurkundenden Notars oder zugezogener Personen zum Bedachten. Sie tritt (mit Abweichungen) an die Stelle des § 2235 BGB a. F. in Verbindung mit § 2276 Abs. 1 Satz 2 BGB a. F. In § 2235 Abs. 1 BGB a. F. war (übereinstimmend mit § 8 TestG) bestimmt, daß als Richter, Notar, Urkundsbeamter der Geschäftsstelle oder Zeuge nicht mitwirken kann, wer in dem Testament bedacht oder zum Testamentsvollstrecker ernannt wird oder zum Bedachten oder Ernannten im Verhältnis eines Ehegatten, Verwandten oder Verschwägerten nach näherer Maßgabe des § 2234 BGB a. F. stand. Die Vorschrift des § 27 trifft eine entsprechende Regelung in der Weise, daß die Bestimmungen des § 7 (Notar), des § 16 Abs. 3 Satz 2 (Dolmetscher), des § 24 Abs. 2 (Vertrauensperson) und des § 26 Abs. 1 Nr. 2 (zweiter Notar, Zeuge) über die Ausschließung wegen rechtlicher Begünstigung für entsprechend anwendbar erklärt werden, wenn es sich

darum handelt, daß jemand in einer Verfügung von Todes wegen bedacht oder zum Testamentsvollstrecker ernannt wird. Der Zweck des Gesetzes geht dahin, eine Beeinflussung der Willensbildung und der Willensäußerung des Erblassers zugunsten des Notars und der zugezogenen Personen auszuschließen; um dieses Ziel zu erreichen, wird im Umfang der Begünstigung, soweit es sich nicht um den zweiten Notar oder Zeugen handelt (Rdn. 10), die Verletzung der Vorschrift mit der Unwirksamkeitsfolge belegt. Die Vorschrift hat die Bedeutung einer Formvorschrift im Sinne des Art. 11 Abs. 1 Satz 2 EGBGB, nicht einer Inhaltsvorschrift gemäß Art. 24 Abs. 1 EGBGB[1]).

II. Verfügungen von Todes wegen

2 Die Vorschrift ist sowohl auf Testamente als auch auf Erbverträge anwendbar (Vorbem. 1 vor § 27). Unerheblich ist es, ob die Verfügung von Todes wegen durch mündliche Erklärung oder durch Übergabe einer offenen oder verschlossenen Schrift errichtet wird (vgl. Mot. V, 265; Prot. V, 333). Daraus folgt, daß die Anwendbarkeit der Vorschrift nicht davon berührt wird, ob der Bedachte oder Ernannte von der Zuwendung oder Ernennung Kenntnis hat[2]). Es gehört zu den Amtspflichten des Notars, dafür zu sorgen, daß keine nach Maßgabe des § 27 ausgeschlossene Person hinzugezogen wird. Soweit die Verletzung Unwirksamkeitsfolgen nach sich zieht (Rdn. 11), besteht die Belehrungspflicht des Notars nach § 17 Abs. 2 Satz 2, § 30 Satz 4. Eine Pflicht des Notars, den Erblasser, der eine verschlossene Schrift überreicht, über das Bestehen von Hindernissen aus § 27 zu belehren, besteht jedoch nur, wenn sich aus der Verhandlung Anhaltspunkte für eine solche Möglichkeit ergeben[3]).

III. Ausgeschlossener Personenkreis

Zu dem ausgeschlossenen Personenkreis gehören:

3 *1. Notar.* Gemäß § 27 mit § 7 ist der Notar ausgeschlossen, wenn er selbst, sein Ehegatte oder früherer Ehegatte, sein Verwandter oder Verschwägerter in gerader Linie oder in der Seitenlinie sein Verwandter bis zum dritten Grade oder sein Verschwägerter bis zum zweiten Grade bedacht oder zum Testamentsvollstrecker ernannt wird; vgl. dazu § 7 Rdn. 9. Ist der Notar nur gesetzlicher Vertreter eines Bedachten, so ist er nach dieser Vorschrift nicht ausgeschlossen (vgl. aber die Sollvorschrift des § 3 Abs. 1 Nr. 4). Für den *Notarvertreter* ist weiter § 41 Abs. 2 BNotO zu beachten, wonach er sich der Amtsausübung auch insoweit enthalten soll, als der von ihm vertretene Notar von der Amtsausübung ausgeschlossen wäre.

4 *2. Dolmetscher.* Gemäß § 27 mit § 16 Abs. 3 Satz 2 und § 7 ist der Dolmetscher ausgeschlossen, wenn er selbst, sein jetziger oder früherer Ehegatte, sein Verwandter oder Verschwägerter in gerader Linie oder in der Seitenlinie sein Verwandter bis zum dritten Grade oder sein Verschwägerter bis zum zweiten Grade bedacht oder zum Testamentsvollstrecker ernannt wird.

5 *3. Vertrauensperson.* Nach § 27 mit § 24 Abs. 2 ist die Vertrauensperson ausgeschlossen, die gemäß § 24 bei der Beurkundung der Verfügung von Todes wegen eines Tauben oder Stummen, mit dem keine Möglichkeit schriftlicher Verständigung besteht, hinzuzuziehen ist, wenn die Vertrauensperson selbst bedacht oder zum Testamentsvollstrecker ernannt wird. Kein Hinderungsgrund ist es, wenn der Ehegatte oder ein naher Angehöriger der Vertrauensperson bedacht wird.

6 *4. Zweiter Notar, Zeuge.* Gemäß § 27 mit § 26 Abs. 1 Nr. 2 ist als zweiter Notar oder als Zeuge ausgeschlossen, wer in der Verfügung von Todes wegen bedacht oder zum Testamentsvollstrecker ernannt wird. Auch hier wird nur darauf abgestellt, ob der zweite Notar

1) LG Zweibrücken NJW 1955, 1800; Soergel-Ehard-Eder BGB⁹ § 2235 Anm. 1; a. M. Soergel-Kegel BGB⁹ Art. 11 EG Anm. 20; Staudinger-Firsching BGB¹¹ Art. 11 EG Rdn. 71; vgl. bereits RG JW 1913, 333.

2) KGJ 51, 91 = RJA 16, 167; Staudinger-Firsching BGB¹¹ § 2235 Anm. 3.

3) Vgl. Rohs DJ 1942, 422; Bärmann, DJ 1943, 147; Daimer, DJ 1941, 1102; 1942, 488; 1943, 399; Staudinger-Firsching BGB¹¹ § 2235 Anm. 3; Soergel-Ehard-Eder BGB⁹ § 2235 Anm. 7.

oder der Zeuge selbst begünstigt wird. Die Begünstigung seines Ehegatten oder Angehörigen ist unschädlich; es ist dem Ermessen des Notars überlassen, ob er in einem solchen Fall statt des nicht ganz Unbefangenen besser eine andere Person hinzuzieht. Die Vorschrift wird auch anzuwenden sein auf den zweiten Notar oder den Zeugen, den der Notar, ohne daß ein gesetzlicher Zwang dazu besteht, gemäß § 29 auf Verlangen der Beteiligten hinzuzieht.

5. Eine *ausdehnende Anwendung* der Vorschrift auf weitere als die in § 27 genannten Personen ist ausgeschlossen. Die Beschränkungen des § 27 gelten daher nicht für den Schreiber der übergebenen Schrift (§ 2232 Satz 2 Halbs. 2 BGB), für den Vorleser der Niederschrift oder für die vom Notar hinzugezogene Schreibkraft, wenn diese nicht zugleich in einer der in § 27 angeführten Eigenschaften mitwirken[4]). **7**

IV. Art der Begünstigung

1. *Bedenkung.* Durch Verfügung von Todes wegen bedacht wird der Erbe oder Ersatzerbe, auch der Nacherbe oder Ersatznacherbe, sowie der Vermächtnisnehmer (auch der Nach- oder Ersatzvermächtnisnehmer). Nicht als bedacht anzusehen ist der durch eine Auflage Begünstigte (§§ 1940, 2192 ff. BGB)[5]) oder der durch letztwillige Verfügung als Vormund, Pfleger oder Mitglied des Familienrats Benannte (§§ 1776, 1777, 1792 Abs. 4, 1915, 1917, 1861 BGB)[6]), auch nicht bei Anordnung von Befreiungen für Vormund oder Pfleger nach den §§ 1852 bis 1856, 1917 Abs. 2 BGB. Der gesetzliche Vertreter des Bedachten ist nicht nach dieser Vorschrift ausgeschlossen. Maßgebend ist der Zeitpunkt der Testamentserrichtung; heiratet z. B. der Notar nach der Testamentserrichtung die eingesetzte Erbin, so wird die Erbeinsetzung dadurch nicht unwirksam. **8**

2. *Ernennung zum Testamentsvollstrecker.* Sie wird (seit § 8 TestG) einer sonstigen Zuwendung gleichgestellt, weil sie regelmäßig mit der Erlangung wirtschaftlicher Vorteile verbunden ist (amtl. Begr., DJ 1938, 1255). Der Erblasser ist aber nicht gehindert, die Ernennung in einem anderen öffentlichen Testament, an dessen Errichtung der Ernannte nicht mitwirkt, oder in einem eigenhändigen Testament auszusprechen. Auch ist es nicht ausgeschlossen, daß das Nachlaßgericht auf Grund des § 2200 BGB den Notar, der das das Ersuchen des Erblassers enthaltende Testament beurkundet hat, zum Testamentsvollstrecker ernennt. Daß der Erblasser dem beurkundenden Notar zu dessen Niederschrift auch nicht eine Vollmacht über den Tod hinaus zur Verwaltung und Verteilung des Nachlasses erteilen kann, ergibt sich aus § 7 (vgl. § 7 Rdn. 7). **9**

V. Rechtsfolgen der Verletzung

1. *Zweiter Notar oder Zeuge.* Ist der zweite Notar oder ein Zeuge bedacht oder zum Testamentsvollstrecker ernannt worden, so treten nach § 27 die Rechtsfolgen des § 26 Abs. 1 Nr. 2 ein, d. h. der Notar hat seine in § 26 normierte Amtspflicht verletzt; es tritt aber (abweichend von § 2235 Abs. 2 BGB a. F.) keine Unwirksamkeitsfolge ein (vgl. § 26 Rdn. 4). Die Zuwendung oder Ernennung ist gültig, auch soweit der ausgeschlossene zweite Notar oder Zeuge begünstigt wird. Damit hat sich auch die bisherige Streitfrage erledigt, ob die Unwirksamkeitsgründe der §§ 2234, 2235 BGB a. F. auch eingreifen, wenn der Zeuge ohne gesetzliche Nötigung nach § 2233 Abs. 2 BGB a. F. (jetzt § 29 BeurkG) hinzugezogen worden ist[7]). **10**

[4]) Staudinger-Firsching BGB[11] § 2235 Anm. 8; Soergel-Ehard-Eder BGB[9] § 2235 Anm. 4; Palandt-Keidel BGB[28] § 2235 Anm. 2; a. M. KG DR 1942, 1139 für den Schreiber des Dreizeugen-Testaments; Kipp-Coing ErbR[10] § 14 Fn. 15.

[5]) Soergel-Ehard-Eder BGB[9] § 2235 Anm. 2; BGB-RGRK[10] § 2235 Anm. 2; Palandt-Keidel BGB[28] § 2235 Anm. 2.

[6]) KGJ 51, 91 = RJA 16, 167; Fischer JW 1924, 923; Staudinger-Firsching BGB[11] § 2235 Anm. 10; Soergel-Ehard-Eder BGB[9] § 2235 Anm. 2; a. M. Palandt-Keidel BGB[29] § 27 BeurkG Anm. 4; Mecke BeurkG § 7 Rdn. 7, § 27 Rdn. 4.

[7]) Bejahend Hamm MDR 1951, 34 = DNotZ 1951, 176; Köln NJW 1957, 1929 = DNotZ 1958, 94; Soergel-Ehard-Eder BGB[9] § 2235 Anm. 5; Palandt-Keidel BGB[28] § 2235 Anm. 2; BGB-RGRK[11] § 2235 Anm. 4; Kipp-Coing ErbR[11] § 27 III; verneinend Hamm DNotZ 1956, 424; OLGZ 1967, 71; Karlsruhe JZ 1957, 380; Erman-Hense BGB[3] § 2235 Anm. 3.

11 *2. Notar, Dolmetscher oder Vertrauensperson.* Ist der beurkundende Notar oder der Dolmetscher oder deren Ehegatte, Verwandter oder Verschwägerter (Rdn. 3, 4) oder die nach § 24 hinzugezogene Vertrauensperson (Rdn. 5) bedacht oder zum Testamentsvollstrecker ernannt worden, so werden die Rechtsfolgen in § 27 durch Verweisung auf die §§ 7, 16 Abs. 3 Satz 2, 24 Abs. 2 dahin geregelt, daß die *Beurkundung* insoweit unwirksam ist. Von der Bestimmung des § 2235 Abs. 2 BGB a. F. unterscheidet sich diese Regelung dadurch, daß in § 2235 Abs. 2 BGB die Zuwendung oder Ernennung, also die Willenserklärung, für nichtig erklärt wurde, während jetzt die Sanktion in der Unwirksamkeit der Beurkundung besteht, so daß die Nichtigkeit der Willenserklärung sich erst aus § 125 Satz 1 BGB ergibt. Ein sachlicher Unterschied liegt darin nicht, da schon bisher angenommen wurde, daß eine nach § 2235 BGB nichtige Zuwendung gültig bleibt, wenn die bei Errichtung eines öffentlichen Testaments übergebene Schrift zugleich die Formerfordernisse des eigenhändigen Testaments erfüllt und die Willensrichtung des Erblassers eine Umdeutung nach § 140 BGB gestattet (Vorbem. 13 vor § 27)[8]); das gilt auch für die Anwendung des § 27. Von der Unwirksamkeit erfaßt wird nur die Zuwendung oder Ernennung; ob diese Teilnichtigkeit die Unwirksamkeit der übrigen Verfügungen nach sich zieht, ist eine Frage der Auslegung, für welche bei Testamenten § 2085 BGB, bei Erbverträgen § 2298 BGB maßgebend ist. Eine nach § 27 unwirksame Erbeinsetzung kann einer im Sinne der §§ 2104, 2105 BGB fehlenden Bestimmung der Erben gleichstehen[9]); sie stellt sich als Wegfall im Sinne des § 2096 BGB dar[10]); das wird richtigerweise auch zu § 2094 BGB anzunehmen sein[11]).

VI. Erweiterter Anwendungsbereich

12 Die Vorschrift gilt mit den in ihr angeführten Bestimmungen auch für die Errichtung eines Testaments oder Erbvertrages vor einem *Konsul* (§ 16a Abs. 1 Satz 2 KonsularG). Dasselbe gilt für das Nottestament vor dem Bürgermeister (§ 2249 Abs. 1 BGB); jedoch hat die Hinzuziehung eines Zeugen, der in dem Testament bedacht oder zum Testamentsvollstrecker ernannt wird, nach § 2249 Abs. 1 Satz 3 BGB die Unwirksamkeit der Beurkundung in diesem Umfang zur Folge (Abweichung vom ordentlichen öffentlichen Testament, oben Rdn. 10). Auf die Zeugen des Dreizeugentestaments und des Seetestaments finden außer § 26 Abs. 2 Nr. 2 bis 5, deren Verletzung für die Gültigkeit unschädlich ist, der § 6 Abs. 1 Nr. 1 bis 3 und §§ 7, 27 Anwendung; die Zeugen sind also hinsichtlich der Ausschließung und ihrer Rechtsfolgen insoweit einer Urkundsperson gleichgestellt (§§ 2250 Abs. 3 Satz 2, 2251 BGB).

Feststellungen über die Geschäftsfähigkeit

28 Der Notar soll seine Wahrnehmungen über die erforderliche Geschäftsfähigkeit des Erblassers in der Niederschrift vermerken.

Übersicht

8) Soergel-Kegel BGB[9] § 2235 Anm. 5; Vogels-Seybold TestG § 8 Anm. 6; BGB-RGRK § 2235 Anm. 2; Staudinger-Firsching BGB[11] § 2235 Anm. 5.

9) KG OLGR 43, 394 = Recht 1923 Nr. 210; KG JFG 18, 164 = JW 1938, 2821 = DNotZ 1938, 812 = ZAkDR 1939, 30 mit Anm. von Lange; Staudinger-Firsching BGB[11] § 2235 Anm. 4; Soergel-Ehard-Eder BGB[9] § 2104 Anm. 2; BGB-RGRK § 2235 Anm. 4.

10) KG JFG 18, 164; Soergel-Ehard-Eder BGB[9] § 2096 Anm. 2; Palandt-Keidel BGB[28] § 2096 Anm. 1 b.

11) KG JFG 18, 164 = ZAkDR 1939, 30 mit Anm. v. Lange; KG NJW 1956, 1523; a. M. Soergel-Ehard-Eder BGB[9] § 2094 Anm. 4; Palandt-Keidel BGB[28] § 2094 Anm. 2.

I. Testier- und Geschäftsfähigkeit

1. Allgemeines. Unter Testierfähigkeit ist die Fähigkeit zu verstehen, ein Testament zu errichten, abzuändern oder aufzuheben. Sie ist ein Unterfall der Geschäftsfähigkeit, jedoch treffen die §§ 2229, 2230 BGB eine von den allgemeinen Vorschriften der §§ 104 Nr. 2 und 3 sowie 105 Abs. 1 und 2 BGB unabhängige und selbständige Regelung. Für den Abschluß und die Aufhebung eines Erbvertrages kommt es nicht auf die Testierfähigkeit, sondern auf die Geschäftsfähigkeit (oder, soweit nach §§ 2275 Abs. 2, 2290 Abs. 2 BGB ein beschränkt geschäftsfähiger Erblasser handeln kann, auf die beschränkte Geschäftsfähigkeit) nach den allgemeinen Vorschriften an. Für einseitige Verfügungen von Todes wegen in einem Erbvertrag ist jedoch nach § 2299 Abs. 1 Satz 2 BGB Testierfähigkeit erforderlich; die Fähigkeit, einen Erbvertrag abzuschließen, genügt nicht[1]). In § 28 ist mit der „erforderlichen" Geschäftsfähigkeit, wie auch in § 11, sowohl die Testierfähigkeit als auch die Fähigkeit zum Abschluß eines Erbvertrages gemeint (BT-Drucks. V/3282 S. 34 zu § 28). Die Testierfähigkeit von *Ausländern* beurteilt sich nach dem Erbstatut (Art. 24 EGBGB), gegebenenfalls also nicht nach der Staatsangehörigkeit, sondern nach dem Recht des letzten Wohnsitzes oder der lex rei sitae; Art. 7 EGBGB (dazu § 11 Rdn. 4) greift erst ein, wenn das Erbstatut auf die Geschäftsfähigkeit abstellt[2]). Der Notar hat auch die Staatsangehörigkeit des Erblassers festzustellen, wenn die Umstände des Falles dazu Anlaß geben[3]). 1

2. Entmündigung. Besonderheiten, die zu Belehrungen Anlaß geben können, sind bei der Entmündigung zu beachten. Wer entmündigt ist, gleich aus welchem Grunde, ist nach § 2229 Abs. 3 Satz 1 GBB testierunfähig. Der Entmündigungsbeschluß wird bei Entmündigung wegen Geistesschwäche, Verschwendung oder Trunksucht mit der Zustellung an den Entmündigten (§§ 661 Abs. 2, 683 Abs. 2 ZPO), bei Entmündigung wegen Geisteskrankheit mit der Zustellung an den gesetzlichen Vertreter oder der Bestellung des Vormundes wirksam (§ 661 Abs. 1 ZPO). Ein wegen Geistesschwäche, Verschwendung oder Trunksucht Entmündigter kann jedoch ein vor der Entmündigung errichtetes Testament widerrufen (§ 2253 Abs. 2 BGB), sofern er nicht aus dem tatsächlichen Grunde des § 2229 Abs. 4 BGB testierunfähig ist. Der Widerruf kann auch durch Testament nach § 2254 BGB erfolgen, nicht aber durch ein positives Testament nach § 2258 Abs. 1 BGB; es kann auch ein vor der Entmündigung nach §§ 2254, 2258 Abs. 1 BGB erklärter Widerruf eines früheren Testaments mit der Wirkung widerrufen werden, daß dieses wiederauflebt[4]). Ferner bleibt das Testament eines Entmündigten wirksam, wenn der Entmündigungsbeschluß auf Anfechtungsklage aufgehoben wird (§ 115 Abs. 1 BGB) oder gemäß § 2230 Abs. 1 BGB, wenn der entmündigte Erblasser stirbt, bevor der Entmündigungsbeschluß unanfechtbar (§§ 664, 684 ZPO) geworden ist. Ein nach Stellung eines Antrags auf Wiederaufhebung der Entmündigung errichtetes Testament ist nach § 2230 Abs. 2 BGB gültig, wenn die Entmündigung auf Grund des Antrags wieder aufgehoben wird, nicht aber, wenn der Erblasser vor der Wiederaufhebung stirbt[5]). Ein vor dem Wiederaufhebungsantrag errichtetes Testament ist nach § 2229 Abs. 3 Satz 1 BGB ungültig, auch wenn ein später gestellter Antrag Erfolg hat. Lichte Zwischenräume werden bei Entmündigung nicht berücksichtigt. Die Testierunfähigkeit wird nach § 2229 Abs. 3 Satz 2 auf den Zeitpunkt der Stellung des Entmündigungsantrags zurückbezogen, sofern die Entmündigung auf Grund des Antrags ausgesprochen und nicht auf Anfechtungsklage aufgehoben wird (§ 115 Abs. 1 BGB) oder der Erblasser vor Eintritt der Unanfechtbarkeit des Beschlusses stirbt (§ 2230 Abs. 1 BGB). Wer unter vorläufiger Vormundschaft steht (§§ 114, 1906 BGB), ist testierfähig (§ 2229 Abs. 2 BGB), sofern Testierunfähigkeit nicht aus dem tatsächlichen 2

[1]) Kipp-Coing ErbR[10] § 39 II; Staudinger-Dittmann BGB[11] § 2299 Anm. 4; a. M. Bartholomeyczik ErbR § 25 XII 2.

[2]) Staudinger-Raape BGB[9] S. 641; Raape IPR[5] S. 423; Neuhaus RabelsZ 18 (1953), 651; Erman-Marquordt BGB[3] Art. 24 EGBGB Anm. 4 c; str., vgl. Palandt-Lauterbach BGB[28] Art. 24 EGBGB Anm. 3.

[3]) BGH DNotZ 1963, 315; dazu auch (Belehrungspflicht) Grader DNotZ 1959, 63.

[4]) Köln NJW 1955, 466; Palandt-Keidel BGB[28] § 2253 Anm. 4.

[5]) Str., vgl. Palandt-Keidel BGB[28] § 2230 Anm. 2.

Grunde des § 2229 Abs. 4 BGB vorliegt; wird aber die Entmündigung vor dem Tode des Erblassers unanfechtbar (§§ 115 Abs. 1, 2230 Abs. 1 BGB), so wird die Verfügung nach § 2229 Abs. 3 Satz 2 BGB rückwirkend nichtig.

3 Der Umstand, daß ein Entmündigungsantrag gestellt oder ein Entmündigungsbeschluß ergangen ist, berechtigt hiernach nicht zur Ablehnung der Beurkundung, sofern nach den dargelegten Grundsätzen das Testament gleichwohl gültig sein kann[6]). Der Notar wird jedoch den Erblasser über die Rechtslage belehren müssen[7]).

II. Prüfung und Feststellung der Testier- oder Geschäftsfähigkeit

4 Für die Prüfung des Notars gelten auch für Verfügungen von Todes wegen die allgemeinen Grundsätze des § 11, insbesondere hinsichtlich der Voraussetzungen, unter denen die Beurkundung beim Fehlen der erforderlichen Geschäftsfähigkeit abgelehnt werden kann, und wegen des Verfahrens beim Bestehen von Zweifeln (vgl. dazu § 11 Rdn. 3 bis 6). Durch § 28 wird aber die Vorschrift des § 11 in Übereinstimmung mit § 2241a Abs. 3 Satz 2 BGB a. F. dahin ergänzt, daß der Notar in jedem Falle seine Wahrnehmungen über die erforderliche Geschäftsfähigkeit des Erblassers in der Niederschrift vermerken soll, also auch wenn in dieser Hinsicht keinerlei Bedenken bestehen, nicht nur bei Zweifeln oder schwerer Erkrankung. Dadurch soll sichergestellt werden, daß die Wahrnehmungen des Notars als Beweismittel zur Verfügung stehen, wenn nach dem Tode des Erblassers über seine Testierfähigkeit Streit entsteht (BT-Drucks. V/3282 S. 34 zu § 28). Hat der Notar keine Bedenken, so genügt etwa der Vermerk: „Der Erblasser ist, wie die mit ihm geführte Unterhaltung ergibt, zweifellos testierfähig (bei Erbverträgen: geschäftsfähig“[8]). Das Fehlen des Vermerks ist auf die Gültigkeit der Beurkundung ohne Einfluß. Beim einseitigen Erbvertrag gilt für den anderen Vertragschließenden lediglich § 11.

III. Beschränkungen der Testierfreiheit

5 Beschränkungen der Testierfreiheit lassen die Testierfähigkeit oder Geschäftsfähigkeit unberührt, fallen also nicht unter § 28, können aber die Unwirksamkeit nachfolgender Verfügungen von Todes wegen begründen. Sie können beruhen auf bindend gewordenen wechselbezüglichen Verfügungen in einem gemeinschaftlichen Testament (§ 2271 BGB) oder auf einem Erbvertrag. Eheleute in westfälischer Gütergemeinschaft sind bei einseitigen Verfügungen von Todes wegen in der Testierfreiheit beschränkt[9]). Vor der Beurkundung eines Testaments ist es nach § 17 Abs. 1 geboten, mit dem Testator eingehend zu erörtern, ob er etwa bereits durch Erbvertrag oder wechselbezügliche Verfügungen eines gemeinschaftlichen Testaments letztwillig gebunden ist[10]). Die Aufnahme eines Vermerks hierüber ist zwar nach § 17 Abs. 2 Satz 2 nur vorgeschrieben, wenn sich Zweifel ergeben, aber auch sonst zu empfehlen.

IV. Erweiterter Anwendungsbereich

6 Die §§ 11, 28 sind auch auf die Beurkundung von Testamenten und Erbverträgen durch den *Konsul* anwendbar (§ 16a Abs. 1 Satz 2 KonsularG). Auf *Nottestamente* vor dem Bürgermeister, Dreizeugen- und Seetestamente sind die §§ 11 und 28 mit Ausnahme des § 11 Abs. 1 Satz 1 anwendbar (§ 2249 Abs. 1 Satz 4, § 2250 Abs. 3 Satz 2, § 2251 BGB). Der Bürgermeister soll also die Beurkundung nicht ablehnen, weil nach seiner Überzeugung der Erblasser nicht testierfähig ist. Bei den anderen Nottestamenten besteht keine Pflicht der Zeugen zur Mitwirkung.

[6]) Planck-Strecker BGB[4] § 2229 Anm. 2b; Staudinger-Firsching BGB[11] § 2241a Anm. 16.

[7]) Hildersdieid, Die Amtspflichten des Notars bei der Beurkundung von Testamenten und Erbverträgen, DNotZ 1939, 13, 20.

[8]) Vgl. auch die Muster bei Kersten-Bühling[14] S. 797.

[9]) Hildersdieid DNotZ 1939, 21; LG Essen NJW 1953, 990.

[10]) RG DNotZ 1940, 152 = DRW 1940, 723 mit Anm. v. Vogels.

Zeugen, zweiter Notar

29 Auf Verlangen der Beteiligten soll der Notar bei der Beurkundung bis zu zwei Zeugen oder einen zweiten Notar zuziehen und dies in der Niederschrift vermerken. Die Niederschrift soll auch von diesen Personen unterschrieben werden.

1. Zuziehung von Zeugen oder eines zweiten Notars. Die Fälle, in denen der Notar einen Zeugen oder einen zweiten Notar hinzuziehen soll oder muß, ergeben sich auch für die Beurkundung von Verfügungen von Todes wegen aus den §§ 22, 25. Darüber hinaus gestattet § 29, der an die Stelle des § 2233 Abs. 2 BGB tritt, zu der Beurkundung bis zu zwei Zeugen oder einen zweiten Notar hinzuzuziehen, jedoch nur auf Verlangen der Beteiligten, zu denen bei der Errichtung eines Erbvertrages auch der andere Vertragsteil, bei Errichtung eines gemeinschaftlichen Testaments beide Ehegatten gehören. Abweichend von § 2233 Abs. 2 BGB a. F. wird dem Notar nicht mehr die Befugnis eingeräumt, nach seinem Ermessen bis zu zwei Zeugen oder einen zweiten Notar zuzuziehen. Hält er die Zuziehung für wünschenswert, so kann er den Beteiligten anheimgeben, ein entsprechendes Verlangen zu stellen (BT-Drucks. V/3282 S. 35). Eine solche Anregung könnte etwa in Betracht kommen, wenn zu befürchten ist, die Erben könnten später den Einwand erheben, der Wille des Erblassers sei nicht richtig wiedergegeben oder der Erblasser sei infolge geistiger oder körperlicher Schwäche bei der Beurkundung nicht mehr verhandlungsfähig gewesen (amtl. Begr. z. TestG, DJ 1938, 1255). Verlangen die Beteiligten die Zuziehung eines (oder zweier) Zeugen, so darf der Notar statt dessen einen zweiten Notar hinzuziehen (§ 22 Rdn. 8); verlangen sie aber die Zuziehung eines zweiten Notars, so darf er nicht statt dessen Zeugen hinzuziehen (§ 22 Rdn. 9). Auch bei der Zuziehung von Zeugen oder eines zweiten Notars nach § 29 sind die Ausschließungsgründe der §§ 26, 27 zu beachten, jedoch hat eine Verletzung keine Unwirksamkeitsfolgen (§ 26 Rdn. 4, § 27 Rdn. 10). **1**

2. Verfahren. In der Niederschrift soll vermerkt werden, daß die Beteiligten das Verlangen auf Zuziehung von Zeugen oder eines zweiten Notars gestellt haben und daß dies geschehen ist; die Zugezogenen sollen ferner die Niederschrift unterschreiben. Für den Feststellungsvermerk und die Unterschrift gelten die Bem. zu § 22 Rdn. 15, 16 entsprechend. **2**

3. Erweiterter Anwendungsbereich. Die Vorschriften über die Hinzuziehung von Zeugen (§§ 22, 24, 25, 26, 29) gelten unverändert auch für die Beurkundung von Testamenten und Erbverträgen durch den *Konsul* (§ 16a Abs. 1 Satz 2 KonsularG). Beim Nottestament vor dem Bürgermeister ist die Zuziehung von zwei Zeugen und die Unterzeichnung der Niederschrift durch diese stets zwingend vorgeschrieben (§ 2249 Abs. 1 Satz 2, 5 BGB). Ebenso müssen beim Dreizeugen- und Seetestament alle drei Zeugen unterschreiben (§§ 2250 Abs. 3 Satz 2, 2251 mit 2249 Abs. 1 Satz 5 BGB). Das Fehlen der Unterschrift eines oder zweier Zeugen und, wenn der Erblasser unterschrieben hat, sogar das Fehlen der Unterschriften aller Zeugen ist aber ein Formfehler, der nach Maßgabe des § 2249 Abs. 6 BGB unschädlich sein kann[1]). **3**

Übergabe einer Schrift

30 Wird eine Verfügung von Todes wegen durch Übergabe einer Schrift errichtet, so muß die Niederschrift auch die Feststellung enthalten, daß die Schrift übergeben worden ist. Die Schrift soll derart gekennzeichnet werden, daß eine Verwechslung ausgeschlossen ist. In der Niederschrift soll vermerkt werden, ob die Schrift offen oder verschlossen übergeben worden ist. Von dem Inhalt einer offen übergebenen Schrift soll der Notar Kenntnis nehmen, sofern er der Sprache, in der die Schrift verfaßt ist, hinreichend kundig ist; § 17 ist anzuwenden. Die Schrift soll der Niederschrift beigefügt werden; einer Verlesung der Schrift bedarf es nicht.

[1]) KG OLGZ 1966, 462 = NJW 1966, 1661; Palandt-Keidel BGB[28] § 2250 Anm. 4.

I. Bedeutung

1 Nach §§ 2232, 2276 Abs. 1 BGB kann ein Testament oder ein Erbvertrag zur Niederschrift eines Notars außer durch mündliche Erklärung auch in der Weise errichtet werden, daß der Erblasser dem Notar eine Schrift mit der Erklärung übergibt, daß die Schrift seinen letzten Willen enthalte; die Schrift kann offen oder verschlossen übergeben werden und braucht nicht von dem Erblasser geschrieben zu sein (vgl. dazu und über die Fälle, in denen diese Errichtungsart ausgeschlossen ist, Vorbem. vor § 27 Rdn. 10 ff.). Diese Vorschriften bestimmen materiell-rechtlich die Errichtungsart. Für die Beurkundung gelten die allgemeinen Vorschriften über die Beurkundung von Willenserklärungen (§§ 6 bis 26). Für den besonderen Fall der Errichtung durch Übergabe einer Schrift enthält § 30 ergänzende Verfahrensvorschriften.

II. Inhalt der Niederschrift

2 Die Niederschrift muß die Feststellung enthalten, daß die Schrift übergeben worden ist (Satz 1). Hierbei handelt es sich um die Beurkundung eines tatsächlichen Vorgangs, den der Notar als vor ihm geschehen in der Niederschrift feststellt. Demgemäß hat der Notar die Übergabe als eine von ihm gemachte Wahrnehmung festzustellen. Es sind aber auch die Worte „Wir überreichen hiermit" als genügend erachtet worden[1]). Über den Vorgang der Übergabe vgl. Vorbem. 11 vor § 27. Fehlt die Feststellung der Übergabe in der Niederschrift, so ist die Beurkundung nichtig, mag auch die Übergabe tatsächlich erfolgt sein; die Beifügung der Schrift zu der Niederschrift und die Aufnahme der Erklärung des Erblassers allein genügen nicht. Offenbare Versehen bei der Niederschrift sind aber unschädlich, wenn sie aus der Niederschrift selbst berichtigt werden können[2]). Daß die Erklärung des Erblassers, die Schrift enthalte seinen letzten Willen, ebenfalls in die Niederschrift aufzunehmen ist, folgt bereits aus § 9 Abs. 1 Satz 1 Nr. 2. Ferner soll in der Niederschrift vermerkt werden, ob die Schrift offen oder verschlossen übergeben worden ist (Satz 3). Diese Angabe ist allerdings zur Gültigkeit der Beurkundung nicht erforderlich; sie hat den Zweck, aus der Niederschrift selbst ersichtlich zu machen, ob dem Notar die besonderen Pflichten oblagen, die bei Übergabe einer offenen Schrift bestehen. Von dem Inhalt einer offen übergebenen Schrift soll der Notar Kenntnis nehmen; es obliegt ihm alsdann eine *Belehrungspflicht* nach den allgemeinen Bestimmungen des § 17. Die Amtspflicht zur Kenntnisnahme und Belehrung entfällt, wenn die Schrift, was zulässig ist (Vorbem. 12 vor § 27), in einer fremden Sprache verfaßt ist, deren der Notar nicht hinreichend kundig ist. Auch in diesem Falle und bei Übergabe einer verschlossenen Schrift besteht aber eine Belehrungspflicht nach § 17 insofern, als Bedenken unabhängig von dem Inhalt der Schrift bestehen können, z. B. in Bezug auf Beschränkungen der Testierfreiheit (§ 28 Rdn. 5) oder etwa bei Entmündigung des Erblassers (§ 28 Rdn. 3) sowie wenn der Erblasser den Inhalt der Schrift dem Notar aus freien Stücken offenbart.

III. Behandlung der übergebenen Schrift

3 *1. Kennzeichnung.* Die übergebene Schrift, auch wenn sie offen übergeben wird, ist keine Anlage zur Niederschrift im Sinne des § 9 Abs. 1 Satz 2; denn die Niederschrift enthält keine letztwillige Erklärung, sondern nur das Bekenntnis zum Inhalt der übergebenen Schrift als Testament. Daraus erklärt es sich, daß die Vorschriften über Protokollanlagen, insbesondere über deren Vorlesung, Genehmigung und Unterzeichnung, auf die übergebene Schrift nicht anwendbar sind (§ 13 Rdn. 5). Die Niederschrift ist als solche auch ohne die übergebene Schrift vollständig. Da aber die Schrift durch die Übergabe und das Bekenntnis zu ihrem Inhalt die Eigenschaft einer öffentlichen Urkunde erlangt (Vorbem. 13 vor § 27), muß die Identität des in der Niederschrift bezeichneten mit dem übergebenen Schriftstück gewährleistet sein. Diese Sicherung ergab sich bisher daraus, daß der Notar nach § 2246 BGB a. F.

[1]) RG Recht 1907 Nr. 3831 = WarnR 1908 Nr. 74.

[2]) BayObLG OLGR 30, 212; KG Recht 1923 Nr. 673.

die Niederschrift und die übergebene Schrift in Gegenwart des Erblassers (und etwaiger Zeugen oder eines zweiten Notars) in einen versiegelten Umschlag zu nehmen hatte. Jetzt darf der Notar diese Handlung nach § 34 auch in Abwesenheit des Erblassers und sonstiger Mitwirkender vornehmen. Zum Ausgleich dafür wird dem Notar in § 30 Satz 2 zur Pflicht gemacht, die Schrift derart zu kennzeichnen, daß eine Verwechselung ausgeschlossen ist. Das kann geschehen durch eine genaue Beschreibung in der Niederschrift oder durch Anbringung eines Merkmals, auf welches in der Niederschrift hingewiesen wird (BT-Drucks. V/3282 Seite 35), am besten aber wohl durch die Anbringung des Vermerks „Zu Urk.-Rolle Nr. ... übergebene Schrift des ...“. Nach dem Zweck der Vorschrift wird anzunehmen sein, daß die Kennzeichnung alsbald nach der Übergabe vor Abschluß der Verhandlung vorzunehmen ist, zumal die Art der Kennzeichnung in der Niederschrift regelmäßig anzugeben sein wird. Jedoch hat eine Verletzung oder Nichtbeachtung der Vorschrift keine Ungültigkeitsfolgen.

2. *Beifügung.* Die übergebene (und gekennzeichnete) Schrift soll der Niederschrift beigefügt werden (Satz 5). Unter Beifügung ist jede räumliche Zusammenfügung des Schriftstücks mit der Niederschrift zu verstehen. Dazu kann es genügen, wenn die Schrift in die Urkunde über die Niederschrift lose hineingelegt oder ihr einfach zugelegt wird (vgl. § 9 Rdn. 19). Eine Verbindung mit Schnur und Siegel ist für diesen Fall in § 44 nicht vorgeschrieben und auch nicht angebracht, da die Schrift kein Bestandteil der Niederschrift ist. Endgültig wird die Beifügung gesichert durch die Einlegung in den versiegelten Umschlag nach § 34. Die Beifügung ist, anders als bei der Protokollanlage nach § 9 Abs. 1 Satz 2 (vgl. § 9 Rdn. 20), kein Wirksamkeitserfordernis der Beurkundung (BT-Drucks. V/3282 S. 35 zu § 30). **4**

3. *Vorlesung.* Daß die Schrift, auch wenn sie offen übergeben wird, nicht vorgelesen zu werden braucht (§ 13 Rdn. 5), wird in Satz 5 Halbs. 2 lediglich zur Klarstellung hervorgehoben. Sie braucht auch nicht unterschrieben zu sein. **5**

IV. Erweiterter Anwendungsbereich

Die Vorschrift gilt nach § 16a Abs. 1 Satz 2 KonsularG auch für die Errichtung von Testamenten und Erbverträgen vor dem *Konsul*, ebenso für die Errichtung von *Nottestamenten* vor dem Bürgermeister (§ 2249 Abs. 1 Satz 4 BGB). Beim Dreizeugen- und Seetestament ist die Errichtung durch Übergabe einer Schrift ausgeschlossen. **6**

Übergabe einer Schrift durch Stumme

31 Ein Erblasser, der nach seinen Angaben oder nach der Überzeugung des Notars nicht hinreichend zu sprechen vermag (§ 2233 Abs. 3 des Bürgerlichen Gesetzbuchs), muß die Erklärung, daß die übergebene Schrift seinen letzten Willen enthalte, bei der Verhandlung eigenhändig in die Niederschrift oder auf ein besonderes Blatt schreiben, das der Niederschrift beigefügt werden soll. Das eigenhändige Niederschreiben der Erklärung soll in der Niederschrift festgestellt werden. Die Niederschrift braucht von dem behinderten Beteiligten nicht besonders genehmigt zu werden.

I. Bedeutung

Wer nach seinen Angaben oder nach der Überzeugung des Notars nicht hinreichend zu sprechen vermag, kann gemäß § 2233 Abs. 3 BGB ein Testament und gemäß § 2276 BGB einen Erbvertrag nur durch Übergabe einer (offenen oder verschlossenen) Schrift errichten. Hierzu enthält § 31 ergänzende Verfahrensvorschriften, soweit nicht bereits die allgemeinen Vorschriften über die Beurkundung von Willenserklärungen, insbesondere § 22, eingreifen. Die Bestimmungen des § 31 entsprechen mit einigen Abweichungen dem § 2243 Abs. 1 Satz 2 und Abs. 2 BGB a. F. **1**

II. Beurkundungsverfahren

2 *1. Sprechverhinderung.* Über den Begriff der Sprechverhinderung vgl. § 22 Rdn. 5. Die Möglichkeit, sich durch Zeichensprache verständlich zu machen, enthebt nicht von der Anwendung des § 2233 Abs. 3 BGB[1]). Maßgebend sind die Angaben des Erblassers oder die Überzeugung des Notars (dazu § 22 Rdn. 6). War die Erklärung des Erblassers, am Sprechen verhindert zu sein, fälschlich abgegeben worden oder hatte der Notar die Überzeugung davon aus Tatsachenirrtum zu Unrecht gewonnen, so kann das in den Formen des § 2233 Abs. 3 BGB, § 31 BeurkG errichtete Testament nicht mit der Behauptung angegriffen werden, der Erblasser habe sprechen können; das Testament könnte höchstens durch den nach § 418 Abs. 2 ZPO zulässigen Beweis entkräftet werden, daß der Erblasser die Erklärung nicht abgegeben oder der Notar die Überzeugung nicht gehabt habe[2]). Gegenüber einem durch mündliche Erklärung errichteten Testament ist aber der Nachweis statthaft, der Erblasser habe wegen Sprechverhinderung die Erklärung nicht mündlich abgegeben.

3 *2. Hinzuziehung von Zeugen.* Ist der Tatbestand des § 2233 Abs. 3 BGB gegeben, so ist zunächst nach § 22 zu verfahren, d. h. es soll ein Zeuge oder ein zweiter Notar hinzugezogen werden, sofern nicht alle Beteiligten, beim Erbvertrag also außer dem Erblasser auch der andere Vertragsteil, darauf verzichten. Diese Tatsachen, nämlich die Angaben des Erblassers über seine Sprechverhinderung oder die Überzeugung des Notars davon sowie die Zuziehung der Nebenpersonen oder der Verzicht darauf sollen in der Niederschrift festgestellt werden (dazu § 22 Rdn. 15). Die Zuziehung eines Dolmetschers kommt nicht in Betracht.

4 *3. Eigenhändige schriftliche Erklärung.* Die Übergabe der die Verfügungen von Todes wegen enthaltenden Schrift muß nach § 2232 Satz 1 BGB von der Erklärung des Erblassers begleitet sein, daß die Schrift seinen letzten Willen enthalte. Da ein Erblasser, der am Sprechen verhindert ist, diese Erklärung nicht mündlich abgeben kann, sieht § 31 vor, daß er die Erklärung schriftlich abzugeben hat. Die Vorschrift beruht auf der Erwägung, daß bloße Zeichen als Ausdrucksmittel dem gesprochenen Wort nicht gleichwertig sind und daß sie bei der Ermittlung des letzten Willens der genügenden Zuverlässigkeit entbehren[3]). Der Gesetzgeber des BeurkG hat diesem Gesichtspunkt zwar keine durchgreifende Bedeutung mehr für den Fall beigemessen, daß der Erblasser fähig ist, seinen Willen durch das gesprochene Wort auszudrücken, da § 2232 Satz 1 BGB n. F. abweichend von § 2238 Abs. 1 BGB a. F. nicht mehr erfordert, daß die Erklärung, die Schrift enthalte den letzten Willen, mündlich abgegeben werde (Vorbem. 14 vor § 27). Aus der Aufrechterhaltung der bisher in § 2243 BGB a. F. getroffenen Regelung in § 31 ergibt sich aber, daß dies, d. h. die Abgabe der Erklärung durch zustimmende Zeichen und Gebärden auf eine entsprechende Frage des Notars, nicht gelten soll, wenn Sprechverhinderung der Grund für die Verwendung dieses Verständigungsmittels ist. Das läßt sich mit der Erwägung rechtfertigen, daß jemand, der zu sprechen fähig ist, Mißdeutungen seiner Gebärden durch das gesprochene Wort entgegentreten kann, während der Sprechunfähige daran gehindert ist. Es wird deshalb als zwingendes Formerfordernis, dessen Nichtbeachtung die Unwirksamkeit der Beurkundung nach sich zieht, vorgeschrieben, daß der Erblasser die Erklärung, die Schrift enthalte seinen letzten Willen (oder eine Erklärung, die dies sinngemäß ausdrückt), *bei der Verhandlung eigenhändig in die Niederschrift oder auf ein besonderes Blatt schreibt.* Aus dem Erfordernis „bei der Verhandlung" ergibt sich, daß das eigenhändige Niederschreiben in Gegenwart des Notars und des etwa nach § 22 zugezogenen Zeugen oder zweiten Notars erfolgen muß mit der Maßgabe, daß die Beurkundung nichtig ist, wenn der Notar bei dem Niederschreiben abwesend ist, während Abwesenheit des Zeugen oder zweiten Notars, da insofern nur die Verletzung der Sollvorschrift des § 22 in Frage steht, die Gültigkeit nicht berührt. Wird die Erklärung nicht unmittelbar in die notarielle Niederschrift hineingeschrieben (was sich regelmäßig empfiehlt), so ist sie auf ein besonderes Blatt zu setzen; besonders bedeutet, daß das Blatt ein anderes ist als die notarielle

[1]) RGZ 85, 120, 125; Staudinger-Firsching BGB[11] § 2243 Anm. 2.

[2]) RGZ 108, 397, 402; BayObLGZ 1968, 268, 272; Staudinger-Firsching BGB[11] § 2243 Anm. 3 b; Soergel-Ehard-Eder BGB[9] § 2243 Anm. 4.

[3]) Mot. V, 251, 276; RGZ 85, 120, 125.

Niederschrift und die übergebene Schrift. Als besonderes Blatt kann aber auch der Umschlag der verschlossen übergebenen Schrift angesehen werden[4]). Die eigenhändige Erklärung braucht nicht unterschrieben zu werden. Da sie aber die mündliche Erklärung ersetzt und zum Erklärungsinhalt der Niederschrift gehört, muß sie, auch wenn sie auf ein besonderes Blatt gesetzt ist, gemäß § 13 Abs. 1 Satz 1 vorgelesen werden[5]). Die Niederschrift ist von dem Notar (§ 13 Abs. 3) und dem Erblasser (§ 13 Abs. 1 Satz 1) zu unterschreiben, von diesem auch dann, wenn er überflüssigerweise schon seine eigenhändige Erklärung unterschrieben haben sollte[6]). Der Zeuge oder zweite Notar unterschreibt nach Maßgabe des § 22 Abs. 2. Die Niederschrift braucht, wie das Gesetz in Satz 3 sagt, von dem behinderten Erblasser nicht besonders genehmigt zu werden, d. h., da Worte ausscheiden, weder schriftlich noch durch Gesten; die Genehmigung liegt in der Unterschrift des Protokolls[7]).

4. *Beifügung des besonderen Blattes.* Wird die eigenhändige Erklärung auf einem besonderen Blatt niedergeschrieben, so soll dieses nach Satz 1 a. E. der Niederschrift beigefügt werden. Für die Art der Beifügung gelten die Bem. zu § 30 Rdn. 4 entsprechend. Obwohl die eigenhändige Erklärung, anders als die übergebene Schrift, die Bedeutung einer Anlage im Sinne des § 9 Abs. 1 Satz 2 hat, weil ohne sie die Niederschrift überhaupt keinen Erklärungsinhalt hat, soll die Gültigkeit der Beurkundung, abweichend von § 2243 Abs. 1 Satz 2 BGB a. F., nicht, wie es sonst für Protokollanlagen gilt (§ 9 Rdn. 20), von der Beifügung abhängig sein (BT-Drucks. V/3282 S. 35 zu § 31). Das ist ein Verzicht auf unumgängliche Formen, der ebenso wie § 35 über das vertretbare Maß hinausgeht. **5**

5. *Feststellungsvermerk.* Außer den nach § 22 Abs. 1 Satz 2 gebotenen Feststellungen (dazu § 22 Rdn. 15) soll das eigenhändige Niederschreiben der Erklärung in der Niederschrift festgestellt werden. Fehlen diese Feststellungen in der Niederschrift, so muß derjenige, der sich auf die Gültigkeit des Testaments beruft, im Streitfall beweisen, daß der Erblasser nach seinen Angaben oder der Überzeugung des Notars am Sprechen verhindert war (nicht daß diese Behinderung tatsächlich vorlag) und daß er die nach § 31 Satz 1 erforderliche Erklärung eigenhändig niedergeschrieben hat. Mißlingt dieser Beweis, so ist Nichtigkeit des Testaments anzunehmen[8]). **6**

6. *Besonderheiten.* Ist der stumme oder sonst am Sprechen verhinderte Erblasser zugleich *sprachfremd*, so darf er die eigenhändige Erklärung in der ihm geläufigen Sprache niederschreiben. Diese Erklärung muß sodann dem Notar, wenn er nicht selbst übersetzt, durch einen nach § 16 zugezogenen Dolmetscher übersetzt werden. Außerdem muß die Niederschrift dem Sprachfremden übersetzt werden. Die Vorschriften des § 32 kommen nicht zur Anwendung, weil sie nur für die Testamentserrichtung durch mündliche Erklärung gelten. **7**

Ein *schreibunfähiger Stummer* oder sonst am Sprechen Verhinderter ist, weil er den Erfordernissen des § 31 nicht genügen kann und eine andere Form nicht zur Verfügung steht, überhaupt nicht in der Lage, ein Testament zu errichten (§ 24 Rdn. 2). Das gleiche gilt nach §§ 2233 Abs. 2, 2247 Abs. 4 BGB für einen lesensunkundigen Stummen. Über die Testamente *tauber Erblasser* vgl. § 24 Rdn. 2, Vorbem. 20 vor § 27, über sprachfremde Taube vgl. § 23 Rdn. 3. Ein am Sprechen verhinderter Minderjähriger, der über 16 Jahre alt ist, kann, wenn er des Schreibens kundig ist, ein Testament nach § 2233 Abs. 1 BGB durch Übergabe einer offenen Schrift unter Beachtung des § 31 errichten. **8**

4) A. M. Soergel-Ehard-Eder BGB[9] § 2243 Anm. 3.

5) Soergel-Ehard-Eder BGB[9] § 2243 Anm. 3; Staudinger-Firsching BGB[11] § 2243 Anm. 8; Palandt-Keidel BGB[28] § 2243 Anm. 4; a. M. Palandt-Keidel BGB[29] § 31 BeurkG Anm. 2 b unter Bezugnahme auf Mecke BeurkG § 31 Rdn. 5; insoweit hat aber das BeurkG keine sachliche Änderung gebracht.

6) Vogels-Seybold TestG § 17 Anm. 5; Soergel-Ehard-Eder a. a. O. Anm. 3.

7) Vgl. Staudinger-Firsching BGB[11] § 2243 Anm. 8; Kipp-Coing ErbR[10] § 15 III.

8) Soergel-Ehard-Eder BGB[9] § 2243 Anm. 4; Staudinger-Firsching BGB[11] § 2243 Anm. 9.

III. Erweiterter Anwendungsbereich

9 Die Vorschrift gilt nach § 16a Abs. 1 Satz 2 KonsularG auch für die Errichtung von Testamenten und Erbverträgen vor dem *Konsul*, ebenso für die Errichtung von Nottestamenten vor dem Bürgermeister (§ 2249 Abs. 1 Satz 4 BGB). Beim Dreizeugen- und Seetestament ist die Errichtung durch Übergabe einer Schrift ausgeschlossen.

Sprachunkundige

32 Ist ein Erblasser, der dem Notar seinen letzten Willen mündlich erklärt, der Sprache, in der die Niederschrift aufgenommen wird, nicht hinreichend kundig und ist dies in der Niederschrift festgestellt, so muß eine schriftliche Übersetzung angefertigt werden, die der Niederschrift beigefügt werden soll. Der Erblasser kann hierauf verzichten; der Verzicht muß in der Niederschrift festgestellt werden.

1 *1. Sprachunkundige Erblasser.* Das in § 16 geregelte Verfahren bei Beteiligung Sprachunkundiger ist grundsätzlich auch auf die Beurkundung von Verfügungen von Todes wegen anwendbar. Das gilt uneingeschränkt, wenn durch Übergabe einer Schrift testiert wird (§§ 2232, 2233, 2276 Abs. 1 Satz 2 BGB) und lediglich die Erklärung des Erblassers zu beurkunden ist, daß die Schrift seinen letzten Willen enthalte. Wird die Verfügung von Todes wegen dagegen durch mündliche Erklärung errichtet, so wird die Vorschrift des § 16 durch § 32 dahin ergänzt, daß die sonst nur auf Verlangen des Beteiligten und in Form einer Sollvorschrift vorgesehene Anfertigung einer schriftlichen Übersetzung der Niederschrift (§ 16 Abs. 2 Satz 2) stets ohne Verlangen und als zwingendes Formerfordernis vorgeschrieben wird (vorausgesetzt, daß die Sprachunkundigkeit des Erblassers gemäß § 16 Abs. 1 in der Niederschrift festgestellt ist). Die Vorschrift ist dem § 2244 Abs. 2 Satz 1 BGB nachgebildet. Hierfür war die Erwägung maßgebend, daß es darauf ankommt, den Willen des Erblassers richtig festzuhalten und Mißverständnisse möglichst auszuschließen (BT-Drucks. V/3282 S. 35). Die Nichtbeachtung der Vorschrift hat die Nichtigkeit der Beurkundung zur Folge. Die mündliche Übersetzung der Niederschrift (§ 16 Abs. 2 Satz 1) ist außerdem erforderlich, kann aber wohl durch die Vorlesung der schriftlichen Übersetzung ersetzt werden, obwohl dies nicht besonders bestimmt wird; keinesfalls kann die Vorlesung der Niederschrift im Sinne des § 16 Abs. 2 Satz 1 durch die Anfertigung einer schriftlichen Übersetzung ersetzt werden, die nicht vorgelesen oder nur zur Durchsicht vorgelegt wird. Von der Beifügung der schriftlichen Übersetzung ist die Wirksamkeit der Beurkundung nicht abhängig (BT-Drucks. V/4014 S. 4 zu § 32). Im übrigen gelten für die Anfertigung der Übersetzung und ihre Beifügung die Bem. zu § 16 Rdn. 11 bis 14.

2 *2. Verzicht auf schriftliche Übersetzung.* Nach Satz 2 kann der Erblasser auf die schriftliche Übersetzung verzichten. Diese Regelung ist eingeführt worden, um bei schwerkranken Erblassern die Testamentserrichtung nicht daran scheitern zu lassen, daß für die Anfertigung einer schriftlichen Übersetzung nicht mehr genügend Zeit verbleibt. Der Verzicht muß bei Vermeidung der Unwirksamkeit der Beurkundung in der Niederschrift festgestellt werden, weil er ein notwendiges Formerfordernis ersetzt. Es verbleibt aber bei der Notwendigkeit, die Niederschrift anstelle des Vorlesens dem Erblasser nach § 16 Abs. 2 Satz 1 mündlich zu übersetzen.

3 *3. Erweiterter Anwendungsbereich.* Die §§ 16, 32 gelten auch für die Errichtung von Testamenten und Erbverträgen vor dem *Konsul* (§ 16a Abs. 1 Satz 2 KonsularG), jedoch brauchen Dolmetscher nicht vereidigt zu werden (§ 16 Rdn. 21); wegen der Errichtung fremdsprachiger Urkunden vor dem Konsul vgl. § 5 Rdn. 2. Auch bei Errichtung von *Nottestamenten* vor dem Bürgermeister sind die §§ 16, 32 anzuwenden (§ 2249 Abs. 1 BGB n. F.); Testamente in fremder Sprache darf er nicht beurkunden (§ 2249 Abs. 1 Satz 4 BGB mit § 5 Abs. 1 BeurkG). Für das Dreizeugentestament und das Seetestament ist die Anwendbarkeit der §§ 16, 32 nicht bestimmt (§ 2250 Abs. 3, § 2251 BGB); sie können also nicht unter Hinzuziehung eines Dolmetschers errichtet werden. Jedoch gestattet es § 2250 Abs. 3 Satz 3 BGB, daß die Nie-

derschrift in fremder Sprache errichtet wird, wenn der Erblasser und die Zeugen dieser Sprache hinreichend kundig sind, was ein notwendiges Erfordernis ist; die Sprachkunde soll in der Niederschrift festgestellt werden. Entsprechendes gilt nach § 2251 BGB für das Seetestament.

Besonderheiten beim Erbvertrag

33 Bei einem Erbvertrag gelten die §§ 30 bis 32 entsprechend auch für die Erklärung des anderen Vertragschließenden.

Erläuterung

1. Materiell-rechtlich bestimmt § 2276 Abs. 1 Satz 2 Halbs. 2 BGB in bezug auf die Errichtungsarten eines Erbvertrages, daß das, was nach den §§ 2231 Nr. 1, 2232, 2233 BGB für den Erblasser gilt, auch für jeden der Vertragschließenden gelten soll. Über die Bedeutung dieser Bestimmung vgl. Vorbem. 21, 22 vor § 27. Ergänzend bestimmt § 33 in verfahrensrechtlicher Hinsicht, daß bei der Beurkundung eines Erbvertrages die verfahrensrechtlichen Bestimmungen der §§ 30 bis 32 auch bei der Beurkundung der Erklärung des anderen Vertragschließenden zu beachten sind. Treffen beide Vertragschließende Verfügungen von Todes wegen, so gelten die §§ 30 bis 32 unmittelbar. Die Vorschrift des § 33 greift erst ein bei einem einseitigen Erbvertrage, in welchem nur einer der Vertragsteile vertragsmäßige Verfügungen von Todes wegen trifft und der andere sich darauf beschränkt, sie lediglich anzunehmen. In diesem Fall sollen nach § 33 die §§ 30 bis 32 auch für den anderen Vertragsteil gelten. Wenn dieser daher seine Erklärung, daß er die vertragsmäßigen Verfügungen des Erblassers annehme, in einer übergebenen Schrift abgibt, so ist § 30 zu beachten. Vermag der andere Vertragsteil nach seinen Angaben oder nach der Überzeugung des Notars nicht hinreichend zu sprechen und kann deshalb der Erbvertrag nach §§ 2276 Abs. 1 Satz 2, 2233 Abs. 3 nur durch Übergabe einer Schrift errichtet werden, so muß der am Sprechen verhinderte Vertragsteil seine Erklärung, daß die übergebene Schrift seine Annahmeerklärung enthalte, gemäß § 31 eigenhändig niederschreiben, während der nicht am Sprechen verhinderte Erblasser die Erklärung, daß die Schrift seine Verfügungen von Todes wegen enthalte, mündlich abzugeben hat (Vorbem. 22 vor § 27); außerdem ist § 22 zu beachten. Wird der Erbvertrag durch mündliche Erklärung errichtet und ist der andere Vertragsteil der Sprache der Niederschrift nicht kundig, so ist nach § 32 zu verfahren; der nach § 32 Satz 2 zulässige Verzicht auf schriftliche Übersetzung ist von dem sprachunkundigen Vertragsteil zu erklären. Nach § 33 ist auch zu verfahren, wenn bei einem Erbvertrag zwischen mehr als zwei Beteiligten mehrere Vertragschließende lediglich die Annahme der Verfügungen von Todes wegen des oder der anderen Vertragsteile erklären[1]). **1**

2. Erweiterter Anwendungsbereich. Die Vorschrift gilt nach § 16a Abs. 1 Satz 2 KonsularG n. F. auch für die Beurkundung eines Erbvertrages durch den Konsul. **2**

Verschließung, Verwahrung

34 (1) Die Niederschrift über die Errichtung eines Testaments soll der Notar in einen Umschlag nehmen und diesen mit dem Prägesiegel verschließen. In den Umschlag sollen auch die nach den §§ 30 bis 32 beigefügten Schriften genommen werden. Auf dem Umschlag soll der Notar den Erblasser seiner Person nach näher bezeichnen und angeben, wann das Testament errichtet worden ist; diese Aufschrift soll der Notar unterschreiben. Der Notar soll veranlassen, daß das Testament unverzüglich in besondere amtliche Verwahrung gebracht wird.

(2) Beim Abschluß eines Erbvertrages gilt Absatz 1 entsprechend, sofern nicht die Vertragschließenden die besondere amtliche Verwahrung ausschließen; dies ist im Zweifel anzunehmen, wenn der Erbvertrag mit einem anderen Vertrag in derselben Urkunde verbunden wird.

[1]) Vgl. Reithmann DNotZ 1957, 527.

Übersicht

I. Rechtsentwicklung

1 Die Vorschrift tritt an die Stelle des § 2246 Abs. 1 und Abs. 2 Satz 1 sowie des § 2277 Abs. 1 BGB a. F., und zwar wird § 2246 Abs. 1 BGB a. F. durch Abs. 1 Satz 1 bis 3 ersetzt, während Abs. 1 Satz 4 dem bisherigen § 2246 Abs. 2 Satz 1 BGB entspricht. In Abs. 2 wird die Bestimmung des § 2277 Abs. 1 BGB a. F. übernommen. Die Bestimmungen der §§ 2246 Abs. 2 Satz 2 und 2277 Abs. 2 BGB a. F. (Hinterlegungsschein) sind jetzt in den §§ 2258b Abs. 3, 2277 BGB n. F. enthalten. Sachlich ist eine Änderung insofern eingetreten, als die Verschließung nicht mehr, wie nach §§ 2246 Abs. 1, 2277 Abs. 1 BGB a. F., „in Gegenwart der übrigen mitwirkenden Personen und des Erblassers" vorgenommen zu werden braucht (vgl. BT-Drucks. V/3282 S. 36 zu § 34).

II. Bedeutung

2 Die Vorschrift enthält nur *Ordnungsvorschriften,* deren Nichtbeachtung die Gültigkeit des mit der Unterzeichnung der Niederschrift (§ 13 Abs. 3) vollendeten Testaments oder Erbvertrages nicht berührt[1]). Es ist insbesondere unschädlich, wenn der Erblasser vor den nach § 34 gebotenen Maßnahmen verstirbt. Stirbt der Erblasser nach der Testamentserrichtung, aber vor der Verschließung, so ist die Verschließung gleichwohl vorzunehmen, der Tod aber in der Aufschrift zu vermerken. Die Beachtung der Vorschrift ist Dienstpflicht des Notars; der Erblasser kann den Notar von ihrer Befolgung, also von der Pflicht zur Verschließung und Hinterlegung des Testaments, nicht befreien[1a]). Nach der Annahme zur amtlichen Verwahrung steht es dem Erblasser frei, das Testament mit der Folge des Widerrufs (§ 2256 BGB) zurückzunehmen. Der Widerruf dieses fingierten Widerrufs und die Anfechtung nach den §§ 2078 ff. BGB sind nicht zulässig; die Folge des § 2256 Abs. 1 Satz 1 BGB tritt aber nicht ein, wenn es an einer rechtswirksamen Rücknahme durch den Erblasser fehlt, weil er das Verlangen nicht gestellt hat oder geschäftsunfähig war oder die Rücknahme widerrechtlich durch arglistige Täuschung oder Drohung herbeigeführt worden war[1b]). Durch erneute Verbringung des Testaments in die besondere amtliche Verwahrung wird die eingetretene Ungültigkeit nicht beseitigt. Wenn der Erblasser das Testament schon vor seiner Ablieferung an das Verwahrungsgericht nicht mehr gelten lassen will, wird es für zulässig angesehen, daß der Notar die Urkunde dem Erblasser aushändigt, damit dieser sie sofort in Gegenwart des Notars zum Zwecke des Widerrufs (§ 2255 BGB) vernichten kann[2]).

[1]) BGH NJW 1959, 2113; BGB-RGRK[11] § 2246 Anm. 2.

[1a]) RG JW 1938, 810; Rohs JR 1949, 143; Soergel-Ehard-Eder BGB[9] § 2246 Anm. 2; Oberneck Notariatsrecht[10] S. 236; Planck-Strecker BGB[4] § 2246 Anm. 1; Kipp-Coing ErbR[12] § 27 VII.

[1b]) von Lübtow, NJW 1968, 1849 zu III; Riedel NJW 1970, 1278 Anm.; hinsichtlich der Anfechtbarkeit a. M. KG OLGZ 1970, 242 = NJW 1970, 612; Palandt-Keidel BGB[29] § 2256 Anm. 2.

[2]) Boehmer DNotZ 1940, 145; Schmidt MDR 1951, 324; Vogels-Seybold TestG § 20 Anm. 7, § 33 Anm. 8; Staudinger-Firsching BGB[11] § 2246 Anm. 4; Palandt-Keidel BGB[28] § 2246 Anm. 2; Kipp-Coing ErbR[10] § 14 Fn. 36; Rohs Geschäftsführung[5] S. 65; beachtliche Bedenken dagegen im Hinblick auf § 25 Abs. 1 BNotO bei Seybold-Hornig BNotO[4] § 25 Rdn. 4. Die bloße Aushändigung eines noch nicht in besondere amtliche Verwahrung gebrachten öffentlichen Testaments durch den Notar an den Erblasser gilt nicht als Widerruf nach § 2256 BGB, BGH NJW 1959, 2113 = JR 1960, 135 = Rpfleger 1960, 151.

III. Verschließung des Testaments

Der Notar soll die Niederschrift über die Errichtung des Testaments und die nach den §§ 30 bis 32 beigefügten Schriften in einen Umschlag nehmen. Zu den beizulegenden Schriften gehören die nach § 30 übergebene offene oder verschlossene Schrift, die eigenhändig geschriebene Erklärung des sprechverhinderten Erblassers, wenn sie auf ein besonderes Blatt gesetzt ist (§§ 31, 33), die nach §§ 32, 33 gefertigte schriftliche Übersetzung, aber auch die in § 34 nicht erwähnte, auf Verlangen des Beteiligten nach § 16 Abs. 2 Satz 2 gefertigte Übersetzung, wenn das Testament durch Übergabe einer Schrift errichtet und § 32 deshalb nicht anwendbar ist. Für den Umschlag soll ein Vordruck nach dem Muster der Anl. 1 zur bundeseinheitlichen AV über Benachrichtigungen in Nachlaßsachen vom 2. 1. 1964 i. d. F. vom 15. 12. 1965 verwendet werden (BayJMBl. 1964, 39, 1966, 8; Berlin, ABl. 1964, 89; Bremen, ABl. 1964, 105, 1965, 360; Hamburg, JVBl. 1964, 11, 1966, 2; Hessen, JMBl. 1964, 5, 35, 1966, 13; NdsRpfl. 1964, 75, 1966, 4; JMBl. NRW 1964, 61, 1966, 2; Rheinland-Pfalz, JBl. 1964, 57; JBl. Saar 1964, 2, 92, 1966, 24; Schlesw.-Holst. Anz. 1964, 33, 118, 1966, 33; Baden-Württemberg, AV vom 18. 4. 1966, Die J, 115). Die AV ist zur Anpassung an das BeurkG geändert durch AV vom 5. 12. 1969 (vgl. Baden-Württemberg Justiz 1970, 25; Bayern BayJMBl. 1969, 215; Berlin BerlABl. 1970, 6; Bremen BremABl. 1970, 94; Hamburg HambJVBl. 1969, 99; Hessen HessJMBl. 1969, 1476; Niedersachsen NdsRpfl. 1969, 271; Nordrhein-Westfalen JMBlNRW 1969, 279; Rheinland-Pfalz JBlRhld.-Pf. 1970, 1; Saarland GMBlSaar 1970, 14; Schleswig-Holstein Schl.-HolstJMBl. 1970, 17). Der Umschlag ist mit der in Abs. 1 Satz 3 vorgeschriebenen Aufschrift zu versehen, die der Notar unterschreiben soll (vgl. § 35, wonach die Unterschrift auf dem Umschlag die fehlende Unterschrift des Notars auf der Niederschrift ersetzen kann). **3**

Für die Verschließung des Umschlags ist das *Prägesiegel* (§ 39 Rdn. 13) zu verwenden; Trocken- oder Farbdruckstempel genügen also nicht, wie jetzt durch die Fassung des Gesetzes klargestellt wird[3]). Das Prägesiegel kann mehrmals angebracht werden. Dem Erblasser steht es frei, wenn die Versiegelung in seiner Gegenwart erfolgt, außerdem sein Privatsiegel beizudrücken. Zur Feststellung der Unversehrtheit des Verschlusses vor der Eröffnung vgl. § 2260 Abs. 3 Satz 2 BGB. Eine Beschädigung von Verschluß und Siegel ist von dem Verwahrungsgericht zu beanstanden und aktenkundig zu machen, berechtigt aber nicht dazu, die Annahme zur Verwahrung abzulehnen, wenn der Notar sich weigert, die Verschließung zu erneuern[4]). **4**

Die Verschließung braucht nicht mehr, wie nach § 2246 Abs. 1 BGB a. F., in Gegenwart des Notars und der etwa zugezogenen Nebenpersonen (Zeugen, zweiter Notar) zu erfolgen. Dieses Erfordernis hat der Gesetzgeber als unzweckmäßig beseitigt, weil es dem Notar die Möglichkeit nimmt, die Niederschrift noch einmal in Ruhe zu prüfen und etwa unterlaufene Formfehler zu entdecken (BT-Drucks. V/3282 S. 36). Da aber das Testament „unverzüglich" in amtliche Verwahrung gebracht werden soll (Abs. 1 Satz 4), ergibt sich die Amtspflicht des Notars, die Verschließung alsbald vorzunehmen, sobald seine Geschäftslage es gestattet, in der Regel noch am Tage der Errichtung. Die Beschriftung (außer der Unterschrift), Verschließung und Versiegelung braucht der Notar nicht persönlich vorzunehmen, er muß sie aber überwachen, damit gewährleistet ist, daß der verschlossene Umschlag die richtigen und vollständigen Urkunden enthält; nur die technische Seite der Ausführung darf er seinem Personal überlassen. **5**

IV. Ablieferung zur Verwahrung

Der Notar soll veranlassen, daß das Testament unverzüglich (§ 121 BGB) in besondere amtliche Verwahrung gebracht wird (Abs. 1 Satz 4). Darunter ist im Unterschied zur gewöhnlichen Aktenverwahrung eine strengere und größere Sicherheit bietende Verwahrung zu verstehen[5]). Das Testament soll geheim gehalten und vor nachträglichen Einwirkungen, ins- **6**

[3]) Vgl. zu der bisherigen Streitfrage Staudinger-Firsching BGB[11] § 2246 Anm. 15; Soergel-Ehard-Eder BGB[9] § 2246 Anm. 4.

[4]) KG RJA 8, 257 = OLGR 16, 53 = Recht 1907 Nr. 3240.

[5]) Mot. V, 296; RGZ 48, 99.

besondere der Vernichtung, geschützt werden. Die Verwahrung erfolgt unter gemeinschaftlichem Verschluß des Rechtspflegers und des UdG (§ 2258a Abs. 2 BGB, § 3 Nr. 2 Buchst. c RechtspflG). Zuständig ist nach § 2258a Abs. 2 Nr. 1 BGB das Amtsgericht, in dessen Bezirk der Notar seinen Amtssitz hat, sofern der Erblasser nicht Verwahrung bei einem anderen Amtsgericht wünscht (§ 2258a Abs. 3 BGB), welchem Verlangen ohne weiteres stattzugeben ist. Konsularische Testamente sind dem Amtsgericht Schöneberg in Berlin zur Verwahrung zu übersenden (§ 16a Abs. 1 Satz 1 KonsularG i. d. F. des § 57 Abs. 1 Nr. 2 BeurkG). In Baden-Württemberg sind teilweise die Bezirksnotare zuständig (vgl. § 1 FGG Rdn. 44). Die Ablieferung kann durch Boten oder die Post erfolgen, im letzteren Fall unter „Einschreiben" (vgl. AV d. RJM vom 16. 12. 1938, DJ, 2013). Der Hinterlegungsschein wird dem Erblasser, beim Erbvertrag jedem der Vertragschließenden, nicht dem Notar, erteilt (§§ 2258a Abs. 3, 2277 BGB n. F.); der Notar erhält aber eine Empfangsbestätigung (§ 27 Nr. 6 AktO). Weigert sich das Gericht, das Testament in Verwahrung zu nehmen, so steht außer dem Erblasser auch dem Notar das Beschwerderecht zu (§ 20 FGG Rdn. 85).

7 Der Erblasser kann auch nach der Verbringung in die amtliche Verwahrung von dem Gericht Einsichtnahme und Erteilung von Ausfertigungen und Abschriften verlangen, bei gemeinschaftlichen Testamenten und Erbverträgen jeder Beteiligte auch ohne Einverständnis des anderen[6]). Dagegen kann der beurkundende Notar nach der Annahme des Testaments oder Erbvertrages zur besonderen amtlichen Verwahrung nicht kraft eigenen Rechts ohne Zustimmung der Beteiligten Öffnung des Verschlusses und Vorlegung zur Einsicht verlangen[7]). Nach § 16 Abs. 1 Satz 3 DOfNot. soll der Notar auf Wunsch des Erblassers oder der Vertragschließenden eine beglaubigte Abschrift der Verfügung von Todes wegen bei seinen Akten zurückbehalten[8]) und sie auf Wunsch dem oder den Beteiligten aushändigen.

V. Behandlung von Erbverträgen (Abs. 2)

8 *1. Grundsatz.* Für Erbverträge gilt grundsätzlich das gleiche wie für öffentliche Testamente. Sie sind also in einen Umschlag zu nehmen, der mit einer von dem Notar unterschriebenen Aufschrift zu versehen und mit dem Prägesiegel zu verschließen ist, und in besondere amtliche Verwahrung zu bringen. Nach § 2300 BGB finden die Vorschriften der §§ 2258a, 2258b BGB über die amtliche Verwahrung von Testamenten entsprechende Anwendung. Jedoch weicht die Regelung des Abs. 2 für den Erbvertrag (bisher § 2277 Abs. 1 BGB) von der in Abs. 1 für das öffentliche Testament getroffenen insofern ab, als die Vertragschließenden die besondere amtliche Verwahrung durch ihr Verlangen ausschließen können. Dieses Verlangen wird vermutet, wenn der Erbvertrag mit einem anderen Vertrag in einer Urkunde verbunden ist. Ein gemeinschaftliches öffentliches Testament ist stets zur besonderen amtlichen Verwahrung zu bringen.

9 2. *Verschluß und Aufschrift.* Für Gegenstand und Art des Verschlusses ist Abs. 1 maßgebend. Als mitzuverschließende Schriften kommen außer den in Rdn. 3 erwähnten bei Erbverträgen noch in Betracht eine Vollmacht des nur annehmenden Teils, die Zustimmung des gesetzlichen Vertreters und die Genehmigung des Vormundschaftsgerichts (§ 2275 Abs. 2 Satz 2). Behördliche Genehmigungen können jedoch nur beigefügt werden, wenn sie bei Errichtung des Erbvertrages bereits vorliegen; die Verbringung zur amtlichen Verwahrung darf nicht bis zur Erteilung der Genehmigung aufgeschoben werden[9]). In der Aufschrift des Umschlags sind beide Vertragschließende zu bezeichnen; sind mehr als zwei Personen beteiligt, so ist für die dritte und jede weitere Person ein besonderer Umschlag zu beschriften, der an den ersten Umschlag anzuheften ist (Ziff. I 1 Abs. 3 AV vom 2. 1. 1964, oben Rdn. 3).

[6]) KG JFG 4, 159 = JW 1927, 1650 = DRZ 1927 Nr. 477 unter Aufgabe von KGJ 38 A 150; Staudinger-Firsching BGB[11] § 2258b Anm. 18; zum Verfahren Firsching, Nachlaßrecht 3. Aufl. 1967. Zu den Befugnissen des Notars in diesem Zusammenhang vgl. § 20 FGG Rdn. 85.

[7]) KGJ 38 A 151 = OLGR 21, 341; Staudinger-Dittmann BGB[11] § 2277 Anm. 9; Soergel-Ehard-Eder BGB[9] § 2277 Anm. 5.

[8]) Dazu Dumoulin DNotZ 1966, 70; Kanzleiter, DNotZ 1970, 581 zu 5 Fn. 9.

[9]) Vogels-Seybold TestG § 31 Anm. 3; Staudinger-Dittmann BGB[11] § 2277 Anm. 2.

3. Ausschließung der besonderen amtlichen Verwahrung. Die besondere amtliche Verwahrung darf nur unterbleiben, wenn alle Vertragschließenden es verlangen; der Widerspruch nur eines Vertragsteils genügt nicht. Der Widerspruch muß sogleich nach Errichtung der Urkunde, jedenfalls aber bis zur Ablieferung an das Verwahrungsgericht, erklärt werden; es empfiehlt sich, ihn in die Niederschrift aufzunehmen. Die Beteiligten können nicht verlangen, daß die Urkunde zwar verschlossen, aber nicht in besondere amtliche Verwahrung gebracht werde oder umgekehrt[10]). Schließen die Beteiligten die besondere amtliche Verwahrung aus, so ist ihnen die Urschrift nicht etwa auszuhändigen, sondern sie verbleibt in der gewöhnlichen amtlichen Verwahrung des Notars (§ 25 Abs. 2 BNotO). Nach dem Tode des Erblassers liefert der Notar den Erbvertrag an das Nachlaßgericht ab (§ 2259 BGB, § 25 Abs. 2 Satz 2 BNotO), in dessen Verwahrung er verbleibt, auch wenn es sich um einen zweiseitigen Erbvertrag handelt, der beim Eintritt des zweiten Erbfalls nochmals zu verkünden ist. Verwahrt ein Gericht den Vertrag, so hat es ihn nach dem Erbfall zu eröffnen (§§ 2260, 2261 BGB). 10

Verbleibt der Erbvertrag in der gewöhnlichen amtlichen Verwahrung des Notars, so obliegt diesem die Pflicht, das Standesamt oder die Hauptkartei für Testamente gemäß den für die Benachrichtigung durch das Verwahrungsgericht geltenden Vorschriften der AV vom 2. 1. 1964 (oben Rdn. 3) zu benachrichtigen (§ 16 Abs. 2 DOfNot.); dies ist auf der Urkunde zu vermerken. Bei der Ablieferung an das Nachlaßgericht nach § 25 Abs. 2 Satz 2 BNotO hat er eine beglaubigte Abschrift der Urkunde nebst Kostenberechnung zu der Urkundensammlung zu nehmen. Über die gemäß § 25 Abs. 2 Satz 1 BNotO selbst verwahrten Erbverträge hat der Notar nach § 16 Abs. 3 DONot ein Verzeichnis oder eine Kartei zu führen. 11

Befindet sich ein Erbvertrag seit mehr als 50 Jahren in der Verwahrung des Notars, so hat der Notar nach § 2300a, 2263a BGB, soweit tunlich, Ermittlungen darüber anzustellen, ob der Erblasser noch lebt. Führen die Ermittlungen nicht zur Feststellung des Fortlebens des Erblassers, so hat der Notar den Erbvertrag an das Nachlaßgericht zur Eröffnung abzuliefern (§ 16 Abs. 2 Satz 3 DNot). 12

Die Vertragschließenden, die die besondere amtliche Verwahrung zunächst ausgeschlossen haben, können den Ausschluß später aufheben, also beantragen, daß der Vertrag nachträglich in besondere amtliche Verwahrung gebracht wird; dagegen können im Hinblick auf § 2248 BGB keine Bedenken bestehen[11]). 13

4. Rücknahme aus der amtlichen Verwahrung. Da das Gesetz, wie Abs. 2 zeigt, die besondere amtliche Verwahrung des Erbvertrages davon abhängig macht, daß sie dem Willen der Vertragschließenden entspricht, können diese übereinstimmend (nicht nur einer von ihnen) diese Art der Verwahrung aufheben. Durch diese Aufhebung wird aber die Wirksamkeit des Erbvertrages, anders als durch die Rückgabe des öffentlichen Testaments nach § 2256 BGB, nicht berührt; die Urkunde wird auch nicht an die Vertragschließenden herausgegeben, sondern sie gelangt in die gewöhnliche Verwahrung des beurkundenden Notars oder der anderen Stelle, welche die Urkunden des Notars zu verwahren hat[12]). Die Urschrift darf den Beteiligten auch dann nicht ausgehändigt werden, wenn sie den Erbvertrag aufgehoben haben[13]). Vor der Aufhebung der amtlichen Verwahrung sind die Hinterlegungsscheine zurückzufordern (§ 27 Abs. 6 Satz 4 AktO). 14

5. Gemischte Verträge. Wird der Erbvertrag mit einem anderen Vertrage in derselben Urkunde verbunden, so ist nach der gesetzlichen Auslegungsregel des Abs. 2 Halbs. 2 im Zweifel anzunehmen, daß die Beteiligten die Verschließung und die besondere amtliche Ver- 15

[10]) Planck-Greiff BGB[4] § 2277 Anm. 2; Staudinger-Dittmann BGB[11] § 2277 Anm. 6; a. M. Oberneck Notariatsrecht[10] S. 237.

[11]) Vogels-Seybold TestG § 31 Anm. 2; Seybold-Hornig BNotO[4] § 25 Anm. 8; Staudinger-Dittmann BGB[11] § 2277 Anm. 8; Soergel-Ehard-Eder BGB[9] § 2277 Anm. 2; Palandt-Keidel BGB[28] § 2277 Anm. 2; a. M. Planck-Greiff BGB § 2277 Anm. 2; BGB-RGRK § 2277 Anm. 4; vgl. die Fassung des § 16 Abs. 3 Satz 4 DOfNot.

[12]) KGJ 29 A 78 = RJA 5, 159; Königsberg SeuffA 71 Nr. 94; Staudinger-Dittmann BGB[11] § 2277 Anm. 10; Soergel-Ehard-Eder BGB[9] § 2277 Anm. 5.

[13]) KG JFG 17, 237 = DNotZ 1938, 450 = JW 1938, 1455; Weihe DNotZ 1938, 773; Boehmer DNotZ 1940, 187.

wahrung ausgeschlossen haben. Die Regelung beruht auf der Erwägung, daß in diesem Fall das Interesse der Beteiligten an der alsbaldigen Benutzung der Urkunde in der Regel das Interesse an der Sicherung und Geheimhaltung überwiegt (Prot. 5, 382). Verschließung und Verbringung zur besonderen Verwahrung sind dann nur auf Antrag mindestens eines der Vertragschließenden vorzunehmen.

16 Die *Verbindung* der Verträge „in derselben Urkunde“ erfordert keinen inneren Zusammenhang, wie im Fall des § 2295 BGB, wenn ein solcher wohl auch regelmäßig vorhanden sein wird; es genügt die Zusammenfassung in derselben Niederschrift[14]), allerdings nicht das bloße Zusammenheften mehrerer Niederschriften. Für eine Verbindung mit dem Erbvertrag kommt vor allem ein Ehevertrag in Betracht (vgl. § 2276 Abs. 2 BGB), aber auch ein Erbverzichtsvertrag (§ 2348), ein Pflichtteilsverzichtsvertrag[15]), ein Erbverpfründungsvertrag (§ 2295), ein Kindesannahmevertrag (§ 1750) oder auch ein Vertrag über die Aufhebung eines früheren Erbvertrages[16]). Ist der Erbvertrag mit einem Ehevertrag verbunden, so gilt die Auslegungsregel des Abs. 2 Halbs. 2 nicht nur, wenn der Erbvertrag in der für ihn geltenden Form des § 2276 Abs. 1 BGB geschlossen ist, sondern auch wenn die Beteiligten nach § 2276 Abs. 2 BGB nur die für den Ehevertrag vorgeschriebene Form beobachtet haben; andererseits ist auch in diesem Fall die besondere amtliche Verwahrung (auf Verlangen) zulässig. Ist der Erbvertrag mit einem anderen Vertrage als einem Ehevertrage verbunden, z. B. mit einem Kindesannahmevertrage, so ist zu beachten, daß für den Erbvertrag die Form des Vertrages unter Lebenden nicht genügt, vielmehr die besonderen Vorschriften der §§ 2274, 2276 Abs. 1, 2232, 2233 BGB eingehalten werden müssen. Auch hier ist die besondere amtliche Verwahrung auf ausdrücklichen Antrag zulässig, wenn auch wegen der Schwierigkeit, Ausfertigungen zu erteilen, besonders unzweckmäßig.

VI. Erweiterter Anwendungsbereich

17 Die Vorschrift gilt auch für vor einem Konsul errichtete Testamente und Erbverträge (§ 16a Abs. 1 Satz 2 KonsularG n. F.); eine nach § 34 in besondere amtliche Verwahrung zu bringende Niederschrift ist verschlossen dem AG Schöneberg in Berlin zur Verwahrung zu übermitteln; dieses erteilt auch den Hinterlegungsschein. Stirbt der Erblasser vor der Absendung des Testaments, so kann der Konsul es unter Beachtung der §§ 2260, 2261 Satz 2 BGB eröffnen (§ 16a Abs. 2 KonsularG). § 34 Abs. 1 gilt ferner für das Nottestament vor dem Bürgermeister, wobei dieser an die Stelle des Notars tritt (§ 2249 Abs. 1 BGB n. F., wegen der Zuständigkeit zur Verwahrung vgl. § 2258a Abs. 2 Nr. 2 BGB n. F.), nicht aber für das Dreizeugentestament und das Seetestament (§§ 2250 Abs. 3, 2251 BGB).

Niederschrift ohne Unterschrift des Notars

35 Hat der Notar die Niederschrift über die Errichtung einer Verfügung von Todes wegen nicht unterschrieben, so ist die Beurkundung aus diesem Grunde nicht unwirksam, wenn er die Aufschrift auf dem verschlossenen Umschlag unterschrieben hat.

Erläuterung

1 *1.* Die nach § 13 Abs. 3 unabdingbare Unterschrift des Notars auf der Niederschrift über die Errichtung einer Verfügung von Todes wegen kann nicht durch die Unterschrift auf dem nach § 34 Abs. 1 Satz 1 errichteten Umschlag ersetzt werden; das ist einhellige Meinung[1]).

[14]) BGB-RGRK § 2277 Anm. 5; Palandt-Keidel BGB[28] § 2277 Anm. 4; Staudinger-Dittmann BGB[11] § 2277 Anm. 14.

[15]) Vgl. BGHZ 22, 364.

[16]) KG RJA 1, 98 = KGJ 20 A 153; zur Verbindung des Erbvertrages mit anderen Verträgen in materieller Hinsicht vgl. Knieper, DNotZ 1968, 331.

[1]) München DNotZ 1944, 12; Hamm DNotZ 1952, 80; BGHZ 17, 69; Staudinger-Firsching BGB[11] § 2242 Anm. 29; Palandt-Keidel BGB[28] § 2242 Anm. 8 a; Soergel-Ehard-Eder BGB[9] § 2242 Anm. 17.

Denn die Unterschrift auf der Niederschrift bezeugt den Errichtungsakt, so wie er sich zugetragen hat, der Vermerk auf dem Umschlag dagegen ist ein Zeugnis darüber, daß der Notar die darin befindliche Niederschrift in den Umschlag getan und diesen verschlossen hat. Wenn in § 35 auf die Unterschrift des Notars auf der Niederschrift verzichtet wird, sofern er die Aufschrift auf dem verschlossenen Umschlag unterschrieben hat, so liegt darin keine begrüßenswerte Milderung einer vermeidbaren Formenstrenge, sondern ein kaum noch vertretbarer Verzicht auf notwendige Formen. Bei Rietsch, Handbuch der Urkundwissenschaft, 2. Aufl. (1904), S. 489, heißt es hierüber: „Unbedingt gefordert wird die Unterschrift der Urkundsperson; davon gibt es heute keine Ausnahme". Erst dem BeurkG ist es vorbehalten geblieben, diesen elementarsten Grundsatz des Beurkundungswesens zu durchbrechen. Die Vorschrift sollte daher bei einer Gesetzesreform beseitigt werden; für grobe Fehler hat der Notar nach § 19 BNotO einzustehen.

2. Die Vorschrift verträgt keine ausdehnende Anwendung. Sie ist daher nicht anwendbar, wenn der Notar zwar die Niederschrift ordnungsgemäß unterschrieben, sich aber nicht nach § 9 Abs. 1 Satz 1 Nr. 1 in der Niederschrift selbst gesetzmäßig bezeichnet hat (vgl. § 9 Rdn. 8), oder wenn die Unterschrift des Schreibzeugen fehlt oder wenn ein Erbvertrag nach § 34 Abs. 2 nicht in amtliche Verwahrung zu bringen und deshalb nicht mit einem Umschlag zu versehen ist. Der Mangel kann auch nicht dadurch behoben werden, daß ein zunächst gemäß § 34 Abs. 2 bei der Urkundensammlung des Notars verbliebener Erbvertrag nachträglich in besondere amtliche Verwahrung gebracht (vgl. § 34 Rdn. 12) und erst aus diesem Anlaß mit einem Umschlag versehen wird[2]); das käme einer unzulässigen verspäteten Nachholung der Unterschrift gleich (vgl. § 13 Rdn. 40). Bei Verbindung von Ehe- und Erbvertrag gemäß § 2276 Abs. 2 BGB (vgl. Vorbem. 4 vor § 27) gilt die Vorschrift nicht[3]). **2**

3. *Erweiteter Anwendungsbereich.* Die Vorschrift gilt auch für vor dem Konsul errichtete Testamente und Erbverträge (§ 16a Abs. 1 Satz 2 KonsularG n. F.) und für Nottestamente vor dem Bürgermeister (§ 2249 Abs. 1 BGB n. F.), nicht aber für das Dreizeugentestament und das Seetestament (§§ 2250 Abs. 3, 2251 BGB). **3**

Dritter Abschnitt

Sonstige Beurkundungen

Vorbemerkung

Der Dritte Abschnitt behandelt die Beurkundung anderer Gegenstände als Willenserklärungen. Dazu gehört insbesondere die Beurkundung von Versammlungsbeschlüssen, von Versteigerungen und Verlosungen, die Aufnahme von Vermögensverzeichnissen, soweit sie nicht von Amts wegen aufgenommen werden, die Beurkundung von Wissenserklärungen sowie die Feststellung, daß eine Unterschrift echt ist oder eine Abschrift mit der Hauptschrift übereinstimmt. Für derartige Beurkundungen gilt entweder die Form der Niederschrift oder die Form des Vermerks; danach bestimmt sich die Untergliederung des Dritten Abschnitts.

1. Niederschriften

Grundsatz

36 Bei der Beurkundung anderer Erklärungen als Willenserklärungen sowie sonstiger Tatsachen oder Vorgänge muß eine Niederschrift aufgenommen werden, soweit in § 39 nichts anderes bestimmt ist.

[2]) Vgl. Haegele Rpfleger 1969, 417; a. M. Palandt-Keidel BGB[9] § 35 BeurkG Anm. 2.

[3]) Mecke BeurkG § 33 Rdn. 5.

Übersicht

I. Allgemeines

1 Die Vorschrift befaßt sich mit Beurkundungen über andere Gegenstände als Willenserklärungen. Für die Beurkundung von Willenserklärungen ist es kennzeichnend, daß sie nicht ohne genau geregelte Mitwirkung der Beteiligten (§ 13) vorgenommen werden kann. Im Gegensatz dazu sind Beurkundungen über andere Gegenstände als Willenserklärungen bloße Zeugnisse der Urkundsperson über von ihr amtlich wahrgenommene Vorgänge (seien es Erklärungen oder andere Tatsachen) oder über ihre eigene Tätigkeit, so daß eine Mitwirkung der an der Beurkundung Interessierten nicht stattfindet, jedenfalls nicht grundsätzlich geboten ist. Genau genommen ist auch die Beurkundung von Willenserklärungen die Beurkundung der Tatsache, daß die Erklärung abgegeben worden ist. Der Zweite Abschnitt „Beurkundung von Willenserklärungen" regelt nur einen Sonderfall, die Beurkundung von Tatsachen besonderer Art, die aber so bedeutsam sind, daß ihre Beurkundung besonderer Kautelen bedarf. Hiernach ist der Gegensatz zur Beurkundung von Tatsachen nicht die Beurkundung von Erklärungen, sondern die Abgabe von Urteilen; eine solche ist dem Notar grundsätzlich verwehrt (Rdn. 5). Die Beurkundung von Erklärungen ist die Beurkundung eines tatsächlichen Vorgangs im Sinne des § 36, wenn die Erklärung keinen rechtsgeschäftlichen Inhalt hat. Erklärungen über sinnlich wahrgenommene Tatsachen (Zeugenaussagen, eidesstattliche Versicherungen) heißen Wissenserklärungen. Sie sind objektive Wissenserklärungen, wenn sie eine Tatsache bestätigen. Es gibt aber auch subjektive Wissenserklärungen, welche besagen, daß der Erklärende von der Wahrheit und Richtigkeit einer Tatsache überzeugt ist. Die Grundlage der Überzeugung bilden sinnliche Wahrnehmungen in Verbindung mit Erfahrungssätzen. Hierher gehören insbesondere die Gutachten Sachverständiger.

II. Beurkundung von Tatsachen außer Erklärungen

2 Die sachliche Zuständigkeit für die Beurkundung tatsächlicher Vorgänge ergibt sich für die Notare aus § 20 Abs. 1 BNotO. Danach sind die Notare zuständig, Beurkundungen jeder Art vorzunehmen sowie Bescheinigungen „über amtlich von ihnen wahrgenommene Tatsachen" auszustellen.

3 *1. Tatsache.* Der Notar darf Tatsachen mit öffentlichem Glauben beurkunden, also die nach Raum und Zeit bestimmten Ereignisse und Zustände der Außenwelt. Er muß diese Tatsache in seiner Eigenschaft als Notar auf Grund eines Ersuchens um Vornahme der Amtshandlung wahrgenommen haben; die Wahrnehmung ist Teil der Amtshandlung, um die er ersucht wird. Private Wahrnehmungen oder solche, die er in seiner Eigenschaft als Rechtsanwalt gemacht hat, darf der Notar nicht urkundlich bezeugen. Der Notar muß die Tatsache aus eigener Wissenschaft als seine Sinneswahrnehmung bezeugen können, ohne eines besonderen Fachwissens zu bedürfen. Hierbei ergibt sich die Einschränkung, daß als Mittel der Wahrnehmung nur der Gesichtssinn und der Gehörsinn in Betracht kommen; die sog. niederen Sinne (Geruch, Geschmack, Gefühl) scheiden aus, weil bei ihrem Gebrauch die Ergebnisse der Sinneswahrnehmung nicht so feststehend sind, daß man die Feststellung als eine Tatsache hinnehmen könnte[1]). Der Notar kann daher nicht beurkunden, ob eine Butter gut oder schlecht

[1]) Rietsch, Hdb. d. Urkundwiss., 2. Aufl. § 146 S. 421; Josef JW 1906, 625, 628; Schlegelberger Art. 31 PrFGG Anm. 3. Etwas abweichend Oberneck NotR[10] S. 161, der den Gebrauch dieser Sinne nicht grundsätzlich, aber in der Regel ausschließt, weil die Beurkundung sich nicht darauf erstrecken werde, daß, sondern wie etwas rieche, schmecke, sich anfühle, und darin ein unzulässiges Urteil liege.

riecht oder schmeckt oder ob ein Stoff weich oder hart ist. Aber auch eine durch Auge und Ohr vermittelte Wahrnehmung kann nur als Tatsache beurkundet werden, wenn sie jedem mit gesunden Sinnen versehenen Menschen möglich ist und der Sinneseindruck notwendig zu derselben Aussage führt; demnach scheiden auch solche Tatsachen aus, deren Wahrnehmung besondere Fachkenntnisse voraussetzt. Unerheblich ist es, ob eine Tatsache positiv oder negativ ist[2]), obwohl der Umstand, daß eine Tatsache nicht eingetreten ist, selbst noch keine Tatsache ist. Oft läßt sich aber eine negative Tatsache aus dem Zustand erweisen, den ihr Unterbleiben hervorgerufen hat, z. B. der Umstand, daß eine Ware nicht abgeholt worden ist, aus der Tatsache, daß sie sich an einem bestimmten Ort befindet, oder es läßt sich das Unterbleiben einer Handlung, die sich auf einen bestimmten Zeitpunkt bezieht, aus der entgegengesetzten positiven Handlung erschließen. Mitunter wird ein erleichterter Beweis zugelassen; so gilt der Protest als Beweis der Nichteinlösung des Wechsels. Grundsätzlich muß die Tatsache rechtserheblich sein, wie aus der Stellung des Notars als Organ der Rechtspflege folgt. Da es sich aber nur in seltenen Fällen gänzlich ausschließen läßt, daß die bezeugte Tatsache von Belang sein könnte, kann der Notar nicht verlangen, daß ihm die Rechtserheblichkeit dargelegt werde, sofern es nicht offensichtlich ist, insbesondere nach den Erklärungen des Antragstellers, daß der verlangten Beurkundung jeder Zusammenhang mit der Rechtsordnung fehlt[3]). Ferner kann die Beurkundung abgelehnt werden, wenn die Tatsache oder ihre Feststellung gegen das Gesetz, die öffentliche Ordnung oder die guten Sitten verstößt (§ 4 Rdn. 9). Die Rechtserheblichkeit der Tatsache kann sich auch auf das öffentliche Recht beziehen, sofern nicht die ausschließliche Zuständigkeit einer Behörde begründet ist. Nur Einzelerscheinungen kommen als Tatsache im Sinne des Beurkundungsrechts in Betracht. Massenerscheinungen festzustellen ist Sache der Statistik.

Schließlich kann der Notar nur Wahrnehmungen als Tatsache beurkunden, die er selbst **4**
mit eigenen Sinnen gemacht hat. Wahrnehmungen anderer Personen, mag er auch von der Richtigkeit der Tatsache überzeugt sein, kann er nur in der Weise urkundlich bezeugen, daß er den Bericht dieser Person als deren Erklärung beurkundet. Dann muß die Urkunde aber so gefaßt werden, daß kein Zweifel darüber auftreten kann, daß Gegenstand der Wahrnehmung des Notars diese Aussage und nicht der von dem Zeugen bekundete Vorgang ist. Entsprechendes gilt für die Beurkundung von Sachverständigengutachten.

2. *Schlußfolgerungen, Werturteile.* Der Notar hält sich nicht mehr in den Grenzen seiner **5**
Zuständigkeit, wenn er aus von ihm sinnlich wahrgenommenen Tatsachen auf Grund einer tatsächlichen oder rechtlichen Würdigung des Sachverhalts Schlußfolgerungen zieht und diese bezeugt oder sonstige Urteile oder Gutachten abgibt[4]). Der Notar kann daher auf Grund der Prüfung von Unterlagen z. B. nicht die Höhe der Auflage einer Zeitung bezeugen[5]). Er darf zwar bescheinigen, daß ihm ein näher bezeichnetes Geschäftsbuch vorgelegen hat, er kann aber nicht mit öffentlichem Glauben bezeugen, daß es ordnungsmäßig geführt ist[6]). Der Notar kann bezeugen, daß ein Bevollmächtigter bei der Abgabe einer notariell beurkundeten Erklärung diejenige Vollmacht in Urschrift oder Ausfertigung vorgelegt hat, die der Urkunde in beglaubigter Abschrift (oder jetzt in der Form des § 49 Abs. 3 BeurkG) beigefügt ist[7]). Dieses Zeugnis kann auch mit der Beglaubigung einer Unterschrift verbunden werden[8]). Dagegen kann der Notar nicht bezeugen, daß der Beteiligte sich im Besitz einer notariell be-

[2]) Rietsch a. a. O. § 140 S. 406; Schlegelberger Art. 31 PrFGG Anm. 5.

[3]) Rietsch a. a. O. S. 422; Josef JW 1906, 625; Schlegelberger Art. 31 PrFGG Anm. 5.

[4]) Oberneck NotR[10] S. 160; Seybold-Hornig BNotO[4] Anh. zu § 20 Rdn. 161; Schlegelberger Art. 31 PrFGG Anm. 3; Höfer-Huhn § 36, 2; Mecke § 1 Rdn. 8; Ertl DNotZ 1969, 650 zu II 1; Zweibrücken DNotZ 1970, 183.

[5]) Wittstock DNotV 1908, 161; Schlegelberger Art. 31 PrFGG Anm. 3; Behre, Die Prüfung der Geschäfte des pr. Notars 4. Aufl. S. 43.

[6]) Josef JW 1906, 627; Seybold-Hornig BNotO[4] Anh. zu § 20 Rdn. 161; Höfer-Huhn § 36, 3.

[7]) Oberneck NotR[10] S. 161; Schlegelberger Art. 31 PrFGG Anm. 4; Höfer-Huhn § 36, 3; Behre, Prüfung S. 43; Mecke § 42 Rdn. 9; KGJ 23 A 120; 25 A 120; 33 A 149; RG Recht 1905 Nr. 1601; RGZ 104, 358, 361; BayObLG OLGR 12, 155.

[8]) Schlegelberger Art. 31 PrFGG Anm. 4.

glaubigten Urkunde befunden habe, inhalts deren er zur Vertretung eines anderen bei der Vornahme des beurkundeten Rechtsgeschäfts befugt sei; denn die Erklärung, daß die Urkunde eine bestimmte Form und einen bestimmten Inhalt habe, setzt eine Prüfung voraus und gibt lediglich wieder, was der Notar nach Durchsicht der Urkunde aus ihr entnommen hat; es handelt sich mithin um ein Zeugnis über die Überzeugung des Notars, also um ein Urteilszeugnis, nicht um ein Tatsachenzeugnis[9]). Es können daher nur natürliche Tatsachen mit öffentlichem Glauben bezeugt werden, nicht sog. Rechtstatsachen, z. B. daß eine zur Verwendung im Ausland bestimmte Urkunde den im Ursprungsland an Urkunden dieser Art gestellten Anforderungen entspreche[10]). Das gilt auch dann, wenn das Rechtsverhältnis urkundlich nachgewiesen ist; die kostenrechtliche Vorschrift des § 50 Abs. 1 Nr. 1 KostO setzt voraus, daß die Beurkundungszuständigkeit des Notars für Rechtsbescheinigungen anderweit gesetzlich begründet ist[11]) (vgl. nachst. Rdn. 7). Manche Zustände sind nicht reine Tatsachen, sondern zusammengesetzt aus sinnlich wahrnehmbaren Tatsachen und Rechtsverhältnissen, z. B. der Bestand eines Staates, die Anhängigkeit eines Rechtsstreits oder eines Konkurses. Daher kann der Notar zwar bescheinigen, daß und wo bestimmte gesetzliche Vorschriften in einem Gesetzblatt verkündet worden seien, er kann aber nicht die Geltung dieser Vorschriften bescheinigen; denn das setzt eine Prüfung und ein Urteil darüber voraus, ob das Gesetz in Geltung getreten, nicht etwa als verfassungswidrig nichtig oder wieder aufgehoben worden ist; die Erteilung solcher Zeugnisse über das im Lande geltende Recht wird daher durch das Landesrecht als Angelegenheit der Justizverwaltung anderen Stellen zugewiesen, in der Regel dem Justizminister (§ 86 PrAGGVG, Art. 90 HessFGG) oder einem Gericht (§ 32 HambFGG)[12]). Ein zugelassenes Urteilszeugnis ist die Bescheinigung der Richtigkeit einer Übersetzung nach § 50.

6 Besondere Bedeutung haben in der notariellen Praxis *Notarbescheinigungen im Grundbuchverkehr,* die dem Gläubiger als Grundlage für seine Entschließung zur Valutierung eines Grundpfandrechts oder dem Grundstückskäufer für die Auszahlung des Kaufpreises dienen sollen. Solche Bescheinigungen sind in den seltensten Fällen reine Tatsachenbescheinigungen. Eine Tatsachenbescheinigung wäre etwa eine Bescheinigung über den Zeitpunkt der Einreichung der Urkunde beim Grundbuchamt und über die zu dieser Zeit bereits vorhandenen Grundbucheintragungen. Eine Bescheinigung, daß dem Grundbuchamt keine unerledigten Anträge vorliegen, die das Pfandgrundstück betreffen, enthält bereits eine tatsächliche Würdigung der Ermittlungen des Notars; als Tatsache könnte er nur bescheinigen, daß er in den Grundakten keine unerledigten Anträge vorgefunden habe und daß ihm alle nach § 1 GBAusfVO zuständigen Grundbuchbeamten auf Anfrage erklärt hätten, daß solche Anträge in Bezug auf dieses Grundstück nicht vorlägen[13]). So kärgliche Bescheinigungen genügen aber dem Auftraggeber meistens nicht. In der Regel stellen sich solche Notarbestätigungen, die nach § 14 Abs. 4 BNotO in keinem Fall die Übernahme einer Gewährleistung enthalten dürfen, als gutachtliche Äußerungen dar, die der Notar gemäß § 24 BNotO auf dem Gebiet der vorsorgenden Rechtspflege zwar erteilen darf, die aber keine mit öffentlichem Glauben versehene Tatsachenbescheinigungen sind, und zwar auch dann nicht, wenn der Notar seinen Dienststempel beigefügt hat[14]). Eine nur gutachtliche Äußerung ist daher die Bestätigung,

[9]) KGJ 43, 154; Hamburg KGJ 38, A 321 = RJA 10, 159; Seybold-Hornig BNotO⁴ Anh. zu § 20 Rdn. 161; Mecke § 42 Fn. 22.

[10]) A. M. Sprick DNotZ 1939, 596, der unter Rechtstatsachen solche versteht, über die unter Rechtskundigen verschiedene Meinungen nicht möglich seien; dagegen zutreffend Schoetensack DNotZ 1952, 274 bei Fn. 28; Höfer-Huhn § 36, 2.

[11]) So auch Sprick DNotZ 1939, 596; Behre DNotZ 1939, 163; Zweibrücken DNotZ 1970, 183.

[12]) A. M. Höfer-Huhn § 36, 2, die eine solche notarielle Rechtsbescheinigung für zulässig halten. Der hier vertretene Standpunkt ist ersichtlich auch der des BeurkG; denn wenn daneben die Notare zuständig wären, hätte es zugunsten anderer Stellen eines landesgesetzlichen Vorbehalts bedurft.

[13]) Vgl. dazu Ertl, Kreditsicherung durch Notarbestätigungen?, DNotZ 1969, 650 zu II 1.

[14]) OLG Braunschweig DNotZ 1965, 701; OLG Zweibrücken DNotZ 1970, 183; Ertl DNotZ 1969, 650 zu II 2; a. M. Göttlich JurBüro 1960, 510 zu III 3; vgl. auch Korintenberg-Wenz-Ackermann KostO 7. Aufl. § 50 Anm. 1, § 147 Fn. 6. Wie im Text jetzt BayObLG 16. 12. 1970 (2 Z 92/70).

daß einer Grundbucheintragung keine Hindernisse entgegenständen[15]), ein Notarbericht über die Belastungsverhältnisse eines Grundstücks einschließlich des Bestehens von Rückerstattungsansprüchen und nicht eingetragener Lasten[15a]) oder eine Bescheinigung, daß alle zur Eigentumsumschreibung erforderlichen Genehmigungen vorlägen[16]). Auch eine gutachtliche Äußerung wird in der Regel auf einem Sachverhalt aufbauen müssen; sind Tatsachenfeststellung und Gutachten nicht klar getrennt, dann ist die Bestätigung ihrem ganzen Inhalt nach eine gutachtliche Äußerung[17]).

3. Rechtsbescheinigungen. In Erweiterung des § 20 Abs. 1 BNotO ist der Notar in gewissen, gesetzlich bestimmten Fällen ausnahmsweise zuständig, Bescheinigungen über Rechtsverhältnisse mit öffentlichem Glauben zu erteilen. Hierher gehören die Vertretungsbescheinigungen nach § 21 BNotO, § 25 BadLFGG (dazu § 12 Rdn. 4-10, 15) sowie die zur Verwendung im Ausland nach § 22a BNotO, § 26 BadLFGG zulässige Bescheinigung über das Bestehen oder den Sitz einer juristischen Person oder Handelsgesellschaft, eine Firmenänderung, eine Verschmelzung oder sonstige rechtserhebliche Umstände (dazu § 12 Rdn. 11 bis 15). Ein Zeugnis über Rechtsverhältnisse ist auch die Bildung eines Teilgrundpfandbriefs und der Vermerk auf dem Stammbrief durch den Notar nach § 20 Abs. 2 BNotO, §§ 61, 70 GBO. Form und Inhalt bestimmen sich nach § 61 Abs. 2, 3, § 70 GBO. Keine reine Tatsachenbescheinigung ist auch bei Änderungen einer Satzung oder eines Gesellschaftsvertrages die für die Anmeldung zum Handelsregister nach §§ 181 Abs. 1 Satz 2, 248 Abs. 2, 278 Abs. 3 AktG, § 54 Abs. 1 Satz 2 GmbHG i. d. F. des Art. 2 Nr. 9, 11, Art. 3 Nr. 5 KoordG vom 15. 8. 1969 (BGBl. I 1146) erforderliche notarielle Bescheinigung darüber, daß die geänderten Bestimmungen der Satzung mit dem Beschluß über die Satzungsänderung und die unveränderten Bestimmungen des der Anmeldung beizufügenden vollständigen Wortlauts der Satzung mit dem zuletzt zum Handelsregister eingereichten vollständigen Wortlaut übereinstimmen; denn diese Feststellung setzt eine vergleichende und rechtliche Wertung voraus[18]). **7**

4. Einzelfälle. Als Beurkundung eines tatsächlichen Vorgangs im Sinne des § 36 stellen sich dar die Beglaubigung von Unterschriften und Handzeichen (§ 40) sowie der Zeichnung von Firmen und Namensunterschriften (§ 41), die Beglaubigung von Abschriften vorgelegter Urkunden (§ 42), die Feststellung des Zeitpunktes, zu dem eine Privaturkunde vorgelegt worden ist (§ 43), die Erteilung von Lebensbescheinigungen, die Beurkundung von Zustellungen (§ 43 Rdn. 5-7), die Beurkundung von Verlosungen sowie der Auslosung oder Vernichtung von Wertpapieren (§ 20 Abs. 1 BNotO), von Siegelungen und Entsiegelungen (Rdn. 12), von Abmarkungen (§ 61 Rdn. 13), die Aufnahme von Vermögensverzeichnissen (§ 61 Rdn. 4-9, nachst. Rdn. 11), teilweise auch die Beurkundung freiwilliger Versteigerungen (§ 15 Rdn. 1, § 61 Rdn. 2, 3, Art. 66 bis 76 PrFGG mit Bem.). Die sonstigen Beurkundungen tatsächlicher Vorgänge lassen sich nicht abschließend aufzählen. Es gehören dazu Bescheinigungen über die Hinterlegung von Aktien oder Schuldverschreibungen zur Teilnahme an einer Versammlung oder zur Ausübung des Stimmrechts (§§ 123 Abs. 3, 138 Satz 2, 278 Abs. 3 AktG, §§ 4 Abs. 2, 10 Abs. 2 des Gesetzes betreffend die gemeinsamen Rechte der Besitzer von Schuldverschreibungen (BGBl. III 4134-1), die Bescheinigung, daß eine Urkunde oder ein Gegenstand dem Notar zu einem bestimmten Zeitpunkt vorgelegt worden ist[19]), oder daß der Beteiligte in mündlicher Erklärung vor dem Notar die Feuerbestattung angeordnet hat (§ 4 Nr. 2 des Gesetzes über die Feuerbestattung vom 15. 5. 1934, RGBl. I 380), die Beurkundung einer Zahlung oder der Übergabe eines Gegenstandes, meistens in Verbindung mit der Beurkundung von Willenserklärungen. Der Notar darf einfache physikalische Vorgänge, z. B. bei einer Materialprüfung[20]) oder die Entnahme einer Probe bescheinigen. Über die Beurkun- **8**

[15]) Zweibrücken DNotZ 1970, 183; a. M. Göttlich JurBüro 1960, 510.
[15a]) LG Köln Mitt-RheinNotK 1961, 429.
[16]) A. M. LG Aachen DNotZ 1960, 446.
[17]) Ertl DNotZ 1969, 650 zu II 3; a. M. kostenrechtlich Braunschweig DNotZ 1965, 700.
[18]) Über die kostenrechtliche Behandlung der Bescheinigung vgl. DNotZ 1969, 519.
[19]) KG JFGErg. 20, 42.
[20]) Sprick DNotZ 1939, 597; Höfer-Huhn § 36, 3; über Tatsachenbescheinigungen im Zusammenhang mit der Hinterlegung von Preisbindungsvereinbarungen (§ 34 GWB) vgl. Höfer-Huhn § 20, 13.

dung von Versammlungsbeschlüssen sowie von Wechsel- und Scheckprotesten s. § 37 Rdn. 8 bis 24.

9 Werden neben tatsächlichen Vorgängen auch Willenserklärungen oder die Erklärungen des § 38 beurkundet, so sind sowohl die §§ 36 ff. als auch die Vorschriften über die Beurkundung von Willenserklärungen einzuhalten; soweit sie sich nicht decken, ist die strengere Form zu beachten.

10 *5. Gemischte Beurkundungen.* Bei der Beurkundung tatsächlicher Vorgänge handelt es sich häufig um gemischte Beurkundungen in dem Sinne, daß die Amtstätigkeit des Notars oder der sonstigen Urkundsperson sich nicht in der Beurkundung erschöpft, sondern mit weiteren Verrichtungen verbunden ist, die in Art. 32 PrFGG als „Handlungen der freiwilligen Gerichtsbarkeit" bezeichnet werden[21]). Solche weiteren Verrichtungen sind neben der Beurkundung etwa auszuführen, wenn der Notar eine Verlosung oder freiwillige Versteigerung selbst leitet oder vornimmt, bei Abmarkungen mitwirkt, Siegel anlegt oder abnimmt, Erklärungen zustellt oder Protest erhebt. Hierbei ist die Zuständigkeit zur Vornahme dieser Verrichtungen von der Zuständigkeit zur Beurkundung zu unterscheiden. Zu der Beurkundung ist der Notar stets befugt, da er nach § 20 BNotO zuständig ist, Beurkundungen jeder Art vorzunehmen und Bescheinigungen über von ihm amtlich wahrgenommene Tatsachen auszustellen. Dagegen müssen ihm weitere Verrichtungen, die sich als Rechtspflegeakte der freiwilligen Gerichtsbarkeit darstellen, durch Bundes- oder vorbehaltenes Landesrecht besonders übertragen sein. Die Übertragung ergibt sich aus § 20 BNotO. Danach sind die Notare zuständig, Verlosungen und Auslosungen vorzunehmen, freiwillige Versteigerungen durchzuführen, Proteste aufzunehmen, Erklärungen zuzustellen, auf Ansuchen Vermögensverzeichnisse aufzunehmen und Siegel anzulegen oder abzunehmen. Inwieweit die Notare zur Aufnahme von Nachlaßverzeichnissen und Nachlaßinventaren auf Anordnung des Nachlaßgerichts sowie zur Anlegung und Abnahme von Siegeln im Rahmen eines Nachlaßsicherungsverfahrens zuständig sind, bestimmt sich gemäß § 20 Abs. 4 BNotO nach Landesrecht. An dieser Stelle sind hier noch hervorzuheben:

11 *a) Aufnahme von Vermögensverzeichnissen.* Die Aufnahme von Vermögensverzeichnissen ist im Gesetz in den bei § 61 Rdn. 4 angeführten Fällen vorgesehen. Wegen der Zuständigkeit dafür vgl. § 61 Rdn. 5 bis 7 und Art. 38 PrFGG Anm. 2a. Die Aufnahme ist eine Verrichtung der freiwilligen Gerichtsbarkeit, die über eine bloße Beurkundung hinausgeht. Die Amtstätigkeit des Notars erstreckt sich auch auf die gewissenhafte Feststellung der vorhandenen Vermögensgegenstände; allerdings wird er dabei im wesentlichen auf die Auskünfte der Beteiligten angewiesen sein. Die Beurkundung erfolgt in Form einer Niederschrift nach § 37; in einfacheren Fällen wird ein Zeugnis in Form eines Vermerks nach § 39 genügen. Wird der Notar nur zu der Aufzeichnung des von einem anderen aufzunehmenden Vermögensverzeichnisses hinzugezogen, wie in den Fällen der §§ 1802 Abs. 2, 1897, 1915, 2002 BGB und des § 123 Abs. 1 Satz 3 KO, so beschränkt sich seine Amtstätigkeit auf die Beurkundung.

12 *b) Siegelung, Entsiegelung.* Die sachliche Zuständigkeit des Notars auf Ansuchen Beteiligter, auch des Konkursverwalters, ergibt sich aus § 20 Abs. 1 BNotO, die Zuständigkeit des Notars und anderer Stellen bei Maßnahmen zur Nachlaßsicherung sowie auf Anordnung des Konkursgerichts aus den bei Art. 38 PrFGG Anm. 4 angeführten Vorschriften. Auch diese Maßnahme ist ein über die bloße Beurkundung hinausgehender Akt der freiwilligen Gerichtsbarkeit. Sie braucht nicht mit der Aufnahme eines Verzeichnisses der vorgefundenen Gegenstände verbunden zu sein, wenn das auch oft der Fall sein wird. Bei der Siegelung zum Zwecke der Nachlaßsicherung hat der Notar etwa vorgefundene letztwillige Verfügungen, Geld, Wertpapiere, Kostbarkeiten und wichtige Urkunden an das Nachlaßgericht abzuliefern. Die Siegelung besteht darin, daß die Zugänge des Raumes durch Anlegung von Siegeln so verschlossen werden, daß sie nicht ohne Zerstörung eines der Siegel geöffnet werden können.

[21]) Vgl. dazu Oberneck NotR[10] S. 162; Schlegelberger Art. 31 PrFGG Anm. 7-10; Seybold-Hornig BNotO[4] Anh. zu § 20 Rdn. 152, 153; Mecke Rdn. 2-4.

Über den Hergang ist eine Niederschrift nach § 37, in einfachen Fällen ein Vermerk nach § 39 zu fertigen[22]). Bei der Entsiegelung ist zu vermerken, ob die Siegel unverletzt vorgefunden wurden.

III. Form der Beurkundung

Nach dem Vorbild der meisten Landesrechte (vgl. Art. 55, 56 PrFGG, Art. 65, 66 HessFGG, Art. 47, 49 NdsFGG, Art. 24, 26 Abs. 1 BayNotG, § 9 BremAGFGG, Art. 106 Abs. 2 WürttAGBGB) stellt das Gesetz für die Beurkundung anderer Erklärungen als Willenserklärungen sowie sonstiger Tatsachen oder Vorgänge zwei Formen zur Verfügung, nämlich die Form der Niederschrift (§ 37) oder die Form eines Vermerks (§ 39). Die Niederschriftsform ist die Regel, die Form des Vermerks ist nur für „einfache Zeugnisse" zugelassen; auch bei Beurkundungen, für die nach § 39 die Form des Vermerks genügen würde, ist aber die gesetzliche Form gewahrt, wenn der Notar darüber eine Niederschrift errichtet. Wenn nicht nach § 39 die Vermerkform zugelassen ist, weil es sich um ein einfaches Zeugnis handelt, muß nach § 36 eine Niederschrift aufgenommen werden. Damit wird die Notwendigkeit zur Beachtung der Mußvorschrift des § 36 von einer Voraussetzung abhängig gemacht, deren Grenzen nicht eindeutig bestimmt sind. Denn der Begriff des „einfachen Zeugnisses" kann nicht so genau bestimmt werden, daß sich in jedem Fall zweifelsfrei feststellen ließe, ob das beurkundete Zeugnis über die wahrgenommene Tatsache noch ein einfaches ist oder nicht. Man wird es daher der Beurteilung des Notars überlassen müssen, ob im Einzelfall der zu beurkundende Vorgang so einfach ist, daß die Form des Vermerks genügt, oder die Errichtung einer Niederschrift angebracht ist[23]). Ein sachlicher Unterschied zwischen Vermerk und Niederschrift besteht insofern, als die Niederschrift nach § 37 Abs. 1 Nr. 2 einen Bericht des Notars über seine Wahrnehmungen enthält, während der Vermerk nach § 39 nur das Ergebnis der Wahrnehmung wiedergibt. Wenn also der Notar einen Bericht über seine Wahrnehmungen erstatten will, muß er die Form der Niederschrift nach § 37 wählen. Aber auch dieses Kriterium ist nicht eindeutig, weil sich nicht immer einwandfrei wird beurteilen lassen, wann ein Vermerk nach § 39 nur das Ergebnis von Wahrnehmungen oder schon einen Bericht darüber enthält. Daraus ist zu folgern, daß eine Beurkundung über tatsächliche Vorgänge (vom Fall des § 38 abgesehen) stets formgerecht und daher wirksam ist, wenn entweder die Form des § 37 oder die des § 39 gewahrt ist. Das Gesetz hätte besser von der Form des § 39 als zwingender Grundform ausgehen und weiter durch eine Sollvorschrift anordnen sollen, daß über Beurkundungen, die über einfache Zeugnisse hinausgehen, eine Niederschrift angefertigt werden soll. Die Verschärfung der Sollvorschrift des Art. 55 PrFGG zu einer Mußvorschrift widerspricht auch der sonstigen Tendenz des Gesetzes, die Formenstrenge zu mildern. 13

Inhalt der Niederschrift

37 (1) Die Niederschrift muß enthalten

1. die Bezeichnung des Notars sowie

2. den Bericht über seine Wahrnehmungen.

Der Bericht des Notars in einem Schriftstück, auf das in der Niederschrift verwiesen und das dieser beigefügt wird, gilt als in der Niederschrift selbst enthalten.

(2) In der Niederschrift sollen Ort und Tag der Wahrnehmungen des Notars sowie Ort und Tag der Errichtung der Urkunde angegeben werden.

(3) § 13 Abs. 3 gilt entsprechend.

[22]) Vgl. die Muster Nr. 1236, 1237 auch Nr. 830 bei Kersten-Bühling, Formularbuch, 14. Aufl.

[23]) So auch Mecke Rdn. 5.

Übersicht

I. Bedeutung

1 Die Vorschrift regelt Form und Inhalt der Niederschrift über die Beurkundung anderer Erklärungen als Willenserklärungen sowie sonstiger Tatsachen oder Vorgänge (§ 36), wenn der Notar es für angemessen hält, statt eines Vermerks (§ 39) die Form der Niederschrift zu wählen. Das ist regelmäßig angebracht, wenn der Notar in der Urkunde einen Bericht über seine Wahrnehmungen (§ 37 Abs. 1 Nr. 2) und nicht nur das Ergebnis seiner Wahrnehmungen niederlegen will. Von der Niederschrift über die Beurkundung von Willenserklärungen unterscheidet sich diese Niederschrift vor allem darin, daß sie nicht die Bezeichnung von Beteiligten (§ 9 Abs. 1 Nr. 1) zu enthalten braucht und Vorlesung, Genehmigung und Unterschrift der Beteiligten (§ 13) entfallen. Das beruht darauf, daß der wesentliche Kern dieser Beurkundungen das Zeugnis des Notars ist, während eine Mitwirkung von Personen, in deren Interesse oder Auftrag die Urkunde errichtet wird oder auf deren Handlungen, Verhältnisse oder Erklärungen sie sich bezieht, entweder überhaupt nicht stattfindet oder jedenfalls nicht grundsätzlich geboten ist. Dem Notar ist es aber nicht verwehrt, nach seinem Ermessen die über die Erfordernisse des § 37 hinausgehenden Vorschriften über die Beurkundung von Willenserklärungen ganz oder teilweise auch hier heranzuziehen, soweit sie sich nach dem Gegenstand des Geschäfts dazu eignen. Art. 55 Abs. 2 PrFGG bestimmte hierüber, es bleibe dem Ermessen des Notars überlassen, inwieweit das Protokoll den Beteiligten, nämlich den Personen, mit denen er verhandelt hat, zum Zwecke der Genehmigung vorzulesen oder zur Durchsicht vorzulegen und von ihnen zu unterschreiben ist. Eine Vorschrift dieses Inhalts ist in das Gesetz nur deswegen nicht aufgenommen worden, weil sie lediglich die Bedeutung eines Hinweises auf eine Verfahrensweise hätte, die dem Notar ohnehin gestattet ist (BT-Drucks. V/3282 S. 37). Namentlich bei der Beurkundung von Erklärungen, die keine Willenserklärungen sind, wird es häufig angebracht sein, den Erklärenden gemäß § 9 Abs. 1 Nr. 1, 10 Abs. 1 zu bezeichnen und ihm die Niederschrift vorzulesen, von ihm genehmigen und unterschreiben zu lassen. Bei der Aufnahme von Vermögensverzeichnissen kann es ratsam sein, die Personen als Erschienene anzuführen, die dem Notar die Vermögensgegenstände vorgewiesen und ihm Auskünfte erteilt haben.

II. Inhalt der Niederschrift

1. Zwingende Erfordernisse

2 *a) Bezeichnung des Notars.* Die Niederschrift muß in Übereinstimmung mit § 9 Abs. 1 Nr. 1 bei Vermeidung der Nichtigkeit der Beurkundung die Bezeichnung des Notars enthalten. Die an die Art der Bezeichnung zu stellenden Anforderungen sind dieselben wie bei der Beurkundung von Willenserklärungen (vgl. § 9 Rdn. 5 bis 8). Fehlt die Bezeichnung in der Niederschrift oder ist sie ungenügend, so wird die Urkunde in der Regel als Vermerk nach § 39 aufrechterhalten werden können, wenn sie wenigstens die Unterschrift und das Siegel des Notars trägt (vgl. § 36 Rdn. 13).

b) Bericht des Notars. An die Stelle der Wiedergabe von Erklärungen der Beteiligten (§ 9 Abs. 1 Nr. 2) tritt bei Niederschriften über nicht rechtsgeschäftliche Vorgänge der Bericht des Notars über seine Wahrnehmungen. Gegenstand der Beurkundung sind von dem Notar wahrgenommene Tatsachen, also Vorgänge der Außenwelt, die der Notar selbst mit dem Auge oder dem Ohr amtlich wahrgenommen hat. In der Niederschrift hat der Notar über seine Wahrnehmungen zu berichten. Wird die Urkunde über eine Erklärung errichtet, die keine Willenserklärung ist, so enthält der Bericht die Angaben über die Person des Erklärenden und gibt den Inhalt der Erklärung wieder; Angaben über die Persönlichkeitsfeststellung (§ 10 Abs. 2) sind nicht vorgeschrieben, aber in der Regel zu empfehlen. Der Bericht muß den Erklärenden so eindeutig bezeichnen, daß Zweifel über seine Identität nicht auftreten können. Bei Beurkundung anderer tatsächlicher Vorgänge hat der Bericht sich auf die Wiedergabe der Wahrnehmungen zu beschränken; er darf keine daraus gezogenen Schlußfolgerungen enthalten (§ 36 Rdn. 5). Der Bericht hat eine in allen wesentlichen Punkten vollständige Darstellung des Sachverhalts zu enthalten, auf den sich der Beurkundungsauftrag bezieht. Genügt der Bericht diesen Anforderungen nicht, so ist jedoch nicht die Beurkundung unwirksam, sie kann aber möglicherweise ihren Zweck nicht erfüllen. Die Vorschrift verlangt nur, daß die Niederschrift überhaupt einen Bericht über Wahrnehmungen des Notars enthält, mag er auch unvollständig, unrichtig oder mit Schlußfolgerungen vermischt sein. Fehler oder Lücken können aber zur Führung eines Gegenbeweises Anlaß geben (§§ 415 Abs. 2, 418 Abs. 2 ZPO), und Schlußfolgerungen haben nicht die Beweiskraft einer öffentlichen Urkunde. 3

Statt in der Niederschrift selbst kann der Bericht des Notars ganz oder teilweise auch in einem *Schriftstück* enthalten sein, auf das in der Niederschrift verwiesen und welches ihr beigefügt wird (Abs. 1 Satz 2). Das kann sich etwa bei der Aufnahme eines Vermögensverzeichnisses als zweckmäßig erweisen, wenn bereits eine Aufzeichnung der Vermögensgegenstände vorliegt, ist aber auch bei der Beurkundung nichtrechtsgeschäftlicher Erklärungen zulässig. Für den Begriff der Verweisung und der Beifügung gelten die Bem. zu § 9 Rdn. 16 bis 20 entsprechend. Nach § 44 Satz 2 soll das Schriftstück mit der Niederschrift durch Schnur und Prägesiegel verbunden werden. Da der Notar seinen Bericht in Worten zu erstatten hat, muß auch das beigefügte Schriftstück eine wörtliche Darstellung enthalten; das schließt nicht aus, daß zur Verdeutlichung des Berichts Anlagen beigefügt werden, die keine Schriften sind, ohne daß sie allerdings dadurch die Eigenschaft öffentlicher Urkunden erlangen (§ 9 Rdn. 27). Für die Gleichwertigkeit von Niederschrift und beigefügtem Schriftstück gelten die Bem. zu § 9 Rdn. 26. 4

c) Unterschrift des Notars. Nach Abs. 3 gilt § 13 Abs. 3 entsprechend. Der Notar muß also die Niederschrift eigenhändig unterzeichnen und soll der Unterschrift seine Amtsbezeichnung beifügen. Für die Art der Unterschriftsleistung gelten die Bem. zu § 13 Rdn. 35. Die Beifügung des Siegels ist auch hier, wie bei Beurkundung von Willenserklärungen und anders als bei Vermerkurkunden (§ 39), nicht erforderlich. 5

2. *Sollerfordernisse*

a) Ort und Tag der Wahrnehmung. Bei Urkunden über nichtrechtsgeschäftliche Vorgänge gibt es keine Einheit der Handlung in dem Sinne, daß Wahrnehmung und Beurkundung räumlich und zeitlich zusammenfallen müßten (§ 8 Rdn. 11). Auch die Wahrnehmung von Tatsachen zum Zwecke der Beurkundung gehört aber zur Amtstätigkeit des Notars (§ 2 Rdn. 7), bei deren Ausübung der Notar an die räumliche Beschränkung seiner Tätigkeit auf seinen Amtsbezirk und auf das Inland gebunden ist (§ 2 Rdn. 5 bis 9). Daß der Notar diese Grenzen eingehalten hat, soll in der Niederschrift dadurch ersichtlich gemacht werden, daß der Ort der Wahrnehmung angegeben wird. An die Ortsangabe sind daher die bei § 9 Rdn. 30 gemachten Anforderungen zu stellen, die aber auch ausreichend sind. Außerdem wird es gerade bei der Beurkundung tatsächlicher Vorgänge häufig vorkommen, daß die Örtlichkeit von Bedeutung ist, an welcher der Notar die Wahrnehmung gemacht hat, z. B. die Lage versiegelter Räume oder der Ort, an dem ein Gegenstand sich befindet, wenn der Notar dies als Tatsache beurkunden soll. Solche Angaben betreffen den Gegenstand der Beurkundung und 6 gehören in den Bericht des Notars nach § 37 Abs. 1 Nr. 2; mit den nach Abs. 2 zu machenden Orts- und Zeitangaben sind sie nicht identisch. Durch die Angabe der Zeit der Wahrnehmung soll nach der amtl. Begründung (BT-Drucks. V/3282 S. 37) der für den Beweiswert der Urkunde bedeutsame Umstand ersichtlich werden, ob der Notar die Urkunde unter dem noch frischen Eindruck seiner Wahrnehmungen errichtet hat oder nicht; jedoch wird der Beweiswert der Urkunde (§ 418 Abs. 1 ZPO) durch einen mehr oder weniger großen Abstand zwischen Wahrnehmung und Beurkundung nicht beeinträchtigt, es könnte allenfalls der Beweis der Unrichtigkeit erleichtert werden. Vielmehr hat die Zeitangabe, soweit sie nicht überhaupt zum Gegenstand der Beurkundung gehört, die Bedeutung, ersichtlich zu machen, ob der Notar die Wahrnehmung zu einer Zeit gemacht hat, als er im Amt war; außerdem ist die Angabe geeignet, einen gewissen psychologischen Druck auf den Notar auszuüben, die Urkunde alsbald zu errichten.

7 *b) Ort und Tag der Errichtung der Urkunde.* Dieses Sollerfordernis entspricht der für die Beurkundung von Willenserklärungen geltenden Vorschrift des § 9 Abs. 2; vgl. § 9 Rdn. 28 bis 32.

III. Beurkundung von Versammlungsbeschlüssen

8 *1. Allgemeines.* Die Beurkundung des Hergangs und der Beschlußfassung in der Versammlung der Mitglieder eines Vereins, einer Genossenschaft, einer Aktiengesellschaft, einer Kommanditgesellschaft auf Aktien, eines Versicherungsvereins auf Gegenseitigkeit, einer GmbH, einer Gewerkenversammlung oder einer ähnlichen Vereinigung hat nicht die Beurkundung von Willenserklärungen zum Gegenstand, sondern die Beurkundung sonstiger Tatsachen im Sinne des § 36. Willenserklärung ist zwar die Abgabe der Einzelstimme; diese wird aber nicht beurkundet, sondern nur der tatsächliche Hergang einer erfolgten Abstimmung als gesellschaftsrechtlicher Gesamtakt[1]). *Zuständig* sind stets und ausschließlich die Notare (§ 20 Abs. 1 BNotO); im Ausland sind auch die deutschen Konsuln nicht zuständig, wenn die notarielle Beurkundung gesetzliches Formerfordernis ist (§ 1 Rdn. 57). Notare und Konsuln können Versammlungsbeschlüsse auch beurkunden, wenn die notarielle Beurkundung nicht gesetzliches Formerfordernis ist. wie bei Vereinen, Genossenschaften, Gewerkenversammlungen[2]), sofern die Satzung es vorsieht oder der Vorstand es für angebracht hält. *Beurkundungszwang* besteht für Hauptversammlungsbeschlüsse einer AG oder KGaA (§§ 130, 278 Abs. 3 AktG), für die Beschlüsse der obersten Vertretung eines Versicherungsvereins aG (§ 36 VAG mit § 130 AktG), der Versammlung der Besitzer von Teilschuldverschreibungen (§§ 8, 9 des Gesetzes vom 4. 12. 1899, BGBl. III 4134-1), für die Beschlüsse der Gesellschafter einer GmbH über die Änderung des Gesellschaftsvertrages (§ 53 Abs. 2 GmbHG), für die Bestellung des ersten Aufsichtsrats und der Abschlußprüfer für das erste Geschäftsjahr der AG (§ 30 Abs. 1 AktG), ferner vielfach im Umwandlungsrecht, so für Beschlüsse über die Umwandlung einer Personenhandelsgesellschaft (OHG, KG) in eine AG, KGaA oder GmbH (§§ 42 Abs. 1, 48 Abs. 1 UmwG), einer Genossenschaft in eine AG (§ 385m Abs. 2 AktG), von Realgemeinden und ähnlichen Verbänden sowie Kolonialgesellschaften in eine AG (§§ 60 Abs. 1, 61 Abs. 1, 62 UmwG), einer GmbH oder bergrechtlichen Gewerkschaft in eine OHG, KG oder Gesellschaft des bürgerlichen Rechts oder durch Übertragung des Vermögens unter Ausschluß der Abwicklung auf einen Gesellschafter oder Gewerken (§§ 1, 24 Abs. 1, 25 Abs. 2 UmwG), einer bergrechtlichen Gewerkschaft in eine GmbH (§ 63 UmwG).

9 Für die *Form der Beurkundung* bestehen Sondervorschriften, die gemäß § 59 BeurkG aufrechterhalten sind und die Vorschriften der §§ 36, 37, 39 ausschließen, für die Beurkundung von Beschlüssen der Hauptversammlung einer AG oder KGaA (§§ 130, 278 Abs. 3 AktG), der obersten Vertretung eines Versicherungsvereins aG (§ 36 VAG mit § 130 AktG) und der Versammlung der Besitzer von Schuldverschreibungen nach §§ 8, 9 des Gesetzes vom

[1]) Vgl. bereits § 3 Rdn. 16 mit Nachw. in Fn. 20; ferner Bartholomeyczik ZGHR 38, 293; Höfer-Huhn § 30, 1.

[2]) Dazu LG Magdeburg ZBlFG 12, 31.

4. 8. 1899 (BGBl. III 4134-1); vgl. nachst. Rdn. 12 bis 22. Soweit diese Vorschriften nicht eingreifen, gelten für die Beurkundung von Versammlungsbeschlüssen die Vorschriften der §§ 36, 37, 39, jedoch werden die Voraussetzungen eines einfachen Zeugnisses (§ 39) in der Regel nicht vorliegen. Die getrennte Beurkundung einzelner Stimmabgaben kann die Beurkundung des erforderlichen Beschlusses der Gesellschafterversammlung nicht ersetzen[3]).

Die strengeren Vorschriften des BeurkG über die Form der Beurkundung von Willens- **10**
erklärungen sind zu beachten, soweit in derselben Niederschrift neben Beschlüssen auch rechtsgeschäftliche Erklärungen beurkundet werden, z. B. die Übernahme von Aktien oder Geschäftsanteilen[4]). Diese Form ist auch zu wahren, wenn ein Versammlungsbeschluß einer besonders zu beurkundenden Zustimmung bedarf, z. B. der Zustimmung der nicht erschienenen Aktionäre, Gesellschafter oder Gewerken nach §§ 17 Abs. 1, 19 Abs. 2, 20, 21 Abs. 2, 22 Abs. 2, 24 Abs. 1 Satz 2, 25 Abs. 2, 42 Abs. 1, 48 Abs. 1, 64 Abs. 2 Satz 4 UmwG[5]) oder der Beschluß der Hauptversammlung einer KGaA der Zustimmung des persönlich haftenden Gesellschafters (§ 23 Satz 2 UmwG, § 285 Abs. 3 AktG). Die Vorschriften über die Beurkundung von Willenserklärungen sind auch zu wahren bei der Umwandlungserklärung eines Einzelkaufmanns oder von Gebietskörperschaften oder Gemeindeverbänden hinsichtlich der von ihnen betriebenen Unternehmen (§§ 52 Abs. 1, 57 Abs. 2, 58 Abs. 2 UmwG). Wird eine AG, KGaA, GmbH oder bergrechtliche Gewerkschaft in eine neu zu errichtende OHG oder KG umgewandelt (§§ 16, 20, 23, 24 Abs. 1, 25 Abs. 1 UmwG), so beschließt die Hauptversammlung die Errichtung der Gesellschaft, setzt deren Rechtsverhältnisse in dem Beschluß fest, und die Gesellschaft entsteht mit der Eintragung des Umwandlungsbeschlusses in das Handelsregister (§§ 16, 17 Abs. 2, 18 Abs. 2 UmwG); es bedarf also keines Gesellschaftsvertrages, so daß die Beurkundung des Beschlusses nach den dafür maßgebenden Formvorschriften genügt und die Wahrung der Formvorschriften über die Beurkundung von Willenserklärungen nicht erforderlich ist[6]).

Vorschriften, nach denen Versammlungsbeschlüsse notariell beurkundet werden müssen, **11**
sind zwingend[7]) und können weder durch die Satzung noch durch sonstige Vereinbarungen abbedungen werden. Die Satzung kann nach § 53 Abs. 2 Satz 2 GmbHG ihre Abänderbarkeit nur erschweren, niemals aber erleichtern[8]) oder die gesetzliche Form durch eine andere ersetzen. Soweit es sich um den notwendigen Inhalt der Niederschrift handelt (§ 37 BeurkG, § 130 AktG), ist die gesetzliche Regelung erschöpfend; auch die Satzung kann weitere Erfordernisse (etwa über Vorlesung der Niederschrift oder ihre Unterzeichnung durch den Vorsitzenden oder Aktionäre oder andere Personen) nicht mit Nichtigkeits- oder Anfechtbarkeitsfolge vorschreiben[9]).

2. *Beurkundung von Beschlüssen bei der AG, der KGaA und dem VVaG.* Für die Be- **12**
urkundung von Beschlüssen der Hauptversammlung einer Aktiengesellschaft enthält § 130 AktG besondere und zwingende Vorschriften, die nach § 278 Abs. 3 AktG auch für Beschlüsse der Hauptversammlung einer Kommanditgesellschaft auf Aktien und nach § 36 VAG für die

[3]) KG DNotZ 1959, 429 = NJW 1959, 1446.

[4]) RGZ 73, 44; KG JFG 17, 366; Seybold-Hornig BNotO[4] Anh. zu § 20 Rdn. 148; Höfer-Huhn § 30, 3.

[5]) Vgl. BayObLGZ 1959, 255, 261 = DNotZ 1960, 435; Widmann-Mayer Umwandlungsrecht 1970 § 17 Rdn. 451.

[6]) KG JFGErg. 17, 72 = DNotZ 1937, 631; JFGErg. 19, 59; München JFGErg. 16, 43 = DNotZ 1937, 498; Seybold-Hornig BNotO[4] Anh. zu § 20 Rdn. 148; Baumbach-Hueck AktG[18] Anh. zu § 393 § 17 UmwG Rdn. 4; Widmann-Mayer, Umwandlungsrecht 1970, § 17 Rdn. 457; die OHG entsteht durch Beschluß und Eintragung, nicht durch Gesellschaftsvertrag; dahingestellt gelassen in KG JFG 17, 366 = HRR 1938 Nr. 1181 = JW 1938, 2415 = DNotZ 1938, 741; a. M. Fischer in Großkomm. HGB § 105 Anm. 64c; vgl. auch LG Berlin JW 1937, 1272 mit Anm. v. Dietrich. Vgl. auch das Muster bei Kersten-Bühling, Formularbuch, 14. Aufl. Nr. 1182.

[7]) KG DNotZ 1959, 429 = NJW 1959, 1446; Schilling bei Hachenburg GmbHG[6] § 53 Anm. 37; Scholz GmbHG[4] § 53 Anm. 16.

[8]) Schilling bei Hachenburg a. a. O. § 53 Anm. 38; Scholz a. a. O. § 53 Anm. 18.

[9]) RGZ 65, 91; München DNotZ 1940, 112 = HRR 1939 Nr. 1109; Schlegelberger-Quassowski AktG § 111 Anm. 3; Godin-Wilhelmi AktG[3] § 130 Anm. 7; Baumbach-Hueck GmbHG[13] § 53 Anm. 2 C; a. M. anscheinend Scholz a. a. O. Anm. 18.

Beschlüsse der obersten Vertretung eines Versicherungsvereins auf Gegenseitigkeit gelten[10]). Diese Vorschriften sind gemäß § 59 BeurkG bestehen geblieben und schließen die Anwendbarkeit des § 37 aus, auch soweit er Formerleichterungen enthält. Danach ist über die Verhandlung eine *Niederschrift* aufzunehmen; die Vermerkform (§ 39) ist also ausgeschlossen. Die Niederschrift ist in deutscher Sprache zu errichten; § 5 Abs. 2 gilt nicht. Notwendiger Inhalt der Niederschrift ist:

13 *a)* Angabe von *Ort* und *Tag* der Verhandlung. Dafür genügt die Angabe der politischen Gemeinde und des Kalendertages (vgl. § 9 Rdn. 30, 31). Es kann zwar zweckmäßig sein, auch den Tagungsraum und die Versammlungsstunde anzugeben, um der Behauptung vorzubeugen, die Versammlung habe unter Mißachtung der Einladung stattgefunden, was zur Nichtigkeit der Beschlüsse führen könnte (§§ 241 Nr. 1, 121 Abs. 3 AktG)[11]). Das betrifft aber nicht die Form der Beurkundung, sondern die materielle Rechtsbeständigkeit der beurkundeten Beschlüsse. Die Angaben sind abweichend von §§ 9 Abs. 2, 37 Abs. 2 zwingend; nach herrsch. Meinung hat Fehlen oder Unrichtigkeit der Orts- oder Zeitangabe Nichtigkeit der Beurkundung zur Folge[12]). Jedoch ist der Auffassung beizutreten, daß inhaltliche Unrichtigkeit vorhandener Orts- und Zeitangaben die Gültigkeit der Beurkundung nicht berührt[13]), da die §§ 415, 418 ZPO den Unrichtigkeitsnachweis zulassen, ohne bei festgestellter Unrichtigkeit der Urkunde die Eigenschaft einer öffentlichen zu nehmen; die Gegenansicht übertreibt die Formenstrenge. Der Tag der Verhandlung kann nicht durch Bezugnahme auf ein Ereignis bezeichnet werden, dessen Zeitpunkt sich nur aus Erkenntnisquellen außerhalb der Niederschrift ergibt[14]). Unrichtigkeiten und Unvollständigkeiten, die sich aus dem Inhalt der Urkunde aufklären lassen, sind unschädlich[15]). Wegen der Zeitangabe bei Verhandlungen, die sich über mehrere Tage erstrecken, vgl. § 9 Rdn. 31. Die Angabe des Errichtungstages ist abweichend von § 37 Abs. 2 nicht vorgeschrieben. Die Niederschrift braucht nicht am Verhandlungstage errichtet zu werden (§ 8 Rdn. 11).

14 *b) Name des Notars.* Der Familienname des Notars muß in der Niederschrift ausdrücklich angegeben sein; ein bloßer Hinweis auf die Unterschrift („der unterzeichnete Notar") genügt hier abweichend von den zu § 9 Abs. 1 Nr. 1 geltenden Grundsätzen (vgl. § 9 Rdn. 8) nicht[16]). Üblich ist es, die erschienenen Mitglieder des Vorstandes und des Aufsichtsrats anzuführen und, schon wegen der Unterzeichnung des Teilnehmerverzeichnisses (§ 129 Abs. 4 Satz 2 AktG), anzugeben, wer den Vorsitz geführt hat.

15 *c) Art und Ergebnis der Abstimmung.* Die Abstimmungsart ist anzugeben, nämlich ob durch Stimmzettel, Zuruf, Handaufheben, Aufstehen oder namentlich abgestimmt wurde. Zulässig ist jede Abstimmungsart, die zu einem klaren Ergebnis führt[17]). Ferner ist anzugeben, mit welchem zahlenmäßigen Ergebnis über den inhaltlich in die Niederschrift aufzunehmenden Beschluß abgestimmt worden ist, und zwar, wenn es nach der Art des Beschlusses erheblich ist, getrennt nach Aktiengattungen[18]). Das Abstimmungsergebnis stellt der Vorsitzende

[10]) Vgl. dazu Knur, Die Niederschrift über die Hauptversammlung der Aktiengesellschaft, DNotZ 1938, 700; Lamers, Die Beurkundung der Hauptversammlung der Aktiengesellschaft, MittRheinNotK 1961, 781 und DNotZ 1962, 284; Höfer-Huhn, Allg. Urkundenrecht, § 31.

[11]) Vgl. Godin-Wilhelmi AktG³ § 130 Anm. 4; Höfer-Huhn § 31, 4; Lamers DNotZ 1962, 296 .

[12]) Godin-Wilhelmi AktG³ § 130 Anm. 4 a; Höfer-Huhn § 31, 4; RGZ 109, 368; BGH DNotZ 1959, 215; Oldenburg DNotZ 1952, 568 mit Anm. v. Keidel; vermittelnd für den Fall, daß sich für die Unrichtigkeit ein Anhalt aus der Niederschrift selbst ergibt, RGZ 81, 95; 84, 163, oder daß die Niederschrift Anhaltspunkte für die Feststellung des richtigen Datums enthält BayObLG OLGR 30, 408.

[13]) Schlegelberger § 176 Anm. 13; Vorauflage § 176 FGG Anm. 4; Seybold-Hornig BNotO⁴ Anh. zu § 20 Rdn. 51, 52.

[14]) KGJ 41, 86.

[15]) KG OLGR 44, 99 Anm.

[16]) Baumbach-Hueck AktG¹⁸ § 130 Rdn. 5; Godin-Wilhelmi AktG³ § 130 Anm. 4 b; Höfer-Huhn § 31, 4; Lamers MittRheinNotK 1961, 792; Oberneck NotR¹⁰ S. 244.

[17]) KG DNotZ 1933, 728; Knur DNotZ 1938, 707; Lamers MittRheinNotK 1961, 792, DNotZ 1962, 298.

[18]) RGZ 122, 107; KG DNotZ 1933, 728.

fest. Diese Feststellung ist für den Notar verbindlich; abweichende eigene Wahrnehmungen sollte er aber neben der Feststellung des Vorsitzenden in der Niederschrift vermerken[19]).

d) Feststellung des Vorsitzenden über die Beschlußfassung. Diese Feststellung des Vorsitzenden über die aus dem Abstimmungsergebnis zu ziehenden Folgen, nämlich ob der Antrag angenommen oder abgelehnt ist, muß der Notar ebenfalls, neben der Feststellung des Abstimmungsergebnisses selbst, in die Niederschrift aufnehmen. Die Feststellung ist vorbehaltlich einer gerichtlichen Nachprüfung auf Anfechtungsklage maßgeblich, auch wenn sie unrichtig ist[20]). **16**

e) Sonstige Vorgänge. Außer der Beurkundung von Beschlüssen sieht das Gesetz auch die Beurkundung anderer Vorgänge vor, ohne daß jedoch deren Wirksamkeit von der Beurkundung abhängig ist. Die Beurkundung dient der Beweissicherung, da die Handlung vielfach Voraussetzung für die Ausübung von Rechten ist (vgl. §§ 132 Abs. 2 Satz 1, 245 Nr. 1 AktG). Es besteht aber die Amtspflicht des Notars, diese Vorgänge zu beurkunden[21]), ohne daß der Urheber des Vorgangs (Aktionär, Minderheit) dadurch zum Auftraggeber des Notars würde. Hierher gehören die in § 130 Abs. 1 Satz 2 AktG besonders genannten Minderheitsverlangen nach §§ 120 Abs. 1 Satz 2, 137, 147 Abs. 1 AktG[21a]), die Verweigerung einer Auskunft, wenn der fragende Aktionär es verlangt (§ 131 Abs. 5 AktG), die Erhebung von Widerspruch zur Niederschrift gegen einen Beschluß (§§ 132 Abs. 2 Satz 1, 245 Nr. 1, 375 Abs. 1 Satz 1, 383 Abs. 1 Satz 1, 385i, 385m Abs. 5 AktG, §§ 60 Abs. 3, 61 Abs. 4 UmwG). **17**

f) Anlagen. Nach § 130 Abs. 3 AktG ist das nach § 129 AktG gefertigte, von dem Vorsitzenden unterzeichnete Verzeichnis der Teilnehmer an der Versammlung in Urschrift, nicht in einer nachträglich gefertigten Reinschrift[22]), der Niederschrift als Anlage beizufügen. Ebenso sind beizufügen die Belege über die Einberufung, wenn sie nicht unter Angabe ihres Inhalts in der Niederschrift aufgeführt werden. Die Frage, wann diese Anlagen rechtswirksam „beigefügt" sind, beurteilt sich ausschließlich nach § 130 AktG[23]). Die äußerliche Beifügung allein genügt nicht; die Niederschrift muß einen Vermerk über die Beifügung dieser Anlagen enthalten und über die gehörige und rechtzeitige Vornahme dieser Amtshandlung des Notars Auskunft geben[24]). Die Beifügung muß spätestens beim Abschluß der Niederschrift, d. h. bei deren Unterzeichnung durch den Notar, erfolgt sein[25]). Sie setzt aber nicht voraus, daß schon zu diesem Zeitpunkt eine äußere körperliche Verbindung mit der Niederschrift hergestellt ist. Es reicht aus, daß der Notar die beizufügenden Schriftstücke als „Anlagen zur Niederschrift usw." kennzeichnet[26]) oder sie jedenfalls „alsbald mit der Urschrift des Protokolls in amtliche Verwahrung nimmt, so daß sie mit diesem ausgefertigt werden können"[27]). Die äußere Befestigung (nach §§ 19 Abs. 5, 29 DOfNot) kann alsdann nachfolgen[28]). § 44 BeurkG über Verbindung mit Schnur und Prägesiegel ist nicht unmittelbar anwendbar, seine Anwendung aber zu empfehlen. Die Anlagen werden durch die Beifügung nicht Teile der Niederschrift im Sinne des § 37 Abs. 1 Satz 2 und damit öffentliche Urkunden. Als weitere Anlagen sieht das Gesetz die Beifügung bestimmter Verträge vor, denen die Hauptversammlung zustimmt (Nachgründung § 52 Abs. 2 Satz 6 AktG, Unternehmensverträge § 293 Abs. 3 Satz 6, Verschmelzungsverträge § 340 Abs. 3 Satz 5, § 353 Abs. 1, § 354 Abs. 2, Vermögenzübertragungen § 359 Abs. 2, § 360 Abs. 2, § 361 Abs. 2 Satz 5) und in bestimmten Fäl- **18**

19) Godin-Wilhelmi AktG³ § 130 Anm. 4 c; Seybold-Hornig BNotO⁴ Anh. zu § 20 Rdn. 147 zu f; Höfer-Huhn § 31, 4.

20) RGZ 142, 123; Godin-Wilhelmi AktG³ § 130 Anm. 4 a. E.

21) Vgl. Lamers MittRheinNotK 1961, 787 ff.

21a) Daß Minderheitsverlangen wegen Formmangels unwirksam sind, wenn sie nicht gemäß § 130 Abs. 1 Satz 2 AktG beurkundet sind, läßt sich dem Gesetz nicht entnehmen, entspricht auch nicht der Interessenlage; a. M. anscheinend Baumbach-Hueck AktG¹⁸ § 130 Anm. 4.

22) RGZ 114, 202; KGJ 34 A 142.

23) KGJ 32 A 148; Bollenbeck DNotV 1902, 482.

24) KGJ 32 A 152/3; Schmidt in Großkomm. AktG² § 111 Anm. 6; Baumbach-Hueck AktG¹⁸ § 130 Anm. 7; Teichmann-Koehler AktG² § 111 Anm. 2.

25) Schmidt a. a. O.; Teichmann-Koehler a. a. O.; a. M. Baumbach-Hueck a. a. O., die nachträgliche Beifügung der in Bezug genommenen Urkunden für ausreichend halten.

26) So Godin-Wilhelmi AktG³ § 130 Anm. 9.

27) So KGJ 32 A 148.

28) Godin-Wilhelmi a. a. O.

len die Beifügung von Bilanzen (§ 362 Abs. 3 Satz 5, § 366 Abs. 3 Satz 4, § 386 Abs. 2 Satz 4). Auch diese Anlagen werden nicht Teile der Niederschrift im Sinne des § 37 Abs. 1 Satz 2). Stimmrechtsvollmachten sind nicht beizufügen (§ 134 Abs. 3 Satz 3). In § 285 Abs. 3 Satz 2 AktG ist vorgesehen, daß die Zustimmung der persönlich haftenden Gesellschafter zu Beschlüssen der Hauptversammlung der KGaA, wenn sie nicht in die Verhandlungsniederschrift aufgenommen ist, in einem „Anhang zur Niederschrift" zu beurkunden ist.

19 *g) Unterschrift des Notars.* Vgl. dazu § 13 Rdn. 35. Weitere Unterschriften neben der des Notars sind, auch wenn die Satzung dies vorsieht[29]), nicht erforderlich, aber auch unschädlich.

20 *h) Besonderheiten.* Die Vorschriften des § 130 AktG sind nach § 138 Satz 2 AktG sinngemäß anwendbar auf die Beurkundung der in einer *Sonderversammlung* gewisser Aktionäre gefaßten Sonderbeschlüsse in den Fällen der §§ 141 Abs. 3, 179 Abs. 3, 182 Abs. 2, 222 Abs. 2, 295 bis 297 AktG. Auch bei Beschlüssen von *Einmanngesellschaften* sind die Formvorschriften des § 130 AktG einzuhalten[30]). Jedoch entfällt hier eine Abstimmung; entbehrlich ist es auch, daß ein Vorsitzender bestellt wird und daß dieser die Beschlußfassung feststellt[31]). Sind sämtliche Aktionäre erschienen oder vertreten *(Universalversammlung),* so können sie ohne vorherige Ankündigung und ohne Beachtung der Vorschriften über die Einberufung eine Hauptversammlung abhalten, falls alle Erschienenen damit einverstanden sind[32]). Der Notar muß sich dann die Legitimation der Erschienenen als Aktionäre nachweisen lassen und sich davon überzeugen, daß das gesamte Aktienkapital vertreten ist. Ein Teilnehmerverzeichnis ist auch in diesem Fall aufzustellen[33]). Einen ausdrücklichen Verzicht auf die Einhaltung der Einberufungsvorschriften braucht die Niederschrift nicht zu enthalten[34]), wenn die Aufnahme auch zweckmäßig ist.

21 Wegen der *Ausschließung* des Notars vgl. § 3 Rdn. 16, wegen der *Berichtigung der Niederschrift* § 8 Rdn. 22.

22 *3.* Für die *Beurkundung von Beschlüssen der Gläubigerversammlung* von Besitzern von Schuldverschreibungen gelten die Sondervorschriften in §§ 8, 9 des Gesetzes betreffend die gemeinsamen Rechte der Besitzer von Schuldverschreibungen vom 4. 12. 1899 (BGBl. III 4134-1). Die Form der Beurkundung richtet sich nach § 9 a. a. O., der inhaltlich mit § 130 AktG weitgehend übereinstimmt.

IV. Wechsel- und Scheckproteste

23 Die Beurkundung des Protesthergangs ist die Beurkundung eines tatsächlichen Vorgangs. Protest bedeutet, daß der Wechsel im Auftrage des Inhabers durch einen Protestbeamten dem Protestgegner (Bezogenen) vorgelegt, dieser zur Vornahme der wechselmäßigen Leistung (Annahme, Zahlung) aufgefordert und das Ergebnis dieser Aufforderung in einer öffentlichen Urkunde niedergelegt wird[35]). Wegen der Zuständigkeit zur Protestaufnahme vgl. § 61 Rdn. 9. Für die Form der Beurkundung gelten ausschließlich die gemäß § 59 aufrechterhaltenen Vorschriften der Art. 80 bis 88 WG, Art. 55 Abs. 3 ScheckG. Wegen der Ausschließung der Urkundsperson vgl. § 3 Rdn. 19, wegen der Berichtigung der Protesturkunde § 8 Rdn. 23.

24 Die Proteste des Schiffsfrachtrechts (vgl. § 43 Rdn. 5) werden nach den §§ 36, 37, 39 beurkundet.

[29]) RGZ 65, 91.
[30]) RGZ 119, 229 = JW 1928, 397.
[31]) KG JFG 17, 299 = JW 1938, 1901 = DNotZ 1938, 603 = DJ 1938, 1241 mit Anm. v. Godin; LG Berlin JW 1938. 1034; Seybold-Hornig BNotO[4] Anh. zu § 20 Rdn. 147; Höfer-Huhn § 31, 4; Mecke Rdn. 12.
[32]) RGZ 92, 410; KGJ 48 A 133.
[33]) Oberneck NotR[10] S. 246; a. M. Godin-Wilhelmi AktG[3] § 129 Anm. 7.
[34]) KG DNotV 1925, 48 = OLGR 43, 314; Mangold JW 1927, 1338; Fuchs ZBlHR 1927, 401.
[35]) Vgl. dazu Höfer-Huhn Allg. Urkundenrecht § 37; Kersten-Bühling Formularbuch 14. Aufl. § 159.

V. Prüfungs- und Belehrungspflichten

Bei der Beurkundung tatsächlicher Vorgänge obliegen dem Notar grundsätzlich keine Prüfungs- und Belehrungspflichten. Die §§ 17 bis 21 gelten nur für die Beurkundung von Willenserklärungen. Zu beachten sind jedoch § 14 Abs. 2 BNotO und § 4 BeurkG, wonach der Notar verpflichtet ist, seine Amtstätigkeit zu versagen, wenn sie mit seinen Amtspflichten nicht vereinbar wäre, insbesondere wenn seine Mitwirkung bei Handlungen verlangt wird, mit denen erkennbar unerlaubte oder unredliche Zwecke verfolgt werden (vgl. § 4 Rdn. 9). Bei der Beurkundung von *Hauptversammlungsbeschlüssen* ist der Notar, der nicht zugleich mit der Beratung der Gesellschaft betraut ist (§ 24 BNotO), nicht kraft Gesetzes verpflichtet, auf die Fassung oder den Inhalt der zu fassenden Beschlüsse einzuwirken, Bedenken gegen ihre Gültigkeit zu erörtern oder gar ihre Beurkundung wegen Ungültigkeit abzulehnen, es sei denn, daß der verfolgte Zweck erkennbar unredlich ist[36]). Mehr als die Prüfung des ordnungsmäßigen Hergangs der Hauptversammlung und bei offensichtlichen Verstößen gegen das Gesetz einen Hinweis an die Beteiligten, insbesondere den Vorsitzenden, wird man grundsätzlich von dem Notar nicht verlangen dürfen[37]). Die Satzung der Gesellschaft braucht der Notar nicht zu kennen. Bei der *Protestaufnahme* muß der Notar prüfen, ob der Auftraggeber als Wechselgläubiger legitimiert ist. Über die Identität des Protestaten braucht der Notar besondere Feststellungen nicht zu treffen; den Angaben des Protestaten und dem Anschein darf er vertrauen[38]). Steht fest, daß über das Vermögen des Bezogenen das Konkursverfahren eröffnet ist, so soll der Notar den Auftraggeber darüber belehren, daß die Erhebung des Protests nach Art. 44 Abs. 6 WG entbehrlich ist. Wegen der Prüfungs- und Belehrungspflichten bei Unterschriftsbeglaubigungen vgl. § 40 Rdn. 26 bis 29. **25**

VI. Beteiligung Sprachfremder und Behinderter

Ist an der Beurkundung eines nicht rechtsgeschäftlichen Vorgangs ein Sprachfremder beteiligt, so ist außer bei der Abnahme von Eiden und der Aufnahme eidesstattlicher Versicherungen (§ 38) § 16 nicht anwendbar (§ 16 Rdn. 1). Die Frage war bisher für die Notare im Landesrecht geregelt (Art. 84 PrFGG, Art. 84 HessFGG, Art. 47, 67 NdsFGG, Art. 31 BayNotG); diese Vorschriften sind jedoch durch § 60 BeurkG ersatzlos aufgehoben worden. Hierbei ist zu unterscheiden. Bei *Wechselprotesten* beurkundet der Protestbeamte nicht rechtsgeschäftliche Erklärungen, sondern einen Vorgang (vgl. § 3 Rdn. 19); ist eine hierbei abgegebene Erklärung dem Notar unverständlich, so vermerkt er dies in der Protesturkunde. Wäre er zur Hinzuziehung eines Dolmetschers verpflichtet, so könnte dadurch die Rechtzeitigkeit des Protestes gefährdet werden. Bei der Beurkundung von *Hauptversammlungsbeschlüssen* kommen die Vorschriften über die Behandlung Sprachfremder und Gebrechlicher (§ 22) sowie über die Identitätsfeststellung schon deswegen nicht zur Anwendung, weil die Versammlungsteilnehmer nicht als an der Beurkundung Beteiligte gelten; sie sind nur das notwendige Substrat für die als erfolgt zu beurkundende Entstehung eines gesellschaftsrechtlichen Gesamtakts. Hieraus ergibt sich die Unmöglichkeit der Hinzuziehung von Hilfspersonen, insbesondere von Dolmetschern oder im Fall des § 22 von Zeugen. Nehmen Sprachfremde an der Versammlung teil, so ist es Sache des Vorsitzenden, wie er sich mit ihnen verständigt. Wendet sich ein Sprachfremder mit Sondererklärungen an den Notar, etwa weil er Widerspruch zur Niederschrift erklären oder ein Minderheitsverlangen stellen will, so ist es dem Ermessen des Notars anheimgestellt, in welcher Weise er die Verständigung herbeiführt, ob er insbesondere einen Dolmetscher, der nicht vereidigt zu sein braucht, hinzuzieht. Dasselbe gilt bei der Beurkundung sonstiger Erklärungen, die keine Willenserklärungen sind, für die Beteiligung Sprachfremder und im Sinne des § 22 Behinderter (§ 22 Rdn. 18). Wegen der Beteiligung behinderter Personen bei Unterschriftsbeglaubigungen vgl. § 40 Rdn. 25. **26**

[36]) KGJ 43 B 362, 364; KG JR 1925 Nr. 291 = OLGR 44, 206; KG DNotZ 1936, 309; 1941, 389; München JFGErg. 17, 136, 139; KG DNotZ 1942, 456 mit Anm. v. Wolpers; Godin-Wilhelmi AktG³ § 130 Anm. 5; Lamers MittRheinNotK 1961, 781, 802.

[37]) Knur DNotZ 1938, 714; Lamers a. a. O.

[38]) RGZ 24, 86.

Eide, eidesstattliche Versicherungen

38 (1) Bei der Abnahme von Eiden und bei der Aufnahme eidesstattlicher Versicherungen gelten die Vorschriften über die Beurkundung von Willenserklärungen entsprechend.

(2) Der Notar soll über die Bedeutung des Eides oder der eidesstattlichen Versicherung belehren und dies in der Niederschrift vermerken.

Übersicht

A. Bedeutung

1 Die Beurkundung von Eidesleistungen, eidlichen Vernehmungen und eidesstattlichen Versicherungen hat die Beurkundung von Wissenserklärungen und tatsächlichen Vorgängen zum Gegenstand, so daß das Beurkundungsverfahren, dem früheren Recht entsprechend[1]), sich nach den §§ 36, 37, 39 richten müßte. Abweichend davon sollen jedoch nach § 38 die Vorschriften über die Beurkundung von Willenserklärungen maßgebend sein. Deren Anwendung ist hier möglich, weil es sich um die Abgabe von Individualerklärungen handelt, und sie ist sachlich geboten wegen der Bedeutung des Vorgangs und um zu gewährleisten, daß die abgegebene Erklärung in der Niederschrift zuverlässig wiedergegeben wird. Wird diese Form nicht gewahrt, so ist zwar die Urkunde keine öffentliche im Sinne der §§ 415, 418 ZPO, die Gültigkeit der Eidesleistung oder der eidesstattlichen Versicherung wird aber dadurch nicht berührt, da es hierfür nach §§ 154, 156 StGB nicht auf die Beurkundung, sondern auf die Abgabe gegenüber einer zur Abnahme zuständigen Behörde ankommt. Verfahrensrechtlich kann die unter Verletzung zwingender Formvorschriften beurkundete Erklärung zurückgewiesen werden, wenn infolge des Mangels der Beweis der Abgabe nicht hinreichend erbracht ist oder wenn der Nachweis der Abgabe gerade durch eine öffentliche Urkunde geführt werden muß; das wird für das Erbscheinsverfahren (§ 2356 BGB) anzunehmen sein[2]). Über die Aufnahme eidesstattlicher Versicherungen in Verwaltungsverfahren vgl. § 66.

B. Zuständigkeit

2 Bei Eidesleistungen und eidesstattlichen Versicherungen ist zu unterscheiden zwischen der Zuständigkeit zur *Abnahme* des Eides oder der eidesstattlichen Versicherung, nämlich der Vornahme der Vereidigung oder der Entgegennahme der eidesstattlichen Versicherung, der Zuständigkeit zur Beurkundung dieser Vorgänge und dem Beurkundungsverfahren. Nur das Beurkundungsverfahren wird in § 38 geregelt. Die Zuständigkeit zur Abnahme und zur Beurkundung, die sich nicht zu decken braucht, muß sich aus anderen Vorschriften ergeben.

I. Eidesleistungen

1. Zuständigkeit der Notare. Für die Notare bestimmt § 22 BNotO i. d. F. des § 57 Abs. 17 Nr. 5 BeurkG:

§ 22 BNotO. (1) Zur Abnahme von Eiden sowie zu eidlichen Vernehmungen sind die Notare nur zuständig, wenn der Eid oder die eidliche Vernehmung nach dem Recht eines ausländischen Staates oder nach den Bestimmungen einer ausländischen Behörde oder sonst zur Wahrnehmung von Rechten im Ausland erforderlich ist.

1) Vgl. Seybold-Hornig BNotO⁴ § 22 Rdn. 5, 11. 2) Vgl. KG OLGR 18, 372.

(2) Die Aufnahme eidesstattlicher Versicherungen steht den Notaren in allen Fällen zu, in denen einer Behörde oder sonstigen Dienststelle eine tatsächliche Behauptung oder Aussage glaubhaft gemacht werden soll.

a) Inländische Angelegenheiten. Aus § 22 Abs. 1 BNotO ergibt sich, daß der Notar in inländischen Angelegenheiten grundsätzlich keine Eide abnehmen oder eidliche Vernehmungen durchführen und sie deshalb auch nicht beurkunden kann. Eine Ausnahme besteht für die Beeidung von Dolmetschern (§ 16 Abs. 3 Satz 3). Ist der Notar auf Grund der landesgesetzlichen Vorbehalte in § 20 Abs. 4 BNotO, § 193 FGG mit der Durchführung eines Verfahrens zur Vermittlung der Auseinandersetzung eines Nachlasses oder Gesamtguts beauftragt, so kann er auch für die Vernehmung und Beeidigung von Zeugen und Sachverständigen in diesem Verfahren befugt sein (vgl. Art. 23 PrFGG Anm. 3); jedoch wird diese Befugnis kaum praktisch. Die Beurkundung uneidlicher Aussagen ist dem Notar natürlich nicht verwehrt. **3**

b) Ausländische Angelegenheiten. Die Vorschrift des § 22 Abs. 1 BNotO, die ein Vorbild in Art. 34 PrFGG a. F. hatte, trägt dem Umstande Rechnung, daß vielfach ausländische Rechte, vor allem des angelsächsischen Rechtskreises, in Prozeßsachen, in Renten- und Erbschaftsangelegenheiten, bei der Anmeldung gewerblicher Schutzrechte usw. den Beteiligten die Verpflichtung auferlegen, zum Nachweis bestimmter Tatsachen eine vor einem Notar beeidete Erklärung beizubringen. Um diesem Bedürfnis abzuhelfen, wird daher der Notar in § 22 Abs. 1 BNotO ermächtigt zur Abnahme von Eiden und zur eidlichen Vernehmung von Beteiligten, Zeugen und Sachverständigen, falls dies nach dem (privaten oder öffentlichen) Recht des ausländischen Staates oder infolge der Anordnung einer ausländischen Behörde oder sonst zur Wahrnehmung von Rechten im Ausland erforderlich ist. Die Befugnis zur Eidesabnahme schließt die Befugnis zur Entgegennahme eidesstattlicher Versicherungen ein[3]). Über das Verfahren bei Errichtung der zum Gebrauch in England bestimmten Affidavits vgl. § 5 Rdn. 12. Die Aushändigung der Urschrift an die Beteiligten nach Maßgabe des § 45 Abs. 1 wird in diesen Fällen häufiger in Betracht kommen. **4**

Der Notar darf jedoch nur auf Ansuchen der Beteiligten tätig werden, nicht auf Ersuchen der ausländischen Behörde[4]). Behörden sind darauf angewiesen, internationale Rechtshilfe in Anspruch zu nehmen (vgl. § 2 FGG Rdn. 35-37), für deren Gewährung der Notar nicht zuständig ist. **5**

2. Zuständigkeit der Gerichte. Die Zuständigkeit der Gerichte zur Abnahme von Eiden und eidlichen Vernehmungen im Rahmen eines vor ihnen anhängigen Verfahrens einschließlich Protokollerrichtung wird durch das BeurkG nicht berührt und richtet sich nach der jeweils maßgebenden Verfahrensordnung; im Verfahren der freiwilligen Gerichtsbarkeit ist z. B. die Beeidigung von Zeugen und Sachverständigen gemäß § 15 FGG zulässig, nicht aber die Beeidigung Beteiligter (§ 15 FGG Rdn. 78). Auf Grund des Vorbehalts in § 61 Abs. 1 Nr. 4 können aber die Amtsgerichte nach Maßgabe des Landesrechts zuständig sein, außerhalb eines anhängigen Verfahrens die Aussagen von Zeugen und die Gutachten von Sachverständigen, die Vereidigung sowie eidesstattliche Versicherungen dieser Personen zu beurkunden. Vgl. die bei § 61 Rdn. 10 angeführten landesrechtlichen Vorschriften sowie Art. 34 PrFGG Anm. 1. Auf solche Beurkundungen ist § 38 anwendbar (§ 1 Abs. 2), soweit die Notare ebenfalls dafür zuständig sind; anderenfalls gilt Landesrecht. **6**

II. Eidesstattliche Versicherungen

1. Zuständigkeit der Notare. Die Zuständigkeit der Notare, auf Antrag Beteiligter, eidesstattliche Versicherungen zu beurkunden, würde sich bereits aus § 20 Abs. 1 BNotO ergeben, da es sich um die Abgabe einer Wissenserklärung handelt und die Hinzufügung der Beteuerungsformel ein tatsächlicher Vorgang ist. Die besondere Vorschrift des § 22 Abs. 2 **7**

[3]) BGHSt. 5, 69; Saage BNotO § 22 Anm. 3; Seybold-Hornig BNotO[4] § 22 Rdn. 2.

[4]) Vgl. Reskr. v. 2. 5. 1903, JW 1906, 632 = DNotV 1906, 687, angeführt bei Schlegelberger Art. 34 PrFGG Anm. 5.

BNotO kann daher nur die Bedeutung haben, die Beurkundungszuständigkeit des Notars zu beschränken, nämlich auf die Fälle, in denen einer Behörde oder Dienststelle eine Behauptung oder Aussage glaubhaft gemacht werden soll. Eidesstattliche Versicherungen, die für Privatpersonen bestimmt sind (Banken, Versicherer) darf der Notar nicht aufnehmen. Dem Notar wird durch § 22 Abs. 2 BNotO nicht die Prüfung auferlegt, ob die Behörde oder Dienststelle, der die eidesstattliche Versicherung vorgelegt werden soll, im Sinne des § 156 StGB eine zur Abnahme einer solchen Versicherung zuständige Behörde ist. Ist ihm aber bekannt, daß der Behörde diese Zuständigkeit fehlt, so ist er nicht nur berechtigt, die Beurkundung abzulehnen[5]), sondern auch dazu verpflichtet (vgl. über die Belehrungspflicht Rdn. 12). Die Zuständigkeit zur Abnahme muß in dem Verfahren allgemein und für die jeweilige Versicherung im besonderen gegeben sein[6]). Die Zuständigkeit braucht im Gesetz nicht ausdrücklich begründet zu sein, wie in § 294 ZPO, § 15 Abs. 2 FGG, § 2356 BGB, § 72 KO; es genügt, wenn das Gesetz der Behörde ein förmliches Beweisverfahren als Grundlage einer Entscheidung übertragen hat, welches allerdings keines im Sinne der ZPO oder der StPO zu sein braucht[7]). Dagegen läßt sich auch unter Berücksichtigung der Beweisnot der Nachkriegszeit eine Zuständigkeit nicht allein aus den Aufgaben der Behörde und der Notwendigkeit herleiten, bei ihr einen sonst nicht oder nur schwer zu erbringenden Beweis zu führen[8]). Eidesstattliche Versicherungen des Beschuldigten im Straf- oder Dienststrafverfahren sind unzulässig[9]).

8 In § 22 Abs. 2 BNotO wird nur die Zuständigkeit zur „Aufnahme", nämlich zur Beurkundung eidesstattlicher Versicherungen begründet. Die Vorschrift hat nicht die Bedeutung, daß der Notar eine zur Abnahme, also zur Entgegennahme der eidesstattlichen Versicherung im Sinne der §§ 156, 163 StGB zuständige Behörde sei oder ihr gleichstehe[10]). Diese Zuständigkeit muß anderweit begründet sein. Sie ist gegeben, wenn der Notar auch zur Eidesabnahme zuständig wäre (oben Rdn. 4), ferner wenn das Gesetz bestimmt, daß die eidesstattliche Versicherung „vor einem Notar" abzugeben ist[11]). Eine solche Zuständigkeitsbestimmung ist enthalten in §§ 2356 Abs. 2, 1507, 2368 Abs. 3 BGB, in § 2 der VO zur Vereinfachung des Verfahrens über Verklarungen vom 16. 8. 1944 (RGBl. I 183, BGBl. III 4104-1, vgl. § 145 FGG Rdn. 8), in § 1 des 2. G zur Durchführung von Richtlinien der Europäischen Wirtschaftsgemeinschaft über die Niederlassungsfreiheit und den freien Dienstleistungsverkehr vom 14. 12. 1970 (BGBl. I 1709) und in den §§ 142 Abs. 2 Satz 3, 258 Abs. 2 Satz 5 AktG.

9 Grundsätzlich kann eine eidesstattliche Versicherung auch in der Form abgegeben werden, daß die Unterschrift darunter beglaubigt wird (§ 40 Rdn. 14). In diesem Fall ist § 22 Abs. 2 BNotO nicht unmittelbar anwendbar; der Grundgedanke der Vorschrift, die Abgabe eidesstattlicher Versicherungen ohne strafrechtliche Sanktion möglichst einzuschränken, sollte aber dem Notar Anlaß geben, die Beglaubigung nur vorzunehmen, wenn die Voraussetzungen des § 22 Abs. 2 BNotO vorliegen[12]). Ist der Notar selbst für die Abnahme der eidesstattlichen Versicherung zuständig (Rdn. 8) und soll sie vor ihm abgegeben werden, so darf der Notar nicht nur die Unterschrift beglaubigen, sondern er hat sie als eine vor ihm abgegebene Erklärung zur Niederschrift zu beurkunden.

10 2. *Zuständigkeit der Gerichte.* Die Gerichte sind zur Abnahme eidesstattlicher Versicherungen zuständig und deshalb auch zu ihrer Beurkundung, wenn die Entgegennahme der Ver-

5) So Hornig DNotZ 1958, 345; Seybold-Hornig BNotO[4] § 22 Anm. 9; Mecke Rdn. 5.
6) RGSt. 58, 147; BGHSt. 1, 16.
7) Grundlegend BGHSt. 2, 218 = NJW 1952, 631; BGH NJW 1953, 994.
8) BGH a. a. O.
9) RGSt. 57, 53; BGH LM § 156 StGB Nr. 4.
10) Zipfel NJW 1951, 951; Höffken MittRheinNotK 1957, 314; Saage BNotO § 22 Anm. 8; Seybold-Hornig BNotO[4] § 22 Rdn. 8; Schönke-Schröder StGB[13] § 156 Rdn. 19; Mecke Rdn. 4; Stuttgart JR 1960, 387 = NJW 1960, 3203 = DNotZ 1961, 164; ebenso BGH NJW 1953, 994 zur früheren Beurkundungszuständigkeit der Amtsgerichte außerhalb eines Verfahrens; a. M. Weber DNotZ 1950, 51; 1954, 179; Barnstedt NJW 1960, 2303 Anm.; Schlegelberger Art. 31 PrFGG Rdn. 6 zu 3.
11) So zu § 2356 BGB RGSt. 74, 175 = DJ 1940, 875 = DR 1940, 1095, 1234 = DNotZ 1940, 378.
12) Saage BNotO § 22 Anm. 10; Seybold-Hornig BNotO[4] § 22 Rdn. 12.

sicherung zulässigerweise Bestandteil eines gerichtlichen Verfahrens ist, welches vor dem Gericht selbst oder im Fall der Rechtshilfe vor dem ersuchenden Gericht anhängig ist, ferner bei Gewährung von Amtshilfe gegenüber einer Verwaltungsbehörde, die im Sinne des § 156 StGB zur Abnahme eidesstattlicher Versicherungen zuständig ist (vgl. Erl. zu § 66, ferner § 87 PrAGGVG Anm. 3). Bundesrechtlich ist jedes Amtsgericht, nicht nur das Nachlaßgericht, zuständig für die Abnahme und Beurkundung der eidesstattlichen Versicherung zur Erwirkung eines Erbscheins, eines Testamentsvollstreckerzeugnisses oder eines Zeugnisses über die Fortsetzung der Gütergemeinschaft nach §§ 2356 Abs. 2, 2368 Abs. 3, 1507 BGB (vgl. § 1 Rdn. 17). Landesrechtlich sind die Amtsgerichte zuständig für die Abnahme und Beurkundung eidesstattlicher Versicherungen auf Antrag Beteiligter gemäß Art. 3 WürttAGBGB (vgl. § 61 Rdn. 10). Für Niedersachsen schließt die nach Art. 27 NdsFGG bestehende Befugnis der Amtsgerichte, außerhalb eines Verfahrens auf Antrag Beteiligter Zeugen zu vernehmen und zu beeidigen, auch die Befugnis zur Entgegennahme eidesstattlicher Versicherungen ein (oben Rdn. 4). Dagegen sind die Amtsgerichte, da ihre früher nach Landesrecht bestehende Befugnis zu Tatsachenbeurkundungen jeder Art beseitigt ist, nicht mehr zuständig, auf Antrag Beteiligter eidesstattliche Versicherungen zu beurkunden, deren Abnahme nicht zur Zuständigkeit des Gerichts gehört und die für eine andere im Sinne des § 156 StGB zur Abnahme zuständige Behörde bestimmt sind.

C. Beurkundungsverfahren

I. Form der Beurkundung

Eidesabnahmen und eidesstattliche Versicherungen sind so zu beurkunden, als ob es sich **11**
bei den Erklärungen, deren Richtigkeit beeidet oder an Eides Statt versichert wird, sowie bei der Eidesleistung und der eidesstattlichen Versicherung selbst um Willenserklärungen (unter Lebenden) handelte. Die Vorschriften des Zweiten Abschnitts (§§ 6 bis 26) sind entsprechend anzuwenden, soweit sie nicht nur für Willenserklärungen bestimmter Art gelten (§§ 14, 15) oder ihre Anwendung durch den Gegenstand der Beurkundung ausgeschlossen wird (§§ 18 bis 21). Auch die Vorschrift des § 9 Abs. 1 Satz 2 über Protokollanlagen ist anwendbar[13]). Bei der Beurkundung von Erklärungen Sprachfremder, Behinderter und Schreibunfähiger sind die §§ 16, 22 bis 25 zu beachten. Für die Ausschließung der Urkundsperson gelten (außer § 3) die §§ 6, 7, für die Ausschließung hinzugezogener Hilfspersonen die §§ 16 Abs. 3 Satz 2, 24 Abs. 2, 26; auch die §§ 7, 24 Abs. 2, 26 Abs. 1 Nr. 2, die für die Ausschließung auf die Erlangung eines rechtlichen Vorteils abstellen, sind entsprechend anwendbar[14]). Ist die Urkundsperson im Sinne der §§ 154, 156 StGB für die Abnahme des Eides oder der eidesstattlichen Versicherung zuständig, so hat die Verletzung von Vorschriften über die Ausschließung strafrechtlich nicht zur Folge, daß sie die Eigenschaft einer zuständigen Stelle im Sinne der §§ 154, 156 StGB verliert (§ 3 Rdn. 2, § 7 Rdn. 11). Über die Folgen der Verletzung zwingender Formvorschriften auf die Wirksamkeit der Beurkundung vgl. oben Rdn. 1.

II. Prüfungs- und Belehrungspflichten

Bei der Abnahme von Eiden hat der Notar zu prüfen, ob die Voraussetzungen des § 22 **12**
Abs. 1 BNotO vorliegen; im allgemeinen genügt dafür, wie im Fall des § 45 Abs. 1 (vgl. § 45 Rdn. 4), die glaubhafte Versicherung des Beteiligten. Bei der Abnahme eidesstattlicher Versicherungen ist zunächst zu prüfen, ob der Notar selbst eine für die Abnahme zuständige Stelle ist (oben Rdn. 8). Ist das nicht der Fall, so ist festzustellen, ob die eidesstattliche Versicherung zur Vorlegung bei einer Behörde zu dem in § 22 Abs. 2 BNotO genannnten Zweck bestimmt ist. Diese Vorschrift scheint den Notar der Prüfung zu entheben, ob die Behörde im Sinne des § 156 StGB zur Abnahme der Versicherung zuständig ist. Diese Prüfungspflicht wird aber beeinflußt durch die jetzt auch hier nach § 17 bestehende Belehrungspflicht. Die

[13]) So schon zum fr. Recht KG JFG 15, 143 = JW 1937, 1735 = DNotZ 1937, 573 = HRR 1937 Nr. 935 = DFG 1937, 103.

[14]) Vgl. näher § 7 Rdn. 11; a. M. Mecke Rdn. 7.

nach § 38 Abs. 1 gebotene entsprechende Anwendung des § 17 führt nicht dazu, daß die Belehrungspflicht auf die Pflicht zur Klärung des Sachverhalts und auf die Formulierungspflicht beschränkt ist[15]); sie hat sich auch hier auf die Belehrung über die rechtliche Tragweite des Geschäfts zu erstrecken. Dazu gehört auch die Wirksamkeit der eidesstattlichen Versicherung im Sinne des § 156 StGB. Weiß der Notar, daß der Behörde die Zuständigkeit im Sinne des § 156 StGB fehlt, so muß er die Beurkundung als nicht gesetzmäßig ablehnen; er kann ja auch schwerlich, wie es sonst seine Pflicht nach § 38 Abs. 2 wäre, dem Beteiligten eine Belehrung dahin erteilen, daß die Unrichtigkeit der Versicherung keine strafrechtliche Sanktion nach sich ziehe. Wenn der Beteiligte meinen sollte, die Abgabe der Versicherung werde ihren Eindruck auf die Behörde nicht verfehlen, selbst wenn die Verletzung der Wahrheitspflicht nicht strafbewehrt ist, so darf das für den Notar nicht beachtlich sein. Oft wird sich allerdings nicht abschließend beurteilen lassen, ob die Behörde eine im Sinne des § 156 StGB zuständige Stelle ist (dazu oben Rdn. 7). Hat der Notar Zweifel, so muß er nach § 17 Abs. 2 verfahren und seine Bedenken und die erteilte Belehrung in der Niederschrift vermerken. Dadurch wird auch einem Irrtum der Behörde vorgebeugt[16]), schon infolge ihrer Beurkundung durch den Notar sei die eidesstattliche Versicherung nach § 156 strafbewehrt.

13 Die Belehrung über die Bedeutung des Eides und der eidesstattlichen Versicherung, die nach § 38 Abs. 2 in der Niederschrift vermerkt werden soll, hat auch hier, wie nach § 480 ZPO, in angemessener Weise zu erfolgen, d. h. der Persönlichkeit des Eidesleistenden oder Erklärenden angepaßt.

2. Vermerke

Einfache Zeugnisse

39 Bei der Beglaubigung einer Unterschrift oder eines Handzeichens oder der Zeichnung einer Firma oder Namensunterschrift, bei der Feststellung des Zeitpunktes, zu dem eine Privaturkunde vorgelegt worden ist, bei Bescheinigungen über Eintragungen in öffentlichen Registern, bei der Beglaubigung von Abschriften, Abdrucken, Ablichtungen und dergleichen (Abschriften) und bei sonstigen einfachen Zeugnissen genügt anstelle einer Niederschrift eine Urkunde, die das Zeugnis, die Unterschrift und das Präge- oder Farbdrucksiegel (Siegel) des Notars enthalten muß und Ort und Tag der Ausstellung angeben soll (Vermerk).

Übersicht

I. Allgemeines

1 Andere Erklärungen als Willenserklärungen sowie sonstige Tatsachen oder Vorgänge können nach § 36 sowohl in der Form der Niederschrift (§ 37) als auch in der Form eines Vermerks beurkundet werden. Die Vorschrift bestimmt, in welchen Fällen anstelle einer Niederschrift die Aufnahme eines Vermerks genügt und regelt die Form des Vermerks. Ähnliche Vorschriften enthielt bereits das Landesrecht (Art. 56 PrFGG, Art. 66 HessFGG, Art. 49 NdsFGG, § 70 BadFGVO, Art. 33 BayNotG, § 11 BremAGFGG).

[15]) So Mecke Rdn. 8.

[16]) Vgl. die Ausführungen von Koehne JR 1954, 455 über die bei Behörden hierüber vielfach anzutreffenden Irrtümer.

II. Anwendungsbereich

2 Die Vermerkform ist für *einfache Zeugnisse* zugelassen. Diese unterscheiden sich von einer Niederschrift (§ 37) dadurch, daß die Niederschrift einen Bericht des Notars über seine Wahrnehmungen enthalten muß (§ 37 Abs. 1 Nr. 2), während der Notar in dem Zeugnis nach § 39 nur das Ergebnis seiner Wahrnehmung niederlegt. Einige Fälle von einfachen Zeugnissen werden in § 39 beispielhaft angeführt. Weiter kommen dafür in Betracht Lebensbescheinigungen und Bescheinigungen über Zustellungen (§ 43 Rdn. 5-7), die Proteste des Schiffsfrachtrechts (vgl. § 43 Rdn. 5, § 37 Rdn. 24) und die Mehrzahl der bei § 37 Rdn. 8 angeführten Tatsachenbeurkundungen, nicht aber Zeugnisse, in denen der Notar Schlußfolgerungen zieht oder Werturteile und gutachtliche Äußerungen abgibt (§ 36 Rdn. 5, 6). In der Form des § 39 sind auch die bei § 36 Rdn. 7 angeführten Rechtsbescheinigungen auszustellen; sie scheinen zwar von § 36 nicht umfaßt zu sein[1]), anders aber als in der Form einer Niederschrift oder eines Vermerks kann der Notar öffentliche Urkunden nicht ausstellen.

3 Auch wenn ein Fall vorliegt, der an sich der Beurkundung in Form eines Vermerks zugänglich wäre, ist der Notar oder die sonst zuständige Urkundsperson nicht genötigt, sich dieser Form zu bedienen. Es darf statt dessen auch eine Niederschrift aufgenommen werden; denn in § 39 wird nur bestimmt, daß der Vermerk anstelle einer Niederschrift „genügt". Für die wichtigere Frage, wann die Vermerkform nicht mehr zulässig ist und infolgedessen die Form der Niederschrift gewahrt werden muß, enthält das Gesetz keine klare Abgrenzung (vgl. § 36 Rdn. 13).

III. Form des Vermerks

4 Für die Form des Vermerks unterscheidet das Gesetz wie bei der Errichtung von Niederschriften (§ 37) zwischen zwingenden Erfordernissen, deren Verletzung die Ungültigkeit der Beurkundung mit der Folge nach sich zieht, daß keine öffentliche Urkunde im Sinne des § 415 ZPO mit der Beweiskraft des § 418 Abs. 1 ZPO vorliegt, und Sollerfordernissen, welche die Urkundsperson bei Vermeidung dienstaufsichtsrechtlicher oder zivilrechtlicher Haftung zwar beachten muß, deren Verletzung aber die Gültigkeit der Beurkundung nicht berührt.

5 *1. Zwingende Erfordernisse. a) Zeugnis des Notars.* Das Zeugnis besteht darin, daß der Notar das Ergebnis seiner Wahrnehmung urkundlich niederlegt, also die Tatsache, die beurkundet werden soll. In einigen Fällen ist der Inhalt des Zeugnisses noch näher gesetzlich bestimmt, so für den Beglaubigungsvermerk (§ 40 Rdn. 35 bis 40), für die Beglaubigung der Zeichnung von Firmen und Unterschriften (§ 41 Rdn. 5), für Abschriftsbeglaubigungen (§ 42 Rdn. 7 bis 10) und bei der Feststellung des Zeitpunkts der Vorlegung einer Urkunde (§ 43 Rdn. 2, 3).

6 *b) Unterschrift des Notars.* Vgl. dazu § 13 Rdn. 35. Die Verpflichtung, bei der Unterschrift die Amtseigenschaft anzugeben, ergibt sich für Notare aus § 1 Satz 3 DOfNot. Gesetzlich ist dies hier abweichend von § 13 Abs. 3, § 37 Abs. 3 nicht angeordnet. Für Rechtspfleger ergibt sich die Pflicht dazu aus § 12 RechtspflG.

7 *c) Siegel des Notars* oder (§ 1 Abs. 2) der sonstigen Urkundsstelle. Über die Form des Siegels vgl. Rdn. 13. Erst durch die Beifügung des Siegels wird der Vermerk eine öffentliche Urkunde. Eine verspätete Beifügung wirkt nicht auf den Tag der Ausstellung des Vermerks zurück (§ 40 Rdn. 34).

8 *2. Sollerfordernis.* In dem Vermerk sollen Ort und Tag der Ausstellung angegeben werden. Vgl. dazu § 9 Rdn. 28 bis 32. Dagegen braucht aus dem Vermerk abweichend von § 37

[1]) Die Vorschrift des § 36 ist zu eng gefaßt; sie will natürlich keine Zuständigkeitsnorm, sondern eine Verfahrensnorm sein, geht aber von der irrigen Auffassung aus, daß die Urkundstätigkeit der Notare sich auf Weiteres als die Beurkundung von Erklärungen, Tatsachen und sonstigen (tatsächlichen) Vorgängen nicht erstrecke. Es hätte besser gesagt werden sollen (vgl. Art. 53 PrFGG): „Bei Beurkundungen über andere Gegenstände als Willenserklärungen muß eine Niederschrift aufgenommen werden, soweit in § 39 nichts anderes bestimmt ist". Vgl. weiter die kritischen Bemerkungen bei § 36 Rdn. 13.

Abs. 2 nicht hervorzugehen, wann der Notar die beurkundete Wahrnehmung gemacht hat. Bei der Beglaubigung von Unterschriften braucht die Urkundsperson daher nicht anzugeben, wann (und wo) die Unterschrift vor ihr vollzogen oder anerkannt worden ist (dazu auch § 40 Rdn. 33). Mitunter ist aber der Zeitpunkt der Wahrnehmung gerade Gegenstand der Beurkundung, z. B. bei Lebensbescheinigungen und bei der Feststellung des Zeitpunkts der Vorlegung einer Urkunde (§ 43) oder eines anderen Gegenstandes. Dann gehört die Zeitangabe zwar ebenfalls nicht zur Form des Vermerks, aber zum sachlichen Inhalt des Zeugnisses.

9 *3. Sprache des Vermerks.* Ein Notar (nicht aber eine andere Urkundsperson) kann nach § 5 Abs. 2 den Vermerk auch in einer fremden Sprache ausstellen, deren er hinreichend kundig ist. Nach § 50 Abs. 1 kann er seinem Vermerk eine deutsche Übersetzung beifügen und sie mit der Bescheinigung der Richtigkeit und Vollständigkeit versehen, für deren Form § 39 gilt.

IV. Begriffsbestimmungen

10 Außer der Regelung der Vermerkform enthält § 39 noch zwei Begriffsbestimmungen (Legaldefinitionen), nämlich darüber, was das Gesetz unter einer „Abschrift" und einem „Siegel" versteht. Die hier festgelegte Bedeutung haben diese Bezeichnungen an allen Stellen dieses Gesetzes, an denen sie vorkommen, nicht aber für den Sprachgebrauch anderer Gesetze, z. B. hinsichtlich des Siegels in §§ 313 Abs. 3 Satz 5, 317 Abs. 3, 329 Abs. 2, 725, 808 Abs. 2 Satz 2 ZPO, in Art. 18 PrFGG (vgl. § 52 Rdn. 32; Art. 18 PrFGG Anm. 2) und in §§ 56, 61, 62, 70 GBO. In § 24 Abs. 3 BNotO wird das Wort „Amtssiegel" in demselben Sinne wie hier zu verstehen sein.

11 *1. Abschrift.* Unter einer Abschrift im Sinne des Gesetzes ist jede beliebige Vervielfältigung zu verstehen; es ist unerheblich, auf welche Weise sie hergestellt worden ist, ob mittels Abschreibens, Durchschreibens oder durch Abdruck, Ablichtung oder auf mechanischem, lichtelektrischem oder chemischem Wege (vgl. § 49 Rdn. 2). Nachdem § 1 BeurkVereinfVO durch § 55 Nr. 11 BeurkG aufgehoben worden ist, haben sich die daran geknüpften Zweifelsfragen hinsichtlich des Inhalts des Beglaubigungs- oder Ausfertigungsvermerks (vgl. dazu Einl. vor § 1 Rdn. 23) erledigt. Der Notar ist allerdings nach § 27 DOfNot dienstrechtlich gehalten, nur solche Abschriften zu verwenden, die bestimmten Anforderungen an Lesbarkeit, Haltbarkeit und Sicherheit vor Fälschungen genügen; vgl. über zugelassene Vervielfältigungsverfahren auch Einl. vor § 1 Fn. 10 und § 49 Rdn. 2.

12 *2. Siegel. a) Zweck.* Das Siegel dient neben der Unterschrift und anderen Merkmalen dem Zweck, eine von dem Notar oder einer anderen Urkundsstelle gefertigte Urkunde zu einer öffentlichen Urkunde zu machen[2]). Das Siegel soll die Glaubwürdigkeit und Beweiskraft der notariellen Urkunde nach außen hin sichern und erhöhen. Deshalb ist die Verwendung des Siegels als wesentliche Formvorschrift vorgeschrieben für Urkunden, die in den Rechtsverkehr gelangen, wie Vermerkurkunden (§ 39, § 50 Abs. 1 Satz 2), Ausfertigungen (§ 49 Abs. 1 Satz 2), die Rücknahme eines Antrags des Notars beim Grundbuchamt oder Registergericht (§ 24 Abs. 3 BNotO), Vollstreckungsklauseln (§§ 797 Abs. 2, 725 ZPO), Grundpfandbriefe (§§ 56, 61, 62, 70 GBO). Die Urschrift einer Niederschrift soll, bevor sie den Beteiligten ausgehändigt wird, mit dem Siegel versehen werden (§ 45 Abs. 1 Satz 2). In anderen Fällen dient die Siegelung dem Verschluß einer Urkunde (§ 34 Abs. 1 Satz 1) oder von Behältnissen (§ 36 Rdn. 12) oder als Sicherung eines Verschlußfadens oder angehängten Blattes (§ 44, Art. 81 Abs. 3 WG).

13 *b) Form.* Bisher wurde im Urkundswesen zwischen Siegel und Stempel unterschieden (vgl. § 183 Abs. 2 FGG, Art. 81 Abs. 3 WG, Art. 54 PrFGG), wobei unter Siegel das Prägesiegel

[2]) Zur Geschichte des Siegelwesens vgl. Rietsch, Hdb. der Urkundswissenschaft 2. Aufl. 1904 §§ 186 bis 191.

zu verstehen war[3]). In § 39 wird nunmehr eine andere Begriffsbestimmung gegeben. Danach ist überall dort, wo das Gesetz die Bezeichnung „Siegel" verwendet, darunter sowohl das Prägesiegel als auch der Farbdruckstempel zu verstehen. Das Farbdrucksiegel ist mithin nur noch ausgeschlossen, wenn das Gesetz ausdrücklich das Prägesiegel fordert, wie in § 34 Abs. 1 Satz 1 und in § 44. Dem Notar ist es aber nicht verwehrt, das Prägesiegel auch dort zu verwenden, wo das Farbdrucksiegel genügen würde, z. B. bei Ausfertigungen, wie es der preußischen Praxis entspricht. Das Siegelwerkzeug besteht bei beiden Arten aus Metall; der Gebrauch von Gummistempeln ist den Notaren untersagt[4]). Das Farbdrucksiegel ist erhaben gestochen, weil die erhabenen Stellen sich abdrucken sollen. Das Prägesiegel ist vertieft gestochen, weil das Siegel im Abdruck erhöht erscheinen soll. Der Begriff des Prägesiegels erfordert, daß die Urkunde mit einem besonderen, bei der Siegelung weichen, später erhärtenden Stoff (Wachs, Lack, Siegelstern mit Oblate) fest verbunden und daß in diesen Stoff das Siegelwerkzeug mit den das Siegelzeichen bildenden Typen (Landeswappen, Umschrift) eingedrückt wird[5]). Für das Prägesiegel genügt es nicht, daß das Siegelwerkzeug lediglich die Urkunde erfaßt, wie es beim Trockenstempel der Fall ist. Für die Herstellung des Siegels für Ausfertigungen usw. eignet sich am besten die Siegelpresse unter Verwendung von Siegelsternen und Oblaten als Siegelstoff; der Siegelaufdruck soll nicht nur auf dem Siegelstoff, sondern möglichst auch auf dem Papier der Urkunde deutlich sichtbar sein (GBOGeschO § 1 Abs. 2 Buchst. c). Das weniger haltbare Lacksiegel, das mit Siegellack und Petschaft hergestellt wird, dient zum Verschluß von Testamentsumschlägen, Losbehältern, Proben usw., für welche die Siegelpresse nicht verwendbar ist. Das Farbdrucksiegel muß unter Verwendung von Stempelfarbe unmittelbar auf das Urkundenpapier selbst gesetzt werden. Ein mit dem Farbdrucksiegel versehenes Papierstück, welches unmittelbar oder unter Verwendung einer Oblate auf die Urkunde aufgeklebt wird, ist weder Präge- noch Farbdrucksiegel[6]). Siegelmarken sind weder Siegel noch Stempel[7]); ihre Verwendung anstelle des Dienstsiegels war den Notaren bereits durch § 3 Abs. 4 der AV betr .das Notariat vom 21. 12. 1899 (PrJMBl. 834, abgedr. auch bei Oberneck, Notariatsrecht, 10. Aufl., Anl. 44) untersagt. Früher war anerkannt, daß als Stempel auch der unmittelbar in das Urkundenpapier eingedrückte Trockenstempel anzusehen ist[8]). Daß das Gesetz dadurch, daß es in § 39 neben dem Prägesiegel nur das Farbdrucksiegel nennt, den Trockenstempel, wo letzteres genügt, ausschließen wollte, wird schwerlich anzunehmen sein[9]). Die Gestalt des notariellen Siegels regeln §§ 2 Abs. 1 Satz 2, 34 Abs. 2 Satz 1 DOfNot.

c) Grundpfandbriefe. Für den Begriff des Siegels im Sinne der GBO gilt § 39 nicht (oben Rdn. 10). In den §§ 56, 61, 62, 70 GBO ist unter Siegel das Prägesiegel zu verstehen[10]). **14**
Auch ein vom Notar gebildeter Teil-Grundpfandbrief (§§ 61 Abs. 1, 70 GBO) muß daher mit dem Prägesiegel versehen sein[11]).

[3]) KGJ 43, 23; Oberneck NotR[10] S. 18; Schlegelberger FGG § 182 Anm. 4; Keidel FGG[9] § 182 Anm. 6; Güthe-Triebel GBO § 1 Anm. 68; Staudinger-Firsching BGB[11] § 2246 Anm. 15; Voraufl. § 182 Anm. 5; Hornig DNotZ 1938, 19; Behre, Prüfung der Geschäfte des pr. Notars 4. Aufl. 1933 S. 29; a. M. Bertzel DNotZ 1951, 455.

[4]) Rietsch a. a. O. S. 538; Oberneck a. a. O.; Behre a. a. O.; BayStMdJ v. 29. 5. 1957 (MittBayNotV 1957, 258).

[5]) KGJ 20 A 14; KGJ 43, 23; AV d. PrJM v. 24. 1. 1900 (JMBl. 45) und v. 6. 4. 1900 (JMBl. 297).

[6]) Oberneck a. a. O.; Behre a. a. O.

[7]) KGJ 13, 96; Oberneck und Behre a. a. O.; Voraufl. § 182 FGG Anm. 5; Josef FGG[2] Art. 45 PrFGG Anm. 3.

[8]) Behre und Oberneck a. a. O.; Voraufl. § 182 FGG Anm. 6; AV d. RJM v. 15. 6. 1940 (DJ 703).

[9]) So auch Mecke Rdn. 9.

[10]) Meikel-Imhof-Riedel GBO[5] § 56 Anm. 8; Horber GBO[11] § 56 Anm. 3 E; GBOGeschO § 1 Abs. 2 Buchst. c, für Nordrhein-Westfalen i. d. F. vom 14. 10. 1970 (JMBlNRW 253).

[11]) Dazu auch AV d. JM NRW vom 25. 5. 1970 (JMBlNRW 137) über Ausfertigung der Hypotheken-, Grundschuld- und Rentenschuldbriefe.

Beglaubigung einer Unterschrift

40 **(1) Eine Unterschrift soll nur beglaubigt werden, wenn sie in Gegenwart des Notars vollzogen oder anerkannt wird.**

(2) Der Notar braucht die Urkunde nur darauf zu prüfen, ob Gründe bestehen, seine Amtstätigkeit zu versagen.

(3) Der Beglaubigungsvermerk muß auch die Person bezeichnen, welche die Unterschrift vollzogen oder anerkannt hat. In dem Vermerk soll angegeben werden, ob die Unterschrift vor dem Notar vollzogen oder anerkannt worden ist.

(4) § 10 Abs. 1, Abs. 2 Satz 1 gilt entsprechend.

(5) Unterschriften ohne zugehörigen Text soll der Notar nur beglaubigen, wenn dargelegt wird, daß die Beglaubigung vor der Festlegung des Urkundeninhalts benötigt wird. In dem Beglaubigungsvermerk soll angegeben werden, daß bei der Beglaubigung ein durch die Unterschrift gedeckter Text nicht vorhanden war.

(6) Die Absätze 1 bis 5 gelten für die Beglaubigung von Handzeichen entsprechend.

Übersicht

A. Rechtsentwicklung

1 Das Verfahren bei der gerichtlichen oder notariellen Beglaubigung von Unterschriften und Handzeichen war früher in § 183 FGG geregelt. Daneben fanden sich ergänzende Vorschriften sowohl im Bundesrecht (§ 32 BNotO) als auch auf Grund des Vorbehalts in § 200 FGG im Landesrecht (Art. 60 PrFGG, Art. 69 HessFGG, Art. 51 NdsFGG, § 77 BadFGVO, § 27 HambFGG). Das Gesetz lehnt sich in § 40 an das bisherige Bundesrecht an, enthält aber einige sachliche Änderungen. Dazu gehört insbesondere die gesetzliche Anerkennung der Beglaubigung von Blankounterschriften (§ 40 Abs. 5).

B. Öffentliche Beglaubigung von Unterschriften und Handzeichen

I. Zuständigkeit

1. Zuständigkeit für die Zeit bis zum 31. 12. 1969. Zur öffentlichen Beglaubigung von Unterschriften waren nach § 129 BGB a. F. berufen die Notare oder sonst zuständige Behörden und Beamte. In § 167 Abs. 2 Satz 1 FGG a. F. wurde diese Vorschrift dahin ergänzt, daß als sonst zuständige Behörden die Amtsgerichte bestimmt wurden; dieses Geschäft war nach § 23 Nr. 1 RechtspflG auf den Rechtspfleger übertragen. Kraft Bundesrechts waren weiter zuständig die Konsuln (§ 17 KonsG a. F.), deren Unterschriftsbeglaubigungen gerichtlichen oder notariellen gleichgestellt waren, ferner mit gegenständlichen Beschränkungen die besonders ermächtigten Jugendamtsbediensteten (§ 49 Abs. 1 JWG a. F. mit § 1706 Abs. 2 BGB a. F.) und die Standesbeamten (§§ 15c, 31a PStG a. F. mit §§ 1355, 1706 BGB a. F., §§ 55, 56 EheG). Nach § 191 Abs. 1 FGG a. F. blieben landesrechtliche Vorschriften unberührt (vgl. § 185 FGG Rdn. 4), nach welchen die Zuständigkeit anderer Behörden oder Beamten begründet wurde. Dieser landesrechtliche Vorbehalt galt aber nur für die öffentliche Beglaubigung von Unterschriften, nicht auch eines Handzeichens (vgl. Voraufl. § 167 Anm. 4); er galt auch nicht für Fälle, in denen das Bundesrecht nicht nur eine öffentliche, sondern ausdrücklich eine gerichtliche oder notarielle Beglaubigung forderte[1]). Diese Ermächtigung war durch § 77 Abs. 1 RNotO nicht berührt worden[2]). Die Vorschrift hatte aber eine Einschränkung ihres Anwendungsbereichs dadurch erfahren, daß nach Art. 7 Abs. 3 NotMaßnG vom 16. 2. 1961 (BGBl. I 77) Behörden oder Beamte eine Beurkundung nicht vornehmen durften, wenn die Körperschaft oder Anstalt, der sie angehören, oder die sie zu der Beurkundung bestellt hat, bei der den Gegenstand der Beurkundung bildenden Angelegenheit beteiligt war. Diese Vorschrift galt auch für die öffentliche Beglaubigung, wobei es auf die sachliche Beteiligung an der Angelegenheit ankam, die Gegenstand der zu beglaubigenden Erklärung war[3]). **2**

Auf Grund des Vorbehalts in § 191 Abs. 1 waren landesrechtliche Zuständigkeiten vorgesehen in Art. 115, 122, 123 PrFGG (Ortsgerichte), § 17 HessOrtsGerG (Ortsgerichte), § 29 BadLFGG (Bürgermeister und Gemeindebeamte), Art. 118 WürttAGBGB (Ortsvorsteher und Ratschreiber)[4]). Auch die nichtrichterlichen Beamten eines Gerichts konnten nach § 191 Abs. 1 für zuständig erklärt werden (Denkschr. S. 85 zu § 163). Der Urkundsbeamte der Geschäftsstelle war für die öffentliche Beglaubigung von Unterschriften zuständig nach Art. 36, 60 Abs. 3 PrFGG, Art. 44 HessFGG, Art. 28 NdsFGG, § 7 BremAGBGB. Wegen des von den nach Landesrecht zuständig gewesenen Behörden und Beamten bei der öffentlichen Beglaubigung zu beachtende Verfahren vgl. Voraufl. § 183 Anm. 11. Beglaubigungen durch den Rechtspfleger nach § 23 Nr. 1 RechtspflG a. F., soweit die Zuständigkeit der Amtsgerichte nicht auf Grund des Vorbehalts in § 191 Abs. 2 ausgeschlossen war (Rdn. 4), waren gerichtliche; für sie galten die Vorschriften über richterliche Beglaubigungen. Außerhalb der durch Bundesrecht oder auf Grund landesrechtlichen Vorbehalts gesetzlich bestimmten Fälle bestand keine allgemeine Befugnis von Gemeinde- oder Polizeibehörden, öffentliche Beglaubigungen im Sinne des § 129 BGB vorzunehmen[5]). Die genannten landesrechtlichen Vorschriften sind mit Wirkung vom 1. 1. 1970 aufgehoben durch § 60 BeurkG, jedoch Art. 118 WürttAGBGB gemäß § 60 Nr. 68 Buchst. d BeurkG nur insoweit, als darin andere Urkundspersonen als die Ratschreiber, deren Amtsverweser oder Stellvertreter für zuständig erklärt werden. **3**

Für die Amtsgerichte gestattete der landesrechtliche Vorbehalt in § 191 Abs. 2 FGG a. F. eine Abweichung von § 126 Abs. 1 und § 129 Abs. 1 BGB a. F. dahin, daß ihre Zuständigkeit für die öffentliche Beglaubigung von Unterschriften und Handzeichen ausgeschlossen werden konnte. Der Vorbehalt galt nicht für Fälle, in denen das Gesetz ausdrücklich gericht- **4**

[1]) KGJ 25 A 11; Schlegelberger § 191 Anm. 2.
[2]) BVerfGE 11, 192; Keidel § 191 Anm. 1.
[3]) Celle Rpfleger 1962, 144; Stuttgart Die J 1962, 179; Weber DNotZ 1962, 22; Seybold-Hornig BNotO[4] § 7 NotMaßnG Anm. 27; Keidel Anm. 5; a. M. Kerl DVBl. 1962, 95.
[4]) Vgl. dazu Haegele, Rpfleger 1967, 33 zu I 3; ders., Merkbuch für Bürgermeister und Ratschreiber in Baden-Württemberg, 3. Aufl. 1967 S. 19 ff.
[5]) BayObLGZ 1960, 518; Freidel DÖV 1957, 499.

liche Beglaubigung der Unterschrift oder des Handzeichens verlangt[6]). Die Zuständigkeit der Notare durfte durch das Landesrecht nicht ausgeschlossen werden. Von dem Vorbehalt hatten Gebrauch gemacht Bayern in Art. 10 Abs. 2 AGGVG, Hamburg in §§ 15, 10 AGFGG, Bremen in § 7 AGBGB, Baden (mit Ausnahmen) in §§ 27, 28 LFGG und Rheinland-Pfalz in §§ 22 Abs. 4 NotO RhPf. Auch diese Vorschriften sind durch § 60 BeurkG und § 55 Nr. 12 BeurkG mit Wirkung vom 1. 1. 1970 aufgehoben worden.

5 2. *Zuständigkeit für die Zeit nach dem 1. 1. 1970. a) Kraft Bundesrechts. α) Unbeschränkte Zuständigkeit.* Bundesrechtlich sind für die öffentliche Beglaubigung von Unterschriften und Handzeichen nach §§ 129 Abs. 1, 126 Abs. 1 BGB i. d. F. des § 56 Abs. 1 und Abs. 2 Nr. 3 BeurkG, § 20 Abs. 1 Satz 1 BNotO die *Notare* zuständig, gemäß § 114 Abs. 1 Satz 3 Halbs. 2 BNotO auch die Bezirksnotare in Württemberg in ihrer Eigenschaft als öffentliche Notare und gemäß § 115 BNotO mit § 22 BadLFGG die Notare in Baden. Die Beglaubigung von Unterschriften und Handzeichen durch einen deutschen *Konsul* steht nach § 17 KonsG i. d. F. des § 57 Abs. 1 Nr. 3 BeurkG einer notariellen Beglaubigung gleich.

6 *β) Gegenständlich beschränkte Zuständigkeit. aa) Die Zuständigkeit der Amtsgerichte* ist durch Änderung des § 126 BGB und Aufhebung des § 167 FGG beseitigt. Die Amtsgerichte sind aber nach § 62 Nr. 1 BeurkG noch zuständig, die Erklärungen bei der Anerkennung der Vaterschaft öffentlich zu beglaubigen, für welche diese Form nach § 1600e Abs. 1 Satz 2 BGB genügt (vgl. § 62 Rdn. 12); dieses Geschäft ist auf den Rechtspfleger übertragen (§ 3 Nr. 1 Buchst. f RechtspflG).

7 *bb)* Die besonders ermächtigten *Jugendamtsbediensteten* sind nach § 49 Abs. 1 Nr. 1 und 4 JWG n. F. zuständig für die öffentliche Beglaubigung von Erklärungen bei der Anerkennung der Vaterschaft, für welche diese Form nach § 1600e Abs. 1 Satz 2 BGB genügt, sowie von Erklärungen über die Änderung des Namens des nichtehelichen Kindes nach §§ 1617 Abs. 2, 1618 BGB (vgl. § 62 Rdn. 29, 30).

8 *cc)* Die *Standesbeamten* sind nach § 5 Abs. 4, § 15c Abs. 1, § 29a Abs. 1, § 29b Abs. 3, § 31a PStG i. d. F. vom 17. 7. 1970 (BGBl. I 1099) zuständig für die öffentliche Beglaubigung gewisser Erklärungen, welche sich auf die Änderung des Personenstandes oder die Namensführung beziehen (vgl. § 58 Rdn. 2 bis 9).

9 Soweit die vorstehend Rdn. 6 bis 8 angeführten Urkundspersonen die gegenständliche Begrenzung ihrer Zuständigkeit nicht einhalten, ist die Erklärung nicht wirksam öffentlich beglaubigt. Ist die Beglaubigungsbefugnis gegenständlich beschränkt, so kann die Urkundsperson Blankounterschriften nicht beglaubigen.

10 *b) Landesgesetzliche Vorbehalte.* Neue, dem § 191 Abs. 1 FGG a. F. teilweise entsprechende landesgesetzliche Vorbehalte sind enthalten in § 61 Abs. 1 Nr. 6, Abs. 4 Satz 1 und in § 63 BeurkG. Nach § 63 sind die Länder befugt, durch Gesetz die Zuständigkeit für die öffentliche Beglaubigung von (Abschriften oder) Unterschriften anderen Personen oder Stellen (als den Notaren) zu übertragen. Dieser Vorbehalt gilt aber, ebenso wie der frühere Vorbehalt in § 191 Abs. 1 FGG (oben Rdn. 2), nicht für die öffentliche Beglaubigung eines Handzeichens oder wenn das Gesetz, wie in § 23 Abs. 1 Satz 2 AktG, § 2 Abs. 2 GmbHG, eine notarielle Beglaubigung erfordert. Auf Grund dieses Vorbehalts ist in Hessen und in Teilen der Länder Baden-Württemberg und Rheinland-Pfalz die Zuständigkeit der *Ortsgerichtsvorsteher* begründet worden (vgl. § 63 Rdn. 4 bis 6). Landesrechtliche Vorbehalte bestehen ferner nach § 61 Abs. 4 BeurkG zugunsten des Landes Baden-Württemberg. Danach sind für die öffentliche Beglaubigung von Unterschriften zuständig gemäß Art. 118 WürttAGBGB, § 60 Nr. 68 Buchst. d BeurkG die *Ratschreiber*, ihre Amtsverweser und Stellvertreter, nach § 6 Abs. 5 bad. GB-AusfG i. d. F. v. 13. 10. 1925 (Bad GVBl. S. 296) — mit Beschränkungen — die Ratschreiber und Hilfsbeamten der Grundbuchämter (dazu § 61 Rdn. 29, 31). Aufrechterhalten sind nach § 61 Abs. 1 Nr. 6 BeurkG die Vorschriften des G über die Beurkundungs- und Beglaubigungsbefugnis der *Vermessungsbehörden* vom 15. 11. 1937 (RGBl. I 1257) über

[6]) Schlegelberger § 191 Anm. 3.

die Befugnis der Vorstände oder beauftragten Beamten der Vermessungsbehörden, Anträge der Eigentümer auf Vereinigung oder Teilung von Grundstücken ihres Bezirks zu beurkunden oder zu beglaubigen (dazu § 61 Rdn. 12).

II. Wesen und Beweiskraft der Beglaubigung

Die Beglaubigung einer Unterschrift oder eines Handzeichens ist die öffentliche Beurkundung eines Vorgangs, nämlich der Tatsache, daß der Aussteller persönlich vor der Urkundsperson die Unterschrift oder das Handzeichen vollzogen oder als von ihm bereits vollzogen anerkannt hat[7]). Auf die unterschriebene schriftliche Erklärung bezieht sich die Beglaubigung nicht; diese behält ihren Charakter als Privaturkunde, da die öffentliche Beglaubigung keine Niederschrift über die Abgabe der Erklärung darstellt. Eine öffentliche Urkunde mit der Beweiskraft des § 418 ZPO ist nur der Beglaubigungsvermerk. Nach § 418 ZPO begründet daher der Beglaubigungsvermerk den vollen Beweis der darin bezeugten Tatsache, nämlich daß die Unterschrift von der Person herrührt, die im Beglaubigungsvermerk bezeichnet ist; das gilt auch, wenn die Unterschrift nicht vor dem Notar vollzogen, sondern von dem Vorzeiger der Urkunde als die seinige anerkannt worden ist. Der Gegenbeweis ist nur im Rahmen des § 418 Abs. 2 ZPO zulässig. Die Beweiskraft des Beglaubigungsvermerks erstreckt sich auch auf die darin enthaltenen Feststellungen über den Personenstand des Unterzeichners der Urkunde[8]). Hinsichtlich der unterschriebenen Privaturkunde wird dadurch gemäß § 416 ZPO voller Beweis dafür erbracht, daß die in ihr enthaltenen Erklärungen von dem Aussteller abgegeben sind. Diese Beweisregel bezieht sich aber nicht auf die Richtigkeit des Inhalts der Erklärung, ihr wirksames Zustandekommen und die Umstände ihrer Abgabe, wie Ort und Zeit; für ein in der Urkunde enthaltenes Datum z. B. wird nur bewiesen, daß es angegeben, nicht daß es richtig ist[9]). Diese Beweisregel schließt jedoch nicht den Gegenbeweis aus, daß die Erklärung von dem Aussteller nicht abgegeben worden ist. Allerdings erfordert dieser Gegenbeweis den Nachweis der Unechtheit der Unterschrift oder des Handzeichens, da der Einwand, der Aussteller habe die Urkunde nicht gelesen oder nicht verstanden, unzulässig ist und dieser Umstand allenfalls die Anfechtung wegen Irrtums oder Täuschung rechtfertigen kann[10]). **11**

Ist der Inhalt der Urkunde durch Einschaltungen, Durchstreichungen usw. geändert worden, so hat das Gericht gemäß § 419 ZPO nach freier Überzeugung zu entscheiden, inwiefern solche Mängel die Beweiskraft der Urkunde ganz oder teilweise aufheben oder mindern. Die Beglaubigung der Unterschrift gewährleistet in einem solchen Fall nicht die Echtheit des Inhalts der über der Unterschrift stehenden Erklärung. Es ist aber zulässig, daß der Notar auf besonderes Ansuchen solche zur Zeit der Beglaubigung der Unterschrift bereits vorhandenen Änderungen als Tatsachenbeurkundung (§§ 36, 39) entsprechend § 42 Abs. 2 in dem Beglaubigungsvermerk bescheinigt. **12**

Nachträgliche Änderungen der über der Unterschrift stehenden Schrift nach der Beglaubigung sowie Zusätze und Ergänzungen, mögen sie auch von dem Aussteller selbst oder mit seiner Billigung angebracht sein, werden durch den Beglaubigungsvermerk nicht gedeckt und haben demnach nicht die Eigenschaft öffentlich beglaubigter Erklärungen; sie müssen be- **13**

[7]) Oberneck NotR[10] § 43, 1; Schlegelberger § 183 Anm. 2; Keidel § 183 Anm. 1; Weber DNotZ 1962, 22; *Schrifttum:* Oetker, Beglaubigung von Unterschriften und Handzeichen, in Die Reichsgerichtspraxis (1929) Bd. 6 S. 44 ff.; Weimar, Zweifelsfragen bei der Beglaubigung von Unterschriften und Handzeichen, MDR 1966, 475; Bordt, Konsularische Beglaubigungsbefugnis im Rahmen des § 2 Abs. 2 GmbHG, GmbHRdsch. 1959, 163; Zimmermann, Kann bei der notariellen Beglaubigung einer Unterschrift diese im Ausland vor dem Notar vollzogen werden?, Rpfleger 1964, 107; Haegele, Unterschriftsbeglaubigung, Jur. Büro 1968, 771; Rpfleger, Unvollständige Beglaubigungsvermerke, Die Justiz 1970, 242.

[8]) KGJ 52, 112; LG Darmstadt DNotZ 1942, 189; LG Berlin NJW 1962, 1353 = DNotZ 1963, 250 = Rpfleger 1963, 51; Hamm JMBl-NRW 1964, 53 = DNotZ 1965, 46; Haegele BeurkG § 40 Anm. V I; vgl. § 10 Rdn. 10.

[9]) RGZ 31, 339; 73, 279; Baumbach-Lauterbach ZPO[30] § 416 Anm. 2 B.

[10]) RG JW 1908, 327; 1909, 214; WarnRspr. 1909, 547; 1911, 472; RGZ 77, 312.

sonders unterschrieben werden, und diese Unterschrift bedarf wiederum der Beglaubigung[11]). Mit dem Hinweis auf die Zulässigkeit der Beglaubigung von Blankounterschriften (Rdn. 16) läßt sich die Gegenmeinung nicht rechtfertigen, weil die dafür in § 40 Abs. 5 gegebenen besonderen Vorschriften bei nachträglichen Änderungen nicht gewahrt sind. Ganz unwesentliche Berichtigungen offenbarer Unrichtigkeiten sind formlos statthaft[12]). Für Erklärungen mit freigebliebenen und später auszufüllenden *Lücken* gelten die Grundsätze für die Beglaubigung von Blankounterschriften.

14 *1. Gegenstand der Erklärung.* Der Begriff der Unterschrift erfordert grundsätzlich, daß sie eine darüber befindliche Erklärung des Unterschreibenden deckt. Die Erklärung braucht nicht rechtsgeschäftlicher Art zu sein; es genügt, daß sie in irgendeiner Hinsicht rechtserheblich ist, z. B. ein privates Zeugnis über eine Tatsache oder Wahrnehmung enthält[13]). Daher ist auch die Unterschrift unter einer eidesstattlichen Versicherung beglaubigungsfähig[14]); das wird auch durch § 38 nicht ausgeschlossen, da diese Vorschrift voraussetzt, daß die Abgabe der Versicherung beurkundet wird. Wenn allerdings der Notar auch für die Abnahme, nicht nur für die Beurkundung der eidesstattlichen Versicherung zuständig ist, muß er sie als eine vor ihm abgegebene Erklärung zur Niederschrift beurkunden (§ 38 Rdn. 8, 9). Stets aber muß die Schrift eine Erklärung enthalten; Unterschriften auf Urkunden, die keine Erklärungen, sondern Zeichnungen, Risse oder Pläne enthalten, können nicht im Sinne des § 129 BGB öffentlich beglaubigt werden[15]).

15 Auch *Anlagen* können zu einer öffentlich beglaubigten Erklärung genommen werden. Die Vorschrift des § 9 Abs. 1 Satz 2 ist zwar nicht anwendbar, da sie nur für die Beurkundung von Willenserklärungen gilt. Das schließt nicht aus, daß Anlagen zu einer öffentlich beglaubigten Erklärung in ähnlicher Weise an der Wirkung der Unterschriftsbeglaubigung teilnehmen, wie Protokollanlagen im Sinne des § 9 Abs. 1 Satz 2 die Eigenschaft einer öffentlichen Urkunde erlangen. Voraussetzung dafür ist, daß der Inhalt der Anlage eine Erklärung darstellt, daß in der über der beglaubigten Unterschrift stehenden Schrift auf die anliegende Erklärung Bezug genommen wird und daß die Anlage mit der öffentlich beglaubigten Urkunde in beweissicherer Art verbunden wird[16]). Eine beweissichere Verbindung liegt z. B. vor, wenn die Anlage auf demselben Bogen steht wie die beglaubigte Erklärung[17]), oder durch Schnur und Siegel mit ihr verbunden ist[18]) oder wenn überhaupt eine körperliche Verbindung vorhanden ist[19]). Der Notar hat die Sollvorschrift des § 44 zu beachten (vgl. § 44 Rdn. 2).

16 *2. Beglaubigung von Blankounterschriften (Abs. 5). a) Zulässigkeit.* Die Zulässigkeit der Beglaubigung von Unterschriften ohne zugehörigen Text wird nach dem Vorgang des § 32 Abs. 3 BNotO durch § 40 Abs. 5 gesetzlich anerkannt, nachdem sie schon vorher in Rechtsprechung und Schrifttum für zulässig erachtet worden war[20]). Hierher gehört nicht nur der Fall, daß eine über der Unterschrift stehende Schrift gänzlich fehlt, sondern auch der Fall, daß die Erklärung in wesentlichen Punkten lückenhaft ist, z. B. die Person des Berechtigten

[11]) So in ständiger Rechtspr. das KG, KGJ 22 A 125 = RJA 2, 101 = OLGR 2, 497; 3, 306; 7, 336; KGJ 29 A 116 = OLGR 10, 90; KGJ 35 A 227; ebenso Hamburg DNotZ 1951, 422 mit Anm. v. Bäumler; Oetker RG-Praxis 6, 65; Staudinger-Coing BGB[11] § 129 Anm. 3; Palandt-Danckelmann BGB[29] § 129 Anm. 3; Enneccerus-Nipperdey Allg. Teil[15] § 156 IV 1; Meikel-Imhof-Riedel GBO[5] § 29 Anm. 66; Güthe-Triebel GBO[6] § 29 Anm. 115; a. M. Soergel-Hefermehl BGB[9] § 129 Anm. 3; Schlegelberger § 183 Anm. 10; Keidel § 183 Anm. 7.

[12]) RGZ 60, 397.

[13]) Oetker RGPraxis 6, 45.

[14]) Weber DNotZ 1954, 179 gegen Büchert JR 1953, 376; Koehne JR 1954, 455 zu IV; Mecke Rdn. 4.

[15]) KGJ 50, 131, 135; Müller RheinNotK 1959, 102, 127.

[16]) Karlsruhe OLGR 4, 81; KGJ 48, 175; 50, 131; Güthe-Triebel GBO[6] § 29 Anm. 115; Oberneck NotR[10] § 43, 11; Schlegelberger § 183 Anm. 3; Müller RheinNotK 1959, 102, 125.

[17]) Karlsruhe OLGR 4, 81.

[18]) KGJ 50, 131.

[19]) KGJ 48, 178.

[20]) RGZ 86, 104; KG DNotZ 1953, 255 mit Anm. v. Hornig; Schlegelberger § 183 Anm. 9; vgl. Szkolny, Die Beglaubigung von Blankounterschriften und von lückenhaften Erklärungen, DNotZ 1930, 524.

(Bevollmächtigten) oder eine Geldsumme noch offengelassen ist. Vorausgesetzt ist, daß die Beglaubigung vor der Festlegung des Urkundeninhalts benötigt wird. Diese Voraussetzung soll „dargelegt" werden, d. h. es genügt, wenn einleuchtende Gründe vorgebracht werden und kein Anlaß besteht, den Behauptungen der Beteiligten zu mißtrauen; gegenüber § 32 Abs. 3 BNotO a. F. sind also die Anforderungen erleichtert worden (BT-Drucks. V/4014 S. 4 zu §§ 40, 45). Wird ein einleuchtender Grund nicht ausreichend dargelegt, so ist die Beglaubigung der unvollständigen Erklärung abzulehnen. Im übrigen gelten auch hier die allgemeinen Ablehnungsgründe des § 4. Unzulässig ist die Beglaubigung z. B., wenn sie nur verlangt wird, um die Kenntnisnahme des Notars von der Erklärung zu verhindern[21]). Eine Blankobescheinigung, also die Erteilung eines Beglaubigungsvermerks ohne vorherige Unterschriftsleistung, ist selbstverständlich unstatthaft. Keinesfalls darf der Notar seinen Namen auf ein leeres Blatt oder unter einen unausgefüllten Beglaubigungsvermerk oder unter ein noch nicht unterzeichnetes Formular setzen und diese Urkunde z. B. seinem Bürovorsteher zur Verwendung überlassen[22]).

b) Angaben im Beglaubigungsvermerk. Die inhaltliche Wahrheit des Beglaubigungsvermerks erfordert die Erkennbarkeit der Tatsache, daß der Urkundsperson nur eine Namenszeichnung ohne dazugehörige Erklärung oder unter einer nur unvollständigen Erklärung vorlag. Deshalb soll nach Abs. 5 Satz 2 in dem Beglaubigungsvermerk angegeben werden, daß bei der Beglaubigung ein durch die Unterschrift gedeckter Text nicht (oder nur teilweise) vorhanden war. Das gilt auch für freigebliebene und später auszufüllende Lücken; ein Ermessen, von der Bezeichnung dieser Lücken im Beglaubigungsvermerk abzusehen[22a]), steht dem Notar nicht zu. Dadurch soll der Gefahr von Täuschungen vorgebeugt werden. Das Fehlen oder die Unvollständigkeit dieser Angabe macht die Beglaubigung nicht unwirksam, da es sich um eine Sollvorschrift handelt. Die Angabe der Gründe, aus denen die Beglaubigung vor vollständiger Ausfüllung stattgefunden hat, ist nicht vorgeschrieben, mit Einwilligung des Beteiligten aber statthaft. **17**

c) Rechtswirkung des beglaubigten Blanketts. Die Erklärung gilt nicht vor dem Zeitpunkt als abgegeben, in welchem das Blankett tatsächlich ausgefüllt wird[23]). Nach Ausfüllung des Blanketts begründet § 440 Abs. 2 ZPO die Vermutung, daß die Schrift mit dem Willen des Ausstellers über der Unterschrift steht[24]). Im Verfahren der freiwilligen Gerichtsbarkeit ist die Widerlegung dieser Rechtsvermutung Gegenstand der Amtsermittlung (§ 12 FGG Rdn. 13). Im Grundbuchantragsverfahren, in dem Amtsermittlungen nicht stattfinden, berechtigen Zweifel an der bestimmungsgemäßen Ausfüllung des Blanketts zur Zurückweisung des Antrags[25]). Nicht beizutreten ist der Auffassung[26]), daß im Grundbuchverkehr das Recht, über das verfügt werden soll, vor der Unterschriftsbeglaubigung in dem Blankett grundbuchmäßig bezeichnet sein müsse. **18**

III. Die Unterschrift

1. Form. Die Unterschrift muß eine eigenhändige Namensunterschrift sein, nicht notwendig unter Verwendung des bürgerlichen Namens; die Unterzeichnung mit Pseudonym oder Künstlernamen ist beglaubigungsfähig, wenn für diese Namensführung ein triftiger Grund vorliegt (Schriftsteller, Schauspieler) und der angenommene Name im Verkehr gebräuchlich ist[27]). In dem Beglaubigungsvermerk ist alsdann die Person zu bezeichnen, die sich des Pseudonyms bedient hat. Ein Einzelkaufmann kann mit seiner Firma, ein OHG-Gesellschafter **19**

21) Seybold-Hornig BNotO⁴ § 32 Rdn. 11.
22) RGZ 86, 102; Oberneck NotR¹⁰ § 43, 7 e.
22a) So Seybold-Hornig BNotO⁴ § 32 Rdn. 15; Höfer-Huhn § 32, 8.
23) RG JW 1930, 61.
24) RGZ 64, 406; BGH Betrieb 1965, 1665.
25) KGJ 35 A 227; Oetker RGPraxis 6, 62; Schlegelberger § 183 Anm. 9; nicht beizutreten ist der Auffassung von Horber GBO¹¹ § 29 Anm. 5 c, daß blanko beglaubigte Erklärungen allgemein keine ausreichende Eintragungsgrundlage seien.
26) So LG Berlin DNotZ 1940, 35; Seybold-Hornig BNotO⁴ § 32 Rdn. 15.
27) Oetker RGPraxis 6, 56; Oberneck NotR¹⁰ § 43, 7; Keidel FGG⁹ § 183 Anm. 4; Höfer-Huhn Allg. Urkundenrecht § 32, 7.

mit der Gesellschaftsfirma unterschreiben[28]), ein Vertreter mit dem Namen des Vertretenen[29]). In diesen Fällen muß aber der Beglaubigungsvermerk ergeben, wer mit der Firma oder dem Namen des Vertretenen unterschrieben hat. Leserlichkeit der Unterschrift ist nicht zu fordern[30]). Es genügt ein die Identität des Unterschreibenden ausreichend kennzeichnender individueller Schriftzug, der einmalig ist, entsprechende charakteristische Merkmale aufweist und sich als Unterschrift eines Namens darstellt[31]). Undeutlichkeiten und Verstümmelungen dürfen aber nicht so weit gehen, daß ganze Namens- oder Wortteile im Schriftbild überhaupt nicht erscheinen[32]); willkürliche Striche genügen nicht[33]). Solche Verstümmelungen können ebenso wie in Deutschland ungebräuchliche Schriftzeichen, die auch dem Notar unbekannt sind, als Handzeichen beglaubigt werden[34]). Ein mechanisch hergestellter Namenszug (Faksimilestempel) ist keine Unterschrift[35]), auch nicht ein durchgepauster Namenszug (§ 13 Rdn. 21).

20 Die Anerkennung einer *fremden* Unterschrift, z. B. der des Erblassers durch den Erben, der des Verschollenen durch den Pfleger ist nicht in der Weise möglich, daß auf Grund ihrer die Unterschrift des Erblassers oder des Verschollenen beglaubigt werden dürfte[36]). Statthaft ist es aber, daß der Notar eine solche Anerkennung in Form einer Tatsachenbeurkundung (§ 36) bezeugt oder die Unterschrift des Anerkennenden unter der Anerkennungserklärung beglaubigt. Welche Wirkung eine solche Anerkennung hat, bestimmt das materielle Recht. Rührt die Unterschrift tatsächlich von einem Dritten her und hat der Aussteller der Urkunde sie vor dem Notar fälschlich als von ihm herrührend anerkannt, so ist dies unerheblich; denn in der Anerkennung der fremden Unterschrift als der eigenen liegt deren Genehmigung, so daß sie als im Auftrag des Anerkennenden geleistet gilt.

21 2. *Vollziehung oder Anerkennung der Unterschrift.* Der Notar (oder das sonstige Beglaubigungsorgan) soll die Unterschrift nur beglaubigen, wenn sie vor ihm persönlich vollzogen oder unter Vorlegung der Urkunde von dem Aussteller als von ihm gefertigt anerkannt wird. Eine Vertretung ist weder auf Seiten des Beglaubigungssuchers noch auf Seiten des Beglaubigungsorgans zugelassen. Der Notarvertreter darf nicht die vor dem Notar, der Notar nicht die vor seinem Vertreter oder Bürovorsteher, der Richter (Rechtspfleger) nicht die vor dem UdG vollzogene oder anerkannte Unterschrift beglaubigen. Ebenso wie bei der Vollziehung der Unterschrift in Gegenwart des Notars muß das Schriftstück auch bei der Anerkennung der Unterschrift vorliegen. Die Beglaubigung ist ordnungswidrig, wenn der Unterzeichner dem Notar gegenüber zwar anerkennt, die Unterschrift auf einem näher bezeichneten oder beschriebenen Schriftstück geleistet zu haben, dieses Schriftstück aber im Zeitpunkt der Abgabe dieser Erklärung nicht vorlegen kann. Es ist daher unzulässig, daß der Beglaubigungssucher die bereits unterschriebene Urkunde dem Notar übersendet und dann an einem dritten Orte, z. B. auf der Straße, die Unterschrift vor dem Notar anerkennt, ohne daß hierbei die Urkunde vorliegt, oder wenn er diese Erklärung vor dem Notar in Bezug auf eine Urkunde abgibt, die er ihm noch übersenden werde. Ein solches Ansinnen hat der Notar abzulehnen, weil die Identität der geleisteten mit der anerkannten Unterschrift nicht festgestellt werden kann[37]). Schriftliche Anerkennung genügt nicht. Auch die Beglaubigung auf Grund fernmünd-

[28]) KGJ 21 A 103; KG DNotZ 1939, 425; Oberneck NotR[10] § 43, 7 c.

[29]) KG Recht 1927 Nr. 1510 = JR 1927 Nr. 1431; Oberneck NotR[10] § 43, 7 b; Keidel FGG[9] § 183 Rdn. 5; Oetker RGPraxis 6, 57; Enneccerus-Nipperdey Allg. Teil[15] § 156 IV 1; Staudinger-Coing BGB[11] § 129 Anm. 3 a; Höfer-Huhn § 32, 7; Mecke Rdn. 6.

[30]) Karlsruhe DNotV 1928, 410; Oberneck NotR[10] § 43, 7 d; Keidel FGG[9] § 183 Anm. 3; Höfer-Huhn § 32, 7; Seybold-Hornig BNotO[4] § 32 Anm. 1.

[31]) BGH LM § 170 ZPO Nr. 8 = MDR 1960, 396 = Betr. 1960, 350 = DNotZ 1960, 447 (L); BGH DNotZ 1970, 595 (für die Unterschrift des Beglaubigenden).

[32]) KG DNotZ 1939, 425.

[33]) Düsseldorf BB 1959, 1186.

[34]) Oetker RGPraxis 6, 60.

[35]) Oberneck NotR[10] § 43, 7 f; Höfer-Huhn § 32, 7 Fn. 22.

[36]) Oberneck NotR[10] § 43, 7 f; Höfer-Huhn § 32, 7.

[37]) Oberneck NotR[10] § 43, 1; Haegele BeurkG § 40 Anm. V 5; Seybold-Hornig BNotO[4] § 32 Anm. 1.

licher Anerkennung ist unzulässig[38]). Der Grund für diese Beschränkung liegt darin, daß der Notar nur auf Grund seiner Sinneswahrnehmungen beurkunden darf und ihm Schlußfolgerungen verwehrt sind, so daß es unerheblich ist, ob er die Überzeugung von der Echtheit der Unterschrift auf andere Weise erlangt hat. Bei der Beglaubigung von Firmen- und Unterschriftszeichnungen zum Handelsregister ist Anerkennung ausgeschlossen (§ 41); ebenso nach der Natur der Sache bei der Unterschrift eines Blinden[39]). Eine Zuwiderhandlung gegen Abs. 1 berührt weder die Gültigkeit noch die Beweiskraft der Beglaubigung; erst der Beweis der Unechtheit der Unterschrift nimmt dem Beglaubigungsvermerk die Kraft[40]), z. B. der Nachweis der Unrichtigkeit der Anerkennung[41]). Die Wahrheit der Anerkennung braucht die Urkundsperson nicht zu prüfen.

IV. Beglaubigungsverfahren

Die Vorschriften des BeurkG, insbesondere §§ 2 bis 5 Abs. 1, 39, 40, 41, sind auf Grund des § 1 Abs. 2 auch für Beglaubigungen durch andere Urkundspersonen maßgebend, die neben den Notaren zuständig sind (oben Rdn. 6, 7, 10), für die Konsuln auf Grund des § 17 Abs. 1 Satz 2 KonsG, nicht aber für die Standesbeamten (§ 58). **22**

1. Antrag. Die Beglaubigung darf nur auf Ansuchen des Beteiligten vorgenommen werden, dessen Unterschrift beglaubigt werden soll, nicht etwa von Amts wegen oder im Auftrage eines Dritten[42]). Es ist daher unzulässig, daß der Notar eine Unterschrift, deren Leistung er zufällig (oder in seiner Eigenschaft als Rechtsanwalt) beigewohnt hat, beglaubigt, ohne daß der Unterschreibende ihn darum ersucht und die Unterschrift in seiner Gegenwart anerkannt hat. Ein Rechtsanwalt, der seinem Prozeßgegner in der mündlichen Verhandlung ein Schriftstück vorhielte mit der Frage, ob er anerkenne, die darauf befindliche Unterschrift geleistet zu haben, und nach bejahender Antwort sodann in seiner Eigenschaft als Notar die Unterschrift beglaubigen würde, erfüllt den Tatbestand des § 348 StGB[43]). Die Gültigkeit der Beglaubigung wird dadurch jedoch nicht berührt. **23**

2. Ausschließung der Urkundsperson. Da die Beglaubigung einer Unterschrift nicht die Beurkundung einer Willenserklärung ist, sind nicht die §§ 6, 7, sondern ausschließlich § 3 maßgebend. Für die Ausschließung ist mithin nicht die formelle Beteiligung im Sinne des § 6 Abs. 2, sondern die sachliche Beteiligung maßgebend, so daß Ausschließungsgründe nicht nur der Person des Beglaubigungssuchers, sondern auch dem Inhalt der über der Unterschrift stehenden Erklärung zu entnehmen sind (§ 3 Rdn. 17). Die Nichtbeachtung der hiernach bestehenden Ausschließungsgründe beeinträchtigt die Gültigkeit der Beglaubigung nicht. Es wird aber anzunehmen sein, daß die Beglaubigung der eigenen Unterschrift nichtig ist[44]). **24**

[38]) Oberneck NotR[10] § 43, 1; Schlegelberger § 183 Rdn. 6; Keidel FGG[9] § 183 Anm. 6; Seybold-Hornig BNotO[4] § 32 Anm. 1; Rohs Geschäftsführung[5] zu III 2 S. 61; Sprick DNotZ 1939, 559; Mecke Rdn. 8; Richtlinien der BNotK (DNotZ 1963, 130) § 12; a. M. Höfer-Huhn § 32, 2, die zu Unrecht eine Parallele zur Legalisation ziehen, bei der es sich nicht um eine Beglaubigung im Sinne der §§ 129 BGB, 40 BeurkG handelt und die Behörde sich die Überzeugung von der Echtheit auf jede beliebige Weise, nicht nur, wie der Notar, auf Grund ihrer Sinneswahrnehmung verschaffen kann; vgl. Rietsch, Hdb. d. Urkundswiss.[2] § 184 S. 529.

[39]) Rietsch Hdb. d. Urkundswiss.[2] § 181 S. 524; Wellstein FGG[2] § 183 Anm. 8; Oberneck NotR[10] § 43, 8; Höfer-Huhn § 32, 2 a. E.; a. M. Schlegelberger § 183 Anm. 4; Keidel FGG[9] § 183 Rdn. 9; Güthe-Triebel GBO[6] § 29 Anm. 112.

[40]) Ebert-Dudek-Lindemann FGG[2] Anm. 2 a; Schlegelberger § 183 Anm. 12; Keidel FGG[9] § 183 Anm. 11; Oberneck NotR[10] § 43, 1; Stuttgart DNotZ 1950, 166. Die Meinung des BGH (NJW 1968, 607 = DNotZ 1969, 252 Rpfleger 1968, 149, dagegen Heinitz JR 1968, 307; Höfer-Huhn § 32 Fn. 20), die wahrheitswidrige Bescheinigung des Notars, daß die Anerkennung vor ihm erfolgt sei, erfülle nicht den Tatbestand des § 348 StGB, ist durch Gesetzesänderung (§ 40 Abs. 3 Satz 2) überholt.

[41]) KG Recht 1927 Nr. 1810 = JR 1927 Nr. 1431.

[42]) Rietsch Hdb. d. Urkundswiss.[2] § 182; RG DNotZ 1938, 245.

[43]) Oetker RGPraxis 6, 58.

[44]) Schlegelberger § 183 Anm. 2; Keidel FGG[9] § 183 Anm. 20; a. M. Oberneck NotR[10] § 32, 1.

25 3. *Beteiligung behinderter Personen.* Für das Verfahren bei der Beglaubigung der Unterschriften *Gebrechlicher* (Tauber, Blinder, Stummer) oder *Sprachfremder* oder von Handzeichen gelten die §§ 16, 22 bis 25 nicht. Im übrigen ist zwischen gerichtlichen und notariellen Unterschriftsbeglaubigungen zu unterscheiden. Für gerichtliche Beglaubigungen (§ 62) gelten, wie bei § 1 Rdn. 33 dargelegt ist, die §§ 8, 9 FGG in Verbindung mit §§ 184 bis 186, 189 GVG (vgl. die Erl. dieser Vorschriften bei § 8 FGG). Die Zuziehung von Überwachungspersonen (Zeugen, zweiter Richter oder Rechtspfleger) oder einer Vertrauensperson (§ 24) ist daher niemals geboten. Die Zuziehung eines Dolmetschers ist bei tauben oder stummen Personen nur erforderlich, wenn schriftliche Verständigung nach Lage des Falles erforderlich, aber nicht möglich ist (§ 186 GVG), bei Sprachfremden, wenn der Beglaubigungsbeamte der fremden Sprache nicht mächtig ist (§ 9 FGG). Bei dem Dolmetscher fremder Sprachen ist Verzicht des Beteiligten auf die Beeidigung zulässig (§ 9 FGG), nicht aber bei dem Dolmetscher nach § 186 GVG (§ 8 FGG Rdn. 13). Verletzung der Vorschriften über die Zuziehung oder Beeidigung des Dolmetschers berührt die Gültigkeit der Beglaubigung nicht, auch ist eine Angabe darüber im Beglaubigungsvermerk nicht vorgeschrieben[45]). Dieselben Bestimmungen gelten gemäß § 194 Abs. 1, 4 FGG für Beglaubigungen durch nach Landesrecht zuständige nichtgerichtliche Behörden (oben Rdn. 10). Für notarielle Unterschriftsbeglaubigungen fehlt es, nachdem die einschlägigen Bestimmungen des Landesrechts (vgl. § 22 Rdn. 18) durch § 60 BeurkG ersatzlos aufgehoben worden sind, an Vorschriften; dasselbe gilt für Beglaubigungen durch Konsuln und Jugendamtsbedienstete. Diesen Urkundspersonen ist es daher überlassen, nach pflichtmäßigem Ermessen diejenigen Vorkehrungen zu treffen, die geeignet erscheinen, Zweifel und Täuschung auszuschließen.

4. Die *Prüfungspflicht der Urkundsperson* erstreckt sich auf:

26 *a)* das Vorliegen von *Ausschließungsgründen* (Rdn. 24) sowie darauf, ob Gründe bestehen, die *Amtstätigkeit zu versagen* (Abs. 2), insbesondere wegen offenbarer Nichtigkeit des Geschäfts oder weil erkennbar unredliche oder unlautere Zwecke verfolgt werden (§ 4). Zu diesem Zweck ist mithin Kenntnisnahme von dem Inhalt der unterzeichneten Erklärung auch ohne Zustimmung des Beteiligten gestattet. Die Beglaubigung von Unterschriften unter fremdsprachigen Erklärungen ist nicht ausgeschlossen, wenn dadurch der Urkundsperson die gebotene Prüfung nicht verwehrt wird.

27 *b)* die *Feststellung der Persönlichkeit.* Die Verschaffung von Gewißheit über die Persönlichkeit (Identität) desjenigen, dessen Unterschrift beglaubigt werden soll, ist die wichtigste Aufgabe der Urkundsperson und der eigentliche Zweck der Unterschriftsbeglaubigung. Hierauf ist daher besondere Sorgfalt zu verwenden (§ 25 DONot). Es gelten die bei § 10 Rdn. 5, 6 dargelegten Grundsätze. Die Urkundsperson muß volle Überzeugung von der Identität erlangt haben. Eine Beglaubigung unter dem Vorbehalt späterer Identitätsfeststellung ist mit dem Wesen der Beglaubigung unvereinbar und deshalb unstatthaft; das galt schon nach früherem Recht[46]) und ist jetzt im Gesetz dadurch zum Ausdruck gekommen, daß § 10 Abs. 2 Satz 2 von der Verweisung in § 40 Abs. 4 ausgenommen wird.

28 *c)* die *Prüfung der Geschäftsfähigkeit* wird der Urkundsperson abweichend von Art. 60 Abs. 3 PrFGG nicht mehr zur Pflicht gemacht. Der Gesetzgeber der BNotO (§ 32 Abs. 2 a. F.) wollte bewußt die Prüfungspflicht des Notars bei der Unterschriftsbeglaubigung als einem überwiegend formellen Akt einschränken[47]); diesen Grundsatz hat das BeurkG in § 40 Abs. 2 beibehalten. Gleichwohl ist die Ablehnung der Beglaubigung gerechtfertigt, wenn die Nichtigkeit wegen Geschäftsunfähigkeit offenbar ist[48]); bloße Zweifel werden zweckmäßig im Beglaubigungsvermerk niedergelegt. Soweit Minderjährige und ihnen nach § 114 BGB Gleich-

45) Oetker RGPraxis 6, 52.
46) Ebert-Dudek-Lindemann FGG² § 183 Anm. 2 b α; Oberneck GruchBeitr. 43, 728; Schlegelberger § 183 Anm. 13; a. M. Oetker RGPraxis 6, 74; Seybold-Hornig BNotO⁴ Anh. zu § 20 Rdn. 142.
47) BT-Drucks. III/2128 S. 5; Seybold-Hornig BNotO⁴ § 32 Anm. 4; Saage BNotO § 32 Anm. 1; Rohs Geschäftsführung⁵ zu III 3 S. 62; Saage DNotZ 1961, 116, 129 zu 9 a.
48) Rohs a. a. O.; Keidel FGG⁹ § 183 Rdn. 23.

gestellte nach dem Gegenstand des Geschäfts unbeschränkt geschäftsfähig sind (§§ 107, 112, 113 BGB), können auch ihre Unterschriften beglaubigt werden (vgl. zur Teilgeschäftsfähigkeit § 13 FGG Rdn. 19, § 59 FGG Rdn. 8). Im übrigen kommt diese Prüfung nur bei rechtsgeschäftlichen Erklärungen in Betracht. Bei anderen rechtserheblichen Erklärungen genügt natürliche Handlungsfähigkeit; bei eidesstattlichen Versicherungen kommt es auf die Eidesmündigkeit an (§§ 393, 455 Abs. 2 ZPO). Für den Beglaubigungsauftrag als verfahrensrechtlichen Antrag ist Verfahrensgeschäftsfähigkeit oder, außer bei Teilgeschäftsfähigkeit, gesetzliche Vertretung zu fordern[49]). Bei Beglaubigung der Unterschrift eines Minderjährigen wird zweckmäßig dessen Geburtstag im Beglaubigungsvermerk angegeben.

d) die *Prüfung der Verfügungsbefugnis* und der *Vertretungsmacht* liegt dem Beglaubi- **29**
gungsorgan nicht ob[50]).

e) eine *Belehrungs- oder Hinweispflicht* (§§ 17 bis 21) besteht bei bloßen Unterschrifts- **30**
beglaubigungen nicht[51]). Das wird in § 40 Abs. 2 zum Ausdruck gebracht. Der Notar braucht mithin nicht über die rechtliche Tragweite des Geschäfts, über die Notwendigkeit des Vollzugs im Grundbuch oder im Handelsregister, über Genehmigungserfordernisse, Vorkaufsrechte oder den Grundbuchstand zu belehren. Auch den Vollzug der Urkunde (§ 53) braucht der Notar ohne besonderen Auftrag nicht zu veranlassen. Bei der Abtretung oder Belastung von Briefpfandrechten ist nach § 21 Abs. 2 ein Vermerk darüber, ob der Brief vorgelegen hat, nur bei Beurkundung, nicht bei bloßer Unterschriftsbeglaubigung vorgeschrieben. Wenn der Notar allerdings bei der Durchsicht der Erklärung erkennt, daß das Geschäft offensichtlich nichtig ist, z. B. weil es der Beurkundung bedarf, wird er die Beglaubigung ablehnen dürfen[52]). Nur wenn der Notar auch den Entwurf der zu beglaubigenden Urkunde gefertigt hat, sind die Anfertigung des Entwurfs und die anschließende Unterschriftsbeglaubigung eine einheitliche Amtstätigkeit. In diesem Fall besteht eine Prüfungs- und Belehrungspflicht sowie die Vollzugspflicht (§ 53) nach den gleichen Grundsätzen wie bei Beurkundungen[53]). Dasselbe gilt, wenn der Notar mit der Prüfung eines mitgebrachten Entwurfs besonders beauftragt ist (§ 24 BNotO). Ein Vermerk über erfolgte Belehrungen und Hinweise braucht aber in den Beglaubigungsvermerk nicht aufgenommen zu werden.

V. Beglaubigungsvermerk

1. Form. Der Beglaubigungsvermerk enthält das Zeugnis darüber, daß die Unterschrift **31**
von der in dem Vermerk bezeichneten Person herrührt, und besteht in einem auf die Urkunde zu setzenden Vermerk, bedarf also nicht der Protokollform. Die Form des Vermerks richtet sich nach § 39; zwingendes Formerfordernis sind daher die Unterschrift der Urkundsperson und die Beidrückung von Präge- oder Farbdrucksiegel (§ 39 Rdn. 6, 7, 13). Der Vermerk braucht der Unterschrift nicht unmittelbar zu folgen; das Dazwischenstehen anderer Vermerke ist unschädlich[54]). Bei Raummangel darf der Beglaubigungsvermerk auf einem mit Schnur und Prägesiegel verbundenen Bogen stehen (§ 44); da es sich insofern um eine Sollvorschrift handelt, ist die Gültigkeit der Beglaubigung nicht davon abhängig, daß gerade diese Art der Verbindung gewählt wird; es kann aber die Beweiskraft beeinträchtigt sein, wenn die Art der Verbindung den Zusammenhang zwischen der Unterschrift und dem Vermerk nicht mehr gewährleistet. Empfehlenswert ist es, den Anfang des Beglaubigungsvermerks noch auf den die Unterschrift tragenden Bogen zu setzen[55]). Mit dem Vermerk darf eine Vertretungsbescheinigung nach § 21 BNotO, § 25 BadLFGG verbunden werden. Läßt ein Bevollmächtigter seine Unterschrift beglaubigen, so darf der Notar oder Konsul (nicht aber eine andere Urkundsperson mit beschränkter Beurkundungsbefugnis) mit dem Vermerk

[49]) Oetker RGPraxis 6, 69.
[50]) Vgl. KGJ 44, 208; Schlegelberger § 183 Anm. 15; Keidel FGG[9] § 183 Rdn. 24; Oberneck NotR[10] § 43, 5; Seybold-Hornig BNotO[4] § 32 Anm. 4.
[51]) Celle DNotZ 1959, 666; Seybold-Hornig BNotO[4] § 32 Anm. 4.
[52]) Knur BB 1963, 356; Rohs Geschäftsführung[5] zu III 3 S. 62.
[53]) RG JW 1938, 889; Celle DNotZ 1955, 94; BGH DNotZ 1955, 396; 1956, 94; 1958, 101.
[54]) Dresden ZBlFG 5, 28 = OLGR 8, 378.
[55]) Rohs Geschäftsführung[5] zu III 5 S. 62; Höfer-Huhn § 32, 4.

das Zeugnis verbinden, daß der Bevollmächtigte die Vollmachtsurkunde (in Urschrift oder Ausfertigung) vorgelegt hat. Zu Zeugnissen über den Inhalt der Vollmacht ist der Notar nur in der Weise befugt, daß er eine beglaubigte Abschrift der Vollmacht anfertigt[56]).

32 Für die *Überschreitung des Amtsbezirks* gilt § 2; vgl. insbesondere über das Verhältnis zum Ausland § 2 Rdn. 7. Wegen der *Sprache* des Beglaubigungsvermerks vgl. § 39 Rdn. 9. Unterschriften unter fremdsprachigen Erklärungen können beglaubigt werden, wenn dadurch der Urkundsperson nicht die nach § 40 Abs. 2 gebotene Prüfung verwehrt wird.

33 Die Angabe von *Ort und Tag* ist in § 39 abweichend von § 183 Abs. 2 FGG a. F. nur noch durch eine Sollvorschrift angeordnet. Ihr Fehlen oder ihre Unrichtigkeit berührt daher die Gültigkeit der Beglaubigung nicht, kann aber die Verantwortung der Urkundsperson begründen, wenn es etwa wegen des Bestehens der Vertretungsmacht oder der Verfügungsbefugnis auf einen bestimmten Zeitpunkt ankommt. Anzugeben sind Ort und Tag der Ausstellung des Vermerks, nicht etwa der Vollziehung oder Anerkennung der Unterschrift vor der Urkundsperson. Beide Daten brauchen sich nicht zu decken; Einheit des Beglaubigungsakts wird nicht erfordert (vgl. § 8 Rdn. 11). Der Ausstellung des Vermerks steht es nicht entgegen, wenn der Beglaubigungssucher nach Erteilung des Beglaubigungsauftrags und Vollziehung oder Anerkennung der Unterschrift geschäftsunfähig wird[57]); dasselbe gilt, wenn er nachträglich verstirbt[58]). Denn der Beglaubigungsvermerk bezeugt lediglich die Vollziehung oder Anerkennung der Unterschrift vor dem Notar, und diese Tatsache wird durch nachfolgende Ereignisse nicht berührt. Eine andere Frage ist es, ob die beglaubigte Erklärung, wenn sie form- und empfangsdürftig ist, nach dem Tode oder dem Verlust der Geschäftsfähigkeit noch wirksam abgegeben werden kann; darüber entscheidet § 130 Abs. 2 BGB. Auch wird es für zulässig zu erachten sein, daß in vermögensrechtlichen Angelegenheiten die Erben bis zur Erteilung des Beglaubigungsvermerks den Beglaubigungsauftrag des Erblassers zurücknehmen[59]).

34 *Mängel der Beglaubigungsform* können nicht mit rückwirkender Kraft geheilt werden. Nachträgliche Beisetzung des Stempels bei dem Beglaubigungsvermerk ist zwar zulässig, ebenso die Beifügung der vergessenen Unterschrift der Urkundsperson oder die Bezeichnung des Unterzeichners in einem ergänzenden Vermerk, solange der Beglaubigungsauftrag nicht zurückgenommen ist. In diesem Fall ist aber in einem weiteren Vermerk, der der Form des § 39 genügen muß, anzugeben, wann die Unterschrift der Urkundsperson geleistet, der Stempel beigesetzt oder der Beglaubigungsvermerk ergänzt worden ist[60]). Außerdem muß diese Ergänzungen einschließlich der Stempelung dieselbe Urkundsperson vornehmen, vor der die Unterschrift vollzogen oder anerkannt worden ist; anderenfalls muß die Beglaubigung wiederholt werden.

35 2. *Inhalt des Beglaubigungsvermerks. a) Zwingendes Erfordernis.* Der Beglaubigungsvermerk muß außer dem Zeugnis der Urkundsperson (§ 39), durch welches sie die Echtheit der Unterschrift bezeugt, auch die Bezeichnung des Beteiligten enthalten (Abs. 3 Satz 1). Sie soll so genau sein, daß Zweifel und Verwechselungen ausgeschlossen sind (§ 40 Abs. 4 mit § 10 Abs. 1, dazu die Dienstvorschrift in § 25 Abs. 2 DONot). Zur Gültigkeit genügt eine Individualisierung, welche bei verständiger Würdigung die Person deutlich erkennbar macht, so daß eine Bezeichnung in anderer Weise als mit dem Namen nicht schlechthin Nichtigkeit zur Folge haben muß. Eine Ergänzung des Vermerks aus der Unterschrift oder der darüberstehenden Erklärung ist unzulässig[61]). Fehlen oder Unzulänglichkeit der Bezeichnung macht die Beglaubigung unwirksam; ob die Erklärung als schriftliche noch wirksam ist, richtet sich

[56]) KGJ 43, 154; Hamburg KGJ 38, 321 = RJA 10, 159.

[57]) Schlegelberger § 183 Anm. 14; Keidel FGG[9] § 183 Anm. 23.

[58]) Schlegelberger, Keidel a. a. O.; Güthe-Triebel GBO[6] § 29 Anm. 116; Meikel-Imhof-Riedel GBO[5] § 29 Rdn. 68; Rohs Geschäftsführung[5] zu III 6 S. 63; Höfer-Huhn § 32, 5; a. M. KGJ 21 A 276, 279; Oetker RGPraxis 6, 79; Mecke Rdn. 15.

[59]) Rohs Geschäftsführung[5] S. 63; Höfer-Huhn § 32 Fn. 21.

[60]) Weimar MDR 1966, 475; Haegele BeurkR[2] Fn. 143 S. 63.

[61]) KGJ 29 A 3.

nach sachlichem Recht. Werden Zeichen, welche den an eine Unterschrift zu stellenden Anforderungen nicht genügen (Rdn. 19), als Unterschrift beglaubigt, so ist die Beglaubigung gleichwohl wirksam, sofern die Urkundsperson für die Beglaubigung von Handzeichen zuständig ist.

b) Sollerfordernisse. Weitere Anforderungen an den Inhalt des Beglaubigungsvermerks werden nur in Form von Sollvorschriften aufgestellt, die zwar von der Urkundsperson zu beachten sind, deren Verletzung aber die Gültigkeit der Beglaubigung nicht beeinträchtigt, so daß sie auch im gerichtlichen Verfahren, etwa vom Grundbuchamt, nicht zurückgewiesen werden kann[62]). Es sind dies: **36**

α) In dem Vermerk soll angegeben werden, ob die Unterschrift vor dem Notar vollzogen oder anerkannt worden ist (Abs. 3 Satz 2). Dieses Erfordernis hat das Gesetz nach dem Vorbild einiger Landesrechte übernommen, weil dadurch eine gewissenhafte Handhabung des § 40 Abs. 1 verbürgt wird, die im Interesse der Sicherheit des Rechtsverkehrs von großer Bedeutung ist (BT-Drucks. V/3282 S. 38). **37**

β) Nach § 40 Abs. 4 mit § 10 Abs. 2 Satz 1 soll sich aus dem Vermerk ergeben, ob der Notar den Beteiligten kennt oder wie er sich Gewißheit über seine Person verschafft hat; vgl. dazu § 10 Rdn. 7. **38**

γ) Bei Beglaubigung von Blankounterschriften soll die in § 40 Abs. 5 Satz 2 vorgesehene Angabe gemacht werden (oben Rdn. 17). **39**

ϑ) Angaben über die Zuziehung eines Dolmetschers sind nicht erforderlich (Rdn. 25). **40**

VI. Beglaubigung von Handzeichen (Abs. 6)

Für die Beglaubigung von Handzeichen sind nur die Notare (§ 20 Abs. 1 Satz 1 BNotO, §§ 129 Abs. 1 Satz 2, 126 Abs. 1 BGB) und die Konsuln (§ 17 Abs. 2 KonsG) zuständig. Als Handzeichen kommen beliebige Schriftzeichen (Striche, Kreuze) in Betracht. Unterschriften in fremden Schriftzeichen (hebräisch, chinesisch, kyrillisch) können als Handzeichen Gegenstand der Beglaubigung sein. Daß der Beteiligte sich stets desselben Handzeichens bedient, ist nicht erforderlich[63]). Auch das Handzeichen muß aber eigenhändig sein. Für die Beglaubigung gelten die §§ 39, 40 Abs. 1 bis 5 entsprechend. Die Beglaubigung des Handzeichens setzt weder Schreibunfähigkeit noch Schreibensurkunde voraus und erfordert deshalb auch keine Feststellung darüber im Beglaubigungsvermerk. Der Zuziehung eines Schreibzeugens bedarf es nicht (Rdn. 25)[64]). Im übrigen ist es ohne Einfluß auf die Wirksamkeit der Beglaubigung, wenn Striche, die nicht mehr als Unterschrift qualifiziert werden können (Rdn. 19), als Unterschrift und nicht als Handzeichen beglaubigt werden oder umgekehrt[65]), sofern nur die Urkundsperson auch für die Handzeichenbeglaubigung zuständig ist. **41**

C. Recht der DDR

In der DDR und im Ostsektor Berlins sind die staatlichen Notariate und die noch vorhandenen freiberuflichen Notare für die Beglaubigung zuständig, § 2 Nr. 1, § 89 NotVerfO vom 16. 11. 1956 (GBl. DDR 1288), VO vom 3. 12. 1956 (VOBl. f. Groß-Berlin-Ost I 875). Das Verfahren ist in § 38 NotVerfO im wesentlichen in Übereinstimmung mit §§ 39, 40, 41 BeurkG geregelt mit dem Unterschied, daß die Angabe von Ort und Tag und ein Vermerk, **42**

[62]) A. M. Ripfel, Die Justiz 1970, 242 zu I; aber wenn die Beglaubigung gültig ist, ist die Erklärung, die der öffentlichen Beglaubigung bedarf, wirksam und muß vom Gericht beachtet werden, mögen auch Sollvorschriften verletzt sein; die Verletzung von Sollvorschriften kann nur von der Aufsichtsbehörde beanstandet werden oder, wenn daraus eine Schädigung der Beteiligten erwachsen ist, im Amtshaftungsprozeß von Bedeutung sein.

[63]) Wellstein FGG² § 183 Anm. 2; Keidel FGG⁹ § 183 Anm. 27.

[64]) Die Meinung von Weimar, MDR 1966, 475, daß bei Beglaubigung eines Handzeichens ein Vermerk über die Schreibensunkunde und die Zuziehung eines Schreibzeugen erforderlich sei, ist offensichtlich unrichtig; wie hier Haegele BeurkR² Fn. 144 S. 63.

[65]) LG Bonn BWNotZ 1963, 19; Keidel § 183 Anm. 28.

daß die Unterschrift anerkannt oder in Gegenwart des Notars vollzogen worden ist, zwingende Formerfordernisse sind, deren Verletzung die Nichtigkeit der Beglaubigung bewirkt. In Registerangelegenheiten darf die Unterschrift nur beglaubigt werden, wenn die Zeichnung unmittelbar vor dem Notar erfolgt ist (§ 38 Abs. 4 NotVerfO).

Beglaubigung der Zeichnung einer Firma oder Namensunterschrift

41 Bei der Beglaubigung der Zeichnung einer Firma oder Namensunterschrift, die zur Aufbewahrung beim Gericht bestimmt ist, muß die Zeichnung in Gegenwart des Notars vollzogen werden; dies soll in dem Beglaubigungsvermerk festgestellt werden. Der Beglaubigungsvermerk muß auch die Person angeben, welche gezeichnet hat. § 10 Abs. 1, Abs. 2 Satz 1 gilt entsprechend.

I. Zeichnung von Firmen und Namensunterschriften

1 Neben der Beglaubigung von Unterschriften und Handzeichen kennt das Gesetz die öffentliche Beglaubigung von Firmen und Namensunterschriften zur Aufbewahrung beim Registergericht (§§ 12, 29, 35, 53 Abs. 2, 108 Abs. 2, 148 Abs. 3, 161 Abs. 2 HGB, §§ 37 Abs. 3, 42 Abs. 2, 44 Abs. 5, 81 Abs. 3, 266 Abs. 4, 278 Abs. 3, 283 Nr. 1, 290 AktG, §§ 31 Abs. 2, 47 VersAufsG, §§ 8 Abs. 3, 67 Abs. 3 GmbHG, §§ 11 Abs. 3, 28 Abs. 2, 84 Abs. 3 GenG). Vgl. über die Art und Form der Zeichnungen § 128 FGG Rdn. 24, 25, § 147 FGG Rdn. 6 und über die zeichnungspflichtigen Personen § 132 FGG Rdn. 12. Diese Zeichnungen sind Unterschriftsproben, die um ihrer selbst willen abgegeben werden und keine rechtsgeschäftliche Bedeutung haben; sie sollen im Interesse des Handelsverkehrs den Beteiligten die Prüfung der Echtheit von Unterschriften ermöglichen. Das Verfahren zur Beglaubigung dieser Zeichnungen war bisher in § 183 FGG nicht geregelt (Voraufl. § 183 FGG Anm. 1); diese Lücke wird durch § 41 geschlossen. Übrigens sind diese Unterschriftszeichnungen ein ziemlich sinnlos gewordener alter Zopf[1]), der bei einer Reform beseitigt werden sollte.

II. Verfahren

2 *1.* Zuständig sind die Notare und im Ausland die deutschen Konsuln (§ 40 Rdn. 5), ferner die nach Landesrecht auf Grund der Vorbehalte in § 61 Abs. 4, § 63 für die öffentliche Beglaubigung von Unterschriften zuständigen Urkundspersonen (§ 40 Rdn. 10, § 63 Rdn. 2). Die Zuständigkeit der Gerichte, auch des Registergerichts, ist beseitigt (§ 128 FGG Rdn. 1).

3 2. *Zeichnung.* Soweit eine Namensunterschrift zu leisten ist (§ 128 FGG Rdn. 24), kann die Beifügung des Vornamens nicht verlangt werden. Die Unterschrift ist nach dem Zweck der Regelung so zu leisten, wie der Zeichnende sie im Geschäftsverkehr vornehmen will. Die Firmenzeichnung, die ebenfalls eigenhändig sein muß, hat so zu erfolgen, wie die Firma im Register eingetragen ist oder eingetragen werden soll. Überflüssige Zusätze wie „Firma“ sind unzulässig[2]). Verbindung der Zeichnung mit einer anderen beim Gericht verbleibenden Erklärung in derselben Urkunde ist zulässig. Deckt sich die zu zeichnende Firma nicht mit dem bürgerlichen Namen des Anmeldenden, so muß in dem Beglaubigungsvermerk außer der Unterschrift des Anmeldenden auch die Firmenzeichnung besonders beglaubigt sein[3]); zulässig ist es jedoch, daß die Unterschrift der Anmeldung zugleich die Zeichnung darstellt, wenn sie zugleich als solche beglaubigt wird[4]). Eine zu anderen Zwecken als zur Aufbewahrung beim Gericht geleistete und beglaubigte Unterschrift ist nicht verwendbar. Die Niederlegung eines Handzeichens kommt nicht in Betracht.

4 3. *Vollziehung der Zeichnung.* Abweichend von § 40 Abs. 1, aber in Übereinstimmung mit der bisherigen Rechtsprechung[5]), ist die Anerkennung der anderweit vollzogenen Zeich-

[1]) So auch Barz in Großkomm. AktG³ § 37 Anm. 1 und 7.
[2]) KG JFG 19, 82, 87 = DJ 1939, 400 = HRR 1939 Nr. 313 = JW 1939, 565 = DNotZ 1939, 272.
[3]) RGZ 54, 168 = RJA 5, 49.
[4]) KG RJA 9, 244 = OLGR 19, 309.
[5]) RGZ 54, 168 = RJA 5, 49.

nung vor dem Notar ausgeschlossen. Die Zeichnung muß vielmehr in Gegenwart des Notars vollzogen werden. Da es sich um Unterschriftsproben handelt, soll feststehen, daß sie auch wirklich von der angegebenen Person gefertigt sind.

4. Beglaubigungsvermerk. Für die Form des Beglaubigungsvermerks gilt § 39. Als zwingendes Erfordernis, bei dessen Fehlen die Beglaubigung unwirksam ist, muß in dem Vermerk die Person angegeben werden, welche gezeichnet hat (§ 41 Satz 2, § 10 Abs. 1 BeurkG, § 25 Abs. 2 DONot); vgl. § 40 Rdn. 34. Ferner soll sich aus dem Vermerk ergeben, ob der Notar den Beteiligten kennt oder wie er sich Gewißheit über seine Person verschafft hat (§ 41 Satz 3 mit § 10 Abs. 2 Satz 1); vgl. dazu § 10 Rdn. 7. Schließlich soll der Vermerk die Feststellung enthalten, daß die Zeichnung in Gegenwart des Notars vollzogen worden ist (§ 41 Satz 1 Hlbs. 2). Da es sich hierbei nur um eine Sollvorschrift handelt, ist die Beglaubigung wirksam und kann abweichend vom bisherigen Recht vom Registergericht nicht beanstandet werden, wenn der Vermerk diese Feststellung ordnungswidrig nicht enthält[6]), es sei denn, es liegen Anhaltspunkte dafür vor, daß die Zeichnung tatsächlich nicht vor dem Notar vollzogen worden ist. Erst wenn bescheinigt wäre, daß die Zeichnung vor dem Notar anerkannt worden sei, läge eine wirksame Beglaubigung der Zeichnung nicht vor. 5

Beglaubigung einer Abschrift

42 **(1) Bei der Beglaubigung der Abschrift einer Urkunde soll festgestellt werden, ob die Urkunde eine Urschrift, eine Ausfertigung, eine beglaubigte oder einfache Abschrift ist.**

(2) Finden sich in einer dem Notar vorgelegten Urkunde Lücken, Durchstreichungen, Einschaltungen, Änderungen oder unleserliche Worte, zeigen sich Spuren der Beseitigung von Schriftzeichen, insbesondere Radierungen, ist der Zusammenhang einer aus mehreren Blättern bestehenden Urkunde aufgehoben oder sprechen andere Umstände dafür, daß der ursprüngliche Inhalt der Urkunde geändert worden ist, so soll dies in dem Beglaubigungsvermerk festgestellt werden, sofern es sich nicht schon aus der Abschrift ergibt.

(3) Enthält die Abschrift nur den Auszug aus einer Urkunde, so soll in dem Beglaubigungsvermerk der Gegenstand des Auszugs angegeben und bezeugt werden, daß die Urkunde über diesen Gegenstand keine weiteren Bestimmungen enthält.

Übersicht

I. Begriff und Gegenstand der Abschriftsbeglaubigung

1. Begriff. Unter Beglaubigung einer Abschrift ist zu verstehen das von einer öffentlichen Urkundsperson ausgestellte Zeugnis darüber, daß eine Abschrift mit der Urkunde, von der sie genommen ist (der Hauptschrift), übereinstimmt[1]). Wird die beglaubigte Abschrift von einer Urschrift genommen, die sich in der amtlichen Verwahrung des Notars befindet (§ 25 Abs. 1 BNotO), so beweist sie, wie die Ausfertigung (§ 47 Rdn. 1), auch die Echtheit der Urschrift[2]). Bei der Beglaubigung einer vorgelegten Urkunde dagegen wird nur die Überein- 1

[6]) A. M. Ripfel, Die Justiz 1970, 242 zu II; vgl. dazu § 40 Rdn. 36 mit Fn. 62.

[1]) KGJ 25 A 120; Oberneck NotR[10] § 44, 1.

[2]) Rietsch Hdb. d. Urkundswissenschaft 2. Aufl. S. 56.

stimmung mit der Hauptschrift, nicht auch deren Echtheit bestätigt[3]). Die objektive Echtheit einer fremden Urkunde kann der Notar nicht bestätigen, weil darin ein Urteil läge; allenfalls kann er in Verbindung mit dem Beglaubigungsvermerk die Erklärung des Ausstellers über die Echtheit der Hauptschrift nach §§ 36, 39 beurkunden. Die beglaubigte Abschrift einer beglaubigten Abschrift ist nicht mehr als ein Zeugnis über den Inhalt und das Vorhandensein der beglaubigten Abschrift; die Echtheitsvermutung des § 437 Abs. 1 ZPO wird aber durch die Beglaubigung des ersten Beglaubigungsvermerks auch für dessen Echtheit begründet. Wegen der *Beweiskraft* beglaubigter Abschriften im übrigen vgl. § 47 Rdn. 2, 3.

2 *2. Gegenstand.* Die zu beglaubigende Abschrift kann eine öffentliche oder Privaturkunde, eine Urschrift, Ausfertigung, beglaubigte oder einfache Abschrift sein. Auch Pläne, Risse, Zeichnungen, Stammbäume können Gegenstand der zu beglaubigenden Abschrift sein, sofern nicht besondere technische Kenntnisse zur Bezeugung der Übereinstimmung mit der Hauptschrift notwendig sind[4]). Bei einem Plan bezeugt die Beglaubigung nur die Übereinstimmung mit der Hauptschrift, nicht die Übereinstimmung mit der Natur. Unter „Abschriften" sind nach der Legaldefinition in § 39 auch Abdrucke, Ablichtungen oder sonstige auf mechanischem oder chemischem Wege hergestellte Vervielfältigungen zu verstehen (§ 27 DONot; vgl. näher § 49 Rdn. 2, Einl. vor § 1 Rdn. 22). Abschriften vorgelegter fremdsprachiger Urkunden kann der Notar nicht beglaubigen, wenn er die fremde Sprache nicht beherrscht. Von Urkunden, die der Notar gemäß § 5 Abs. 2 in fremder Sprache errichtet hat, können nach Maßgabe des § 51 beglaubigte Abschriften von den Stellen verlangt werden, welche die Urschrift verwahren (vgl. § 5 Rdn. 13), auch wenn diese Stelle der fremden Sprache nicht kundig ist.

II. Verfahren

3 *1. Zuständigkeit.* Die Zuständigkeit zur Erteilung von Ausfertigungen (§ 48) umfaßt als das Mindere auch die Zuständigkeit für die Erteilung beglaubigter Abschriften; zuständig ist also bei gerichtlichen oder notariellen Urkunden oder solchen anderer Urkundsstellen (§ 1 Abs. 2) die Stelle, welche die Urschrift verwahrt, bei gerichtlich verwahrten Urschriften der UdG (§ 48 Satz 2). Für die Abschriftsbeglaubigung vorgelegter Urkunden als selbständiges Beurkundungsgeschäft sind zuständig die Notare (§ 20 Abs. 1 Satz 1, § 114 Abs. 1 Satz 3 Halbs. 2, § 115 BNotO mit § 22 BadLFGG) und die auf Grund des Vorbehalts in § 63 nach Landesrecht als zuständig bestimmten Stellen, z. B. (mit Beschränkungen) die Ortsgerichtsvorsteher in Hessen (§ 63 Rdn. 4).

4 *Weitere Zuständigkeiten* für Abschriftsbeglaubigungen ergeben sich aus anderen bundesrechtlichen Vorschriften. Der Urkundsbeamte der Geschäftsstelle ist zuständig, nach § 34 FGG i. d. F. des § 57 Abs. 5 Nr. 1 BeurkG beglaubigte Abschriften aus den Gerichtsakten sowie nach § 9 Abs. 2 Satz 2 HGB, § 156 Abs. 1 Satz 1 GenG, §§ 29 bis 31 HdlRegV, §§ 1, 26 Abs. 2 GenRegVO beglaubigte Abschriften der Eintragungen im Handels- und Genossenschaftsregister und der zu diesen Registern und zur Liste der Genossen eingereichten Schriftstücke zu erteilen. Insoweit ist in den §§ 29 bis 31 HdlRegV, § 1 GenRegVO auch das Verfahren abweichend geregelt. Für das Vereinsregister vgl. § 79 Satz 2 BGB, für das Güterrechtsregister § 1563 Satz 2 BGB; vgl. ferner §§ 8, 65 Abs. 2 SchiffsRegO, § 85 LuftfzRG, § 11 GeschmMG. Für die Erteilung beglaubigter Abschriften aus dem Grundbuch und den bei den Grundakten befindlichen Schriftstücken gelten ausschließlich § 12 GBO, § 4 Abs. 2 Buchst. a, Abs. 2 GBO-AusfVO, §§ 44 bis 46 GBVfg. Außerdem darf das Gericht Abschriften der im Rahmen eines Verfahrens eingereichten Urkunden zum Verbleib bei den Gerichtsakten beglaubigen (vgl. § 66 Abs. 2 Satz 2 BGB, § 2273 Abs. 2 BGB, §§ 11 Abs. 4 GenG, § 37 Abs. 5 AktG). Unberührt bleibt die Befugnis des Gerichtsvollziehers, die Abschrift eines zuzustellenden Schriftstücks zu beglaubigen (§ 170 Abs. 2 ZPO). Auf diese Beglaubigungen als Teil eines Verfahrens ist § 42 nicht anwendbar, zumal die Notare nicht neben dem Ge-

[3]) Oberneck a. a. O.
[4]) Rietsch a. a. O.; Oberneck a. a. O.; Seybold-Hornig BNotO[4] Anh. zu § 20 Rdn. 154; auch ein Lichtbild kann der Notar in diesem Fall nicht beglaubigen; a. M. Höfer-Huhn Allg. Urkundenrecht § 33, 2.

richt zuständig sind[5]). Wegen amtlicher Abschriftsbeglaubigungen durch Verwaltungsbehörden vgl. § 65 Rdn. 2, wegen Abschriftsbeglaubigungen durch Konsuln § 1 Rdn. 46, 56. Abschriftsbeglaubigungen durch Rechtsanwälte zum Zwecke der Zustellung sind keine öffentlichen Urkunden.

2. *Recht auf Beglaubigung.* Das Recht, die Beglaubigung einer Abschrift zu verlangen, steht jedem zu, der die Hauptschrift vorlegt. In der Regel wird der Ansucher gleich die danach gefertigte und zu beglaubigende Abschrift liefern. Es ist aber auch zulässig, daß nur die Hauptschrift vorgelegt und die Urkundsperson um die Anfertigung der zu beglaubigenden Abschrift ersucht wird. Eine Verpflichtung, diese Abschrift anfertigen zu lassen, besteht für den Notar nur insoweit, als er die Hauptschrift aufgenommen hat oder verwahrt und der Ersuchende nach § 51 eine Abschrift fordern kann. **5**

3. *Ausschließung.* Über die Ausschließung der Urkundsperson vgl. § 3 Rdn. 18. **6**

III. Beglaubigungsvermerk

1. *Inhalt. a) Im allgemeinen.* In dem Beglaubigungsvermerk ist die Übereinstimmung der Abschrift mit der vorgelegten Hauptschrift zu bestätigen. Dazu muß sich die Urkundsperson von der Vollständigkeit und Richtigkeit der Abschrift durch wörtliche Vergleichung mit der Hauptschrift überzeugen, was nicht in Gegenwart des Ansuchers zu geschehen braucht. Wird ein Lichtbild als Abschrift verwendet, so genügt es im allgemeinen, wenn der Notar sich davon überzeugt, daß das Lichtbild vollständig und einwandfrei ist. Nach der Aufhebung des § 1 BeurkVereinfVO (vgl. Einl. vor § 1 Rdn. 22) kann allerdings die bloße Bescheinigung, daß das Lichtbild ein vollständiges Lichtbild der Hauptschrift ist, nicht mehr genügen (a. a. O.). Außerdem soll angegeben werden, ob die Hauptschrift eine Urschrift, eine Ausfertigung, eine beglaubigte oder eine einfache Abschrift ist (Abs. 1). Ein in der Hauptschrift vorhandener Ausfertigungs- oder Beglaubigungsvermerk (nicht auch die Kostenrechnung) ist in die Abschrift aufzunehmen; fehlt er in der vorgelegten Abschrift, so ist diese entsprechend zu ergänzen. Die Rechtschreibung der Hauptschrift darf nicht geändert werden[6]). Beim Siegel wird nur die Stelle, an der es angebracht ist, durch das Wort „Siegel" oder „L. S." (locus sigilli) vermerkt; eine Beschreibung des Siegels ist nicht erforderlich. Die Person des Vorlegers wird in dem Beglaubigungsvermerk nicht erwähnt. Doch kann er auf Verlangen angeführt werden; in diesem Fall ist er zu bezeichnen und seine Persönlichkeit entsprechend § 10 Abs. 2 Satz 1 festzustellen[7]). **7**

b) Mängel der Hauptschrift. In dem Beglaubigungsvermerk selbst, nicht am Rande der Abschrift, soll nach Abs. 2 festgestellt werden, welche Lücken, Durchstreichungen, Einschaltungen, Änderungen oder Auslöschungen sich in der vorgelegten Hauptschrift finden, mögen sie auch geringfügiger Art sein. Dadurch soll vermieden werden, daß die beglaubigte Abschrift ihrem äußeren Anschein nach eine überzeugendere Beweiskraft besitzt als die Hauptschrift. Als festzustellende Mängel werden weiter angeführt die Aufhebung des Zusammenhangs einer aus mehreren Blättern bestehenden Hauptschrift oder andere Umstände, die dafür sprechen, daß der ursprüngliche Inhalt der Urkunde geändert worden ist. Sind Worte undeutlich geschrieben, so kann bemerkt werden, daß die wahrscheinliche Lesart angenommen worden sei. Unleserliche Worte werden in der Abschrift ausgelassen und an ihrer Stelle in Klammern bemerkt „(Zahl) Worte unleserlich"; die unleserlichen Schriftzüge nachzuzeichnen, empfiehlt sich nicht. Sind die Mängel der Hauptschrift zahlreich und ist ihre Beschreibung umständlich, so würde dieses Verfahren allerdings zu einem sehr unübersichtlichen Beglaubigungsvermerk führen; es wird deshalb als zulässig angesehen, daß derartige Mängel in der Abschrift an den Stellen des Textes, an denen sie sich befinden, oder am Rande daneben beschrieben werden und im Beglaubigungsvermerk darauf Bezug genommen wird[8]). Abs. 2 ist **8**

5) Hamm OLGZ 1967, 334; Mecke Rdn. 2.
6) Rietsch a. a. O. S. 57.
7) Rietsch a. a. O. S. 58; Jastrow PrFGG Art. 57 Anm. 5; Höfer-Huhn Allg. Urkundenrecht § 33, 3.
8) Oberneck NotR[10] § 442 b; Schlegelberger Art. 57 PrFGG Anm. 7.

nur Sollvorschrift; beim Fehlen der Feststellung darf aber angenommen werden, daß Mängel nicht vorhanden waren. Alles das gilt nicht, wenn die Mängel sich schon aus der Abschrift ergeben, z. B. bei Verwendung eines Lichtbildes.

9 Abs. 2 bezieht sich, wie sich aus der Beschränkung auf „vorgelegte Urkunden" ergibt, nicht auf die Fertigung von beglaubigten Abschriften von Urkunden, deren Urschrift die beglaubigende Stelle verwahrt (BT-Drucks. V/3282 S. 38). In diesem Fall werden Zusätze, Verbesserungen und Streichungen wie bei Ausfertigungen behandelt (§ 8 Rdn. 17, § 49 Rdn. 2).

10 *c) Auszugsweise Abschrift.* Die Beglaubigung eines Auszuges der Hauptschrift, also einer Teilabschrift, geschieht in der Weise, daß in den Auszug außer denjenigen Teilen des Schriftstücks und seiner Anlagen, welche Ort und Tag der Ausstellung, die Unterschriften und die Beachtung etwa vorgeschriebener Förmlichkeiten nachweisen, diejenigen Teile aufgenommen werden, welche sich auf den Gegenstand des Auszugs beziehen. In dem Beglaubigungsvermerk soll der Gegenstand des Auszugs angegeben und bezeugt werden, daß die Urkunde über diesen Gegenstand keine weiteren Bestimmungen enthält (Abs. 3). Ob dies der Fall ist, wird mitunter zweifelhaft sein können, und die Urkundsperson wird ein solches Zeugnis nur nach sorgfältiger Prüfung abgeben dürfen. Den Umfang des Auszugs bestimmt die Urkundsperson; ist sie der Ansicht, daß die Bestimmungen der Urkunde so miteinander zusammenhängen, daß ein Auszug zu Unklarheiten und Zweifeln über die Regelung des Gegenstandes führen könnte, so darf sie den Antrag ablehnen[9]). Gegen die Weigerung des Notars ist der Rechtsbehelf nach § 15 Abs. 1 BNotO, gegen die Ablehnung durch das Gericht die Beschwerde nach § 19 FGG gegeben. Auf die Fertigung beglaubigter Abschriften unvollständig verkündeter gemeinschaftlicher Testamente (§ 2273 Abs. 2 BGB) ist, da Teil eines Verfahrens, § 42 nicht anzuwenden[10]). Abs. 3 ist nur anwendbar, wenn ein Auszug aus einer vollständigen Urkunde beglaubigt werden soll; ist die Hauptschrift selbst ein Auszug und soll von diesem eine beglaubigte Abschrift genommen werden, so richtet sich das Verfahren nach § 42 Abs. 1 und 2.

11 *2. Form der Beglaubigung.* Nach § 39 genügt anstelle einer Niederschrift ein Vermerk, der als wesentliche Erfordernisse das Zeugnis des Notars, also die Bestätigung der Übereinstimmung der Abschrift mit der Hauptschrift, seine Unterschrift und sein Präge- oder Farbdrucksiegel enthalten muß und Ort und Tag der Ausstellung angeben soll. Eine Niederschrift könnte allenfalls in Betracht kommen, wenn das Geschäft sich nicht auf die bloße Abschriftsbeglaubigung beschränkt, sondern noch Erklärungen beurkundet werden, z. B. das Anerkenntnis der Echtheit durch den Aussteller; jedoch kann auch dies in den Beglaubigungsvermerk aufgenommen werden (§§ 36, 39). Der Vermerk ist eine an die Abschrift angehängte Klausel, die auf die Abschrift selbst, unmittelbar an deren Ende anschließend, zu setzen ist. Reicht der Raum dazu nicht mehr aus, so kann der Vermerk auf ein neues Blatt gesetzt werden, welches nach § 44 mit der Abschrift mit Schnur und Prägesiegel verbunden werden soll. Nicht unzulässig wäre es, die Abschrift in den Beglaubigungsvermerk einzuschalten (Inserierung); jedoch ist das nicht mehr üblich.

Feststellung des Zeitpunktes der Vorlegung einer privaten Urkunde

43 Bei der Feststellung des Zeitpunktes, zu dem eine private Urkunde vorgelegt worden ist, gilt § 42 Abs. 2 entsprechend.

Übersicht

[9]) Schlegelberger Art. 47 PrFGG Anm. 1.

[10]) Zum bisher. Recht vgl. KGJ 32 A 100; 35 A 103.

I. Feststellung der Vorlegungszeit einer Privaturkunde

1. Bedeutung. Die öffentliche Beurkundung der Tatsache, daß eine Urkunde zu einer bestimmten Zeit vorgelegt worden ist, kann für Privaturkunden von Bedeutung sein zwecks Feststellung des Vorhangenseins dieser Urkunde in einem bestimmten Zeitpunkt, z. B. im Hinblick auf die Anfechtungsfristen des § 3 Abs. 1 Nr. 2 bis 4 AnfG oder der §§ 31 Nr. 2, 31 KO. Ein Bedürfnis dafür kann etwa auftreten, wenn der Aussteller sich weigert, seine Unterschrift beglaubigen zu lassen oder wenn eine solche Beglaubigung an anderen Gründen, z. B. Abwesenheit des Ausstellers, scheitert (Begr. z. PrFGG S. 43). Die Beweisregel des § 416 ZPO erstreckt sich nicht auf die Richtigkeit der in der Privaturkunde enthaltenen Angaben über Ort und Zeit der Ausstellung[1]). **1**

2. Feststellungsvermerk. a) Inhalt. α) Im allgemeinen. Der Feststellungsvermerk ist ein Zeugnis des Notars darüber, daß ihm eine bestimmte Urkunde in einem bestimmten Zeitpunkt vorgelegt worden ist. Mißverständlich sprach Art. 58 PrFGG von der „Sicherstellung der Zeit, zu welcher eine Privaturkunde ausgestellt ist". Den Zeitpunkt der Ausstellung kann der Notar nur bestätigen, wenn er die Ausstellung selbst wahrgenommen hat. Es wird also nicht die Zeit der Ausstellung, sondern die der Vorlegung sichergestellt, und diese kann zu einem beliebigen Zeitpunkt nach der Ausstellung erfolgen. In der Regel ist der Tag der Vorlegung festzustellen; auf Verlangen kann der Zeitpunkt auch nach Stunde und Minute angegeben werden[2]). **2**

β) Mängel der Urkunde. Nach § 43 ist § 42 Abs. 2 entsprechend anzuwenden, aber natürlich ohne die Einschränkung des letzten Halbsatzes „sofern es sich nicht schon aus der Abschrift ergibt". Der Notar soll also in dem Feststellungsvermerk angeben, ob sich in der vorgelegten Urkunde Lücken, Durchstreichungen, Einschaltungen, Änderungen, Radierungen oder ähnliche Mängel finden (vgl. § 42 Rdn. 7). Zu diesem Zweck darf der Notar von dem Inhalt der Urkunde insoweit Kenntnis nehmen, als dies zur Prüfung auf festzustellende Mängel erforderlich ist. Dagegen ist es nicht Sache des Notars, die Persönlichkeit des Vorlegenden, sein Recht zum Besitz der Urkunde oder deren Echtheit festzustellen (KommBer. d. AbgH. S. 46). Die Ablehnungsgründe des § 4 BeurkG, § 14 Abs. 2 BNotO gelten auch hier. Sind in dem Vermerk keine Mängel festgestellt, so ist die Annahme gerechtfertigt, daß die Urkunde zur Zeit ihrer Vorlegung keine Mängel aufgewiesen hat; die Nichtbeachtung der Sollvorschrift kann dazu führen, daß der Notar für daraus erwachsene Kosten und Nachteile verantwortlich gemacht wird[3]). **3**

b) Form. Für die Form des Feststellungsvermerks gilt § 39. Zuständig ist nur der Notar. Der Vermerk wird unmittelbar auf die vorgelegte Urkunde, an deren Text anschließend, gesetzt (vgl. § 41 Rdn. 10) und die so ergänzte Urkunde dem Vorleger ausgehändigt. **4**

II. Anhang. Zustellungen

1. Zuständigkeit. Die Zuständigkeit der Notare zur Vornahme und Beurkundung von Zustellungen beruht auf § 20 Abs. 1, § 114 Abs. 1 Satz 3 Halbs. 2, § 115 BNotO mit § 22 BadLFGG. Die Zuständigkeit bezieht sich jedoch nur auf die Zustellung von Erklärungen; sie erstreckt sich nicht auf Zustellungen, die im Laufe eines im Inland geführten Rechtsstreits oder Verfahrens der freiwilligen Gerichtsbarkeit erforderlich werden[4]), sofern nicht dem Notar die Durchführung eines Verfahrens als amtliche Verrichtung übertragen worden ist, wie in Teilungssachen (vgl. Art. 26 PrFGG, Art. 27 HessFGG, Art. 18 NdsFGG). Auch können die Notare Zustellungen im Parteibetrieb nach Maßgabe des ausländischen Rechts im Rahmen eines im Ausland geführten Rechtsstreits ausführen[5]). Auch die Zustellung gericht- **5**

[1]) RGZ 31, 339; 73, 279; Baumbach-Lauterbach ZPO[30] § 416 Anm. 2 B.
[2]) Oberneck NotR[10] § 45; Schlegelberger Art. 58 PrFGG Anm. 4.
[3]) KommBer. d. AbgH S. 43; Oberneck a. a. O.
[4]) Schlegelberger Art. 31 PrFGG Anm. 10; Seybold-Hornig BNotO[4] Anh. zu § 20 Rdn. 159.
[5]) Josef FGG[2] Art. 31 PrFGG Anm. 4; vgl. Bek. des BJM v. 7. 12. 1961 (DNotZ 1962, 59).

licher oder behördlicher Verfügungen und Entscheidungen gehört nicht zur Zuständigkeit des Notars[6]). In Betracht kommt etwa die Zustellung der Kündigung von Briefhypotheken, weil hierbei nach § 1160 Abs. 2 BGB die Vorlegung des Hypothekenbriefes und der in § 1155 BGB bezeichneten Urkunden verlangt werden kann. Nach Art von Zustellungen werden auch die Proteste des Schiffsfrachtrechts zu beurkunden sein (vgl. §§ 571, 587, 588, 596, 603, 646, 689 HGB, §§ 28, 33, 39, 47, 51 BinnenschG), wonach, wenn die Erteilung einer Bescheinigung über den Empfang gewisser Erklärungen verweigert wird, der Erklärende befugt ist, eine öffentliche Urkunde darüber auf Kosten des Empfängers errichten zu lassen.

6 2. Über die *Art der Zustellung* durch den Notar sind Vorschriften nicht erlassen. Die Zustellung kann daher nur in der Weise bewirkt werden, daß der Notar das zuzustellende Schriftstück dem Empfänger, dessen Persönlichkeit festzustellen ist, persönlich übergibt. Die Vorschriften der §§ 181 bis 185 ZPO über Ersatzzustellungen gelten für notarielle Zustellungen nicht. Während mithin eine empfangsbedürftige Willenserklärung nach §§ 130, 132 BGB als zugegangen gilt, wenn sie dem Empfänger in dessen Abwesenheit durch einen Gerichtsvollzieher im Wege der Ersatzzustellung nach den Vorschriften der ZPO zugestellt ist, kann eine notarielle Zustellung in dieser Form eine solche Wirkung nicht haben. Darauf beruht es, daß notarielle Zustellungen weithin unpraktisch sind.

7 3. *Die Beurkundung der Zustellung* erfolgt nach §§ 36, 39 in Form eines Zeugnisses. Diese Form genügt auch, wenn der persönlich angetroffene Empfänger die Annahme verweigert und der Notar dies beurkundet. Auf die Zustellung durch die Post bezieht sich § 20 Abs. 1 Satz 2 BNotO nicht. Es ist aber zulässig, daß der Notar die Übergabe an die Post und den Inhalt des Briefes, der zugestellt werden soll, durch ein notarielles Zeugnis beurkundet. Hierbei hat sich der Notar aber selbst als Absender zu bezeichnen und die Nummer seiner Urkundenrolle sowohl in dem Zeugnis als auch auf dem Briefumschlag und auf dem beigefügten Entwurf der Zustellungsurkunde zu vermerken; die Post händigt die Zustellungsurkunde alsdann an den Notar aus, der sie mit seinem Zeugnis verbinden kann[7]).

Vierter Abschnitt

Behandlung der Urkunden

Vorbemerkung

Der Vierte Abschnitt enthält Vorschriften für Nachverfahren, die sich an den Abschluß des eigentlichen Beurkundungsvorgangs, das Hauptverfahren, anschließen können. Wegen der *Ausschließung* der Urkundsperson von diesen Amtstätigkeiten vgl. § 3 Rdn. 6, 8 und 9 und für die zu Beurkundungen ermächtigten Bediensteten des Jugendamts § 62 Rdn. 27.

Verbindung mit Schnur und Prägesiegel

44 Besteht eine Urkunde aus mehreren Blättern, so sollen diese mit Schnur und Prägesiegel verbunden werden. Das gleiche gilt für Schriftstücke, die nach § 9 Abs. 1 Satz 2, §§ 14, 37 Abs. 1 Satz 2 der Niederschrift beigefügt worden sind.

I. Mehrere Blätter umfassende Urkunden

1 1. *Bedeutung.* Die Vorschrift lehnt sich an Art. 63 PrFGG an; sie wird ergänzt durch § 29 DONot. Um dem Verlust einzelner Blätter vorzubeugen, sollen mehrere Blätter einer Urkunde durch Schnur und Prägesiegel miteinander verbunden werden. Die mehreren Blätter sollen also geheftet werden und der Heftfaden soll verläßlich angesiegelt werden; da sich hierfür der Farbdruckstempel nicht eignet, ist die Verwendung des Prägesiegels (vgl. § 39 Rdn. 13) vorgeschrieben. Neben dem Prägesiegel, das für die Verbindung erforderlich ist, braucht ein

[6]) Vgl. für vormundschaftsgerichtliche Genehmigungen Göttlich JurBüro 1961, 1; Höfer-Huhn § 36, 3.

[7]) Vgl. Jastrow Art. 31 PrFGG Anm. 10; Oberneck NotR[10] § 46; Schlegelberger FGG Art. 31 PrFGG Anm. 10.

weiteres Siegel nach § 39, § 45 Abs. 1 Satz 2 oder § 49 Abs. 2 Satz 2 nicht angebracht zu werden[1]). Andere Arten der Verbindung[2]) sind nicht zugelassen worden, weil sie sich als nicht ausreichend zuverlässig erwiesen haben (BT-Drucks. V/3282 S. 38).

2. *Anwendungsbereich.* Die Vorschrift gilt für notarielle und gerichtliche Urkunden, sofern deren Errichtung nicht Teil eines Verfahrens ist, und für die Urkunden anderer Urkundspersonen (§ 1 Abs. 2), z. B. der Jugendämter, nicht aber der Standesbeamten (§ 58). Sie ist anwendbar auf Urkunden aller Art ohne Unterschied des Gegenstandes der Beurkundung, also auf Urschriften, auch wenn diese in der Verwahrung der beurkundenden Stelle verbleiben, auf Ausfertigungen, beglaubigte Abschriften und Schriftstücke, auf denen ein Vermerk nach § 39 angebracht ist. Bei Unterschriftsbeglaubigungen ist diese Verfahrensart auch anzuwenden, wenn der Beglaubigungssucher unter Vorlegung eines aus mehreren Blättern bestehenden Schriftstücks erklärt, daß seine Unterschrift sich auf den in den mehreren Blättern niedergelegten Inhalt oder auf den Inhalt einer Anlage (§ 40 Rdn. 15) beziehe[3]); eine bereits vorhandene private Heftung würde den Notar von der amtlichen Heftung und Ansiegelung des Heftfadens nicht befreien[4]). Dasselbe gilt, wenn der Beglaubigungsvermerk sich über mehrere Blätter erstreckt oder auf einem besonderen Blatt steht. **2**

Durch Satz 2 wird die Verbindung durch Schnur und Siegel auch vorgeschrieben für Protokollanlagen im Sinne des § 9 Abs. 1 Satz 2, für das nach § 14 der Niederschrift beizufügende Schriftstück und für ein Schriftstück, auf welches der Notar bei der Beurkundung anderer Vorgänge als Willenserklärungen nach § 37 Abs. 1 Satz 2 zur Ergänzung seines Berichts über seine Wahrnehmungen verweist und welches er der Niederschrift beifügt. Bei der Erteilung von Ausfertigungn oder beglaubigten Abschriften einer Niederschrift, der solche Anlagen beigefügt sind, ist aber in der Weise zu verfahren, daß die Abschrift der Anlage unmittelbar an die Abschrift der Hauptniederschrift angereiht und der Ausfertigungs- oder Beglaubigungsvermerk an den Schluß des Ganzen gesetzt wird (§ 9 Rdn. 24). Erst wenn die so hergestellte Gesamturkunde mehrere Blätter umfaßt, ist nach § 44 zu verfahren. Nicht durch Gesetz vorgeschrieben ist die Verbindung durch Schnur und Siegel für Anlagen im weiteren Sinne (Beilagen), die keine Erklärungen der Urkundsbeteiligten enthalten und nicht der Ergänzung ihrer beurkundeten Erklärungen dienen, wie Legitimationsurkunden (vgl. § 9 Rdn. 14); solche Urkunden können (und sollen), wenn sie nicht nach § 29 DONot der Urschrift angeheftet werden, nach § 19 Abs. 4, 5 DONot an die in der Verwahrung des Notars verbleibende Urschrift angeklebt werden. Werden sie aber in Abschrift der Ausfertigung beigefügt und mit dieser durch Schnur und Siegel verbunden, so tritt hinsichtlich ihrer Form die Wirkung des § 49 Abs. 3 ein, d. h. sie gelten als öffentlich beglaubigt. **3**

Nicht zugelassen ist die Verbindung mit Schnur und Siegel bei der Errichtung von Testamenten und Erbverträgen für die nach §§ 30, 33 übergebene Schrift, mag sie offen oder verschlossen sein, die eigenhändig geschriebene Erklärung des sprechverhinderten Erblassers oder Vertragsteils, wenn sie auf ein besonderes Blatt gesetzt ist (§§ 31, 33), die nach §§ 32, 33 gefertigte schriftliche Übersetzung und die auf Verlangen nach § 16 Abs. 2 Satz 2 gefertigte Übersetzung[5]). In diesem Fall ist die Verbindung dadurch gesichert, daß diese Urkunden zusammen mit der Niederschrift in einen versiegelten Umschlag gelegt werden (§ 34 Rdn. 3). Für den Erbvertrag fehlt eine dem § 44 entsprechende Vorschrift auch dann, wenn er nach § 34 Abs. 2 nicht in besondere amtliche Verwahrung gebracht wird. **4**

3. Die *Technik* des Heftens und Ansiegelns des Heftfadens ist hier nicht zu beschreiben[6]). **5**

[1]) Oberneck Notariatsrecht[10] § 48 I 7; Mecke Rdn. 3.
[2]) Dazu Rietsch, Hdb. d. Urkundswissenschaft, 2. Aufl. § 159.
[3]) Jastrow Art. 63 PrFGG Anm. 14; Oberneck NotR[10] § 48 I 7.
[4]) Rietsch, Hdb. d. Urkundswiss.[2] § 186 S. 533.
[5]) So auch Haegele BeurkG § 44 Anm. V 2.
[6]) Vgl. dazu Kersten-Bühling, Formularbuch[14] § 12 III; Haegele, Beurkundungsrecht[2] S. 59 Fn. 137; Rietsch, Hdb. der Urkundwiss.[2] S. 532/533.

II. Abweichendes Bundesrecht

6 *Wechsel- und Scheckproteste* sind nach Art. 81 WG, Art. 55 Abs. 3 ScheckG auf den Wechsel (Scheck) oder abweichend von § 44 auf ein mit dem Wechsel zu verbindendes Verlängerungsblatt (Allonge) zu setzen. Im letztgenannten Fall soll die Verbindungsstelle mit dem Amtssiegel oder Amtsstempel versehen werden, und zwar so, daß das Siegel teils auf der ursprünglichen Urkunde, teils auf der Allonge steht. Ist dies geschehen, so braucht daneben der Unterschrift des Protestbeamten ein Siegel nicht mehr beigefügt zu werden. Dagegen ist mit Urkunden über *Hauptversammlungsbeschlüsse* der AG, die aus mehreren Blättern bestehen oder denen Anlagen (Teilnehmerverzeichnis) beigefügt sind, nach § 44 zu verfahren, da § 130 AktG insoweit nichts Abweichendes bestimmt.

Aushändigung der Urschrift

45 (1) Die Urschrift einer Niederschrift soll nur ausgehändigt werden, wenn dargelegt wird, daß sie im Ausland verwendet werden soll, und sämtliche Personen zustimmen, die eine Ausfertigung verlangen können. In diesem Fall soll die Urschrift mit dem Siegel versehen werden; ferner soll eine Ausfertigung zurückbehalten und auf ihr vermerkt werden, an wen und weshalb die Urschrift ausgehändigt worden ist. Die Ausfertigung tritt an die Stelle der Urschrift.

(2) Die Urschrift einer Urkunde, die in der Form eines Vermerks verfaßt ist, ist auszuhändigen, wenn nicht die Verwahrung verlangt wird.

Übersicht

I. Die Urschrift

1 Unter Urschrift ist diejenige Schrift zu verstehen, die von einem Notar oder einer sonstigen Urkundsperson (§ 1 Abs. 2) aufgenommen ist. Sie unterscheidet sich von einem vorausgehenden Entwurf und einer nachfolgenden Abschrift. Hauptschrift ist die Schrift, von der eine Abschrift gefertigt worden ist; der Ausdruck läßt es offen, ob die abgeschriebene Schrift eine Urschrift, eine Ausfertigung, eine beglaubigte oder einfache Abschrift ist. Doppelurschriften sind im Beurkundungsrecht nicht mehr vorgesehen, auch nicht in der Form, daß die Urschriften in verschiedenen Sprachen hergestellt werden (§ 5 Rdn. 14). Urschriften öffentlicher Urkunden, die nach gesetzlicher Vorschrift in der Verwahrung der Urkundsperson bleiben, sind, solange sie nicht (zulässigerweise) ausgehändigt sind, infolge ihrer auf der Zweckwidmung beruhenden öffentlichrechtlichen Bindung dem Privatrechtsverkehr entzogen und können deshalb nicht Gegenstand privater Rechte sein; auch der Notar ist deshalb nicht Eigentümer der von ihm aufgenommenen und verwahrten Urkunden[1]), wie sich insbesondere daraus ergibt, daß seine Akten und Urkunden bei Abwesenheit oder Verhinderung oder bei Erlöschen des Amtes der amtlichen Verfügungsgewalt unterliegen (§§ 45, 51, 55 BNotO). Grundsätzlich bleiben Urschriften von Niederschriften in der Verwahrung der Urkundsperson; im Rechtsverkehr wird die Urschrift durch die den Beteiligten erteilte Ausfertigung vertreten

[1]) Rietsch, Hdb. d. Urkundwiss.[2] § 6 S. 28; Oberneck NotR[10] § 49 I; vgl. allgemein Enneccerus-Nipperdey Allg. Teil[15] § 129 IV.

(§ 25 Abs. 1 BNotO, § 47 BeurkG). Die Zurückbehaltung der Urschrift bezweckt die möglichste Erhaltung der Urkunde. Nach ihr können den Beteiligten oder ihren Rechtsnachfolgern weitere Ausfertigungen erteilt werden, wenn ein Bedürfnis dafür hervortritt oder die erteilte Ausfertigung in Verlust geraten ist; andererseits können Ausfertigungen oder beglaubigte Abschriften Grundlage für die Ersetzung der verlorengegangenen Urschrift sein (§ 46). Die Zurückbehaltung und Verwahrung der Urschrift ist Amtspflicht der Behörden und Urkundspersonen. Auch eine Versendung der Urschrift an eine andere Behörde oder Urkundsperson ist unzulässig, ausgenommen die Überlassung an die Aufsichtsbehörde für Prüfungszwecke (§ 33 DONot).

Die in der Verwahrung der Urkundsperson verbleibenden Urschriften sowie die Urschriften von Testamenten und Erbverträgen werden nicht gesiegelt, ausgenommen bei Aushändigung zum Zwecke der Verwendung im Ausland (§ 45 Abs. 1 Satz 2). Über die technische Herstellung von Urschriften enthalten §§ 26, 28 DONot nähere Vorschriften. **2**

II. Aushändigung der Urschrift

In § 45 werden zwei Fälle der Aushändigung von Urschriften geregelt, nämlich von Urschriften einer Niederschrift (Abs. 1) und von Urschriften in Form eines Vermerks (Abs. 2). Die Vorschrift wird gemäß § 59 ergänzt durch weiteres Bundesrecht (Rdn. 7 bis 9). Aus dem Umstand, daß nur die Fälle geregelt sind, in denen die Aushändigung zulässig ist, ergibt sich, daß die Urschrift in der Verwahrung der Urkundsperson oder einer anderen Stelle verbleibt, wenn die Aushändigung nicht zugelassen ist. Das gilt auch dann, wenn die Beteiligten die Form der notariellen Beurkundung ohne gesetzliche Nötigung gewählt haben[2]), oder wenn sie das beurkundete Rechtsgeschäft nachträglich wirksam aufgehoben haben (für Verfügungen von Todes wegen vgl. § 34 Rdn. 2). Die Zuständigkeit zur Verwahrung ist nicht im BeurkG, sondern anderweit bundes- oder landesrechtlich geregelt, weil sie eine Frage der Behördenorganisation ist; vgl. dazu nachst. Rnd. 10 bis 12. **3**

1. Verwendung im Ausland. a) Zulässigkeit der Aushändigung. Die Vorschrift entspricht dem Art. 44 PrFGG und dem § 25 Abs. 2 BNotO a. F. Sie trägt dem Umstande Rechnung, daß ausländische Rechte, insbesondere des angloamerikanischen Rechtskreises, vielfach die Vorlegung der Urschrift der Niederschrift fordern, auf der sich die Unterschriften befinden. Vorausgesetzt wird, daß die Urschrift im Ausland verwendet werden soll und sämtliche Personen zustimmen, die eine Ausfertigung verlangen können. Der Kreis dieser Personen ergibt sich aus § 51; auch etwaige Rechtsnachfolger (§ 51 Rdn. 5) gehören dazu, nicht aber deren Rechtsvorgänger. Die Zustimmung ist dem Notar nachzuweisen; sie bedarf keiner Form. Der Zweck der Verwendung im Ausland, wozu die DDR noch nicht gehört, braucht nicht mehr, wie nach Art. 44 PrFGG und § 25 Abs. 2 BNotO a. F., glaubhaft gemacht zu werden, sondern es genügt, daß der Verwendungszweck dargelegt wird, d. h. wenn kein Anlaß besteht, den Behauptungen der Beteiligten zu mißtrauen[3]). Ist die Absicht der Verwendung im Ausland dargelegt, so darf der Notar die Aushändigung nicht nach Ermessen mit der Begründung verweigern, daß nach seiner besseren Kenntnis das ausländische Recht sich auch mit einer Ausfertigung begnüge[4]). Gegen die Verweigerung ist der Rechtsbehelf des § 54 gegeben. **4**

b) Behandlung der Urkunde. Vor der Aushändigung der Urschrift ist eine Ausfertigung zu fertigen, die von der verwahrenden Stelle zurückbehalten wird. Während sonst die den Beteiligten zu erteilende Ausfertigung die Urschrift im Rechtsverkehr vertritt (§ 47), tritt hier umgekehrt die Ausfertigung an die Stelle der Urschrift. Die zurückzubehaltende Ausfertigung übernimmt sämtliche Funktionen der sonst in amtlicher Verwahrung verbleibenden Urschrift. **5**

[2]) Oberneck NotR[10] § 49 II 1; Schlegelberger Art. 42 PrFGG Anm. 4.

[3]) BT-Drucks. V/4014 S. 4 zu §§ 40, 45.

[4]) A. M. Oberneck NotR[10] § 49 II 3 d; wörtlich ebenso Schlegelberger Art. 44 PrFGG Anm. 2; Mecke Rdn. 4. § 45 verlangt nur, daß die Urschrift im Ausland verwendet werden soll, nicht daß zur Verwendung im Ausland die Vorlegung der Urschrift erforderlich ist. Das ist nur das gesetzgeberische Motiv für den Erlaß der Vorschrift gewesen.

Entsprechend § 49 Abs. 2 Satz 1 soll die Ausfertigung den Vermerk erhalten, an wen (wann) und weshalb die Urschrift ausgehändigt worden ist, und es können nach ihr in der Form des § 49 nach Maßgabe des § 51 weitere Ausfertigungen erteilt werden. Die Kosten der zurückzubehaltenden Ausfertigung trägt der Antragsteller. Die herauszugebende Urschrift soll mit dem Siegel (Präge- oder Farbdrucksiegel) versehen werden, nämlich mit dem Siegel der Stelle, welche die Urkunde im Zeitpunkt der Herausgabe verwahrt; das braucht nicht die Stelle zu sein, welche die Urkunde aufgenommen hat. Unter Umständen ist die Legalisation oder die Erteilung einer Apostille erforderlich (dazu Einl. vor § 1 Rdn. 33 ff.).

6 2. *Vermerkurkunden (Abs. 2).* Urschriften von Urkunden, die in Form eines Vermerks errichtet sind (§ 39), sind regelmäßig auszuhändigen, weil bei ihnen die Urschrift für den Rechtsverkehr bestimmt ist. Nach § 18 DONot fertigt der Notar ein Vermerkblatt zu seiner Urkundensammlung. Auf Verlangen des Urkundsbeteiligten können aber auch solche Urschriften in der amtlichen Verwahrung des Notars belassen werden. Das wird insbesondere für Urkunden der in § 19 Abs. 4 DONot bezeichneten Art in Betracht kommen, die nach § 19 Abs. 5 DONot behandelt werden sollen. In sonstigen Fällen wird man dem Notar das Recht zugestehen müssen, die Verwahrung abzulehnen. Von den verwahrten Urschriften können beglaubigte Abschriften, aber keine Ausfertigungen erteilt werden (§ 47).

7 3. *Wechsel- und Scheckproteste.* Sie werden mit dem Wechsel oder Scheck, auf dem sie stehen, in Urschrift dem Auftraggeber ausgehändigt (Art. 85 WG, Art. 55 Abs. 3 ScheckG). Zurückbehalten werden eine beglaubigte Abschrift des Protestes und ein Vermerk über den Inhalt des Wechsels oder Schecks (Art. 85 Abs. 2 WG), die in Protestsammelbänden vereinigt werden (§ 20 DONot).

8 4. *Konsularische Urkunden.* Die Verwahrung und Aushändigung der Urschriften konsularischer Niederschriften ist in § 16 Abs. 2 Buchst. c und d KonsG abweichend geregelt; vgl. dazu § 1 Rdn. 60, 61.

9 5. *Verfügungen von Todes wegen.* Testamente und Erbverträge hat der Notar nach § 34 Abs. 1 Satz 4, Abs. 2 unverzüglich in Urschrift in besondere amtliche Verwahrung zu bringen, sofern bei Erbverträgen die Vertragschließenden nicht die besondere amtliche Verwahrung ausschließen; in diesem Fall bleibt die Urschrift gemäß § 25 Abs. 2 BNotO bis zum Erbfall oder nach Maßgabe der §§ 2300a, 2263a BGB in der Verwahrung des Notars. Vgl. näher § 34 Rdn. 6, 7, 8 und für konsularische Testamente und Erbverträge sowie Nottestamente vor dem Bürgermeister § 34 Rdn. 17.

III. Zuständigkeit zur Verwahrung

10 1. *Notarielle Urkunden.* Die Urschrift einer notariellen Urkunde bleibt, wenn sie nicht auszuhändigen ist, nach § 25 Abs. 1 BNotO in der Verwahrung des Notars, der sie aufgenommen hat. Ist das Amt eines Notars erloschen (§ 47 BNotO) oder wird sein Amtssitz in einen anderen Amtsgerichtsbezirk (außerhalb derselben Stadtgemeinde) verlegt, so nimmt das Amtsgericht des (früheren) Amtssitzes die Akten und Bücher des Notars sowie die ihm amtlich übergebenen Urkunden in Verwahrung (§ 51 Abs. 1, 4 BNotO). Das gilt nicht, solange ein Notariatsverweser bestellt ist (§§ 56, 58 Abs. 1 BNotO). Auch kann der Oberlandesgerichtspräsident die Verwahrung einem anderen Amtsgericht oder einem Notar übertragen (§ 51 Abs. 1 Satz 2 BNotO). Die Aktenverwahrung durch einen Notar ist beim Erlöschen des Amtes eines Nur-Notars die Regel, beim Anwaltsnotar aber die Ausnahme (Berlin AVNot C 1, Hessen AVNot VI 1, NRW AVNot § 41 Abs. 1). Auch ist die Möglichkeit vorgesehen, daß aus Zweckmäßigkeitsgründen ein Teil der Urkunden (z. B. Vorgänge aus jüngster Zeit) einem Anwaltsnotar zur Verwahrung übergeben, der Rest aber vom Amtsgericht übernommen wird (Berlin a. a. O., Hessen a. a. O., NRW a. a. O., Nds. AVNot § 21). Hat der Notar für die Dauer einer Abwesenheit oder Verhinderung, ohne daß ihm ein Vertreter bestellt ist, seine Akten nicht nach § 45 Abs. 1 BNotO einem anderen Notar übergeben und wird die Erteilung von Ausfertigungen, Abschriften oder die Einsicht verlangt, so hat das Amtsgericht des Amtssitzes die Akten in Verwahrung zu nehmen und die beantragte Amts-

handlung vorzunehmen (§ 45 Abs. 3 BNotO). Dasselbe gilt für die Dauer einer vorläufigen Amtsenthebung, wenn dem Notar kein Vertreter bestellt ist (§ 55 Abs. 1 BNotO). Werden Notariatsakten an ein Staatsarchiv abgeliefert, so werden Amtshandlungen in Bezug auf diese Urkunden von dem Notar oder Amtsgericht vorgenommen, dem ohne die Ablieferung die Verwahrung obliegen würde (§ 51 Abs. 5 BNotO). Urkunden der badischen Notare werden vom Amtsgericht verwahrt (§ 115 BNotO, § 42 Abs. 1 BadLFGG). Die württembergischen Bezirksnotare verwahren die von ihnen in ihrer Eigenschaft als öffentliche Notare aufgenommenen Niederschriften selbst (§ 114 Abs. 1 BNotO, Art. 115 WürttAGBGB).

Bei der *notariellen Nachlaß- oder Gesamtgutsteilung* bestehen Besonderheiten auf Grund **11**
des landesgesetzlichen Vorbehalts in § 20 Abs. 4 BNotO. Nach Art. 27 PrFGG (erläutert in Anl. 10) hat der Notar die in dem Verfahren entstandenen Urschriften und Schriftstücke nach Beendigung des Verfahrens zu den Gerichtsakten abzugeben; anders Art. 6, 8 BayNachlG, Art. 29 Abs. 1 Satz 2 HessFGG, Art. 15 Abs. 2 Satz 2 NdsFGG.

2. *Urkunden anderer Urkundsstellen.* Für gerichtliche Urkunden, die in Form einer Nie- **12**
derschrift über Willenserklärungen oder nicht rechtsgeschäftliche Vorgänge errichtet sind, ist landesrechtlich durchweg bestimmt, daß sie in der Verwahrung des Gerichts verbleiben (Art. 42, 61 PrFGG, Art. 73, 92 HessFGG, Art. 26 NdsFGG, § 19 Abs. 1 HambFGG). Für die Niederschriften der nach § 49 JWG ermächtigten Jugendamtsbediensteten ergibt sich mittelbar aus § 50 Abs. 1 Satz 2 Nr. 1 JWG, daß sie in der Verwahrung des Jugendamts verbleiben; für Hamburg ist dies in § 25 Abs. 2 HambFGG bestimmt. Wegen der Behandlung konsularischer Urkunden vgl. § 1 Rdn. 60, 61 und wegen der Behandlung konsularischer Testamente und Erbverträge § 34 Rdn. 6, 16. Die Verwahrung von Urkunden, die nach Art. 1 § 1 WehrmFGG vom 24. 4. 1934 (RGBl. I 355 mit Änderungen, vgl. § 46 Rdn. 1) vor einem richterlichen Militärjustizbeamten oder einem Urkundsbeamten der Geschäftsstelle der Militärgerichte errichtet sind, durch die Amtsgerichte kann beruhen auf § 11 (Testamente nach dem Tode des Erblassers) und § 12a (Vaterschaftsanerkenntnisse, vollstreckbare Urkunden) der 1. VO z. Durchf. u. Erg. des G über die freiwillige Gerichtsbarkeit und andere Rechtsangelegenheiten in der Wehrmacht vom 3. 2. 1936 (RGBl. I 99) i. d. F. der 3. DVO vom 30. 9. 1940 (RGBl. I 1327) und der 4. DVO vom 27. 8. 1942 (RGBl. I 541); dazu AV vom 9. 12. 1940 (DJ 1429) über die Behandlung der zur Verwahrung übersandten Urkunden.

IV. Übergangsrecht

Die Vorschriften der §§ 45 bis 49, 51, 52 sind nach § 68 Abs. 1 auch anzuwenden, wenn **13**
die Urschrift der Niederschrift vor dem Inkrafttreten des BeurkG, dem 1. 1. 1970 (§ 71), errichtet worden ist.

V. Recht der DDR

Nach § 31 Abs. 3 NotVerfO darf der Notar die Urschrift aushändigen, wenn sie zur **14**
Verwendung im Ausland gebraucht wird und sämtliche Personen, die Anspruch auf eine Ausfertigung haben, zustimmen. Der Notar behält eine Ausfertigung zurück, auf der zu vermerken ist, wann, an wen und weshalb die Urschrift ausgehändigt worden ist.

Ersetzung der Urschrift

46 (1) Ist die Urschrift einer Niederschrift ganz oder teilweise zerstört worden oder abhanden gekommen und besteht Anlaß, sie zu ersetzen, so kann auf einer noch vorhandenen Ausfertigung oder beglaubigten Abschrift oder einer davon gefertigten beglaubigten Abschrift vermerkt werden, daß sie an die Stelle der Urschrift tritt. Der Vermerk kann mit dem Beglaubigungsvermerk verbunden werden. Er soll Ort und Zeit der Ausstellung angeben und muß unterschrieben werden.

(2) Die Urschrift wird von der Stelle ersetzt, die für die Erteilung einer Ausfertigung zuständig ist.

(3) Vor der Ersetzung der Urschrift soll der Schuldner gehört werden, wenn er sich in der Urkunde der sofortigen Zwangsvollstreckung unterworfen hat. Von der Ersetzung der Urschrift sollen die Personen, die eine Ausfertigung verlangen können, verständigt werden, soweit sie sich ohne erhebliche Schwierigkeiten ermitteln lassen.

Übersicht

A. Ersetzung der Urschrift

I. Anwendungsbereich

1 Die Vorschrift tritt für Urkunden in Form einer Niederschrift, die unter §§ 1, 68 BeurkG fallen, an die Stelle der VO über die Ersetzung zerstörter oder abhanden gekommener gerichtlicher oder notarischer Urkunden vom 18. Juni 1942 (RGBl. I 395 = BGBl. III 315-4) — *Anl. 3* — UrkErsVO, die nach § 57 Abs. 10 BeurkG auf solche Urkunden nicht mehr anzuwenden ist, aber auf die Ersetzung der Urschrift anderer gerichtlicher Urkunden und Entscheidungen weiter anwendbar bleibt (Anm. B). Unter § 46 fallen Urkunden, die in Form einer Niederschrift errichtet sind, gleichgültig ob Gegenstand der Beurkundung eine Willenserklärung oder ein nicht rechtsgeschäftlicher Vorgang ist (§§ 8, 37, 38 BeurkG, 130 AktG oder entsprechende Vorschriften des früheren Bundes- oder Landesrechts); nicht aber Urkunden in Form eines Vermerks (§ 39), also auch nicht Unterschriftsbeglaubigungen (§ 40). Zu der ersetzbaren Niederschrift gehören auch Anlagen im Sinne der §§ 9 Abs. 1 Satz 2, 14, 37 Abs. 1 Satz 2. Auch gerichtlich oder notariell beurkundete Testamente oder Erbverträge (§§ 2232, 2276 BGB) gehören hierher; bei Errichtung durch Übergabe einer (offenen oder verschlossenen) Schrift kann auch die übergebene Schrift ersetzt werden, da sie durch die Übergabe und das Bekenntnis zu ihrem Inhalt die Eigenschaft einer öffentlichen Urkunde erlangt hat (Vorbem. 13 vor § 27). Dagegen können eigenhändige Testamente (§ 2247 BGB), mögen sie sich auch nach § 2258a BGB in amtlicher Verwahrung befunden haben, nicht ersetzt werden[1]). Abweichend von § 1 UrkErsVO ist die Anwendbarkeit des § 46 nicht auf Urkunden beschränkt, die von einem Gericht oder einem Notar aufgenommen sind; es kommt nur darauf an, ob die beurkundende Behörde oder Urkundsperson im Sinne des § 1 Abs. 2 neben den Notaren zuständig war oder ob § 46 auf ihre Urkunden für anwendbar erklärt ist. Gemäß § 46 ersetzbar sind mithin Urkunden der nach § 49 JWG ermächtigten Jugendamtsbediensteten[2]) oder von Verwaltungsbehörden. Für konsularische Urkunden ergibt sich die Anwendbarkeit des § 46 aus §§ 16 Abs. 2, 16a Abs. 1 Satz 2 KonsG. Auf Nottestamente vor dem Bürgermeister (§ 2249 BGB) ist § 46 nicht anwendbar, da der Bürgermeister nicht neben dem Notar zuständig ist (§ 1 Rdn. 8) und § 46 in § 2249 BGB nicht für anwendbar erklärt wird. Dreizeugentestamente und Seetestamente (§§ 2250, 2251 BGB) sind

[1]) AV v. 2. 6. 1944 (DJ 168) zu § 1 UrkErsVO; Hamm Rpfleger 1959, 353 mit Anm. v. Keidel.

[2]) Die hierzu ergangene Bek. d. RJM v. 5. 11. 1943 (DJ 522 = BayBSVJu. III 161) ist dadurch gegenstandslos geworden.

keine öffentlichen Urkunden. Nach § 46 ersetzbar sind auch Urkunden, die nach Art. 1 § 1 WehrmFGG vom 24. 4. 1934 (RGBl. I 355) i. d. F. vom 29. 9. 1936 (RGBl. I 751), geändert durch VO vom 30. 9. 1940 (RGBl. I 1327), vom 27. 8. 1942 (RGBl. I 541) und vom 6. 9. 1943 (RGBl. I 537) vor einem richterlichen Militärjustizbeamten oder dem Urkundsbeamten der Geschäftsstellen der Militärgerichte errichtet worden sind[3]); über die gerichtliche Verwahrung dieser Urkunden vgl. § 45 Rdn. 12. Gemäß § 68 Abs. 1 gilt § 46 auch für vor dem 1. 1. 1970 errichtete Urkunden, selbst wenn die Beurkundungszuständigkeit inzwischen entfallen ist.

Für die Wiederherstellung von *Hypotheken-, Grundschuld- und Rentenschuldbriefen,* die **2**
durch Kriegseinwirkung vernichtet worden oder abhanden gekommen sind, durch das Grundbuchamt gilt § 26 GBMaßnG vom 20. 12. 1963 (BGBl. I 986)[4]). Eine vereinfachte Kraftloserklärung von Hypotheken-, Grundschuld- und Rentenschuldbriefen, die vom Berechtigten infolge im Bundesgebiet nicht rechtswirksamer Maßnahmen (z. B. Enteignung) nicht vorgelegt werden können, ohne Aufgebot sieht das G vom 18. 4. 1950 (BGBl. 88) i. d. F. vom 20. 12. 1952 (BGBl. I 830), vom 25. 11. 1955 (BGBl. I 867) und vom 29. 4. 1960 (BGBl. I 297) vor[5]), für Berlin G vom 7. 7. 1950 (GVBl. 287), vom 24. 12. 1952 (GVBl. 1207), vom 14. 1. 1956 (GVBl. 62) und GVBl. 1960, 459. Für die Wiederherstellung zerstörter oder abhanden gekommener *Grundbücher* gilt § 123 GBO mit der VO vom 26. 7. 1940 (RGBl. I 1048)[6]), die in §§ 11, 12 auch Vorschriften enthält über die Wiederherstellung von Urkunden durch das Grundbuchamt, auf die eine Eintragung im Grundbuch Bezug nimmt oder sich gründet.

II. Voraussetzungen der Ersetzung

1. Vernichtung oder Abhandenkommen der Urschrift. Die Urschrift der Niederschrift muß **3**
ganz oder teilweise zerstört oder abhanden gekommen sein. Teilweise Zerstörung in diesem Sinne liegt vor, wenn der Urkundentext so beschädigt ist, daß eine vollständige Ausfertigung nicht mehr erteilt werden kann. Im übrigen muß die Vernichtung der Urkunde bekannt oder ihr Verbleib unbekannt sein. Das ist von Amts wegen festzustellen (§ 12 FGG). Auf die Ursache der Vernichtung oder des Abhandenkommens kommt es nicht an; Verschulden schließt die Ersetzung nicht aus. Ob ein Aufgebotsverfahren zulässig wäre (§§ 946 ff. ZPO), ist bedeutungslos. Abhanden gekommen kann eine Urschrift auch dann sein, wenn sie sich im Besitz einer deutschen Behörde außerhalb des Bundesgebiets und West-Berlins befindet und z. Z. nicht benutzt werden kann[7]).

2. Grundlage der Ersetzung. Grundlage der Ersetzung kann nur eine Ausfertigung, eine **4**
von der Urschrift oder der Ausfertigung genommene beglaubigte Abschrift oder die beglaubigte Abschrift einer beglaubigten Abschrift der Urschrift, der Ausfertigung oder einer beglaubigten Abschrift sein. Die Beglaubigung muß von einer dazu befugten öffentlichen Urkundsperson herrühren. Das Verfahren nach § 3 UrkErsVO, wonach das Gericht oder der Notar, wenn eine Ausfertigung oder beglaubigte Abschrift nicht vorhanden ist, den Inhalt der Urkunde, falls er sich durch beliebige Beweismittel ermitteln läßt, durch Beschluß feststellen kann, ist vom Gesetz nicht übernommen worden; in diesem Fall werden die Beteiligten auf den Prozeßweg verwiesen, weil nur der Prozeß die nötigen Rechtsgarantien dafür biete, daß die Gesichtspunkte der Parteien ausreichend gewürdigt werden und der Sachverhalt erschöpfend geklärt wird (BT-Drucks. V/3282 S. 39); dieser Gesichtspunkt trifft vor allem für die Notare zu, denen hinreichende Mittel zur Sachaufklärung fehlen. Der Inhalt der Urkunde kann als Vorfrage aber auch in einem Verfahren der freiwilligen Gerichtsbarkeit fest-

[3]) Vgl. dazu KG DNotZ 1944, 32; LG Stade, NdsRpfl. 1960, 136; Dirian NJW 1954, 1636; Staudinger-Firsching BGB[11] vor § 2229 Anm. 65-73 (Militärtestamente).

[4]) Dazu LG München DNotZ 1950, 347; Hamm DNotZ 1952, 583.

[5]) Dazu Fabian NJW 1952, 925; Nehlert JR 1956, 396; Bruhn Rpfleger 1951, 147, 152; LG Nürnberg DNotZ 1950, 477; LG Berlin DNotZ 1951, 87; JR 1961, 184; LG Kiel DNotZ 1950, 343 mit Anm. v. Eder.

[6]) Dazu Hesse DFG 1940, 97.

[7]) KG JR 1952, 443; Mecke Rdn. 3.

gestellt werden, wenn es für die Entscheidung darauf ankommt, z. B. im Erbscheinsverfahren[8]). Sind die Beteiligten über den Inhalt einer über ihre Erklärungen errichteten Urkunde einig, so können sie eine erneute Beurkundung vornehmen lassen, nicht aber bei Urkunden über tatsächliche Vorgänge, z. B. Hauptversammlungen.

III. Verfahren

5 *1. Zuständigkeit.* Sachlich zuständig ist nach Abs. 2 die Stelle (Notar, Gericht, Behörde), die für die Erteilung einer Ausfertigung zuständig ist. Das ist nach § 48 Satz 1 die Stelle, der die Verwahrung der Urschrift obliegen würde, wenn sie nicht vernichtet oder abhanden gekommen wäre; vgl. über diese Zuständigkeit § 45 Rdn. 10 bis 12. Es kann also ein Amtsgericht, ein Notar oder z. B. in den Fällen der §§ 49, 50 JWG der zu Beurkundungen ermächtigte Jugendamtsbedienstete zuständig sein. Eine Ersatzzuständigkeit, wenn am Sitz des Gerichts, des Notars oder des Jugendamts deutsche Gerichtsbarkeit nicht mehr ausgeübt wird (§ 1 ZustErgG), ergibt sich aus § 6 ZustErgG[8a]). Bei gerichtlich verwahrten Urkunden ist das Geschäft als Urkundssache auf den *Rechtspfleger* übertragen (§ 3 Nr. 1 Buchst. f RechtspflG); ist die Urschrift wiederhergestellt, so erteilt Ausfertigungen der UdG (§ 48 Satz 2)[8b]). Wegen der Ausschließung der Urkundsperson vgl. § 3 Rdn. 8.

6 *2. Verfahrensgrundsätze. a) Einleitung.* Die Ersetzung setzt einen förmlichen Antrag nicht voraus, kann also auch von Amts wegen erfolgen. Es muß nur Anlaß bestehen, die Urschrift zu ersetzen, z. B. weil gerade die Urschrift noch gebraucht wird, etwa zur Erteilung weiterer Ausfertigungen. Damit wird aber keine Verfahrensvoraussetzung aufgestellt, ohne deren Vorliegen die Ersetzung unzulässig wäre, sondern es wird nur die Amtspflicht des Notars oder Gerichts eingeschränkt; der Notar soll, wenn etwa seine Urkundssammlung durch Brand vernichtet ist, nicht gehalten sein, sämtliche Urkunden von Amts wegen wiederherzustellen, sondern erst, wenn Anlaß dazu besteht. Ebenso wie für die Erteilung von Ausfertigungen (§ 51 Rdn. 12) ist es für die Ersetzung unbeachtlich, wenn vorgebracht wird, die Beteiligten hätten das beurkundete Rechtsgeschäft nachträglich wirksam aufgehoben oder die Verpflichtungen aus der Urkunde seien erfüllt[9]). Allenfalls kann die Ersetzung aus denselben Gründen abgelehnt werden, aus denen die Erteilung einer Ausfertigung abgelehnt werden dürfte (vgl. § 4 Rdn. 8, § 51 Rdn. 12).

7 *b) Ermittlungen. Anhörung.* Soweit der Sachverhalt der Aufklärung bedarf, gilt der Amtsermittlungsgrundsatz (§ 12 FGG) auch für den Notar. Eine Befugnis des Gerichts, entsprechend § 2 UrkErsVO den Besitzer von Ausfertigungen und beglaubigten Abschriften mit den Zwangsmitteln des § 33 FGG zur Vorlegung anzuhalten, hat das Gesetz nicht übernommen. Wird die Urkunde nicht freiwillig vorgelegt, so muß der Interessierte den Vorlegungsanspruch nach §§ 810 ff. BGB im Klagewege verfolgen (BT-Drucks. V/3282 S. 39). Kann die noch vorhandene Ausfertigung oder beglaubigte Abschrift zur Ersetzung nicht verwendet werden, weil sie Bestandteil gerichtlicher oder behördlicher Akten geworden ist, so ist Rechts- oder Amtshilfe in Anspruch zu nehmen und von dieser Urkunde eine beglaubigte Abschrift zu fertigen. Eine vorherige Anhörung wird durch Abs. 3 Satz 1 vorgeschrieben, wenn sich ein Schuldner in der Urkunde der sofortigen Zwangsvollstreckung unterworfen hat, weil auf der noch vorhandenen Ausfertigung oder beglaubigten Abschrift nicht, wie nach §§ 734, 795 ZPO auf der Urschrift, vermerkt ist, ob bereits eine vollstreckbare Ausfertigung erteilt ist und der Schuldner vor der etwa ungerechtfertigten Erteilung einer weiteren vollstreckbaren

8) BayObLGZ 1960, 478 zu III 1.

8a) Dazu Schleswig Rpfleger 1970, 433.

8b) Unrichtig Mecke Rdn. 5, der meint, daß der UdG für die Ersetzung zuständig sei. Unter „Stelle" i. S. der §§ 46 Abs. 2, 48 Satz 1 ist abgesehen von Notaren das Gericht oder die Behörde gemeint, deren sachliche Zuständigkeit bestimmt werden soll. Gerichtlich verwahrte Urkunden werden vom Amtsgericht, nicht vom UdG verwahrt. Innerhalb des Amtsgerichts regelt § 48 Satz 2 die funktionelle Zuständigkeit für die Erteilung von Ausfertigungen, nicht aber für die Ersetzung von Urkunden; dieses Geschäft läge also dem Richter ob, wenn es nicht durch § 3 Nr. 1 Buchst. f RechtspflG auf den Rechtspfleger übertragen wäre.

9) A. M. Zimmermann Rpfleger 1970, 189 zu II 8 b S. 197.

Ausfetigung (vgl. § 52 Rdn. 28) geschützt werden soll (BT-Drucks. V/3282 S. 48). In anderen Fällen kann eine Anhörung der Beteiligten, die nach § 51 ausfertigungsberechtigt sind, mitunter zweckmäßig sein, sie wird aber durch den Grundsatz des rechtlichen Gehörs (Art. 103 Abs. 1 GG) nicht erfordert; es gelten dieselben Grundsätze wie für die Erteilung eines Erbscheins auf Grund öffentlichen Testaments[10]).

3. Form der Ersetzung. Die Ersetzung geschieht in der Weise, daß die zuständige Stelle auf die vorhandene Ausfertigung oder beglaubigte Abschrift oder auf eine davon gefertigte beglaubigte Abschrift den unterschriebenen Vermerk setzt, daß sie an die Stelle der Urschrift tritt. Dieser Vermerk kann mit dem Beglaubigungsvermerk verbunden werden. Ist einem dieser Erfordernisse nicht genügt, so ist die Ersatzurkunde nicht wirksam. Außerdem sollen Ort und Zeit der Ausstellung des Vermerks angegeben werden. Die Anbringung des Siegels ist nicht vorgeschrieben; sie käme erst in Betracht, wenn die Ersatzurkunde nach § 45 Abs. 1 ausgehändigt werden soll. Von der Ersetzung sollen die nach § 51 Ausfertigungsberechtigten verständigt, d. h. formlos benachrichtigt werden (Abs. 3 Satz 2). **8**

4. Wirkung der Ersetzung. Die Wirkung der Ersetzung tritt mit der Anbringung des Vermerks ein; der Eintritt der Wirksamkeit ist nicht von einer Bekanntgabe an die Beteiligten abhängig. Die Wirkung besteht darin, daß die Ersatzurkunde an die Stelle der Urschrift tritt. Sie ist also von der Stelle, der die Verwahrung obliegt (§ 45 Rdn. 10 bis 12) in Verwahrung zu nehmen und es können nach ihr Ausfertigungen und beglaubigte Abschriften erteilt werden. **9**

5. Änderungsbefugnis. Rechtsbehelfe. Der Ersetzungsvermerk kann von der ersetzenden Stelle entsprechend § 18 Abs. 1 Halbs. 1 FGG von Amts wegen aufgehoben werden, wenn er sich als unrichtig erweist oder wenn die Urschrift nachträglich wieder aufgefunden wird[11]). Den Beteiligten steht gegen die Ersetzung und ihre Ablehnung die Beschwerde nach § 54 an das Landgericht zu; hat der Rechtspfleger gehandelt, so ist die Erinnerung nach § 11 RechtspflG gegeben. Beschwerdeberechtigt ist jeder, der nach § 51 eine Ausfertigung verlangen kann. Wegen der Urkunden des Jugendamts vgl. § 54 Rdn. 3. **10**

B. Ersetzung anderer gerichtlicher Urkunden und Entscheidungen

I. Rechtsgrundlage

Die VO über die Ersetzung zerstörter oder abhanden gekommener gerichtlicher oder notarieller Urkunden vom 18. Juni 1942 (RGBl. I 395 = BGBl. III 315-4) — *Anl. 3* — ist nach der Einschränkung ihres Anwendungsbereichs durch § 57 Abs. 10 BeurkG (oben Rdn. 1) noch anwendbar auf die Ersetzung der Urschrift einer von einem Gericht ausgestellten Urkunde oder einer gerichtlichen Entscheidung, also auf wirkende Urkunden im Sinne des § 417 ZPO (vgl. § 1 Rdn. 44) sowie auf Zeugnisurkunden über Vorgänge, deren Beurkundung nicht Gegenstand des BeurkG ist, insbesondere wenn die Beurkundung unselbständiger Teil eines gerichtlichen Verfahrens war[12]). Es kommen nur Urkunden der ordentlichen Gerichte, nicht von Verwaltungsgerichten, auch nicht von anderen als Gerichtsbehörden in Betracht, also nicht von Ortsgerichten und Urkundspersonen der Verwaltungsbehörden usw., auch nicht Privaturkunden, mögen sie auch öffentlich beglaubigt sein. Es können mithin auf Grund des § 1 ersetzt werden gerichtliche Zeugnisse, Bescheinigungen, Anordnungen, Genehmigungen usw. sowie gerichtliche Entscheidungen, in der freiwilligen Gerichtsbarkeit Beschlüsse und Verfügungen, nicht aber gerichtliche Register; vgl. über die Wiederherstellung von Grundbüchern und Grundpfandbriefen oben Rdn. 2. **11**

[10]) Vgl. § 84 FGG Rdn. 7; a. M. Zimmermann a. a. O.
[11]) Hornig DJ 1942, 417 zu III 3.
[12]) Schrifttum: Hornig DJ 1942, 417 u. DNotZ 1942, 254; Hesse DFG 1943, 17, 22; Henne StAZ 1954, 278; Keidel Rpfleger 1959, 354; Saage in DBuR II F 10 b; Wieczorek ZPO Bd. V S. 521 ff.; Voraufl. Anl. XIV.

II. Verfahren

12 *1. Zuständigkeit.* Zuständig ist nach § 4 das Gericht, das die Urkunde ausgeteilt hat, in übertragenen Sachen der Rechtspfleger. Hat der UdG die Urkunde ausgestellt oder die Entscheidung erlassen, so ist er auch für die Ersetzung ausschließlich zuständig[13]). Eine Ersatzzuständigkeit ergibt sich aus § 6 ZustErgG. Ist die Urkunde nicht erreichbar (Zonentrennung), so ist das Gericht zuständig, in dessen Bezirk das Bedürfnis der Fürsorge hervortritt[14]).

13 *2. Verfahrensgrundsätze.* Das Verfahren wird von Amts wegen oder auf Antrag eingeleitet, wenn Anlaß besteht, die Urschrift wiederherzustellen (vgl. Rdn. 6). Im übrigen sind zwei Arten der Wiederherstellung zu unterscheiden:

14 *a) Wiederherstellung auf Grund von Urkunden.* Ist noch eine Ausfertigung oder beglaubigte Abschrift vorhanden, so erfolgt die Ersetzung nach § 1 dadurch, daß das Gericht hiervon eine beglaubigte Abschrift herstellt und auf ihr vermerkt, daß sie an die Stelle der zerstörten oder abhanden gekommenen Urschrift tritt. Der Vermerk kann mit dem Beglaubigungsvermerk verbunden werden und ist vom Gericht zu unterschreiben; auch die Angabe von Ort und Zeit ist hier abweichend von § 46 Abs. 1 Satz 3 BeurkG zwingendes Formerfordernis. Besitzer von Ausfertigungen und beglaubigten Abschriften können vom Gericht nach § 2 VO mit § 33 FGG zur Vorlegung angehalten werden. Dem Antragsteller und nach dem Ermessen des Gerichts auch anderen Beteiligten, deren Kreis das Gericht bestimmt, ist eine Ausfertigung der Ersatzurkunde zuzustellen (§ 5 Abs. 1, 3). Die Ersetzung wird erst mit der Rechtskraft wirksam[15]).

15 *b) Feststellung des Inhalts durch Beschluß.* Ist keine Ausfertigung oder beglaubigte Abschrift mehr vorhanden, so kann das Gericht den Inhalt der Urkunde, wenn er sich durch Ermittlungen (§ 12 FGG) mit den üblichen Beweismitteln feststellen läßt, durch Beschluß feststellen (§ 3). Es ist nicht erforderlich, daß der genaue Wortlaut feststeht; es genügt, daß der wesentliche Inhalt ermittelt werden kann[16]). Die Beteiligten sollen regelmäßig gehört werden (§ 3 Abs. 2 Satz 2); diese Sollvorschrift wird überlagert durch den Grundsatz des rechtlichen Gehörs (Art. 103 Abs. 1 GG), von dessen Gewährung hier nicht abgesehen werden kann, sofern die Anhörung nicht unmöglich ist. Das Beweisverfahren richtet sich nach den §§ 12, 15 FGG. Der Beschluß tritt (nach dem Eintritt der Rechtskraft) an die Stelle der Urschrift (§ 3 Abs. 1 Satz 2). Der Beschluß ist dem Antragsteller, wenn ein solcher vorhanden ist, und den sonstigen Beteiligten, deren Kreis das Gericht bestimmt, zuzustellen (§ 5 Abs. 2, 3).

16 *3. Rechtsmittel.* Gegen die Ablehnung der Ersetzung ist in Angelegenheiten der freiwilligen Gerichtsbarkeit die unbefristete Beschwerde nach §§ 19, 20 FGG zulässig[17]), bei Entscheidung durch den Rechtspfleger die unbefristete Erinnerung nach § 11 RechtspflG; bei Entscheidung durch den UdG (§ 4 Abs. 2) ist das Gericht anzurufen. Gegen die Ersetzung der Urschrift nach § 1 oder 3 steht nur den Beteiligten, denen die Ausfertigung oder die Entscheidung nach § 3 zugestellt worden ist (§ 5), die sofortige Beschwerde zu (§ 6 Abs. 1). Die Begrenzung des Kreises der Beschwerdeberechtigten hat den Zweck, die Herbeiführung der formellen Rechtskraft zu ermöglichen, da die ersetzende Verfügung, wie sich trotz Fehlens einer Vorschrift darüber aus der Natur der Sache und den Erfordernissen der Rechtssicherheit ergibt, erst mit der Rechtskraft wirksam wird[18]). Deshalb kann das Beschwerderecht auch sachlich Beteiligter nicht mit der Begründung gerechtfertigt werden, das Gericht habe bei der Bestimmung des Kreises der Beteiligten (§ 5 Abs. 3) von seinem Ermessen einen unrichtigen oder fehlerhaften Gebrauch gemacht[19]); diese Beteiligten haben nur den Antrag nach § 6 Abs. 2 (nachst. Rdn. 18). Für das Beschwerdeverfahren gelten in Angelegenheiten der freiwilligen Gerichtsbarkeit die Vorschriften des FGG (§§ 19, 21, 22). Gegen Verfügungen des

[13]) KG JR 1955, 385.
[14]) Vgl. KG JR 1952, 443.
[15]) Hornig DJ 1942, 417 zu III 2.
[16]) LG Traunstein MDR 1955, 48; KG JR 1955, 385.
[17]) KG JR 1955, 385.
[18]) Hornig DJ 1942, 417 zu III 2.
[19]) KG 25. 10. 1956, 1 W 1687/56.

Rechtspflegers ist die befristete Erinnerung gegeben (§ 11 RechtspflG). Gegen Verfügungen des UdG (§ 4 Abs. 2) ist innerhalb der Beschwerdefrist (§ 22 FGG) die Entscheidung des Gerichts nachzusuchen, dem der UdG angehört; das Gericht hat das Gesuch, wenn es ihm nicht entsprechen will, dem Beschwerdegericht vorzulegen (§ 6 Abs. 3 Satz 3).

Die *weitere Beschwerde* ist nach § 6 Abs. 4 in allen Fällen ausgeschlossen, auch wenn die Ersetzung abgelehnt wird und gleichgültig, ob das Rechtsmittel die unbefristete oder die sofortige weitere Beschwerde ist[20]). **17**

4. Erneuter Antrag. Nach § 6 Abs. 2 kann jeder, der durch die Entscheidung des Gerichts betroffen ist, die erneute Einleitung des Verfahrens beantragen. Dieses Recht hat nicht nur, wer kein Beschwerderecht hatte, weil ihm die Entscheidung nicht nach § 5 zugestellt war, sondern nach Eintritt der formellen Rechtskraft auch jeder vorher Beschwerdeberechtigte. Die Vorschrift ermöglicht ein neues Verfahren auch nach formell rechtskräftiger Ablehnung der Ersetzung. Sie ist eine Ausnahme von dem Änderungsverbot des § 18 Abs. 2 FGG. Außerdem kann das Gericht die ersetzende Verfügung auch von Amts wegen aufheben, wenn die Urschrift nachträglich wieder aufgefunden wird[21]). Lehnt das Gericht die Änderung der Ersatzurkunde ab, so steht nur dem Antragsteller (§ 20 Abs. 2 FGG) die sofortige Beschwerde zu (§ 6 Abs. 2 Satz 2). **18**

5. Gebühren. Vgl. dazu § 7 Abs. 1 VO. **19**

C. Recht der DDR

In der DDR gilt die Anordnung über die Ersetzung zerstörter oder abhanden gekommener gerichtlicher oder notarieller Urkunden vom 16. 11. 1956 (GBl. DDR S. 1299), im Ostsektor Berlins die gleichlautende Anordnung vom 3. 12. 1956 (VOBl. f. Groß-Berlin-Ost I 886), abgedruckt in der Voraufl. Anl. D V. Die Ersetzung gerichtlicher oder notarieller Urkunden, die in einer Angelegenheit der freiwilligen Gerichtsbarkeit aufgenommen oder ausgestellt sind, gehört zur Zuständigkeit der staatlichen Notariate, 1. DurchfBest. zur VO-StaatlNot vom 2. 3. 1953 (GBl. DDR 408) und vom 11. 5. 1953 (VOBl. Berlin-Ost I 168) sowie § 2 Nr. 13, § 39 NotVerfO. Wird die Richtigkeit der wiederhergestellten Urkunde bestritten, so findet nicht die Beschwerde statt, sondern es ist Feststellungsklage beim Kreisgericht zu erheben (§ 39 Abs. 2 NotVerfO). Die Wiederherstellung einer Urkunde kann abgelehnt werden, wenn ihr Inhalt mit der in der DDR bestehenden Rechtsordnung nicht in Einklang steht (§ 39 Abs. 3 NotVerfO). **20**

Ausfertigung

47 Die Ausfertigung der Niederschrift vertritt die Urschrift im Rechtsverkehr.

1. Bedeutung der Ausfertigung. Die Vorschrift umschreibt das Wesen der Ausfertigung. Ausfertigung ist die mit dem Ausfertigungsvermerk einer zuständigen Urkundsperson versehene Abschrift einer öffentlichen Urkunde, die dazu bestimmt ist, im Verkehr die in amtlicher Verwahrung verbleibende Urschrift zu vertreten[1]). Die Ausfertigung hat also, wenn es auf die Vorlegung der Urschrift ankommt, dieselbe Wirkung wie die Vorlegung der Urschrift. Sie ist aber nicht etwa eine zweite Urschrift[2]), sondern eine mit besonderen Merkmalen ausgestattete Abschrift. Ausfertigungen können nur anhand der Urschrift und deshalb nur von der die Urschrift verwahrenden Stelle hergestellt werden (§ 49), ferner nur von gerichtlichen **1**

[20]) BGH NJW 1961, 1405 = DNotZ 1961, 552 = MDR 1961, 679; a. M. früher Keidel Rpfleger 1959, 354.

[21]) Hornig DJ 1942, 417 zu III 3.

[1]) Denkschr. z. RFGG S. 90; Begr. z. PrFGG S. 35; ROHG 23, 411; Josef FGG² Art. 42 PrFGG Anm. 1; Oberneck NotR¹⁰ § 50, 1; Seybold-Hornig BNotO⁴ § 15 Rdn. 22; Röll BayNotV 1958, 267; Haegele Rpfleger 1967, 33, 38.

[2]) Oberneck a. a. O.; a. M. Oetker RheinZ 13, 204.

oder notariellen Urkunden oder Urkunden einer neben dem Notar nach § 1 Abs. 2 zuständigen Stelle, daher nicht von Urkunden des Gerichts, wenn die Beurkundung Teil eines anderen Verfahrens ist (z. B. Testamenteröffnungsprotokoll) oder von eigenhändigen Testamenten[3]). Ausfertigungen können nur von Urkunden erteilt werden, die in Form einer Niederschrift (§§ 8, 37, 38) errichtet sind. Von Urkunden in Form eines Vermerks (§ 39), auch wenn sie in der Verwahrung des Notars verbleiben (§ 45 Abs. 2) sowie von Wechsel- und Scheckprotesten (Art. 81 WG, Art. 55 Abs. 3 ScheckG) können nur beglaubigte Abschriften, aber keine Ausfertigungen erteilt werden, ebenso von öffentlichen Testamenten und Erbverträgen, sofern bei letzteren die besondere amtliche Verwahrung nicht nach § 34 Abs. 2 ausgeschlossen ist (vgl. § 16 DOfNot). Im Fall der Aushändigung der Urschrift einer Niederschrift kann die nach § 45 Abs. 1 Satz 2 zurückbehaltene Ausfertigung die Grundlage für die Erteilung weiterer Ausfertigungen sein (§ 45 Rdn. 5). Die Ausfertigung beweist den Inhalt und die Echtheit der Urschrift, während für die Echtheit der Ausfertigung die Vermutung des § 437 ZPO streitet. Ein Rückgriff auf die Urschrift kommt in Betracht, wenn der Gegenbeweis der Unechtheit der Urschrift oder der inhaltlichen Unrichtigkeit der Ausfertigung geführt werden soll (§§ 415 Abs. 2, 418 Abs. 2 ZPO).

2 2. *Verhältnis der Ausfertigung zur beglaubigten Abschrift.* Von der Ausfertigung zu unterscheiden ist die beglaubigte Abschrift (§ 42), nämlich eine Urkunde, die mit dem Zeugnis einer öffentlichen Urkundsperson darüber versehen ist, daß sie nach Form und Inhalt mit einer anderen Urkunde, der Hauptschrift, übereinstimmt[4]). Die Hauptschrift kann eine öffentliche oder Privaturkunde, eine Urschrift, Ausfertigung, beglaubigte oder einfache Abschrift sein. Die beglaubigte Abschrift hat aber keine stärkere Beweiskraft als die Hauptschrift; die beglaubigte Abschrift einer Privaturkunde entspricht daher nicht der Form des § 29 GBO[5]). Grundsätzlich steht auch die von der Urschrift, der Ausfertigung oder der beglaubigten Abschrift einer öffentlichen Urkunde genommene beglaubigte Abschrift der Urschrift gleich, mag auch die Beglaubigung von einer anderen Urkundsperson als dem Aussteller der Hauptschrift herrühren[6]). Im Erbscheinsverfahren genügt daher die Vorlegung einer beglaubigten Abschrift der nach § 2356 Abs. 2 BGB errichteten notariellen Urkunde über die Abgabe der eidesstattlichen Versicherung[7]). Die beglaubigte Abschrift beweist aber gemäß § 418 ZPO nur, daß der Urkundsperson zur Zeit der Ausstellung des Beglaubigungsvermerks eine Hauptschrift in der bezeugten Form und mit dem bezeugten Inhalt vorgelegen hat. Sie genügt daher nicht, wenn der Eintritt von Rechtswirkungen von dem Vorhandensein, der Innehabung, der Vorlegung oder der Übergabe der Urkunde, von der die beglaubigte Abschrift genommen ist, zu einem bestimmten Zeitpunkt abhängt[7a]). In den Mot. zu § 182 FGG wird das wie folgt ausgedrückt: „Die Vorlegung einer Ausfertigung hat dieselben Wirkungen wie die Beibringung der Urschrift, während die Vorlegung einer gewöhnlichen beglaubigten Abschrift vielfach, z. B. wenn es sich um den Nachweis einer Vollmacht handelt, nicht genügt". Deutlicher sagt hierzu die Begr. zu Art. 57 PrFGG (S. 42 zu Art. 58 des Entwurfs) mit Bezug auf die Aufhebung der von der Gleichwertigkeit beglaubigter Abschriften mit den Urschriften handelnden §§ 27 ff. II 3 AGO durch Art. 144 Nr. 1, 9 PrFGG, daß bei gerichtlichen und notariellen Urkunden nach dem neuen Recht die Ausfertigungen bestimmt seien, da, *wo es auf die Vorlegung der Urschrift ankomme,* diese zu vertreten[8]). Auf die Vorlegung, Innehabung oder Übergabe der Urschrift oder der sie vertretenden Ausfertigung kommt es aber nur in bestimmten, durch besondere Gründe gerechtfertigten Fällen an. Dazu gehören im Hinblick auf

[3]) Josef GruchBeitr. 50, 624 ff.
[4]) KGJ 25 A 120.
[5]) KG JFG 12, 260, 264.
[6]) KG RJA 1, 130 (begl. Abschrift eines Zeugnisses des Registergerichts); KGJ 20 A 285 (ebenso); 25 A 120 (Bestallung); KG JFG 2, 401, 408; Düsseldorf JMBlNRW 1961, 133 = Rpfleger 1961, 46 (Vertretungsbescheinigung); Haegele, Rpfleger 1967, 33 zu II 4 a; Schlegelberger Art. 57 PrFGG Anm. 9; Meikel-Imhof-Riedel GBO[5] § 29 Anm. 83; Güthe-Triebel GBO[6] § 29 Anm. 137; Baumbach-Lauterbach ZPO[30] § 435 Anm. 1.
[7]) LG Berlin DNotZ 1968, 51; LG Düsseldorf MittRhNotK 1969, 725; Palandt-Keidel BGB[29] § 2356 Anm. 4 a; Herold-Eichler ZBlFG 20 (1920) S. 214 Ziff. 194.
[7a]) Rietsch, Hdb. d. Urkundwissenschaft, 2. Aufl. S. 570.
[8]) Vgl. dazu KGJ 20 A 285.

§§ 172, 175 BGB *Vollmachtsurkunden*[9]), der nach § 371 BGB zurückzugebende *Schuldschein* wegen § 405 BGB und weil der Besitz des Gläubigers am Schuldschein ein Beweisanzeichen für das Bestehen der Schuld ist, *Inhaberschuldverschreibungen,* weil der Inhaber der Urkunde als Gläubiger der verbrieften Forderung gilt (§ 793 BGB) und das Eigentum an dem Papier durch Einigung und Übergabe auch gutgläubig erworben werden kann, *Grundpfandbriefe* wegen §§ 1116 Abs. 1, 1117, 1144, 1154 Abs. 1, 1160, 1192, 1199 BGB, §§ 41 Abs. 1 Satz 1, 42 GBO sowie *vollstreckbare Ausfertigungen* wegen § 724 Abs. 1 ZPO und andere Vollstreckungstitel, die keiner Vollstreckungsklausel bedürfen (§§ 105, 795a, 796 Abs. 1, 830 Abs. 1, 836 Abs. 3, 929 Abs. 1, 936 ZPO), nicht aber Bestallungen für Vormünder und Pfleger nach §§ 1791, 1897, 1915 BGB und Bescheinigungen nach §§ 1791c Abs. 3, 1915 BGB, weil der Besitz der Bestallung nicht Voraussetzung der Vertretungsmacht ist und auch bei ihrer Vorlegung der gute Glaube nicht geschützt wird; nur tatsächlich begründet der Besitz der Bestallung wegen § 1893 Abs. 2 BGB eine gewisse Vermutung für das Fortbestehen der Vertretungsmacht. Auch bei Vollmachts- und anderen Legitimationsurkunden genügt aber, insbesondere im Grundbuchverkehr, die Vorlegung einer beglaubigten Abschrift, wenn der die Erklärung des Bevollmächtigten beurkundende oder beglaubigende Notar als Beurkundung eines tatsächlichen Vorgangs (§§ 36, 39) bescheinigt, daß ihm die Urkunde in Urschrift oder Ausfertigung (nicht nur in beglaubigter Abschrift) vorgelegen hat[10]); das gilt auch für Erbscheine[11]). Bei *Erbscheinen und Testamentsvollstreckerzeugnissen* ist der Gutglaubensschutz der §§ 2366, 2367 BGB nicht von dem Besitz oder der Vorlegung einer Ausfertigung des Erbscheins oder Zeugnisses abhängig; entscheidend ist lediglich, daß der Erbschein im maßgebenden Zeitpunkt erteilt und noch in Kraft ist, und selbst der Besitz der Ausfertigung schützt nicht dagegen, daß der Erbschein nicht gemäß § 2361 BGB für kraftlos erklärt (§ 85 FGG Rdn. 3) oder das Testamentsvollstreckerzeugnis ohne Einziehung wegen Amtsbeendigung nach § 2368 Abs. 3 Halbs. 2 BGB kraftlos geworden ist. Aus praktischen Gründen wird aber die Vorlegung in Ausfertigung verlangt[12]), weil sie jedenfalls vor der Einziehung (vgl. § 84 FGG Rdn. 14), wenn auch nicht vor der Kraftloserklärung schützt. Entsprechendes gilt für Überweisungszeugnisse (§§ 36, 37 GBO, § 42 SchiffsRegO) und Zeugnisse über die Fortsetzung der ehelichen Gütergemeinschaft nach § 1507 BGB[13]).

Hiernach muß eine *empfangsbedürftige Willenserklärung,* die der notariellen (§§ 2282 Abs. 3, 2296 Abs. 2, 2271 Abs. 1 BGB) oder öffentlichen Beurkundung (§§ 1600c Abs. 2, 1600e Abs. 1 Satz 1) bedarf, dem Erklärungsgegner nicht gerade in Ausfertigung und, wenn die öffentliche Beglaubigung vorgeschrieben ist (§§ 1617 Abs. 2 Satz 2, 1618 Abs. 1), nicht gerade in Urschrift übermittelt werden. Es genügt die Übermittlung einer von einer zuständigen Urkundsperson beglaubigten Abschrift, wofür bei Zustellungen nach §§ 132 Abs. 1 BGB, 170 Abs. 2 ZPO auch der Gerichtsvollzieher zuständig ist, nicht aber außerhalb eines Prozesses der Rechtsanwalt. Denn mit dem Zugehen der formgerecht beurkundeten und auch in der beglaubigten Abschrift verkörperten Erklärung ist die Erklärung wirksam geworden, ohne daß diese Rechtswirkung gerade an den fortdauernden Besitz oder die Übergabe der die 3

[9]) RGZ 88, 430; KG RJA 1, 130; KGJ 20 A 285; 33 A 149; 53, 127; Königsberg OLGR 25, 379.

[10]) KGJ 37 A 221; 38 A 321; KG JW 1932, 1153 mit Anm. v. Elze; RGZ 104, 361; Oberneck NotR[10] S. 268; Schlegelberger Art. 57 PrFGG Anm. 10; Meikel-Imhof-Riedel GBO[5] § 29 Anm. 83. Ob die Vorlegung der *Eintragungsbewilligung* in beglaubigter Abschrift genügt, wenn sie nicht von dem Bewilligenden selbst oder in seinem Auftrage vorgelegt wird, ist eine Frage des Grundbuchverfahrens, die sich durchaus im verneinenden Sinne entscheiden läßt, vgl. Ertl DNotZ 1967, 339, 350, 354.

[11]) KGJ 26 A 92, 95; ob das GBA sich mit der bloßen Versicherung des Notars, die Ausfertigung befinde sich in seinem Besitz, begnügen will, liegt in seinem Ermessen; vgl. dazu SchlHA 1949, 375; Haegele Rpfleger 1967, 33 zu II 3 d.

[12]) KGJ 26 A 92; Meikel-Imhof-Riedel GBO[5] § 35 Anm. 38; Horber GBO § 35 Anm. 6 C b; Güthe-Triebel GBO[6] § 29 Anm. 140; Röll BayNotV 1958, 270; Haegele Rpfleger 1967, 33 zu II 3 d.

[13]) Vgl. dazu Horber GBO §§ 36, 37 Anm. 3 D; Meikel-Imhof-Riedel GBO § 36 Anm. 19, § 37 Anm. 1; Haegele Rpfleger 1967, 33 zu II 3 f, g.

Urschrift ersetzenden Ausfertigung geknüpft ist; es besteht auch keinerlei Analogie zu den in Rdn. 2 erörterten Fällen[14]).

Zuständigkeit für die Erteilung der Ausfertigung

48 Die Ausfertigung erteilt, soweit bundes- oder landesrechtlich nichts anderes bestimmt ist, die Stelle, welche die Urschrift verwahrt. Wird die Urschrift bei einem Gericht verwahrt, so erteilt der Urkundsbeamte der Geschäftsstelle die Ausfertigung.

I. Bedeutung

1 Die Vorschrift regelt in Satz 1 die *sachliche Zuständigkeit* für die Erteilung von Ausfertigungen einer Urkunde, die in Form einer Niederschrift errichtet ist (§ 47). In Übereinstimmung mit dem bisherigen Recht (Art. 43 Abs. 1, 61 Abs. 1 Satz 2 PrFGG, Art. 74, 92 Satz 1 HessFGG, Art. 59 Abs. 1 NdsFGG, Art. 39 Abs. 2 BayNotG, §§ 19 Abs. 2, 25 Abs. 1 HambFGG, Art. 116 Abs. 1 WürttAGBGB) wird der Grundsatz ausgesprochen, daß die Stelle, welche die Urschrift verwahrt, auch die Ausfertigung zu erteilen hat. Der Grund für die Begründung dieser ausschließlichen Zuständigkeit besteht vor allem darin, daß sonst eine Kontrolle darüber, wie viele Ausfertigungen erteilt sind und wer eine solche erhalten hat (vgl. § 49 Abs. 4), nicht möglich wäre (Begr. z. PrFGG S. 36). Ist die Urschrift ausgehändigt worden (§ 45 Abs. 1, § 16 Abs. 1 Buchst. c KonsG), so ist die Stelle zuständig, welche die zurückbehaltene Ausfertigung verwahrt (vgl. § 45 Rdn. 5). Hierfür kommt es allein auf die Verwahrung, nicht auch darauf an, daß die verwahrende Stelle auch Beurkundungsbefugnisse hat (BT-Drucks. V/3282 S. 40). Über die Zuständigkeit zur Verwahrung der Urschriften von Niederschriften vgl. § 45 Rdn. 10 bis 12. In dem gesetzlich nicht geregelten Fall der rechtlichen Verhinderung des Notars (§ 16 Abs. 1 BNotO, § 3 BeurkG) erteilt die Ausfertigung das Amtsgericht des Amtssitzes des Notars[1]). Die Zuständigkeit zur Erteilung vollstreckbarer Ausfertigungen, d. h. der Vollstreckungsklausel, ergibt sich gemäß § 52 aus § 797 Abs. 1, 2 ZPO, § 16 Abs. 2 Buchst. d Satz 2 KonsG (dazu § 1 Rdn. 60, 61) und aus § 50 Abs. 1 Satz 2 Nr. 1 JWG (vgl. näher § 52 Rdn. 16 bis 22 und § 62 Rdn. 31).

II. Abweichendes Bundes- oder Landesrecht

2 *1. Bundesrecht.* Sind Notariatsakten an ein Staatsarchiv abgegeben worden, so werden Ausfertigungen von dem Notar oder Amtsgericht erteilt, dem ohne die Ablieferung die Verwahrung der Urschrift obliegen würde (§ 51 Abs. 5 Satz 2 BNotO). Konsuln sind befugt, Ausfertigungen ihrer Urkunden zu erteilen, solange die Urschrift nicht ausgehändigt oder an das Amtsgericht Schöneberg zur Verwahrung abgesandt ist (§ 16 Abs. 2 Buchst. d KonsG).

3 *2. Landesrecht.* Nach § 44 BadLFGG werden Abschriften und Auszüge aus den von den Notaren gefertigten Geschäften von den Notaren erteilt. Wenn die Urkunden in die Verwahrung des Amtsgerichts übergegangen sind (§ 42 BadLFGG), erfolgt die Fertigung durch das Amtsgericht oder den Notar, je nachdem ob das Gericht oder der Notar von einem Beteiligten darum angegangen wird (§ 44 Abs. 2 BadLFGG).

III. Gerichtlich verwahrte Urschriften (Satz 2)

4 In Satz 2 wird die *funktionelle Zuständigkeit* für die Erteilung von Ausfertigungen geregelt, wenn die Urschrift von einem Gericht verwahrt wird. Hierbei kommt es nicht darauf an, ob die gerichtlich verwahrte Urkunde eine gerichtliche, eine notarielle oder eine konsula-

14) Wie hier KG NJW 1961, 1424 = DNotZ 1961, 603; Jansen NJW 1960, 475; Hieber u. Röll, DNotZ 1960, 240, 1961, 312; Dilcher JZ 1968, 188; Seybold-Hornig BNotO⁴ § 15 Rdn. 22; a. M. BGHZ 31, 5 = NJW 1960, 33 = LM § 2271 BGB Nr. 10 mit Anm. v. Pagendarm; BGHZ 36, 201 = NJW 1962, 736 = MDR 1962, 292 = Rpfleger 1962, 736; Düsseldorf OLGZ 1966, 68; BayObLGZ 1963, 260; Palandt-Keidel BGB²⁹ § 2296 Anm. 1. Vgl. auch Heiseke, Der Zugang formbedürftiger Erklärungen, MDR 1968, 899.

1) KG JW 1938, 56.

rische (§ 16 Abs. 2 Buchst. c KonsG) ist oder ob nach Aushändigung der Urschrift die zurückbehaltene Ausfertigung (§ 45 Rdn. 5) verwahrt wird. Wegen der Form des Ausfertigungsvermerks gerichtlich verwahrter notarieller Urkunden vgl. jedoch § 49 Rdn. 9. Zuständig ist der Urkundsbeamte der Geschäftsstelle. Der Richter oder der Rechtspfleger, wenn er nicht zugleich UdG ist, darf mithin bei Vermeidung der Nichtigkeit die Ausfertigung nicht erteilen (§ 7 FGG Rdn. 17). Für die Ausschließung des UdG gelten §§ 6, 7 FGG. Das Gesetz hat davon abgesehen, nach dem Vorbild früherer Landesrechte (Art. 51 Abs. 1 PrFGG, Art. 76 HessFGG, Art. 65 NdsFGG, § 20 HambFGG) zu bestimmen, daß der Urkundsbeamte Ausfertigungen nur auf Anordnung des Gerichts erteilen soll, oder bei der Erteilung auszugsweiser Ausfertigungen (§ 49 Abs. 5) seine Befugnisse dahin zu beschränken, daß der Umfang des Auszugs und der Inhalt des Vermerks vom Richter zu bestimmen ist (so früher Art. 47 PrFGG, Art. 78 Abs. 3 HessFGG, Art. 61 Abs. 2 NdsFGG, § 17 Abs. 2 BremAGFGG, § 22 Abs. 1 HambFG). Der Urkundsbeamte hat hierüber sowie darüber, ob der Gesuchsteller nach § 51 Anspruch auf eine Ausfertigung hat, mithin in sachlicher Unabhängigkeit (vgl. § 1 FGG Rdn. 122) selbst zu befinden.

IV. Erteilung von Abschriften. Gewährung von Einsicht

Die funktionelle Zuständigkeit für die Erteilung einfacher oder beglaubigter Abschriften 5
der Urschriften und die Gewährung von Einsicht in sie ist im BeurkG oder anderswo nicht geregelt. Für die Notare ergibt sich allerdings für die von ihnen verwahrten eigenen oder vor einem anderen Notar errichteten Urkunden aus den §§ 45 Abs. 2, 51 Abs. 1 Satz 3, 55 Abs. 1 Satz 2 BNotO, daß sie auch für die Erteilung von Abschriften und die Einsichtgewährung (sachlich) zuständig sind, und daß sie dieses Geschäft in Person wahrzunehmen haben, ergibt sich aus dem Grundsatz, daß der Notar seine Amtstätigkeit nicht auf jemand anders delegieren kann. Für die von den Amtsgerichten verwahrten notariellen Urkunden aber ergibt sich aus den angeführten Vorschriften der BNotO nur die *sachliche* Zuständigkeit des Amtsgerichts, und wenn das Gesetz eine Aufgabe dem Gericht zuweist, liegt die funktionelle Zuständigkeit grundsätzlich beim Richter, in übertragenen Sachen (hier § 3 Nr. 1 Buchst. f RechtspflG) beim Rechtspfleger. Es ist aber anzunehmen, daß die durch § 48 Satz 2 BeurkG begründete funktionelle Zuständigkeit des UdG für Ausfertigungen als das Mindere auch die Erteilung einfacher und beglaubigter Abschriften der gerichtlich verwahrten Urschriften sowie die Einsichtgewährung umfaßt[2]). Der UdG (nicht der Rechtspfleger) entscheidet darüber mithin selbständig in demselben Umfange, in dem er über die Erteilung von Ausfertigungen zu befinden hätte (Rdn. 4), und er fertigt die beglaubigte Abschrift nach Maßgabe der §§ 39, 42 Abs. 1 und 3.

Form der Ausfertigung

49 (1) Die Ausfertigung besteht in einer Abschrift der Urschrift, die mit dem Ausfertigungsvermerk versehen ist. Sie soll in der Überschrift als Ausfertigung bezeichnet sein.

(2) Der Ausfertigungsvermerk soll den Tag und den Ort der Erteilung angeben, die Person bezeichnen, der die Ausfertigung erteilt wird, und die Übereinstimmung der Ausfertigung mit der Urschrift bestätigen. Er muß unterschrieben und mit dem Siegel der erteilenden Stelle versehen sein.

(3) Werden Abschriften von Urkunden mit der Ausfertigung durch Schnur und Prägesiegel verbunden oder befinden sie sich mit dieser auf demselben Blatt, so genügt für die Beglaubigung dieser Abschriften der Ausfertigungsvermerk; dabei soll entsprechend § 42 Abs. 3 und, wenn die Urkunden, von denen die Abschriften hergestellt sind, nicht zusammen mit der Urschrift der ausgefertigten Urkunde verwahrt werden, auch entsprechend § 42 Abs. 1, 2 verfahren werden.

[2]) So auch Mecke Rdn. 4.

(4) Auf der Urschrift soll vermerkt werden, wem und an welchem Tage eine Ausfertigung erteilt worden ist.

(5) Die Ausfertigung kann auf Antrag auch auszugsweise erteilt werden. § 42 Abs. 3 ist entsprechend anzuwenden.

Übersicht

Vorbemerkung

1 Die Absätze 1, 2, 4 und 5 entsprechen inhaltlich dem bisherigen Recht (vgl. § 182 FGG, Art. 45, 46, 47 Satz 1, 2 PrFGG, Art. 77, 78 Abs. 1, 2, Art. 87 HessFGG, Art. 60, 61 Abs. 1, Art. 68 NdsFGG, § 74 Abs. 2, 4, 5 BadFGVO, Art. 40, 41, 43 BayNotG, §§ 13, 16 Abs. 1, § 17 Abs. 1 BremAGFGG, §§ 21, 22 Abs. 2 HambFGG, Art. 116 Abs. 1 WürttAGBGB). Teilweise ist die Fassung dem Art. 40 BayNotG nachgebildet worden. Abs. 3 (Beilagen) ist neu und weicht vom bisherigen Landesrecht ab (Art. 48 PrFGG, Art. 79 HessFGG, Art. 62 NdsFGG). Für notarielle Urkunden mit Ausnahme solcher der Notare in Baden und der Bezirksnotare in Württemberg (vgl. §§ 144 Abs. 1, 115 BNotO) wird die Vorschrift ergänzt durch § 45 Abs. 4, § 51 Abs. 1 Satz 3, Abs. 5 Satz 3, § 55 Abs. 1 Satz 2 BNotO. Übergangsvorschriften enthält § 68 Abs. 1, 2 BeurkG. Dienstvorschriften für die Notare enthalten §§ 27 bis 29 DONot. Die Vorschrift gilt für alle Urkundspersonen, auf deren Beurkundungen das BeurkG gemäß § 1 Abs. 2 anwendbar ist, für die Konsuln auf Grund des § 16 Abs. 2 KonsG.

I. Form der Ausfertigung

2 *1. Abschrift der Urschrift.* Die Ausfertigung ist eine mit besonderen Merkmalen ausgestattete Abschrift der Urschrift (oder der nach § 45 Abs. 1 Satz 2 bei Aushändigung der Urschrift zurückbehaltenen Abschrift); über ihre rechtliche Bedeutung vgl. § 47 Rdn. 1. Das Wort „Abschrift“ darf nicht wörtlich verstanden werden; es gehören dazu auch Abdrucke, Ablichtungen und auf mechanischem, lichtelektrischem oder chemischem Wege hergestellte Vervielfältigungen (vgl. § 39). Nur die Verwendung von Wärmekopien wird durch § 27 Abs. 2 Satz 2 DONot untersagt, ohne daß eine Verletzung die Gültigkeit der Ausfertigung berühren würde; im übrigen wird in § 27 DONot für die Notare dienstrechtlich bestimmt, daß zur Herstellung von Ausfertigungen (und beglaubigten Abschriften) auch gut lesbare Durchschläge, Ablichtungen und im Umdruckverfahren hergestellte Abzüge benutzt werden können und daß Ablichtungen das Schriftstück in Originalgröße oder nur geringfügig verkleinert wiedergeben und genügend haltbar und fälschungssicher sein müssen. Wird eine Ablichtung oder ähnliche Vervielfältigungsart verwendet, so ist es nicht erforderlich, daß sie unmittelbar von der Urschrift genommen wird und mithin ein Abbild von ihr darstellt; Grundlage der Vervielfältigung kann auch eine zunächst nach der Urschrift hergestellte Abschrift sein[1]). Auch die Unterschriften der Urschrift müssen entweder abgebildet oder mit dem Zusatz „gez.“ abgeschrieben sein. Zusätze, Verbesserungen und Streichungen in der Urschrift brauchen in Ausfertigungen und beglaubigten Abschriften nicht besonders dargestellt

[1]) Vgl. KG DNotZ 1969, 448; zu dem (aufgehobenen) § 1 BeurkVereinfVO vgl. Einl. vor § 1 Rdn. 22.

zu werden, sondern können in den Zusammenhang des Textes aufgenommen, Durchstreichungen also fortgelassen werden, wenn sie nicht die Beweiskraft der Urkunde beeinträchtigen[2]). Hat eine abgeschlossene Niederschrift durch eine spätere Niederschrift Zusätze oder Berichtigungen erfahren, so genügt es, nur von beiden Niederschriften zusammen eine Ausfertigung (oder beglaubigte Abschrift) zu erteilen (Begr. zu Art. 57 Abs. 2 PrFGG S. 37).

Bei der Erteilung von Ausfertigungen einer Niederschrift, der *Anlagen* im Sinne des § 9 Abs. 1 Satz 2, des § 14 und des § 37 Abs. 1 Satz 2 beigefügt sind, ist in der Weise zu verfahren, daß die Abschrift der Anlage unmittelbar an die Abschrift der Hauptniederschrift angereiht und der Ausfertigungsvermerk an den Schluß des Ganzen gesetzt wird (§ 9 Rdn. 24). In dem Ausfertigungsvermerk braucht nicht besonders hervorgehoben zu werden, daß er sich auch auf die Anlage bezieht. Nach § 154 Abs. 3 Satz 2 KostO hat der Notar unter jeder von ihm erteilten Ausfertigung seine *Kostenberechnung* aufzustellen. **3**

2. *Kennzeichnung als Ausfertigung.* Die Ausfertigung soll in der Überschrift als Ausfertigung bezeichnet werden. Die Bezeichnung als „Erste, Zweite Ausfertigung" usw. ist noch vielfach üblich, aber nicht vorgeschrieben. Diese Gepflogenheit ist wohl nur noch ein Überbleibsel des früheren Urkundensteuerrechts, nach welchem erste Ausfertigungen steuerfrei blieben; Urkundensteuer wird seit dem 1. 9. 1941 nicht mehr erhoben (VO vom 20. 8. 1941, RGBl. I 510). Nach § 10 DONot, § 15 Abs. 3 Satz 3 WürttÖNotV hat der Notar auf jeder Ausfertigung (oder Abschrift) die Nummer seiner Urkundenrolle und die Jahreszahl anzugeben. Bei gerichtlichen oder behördlichen Urkunden ist das Aktenzeichen zu vermerken. **4**

3. *Ausfertigungsvermerk. a) Mußvorschriften.* Die Ausfertigung muß von der nach § 48 zuständigen Urkundsperson unterschrieben und mit dem Siegel der erteilenden Stelle versehen sein (Abs. 2 Satz 2). Bei Nichtbeachtung dieser zwingenden Formvorschrift hat die Ausfertigung nicht die Eigenschaft einer öffentlichen Urkunde[3]). Außerdem muß, was das Gesetz nicht besonders zum Ausdruck bringt, die Eigenschaft der Urkunde gerade als Ausfertigung irgendwie erkenntlich gemacht sein. Über das Amtssiegel des Notars vgl. § 2 DONot. Der Notarvertreter führt das Siegel des vertretenen Notars (§ 41 Abs. 1 Satz 2 BNotO). Der Notariatsvertreter führt ein eigenes Amtssiegel (§ 34 Abs. 2 DONot). Der Urkundsbeamte der Geschäftsstelle (§ 48 Satz 2) benutzt das Gerichtssiegel. Es kann sowohl das Präge- als auch das Farbdrucksiegel verwendet werden (§ 39 Rdn. 13), sofern nicht die Ausfertigung aus mehreren Blättern besteht und deshalb nach §§ 44, 49 Abs. 3 das Prägesiegel verwendet werden soll. Die Unterschrift muß den voll ausgeschriebenen Familiennamen enthalten; eine Paraphe genügt nicht. An die Leserlichkeit sind die bei § 13 Rdn. 36 erörterten Anforderungen zu stellen. Vorname und akademische Grade brauchen nicht beigefügt zu werden; werden sie aber verwendet, so sollte das in allen Fällen gleichmäßig geschehen. Die Unterschrift des Notars braucht zu Vermeidung der Nichtigkeit nicht notwendig mit derjenigen übereinzustimmen, die er nach § 1 DONot dem Landgerichtspräsidenten eingereicht hat[4]). Diese Einreichung dient hauptsächlich dazu, dem Landgerichtspräsidenten die Beglaubigung zum Zwecke der Legalisation zu ermöglichen (vgl. Einl. vor § 1 Rdn. 34). Der Notar ist aber dienstrechtlich gehalten, die Unterschrift so einzureichen, wie er sie bei seinen Amtshandlungen anwendet (§ 1 DONot), hat also auf gleichmäßige Handhabung bedacht zu sein. Der Notar (auch der Anwaltsnotar) soll bei der Unterschrift seine Amtseigenschaft („Notar") angeben (§ 1 Satz 2 DONot), ohne daß die Gültigkeit der Urkunde hiervon abhängt. Der Notarvertreter hat (Dienstpflicht) seiner Unterschrift einen ihm als Vertreter kennzeichnenden Zusatz beizufügen (§ 41 Abs. 1 Satz 2 BNotO); auch der Notariatsverweser hat sich bei der Unterschrift als solcher zu kennzeichnen (§ 34 Abs. 2 DONot)[5]). **5**

[2]) Oberneck NotR[10] § 50, 1; Rietsch, Hdb. d. Urkundwissenschaft, 2. Aufl. § 208.

[3]) Hat ein Notar in der Zeit vom 1. 1. 1943 bis 31. 5. 1944 eine Urkunde infolge Vernichtung oder Unbrauchbarmachung seiner Siegelgeräte nicht mit dem Dienstsiegel versehen, so ist dies nach § 3 VO vom 10. 5. 1944 (RGBl. I 117) ohne Einfluß auf die Gültigkeit der Urkunde.

[4]) Oberneck NotR[10] § 50, 3 b; Schlegelberger Art. 45 PrFGG Anm. 2.

[5]) Sondervorschrift für Berlin in Nr. 2 Buchst. d der AV v. 21. 7. 1970 (ABl. S. 823).

6 *b) Sollvorschriften. α) Ort und Tag.* In dem Vermerk sollen der Ort und der Tag der Erteilung der Ausfertigung angegeben werden. Das Datum unterscheidet die einzelnen Ausfertigungen voneinander und kann sowohl für die Berechtigung des Ausstellers als auch des Empfängers von Bedeutung sein. Fehlen oder Unrichtigkeit dieser Angaben ist aber für die Gültigkeit der Ausfertigung unschädlich.

7 *β) Bezeichnung des Ausfertigungsbeteiligten.* In dem Vermerk soll die Person bezeichnet werden, der die Ausfertigung erteilt wird. Diese Person kann immer nur jemand sein, der nach § 51 ein Recht auf die Ausfertigung hat. Bittet der Ausfertigungsberechtigte darum, die Ausfertigung einem Dritten oder einer Behörde zu übersenden, so ist gleichwohl er selbst als derjenige zu bezeichnen, dem die Ausfertigung erteilt wird. Soll z. B. eine Ausfertigung wegen der darin enthaltenen Bewilligungen auf Verlangen des Grundstückskäufers zur Einreichung beim Grundbuchamt erteilt werden, so ist der Käufer und nicht etwa das Grundbuchamt zu bezeichnen. Einer Behörde, wenn sie nicht zufällig nach § 51 ausfertigungsberechtigt ist, kann überhaupt eine Ausfertigung nicht erteilt werden, allenfalls eine beglaubigte Abschrift, wenn dafür anderweit eine Rechtsgrundlage gegeben ist[6]). Bei Erteilung auf Antrag eines Bevollmächtigten oder gesetzlichen Vertreters ist die Ausfertigung für den Vertretenen zu erteilen. Ist die Person aus der Urschrift ersichtlich, so genügt die bloße Namensangabe; andere Personen sind so genau zu bezeichnen, daß sie identifiziert werden können. Soll die Ausfertigung einem nach § 51 berechtigten Rechtsnachfolger erteilt werden, so ist dieser namentlich und nach Beruf, Wohnort und Wohnung zu bezeichnen; daß aber auch der Grund der Rechtsnachfolge im Ausfertigungsvermerk ersichtlich gemacht werden müßte, wie früher vielfach angenommen wurde[7]), läßt sich dem Gesetz nicht entnehmen (anders bei der vollstreckbaren Ausfertigung, § 52 Rdn. 26, 31 bis 33). Sich selbst kann der Notar keine Ausfertigung erteilen (§ 16 Abs. 1 BNotO, § 3 Abs. 1 Nr. 1 BeurkG).

8 *γ) Bestätigung der Übereinstimmung mit der Urschrift.* Das Erfordernis, daß in dem Ausfertigungsvermerk die Übereinstimmung der Ausfertigung mit der Urschrift bestätigt werden soll (Abs. 2 Satz 1) ist dem Art. 40 BayNotG nachgebildet. Allen übrigen Landesrechten war dieses Erfordernis unbekannt. Seine Übernahme in das BurkG ist nicht vereinbar mit dem sonstigen Bestreben des Gesetzes, das Beurkundungsverfahren zu vereinfachen und zu erleichtern. Das Fehlen der Bestätigung ist aber für die Gültigkeit der Ausfertigung unschädlich, sofern nur die Urkunde irgendwie als Ausfertigung kenntlich gemacht ist.

9 *δ) Erteilung der Ausfertigung notarieller Urkunden durch Ersatznotar oder Amtsgericht.* Hat der Notar, der die Urschrift aufgenommen hat, für die Dauer einer Abwesenheit oder Verhinderung, ohne daß ihm ein Vertreter bestellt ist, seine Akten nach § 45 Abs. 1 BNotO einem anderen Notar in Verwahrung gegeben oder ist nach Erlöschen des Amtes (§ 47 BNotO) oder Verlegung des Amtssitzes in einen anderen Amtsgerichtsbezirk die Verwahrung der Akten nach § 51 Abs. 1 Satz 2 BNotO einem anderen Notar übertragen worden, so erteilt dieser Notar Ausfertigungen und beglaubigte Abschriften gemäß § 45 Abs. 2, Abs. 4 Satz1, § 51 Abs. 1 Satz 3 und Abs. 5 Satz 3 BNotO mit seiner Unterschrift und seinem Siegel. Obliegt die Verwahrung der Akten in denselben Fällen sowie im Fall des § 45 Abs. 3 BNotO und bei vorläufiger Amtsenthebung, ohne daß ein Vertreter bestellt ist (§ 55 Abs. 1 BNotO), dem Amtsgericht, so soll in dem Ausfertigungsvermerk auf die Abwesenheit oder Verhinderung des Notars, das Erlöschen des Amtes, die Verlegung des Amtssitzes oder die vorläufige Amtsenthebung hingewiesen werden (§ 45 Abs. 4 Satz 3, § 51 Abs. 1 Satz 3, Abs. 5 Satz 3, § 55 Abs. 1 Satz 2 BNotO). Die Ausfertigung wird von dem Urkundsbeamten der Geschäftsstelle erteilt (§ 45 Abs. 4 Satz 2 BNotO, § 48 Satz 2 BeurkG).

10 *ε) Änderungen der Urkunde.* Ist die auszufertigende Urkunde durch eine spätere, in der Urkundensammlung des Notars befindlichen Urkunde berichtigt, geändert, ergänzt oder aufgehoben worden, so ist ein Vermerk darüber, der nach § 19 Abs. 2 DONot bei der Urschrift der Haupturkunde angebracht worden ist, in den Ausfertigungsvermerk (Beglaubi-

[6]) Rietsch Hdb. d. Urkundwiss.[2] S. 570.

[7]) Rietsch a. a. O. S. 578; Oberneck NotR[10] § 50, 3 b.

gungsvermerk) zu übernehmen. Dasselbe Verfahren ist angebracht, wenn die spätere Urkunde bei der früheren verwahrt und sie nicht zusammen mit der Haupturkunde ausgefertigt wird (vgl. § 19 Abs. 2, 3 und 5 DONot).

II. Auszugsweise Ausfertigung

Grundsätzlich müssen Ausfertigungen den ganzen Wortlaut der Urschrift enthalten. § 49 **11**
Abs. 5 gestattet es aber in Übereinstimmung mit § 182 Abs. 2 FGG a. F., Ausfertigungen auch auszugsweise zu erteilen. Daran kann etwa ein Interesse bestehen, wenn sich in einer Urkunde neben anderen umfangreichen Abreden z. B. eine Abtretungserklärung über ein im Grundbuch eingetragenes Recht befindet und die Urkunde nur zur Eintragung dieser Veränderung dem Grundbuchamt eingereicht werden soll oder wenn bei einer in derselben Niederschrift beurkundeten Versteigerung mehrerer Gegenstände der Beteiligte nur einen einzelnen erworben hat. Auch Urkunden, die Anmeldungen zum Handelsregister beizufügen sind (vgl. § 39 Abs. 2 GmbHG, § 81 Abs. 2 AktG), können im Auszug vorgelegt werden[8]). Die Beschränkung auf einen Auszug setzt einen Antrag voraus; antragsberechtigt ist nur, wer nach § 51 berechtigt ist, eine Ausfertigung zu verlangen. Wegen des Verfahrens verweist § 49 Abs. 5 auf § 42 Abs. 3; vgl. § 42 Rdn. 10 sowie darüber, daß bei gerichtlich verwahrten (auch notariellen) Urkunden der nach § 48 Satz 2 zuständige Urkundsbeamte der Geschäftsstelle keinen Beschränkungen unterliegt, § 48 Rdn. 4.

III. Vermerk auf der Urschrift

Nach Abs. 4 soll die Erteilung jeder Ausfertigung auf der Urschrift vermerkt werden. **12**
Der Vermerk muß das Datum und den Empfänger der Ausfertigung enthalten und von dem Notar (nicht nur von einem Gehilfen) unterschrieben werden. Der Vermerk beweist die Erteilung der Ausfertigung. In dem Vermerk ist auch anzugeben, ob eine einfache oder eine auszugsweise Ausfertigung erteilt worden ist. Der Vermerk ist notwendig, weil sonst nicht feststeht, ob und welche Ausfertigungen schon erteilt worden sind und welche noch erteilt werden können. Für vollstreckbare Ausfertigungen ergibt sich die Verpflichtung, ihre Erteilung auf der Urschrift zu vermerken, aus §§ 734, 795 ZPO.

IV. Beilagen (Abs. 3) **13**

Die Vorschrift des Abs. 3 bezieht sich auf den Fall, daß mit der Niederschrift Abschriften von Urkunden verbunden werden, deren Inhalt nicht gemäß § 9 Abs. 1 Satz 2, § 14 oder § 37 Abs. 1 Satz 2 als in der Niederschrift selbst enthalten gilt. Gemeint sind Urkunden der in § 9 Rdn. 14 angeführten Art („Beilagen"). Solche rechtlich selbständigen Urkunden können die Beweiskraft der §§ 415, 418 ZPO nur haben, wenn die für sie vorgeschriebene Form selbständig gewahrt ist. Abschriften öffentlicher oder öffentlich beglaubigter Urkunden müssen also selbst öffentlich beglaubigt sein. Bis zum BeurkG war es ein anerkannter Grundsatz des Beurkundungsrechts, daß Beilagen, die keine Teile der Haupturkunde sind, auch wenn sie von einer Urkundsperson einer öffentlichen Urkunde beigeheftet werden, durch die Beiheftung nicht öffentliche Urkunden werden und dadurch keine höhere Beweiskraft erlangen, als sie an und für sich haben[9]). Hierin will die Vorschrift des Abs. 3 eine Erleichterung schaffen. Befinden sich Abschriften der genannten Art mit der Ausfertigung auf demselben Blatt oder werden sie mit der Ausfertigung durch Schnur und Prägesiegel verbunden, so genügt für die Beglaubigung dieser Abschriften der Ausfertigungsvermerk, d. h. sie gelten auf Grund des Ausfertigungsvermerks als im Sinne des § 42 beglaubigt. Der Ausfertigungsvermerk wird alsdann an den Schluß des Ganzen gesetzt. Die Abschriften brauchen darin nicht besonders erwähnt zu werden. Natürlich muß sich aber der Notar, wie bei sonstigen Abschriftsbeglaubigungen (§ 42 Rdn. 7) von der Richtigkeit und Vollständigkeit der Abschrift

[8]) LG Bad Kreuznach Rpfleger 1960, 164 mit Anm. v. Auweder.

[9]) KG OLGZ 1966, 492 = Rpfleger 1967, 50; Rietsch Hdb. d. Urkundwissenschaft 2. Aufl. S. 657, 579.

überzeugen. Die Abschriften können auch auszugsweise beigefügt werden (§ 49 Abs. 3 Halbs. 2 mit § 42 Abs. 3); hierbei soll der Ausfertigungsvermerk die in § 42 Abs. 3 vorgeschriebenen Angaben über den Gegenstand des Auszugs enthalten. Ferner soll in dem Ausfertigungsvermerk festgestellt werden. ob die abgeschriebene Urkunde eine Urschrift, eine Ausfertigung, eine beglaubigte oder einfache Abschrift ist und ob sie äußere Mängel enthält (§ 49 Abs. 3 Halbs. 2 mit § 42 Abs. 1, 2); dies ist jedoch nicht erforderlich, wenn die Urkunden, von denen die Abschriften genommen sind, zusammen mit der Urschrift der ausgefertigten Urkunde verwahrt werden, z. B. nach § 19 Abs. 4, 5 DONot, weil sie dann ohne weiteres für Vergleiche zur Verfügung stehen (BT-Drucks. V/3282 S. 40). Besteht die Gesamturkunde aus mehreren Blättern, so ist die Verbindung mit Schnur und Prägesiegel, die sonst nach § 44 nur Sollvorschrift ist, hier wesentliche Form. Werden die Abschriften nur angeklebt oder anders als durch Schnur und Prägesiegel mit der Ausfertigung verbunden, so gelten sie nicht auf Grund des § 49 Abs. 3 als beglaubigt.

Übersetzungen

50 (1) Ein Notar kann die deutsche Übersetzung einer Urkunde mit der Bescheinigung der Richtigkeit und Vollständigkeit versehen, wenn er die Urkunde selbst in fremder Sprache errichtet hat oder für die Erteilung einer Ausfertigung der Niederschrift zuständig ist. Für die Bescheinigung gilt § 39 entsprechend. Der Notar soll die Bescheinigung nur erteilen, wenn er der fremden Sprache hinreichend kundig ist.

(2) Eine Übersetzung, die mit einer Bescheinigung nach Absatz 1 versehen ist, gilt als richtig und vollständig. Der Gegenbeweis ist zulässig.

(3) Von einer derartigen Übersetzung können Ausfertigungen und Abschriften erteilt werden. Die Übersetzung soll in diesem Fall zusammen mit der Urschrift verwahrt werden.

I. Bedeutung

1 Die Vorschrift enthält eine Ergänzung zu § 5 Abs. 2, wonach der Notar Urkunden auf Verlangen auch in einer anderen als der deutschen Sprache errichten kann; § 50 Abs. 1 gilt daher nur für Notare. Nach § 2 der VO zur Vereinfachung des Verfahrens auf dem Gebiet des Beurkundungsrechts vom 21. 10. 1942 (RGBl. I 609 = BGBl. III 315-5) — *Anl. 4* — gilt die Übersetzung einer in fremder Sprache abgefaßten Urkunde als richtig und vollständig, wenn ein besonders ermächtigter Übersetzer dies bescheinigt hat (dazu Einl. Rdn. 24). Nach § 3 VO können von einer derartigen Übersetzung Ausfertigungen und sonstige Abschriften erteilt werden (dazu Einl. Rdn. 25), wenn die fremdsprachige Urkunde von einem Gericht oder Notar verwahrt wird. Diese Vorschriften bedurften der Ergänzung im Hinblick auf § 5 Abs. 2, wonach der Notar Urkunden auch in fremder Sprache errichten kann. Da der Notar hierzu nur befugt ist, wenn er der fremden Sprache hinreichend kundig ist, wäre es wenig sinnvoll, wenn der Notar die deutsche Übersetzung einer von ihm selbst errichteten Niederschrift (§§ 8, 37, 38) oder Vermerkurkunde (§ 39) nicht selbst beglaubigen könnte, sondern dafür einen Übersetzer zuziehen müßte (BT-Drucks. V/3282 S. 40). Hat der Notar die Urkunde selbst errichtet, so kann er deshalb nach Abs. 1 Satz 1 auch die Richtigkeit der Übersetzung bescheinigen. Diese Befugnis wird ferner auf alle Niederschriften ausgedehnt, von denen der Notar nach § 48 Satz 1 Ausfertigungen erteilen darf. Das sind, abgesehen von den eigenen Urkunden, die der Notar in Verwahrung hat (§ 25 Abs. 1 BNotO), auch andere notarielle Urkunden, deren Verwahrung ihm obliegt, so wenn ihm die Verwahrung der Akten eines anderen Notars nach § 51 Abs. 1 Satz 2 BNotO übertragen ist oder wenn der andere Notar ihm seine Akten für die Dauer seiner Abwesenheit oder Verhinderung übergeben hat (§ 45 Abs. 1, 2 BNotO). Auch in diesen Fällen kann allerdings der Notar die Richtigkeit der Übersetzung nur bescheinigen, wenn er die Sprache, in der die Urkunde errichtet ist, hinreichend beherrscht (Abs. 1 Satz 3). Der Kreis der in Betracht kommenden fremd-

sprachigen Urkunden wird durch diese Regelung derart eingegrenzt, daß die Beglaubigung der Übersetzung sich als Folgegeschäft der Beurkundung darstellt. Im übrigen bleiben §§ 2, 3 BeurkVereinfVO auch für notarielle Urkunden weiter anwendbar, so daß auch künftig die Übersetzung einer notariellen Urkunde durch einen Übersetzer beglaubigt werden kann (BT-Drucks. V/3282 S. 40). Für Urkunden anderer Urkundsstellen und für Privaturkunden gilt ausschließlich § 2 BeurkVereinfVO. Für Übersetzungen in eine andere als die deutsche Sprache gilt § 50 nicht.

II. Form und Beweiskraft der Bescheinigung

Die Bescheinigung der Richtigkeit der Übersetzung ist in Form eines Vermerks (§ 39) zu erteilen (Abs. 1 Satz 2). Eine Feststellung, daß der Notar der fremden Sprache hinreichend kundig sei, ist nicht erforderlich. Wird die Bescheinigung zu der Übersetzung eines Vermerks im Sinne des § 39 erteilt, so ist sie mit der Vermerkurkunde auszuhändigen. Wird sie zu der Übersetzung einer Niederschrift erteilt, so bleibt sie zusammen mit der Übersetzung und der Urschrift in der Verwahrung des Notars (Abs. 3 Satz 2). Eine bescheinigte Übersetzung gilt vorbehaltlich des Gegenbeweises als richtig und vollständig, hat also die Beweiskraft des § 418 ZPO. **2**

III. Ausfertigungen und Abschriften der Übersetzung

Von einer Übersetzung, deren Richtigkeit und Vollständigkeit ein Notar nach Abs. 1 bescheinigt hat, können nach Abs. 3 Satz 1 Ausfertigungen in der Form des § 49 oder beglaubigte Abschriften in der Form der §§ 39, 42 erteilt werden. Die Bescheinigung ist in die Ausfertigung oder Abschrift aufzunehmen. Ausfertigung und beglaubigte Abschrift können auch von dem Gericht erteilt werden, welches die Urschrift (und die Übersetzung) der notariellen Urkunde verwahrt (§ 45 Rdn. 10). Es ist nicht erforderlich, daß die erteilende Stelle die fremde Sprache, in der die Urschrift errichtet ist, hinreichend beherrscht, da eine Prüfung der Richtigkeit der notariell bescheinigten Übersetzung nicht mehr stattfindet. Für andere als notarielle Urkunden, die ein Gericht verwahrt, gilt ausschließlich § 3 BeurkVereinfVO. **3**

IV. Konsularische Urkunden

§ 50 gilt gemäß § 16 Abs. 2, § 17 Abs. 1 Satz 2 KonsG auch für fremdsprachige konsularische Niederschriften über Erklärungen und fremdsprachige Beglaubigungsvermerke (vgl. § 16 Abs. 2 Buchst. a, § 17 Abs. 1 Satz 3 KonsG). Der Konsul kann also die Richtigkeit und Vollständigkeit der Übersetzung der von ihm aufgenommenen oder ausgestellten Urkunde nach § 50 Abs. 1 bescheinigen, und von der bescheinigten Übersetzung einer Niederschrift kann er selbst, solange die Urschrift nicht ausgehändigt oder an das Amtsgericht Schöneberg abgesandt ist (§ 16 Abs. 2 Buchst. d KonsG), und nach dem Übergang in die Verwahrung des Amtsgerichts Schöneberg dieses nach § 50 Abs. 3 Satz 1 Ausfertigungen erteilen. Befindet sich die fremdsprachige konsularische Urkunde in der Verwahrung des Amtsgerichts Schöneberg, ohne daß eine von dem Konsul bescheinigte Übersetzung beigefügt ist, so richtet sich die Erteilung von Ausfertigungen und Abschriften einer Übersetzung durch das Amtsgericht Schöneberg nach den §§ 2, 3 BeurkVereinfVO. **4**

Recht auf Ausfertigungen, Abschriften und Einsicht

51 **(1) Ausfertigungen können verlangen**

1. bei Niederschriften über Willenserklärungen jeder, der eine Erklärung im eigenen Namen abgegeben hat oder in dessen Namen eine Erklärung abgegeben worden ist,

2. bei anderen Niederschriften jeder, der die Aufnahme der Urkunde beantragt hat, sowie die Rechtsnachfolger dieser Personen.

(2) Die in Absatz 1 genannten Personen können gemeinsam in der Niederschrift ohne durch besondere Erklärung gegenüber der zuständigen Stelle etwas anderes bestimmen.

(3) Wer Ausfertigungen verlangen kann, ist auch berechtigt, einfache oder beglaubigte Abschriften zu verlangen und die Urschrift einzusehen.

(4) Mitteilungspflichten, die auf Grund von Rechtsvorschriften gegenüber Gerichten oder Behörden bestehen, bleiben unberührt.

Übersicht

A. Rechtsentwicklung

1 Das Recht auf Erteilung von Ausfertigungen oder Abschriften und auf Einsichtnahme gerichtlicher oder notarieller Niederschriften war bis zum Inkrafttreten des BeurkG auf Grund des Vorbehalts in § 200 FGG ausschließlich landesgesetzlich geregelt, und zwar sowohl für Urkunden über Willenserklärungen als auch für solche über andere als rechtsgeschäftliche Vorgänge (BadLFGG § 43, BayNotG Art. 22, BremAGFGG § 18, HambFGG § 23, HessFGG Art. 80 bis 82, 86, NdsFGG Art. 63, 64, 67 PrFGG Art. 49, 50, 61 Abs. 2, Württ. AGBGB Art. 116). Das Gesetz folgt mit einigen Abweichungen, welche auf eine Beschränkung des Kreises der Berechtigten hinauslaufen, im wesentlichen dem Vorbild des preußischen Rechts. Die Vorschriften des § 51 entsprechen, soweit sie sich auf Niederschriften über Willenserklärungen beziehen, dem Art. 49 Abs. 1 und 2 PrFGG, in Bezug auf Niederschriften anderen Gegenstandes dem Art. 62 Abs. 2 Satz 1 und 2 PrFGG. Nicht übernommen ist die Vorschrift des Art. 50 PrFGG, nach welcher nach dem Ermessen der verwahrenden Stelle einfache und beglaubigte Abschriften und Einsichtnahme von Niederschriften über Rechtsgeschäfte auch Personen und deren Rechtsnachfolgern gewährt werden konnten, in deren Interesse die Urkunde errichtet worden ist, sowie die Vorschrift des Art. 61 Abs. 2 Satz 3 PrFGG, nach für notarielle Niederschriften über andere Gegenstände als Rechtsgeschäfte die Bestimmungen des § 34 FGG anwendbar waren. In der amtl. Begründung (BT-Drucks. V/3282 S. 41 zu § 51) wird hierzu ausgeführt, im Hinblick auf die Verschwiegenheitspflicht des Notars (§ 18 BNotO) empfehle es sich nicht, diese Vorschriften zu übernehmen. Das rechtsuchende Publikum gehe davon aus, daß es persönliche Angelegenheiten einem Notar unbedenklich anvertrauen könne; das Berufsbild des Notars werde dadurch so stark geprägt, daß ein weitergehendes Recht auf Erteilung von Ausfertigungen und Abschriften und die Gewährung von Einsicht oder auch nur eine Vorschrift, die dem Notar in dieser Hinsicht ein Ermessen einräume, damit schwerlich zu vereinbaren wäre. Diese Beschränkung ist, wie noch auszuführen ist (Rdn. 15) mindestens für Niederschriften über nicht rechtsgeschäftliche Vorgänge zu eng. Andererseits übernimmt das Gesetz (ohne Stellungnahme in der amtl. Begründung) nicht die Vorschrift des Art. 49 Abs. 3 PrFGG, nach welcher die Erteilung weiterer Ausfertigungen von Urkunden über Rechtsgeschäfte verweigert werden konnte, wenn ihr rechtliche Bedenken entgegenstehen. Für die *badischen Notare* ist die einschlägige Vorschrift des § 43 BadLFGG zwar nicht förmlich aufgehoben worden, sie gilt aber nur, „soweit dies nicht auch für die Notare durch Reichgesetez geregelt ist", so daß § 51 den Vorrang hat, zumal § 61 Abs. 3 Nr. 3 der Anwendung des § 43 BadLFGG entgegensteht.

B. Kreis der Ausfertigungsberechtigten

Für die Abgrenzung des Kreises der Ausfertigungsberechtigten wird nicht, wie z. B. in Art. 22, 39, 42 BayNotG, allgemein auf die Beteiligten abgestellt, sondern der Personenkreis wird nach dem Vorbild der Art. 49, 61 Abs. 2 PrFGG besonders bestimmt, weil die Beschränkung auf die formell Beteiligten im Sinne des § 6 Abs. 2 ersichtlich zu eng, die Ausdehnung auf alle materiell Beteiligten aber zu weit wäre. **2**

I. Niederschriften über Willenserklärungen

Zu dem Verlangen auf Erteilung von Ausfertigungen sind bei Urkunden über Willenserklärungen berechtigt:

1. Wer eine Erklärung im eigenen Namen abgegeben hat. Das ist jeder, dessen im eigenen Namen abgegebene Erklärungen in der Niederschrift beurkundet sind. Ist also Gegenstand der Beurkundung ein Vertrag, den die Vertragsteile persönlich vor dem Notar geschlossen haben, so ist jeder von ihnen antragsberechtigt. Das gilt auch dann, wenn nur die Erklärung des einen Teils beurkundungsbedürftig ist. Wird z. B. ein Schenkungsversprechen beurkundet (§ 518 BGB) und nimmt der Beschenkte das Versprechen in der Urkunde an, so ist auch er antragsberechtigt, nicht aber, wenn er bei bloßer Beurkundung des Versprechens in der Urkunde nicht in Erscheinung tritt, mag er auch anwesend gewesen sein. Ist die Erklärung des Eigentümers über die Bestellung einer Hypothek beurkundet worden und hat der Gläubiger diese Erklärung in der Urkunde angenommen, so hat er eine Willenserklärung abgegeben und ist berechtigt, eine Ausfertigung zu verlangen. Dasselbe gilt, wenn die Niederschrift über einen Vertrag zugleich eine Vollmachtserteilung für einen der Vertragsteile enthält, in Ansehung des bevollmächtigten Vertragsteils. Anders ist es, wenn nur die einseitige Erklärung des Eigentümers bei der Bewilligung der Hypothek, des Vollmachtgebers bei der Erteilung der Vollmacht beurkundet ist. In diesem Fall steht das Recht auf eine Ausfertigung nur dem erklärenden Eigentümer oder Vollmachtgeber zu, nicht dem in der Urkunde nicht auftretenden Gläubiger oder Bevollmächtigten; diese können das Recht auf eine Ausfertigung nur durch eine Bestimmung des Erklärenden nach Abs. 2 erwerben. Sind bei einem Vertrag Antrag und Annahme gesondert beurkundet worden (§ 128 BGB), so kann jeder Vertragsteil nur eine Ausfertigung der Niederschrift über die von ihm abgegebene Erklärung verlangen. Daß die Urkunde im Interesse eines anderen errichtet ist, verschafft diesem kein Recht auf Ausfertigung (insoweit übereinstimmend mit Art. 49, 50 PrFGG). **3**

2. Der Vertretene. Ist die beurkundete Willenserklärung im Namen eines anderen abgegeben worden, so ist nur der Vertretene ausfertigungsberechtigt. Hierfür kommt es nicht darauf an, ob der Erklärende zur Vertretung berechtigt war; es genügt, daß er im Namen eines anderen gehandelt hat. Der Vertretene kann daher die Ausfertigung auch verlangen, wenn ein Vertreter ohne Vertretungsmacht für ihn gehandelt hat. Der Bevollmächtigte hat im eigenem Namen kein Recht auf Ausfertigung. In der Regel wird aber anzunehmen sein, daß er berechtigt ist, die Ausfertigung für seinen Vollmachtgeber in Empfang zu nehmen; hierzu bemerkt die Begründung zum PrFGG (S. 41), daß die Vollmacht zum Abschluß eines Geschäfts sich regelmäßig auch auf die Entgegennahme der Ausfertigung der über das Geschäft errichteten Urkunde erstrecken werde[1]). Entscheidend ist jedoch der Inhalt und die Auslegung der Vollmacht. Parteien kraft Amtes (Konkursverwalter, Testamentsvollstrecker, Nachlaßverwalter) handeln nach der herrschenden Amtstheorie nicht als Vertreter des Inhabers des verwalteten Vermögens; da aber die Wirkungen ihrer Handlungen für und gegen den Vermögensinhaber eintreten, wird man diesem neben dem Verwalter ein Recht auf Ausfertigung nicht versagen können. Nach Beendigung der Verwaltung steht dem Rechtsinhaber dieses Recht unter dem Gesichtspunkt der Rechtsnachfolge zu. **4**

[1]) Josef FGG² Art. 49 PrFGG Anm. 2; Schlegelberger FGG⁷ Art. 49 PrFGG Anm. 1 zu 2; Oberneck NotR¹⁰ S. 285/286.

5 *3. Rechtsnachfolger.* Das Recht, eine Ausfertigung zu verlangen, steht auch dem Rechtsnachfolger desjenigen zu, der die beurkundete Willenserklärung im eigenen Namen selbst oder für den sie ein Vertreter abgegeben hat, bei der Beurkundung nicht rechtsgeschäftlicher Vorgänge dem Rechtsnachfolger eines jeden, der die Aufnahme der Urkunde beantragt hat. Unter Rechtsnachfolge ist hier wie auch sonst nach dem gesetzlichen Sprachgebrauch (Enneccerus-Nipperdey, Allg. Teil, 15. Aufl. § 139 III) sowohl die Gesamtrechtsnachfolge als auch die Sonderrechtsnachfolge zu verstehen; die Sonderrechtsnachfolge muß sich jedoch auf den Gegenstand der beurkundeten Willenserklärung beziehen[2]). Als Gesamtrechtsnachfolge kommen in Betracht die Erbfolge, die Begründung von Gesamtgut durch Vereinbarung von Gütergemeinschaft (§ 1416 BGB), die Anwachsung im Gesellschaftsrecht (§ 738 BGB), die Veräußerung eines Erbanteils (§§ 2033, 2037 BGB) oder Rechtsvorgänge nach dem Umwandlungsgesetz. Sind mehrere Rechtsnachfolger vorhanden, z. B. bei einer Erbengemeinschaft, so stehen die Rechte aus § 51 jedem von ihnen zu. Mittelbarkeit der Rechtsnachfolge genügt; mittelbar ist sie, wenn der Erwerb von einem Recht abhängt, das wiederum von dem Rechte eines anderen abhängig ist (tritt der Miterbe A seinen Erbanteil an B, dieser ihn an C ab, so ist C unmittelbarer Rechtsnachfolger des B und mittelbarer des A und des Erblassers). Auch die Nachfolge in Verbindlichkeiten ist Rechtsnachfolge, mag sie mit der Nachfolge in Rechte verbunden sein oder für sich allein (Schuldübernahme) eintreten[2a]). Das Recht der Rechtsnachfolgers erlischt mit der Beendigung seiner Rechtsstellung, das Recht des Miterben also mit der Übertragung seines Erbanteils, das Recht des Vorerben als Rechtsnachfolger des Erblassers mit dem Eintritt der Nacherbfolge (§ 2139 BGB). Bei konstitutivem Rechtserwerb (Verpfändung des Erbanteils) bleiben sowohl der Inhaber des belasteten Rechts als auch der Gläubiger der Belastung (des Pfandrechts) antragsberechtigt. Unerheblich ist es, ob die Rechtsnachfolge auf Gesetz, Rechtsgeschäft oder Staatsakt (z. B. Pfändung) beruht und ob ein Übergang des Rechts in derselben Gestalt und in demselben Umfang, wie es dem Rechtsvorgänger zustand, stattgefunden hat. Rechtsnachfolger in diesem Sinne sind auch Parteien kraft Amtes, nämlich Konkursverwalter, Testamentsvollstrecker, Nachlaßverwalter und Zwangsverwalter, sofern der Gegenstand der Beurkundung zu der von ihnen verwalteten Vermögensmasse gehört. Die Rechtsnachfolge ist dem Notar nachzuweisen. Mit einer bloßen Glaubhaftmachung darf der Notar sich nicht begnügen, sondern er muß sich anhand der Nachweise, deren Beibringung er dem Antragsteller aufgeben darf, die Gewißheit verschaffen, daß der Antragsteller Rechtsnachfolger eines Antragsberechtigten ist[3]). Bei Teilbarkeit des beurkundeten Gegenstandes genügt der Eintritt der Rechtsnachfolge hinsichtlich eines Teils[4]). Der Pfändungsgläubiger der infolge anfänglicher Nichtvalutierung der Hypothek bestehenden Eigentümergrundschuld ist Rechtsnachfolger des Eigentümers[5]). Ein Gläubiger, der eine Rechtshandlung seines Schuldners anfechten will, ist nicht dessen Rechtsnachfolger; er kann aber, wenn er einen vollstreckbaren Titel hat, gemäß § 792 ZPO anstelle des Schuldners eine Ausfertigung der über das anzufechtende Rechtsgeschäft errichteten Urkunde verlangen[6]). Dagegen kann das Recht auf Erteilung einer Ausfertigung nicht selbständig gepfändet und zur Einziehung überwiesen werden, da kein privatrechtlicher Anspruch besteht, sondern nur ein öffentlichrechtlicher Anspruch auf Ausübung von Rechtspflege, der nicht Gegenstand der Pfändung sein kann[7]).

6 *4. Abweichende Bestimmung über die Empfangsberechtigung.* Die Vorschrift des § 51 Abs. 1 ist dispositiv. Sie gilt nur insoweit, als die nach Abs. 1 Ausfertigungsberechtigten

[2]) KG Recht 1913 Nr. 281; KGJ 45, 15; a. M. Röll DNotZ 1970, 398, der die Sonderrechtsnachfolge von dem Begriff der Rechtsnachfolge i. S. des § 51 ausschließen will.

[2a]) KG JW 1938, 1916; Oertmann JR 1932, 193; Enneccerus-Nipperdey Allg. Teil 15. Aufl. § 139 IV.

[3]) KG JFG 13, 361.

[4]) Vgl. KGJ 44, 13 über Teilabtretung der vollstreckbaren Forderung.

[5]) Eine vollstreckbare Ausfertigung kann ihm aber nicht erteilt werden, zwar nicht wegen des Hindernisses aus § 1197 BGB (a. M. Düsseldorf JMBlNRW 1960, 163), wohl aber deswegen nicht, weil er nicht Rechtsnachfolger des Gläubigers im Sinne des § 727 ZPO ist, KG JFG 13, 404 = JW 1936, 2754; dazu Stöber, Rpfleger 1958, 339 zu VII.

[6]) KGJ 37 A 4; Schlegelberger FGG[7] Art. 49 PrFGG Anm. 1 zu 3.

[7]) Oberneck NotR[10] S. 286.

nicht entweder in der Niederschrift selbst oder durch besondere Erklärung gegenüber der zuständigen Stelle (§ 48) eine abweichende Bestimmung getroffen haben, durch welche der Kreis der Empfangsberechtigten sowohl erweitert als auch eingeschränkt werden kann. Bei einseitiger Beurkundung einer Vollmachtserteilung kann daher der Vollmachtgeber bestimmen, daß eine Ausfertigung dem Bevollmächtigten erteilt werden soll. Regelmäßig geboten ist eine solche Ermächtigung zugunsten des Gläubigers, wenn der Schuldner sich ohne Beteiligung des Gläubigers der sofortigen Zwangsvollstreckung unterworfen hat, da der Gläubiger sonst, wenn der Schuldner ihm nicht selbst eine einfache Ausfertigung übergibt, keine vollstreckbare Ausfertigung erhalten kann (§ 52 Rdn. 23). Andererseits kann aber auch bestimmt werden, daß das Recht eines nach Abs. 1 gesetzlich Berechtigten auf Erteilung einer Ausfertigung ausgeschlossen sein soll oder daß eine Ausfertigung nur beim Eintritt bestimmter Bedingungen oder nur mit Zustimmung aller Vertragsteile erteilt werden darf. Sind mehrere an der Beurkundung beteiligt, so kann nicht der eine einseitig bestimmen, daß dem anderen keine Ausfertigung erteilt werden dürfe; eine solche Beschränkung kann dem Ausfertigungsberechtigten nicht ohne seine Zustimmung auferlegt werden. Neu ist gegenüber dem bisherigen Rechtszustand, daß jede Bestimmung nach Abs. 2, wie der Fassung des Gesetzes entnommen werden muß, nur *gemeinsam* getroffen werden kann. Das ist wenig sinnvoll insofern, als ein Urkundsbeteiligter dadurch gehindert wird, sein eigenes Recht einseitig zu beschränken, etwa indem er die Erteilung an seine Rechtsnachfolger ausschließt, oder den Kreis der Empfangsberechtigten einseitig erweitert; denn im letztgenannten Fall kann der Urkundsbeteiligte selbst die Erteilung der Ausfertigung verlangen, wenn dieses Recht nicht durch eine gemeinsame Bestimmung ausgeschlossen ist, und sie an jeden beliebigen Dritten weitergeben und deshalb auch den Notar unmittelbar ersuchen, die Ausfertigung statt ihm selbst einem anderen zu übersenden[8]). Eine Bestimmung in der Urkunde darüber, daß bestimmte Personen Ausfertigungen oder Abschriften erhalten sollen, wird im übrigen regelmäßig nur eine Anweisung an den Notar zur Erteilung dieser Ausfertigungen und Abschriften enthalten und nicht als eine Beschränkung der Erteilung an die gesetzlich Ausfertigungsberechtigten oder ihre Rechtsnachfolger zu verstehen sein. Die schuldrechtliche Verpflichtung eines Ausfertigungsberechtigten, einem anderen eine Ausfertigung zu verschaffen, ist für den Notar unbeachtlich und muß im Prozeßwege durchgesetzt werden.

Der *Widerruf* einer nach Abs. 2 getroffenen Bestimmung ist jederzeit bis zur Aushändigung der Ausfertigung an den bis dahin als empfangsberechtigt Bestimmten (oder dessen Vertreter) zulässig, und zwar durch gemeinsame Erklärung, wenn die Bestimmung gemeinsam getroffen war, anderenfalls durch Erklärung des nach Abs. 1 allein Ausfertigungsberechtigten[8a]). Die Weisung an den Notar, dem in der Niederschrift Begünstigten, der nicht schon nach § 51 Abs. 1 ausfertigungsberechtigt ist, eine Ausfertigung zu erteilen, führt für sich allein noch keine Bindungswirkung im Sinne des § 873 Abs. 2 BGB herbei[9]); ist allerdings der Begünstigte gemäß Abs. 1 kraft Gesetzes ausfertigungsberechtigt, so wird die Erklärung mit dem Abschluß der Beurkundung wirksam und gemäß § 873 Abs. 2 BGB unwiderruflich[10]). **7**

Eine nach Abs. 2 getroffene Bestimmung, durch welche der Kreis der Ausfertigungsberechtigten erweitert wird, gewährt dem dadurch Begünstigten bis zum Widerruf ein unmittelbares Recht gegenüber dem Notar auf Erteilung, welches mit der Beschwerde nach § 54 verfolgt werden kann. Es ist aber auch denkbar und zulässig, daß ein nach Abs. 1 Ausfertigungsberechtigter den Notar lediglich anweist, die ihm zu erteilende Ausfertigung statt ihm selber einem anderen zu übersenden, ohne diesem ein Recht auf die Ausfertigung einzuräumen; in diesem Fall ist die Ausfertigung auf den Namen des Ausfertigungsberechtigten aus- **8**

[8]) So auch Röll, Die Bedeutung der §§ 51, 52 BeurkG für Niederschriften über Willenserklärungen, DNotZ 1970, 144.

[8a]) Ertl DNotZ 1967, 562, 564.

[9]) BGHZ 46, 398 = LM § 873 BGB Nr. 8 mit Anm. v. Grell = NJW 1967, 771 = DNotZ 1967, 370; dazu Wörbelauer und Ertl, DNotZ 1967, 372, 562; Haegele Rpfleger 1967, 33, 143; Frankfurt DNotZ 1970, 162.

[10]) KGJ 49, 149; Frankfurt DNot 1970, 162; Ertl, DNotZ 1967, 360 Fn. 77; Meikel-Imhof-Riedel GBO[6] § 19 Anm. 31.

zustellen, der darum ersucht hat, nicht auf den Namen des Empfängers. Ein selbständiges Recht auf Abschriften oder Einsicht unter Ausschluß des Rechts auf Ausfertigung kann durch eine Bestimmung nach Abs. 2 nicht begründet werden[11]).

9 *5. Verfügungen von Todes wegen.* Für Erbverträge, die nicht zur besonderen Verwahrung gebracht sind, gilt bis zu ihrer Eröffnung ebenfalls § 51. Einsichtnahme in Testamente und Erbverträge und Erteilung einer Abschrift davon kann jeder Verfügende (nur dieser) auch während der amtlichen Verwahrung verlangen; bei gemeinschaftlichen Testamenten und Erbverträgen ist die Einwilligung des anderen Beteiligten nicht erforderlich[12]). Für eröffnete Testamente gilt § 2264 BGB, für eröffnete Erbverträge (§ 2300 BGB) lediglich § 34 FGG.

10 *6. Ergänzende Vorschriften.* Gemäß § 59 aufrechterhalten sind die Vorschriften der §§ 792, 896 ZPO, nach denen der Gläubiger anstelle des Schuldners die Erteilung einer Urkunde verlangen kann, die diesem auf Antrag von einer Behörde, einem Beamten oder Notar zu erteilen ist, wenn der Gläubiger der Urkunde zum Zwecke der Zwangsvollstreckung oder zur Herbeiführung der Eintragung in ein öffentliches Buch oder Register bedarf, die auf Grund eines Urteils vorgenommen werden soll, welches eine Willenserklärung des Schuldners ersetzt. Antragsberechtigt ist nach § 792 ZPO auch der Gläubiger, der den Anspruch des Schuldners auf Erbauseinandersetzung hat pfänden lassen[13]), sowie der Gläubiger, der das beurkundete Rechtsgeschäft anfechten will, um sich wegen seiner vollstreckbaren Forderung zu befriedigen[14]). Der Gläubiger muß im Besitz eines vollstreckbaren Titels sein[15]), außer im Fall der Teilungsversteigerung (§ 181 Abs. 1 ZVG), auf die § 792 entsprechend anzuwenden ist[16]); eine vollstreckbare Ausfertigung braucht nicht vorgelegt zu werden. Die Zulässigkeit der Zwangsvollstreckung ist nicht zu prüfen[17]). Die Urkunde kann auch verlangt werden, um eine Umschreibung der Vollstreckungsklausel nach § 727 ZPO zu erwirken[18]). Das Bedürfnis liegt auch vor, wenn die Urkunde für die Zwangsvollstreckung vorbereitende Handlungen benötigt wird[19]). Kann der Gläubiger die Urkunde auf anderem Wege (§ 9 HGB, § 34 FGG, § 1563 BGB) erlangen, so ist § 792 ZPO nicht anzuwenden[20]).

II. Niederschriften über nichtrechtsgeschäftliche Vorgänge

11 Werden andere Vorgänge als Willenserklärungen in Form einer Niederschrift beurkundet, so wird der Kreis der Ausfertigungsberechtigten durch Abs. 1 Nr. 2 in Übereinstimmung mit Art. 61 Abs. 2 Satz 1 PrFGG auf die Personen und ihre Rechtsnachfolger beschränkt, welche die Aufnahme der Urkunde beantragt haben. Bei mehreren Antragstellern kann jeder von ihnen unabhängig von den anderen das Verlangen stellen. Auch hier kann eine abweichende Bestimmung gemäß Abs. 2 von dem Antragsteller, von mehreren nur gemeinsam getroffen werden. Von der Niederschrift über die Hauptversammlung einer AG (§ 130 AktG) kann also nur dem Vorstand, einem Dritten nur mit dessen Ermächtigung, eine Ausfertigung erteilt werden (vgl. weiter Rdn. 15). Unter den Voraussetzungen der §§ 792, 896 ZPO ist das Recht auch einem Gläubiger einzuräumen.

III. Entscheidung über die Erteilung der Ausfertigung

12 Der Notar hat bei der Erteilung von Ausfertigungen lediglich die gesetzlich vorgeschriebenen förmlichen Voraussetzungen zu prüfen, insbesondere also die Antragsberechtigung sowie ob im Rahmen der steuerlichen Beistandspflicht noch eine Urkundensperre besteht (§ 19 Rdn. 14, 16). Dagegen ist er weder berechtigt noch verpflichtet, die Erteilung der Ausfertigung von einer sachlichrechtlichen Prüfung abhängig zu machen[21]). Es kommt daher nicht darauf an, ob die Beteiligten an ihre Erklärungen bereits gebunden sind (vgl. § 873 Abs. 2

[11]) Röll DNotZ 1970, 144 zu 2.
[12]) KG JFG 4, 159.
[13]) KG OLGR 1, 298.
[14]) KGJ 37 A 4.
[15]) KGJ 49, 83; Schleswig SchlHA 1948, 226.
[16]) Hamm MDR 1960, 1018.
[17]) KGJ 38 A 155; Baumbach-Lauterbach ZPO[30] § 792 Anm. 1.
[18]) KGJ 38 A 155.
[19]) KGJ 49, 83.
[20]) Hamm OLGR 29, 202.
[21]) LG Berlin DNotZ 1941, 68; KG DNotZ 1951, 274; Hamm DNotZ 1960, 491 = JMBlNRW 1960, 153; LG Aachen MDR 1953, 627 mit zust. Anm. v. Habscheid; Seybold-Hornig BNotO[4] § 15 Rdn. 24.

BGB) oder sie noch einseitig widerrufen können oder ob das Geschäft wegen Fehlens einer Genehmigung schwebend unwirksam oder wegen Versagung der Genehmigung endgültig unwirksam geworden ist, ob das Geschäft angefochten ist oder ein Vertragsteil ein Rücktrittsrecht ausgeübt hat. Es ist Sache der Beteiligten, einen darüber bestehenden Streit im Prozeßwege auszutragen und bei Eilbedürftigkeit eine einstweilige Verfügung zu erwirken. Die einseitige Weisung eines Vertragsteils, dem anderen Teil keine Ausfertigung zu erteilen, darf der Notar nicht beachten[22]). Ebenso ist es unbeachtlich, ob die Beteiligten das beurkundete Rechtsgeschäft nachträglich wirksam aufgehoben haben oder ob die Verpflichtungen aus der Urkunde erfüllt sind. Ist der Inhalt der Urkunde durch eine spätere, in der Urkundensammlung des Notars befindliche Urkunde berichtigt, geändert, ergänzt oder aufgehoben worden, so ist bei der Erteilung der Ausfertigung § 19 Abs. 2 DONot zu beachten. Ist das beurkundete Rechtsgeschäft allerdings nichtig und liegt die Nichtigkeit offen zutage oder erkennt der Notar erst nachträglich, daß er die Beurkundung nach § 4 hätte ablehnen müssen, weil erkennbar unerlaubte oder unredliche Zwecke verfolgt werden, so darf er die Erteilung einer Ausfertigung gemäß § 14 Abs. 2 BNotO ablehnen (§ 4 Rdn. 9).

IV. Erteilung weiterer Ausfertigungen

Die Zahl der Ausfertigungen, die ein Antragsberechtigter verlangen kann, ist gesetzlich **13**
nicht beschränkt. Die Eingangsworte des § 51 („Ausfertigungen können verlangen . . .") sowie die Nichtübernahme des Art. 49 Abs. 3 PrFGG deuten daraufhin, daß eine grundsätzliche Beschränkung nicht gewollt ist. Es wird also die Erteilung mehrfacher Ausfertigungen ohne weiteres beansprucht werden dürfen, auch wenn ein Bedürfnis nicht dargelegt wird[23]). Von dem Sonderfall der vollstreckbaren Ausfertigung abgesehen (§§ 733, 797 Abs. 3 ZPO), können dagegen auch keine Bedenken bestehen. Allenfalls kann bei Mißbrauch die Erteilung unter dem Gesichtspunkt des fehlenden Rechtsschutzbedürfnisses abgelehnt werden[24]). In Art. 49 Abs. 3 PrFGG war bestimmt, daß die Erteilung einer weiteren Ausfertigung zu verweigern ist, wenn ihr rechtliche Bedenken entgegenstehen. Hierbei war vor allem an den Fall gedacht, daß eine Vollmachtserteilung unter Mitwirkung des Bevollmächtigten beurkundet worden ist (vgl. §§ 172 Abs. 2, 175 BGB). Diese Bestimmung ist vom Gesetz nicht übernommen worden. Beantragt der nach § 51 Abs. 1 Nr. 1 antragsberechtigte Bevollmächtigte die Erteilung einer weiteren Ausfertigung, obwohl die Vollmacht widerrufen ist, so liegt darin allerdings eine Unredlichkeit, die nach § 4 die Ablehnung rechtfertigen würde; das setzt aber voraus, daß der Vollmachtgeber den Widerruf dem Notar nachgewiesen hat. Auch vor einem Widerruf dürfte es vielfach unangemessen sein, daß der Bevollmächtigte sich einseitig unbeschränkt viele Ausfertigungen der Vollmacht erteilen läßt, und eine Beschränkung wäre nach Abs. 2 nur mit Zustimmung des Bevollmächtigten zulässig. Eine wirksame Abhilfe kann bei dieser Sachlage nur darin bestehen, Vollmachten stets nur einseitig ohne Mitwirkung des Bevollmächtigten zu beurkunden.

C. Erteilung von Abschriften und Einsicht der Urschrift

Jeder Ausfertigungsberechtigte hat nach Abs. 3 (übereinstimmend mit Art. 49 Abs. 2, 61 **14**
Abs. 2 Satz 2 PrFGG) das unbedingte und unbeschränkte Recht, Abschriften in einfacher oder beglaubigter Form zu verlangen und die Urschrift einzusehen. Dieses Recht folgt als das Mindere ohne weiteres daraus, daß dem Antragsteller auch eine Ausfertigung zustehen würde. Die Vorschrift gilt in gleicher Weise für Niederschriften über Willenserklärungen und Niederschriften anderen Inhalts. Das Recht auf Einsicht kann auch durch Beauftragte ausgeübt werden (vgl. § 34 FGG Rdn. 9). Eine Amtspflicht des Notars, seine Urkundenentwürfe den Beteiligten auszuhändigen, besteht nicht[25]); etwas anderes gilt natürlich gegenüber dem Auf-

[22]) Hamm DNotZ 1960, 491 = JMBlNRW 1960, 153; Röll DNotZ 1970, 144 zu 3.

[23]) Oberneck NotR[10] S. 287; Röll DNotZ 1970, 144 zu 1; a. M. Mecke Rdn. 8 und für nichtrechtsgeschäftliche Urkunden Schlegelberger Art. 61 PrFGG Anm. 7.

[24]) Vgl. Beck, Das Rechtsschutzbedürfnis in der notariellen Praxis. DNotZ 1966, 259.

[25]) RGZ 100, 286; Oberneck NotR[10] S. 287; a. M. Höfer-Huhn § 55, 5 zu Fn. 19.

traggeber, wenn der Notar nach § 24 Abs. 1 BNotO mit der Fertigung eines Urkundenentwurfs beauftragt ist.

15 Die Bedeutung des § 51 Abs. 3 liegt im übrigen darin, daß die Befugnis, Abschriften und Einsicht zu verlangen, auf die Ausfertigungsberechtigten beschränkt wird. Darin liegt eine erhebliche Abweichung gegenüber dem bisherigen Recht. Nach Art. 50 PrFGG konnten die genannten Befugnisse bei Urkunden über Rechtsgeschäfte nach dem Ermessen des Notars demjenigen eingeräumt werden, in dessen Interesse die Urkunde errichtet ist, oder seinem Rechtsnachfolger; ein solches Interesse war bei Dritten nur anzunehmen, wenn aus der Urkunde selbst oder den Umständen, unter denen sie errichtet ist, hervorgeht, daß sie daraus Rechte erwerben sollen; denn diesen Personen wollen die Beteiligten den Inhalt der Urkunde ersichtlich nicht geheimhalten[26]). Ist z. B. der Rücktritt vom Erbvertrage (§ 2296 BGB) oder der Widerruf eines gemeinschaftlichen Testaments (§ 2271 BGB) erklärt worden und ist dem anderen Teil die ihm zugegangene Urkunde abhanden gekommen, so kann er nach neuem Recht nicht die Erteilung einer beglaubigten Abschrift der Urkunde fordern, obwohl er ein unverkennbares rechtliches Interesse daran hat, nachweisen zu können, daß auch er selbst seine Testierfreiheit wiedererlangt hat. Bei Niederschriften über nichtrechtsgeschäftliche Vorgänge richtete sich bisher die Erteilung von Abschriften und die Gewährung von Einsicht an Dritte gemäß Art. 61 Abs. 2 Satz 3 PrFGG nach § 34 FGG. Aus dieser Regelung ergab sich das Recht des Aktionärs, Abschriften der Niederschrift über die Hauptversammlung (§ 130 AktG) zu verlangen, da das Interesse des Aktionärs als berechtigt im Sinne des § 34 FGG anzusehen ist[27]). Dieses Recht steht dem Aktionär jetzt nicht mehr zu, selbst wenn er Widerspruch zur Niederschrift erklärt hat; denn dadurch hat er nicht „die Aufnahme der Urkunde beantragt“[28]). Irgendwelchem Geheimhaltungsinteresse der Beteiligten, wie die amtl. Begründung (BT-Drucks. V/3282 S. 41) meint, wird durch diese Gesetzesänderung nicht gedient. Denn nach § 130 Abs. 5 AktG hat der Vorstand eine beglaubigte Abschrift der Niederschrift unverzüglich zum Handelsregister einzureichen, und nach § 9 Abs. 2 HGB i. d. F. des Art. 1 Nr. 1 KoordG kann jedermann die Erteilung von Abschriften der zum Handelsregister eingereichten Schriftstücke verlangen (vgl. § 125 FGG Rdn. 28). Eidesstattliche Versicherungen, die für ein Verfahren der freiwilligen Gerichtsbarkeit bestimmt sind, werden regelmäßig zu den Gerichtsakten eingereicht werden, so daß ein Recht auf Erteilung von Abschriften ebenfalls nach Maßgabe des § 34 FGG besteht. Auch die Vorschrift des § 12 GBO wird durch § 51 BeurkG nicht berührt[29]). In allen wesentlichen Fällen ist also die Abschriftserteilung lediglich vom Notar auf das Gericht verlagert worden. Es scheint, daß das Gesetz wohldurchdachte Regelungen des preußischen Rechts (und anderer Landesrechte) ohne Not aufgegeben hat.

16 Ist dem Notar die *Vermittlung der Auseinandersetzung* eines Nachlasses oder eines Gesamtguts nach dem gemäß Art. 147 EGBGB und § 193 FGG vorbehaltenen und gemäß § 20 Abs. 4 BNotO aufrechterhaltenen Landesrecht übertragen, so richtet sich die Befugnis zur Akteneinsicht und das Recht auf Abschriftserteilung gemäß § 194 FGG nach § 34 FGG, weil die Notare, soweit sie mit dem Teilungsverfahren beauftragt sind, Behörden gleichstehen.

D. Mitteilungspflichten gegenüber Gerichten und Behörden (Abs. 4)

17 Nach Abs. 4 bleiben Mitteilungspflichten, die gegenüber Gerichten und Behörden auf Grund von Rechtsvorschriften, also sowohl kraft Bundes- als auch kraft Landesrechts bestehen, unberührt[30]). Hierfür kommen in Betracht:

[26]) KGJ 45, 15; Voraufl. Art. 50 PrFGG Anm. 4; Seybold-Hornig BNotO[4] § 15 Rdn. 26 Abs. 4.

[27]) Gadow-Heinichen-Schmidt AktG § 111 Anm. 15; Godin-Wilhelmi AktG[3] Anm. I; Knur DNotZ 1938, 715.

[28]) A. M. Mecke Rdn. 5, der durch diese Konstruktion den Fehler des Gesetzes ersichtlich wenigstens teilweise ausmerzen will.

[29]) Röll DNotZ 1970, 144 zu 6.

[30]) Vgl. die Zusammenstellung der Mitteilungspflichten der Notare in Angelegenheiten der vorsorgenden Rechtspflege in der AV d. Nds. MdJ vom 1. 11. 1967 (NdsRpfl. 246), geändert durch AV vom 28. 7. 1970 (NdsRpfl. 172).

1. Aufsichtsbehörde. Den Aufsichtsbehörden steht das Recht zur Akteneinsicht kraft der Dienstaufsicht zu, für Gerichte gemäß § 14 VO vom 20. 3. 1935 (RGBl. I 403), für einstellige Amtsgerichte gemäß § 79 PrAGGVG, für die Notare gemäß §§ 92, 93 BNotO. **18**

2. Amtshilfe. Nach Art. 35 GG leisten sich alle Behörden des Bundes und der Länder gegenseitig Rechts- und Amtshilfe (vgl. dazu § 2 FGG Rdn. 1). Aus dieser Vorschrift kann eine allgemeine Unterstützungspflicht der Notare gegenüber Gerichten und Verwaltungsbehörden nicht hergeleitet werden; abgesehen davon, daß die nach § 1 BNotO bestellten Notare keine Behörden sind, wäre eine solche Pflicht mit der Stellung der Notare gegenüber den Beteiligten und ihrer Verschwiegenheitspflicht (§ 18 BNotO) unvereinbar[31]). Ausnahmen müssen durch Gesetz besonders begründet sein, vgl. wegen der steuerlichen Beistandspflicht nach §§ 188 bis 189d AbgO § 19 Rdn. 12 ff., wegen der Mitteilungspflicht nach § 143 BBauG § 19 Rdn. 19 und wegen der Anzeigepflicht gegenüber dem Registergericht § 125a FGG mit Bem. Daher ist wegen Fehlens einer gesetzlichen Grundlage die Rechtsgültigkeit der AV über Mitteilungen in Nachlaßsachen, soweit sie den Notaren Pflichten auferlegt (vgl. § 34 Rdn. 11), zweifelhaft. **19**

3. Prozeßgericht. Nach § 432 Abs. 1 ZPO kann das Prozeßgericht auf Antrag des Beweisführers eine öffentliche Behörde oder einen öffentlichen Beamten um die Mitteilung einer Urkunde ersuchen[32]). Die Vorschrift gilt auch für Notare[33]). Die ZPO geht jedoch in § 432 Abs. 2 davon aus, daß der Beweisführer sich die Urkunde ohne Mitwirkung des Gerichts zu verschaffen hat, wenn er hierzu in der Lage ist. Steht dem Beweisführer ein Recht darauf zu, daß ihm die Behörde die Urkunde mitteilt, so hat der Beweisführer diesen Anspruch außerhalb des Prozesses geltend zu machen und sich die Urkunde aushändigen zu lassen; alsdann tritt er den Beweis durch Vorlegung der Urkunde an (§ 420 ZPO). Das gleiche gilt, wenn der Beweisführer einen Anspruch auf Erteilung einer Ausfertigung oder beglaubigten Abschrift hat und diese Urkunden für die Beweisführung ausreichen. Die Befugnis des Gerichts, schon vor der mündlichen Verhandlung von Amts wegen gemäß § 272b Abs. 2 Nr. 2 ZPO Behörden und Beamte um die Mitteilung von Urkunden zu ersuchen, besteht allerdings unabhängig davon, ob der Beweisführer sich die Urkunde selbst beschaffen könnte. **20**

Ergeht ein solches Ersuchen an den Notar, so hat er zu prüfen, ob er zur Befolgung des Ersuchens berechtigt und verpflichtet ist. Durch § 432 Abs. 1 ZPO wird (anders als in den §§ 422, 423 und 429 ZPO) keine besondere prozessuale Vorlegungspflicht begründet. Die Verpflichtung zur Urkundenmitteilung bestimmt sich vielmehr nach dem für die ersuchte Stelle maßgebenden Dienst- und Verfahrensrecht. Da keine allgemeine Pflicht der Notare zur Gewährung von Amtshilfe besteht (Rdn. 19), kommt es darauf an, ob der Notar dem Beweisführer gegenüber zur Vorlegung der Urkunde verpflichtet ist. Das bestimmt sich nach § 51; gehört der Beweisführer nicht zu den hiernach Berechtigten, so hat der Notar nicht nur das Recht, sondern auch die Pflicht, das Ersuchen des Prozeßgerichts abzulehnen. **21**

Auf dem Gebiet des Beurkundungsrechts ist § 432 Abs. 1 ZPO von Bedeutung im wesentlichen nur für den Fall, daß der Beweisführer zwar zu den nach § 51 Ausfertigungsberechtigten gehört, das Prozeßgericht aber auf die Vorlegung der Urschrift der Urkunde Wert legt (vgl. § 435 ZPO); denn der Berechtigte hat nach § 51 nur ein Recht auf Einsicht, ist also, von dem Fall des § 45 abgesehen, nicht imstande, die Urschrift dem Prozeßgericht selbst vorzulegen. Dem Ersuchen des Prozeßgerichts um Vorlegung der Urschrift ist mithin grundsätzlich nachzukommen, wenn dem Beweisführer nach § 51 die Einsicht zu gestatten wäre. Hat der Notar aus den in § 434 ZPO angeführten Gründen Bedenken, die Urschrift dem Gericht auszuhändigen, so kann er bei dem Prozeßgericht anregen anzuordnen, daß die Urschrift in seinen Amtsräumen einem beauftragten oder ersuchten Richter vorgelegt werde (§ 434 ZPO). **22**

[31]) So bereits KGJ 37 A 4, 7.

[32]) Dazu Arnold, Behördenakten als Beweismittel im Zivilprozeß, NJW 1953, 1283.

[33]) RG JW 1898, 159; Schlegelberger Art. 52 PrFGG Anm. 3.

23 Notare und andere Urkundspersonen sind jedem deutschen Gericht gegenüber verpflichtet, sich auf Anfrage über die Echtheit der Urkunden zu erklären, die von ihnen errichtet sein sollen (§ 437 Abs. 2 ZPO).

Vollstreckbare Ausfertigungen

52 Vollstreckbare Ausfertigungen werden nach den dafür bestehenden Vorschriften erteilt.

Übersicht

Vorbemerkung

1 Die Vorschrift stellt klar, daß die Erteilung der Vollstreckungsklausel zu vollstreckbaren Urkunden nicht Gegenstand dieses Gesetzes ist und sich weiter nach den dafür bestehenden Vorschriften (§ 795 ZPO, § 50 Abs. 1 Satz 2 JWG, § 16 Abs. 4 KonsG) richtet (BT-Drucks. V/3282 S. 41). Sie hat ein Vorbild in Art. 45 BayNotG. Die ZPO enthält aber Bestimmungen nur über die Erteilung der Vollstreckungsklausel, nicht aber über die Erteilung der Ausfertigung, der die Vollstreckungsklausel beigefügt werden kann (Seybold-Hornig BNotO 4. Aufl. § 15 Rdn. 32; vgl. nachst. Rdn. 23). Die Erteilung oder Versagung der Vollstreckungsklausel zu einer gerichtlichen oder notariellen Urkunde im Sinne des § 794 Abs. 1 Nr. 5 ZPO durch das Gericht oder den Notar gehört zwar nicht unmittelbar zur Urkundstätigkeit, ist aber ebenso ein Rechtspflegeakt der freiwilligen Gerichtsbarkeit wie die Errichtung der Urkunde oder ihre Verwahrung (§ 3 Rdn. 6, 9).

A. Vollstreckbare Urkunden

I. Zuständigkeit zur Beurkundung

Nach § 794 Abs. 1 Nr. 5 ZPO findet die Zwangsvollstreckung statt aus Urkunden, die
2 von einem deutschen Gericht oder von einem deutschen Notar innerhalb der Grenzen seiner Amtsbefugnisse aufgenommen sind, sofern die Urkunde über einen Anspruch errichtet ist, der, wie sich aus der Übereinstimmung des § 794 Abs. 1 Nr. 5 mit § 592 ZPO ergibt, Gegenstand eines Urkundenprozesses sein könnte, und der Schuldner sich in der Urkunde der so-

fortigen Zwangsvollstreckung unterworfen hat[1]). Zuständig sind stets die Notare (§§ 20 Abs. 1, 114, 115 BNotO, § 22 BadLFGG), ferner die besonders ermächtigten deutschen Berufskonsuln (§§ 16, 37a KonsularG). Die Zuständigkeit der Amtsgerichte ist gemäß § 62 BeurkG beschränkt auf Verpflichtungen zur Erfüllung von Unterhaltsansprüchen eines nichtehelichen Kindes oder zur Leistung einer an dessen Stelle zu gewährenden Abfindung sowie zur Erfüllung von Ansprüchen einer Frau nach §§ 1615k, 1615l BGB (Entbindungskosten und Unterhalt); dieses Geschäft ist gemäß § 3 Nr. 1 Buchst. f RechtspflG auf den *Rechtspfleger* übertragen. Dieselbe Zuständigkeit besteht nach §§ 49, 50 JWG im wesentlichen auch für die besonders ermächtigten Beamten und Angestellten des Jugendamts (vgl. dazu § 62 Rdn. 28). Die Zuständigkeit der Leiter der Entschuldungsämter nach § 11 VO vom 24. 11. 1937 (RGBl. I 1305) ist durch § 55 Nr. 10 BeurkG beseitigt. Das *Prozeßgericht* ist als solches nicht zuständig; im Rahmen eines Prozeßvergleichs kann aber auch die Unterwerfung wirksam erklärt und beurkundet werden[2]), wobei das Protokoll nicht nach den Vorschriften des BeurkG, sondern nach denen der ZPO zu errichten ist (§ 127a BGB). Da der Vergleich aber ohnehin nach §§ 794 Abs. 1 Nr. 1, 795, 724 ZPO vollstreckbar ist, hat dieser Gesichtspunkt nur Bedeutung, wenn eine dingliche Unterwerfung gegen den jeweiligen Eigentümer nach §§ 800, 800a ZPO erklärt wird.

II. Gegenstand der Beurkundung

1. Anspruch

a) Art des Anspruchs. Die Urkunde darf nur über einen Anspruch errichtet werden, der die Zahlung einer bestimmten Geldsumme, auch in ausländischer Währung[3]), oder die Leistung einer bestimmten Menge anderer vertretbarer Sachen (§ 91 BGB) oder Wertpapiere zum Gegenstand hat. Wertpapiere in diesem Sinne sind Inhaberaktien, Kuxe, ausländische Banknoten, Schuldverschreibungen auf den Inhaber, Namensaktien, Lotterielose, nicht aber Sparbücher, Pfandscheine, Versicherungsscheine, Schuldscheine, Hypothekenbriefe und sonstige Legitimationspapiere. Einem auf eine bestimmte Geldsumme gerichteten Zahlungsanspruch ist gleichgestellt der dingliche Haftungsanspruch aus einer Hypothek, Grundschuld, Rentenschuld oder Schiffshypothek sowie einem Registerpfandrecht an Luftfahrzeugen (§ 99 Abs. 1 LuftfzRG); dasselbe gilt für den Anspruch aus einer Reallast[4]). Auch die Eigentümergrundschuld kann mit Unterwerfungsklausel begründet werden, da die Beschränkungen des § 1197 BGB später wegfallen können, und zwar nicht nur wegen des dinglichen Anspruchs, sondern auch persönlich, etwa in der Form, daß der Schuldner sich wegen des Grundschuldbetrages 3

[1]) *Schrifttum:* Kohler, Über exekutorische Urkunden, AcP 72, 1; Sternberg, Die vollstreckbare notarielle Urkunde, in Festschr. f. Oberneck (1930) S. 34 ff.; Münzel, Die vollstreckbare Urkunde nach dem Entwurf einer deutschen ZPO, ZZP 58, 72; Buhe, Errichtung mehrerer vollstreckbarer Urkunden über einen Anspruch, Gruch. 58 S. 369; Wolpers, Die vollstreckbare Urkunde, 1937; ders., Die vollstreckbare Urkunde als Mittel vorbeugender Rechtspflege, DNotZ 1938, 641; Petermann, Die vollstreckbare Ausfertigung der gerichtlichen und notariellen Urkunde, 1938; Lüdicke-Dietrich, Die vollstreckbare Urkunde und ihre vollstreckbare Ausfertigung, 1953; Haegele, Zur vollstreckbaren notariellen oder gerichtlichen Urkunde und ihrem Vollzug, Rpfleger 1961, 137, 284; Steegemann, Die vollstreckbare Urkunde, MittRheinNotK 1962 S. 188 — 208; Lent, Zur Vollstreckung aus notariellen Urkunden, DNotZ 1952, 411; Bühling, Die Ausdehnung der vollstreckbaren Urkunde, DNotZ 1953, 458-489; Knöchlein, Der vollstreckungsfähige Inhalt der notariellen Urkunde, JR 1958, 367; Berner, Die vollstreckbare Unterhaltsverpflichtung unehelicher Väter vor dem Jugendamt, Rpfleger 1963, 97; Jansen, Die Rechtslage bei Weigerung des Notars, eine vollstreckbare Ausfertigung zu erteilen, DNotZ 1966, 267 — 275; Wolfsteiner, Schuldübernahme und Unterwerfung, DNotZ 1968, 392; Uebe, Schuldübernahme und Unterwerfungsklausel gemäß § 800 ZPO, NJW 1957, 1909; Stoll, Die Vorteile der vollstreckbaren Schuldurkunde für den Hypothekengläubiger, SchlHA 1953, 234; ders., Zur Beurkundung des Anspruchs bei der Unterwerfung unter die sofortige Zwangsvollstreckung, DNotZ 1969, 102; Werner, Die Rechtsnatur der notariellen Unterwerfungsklausel, DNotZ 1969, 713.

[2]) RGZ 48, 183; 64, 82; KG JW 1927, 399; BayObLGZ 22 A 136; Lüdicke-Dietrich S. 8.

[3]) KG OLGR 42. 163.

[4]) Petermann S. 31, 33; Hieber DNotZ 1959, 390; Steegmann MittRheinNotK 1962, 188, 200; Bay ObLGZ 1959, 83 = DNotZ 1959, 402; vgl. ferner Rdn. 11.

nebst Zinsen dem künftigen Erwerber der Grundschuld auch persönlich haftbar erklärt und sich wegen dieser Verpflichtung der sofortigen Zwangsvollstreckung unterwirft[5]). Vollstreckbar gestellt werden kann nach § 794 Abs. 2 ZPO auch die Verpflichtung zur Duldung der Zwangsvollstreckung in ein Sondervermögen in den Fällen, in denen zur Zwangsvollstreckung außer dem Leistungstitel auch ein Duldungstitel erforderlich ist (§§ 737, 743, 745 Abs. 2, 748 Abs. 2 ZPO). In diesen Fällen braucht der Anspruch seinem Gegenstand nach nicht den Erfordernissen des § 794 Abs. 1 Nr. 5 ZPO zu entsprechen. Die in der gesetzlichen Form erteilte Zustimmung des Duldungsschuldners zur Unterwerfung des Leistungsschuldners hat die Bedeutung einer eigenen Unterwerfung zur Duldung[6]); durch die Bewilligung der Zwangsvollstreckung in das eigene Vermögen wird diese jedoch nicht ersetzt[7]).

4 Der Anspruch kann betagt oder bedingt sein; auch wegen künftiger Ansprüche ist eine Unterwerfung statthaft[8]). Sie ist daher auch möglich wegen laufend wiederkehrender Leistungen, die auf bestimmte oder unbestimmte Zeit oder auf Lebenszeit versprochen werden (Renten, Unterhaltsverpflichtungen, Miet- und Pachtzinsforderungen). Auch das Versprechen einer Vertragstrafe in bestimmter Höhe kann Gegenstand der Unterwerfung sein[9]). Nicht vollstreckbar gestellt werden können Ansprüche auf Sicherheitsleistung, auf Befreiung von einer Verbindlichkeit, auf Feststellung oder Ansprüche, die auf ein Tun oder Unterlassen gerichtet sind. Da ein Anspruch auf Kautionsleistung durch Hinterlegung von Geld (Wertpapieren) bei einem Dritten im Urkundenprozeß geltend gemacht werden kann[10]), muß er auch Gegenstand der Unterwerfung sein können. Auch Nebenansprüche, die neben einem vollstreckungsfähigen Hauptanspruch vereinbart werden und von diesem abhängig sind, müssen ihrem Gegenstand nach (Geld, Wertpapiere, vertretbare Sachen) dem § 794 Abs. 1 Nr. 5 ZPO entsprechen[11]).

5 *b) Bestimmtheit des Anspruchs.* Der Anspruch muß bestimmt, nicht nur bestimmbar sein. Da aus der Urkunde unmittelbar die Zwangsvollstreckung stattfinden soll, müssen ebenso wie bei der Formel eines Leistungsurteils alle für den zu vollstreckenden Anspruch maßgebenden Umstände aus der Urkunde ersichtlich sein. Der Notar ist nicht befugt, erst bei der Erteilung der Vollstreckungsklausel der Urkunde den vollstreckungsfähigen Inhalt zu geben. Eine Geldsumme ist bestimmt, wenn ihre Größe in der Urkunde ziffernmäßig angegeben ist; sie ist auch dann noch bestimmt, wenn ihr Endbetrag aus den in der Urkunde angegebenen Rechnungsfaktoren unmittelbar errechenbar ist. Eine Bezugnahme auf außerhalb der Urkunde liegende Berechnungsfaktoren führt dazu, daß der Anspruch zwar bestimmbar sein mag, aber nicht bestimmt und deshalb nicht vollstreckungsfähig ist[12]). Auch Nebenleistungen müssen bestimmt sein, Zinsen also nach Höhe und Zinsbeginn; dieses Erfordernis ist erfüllt, wenn bedingt geschuldete Zinsen (Strafzinsen) in bestimmter Höhe vereinbart werden. Bei Verzugszinsen kann das Anfangsdatum allerdings nicht angegeben werden; hier gehört der Eintritt des Verzuges zu den vom Gläubiger nach § 726 ZPO nachzuweisenden Tatsachen. Bestimmt ist auch die Vereinbarung des jeweiligen Diskont- und Lombardsatzes der Deutschen Bundesbank oder eines bestimmten Hundertsatzes darüber, weil diese Sätze nach § 33 BBankG im Bundesanzeiger veröffentlicht werden und deshalb offenkundig sind[13]), ferner kraft gesetzlicher Vorschrift die satzungsgemäßen Nebenleistungen einer Kreditanstalt der in § 1115 Abs. 2 BGB genannten Art.

6 Bei einer Höchstbetragshypothek ist die Unterwerfung regelmäßig nicht zulässig, weil die Forderung unbestimmt ist; nur wenn innerhalb des Höchstbetrages die Forderung in Höhe

5) KG HRR 1928 Nr. 2318; BGH DNotZ 1958, 579 mit Anm. v. Hieber.
6) KG JFG 17, 310 = JW 1938, 1730 = DNotZ 1938, 737.
7) KGJ 49, 20.
8) RGZ 132, 6.
9) A. M. Höfer-Huhn § 56, 2 S. 309.
10) BGH NJW 1953, 1707 gegen RGZ 104, 35; Blomeyer ZPR § 117 Fn. 2.
11) Steegmann, MittRheinNotK 1962, 188, 201; a. M. Bühling DNotZ 1953, 484.
12) BGHZ 22, 54 = DNotZ 1957, 200 = LM § 794 Abs. 1 Nr. 5 ZPO mit Anm. v. Johannsen; Knöchlein JR 1958, 367 zu II 1 c.
13) BGHZ 22, 54, 61; Lüdicke-Dietrich S. 24; Knöchlein a. a. O.; ein Höchstzinssatz braucht nur für die Eintragung im Grundbuch bestimmt zu werden.

einer Teilsumme bestimmt ist, ist bis zu diesem Betrage eine Unterwerfung möglich[14]). Dem Bestimmtheitserfordernis ist nicht genügt, wenn eine Rente in Höhe eines (nach Besoldungsordnung, Besoldungsgruppe und Dienstaltersstufe festgelegten) Beamtengrundgehalts vereinbart wird[15]). Auch über einen Anspruch, dessen Höhe durch eine Wertsicherungsklausel bestimmt wird, kann eine vollstreckbare Urkunde nicht errichtet werden; es kann allenfalls innerhalb der variablen Forderung ein bestimmter Teilbetrag vollstreckbar gemacht werden, so daß der darüber hinausgehende variable Betrag unvollstreckbar bleibt und gegebenenfalls eingeklagt werden muß[16]). Weitere Fälle ungenügender Bestimmtheit liegen etwa vor, wenn die Kosten eines Rechtsstreits ohne Bezifferung ihrer Höhe übernommen werden[17]), oder eine Verpflichtung eingegangen wird „in Höhe der jeweiligen Einlage des Gläubigers, wie diese sich aus den Büchern der Schuldnerfirma ergibt“[18]) oder in Höhe des Ausfalls bei einer künftigen Zwangsvollstreckung[19]) oder wenn ein Bürge sich in der Höhe verpflichtet, in der die Zwangsvollstreckung bei dem Hauptschuldner fruchtlos ist. Ein Wohnungseigentümer kann sich wegen seines Anteils an den Lasten und Kosten des gemeinschaftlichen Eigentums („Wohnungsgeld“) mangels Bestimmtheit und Berechenbarkeit nicht der Zwangsvollstreckung unterwerfen[19a]).

2. *Unterwerfungserklärung.* Die Unterwerfungserklärung braucht nicht in der Wiederholung des Gesetzeswortlauts zu bestehen; es genügt, wenn in ihr zum Ausdruck gebracht wird, daß der Schuldner ohne Erkenntnisverfahren und Urteil die Zwangsvollstreckung bewilligt. Die Bewilligung der Duldung der Zwangsvollstreckung (§ 797 Abs. 2 ZPO) kann z. B. in der Zustimmung zur Unterwerfungserklärung des Leistungsschuldners liegen[20]). Unterwirft sich der Schuldner wegen einer monatlich zahlbaren Rente, so kann damit auch die Zwangsvollstreckung wegen vereinbarter Verfallsbeträge erfaßt sein[20a]). Die Urkunde braucht nur die einseitige Bezeichnung des Anspruchs und die Unterwerfungserklärung des Schuldners zu enthalten; die Erklärung ist nicht annahmebedürftig[21]). Adressat der Erklärung ist nicht der Gläubiger, sondern der Notar. Der Notar wird hierbei nicht nur als Beurkundungsstelle tätig, sondern er nimmt die Erklärung entgegen und erteilt die Vollstreckungsklausel in Ausübung der ihm übertragenen Amtsbefugnis[22]). Da die Erklärung auf die Gewährung eines Vollstreckungstitels gerichtet ist, ist sie keine materiell-rechtliche Willenserklärung, sondern als Unterfall der Prozeßhandlung eine prozessuale Willenserklärung[23]). Als Prozeßhandlung (Bewirkungshandlung) muß die Erklärung unbedingt und unbefristet sein; sie unterliegt nicht den Vorschriften des BGB über die Nichtigkeit und Anfechtbarkeit von Rechtsgeschäften wegen Willensmangels und sie ist nicht ohne Zustimmung des Gläubigers widerruflich. Die Erklärung ist einseitig und abstrakt und von dem zugrundeliegenden Vertrag oder der Verpflichtungserklärung losgelöst[24]). Die Nichtigkeit der zugrundeliegenden Verpflichtung ist daher ohne Einfluß auf den Bestand der Unterwerfungsklausel, auch nicht auf Grund des § 139 BGB, und die Klausel kann nicht wegen Nichtbestehens der Forderung kondiziert wer- **7**

[14]) KG JR 1926 Nr. 623; BayObLGZ 1954, 196 = NJW 1954, 1808 = DNotZ 1955, 313; LG Dortmund NJW 1954, 1246; Oldenburg DNotZ 1957, 669; dazu kritisch Bühling DNotZ 1953, 458, 469.

[15]) BGHZ 22, 54; Nürnberg DNotZ 1957, 665 mit abl. Anm. v. Hieber; dazu auch Steegmann MittRheinNotK 1962, 188, 194.

[16]) Knöchlein, JR 1958, 367 zu II 3 a; Steegmann MittRheinNotK 1962, 188, 194; Höfer-Huhn S. 309.

[17]) BGHZ 22, 54, 59; a. M. Baumbach. Lauterbach ZPO[30] § 794 Anm. 7 B.

[18]) LG Hamburg HansGZ 1927 Nr. 135.

[19]) RG RheinZ 1909, 89.

[19a]) Celle DNotZ 1955, 320 mit Anm. v. Weitnauer.

[20]) KG JFG 17, 310 = JW 1938, 1730 = DNotZ 1938, 737.

[20a]) BGH DNotZ 1965, 544.

[21]) RGZ 84, 317, 318; 146, 308, 312; Zöller ZPO[10] § 794 Anm. 6 c.

[22]) RGZ 146, 308, 312; Wolpers JW 1934, 2162 = DNotZ 1934, 535; Jonas DNotZ 1934, 812, 813; Feyock, DNotZ 1952, 244, 245; Römer, Notariatsverfassung und Grundgesetz, 1963, S. 13/14; Werner, DNotZ 1969, 713, 718.

[23]) RGZ 146, 308; München HRR 1936 Nr. 704; KG DR 1939, 1251; eingehend Werner DNotZ 1969, 713; bestr., a. M. insbes. Rosenberg ZPR[9] § 59 2 a S. 272.

[24]) BGHZ 1, 185; München HRR 1936 Nr. 704; RGZ 84, 317, 318; Celle DNotZ 1969, 102, 105; Wieczorek ZPO § 794 Anm. H V a.

den; ein Irrtum bei der Unterwerfungserklärung läßt deren Bestand unberührt[25]). Die Einwilligung des anderen Ehegatten beim Güterstand der Zugewinngemeinschaft (§ 1365 BGB) ist auch bei dinglicher Unterwerfung nicht erforderlich[26]) und die Unterwerfung bedarf als solche keiner vormundschaftsgerichtlichen Genehmigung; bedarf die Eingehung der zu vollstreckenden Verpflichtung dieser Genehmigung, so ist deren Fehlen kein Hindernis für die Erteilung der Vollstreckungsklausel; der Mangel ist mit der Vollstreckungsgegenklage (§§ 795, 797 Abs. 4, 767 ZPO) geltend zu machen[27]).

8 Die Abgabe der Erklärung setzt *Prozeßfähigkeit* hinsichtlich des zugrundeliegenden Schuldverhältnisse voraus (§ 52 ZPO). Ist der Schuldner prozeßunfähig oder beschränkt geschäftsfähig, so ist die Erklärung unwirksam. Die bisher herrschende Meinung nimmt an, daß die Unterwerfungserklärung eines beschränkt Geschäftsfähigen gemäß § 111 Satz 1 BGB ohne vorherige Zustimmung des gesetzlichen Vertreters unwirksam, d. h. nichtig sei und durch nachträgliche Genehmigung nicht geheilt werden könne[28]). Diese Auffassung beruht noch auf der Annahme, daß die Unterwerfungserklärung ein materiell-rechtliches Rechtsgeschäft sei[29]). Bei ihrer Einordnung als prozessuale Willenserklärung muß der allgemeine verfahrensrechtliche Grundsatz, daß der Mangel der Prozeßfähigkeit durch Genehmigung geheilt werden kann[30]), aber auch hier gelten (vgl. auch § 1600e Abs. 3 BGB).

9 Handelt ein *Bevollmächtigter* ohne Nachweis der Vollmacht oder ein *Vertreter ohne Vertretungsmacht,* so ist anerkannt, daß § 89 ZPO, nicht § 180 BGB anwendbar ist[31]); die Genehmigung des Vertretenen kann daher nachträglich beigebracht werden. Andererseits folgt aus § 89 ZPO, daß es im Ermessen des Notars steht, ob er die Erklärung des ohne Vollmachtsnachweis oder ohne Vertretungsmacht handelnden Vertreters entgegennehmen will; er darf nach seinem Ermessen ablehnen, wenn er nicht die Überzeugung gewinnt, daß mit der Beibringung der Vollmacht oder der Genehmigung gerechnet werden kann[32]). Für die *Prüfung* der gesetzlichen oder gewillkürten *Vertretungsmacht* sind wegen der verfahrensrechtlichen Natur des Geschäfts die Grundsätze der §§ 56 Abs. 1, 88 Abs. 2 ZPO anzuwenden; es gilt also der Grundsatz der Amtsprüfung. Das bedeutet, daß der Notar dem Beteiligten aufgeben kann, den Nachweis der Vertretungsmacht beizubringen, daß er davon aber auch absehen kann, wenn er an deren Bestehen keinen Zweifel hat (vgl. allgemein § 13 FGG Rdn. 38). Es trifft daher nicht zu, daß der Notar die Vollstreckungsklausel erteilen müsse, ohne die Vertretungsmacht prüfen zu dürfen[33]). Die überwiegende Auffassung geht dahin, daß die vollstreckbare Ausfertigung nur erteilt werden darf, wenn die Vollmacht oder die Genehmigung des Vertretenen durch öffentliche oder öffentlich beglaubigte Urkunde nachgewiesen ist[34]). Dieses Formerfordernis als zwingende Voraussetzung der Klauselerteilung kann allerdings nicht aus § 726 ZPO hergeleitet werden, weil es sich nicht um eine Tatsache handelt, von derem Eintritt nach dem „Inhalt" der Urkunde die Vollstreckung abhängt[35]). Vielmehr ist der

[25]) Vgl. Werner DNotZ 1969, 713, 722.

[26]) Weimar, JR 1961, 255; Haegele Rpfleger 1961, 137, 139.

[27]) KGJ 32 A 280; Baumbach-Lauterbach ZPO[30] § 794 Anm. 7 C; Kropp MDR 1960, 464.

[28]) RGZ 84, 317; 87, 426; RG JW 1914, 774; Baumbach-Lauterbach ZPO[30] § 794 Anm. 7 C; Zöller ZPO[9] § 794 Anm. 6 c; Haegele Rpfleger 1961, 138.

[29]) Bedenken gegen RGZ 84, 317 bereits in RGZ 146, 308 = JW 1935, 1341 mit Anm. v. Siegert.

[30]) Blomeyer ZPR § 8 III 1; Rosenberg ZPR[9] § 43 III 2.

[31]) RGZ 146, 308= JW 1935, 1341 mit Anm. v. Siegert.

[32]) Siegert JW 1935, 1342; Steegmann MittRheinNotK 1962, 188, 202; AV d. RJM v. 20. 6. 1936 (DJ 992); vgl. allgemein § 13 FGG Rdn. 43.

[33]) So KG JW 1931, 1825; Köln OLGZ 1969, 68 (gesetzliche Vertretung); Stein-Jonas-Pohle ZPO[18] § 797 Anm. III.

[34]) Celle OLGR 20, 348; LG Halle JW 1932, 3216; RG DNotZ 1934, 425; Nürnberg MDR 1960, 318; BayObLGZ 1964, 75 = MDR 1964, 603 = JR 1964, 262 = DNotZ 1964, 573 = Rpfleger 1965, 17; Zweibrücken RheinNotK 1970, 137; Lüdicke-Dietrich S. 45; Oberneck NotR[10] S. 294; Kohler AcP 72, 24 Fn. 42 u. Gruchot 31, 506 Fn. 146; Baumbach-Lauterbach ZPO[30] § 797 Anm. 1 A; Zöller-Scherübl ZPO[10] § 797 Anm. 3; Schönke-Baur Zwangsvollstreckungsrecht[8] § 14 IV 2; Bühling DNotZ 1953, 467; Hill, DNotZ 1960, 306; Haegele Rpfleger 1961, 140.

[35]) Insoweit zutreffend Köln OLGZ 1969, 68.

Notar entsprechend § 80 Abs. 2 ZPO (vgl. auch § 13 Satz 3 FGG) für *berechtigt* zu halten, die Vorlegung einer öffentlich beglaubigten Vollmacht oder Genehmigung zu verlangen, wobei es hier mangels eines „Gegners" eines Antrags nicht bedarf. Andererseits darf der Notar auch davon absehen, wenn ihm das Bestehen der Vertretungsmacht bekannt oder er sonst davon überzeugt ist. Einwendungen gegen die Zulässigkeit der Vollstreckungsklausel (§§ 797 Abs. 3, 732 ZPO) können entsprechend § 89 Abs. 2 ZPO nicht durchgreifen, wenn die Vollmacht oder Genehmigung wenigstens formlos erteilt war[36]). Hat ein Nichtberechtigter die Unterwerfungserklärung im eigenen Namen abgegeben, so muß der Berechtigte sie in der gesetzlichen Form wiederholen; die bloße Genehmigung genügt nicht[37]).

Der Schuldner darf die Zulässigkeit der Zwangsvollstreckung auf bestimmt bezeichnete Vermögensstücke oder auf ein Sondervermögen beschränken[38]). Bei Vermögensübernahme oder **10**
Nachlaßverbindlichkeiten (§§ 419 Abs. 2, 1990 Abs. 1 Satz 2 BGB) kann der Schuldner sich der Zwangsvollstreckung mit Beschränkung auf das übernommene Vermögen oder den Nachlaß unterwerfen[39]). In diesen Fällen ist der Titel von vornherein gegenständlich beschränkt. Außerdem sind, wie gegenüber Urteilen, Vollstreckungsvereinbarungen zulässig[40]); sie können zum Inhalt haben, daß die Vollstreckungsbefugnis des Gläubigers zeitlich beschränkt oder vom Eintritt eines Ereignisses abhängig gemacht oder eine Vollstreckungsmodalität (z. B. die Ableistung eines Offenbarungseides) ausgeschlossen wird[41]). Solche Vereinbarungen berühren nicht die Erteilung der Vollstreckungsklausel, sondern sind vom Schuldner nach §§ 766, 900 Abs. 5 ZPO geltend zu machen. Vollstreckungserweiternde Verträge, die die Vollstreckungsbefugnis des Gläubigers über den gesetzlichen Rahmen hinaus erweitern, sind unzulässig.

Bei der *dinglichen Unterwerfung* mit Wirkung gegen den jeweiligen Eigentümer in Ansehung einer Hypothek, Grundschuld, Rentenschuld, Schiffshypothek oder eines Register- **11**
pfandrechts an Luftfahrzeugen (§§ 800, 800a ZPO, § 99 Abs. 1 LuftfzRG) handelt es sich um einen Fall gesetzlichen Schuldübergangs infolge Erwerbs der „streitbefangenen Sache"[42]). Die nach § 800 Abs. 1 Satz 2 ZPO erforderliche Eintragung in das Grundbuch hat Bedeutung nur als Voraussetzung der Wirkung der Unterwerfung gegen den jeweiligen Eigentümer. Die Eintragung ist unzulässig, wenn die Unterwerfung nicht gegenüber dem jeweiligen Eigentümer wirken soll. Die Unterwerfung ist in das Grundbuch selbst einzutragen; nur zur näheren Bezeichnung des Inhalts und des Gegenstandes der Unterwerfung kann auf die Eintragungsbewilligung Bezug genommen werden[43]). Bei der Gesamthypothek ist es nicht erforderlich, daß die Unterwerfung sich auf alle Grundstücke bezieht, da es sich um ein prozessuales Nebenrecht handelt, welches den Inhalt des Rechts nicht berührt[44]). Wird ein weiteres Grundstück mitbelastet, so bedarf es einer erneuten Unterwerfung, wenn die Zwangsvollstreckung auch insoweit zulässig sein soll[45]). Die Eintragung steht nicht unter dem öffentlichen Glauben des Grundbuchs[46]). Zur Eintragung bedarf es außer der Bewilligung des Eigentümers (§§ 19, 29 GBO) der Vorlegung der über die Unterwerfung aufgenommenen notariellen Urkunde[47]); die Klausel ist aber nur eintragungsfähig, wenn auch die Hypothekenbestellung beurkundet

[36]) Im Ergebnis daher zutreffend KG JW 1931, 1825, wo die formlose Erteilung der Vollmacht unstreitig war.

[37]) AG Bremen DNotZ 1961, 555 mit zust. Anm. v. Schippel; BayObLG DNotZ 1971, 45.

[38]) Oberneck NotR[10] § 52, 2; Lüdicke-Dietrich S. 25.

[39]) Kretzschmar, SeuffBl. 1909, 197; RG JW 1932, 3176.

[40]) Schönke-Baur, Zwangsvollstreckungsrecht, § 2 II.

[41]) Vgl. BGHZ 16, 180; diese Entscheidung wird von Thomas-Putzo ZPO[4] § 794 Anm. VI 1 c dahin mißverstanden, daß die Unterwerfung bedingt und befristet sein könne; die Unterwerfung selbst kann nicht bedingt sein, oben Rdn. 6; Petermann S. 33; Lüdicke-Dietrich S. 24; Steegmann MittRheinNotK 1962, 188, 202.

[42]) Wieczorek ZPO § 727 Anm. C I a.

[43]) KG RJA 4, 270.

[44]) LG Prenzlau DFG 1941, 123; Staudinger-Scherübl BGB[11] § 1132 Anm. 16; Palandt-Degenhart BGB[28] § 1132 Anm. 2 c; a. M. Haegele Rpfleger 1961, 139; Meikel-Imhof-Riedel GBO[5] § 3 Anh. I Rdn. 334.

[45]) KG HRR 1933 Nr. 962; BGHZ 26, 344, 348; a. M. Bourier, DNotZ 1935, 289.

[46]) KG Recht 1931, 323; München HRR 1937 Nr. 1038.

[47]) KG HRR 1931 Nr. 1705.

ist[48]). Richtigerweise sollte die Unterwerfung gegen den jeweiligen Eigentümer auch wegen der einzelnen Leistungen aus der *Reallast* zugelassen werden[49]).

12 Eine vollstreckbare Urkunde kann durch eine neue Urkunde *ergänzt oder abgeändert* werden. Wird das bestehende Schuldverhältnis in der Weise geändert, daß die Leistungspflicht des Schuldners erweitert wird, z. B. durch Erhöhung des Zinssatzes oder der Nebenleistungen oder durch ausdehnende Änderung der Art und Weise der Zahlungsbedingungen, etwa durch Vereinbarung neuer Kündigungs- und Fälligkeitsbestimmungen, und soll die Verpflichtung zu den geänderten Bedingungen vollstreckbar sein, so bedarf es einer erneuten Unterwerfung, die im Fall des § 800 ZPO in das Grundbuch einzutragen ist[50]). Wird die Verpflichtung des Schuldners ohne erneute Unterwerfung lediglich eingeschränkt, so kann dies die Erteilung der Vollstreckungsklausel nicht hindern; der Gläubiger setzt sich allerdings, wenn er nach Maßgabe der früheren Urkunde vollstreckt, der Vollstreckungsgegenklage (§ 767 ZPO) aus[51]). Ebenso behält die bisherige Unterwerfung ihre Kraft, wenn lediglich der Schuldgrund geändert wird, der ohnehin in der Urkunde nicht erwähnt zu werden braucht, z. B. wenn der bisherige Hauptschuldner nur noch als selbstschuldnerischer Bürge haften soll[52]).

III. Form der Beurkundung

13 Die „vorgeschriebene Form", die nach § 794 Abs. 1 Nr. 5 ZPO bei der Errichtung der Urkunde zu beachten ist, ist die der §§ 6 bis 26 über die Beurkundung von Willenserklärungen (Vorbem. vor § 6 Rdn. 5). Sowohl die Bezeichnung des Anspruchs als auch die Unterwerfungserklärung können in einer Protokollanlage nach § 9 Abs. 1 Satz 2 enthalten sein, sofern nicht nach § 14 Abs. 1 verfahren wird (§ 9 Rdn. 13, § 14 Rdn. 1). Häufig wird die Verpflichtung, die vollstreckbar gestellt werden soll, in der nach § 794 Abs. 1 Nr. 5 ZPO errichteten Urkunde zugleich begründet, z. B. wenn der Grundstückskäufer im notariellen Kaufvertrage sich zur Zahlung des Restkaufpreises verpflichtet. Das ist jedoch nicht erforderlich; die Verpflichtung kann in jeder anderen, für das Rechtsgeschäft genügenden Form begründet sein, z. B. in einem privatschriftlichen Schuldschein. Nach § 794 Abs. 1 Nr. 5 ZPO ist es nur erforderlich, daß der Anspruch in der Urkunde (oder in der als Teil der Niederschrift geltenden Anlage) in der Weise bezeichnet ist, daß die Urkunde einen vollstreckungsfähigen Inhalt hat; hierzu ist auch die Angabe des Schuldgrundes nicht unbedingt erforderlich (angebracht ist sie aber, ohne daß die Wirksamkeit der Beurkundung davon abhängt, wenn die Zuständigkeit der Urkundsperson auf bestimmte Arten von Ansprüchen beschränkt ist, wie nach § 62 BeurkG, § 49 JWG). Es ist auch zulässig, daß zur Bezeichnung des Anspruchs auf eine andere bereits errichtete gerichtliche oder notarielle Urkunde Bezug genommen wird, welche den zu vollstreckenden Anspruch zum Gegenstand hat, auch ohne daß diese Urkunde nach § 9 Abs. 1 Satz 2 zur Protokollanlage gemacht wird[53]). Dieses Verfahren wird geübt, wenn die bisherige Schuldverpflichtung nur geändert oder ergänzt wird oder wenn ein Schuldübernehmer sich wegen der übernommenen Verbindlichkeit unterwirft[54]). In diesem Fall bilden beide

48) München HRR 1941 Nr. 268.

49) So überzeugend Hieber DNotZ 1959, 390; anders die h. M., vgl. BayObLGZ 1959, 83 = DNotZ 1959, 402.

50) KGJ 45, 260; 52, 190; KG DNotZ 1954, 199; LG Essen DNotZ 1957, 670 mit Anm. v. Saage; Stein-Jonas-Pohle ZPO[18] § 800 Anm. I 3.

51) KGJ 49, 16; RG LZ 1916, 882; BGH DNotZ 1965, 544; Stein-Jonas-Pohle ZPO[18] § 794 Anm. VII 3.

52) BGH DNotZ 1965, 544.

53) KGJ 52, 190, 192/193; München HRR 1936 Nr. 704; AG Osterode NdsRpfl. 1968, 110 = DNotZ 1968, 703; Sternberg S. 34; Dorst DNotV 1912, 381; Petermann S. 20; Wolpers DNotZ 1951, 274; Lüdicke-Dietrich S. 26; Knöchlein JR 1958, 367 zu II 1 b; Steegmann MittRheinNotK 1962, 188, 203; Haegele Rpfleger 1961, 138; Wieczorek ZPO § 794 Anm. H IV a 2; a. M. Wolfsteiner, DNotZ 1968, 392, 399 zu II 3, der seine Bedenken darauf gründet, daß die in Bezug genommene Urkunde nicht Bestandteil des Titels sei und die Vollstreckungsorgane zur Beweiserhebung über den zu vollstreckenden Anspruch nicht ermächtigt seien; dieser Einwand ist unbegründet, weil sich auch bei Urteilen der vollstreckbare Inhalt oft nur aus dem Zusammenhalt mehrerer Titel ergibt, vgl. Zöller ZPO[9] § 725 Anm. 4, Baumbach-Lauterbach ZPO[30] Grdz. 3 B vor § 704.

54) Dazu Wolfsteiner, Schuldübernahme und Unterwerfung, DNotZ 1968, 392.

Urkunden in ihrer Zusammenfassung die Urkunde, nach deren Inhalt sich die Vollstreckbarkeit bestimmt[55]). Vorausgesetzt ist aber, daß die andere Urkunde ebenfalls gerichtlich oder notariell errichtet ist; nicht ausreichend ist die Bezugnahme auf privatschriftliche Erklärungen, auf Handelsbücher oder auch auf öffentlich beglaubigte Erklärungen[56]). Auch die Bezugnahme auf behördliche Auskünfte oder Bescheinigungen, mögen sie selbst öffentliche Urkunden sein, genügt nicht; solche Schriftstücke können, wenn sie nicht nach § 9 Abs. 1 Satz 2 zur Protokollanlage gemacht sind, die Urkunde auch dann nicht ergänzen, wenn sie ihr „beigeheftet" werden.

Werden Angebot und Annahme eines Vertrages getrennt beurkundet, so ist es zulässig, **14**
daß der Antragende sich bei der Beurkundung seines Vertragsangebots wegen seiner bei Annahme des Angebots entstehenden Verpflichtungen der sofortigen Zwangsvollstreckung unterwirft; der Notar, der das Angebot beurkundet hat, darf alsdann die Vollstreckungsklausel erteilen, wenn ihm die Annahme des Angebots nachgewiesen ist (§§ 726, 795 ZPO)[57]). Eine andere Frage ist es, ob die Unterwerfungserklärung des Antragsgegners wegen seiner Verpflichtungen wirksam beurkundet ist, wenn er den ihm im Vertragsangebot gemachten Unterwerfungsvorschlag ohne Zusatz in notarieller Urkunde lediglich annimmt[58]); hier dürfte es an der notwendigen Beurkundung einer Unterwerfungserklärung des Schuldners fehlen[59]).

B. Erteilung der Vollstreckungsklausel

I. Bedeutung

Die Vollstreckungsklausel (§§ 795, 724 ZPO) ist eine amtliche Bescheinigung über das Be- **15**
stehen und die Vollstreckbarkeit des Titels. Sie ist keine Zeugnisurkunde, sondern eine wirkende Urkunde, deren Beweiskraft sich nach § 417 ZPO bestimmt (§ 1 Rdn. 44). Den Vollstreckungsorganen (Gerichtsvollzieher, Vollstreckungsgericht) steht eine Prüfung, ob die Klausel hätte erteilt werden dürfen, nicht zu; für sie ist die Vollstreckungsklausel, wenn sie von einer sachlich zuständigen Stelle in äußerlich gültiger Form erteilt ist, bindend, solange sie auf Einwendung des Schuldners nicht beseitigt ist[60]). Die Vollstreckungsorgane haben daher z. B. nicht zu prüfen, ob eine ordnungsgemäße Unterwerfungserklärung vorliegt[61]) oder ob der Eintritt der Voraussetzungen des § 726 Abs. 1 ZPO oder der Rechtsnachfolge (§ 727 ZPO) mit Recht angenommen worden ist. Für den Notar ist die Erteilung der Klausel ein Amtsgeschäft, welches zur sonstigen hoheitlichen Tätigkeit außerhalb von Beurkundungen gehört (vgl. § 3 Rdn. 6 ff.); wegen der Ausschließung der Urkundsperson vgl. § 3 Rdn. 9 und wegen des Anwaltsnotars im besonderen § 3 Rdn. 43.

II. Zuständigkeit zur Erteilung

1. Gerichtliche Urkunden. Für die Erteilung der vollstreckbaren Ausfertigung einer gericht- **16**
lichen Urkunde ist der Urkundsbeamte der Geschäftsstelle des Gerichts zuständig, welches die Urkunde verwahrt (§ 797 Abs. 1 ZPO)[62]). Ist eine Urkunde von einem ersuchten Gericht errichtet worden, so wird sie von diesem verwahrt; dieses erteilt auch die vollstreckbare Ausfertigung. Ist aber die Urschrift dem ersuchenden Gericht zum Verbleib übersandt worden, so erteilt dieses auch die vollstreckbare Ausfertigung[63]). In den Fällen der §§ 726 Abs. 1, 727 bis 729, 738, 742, 744, 745 Abs. 2, 749 ZPO ist anstelle des Urkundsbeamten der Rechtspfleger funktionell zuständig (§ 20 Nr. 12, § 27 RechtspflG). Die Entscheidung über die

55) KGJ 42, 263; 52, 190, 193.
56) München DNotZ 1941, 36; Knöchlein JR 1968, 367 zu II 1 b; a. M. Petermann S. 20.
57) RGZ 132, 6 = JW 1932, 1376.
58) Dafür Haegele Rpfleger 1961, 138, Steegmann, MittRheinNotK 1962, 188, 203, die aber beide die Wiederholung der Unterwerfungserklärung als „ratsam" empfehlen.
59) So auch Lüdicke-Dietrich S. 25 zu B 2.
60) KG JW 1937, 1509; KG OLGR 37, 196; RGZ 134, 158; Oldenburg MDR 1955, 488; LG Mannheim Die J 1960, 249; Wieczorek § 724 Anm. A III, § 732 Anm. A I b; Rosenberg ZPR[9] § 175 I 2; Schönke-Baur Zwangsvollstreckungsrecht[6] § 15 I.
61) KG a. a. O.
62) Vgl. dazu KG HRR 1940 Nr. 1303 = DR 1940, 1638.
63) RGZ 106, 344.

Erteilung von weiteren vollstreckbaren Ausfertigungen gerichtlicher Urkunden, die nach § 797 Abs. 3 ZPO ein richterliches Geschäft ist, ist durch § 20 Nr. 13 RechtspflG auf den Rechtspfleger übertragen.

17 2. *Notarielle Urkunden.* Für die Erteilung der vollstreckbaren Ausfertigung einer notariellen Urkunde ist nach § 797 Abs. 2 Satz 1 ZPO der Notar zuständig, der die Urkunde verwahrt, also diejenige Urkunde, in der die Unterwerfungserklärung beurkundet ist, zu welcher die Klausel erteilt werden soll. In der Regel ist das der Notar, vor dem die Urkunde errichtet worden ist (§ 25 Abs. 1 BNotO), in den Fällen der §§ 45 (Abwesenheit, tatsächliche Verhinderung) und 51 BNotO (Erlöschen des Notaramts, Verlegung des Amtssitzes) der Ersatznotar, dem der Notar im Fall des § 45 seine Akten übergeben oder dem der OLG-Präsident im Fall des § 51 die Verwahrung übertragen hat. Der Notar erteilt die Vollstreckungsklausel auch in den Fällen der §§ 726 bis 729, 738, 742, 744, 745 Abs. 2, 749 ZPO. Über den Antrag auf Erteilung einer weiteren vollstreckbaren Ausfertigung hat er jedoch gemäß § 797 Abs. 3 ZPO die Entscheidung des Amtsgerichts seines Amtssitzes einzuholen; dieses Geschäft ist gemäß § 20 Nr. 13 RechtspflG auf den Rechtspfleger übertragen. Befindet sich die Urkunde nicht in der Verwahrung eines Notars, so erteilt die vollstreckbare Ausfertigung die Verwahrungsbehörde (§ 797 Abs. 2 Satz 2 ZPO), deren Bestimmung die ZPO, solange die Notariatsverfassung Landesrecht war, dem Landesrecht überließ. Jetzt ist die Zuständigkeit bundesrechtlich dahin geregelt, daß das Amtsgericht des Amtssitzes des Notars zuständig ist, dem der Notar bei Abwesenheit oder tatsächlicher Verhinderung, wenn ihm kein Vertreter bestellt ist, die Akten nach § 45 Abs. 1 BNotO in Verwahrung gegeben hat, oder welches bei Erlöschen des Notaramts oder Verlegung des Amtssitzes oder bei vorläufiger Amtsenthebung die Akten in Verwahrung genommen hat (§§ 51 Abs. 1, 55 Abs. 1 BNotO), sofern nicht im Fall des § 51 der OLG-Präs. die Verwahrung einem anderen Amtsgericht oder einem Notar übertragen hat oder im Fall des § 55 BNotO dem Notar ein Vertreter bestellt ist. Das Amtsgericht des Amtssitzes ist auch bei rechtlicher Verhinderung des Notars zuständig (§ 3 Rdn. 55). Ist die Urkunde an ein Staatsarchiv abgegeben worden, so wird die Klausel von dem Notar oder dem Amtsgericht erteilt, dessen Zuständigkeit zur Verwahrung ohne die Abgabe begründet wäre (§ 51 Abs. 5 BNotO).

18 Die *funktionelle Zuständigkeit* für die Erteilung vollstreckbarer Ausfertigungen gerichtlich verwahrter notarieller Urkunden ist ebenso zu beurteilen wie bei gerichtlichen Urkunden. Es ist also gemäß §§ 795, 797 Abs. 2, 724 Abs. 2 ZPO der Urkundsbeamte der Geschäftsstelle zuständig[64]) mit der Maßgabe, daß in den Fällen der §§ 726 Abs. 1, 727 bis 729, 733, 738, 742, 744, 745 Abs. 2, 749 ZPO gemäß § 20 Nr. 12, 13 RechtspflG die Zuständigkeit des Rechtspflegers begründet ist. Die Meinung, es handele sich im Fall des § 797 Abs. 2 Satz 2 ZPO um ein richterliches Geschäft[65]), kann allenfalls zutreffend gewesen sein, solange die verwahrende Behörde landesrechtlich bestimmt war; für die funktionelle Aufgabenverteilung innerhalb der Behörde, jetzt des bundesrechtlich bestimmten Amtsgerichts, müssen die Vorschriften maßgebend sein, die allgemein für die Wahrnehmung von Aufgaben dieser Art gelten. Denn in § 797 Abs. 2 Satz 2 ZPO (und in § 16 Abs. 2 Buchst. d Satz 2 KonsularG) wird nur die sachliche Zuständigkeit der Behörde geregelt; die funktionelle Zuständigkeit ergibt sich gemäß § 795 ZPO aus § 724 Abs. 2 ZPO und § 20 Nr. 12, 13 RechtspflG, da die Vorschriften des RechtspflG, soweit sie die ZPO ergänzen, so zu lesen sind, als wären sie ein Teil der ZPO, und demgemäß von der Verweisung in § 795 ZPO miterfaßt werden.

19 Ausschließlich zuständig ist stets nur der Notar (oder die andere Verwahrungsstelle), der die Urkunde verwahrt, in welcher die Unterwerfungserklärung des Schuldners enthalten ist, zu welcher die Klausel erteilt werden soll. Sind Angebot und Annahme getrennt beurkundet und ist die Unterwerfungserklärung des Schuldners in dessen Vertragsangebot enthalten, so ist

[64]) So auch Arndt, RechtspflG, § 19 Rdn. 90, 102; Zöll, JVBl. 1968, 25, 28.

[65]) So Schlegelberger Art. 45 PrFGG Rdn. 1 S. 968; Günther FGG[8] Art. 45 PrFGG Anm. 2; Lüdicke-Dietrich S. 37; Bedenken dagegen bei Seybold-Hornig BNotO[4] § 51 Rdn. 10. Wie im Text die ständige Praxis des AG Schöneberg in Berlin.

nur der Notar zuständig, der das Vertragsangebot mit Unterwerfungsklausel beurkundet hat[66]). Ist eine Urkunde durch eine von einem anderen Notar aufgenommene Urkunde abgeändert worden und hat sich der Schuldner auch in der Änderungsurkunde hinsichtlich der neuen Bedingungen der sofortigen Zwangsvollstreckung unterworfen, so ist jeder Notar zur Erteilung der Klausel nur zu der von ihm aufgenommenen Urkunde befugt. Der Erstnotar hat hierbei auf die Änderung der Bedingungen in der zweiten Urkunde keine Rücksicht zu nehmen; der vollstreckbare Anspruch ergibt sich alsdann aus dem Zusammenhalt beider Vollstreckungsklauseln[67]). Wird bei befreiender Schuldübernahme die Vollstreckungsklausel nicht gegen den neuen Schuldner als Rechtsnachfolger gemäß § 727 ZPO umgeschrieben[68]), sondern unterwirft sich der Schuldübernehmer erneut, so ist für die Klauselerteilung hierzu allein der Notar zuständig, der diese Unterwerfung beurkundet hat, nicht etwa (auch) der Erstnotar[69]).

3. Ersatzzuständigkeit. Ist eine gerichtliche Urkunde von einem Gericht oder eine notarielle Urkunde im Bezirk eines Gerichts errichtet worden, an dessen Sitz deutsche Gerichtsbarkeit nicht mehr ausgeübt wird (§ 1 ZustErgG), so ist nach § 4 ZustErgG das Gericht zuständig, bei dem der Schuldner seinen allgemeinen Gerichtsstand hat oder in Ermangelung eines solchen im Bundesgebiet und West-Berlin das Gericht, in dessen Bezirk er Vermögen hat. **20**

4. Konsularische Urkunden. Vollstreckbare Ausfertigungen konsularischer Urkunden können nur von dem Amtsgericht erteilt werden, welches die Urschrift verwahrt (§ 16 Abs. 2 Buchst. d Satz 2 KonsG i. d. F. des § 57 Abs. 1 Nr. 1 BeurkG). Voraussetzung ist mithin, daß die Urschrift in amtliche Verwahrung gegeben ist oder daß bei Aushändigung der Urschrift die zurückbehaltene Ausfertigung (§ 1 Rdn. 57) sich in der Verwahrung des Gerichts befindet. Zuständig dafür ist das Amtsgericht Schöneberg in Berlin (§ 16 Abs. 2 Buchst. c KonsG). Die Konsuln sollen die Beteiligten bei der Aufnahme vollstreckbarer Urkunden darauf hinweisen, daß sich die Übersendung der Urkunde an das Gericht empfehle, damit dort gegebenenfalls eine vollstreckbare Ausfertigung erteilt werden könne (Dienstanweisung zu § 16 Nr. 42). Die funktionelle Zuständigkeit ist dieselbe wie für die Erteilung der Vollstreckungsklausel zu gerichtlich verwahrten notariellen Urkunden (Rdn. 18). **21**

5. Urkunden der Jugendämter. Vollstreckbare Ausfertigungen von Urkunden, welche nach § 49 JWG vor einem besonders ermächtigten Beamten oder Angestellten des Jugendamts errichtet sind, werden nach § 50 Abs. 1 Satz 2 Nr. 1 JWG ebenfalls von diesem Beamten erteilt, und zwar von demjenigen, der zur Zeit der Erteilung für die Beurkundung der Verpflichtungserklärung zuständig ist. Der Beamte erteilt die Klausel auch in den Fällen, in denen bei gerichtlichen Urkunden nach § 20 Nr. 12 RechtspflG der Rechtspfleger zuständig ist[70]). Über die Erteilung weiterer vollstreckbarer Ausfertigungen entscheidet jedoch nach § 50 Abs. 1 Satz 2 Nr. 2 JWG das für das Jugendamt zuständige Amtsgericht, und zwar gemäß § 20 Nr. 13 RechtspflG der Rechtspfleger. **22**

III. Recht auf vollstreckbare Ausfertigung

Die Vollstreckungsklausel wird nur auf *Antrag* erteilt. Antragsberechtigt ist der Gläubiger oder sein Rechtsnachfolger. Auch den Schuldner wird man für berechtigt ansehen können, zu beantragen, daß die Vollstreckungsklausel dem Gläubiger erteilt werde, nicht aber zu dem Antrage, sie ihm selbst zu erteilen, da sonst, wenn der Schuldner die vollstreckbare Ausfertigung nicht dem Gläubiger aushändigt, dieser eine vollstreckbare Ausfertigung nur unter den Voraussetzungen der weiteren vollstreckbaren Ausfertigung erhalten könnte. Der Notar hat dem Gläubiger gemäß §§ 795, 724 ZPO auf seinen einseitigen Antrag die Vollstreckungsklausel zu erteilen, auch wenn der Gläubiger bei der Errichtung der Urkunde nicht als Be- **23**

66) RGZ 132, 6 = JW 1932, 1376.
67) Vgl. KGJ 49, 16; 52, 190, 193.
68) Über deren Zulässigkeit vgl. KGJW 1938, 1916 = DNotZ 1938, 450; Schleswig JZ 1959, 668; Wolfsteiner DNotZ 1968, 392; Eickmann Rpfleger 1968, 382 zu III 2; str. a. M. neuerdings auch Kuchinke ZPR S. 363.
69) Wolfsteiner DNotZ 1968, 392 zu II 5; a. M. München HRR 1936 Nr. 704 = DNotZ 1936, 33; Haegele Rpfleger 1961, 140.
70) Berner, Rpfleger 1963, 97.

teiligter im Sinne des § 6 Abs. 2 aufgetreten ist. Von einer Bewilligung des Schuldners ist die Erteilung nicht abhängig[71]), und sie wird durch seinen Widerspruch nicht gehindert[72]). Aber die Vollstreckungsklausel besteht nach § 725 ZPO aus einem Vermerk, der auf eine Ausfertigung des Schuldtitels zu setzen ist. Der Notar benötigt also, um dem Antrage des Gläubigers entsprechen zu können, eine (einfache) Ausfertigung des Schuldtitels, auf welche er die Klausel setzen kann. Da der Notar nicht nach Belieben Ausfertigungen erteilen darf, muß ihm mithin entweder eine einfache Ausfertigung vorgelegt werden oder der Antragsteller muß nach Maßgabe des § 51 berechtigt sein, eine Ausfertigung zu verlangen; die Vorschrift des § 299 Abs. 1 ZPO, nach welcher jede Partei ohne weiteres eine Ausfertigung des Urteils verlangen kann, ist hier nicht anwendbar. Wenn demnach die Unterwerfungserklärung des Schuldners einseitig beurkundet worden ist, ohne daß der Gläubiger oder sein Vertreter als Urkundsbeteiligter aufgetreten ist, kann der Gläubiger ein Recht auf eine Ausfertigung nur durch eine Bestimmung des Schuldners nach § 51 Abs. 2 erwerben, die nicht widerrufen sein darf (§ 51 Rdn. 7). Der Anspruch auf Erteilung der Klausel schließt das Recht auf eine Ausfertigung nicht ein; wenn der Gläubiger nicht nur eine Klausel zu einer bereits in seinem Besitz befindlichen Ausfertigung, sondern auch eine Ausfertigung des Schuldtitels selbst verlangt, müssen sowohl die Voraussetzungen der ZPO als auch die des § 51 BeurkG erfüllt sein[73]). Dieses Ergebnis entspricht der Interessenlage. Während der Zivilprozeß geradezu auf die zwangsweise Erwirkung eines Vollstreckungstitels gerichtet ist, beruht die Errichtung einer vollstreckbaren Urkunde auf dem freien Willen des Schuldners. Es muß daher der Entschließung des Schuldners überlassen bleiben, ob und wann er dem Gläubiger Rechte aus der Urkunde einräumen will. Dazu genügt nicht die bloße Abgabe der Erklärung vor dem Notar, wenn der Gläubiger nicht als Urkundsbeteiligter auftritt. Der Schuldner hat ein berechtigtes Interesse daran, dem Gläubiger Rechte aus der Urkunde durch deren Übergabe oder durch eine Ermächtigung nach § 51 BeurkG erst Zug um Zug gegen die Leistung des Gläubigers einzuräumen, wenn er sich nicht leichtfertig der Gefahr einer unberechtigten Zwangsvollstreckung aussetzen will, der er erst mit einer Vollstreckungsgegenklage begegnen müßte. Eine vergleichbare Interessenlage regelt § 60 GBO, wonach der Hypothekenbrief grundsätzlich dem Eigentümer auszuhändigen ist. Das BeurkG hat diese Rechtslage unberührt gelassen[73a]); wenn es in § 52 heißt, daß vollstreckbare Ausfertigungen nach den dafür bestehenden Vorschriften erteilt werden, so wird damit, wie die amtl. Begründung (BT-Drucks. V/3282 S. 41 zu § 52) zeigt, auf die Vorschriften der ZPO über die Erteilung der Vollstreckungsklausel verwiesen; die Frage, wer die zu deren Erteilung erforderliche einfache Ausfertigung verlangen kann, richtet sich selbstverständlich nicht nach § 299 ZPO, sondern nach § 51 BeurkG.

IV. Voraussetzungen der Erteilung der Vollstreckungsklausel

24 *1. Umfang der Prüfung.* Die Erteilung der Vollstreckungsklausel setzt nur voraus, daß der Vollstreckungstitel (wirksam) besteht und einen vollstreckungsfähigen Inhalt hat und daß eine nach dem Inhalt des Titels etwa bestehende Bedingung der Vollstreckbarkeit eingetreten ist. Ferner ist die Identität der Personen, für und gegen welche die Klausel begehrt wird, mit den in der Urkunde bezeichneten Personen zu prüfen[74]); für einen nicht ausreichend bezeichneten Gläubiger kann die Vollstreckungsklausel nicht erteilt werden[75]). Dagegen ist nicht zu

[71]) RGZ 129, 168 = JW 1930, 2783; KG JW 1929, 1281.

[72]) KG JW 1929, 1281; Jansen DNotZ 1966, 267, 274.

[73]) KG JW 1929, 1891; Frankfurt HRR 1928 Nr. 1830; DNotZ 1970, 162; München DNotZ 1954, 552; Kiel MDR 1948, 422; Celle NJW 1954, 1733; Oberneck Notariatsrecht[10] S. 293; Seybold-Hornig BNotO[4] § 15 Anm. 31; Jansen, DNotZ 1966, 267 zu B; Voraufl. Art. 49 PrFGG Anm. 2; Keidel FGG[9] § 182 Rdn. 11; Pikart-Henn, Lb. d. freiw. Gerbkt. S. 400; Wieczorek ZPO § 797 Anm. B I; Hornig DNotZ 1954, 553; Kersten-Bühling Formularbuch[14] § 16 IV S. 94; Mecke Rdn. 3; a. M. Stein-Jonas-Pohle ZPO[18] § 797 Anm. 3; Josef JW 1929, 1891 entgegen dem von ihm angeführten älteren Schrifttum; Sternberg Festschr. f. Oberneck 1930 S. 69; Wolpers, DNotZ 1951, 277; Röll DNotZ 1970, 144 zu 5; in RGZ 129, 168 ist die Frage offengeblieben.

[73a]) Ertl DNotZ 1969, 663 Fn. 30; a. M. Röll DNotZ 1970, 144 zu 5.

[74]) KG JFG 7, 51 = HRR 1930 Nr. 1163.

prüfen, ob der nach dem Inhalt des Titels entstandene Anspruch noch besteht und ob er noch dem darin bezeichneten Gläubiger zusteht; durch den Nachweis, daß der Anspruch nicht oder nicht mehr bestehe oder einem anderen Gläubiger zustehe, kann die Erteilung der Vollstreckungsklausel nicht abgewendet werden[76]). Auch auf eine spätere Änderung der Fälligkeitsbedingungen, sei es daß die Fälligkeit vorverlegt oder hinausgeschoben wird, ist keine Rücksicht zu nehmen, da die Erteilung der Vollstreckungsklausel sich allein nach dem Inhalt der Urkunde richtet[77]). Allenfalls kann die Erteilung abgelehnt werden, wenn die Nichtigkeit des Anspruchs wegen Gesetz- oder Sittenwidrigkeit aus der Urkunde selbst ersichtlich ist (vgl. § 4 Rdn. 8). Da die Erteilung der Klausel noch keine Vollstreckungsmaßnahme ist, steht es ihr nicht entgegen, daß die Zwangsvollstreckung auf Grund einer Vollstreckungsvereinbarung ausgeschlossen[78]) oder daß die einstweilige Einstellung der Zwangsvollstreckung angeordnet ist[79]) oder daß der Schuldner sich im Konkurs befindet[80]).

2. *Titelergänzende Vollstreckungsklausel.* Ist die Vollstreckbarkeit nach dem Inhalt des **25**
Titels von dem Eintritt einer von dem Gläubiger zu beweisenden Tatsache abhängig, so darf die Vollstreckungsklausel nach §§ 726 Abs. 1, 795 ZPO nur erteilt werden, wenn der Beweis durch öffentliche oder öffentlich beglaubigte Urkunden geführt wird. Abweichend von diesem Grundsatz darf die Vollstreckungsklausel ohne weiteres erteilt werden, wenn die maßgebliche Tatsache eine Sicherheitsleistung des Gläubigers (§§ 726 Abs. 1, 751 Abs. 2 ZPO) oder der Eintritt eines Kalendertages (§ 751 Abs. 1) oder die Einhaltung einer Wartefrist (§ 798) oder eine Zug um Zug vorzunehmende Gegenleistung des Gläubigers ist (§ 726 Abs. 2 ZPO); in diesen Fällen obliegt die Prüfung erst dem Vollstreckungsorgan. Die Abhängigkeit von der Tatsache muß aus dem Titel selbst ersichtlich sein[81]) und die Beweislast für ihren Eintritt muß dem Gläubiger obliegen. Daher gehören *Verfall-* oder *kassatorische Klauseln* nicht hierher, durch die bestimmt wird, daß das Kapital oder der gestundete Restbetrag bei Nichtzahlung einer Rate oder von Zinsen oder sonstigem vertragswidrigen Verhalten ohne Kündigung vorzeitig fällig wird, da die Beweislast für die rechtzeitige Erfüllung den Schuldner trifft. Die Klausel wird ohne weitres und uneingeschränkt erteilt[82]); der Gläubiger muß den Eintritt der Tatsache allerdings behaupten[83]). Es ist Sache des Schuldners, die Zahlung und ihre Rechtzeitigkeit nach § 775 Nr. 4, 5 oder nach § 767 ZPO geltend zu machen. Zu unterscheiden hiervon sind bedingte Nebenleistungen sowie die *Wiederauflebensklausel,* nach welcher der Erlaß eines Teilbetrages hinfällig wird, wenn die für den Restbetrag vereinbarten Zahlungsbedingungen nicht eingehalten werden; hier gelten für den Nachweis der Bedingung die Grundsätze des § 726 Abs. 1 ZPO. Auch wenn der Schuldner sich nach dem Inhalt der Urkunde wegen eines künftigen Anspruchs unterworfen hat, wenn also die Urkunde ergibt, daß zur Zeit ihrer Errichtung der Anspruch noch nicht entstanden war, muß der Gläubiger die Entstehung gemäß § 726 Abs. 1 ZPO nachweisen[84]).

Als *Beweismittel* für den Eintritt der bedingenden Tatsache sind nur öffentliche oder **26**
öffentlich beglaubigte Urkunden zugelassen; Zeugenbeweis und privatschriftliche Erklärungen sind damit ausgeschlossen[85]). Wie im Fall des § 727 ZPO genügen aber auch Offenkundigkeit oder ein Geständnis des Schuldners bei seiner Anhörung nach § 730 ZPO[86]). Ist die Fälligkeit von einer *Kündigung* oder Mahnung abhängig, so wird der Nachweis durch die Zustellungs-

[75]) KG JW 1938, 56.

[76]) KG JFG 7, 51 = HRR 1930 Nr. 1163; KG JFG 11, 34 = JW 1934, 1862 = DNotZ 1934, 421 = HRR 1935 Nr. 893; Rosenberg ZPR[9] § 175 IV 2; a. M. Münzel NJW 1934, 2479.

[77]) KGJ 49, 15; RGZ 72, 22; 81, 302; JW 1910, 658; Oberneck NotR[10] S. 295.

[78]) Karlsruhe OLGR 31, 393; Schönke-Baur Zwangsvollstreckungsrecht[6] § 16 II 1 d.

[79]) Bruns Zwangsvollstreckungsrecht § 8 I 2; Baumbach-Lauterbach ZPO[30] § 724 Anm. 3 C; a. M. Stein-Jonas-Pohle ZPO[18] § 724 Anm. II 3.

[80]) Jaeger-Lent KO[8] § 14 Anm. 16.

[81]) RGZ 72, 22; 81, 302.

[82]) RGZ 134, 160; RG HRR 1938 Nr. 1104; BGH DNotZ 1965, 544; KG JFG 11, 35 = HRR 1935 Nr. 210 = JW 1934, 2163 mit Anm. v. Lange; Rosenberg ZPR[9] § 172 II 2 a; Schönke-Baur ZwangsvollstrR[6] § 15 V 1; Baumbach-Lauterbach ZPO[30] § 726 Anm. 2 D.

[83]) Schönke-Baur a. a. O.; Lange JW 1934, 2164; a. M. KG JFG 11, 35; Rosenberg a. a. O.

[84]) RGZ 132, 6; 134, 159; KG JFG 11, 29 = JW 1934, 1731 = DNotZ 1934, 422; Lent DNotZ 1952, 416.

[85]) BayObLG OLGR 42, 31.

urkunde des Gerichtsvollziehers über die Zustellung der Kündigungserklärung erbracht; die Erklärung selbst braucht nicht öffentlich beglaubigt zu sein[87]), auch nicht die Vollmacht eines Vertreters[88]), und die Berechtigung der Kündigung ist nicht nachzuweisen. Wegen des Vollmachtsnachweises, wenn ein Vertreter des Schuldners die Unterwerfung erklärt hat, vgl. oben Rdn. 9.

27 Von der *Nachweispflicht* aus § 726 Abs. 1 ZPO kann der Schuldner dem Gläubiger dadurch *Befreiung erteilen,* daß in der Urkunde bestimmt wird, dem Gläubiger solle auf seinen einseitigen Antrag eine vollstreckbare Ausfertigung auch ohne den Nachweis derjenigen Tatsachen erteilt werden, von deren Eintritt die Fälligkeit der Forderung oder die Entstehung bedingter Leistungen abhängt[89]). In gleicher Weise kann auch von dem Nachweis des Entstehens einer künftigen Forderung befreit werden[90]). Die Befreiung liegt regelmäßig schon in dem Antrag des Schuldners, dem Gläubiger eine vollstreckbare Ausfertigung zu erteilen[91]).

28 *3. Titelübertragende Vollstreckungsklausel.* Eine Umschreibung der Vollstreckungsklausel für und gegen andere als die in der vollstreckbaren Urkunde genannten Personen ist zulässig nach Maßgabe der §§ 795, 727 ZPO für einen Rechtsnachfolger des Gläubigers oder gegen den Rechtsnachfolger des Schuldners, gegen den Erben (Nacherben) wegen eines gegen den Testamentsvollstrecker (Vorerben) ergangenen Titels (§ 728), gegen den Übernehmer eines Vermögens oder Handelsgeschäfts (§ 729), entsprechend anwendbar auf den Erbschaftskäufer[92]), gegen den Nießbraucher eines Vermögens oder einer Erbschaft (§ 738), gegen den anderen Ehegatten oder den anteilsberechtigten Abkömmling bei Gütergemeinschaft (§§ 742, 744, 745 Abs. 2) sowie wegen der für und gegen den Erblasser ergangenen Titel für und gegen den Testamentsvollstrecker (§ 749 ZPO). Die Rechtsnachfolge oder der sonstige die Umschreibung rechtfertigende Tatbestand muß nach der Errichtung der Urkunde eingetreten sein. Der Begriff der Rechtsnachfolge ist nicht eng auszulegen. Er schließt Gesamtrechts- und Sonderrechtsnachfolge ein und umfaßt sowohl die Fälle des abgeleiteten als auch des ursprünglichen Erwerbs, so den Erwerb in der Zwangsversteigerung[93]) oder durch Überweisung im Wege der Zwangsvollstreckung[94]); er umfaßt nicht nur den Übergang des Vollrechts, sondern auch den Erwerb oder die Übertragung eines minderen Rechts[95]). Parteien kraft Amtes (Konkursverwalter, Nachlaßverwalter, Zwangsverwalter) sind zwar weder Vertreter noch Rechtsnachfolger; für die Umschreibung sind sie jedoch einem Rechtsnachfolger im Sinne des § 727 ZPO gleichzustellen[96]). Auch befreiende Schuldübernahme begründet Rechtsnachfolge im Sinne des § 727 ZPO[97]).

29 Als *Beweismittel* für die Rechtsnachfolge, das Besitzverhältnis oder den sonstigen Tatbestand sind nur öffentliche oder öffentlich beglaubigte Urkunden zugelassen, sofern die Tatsache dem Notar nicht offenkundig ist; es genügt auch, wenn der Schuldner bei seiner Anhörung (§ 730 ZPO) die Tatsache eingesteht[98]). Als öffentliche Urkunden kommen in Betracht Erbscheine, Testamentsvollstreckerzeugnisse, Zeugnisse über die Fortsetzung der Gütergemeinschaft, öffentliche Testamente nebst Eröffnungsverhandlung, Bestallung als Konkurs-

[86]) BayObLG DNotZ 1933, 108; Zöller ZPO[10] § 727 Anm. 7.

[87]) KG JW 1934, 2245; Schönke-Baur ZwangsvollstrR[6] § 15 V 2; Lüdicke-Dietrich S. 42; Bühling DNotZ 1953, 467.

[88]) Düsseldorf DNotV 1911, 344.

[89]) KG DNotZ 1933, 569; 1934, 592; BayObLG DNotZ 1933, 232; Düsseldorf DNotZ 1935, 297.

[90]) KG JFG 11, 29 = JW 1934, 1731 = DNotZ 1934, 422; Baumbach-Lauterbach ZPO[30] § 794 Anm. 7 D.

[91]) Düsseldorf DNotZ 1935, 297; KG DNotZ 1933, 569; Celle DNotZ 1969, 102.

[92]) Moll/Jonas, JW 1935, 2539.

[93]) RGZ 40, 339; 56, 243; RG Gruch. 43, 510; RG JW 1902, 128.

[94]) RGZ 57, 326; auch Überleitung auf Sozialhilfeträger (§§ 90, 91 BSozHG), LG Frankenthal DAVorm. 1970, 151.

[95]) RGZ 20, 421; 57, 326; 82, 38; KG JW 1932, 191.

[96]) RGZ 30, 70; 53, 8; KGJ 42, 7; KG JW 1931, 2153; BayObLG JW 1918, 53; Stuttgart NJW 1958, 1353.

[97]) KG JW 1938, 1916; Schleswig JZ 1959, 668; LG Hamburg DNotZ 1969, 704; vgl. § 51 Rdn. 5; str.; zur Umschreibung vgl. Wolfsteiner DNotZ 1968, 392.

[98]) Stein-Jonas-Pohle ZPO[18] § 726 Anm. V; Rosenberg ZPR[9] § 175 IV 3 b; Baumbach-Lauterbach ZPO[30] § 727 Anm. 3 A mit § 726 Anm. 2 B; dazu Schuler NJW 1957, 1537 zu III 2 (Geschäftsübernahme).

oder Nachlaßverwalter, der Nachweis der Vermögensübernahme durch eine Ausfertigung des Vertrages, des betreffenden Versammlungsbeschlusses, eines beglaubigten Auszugs aus dem Handelsregister bei Übernahme eines Handelsgeschäfts, der Pfändungs- und Überweisungsbeschluß[99]). Hat bei der Abtretung der Gläubiger durch einen Bevollmächtigten gehandelt, so ist das Bestehen der Vollmacht in der Form des § 727 Abs. 1 ZPO nachzuweisen[100]). Ein eigenhändiges Testament wird nicht dadurch zu einer öffentlichen Urkunde, daß es eröffnet und bei den Testamentsakten verwahrt wird[101]). Befriedigt einer von mehreren Gesamtschuldnern den Gläubiger, so ist auch der Umfang der Ausgleichungspflicht (§ 426 BGB) in der Form des § 727 Abs. 1 ZPO nachzuweisen, woran die Umschreibung in der Regel scheitern wird[101a]). Kann der Nachweis nicht in dieser Form erbracht werden, so ist nach §§ 731, 795 ZPO im Gerichtsstand der §§ 797 Abs. 5, 800 Abs. 3, 800a Abs. 2 ZPO Klage auf Erteilung der Vollstreckungsklausel zu erheben.

4. Weitere vollstreckbare Ausfertigung. Grundsätzlich ist eine vollstreckbare Ausfertigung nur einmal zu erteilen, da der Schuldner vor Übermaß geschützt werden muß, was zugleich im öffentlichen Interesse liegt. Eine weitere vollstreckbare Ausfertigung darf daher nur ausnahmsweise erteilt werden; Voraussetzung ist, daß für den Gläubiger ein Rechtsschutzbedürfnis vorliegt und dem Schuldner kein Schaden droht. Das gilt auch, wenn der Titel sich gegen mehrere Gesamtschuldner richtet[102]). Um den Fall einer „weiteren" vollstreckbaren Ausfertigung handelt es sich auch, wenn die Vollstreckungsklausel unter Fortbestehen der Haftung des bisherigen Schuldners nach § 729 ZPO auf den Vermögens- oder Geschäftsübernehmer umgeschrieben werden soll und gegen den früheren Alleinschuldner schon eine vollstreckbare Ausfertigung erteilt ist; § 733 ZPO ist deshalb zu beachten[103]. Dasselbe gilt, wenn eine vollstreckbare Ausfertigung für den Rechtsnachfolger erstrebt wird und eine solche bereits seinem Rechtsvorgänger erteilt ist. Nicht beizutreten ist der Auffassung, der Schuldner könne den Notar ermächtigen, dem Gläubiger mehrere vollstreckbare Ausfertigungen zu erteilen[104]); die Entscheidung darüber ist der Parteiwillkür entzogen und § 51 Abs. 2 BeurkG ist hierauf nicht anwendbar. Nicht um die Erteilung einer weiteren vollstreckbaren Ausfertigung handelt es sich, wenn über einen abgetretenen Teilbetrag eine besondere vollstreckbare Ausfertigung erteilt und auf der bisherigen Ausfertigung vermerkt wird, daß sie sich nicht mehr auf den abgetretenen Teilbetrag erstreckt[105]). Im übrigen kann ein Rechtsschutzbedürfnis angenommen werden, wenn die bisherige Ausfertigung zurückgegeben wird, weil sie unansehnlich geworden oder beschädigt ist, oder weil sie in Verlust geraten[106]) oder versehentlich oder wegen irriger Berechnung der Urteilssumme dem Schuldner trotz nur teilweiser Befriedigung ausgehändigt ist[107]) oder wenn aus besonderen Gründen gleichzeitig an mehreren Orten durch verschiedene Vollstreckungsorgane vollstreckt werden soll[108]). **30**

Eine förmliche Beweisaufnahme findet in diesem Verfahren nicht statt; Darlegung des Sachverhalts und Glaubhaftmachung genügen[109]). Der Schuldner sollte grundsätzlich vorher gehört werden (§ 733 Abs. 1); der Einwand, er habe erfüllt, ist in diesem Verfahren jedoch unbeachtlich (§ 767 ZPO). Der Notar hat nach § 797 Abs. 3 ZPO die Entscheidung des Amtsgerichts einzuholen, die auf den Rechtspfleger übertragen ist (§ 20 Nr. 13 RechtspflG); auf Grund dieser Anordnung und unter Hinweis auf sie erteilt der Notar, nicht etwa das Gericht, die Ausfertigung. Soll die weitere vollstreckbare Ausfertigung zugleich auf einen Rechtsnachfolger umgeschrieben werden, so obliegt die Prüfung der Rechtsnachfolge dem **31**

99) RGZ 57, 328.
100) Baumbach-Lauterbach ZPO[30] § 727 Anm. 3 A.
101) KG OLGR 26, 377.
101a) KG NJW 1955, 913; LG Bonn MDR 1965, 493; BayObLG DNotZ 1970, 501.
102) Naumburg JW 1936, 400.
103) Hamburg SeuffA 53, 110; Stein-Jonas-Pohle ZPO[18] § 733 Anm. I; Schuler NJW 1957, 1537 zu IV 2 c.
104) So Oberneck NotR[10] S. 293; Kersten-Bühling Formularbuch[14] § 16 IV 5 S. 96.
105) KGJ 44, 13; Oberneck NotR[10] S. 293.
106) KG JW 1924, 411; 1937, 3050; 1938, 969; Grunz 1950, 72.
107) Breslau ZZP 33, 288; RGZ 110, 118; Kiel JW 1932, 3639.
108) Naumburg NJW 1936, 400; Rosenberg ZPR[9] § 175 IV 3 c.
109) KG JW 1938, 969.

Notar, nicht dem Gericht[110]). Die Ermächtigung ist nicht erforderlich, wenn die erste Ausfertigung dem Notar zurückgegeben wird[111]). Weitere vollstreckbare Ausfertigungen gerichtlicher Urkunden erteilt, wenn die bisherige nicht zurückgeben wird, der Rechtspfleger (§ 20 Nr. 13 RechtspflG). Die weitere vollstreckbare Ausfertigung ist als solche zu bezeichnen; der Schuldner ist von ihrer Erteilung zu benachrichtigen (§§ 795, 733 Abs. 2, 3 ZPO).

V. Form und Inhalt der Vollstreckungsklausel

32 *1. Form.* Die Form bestimmt sich allein nach den Vorschriften der ZPO. § 39 BeurkG ist auch auf Vollstreckungsklauseln des Notars nicht anwendbar, wenn auch sachliche Abweichungen nicht bestehen. Die Vollstreckungsklausel besteht nach §§ 725, 795 ZPO aus einem Vermerk, welcher der Ausfertigung der vollstreckbaren Urkunde am Schluß beizufügen, von der Urkundsperson zu unterschreiben und mit dem Gerichtssiegel, von anderen Behörden und Notaren mit dem Dienstsiegel zu versehen ist. Nach dem Sprachgebrauch der ZPO ist unter einem Siegel sowohl das Prägesiegel als auch der Farbdruckstempel zu verstehen[111a]). Der Farbdruckstempel genügt daher auch für Vollstreckungsklauseln der Notare und der Jugendämter. Die Vollstreckungsklausel kann, statt daß sie einer einfachen Ausfertigung hinzugefügt wird, auch mit dem Ausfertigungsvermerk verbunden werden; in diesem Fall ist für die Form des Ausfertigungsvermerks § 49 BeurkG zu beachten. Wesentliche Form sind die Anbringung der Klausel auf dem Titel, wenn auch nicht gerade am Schluß, die eigenhändige Unterschrift der Urkundsperson und die Beifügung des Siegels[112]).

33 *2. Inhalt.* Der notwendige Inhalt der Vollstreckungsklausel ergibt sich aus § 725 ZPO. Die Klausel muß insbesondere eine ausreichende Bezeichnung des Gläubigers enthalten[113]) und hervorheben, daß die Ausfertigung zum Zwecke der Zwangsvollstreckung bestimmt ist[114]). Die Bezeichnung des Gläubigers muß aus der Klausel selbst ersichtlich sein; es genügt nicht, daß die Person des Gläubigers der vollstreckbaren Urkunde entnommen werden kann. Auch wenn die Klausel einer bereits vorhandenen Ausfertigung beigefügt wird, in deren Ausfertigungsvermerk der Gläubiger als Empfänger nach § 49 Abs. 2 Satz 1 BeurkG genannt ist, ist die Wiederholung der Bezeichnung des Gläubigers in der Klausel erforderlich, weil eine einfache Ausfertigung auch einem anderen als dem Gläubiger erteilt werden kann und anderenfalls die amtliche Bescheinigung darüber fehlt, welche Person zur Zwangsvollstreckung aus der Urkunde berechtigt ist[115]); allenfalls mag eine ausdrückliche Bezugnahme auf die in dem Ausfertigungsvermerk genannte Person zulässig sein. Ein Einzelkaufmann kann mit seiner Firma bezeichnet werden.

34 Die Bezeichnung des *Schuldners* ist nur erforderlich, wenn er mit dem in der Urkunde bezeichneten Schuldner nicht übereinstimmt, also in den Fällen der titelübertragenden Vollstreckungsklausel (Rdn. 26). Im Fall der Umschreibung auf den Übernehmer eines Vermögens oder eines Handeslgeschäfts nach § 729 ZPO ist die Mithaftung des früheren Schuldners zu vermerken[116]). Der Umfang des zu vollstreckenden Anspruchs ergibt sich aus der Urkunde; er braucht in der Vollstreckungsklausel nicht mehr angegeben zu werden. Dabei ist jedoch zu beachten, daß die Klausel, wenn sie keine Einschränkung enthält, dem Vollstreckungsorgan die Vollstreckbarkeit sämtlicher in der Urkunde angeführter Ansprüche bezeugt. Ist der Anspruch nur zum Teil oder sind von mehreren Ansprüchen nicht alle vollstreckbar, so ist die Klausel auf die vollstreckungsreifen Ansprüche zu beschränken. Sind

[110]) LG Koblenz DNotZ 1970, 409.

[111]) RGZ 50, 365; daß die Vorenthaltung der Befugnis der Notare, weitere vollstreckbare Ausfertigungen selbständig zu erteilen, jeder inneren Rechtfertigung entbehrt, hat bereits Josef, JW 1928, 697 dargelegt.

[111a]) RGZ 46, 364; KG OLGR 25, 150; Baumbach-Lauterbach ZPO[30] § 725 Anm. 2.

[112]) Wenn Baumbach-Lauterbach a. a. O. dahin zu verstehen sein sollten, daß das Fehlen des Siegels unschädlich sei, könnte ihnen nicht gefolgt werden.

[113]) KG JW 1932, 2174 = DNotZ 1932, 712; KG JW 1938, 56.

[114]) KG JW 1937, 1510.

[115]) KG JW 1932, 2174; a. M. Vleugels ebenda.

[116]) Rostock OLGR 31, 87; Stein-Jonas-Pohle ZPO[18] § 729 Anm. 2; Baumbach-Lauterbach ZPO[30] § 729 Anm. 2; Würdinger HGB[2] § 17 Anm. 31 zu 3 b; Schuler NJW 1957, 1537 zu IV 2 c. Zur Vollstreckungsklausel gegen den Einzelkaufmann und gegen Personengesellschaften vgl. Eickmann, Rpfleger 1968, 382; 1970, 113.

mehrere Gläubiger pro rata berechtigt, so erhält jeder eine Vollstreckungsklausel, die auf den ihm zustehenden Anspruch beschränkt ist.

In den Fällen der Klauselumschreibung nach §§ 727 bis 729, 738, 742, 745 Abs. 2 und 749 ZPO muß in der Vollstreckungsklausel die Offenkundigkeit oder das Geständnis des Schuldners erwähnt (§ 727 Abs. 2 ZPO) oder im Hinblick auf § 750 Abs. 2 ZPO angegeben werden, auf Grund welcher Urkunden die Vollstreckungsklausel erteilt ist. Ein Verstoß hindert zwar nach § 750 Abs. 2 ZPO den Beginn der Zwangsvollstreckung, macht aber die Vollstreckungsklausel nicht unwirksam[117]); der Schuldner kann die Rechtsbehelfe nach §§ 732, 768 ZPO ergreifen. Diese Angaben sind im Fall des § 726 Abs. 1 ZPO zwar nicht vorgeschrieben, aber soweit § 750 Abs. 2 ZPO die Zustellung der Urkunden fordert, regelmäßig angebracht. Zu den Urkunden, die nach §§ 726 Abs. 1, 750 Abs. 2 zuzustellen sind, gehören aber nicht die Vollmacht oder die Genehmigung des Vertretenen, sowenig wie im Zivilprozeß die Prozeßvollmacht oder die nach § 89 ZPO erteilte Genehmigung zugestellt werden müssen (vgl. Rdn. 9); darüber, ob der Vertreter, der die Unterwerfungserklärung abgegeben hat, ordnungsgemäß legitimiert war, entscheidet der Notar mit Bindungswirkung für die Vollstreckungsorgane (Rdn. 13). **35**

3. Berichtigung der Vollstreckungsklausel. Wegen offenbarer Unrichtigkeit kann die Klausel entsprechend § 319 ZPO berichtigt werden (vgl. § 18 FGG Rdn. 37). Eine Ergänzung der Klausel ist zulässig, wenn dies anhand der Akten möglich ist und nicht zu einer Änderung des Inhalts der Klausel führt[118]). Hat sich ohne Wechsel der Rechtspersönlichkeit nur die Rechtsform geändert (Umwandlung einer GmbH in eine AG oder umgekehrt) oder ist die Firma oder der Name des Beteiligten geändert worden, so ist eine *Klarstellungsklausel* zulässig, auf deren Erteilung § 727 ZPO entsprechend anzuwenden ist[118a]). Wechselt bei der offenen Handelsgesellschaft oder Kommanditgesellschaft ein Gesellschafter, während die Firma unverändert fortgeführt wird, so bedarf es im Hinblick auf §§ 124, 161 Abs. 2 HGB weder einer Umschreibung der Klausel noch eines Klarstellungsvermerks. **36**

4. Vermerk auf der Urschrift. Die Erteilung der vollstreckbaren Ausfertigung ist vor deren Aushändigung gemäß §§ 734, 795 ZPO unter Angabe des Datums und der Partei, der sie erteilt ist, auf der Urschrift zu vermerken. Der Vermerk ist von dem Notar zu unterschreiben. **37**

VI. Rechtsbehelfe

1. Erteilung der Vollstreckungsklausel

a) Einwendungen nach § 732 ZPO. Ist die Vollstreckungsklausel erteilt, so kann der Schuldner gegen ihre *Zulässigkeit* Einwendungen erheben (§§ 795, 732 ZPO), und zwar bei dem Amtsgericht, welches bei gerichtlichen oder gerichtlich verwahrten notariellen Urkunden die Urkunde verwahrt und demgemäß die Klausel erteilt hat (§ 797 Abs. 3 ZPO), bei notariellen Urkunden oder solchen des Jugendamts das Amtsgericht, in dessen Bezirk der Amtssitz des Notars oder des Jugendamts belegen ist (§ 797 Abs. 3 ZPO, § 50 Abs. 1 Satz 2 Nr. 2 JWG). Die Beschwerde (auch nach § 54 BeurkG) ist ausgeschlossen[119]). Die Klausel muß bereits erteilt sein; die Zwangsvollstreckung braucht noch nicht begonnen zu haben, darf aber noch nicht beendet sein[120]). Statthaft sind Einwendungen, mit welchen die Zulässigkeit der Klausel, also die förmlichen Voraussetzungen ihrer Erteilung bestritten werden, z. B. die Wirksamkeit der Unterwerfung[121]) oder das Vorliegen einer Ermächtigung zur Er- **38**

117) Breslau OLGR 18, 395; KG JW 1922, 499; Rosenberg ZPR[9] § 175 IV 3 b S. 875; Baumbach-Lauterbach ZPO[30] § 727 Anm. 4.

118) KG JW 1937, 3050; Petermann S. 110; Stein-Jonas-Pohle ZPO[18] § 727 Anm. I.

118a) KG OLGR 13, 152; BayObLGZ 1956, 218 = NJW 1956, 1800 = JR 1957, 66 = Rpfleger 1957, 22; LG Stuttgart MDR 1968, 504; LG Berlin MDR 1970, 244 = RheinNotK 1970, 363; Zöller-Scherübl ZPO[10] § 727 Anm. 4; Rosenberg ZPR[9] § 177 I 1; Thiesing DJZ 1934, 594; Eickmann Rpfleger 1968, 382 zu II; ders., Rpfleger 1970, 113 Fn. 8; a. M. Schuler NJW 1957, 1537 zu III 1.

119) München OLGR 29, 185.

120) LG Hildesheim NJW 1962, 1256.

121) BGHZ 22, 54, 65.

teilung der einfachen Ausfertigung (Rdn. 23) oder mit denen die Ausschließung der Urkundsperson geltend gemacht wird[122]); für Einwendungen dieser Art ist das Verfahren nach § 732 ZPO ausschließlich gegeben[123]). Ferner kann in diesem Verfahren, insoweit unbeschadet der Klage nach § 768 ZPO, vorgebracht werden, daß die Klausel, wenn der Titel bedingt ist (§ 726 Abs. 1 ZPO), nicht hätte erteilt werden dürfen oder daß sie nicht für oder gegen andere als die im Titel Bezeichneten hätte umgeschrieben werden dürfen (§§ 727 ff. ZPO). Ausgeschlossen sind Einwendungen, die gegen den vollstreckbaren Anspruch, seine Entstehung und seine Fälligkeit gerichtet sind (§ 767 ZPO). Einwendungen sind nicht mehr statthaft, wenn ein rechtskräftiges Urteil nach § 768 ZPO über ihre Verwerfung oder nach § 731 ZPO über die Erteilung der Klausel ergangen ist.

39 Das Amtsgericht entscheidet durch Beschluß (§ 329 ZPO); das Verfahren ist ein solches der ZPO[124]). Der Notar ist an dem Verfahren nicht beteiligt[125]). Hat der Rechtspfleger die Klausel erteilt, so darf er der Einwendung abhelfen[216]). Gegen die Zurückweisung des Antrags steht dem Schuldner, gegen die Aufhebung der Klausel dem Gläubiger die einfache Beschwerde nach § 567 ZPO zu[127]), die weitere Beschwerde nach Maßgabe des § 568 Abs. 2 ZPO. Die Beschwerde kann auf neue Tatsachen gestützt werden (§ 570). Es genügt, wenn die Voraussetzungen der Erteilung im Laufe des Verfahrens nachträglich eintreten, mögen sie auch zur Zeit der Erteilung der Klausel noch nicht eingetreten gewesen sein[128]).

40 Einstweilige Anordnungen, die das Gericht nach § 732 Abs. 2 ZPO erlassen kann, und ihre Ablehnung sind unanfechtbar[129]).

41 *b) Klage des Schuldners.* Ist der Titel bedingt oder soll für oder gegen andere als die in ihm Bezeichneten vollstreckt werden, so kann der Schuldner, wenn er den Eintritt der Bedingung (§ 726 Abs. 1 ZPO) oder die Voraussetzungen für die Umschreibung der Klausel auf diesen Gläubiger oder gegen sich bestreitet, Klage auf Unzulässigkeit der Zwangsvollstreckung aus der Vollstreckungsklausel erheben (§ 768 ZPO). Mit dieser Klage können aber nur Einwendungen geltend gemacht werden, die das Fehlen der materiellen Voraussetzungen für die Erteilung der Vollstreckungsklausel dartun sollen (Eintritt der nach § 726 Abs. 1 ZPO maßgeblichen Tatsachen, Rechtsnachfolge). Einwendungen, die nur die formellen Voraussetzungen der Erteilung betreffen (z. B. daß die Tatsache oder die Rechtsnachfolge nicht in der gehörigen Form nachgewiesen sei), sind ausschließlich gemäß § 732 ZPO geltend zu machen[130]). Wird geltend gemacht, die Voraussetzung für den Eintritt der Verfallklausel sei nicht eingetreten, so ist nicht der Weg des § 732 ZPO gegeben, auch nicht die Klage nach § 768 ZPO, da es sich nicht um einen Fall des § 726 Abs. 1 ZPO handelt (oben Rdn. 25), sondern es ist Vollstreckungsgegenklage gegen den Titel nach §§ 767, 797 Abs. 4 ZPO zu erheben. Der Gerichtsstand für die Klagen nach §§ 767, 768 (und § 731) ZPO bestimmt sich bei gerichtlichen und notariellen Urkunden nach §§ 797 Abs. 5, 800 Abs. 3, 800a Abs. 2 ZPO.

2. *Versagung der Vollstreckungsklausel.*

42 *a) Beschwerdeweg.* Der Gläubiger kann gegen die Verfügung des Notars oder Gerichts nach § 54 Beschwerde an die Zivilkammer des Landgerichts einlegen; vgl. näher § 54 mit Bem.

43 *b) Klage auf Erteilung der Vollstreckungsklausel.* Kann der Gläubiger bei der erstrebten Umschreibung der Vollstreckungsklausel den Nachweis der Rechtsnachfolge oder bei einem bedingten Titel (§ 726 Abs. 1 ZPO) den Nachweis des Eintritts der Bedingung nicht mit öffentlichen oder öffentlich beglaubigten Urkunden erbringen, dann kann er Klage auf Er-

122) LG Hildesheim NJW 1962, 1256.
123) BGHZ 22, 54, 65.
124) KG NJW 1962, 2162.
125) Jansen, DNotZ 1966, 267, 271.
126) Stein-Jonas-Münzberg ZPO[19] § 732 Anm. II; Palm Rpfleger 1967, 366.
127) Dresden JW 1933, 1669; Stettin HRR 1933 Nr. 1268; Kiel JW 1932, 1158; KG NJW 1962, 2162.
128) Vgl. Hamburg JW 1934, 1982; Nürnberg MDR 1960, 318; Baumbach-Lauterbach ZPO[30] § 768 Anm. 1; vgl. auch Rosenberg ZPR[9] § 176 II 2 c; a. M. Lüdicke-Dietrich S. 41 zu 2; Haegele Rpfleger 1961, 140.
129) KG JW 1930, 2065; Hamm JMBlNRW 1956, 17, Baumbach-Lauterbach ZPO[30] § 732 Anm. 4 b.
130) RGZ 50, 366, 375.

teilung der Vollstreckungsklausel erheben (§ 731 ZPO; entsprechend anwendbar nach §§ 738, 742, 744, 745 Abs. 2, 749 ZPO). Der Gerichtsstand bestimmt sich nach §§ 797 Abs. 5, 800 Abs. 3 800a Abs. 2 ZPO.

Einreichung beim Grundbuchamt oder Registergericht

53 Sind Willenserklärungen beurkundet worden, die beim Grundbuchamt oder Registergericht einzureichen sind, so soll der Notar dies veranlassen, sobald die Urkunde eingereicht werden kann, es sei denn, daß alle Beteiligten gemeinsam etwas anderes verlangen; auf die mit einer Verzögerung verbundenen Gefahren soll der Notar hinweisen.

Übersicht

A. Allgemeines

Die Vorschrift trägt dem Umstande Rechnung, daß die vollkommenste Urkunde wertlos ist, wenn es an dem notwendigen Vollzuge fehlt. Sie will deshalb diesen Vollzug fördern und erleichtern. Eine Vorschrift dieser Art war bereits in § 42 der Dienstordnung für Notare von 1937 enthalten, mit dem der durch § 57 Abs. 17 Nr. 8 BeurkG aufgehobene § 37 BNotO sachlich übereinstimmte. Nach der amtl. Begründung (BT-Drucks. V/3282 S. 41) werden in § 53 die Bestimmungen des § 37 BNotO in nur sprachlich veränderter Fassung übernommen; eine bedeutsame Änderung, mindestens eine wichtige Klarstellung, ergibt sich aber daraus, daß abweichende Weisungen für den Notar nur beachtlich sind, wenn sie von allen Beteiligten gemeinsam ausgehen. **1**

B. Vollzugstätigkeit des Notars

I. Amtstätigkeit

Auch die dem Notar kraft Gesetzes (§ 53) obliegende oder von ihm im Rahmen der notarischen Rechtsbetreuung (§ 24 BNotO) übernommene Vollzugstätigkeit gehört zur Amtstätigkeit des Notars[1]). Auch insoweit gilt der Grundsatz, daß die Erfüllung der Amtspflichten für den Notar nicht Gegenstand vertraglicher Bindung sein kann[2]); das Verhältnis des Notars zu den Beteiligten ist auch dann kein bürgerlichrechtliches Vertragsverhältnis, wenn er „im Auftrag" oder "mit Vollmacht" der Beteiligten tätig wird. Ist die Vornahme von Amtshandlungen des Notars (oder ihre Unterlassung) von den Weisungen mehrerer Beteiligter abhängig, so darf der Notar die Amtshandlung nur vornehmen (oder unterlassen), wenn übereinstimmende Erklärungen aller Beteiligten vorliegen oder durch gerichtliche Entscheidung ersetzt werden. Der Notar darf sich nicht zum Richter über die privatrechtlichen Verhältnisse streitender Beteiligter machen[3]). Der Notar macht sich schadensersatzpflichtig, wenn er die ihm nach § 53 obliegende oder nach § 24 BNotO übernommene Amtspflicht verletzt, sofern er nicht im Einzelfall davon befreit ist[4]). **2**

Der Notar braucht die mit dem Vollzuge verbundenen Maßnahmen nicht persönlich auszuführen. Das kommt auch in der von § 37 BNotO abweichenden Fassung des § 53 („ver- **3**

[1]) RGZ 93, 68, 70/71; BGHZ 28, 104, 107.
[2]) KG JW 1937, 239.
[3]) Ertl, DNotZ 1967, 339, 356.
[4]) BGHZ 28, 104 = DNotZ 1958, 557; Hamburg DNotZ 1970, 60; Staudinger-Schäfer BGB[11] § 839 Rdn. 525.

anlassen") zum Ausdruck. Es genügt, wenn er geeignete Vorkehrungen trifft, durch die gewährleistet wird, daß die Absendung der Urkunden durch gut geschulte Angestellte seiner Kanzlei ausgeführt wird[5]). Jedoch bleibt der Notar verpflichtet, seine Angestellten mit der gebotenen Sorgfalt zu überwachen, in zweifelhaften Fällen zu belehren und die Gesetzmäßigkeit der Ausführung selbst zu prüfen[6]).

4 Lehnt der Notar die ihm nach § 53 kraft Gesetzes obliegende Vollzugstätigkeit ab, so kann dagegen nach § 15 Abs. 1 BNotO die *Entscheidung des Landgerichts* angerufen werden, da diese Tätigkeit mit der Urkundstätigkeit (§§ 20 bis 22a BNotO) in so engem Zusammenhange steht, daß sie noch als deren Bestandteil anzusehen ist[7]), nicht dagegen, wenn er es ablehnt, über seine gesetzliche Pflicht hinaus eine Vollzugstätigkeit im Rahmen der Rechtsbetreuung (§ 24 BNotO) zu übernehmen oder auszuführen (vgl. § 4 Rdn. 1).

II. Gegenstand der Vollzugstätigkeit

5 *1. Gesetzlicher Umfang.* Die kraft Gesetzes bestehende Pflicht des Notars, für den Vollzug zu sorgen, setzt nach § 53 voraus, daß er Willenserklärungen beurkundet hat, die beim Grundbuchamt oder Registergericht einzureichen sind. Außer dem Grundbuch einschließlich des Erbbaugrundbuchs (§ 14 ErbbRVO) und des Wohnungs- und Teileigentumsgrundbuchs (§ 7 WEG) sowie der für grundstücksgleiche Rechte angelegten Grundbücher kommen als Register in Betracht das Handels-, das Genossenschafts-, das Vereins-, das Güterrechts- und das Musterregister[8]) sowie das Kabelbuch, ferner das Schiffsregister, das Schiffsbauregister und das Register für Pfandrechte an Luftfahrzeugen. Die Pflicht, zum Vollzuge tätig zu werden, besteht nur, wenn der Notar die beim Grundbuchamt oder Registergericht einzureichenden Willenserklärungen beurkundet hat. Hat er lediglich Unterschriften beglaubigt, so obliegt ihm weder eine Belehrungspflicht über die Notwendigkeit des Vollzugs (§ 40 Rdn. 30) noch die Pflicht, aus eigenem Antriebe zum Vollzuge tätig zu werden. In diesem Fall kann eine solche Pflicht nur dadurch begründet werden, daß der Notar sie auf Grund besonderen Auftrags im Rahmen der notarischen Rechtsbetreuung (§ 24 BNotO) übernimmt. Wenn allerdings der Notar auch den Entwurf der Urkunde gefertigt hat, unter der er eine Unterschrift beglaubigt hat, so hat er auch in Ansehung der Vollzugstätigkeit dieselben Pflichten, als wenn er die Erklärung beurkundet hätte[9]).

6 Die beurkundeten Willenserklärungen müssen ferner beim Grundbuchamt oder Registergericht *einzureichen* sein. Da Grundbuchamt und Registergericht grundsätzlich nur auf Antrag (Anmeldung) tätig werden, muß mithin der erforderliche Antrag oder die gebotene Anmeldung von den Beteiligten in der von dem Notar aufgenommenen Urkunde oder anderweit gestellt oder erklärt sein. Urkunden, die sich zwar auf eintragungsbedürftige oder eintragungsfähige Vorgänge beziehen, z. B. die Auflassung eines Grundstücks oder die Gründung einer GmbH enthalten, können nicht eingereicht werden, wenn es an dem Antrag oder der Anmeldung fehlt. Soweit gesetzliche Vollmachtsvermutungen bestehen, kraft deren der Notar als ermächtigt gilt, den Eintragungsantrag namens eines Antragsberechtigten oder Anmeldepflichtigen zu stellen (§ 15 GBO, § 25 SchiffsRegO, §§ 129 Satz 1, 147 Abs. 1, 159, 161 Abs. 1 FGG, vgl. dazu § 13 FGG Rdn. 45, § 129 FGG Rdn. 2 bis 7), ist er nicht auf Grund des § 53 verpflichtet, von dieser Ermächtigung Gebrauch zu machen, selbst wenn der erforderliche Antrag nicht schon von einem Antragsberechtigten in der Urkunde gestellt ist[10]), da

[5]) RG DNotZ 1933, 657; Seybold-Hornig BNotO[4] § 37 Rdn. 13; Recke JW 1938, 3137 zu 9; Mecke Rdn. 3.

[6]) BayObLG DNotV 1929, 425; RG DNotZ 1933, 657; BGHZ 31, 5, 9; Daimer, Prüfungs- und Belehrungspflicht 2. Aufl. S. 393; Staudinger-Schäfer BGB[11] § 839 Rdn. 511.

[7]) Vgl. Seybold-Hornig BNotO[4] § 15 Rdn. 5.

[8]) Soweit das Musterregister nicht beim Amtsgericht (vgl. § 125 FGG Rdn. 29), sondern beim Patentamt geführt wird (vgl. Anl. 6 Fn. 2), besteht nach dem Wortlaut des Gesetzes keine Vollzugspflicht; man wird die Vorschrift aber auch in diesem Fall anwenden müssen.

[9]) BGH VersR 1956, 45; vgl. § 40 Rdn. 30; Seybold-Hornig BNotO § 37 Rdn. 20; Mecke Rdn. 2.

[10]) RG JW 1937, 2121 = DNotZ 1937, 757; Daimer DNotZ 1952, 444; Seybold-Hornig BNotO[4] § 37 Rdn. 15; a. M. für den Fall, daß die erforderlichen Anträge nicht schon von den Beteiligten in der Urkunde gestellt sind, Recke JW 1938, 3141 und unter Hinweis auf ihn beiläufig BGHZ 28, 104, 109.

er dadurch zusätzliche Pflichten hinsichtlich der Überwachung des Vollzugs übernimmt, die ihm kraft Gesetzes nicht obliegen (Rdn. 12). Diese Pflicht besteht vielmehr nur, wenn der Notar sie ausdrücklich oder stillschweigend übernommen hat. Der Notar kann diese Pflicht jedoch nicht nur gegenüber demjenigen übernehmen, dessen Erklärung er beurkundet oder beglaubigt hat, sondern auch demjenigen gegenüber, der Rechte aus der Erklärung erwerben und zu dessen Gunsten die Eintragung erfolgen soll[11]). Dies wird allerdings nicht ohne Einverständnis des Erklärenden zulässig sein, wenn dieser der einzige Urkundsbeteiligte ist (§ 6 Abs. 2), da in diesem Fall die Rechtswirkungen seiner Erklärungen nicht über seinen Kopf hinweg herbeigeführt werden können, solange keine Bindung eingetreten ist. Sind sie erforderlichen Anträge in der Urkunde noch nicht gestellt, so greift die allgemeine Belehrungspflicht aus § 17 ein, nach welcher der Notar über die zum Vollzuge zu unternehmenden Schritte zu belehren hat[12]).

Hat der Notar Willenserklärungen beurkundet, die zwar des Vollzuges bedürfen, aber **7**
nicht durch Einreichung beim Grundbuchamt oder Registergericht, so greift die Pflicht aus § 53 zur Vollzugstätigkeit nicht ein, z. B. wenn er eine empfangsbedürftige Willenserklärung beurkundet hat, die nach § 130 BGB erst mit dem Zugang wirksam wird. In diesem Fall ist er zur Herbeiführung der erforderlichen Vollzugshandlung nur gehalten, wenn er die Verpflichtung dazu übernommen hat[13]). Es besteht aber hinsichtlich des Vollzugserfordernisses die allgemeine Belehrungspflicht aus § 17, und da die Beteiligten in der Regel erwarten, daß der Notar das zum Vollzug Erforderliche übernimmt, wird der Notar unzweideutig zum Ausdruck bringen müssen, daß er die Vollzugstätigkeit nicht übernimmt und dies dem Beteiligten überläßt.

2. Vollzugsreife. a) Eintritt. Voraussetzung der Einreichungspflicht ist die Vollzugsreife **8**
(„sobald die Urkunde eingereicht werden kann"). Der Vollzugsreife können zunächst die Rechte und Pflichten des Notars selbst entgegenstehen; das ist z. B. der Fall, solange eine Urkundensperre besteht (vgl. § 19 Rdn. 14, 16) oder wenn der Notar von seinem Recht nach §§ 10, 141 KostO Gebrauch macht, Ausfertigungen sowie zurückzugebende Urkunden, die aus Anlaß des Geschäfts eingereicht wurden, bis zur vollen Kostenzahlung zurückzubehalten. In diesem Fall wird er aber die Beteiligten von der Ausübung des Zurückbehaltungsrechts unterrichten und sie über die Gefahren belehren müssen, die infolge des Ausbleibens der Kostenzahlung durch die verzögerte Vollziehung der Urkunde eintreten können. Ferner ist es nicht ausgeschlossen, daß der Notar von einer Vollzugstätigkeit Abstand nimmt, wenn er erst nachträglich erkennt, daß er die Beurkundung hätte ablehnen müssen, weil die Beteiligten unredliche oder unerlaubte Zwecke verfolgen (vgl. § 4 Rdn. 8). Im übrigen kommt es für die Vollzugsreife darauf an, ob vom Standpunkt des vom Grundbuchamt oder Registergericht anzuwendenden Verfahrensrechts aus die Voraussetzungen erfüllt sind, bei deren Vorliegen nach der Rechtsauffassung des Notars, die er sich nach pflichtmäßiger Prüfung gebildet hat, dem Antrage stattgegeben werden müßte oder ob der Vollziehung ein Hindernis entgegensteht, welches dem Gericht zu Beanstandungen Anlaß geben müßte. Hierfür macht es keinen Unterschied, ob das Hindernis von der Art ist, daß der Antrag sofort zurückgewiesen werden wird, oder ob es, weil der Mangel, wie etwa das Fehlen der steuerlichen Unbedenklichkeitsbescheinigung, behebbar ist, nur zum Erlaß einer Zwischenverfügung nach § 18 GBO, § 26 Satz 2 HRV Anlaß geben wird[14]); auch bei Bestehen eines behebbaren Hindernisses liegt Vollzugsreife noch nicht vor. Nur unter besonderen Umständen, etwa wenn den Beteiligten wegen zu erwartender weiterer Anträge daran gelegen sein muß, sich die rangwahrende Wirkung der Zwischenverfügung (§ 18 Abs. 2 GBO) zu sichern, kann sich eine Pflicht des Notars, die Beteiligten über diese Möglichkeit aufzuklären und sich den

[11]) RG a. a. O.
[12]) BGHZ 19, 5 = DNotZ 1956, 319.
[13]) Vgl. BGHZ 31, 5.
[14]) Daimer, Prüfungs- und Belehrungspflicht 2. Aufl. S. 281; Seybold-Hornig BNotO[4] § 37 Rdn. 11; Ehrhardt-Douverne, Wegweiser durch das Notariatsrecht, 2. Aufl. Nachtr. S. 17; a. M. Jonas DNotZ 1938, 523; Recke JW 1938, 3137, 3142; Haegele Rpfleger 1969, 419.

Auftrag zur vorzeitigen Antragstellung bei Behebbarkeit des Mangels erteilen zu lassen, aus der betreuenden Belehrungspflicht (§ 17 Rdn. 9) ergeben.

9 Ist die Vollzugsreife eingetreten, so hat der Notar die Amtspflicht, außer der vor ihm errichteten Urkunde zugleich alle Unterlagen einzureichen, die verfahrensrechtlich für die Vornahme der beantragten Eintragung erforderlich sind, insbesondere also die steuerliche Unbedenklichkeitsbescheinigung (§ 19 Rdn. 5, 10), behördliche Genehmigungen und Bestätigungen (§ 18), rechtsgeschäftliche Nebenerklärungen wie Pfandfreigaben, Rangänderungs- oder Löschungserklärungen, Genehmigungserklärungen Drittbeteiligter und Nachweise über die Vertretungsbefugnis, nicht aber Erklärungen über die Ausübung eines Vorkaufsrechts, da Vorkaufsrechte keine Grundbuchsperre bewirken. Befinden sich die Urkunden in den Akten desselben Gerichts, (z. B. ein Erbschein, die Bestellung zum Vormund), so kann die Vorlegung durch die Bezugnahme auf diese Akten ersetzt werden (§ 128 FGG Rdn. 29). Betrifft die beantragte Eintragung ein Briefrecht, so ist auch der Brief vorzulegen (§§ 41, 42 GBO). Das Fehlen eines Gerichtskostenvorschusses (§ 8 KostO) ist kein der Vollzugsreife entgegenstehendes Hindernis, da es erst entsteht, wenn der Richter (Rechtspfleger) die Erledigung des Geschäfts von der Vorschußzahlung abhängig macht (Vorbem. vor § 13a FGG Rdn. 8). Haben aber die Beteiligten den Vorschuß dem Notar übergeben, so hat er ihn an das Gericht weiterzuleiten.

10 Zeitlich hat der Notar die Einreichung zu veranlassen, „sobald" die Urkunde eingereicht werden kann, also vollzugsreif ist. Das hat nach allgemeinen Grundsätzen, wenn es auch in § 53 abweichend von § 37 BNotO nicht mehr besonders gesagt ist, unverzüglich, d. h. ohne schuldhaftes Zögern zu geschehen[15]), sofern die Beteiligten den Notar nicht im Einzelfall davon befreien oder eine spätere Einreichung verlangen. Eine verspätete Einreichung ist eine Amtspflichtverletzung, die auch durch Überlastung nicht entschuldigt werden kann[16]). Jedoch bedeutet eine in der Geschäftslage des Notars begründete Verzögerung um einige Tage im allgemeinen noch keine Amtspflichtverletzung[17]).

11 *b) Herbeiführung der Vollzugsreife.* Zur Herbeiführung der Vollzugsreife durch Beschaffung von Genehmigungen, Bescheinigungen, Grundpfandbriefen usw, ist der Notar nicht auf Grund des § 53 kraft Gesetzes verpflichtet. Doch kann er diese Aufgabe ausdrücklich oder, einer Erwartung der Beteiligten entsprechend, auch stillschweigend im Rahmen der notarischen Rechtsbetreuung (§ 24 BNotO) übernehmen. Das ist weitgehend üblich; es gelten dafür die Bem. zu § 18 Rdn. 50, § 20 Rdn. 17. Übernimmt es der Notar, die Vollzugsreife durch Beschaffung der erforderlichen Unterlagen herbeizuführen, so können die Beteiligten sich darauf verlassen, daß der Notar diese Angelegenheit für sie erledigt[18]), solange er sie nicht von dem Gegenteil unterrichtet. Daß seine Bemühungen Erfolg hatten, können sie aber erst annehmen, wenn ihnen die Vollzugsnachricht zugegangen ist. Ergeben sich bei der Beschaffung von Nebenerklärungen unvorgesehene Schwierigkeiten, etwa weil die Bedingungen, unter denen die Erklärung abgegeben wird, unter den Beteiligten erst ausgehandelt werden müssen, so kann der Notar den Beteiligten mitteilen, daß er seine Tätigkeit einstelle, und ihnen die Beibringung der Unterlagen aufgeben[19]).

12 *3. Überwachung des Vollzugs.* Zur Überwachung des Vollzugs, nämlich zu einer Prüfung, ob die gestellten Anträge durch Eintragung erledigt sind und ob die Art der Erledigung den gestellten Anträgen entspricht und gesetzmäßig ist, ist der Notar nicht verpflichtet, wenn er sich darauf beschränkt hat, die Urkunde mit den darin gestellten Anträgen gemäß § 53 dem Grundbuchamt oder Registergericht zum Vollzuge einzureichen[20]). Dazu ist er auch nicht in

[15]) BayObLG DNotV 1929, 425; RG DNotZ 1930, 182; 1933, 655; 1939, 329 = HRR 1939 Nr. 488; München VersR 1959, 1054.

[16]) BayObLG DNotV 1929, 425.

[17]) BayObLG JW 1916, 688 mit Anm. v. Rausnitz; Mecke Rdn. 6.

[18]) BGH DNotZ 1961, 331.

[19]) Seybold-Hornig BNotO⁴ § 37 Rdn. 9; Mecke Rdn. 5.

[20]) Allg. Meinung, vgl. BGHZ 28, 104, 109 = DNotZ 1958, 559 = NJW 1958, 1533; BGH DNotZ 1969, 769; Grunau DNotZ 1937, 455, 464/465; Seybold-Hornig BNotO⁴ § 37 Rdn. 17; Weber DNotZ 1964, 393; Scheffler, MittRheinNotK 1967, 427, 435 ff.; Ertl DNotZ 1969, 650, 665 zu IV 1; Mecke Rdn. 9.

der Lage, weil in diesem Fall die Entscheidungen des Gerichts und die Eintragungsnachrichten nicht ihm, sondern den Beteiligten zugehen (vgl. § 130 FGG Rdn. 9). Eine Überwachungspflicht besteht also erst, wenn der Notar die Überwachung des Vollzugs der von ihm vorgenommenen Beurkundungen übernommen hat oder wenn sie ihm überlassen worden ist. Das ist regelmäßig anzunehmen, wenn der Notar die Herbeiführung der Vollzugsreife (Rdn. 11) übernommen hat, z. B. die Beschaffung und Einreichung der steuerlichen Unbedenklichkeitsbescheinigung[21]). Ferner besteht die Überwachungspflicht, wenn der Notar von der gesetzlichen Ermächtigung zur Antragstellung nach § 15 GBO, § 25 SchiffsRegO, §§ 129 Satz 1, 147 Abs. 1, 159, 161 Abs. 1 FGG Gebrauch gemacht hat[22]). Denn dieses Recht ist dem Notar gerade deswegen verliehen worden, damit er im Interesse der Beteiligten und deren Erwartungen gemäß den Ablauf des Verfahrens und die Erledigung der Angelegenheit in der Hand behalten kann[23]). Dazu ist er auch in der Lage, weil in diesem Fall die auf den Antrag ergehenden Entscheidungen (Zwischenverfügung, Zurückweisung, Eintragung) allein dem Notar, nicht den von ihm vertretenen Antragsteller bekanntzumachen sind, selbst wenn dieser neben dem Notar den Antrag in der Urkunde gestellt hat[24]). In jedem Fall sollte der Notar nach der Beurkundung über die weiter erforderlichen Maßnahmen hinsichtlich des Vollzugs und der Vollzugsüberwachung durch Erörterung mit den Beteiligten Klarheit schaffen. Wenn er es nicht für geboten hält, den Vollzug selbst zu überwachen, dann ist eine Belehrung der Beteiligten darüber angebracht, was diese zum Vollzug beizutragen und ob und inwieweit sie den Vollzug zu überwachen haben[25]). Gehen dem Notar die Vollzugsnachrichten des Gerichts zu, ohne daß er die Überwachung des Vollzugs übernommen hat, so hat er die Amtspflicht, die Vollzugsnachricht an die Beteiligten weiterzuleiten.

III. Weisungen für den Urkundenvollzug

1. Weisungsberechtigte Beteiligte. Die durch § 53 begründete Pflicht des Notars zur Voll- **13**
zugstätigkeit besteht nur, soweit nicht alle Beteiligten gemeinsam etwas anderes verlangen. Die Bestimmung der Tragweite dieser Vorschrift setzt zunächst eine Klärung voraus, in welchem Sinne hier der Begriff des Beteiligten zu verstehen ist[26]). Sicher dürfte sein, daß darunter nicht, wie im Fall des § 3, die Sachbeteiligung an der zu beurkundenden Angelegenheit (vgl. § 3 Rdn. 10, 11) zu verstehen sein kann. Aber auch die Kriterien, nach denen im Amtshaftungsrecht der Kreis der Beteiligten bestimmt wird, denen gegenüber dem Notar Amtspflichten obliegen, kommen nicht in Betracht[27]). Andererseits aber ist der Begriff der formellen Beteiligung (§ 6 Abs. 2) ersichtlich zu eng; denn dann wäre, wenn ein Vertreter gehandelt hat, nur dieser weisungsberechtigt, und der Vertretene oder ein neu bestellter Vertreter könnte Weisungen selbst dann nicht erteilen, wenn die Vertretungsbefugnis des Erklärenden nach der Beurkundung erloschen ist. Außerdem muß die Weisungsbefugnis auch einem Rechts-

[21]) RG DNotZ 1933, 652; beiläufig BGHZ 28, 104, 109; BGH DNotZ 1960, 663; 1968, 318, 320.

[22]) Daimer, Prüfungs- und Belehrungspflicht 2. Aufl. § 20 Rdn. 3; Seybold-Hornig-Lemmens RNotO³ § 21 Anm. X 5 a ε; Mecke Rdn. 9; vgl. dazu Haftpflichtecke DNotZ 1958, 532; 1964, 720; Scheffler MittRheinNotK 1967, 436; BGHZ 28, 104 neigt zur Bejahung der Frage, ohne sie abschließend zu entscheiden; a. M. Seybold-Hornig BNotO⁴ § 37 Rdn. 1 und Weber DNotZ 1964, 393, 404, die eine Überwachungspflicht auch im Fall des § 15 GBO grundsätzlich verneinen.

[23]) Jansen, Zur Postulationsfähigkeit der Notare im Verfahren der freiwilligen Gerichtsbarkeit, DNotZ 1964, 707; § 129 FGG Rdn. 2.

[24]) Vgl. § 129 FGG Rdn. 7; zur Frage, wann Antragstellung nach § 15 GBO, 129 FGG oder bloße Überreichung des Antrags als Bote anzunehmen ist, vgl. § 129 FGG Rdn. 6.

[25]) Scheffler, Belehrungspflicht und Urkundenvollzug, MittRheinNotK 1967, 427, 437; Seybold-Hornig BNotO⁴ § 37 Rdn. 1 Abs. 6; a. M. Weber DNotZ 1964, 393, 404, der eine Belehrungspflicht nur annimmt, wenn die Beteiligten erkennbar im Irrtum sind. Keinesfalls erstreckt sich die Überwachungspflicht auf die öffentliche Bekanntmachung nach § 10 HGB im Hinblick auf die Folgen unrichtiger Bekanntmachung nach § 15 Abs. 3 HGB n. F. (dazu Beuthien, NJW 1970, 2283), und auch eine Belehrungspflicht darüber wird wegen des Fernliegens dieser Möglichkeit regelmäßig ausscheiden.

[26]) Im Schrifttum ist diese Frage bisher vernachlässigt worden; nur Mecke Rdn. 7 gibt durch einen Hinweis auf § 6 Abs. 2 zu erkennen, daß er darunter die Beteiligten im formellen Sinne versteht.

[27]) Vgl. dazu Staudinger-Schäfer BGB¹¹ § 839 Rdn. 516.

nachfolger des formell Beteiligten zustehen. Die Vorschrift des § 6 Abs. 2 ist hier deswegen nicht brauchbar, weil sie nach ihrem Zweck punktuell auf den Zeitpunkt der Beurkundung abstellen muß, während hier in der Frage, ob die beurkundete Erklärung vollzogen werden soll, die weitere Entwicklung nicht unberücksichtigt bleiben kann. Die Frage findet eine befriedigende Lösung, wenn der Kreis der Beteiligten im Sinne des § 53 ebenso abgegrenzt wird wie der Kreis der Ausfertigungsberechtigten nach § 51 Abs. 1. Demgemäß ist weisungsberechtigter Beteiligter jeder, der Erklärungen im eigenen Namen abgegeben hat oder in dessen Namen eine Erklärung abgegeben worden ist, sowie ein Rechtsnachfolger dieser Person. Ist also der Erklärende nach der Beurkundung verstorben, so ist, wenn das Recht vererblich ist, der Erbe weisungsberechtigt, ist er in Konkurs gefallen und gehört der Gegenstand des beurkundeten Rechtsgeschäfts zur Konkursmasse, so steht das Weisungsrecht dem Konkursverwalter zu.

14 2. *Verbindlichkeit der Weisung.* Die Beteiligten können den Notar für den Urkundenvollzug mit Weisungen versehen, durch die er von seiner Einreichungspflicht aus § 53 überhaupt oder einstweilen befreit wird. Solche Weisungen hat der Notar zu beachten, sofern nicht erkennbar unerlaubte oder unredliche Zwecke verfolgt werden (§ 4). Diese Weisungen können auch nach dem Abschluß der Beurkundung und entgegen früheren Erklärungen erteilt werden. Handeln die Beteiligten hierbei gemeinsam, so ist der Notar daran gebunden; er verletzt seine Amtspflicht, wenn er einen Grundstücksveräußerungsvertrag der ausdrücklichen Weisung der Vertragsparteien zuwider dem Grundbuchamt zum Vollzuge vorlegt[28]). Zweckmäßig macht der Notar die Weisung, wenn sie nicht schon in der Urkunde enthalten ist, aktenkundig; bei Zweifeln wird er ihre Bedeutung klarstellen müssen. Außerdem wird dem Notar durch § 53 Halbs. 2 eine *Belehrungspflicht* auferlegt; er soll die Beteiligten auf die mit der Verzögerung des Vollzugs verbundenen Gefahren hinweisen. Solche Gefahren können im Grundbuchverkehr daraus entstehen, daß inzwischen Anträge gestellt werden, durch die dasselbe Recht betroffen wird (§§ 17, 18 Abs. 2 GBO), sofern das einzutragende Recht nicht durch Vormerkung gesichert ist; im Handelsregisterverkehr können sich Gefahren aus den §§ 15, 25 Abs. 2, 27, 28 Abs. 2, 176 HGB sowie bei Verzögerung der Eintragung von Kapitalgesellschaften aus der persönlichen Haftung der für die Gesellschaft Handelnden nach § 41 AktG, § 11 Abs. 2 GmbHG ergeben. Ein Vermerk in der Niederschrift über die Erteilung der Belehrung ist nicht vorgeschrieben.

15 Im übrigen ist für die Beachtlichkeit der Weisung zwischen der einseitigen Beurkundung von Erklärungen nur eines Beteiligten und der Beurkundung von Erklärungen mehrerer Beteiligter zu unterscheiden.

16 *a) Einseitige Beurkundungen.* Hat der Notar die einseitige Willenserklärung nur eines Beteiligten beurkundet (oder die Unterschrift unter einer von ihm entworfenen Erklärung beglaubigt, vgl. Rdn. 5), so ist dieser Beteiligte (Rdn. 13) einseitig und selbständig berechtigt, dem Notar Weisungen für den Aufschub oder das Unterbleiben des Vollzugs zu erteilen, selbst wenn ein anderer durch die abgegebene Erklärung begünstigt wird und den Vollzug verlangt, z. B. wenn in der Urkunde die Bestellung eines Grundpfandrechts bewilligt wird, und selbst wenn durch die Erteilung der Weisung eine schuldrechtliche Verpflichtung verletzt wird. Das gilt zunächst für den Fall, daß die Eintragungsbewilligung noch nicht durch Aushändigung (einer Ausfertigung im Fall der Beurkundung, der Urschrift im Fall der Beglaubigung) an den anderen Teil wirksam geworden ist[29]). Ist die Eintragungsbewilligung in dieser Weise bereits wirksam und nach überwiegender Meinung unwiderruflich geworden[30]), so wird

[28]) BGH DNotZ 1958, 29.

[29]) BGHZ 46, 398 = DNotZ 1967, 370 = NJW 1967, 771; Becker-Berke DNotZ 1959, 516, 528; der BGH hat a. a. O. zugleich klargestellt, daß die Weisung an den Notar, dem in der Niederschrift Begünstigten eine Ausfertigung zu erteilen, noch keine Bindungswirkung i. S. des § 873 Abs. 2 BGB herbeiführt.

[30]) Das kann auch in der Weise geschehen, daß der Erklärende den Notar zur Erteilung einer Ausfertigung an den Gläubiger anweist und der Gläubiger den Notar ermächtigt, die Ausfertigung für ihn entgegenzunehmen. Infolge dieser Ermächtigung, die allerdings nicht nach § 15 GBO vermutet wird, tritt die Bindung ein, sobald der Notar die Ausfertigung er-

der Notar durch die Weisung des Urkundsbeteiligten gleichwohl gehindert, die Urkunde für ihn gemäß § 53 dem Grundbuchamt zum Vollzuge vorzulegen, und gegenüber dem an der Beurkundung nicht beteiligten Begünstigten besteht diese Pflicht nicht. Auch von der vermuteten Vollmacht nach § 15 GBO, § 129 FGG darf der Notar namens des die Weisung Erteilenden nicht mehr Gebrauch machen, weil die Vollmachtsvermutung durch die gegenteilige Weisung ausgeschlossen wird[31]). Verfahrensrechtlich kann der Notar es zwar gemäß § 24 BNotO für den nach § 13 Abs. 2 GBO antragsberechtigten Gläubiger übernehmen, den Eintragungsantrag in seinem Namen kraft ausdrücklicher oder (§ 15 GBO) vermuteter Vollmacht zu stellen. Dadurch oder durch die Ausführung eines bereits vorher übernommenen Auftrags des Gläubigers verletzt er aber seine Standespflicht aus § 14 Abs. 1 BNotO zur unparteiischen Betreuung der Beteiligten, da er diese, nachdem unter ihnen Streit entstanden ist, nicht mehr vertreten darf[32]). Er wird also dem Schuldner und dem Gläubiger mitteilen müssen, daß er zum Vollzuge der Urkunde nicht mehr tätig werden wird. Im Ergebnis wird hierdurch der Notar der schwierigen und oft zweifelhaften Prüfung der Frage enthoben, ob die Urkunde unwiderruflich geworden ist.

b) Mehrseitige Beurkundungen. Hat der Notar Willenserklärungen beurkundet und haben mehrere Beteiligte, insbesondere mehrerer Vertragsteile, durch Abgabe von Erklärungen an der Beurkundung mitgewirkt, so darf der Notar nach § 53 von der alsbaldigen Einreichung der Urkunde zum Vollzuge nur absehen, wenn *alle Beteiligten gemeinsam,* d. h. übereinstimmend, wenn auch nicht gerade gleichzeitig, dies verlangen. Bisher ist (zu § 42 DOfNot a. F.) die Auffassung vertreten worden[33]), daß der Notar den von mehreren Beteiligten übernommenen Auftrag zum Vollzuge ihrer von ihm beurkundeten Willenserklärungen grundsätzlich nicht mehr ausführen dürfe, wenn nur einer der mehreren Beteiligten seine Erklärung und damit den dem Notar gemeinsam erteilten Vollzugsauftrag zurücknehme oder widerrufe. Das wurde damit begründet, es sei nicht Sache des Notars, die Wirksamkeit eines solchen Widerrufs zu prüfen, sondern er habe sich damit zu begnügen, diese veränderte Sachlage mit entsprechender Belehrung allen Beteiligten zu übermitteln und weitere Weisungen abzuwarten; er müsse es den Beteiligten überlassen, den Widerstrebenden zur Änderung der Widerrufserklärung zu veranlassen oder durch Urteil zu zwingen. Diese Auffassung läßt sich gegenüber der gegenteiligen Regelung in § 53 nicht mehr vertreten. Nicht mehr vertretbar ist aber auch die Auffassung, der Notar müsse, wenn die Weisung von nur einem von mehreren Beteiligten ausgehe, bei Grundbuchgeschäften prüfen, ob die Einigung nach Maßgabe des § 873 Abs. 2 BGB bindend oder die Eintragungsbewilligung unwiderruflich geworden sei[34]) und bejahenfalls die Weisung unbeachtet lassen, anderenfalls aber ihr stattgeben. An der eingangs angeführten Auffassung ist soviel richtig, daß es nicht Sache des Notars ist, in eine solche Prüfung einzutreten, und durch § 53 wird er dieser schwierigen, im Ergebnis zweifelhaften und für den Notar mit einem erheblichen Wagnis verbundenen Prüfung enthoben. Der Notar hat daher dem widerstrebenden Beteiligten zu eröffnen, daß er seiner einseitigen Weisung keine Folge leisten kann, sofern er nicht die Zustimmung der übrigen Beteiligten oder eine 17

stellt und für den Gläubiger in Empfang nimmt, sofern der Schuldner seine Anweisung nicht vorher widerrufen hat (BGH DNotZ 1963, 433, 435 = NJW 1963, 36; BGHZ 46, 398; Ertl DNotZ 1967, 562 zu 6). Dasselbe gilt, wenn entsprechende Anweisungen zur Aushändigung und zur Entgegennahme einer nur öffentlich beglaubigten Erklärung vorliegen.

31) Wörbelauer DNotZ 1967, 372; über den Ausschluß der Vollmachtsvermutung durch (formlose) Erklärung des Beteiligten vgl. § 129 FGG Rdn. 6.

32) Vgl. BGHZ 51, 301 = NJW 1969, 929 = DNotZ 1969, 503.

33) Insbesondere in der Rechtsprechung des BGH, vgl. BGH DNotZ 1958, 101 (Anmeldung der Auflösung der OHG zum Handelsregister), BGH DNotZ 1960, 265, 268/269 (Grundstücksveräußerungsvertrag); zustimmend Höfer-Huhn Allg. Urkundenrecht § 45, 5; dagegen bereits Bedenken von Becker-Berke DNotZ 1961, 468.

34) Seybold-Hornig BNotO⁴ § 37 Rdn. 14; Becker-Berke DNotZ 1959, 516 zu III 1; 1961, 468. Noch Ertl, DNotZ 1969, 650, 655 führt aus, das Thema der Weisungen an den Notar für den Grundbuchvollzug und insbesondere die Frage ihrer Widerruflichkeit sei leider ein noch sehr umstrittenes Rechtsgebiet, das den Notar zur äußersten Vorsicht zwinge. § 53 enthält jetzt eine den Notar wesentlich entlastende Lösung.

einstweilige Verfügung (Erwerbsverbot) beibringt. Dasselbe gilt, wenn mehrere Beteiligte eine Anmeldung zum Handelsregister erklärt haben. Es ist zwar richtig, daß eine Eintragung, die das Zusammenwirken mehrerer Anmeldeberechtigter erfordert, unterbleiben muß, wenn nur einer von ihnen die Anmeldung widerruft (§ 128 FGG Rdn. 3); die Frage ist aber nicht unstreitig und es nicht Sache des Notars, der Entscheidung des Registergerichts darüber vorzugreifen[35]). Er wird also die Anmeldung einreichen mit dem Hinweis darauf, daß einer der Anmeldenden seine Erklärung ihm gegenüber widerrufen hat und dem Beteiligten selbst empfehlen, den Widerruf vorsorglich auch dem Registergericht gegenüber zu erklären oder eine einstweilige Verfügung nach § 16 Abs. 2 HGB zu erwirken (dazu § 127 Rdn. 25). Selbstverständlich hat der Notar die Wünsche eines nicht Weisungsberechtigten nicht zu beachten (Rdn. 13). Haben A, B und C eine GmbH gegründet und hat der allein anmeldeberechtigte Geschäftsführer D (§ 128 FGG Rdn. 9) die Anmeldung erklärt, so kann weder einer der Gesellschafter noch können alle gemeinsam die Anmeldung widerrufen; sie können nur, wenn nicht einer von ihnen eine einstweilige Verfügung nach § 16 Abs. 2 HGB erwirkt, den Geschäftsführer abberufen und die Rücknahme der Anmeldung durch einen neu zu bestellenden Geschäftsführer veranlassen.

18 Nur unter besonderen Umständen ist der Notar noch berechtigt, auf den einseitigen Widerspruch eines von mehreren Beteiligten seine Vollzugstätigkeit aufzuschieben, nämlich wenn ihm der Beteiligte einen ausreichend substantiierten und glaubhaft erscheinenden Anfechtungs- oder Unwirksamkeitsgrund vorträgt, dem der andere Beteiligte nicht oder nur mit fadenscheinigen Behauptungen zu begegnen versucht. Wenn es für den Notar in hohem Maße wahrscheinlich ist, daß durch seine Mitwirkung das Grundbuch unrichtig würde, darf er nicht tätig werden[36]). Er hat in diesem Fall aber darauf zu dringen, daß das streitige Rechtsverhältnis auf gütlichem Wege oder vom Prozeßgericht geklärt oder durch eine einstweilige Verfügung vorläufig geordnet wird. Unterlassen die Beteiligten diese Schritte, so darf der Notar nach Fristsetzung zur Vermeidung eigener Haftung den Vollzug betreiben.

19 Wegen des unter den Beteiligten entstandenen Streits kann der Notar nur noch seine gesetzliche Pflicht aus § 53 erfüllen, aber nicht mehr ohne Verletzung seiner Standespflicht zur unparteiischen Amtsausübung (§ 14 Abs. 1 BNotO) Anträge nach § 15 GBO, § 129 FGG stellen oder weiter verfolgen[37]). Allerdings wird die verfahrensrechtliche Wirksamkeit gleichwohl gestellter Anträge dadurch nicht berührt[38]).

C. Anzeigepflichten des Notars

20 Öffentlichrechtliche Pflichten, die dem Notar nicht gegenüber den Beteiligten, sondern gegenüber Behörden und Gerichten obliegen, werden durch § 53 nicht berührt, daher nicht die steuerliche Beistandspflicht (§ 19 Rdn. 12-18), die Mitteilungspflicht nach § 143 BBauG (§ 19 Rdn. 19), die Anzeigepflicht gegenüber dem Registergericht nach § 125a FGG und die Mitteilungspflicht bei Verwahrung von Erbverträgen (§ 34 Rdn. 11). Von diesen Pflichten können die Beteiligten den Notar nicht befreien und sie können ihm insoweit auch keine Weisungen erteilen.

Rechtsmittel

54 (1) Gegen die Ablehnung der Erteilung der Vollstreckungsklausel oder einer Amtshandlung nach den §§ 45, 46, 51 sowie gegen die Ersetzung einer Urschrift ist die Beschwerde gegeben.

(2) Für das Beschwerdeverfahren gelten die Vorschriften des Gesetzes über die Angelegenheiten der freiwilligen Gerichtsbarkeit. Über die Beschwerde entscheidet

[35]) A. M. Becker-Berke DNotZ 1959, 532; Mecke Rdn. 10.

[36]) Vgl. RG DNotZ 1937, 259; Daimer § 24 Anm. 26; Becker-Berke DNotZ 1959, 524.

[37]) Vgl. BGHZ 51, 301 = NJW 1969, 929 = DNotZ 1969, 503.

[38]) Jansen DNotZ 1964, 707, 716; § 13 FGG Rdn. 46; Höfer-Huhn Allg. Urkundenrecht § 45, 3; ebenso jetzt BGH NJW 1971, 42 = DNotZ 1971, 54 = Rpfleger 1970, 426.

eine Zivilkammer des Landgerichts, in dessen Bezirk die Stelle, gegen die sich die Beschwerde richtet, ihren Sitz hat.

Übersicht

A. Allgemeines

Die Vorschrift tritt, soweit sie sich auf Amtshandlungen der Notare bezieht, an die Stelle 1
von Vorschriften des Landesrechts, die auf Grund des Vorbehalts in § 118 BNotO aufrechterhalten geblieben waren und einen Rechtsbehelf, regelmäßig die Anrufung des Landgerichts (Ausnahme § 19 BremAGFGG), gegen die Weigerung des Notars gewähren, eine Ausfertigung oder Abschrift zu erteilen oder eine Einsichtnahme zu gestatten (Art. 51 Abs. 2 PrFGG, Art. 89 HessFGG, Art. 69 NdsFGG, Art. 22 Abs. 1 Satz 4, Art. 44 Abs. 1 BayNotG). Dieser Rechtsbehelf war, soweit es nicht ausdrücklich bestimmt war, wie in Art. 69 NdsFGG, kraft Sachzusammenhangs auch gegeben gegen die Weigerung des Notars, die Vollstreckungsklausel zu erteilen[1]). Soweit gleichartige Verfügungen in Bezug auf gerichtliche oder gerichtlich verwahrte notarielle Urkunden von dem Amtsgericht erlassen wurden, richteten sich die Rechtsmittel nach der Eigenschaft, in der das Gericht die Urkunde verwahrt, also nach §§ 19 ff. FGG, bei Verwahrung durch das Grundbuchamt nach §§ 71 ff. GBO[2]). Da insoweit nunmehr gemäß § 1 Abs. 2 ebenfalls § 54 anzuwenden ist, ändert die Vorschrift auch bundesrechtliches Verfahrensrecht. Ferner regelt die Vorschrift die Rechtsbehelfe gegen Entscheidungen über die Wiederherstellung der Urschrift einer Niederschrift (§ 46), da die VO über die Ersetzung zerstörter oder abhanden gekommener gerichtlicher oder notarischer Urkunden vom 18. 6. 1942 (RGBl. I 395) — Anl. 3 — und damit der dort in § 6 geregelte Rechtsmittelzug gemäß § 57 Abs. 10 BeurkG auf Urkunden, die unter §§ 1, 68 BeurkG fallen, nicht mehr anzuwenden ist. Gemäß § 68 Abs. 1 richtet sich das Verfahren auch dann nach § 54, wenn die Urkunde, auf welche die Amtshandlung sich bezieht, vor dem Inkrafttreten des BeurkG errichtet worden ist[3]).

B. Anwendungsbereich

I. Verfügende Stelle

Die Vorschrift ist anwendbar, wenn ein *Notar* die anzufechtende Anordnung erlassen hat 2
(§ 1 Abs. 1). Sie gilt gemäß § 64 auch für die badischen Amtsnotare; der Vorbehalt für Baden-Württemberg in § 61 Abs. 4 Satz 2 greift insoweit nicht ein (§ 61 Rdn. 35). Dagegen richtet sich der Rechtszug gegen Entscheidungen des württembergischen Bezirksnotars in seiner Eigenschaft als öffentlicher Notar auf Grund des Vorbehalts in § 61 Abs. 4 Satz 2 weiter nach Landesrecht (vgl. dazu § 61 Rdn. 34). Auf die *Gerichte* ist die Vorschrift gemäß § 1 Abs. 2 anwendbar, wenn die Verfügung sich auf eine Urkunde bezieht, die sich in der Verwahrung des Gerichts befindet, gleichgültig, ob die Urkunde vor dem Gericht als selbständiges Beurkundungsgeschäft, vor einem Notar oder einer anderen Urkundsstelle errichtet wor-

[1]) KGJ 33 A 3; 42, 4; 44, 13; Celle OLGZ 1967, 223; Jansen DNotZ 1966, 267.
[2]) KGJ 46, 18 = RJA 14, 190; KG NJW 1961, 414 = DNotZ 1961, 440; BGH NJW 1967, 1371 = LM § 71 GBO Nr. 2.
[3]) Vgl. BayObLGZ 1970, 125 = NJW 1970, 1800 = DNotZ 1970, 501; Schleswig Rpfleger 1970, 433.

den ist (vgl. über die Zuständigkeit zur Verwahrung § 45 Rdn. 10-12). Dagegen findet die Vorschrift keine Anwendung, wenn die Beurkundung unselbständiger Teil eines gerichtlichen Verfahrens war, für welches eine Zuständigkeit der Notare neben den Gerichten nicht besteht (§ 1 Rdn. 34), zumal in diesem Fall auch die §§ 45, 46, 51 nicht anwendbar sind; statt dessen findet die Beschwerde nach § 19 FGG bzw. § 6 UrkErsVO statt.

3 Nicht anwendbar ist § 54, wenn eine *Verwaltungsbehörde,* also auch das *Jugendamt,* entschieden hat. Es ist der Verwaltungsrechtsweg gegeben. Nach § 40 Abs. 1 VwGO ist der Verwaltungsrechtsweg in allen öffentlichrechtlichen Streitsachen nichtverfassungsrechtlicher Art gegeben, soweit sie nicht einem anderen Gericht „ausdrücklich" zugewiesen sind; das ist durch § 54 nicht geschehen[4]), nach der amtlichen Begründung wegen der Seltenheit der Fälle, die sich regelmäßig im Dienstaufsichtswege erledigen ließen. Ob sich diese Zersplitterung der Gerichtswege bewähren wird, erscheint mit Rücksicht darauf, daß die Jugendämter in weitem Umfang vollstreckbare Urkunden zu errichten und Vollstreckungsklauseln zu erteilen haben (vgl. § 62 Rdn. 31), zweifelhaft. Auch auf Verfügungen des *Standesbeamten* ist § 54 gemäß § 58 nicht anwendbar, auch soweit dieser neben den Notaren für Beurkundungen zuständig ist (§ 58 Rdn. 2 bis 9); gegen Verweigerung der Amtstätigkeit kann nach § 45 Abs. 1 PStG das nach § 50 PStG zuständige Amtsgericht angerufen werden.

II. Gegenständlicher Anwendungsbereich

4 Die Vorschrift eröffnet nicht einen Rechtsmittelzug für alle Fälle von Amtsverweigerung, sondern nur für bestimmt umgrenzte Tatbestände, denen gemeinsam ist, daß sie nicht mehr zur Urkundstätigkeit im Sinne der §§ 20 bis 22a BNotO gehören, sondern Maßnahmen und Entscheidungen betreffen, die nach Abschluß der Beurkundung ergehen können. Es sind dies:

a) die Verweigerung der Aushändigung der Urschrift einer Niederschrift (§ 45); vgl. dazu § 45 Rdn. 4;
b) die Ablehnung der Erteilung einer Ausfertigung oder einer (einfachen oder beglaubigten) Abschrift oder der Gestattung der Einsicht (§ 51);
c) die Ablehnung der Erteilung einer Vollstreckungsklausel (§ 52);
d) die Ersetzung sowie die Ablehnung der Ersetzung der zerstörten oder abhanden gekommenen Urschrift einer Niederschrift nach § 46; vgl. dazu § 46 Rdn. 10.

5 Gegen die Erteilung der Vollstreckungsklausel ist nicht der Rechtsweg nach § 54 gegeben, sondern der Schuldner kann Einwendungen gegen die Zulässigkeit der Vollstreckungsklausel entweder beim Amtsgericht gemäß §§ 795, 797 Abs. 3, 732 ZPO anbringen oder gemäß §§ 797 Abs. 5, 768, 767 ZPO Klage erheben (§ 52 Rdn. 38 bis 41). Gegen die Aushändigung einer Urschrift, die Erteilung einer Ausfertigung oder Abschrift und gegen die Gewährung von Einsicht gewährt § 54 keinen Rechtsbehelf; in der Tat handelt es sich hierbei um Handlungen des Gerichts oder Notars, die nach ihrer Ausführung nicht mehr rückgängig gemacht werden können, so daß ein Rechtsmittel zwecklos wäre. Man wird jedoch gegen die beabsichtigte oder angekündigte Vornahme dieser Maßnahmen den Rechtsbehelf des § 54 schwerlich versagen können; das Beschwerderecht steht dem Beteiligten zu, dessen Recht durch die Offenlegung der Urkunde verletzt würde (vgl. § 34 FGG Rdn. 16). Die Beschwerde wird allerdings durch die Vornahme der Handlung gegenstandslos und damit unzulässig, da eine Abhilfe nicht mehr möglich ist. Wird eine Einsichtnahme nicht aus den sachlichen Gründen des § 51 versagt, sondern nur die besondere Art der verlangten Ausführung aus Gründen der Ordnung des Geschäftsbetriebes oder aus Verwaltungsrücksichten abgelehnt, so ist nicht der Rechtsbehelf des § 54, sondern allenfalls die Dienstaufsichtsbeschwerde gegeben (§ 34 FGG Rdn. 13).

[4]) Amtl. Begr. BT-Drucks. V/3282 S. 41; Mecke Rdn. 2.

C. Beschwerde

I. Art des Rechtsbehelfs

Das Gesetz bezeichnet den Rechtsbehelf als Beschwerde. Das ist sachgemäß, soweit die angefochtene Verfügung von einem Amtsgericht erlassen ist; denn ohne die in § 1 Abs. 2, 54 getroffene Regelung wäre die Beschwerde nach §§ 19 ff. FGG gegeben[5]). Soweit ein Notar die Verfügung erlassen hat, entscheidet das Landgericht der Sache nach als Gericht erster Instanz, da der von Art. 19 Abs. 4 GG erforderte Rechtsschutz erstmals durch die Anrufung des Landgerichts verwirklicht wird. Der Gesichtspunkt der Verfahrensvereinheitlichung sowie der Umstand, daß der Notar der unabhängige Träger eines öffentlichen Amtes mit Befähigung zum Richteramt ist (§§ 1, 5 BNotO), rechtfertigen es aber, gegen seine Verfügungen ebenso den Rechtsweg unmittelbar zum Landgericht zu eröffnen wie bei Beschwerden gegen Verfügungen des Richters der freiwilligen Gerichtsbarkeit. Der Gesetzgeber ist jedenfalls nicht gehindert, den gebotenen Rechtsschutz positivrechtlich so zu regeln, daß das Gericht wie ein Rechtsmittelgericht verfährt, sofern ihm umfassende Prüfungsbefugnis in tatsächlicher und rechtlicher Hinsicht eingeräumt ist[6]). Obwohl mithin die Beschwerde, soweit sie gegen Verfügungen eines Notars gerichtet ist, die erste gerichtliche Instanz eröffnet, also Klagefunktion hat, führt sie ihre Bezeichnung mit Recht, da sie alle Merkmale eines Rechtsmittels aufweist. Aufgaben und Befugnisse des Landgerichts gegenüber dem Notar sind nicht diejenigen des Verwaltungsgerichts gegenüber der Verwaltungsbehörde, sondern entsprechen denen des Beschwerdegerichts gegenüber dem erstinstanzlichen Gericht. **6**

II. Beschwerdeverfahren

1. Erste Beschwerde. Örtlich zuständig ist das Landgericht, in dessen Bezirk die Stelle, gegen die sich die Beschwerde richtet, ihren Amtssitz hat (Abs. 2 Satz 2). Für das Verfahren gelten nach Abs. 2 Satz 1 die Vorschriften des FGG über das Beschwerdeverfahren, also die Bestimmungen der §§ 20 bis 31, 34, 199 Abs. 1 FGG. Für die Prüfung der Zulässigkeit des Rechtsmittels gelten die bei § 25 Rdn. 5 dargelegten Grundsätze, für die Sachaufklärung gilt der Amtsermittlungsgrundsatz des § 12 (§ 23 Rdn. 11). Das Beschwerderecht bestimmt sich nach § 20. Es steht also bei der Wiederherstellung einer Urschrift jedem Ausfertigungsberechtigten zu (§ 46 Rdn. 10), in den übrigen Fällen des § 54 Abs. 1, da die Maßnahmen nur auf Antrag ergehen können, nur dem zurückgewiesenen Antragsteller (§ 20 Abs. 2 FGG). Für die Einlegung der Beschwerde gilt § 21; es wird anzunehmen sein, daß die Beschwerde entsprechend § 21 Abs. 1 FGG auch bei dem Notar eingelegt werden kann, dessen Verfügung angefochten wird. Das Gericht oder der Notar können der Beschwerde abhelfen. Der Notar ist am Beschwerdeverfahren nicht beteiligt; er hat die Stellung einer Vorinstanz, nicht eines Beschwerdegegners; gerichtliche oder außergerichtliche Kosten (§ 13a) können ihm daher nicht auferlegt werden. Auch sonst muß ein Beschwerdegegner nicht notwendig vorhanden sein; das Beschwerdeverfahren ist nicht kontradiktorisch. Richtet sich die Beschwerde gegen die Ablehnung der Erteilung der Vollstreckungsklausel, so ist der Schuldner nicht beteiligt; er wird durch den ihm nach den §§ 732, 768 ZPO gewährten Rechtsschutz hinreichend geschützt[7]). An dem Verfahren zur Wiederherstellung einer Urschrift, gegen die Ablehnung der Aushändi- **7**

[5]) Vgl. KG NJW 1961, 414 = DNotZ 1961, 440.

[6]) Vgl. als Beispiel § 36 l PatG, § 10 Abs. 1 GebrMG, § 13 Abs. 1 WZG, wonach gegen die Beschlüsse der zuständigen Abteilungen des Bundespatentamts die Beschwerde an das Patentgericht (Beschwerdesenat) stattfindet, gegen dessen Entscheidung Rechtsbeschwerde zum BGH erhoben werden kann; dazu Bettermann, Formen der gerichtlichen Anfechtung verwaltungsbehördlicher Entscheidungen, in Festschr. f. Ed. Bötticher, 1969, S. 13 ff., 16; die von Bettermann (a. a. O.) S. 17/18) aus dem Grundsatz der Trennung von Verwaltung und Rechtsprechung erhobenen Bedenken greifen hier nicht durch, weil der Notar keine Verwaltungsbehörde, sondern ein sachlich unabhängiges Rechtspflegeorgan ist. Dagegen entspricht die Beschwerde gegen Verfügungen der Kartellbehörden nach § 62 Abs. 1 Satz 1 GWB der Sache nach weitgehend der Anfechtungs- und Verpflichtungsklage der Verwaltungsgerichtsbarkeit, Bettermann a. a. O. S. 18.

[7]) Jansen DNotZ 1966, 267, 273; vgl. zum fehlenden Beschwerderecht nachst. Rdn. 11.

gung der Urschrift, der Erteilung einer Ausfertigung oder Abschrift oder der Einsichtgewährung ist jeder nach § 51 Ausfertigungsberechtigte beteiligt. Eine Schlechterstellung ist nicht ausgeschlossen. Gibt das Landgericht der Beschwerde statt, so ordnet es die Vornahme der Amtshandlung an, nimmt sie aber nicht selbst vor[8]). Die Entscheidung wird mit der Bekanntmachung an die angewiesene Stelle wirksam (§ 26 FGG Rdn. 1).

8 Hat der *Rechtspfleger* entschieden (§ 3 Nr. 1 Buchst. f RechtspflG), so ist zunächst Erinnerung nach § 11 RechtspflG einzulegen. Der Amtsrichter entscheidet darüber, wenn er sie für zulässig und begründet hält. Anderenfalls legt er die Beschwerde unter Benachrichtigung der Beteiligten dem Landgericht vor; die Erinnerung gilt alsdann als Beschwerde gegen die Entscheidung des Rechtspflegers (§ 11 Abs. 2 RechtspflG). Gegen Entscheidungen des *Urkundsbeamten der Geschäftsstelle* (vgl. § 48 Rdn. 4, 5) ist nicht unmittelbar die Beschwerde gegeben. Gegen seine Verfügung ist das Gericht (Amtsrichter) anzurufen; erst gegen dessen Entscheidung findet die Beschwerde statt[9]).

9 *2. Weitere Beschwerde.* Da die Beschwerde nach § 54 ein echtes Rechtsmittel nach den Vorschriften des FGG ist (Rdn. 6), findet gegen die Entscheidung des Landgerichts nicht wiederum eine erste Tatsachenbeschwerde statt, sondern es ist die auf Gesetzesverletzung beschränkte weitere Beschwerde nach § 27 FGG gegeben[10]), die nicht befristet ist. Für die Form der Einlegung gilt § 29 FGG. Die Zuständigkeit zur Bescheidung richtet sich nach §§ 28 Abs. 1, 199 Abs. 1 FGG; in Bayern ist mithin das BayObLG, in Rheinland-Pfalz das OLG Zweibrücken zuständig[11]). Bei Abweichung ist eine Vorlegung an den Bundesgerichtshof nach § 28 Abs. 2 FGG statthaft[12]). Das Rechtsbeschwerdegericht kann nach § 24 Abs. 3 FGG die Vollziehung der angefochtenen Entscheidung aussetzen (§ 24 FGG Rdn. 11).

10 Das *Beschwerderecht* gegen die *Zurückweisung* der Beschwerde steht stets dem Beschwerdeführer zu, dessen erste Beschwerde, aus welchem Grunde auch immer, erfolglos geblieben ist (§ 27 FGG Rdn. 8), bei der Wiederherstellung von Urschriften jedem Ausfertigungsberechtigten (§ 46 Rdn. 10), in den übrigen Fällen des § 54, da die Amtshandlung nur auf Antrag vorgenommen werden kann, nur dem zurückgewiesenen Antragsteller (§ 29 Abs. 4 mit § 20 Abs. 2 FGG). Dem Notar steht gegen die Anweisung zur Vornahme der Amtshandlung ebensowenig ein Beschwerderecht zu wie dem unteren Gericht, da er die Stellung einer Vorinstanz hat[13]), allenfalls dann, wenn er geltend macht, daß ihm zu Unrecht die gebührenfreie Vornahme der Amtshandlung aufgegeben worden sei[14]); über die Kosten des Gerichts oder Notars ist nur im Verfahren nach §§ 14, 156 KostO zu entscheiden. Gegen die *Anweisung*, eine Vollstreckungsklausel zu erteilen, steht auch dem Schuldner die Beschwerde nicht zu[15]), auch wenn die Anweisung noch nicht vollzogen ist[16]). Ihm stehen die Rechtsbehelfe nach §§ 795, 797 Abs. 3, 732 ZPO oder die Klage nach §§ 797 Abs. 5, 768 ZPO zu (vgl. § 52 Rdn. 38 bis 41); auf diese Rechtsbehelfe wäre er auch angewiesen, wenn der Notar die Vollstreckungsklausel sogleich antragsgemäß erteilt hätte, und die Entscheidung des Landgerichts nach § 54, deren Gegenstand nur die Vornahme der Amtshandlung ist, ist für ein späteres ZPO-Verfahren nicht vorgreiflich und ohne Rechtskraftwirkung. Im übrigen ist gegen die

[8]) Bettermann a. a. O. drückt das wie folgt aus: das Gericht „entscheidet also weder kondemnatorisch noch meritorisch, aber auch nicht bloß kassatorisch, sondern reformatorisch, nämlich instruktorisch".

[9]) Vgl. § 19 FGG Rdn. 11; Mecke Rdn. 4.

[10]) So auch BayObLGZ 1970, 125 = NJW 1970, 1800 = DNotZ 1970, 501; Ehrhardt-Douverne, Wegweiser durch das Notariatsrecht 2. Aufl. Nachtr. S. 17; Mecke Rdn. 4; KG OLGZ 1971 Heft 1.

[11]) BayObLG a. a. O.; Mecke § 54 Fn. 3.

[12]) So auch Mecke Rdn. 4.

[13]) Kolmar OLGR 16, 200; Hamm DNotZ 1952, 444; 1960, 491; Köln MittRheinNotK 1958, 410; Celle OLGZ 1967, 223 = DNotZ 1967, 459 = NdsRpfl. 1967, 148; Frankfurt DNotZ 1967, 584; Keidel FGG[9] § 182 Anm. 11; Seybold-Hornig BNotO[4] § 15 Anm. 25; Jansen DNotZ 1966, 267, 272/273; Mecke Rdn. 5; a. M. KG DNotZ 1951, 274; Schneider DNotZ 1966, 16, 22.

[14]) Frankfurt DNotZ 1967, 584, 587; Mecke Rdn. 5.

[15]) KG JFG 1, 34 = OLGR 42, 36; Celle OLGZ 1967, 223 = DNotZ 1967, 459 = NdsRpfl. 1967, 148; Stein-Jonas-Pohle ZPO[18] § 797 Fn. 17; Wieczorek ZPO § 797 Anm. E I; Baumbach-Lauterbach ZPO[30] § 797 Anm. 1 C; Jansen DNotZ 1966, 267, 273; Mecke Rdn. 6.

[16]) Dahingestellt gelassen in BayObLGZ 1963, 281 = DNotZ 1964, 252.

Anweisung zur Aushändigung oder Wiederherstellung der Urschrift (§§ 45, 46), zur Erteilung von Ausfertigungen und Abschriften und zur Einsichtgewährung jeder nach § 51 Ausfertigungsberechtigte beschwerdeberechtigt[17]), da jeder Ausfertigungsberechtigte ein Recht darauf hat, daß die Urkunde keinem Unberechtigten zugänglich gemacht wird.

D. Rechtsbehelf gegen andere Fälle von Amtsverweigerung

I. Gerichte

Die *Ablehnung* der Beurkundung oder Beglaubigung enthält eine sachliche Entschließung der Urkundsperson, die mit Rechtsmitteln anfechtbar ist, wenn die Ablehnung auf der Sache entnommene rechtliche oder tatsächliche Gründe gestützt wird[18]). Wird die Weigerung auf Gründe des Geschäftsbetriebes, z. B. tatsächliche Verhinderung, gestützt, so findet nur die Dienstaufsichtsbeschwerde statt. Das *Rechtsmittelverfahren* richtet sich bei Versagung durch ein Gericht, wenn dessen Beurkundungszuständigkeit auf Bundesrecht beruht, nach §§ 19 ff. FGG, da die Urkundstätigkeit der Gerichte im Sinne des § 1 FGG zu den den Gerichten durch Bundesgesetz übertragenen Angelegenheiten gehört (§ 1 FGG Rdn. 11); es findet mithin auch die weitere Beschwerde nach §§ 2 7bis 29, 199 Abs. 1 FGG statt. Hat der Rechtspfleger entschieden, so ist Erinnerung nach § 11 RechtspflG gegeben (oben Rdn. 8). Wird die Beurkundung von einer Vorschußzahlung abhängig gemacht, so richtet sich der Rechtsmittelzug nach § 8 Abs. 3 KostO (vgl. Vorbem. vor § 13a FGG Rdn. 8), gegen die Versagung des Armenrechts nach § 14 FGG, § 127 ZPO. Beruht die Beurkundungszuständigkeit des Gerichts auf Landesrecht, z. B. bei der Erklärung des Kirchenaustritts (vgl. § 61 Rdn. 20 ff.), so ist bei Ablehnung der Beurkundung der Rechtsmittelweg des Landesrechts gegeben, z. B. Art. 4, 6 PrFGG (Anl. 10). 11

II. Notare

Für die Notare bestimmt § 15 BNotO i. d. F. des § 57 Abs. 17 Nr. 1 BeurkG:

§ 15. (1) Der Notar darf seine Urkundstätigkeit (§§ 20 bis 22) nicht ohne ausreichenden Grund verweigern. Über Beschwerden wegen Amtsverweigerung entscheidet eine Zivilkammer des Landgerichts, in dessen Bezirk der Notar seinen Amtssitz hat. Für das Verfahren gelten die Vorschriften des Reichsgesetzes über die Angelegenheiten der freiwilligen Gerichtsbarkeit.

(2) Zu einer Beurkundung in einer anderen als der deutschen Sprache ist der Notar nicht verpflichtet.

Dieser Rechtsweg ist gegeben, wenn der Notar eine Urkundstätigkeit (§§ 20 bis 22a BNotO)[19]) oder seine Vollzugstätigkeit (§ 53 Rdn. 4) verweigert, nicht aber wenn er es ablehnt, auf dem Gebiet der notarischen Rechtsbetreuung (§§ 23, 24 BNotO) tätig zu werden (vgl. § 4 Rdn. 1). Wegen der Gründe, aus denen der Notar seine Urkundstätigkeit versagen muß oder darf, vgl. § 4 Rdn. 2 bis 17. Gegen die Abhängigmachung der Beurkundung von der Vorschußzahlung (§§ 141, 8 Abs. 2 KostO, vgl. dazu § 4 Rdn. 16, Vorbem. vor § 13a FGG Rdn. 8) ist das Landgericht im Verfahren nach § 156 KostO anzurufen. Auch gegen die Versagung des Armenrechts für die Urkundstätigkeit nach § 17 Abs. 2 BNotO kann nach 12

[17]) Zu Unrecht versagt Frankfurt DNotZ 1967, 584, der AktG ein Beschwerderecht gegen die Anweisung, dem Aktionär eine Ausfertigung des Hauptversammlungsprotokolls zu erteilen. Die Entscheidung beruht auf einer Verkennung des Begriffs der Beschwerdebefugnis, für welche es genügt, daß ein Recht des Ausfertigungsberechtigten verletzt ist, wenn die Unrichtigkeit der angefochtenen Entscheidung unterstellt wird, nämlich daß der Aktionär eine Ausfertigung verlangen könne; die Beschwerde wäre aus gegebenem Beschwerderecht der Gesellschaft sogar begründet gewesen, da der Aktionär nach damaligem Recht (Art. 80 Abs. 2, 88 HessFGG) nur eine beglaubigte Abschrift, nicht aber eine Ausfertigung verlangen konnte.

[18]) Vgl. zum fr. Recht für den Fall der Weigerung des Grundbuchamts, die Auflassung entgegenzunehmen, KGJ 39 A 279; 44, 213; 48, 171; 50, 157.

[19]) Der Klammerhinweis in § 15 Abs. 1 Satz 1 auf §§ 20 bis 22 BNotO ist um den durch § 57 Abs. 17 Nr. 6 BeurkG eingefügten § 22a BNotO zu erweitern.

§ 15 das Landgericht angerufen werden[20]). Das Landgericht wird als Beschwerdegericht tätig (vgl. oben Rdn. 6). Das Beschwerderecht steht nach § 20 Abs. 2 FGG nur dem Antragsteller zu, der die Amtshandlung des Notars beantragt hat. Der Notar hat auch hier die Stellung einer Vorinstanz (oben Rdn. 11), so daß er an dem Beschwerdeverfahren nicht beteiligt ist, wenn auch die Herbeiführung seiner Stellungnahme im Rahmen der Sachaufklärung (§ 12 FGG) regelmäßig geboten sein wird. Kosten (§ 13a FGG) können ihm daher nicht auferlegt werden und er hat gegen die Erteilung der Anweisung durch das Landgericht nicht die weitere Beschwerde; das wird auch anzunehmen sein, wenn ihm auf Beschwerde aufgegeben wird, seine Urkundstätigkeit unbemittelten Beteiligten vorläufig gebührenfrei zu gewähren (§ 17 Abs. 2 BNotO), sowenig wie in diesem Fall das untere Gericht oder die Staatskasse ein Beschwerderecht hat.

13 Gegen die Entscheidung des Landgerichts findet die *weitere Beschwerde* statt, die ebenso wie im Fall des § 54 (oben Rdn. 9) und bei Ablehnung der Amtshandlung durch ein Gericht (oben Rdn. 11) eine Rechtsbeschwerde nach den §§ 27 bis 29, 199 Abs. 1 FGG ist[21]). Die Bem. oben zu Rdn. 9 gelten entsprechend. Die weitere Beschwerde kommt allerdings nur in Betracht, wenn das Landgericht die erste Beschwerde zurückgewiesen hat; weist es den Notar an, die beantragte Amtshandlung vorzunehmen, so fehlt es an einem Beschwerdeberechtigten.

III. Baden-Württemberg

14 Auf die Bezirksnotare in Württemberg und die Amtsnotare in Baden ist § 15 BNotO gemäß §§ 114, 115 BNotO nicht anwendbar. Gegen die Amtsverweigerung des Bezirksnotars in seiner Eigenschaft als öffentlicher Notar richtet sich der Rechtsmittelzug nach § 116 Abs. 2 WürttAGBGB — Anl. 17 —; vgl. dazu § 61 Rdn. 34. Gegen die Amtsverweigerung des badischen Amtsnotars findet nach § 57 BadLFGG — Anl. 16 — die Beschwerde an das Landgericht und die auf Gesetzesverletzung beschränkte weitere Beschwerde statt.

IV. Die Vornahme einer Beurkundung

15 ist mit Rechtsmitteln nicht anfechtbar, weil sie keine Verfügung, sondern eine Handlung des Gerichts oder Notars ist[22]).

Fünfter Abschnitt

Schlußvorschriften

1. Verhältnis zu anderen Gesetzen

a) Bundesrecht

Außerkrafttreten von Bundesrecht

55 Mit dem Inkrafttreten dieses Gesetzes treten außer Kraft

1. bis 14. [nicht abgedruckt]

1 *1.* Das Gesetz enthält in § 55 eine Aufzählung bundesrechtlicher Vorschriften, die gleichzeitig mit dem Inkrafttreten des Gesetzes aufgehoben werden. Sie haben im wesentlichen Beurkundungszuständigkeiten anderer Stellen als der Notare zum Gegenstand, die nach dem Zweck des Gesetzes entfallen sollen. Der vollständige Text der Vorschrift ist aus dem in *Anlage 1* abgedruckten Gesetzestext ersichtlich.

[20]) Vgl. § 14 FGG Rdn. 89; Seybold-Hornig BNotO[4] § 17 Rdn. 8.

[21]) Ebenso BayObLG vom 27. 2. 1968 (BReg. 2 Z 1/68) und vom 3. 7. 1968 (BReg. 2 Z 32/68), angeführt in BayObLGZ 1970, 125 zu II 1 c.

[22]) BayObLG JFG 7, 54.

Beseitigung von Doppelzuständigkeiten

56 (1) In folgenden Vorschriften fallen die Worte „gerichtlich oder", „gerichtliche oder", „gerichtlicher oder" sowie „gerichtlichen oder" weg: [nicht abgedruckt]

(2) Ferner fallen weg
1. bis 9. [nicht abgedruckt]

(3) In §§ 1410, 1750 des Bürgerlichen Gesetzbuchs werden die Worte „vor Gericht oder vor einem Notar" durch die Worte „zur Niederschrift eines Notars" ersetzt. § 2356 Abs. 2 Satz 1 des Bürgerlichen Gesetzbuchs bleibt unberührt.

(4) Auch wenn andere Vorschriften des bisherigen Bundesrechts die gerichtliche oder notarielle Beurkundung oder Beglaubigung oder die Erklärung vor einem Gericht oder Notar vorsehen, ist nur der Notar zuständig.

Abs. 3 Satz 2 angefügt durch Art. 3 Nr. 1 des G zur Änderung des Rechtspflegergesetzes, des Beurkundungsgesetzes und zur Umwandlung des Offenbarungseides in eine eidesstattliche Versicherung vom 27. 6. 1970 (BGBl. I 911), in Kraft getreten am 1. 1. 1970 (Art. 5).

1. Der vollständige Text der Vorschrift ist aus dem in *Anlage 1* abgedruckten Gesetzestext ersichtlich. In § 56 werden Vorschriften des bisherigen Bundesrechts geändert, nach denen außer dem Notar auch das Gericht für Beurkundungen zuständig war. Vorschriften des Landesrechts, die eine „gerichtliche oder notarielle Beurkundung" vorsahen oder sonst zum Ausdruck brachten, daß Gerichte und Notare nebeneinander zuständig sind, sind durch die Generalklausel des § 60 Satz 1 aufgehoben, soweit nicht die landesgesetzlichen Vorbehalte in § 61 Abs. 1 und 4, § 63 Ausnahmen zulassen. 1

2. Zu Abs. 4. Durch Abs. 4 soll sichergestellt werden, daß bundesrechtliche Beurkundungszuständigkeiten der Gerichte auch dann entfallen, wenn es verabsäumt worden ist, die entsprechende Vorschrift in den voranstehenden Absätzen ausdrücklich zu ändern. Auf Grund dieser Bestimmung entfallen auch die Worte „gerichtlich oder" in § 42 Abs. 1 Satz 2, § 48 Abs. 1 Satz 2, § 52 Abs. 1, § 60 Abs. 1 Satz 4, § 61 Abs. 1 Satz 4, § 63 Abs. 2 Satz 2 und § 64 Abs. 2 Satz 4 des Umwandlungsgesetzes i. d. F. der Bekanntmachung vom 6. 11. 1969 (BGBl. I 2081) sowie in § 385 m Abs. 2 Satz 6 AktG i. d. F. des G vom 15. 8. 1969 (BGBl. I 1171), die bei Erlaß des BeurkG noch nicht berücksichtigt worden sind. Über den Einfluß des § 56 Abs. 4 auf die Zuständigkeit der Gerichte für Beurkundungen anläßlich einer Verklarung vgl. § 1 Rdn. 29. Durch die nachträgliche Anfügung des Abs. 3 Satz 2 ist klargestellt worden, daß die Zuständigkeit der Gerichte für die Beurkundung eidesstattlicher Versicherungen zur Erwirkung eines Erbscheins unberührt geblieben ist (§ 1 Rdn. 17). 2

Sonstige Änderungen von Bundesrecht

57 [nicht abgedruckt]

1. In § 57 werden weitere Vorschriften des Bundesrechts dem Gesetz angepaßt und Beurkundungszuständigkeiten beseitigt. Der vollständige Text der Vorschrift ist aus dem in *Anlage 1* abgedruckten Gesetzestext ersichtlich. 1

Beurkundungen nach dem Personenstandsgesetz

58 Dieses Gesetz gilt nicht für Beurkundungen nach dem Personenstandsgesetz in der Fassung der Bekanntmachung vom 8. August 1957 (Bundesgesetzbl. I S. 1125).

1. Beurkundungsbefugnis des Standesbeamten. Soweit dem Standesbeamten gemäß § 1 PStG die Beurkundung des Personenstandes bei der Führung der Personenstandsbücher (Heiratsbuch, Familienbuch, Geburtenbuch, Sterbebuch) obliegt, kommt eine Anwendung des BeurkG schon deswegen nicht in Betracht, weil diese Beurkundungszuständigkeit nicht mit der der Notare konkurriert (§ 1 Abs. 2). In einer Reihe von Fällen, in denen die Zuständigkeit 1 des Standesbeamten gemäß § 59 unberührt bleibt, ist der Standesbeamte jedoch neben dem Notar für die Beurkundung von Willenserklärungen oder die öffentliche Beglaubigung zuständig:

2 *a)* Beurkundung oder Beglaubigung der zur Eheschließung gemäß § 3 Abs. 1 EheG erforderlichen Einwilligungserklärungen der Eltern, des Vormundes oder des Pflegers (§ 5 Abs. 4 PStG)[1]);

3 *b)* Beurkundung oder Beglaubigung der Erklärung, durch die eine Frau dem Familiennamen ihres Mannes ihren Mädchennamen hinzufügt (§ 1355 Satz 2 BGB), sowie der Erklärung, durch die eine Frau, deren Ehe aufgelöst ist, ihren Mädchennamen oder einen früheren Ehenamen wieder annimmt (§ 55 EheG) oder durch die der frühere Mann der Frau die Führung seines Familiennamens gemäß § 56 EheG untersagt (§ 15 c Abs. 1 PStG);

4 *c)* Beurkundung des Vaterschaftsanerkenntnisses sowie der Zustimmungserklärung des Kindes sowie Beurkundung oder Beglaubigung der etwa erforderlichen Zustimmung des gesetzlichen Vertreters zu einer solchen Erklärung (§ 1600 e Abs. 1 BGB, § 29 a Abs. 1 PStG); vgl. dazu § 62 Rdn. 8 bis 13;

5 *d)* Beurkundung des Mutterschaftsanerkenntnisses und der etwa erforderlichen Zustimmungserklärung des gesetzlichen Vertreters der Mutter (§ 29 b Abs. 3 PStG); dazu § 62 Rdn. 10;

6 *e)* Beurkundung oder Beglaubigung der Erklärung, durch die der Ehemann der Mutter oder der Vater eines nichtehelichen Kindes diesem seinen Namen erteilt sowie der dazu erforderlichen Einwilligungserklärungen des Kindes und der Mutter und der etwa erforderlichen Zustimmung des gesetzlichen Vertreters (§ 1618 Abs. 1 BGB, § 31 a Abs. 1 Satz 1 Nr. 1 Satz 2 PStG i. d. F. vom 17. 7. 1970, BGBl. I 1099); dazu § 62 Rdn. 30;

7 *f)* Beurkundung oder Beglaubigung der Erklärung, durch die ein nichteheliches Kind den Mädchennamen seiner Mutter annimmt sowie der etwa erforderlichen Zustimmung des gesetzlichen Vertreters (§ 1617 Abs. 2 Satz 2 BGB, § 31 a Abs. 1 Satz 1 Nr. 2, Satz 2 PStG); dazu § 62 Rdn. 30;

8 *g)* Beurkundung oder Beglaubigung der Erklärung, durch die ein an Kindes Statt angenommenes Kind dem neuen Namen seinen früheren Familiennamen hinzufügt (§ 1758 Abs. 4 BGB, § 31 a Abs. 1 Nr. 3 PStG);

9 *h)* Beurkundung oder Beglaubigung der Erklärung, durch die ein von einer Frau an Kindes Statt angenommenes Kind, das den Ehenamen der Frau erhalten hatte, den Mädchennamen der Frau annimmt sowie der etwa erforderlichen Zustimmung des gesetzlichen Vertreters (§ 1758 a Abs. 5 BGB, § 31 a Abs. 1 Satz 1 Nr. 4, Satz 2 PStG).

10 2. *Beurkundungsverfahren.* Auf die Beurkundung oder Beglaubigung der unter 1 zu a) bis h) angeführten Erklärungen sind die Vorschriften des BeurkG gemäß § 58 nicht anwendbar. Das Verfahren richtet sich nach der Dienstanweisung für die Standesbeamten vom 16. 4. 1968 (Beil. z. BAnz. Nr. 85) i. d. F. vom 1. 7. 1970 (BAnz. Nr. 121). Diese enthält allerdings nur Verwaltungsvorschriften, die nicht dafür maßgebend sein können, ob die Beurkundung noch wirksam ist. In Ermangelung jeglicher Rechtsvorschriften kann nur gefordert werden, daß bestimmte Mindestanforderungen erfüllt sind, bei deren Fehlen der elementarste Begriff der Beurkundung nicht mehr vorliegt. Es muß mithin ein Schriftstück errichtet sein, welches die Bezeichnung des Erklärenden und den Inhalt seiner Erklärung enthält und die Unterschrift des Standesbeamten trägt. Nicht wesentlich ist insbesondere die Vorlesung und Genehmigung und die Unterschrift des Beteiligten (vgl. für das Protokoll der Geschäftsstelle § 11 FGG Rdn. 8). Gegen Verweigerung der Amtstätigkeit kann nach § 45 Abs. 1 PStG das nach § 50 PStG zuständige Amtsgericht angerufen werden.

11 3. *Kirchenaustrittserklärungen.* Soweit die Standesbeamten nach Landesrecht für die Beurkundung von Kirchenaustrittserklärungen zuständig sind (§ 61 Rdn. 23), handelt es sich

[1]) Dazu Lukes StAZ 1962, 58.

nicht um Beurkundungen nach dem PStG, so daß § 58 nicht einschlägig ist. Zuständigkeit und Verfahren beruhen auf dem landesgesetzlichen Vorbehalt in § 61 Abs. 1 Nr. 12.

Unberührt bleibendes Bundesrecht

59 Soweit in diesem Gesetz nichts anderes bestimmt ist, bleiben bundesrechtliche Vorschriften über Beurkundungen unberührt.

1. Vorbehaltenes Bundesrecht. Die Vorschrift bestimmt die subsidiäre Geltung des BeurkG gegenüber sonstigem Bundesrecht; Bundesrecht, das durch das Gesetz nicht geändert oder aufgehoben wird, bleibt demnach unberührt. Die Vorschrift bezieht sich sowohl auf Bundesrecht, welches das Beurkundungsverfahren abweichend regelt, als auch auf anderweit bundesrechtlich begründete Beurkundungszuständigkeiten (BT-Drucks. V/3282 Einl. zu III 3 S. 25/26). Das gilt vor allem für die Vorschriften über die Beurkundung von Beschlüssen der Hauptversammlung einer Aktiengesellschaft (§ 130 AktG) und über die Aufnahme von Wechsel- und Scheckprotesten (Art. 79 bis 88 WG, Art. 55 Abs. 3 ScheckG), die aus Gründen des Sachzusammenhangs an ihrem bisherigen Platz belassen bleiben sollen; ferner für die Vorschriften über die Erteilung beglaubigter Abschriften der zum Handelsregister, zum Genossenschaftsregister oder zur Liste der Genossen eingereichten Schriftstücke durch den Urkundsbeamten der Geschäftsstelle (§§ 29, 30, 31 HdlRegV, §§ 1, 26 Abs. 2 GenRegVO). Aufrechterhalten ist auch § 23 Abs. 4 des PostG vom 28. 7. 1969 (BGBl. I 1006), wonach die Abtretung des Guthabens auf einem Postsparbuch der Bundespost gegenüber nur wirksam ist, wenn sie außer von einem Notar von einem Postsparkassenamt, einem Postamt mit Sparkassendienst oder einem Postscheckamt beurkundet ist, sowie § 14 HinterlO. 1

b) Landesrecht

Außerkrafttreten von Landesrecht

60 Mit dem Inkrafttreten dieses Gesetzes treten, soweit in diesem Gesetz nichts anderes bestimmt ist, die landesrechtlichen Vorschriften außer Kraft, die den Vorschriften des Ersten bis Vierten Abschnitts dieses Gesetzes entgegenstehen oder neben dem Notar auch anderen Urkundspersonen oder sonstigen Stellen eine Zuständigkeit für öffentliche Beurkundungen übertragen. Insbesondere treten außer Kraft

1. bis 68. [nicht abgedruckt]

Der Text des Satzes 2 der Vorschrift ist aus dem in *Anlage 1* vollständig abgedruckten Gesetzestext ersichtlich.

Erläuterung

Während nach § 59 abweichendes Bundesrecht grundsätzlich unberührt bleibt, tritt nach § 60 entgegenstehendes Landesrecht grundsätzlich außer Kraft. Das wird in Satz 1 durch eine Generalklausel ausgesprochen und in Satz 2 in einer Einzelaufzählung der aufgehobenen landesrechtlichen Bestimmungen näher ausgeführt. Danach werden sowohl landesrechtliche Vorschriften über das Beurkundungsverfahren als auch landesrechtliche Vorschriften über die Beurkundungszuständigkeiten beseitigt, sofern sie Regelungen enthalten, die gemäß § 1 Gegenstand dieses Gesetzes sind und den Vorschriften des Ersten bis Vierten Abschnitts entgegenstehen. Die landesrechtlichen Vorschriften müssen also selbständige Beurkundungen auf dem Gebiet der vorsorgenden Rechtspflege betreffen, für welche nach Bundesrecht eine Zuständigkeit der Notare begründet ist, die nach § 61 Abs. 3 Nr. 1 auch auf Grund anderer bundesrechtlicher Vorbehalte nicht eingeschränkt werden kann. Dagegen werden von der Generalklausel des Satzes 1 nicht erfaßt landesrechtliche Vorschriften über Beurkundungen, die Teil eines gerichtlichen oder Verwaltungsverfahrens sind (vgl. § 1 Rdn. 14). Auch wenn die Form der gerichtlichen oder notariellen Beurkundung durch das Landesrecht vorgeschrieben ist oder neben dem Notar nach Landesrecht sonstige Urkundsstellen zuständig sind, soll kraft Bundesrechts nur noch der Notar zuständig sein. Beurkundungsrechtliche Vorschriften 1 des Landesrechts bleiben nur bestehen, soweit das Beurkundungsgesetz einen Vorbehalt enthält (§§ 48, 61, 63).

2 Die durch Satz 2 des § 60 angeordnete Aufhebung von Vorschriften ist, soweit das Landesrecht der freiwilligen Gerichtsbarkeit betroffen ist, bei der Wiedergabe des Landesrechts in *Anl. 10 bis 30* berücksichtigt. Der Aufhebungskatalog des § 60 Satz 2 ist jedoch nicht erschöpfend. So werden durch § 60 Satz 2 Nr. 33, 38 und 57 zwar die Art. 38 Abs. 2 HessFGG, 24 Abs. 1 NdsFGG und 31 Abs. 1 PrFGG aufrechterhalten, soweit sie freiwillige Versteigerungen zum Gegenstand haben; aus § 60 Satz 1 i. V. mit § 61 Abs. 1 Nr. 1 ergibt sich jedoch, daß dies nicht für die Beurkundung von Grundstücksversteigerungen gilt. Ferner hat der Gesetzgeber es vermeiden wollen, aus landesrechtlichen Vorschriften einzelne Worte zu streichen oder deren Streichung durch eine umständliche Umschreibung jeweils besonders anzuordnen. Deshalb sind die nicht förmlich aufgehobenen Art. 38 Abs. 3 PrFGG und Art. 40 HessFGG, nach denen die Vornahme und Beurkundung freiwilliger Grundstücksversteigerungen dem Urkundsbeamten der Geschäftsstelle übertragen werden kann, soweit es sich um die Beurkundung der Versteigerung handelt, durch § 60 Satz 1 entfallen, übrigens auch infolge der Aufhebung des Art. 142 EGBGB durch § 57 Abs. 4 Nr. 2 BeurkG (vgl. dazu Art. 38 PrFGG Anm. 3).

Unberührt bleibendes Landesrecht

61 (1) Unbeschadet der Zuständigkeit des Notars bleiben folgende landesrechtliche Vorschriften unberührt:

1. Vorschriften über die Beurkundung von freiwilligen Versteigerungen; dies gilt nicht für die freiwillige Versteigerung von Grundstücken und grundstücksgleichen Rechten;

2. Vorschriften über die Zuständigkeit zur Aufnahme von Inventaren, Bestandsverzeichnissen, Nachlaßverzeichnissen und anderen Vermögensverzeichnissen sowie zur Mitwirkung bei der Aufnahme solcher Vermögensverzeichnisse;

3. Vorschriften, nach denen die Gerichtsvollzieher zuständig sind, Wechsel- und Scheckproteste aufzunehmen sowie das tatsächliche Angebot einer Leistung zu beurkunden;

4. Vorschriften, nach denen die Amtsgerichte zuständig sind, außerhalb eines anhängigen Verfahrens die Aussagen von Zeugen und die Gutachten von Sachverständigen, die Vereidigung sowie eidesstattliche Versicherungen dieser Personen zu beurkunden;

5. Vorschriften, nach denen Beurkundungen in Fideikommißsachen, für die ein Kollegialgericht zuständig ist, durch einen beauftragten oder ersuchten Richter erfolgen können;

6. Vorschriften, nach denen die Vorstände der Vermessungsbehörden, die das amtliche Verzeichnis im Sinne des § 2 Abs. 2 der Grundbuchordnung führen, und die von den Vorständen beauftragten Beamten dieser Behörden zuständig sind, Anträge der Eigentümer auf Vereinigung oder Teilung von Grundstücken zu beurkunden oder zu beglaubigen;

7. Vorschriften über die Beurkundung der Errichtung fester Grenzzeichen (Abmarkung);

8. Vorschriften über die Beurkundung von Tatbeständen, die am Grund und Boden durch vermessungstechnische Ermittlungen festgestellt werden, durch Behörden, öffentlich bestellte Vermessungsingenieure oder Markscheider;

9. Vorschriften über Beurkundungen in Gemeinheitsteilungs- und agrarrechtlichen Ablösungsverfahren einschließlich der Rentenübernahme- und Rentengutsverfahren;

10. Vorschriften über Beurkundungen im Rückerstattungsverfahren;

11. Vorschriften über die Beglaubigung amtlicher Unterschriften zum Zwecke der Legalisation;

12. Vorschriften über Beurkundungen in Kirchenaustrittssachen.

(2) Auf Grund dieser Vorbehalte können den Gerichten Beurkundungszuständigkeiten nicht neu übertragen werden.

(3) Auf Grund anderer bundesrechtlicher Vorbehalte kann

1. die Zuständigkeit der Notare für öffentliche Beurkundungen (§ 20 der Bundesnotarordnung) nicht eingeschränkt werden,

2. nicht bestimmt werden, daß für öffentliche Beurkundungen neben dem Notar andere Urkundspersonen oder sonstige Stellen zuständig sind, und

3. keine Regelung getroffen werden, die den Vorschriften des Ersten bis Vierten Abschnitts dieses Gesetzes entgegensteht.

(4) Die Vorschriften über die Beurkundungszuständigkeiten der Ratschreiber und sonstigen Hilfsbeamten der Grundbuchämter in Baden-Württemberg, insbesondere § 6 des badischen Grundbuchausführungsgesetzes in der Fassung der Bekanntmachung vom 13. Oktober 1925 (Badisches Gesetz- und Verordnungsblatt S. 296) sowie Artikel 32 Abs. 1, Artikel 33, 34 des württembergischen Ausführungsgesetzes zum Bürgerlichen Gesetzbuch und zu anderen Reichsjustizgesetzen vom 29. Dezember 1931 (Württembergisches Regierungsblatt S. 545), bleiben unberührt; diese Vorschriften können von den dafür zuständigen Stellen aufgehoben oder geändert, jedoch nicht in ihrem Geltungsbereich erweitert werden; *§ 34* des Rechtspflegergesetzes gilt entsprechend. Unberührt bleiben ferner die Vorschriften, nach denen gegen Entscheidungen der Bezirksnotare, Ratschreiber und sonstigen Hilfsbeamten der Grundbuchämter in den Fällen des § 54 das Amtsgericht angerufen werden kann.

Nr. 12 angefügt durch Art. 3 Nr. 2 des G zur Änderung des Rechtspflegergesetzes, des Beurkundungsgesetzes und zur Umwandlung des Offenbarungseides in eine eidesstattliche Versicherung vom 27. 6. 1970 (BGBl. I 911), in Kraft getreten am 1. 1. 1970 (Art. 5). An die Stelle des in Abs. 4 angeführten § 34 RechtspflG 1957 ist seit dem 1. 7. 1970 § 36 RechtspflG 1969 getreten.

Übersicht

I. Bedeutung

1 Nach § 60 Satz 1 sind grundsätzlich die landesrechtlichen Vorschriften außer Kraft getreten, die den Vorschriften des Ersten bis Vierten Abschnitts dieses Gesetzes entgegenstehen oder neben den Notaren auch die Zuständigkeit anderer Urkundspersonen oder sonstiger Stellen für öffentliche Beurkundungen begründen, wobei landesrechtliches Beurkundungsverfahrensrecht den Vorschriften des BeurkG auch dann „entgegensteht", wenn es mit ihnen übereinstimmt. Dieser Grundsatz wird in § 61 Abs. 1 und 4 in der Weise durchbrochen, daß Landesrecht in gewissem Umfange aufrechterhalten wird. Die landesgesetzlichen Vorbehalte in Abs. 1 beziehen sich zum Teil nur auf die Beurkundungszuständigkeit, zum Teil aber auch auf das Beurkundungsverfahren. „Unberührt bleiben" bedeutet nach Art. 3 EGBGB, daß die bestehenden landesgesetzlichen Vorschriften in Kraft bleiben und neue landesgesetzliche Vorschriften erlassen werden können; die Freiheit des Landesgesetzgebers für den Erlaß neuer Vorschriften wird aber in zweifacher Hinsicht eingeschränkt: Auf Grund der landesgesetzlichen Vorbehalte des Abs. 1 darf die Zuständigkeit der Notare (§§ 20 bis 22 a BNotO) nicht eingeschränkt oder aufgehoben werden (§ 61 Abs. 1 Satz 1), und nach Abs. 2 können den Gerichten keine Beurkundungszuständigkeiten neu übertragen werden, die ihnen nach Landesrecht nicht schon am 1. 1. 1970 zustanden. In Abs. 3 wird bestimmt, daß bundesrechtliche Vorbehalte, durch welche gewisse Materien der landesrechtlichen Regelung überlassen bleiben (Art. 55 ff. EGBGB), den Landesgesetzgeber nicht ermächtigen, vom Bundesrecht abweichende Vorschriften über Beurkundungszuständigkeiten oder das Beurkundungsverfahren zu erlassen. Schließlich enthält Abs. 4 einen Vorbehalt zugunsten der Beurkundungszuständigkeit der Ratsschreiber und Hilfsbeamten der Grundbuchämter in Baden-Württemberg.

II. Landesgesetzliche Vorbehalte (Abs. 1)

2 *1. Nr. 1: Freiwillige Versteigerungen. a) Zuständigkeit.* Durch Nr. 1 werden landesrechtliche Vorschriften über die Beurkundung von freiwilligen Versteigerungen aufrechterhalten. Dadurch soll erreicht werden, daß die Amtsperson, welche die Versteigerung vornimmt, sie auch beurkunden kann (BT-Drucks. V/3282 S. 45). Auch über die Zuständigkeit zur Vornahme freiwilliger Versteigerungen (vgl. zu der Unterscheidung § 15 Rdn. 2) befindet mithin unbeschadet bundesrechtlicher Regelungen (§ 20 Abs. 3 BNotO, § 53 WEG, § 34 b GewO) das Landesrecht. Beseitigt sind aber nach Nr. 1 Halbs. 2 i. V. mit § 313 BGB n. F. landesrechtliche Vorschriften über die Zuständigkeit anderer Behörden und Beamten als der Notare, insbesondere auch der Amtsgerichte, für die Beurkundung freiwilliger Versteigerungen von Grundstücken und grundstücksgleichen Rechten; auch die freiwillige Versteigerung von zur Teilungsmasse gehörenden Grundstücken, die aus Anlaß der Vermittlung der Auseinandersetzung eines Nachlasses oder Gesamtguts (§§ 86, 99 FGG) vorgenommen werden soll, können die Amtsgerichte nicht mehr beurkunden (Art. 33 PrFGG — Anl. 10 — Anm. 1). Ebenso ist die Zuständigkeit anderer Behörden oder Beamten als der Gerichte und Notare für die Beurkundung von Grundstücksversteigerungen infolge der Aufhebung des Art. 142 EGBGB durch § 57 Abs. 4 Nr. 2 BeurkG entfallen (vgl. Art. 38 PrFGG Anm. 2 b, 3). Mit der Entziehung der Befugnis zur Beurkundung von Immobiliarversteigerungen ist auch die landesrechtliche Zuständigkeit für ihre Vornahme entfallen, obwohl die landesrechtlichen Vorschriften insoweit in dem Katalog des § 60 nicht förmlich aufgehoben worden sind (Art. 31 PrFGG Anm. 1); denn die Möglichkeit, daß eine nach Landesrecht für die Vornahme der Versteigerung zuständige Stelle zu deren Beurkundung einen Notar hinzuzieht, ist offenbar rein theoretischer Natur. Aufrechterhalten sind hiernach landesrechtliche Vorschriften über die Zuständigkeit für die freiwillige Versteigerung anderer Gegenstände als Grundstücke und grundstücksgleiche Rechte, also von anderen Rechten (Pachtrechte, Aktien, GmbH-Geschäftsanteile, Holz auf dem Stamm, Früchte auf dem Halm, vgl. § 15 Rdn. 4), Forderungen und beweglichen Sachen. In diesem Umfang sind zuständig die Amtsgerichte nach Art. 31 PrFGG, Art. 38 Abs. 2 HessFGG, nicht aber in Niedersachsen. Die Gerichtsvollzieher sind zuständig für die freiwillige Versteigerung beweglicher Sachen und von Früchten, die vom Boden noch nicht getrennt sind, nach § 74 Nr. 2 PrAGGVG, Art. 45 Abs. 1 Nr. 2 HessFGG, Art. 25

Abs. 1 Nr. 2 NdsFGG, Art. 34 Abs. 1 Nr. 3 BayAGGVG, § 21 Abs. 1 Nr. 3 BremAGGVG, von beweglichen Sachen nach § 37 BadLFGG, für öffentliche Verpachtungen an den Meistbietenden im Auftrage des Gerichts nach § 74 Nr. 5 PrAGGVG, Art. 45 Abs. 1 Nr. 4 HessFGG und Art. 25 Abs. 1 Nr. 4 NdsFGG. Die Ortsgerichte sind zuständig nach § 37 BadLFGG für die Versteigerung beweglicher Sachen, nach §§ 15, 15 a HessOrtsGerG für die Versteigerung von vom Boden noch nicht getrennten Früchten mit Ausnahme von stehendem Holz und für die Verpachtung land- und forstwirtschaftlicher Grundstücke ihres Bezirks im Wege öffentlicher Versteigerung. Über die beeidigten Auktionatoren in Ostfriesland und im Harlingerland sowie im Regierungsbezirk Osnabrück vgl. Art. 125, 126 PrFGG (Anl. 10).

b) Verfahren. Auch für das Verfahren bei der Vornahme und Beurkundung freiwilliger Versteigerungen bleiben die landesrechtlichen Vorschriften unberührt (BT-Drucks. V/3282 S. 45), soweit das Verfahren nicht bundesrechtlich geregelt ist, wie in den §§ 383 bis 386 BGB, 373 HGB, 65 Abs. 3, 226 Abs. 3 AktG, 23 GmbHG. Aber auch für das Verfahren der Notare, soweit es sich nicht um die Vornahme von Beurkundungen handelt oder das Verfahren bundesrechtlich geregelt ist (§§ 53 bis 58 WEG), ist gemäß § 118 BNotO das Landesrecht maßgebend geblieben (vgl. § 15 Rdn. 5). Vorschriften über das Verfahren der Gerichtsvollzieher finden sich in der Geschäftsanweisung für Gerichtsvollzieher i. d. F. vom 1. 1. 1969 (Sonderdruck). **3**

2. Nr. 2: Vermögensverzeichnisse. a) Zuständigkeit. Die Errichtung von Vermögensverzeichnissen ist vorgesehen in §§ 1035 Satz 3 (Nießbrauch), § 1377 Abs. 2 Satz 2 (Zugewinngemeinschaft), 1667 Abs. 2 Satz 3, 1682 Abs. 2 Satz 1, 1689 S. 2 (elterliche Gewalt), 1760 Abs. 1 Satz 2 (Kindesannahme), 1802 Abs. 2 und 3, 1897, 1915 (Vormundschaft und Pflegschaft), 1960 Abs. 2 (Sicherungsmaßnahme des Nachlaßgerichts), 2002, 2003 (Inventarerrichtung des Erben), 2121 Abs. 3 (Vorerbschaft), 2215 Abs. 4 (Testamentsvollstreckung), 2314 Abs. 1 Satz 3, 1934 b Abs. 2 BGB (Pflichtteils- oder Erbersatzberechtigter) und in § 123 KO; sie kann auch auf vorbehaltenem Landesrecht (Art. 55 ff. EGBGB) beruhen. Zu unterscheiden ist hierbei zwischen der Aufnahme des Verzeichnisses durch die Urkundsperson und der Mitwirkung der Urkundsperson bei der durch einen Beteiligten vorzunehmenden Aufnahme des Verzeichnisses (vgl. dazu § 36 Rdn. 11), wie sie in §§ 1802 Abs. 2, 1897, 1915, 2002 BGB und in § 123 Abs. 1 Satz 3 KO vorgesehen ist. Für die Zuständigkeit der Urkundsperson ist ferner von Bedeutung, ob die Aufnahme des Verzeichnisses oder die Mitwirkung bei seiner Errichtung unmittelbar im Auftrage der Beteiligten (so §§ 1035 Satz 3, 1377 Abs. 2 Satz 2, 1802 Abs. 2, 1897, 1915, 2002, 2121 Abs. 3, 2215 Abs. 4, 2314 Abs. 1 Satz 3, 1934 b Abs. 2) oder des Konkursverwalters (so § 123 KO) oder aber auf Anordnung oder im Auftrage des Gerichts erfolgt (so §§ 1667 Abs. 2 Satz 3, 1682 Abs. 2 Satz 1, 1689 Satz 2, 1760 Abs. 1 Satz 2, 1802 Abs. 3, 1897, 1915, 1960 Abs. 2, 2003 BGB). **4**

α) Im unmittelbaren Auftrage der Beteiligten sind außer den *Notaren* (§ 20 Abs. 1 BNotO), den Bezirksnotaren in Württemberg (§ 114 Abs. 1 Satz 3 Halbs. 2 BNotO) und dem örtlich zuständigen badischen Notar (§ 115 BNotO, § 31 BadLFGG) nach Landesrecht zuständig die *Amtsgerichte* gemäß Art. 31 PrFGG, Art. 38 Abs. 2 HessFGG und Art. 121 WürttAGBGB (nicht mehr in Niedersachsen), allgemein die Gerichtsvollzieher und Urkundsbeamten der Geschäftsstelle des Amtsgerichts nach Art. 24 Nr. 2, 25 Abs. 1 Nr. 3 NdsFGG, ferner die *Gerichtsvollzieher* in Bremen für die Aufnahme des Nachlaßinventars und der Vermögensverzeichnisse nach §§ 2121, 2215, 2314 BGB gemäß § 63 BremAGBGB und die Gerichtsvollzieher in Hamburg für die Aufnahme der Vermögensverzeichnisse nach §§ 1035, 2002, 2121, 2215, 2314 BGB gemäß §§ 47, 78 Abs. 1 HambAGBGB, im Auftrage des Konkursverwalters (§ 123 KO) die Gerichtsvollzieher nach § 74 Nr. 3 PrAGGVG, Art. 45 Abs. 1 Nr. 3 HessFGG, Art. 25 Abs. 1 Nr. 3 NdsFGG, Art. 34 Abs. 1 Nr. 2 BayAGGVG, § 21 Abs. 1 Nr. 2 BremAGGVG. **5**

β) Auf Anordnung oder im Auftrage des Gerichts sind zuständig kraft Bundesrechts die *Notare* in den Fällen der §§ 1667 Abs. 2, 1682 Abs. 2, 1689 Satz 2, 1802 Abs. 3, 1897, 1915, 2003, auf Grund des durch § 20 Abs. 4 BNotO vorbehaltenen Landesrechts zur Aufnahme von Nachlaßinventaren zum Zwecke der Nachsicherung (§ 1960 Abs. 2 BGB) gemäß Art. 38 **6**

Abs. 2 PrFGG, Art. 46 Abs. 2 HessFGG, Art. 13 NdsFGG, Art. 2 Nr. 1 BayNotG. Allgemein kann das Amtsgericht, wenn es für die Aufnahme eines Vermögensverzeichnisses zuständig ist, auf Grund des § 61 Abs. 1 Nr. 2 BeurkG die Aufnahme einem Notar übertragen nach Art. 38 Abs. 2 PrFGG und Art. 46 Abs. 2 PrFGG. Im Auftrage des Gerichts sind zuständig die *Gerichtsvollzieher* nach § 74 Nr. 3 PrFGG, Art. 45 Abs. 1 Nr. 3 Hess FGG, Art. 25 Abs. 1 Nr. 3 NdsFGG, § 21 Abs. 1 Nr. 2 BremAGGVG, in Hamburg für die Aufnahme der vom Vormundschaftsgericht angeordneten Verzeichnisse nach §§ 1667, 1682, 1689 und 1802 Abs. 3 BGB und von Nachlaßinventaren nach §§ 1960 Abs. 2, 2003 BGB (§§ 76, 78 Abs. 1 HambAGBGB). Der *Urkundsbeamte der Geschäftsstelle* des Amtsgerichts ist im Auftrage des Gerichts zuständig nach § 70 PrAGGVG, Art. 44 Abs. 1 Nr. 6 HessFGG, Art. 24 Nr. 2 NdsFGG, mit Beschränkungen nach Art. 33 BayAGGVG, in den ehemals bayerischen Gebietsteilen des Landes Rheinland-Pfalz nach § 63 BayAGGVG vom 23. 2. 1879 (GVBl. 273). Die *Ortsgerichte* sind auf Anordnung des Gerichts zuständig für die Aufnahme eines Nachlaßinventars zum Zwecke der Nachlaßsicherung (§ 1960 Abs. 2 BGB) gemäß § 34 BadLFGG sowie für die Aufnahme von Vermögensverzeichnissen jeder Art und von Nachlaßinventaren gemäß § 23 Abs. 1 Buchst. c HessOrtsGerG und Art. 108, 122, 123 PrFGG. Das *Nachlaßgericht* ist im Fall des § 2003 BGB für die Aufnahme des Nachlaßinventars kraft Bundesrecht zuständig; diese Zuständigkeit ist auf Grund des Art. 148 EGBGB jedoch ausgeschlossen in Bayern gemäß Art. 10 Abs. 3 BayAGGVG, in Bremen gemäß § 63 AGBGB, in Hamburg gemäß § 78 Abs. 2 AGBGB. Das Nachlaßgericht kann die Aufnahme des Inventars einem Notar oder einer zuständigen Behörde oder einem zuständigen Beamten übertragen (dazu § 77 FGG Rdn. 16).

7 Wird das Vermögensverzeichnis im unmittelbaren Auftrage der Beteiligten von einem Beamten oder einer nichtgerichtlichen Behörde aufgenommen, die nur kraft gerichtlichen Auftrags zuständig sind, so ist es unwirksam (§ 77 FGG Rdn. 14), sofern nicht der Auftrag des Gerichts nur Sollerfordernis ist, wie in § 70 PrFGG, Art. 44 Abs. 1 Nr. 6, Art. 33 BayAGVG für den Urkundsbeamten der Geschäftsstelle. Vermögensaufzeichnungen der örtlichen Inventurbehörde nach Art. 120 WürttAGBGB haben, wie der Gegensatz zu Art. 121 WürttAGBGB zeigt, nicht die Bedeutung eines öffentlichen Vermögensverzeichnisses. Beruht die Zuständigkeit des Gerichts auf Bundesrecht (§ 2003 BGB), so ist die Aufnahme des Inventars oder die Erteilung des Auftrags an eine andere Stelle auf den *Rechtspfleger* übertragen (§ 3 Nr. 2 Buchst. c RechtspflG, vgl. § 1 Rdn. 31), ebenso die Anordnung der Inventarerrichtung und die Erteilung des Auftrags in den Fällen der §§ 1667 Abs. 2, 1682 Abs. 2, 1689, 1760, 1802 Abs. 3, 1897, 1915, 1960 Abs. 2 BGB. Ist die Aufnahme des Inventars ein selbständiges Beurkundungsgeschäft (§§ 1035, 1377 Abs. 2, 1802 Abs. 2, 1897, 1915, 2002, 2121, 2215, 2314 BGB, § 123 KO), für welches die Gerichte kraft Landesrechts zuständig sind, so liegt für die Aufnahme und die Beauftragung einer anderen Stelle eine Übertragung auf den Rechtspfleger nicht vor, da das Rechtspflegergesetz sich nur auf die den Gerichten durch Bundesgesetz zugewiesenen Aufgaben bezieht (vgl. Arndt, RechtspflG, § 13 Rdn. 2 und 28 a. E.).

8 *b) Beurkundungsverfahren.* Ist die Aufnahme des Vermögensverzeichnisses ein selbständiges Beurkundungsgeschäft, für welches das Gericht, der Beamte oder die nichtgerichtliche Behörde neben dem Notar, sei es auch auf Grund Landesrechts, zuständig ist, so sind die Vorschriften des BeurkG gemäß § 1 Abs. 2 entsprechend anzuwenden. Ist die Aufnahme des Inventars durch das Gericht als Teil eines Verfahrens eine gerichtliche Verrichtung (§§ 1667 Abs. 2, 1682 Abs. 2, 1689, 1760, 1802 Abs. 3, 1897, 1915, 1960 Abs. 2, 2003 BGB), so sind auf das gerichtliche Protokoll die Vorschriften des BeurkG nicht auf Grund des § 1 Abs. 2 anwendbar (§ 1 Rdn. 14), wohl aber auf das Protokoll des vom Gericht beauftragten Beamten oder der nichtgerichtlichen Behörde, da es hierfür keinen Unterschied macht, ob die Zuständigkeit von Nicht-Notaren neben dem Notar auf Bundes- oder Landesrecht beruht.

9 *3. Nr. 3: Wechsel- und Scheckproteste, Leistungsangebot.* Für die Aufnahme von Wechsel- und Scheckprotesten sind außer den Notaren und Postbeamten, deren Zuständigkeit auf Art. 79 WG, Art. 55 Abs. 3 ScheckG, § 40 PostO vom 16. 5. 1963 (BGBl. I 341) beruht, die

Gerichtsvollzieher zuständig nach § 74 Nr. 1 PrAGGVG mit Art. 55 Abs. 3 ScheckG, Art. 45 Abs. 1 Nr. 1 HessFGG, Art. 25 Abs. 1 Nr. 1 NdsFGG, § 24 BadLFGG, Art. 34 Abs. 1 Nr. 1 BayAGGVG, § 21 Abs. 1 Nr. 1 BremAGGVG. Das Beurkundungsverfahren richtet sich nach Art. 79 bis 88 WG, Art. 55 Abs. 3 ScheckG und den §§ 6, 214 bis 236 GVGA. Für die Beurkundung des tatsächlichen Angebots einer Leistung (§§ 294 bis 299 BGB) sind die Gerichtsvollzieher zuständig nach § 74 Nr. 4 PrAGGVG, Art. 45 Abs. 1 Nr. 6 HessFGG, Art. 25 Abs. 1 Nr. 6 NdsFGG, Art. 34 Abs. 1 Nr. 4 BayAGGVG, § 21 Abs. 1 Nr. 4 BremAGGVG. Das Verfahren bestimmt sich gemäß § 1 Abs. 2 nach den §§ 36, 37 BeurkG und den Bestimmungen der GVGA. Die Zuständigkeit der Gerichtsvollzieher zur Vornahme von *Zustellungen* im Auftrage der Beteiligten ergibt sich bundesrechtlich aus § 132 Abs. 1 BGB.

4. Nr. 4: Beurkundung von Aussagen. Nach der amtl. Begründung (BT-Drucks. V/3282 **10** S. 45) dient die Vorschrift der Ergänzung der §§ 163, 164 FGG. Es ist aber nicht ersichtlich, inwiefern es für die Befugnis des Gerichts, Vorgänge dieser bundesrechtlichen Verfahren zu beurkunden, eines Vorbehalts zugunsten des Landesgesetzgebers bedarf. Der Vorbehalt kann sich sinnvollerweise nur beziehen auf verschiedene Vorschriften des bisherigen Landesrechts. Nach Art. 34 PrFGG und § 34 HambFGG sind die Amtsgerichte befugt, außerhalb eines anhängigen Verfahrens für eine einzelne Angelegenheit auf Antrag Beteiligter Sachverständige zu beeidigen; vgl. dazu Art. 34 PrFGG Anm. 1. Ähnlich bestimmt Art. 87 BayAGGVG, daß die Amtsgerichte Sachverständige zur Ermittlung des Wertes von Grundstücken auf Antrag des Eigentümers bestellen, vernehmen und beeidigen können. Nach Art. 23 NdsFGG können die Amtsgerichte außerhalb eines anhängigen Verfahrens die Aussagen von Zeugen und die Gutachten von Sachverständigen beurkunden, wenn ein berechtigtes Interesse glaubhaft gemacht wird; die Zeugen und Sachverständigen können im Einverständnis aller Beteiligten auch beeidigt werden. Dasselbe gilt im wesentlichen nach Art. 41 HessFGG mit der Maßgabe, daß die Beeidigungsbefugnis auf Sachverständige beschränkt ist. Nach Art. 3 Württ-AGBGB sind die Amtsgerichte für die Abnahme von freiwilligen Eiden und Versicherungen an Eides Statt außerhalb eines gesetzlich geregelten Verfahrens zuständig. In allen diesen Fällen umfaßt die Befugnis die Zuständigkeit zur Abnahme von Eiden bzw. eidesstattlichen Versicherungen im Sinne der §§ 154, 156 StGB. Diese Befugnis aber wird durch das BeurkG und jedenfalls durch § 61 Abs. 1 Nr. 4 nicht berührt und schließt ohne weiteres die Befugnis zur Beurkundung des Vorgangs ein (vgl. zu der Unterscheidung § 38 Rdn. 2, 8). Der Vorbehalt hat daher Bedeutung allenfalls für die Beurkundung uneidlicher Aussagen außerhalb eines anhängigen Verfahrens, für welche nach § 20 BNotO auch die Notare zuständig sind. Das Beurkundungsverfahren richtet sich gemäß § 1 Abs. 2 nach §§ 36 bis 38 BeurkG, sofern die Notare ebenfalls für solche Beurkundungen zuständig sind, anderenfalls nach Landesrecht.

5. Nr. 5: Fideikommißsachen. Nach Nr. 5 bleiben landesrechtliche Vorschriften unberührt, **11** nach denen Beurkundungen in Fideikommißsachen, für die ein Kollegialgericht zuständig ist, durch einen beauftragten oder ersuchten Richter erfolgen können. Solche Vorschriften enthalten Art. 37 PrFGG und Art. 43 HessFGG. Nach BT-Drucks. V/3282 S. 45 soll dadurch die VO zur Durchführung des Gesetzes zur Vereinheitlichung der Fideikommißauflösung vom 24. 8. 1935 (RGBl. I 1103) ergänzt werden, nach der die Fideikommißsenate bei den Oberlandesgerichten und das Oberste Fideikommißgericht zuständig sind. Bewilligungen und Erklärungen in öffentlicher oder öffentlich beglaubigter Form zu beurkunden.

6. Nr. 6: Vermessungsbehörden. Nach dem Gesetz über die Beurkundungs- und Beglaubi- **12** gungsbefugnis der Vermessungsbehörden vom 15. 11. 1937 (RGBl. I 1257)[1]) sind die Vorstände der Vermessungsbehörden, die das amtliche Verzeichnis i. S. des § 2 Abs. 2 GBO führen, sowie die von den Vorständen beauftragten Beamten dieser Behörden befugt, Anträge

[1]) Amtl. Begründung DJ 1937, 1945 Nr. 400; dazu RdErl. d. RuPrMdI vom 13. 1. 1938 (RMBliV 137), zur Anpassung an das BeurkG (vgl. § 69) geändert durch RdErl. d. Min. für Wohnungsbau und öffentl. Arbeiten NW vom 28. 11. 1969 (MBl. NW 2108); teilw. geändert durch AV d. WürttJM vom 6. 4. 1960 (Die Justiz S. 84).

des Eigentümers auf Vereinigung (§ 890 Abs. 1 BGB) oder Teilung von Grundstücken ihres Bezirks öffentlich zu beurkunden oder zu beglaubigen. Auf Anträge auf Zuschreibung als Bestandteil (§§ 890 Abs. 2, 1131 BGB, § 6 GBO) erstreckt sich diese Zuständigkeit nicht[2]). Wird die Erklärung vor dem Beamten der Vermessungsbehörde zur Niederschrift abgegeben, so sind nach § 1 Abs. 2 die Vorschriften der §§ 6 ff. BeurkG zu beachten. Für die Beglaubigung der Unterschrift gelten §§ 39, 40 BeurkG.

13 7. *Nr. 7: Abmarkung.* Bei Abmarkungen handelt es sich um die Sichtbarmachung der (unstreitigen) Grundstücksgrenzen durch Setzung oder Wiederherstellung fester Grenzzeichen. Die Art der Abmarkung und das Verfahren, mithin auch das Verfahren bei der Beurkundung des Hergangs, bestimmen sich gemäß § 919 Abs. 2 BGB nach den Landesgesetzen, wenn diese schweigen, nach der Ortsüblichkeit. Es handelt sich um die Beurkundung eines tatsächlichen Vorgangs, nicht um die Beurkundung von Willenserklärungen[3]). Als Beteiligte sind die Eigentümer der Nachbargrundstücke und Erbbauberechtigte hinzuzuziehen (§ 3 Rdn. 22). Die Vorschriften des Beurkundungsgesetzes sind gemäß § 919 Abs. 2 BGB nicht anwendbar (BT-Drucks. V/3282 S. 46), wenn auch Notar oder Gericht beim Fehlen von landesrechtlichen Vorschriften zweckmäßig nach den §§ 36, 37 verfahren. Im Geltungsbereich des ALR sind die §§ 362 bis 371 I 17 ALR gemäß Art. 89 Nr. 1 PrAGBGB, § 919 Abs. 2 BGB noch anwendbar, soweit nicht neues Landesrecht gesetzt ist. Zuständig sind außer den Notaren (§ 20 Abs. 1 BNotO) die Amtsgerichte nach Art. 31 PrFGG sowie nach Art. 38 Abs. 2 HessFGG, die Ortsgerichte nach § 21 HessOrtsGerG und nach § 12 der preuß. VO vom 20. 12. 1899 (GS 640). In Baden-Württemberg sind zuständig die Vermessungsämter und öffentlich bestellte Vermessungsingenieure, § 6 Nr. 7, §§ 7, 11, 13, 14 des VermessungsG vom 4. 7. 1961 (GBl. 201), mit AbmarkungsVO vom 28. 8. 1964 (BWGBl. 306), in Bayern Vermessungsbehörden oder Feldgeschworene, Abmarkungsgesetz vom 30. 6. 1900 (BayBS 601) i. d. F. des Art. 78 Abs. 2 des G vom 11. 7. 1958 (GVBl. 147), des Art. 102 WasserG vom 26. 7. 1962 (GVBl. 143) Art. 4, 9 und des G vom 8. 2. 1968 (GVBl. 19) mit FeldgeschworenenO vom 27. 11. 1933 (BayBS I 594); in Hessen vornehmlich die Katasterbehörden, AbmarkungsG vom 3. 7. 1956 (GVBl. II 363-4); in Niedersachsen die Vermessungs- und Katasterbehörden sowie die öffentlich bestellten Vermessungsingenieure, Vermessungs- und KatasterG vom 8. 11. 1961 (GVBl. 319) §§ 16 bis 25; Rheinland-Pfalz AbmarkungsG vom 7. 12. 1959 (BS 219-2) mit Feldgeschworenenordnung vom 5. 7. 1962 (GVBl. 130) und AV vom 21. 11. 1967 (JBl. 197); Saarland AbmarkungsG vom 2. 7. 1962 (ABl. 557) mit AbmarkungsVO vom 2. 8. 1965 (ABl. 689) und FeldgeschworenenO vom 9. 7. 1963 (ABl. 363).

14 8. *Nr. 8: Beurkundung von Tatbeständen am Grund und Boden.* Nach Abs. 1 Nr. 8 bleiben unberührt landesrechtliche Vorschriften über die Beurkundung von Tatbeständen, die am Grund und Boden durch vermessungstechnische Ermittlungen festgestellt werden, durch Behörden, öffentlich bestellte Vermessungsingenieure und Markscheider. Hierfür kommt in Betracht die auf Grund des G über die Neuordnung des Vermessungswesens vom 3. 7. 1934 (RGBl. I 534) erlassene BerufsO der öffentlich bestellten Vermessungsingenieure vom 20. 1. 1938 (RGBl. I 40) — in Baden-Württemberg aufgehoben durch § 24 Nr. 14, 16 des VermessungsG vom 4. 7. 1961 (GBl. 201), in Hessen geändert durch G vom 26. 10. 1949 (GVBl. 157, GVBl. Hessen II 363-2), in Schleswig-Holstein durch ErgVO vom 27. 11. 1959 (GVBl. 218, GS SchlH Nr. 219 S. 4), in Niedersachsen ersetzt durch BerufsO vom 28. 12. 1965 (GVBl. 269), in Nordrhein-Westfalen durch BerufsO vom 27. 4. 1965 (GVBl. 113) mit DVO vom 28. 8. 1965 (GVBl. 246) —, nach deren § 1 zu den Aufgaben der öffentlich bestellten Vermessungsingenieure gehören 1. die Beurkundung von Tatbeständen, die am Grund und Boden durch vermessungstechnische Ermittlungen festgestellt werden, 2. die räumliche Abgrenzung der Rechte an Grundstücken der Lage und Höhe nach. Die von ihnen im Rahmen ihrer Zuständigkeit formgerecht ausgestellten Urkunden sind öffentliche Urkunden i. S. des § 415 ZPO; sie genügen z. B. für den Nachweis (§ 1026 BGB), daß ein Grundstücksteil

[2]) Meikel-Imhof-Riedel GBO[5] § 6 Anm. 14.

[3]) Josef ZZP 29, 178; a. M. Schlegelberger Art. 31 PrFGG Anm. 8.

außerhalb der Ausübung der Grunddienstbarkeit liegt[4]). Das BeurkG ist auf diese Beurkundungen nicht anwendbar (BT-Drucks. V/3282 S. 46).

9. Nr. 9: Gemeinheitsteilungs- und agrarrechtliche Ablösungsverfahren. Der Vorbehalt schließt sich an die landesgesetzlichen Vorbehalte in Art. 62, 113 bis 115 EGBGB und § 117 GBO an, in welche der Gesetzgeber nicht eingreifen wollte. Unter Gemeinheitsteilung ist die Teilung von gemeinschaftlichen Grundstücken, insbesondere von Forst- und Weidegrundstücken zu verstehen, gleichviel ob die gemeinschaftliche Berechtigung in gemeinschaftlichem Eigentum oder in gemeinschaftlichen Dienstbarkeiten besteht. Die Materie ist jetzt weitgehend bundesrechtlich geregelt in dem Flurbereinigungsgesetz vom 14. 7. 1953 (BGBl. I 591 = BGBl. III 7815-1), nach welchem zur Förderung der land- und forstwirtschaftlichen Erzeugung zersplitterter oder unwirtschaftlich geformter ländlicher Grundbesitz zusammengelegt und gemeinschaftliches Eigentum geteilt werden kann, auch Dienstbarkeiten, Reallasten, Erwerbs- und Nutzungsrechte an Grundstücken aufgehoben werden können (§§ 1, 48, 49 FlurBerG). Landesrecht kommt gemäß Art. 113 EGBGB noch in Betracht für die gutsherrlich-bäuerlichen Verhältnisse, die Ablösung und Umwandlung von Dienstbarkeiten und Reallasten und das dazugehörige Verfahren. Vgl. dazu für *Bayern* das ArrondierungsG vom 11. 8. 1954 (BayBS IV 388); für *Hamburg* GrenzbereinigungsG vom 17. 9. 1954 (GVBl. 87); für *Niedersachsen* G zur Bereinigung des Forst- und Agrarrechts (ReallastenG) vom 17. 5. 1967 (GVBl. 129)[5]) und RealverbandsG vom 4. 11. 1969 (GVBl. 187)[6]); für *Nordrhein-Westfalen* GemeinheitsteilungsG vom 28. 11. 1961 (GVBl. 339), welches die Ablösung bestimmter Dienstbarkeiten und Reallasten regelt. Für die übrigen ehemals preuß. Gebiete kommen in Betracht die VO vom 20. 6. 1817 (GS 161), die GemeinheitsteilungsO vom 7. 6. 1821 (GS 53) i. d. F. des ÄndG vom 2. 3. 1850 (GS 139), das AblösungsG vom 2. 3. 1850 (GS 77) sowie das G betr. die durch ein Auseinandersetzungsverfahren begründeten gemeinschaftlichen Angelegenheiten vom 2. 4. 1887 (GS 105)[7]), in Nordrhein-Westfalen ersetzt durch G vom 9. 5. 1956 (GS NW 740), in Niedersachsen aufgehoben durch § 60 Abs. 2 Nr. 1 RealverbandsG vom 4. 11. 1969 (GVBl. 187). Vgl. die Zusammenstellung des Landesrechts bei Soergel-Hartmann BGB 10. Aufl. Art. 113 EGBGB Rdn. 3. **15**

Rentengüter sind Grundstücke, deren Übertragung zu Eigentum gegen Übernahme einer festen Geldrente erfolgt, deren Ablösung von der Zustimmung beider Teile abhängig ist. Rechtsgrundlage war in den ehemals preuß. Gebieten das G über Rentengüter vom 27. 6. 1890 (GS 290) und das LandesrentenbankG vom 29. 12. 1927 (GS 283), ersetzt durch das G über die Deutsche Landesrentenbank vom 7. 12. 1939 (RGBl. I 2405)[8]). Nach Art. III Abs. 2 KRG 45 sind die Rentengüter freies Eigentum geworden; Art. 62 EGBGB ist durch Art. X Abs. 2 KRG 45 insoweit aufgehoben worden, als er im Widerspruch zu Art. III KRG 45 steht. Das bisherige Landesrecht ist noch für die Abwicklung der früheren Rechtsverhältnisse von Bedeutung[9]); dazu auch für Niedersachsen ReallastenG vom 17. 5. 1967 (GVBl. 129). **16**

Der Vorbehalt des Abs. 1 Nr. 9 umfaßt sowohl die Beurkundungszuständigkeit als auch das Beurkundungsverfahren. **17**

10. Nr. 10: Rückerstattungsverfahren. Der Vorbehalt für Beurkundungen im Rückerstattungsverfahren dient nach der amtl. Begründung (BT-Drucks. V/3282 S. 46) der Aufrechterhaltung des § 2 der hess. 9. VO zur Durchführung des MRG Nr. 59 (RückerstattungsG) vom 28. 4. 1950 (HessGVBl. S. 65 = HessGVBl. II 38-6). Vgl. auch § 5 Abs. 3 der bayer. VO vom 15. 4. 1948 (BayBS III 217) i. d. F. vom 14. 6. 1949 (BayGVBl. 271). Im übrigen gilt § 127a BGB auch für Vergleiche vor den Rückerstattungsgerichten (Vorbem. 81 vor § 8 FGG, § 1 BeurkG Rdn. 39). Auch Vergleiche vor dem Wiedergutmachungsamt ersetzen die **18**

[4]) KG JFG 19, 311 = DR 1939, 1174 = DFG 1939, 107.
[5]) Dazu Seehausen, RdL 1968, 116.
[6]) Dazu Tesmer, RdL 1969, 309.
[7]) Dazu Seehausen, RdL 1962, 305.
[8]) Über weiteres Landesrecht vgl. Soergel-Hartmann BGB[10] Art. 62 EG Rdn. 3.
[9]) Vgl. dazu Meikel-Imhof-Riedel GBO § 117 Anm. 10 ff.; Ehrenforth RSG u. GrdstVG 1965 Einl. S. 67 ff.; Seehausen RdL 1968, 116; OLG Schleswig RdL 1958, 330 mit Anm. v. Stiebens (Rentengutsperrvermerk).

notarielle Beurkundung (§ 1 Rdn. 39). Nach Art. 62 REGamZ, Art. 54 REGbrZ, Art. 56 REAO Berlin sind die Wiedergutmachungsbehörden zuständig zur Beurkundung einer gütlichen Einigung. Nach Art. 54 Abs. 3 Satz 2 REGbrZ i. d. F. der VO des Brit. HK Nr. 237 (AHKABl. 1951, 1373) und Art. 56 Abs. 3 Satz 2 REAO Berlin i. d. F. der BK/O (52) 15 vom 8. 4. 1952 (GVBl. f. Berlin S. 284) gilt die Einigung als gerichtlicher Vergleich. Gemäß § 127a BGB ersetzt also der beurkundete Vergleich die notarielle Beurkundung und nach § 925 Abs. 1 Satz 3 BGB kann die Auflassung auch in einem Vergleich vor dem Wiedergutmachungsamt erklärt werden.

19 *11. Nr. 11: Beglaubigung zum Zwecke der Legalisation.* Dieses Vorbehalts hätte es an sich nicht bedurft, da Zwischenbeglaubigungen amtlicher Unterschriften durch eine Behörde des Errichtungsstaates gemäß § 1 Abs. 1 nicht Gegenstand des BeurkG sind (vgl. § 1 Rdn. 1, 4). Die einschlägigen landesrechtlichen Vorschriften sind angeführt in Vorbem. 34 vor § 1. Für das Beglaubigungsverfahren und die Form des Beglaubigungsvermerks kommen die §§ 39, 40 BeurkG nicht in Betracht.

20 *12. Nr. 12: Kirchenaustritt.* Der landesgesetzliche Vorbehalt für Kirchenaustrittsachen in Abs. 1 Nr. 12 ist erst durch Art. 3 Nr. 2 des ÄndG vom 27. 6. 1970 (BGBl. I 911), jedoch mit Rückwirkung auf den 1. 1. 1970 (Art. 5), in das Gesetz eingefügt worden, um die Zweifel zu beheben, die darüber aufgetreten waren, ob die Zuständigkeit der Gerichte zur Aufnahme von Kirchenaustrittserklärungen durch § 60 Abs. 1 BeurkG beseitigt worden ist (vgl. BT-Drucks. VI/289 S. 8). Diese Zweifel waren zwar unbegründet[10]), wie sich übrigens auch aus § 60 Nr. 10 BeurkG ergibt; die Vorschrift dient aber jedenfalls der Klarstellung.

21 *a) Ehemals preußische Rechtsgebiete.* Maßgebend ist das preuß. Gesetz betr. den Austritt aus den Religionsgesellschaften des öffentlichen Rechts vom 30. 11. 1920 (GS 1921 S. 119; PrGS NRW Nr. 222 S. 63; GVBl. Rheinl.-Pfalz 1968, KTM S. 16; GVBl. Hessen II 71-12; NdsGVBl. Sb. II, 361; GS SchlH Nr. 2220 S. 1). Das Gesetz gilt in Berlin, Nordrhein-Westfalen (KiStG NRW vom 30. 4. 1962, GVBl. 223, § 18 Abs. 3), Schleswig-Holstein, dem Saarland, den ehemals preußischen Landesteilen von Hessen, Niedersachsen und Rheinland-Pfalz sowie in Bremerhaven. Nach § 1 Abs. 1 KiAustrG muß derjenige, der aus einer Kirche oder sonstigen Religionsgemeinschaft des öffentlichen Rechts mit bürgerlicher Wirkung austreten will, den Austritt bei dem Amtsgericht seines Wohnsitzes erklären. Die Erklärung muß zu Protokoll der Geschäftsstelle dieses Amtsgerichts (dazu Art. 32 PrFGG Anm. 2 c, Anl. 10) erfolgen oder als Einzelerklärung in öffentlich beglaubigter Form, für welche die Vorschriften der §§ 39, 40, 63 BeurkG gelten, bei diesem Amtsgericht eingereicht werden. Für die Erklärung zum Protokoll der Geschäftsstelle sind die Vorschriften des BeurkG nicht maßgebend (§ 1 Rdn. 7); vgl. dazu § 11 FGG Rdn. 8. Ehegatten können den Austritt gemeinsam, Eltern zugleich für die unter ihrem Sorgerecht stehenden Kinder unter 14 Jahren erklären. Kinder über 14 Jahren müssen die Erklärung persönlich abgeben (§ 5 RKEG). Für Kinder unter 14 Jahren und Geschäftsunfähige kann der gesetzliche Vertreter, der die Personensorge innehat, den Austritt erklären (§§ 2, 3 RKEG); hat das unter 14 Jahre alte Kind das 12. Lebensjahr vollendet, so ist seine Einwilligung erforderlich (§ 5 Satz 2 RKEG). Erklärung durch Bevollmächtigte ist ausgeschlossen (§§ 1, 4 KiAustrG); auch eine Vertretung in der Erklärung ist nicht zulässig[10a]). Rechtshilfe kann nicht in Anspruch genommen werden[11]). Der Nachweis der Zugehörigkeit zu der Religionsgemeinschaft kann nicht verlangt werden[11a]). Die Erklärung des Austritts aus der katholischen Kirche beendet wegen deren Universalität die bürgerlich-rechtliche Zugehörigkeit zu dieser Religionsgesellschaft. Dagegen kann nicht der Austritt aus der evangelischen Kirche schlechthin erklärt und bescheinigt werden, sondern nur der Austritt aus der jeweiligen bestimmten evangelischen Landeskirche, da die deutschen evangelischen Landeskirchen jede für sich autonome Religionsgesellschaften des öffentlichen Rechts i. S. des

[10]) Zimmermann, Rpfleger 1970, 189 zu I 1 g, II 4 und III 2. Zum Kirchenaustritt vgl. allgemein Mikat in Festschr. f. Nottarp, 1961, S. 197-225; v. Camphausen, DÖV 1970, 801.

[10a]) KG OLGZ 1966, 81 = Rpfleger 1966, 21 = FamRZ 1966, 52.

[11]) Schlegelberger FGG[7] § 2 Anm. 19.

[11a]) Vgl. KGJ 35 A 49.

Art. 137 WeimVerf. sind[12]). Eine Erklärung, aus der evangelischen Kirche auszutreten, wird aber regelmäßig dahin zu verstehen sein, daß der Erklärende aus der evangelischen Landeskirche seines Wohnsitzes austrete. Ferner kann nach der jeweiligen landesgesetzlichen Vorschrift nur der Austritt aus der Landeskirche des normsetzenden Landes erklärt werden, nicht aus der Landeskirche eines anderen Landes oder eines außerdeutschen Staates[13]). Will jemand wieder Mitglied der Landeskirche, aus der er ausgetreten ist, oder Mitglied einer anderen Landeskirche werden, so muß er um den Wiedereintritt nachsuchen[14]). Das religiöse Bekenntnis, die persönliche Glaubensmeinung, wird durch den Austritt nicht berührt; ob der Austritt auch das innerkirchliche Band zwischen dem Austretenden und der Religionsgemeinschaft löst, bestimmt das Kirchenrecht[15]). Es ist daher für die Wirksamkeit der Austrittserklärung unschädlich, wenn ihr die Erklärung beigefügt wird, der Austretende wolle weiter der Kirche als Glaubensgemeinschaft angehören und die kirchlichen Verpflichtungen erfüllen[16]).

Die rechtlichen Wirkungen der Austrittserklärung treten einen Monat nach dem Eingang **22**
bei dem Amtsgericht ein; bis dahin kann die Erklärung einseitig widerrufen werden (§ 1 Abs. 2 KiAustrG). Diese Regelung ist nicht verfassungswidrig[17]). Der Eingang der Austrittserklärung ist der Kirchengemeinde oder Religionsgemeinschaft des Wohnsitzes mitzuteilen. Über den vollzogenen Austritt ist dem Austretenden eine Bescheinigung zu erteilen (§ 1 Abs. 3). Die Entgegennahme der Erklärung und die Erteilung der Bescheinigung sind landesrechtliche Angelegenheiten der freiwilligen Gerichtsbarkeit[18]). Eine Übertragung auf den Rechtspfleger liegt insoweit, da Landesrecht, nicht vor. Die Bescheinigung ist nur dann nicht zu erteilen, wenn die Austrittserklärung nach Lage der Sache offenbar unwirksam ist[19]). Die Bescheinigung kann, wenn sie sich als unrichtig erweist, von dem Amtsgericht eingezogen werden[20]). Gegen die Ablehnung der Erteilung oder der Einziehung, gegen die Einziehung oder gegen die Erteilung mit dem Ziel der Einziehung ist die unbefristete Beschwerde nach Art. 4 bis 7 PrFGG statthaft[21]). Das Beschwerderecht gegen die Ablehnung der Erteilung und die Einziehung steht nur dem Austretenden, gegen die Ablehnung der Einziehung und gegen die Erteilung mit dem Ziel der Einziehung der Kirchenbehörde zu[22]). Der wirksam gewordene Austritt ist mitzuteilen der Kirchengemeinde oder Religionsgemeinschaft, dem Einwohnermeldeamt und dem Standesbeamten, der das Familienbuch führt oder, wenn es noch nicht angelegt ist, der die Eheschließung beurkundet hat (§§ 11 Abs. 1 Nr. 1, 14 Nr. 7 PStG).

b) Weiteres Landesrecht. Baden-Württemberg: Nach § 26 des KirchensteuerG vom 18. 12. **23**
1969 (GBl. 1970 S. 1) erfolgt der Austritt durch Erklärung gegenüber dem für den Wohnsitz oder ständigen Aufenthalt zuständigen Standesbeamten. Die Erklärung ist persönlich zur Niederschrift des Standesbeamten abzugeben oder in öffentlich beglaubigter Form einzureichen; dazu Erl. des IM vom 19. 12. 1969 (MABl. 1969, 703 = StAZ 1970, 42). In *Bayern* ist maßgebend Art. 2 Abs. 3 des Kirchensteuergesetzes vom 15. 3. 1967 (GVBl. 317); danach wird

[12]) Schwarzlose, JW 1928, 3210; Giese, JW 1929, 1107; Kunze, JW 1930, 2116 zu I B; Schoen, Das neue Verfassungsrecht der evangelischen Landeskirchen in Preußen, 1929, S. 88 ff.

[13]) Giese JW 1929, 1107.

[14]) Giese a. a. O.; Comte, JW 1931, 646.

[15]) Kunze JW 1930, 2116 zu II B; Scheuner ZRP 1969, 195; v. Nell-Breuning, DÖV 1970, 148, 152; v. Camphausen DÖV 1970, 801.

[16]) Oldenburg Rpfleger 1970, 208 = NJW 1970, 713 mit Anm. v. Obermayer ebenda S. 1645; Frankfurt OLGZ 1970, 385 = Rpfleger 1970, 209 = NJW 1970, 1646; Hamm NJW 1971, 149 (kath. Kirche). Die Urkundsperson darf aber, wenn sie kein Notar ist, eine solche Erklärung, die nicht zur Austrittserklärung gehört, mangels Beurkundungszuständigkeit nicht beurkunden. Erst recht gehören solche Zusätze nicht in die Austrittsbescheinigung.

[17]) KG OLGZ 1969, 77 = DVBl. 1969, 47; denselben Fall behandelt kirchensteuerrechtlich BVerwG NJW 1970, 1433 mit Anm. v. Nuyken und Weber, zur Verfassungsmäßigkeit auch v. Nell-Breuning DÖV 1970, 148.

[18]) KG OLGZ 1966, 81 = KirchE 7, 259 = Rpfleger 1966, 21; Frankfurt OLGZ 1970, 385 = NJW 1970, 1646 = Rpfleger 1970, 209.

[19]) KG JFG 16, 317, 319; Frankfurt OLGZ 1970, 385 = Rpfleger 1970, 209 = NJW 1970, 1646; Hamm OLGZ 1971 Heft 1.

[20]) KGJ 43, 16; 48, 10; JFG 16, 317; OLGZ 1966, 81 = Rpfleger 1966, 21 = FamRZ 1966, 52.

[21]) KGJ 35 A 49; KG JFG 16, 317; KG OLGZ 1966, 81 = Rpfleger 1966, 21 = FamRZ 1966, 52.

[22]) Zum Beschwerderecht der Kirchenbehörde KGJ 46, 12 (Konsistorium); Frankfurt OLGZ 1970, 385 = Rpfleger 1970, 209 = NJW 1970, 1646; Hamm OLGZ 1971 Heft 1 (Generalvikariat).

der Austritt gegenüber dem Standesbeamten des Wohnsitzes oder gewöhnlichen Aufenthalts mündlich oder durch Einreichung einer öffentlich beglaubigten Erklärung erklärt. In *Bremen* (außer Bremerhaven, vgl. Rdn. 21) gilt § 3 brem. StVO für die Religionsgesellschaften und Weltanschauungsvereinigungen vom 9. 11. 1922 (GBl. 607), wonach der Austritt gegenüber der Religionsgesellschaft erklärt wird. Für die ehemals nichtpreußischen Teile des Landes *Niedersachsen* gilt im ehemaligen *Braunschweig* das braunschw. G über den Austritt aus der Kirche vom 23. 1. 1919 (GVSlg. 31, NdsGVBl. Sb. II, 401), im ehemaligen *Oldenburg* das G betr. den Austritt aus den Religionsgesellschaften des öffentlichen Rechts vom 18. 5. 1922 (GVBl. 903, NdsGVBl. Sb. II, 403), im ehemaligen *Schaumburg-Lippe* das G vom 21. 3. 1896 betr. den Austritt aus der Kirche (NdsGVBl. Sb. III, 125); die Erklärung ist in Person vor dem Amtsgericht abzugeben. In *Hamburg* gilt das G betr. den Austritt aus Religionsgesellschaften des öffentlichen Rechts vom 5. 3. 1962 (GVBl. S. 65), wonach der Standesbeamte zuständig ist. In den ehemals nichtpreuß. Gebietsteilen des Landes *Hessen* und den ehemals hessischen Gebietsteilen des Landes *Rheinland-Pfalz* ist maßgebend das hessische G vom 10. 9. 1878 (Hess. GVBl. II 71-5), nach dessen Art. 3 Abs. 3 die Erklärung zur Niederschrift des Amtsgerichts abzugeben ist. In den ehemals bayerischen Gebietsteilen des Landes Rheinland-Pfalz (Reg.-Bez. Pfalz) gelten noch die in Bayern selbst inzwischen aufgehobenen Bestimmungen des alten bayerischen Rechts[23]), nämlich die Bekanntmachung über den Vollzug des § 17 Abs. III der Verfassungsurkunde des Freistaates Bayern (Austritt aus einer Religionsgesellschaft) vom 16. 1. 1922 (GVBl. S. 15 = BayBS I 306) in der Fassung des § 60 Nr. 10 BeurkG; danach ist die Erklärung gegenüber dem Standesbeamten des Wohnsitzes mündlich oder durch Einreichung einer öffentlich beglaubigten Erklärung abzugeben.

III. Umfang der landesgesetzlichen Vorbehalte (Abs. 2, 3)

24 Die landesgesetzlichen Vorbehalte des Abs. 1 sollen nach Abs. 1 Satz 1 „unberührt bleiben". Das bedeutet nach Art. 3 EGBGB, daß die bestehenden landesgesetzlichen Vorschriften in Kraft bleiben und neue landesgesetzliche Vorschriften erlassen werden können. Die Freiheit des Landesgesetzgebers für den Erlaß neuer Vorschriften wird aber in doppelter Hinsicht eingeschränkt. Die Vorbehalte des Abs. 1 werden nur „unbeschadet der Zuständigkeit des Notars" aufrechterhalten; deren Zuständigkeit darf mithin durch das Landesrecht nicht eingeschränkt oder aufgehoben werden (Abs. 1 Satz 1). Ferner können nach Abs. 2 auf Grund der Vorbehalte des Abs. 2 den Gerichten Beurkundungszuständigkeiten nicht neu übertragen werden, die ihnen nach dem vorbehaltenen Landesrecht nicht schon am 1. 1. 1970 zustanden. Das bedeutet nach dem gesetzlichen Sprachgebrauch (vgl. § 61 Abs. 3 Nr. 2, § 62), daß den Gerichten keine richterliche Zuständigkeit neu übertragen werden darf; an der Begründung der Zuständigkeit von Gerichtsbeamten, z. B. des Urkundsbeamten oder des Gerichtsvollziehers, wird der Landesgesetzgeber dadurch nicht gehindert.

25 Abs. 3 bezieht sich auf andere bundesrechtliche Vorbehalte als die des Abs. 1, nämlich auf solche, durch die gewisse Materien der landesrechtlichen Regelung überlassen bleiben (Art. 55 ff. EGBGB), und er ist auch auf den Vorbehalt in § 63 zu beziehen. Sein Inhalt geht dahin, daß solche Vorbehalte nicht die Ermächtigung umfassen, vom Bundesrecht abweichende Vorschriften über die Zuständigkeit für öffentliche Beurkundungen oder über das Beurkundungsverfahren zu erlassen. Der Landesgesetzgeber wird dadurch jedoch nicht gehindert zu bestimmen, daß gewisse Vorgänge oder Sachverhalte beurkundungsbedürftig sind (BT-Drucks. V/3282 S. 46).

IV. Besondere Vorbehalte für Baden-Württemberg (Abs. 4)

26 Der Vorbehalt in Abs. 4 beruht auf der besonderen, durch Art. 138 GG geschützten Notariatsverfassung in Baden-Württemberg. Gemäß Art. 8 der VO vom 5. 8. 1935 (RGBl. I 1065) ist § 1 GBO n. F., wonach die Grundbücher von den Amtsgerichten geführt werden, für Baden und Württemberg mit Ausnahme der ehemals preußischen Landkreise Hechingen

[23]) Vgl. Engelhardt, Die Kirchensteuer in der Bundesrepublik, 1968, S. 89 ff.

und Sigmaringen noch nicht in Kraft getreten. Im Landesteil Baden des Landes Baden-Württemberg wird nach § 2 des GB-AusfG i. d. F. der Bek. vom 13. 10. 1925 (Bad. GVBl. 296) für jede Gemeinde ein staatliches Grundbuchamt mit dem Sitz in dieser Gemeinde oder in einer anderen Gemeinde desselben Amtsgerichts- oder Notariatsbezirks errichtet. Grundbuchbeamte sind die (beamteten und zum Richteramt befähigten) Notare; für Städte, die Sitz eines Amtsgerichts sind, kann der Justizminister die Geschäfte des Grundbuchamts dem Amtsrichter übertragen. Die Geschäfte des badischen Notars als Grundbuchbeamten werden gemäß § 35 Abs. 3 RechtspflG im Umfang des § 3 Nr. 1 Buchst. f, h RechtspflG von zum Rechtspflegeramt befähigten Beamten wahrgenommen, sofern dem Notariat solche Beamte zugewiesen sind. Im Landesteil Württemberg besteht in jeder Gemeinde ein staatliches Grundbuchamt für die Grundstücke des Gemeindebezirks (Art. 15 Abs. 1 WürttAGBGB); bei Vereinigung mehrerer selbständiger Gemeinden kann das Staatsministerium für Teile der vergrößerten Gemeinde besondere Grundbuchämter einrichten (Art. 15 Abs. 2, 16 WürttAGBGB). Grundbuchbeamter ist der zuständige Bezirksnotar (Art. 17 WürttAGBGB). In jedem Amtsgerichtsbezirk besteht mindestens ein Bezirksnotariat, dem auch Gemeinden eines anderen Amtsgerichtsbezirks zugeteilt werden können und das mit einem oder mehreren Beamten besetzt wird (Art. 10, 11 WürttAGBGB).

Durch den Vorbehalt in § 61 Abs. 4 Satz 1 werden folgende Beurkundungszuständigkeiten aufrechterhalten:[24])

1. Landesteil Baden. Hilfsbeamte der Grundbuchämter sind, wenn der Grundbuchbeamte (Notar, Rechtspfleger) nicht ständig in den Kanzleiräumen des Grundbuchamts anwesend ist, die Ratschreiber oder ein anderer Gemeindebeamter, dem das Landgericht die Verrichtungen eines Hilfsbeamten übertragen hat (§§ 6 Abs. 1, 7 GB-AusfG). **27**

a) Beurkundung von Willenserklärungen. Die Hilfsbeamten sind zuständig, bei Abwesenheit des Grundbuchbeamten (Notars, Rechtspflegers) für die zum Grundbuchbezirk gehörenden Grundstücke zu beurkunden 1. Verträge nach § 313 BGB, 2. die Auflassung und die Eintragungsbewilligung des veräußernden Eigentümers, 3. die Bewilligung der Eintragung von Sicherungshypotheken und von Löschungen und die Zustimmung zu Löschungen, 4. die Bewilligung der Eintragung der Teilung oder Zusammenschreibung von Grundstücken (§ 6 Abs. 3 GB-AusfG). **28**

b) Unterschriftsbeglaubigungen. Die Hilfsbeamten sind bei Abwesenheit des Grundbuchbeamten (Notars, Rechtspflegers) zuständig, Unterschriften von Personen öffentlich zu beglaubigen, die im Grundbuchamtsbezirk wohnen oder ihren gewöhnlichen Aufenthalt haben. Das gilt nicht für Urkunden, die zum Gebrauch außerhalb des Deutschen Reiches bestimmt sind (§ 6 Abs. 5 GB-AusfG). Daß die Beglaubigung für Zwecke des Grundbuchamts benötigt wird, wird nicht erfordert. Auf die Beglaubigung von Handzeichen erstreckt sich die Zuständigkeit nicht. Die Gültigkeit der Beurkundungen und Beglaubigungen ist nicht davon abhängig, daß der Grundbuchbeamte tatsächlich abwesend war. **29**

2. Landesteil Württemberg. a) Beurkundung von Willenserklärungen. Der Ratschreiber einer Gemeinde oder sein Stellvertreter ist, wenn sich das Rechtsgeschäft auf ein in seiner Gemeinde liegendes Grundstück bezieht oder wenn ein einheitliches Geschäft desselben Veräußerers neben Grundstücken im Gemeindebezirk auch Grundstücke angrenzender Grundbuchamtsbezirke des württembgerischen Staatsgebiets umfaßt, befugt 1. Verträge nach § 313 BGB zu beurkunden, 2. die Auflassung entgegenzunehmen und zu beurkunden, 3. die nach § 873 Abs. 2 BGB zur Bindung der Beteiligten erforderliche Beurkundung der Erklärungen über die dinglichen Rechte vorzunehmen, die nach dem von ihm beurkundeten Veräußerungsvertrag zu bestellen sind, einschließlich der hierauf gerichteten Bewilligungen und Anträge (Art. 32 Abs. 1, 33, 34 WürttAGBGB). **30**

[24]) Vgl. dazu Haegele, Merkbuch für Bürgermeister und Ratschreiber in Angelegenheiten der freiwilligen Gerichtsbarkeit, 3. Aufl.

31 *b) Unterschriftsbeglaubigungen.* Die Ratschreiber, ihre Amtsverweser oder Stellvertreter sind nach Art. 118 WürttAGBGB i. d. F. des § 60 Nr. 68 Buchst. d BeurkG zuständig, Unterschriften öffentlich zu beglaubigen. Dagegen ist die bisherige Zuständigkeit der Ortsvorsteher dazu durch § 60 Nr. 68 Buchst. d BeurkG entfallen.

32 *3. Beurkundungsverfahren.* Das Beurkundungsverfahren der hiernach zuständigen Urkundspersonen richtet sich gemäß § 1 Abs. 2 BeurkG nach den Vorschriften dieses Gesetzes. In Angelegenheiten der Gemeinde, in deren Diensten sie stehen, können sie gemäß § 3 Abs. 1 Nr. 5 Beurkundungen nicht vornehmen (§ 64 Rdn. 1).

33 *4. Rechtsmittel.* Abweichend von § 54 BeurkG bleiben nach Abs. 4 Satz 2 die Vorschriften unberührt, nach denen gegen Entscheidungen der Bezirksnotare, Ratschreiber und sonstigen Hilfsbeamten der Grundbuchämter in den Fällen des § 54 das Amtsgericht angerufen werden kann.

34 *a)* Im *Landesteil Württemberg* kann gegen die Verweigerung der Amtstätigkeit durch den Bezirksnotar in seiner Eigenschaft als öffentlicher Notar nach Art. 116 Abs. 2 WürttAGBGB das vorgeordnete Amtsgericht angerufen werden; über Beschwerden gegen dessen Entscheidung befindet endgültig das Landgericht. Dieser Rechtszug tritt gemäß § 114 Abs. 1 Satz 1 BNotO an die Stelle des § 15 Abs. 1 Satz 2 BNotO und gilt auf Grund des Vorbehalts in § 64 Abs. 4 Satz 2 auch den Fällen des § 54, also gegen die Ablehnung der Erteilung der Vollstreckungsklausel, der Aushändigung einer Urschrift (§ 45), der Ersetzung einer Urschrift (§ 46) und gegen die Versagung einer Ausfertigung, Abschrift oder der Einsicht in Urkunden (§ 51); kraft Sachzusammenhangs muß dieser Rechtszug auch gegen die Ersetzung einer Urschrift gegeben sein. Das Amtsgericht entscheidet auch bei Meinungsverschiedenheiten zwischen Bezirksnotar und Ratschreiber (Art. 19 WürttAGBGB). Gegen Entscheidungen des Bezirksnotars in seiner Eigenschaft als Vormundschaftsgericht, Nachlaßgericht oder Grundbuchbeamter richtet sich der Rechtszug nach Art. 2 WürttAGBGB i. d. F. des Art. 1 § 1 AG-NichtehelG vom 30. 6. 1970 (GBl. 289); vgl. dazu § 195 FGG Rdn. 2, 3. Dieser Rechtszug beruht nicht auf dem Vorbehalt in § 64 Abs. 4 Satz 2, sondern auf dem Vorbehalt des § 195 FGG sowie auf § 1 GBO a. F. mit Art. 8 der VO vom 5. 8. 1935 (RGBl. I 1065).

35 *b)* Im *Landesteil Baden* entscheidet über Erinnerungen gegen Verfügungen des zum Rechtspflegeramt befähigten Beamten zunächst der Notar gemäß § 35 Abs. 3 Satz 2 RechtspflG nach Maßgabe des § 11 RechtspflG. Gegen die Verfügungen des badischen Notars findet nach § 57 BadLFGG nicht die Anrufung des Amtsgerichts, sondern unmittelbar die Beschwerde an das Landgericht statt, und dies nur, wenn das Rechtsmittel nicht schon durch Bundesgesetz geregelt ist; der Vorbehalt des § 61 Abs. 4 Satz 2 trifft also nicht zu, so daß es bei der Regelung des § 54 BeurkG verbleibt.

36 *5. Umfang des Vorbehalts.* In Übereinstimmung mit Art. 3 EGBGB bestimmt Abs. 4 Satz 1 Halbs. 2, daß die Vorschriften über die vorbehaltenen Beurkundungszuständigkeiten vom Landesgesetzgeber aufgehoben oder geändert werden können, schränkt dies aber dahin ein, daß der räumliche Geltungsbereich dieser Vorschriften innerhalb des Landes nicht erweitert werden kann. Der Hinweis auf § 34 (jetzt 36) RechtspflG[25]) bedeutet, daß der Landesgesetzgeber nicht gehindert ist, bei Aufhebung von Enklaven oder Exklaven und bei einer Neugliederung von Amtsgerichtsbezirken die in dem jeweiligen Landesteil geltenden Zuständigkeitsvorschriften für Ratschreiber und sonstige Hilfsbeamte der Grundbuchämter hinsichtlich ihres räumlichen Geltungsbereichs auf die dem Bezirk dieses Amtsgerichts neu eingegliederten Gebietsteile zu erstrecken.

[25]) Vgl. dazu Arndt, RechtspflG, § 34 mit Bem.

Zuständigkeit der Amtsgerichte

62 Unbeschadet der Zuständigkeit sonstiger Stellen sind die Amtsgerichte zuständig für die Beurkundung von

1. Erklärungen über die Anerkennung der Vaterschaft,

2. Verpflichtungen zur Erfüllung von Unterhaltsansprüchen eines nichtehelichen Kindes oder zur Leistung einer anstelle des Unterhalts zu gewährenden Abfindung,

3. Verpflichtungen zur Erfüllung von Ansprüchen einer Frau nach den §§ 1615 k und 1615 l des Bürgerlichen Gesetzbuchs (Entbindungskosten und Unterhalt).

Übersicht

I. Rechtsentwicklung

Die Vorschrift ist gegen den Widerspruch der Bundesregierung gemäß einem Vorschlag des Bundesrats erst auf Antrag des Vermittlungsausschusses (Art. 77 GG) in das Gesetz eingefügt worden, weil auf die Beurkundungszuständigkeit der Amtsgerichte für Vaterschaftsanerkenntnisse und damit zusammenhängende Erklärungen nicht verzichtet werden könne (BT-Drucks. V/3282 S. 56 Nr. 23, S. 59; V/4439 Nr. 6; V/4500). Bis zum 30. 6. 1970 waren die Beurkundungszuständigkeiten, die im Hinblick auf Art. 12 § 3 Abs. 1 NichtehelG weiter von Bedeutung sein können, wie folgt geregelt: **1**

1. Rechtslage für die Zeit bis zum 31. 12. 1969. Die Anerkennung der Vaterschaft zu einem nichtehelichen oder durch nachfolgende Ehe legitimierten Kinde war nach §§ 1718, 1720 Abs. 2 BGB a. F. mit gewissen Rechtswirkungen verbunden, wenn sie in einer öffentlichen Urkunde erklärt war. Für die Beurkundung dieser Erklärung waren nach Bundesrecht zuständig die Notare (§ 20 Abs. 1 BNotO) einschließlich der Bezirksnotare (§ 114 Abs. 1 Satz 2 Halbs. 2 BNotO) und der Notare in Baden (§ 115 BNotO, § 22 BadLFGG), die ermächtigten deutschen Berufskonsuln (§§ 16, 37a KonsularG), die Amtsgerichte (§ 167 Abs. 2 Satz 2 FGG a. F.), und zwar der Rechtspfleger (§ 23 Nr. 3 RechtspflG a. F.), der Standesbeamte (§ 29 Abs. 2 PStG a. F.) und die vom Landesjugendamt ermächtigten Beamten und Angestellten des Jugendamts (§ 49 JWG a. F.; vgl. Voraufl. § 167 Anm. 7). In § 191 Abs. 1 FGG a. F. wurde der Landesgesetzgeber ermächtigt, daneben die Zuständigkeit anderer Beamten und Behörden zu begründen. Es blieben mithin ältere landesrechtliche Vorschriften, **2** welche eine solche Zuständigkeit begründeten, in Kraft und es konnten neue Vorschriften dieses Inhalts erlassen werden (Art. 3 EGBGB). Jedoch waren ältere landesrechtliche Vorschriften, welche die Zuständigkeit des Standesbeamten begründeten (vgl. Art. 70 PrAGBGB), durch § 29 Abs. 2 PStG a. F. gegenstandslos geworden. Die angeführten Urkundspersonen und Stellen waren mit Ausnahme des Standesbeamten auch zuständig, vollstreckbare Unterhaltsverpflichtungen zu beurkunden.

3 *2. Rechtslage für die Zeit vom 1. 1. 1970 bis 30. 6. 1970.* Die Vorschriften der §§ 1718, 1720 Abs. 2 BGB a. F. sind durch Art. 1 Nr. 25, 26 NichtehelG aufgehoben worden, jedoch erst mit Wirkung vom 1. 7. 1970 (Art. 12 § 27 NichtehelG), während das BeurkG bereits am 1. 1. 1970 in Kraft getreten ist. Die Zuständigkeit zur Beurkundung dieser Erklärungen war vom 1. 1. 1970 an nur noch bundesrechtlich geregelt. Danach waren zuständig die Notare (§§ 20 Abs. 1, 114 Abs. 1 Satz 2 Halbs. 2, 115 BNotO mit § 22 BadLFGG), jedes Amtsgericht (§ 62 BeurkG), und zwar war dieses Geschäft gemäß § 3 Abs. 1 Nr. 1 Buchst. e RechtspflG i. d. F. des § 57 Abs. 15 Nr. 1 BeurkG auf den Rechtspfleger übertragen, die ermächtigten deutschen Berufskonsuln (§§ 16, 37a KonsularG), jeder Standesbeamte (§ 29 Abs. 2 PStG a. F.) und die vom Landesjugendamt ermächtigten Beamten und Angestellten des Jugendamts (§ 49 Abs. 1 JWG a. F.).

4 *3. Übergangsrecht.* Wer vor dem Inkrafttreten des NichtehelG, dem 1. 7. 1970, seine Vaterschaft in einer öffentlichen Urkunde vor einer der nach Rdn. 2, 3 zuständigen Urkundspersonen oder Stellen anerkannt hat, ist nach Art. 12 § 3 Abs. 1 NichtehelG als Vater im Sinne des § 1600a BGB anzusehen, sofern nicht Vater, Mutter und Kind zu diesem Zeitpunkt bereits verstorben waren. Diese Wirkung kann nach Art. 12 § 3 Abs. 2 NichtehelG nur durch Anfechtung der Vaterschaft beseitigt werden (dazu § 56c FGG Rdn. 42, 43).

5 *4. Beurkundungszuständigkeiten für die Zeit ab 1. 7. 1970.* Die Anerkennung der Vaterschaft hat statusändernde Wirkung (§ 1600a BGB). Die Anerkennungserklärung des Vaters und die Zustimmung des Kindes bedürfen der öffentlichen Beurkundung; für die Zustimmung des gesetzlichen Vertreters des Kindes und des Anerkennenden zu diesen Erklärungen genügt die öffentliche Beglaubigung (§ 1600e Abs. 1 BGB). Zuständig für die Beurkundungen und Beglaubigungen sind die *Notare* einschließlich der Bezirksnotare in Württemberg (§§ 20 Abs. 1, 114 Abs. 1 Satz 2 Halbs. 2 BNotO) und der Notare in Baden (§ 115 BNotO, § 22 BadLFGG), die ermächtigten deutschen *Berufskonsuln* (§§ 16, 17, 37a KonsularG), jedes *Amtsgericht* (§ 62 BeurkG), und zwar ist dieses Geschäft auf den Rechtspfleger übertragen (§ 3 Nr. 1 Buchst. f RechtspflG 1969), jeder *Standesbeamte* (§ 29a PStG i. d. F. des Art. 8 Nr. 3 NichtehelG) und die vom Landesjugendamt ermächtigten Beamten und Angestellten eines jeden *Jugendamts* (§§ 49, 50 JWG i. d. F. des ÄndG vom 27. 6. 1970, BGBl. I 920). Die Beurkundungszuständigkeit dieser Stellen ist nicht auf Anerkennungen nach deutschem Recht beschränkt. Sie können daher nach Maßgabe des ausländischen Rechts auch Vaterschaftsanerkenntnisse mit Standesfolge und gemäß § 29b Abs. 3 PStG auch Mutterschaftsanerkenntnisse beurkunden (vgl. dazu Vorbem. 12, 13 vor § 69 FGG und nachst. Rdn. 10). Mit Ausnahme der Standesbeamten sind die genannten Urkundspersonen (mit Abweichungen hinsichtlich des Jugendamts und des Amtsgerichts) auch zuständig, vollstreckbare Verpflichtungen zur Erfüllung von Unterhaltsansprüchen eines Kindes oder zur Leistung einer Abfindung (§§ 62 Nr. 2 BeurkG, § 49 Abs. 1 Nr. 2 JWG, § 794 Abs. 1 Nr. 5, § 50 Abs. 1 JWG) oder die Unterwerfung unter die Festsetzung des Betrages des Regelunterhalts (§§ 642c Abs. 2, 642d ZPO, § 50 Abs. 2 JWG) sowie vollstreckbare Verpflichtungen zur Erfüllung der Ansprüche einer Frau nach §§ 1615k, 1615l BGB zu beurkunden (§ 62 Nr. 3 BeurkG, §§ 49 Abs. 1 Nr. 3, 50 Abs. 2 JWG, § 794 Abs. 1 Nr. 5 ZPO, § 16 Abs. 4 KonsularG). Die Form der Beurkundungen und Beglaubigungen richtet sich mit Ausnahme des Standesbeamten (§ 58 BeurkG) für das konsularische Notariat gemäß §§ 16 Abs. 2, 17 Abs. 1 KonsularG, für die übrigen Stellen gemäß §§ 1 Abs. 2, 64 nach den Vorschriften des Beurkundungsgesetzes. Die Anerkennung der Vaterschaft, die etwa erforderliche Zustimmung des gesetzlichen Vertreters sowie die Zustimmung des Kindes und seines gesetzlichen Vertreters können im Rahmen

eines Vaterschaftsprozesses auch in der mündlichen Verhandlung zur Niederschrift des *Prozeßgerichts* erklärt werden (§ 641c ZPO). Für die Form dieser Niederschrift sind die §§ 159 bis 163a ZPO maßgebend.

II. Beurkundungszuständigkeit der Amtsgerichte

Für die Beurkundung oder Beglaubigung der in § 62 bezeichneten Erklärungen ist kraft Bundesrechts jedes Amtsgericht zuständig, nicht nur das zuständige Vormundschaftsgericht. Die Zuständigkeit des Amtsgerichts besteht auch, wenn die Aufgaben des Vormundschaftsgerichts auf Grund des Art. 147 EGBGB auf andere als gerichtliche Behörden übertragen sind, wie im Landesteil Württemberg des Landes Baden-Württemberg (§ 35 FGG Rdn. 4); die württembergischen Bezirksnotare können diese Beurkundungen jedoch in ihrer Eigenschaft als öffentliche Notare vornehmen (Art. 95 WürttAGBGB). Der Landesgesetzgeber ist nach Aufhebung des Art. 141 EGBGB durch § 57 Abs. 4 Nr. 2 BeurkG nicht befugt, die Zuständigkeit der Amtsgerichte auszuschließen. **6**

Die Beurkundungsgeschäfte des § 62 sind gemäß § 3 Nr. 1 Buchst. f RechtspflG auf den *Rechtspfleger* übertragen. Eine Pflicht zur Vorlegung an den Richter besteht nach § 5 Abs. 1 Nr. 3 RechtspflG, wenn die Anwendung ausländischen Rechts oder des Rechts der DDR in Betracht kommt (nachst. Rdn. 10). **7**

1. Nr. 1: Erklärungen über die Anerkennung der Vaterschaft. a) Gegenstand der Erklärungen. α) Anerkennungserklärung. Die Anerkennung der Vaterschaft hat wie eine gerichtliche Entscheidung Wirkung für und gegen alle und ist konstitutiv insofern, als die Rechtswirkungen der Vaterschaft, wenn das Gesetz nichts anderes bestimmt (§§ 1615 n, 1615 o, 1740 e Abs. 2, 1934 c), erst vom Zeitpunkt ihrer Feststellung an geltend gemacht und danach nicht mehr von jedermann ohne weiteres bestritten werden können (§§ 1600 a, 1600 f BGB). Ist die Vaterschaft (wirksam) anerkannt oder rechtskräftig festgestellt, so ist eine weitere Anerkennung unwirksam (§ 1600 b Abs. 3). Zur Anerkennung der Vaterschaft ist die Anerkennungserklärung des Vaters und die Zustimmung des Kindes (nicht auch die der Mutter) erforderlich (§ 1600 c). Die Anerkennungserklärung ist eine einseitige, nicht empfangsbedürftige Willenserklärung[1]); sie darf nicht mit einer Bedingung oder Befristung verbunden werden (§ 1600 b Abs. 1). Die Anerkennungserklärung als solche ist vollendet mit dem Abschluß der Beurkundung (§ 13 BeurkG); von diesem Zeitpunkt an kann sie nicht mehr widerrufen werden, auch wenn sie gemäß § 1600 b Abs. 2 schon vor der Geburt des Kindes abgegeben ist[2]). Bevollmächtigung ist ausgeschlossen (§ 1600 d Abs. 3). Ist der Anerkennende beschränkt geschäftsfähig (§§ 106, 114 BGB), so kann er nur selbst anerkennen, bedarf hierzu aber der Zustimmung seines gesetzlichen Vertreters (§ 1600 d Abs. 1 Satz 1), nämlich des Vertreters in den Angelegenheiten der Personensorge[3]); diese Zustimmung kann abweichend von § 111 BGB nachträglich innerhalb der Frist des § 1600 e Abs. 3 erteilt werden. Eine Genehmigung des Vormundschaftsgerichts ist nicht erforderlich. Ist der Mann geschäftsunfähig (§ 104 Nr. 2, 3 BGB), so kann der gesetzliche Vertreter mit Genehmigung des Vormundschaftsgerichts die Anerkennungserklärung abgeben (§ 1600 d Abs. 1 Satz 2); diese Genehmigung muß gemäß §§ 1831, 1643 BGB bei Abgabe der Anerkennungserklärung vorliegen[4]), sonst ist die Erklärung unwirksam. **8**

β) *Zustimmung des Kindes.* Die Anerkennung bedarf der Zustimmung des Kindes (§ 1600 c), also seines gesetzlichen Vertreters, wenn es geschäftsunfähig ist oder das 18. Lebensjahr noch nicht vollendet hat (§ 1600 d Abs. 2 Satz 1); das ist regelmäßig der Pfleger nach § 1706 **9**

[1]) Lange NJW 1970, 297, 299; Erman-Wagner BGB[4] § 1600 b Anm.; Deisenhofer UJ 1970, 15, 20; str., vgl. über den Meinungsstand Göppinger DRiZ 1970, 141 zu II C 2 e; Palandt-Lauterbach BGB[29] § 1600b Anm. 1.

[2]) Göppinger a. a. O. zu II C 2 a.

[3]) Göppinger a. a. O.; a. M. (auch Vermögenssorge) Palandt-Lauterbach a. a. O. § 1600d Anm. 1.

[4]) Göppinger JR 1969, 401, 403; Firsching Rpfleger 1970, 8, 15; Lange NJW 1970, 299; Erman-Wagner BGB[4] § 1600d Anm. 1; über den Umfang der Prüfung des VormG vgl. § 12 FGG Rdn. 34; unrichtig Göppinger DRiZ 1970, 141 Fn. 32, der meint, daß das VormG gemäß § 12 FGG die Vaterschaft durch Ermittlungen aufklären müsse.

Nr. 1 BGB; wird die Anerkennungserklärung schon vor der Geburt des Kindes abgegeben, so kann bis zur Geburt der Leibesfruchtpfleger (§ 1912 BGB) die Zustimmung erklären[5]), ein nach §§ 1708, 1774 Satz 2 BGB schon vor der Geburt des Kindes bestellter Pfleger oder Vormund jedoch erst von der Geburt an (§ 36 a FGG Rdn. 8). Hat das Kind das 18. Lebensjahr vollendet und ist es nicht geschäftsunfähig, so kann es nur selbst zustimmen, bedarf aber, solange es beschränkt geschäftsfähig ist, der Zustimmung des gesetzlichen Vertreters (§ 1600 d Abs. 2 Satz 2). Die Genehmigung des Vormundschaftsgerichts ist weder zu der namens des Kindes erklärten Zustimmung des gesetzlichen Vertreters noch zu dessen Zustimmung zu der Erklärung des Kindes erforderlich. Bevollmächtigung ist ausgeschlossen (§ 1600 d Abs. 3). Die Zustimmung des Kindes und die Zustimmung des gesetzlichen Vertreters zu der Erklärung des Kindes selbst können nachträglich, d. h. nach der Abgabe der Anerkennungserklärung oder der Zustimmungserklärung des Kindes innerhalb der Frist des § 1600 e Abs. 3 (Berechnung nach §§ 187 Satz 1, 188 Abs. 2 BGB) erteilt werden; diese Frist muß andererseits zur Wirksamkeit der Anerkennung gewahrt sein (§ 1600 f). Die Zustimmung kann aber auch der Abgabe der Anerkennungserklärung vorausgehen. Die Zustimmung ist dem Anerkennenden oder dem Standesbeamten gegenüber zu erklären, der die Geburt des Kindes beurkundet hat (§ 1600 c Abs. 2 BGB, § 29 a Abs. 2 PStG); der gesetzliche Vertreter des Anerkennenden ist zur Entgegennahme auch berufen, wenn der beschränkt Geschäftsfähige die Anerkennung selbst mit Zustimmung des gesetzlichen Vertreters erklärt hat, weil wegen dieses Erfordernisses ein Fall von Teilgeschäftsfähigkeit nicht vorliegt[6]). Die Zustimmungserklärung kann bis zu ihrem Zugang widerrufen werden (§ 130 Abs. 1 Satz 2 BGB); auch kann sie wegen Willensmangels (§§ 119, 123 BGB) außergerichtlich angefochten werden[7]).

10 *b) Fremdes Recht. α) International.* Für die aus der Anerkennung der Vaterschaft folgenden Rechtswirkungen mit Ausnahme der Unterhaltspflicht (Art. 21 EGBGB) ist entsprechend Art. 19 EGBGB das Heimatrecht des Vaters maßgebend[8]). Hat die Anerkennung nach Maßgabe des anwendbaren ausländischen Rechts Standesfolge, wie in der Schweiz[9]), der Türkei und den meisten romanischen Rechten[10]), so wird entsprechend Art. 22 Abs. 2 EGBGB, § 1600 c BGB, die Zustimmung des deutschen Kindes zu fordern sein[11]). Vaterschaftsanerkenntnisse nach ausländischem Recht mit oder ohne Standesfolge kann jede der nach Rdn. 5 zuständige Urkundspersonen beurkunden. Das Übereinkommen über die Erweiterung der Zuständigkeit der Behörden, vor denen nichteheliche Kinder anerkannt werden können, vom 14. 9. 1961 (BGBl. 1965 II 17, Bek. vom 17. 8. 1965, BGBl. II 1162), zu dessen Vertragsstaaten außer der Bundesrepublik Belgien (BGBl. 1967 II 2376), Frankreich, Niederlande, Schweiz und die Türkei gehören, regelt die Zuständigkeit der Behörden der Vertragsstaaten, anstelle der Heimatbehörden Erklärungen von Angehörigen eines Vertragsstaates über die Anerkennung der Vaterschaft entgegenzunehmen, begründet also nicht erst diese Zuständig-

5) Vgl. § 40 FGG Rdn. 1; BT-Drucks. V/2370 S. 28, 66; Göppinger, FamRZ 1970, 57, 62.

6) Vgl. § 67 FGG Rdn. 4; a. M. Göppinger DRiZ 1970, 141, 144; noch anders (nicht empfangsbedürftig) Palandt-Lauterbach BGB[29] § 1600c Anm. 2.

7) Lange NJW 1970, 297 Fn. 23; Göppinger DRiZ 1970, 141, 144.

8) KG JW 1936, 392; BayObLG MDR 1954, 107; Bremen FamRZ 1964, 219 = NJW 1964, 555; Stuttgart FamRZ 1965, 522; Erman-Hefermehl BGB[4] Art. 21 EG Anm. 5; H. Grenacher, Vaterschaftsanerkenntnis von Ausländern, BWNotZ 1970, 65; Soergel-Kegel BGB[9] Art. 21 EG Anm. 17; Lange NJW 1970, 299; str., vgl. Palandt-Lauterbach BGB[29] Art. 21 EG Anm. 5; a. M. Müller-Freienfels FamRZ 1957, 147 (Kindesrecht).

9) Schnitzer, Hdb. d. IPR[4] Bd. I S. 473.

10) Vgl. Dölle FamR Bd. II S. 383, 446 f., 467 f.; Schmidt-Hidding, Die Stellung des unehelichen Kindes in den romanischen Rechtsordnungen Europas, 1967, S. 112 f.; zur Anerkennung nach franz. Recht vgl. Mezger FamRZ 1955, 273; JZ 1960, 661; Schwoerer, FamRZ 1957, 145; Mitglieder der ausländischen Streitkräfte können Vaterschaftsanerkenntnisse und Unterhaltsverpflichtungen abgeben, Erl. d. MdJ Bad.-Württ. vom 26. 9. 1955 (Die J 272) und 23. 5. 1956 (Die J 116); Erman-Marquordt BGB[4] Art. 21 EG Anm. 12; Lademann SchlHA 1959, 286.

11) Göppinger DRiZ 1970, 141 Fn. 20; vgl. auch Bosch, FamRZ 1970, 157 Fn. 13 sowie S. 325, 327 Anm.; über Vaterschaftsanerkenntnisse nach ausländischem Recht auch Beitzke, ZBlJR 1962, 177; StAZ 1962, 237; 1970, 235; Siehr FamRZ 1970, 457; Reichardt, StAZ 1966, 175; Niclas ZBlJR 1968, 7.

keit, sondern stellt diese Urkunden einer vor der Heimatbehörde errichteten gleich[12]). Ist die Begründung von Rechtsbeziehungen zwischen Mutter und Kind von einer *Anerkennung der Mutterschaft abhängig* (so Argentinien, Belgien, Brasilien, Chile, Frankreich (dazu Raape IPR § 33 A II), Indonesien, Italien, Luxemburg, Mexiko, Portugal, Spanien, Venezuela, nicht mehr die Niederlande[13]), so können die Anerkennungserklärung und die etwa erforderliche Zustimmungserklärung des gesetzlichen Vertreters der Mutter nach § 29 b Abs. 3 PStG von denselben Stellen beurkundet werden, die eine Anerkennung der Vaterschaft beurkunden können, also auch von dem Standesbeamten, dem Amtsgericht und dem Jugendamt, falls sie nach dem Heimatrecht des ausländischen Elternteils vor der deutschen Urkundsperson wirksam abgegeben werden können. Das Übereinkommen über die Feststellung der mütterlichen Abstammung nichtehelicher Kinder vom 12. 9. 1962 (BGBl. 1965 II 17, Bek. vom 17. 8. 1965, BGBl. II 1163, vom 3. 2. 1966, BGBl. II 105), welches im Verhältnis zu den Niederlanden, der Schweiz und der Türkei gilt, bezweckt, die innerstaatlichen Vorschriften über die mütterliche Abstammung nichtehelicher Kinder innerhalb der Vertragsstaaten in gewissem Umfange zu vereinheitlichen[14]). Danach kann die Anerkennung, auch von Angehörigen eines Nichtvertragsstaates, vor der zuständigen Behörde jedes Vertragsstaates erklärt werden. Fordert das Heimatrecht des ausländischen Vaters ein solches Anerkenntnis, z. B. Spanien, so kann auch die deutsche Mutter ein solches Anerkenntnis abgeben[15]).

β) *Interzonal.* Nach dem Recht der DDR, welches anwendbar ist, wenn der Vater nach Maßgabe seines gewöhnlichen Aufenthalts mitteldeutsches interzonales Personalstatut hat, ist Grundlage für die Feststellung der Vaterschaft entweder eine gerichtliche Entscheidung oder ein Vaterschaftsanerkenntnis (§ 54 Abs. 1 FGB), welches nur nach der Geburt des Kindes zulässig ist und zu seiner Wirksamkeit der Zustimmung der Mutter und, wenn das Kind einen Vormund hat, auch der Zustimmung des Vormundes bedarf; ist die Mutter nicht voll geschäftsfähig, so muß auch ihr gesetzlicher Vertreter zustimmen (§ 55 Abs. 1 FGB). Anerkennung und Zustimmung bedürfen der Beurkundung durch das Organ der Jugendhilfe, das Staatliche Notariat oder den Leiter des Standesamts (§ 55 Abs. 3 FGB). Die Anerkennung hat entsprechend § 1600 a BGB Statuswirkung (§ 58 FGB). Eine Übergangsvorschrift enthält § 8 EGFGB[15a]). Es ist anzunehmen, daß die Beurkundungszuständigkeit des Amtsgerichts nach § 62 Nr. 1, des Jugendamts nach § 49 Abs. 1 Nr. 1 JWG und des Standesbeamten nach § 29 a Abs. 1 PStG sich auch auf die Beurkundung der Zustimmung der Mutter und ihres gesetzlichen Vertreters erstreckt. **11**

c) *Form der Beurkundung.* Von dem Amtsgericht können nach § 62 Nr. 1 alle nach § 1600 e BGB formbedürftigen Erklärungen beurkundet oder beglaubigt werden, wie nach anfänglichem Zweifel[16]) durch die Legaldefinition in § 49 Abs. 1 Nr. 1 JWG i. d. F. des ÄnduErgG vom 27. 6. 1970 (BGBl. I 920) klargestellt worden ist, übrigens auch die Anerkennung der Mutterschaft (Rdn. 10) und die Zustimmung der Mutter zur Anerkennungserklärung des Vaters nach dem Recht der DDR (Rdn. 11). Für das Beurkundungsverfahren sind gemäß § 1 Abs. 2 mit Ausnahme des § 5 Abs. 2 die Vorschriften des BeurkG maßgebend, insbesondere auch für die Ausschließung (§§ 3, 6, 7), die Prüfung der Geschäftsfähigkeit und der Vertretungsmacht (§§ 11, 12) und für die Belehrungspflicht (§§ 17, 18). Die Erklärung **12**

12) Dazu Maßfeller, StAZ 1962, 321; 1965, 119; ders., Das ges. Familienrecht, Bd. 2 S. 205 f.; Niclas ZBlJR 1968, 7; Link StAZ 1968, 67; GemRdErl. d. MdI u. d. MfAVG Hessen vom 4. 3. 1966 (StAZ 1966, 135).

13) Raape IPR[5] § 34 A I Fn. 152; StAZ 1950, 214.

14) Dazu Maßfeller, Das ges. Familienrecht, Bd. 2 S. 205 f.; ders., StAZ 1965, 119; Niclas, ZBlJR 1968, 9; van Sasse, van Ysselt und Simitis, StAZ 1969, 77. Ferner Richtlinien d. BMin. d. Inn. bei Pant, Die Urkundstätigkeit der Jugendämter, 1966, S. 64; Richtlinien für Baden-Württemberg StAZ 1966, 68; für Hessen StAZ 1966, 135; für Niedersachsen StAZ 1966, 137; Rheinland-Pfalz StAZ 1966, 106; Schleswig-Holstein StAZ 1966, 167; ferner Schwoerer, RabelsZ XVI, 44.

15) Niclas, ZBlJR 1968, 7, 11; Palandt-Lauterbach BGB[29] Art. 20 EG Anm. 3.

15a) Vgl. auch Richtlinie Nr. 23 des Plenums des Obersten Gerichts zur Feststellung und Anfechtung der Vaterschaft v. 22. 3. 1967 (GBl. DDR II S. 177).

16) Vgl. Firsching Rpfleger 1970, 15; Göppinger DRiZ 1970, 141 Fn. 46; Palandt-Lauterbach BGB[29] § 1600e Anm. 1.

über die Anerkennung der Vaterschaft und die Zustimmungserklärung des Kindes dazu, mögen sie von dem Anerkennenden oder dem Kinde selbst oder in ihrem Namen von dem gesetzlichen Vertreter abgegeben werden, müssen öffentlich beurkundet werden (§ 1600 e Abs. 1 Satz 1). Es sind also die Vorschriften über die Beurkundung von Willenserklärungen (§§ 6 ff.) zu beachten. Für die Zustimmung des gesetzlichen Vertreters des Anerkennenden und des gesetzlichen Vertreters des Kindes zu dessen Zustimmungserklärung genügt die öffentliche Beglaubigung der Unterschrift des Vertreters (§ 1600 e Abs. 1 Satz 2, § 129 BGB)[16a]). Werden diese Erklärungen bei Amtspflegschaft oder Amtsvormundschaft des Jugendamts von dem nach § 37 Satz 2 JWG mit der Ausübung der Aufgaben des Pflegers oder Vormunds betrauten Beamten oder Angestellten des Jugendamts abgegeben, so bedarf es keiner Beglaubigung der Unterschrift, weil die mit Unterschrift und Dienstsiegel versehene Erklärung eine öffentliche Urkunde ist, welche die öffentliche Beglaubigung ersetzt[17]). Andernfalls richtet sich die Form der Unterschriftsbeglaubigung nach §§ 39, 40 BeurkG. Ein Handzeichen kann von dem Amtsgericht nicht beglaubigt werden (§ 129 Abs. 1 Satz 2, § 126 Abs. 1 BGB). Obwohl ferner die öffentliche Beglaubigung nach § 129 Abs. 2 BGB nur durch die notarielle Beurkundung ersetzt wird, muß es, wie nach § 29 a Abs. 1 Satz 2 PStG, § 49 Abs. 1 Nr. 1 JWG, auch für die amtsgerichtliche Beurkundung für zulässig erachtet werden, daß die nur der öffentlichen Beglaubigung bedürfende Zustimmungserklärung zur Niederschrift öffentlich beurkundet wird. In dieser Form kann mithin unter Beachtung des § 25 auch die Zustimmung eines Schreibunfähigen beurkundet werden.

13 *d) Mitteilungspflichten.* Beglaubigte Abschriften der Anerkennungserklärung (und gegebenenfalls der Zustimmungserklärung des gesetzlichen Vertreters oder der Genehmigung des Vormundschaftsgerichts) sind nach § 1600 e Abs. 2 BGB von der beurkundenden Stelle zu übersenden a) der Mutter, auch wenn sie in der Geschäftsfähigkeit beschränkt ist (vgl. § 1600 k Abs. 1 Satz 1), b) dem Kinde, d. h. seinem gesetzlichen Vertreter, wenn es geschäftsunfähig oder beschränkt geschäftsfähig ist, mag es auch älter als 18 Jahre sein[18]), c) dem Standesbeamten, der die Geburt des Kindes beurkundet hat oder, wenn die Geburt nicht im Geltungsbereich des PStG beurkundet ist, dem Standesbeamten des Standesamts I in Berlin (West) (§ 29 Abs. 2 PStG). Die Anerkennungserklärung ist also keine gegenüber einer dieser Personen abzugebende empfangsbedürftige Erklärung (vgl. § 130 Abs. 1 BGB); die Übersendung dient lediglich ihrer Unterrichtung; für den Standesbeamten ist sie eine Grundlage für die Beischreibung eines Randvermerks nach § 29 Abs. 1 PStG; eine geheime Anerkennung gibt es nicht mehr. Die Zustimmungserklärung des Kindes und die Zustimmung seines gesetzlichen Vertreters dazu sind empfangsbedürftige Willenserklärungen[19]); sie sind nach § 1600 c Abs. 2 BGB dem Anerkennenden oder dem Standesbeamten gegenüber zu erklären. Die örtliche Zuständigkeit des Standesbeamten regelt § 29 a Abs. 2 PStG.

14 *2. Nr. 2: Unterhaltsverpflichtungen. a) Unterhaltsanspruch des nichtehelichen Kindes.* Der Unterhaltsanspruch nichtehelicher Kinder ist dem ehelicher Kinder weitgehend angenähert (vgl. § 1615 a BGB)[20]). Danach ist der Unterhaltsanspruch des nichtehelichen Kindes von dessen Bedürftigkeit abhängig (§ 1602). Unterhaltspflichtig ist auch der nichteheliche Vater grundsätzlich nur, wenn er leistungsfähig ist (§ 1603). Eine Altersgrenze gibt es nicht mehr.

[16a]) Die Urkundsbefugnis des Amtsgerichts umfaßt in diesen Fällen auch die öffentliche Beglaubigung (§ 40); es ist nicht genötigt, die Erklärungen, für die nach § 1600e Abs. 1 Satz 2 BGB die öffentliche Beglaubigung genügt, in jedem Fall zur Niederschrift zu beurkunden (a. M. Mecke Rdn. 2); vgl. die deutlichere Fassung in § 49 Abs. 1 Nr. 1 JWG und in § 29a Abs. 1 PStG. Es ist nicht gerechtfertigt, diese Frage für die Amtsgerichte anders zu beantworten als für Jugendamt und Standesbeamte. Das Gesetz verwendet den Begriff „Beurkundung" hier in dem weiteren Sinne des § 1 Abs. 2.

[17]) BGHZ 45, 362; vgl. § 1 Rdn. 35; dazu auch Beitzke ZBlJR 1963, 89 u. StAZ 1963, 257 zu III; Mecke § 40 Rdn. 4.

[18]) A. M. für den letztgenannten Fall Göppinger, DRiZ 1970, 141 zu II C 2 a.

[19]) BT-Drucks. V/3719 S. 57; Göppinger a. a. O. S. 145; irrig Palandt-Lauterbach BGB[29] § 1600c Anm. 2.

[20]) Vgl. dazu Deisenhofer, UJ 1970, 15 zu B; Lange, NJW 1970, 297 zu IV 3; Richter, FamRZ 1970, 280; Firsching, Rpfleger 1970, 41; Göppinger DRiZ 1970, 141 zu D.

Der Unterhaltsanspruch erlischt mit dem Tode des Verpflichteten (§ 1615). Gemäß § 1601 BGB haften dem Kinde auch die Aszendenten des Vaters. Für die Haftungsverteilung zwischen Vater und Mutter gilt § 1606 Abs. 3 BGB. Für das Maß des Unterhalts wird auf die Lebensstellung beider Eltern abgestellt (§ 1600 c)[21]. Für die Vergangenheit kann Unterhalt nur von der Zeit an gefordert werden, zu welcher der (festgestellte) Vater in Verzug geraten oder der Anspruch rechtshängig geworden ist (§ 1613); Unterhaltsbeträge, die fällig geworden sind, bevor die Vaterschaft anerkannt oder rechtskräftig festgestellt worden war, kann das Kind jedoch im Hinblick auf die Sperrwirkung des § 1600 a Satz 2 auch für die Vergangenheit verlangen. Eine wichtige Abweichung von dem Unterhaltsanspruch des ehelichen Kindes ergibt sich aus §§ 1615 f, 1615 g BGB. Bis zur Vollendung des 18. Lebensjahres hat der Vater dem Kinde mindestens den *Regelunterhalt* zu zahlen. Regelunterhalt ist der jeweils durch RechtsVO festzusetzende Regelbedarf (Regelunterhalt-VO vom 27. 6. 1970, BGBl. I 1010), vermindert um die nach § 1615 g BGB anzurechnenden Beträge. Insoweit, also nur in Höhe des Regelunterhalts und nur für die Zeit bis zur Vollendung des 18. Lebensjahres, haftet der Vater vor der Mutter; im übrigen gelten die allgemeinen Vorschriften. Leistungsunfähigkeit kann der Vater, wenn der Regelunterhalt verlangt wird, nur nach Maßgabe der §§ 1615 h, 1615 i BGB geltend machen[22].

Kollisionsrechtlich ist für die Unterhaltspflicht des Vaters gegenüber dem nichtehelichen Kinde und für seine Verpflichtung, der Mutter die Kosten der Schwangerschaft, der Entbindung und des Unterhalts zu ersetzen (§§ 1615 k, 1615 l BGB) gemäß Art. 21 EGBGB das Heimatrecht der Mutter zur Zeit der Geburt des Kindes maßgebend. Zu beachten ist jedoch das Haager Übereinkommen vom 24. 10. 1956 über das auf Unterhaltsverpflichtungen gegenüber Kindern anzuwendende Recht (BGBl. 1961 II 1012), in Kraft für die Bundesrepublik, Italien, Luxemburg, Österreich (BGBl. 1962 II 16), Frankreich (BGBl. 1963 II 911, 1967 II 2001), die Niederlande (BGBl. 1963 II 42), Portugal mit überseeischen Provinzen (BGBl. 1970 II 205) und die Schweiz (BGBl. 1965 II 40). Danach bestimmt sich das Bestehen des Unterhaltsanspruchs, sein Ausmaß und die Person des Schuldners nach dem Recht des gewöhnlichen Aufenthalts des Kindes (Art. 1 Abs. 1). Das Übereinkommen ist anwendbar auf alle Kinder, die in einem Vertragsstaat ihren gewöhnlichen Aufenthalt haben (Art. 6 und Art. 1 Abs. 1), so daß es nicht auf die Staatsangehörigkeit des Kindes und die Zugehörigkeit des Heimatstaates zu den Vertragsstaaten ankommt[23]. **15**

b) Abfindungsverträge. Gemäß § 1615 e BGB kann das Kind mit dem Vater sowie mit den Verwandten des Vaters eine Vereinbarung über den Unterhalt für die Zukunft, und, abweichend von § 1614 BGB, eine Vereinbarung über eine anstelle des Unterhalts zu gewährende Abfindung treffen. In den Vertrag können auch die Unterhaltsansprüche des Vaters und seiner Verwandten gegen das Kind einbezogen werden, und nach § 1615 e Abs. 4 können solche Vereinbarungen auch über die Unterhaltsansprüche der Abkömmlinge des Kindes geschlossen werden. Es wird anzunehmen sein, daß die Beurkundungszuständigkeit nach § 62 Nr. 2 auch besteht, wenn die Abkömmlinge des Kindes ihrerseits ehelich sind; dagegen besteht diese Zuständigkeit nicht, wenn der Vertrag sich allein auf die Unterhaltsansprüche des Vaters und seiner Verwandten gegen das Kind bezieht. Mit dem Abfindungsvertrag könnte auch ein Erbverzichtsvertrag verbunden werden[24]; jedoch fehlt dafür dem Amtsgericht (und dem Jugendamt) wegen § 2348 BGB die Beurkundungszuständigkeit. Ein Abfindungsvertrag zwischen dem Vater und dem Kinde erstreckt sich im Zweifel auch auf die Unterhaltsansprüche des Kindes gegen die Verwandten des Vaters (§ 1615 e Abs. 2); hierüber ist gemäß § 17 zu belehren und auf Klarstellung hinzuwirken. Ein unentgeltlicher Verzicht für die Zukunft ist ausgeschlossen (§ 1615 e Abs. 1 Satz 2); auf bereits fällig gewordene Unterhaltsbeträge ist die **16**

[21]) Dazu Richter FamRZ 1970, 280 zu IV 2; Frank, BldWPfl. 1970, 47, 49.

[22]) Richter, FamRZ 1970, 280 zu IV 6, 7.

[23]) Müller-Freienfels ZBlJR 1967, 64; Dölle NJW 1967, 2250; Bremen NJW 1968, 361; Palandt-Lauterbach BGB[29] Anh. zu Art. 21 EG Anm. 3. Vgl. auch Tomforde-Diefenbach-Webler, Das Recht des unehel. Kindes im In- und Ausland, 5. Aufl. 1953-1966.

[24]) Vgl. Degenhart, Rpfleger 1969, 145; Speckmann NJW 1970, 117; Damrau FamRZ 1969, 588; Palandt-Keidel BGB[29] vor § 2346 Anm. 2 d.

Vorschrift nicht anwendbar; insoweit gilt aber das Schenkungsverbot der §§ 1641, 1804 BGB. Eine Unterhaltsvereinbarung kann in besonderen Fällen auch geschlossen werden, ohne daß die Vaterschaft anerkannt oder festgestellt ist[25]). Die Vereinbarung bedarf, wenn das Kind nicht voll geschäftsfähig ist, der Genehmigung des Vormundschaftsgerichts, gleichgültig, ob der Vertrag den gesetzlichen Unterhaltsanspruch nur präzisiert, ob die Unterhaltsrente kapitalisiert oder ob das Kind endgültig abgefunden wird.

17 *c) Form der Beurkundung. α) Vollstreckbare Zahlungsverpflichtung.* Die Verpflichtung zur Unterhaltszahlung und zur Leistung einer Abfindung bedürfen an sich keiner Form; die öffentliche Beurkundung (nach §§ 6 ff. BeurkG) ist aber erforderlich, wenn, wie in der Regel, die Zwangsvollstreckung aus der Urkunde zulässig sein soll (§ 794 Abs. 1 Nr. 5 ZPO). Da diese Vorschrift voraussetzt, daß der Anspruch auf die Zahlung einer bestimmten Geldsumme gerichtet ist, kommt die Errichtung einer vollstreckbaren Urkunde nur in Betracht, von der Verpflichtung zur Leistung eines bestimmten Abfindungsvertrages abgesehen, wenn der Schuldner sich zur Zahlung von Individualunterhalt in bestimmter Höhe verpflichtet, nicht wenn er die Verpflichtung zur Zahlung des erst noch festzusetzenden Regelunterhalts übernimmt (nachst. Rdn. 19). In der Regel ist die Unterhaltsverpflichtung ein einseitiges bestätigendes Schuldanerkenntnis; auch wenn aber die Verpflichtung vertraglich übernommen oder ein Abfindungsvertrag geschlossen wird, bedarf nur die Erklärung des Schuldners der Beurkundung; es genügt, wenn der Anspruch in der Urkunde bezeichnet wird (§ 52 Rdn. 13, dort auch über die Angabe des Schuldgrundes). Ist der Schuldner geschäftsunfähig (§ 104 Nr. 2, 3 BGB) oder beschränkt geschäftsfähig (§§ 106, 114 BGB), so muß sein gesetzlicher Vertreter die Erklärung in seinem Namen abgeben. Gibt der beschränkt Geschäftsfähige selbst das Schuldanerkenntnis ab, so muß die Einwilligung des gesetzlichen Vertreters vorher oder gleichzeitig erklärt werden (§ 111 BGB). Die Einwilligung bedarf zwar keiner Form (§ 182 Abs. 2 BGB), aus Beweisgründen ist es aber zweckmäßig, daß sie mindestens schriftlich (§ 111 Satz 2 BGB), besser noch in öffentlich beglaubigter oder öffentlich beurkundeter Form abgegeben wird. Wenn die Übernahme der Unterhaltsverpflichtung, wie in der Regel, ein einseitiges schuldbestätigendes Anerkenntnis ohne vertragliche Bindung ist, welches nur die Schaffung eines Vollstreckungstitels ermöglichen soll und im übrigen lediglich Beweiswert hat, findet § 1822 Nr. 5 BGB, der sich nur auf vertragsmäßige Verpflichtungen bezieht, keine Anwendung, so daß eine vormundschaftsgerichtliche Genehmigung nicht erforderlich ist[26]). Die Beurkundungszuständigkeit setzt nicht voraus, daß das Kind noch minderjährig ist, gilt aber nur für Ansprüche nichtehelicher Kinder (anders in beiden Fällen § 49 Abs. 1 Nr. 1 JWG). Die Zuständigkeit entfällt nicht dadurch, daß der Unterhaltsanspruch nicht mehr dem Kinde zusteht, sondern auf einen Dritten übergegangen ist, etwa auf Grund der §§ 1607 Abs. 2, 1615 b BGB oder auf Grund einer Überleitungsanzeige des Trägers der Sozialhilfe nach §§ 90, 91 BSozHG[27]), da es nur auf den Schuldgrund, nicht auf die Person des Gläubigers ankommt. Ebenso ist es unbedenklich, Erklärungen dritter Personen zu beurkunden, die gleichzeitig oder gesondert für die Unterhaltsverpflichtung eine Mithaftung, etwa als Mitschuldner oder als Bürge übernehmen. Die Beurkundungszuständigkeit umfaßt auch Unterhaltsverpflichtungen der väterlichen Verwandten in aufsteigender Linie (§ 1615 a mit § 1601 BGB) sowie der Mutter und der mütterlichen Verwandten (vgl. BR-Drucks. 124/70 S. 13).

18 Wegen des Inhalts der Unterwerfungserklärung vgl. § 52 Rdn. 7[27a]). Ihre Abgabe setzt Prozeßfähigkeit voraus. Handelt ein beschränkt Geschäftsfähiger, so kann die Genehmigung des gesetzlichen Vertreters nachgebracht werden[28]). Ihre Erteilung liegt nicht ohne weiteres in

25) Richter FamRZ 1970, 280 zu IV 4; BT-Drucks. V/2370 S. 27; zum Ganzen auch Knur, Betr. 1970 H. 23 zu 2; Firsching DNotZ 1970, 455, 473 ff.

26) LG Berlin FamRZ 1970, 144; KG FamRZ 1971, 41; Gernhuber Familienrecht § 52 V 7 Fn. 4; Staudinger-Engler BGB[11] §§ 1821, 1822 Rdn. 93; Palandt-Lauterbach BGB[29] § 1822 Anm. 6 b; Bronsch NJW 1970, 49 Anm.; a. M. LG Köln NJW 1969, 1907; Staudinger-Göppinger BGB[11] § 1718 Rdn. 85; Niclas ZBlJR 1970, 43 zu II; Firsching DNotZ 1970, 455, 469; Wiegel FamRZ 1971, 17.

27) Dazu BGHZ 20, 127; BVerwG ZfSH 1967, 20 = ZBlSozV 1967, 29; Frankfurt OLGZ 1968, 425.

27a) Ein Muster bringt Firsching DNotZ 1970, 455, 469.

28) Vgl. § 52 Rdn. 7; str., a. M. auch Firsching DNotZ 1970, 455, 469 Fn. 66.

der Einwilligung des gesetzlichen Vertreters zur Eingehung der Unterhaltsverpflichtung[29]). Handelt ein Vertreter ohne Vertretungsmacht, so kann die Genehmigung des Vertretenen nachgebracht werden (§ 52 Rdn. 9). Die Unterwerfungserklärung als solche bedarf nicht der vormundschaftsgerichtlichen Genehmigung; bedarf die Eingehung der zu vollstreckenden Verpflichtung dieser Genehmigung, so ist ihr Fehlen kein Hindernis für die Erteilung der Vollstreckungsklausel (§ 52 Rdn. 7). Wegen Erteilung der Vollstreckungsklausel vgl. im übrigen § 52 Rdn. 15 ff. Zu beachten ist, daß dem Gläubiger, wenn er, wie meistens, nicht als Urkundsbeteiligter (§ 6 Abs. 2) aufgetreten ist, eine einfache Ausfertigung als Grundlage für die Erteilung der Vollstreckungsklausel nur auf Grund einer Bestimmung des Schuldners nach § 51 Abs. 2 erteilt werden kann (§ 52 Rdn. 23). Eine Nichtigkeit des Vaterschaftsanerkenntnisses ergreift nicht das in derselben Urkunde erklärte Schuldanerkenntnis und die Unterwerfungserklärung[30]).

β) *Verpflichtung zur Zahlung des Regelunterhalts.* Verpflichtet sich der Schuldner zur **19**
Zahlung des Regelunterhalts (oben Rdn. 14), so kommt die Errichtung einer vollstreckbaren Urkunde nach § 794 Abs. 1 Nr. 5 ZPO nicht in Betracht, weil der Anspruch der Höhe nach nicht bestimmt ist. Dem Bedürfnis für die Schaffung eines vollstreckbaren Titels hat das Gesetz in diesem Fall auf andere Weise Rechnung getragen. Nach § 642 c ZPO gelten die Vorschriften der §§ 642 a, 642 b ZPO entsprechend, wenn der Vater in einer Urkunde, die von einem deutschen Gericht oder einem deutschen Notar innerhalb der Grenzen seiner Amtsbefugnisse aufgenommen ist, sich verpflichtet hat, dem Kinde den Regelunterhalt zu zahlen, und sich weiter der Festsetzung des Regelunterhalts in einem Verfahren nach §§ 642 a, 642 b ZPO unterworfen hat. Durch die besondere Erklärung der Unterwerfung unter das Festsetzungsverfahren soll sichergestellt werden (so BT-Drucks. V/3719), daß der Vater sich der Tragweite seiner Verpflichtungserklärung, die zum Erlaß eines vollstreckbaren Titels gegen ihn führt, bewußt wird. Hierüber ist der Beteiligte mithin zu belehren (§ 17). Der Schuldner kann sich auch zur Leistung des Regelunterhalts mit einem Zuschlag oder Abschlag verpflichten, der in einem Vomhundertsatz des Regelbedarfs (§ 1615 f Abs. 1 Satz 2 BGB) auszudrücken ist (§ 642 d ZPO). Er kann schließlich seine Zahlungsverpflichtung für rückständige Beträge in einer der Stundung entsprechenden Weise beschränken (§ 642 f Abs. 2 ZPO). Diese Urkunde ist aber noch nicht unmittelbar ein vollstreckbarer Titel; vielmehr wird der Betrag des Regelunterhalts gemäß § 642 a ZPO auf Grund der Unterwerfungsverhandlung von dem Gericht des ersten Rechtszuges, das über einen Unterhaltsrechtsstreit zu entscheiden hätte (§ 23 a Nr. 2 GVG, § 13 ZPO), auf Antrag durch Beschluß gesondert festgesetzt; dieses Geschäft ist auf den Rechtspfleger übertragen (§ 20 Nr. 10 RechtspflG). Erst dieser Beschluß ist nach § 794 Abs. 1 Nr. 2 a ZPO ein vollstreckbarer Titel[31]). Bei Änderung der RegelunterhaltsVO, bei Eintritt des Kindes in ein Lebensalter mit höherem Lebensbedarf oder bei Änderung der nach § 1615 g BGB anzurechnenden Beträge kann gemäß § 642 b ZPO der Regelunterhalt im Beschlußverfahren neu festgesetzt werden. Bei anderen Veränderungen der wirtschaftlichen Verhältnisse und wenn der Vater sich zur Zahlung eines bestimmten Geldbetrages verpflichtet hat, der nicht erkennbar dem Regelunterhalt nebst Zu- und Abschlag entspricht, entfällt eine Abänderung im Beschlußverfahren; die Abänderung kann dann nur gemäß § 323 Abs. 4 ZPO durch Klage verfolgt werden.

Die Form der Beurkundung richtet sich gemäß § 1 Abs. 2 BeurkG nach den Vorschriften **20**
über die Beurkundung von Willenserklärungen (§§ 6 ff.). Wird, wie meistens, nur die einseitige Erklärung des Schuldners ohne Beteiligung des Gläubigers beurkundet, so ist darauf zu achten, daß der Schuldner zur Erteilung einer Ausfertigung an den Gläubiger ermächtigt (§ 51 Abs. 2), damit dieser eine Grundlage für den Antrag aus § 642 a ZPO hat.

3. *Nr. 3: Ansprüche der Mutter. a) Gegenstand des Anspruchs.* Die Ansprüche der Mutter **21**
sind gegenüber dem früheren Recht (§ 1715 BGB a. F.) erweitert worden (§§ 1615 k bis

[29]) A. M. Niclas ZBlJR 1970, 43, 49.
[30]) BGBZ 1, 181.
[31]) Dazu Berner, Rpfleger 1970, 149 zu IV, VI; Firsching DNotZ 1970, 455, 470 ff.

1615 o BGB)[32]). Der Vater hat der Mutter die *Entbindungskosten* und gegebenenfalls die Kosten für weitere Aufwendungen zu ersetzen (§ 1615 k Abs. 1 Satz 1). Es besteht aber abweichend vom früheren Recht kein Anspruch auf Ersatz der gewöhnlichen Kosten ohne wirklichen Aufwand. Außerdem sind Kosten, die durch Leistungen des Arbeitgebers oder Versicherungsleistungen (aus Privat- oder Sozialversicherung) gedeckt sind, nicht zu ersetzen; für Leistungen der Sozialhilfe, die nur subsidiär gewährt werden (§§ 21, 22, 23 Abs. 1 Nr. 3 und Abs. 2, § 38 BSozHG), gilt dies nicht. *Unterhaltsansprüche* kann die Mutter in der Regel für 14 Wochen geltend machen, und zwar für 6 Wochen vor und 8 Wochen nach der Geburt (§ 1615 l Abs. 1), unter Umständen aber für 4 Monate vor und bis zu einem Jahr nach der Entbindung (§ 1615 l Abs. 2). Der Unterhaltsanspruch der Mutter ist von ihrer Bedürftigkeit und von der Leistungsfähigkeit des Mannes abhängig. Die Unterhaltskonkurrenzen sind in § 1615 l Abs. 3 besonders geregelt; danach gehen die Ehefrau und minderjährige unverheiratete Kinder des Vaters bei Anwendung des § 1609 BGB der Mutter vor. Abweichend von § 1615 erlöschen die Ansprüche der Mutter nicht mit dem Tode des Vaters (§ 1615 l Abs. 3 Satz 5). In § 1615 n wird klargestellt, daß die Ansprüche der Mutter auch bei Tot- oder Fehlgeburt bestehen. Die Pflicht des Vaters zum Tragen der *Beerdigungskosten* bei Tod der Mutter regelt § 1615 m; insoweit besteht aber keine Beurkundungszuständigkeit nach Nr. 3.

22 *b) Form der Beurkundung.* Der Vater, seine Erben oder sonstigen Rechtsnachfolger können sich nach Nr. 3 i. V. mit § 794 Abs. 1 Nr. 5 ZPO zur Erfüllung der Ansprüche der Mutter (Rdn. 21) mit Ausnahme der Beerdigungskosten vollstreckbar verpflichten. Für die Beurkundung gelten die Bem. zu Rdn. 17, 18 entsprechend.

23 *4. Gebühren.* Gerichtliche Beurkundungen und Beglaubigungen im Rahmen des § 62 genießen nach § 55 a KostO sachliche Gebührenbefreiung; für die Erhebung von Auslagen gelten §§ 136, 137 KostO. Bei notariellen Beurkundungen durch Notare, denen die Gebühren selbst zufließen, tritt nach § 144 Abs. 3 KostO eine Gebührenermäßigung um 80 v. H. ein.

III. Anhang. Beurkundungszuständigkeit des Jugendamts

Hierüber bestimmen die §§ 49, 50 JWG i. d. F. vom 6. 8. 1970 (BGBl. I 1197):

§ 49 JWG. (1) Das Landesjugendamt kann auf Antrag des Jugendamts Beamte und Angestellte des Jugendamts ermächtigen,

1. die Erklärung, durch welche die Vaterschaft anerkannt wird, die Zustimmungserklärung des Kindes sowie die etwa erforderliche Zustimmung des gesetzlichen Vertreters zu einer solchen Erklärung (Erklärungen über die Anerkennung der Vaterschaft) zu beurkunden oder, soweit die Erklärung auch in öffentlich beglaubigter Form abgegeben werden kann, zu beglaubigen,

2. die Verpflichtung zur Erfüllung von Unterhaltsansprüchen eines Kindes oder zur Leistung einer an Stelle des Unterhalts zu gewährenden Abfindung zu beurkunden, wenn das Kind im Zeitpunkt der Beurkundung minderjährig ist,

3. die Verpflichtung zur Erfüllung von Ansprüchen einer Frau nach den §§ 1615 k und 1615 l des Bürgerlichen Gesetzbuchs (Entbindungskosten und Unterhalt) zu beurkunden,

4. die in § 1617 Abs. 2 und § 1618 des Bürgerlichen Gesetzbuchs bezeichneten Erklärungen (Name des Kindes) zu beglaubigen.

Der Beamte oder der Angestellte des Jugendamts soll keine Beurkundungen vornehmen, wenn ihm in der den Gegenstand des Amtsgeschäfts bildenden Angelegenheit die Vertretung eines Beteiligten obliegt.

(2) Beurkundungen, Beglaubigungen und die Erteilung von Ausfertigungen sind gebührenfrei.

(3) Für die Tätigkeiten nach Absatz 1 ist jedes Jugendamt zuständig.

§ 50 JWG. (1) Aus Urkunden, die eine Verpflichtung nach § 49 Abs. 1 Nr. 2 oder 3 zum Gegenstand haben und die von einem Beamten oder Angestellten des Jugendamts innerhalb der Grenzen seiner Amtsbefugnisse in der vorgeschriebenen Form aufgenommen

[32]) Vgl. dazu Göppinger, JR 1969, 401, 405; Deisenhofer UJ 1970, 122; Lange NJW 1970, 297, 302; Firsching Rpfleger 1970, 41, 47; ders., DNotZ 1970, 455, 475.

sind, findet die Zwangsvollstreckung statt, wenn die Erklärung die Zahlung einer bestimmten Geldsumme betrifft und der Schuldner sich in der Urkunde der sofortigen Zwangsvollstreckung unterworfen hat. Auf die Zwangsvollstreckung sind die Vorschriften, welche für die Zwangsvollstreckung aus gerichtlichen Urkunden nach § 794 Abs. 1 Nr. 5 der Zivilprozeßordnung gelten, mit folgenden Maßgaben entsprechend anzuwenden:

1. die vollstreckbare Ausfertigung wird von dem Beamten oder Angestellten des Jugendamts erteilt, der für die Beurkundung der Verpflichtungserklärung zuständig ist;

2. über Einwendungen, welche die Zulässigkeit der Vollstreckungsklausel betreffen, und über die Erteilung einer weiteren vollstreckbaren Ausfertigung entscheidet das für das Jugendamt zuständige Amtsgericht.

(2) Für Urkunden, die von einem Beamten oder Angestellten des Jugendamts innerhalb der Grenzen seiner Amtsbefugnisse in der vorgeschriebenen Form aufgenommen worden sind, gelten § 642 c Nr. 2 und § 642 d der Zivilprozeßordnung (Regelunterhalt, Zu- und Abschlag zum Regelunterhalt) entsprechend.

1. Allgemeines. Die Vorschriften regeln die Beurkundungs- und Beglaubigungsbefugnis von **24**
Bediensteten des Jugendamts. Das Gesetz hat deren Beurkundungszuständigkeit trotz der im Schrifttum erhobenen Bedenken[33]), die aber wohl nicht gerechtfertigt sind[34]), nicht nur beibehalten, sondern noch erweitert. Der mit Beurkundungsbefugnis ausgestattete Bedienstete darf sich allerdings nicht als einseitiger Interessenwahrer der Amtsmündel betrachten, sondern muß sich gegenüber allen Beteiligten einer unparteilichen Haltung befleißigen (vgl. § 1 Rdn. 1). Dem konsultativen Element der Urkundstätigkeit ist hinreichend Rechnung getragen, da von den ermächtigten Bediensteten erwartet werden kann, daß sie auf dem beschränkten Gebiet ihrer Zuständigkeit die erforderlichen Rechtskenntnisse besitzen.

2. Ermächtigung. Die Beurkundungsbefugnis setzt voraus, daß der Beamte oder Ange- **25**
stellte des Jugendamts auf Antrag des Jugendamts von dem Landesjugendamt oder der Behörde, die gemäß § 89 JWG dessen Aufgaben wahrnimmt, zu Beurkundungen und Beglaubigungen der in § 49 Abs. 1 bezeichneten Art ermächtigt ist. Der Antrag kann, da es sich nicht um ein laufendes Geschäft handelt (§ 16 JWG), nur auf Beschluß des Jugendwohlfahrtsausschusses gestellt werden[35]). Die Ermächtigung kann nur einem bestimmten, namentlich zu bezeichnenden Bediensteten erteilt werden, nicht dem jeweiligen Referenten eines Dezernats; sie erlischt, wenn der Bedienstete aus dem Jugendamt ausscheidet, mag er auch für eine andere Behörde des Trägers des Jugendamts tätig sein, nicht aber schon mit einem Wechsel des Dezernats innerhalb des Jugendamts. Beurkundungen eines nicht oder nicht mehr ermächtigten Bediensteten haben nicht die Kraft öffentlicher Urkunden. Landesrechtlich war vielfach bestimmt, daß die Ermächtigung in der Niederschrift anzugeben ist, so für Nordrhein-Westfalen in dem durch § 60 Nr. 40 BeurkG aufgehobenen § 32 Abs. 2 AG-JWG vom 1. 7. 1965 (GVBl. S. 24), für Niedersachsen in dem durch § 60 Nr. 39 BeurkG aufgehobenen § 18 AG-JWG vom 13. 12. 1962 (GVBl. S. 246); das ist auch ohne gesetzliche Vorschrift zu empfehlen.

3. Beurkundungsverfahren. Für das Verfahren bei der Beurkundung und Beglaubigung **26**
gelten gemäß § 1 Abs. 2 mit Ausnahme des § 5 Abs. 2 die Vorschriften des Ersten bis Vierten Abschnitts des BeurkG. Die Form der Beurkundung von Willenserklärungen richtet sich mithin nach den §§ 6 bis 26, die Beglaubigung von Unterschriften nach den §§ 39, 40, die Behandlung der Urkunden nach den §§ 44 bis 52. An die Stelle des zweiten Notars (§§ 22, 25) tritt ein Beamter oder Angestellter des Jugendamts, der ebenfalls nach § 49 Abs. 1 JWG ermächtigt ist. Für die *Ausschließung* des Urkundsbeamten gelten für Beurkundungen und Beglaubigungen (dazu § 3 Rdn. 17) die Bestimmungen des § 3, außerdem für Beurkundungen

[33]) Göppinger FamRZ 1966, 520; 1968, 117/118; 1970, 579/580; BldWPfl. 1970, 44 Fn. 7; JR 1967, 125, 127; Bosch Vhdlg. des 44. DJT Bd. I, 1. Teil Heft B S. 81; Knur FamRZ 1967, 245, 246.

[34]) Huvale ZBlJR 1968, 37; Feil, ZBlJR 1968, 126, 155; Schreiber ZBlJR 1970, 68.

[35]) Palandt-Lauterbach BGB[28] § 49 JWG Anm. 1; Krug JWG 5. Erg.-Lief. 1967 § 49 Anm. 4; a. M. Jans-Happe, JWG § 49 Anm. 3 B; Göppinger FamRZ 1970, 576 Fn. 70.

die §§ 6, 7, auf die Ausschließung des anstelle eines zweiten Notars hinzugezogenen Urkundsbeamten ist § 26 Abs. 1 anzuwenden. Die ermächtigten Bediensteten des Jugendamts sind nicht schon deswegen ausgeschlossen, weil das Jugendamt, bei welchem sie tätig sind, Amtsvormund oder Amtspfleger des beteiligten Kindes ist; denn die Körperschaft, die das Jugendamt errichtet hat (§ 12 Abs. 2 JWG), ist an dem Beurkundungsgegenstand nicht materiell beteiligt. Eine Beteiligung liegt auch nicht darin, daß die gleiche Körperschaft in ihrer Eigenschaft als Träger der Sozialhilfe (§ 96 BSozHG) durch die Zahlungsverpflichtung mittelbar entlastet wird. Wenn allerdings die Forderung gegen den Erzeuger durch eine Überleitungsanzeige gemäß §§ 90, 91 BSozHG auf den Träger der Sozialhilfe übergegangen ist (vgl. oben Rdn. 17 a. E.), ist dieser bei der Beurkundung der Unterhaltsverpflichtung materiell beteiligt, so daß die Beamten des bei dieser Körperschaft errichteten Jugendamts gemäß § 3 Abs. 1 Nr. 5 wegen Bestehens eines ständigen Dienstverhältnisses ausgeschlossen sind. Die Bestimmungen des § 3 BeurkG werden ergänzt durch § 49 Abs. 1 Satz 2 JWG, wonach der Bedienstete des Jugendamts keine Beurkundungen vornehmen soll, wenn ihm in der den Gegenstand des Amtsgeschäfts bildenden Angelegenheit die Vertretung eines Beteiligten (hier im Sinne von Sachbeteiligung gemeint) obliegt. Diese Vorschrift soll Zweifel klären, in welchem Umfang § 3 BeurkG auf die Urkundstätigkeit derjenigen Jugendamtsbediensteten anzuwenden ist, die nach § 37 Satz 3 JWG zu Vertretung eines Beteiligten befugt sind (BR-Drucks. 124/70 S. 13). Diese Zweifel sind aber wohl nicht begründet; denn wenn auch durch eine Übertragung nach § 37 Satz 2 JWG das Fortbestehen der Amtsvormundschaft des Jugendamts nicht berührt wird und dieses nach wie vor Amtsvormund oder -pfleger und damit gesetzlicher Vertreter bleibt[36]), so kann doch nach dem Sinn und Zweck der Regelung nicht zweifelhaft sein, daß die Ausschließung des gesetzlichen Vertreters auch auf die Urkundsperson zu beziehen ist, der die Ausübung der Befugnisse des gesetzlichen Vertreters übertragen ist. War daher der Urkundsbeamte früher mit der Ausübung der Obliegenheiten nach § 37 Satz 2 JWG betraut gewesen, so hat er § 3 Abs. 2 BeurkG zu beachten. Ein Unterschied ergibt sich insofern, als die Urkundsperson nach § 3 Abs. 1 Nr. 4 als gesetzlicher Vertreter nicht nur in der Sache ausgeschlossen ist, in der sie zur Vertretung berechtigt ist, sondern in allen Angelegenheiten des Vertretenen (§ 3 Rdn. 31), während § 49 Abs. 1 Satz 2 dem Wortlaut nach nur voraussetzt, daß dem Urkundsbeamten die Vertretung in der den Gegenstand des Amtsgeschäfts bildenden Angelegenheit obliegt; da aber § 49 Abs. 1 Satz 2 nicht bezweckt, die Anwendbarkeit der Ausschließungsgründe des § 3 BeurkG auf den mit der Ausübung der Obliegenheiten des Jugendamts nach § 37 Satz 2 JWG betrauten Bediensteten zu beschränken, sondern sie im Gegenteil zu gewährleisten, ist dem § 3 Abs. 1 Nr. 4 BeurkG der Vorzug zu geben. Ersichtlich dürfen an die Unparteilichkeit des Jugendamtsbediensteten keine geringeren Anforderungen gestellt werden als an die des Notars oder des Rechtspflegers. Im Ganzen ist die Vorschrift des § 49 Abs. 1 Satz 2 JWG mißlungen; es hätte bestimmt werden sollen, daß für die Ausschließung von der Urkundstätigkeit der nach § 37 Satz 2 JWG beauftragte Bedienstete einem gesetzlichen Vertreter gleichsteht. Außerdem fehlt eine dem § 16 Abs. 1 BNotO entsprechende Bestimmung (nachst. Rdn. 27). Ist der Urkundsbeamte persönlich gerichtlich bestellter Einzelvormund oder Pfleger oder ist er in derselben Angelegenheit Bevollmächtigter eines Beteiligten, so ist er nach § 3 Abs. 1 Nr. 4, 5 ausgeschlossen. In Bezug auf Beglaubigungen meint die amtl. Begründung (BT-Drucks. V/3719 S. 27, BR-Drucks. 124/70 S. 13), es bestehe kein Bedürfnis, die Einschränkung des § 49 Abs. 1 Satz 2 auch auf dieses Amtsgeschäft auszudehnen, zumal der Urkundsperson bei Beglaubigungen keine Belehrungspflicht obliege. Auch für Beglaubigungen gelten aber unabhängig von einer Belehrungspflicht die Ausschließungsgründe des § 3 (§ 3 Rdn. 17, 18). Der Urkundsbeamte ist also von der Beglaubigung von Unterschriften in den Fällen der §§ 1600 e Abs. 1 Satz 2, 1617 Abs. 2, 1618 BGB und von der Beglaubigung von Abschriften (§ 1600 e Abs. 2 BGB) nach § 3 Abs. 1 Nr. 4 ausgeschlossen, wenn er für das beteiligte Kind mit der Ausübung der Aufgaben des Vormunds oder Pflegers betraut ist. Eine Verletzung der Vorschriften des § 3 und des § 49 Abs. 1 Satz 2 JWG hat auf die Gültigkeit der Beurkundung keinen Einfluß (§ 3 Rdn. 2).

[36]) BGHZ 45, 362, 370.

Amtsgeschäfte im Rahmen der Urkundenverwahrung und bei der Erteilung vollstreckbarer Ausfertigungen sind nicht unmittelbar Beurkundungen im Sinne des § 3 (§ 3 Rdn. 8, 9) und deshalb auch nicht im Sinne des § 49 Abs. 1 Satz 3. Für die Notare ist die Regelung in § 16 Abs. 1 BNotO enthalten. Da diese Vorschrift für die Jugendamtsbediensteten nicht gilt, fehlt es insoweit an einer gesetzlichen Regelung. Es ist also lediglich empfehlenswert, daß der Beamte, wenn er von der Beurkundung ausgeschlossen wäre, sich auch dieser Aufgaben enthält. **27**

Die Beurkundungsbefugnis steht nach § 49 Abs. 3 jedem Jugendamt zu, nicht nur dem sonst nach § 11 JWG örtlich zuständigen. Fragen der örtlichen Zuständigkeit können also nicht auftreten (§ 2 Rdn. 1). Für die Überschreitung des Amtsbezirks gilt § 2. **28**

4. Beurkundungszuständigkeit. a) Umfang. Die Beurkundungszuständigkeit des ermächtigten Jugendamtsbediensteten nach § 49 Abs. 1 Nr. 1 bis 3, § 50 JWG entspricht derjenigen des Amtsgerichts nach § 62 Nr. 1 bis 3 BeurkG. Die Bemerkungen zu Rdn. 8 bis 22 gelten daher entsprechend. Auch die Beurkundungsbefugnis des Jugendamts ist nicht auf Vaterschaftsanerkennungen nach deutschem Recht beschränkt (BR-Drucks. 124/70 S. 13). Der Jugendamtsbedienstete kann die Zustimmung der Mutter zum Vaterschaftsanerkenntnis nach dem Recht der DDR (Rdn. 11) sowie gemäß § 29 b Abs. 3 PStG die Anerkennung der Mutterschaft beurkunden (Rdn. 10). Eine Abweichung von der Beurkundungszuständigkeit des Amtsgerichts ergibt sich insofern, als bei der Beurkundung von Unterhaltsverpflichtungen und Verpflichtungen zur Leistung einer Abfindung (§ 49 Abs. 1 Nr. 2) das Kind im Zeitpunkt der Beurkundung minderjährig sein muß; unschädlich ist es, wenn die übernommenen Verpflichtungen erst nach Eintritt der Volljährigkeit des Kindes fällig werden. Ferner kann der Jugendamtsbedienstete auch Verpflichtungen zur Erfüllung von Unterhaltsansprüchen (minderjähriger) ehelicher Kinder beurkunden (BR-Drucks. 124/70 S. 13). **29**

b) Öffentliche Beglaubigung in Namenssachen. Nach § 49 Abs. 1 Nr. 4 sind die ermächtigten Beamten und Angestellten des Jugendamts zuständig zur Beglaubigung der in § 1617 Abs. 2 und § 1618 BGB bezeichneten Erklärungen über eine Änderung des Familiennamens des nichtehelichen Kindes. Führt das Kind nach § 1617 Abs. 1 BGB oder, wenn es vor dem 1. 7. 1970 geboren ist, auf Grund einer Anordnung des Vormundschaftsgerichts nach Art. 12 § 6 NichtehelG (dazu Anh. nach § 56 b FGG) den Ehenamen der Mutter, erwirbt diese aber nach Auflösung oder Nichtigerklärung der Ehe ihren Mädchennamen (§§ 55 bis 57 EheG), so kann das Kind, wenn es das 5., aber noch nicht das 18. Lebensjahr vollendet hat, durch Erklärung gegenüber dem Standesbeamten den Mädchennamen der Mutter annehmen (§ 1617 Abs. 2 Satz 2 BGB). Nach § 1618 Abs. 1 BGB kann der Ehemann der Mutter oder der Vater des Kindes dem Kinde durch Erklärung gegenüber dem Standesbeamten mit Einwilligung des Kindes und der Mutter seinen Namen erteilen; vorausgesetzt ist, daß das Kind nach § 1617 BGB den Namen der Mutter führt; diese Möglichkeit der Namensänderung entfällt also, wenn die Mutter nach Auflösung oder Nichtigerklärung ihrer Ehe ihren Mädchennamen erhalten hat, das Kind aber diesem Namenswechsel nicht nach § 1617 Abs. 2 Satz 2 BGB gefolgt ist[37]). Für ein minderjähriges Kind, welches das 14. Lebensjahr noch nicht vollendet hat, gibt die Erklärung nach § 1617 Abs. 2 und die Einwilligung nach § 1618 Abs. 1 der gesetzliche Vertreter ab, in der Regel also der Pfleger nach § 1706 Nr. 1 BGB. Ein minderjähriges Kind, welches das 14. Lebensjahr vollendet hat, kann diese Erklärungen nur selbst abgeben, bedarf dazu aber der Zustimmung seines gesetzlichen Vertreters (§ 1617 Abs. 2 Satz 3, § 1618 Abs. 2 BGB). Die Zustimmung des gesetzlichen Vertreters zu der Erklärung des Kindes bedarf keiner Form[38]). Die Erklärung des Kindes nach § 1617 Abs. 2 Satz 2, die Erklärung des Ehemanns der Mutter oder des Vaters sowie die Einwilligungserklärungen des Kindes und der Mutter nach § 1618 Abs. 1 BGB bedürfen der öffentlichen Beglaubigung (§ 1617 Abs. 2 Satz 4, § 1618 Abs. 3 BGB). Für die Form der Beglaubigung gelten die §§ 39, 40 BeurkG. **30**

[37]) Palandt-Lauterbach BGB[29] § 1618 Anm. 1.
[38]) Palandt-Lauterbach BGB[29] § 1617 Anm. 3, § 1618 Anm. 1; a. M. Bosch FamRZ 1970, 296 zu II b.

Ist das Jugendamt Amtsvormund oder Pfleger nach § 1706, so bedarf die namens des noch nicht 14 Jahre alten Kindes von dem nach § 37 Abs. 2 JWG mit diesen Aufgaben betrauten Jugendamtsbediensteten abgegebene Erklärung nicht der Beglaubigung, wenn sie mit Unterschrift und Dienstsiegel versehen ist (oben Rdn. 12). Die Erklärung des Kindes nach § 1617 Abs. 2 Satz 2 und die Einbenennungserklärung des Ehemanns der Mutter oder des Vaters des Kindes werden nach § 130 BGB wirksam, wenn sie dem nach § 31 a Abs. 2 PStG örtlich zuständigen Standesbeamten zugehen. Im Fall des § 1618 BGB müssen die Einwilligungen des Kindes und der Mutter vor diesem Zeitpunkt oder gleichzeitig erteilt sein[39]), d. h. durch Erklärung gegenüber dem Einbenennenden oder dem Standesbeamten wirksam geworden sein; anderenfalls muß der Standesbeamte die Eintragung des Randvermerks (§§ 30 Abs. 1, 31 a Abs. 2 PStG) ablehnen.

31 *5. Vollstreckbare Ausfertigungen. a) Erteilung.* Auf die Zwangsvollstreckung aus Urkunden, die eine Verpflichtung nach § 49 Abs. 1 Nr. 2 oder 3 zum Gegenstand haben und in denen der Schuldner sich der sofortigen Zwangsvollstreckung unterworfen hat, sind nach § 50 Abs. 1 Satz 2 die Vorschriften über die Zwangsvollstreckung aus nach § 794 Abs. 1 Nr. 5 ZPO errichteten gerichtlichen Urkunden entsprechend anzuwenden, also gemäß § 795 ZPO die §§ 724 bis 793, 797 Abs. 4, 5, 798 ZPO. Die Vollstreckungsklausel erteilt der ermächtigte Jugendamtsbedienstete, und zwar derjenige, der im Zeitpunkt der Erteilung der Klausel für die entsprechende Beurkundung der Verpflichtungserklärung zuständig wäre (§ 50 Abs. 1 Satz 2 Nr. 1). Auch dem Jugendamt als Amtsvormund oder Amtspfleger darf aber eine vollstreckbare Ausfertigung der Verpflichtungserklärung des nichtehelichen Vaters nur erteilt werden, wenn der Schuldner eine Bestimmung nach § 51 Abs. 2 BeurkG getroffen hat, mag auch die Urkunde vor dem Jugendamt selbst errichtet sein[40]). Der Urkundsbeamte des Jugendamts erteilt die Klausel auch in den Fällen, in denen ihre Erteilung von dem Nachweis gewisser Voraussetzungen abhängig ist (§ 726 Abs. 1 ZPO) oder die Klausel für und gegen einen Rechtsnachfolger (§ 727 ZPO) erteilt werden soll[41]) (vgl. dazu § 52 Rdn. 25 bis 29). Über die Erteilung weiterer vollstreckbarer Ausfertigungen gemäß § 733 ZPO (dazu § 52 Rdn. 30, 31) entscheidet jedoch nach § 50 Abs. 1 Satz 2 Nr. 2 JWG das für das Jugendamt zuständige Amtsgericht, und zwar gemäß § 20 Nr. 13 RechtspflG der Rechtspfleger. Wegen Form, Inhalt und Berichtigung der Vollstreckungsklausel vgl. § 52 Rdn. 32 bis 37. Auch die von dem sachlich zuständigen Urkundsbeamten des Jugendamts in gehöriger Form erteilte Vollstreckungsklausel ist für die Vollstreckungsorgane bindend (§ 52 Rdn. 15). Die Erteilung der vollstreckbaren Ausfertigung ist auf der Urschrift zu vermerken (§§ 734, 795 ZPO).

32 *b) Rechtsbehelfe.* Entsprechend der für notarielle Urkunden geltenden Vorschrift des § 797 Abs. 3 ZPO bestimmt § 50 Abs. 1 Satz 2 Nr. 2 ZPO, daß über Einwendungen, welche die Zulässigkeit der Vollstreckungsklausel betreffen (§ 732 ZPO), das Amtsgericht entscheidet, in dessen Bezirk das Jugendamt seinen Amtssitz hat; vgl. dazu § 52 Rdn. 38 bis 40. Für Klagen nach §§ 731, 767, 768 ZPO bestimmt sich der Gerichtsstand gemäß § 50 Abs. 1 Satz 2 nach § 797 Abs. 5 ZPO (vgl. dazu § 52 Rdn. 41, 43). Wegen des Rechtsbehelfs gegen Verweigerung der Amtstätigkeit des Jugendamts vgl. § 54 Rdn. 3.

33 *6. Gebühren.* Für Beurkundungen, Beglaubigungen und die Erteilung von Ausfertigungen durch das Jugendamt besteht nach § 49 Abs. 2 in jedem Fall sachliche Gebührenbefreiung.

Landesgesetzlicher Vorbehalt für öffentliche Beglaubigungen

63 Die Länder sind befugt, durch Gesetz die Zuständigkeit für die öffentliche Beglaubigung von Abschriften oder Unterschriften anderen Personen oder Stellen zu übertragen.

[39]) BayObLGZ 1964, 213 = FamRZ 1964, 457 = DAV XXXVII S. 306 = JR 1965, 62 = ZBlJR 1965, 78.

[40]) Kiel MDR 1948, 222; Celle NJW 1954, 1733; vgl. § 52 Rdn. 23.

[41]) LG Berlin Rpfleger 1970, 209.

I. Bedeutung

Wenn die öffentliche Beglaubigung einer Erklärung gesetzliches Formerfordernis ist, muß die Unterschrift nach § 129 BGB i. d. F. des § 56 Abs. 1 und Abs. 2 Nr. 3 BeurkG von einem Notar beglaubigt sein. Die frühere Zuständigkeit der Amtsgerichte nach § 167 Abs. 2 Satz 1 FGG a. F. und der landesgesetzliche Vorbehalt in § 191 Abs. 1 FGG a. F. zugunsten der Zuständigkeit anderer Behörden oder Beamten ist durch die Aufhebung dieser Vorschriften durch § 57 Abs. 5 Nr. 2 BeurkG beseitigt. Für die öffentliche Beglaubigung von Abschriften ergibt sich die Zuständigkeit der Notare aus § 20 Abs. 1 Satz 1 BNotO; die früheren landesgesetzlichen Vorbehalte sind dadurch entfallen, daß § 200 Abs. 1 FGG sich infolge der Aufhebung der §§ 167 bis 184 FGG nicht mehr auf das Beurkundungswesen erstreckt. Demgemäß sind die einschlägigen Vorschriften des Landesrechts durch § 60 BeurkG aufgehoben worden mit Ausnahme des in § 61 Abs. 4 enthaltenen Vorbehalts für das Land Baden-Württemberg. Die Vorschrift des § 63 ist erst im Laufe des Gesetzgebungsverfahrens in das Gesetz eingefügt worden (vgl. BT-Protokoll 5. Wahlper. 232. Sitzung S. 12861; BR-Drucks. 303/69). Bereits der Bundesrat war für die Aufnahme einer ähnlichen Vorschrift zugunsten der Zuständigkeit der Ortsgerichte eingetreten (BT-Drucks. V/3282 S. 53 Nr. 17 zu § 60 Nr. 35). **1**

II. Umfang des Vorbehalts

1. Gegenständlich. Der Vorbehalt erstreckt sich auf die öffentliche Beglaubigung von Abschriften i. S. des § 42 und auf die öffentliche Beglaubigung von Unterschriften i. S. des § 129 BGB. Die Vorschrift ermächtigt nicht, die Zuständigkeit zur Beglaubigung eines Handzeichens (§ 126 Abs. 1 BGB) zu begründen; insoweit sind ausschließlich die Notare (und die Konsuln) zuständig. Ferner genügt eine nach § 63 vorgenommene Beglaubigung nicht in den Fällen, in denen die *notarielle* Beglaubigung gesetzliches Formerfordernis ist (§ 23 Abs. 1 Satz 2 AktG, § 2 Abs. 2 GmbHG). Im übrigen aber entspricht eine nach dem vorbehaltenen Landesrecht vorgenommene Beglaubigung der vorgeschriebenen Form in allen Fällen, in denen die öffentliche Beglaubigung gesetzliches Formerfordernis ist. Das gilt auch für die öffentliche Beglaubigung der Zeichnung einer Firma oder Namensunterschrift zur Aufbewahrung beim Registergericht (§ 41)[1]). Auch die Beglaubigung von Blankounterschriften ist diesen Stellen gemäß §§ 1 Abs. 2, 40 Abs. 5 BeurkG nicht verwehrt; der Landesgesetzgeber kann sie nicht ausschließen, weil er nach § 61 Abs. 3 Nr. 3 keine abweichende Regelung treffen kann[2]). **2**

2. Zuständige Stellen. Auf Grund des § 63 kann das Landesrecht durch Gesetz die Zuständigkeit „anderer Personen oder Stellen" (als der Notare) begründen. Hierbei war vor allem an die Aufrechterhaltung der überkommenen Zuständigkeit von Ortsgerichten und Gemeindebeamten gedacht (vgl. Stellungnahme des Bundesrats, BT-Drucks. V/3282 S. 53 Nr. 17 zu § 60 Nr. 35). Nach dem Sprachgebrauch des Gesetzes (§§ 1 Abs. 2, 60 Satz 1, 61 Abs. 3 Nr. 2) wird es aber nicht ausgeschlossen, daß der Landesgesetzgeber die Zuständigkeit der Amtsgerichte oder von Gerichtsbeamten (UdG) begründet[3]). **3**

III. Landesgesetzliche Zuständigkeiten

Auf Grund des § 63 sind für zuständig erklärt:

1. In *Hessen* die Ortsgerichtsvorsteher gemäß § 17 HessOrtsGerG i. d. F. des ÄndG vom 16. 12. 1969 (GVBl. 316) — *Anl. 13* — für die öffentliche Beglaubigung von Unterschriften **4**

[1]) Hoof-Vierhaus Hess. OrtsgerG[5] § 17 Rdn. 8, 10; a. M. Mecke § 63 Fn. 1; § 47 Abs. 1 der Dienstanweisung f. d. hess. Ortsgerichte vom 17. 12. 1969 (JMBl. 1970, 42) i. d. F. vom 14. 9. 1970 (JMBl. 647) bestimmt zwar das Gegenteil; da die Ortsgerichte aber sachlich unabhängige Rechtspflegeorgane sind, kann ihre gesetzlich begründete sachliche Zuständigkeit nicht durch Dienstanweisung geschmälert werden; es ist ohnehin widersinnig, ihnen zwar die Beglaubigung von Anmeldungen zum Handelsregister, nicht aber der Zeichnung von Firmen und Namensunterschriften zu gestatten.

[2]) A. M. Hoof-Vierhaus Hess. OrtsgerG[5] § 17 Anm. 14 sowie § 47 Abs. 2 der Dienstanw. f. d. hess. Ortsgerichte, wonach die Beglaubigung von Unterschriften ohne zugehörigen Text (Blankounterschriften) in jedem Fall abzulehnen ist; diese Beschränkung ist aus den oben und in Fn. 1 angeführten Gründen unverbindlich.

[3]) Zimmermann Rpfleger 1970, 189 zu I 1 d; Haegele, Rpfleger 1969, 365, 371; a. M. Weber DRiZ 1970, 45, 47; Schippel, DNotZ 1970, 62; Mecke Rdn. 2; Riedel-Feil Anm. 2.

und von Abschriften öffentlicher oder privater Urkunden mit Ausnahme von auszugsweisen Abschriften (§ 42 Abs. 3). Der Ortsgerichtsvorsteher soll Unterschriften und Abschriften nur beglaubigen, wenn die Personen, welche die Unterschriften vollzogen oder die Abschriften vorgelegt haben, im Bezirk des Ortsgerichts ihren Wohnsitz, ihren ständigen Aufenthalt oder ihren ständigen Arbeitsplatz haben, oder wenn dies im Zusammenhang mit anderen, die gleiche Sache betreffenden Beglaubigungen geschieht (§ 17 Abs. 3 OrtsGerG).

5 2. In *Baden-Württemberg* die Ortsgerichtsvorsteher in den Landkreisen Hechingen und Sigmaringen gemäß Art. 115 PrFGG i. d. F. des ÄndG vom 18. 12. 1969 (GBl. Bad.-Württ. S. 301) — *Anl. 10* — für die öffentliche Beglaubigung von Unterschriften. Weiteres Landesrecht in Baden-Württemberg ist aufrechterhalten durch den Vorbehalt in § 61 Abs. 4 (vgl. § 61 Rdn. 27, 29).

6 3. In *Rheinland-Pfalz* sind die Vorsteher der im rechtsrheinischen Teil des RegBez. Koblenz und im Gebiet des ehemaligen RegBez. Rheinhessen bestehenden Ortsgerichte gemäß § 1 des LG über die Beglaubigungsbefugnis der Ortsgerichte vom 15. 7. 1970 (GVBl. 228) — *Anl. 31* — zuständig, Unterschriften öffentlich zu beglaubigen. Die Unterschrift einer Person, die im Bezirk des Ortsgerichts weder ihren Wohnsitz noch ihren ständigen Aufenthalt hat, soll nur beglaubigt werden, wenn dies im Zusammenhang mit einer anderen, die gleiche Sache betreffenden Beglaubigung geschieht.

IV. Beurkundungsverfahren

7 Das Verfahren der nach Landesrecht zuständigen Behörden und die Form des Beglaubigungsvermerks richten sich gemäß § 1 Abs. 2 BeurkG nach den Vorschriften dieses Gesetzes, für die Beglaubigung von Unterschriften und Zeichnungen also nach den §§ 39 bis 41, für die Beglaubigung von Abschriften nach §§ 39, 42. Der Landesgesetzgeber kann keine abweichende Regelung treffen (§ 61 Abs. 3 Nr. 3). Zulässig sind aber Beschränkungen der Zuständigkeit, wie § 17 HessOrtsGerG (Rdn. 4) sie vorsieht. Eine Prüfungs- und Hinweispflicht besteht in demselben Umfang wie bei notariellen Beglaubigungen (§ 40 Rdn. 26-30).

V. Rechtsbetreuung

8 Die genannten Stellen sind berechtigt, wenn auch, wie die Notare (§ 4 Rdn. 1), nicht dazu verpflichtet, die von ihnen zu beglaubigende Erklärung auch zu entwerfen, wenn sie davon auch nur in einfacheren Fällen und zur Unterstützung geschäftsungewandter Beteiligter Gebrauch machen werden[4]). Dem Landesgesetzgeber ist es weder durch das BeurkG noch durch die BNotO oder die BRAO verwehrt, Aufgaben der Rechtsbetreuung auf Behörden zu übertragen (vgl. § 3 Nr. 1 RBerG). Das ist auf dem Gebiet der vorsorgenden Rechtspflege durch die Einrichtung der Ortsgerichte im Rahmen ihrer Zuständigkeit geschehen. Die Ortsgerichte werden hierbei nicht als Verwaltungsbehörden[5]), sondern, wie der Bürgermeister bei der Aufnahme eines Nottestaments (§ 2249 BGB), als sachlich unabhängige Rechtspflegeorgane der freiwilligen Gerichtsbarkeit tätig (Vorb. vor Art. 104 PrFGG Abs. 2). Die Bedenken des Rechtsausschusses (BT-Drucks. V/4014 zu II 4), daß ihnen hierzu die erforderliche Befähigung fehle, hat der Gesetzgeber, wie die Einfügung des § 63 zeigt, im weiteren Verlauf des Gesetzgebungsverfahrens nicht geteilt.

Notare in Baden-Württemberg

64 Notar im Sinne dieses Gesetzes ist auch der nach dem badischen Landesgesetz über die freiwillige Gerichtsbarkeit bestellte Notar und der Bezirksnotar. Für einen solchen Notar gilt § 3 Abs. 1 Nr. 5 in Angelegenheiten des Landes Baden-Württemberg nicht allein deswegen, weil der Notar in einem Dienstverhältnis zu diesem Lande steht.

[4]) A. M. Mecke § 63 Rdn. 3; wie hier Hoof-Vierhaus, Hess. OrtsgerG, 5. Aufl. § 17 Anm. 14.

[5]) So Mecke § 63 Rdn. 2.

Erläuterung

Über die besondere Rechtsstellung der (beamteten) Notare im Landesteil Baden (Bezirk des OLG Karlsruhe) und der Bezirksnotare im Landesteil Württemberg (Bezirk des OLG Stuttgart) des Landes Baden-Württemberg, für welche die Bundesnotarordnung und die Dienstordnung für Notare nicht gelten, vgl. Vorbem. Rdn. 19, 20 vor § 1 sowie § 61 Rdn. 24. Auf das von diesen Notaren bei der Urkundstätigkeit zu beobachtende Verfahren sind jedoch gemäß Satz 1 des § 64 die Vorschriften dieses Gesetzes maßgebend; damit wird auch insoweit die Einheit des Beurkundungsverfahrens unbeschadet der Unterschiede der Notariatsverfassung hergestellt. Ein Vorbehalt findet sich nur in § 61 Abs. 4 Satz 2 hinsichtlich der Rechtsmittel in den Fällen des § 54 (dazu § 61 Rdn. 31 bis 33). Für diese Notare gelten insbesondere auch die Vorschriften des BeurkG über die Ausschließung einschließlich des § 3 BeurkG. Durch § 64 Satz 2 wird jedoch klargestellt, daß diese Notare in Angelegenheiten des Landes Baden-Württemberg nicht allein deswegen gemäß § 3 Abs. 1 Nr. 5 ausgeschlossen sind, weil sie in einem Dienstverhältnis zu diesem Lande stehen. Diese Ausnahme gilt aber nicht für die nach dem in § 61 Abs. 4 Satz 1 vorbehaltenen Landesrecht zuständigen Ratschreiber und Gemeindebeamten (vgl. § 61 Rdn. 24 ff.) in Angelegenheiten der Gemeinde, zu der sie in einem ständigen Dienstverhältnis stehen (vgl. den durch § 55 Nr. 13 BeurkG aufgehobenen Art. 7 Abs. 3 NotMaßnG, dessen Grundsätze der Gesetzgeber des BeurkG nicht aufgeben wollte); sie dürfen mithin in den Angelegenheiten ihrer Gemeinde Beurkundungen nach § 3 Abs. 1 Nr. 5 nicht vornehmen. 1

c) Amtliche Beglaubigungen

65 Dieses Gesetz gilt nicht für amtliche Beglaubigungen, mit denen eine Verwaltungsbehörde zum Zwecke der Verwendung in Verwaltungsverfahren oder für sonstige Zwecke, für die eine öffentliche Beglaubigung nicht vorgeschrieben ist, die Echtheit einer Unterschrift oder eines Handzeichens oder die Richtigkeit der Abschrift einer Urkunde bezeugt, die nicht von einer Verwaltungsbehörde ausgestellt ist. Die Beweiskraft dieser amtlichen Beglaubigungen beschränkt sich auf den in dem Beglaubigungsvermerk genannten Verwendungszweck. Die Befugnis der Verwaltungsbehörden, Abschriften ihrer eigenen Urkunden oder von Urkunden anderer Verwaltungsbehörden in der dafür vorgeschriebenen Form mit uneingeschränkter Beweiskraft zu beglaubigen, bleibt unberührt.

I. Entstehungsgeschichte

Der Umfang der Vorschrift ist im Laufe des Gesetzgebungsverfahrens inhaltlich erweitert worden. Vgl. zu der Fassung des Reg.-Entwurfs BT-Drucks. V/3282 S. 46 zu § 63, die Stellungnahme des Bundesrats und der Bundesregierung ebenda S. 56 Nr. 24 und 25, S. 58 zu Nr. 24 und 25, den schriftlichen Bericht des Rechtsausschusses, BT-Drucks. V/4014 zu A II 4, den Antrag des Bundesrats bei der Anrufung des Vermittlungsausschusses BT-Drucks. V/4439 Nr. 7 sowie BT-Drucks. V/4500 Nr. 3. 1

II. Amtliche Beglaubigungen von Unterschriften, Handzeichen und Abschriften

Schon nach bisherigem Recht bestand außerhalb der durch Bundesgesetz oder auf Grund landesrechtlichen Vorbehalts gesetzlich bestimmten Fälle keine allgemeine Befugnis von Gemeinde-, Polizei- oder sonstigen Verwaltungsbehörden, öffentliche Beglaubigungen im Sinne des § 129 BGB vorzunehmen[1]). Hieran will die Vorschrift nichts ändern; sie will auch nicht das Verwaltungsverfahren der Landesbehörden regeln, wofür dem Bundesgesetzgeber die Gesetzgebungskompetenz fehlen würde, sondern sie dient nur der Abgrenzung der amtlichen Beglaubigung von der öffentlichen Beglaubigung. Die Beweiskraft dieser amtlichen Beglaubi- 2

[1]) BayObLGZ 1960, 518.

gung beschränkt sich mithin, vorbehaltlich des Satzes 3, auf den in dem Beglaubigungsvermerk genannten Verwendungszweck (Satz 2). Nach dieser Vorschrift vorgenommene Beglaubigungen von Unterschriften und Handzeichen erfüllen deshalb nicht die Form der öffentlichen Beglaubigung einer Unterschrift oder eines Handzeichens i. S. der §§ 129 Abs. 1, 126 Abs. 1 BGB, wenn diese Form gesetzliches Formerfordernis ist, und die Beglaubigung der Abschrift einer Urkunde, die nicht von einer Verwaltungsbehörde ausgestellt ist, hat nicht die volle Beweiskraft des § 418 ZPO. Die amtliche Beglaubigung kann für ein beliebiges Verwaltungsverfahren bestimmt sein, nicht nur für ein solches, welches vor der beglaubigenden Behörde anhängig ist. Fälle solcher amtlichen Beglaubigungen sind als gesetzliche Form vorgesehen in § 411 BGB i. d. F. des § 57 Abs. 3 Nr. 2 BeurkG und in § 123 Abs. 2 FlurBerG i. d. F. des § 57 Abs.14 BeurkG. Ferner kann die amtliche Beglaubigung auch für sonstige Zwecke vorgenommen werden, für die öffentliche oder amtliche Beglaubigung nicht gesetzlich vorgeschrieben ist, etwa für die Beglaubigung von Zeugnisabschriften oder bei der Beglaubigung von Unterschriften im Privatrechtsverkehr, wie sie vielfach von Banken und Versicherungsgesellschaften gefordert wird. In diesen Fällen bleibt es der Person oder Stelle, der die Urkunde vorgelegt wird, überlassen, ob sie die amtliche Beglaubigung als ausreichend ansehen will. Übrigens ist es auch unbedenklich, daß Verwaltungsbehörden Lebensbescheinigungen, insbesondere für Rentenzwecke ausstellen, wenn diese Bescheinigungen auch nicht die volle Beweiskraft des § 418 ZPO haben. Die Vorschriften der §§ 73 Abs. 2, 80 Abs. 2 HGB, § 114 GewO, § 27 Abs. 1 Satz 2 HandwO, wonach Zeugnisse, d. h. die Unterschrift des Ausstellers, von der Gemeinde- oder Ortspolizeibehörde beglaubigt werden konnten, sind durch § 55 Nr. 1 und 14, § 57 Abs. 8 Nr. 2 BeurkG aufgehoben; die Unterschrift des Ausstellers kann nunmehr gemäß § 65 amtlich beglaubigt werden. Die Vorschriften des BeurkG finden auf diese Beglaubigungen keine Anwendung. Das Verfahren zur amtlichen Beglaubigung von Unterschriften, Handzeichen und Abschriften ist z. B. geregelt in den §§ 91, 92 des Allg. Verwaltungsgesetzes für das Land Schleswig-Holstein (LVwG) vom 18. 4. 1967 (GVBl. 131) mit VO zur Bestimmung der zur Beglaubigung befugten Behörden vom 2. 1. 1968 (GVBl. 11)[2]) i. d. F. der ÄndVO vom 25. 8. 1969 (GVBl. 196).

III. Urkunden von Verwaltungsbehörden (Satz 3)

3 Durch Satz 3 wird klargestellt, daß die Beschränkungen der Sätze 1, 2 nicht gelten, wenn Verwaltungsbehörden Abschriften ihrer eigenen Urkunden oder, sofern sie nach Verwaltungsrecht dafür zuständig sind, von Urkunden anderer Verwaltungsbehörden beglaubigen. Die Beweiskraft dieser beglaubigten Abschriften wird, ohne daß es auf den Verwendungszweck ankommt, nicht eingeschränkt. Vgl. über Urkunden von Behörden in eigenen Angelegenheiten § 1 Rdn. 35 bis 37 und über die Beweiskraft öffentlicher Urkunden § 1 Rdn. 41 bis 47.

d) Eidesstattliche Versicherungen in Verwaltungverfahren

66 Dieses Gesetz gilt nicht für die Aufnahme eidesstattlicher Versicherungen in Verwaltungsverfahren.

I. Erläuterung

1 Die Vorschrift ist erst auf Vorschlag des Bundesrats in das Gesetz eingefügt worden (BT-Drucks. V/3282 S. 57, V/4014 S. 5 zu § 63 a). Die Niederschrift einer Verwaltungsbehörde über die eidesstattliche Versicherung soll dadurch von der Beurkundung der eidesstattlichen Versicherung durch den Notar (§ 38) abgegrenzt werden. Die Abgabe von eidesstattlichen Versicherungen kann ein in Rechtsvorschriften geregelter Teil eines Verwaltungsverfahrens sein, zu dessen Regelung eine Gesetzgebungsbefugnis des Bundes nicht besteht. Wird die eides-

[2]) Dazu Kuhn-Leisner-Häbe, LVwG Schleswig-Holstein Bem. zu §§ 91, 92; v. d. Groeben-Knack, Allg. VerwG § 91 Anm. 2, § 92 Anm. 1; Mecke, DNotZ 1968, 596/597 zu 5.

stattliche Versicherung unmittelbar vor der Behörde abgegeben, so ist die Niederschrift darüber ebenfalls ein Teil des Verwaltungsverfahrens, so daß die Vorschriften des BeurkG darüber keine Anwendung finden. Über die Voraussetzungen, unter denen eine Verwaltungsbehörde eine zur Abnahme eidesstattlicher Versicherungen im Sinne des § 156 StGB zuständige Behörde ist, vgl. § 38 Rdn. 7. Aus § 66 ergibt sich zugleich die unveränderte Befugnis der Amtsgerichte, eidesstattliche Versicherungen aufzunehmen, d. h. zu beurkunden, wenn sie im Wege und unter den Voraussetzungen der Amtshilfe von einer im Sinne des § 156 StGB für die Abnahme zuständigen Verwaltungsbehörde darum ersucht werden (vgl. § 87 PrAGGVG Anm. 3).

e) Erklärungen juristischer Personen des öffentlichen Rechts

67 Die bundes- oder landesrechtlich vorgeschriebene Beidrückung des Dienstsiegels bei Erklärungen juristischer Personen des öffentlichen Rechts wird durch die öffentliche Beurkundung ersetzt.

Erläuterung

Es war streitig gewesen, ob besondere Erfordernisse von Gemeinde-, Kreis- und Sparkassenordnungen, die für Verpflichtungserklärungen die Beidrückung des Siegels der Körperschaft erfordern, auch dann zu wahren sind, wenn die Erklärung notariell beurkundet wird. Die Frage war mit der herrschenden Meinung zu verneinen, da es sich nicht um eine Beschränkung der Vertretungsmacht, sondern um eine Formvorschrift handelt, die durch die strengere Form der öffentlichen Beurkundung verdrängt und ersetzt wird[1]). Demgegenüber bestimmt bereits Art. 57 NdsFGG, daß die gerichtliche oder notarielle Beurkundung die nach niedersächsischem Landesrecht sonst erforderliche Beidrückung des Siegels ersetzt[2]). In diesem Sinne wird die Frage durch § 67 für das Beurkundungsrecht allgemein geklärt. Die Vorschrift wird entsprechend anzuwenden sein, wenn in den genannten Ordnungen etwa die Angabe der Amtsbezeichnung verlangt wird und diese in der Niederschrift über die öffentliche Beurkundung nicht angegeben ist, sofern hinsichtlich der Bezeichnung des Erklärenden der Form des § 9 Abs. 1 Nr. 1 genügt ist. Vgl. im übrigen wegen der Form der Urkunden von Behörden in eigenen Angelegenheiten § 1 Rdn. 35 bis 37. 1

f) Bereits errichtete Urkunden

68 (1) §§ 45 bis 49, 51, 52, 54 dieses Gesetzes gelten auch für Urkunden, die vor dem Inkrafttreten dieses Gesetzes errichtet worden sind. Dies gilt auch, wenn die Beurkundungszuständigkeit weggefallen ist.

(2) Eine vor dem Inkrafttreten dieses Gesetzes erteilte Ausfertigung einer Niederschrift ist auch dann als von Anfang an wirksam anzusehen, wenn sie den Vorschriften dieses Gesetzes genügt.

(3) § 2256 Abs. 1, 2 des Bürgerlichen Gesetzbuchs gilt auch für Testamente, die vor dem Inkrafttreten dieses Gesetzes vor einem Richter errichtet worden sind.

Abs. 3 angefügt durch Art. 3 Nr. 3 des G zur Änderung des Rechtspflegergesetzes, des Beurkundungsgesetzes und zur Umwandlung des Offenbarungseides in eine eidesstattliche Versicherung vom 27. 6. 1970 (BGBl. I 911), in Kraft getreten am 1. 1. 1970.

1) BGH NJW 1958, 866; 1960, 1805; Schleswig SchlHA 1960, 340; Römer DNotZ 1956, 259; Riedel DNotZ 1957, 326; Haegele Rpfleger 1958, 191; Lutter Rpfleger 1959, 11; Nicken, Brintzinger, SchlHA 1960, 188; 1961, 321; Keidel[9] 44 vor § 167; Seybold-Hornig BNotO[4] § 20 Anm. 33; Voraufl. § 168 Anm. 7 Abs. 2; a. M. Scherer DNotZ 1965, 27.

2) Dazu Hornig NdsRpfl. 1958, 101.

Erläuterung

1 Die Vorschrift enthält Übergangsvorschriften für Urkunden, die vor dem Inkrafttreten des Gesetzes errichtet sind, und zwar betrifft Abs. 1 das Verfahren bei der Behandlung der Urkunden, Abs. 2 ordnet die Heilung der etwaigen Formwidrigkeit früher erteilter Ausfertigungen an, und in Abs. 3 wird eine das materielle Recht ergänzende Vorschrift gegeben.

2 *1. Behandlung der Urkunden.* Nach Abs. 1 sind die darin genannten Vorschriften des Abschnitts „Behandlung der Urkunden" auch anzuwenden, wenn die Urkunde, nämlich die Urschrift der Niederschrift, bereits vor dem Inkrafttreten des Gesetzes errichtet ist. Hierbei soll es nicht darauf ankommen, ob die Stelle, welche die Urkunde errichtet hat, die Beurkundungszuständigkeit durch dieses Gesetz verloren hat. Die angeführten Vorschriften betreffen die Aushändigung der Urschrift (§ 45), die Ersetzung der Urschrift (§ 46), die Bedeutung der Ausfertigung (§ 47), die Zuständigkeit für die Erteilung der Ausfertigung (§ 48), die Form der Ausfertigung (§ 49), das Recht auf Ausfertigung, Abschrift oder Einsicht (§ 51), die Erteilung vollstreckbarer Ausfertigungen (§ 52) und die Rechtsmittel in den Fällen des § 54.

3 *2. Heilung von Ausfertigungsmängeln.* Bei der Herstellung von Ausfertigungen unter Verwendung von Lichtbildern war es zweifelhaft geworden, ob der Ausfertigung die Beweiskraft einer öffentlichen Urkunde fehlt, wenn der Ausfertigungsvermerk nicht die in dem (durch § 55 Nr. 11 BeurkG aufgehobenen) § 1 Abs. 2 BeurkVereinfVO vorgesehene Bescheinigung enthält, daß das Lichtbild ein vollständiges Lichtbild der Hauptschrift ist (vgl. dazu Vorbem. Rdn. 22 vor § 1). Nach Abs. 2 genügt es nunmehr, daß die Ausfertigung der Form des § 49 entspricht; ihre Beweiskraft kann mithin rückwirkend nicht mit der Begründung in Frage gestellt werden, daß § 1 Abs, 2 BeurkVereinfVO (oder eine andere Vorschrift des früheren Rechts) verletzt sei.

4 *3. Rücknahme öffentlicher Testamente aus der amtlichen Verwahrung* (Abs. 3). Bis zum 31. 12. 1969 bestimmte § 2256 Abs. 1 Satz 1 BGB, daß ein vor einem Richter oder vor einem Notar oder nach § 2249 errichteten Testament als widerrufen gilt, wenn die in amtliche Verwahrung genommene Urkunde dem Erblasser zurückgegeben wird. Durch § 56 Abs. 2 Nr. 5 BeurkG sind die Worte „vor einem Richter oder" gestrichen worden. Dadurch sind Zweifel aufgetaucht, ob auch die Rückgabe eines vor dem Richter bis zum 31. 12. 1969 errichteten Testaments weiterhin die Wirkung eines Widerrufs hat[1]). Diese Zweifel werden durch Abs. 3 behoben.

g) Verweisungen

69 Soweit in Gesetzen oder Verordnungen auf die durch dieses Gesetz aufgehobenen oder abgeänderten Vorschriften verwiesen ist, treten die entsprechenden Vorschriften dieses Gesetzes an ihre Stelle.

1 *1.* Die Bestimmung gleicht Verweisungen auf durch das BeurkG aufgehobene oder geänderte Bestimmungen, die in aufrechterhaltenen Vorschriften enthalten sind, an das neue Recht an.

2. Geltung in Berlin

70 Dieses Gesetz gilt nach Maßgabe des § 13 Abs. 1 des Dritten Überleitungsgesetzes vom 4. Januar 1952 (Bundesgesetzbl. I S. 1) auch im Land Berlin.

1 *1.* Das Gesetz ist für Berlin durch das ÜbernahmeG vom 9. 9. 1969 (GVBl. f. Berlin S. 1852) in Kraft gesetzt worden. Wegen des Charakters des von Berlin im Mantelgesetzgebungsverfahren übernommenen Bundesrechts vgl. § 28 FGG Rdn. 5.

3. Inkrafttreten

71 Dieses Gesetz tritt am 1. Januar 1970 in Kraft.

[1]) Vgl. Weber, DRiZ 1970, 46; Zimmermann Rpfleger 1970, 189 zu II 1.

Anlagen

A. Bundesrecht

1.

Beurkundungsgesetz

Vom 28. August 1969 (BGBl. I 1513)
in der Fassung des ÄndG vom 27. Juni 1970 (BGBl. I 911)

Inhaltsübersicht

ERSTER ABSCHNITT

Allgemeine Vorschriften

§ 1

Geltungsbereich

(1) Dieses Gesetz gilt für öffentliche Beurkundungen durch den Notar.

(2) Soweit für öffentliche Beurkundungen neben dem Notar auch andere Urkundspersonen oder sonstige Stellen zuständig sind, gelten die Vorschriften dieses Gesetzes, ausgenommen § 5 Abs. 2, entsprechend.

§ 2

Überschreiten des Amtsbezirks

Eine Beurkundung ist nicht deshalb unwirksam, weil der Notar sie außerhalb seines Amtsbezirks oder außerhalb des Landes vorgenommen hat, in dem er zum Notar bestellt ist.

§ 3

Verbot der Mitwirkung als Notar

(1) Ein Notar soll an einer Beurkundung nicht mitwirken, wenn es sich handelt um

1. eigene Angelegenheiten, auch wenn der Notar nur mitberechtigt oder mitverpflichtet ist,
2. Angelegenheitn seines Ehegatten, früheren Ehegatten oder seines Verlobten,
3. Angelegenheiten einer Person, die mit dem Notar in gerader Linie verwandt oder verschwägert oder in der Seitenlinie bis zum dritten Grade verwandt oder bis zum zweiten Grade verschwägert ist,
4. Angelegenheiten einer Person, deren gesetzlicher Vertreter der Notar ist oder deren vertretungsberechtigtem Organ er angehört, oder
5. Angelegenheiten einer Person, die den Notar in derselben Angelegenheit bevollmächtigt hat oder zu der er in einem ständigen Dienst- oder ähnlichen ständigen Geschäftsverhältnis steht.

(2) Handelt es sich um eine Angelegenheit mehrerer Personen und ist der Notar früher in dieser Angelegenheit als gesetzlicher Vertreter oder Bevollmächtigter tätig gewesen oder ist er für eine dieser Personen in anderer Sache als Bevollmächtigter tätig, so soll er vor der Beurkundung darauf hinweisen und fragen, ob er die Beurkundung gleichwohl vornehmen soll. In der Urkunde soll er vermerken, daß dies geschehen ist.

(3) Absatz 2 gilt entsprechend, wenn es sich handelt um

1. Angelegenheiten einer Person, deren nicht zur Vertretung berechtigtem Organ der Notar angehört,
2. Angelegenheiten einer Gemeinde oder eines Kreises, sofern der Notar Mitglied der Gemeinde- oder Kreisvertretung ist, der die gesetzliche Vertretung der Gemeinde oder des Kreises obliegt, oder
3. Angelegenheiten einer als Körperschaft des öffentlichen Rechts anerkannnten Religions- oder Weltanschauungsgemeinschaft oder einer als Körperschaft des öffentlichen Rechts anerkannten Teilorganisation einer solchen Gemeinschaft, sofern der Notar einem durch Wahlen gebildeten Organ angehört, dem die gesetzliche Vertretung der Körperschaft obliegt.

In den Fällen der Nummern 2 und 3 ist Absatz 1 Nr. 4 nicht anwendbar.

§ 4

Ablehnung der Beurkundung

Der Notar soll die Beurkundung ablehnen, wenn sie mit seinen Amtspflichten nicht vereinbar wäre, insbesondere wenn seine Mitwirkung bei Handlungen verlangt wird, mit denen erkennbar unerlaubte oder unredliche Zwecke verfolgt werden.

§ 5

Urkundensprache

(1) Urkunden werden in deutscher Sprache errichtet.

(2) Der Notar kann auf Verlangen Urkunden auch in einer anderen Sprache errichten. Er soll dem Verlangen nur entsprechen, wenn er der fremden Sprache hinreichend kundig ist.

ZWEITER ABSCHNITT

Beurkundung von Willenserklärungen

1. Ausschließung des Notars

§ 6

Ausschließungsgründe

(1) Die Beurkundung von Willenserklärungen ist unwirksam, wenn

1. der Notar selbst,
2. sein Ehegatte,
3. ein mit ihm in gerader Linie Verwandter oder
4. ein Vertreter, der für eine der in den Nummern 1 bis 3 bezeichneten Personen handelt,

an der Beurkundung beteiligt ist.

(2) An der Beurkundung beteiligt sind die Erschienenen, deren im eigenen oder fremden Namen abgegebene Erklärungen beurkundet werden sollen.

§ 7

Beurkundungen zugunsten des Notars oder seiner Angehörigen

Die Beurkundung von Willenserklärungen ist insoweit unwirksam, als diese darauf gerichtet sind,

1. dem Notar,
2. seinem Ehegatten oder früheren Ehegatten oder
3. einer Person, die mit ihm in gerader Linie verwandt oder verschwägert oder in der Seitenlinie bis zum dritten Grade verwandt oder bis zum zweiten Grade verschwägert ist,

einen rechtlichen Vorteil zu verschaffen.

2. Niederschrift

§ 8

Grundsatz

Bei der Beurkundung von Willenserklärungen muß eine Niederschrift über die Verhandlung aufgenommen werden.

§ 9

Inhalt der Niederschrift

(1) Die Niederschrift muß enthalten

1. die Bezeichnung des Notars und der Beteiligten sowie
2. die Erklärungen der Beteiligten.

Erklärungen in einem Schriftstück, auf das in der Niederschrift verwiesen und das dieser beigefügt wird, gelten als in der Niederschrift selbst enthalten.

(2) Die Niederschrift soll Ort und Tag der Verhandlung enthalten.

§ 10

Feststellung der Beteiligten

(1) In der Niederschrift soll die Person der Beteiligten so genau bezeichnet werden, daß Zweifel und Verwechslungen ausgeschlossen sind.

(2) Aus der Niederschrift soll sich ergeben, ob der Notar die Beteiligten kennt oder wie er sich Gewißheit über ihre Person verschafft hat. Kann sich der Notar diese Gewißheit nicht verschaffen, wird aber gleichwohl die Aufnahme der Niederschrift verlangt, so soll der Notar dies in der Niederschrift unter Anführung des Sachverhalts angeben.

§ 11

Feststellungen über die Geschäftsfähigkeit

(1) Fehlt einem Beteiligten nach der Überzeugung des Notars die erforderliche Geschäftsfähigkeit, so soll die Beurkundung abgelehnt werden. Zweifel an der erforderlichen Geschäftsfähigkeit eines Beteiligten soll der Notar in der Niederschrift feststellen.

(2) Ist ein Beteiligter schwer krank, so soll dies in der Niederschrift vermerkt und angegeben werden, welche Feststellungen der Notar über die Geschäftsfähigkeit getroffen hat.

§ 12

Nachweise für die Vertretungsberechtigung

Vorgelegte Vollmachten und Ausweise über die Berechtigung eines gesetzlichen Vertreters sollen der Niederschrift in Urschrift oder in beglaubigter Abschrift beigefügt werden. Ergibt sich die Vertretungsberechtigung aus einer Eintragung im Handelsregister oder in einem ähnlichen Register, so genügt die Bescheinigung eines Notars nach § 21 der Bundesnotarordnung.

§ 13

Vorlesen, Genehmigen, Unterschreiben

(1) Die Niederschrift muß in Gegenwart des Notars den Beteiligten vorgelesen, von ihnen genehmigt und eigenhändig unterschrieben werden. In der Niederschrift soll festgestellt werden, daß dies geschehen ist. Haben die Beteiligten die Niederschrift eigenhändig unterschrieben, so wird vermutet, daß sie in Gegenwart des Notars vorgelesen und von ihnen genehmigt ist. Die Niederschrift soll den Beteiligten auf Verlangen vor der Genehmigung auch zur Durchsicht vorgelegt werden.

(2) Werden mehrere Niederschriften aufgenommen, deren Wortlaut ganz oder teilweise übereinstimmt, so genügt es, wenn der übereinstimmende Wortlaut den Beteiligten einmal vorgelesen wird. § 18 der Bundesnotarordnung bleibt unberührt.

(3) Die Niederschrift muß von dem Notar eigenhändig unterschrieben werden. Der Notar soll der Unterschrift seine Amtsbezeichnung beifügen.

§ 14

Eingeschränkte Vorlesungspflicht

(1) Werden bei der Bestellung einer Hypothek, Grundschuld, Rentenschuld, Schiffshypothek oder eines Registerpfandrechts an Luftfahrzeugen Erklärungen, die nicht im Grundbuch, Schiffsregister, Schiffsbauregister oder im Register für Pfandrechte an Luftfahrzeugen selbst angegeben zu werden brauchen, in ein Schriftstück aufgenommen, auf das in der Niederschrift verwiesen und das dieser beigefügt wird, so braucht es nicht vorgelesen zu werden, wenn die Beteiligten auf das Vorlesen verzichten; eine Erklärung, sich der sofortigen Zwangsvollstreckung zu unterwerfen, muß in die Niederschrift selbst aufgenommen werden.

(2) Wird nach Absatz 1 das beigefügte Schriftstück nicht vorgelesen, so soll es den Beteiligten zur Kenntnisnahme vorgelegt und von ihnen unterschrieben werden. § 17 bleibt unberührt.

(3) In der Niederschrift muß festgestellt werden, daß die Beteiligten auf das Vorlesen verzichtet haben; es soll festgestellt werden, daß ihnen das beigefügte Schriftstück zur Kenntnisnahme vorgelegt worden ist.

§ 15

Versteigerungen

Bei der Beurkundung von Versteigerungen gelten nur solche Bieter als beteiligt, die an ihr Gebot gebunden bleiben. Entfernt sich ein solcher Bieter vor dem Schluß der Verhandlung, so gilt § 13 Abs. 1 insoweit nicht; in der Niederschrift muß festgestellt werden, daß sich der Bieter vor dem Schluß der Verhandlung entfernt hat.

§ 16

Übersetzung der Niederschrift

(1) Ist ein Betieligter nach seinen Angaben oder nach der Überzeugung des Notars der deutschen Sprache oder, wenn die Niederschrift in einer anderen als der deutschen Sprache aufgenommen wird, dieser Sprache nicht hinreichend kundig, so soll dies in der Niederschrift festgestellt werden.

(2) Eine Niederschrift, die eine derartige Feststellung enthält, muß dem Beteiligten anstelle des Vorlesens übersetzt werden. Wenn der Beteiligte es verlangt, soll die Übersetzung außerdem schriftlich angefertigt und ihm zur Durchsicht vorgelegt werden; die Übersetzung soll der Niederschrift beigefügt werden. Der Notar soll den Beteiligten darauf hinweisen, daß dieser eine schriftliche Übersetzung verlangen kann. Diese Tatsache sollen in der Niederschrift festgestellt werden.

(3) Für die Übersetzung muß, falls der Notar nicht selbst übersetzt, ein Dolmetscher zugezogen werden. Für den Dolmetscher gelten die §§ 6, 7 entsprechend. Ist der Dolmetscher nicht allgemein vereidigt, so soll ihn der Notar vereidigen, es sei denn, daß alle Beteiligten darauf verzichten. Diese Tatsachen sollen in der Niederschrift festgelegt werden. Die Niederschrift soll auch von deem Dolmetscher unterschrieben werden.

3. Prüfungs- und Belehrungspflichten

§ 17

Grundsatz

(1) Der Notar soll den Willen der Beteiligten erforschen, den Sachverhalt klären, die Beteiligten über die rechtliche Tragweite des Geschäfts belehren und ihre Erklärungen klar und unzweideutig in der Niederschrift wiedergeben. Dabei soll er darauf achten, daß Irrtümer und Zweifel vermieden sowie unerfahrene und ungewandte Beteiligte nicht benachteiligt werden.

(2) Bestehen Zweifel, ob das Geschäft dem Gesetz oder dem wahren Willen der Beteiligten entspricht, so sollen die Bedenken mit den Beteiligten erörtert werden. Zweifelt der Notar an der Wirksamkeit des Geschäfts und bestehen die Beteiligten auf der Beurkundung, so soll er die Belehrung und die dazu abgegebenen Erklärungen der Beteiligten in der Niederschrift vermerken.

(3) Kommt ausländisches Recht zur Anwendung oder bestehen darüber Zweifel, so soll der Notar die Beteiligten darauf hinweisen und dies in der Niederschrift vermerken. Zur Belehrung über den Inhalt ausländischer Rechtsordnungen ist er nicht verpflichtet.

§ 18

Genehmigungserfordernisse

Auf die erforderlichen gerichtlichen oder behördlichen Genehmigungen oder Bestätigungen oder etwa darüber bestehende Zweifel soll der Notar die Beteiligten hinweisen und dies in der Niederschrift vermerken.

§ 19

Unbedenklichkeitsbescheinigung

Darf nach dem Grunderwerbsteuerrecht oder dem Kapitalverkehrsteuerrecht eine Eintragung im Grundbuch oder im Handelsregister erst vorgenommen werden, wenn die Unbedenklichkeitsbescheinigung des Finanzamts vorliegt, so soll der Notar die Beteiligten darauf hinweisen und dies in der Niederschrift vermerken.

§ 20

Gesetzliches Vorkaufsrecht

Beurkundet der Notar die Veräußerung eines Grundstücks, so soll er, wenn ein gesetzliches Vorkaufsrecht in Betracht kommen könnte, darauf hinweisen und dies in der Niederschrift vermerken.

§ 21

Grundbucheinsicht, Briefvorlage

(1) Bei Geschäften, die im Grundbuch eingetragene oder einzutragende Rechte zum Gegenstand haben, soll sich der Notar über den Grundbuchinhalt unterrichten. Sonst soll er nur beurkunden, wenn die Beteiligten trotz Belehrung über die damit verbundenen Gefahren auf einer sofortigen Beurkundung bestehen; dies soll er in der Niederschrift vermerken.

(2) Bei der Abtretung oder Belastung eines Briefpfandrechts soll der Notar in der Niederschrift vermerken, ob der Brief vorgelegen hat.

4. Beteiligung behinderter Personen

§ 22

Taube, Stumme, Blinde

(1) Vermag ein Beteiligter nach seinen Angaben oder nach der Überzeugung des Notars nicht hinreichend zu hören, zu sprechen oder zu sehen, so soll zu der Beurkundung ein Zeuge oder ein zweiter Notar zugezogen werden, es sei denn, daß alle Beteiligten darauf verzichten. Diese Tatsachen sollen in der Niederschrift festgestellt werden.

(2) Die Niederschrift soll auch von dem Zeugen oder dem zweiten Notar unterschrieben werden.

§ 23

Besonderheiten für Taube

Eine Niederschrift, in der nach § 22 Abs. 1 festgestellt ist, daß ein Beteiligter nicht hinreichend zu hören vermag, muß diesem Beteiligten anstelle des Vorlesens zur Durchsicht vorgelegt werden; in der Niederschrift soll festgestellt werden, daß dies geschehen ist. Hat der Beteiligte die Niederschrift eigenhändig unterschrieben, so wird vermutet, daß sie ihm zur Durchsicht vorgelegt und von ihm genehmigt worden ist.

§ 24

Besonderheiten für Taube und Stumme, mit denen eine schriftliche Verständigung nicht möglich ist

(1) Vermag ein Beteiligter nach seinen Angaben oder nach der Überzeugung des Notars nicht hinreichend zu hören oder zu sprechen und sich auch nicht schriftlich zu verständigen, so soll der Notar dies in der Niederschrift feststellen. Wird in der Niederschrift eine solche Feststellung getroffen, so muß zu der Beurkundung eine Vertrauensperson zugezogen werden, die sich mit dem behinderten Beteiligten zu verständigen vermag; in der Niederschrift

soll festgestellt werden, daß dies geschehen ist. Die Niederschrift soll auch von der Vertrauensperson unterschrieben werden.

(2) Die Beurkundung von Willenserklärungen ist insoweit unwirksam, als diese darauf gerichtet sind, der Vertrauensperson einen rechtlichen Vorteil zu verschaffen.

(3) Das Erfordernis, nach § 22 einen Zeugen oder zweiten Notar zuzuziehen, bleibt unberührt.

§ 25

Schreibunfähige

Vermag ein Beteiligter nach seinen Angaben oder nach der Überzeugung des Notars seinen Namen nicht zu schreiben, so muß bei dem Vorlesen und der Genehmigung ein Zeuge oder ein zweiter Notar zugezogen werden, wenn nicht bereits nach § 22 ein Zeuge oder ein zweiter Notar zugezogen worden ist. Diese Tatsachen sollen in der Niederschrift festgestellt werden. Die Niederschrift muß von dem Zeugen oder dem zweiten Notar unterschrieben werden.

§ 26

Verbot der Mitwirkung als Zeuge oder zweiter Notar

(1) Als Zeuge oder zweiter Notar soll bei der Beurkundung nicht zugezogen werden, wer

1. selbst beteiligt ist oder durch einen Beteiligten vertreten wird,
2. aus einer zu beurkundenden Willenserklärung einen rechtlichen Vorteil erlangt,
3. mit dem Notar verheiratet ist oder
4. mit ihm in gerader Linie verwandt ist.

(2) Als Zeuge soll bei der Beurkundung ferner nicht zugezogen werden, wer

1. zu dem Notar in einem ständigen Dienstverhältnis steht,
2. minderjährig ist,
3. geisteskrank oder geistesschwach ist,
4. nicht hinreichend zu hören, zu sprechen oder zu sehen vermag,
5. nicht schreiben kann oder
6. der deutschen Sprache nicht hinreichend kundig ist; dies gilt nicht im Falle des § 5 Abs. 2, wenn der Zeuge der Sprache der Niederschrift hinreichend kundig ist.

5. Besonderheiten für Verfügungen von Todes wegen

§ 27

Begünstigte Personen

Die §§ 7, 16 Abs. 3 Satz 2, § 24 Abs. 2, § 26 Abs. 1 Nr. 2 gelten entsprechend für Personen, die in einer Verfügung von Todes wegen bedacht oder zum Testamentsvollstrecker ernannt werden.

§ 28

Feststellungen über die Geschäftsfähigkeit

Der Notar soll seine Wahrnehmungen über die erforderliche Geschäftsfähigkeit des Erblassers in der Niederschrift vermerken.

§ 29

Zeugen, zweiter Notar

Auf Verlangen der Beteiligten soll der Notar bei der Beurkundung bis zu zwei Zeugen oder einen zweiten Notar zuziehen und dies in der Niederschrift vermerken. Die Niederschrift soll auch von diesen Personen unterschrieben werden.

§ 30

Übergabe einer Schrift

Wird eine Verfügung von Todes wegen durch Übergabe einer Schrift errichtet, so muß die Niederschrift auch die Feststellung enthalten, daß die Schrift übergeben worden ist. Die Schrift soll derart gekennzeichnet werden, daß eine Verwechslung ausgeschlossen ist. In der Niederschrift soll vermerkt werden, ob die Schrift offen oder verschlossen übergeben worden ist. Von dem Inhalt einer offen übergebenen Schrift soll der Notar Kenntnis nehmen, sofern er der Sprache, in der die Schrift verfaßt ist, hinreichend kundig ist; § 17 ist anzuwenden. Die Schrift soll der Niederschrift beigefügt werden; einer Verlesung der Schrift bedarf es nicht.

§ 31

Übergabe einer Schrift durch Stumme

Ein Erblasser, der nach seinen Angaben oder nach der Überzeugung des Notars nicht hinreichend zu sprechen vermag (§ 2233 Abs. 3 des Bürgerlichen Gesetzbuchs), muß die Erklärung, daß die übergebene Schrift seinen letzten Willen enthalte, bei der Verhandlung eigenhändig in die Niederschrift oder auf ein besonderes Blatt schreiben, das der Niederschrift beigefügt werden soll. Das eigenhändige Niederschreiben der Erklärung soll in der Niederschrift festgestellt werden. Die Niederschrift braucht von dem behinderten Beteiligten nicht besonders genehmigt zu werden.

§ 32

Sprachunkundige

Ist ein Erblasser, der dem Notar seinen letzten Willen mündlich erklärt, der Sprache, in der die Niederschrift aufgenommen wird, nicht hinreichend kundig und ist dies in der Niederschrift festgestellt, so muß eine schriftliche Übersetzung angefertigt werden, die der Niederschrift beigefügt werden soll. Der Erblasser kann hierauf verzichten; der Verzicht muß in der Niederschrift festgestellt werden.

§ 33

Besonderheiten beim Erbvertrag

Bei einem Erbvertrag gelten die §§ 30 bis 32 entsprechend auch für die Erklärung des anderen Vertragschließenden.

§ 34

Verschließung, Verwahrung

(1) Die Niederschrift über die Errichtung eines Testaments soll der Notar in einen Umschlag nehmen und diesen mit dem Prägesiegel verschließen. In den Umschlag sollen auch die nach den §§ 30 bis 32 beigefügten Schriften genommen werden. Auf dem Umschlag soll der Notar den Erblasser seiner Person nach näher bezeichnen und angeben, wann das Testament errichtet worden ist; diese Aufschrift soll der Notar unterschreiben. Der Notar soll veranlassen, daß das Testament unverzüglich in besondere amtliche Verwahrung gebracht wird.

(2) Beim Abschluß eines Erbvertrages gilt Absatz 1 entsprechend, sofern nicht die Vertragschließenden die besondere amtliche Verwahrung ausschließen; dies ist im Zweifel anzunehmen, wenn der Erbvertrag mit einem anderen Vertrag in derselben Urkunde verbunden wird.

§ 35

Niederschrift ohne Unterschrift des Notars

Hat der Notar die Niederschrift über die Errichtung einer Verfügung von Todes wegen nicht unterschrieben, so ist die Beurkundung aus diesem Grunde nicht unwirksam, wenn er die Aufschrift auf dem verschlossenen Umschlag unterschrieben hat.

DRITTER ABSCHNITT

Sonstige Beurkundungen

1. Niederschriften

§ 36

Grundsatz

Bei der Beurkundung anderer Erklärungen als Willenserklärungen sowie sonstiger Tatsachen oder Vorgänge muß eine Niederschrift aufgenommen werden, soweit in § 39 nichts anderes bestimmt ist.

§ 37

Inhalt der Niederschrift

(1) Die Niederschrift muß enthalten

1. die Bezeichnung des Notars sowie
2. den Bericht über seine Wahrnehmungen.

Der Bericht des Notars in einem Schriftstück, auf das in der Niederschrift verwiesen und das dieser beigefügt wird, gilt als in der Niederschrift selbst enthalten.

(2) In der Niederschrift sollen Ort und Tag der Wahrnehmungen des Notars sowie Ort und Tag der Errichtung der Urkunde angegeben werden.

(3) § 13 Abs. 3 gilt entsprechend.

§ 38

Eide, eidesstattliche Versicherungen

(1) Bei der Abnahme von Eiden und bei der Aufnahme eidesstattlicher Versicherungen gelten die Vorschriften über die Beurkundung von Willenserklärungen entsprechend.

(2) Der Notar soll über die Bedeutung des Eides oder der eidesstattlichen Versicherung belehren und dies in der Niederschrift vermerken.

2. Vermerke

§ 39

Einfache Zeugnisse

Bei der Beglaubigung einer Unterschrift oder eines Handzeichens oder der Zeichnung einer Firma oder Namensunterschrift, bei der Feststellung des Zeitpunktes, zu dem eine Privaturkunde vorgelegt worden ist, bei Bescheinigungen über Eintragungen in öffentlichen Registern, bei der Beglaubigung von Abschriften, Abdrucken, Ablichtungen und dergleichen (Abschriften) und bei sonstigen einfachen Zeugnissen genügt anstelle einer Niederschrift eine Urkunde, die das Zeugnis, die Unterschrift und das Präge- oder Farbdrucksiegel (Siegel) des Notars enthalten muß und Ort und Tag der Ausstellung angeben soll (Vermerk).

§ 40

Beglaubigung einer Unterschrift

(1) Eine Unterschrift soll nur beglaubigt werden, wenn sie in Gegenwart des Notars vollzogen oder anerkannt wird.

(2) Der Notar braucht die Urkunde nur darauf zu prüfen, ob Gründe bestehen, seine Amtstätigkeit zu versagen.

(3) Der Beglaubigungsvermerk muß auch die Person bezeichnen, welche die Unterschrift vollzogen oder anerkannt hat. In dem Vermerk soll angegeben werden, ob die Unterschrift vor dem Notar vollzogen oder anerkannt worden ist.

(4) § 10 Abs. 1, Abs. 2 Satz 1 gilt entsprechend.

(5) Unterschriften ohne zugehörigen Text soll der Notar nur beglaubigen, wenn dargelegt wird, daß die Beglaubigung vor der Festlegung des Urkundeninhalts benötigt wird. In dem Beglaubigungsvermerk soll angegeben werden, daß bei der Beglaubigung ein durch die Unterschrift gedeckter Text nicht vorhanden war.

(6) Die Absätze 1 bis 5 gelten für die Beglaubigung von Handzeichen entsprechend.

§ 41

Beglaubigung der Zeichnung einer Firma oder Namensunterschrift

Bei der Beglaubigung der Zeichnung einer Firma oder Namensunterschrift, die zur Aufbewahrung beim Gericht bestimmt ist, muß die Zeichnung in Gegenwart des Notars vollzogen werden; dies soll in dem Beglaubigungsvermerk festgestellt werden. Der Beglaubigungsvermerk muß auch die Person angeben, welche gezeichnet hat. § 10 Abs. 1, Abs. 2 Satz 1 gilt entsprechend.

§ 42

Beglaubigung einer Abschrift

(1) Bei der Beglaubigung der Abschrift einer Urkunde soll festgestellt werden, ob die Urkunde eine Urschrift, eine Ausfertigung, eine beglaubigte oder einfache Abschrift ist

(2) Finden sich in einer dem Notar vorgelegten Urkunde Lücken, Durchstreichungen, Einschaltungen, Änderungen oder unleserliche Worte, zeigen sich Spuren der Beseitigung von Schriftzeichen, insbesondere Radierungen, ist der Zusammenhang einer aus mehreren Blättern bestehenden Urkunde aufgehoben oder sprechen andere Umstände dafür, daß der ursprüngliche Inhalt der Urkunde geändert worden ist, so soll dies in dem Beglaubigungsvermerk festgestellt werden, sofern es sich nicht schon aus der Abschrift ergibt.

(3) Enthält die Abschrift nur den Auszug aus einer Urkunde, so soll in dem Beglaubigungsvermerk der Gegenstand des Auszugs angegeben und bezeugt werden, daß die Urkunde über diesen Gegenstand keine weiteren Bestimmungen enthält.

§ 43

Feststellung des Zeitpunktes der Vorlegung einer privaten Urkunde

Bei der Feststellung des Zeitpunktes, zu dem eine private Urkunde vorgelegt worden ist, gilt § 42 Abs. 2 entsprechend.

VIERTER ABSCHNITT

Behandlung der Urkunden

§ 44

Verbindung mit Schnur und Prägesiegel

Besteht eine Urkunde aus mehreren Blättern, so sollen diese mit Schnur und Prägesiegel verbunden werden. Das gleiche gilt für Schriftstücke, die nach § 9 Abs. 1 Satz 2, §§ 14, 37 Abs. 1 Satz 2 der Niederschrift beigefügt worden sind.

§ 45

Aushändigung der Urschrift

(1) Die Urschrift einer Niederschrift soll nur ausgehändigt werden, wenn dargelegt wird, daß sie im Ausland verwendet werden soll, und sämtliche Personen zustimmen, die eine Ausfertigung verlangen können. In diesem Fall soll die Urschrift mit dem Siegel versehen werden; ferner soll eine Ausfertigung zurückbehalten und auf ihr vermerkt werden, an wen und weshalb die Urschrift ausgehändigt worden ist. Die Ausfertigung tritt an die Stelle der Urschrift.

(2) Die Urschrift einer Urkunde, die in der Form eines Vermerks verfaßt ist, ist auszuhändigen, wenn nicht die Verwahrung verlangt wird.

§ 46

Ersetzung der Urschrift

(1) Ist die Urschrift einer Niederschrift ganz oder teilweise zerstört worden oder abhanden gekommen und besteht Anlaß, sie zu ersetzen, so kann auf einer noch vorhandenen Ausfertigung oder beglaubigten Abschrift oder einer davon gefertigten beglaubigten Abschrift vermerkt werden, daß sie an die Stelle der Urschrift tritt. Der Vermerk kann mit dem Beglaubigungsvermerk verbunden werden. Er soll Ort und Zeit der Ausstellung angeben und muß unterschrieben werden.

(2) Die Urschrift wird von der Stelle ersetzt, die für die Erteilung einer Ausfertigung zuständig ist.

(3) Vor der Ersetzung der Urschrift soll der Schuldner gehört werden, wenn er sich in der Urkunde der sofortigen Zwangsvollstreckung unterworfen hat. Von der Ersetzung der Urschrift sollen die Personen, die eine Ausfertigung verlangen können, verständigt werden, soweit sie sich ohne erhebliche Schwierigkeiten ermitteln lassen.

§ 47

Ausfertigung

Die Ausfertigung der Niederschrift vertritt die Urschrift im Rechtsverkehr.

§ 48

Zuständigkeit für die Erteilung der Ausfertigung

Die Ausfertigung erteilt, soweit bundes- oder landesrechtlich nichts anderes bestimmt ist, die Stelle, welche die Urschrift verwahrt. Wird die Urschrift bei einem Gericht verwahrt, so erteilt der Urkundsbeamte der Geschäftsstelle die Ausfertigung.

§ 49

Form der Ausfertigung

(1) Die Ausfertigung besteht in einer Abschrift der Urschrift, die mit dem Ausfertigungsvermerk versehen ist. Sie soll in der Überschrift als Ausfertigung bezeichnet sein.

(2) Der Ausfertigungsvermerk soll den Tag und den Ort der Erteilung angeben, die Person bezeichnen, der die Ausfertigung erteilt wird, und die Übereinstimmung der Ausfertigung mit der Urschrift bestätigen. Er muß unterschrieben und mit dem Siegel der erteilenden Stelle versehen sein.

(3) Werden Abschriften von Urkunden mit der Ausfertigung durch Schnur und Prägesiegel verbunden oder befinden sie sich mit dieser auf demselben Blatt, so genügt für die Beglaubigung dieser Abschriften der Ausfertigungsvermerk; dabei soll entsprechend § 42

Abs. 3 und, wenn die Urkunden, von denen die Abschriften hergestellt sind, nicht zusammen mit der Urschrift der ausgefertigten Urkunde verwahrt werden, auch entsprechend § 42 Abs. 1, 2 verfahren werden.

(4) Auf der Urschrift soll vermerkt werden, wem und an welchem Tage eine Ausfertigung erteilt worden ist.

(5) Die Ausfertigung kann auf Antrag auch auszugsweise erteilt werden. § 42 Abs. 3 ist entsprechend anzuwenden.

§ 50

Übersetzungen

(1) Ein Notar kann die deutsche Übersetzung einer Urkunde mit der Bescheinigung der Richtigkeit und Vollständigkeit versehen, wenn er die Urkunde selbst in fremder Sprache errichtet hat oder für die Erteilung einer Ausfertigung der Niederschrift zuständig ist. Für die Bescheinigung gilt § 39 entsprechend. Der Notar soll die Bescheinigung nur erteilen, wenn er der fremden Sprache hinreichend kundig ist.

(2) Eine Übersetzung, die mit einer Bescheinigung nach Absatz 1 versehen ist, gilt als richtig und vollständig. Der Gegenbeweis ist zulässig.

(3) Von einer derartigen Übersetzung können Ausfertigungen und Abschriften erteilt werden. Die Übersetzung soll in diesem Fall zusammen mit der Urschrift verwahrt werden.

§ 51

Recht auf Ausfertigungen, Abschriften und Einsicht

(1) Ausfertigungen können verlangen

1. bei Niederschriften über Willenserklärungen jeder, der eine Erklärung im eigenen Namen abgegeben hat oder in dessen Namen eine Erklärung abgegeben worden ist,
2. bei anderen Niederschriften jeder, der die Aufnahme der Urkunde beantragt hat,

sowie die Rechtsnachfolger dieser Personen.

(2) Die in Absatz 1 genannten Personen können gemeinsam in der Niederschrift oder durch besondere Erklärung gegenüber der zuständigen Stelle etwas anderes bestimmen.

(3) Wer Ausfertigungen verlangen kann, ist auch berechtigt, einfache oder beglaubigte Abschriften zu verlangen und die Urschrift einzusehen.

(4) Mitteilungspflichten, die auf Grund von Rechtsvorschriften gegenüber Gerichten oder Behörden bestehen, bleiben unberührt.

§ 52

Vollstreckbare Ausfertigungen

Vollstreckbare Ausfertigungen werden nach den dafür bestehenden Vorschriften erteilt.

§ 53

Einreichung beim Grundbuchamt oder Registergericht

Sind Willenserklärungen beurkundet worden, die beim Grundbuchamt oder Registergericht einzureichen sind, so soll der Notar dies veranlassen, sobald die Urkunde eingereicht werden kann, es sei denn, daß alle Beteiligten gemeinsam etwas anderes verlangen; auf die mit einer Verzögerung verbundenen Gefahren soll der Notar hinweisen.

§ 54

Rechtsmittel

(1) Gegen die Ablehnung der Erteilung der Vollstreckungsklausel oder einer Amtshandlung nach den §§ 45, 46, 51 sowie gegen die Ersetzung einer Urschrift ist die Beschwerde gegeben.

(2) Für das Beschwerdeverfahren gelten die Vorschriften des Gesetzes über die Angelegenheiten der freiwilligen Gerichtsbarkeit. Über die Beschwerde entscheidet eine Zivilkammer des Landgerichts, in dessen Bezirk die Stelle, gegen die sich die Beschwerde richtet, ihren Sitz hat.

FÜNFTER ABSCHNITT

Schlußvorschriften

1. Verhältnis zu anderen Gesetzen

a) Bundesrecht

§ 55

Außerkrafttreten von Bundesrecht

Mit dem Inkrafttreten dieses Gesetzes treten außer Kraft

1. § 114 der Gewerbeordnung;
2. § 23 a Abs. 2 des Gesetzes, betreffend die gemeinsamen Rechte der Besitzer von Schuldverschreibungen, vom 4. Dezember 1899 (Reichsgesetzbl. S. 691) in der Fassung der Verordnung vom 24. September 1932 (Reichsgesetzbl. I S. 447);
3. die Vorschrift „zu § 26" der Ausführungsbestimmungen zum Reichssiedlungsgesetze vom 26. September 1919 (Zentralblatt für das Deutsche Reich S. 1143);
4. § 1 der Ersten Durchführungsverordnung zum Gesetz über die Abwicklung der Aufbringungsumlage und die Neugestaltung der Bank für deutsche Industrieobligationen (Industriebankgesetz) vom 21. April 1931 (Reichsgesetzbl. II S. 401);
5. das Gesetz, betreffend die Abgabe von Versicherungen in Eides Statt zur Geltendmachung von Rechten und Interessen im Ausland, vom 5. Februar 1921 (Reichsgesetzbl. S. 167);
6. § 4 Abs. 2, § 8 Abs. 1 Satz 3 bis 5 der Verordnung zur beschleunigten Förderung des Baues von Heuerlings- und Werkwohnungen sowie von Eigenheimen für ländliche Arbeiter und Handwerker vom 10. März 1937 (Reichsgesetzbl. I S. 292);
7. § 2 der Ersten Durchführungsverordnung über die beschleunigte Förderung des Baues von Heuerlings- und Werkwohnungen sowie von Eigenheimen für ländliche Arbeiter und Handwerker vom 7. April 1937 (Reichsgesetzbl. I S. 444);
8. § 24 Abs. 1 der Handelsregisterverfügung vom 12. August 1937 (Reichsministerialblatt S. 515, Deutsche Justiz S. 1251);
9. die §§ 37, 38 der Ersten Wasserverbandverordnung vom 3. September 1937 (Reichsgesetzblatt I S. 933);
10. Artikel 11 der Neunten Verordnung zur Durchführung der landwirtschaftlichen Schuldenregelung vom 24. November 1937 (Reichsgesetzbl. I S. 1305);
11. § 1 der Verordnung zur Vereinfachung des Verfahrens auf dem Gebiet des Beurkundungsrechts vom 21. Oktober 1942 (Reichsgesetzbl. I S. 609);
12. § 22 Abs. 4, 5 der Notarordnung für Rheinland-Pfalz vom 3. September 1949 (Gesetz- und Verordnungsblatt der Landesregierung Rheinland-Pfalz I S. 391) in der Fassung des Artikels 5 II Nr. 4 des Gesetzes zur Wiederherstellung der Rechtseinheit auf dem Gebiete der Gerichtsverfassung, der bürgerlichen Rechtspflege, des Strafverfahrens und des Kostenrechts vom 12. September 1950 (Bundesgesetzbl. S. 455);

13. Artikel 7, 12 Abs. 2 des Gesetzes über Maßnahmen auf dem Gebiete des Notarrechts vom 16. Februar 1961 (Bundesgesetzbl. I S. 77);
14. § 27 Abs. 1 Satz 2 der Handwerksordnung in der Fassung der Bekanntmachung vom 28. Dezember 1965 (Bundesgesetzbl. 1966 I S. 1).

§ 56

Beseitigung von Doppelzuständigkeiten

(1) In folgenden Vorschriften fallen die Worte „gerichtlich oder", „gerichtliche oder", „gerichtlicher oder" sowie „gerichtlichen oder" weg:

§§ 416, 440 Abs. 2 der Zivilprozeßordnung, § 2 Abs. 1 Satz 1, Abs. 2, § 15 Abs. 3, 4 Satz 1, § 53 Abs. 2 Satz 1, § 55 Abs. 1 des Gesetzes, betreffend die Gesellschaften mit beschränkter Haftung, § 81 Abs. 2 Satz 3, § 126 Abs. 1, 3, §§ 128, 129 Abs. 2, § 152 Satz 1, §§ 311, 312 Abs. 2 Satz 2, § 313 Satz 1, § 518 Abs. 1 Satz 1, § 873 Abs. 2, § 1491 Abs. 2 Satz 2, § 1492 Abs. 2 Satz 2, § 1501 Abs. 2 Satz 2, § 1516 Abs. 2 Satz 3, §§ 1730, 1748 Abs. 3, § 1751 a Abs. 2, § 1753 Abs. 2, § 2033 Abs. 1 Satz 2, § 2282 Abs. 3, § 2291 Abs. 2, § 2296 Abs. 2 Satz 2, §§ 2348, 2371 des Bürgerlichen Gesetzbuchs, § 501 Abs. 2 des Handelsgesetzbuchs, § 9 Abs. 1 des Gesetzes, betreffend die gemeinsamen Rechte der Besitzer von Schuldverschreibungen, vom 4. Dezember 1899 (Reichsgesetzbl. S. 691), § 14 Abs. 2, § 17 Abs. 2 des Gesetzes über die Beaufsichtigung der privaten Versicherungsunternehmungen und Bausparkassen in der Fassung der Bekanntmachung vom 6. Juni 1931 (Reichsgesetzbl. I S. 315), § 7 Abs. 4 Satz 1 der Verordnung über die Zulegung von Bergwerksfeldern vom 25. März 1938 (Reichsgesetzbl. I S. 345), § 3 Abs. 2 des Gesetzes über Rechte an eingetragenen Schiffen und Schiffsbauwerken vom 15. November 1940 (Reichsgesetzbl. I S. 1499), § 2 Satz 3 der Verordnung zur Vereinfachung des Verfahrens über Verklarungen vom 16. August 1944 (Reichsgesetzbl. I S. 183), § 69 Abs. 2 der Schiffsregisterordnung in der Fassung der Bekanntmachung vom 26. Mai 1951 (Bundesgesetzbl. I S. 359), § 17 Abs. 1 Satz 2, § 19 Abs. 2 Satz 2, § 23 Satz 2, § 24 Abs. 1 Satz 3, § 25 Abs. 2 Satz 2, § 40 Abs. 2 Satz 3, § 41 Abs. 2 Satz 4 des Gesetzes über die Umwandlung von Kapitalgesellschaften und bergrechtlichen Gewerkschaften vom 12. November 1956 (Bundesgesetzbl. I S. 844) in der Fassung des § 39 des Einführungsgesetzes zum Aktiengesetz vom 6. September 1965 (Bundesgesetzbl. I S. 1185), § 112 Abs. 3, § 145 Abs. 3 Satz 1 der Kostenordnung vom 26. Juli 1957 (Bundesgesetzbl. I S. 861, 960), § 5 Abs. 2 des Gesetzes über Rechte an Luftfahrzeugen vom 26. Februar 1959 (Bundesgesetzbl. I S. 57), § 23 Abs. 1 Satz 1, 2, § 30 Abs. 1 Satz 2, § 130 Abs. 1 Satz 1, § 280 Abs. 1 Satz 1, 3, § 341 Abs. 1 Satz 1, § 346 Abs. 5, § 355 Abs. 3 Satz 3, § 357 Abs. 3 Satz 3, § 362 Abs. 2 Satz 5, § 369 Abs. 6 Satz 4, § 376 Abs. 4 Satz 2, § 384 Abs. 2 Satz 3, Abs. 5 Satz 2, § 389 Abs. 2 Satz 2 des Aktiengesetzes.

(2) Ferner fallen weg

1. in § 81 Abs. 2 Satz 3, § 1733 Abs. 2, § 1753 Abs. 2 des Bürgerlichen Gesetzbuchs und in § 43 a Abs. 1, § 66 Abs. 1 des Gesetzes über die Angelegenheiten der freiwilligen Gerichtsbarkeit die Worte „das Gericht oder";
2. in § 128 des Bürgerlichen Gesetzbuchs und in § 147 Abs. 1 Satz 3, § 163 Abs. 2 Satz 5 des Aktiengesetzes die Worte „einem Gericht oder";
3. in § 129 Abs. 1 Satz 1 des Bürgerlichen Gesetzbuchs die Worte „der zuständigen Behörde oder" sowie „zuständigen Beamten oder";
4. in § 2252 Abs. 2 des Bürgerlichen Gesetzbuchs und in § 130 Abs. 4 Satz 1 des Aktiengesetzes die Worte „Richter oder";
5. in § 2256 Abs. 1 Satz 1 des Bürgerlichen Gesetzbuchs die Worte „vor einem Richter oder";
6. in § 9 Abs. 2 des Gesetzes, betreffend die gemeinsamen Rechte der Besitzer von Schuldverschreibungen, die Worte „des Richters oder";

7. in § 9 Abs. 4 Satz 1 des Gesetzes, betreffend die gemeinsamen Rechte der Besitzer von Schuldverschreibungen, und in § 235 Abs. 1 Satz 3 des Aktiengesetzes die Worte „dem Richter oder";
8. in § 130 Abs. 2 des Aktiengesetzes die Worte „Richters oder";
9. in § 142 Abs. 2 Satz 3, § 258 Abs. 2 Satz 5 des Aktiengesetzes die Worte „Gericht oder".

(3) In §§ 1410, 1750 des Bürgerlichen Gesetzbuchs werden die Worte „vor Gericht oder vor einem Notar" durch die Worte „zur Niederschrift eines Notars" ersetzt. § 2356 Abs. 2 Satz 1 des Bürgerlichen Gesetzbuchs bleibt unberührt[1]).

(4) Auch wenn andere Vorschriften des bisherigen Bundesrechts die gerichtliche oder notarielle Beurkundung oder Beglaubigung oder die Erklärung vor einem Gericht oder Notar vorsehen, ist nur der Notar zuständig.

§ 57

Sonstige Änderungen von Bundesrecht

(1) Das Gesetz, betreffend die Organisation der Bundeskonsulate sowie die Amtsrechte und Pflichten der Bundeskonsuln, vom 8. November 1867 (Bundes-Gesetzbl. des Norddeutschen Bundes S. 137) wird wie folgt geändert:

1. § 16 wird wie folgt geändert:

   a) Absatz 2 erhält folgende Fassung:
   „Das bei der Beurkundung zu beobachtende Verfahren richtet sich nach dem Beurkundungsgesetz vom 28. August 1969 (Bundesgesetzbl. I S. 1513) mit folgenden Abweichungen:

   a) Urkunden können auf Verlangen auch in einer anderen als der deutschen Sprache errichtet werden.

   b) Dolmetscher brauchen nicht vereidigt zu werden.

   c) Die Urschrift einer Niederschrift soll den Beteiligten ausgehändigt werden, wenn nicht einer von ihnen amtliche Verwahrung verlangt. In diesem Fall soll die Urschrift dem Amtsgericht Schöneberg in Berlin zur amtlichen Verwahrung übersandt werden. Die Urschrift einer Urkunde, in der ein Beteiligter sich der Zwangsvollstreckung unterworfen hat, soll dem Gläubiger ausgehändigt werden, wenn die Beteiligten keine anderweitige Bestimmung getroffen und auch keine amtliche Verwahrung verlangt haben.

   d) Solange die Urschrift nicht ausgehändigt oder an das Amtsgericht abgesandt ist, sind die Konsuln befugt, Ausfertigungen zu erteilen. Vollstreckbare Ausfertigungen können nur von dem Amtsgericht erteilt werden, das die Urschrift verwahrt."

   b) Absatz 3 fällt weg.

2. § 16 a wird wie folgt geändert:

   a) Absatz 1 Satz 2 erhält folgende Fassung:
   „Das dabei zu beobachtende Verfahren richtet sich nach dem Beurkundungsgesetz; § 16 Abs. 2 Buchstaben a, b gilt entsprechend."

   b) Absatz 1 Satz 3 fällt weg.

   c) Absatz 2 Satz 1 erhält folgende Fassung:
   „Soll die Niederschrift über eine Verfügung von Todes wegen gemäß § 34 des Beurkundungsgesetzes in besondere amtliche Verwahrung gebracht werden, so ist sie verschlossen dem Amtsgericht Schöneberg in Berlin zur Verwahrung zu übermitteln; das Amtsgericht erteilt den Hinterlegungsschein."

[1]) § 56 Abs. 3 Satz 2 angefügt durch Art. 3 Nr. 1 des G vom 27. 6. 1970 (BGBl. I 911).

3. § 17 Abs. 1 wird wie folgt geändert:
   a) Die Sätze 1 bis 3 erhalten folgende Fassung:
   „Die Konsuln sind befugt, Unterschriften öffentlich zu beglaubigen. Das dabei zu beobachtende Verfahren bestimmt sich nach dem Beurkundungsgesetz. § 16 Abs. 2 Buchstabe a gilt entsprechend."
   b) In Satz 4 fallen die Worte „ein Gericht oder" weg.

(2) Das Gesetz, betreffend die Erwerbs- und Wirtschaftsgenossenschaften, wird wie folgt geändert:

1. § 11 Abs. 3 erhält folgende Fassung:
   „Die Mitglieder des Vorstandes haben zugleich die Zeichnung ihrer Unterschrift in öffentlich beglaubigter Form einzureichen."
2. § 28 Abs. 2 erhält folgende Fassung:
   „Die Vorstandsmitglieder haben die Zeichnung ihrer Unterschrift in öffentlich beglaubigter Form einzureichen."
3. § 84 Abs. 3 erhält folgende Fassung:
   „Die Liquidatoren haben die Zeichnung ihrer Unterschrift in öffentlich beglaubigter Form einzureichen."
4. § 157 Abs. 1 erhält folgende Fassung:
   „Die Anmeldungen zum Genossenschaftsregister sind durch sämtliche Mitglieder des Vorstandes oder sämtliche Liquidatoren in öffentlich beglaubigter Form einzureichen."

(3) Das Bürgerliche Gesetzbuch wird wie folgt geändert:

1. Nach § 127 wird folgender neuer § 127 a eingefügt:

„§ 127 a

Die notarielle Beurkundung wird bei einem gerichtlichen Vergleich durch die Aufnahme der Erklärungen in ein nach den Vorschriften der Zivilprozeßordnung errichtetes Protokoll ersetzt."

2. In § 411 Satz 1 werden nach dem Wort „öffentlich" die Worte „oder amtlich" eingefügt.
3. § 925 Abs. 1 Satz 2 erhält folgende Fassung:
   „Zur Entgegennahme der Auflassung ist, unbeschadet der Zuständigkeit weiterer Stellen, jeder Notar zuständig."
4. § 1945 wird wie folgt geändert:
   a) Absatz 1 zweiter Halbsatz erhält folgende Fassung:
   „die Erklärung ist zur Niederschrift des Nachlaßgerichts oder in öffentlich beglaubigter Form abzugeben."
   b) Folgender neuer Absatz 2 wird eingefügt:
   „Die Niederschrift des Nachlaßgerichts wird nach den Vorschriften des Beurkundungsgesetzes errichtet."
   c) Der bisherige Absatz 2 wird Absatz 3.
5. § 2231 erhält folgende Fassung:

„§ 2231

Ein Testament kann in ordentlicher Form errichtet werden

1. zur Niederschrift eines Notars;
2. durch eine vom Erblasser nach § 2247 abgegebene Erklärung."

6. § 2232 erhält folgende Fassung:

„§ 2232

Zur Niederschrift eines Notars wird ein Testament errichtet, indem der Erblasser dem Notar seinen letzten Willen mündlich erklärt oder ihm eine Schrift mit der Erklärung übergibt, daß die Schrift seinen letzten Willen enthalte. Der Erblasser kann die Schrift offen oder verschlossen übergeben; sie braucht nicht von ihm geschrieben zu sein."

7. § 2233 erhält folgende Fassung:

„§ 2233

Ist der Erblasser minderjährig, so kann er das Testament nur durch mündliche Erklärung oder durch Übergabe einer offenen Schrift errichten.

Ist der Erblasser nach seinen Angaben oder nach der Überzeugung des Notars nicht imstande, Geschriebenes zu lesen, so kann er das Testament nur durch mündliche Erklärung errichten.

Vermag der Erblasser nach seinen Angaben oder nach der Überzeugung des Notars nicht hinreichend zu sprechen, so kann er das Testament nur durch Übergabe einer Schrift errichten."

8. Die §§ 2234 bis 2246 fallen weg.

9. In § 2247 Abs. 1 fallen die Worte „in ordentlicher Form" weg.

10. § 2249 wird wie folgt geändert:

a) Absatz 1 erhält folgende Fassung:

„Ist zu besorgen, daß der Erblasser früher sterben werde, als die Errichtung eines Testaments vor einem Notar möglich ist, so kann er das Testament zur Niederschrift des Bürgermeisters der Gemeinde, in der er sich aufhält, errichten. Der Bürgermeister muß zu der Beurkundung zwei Zeugen zuziehen. Als Zeuge kann nicht zugezogen werden, wer in dem zu beurkundenden Testament bedacht oder zum Testamentsvollstrecker ernannt wird; die Vorschriften der §§ 7, 27 des Beurkundungsgesetzes gelten entsprechend. Für die Errichtung gelten die Vorschriften der §§ 2232, 2233 sowie die Vorschriften der §§ 2, 4, 5 Abs. 1, §§ 6 bis 10, 11 Abs. 1 Satz 2, Abs. 2, § 13 Abs. 1, 3, §§ 16, 17, 23, 24, 26 Abs. 1 Nr. 3, 4, Abs. 2, §§ 27, 28, 30 bis 32, 34, 35 des Beurkundungsgesetzes; der Bürgermeister tritt an die Stelle der Notars. Die Niederschrift muß auch von den Zeugen unterschrieben werden. Vermag der Erblasser nach seinen Angaben oder nach der Überzeugung des Bürgermeisters seinen Namen nicht zu schreiben, so wird die Unterschrift des Erblassers durch die Feststellung dieser Angabe oder Überzeugung in der Niederschrift ersetzt."

b) In Absatz 2 Satz 1 fallen die Worte „vor einem Richter oder" weg.

c) In Absatz 6 werden die Worte „Gültigkeit des Testaments" durch die Worte „Wirksamkeit der Beurkundung" ersetzt.

11. § 2250 wird wie folgt geändert:

a) In Absatz 1 fallen die Worte „vor einem Richter oder" weg.

b) In Absatz 3 werden die Sätze 2 und 3 durch folgende Sätze ersetzt:

„Auf die Zeugen sind die Vorschriften der § 6 Abs. 1 Nr. 1 bis 3, §§ 7, 26 Abs. 2 Nr. 2 bis 5, § 27 des Beurkundungsgesetzes, auf die Niederschrift sind die Vorschriften der §§ 8 bis 10, 11 Abs. 1 Satz 2, Abs. 2, § 13 Abs, 1, 3 Satz 1, §§ 23, 28 des Beurkundungsgesetzes sowie die Vorschriften des § 2249 Abs. 1 Satz 5, 6, Abs. 2, 6 entsprechend anzuwenden. Die Niederschrift kann außer in der deutschen auch in einer anderen Sprache aufgenommen werden. Der Erblasser und die Zeugen müssen der Sprache der Niederschrift hinreichend kundig sein; dies soll in der Niederschrift festgestellt werden, wenn sie in einer anderen als der deutschen Sprache aufgenommen wird."

12. § 2258 a wird wie folgt geändert:
    a) In Absatz 2 fällt die Nummer 1weg; die Nummern 2, 3, 4 werden Nummern 1, 2, 3.
    b) Absatz 4 wird aufgehoben.
13. § 2258 b wird wie folgt geändert:
    a) Absatz 2 Satz 2 wird aufgehoben.
    b) Es wird folgender Absatz 3 angefügt:

       „Dem Erblasser soll über das in Verwahrung genommene Testament ein Hinterlegungsschein erteilt werden. Der Hinterlegungsschein ist von dem Richter und dem Urkundsbeamten der Geschäftsstelle zu unterschreiben und mit dem Dienstsiegel zu versehen."
14. § 2276 Abs. 1 erhält folgende Fassung:

    „Ein Erbvertrag kann nur zur Niederschrift eines Notars bei gleichzeitiger Anwesenheit beider Teile geschlossen werden. Die Vorschriften der § 2231 Nr. 1, §§ 2232, 2233 sind anzuwenden; was nach diesen Vorschriften für den Erblasser gilt, gilt für jeden der Vertragschließenden."
15. § 2277 erhält folgende Fassung:

    „§ 2277

    Wird ein Erbvertrag in besondere amtliche Verwahrung genommen, so soll jedem der Vertragschließenden ein Hinterlegungsschein erteilt werden."

(4) Das Einführungsgesetz zum Bürgerlichen Gesetzbuche wird wie folgt geändert:

1. Artikel 109 wird folgender Satz angefügt:

   „Die landesgesetzlichen Vorschriften können nicht bestimmen, daß für ein Rechtsgeschäft, für das notarielle Beurkundung vorgeschrieben ist, eine andere Form genügt."
2. Die Artikel 141, 142, 151 werden aufgehoben.
3. Artikel 143 wird wie folgt geändert:
   a) Absatz 1 wird aufgehoben.
   b) In Absatz 2 werden die Worte „ein Gericht oder" gestrichen.

(5) Das Gesetz über die Angelegenheiten der freiwilligen Gerichtsbarkeit wird wie folgt geändert:

1. § 34 Satz 2 zweiter Halbsatz erhält folgende Fassung:
   „die Abschrift ist auf Verlangen von der Geschäftsstelle zu beglaubigen."
2. Der Zehnte Abschnitt sowie die §§ 128, 191, 198, 200 Abs. 2 werden aufgehoben.

(6) In § 29 Satz 1 der Grundbuchordnung in der Fassung der Bekanntmachung vom 20. Mai 1898 (Reichsgesetzbl. S. 369, 754) werden die Worte „vor dem Grundbuchamte zu Protokoll gegeben oder" gestrichen.

(7) § 29 der Grundbuchordnung in der Fassung der Bekanntmachung vom 5. August 1935 (Reichsgesetzbl. I S. 1073) wird wie folgt geändert:

1. In Absatz 1 Satz 1 werden die Worte „vor dem Grundbuchamt zur Niederschrift des Grundbuchrichters abgegeben oder" gestrichen.
2. Absatz 2 fällt weg.

(8) Das Handelsgesetzbuch wird wie folgt geändert:

1. In § 12 Abs. 1 werden die Worte „persönlich bei dem Gerichte zu bewirken oder" gestrichen.

2. § 73 Abs. 2, § 80 Abs. 2 werden aufgehoben.

(9) Die Verordnung über das Genossenschaftsregister in der Fassung der Bekanntmachung vom 22. November 1923 (Reichsgesetzbl. I S. 1123) wird wie folgt geändert:

1. In § 6 Abs. 1 fallen die Worte „persönlich zu bewirken oder" weg.

2. § 8 Abs. 1, 2 Satz 2 wird aufgehoben.

(10) Die Verordnung über die Ersetzung zerstörter oder abhanden gekommener gerichtlicher oder notarischer Urkunden vom 18. Juni 1942 (Reichsgesetzbl. I S. 395) ist auf Urkunden, die unter §§ 1, 68 dieses Gesetzes fallen, nicht mehr anzuwenden.

(11) In § 9 Abs. 2 Satz 1 und § 14 Abs. 3 Satz 3 der Höfeordnung vom 24. April 1947 (Anlage B der Verordnung Nr.84—Erbhöfe —, Amtsblatt der Britischen Militärregierung Nr. 18 S. 505) wird nach Ersetzung des Punktes durch einen Strichpunkt folgender Halbsatz angefügt:

„die Niederschrift wird nach den Vorschriften des Beurkundungsgesetzes errichtet."

(12) In § 35 Abs. 2 der Verfahrensordnung für Landwirtschaftssachen (LVO) vom 2. Dezember 1947 (Verordnungsblatt für die Britische Zone S. 157) werden die Worte „zur Niederschrift des Grundbuchrichters oder" gestrichen.

(13) § 37 der Schiffsregisterordnung in der Fassung der Bekanntmachung vom 26. Mai 1951 (Bundesgesetzbl. I S. 359) wird wie folgt geändert:

1. In Absatz 1 Satz 1 werden die Worte „vor dem Registergericht zur Niederschrift des Registerrichters abgegeben oder" gestrichen.

2. Absatz 2 fällt weg.

(14) In § 123 Abs. 2 des Flurbereinigungsgesetzes vom 14. Juli 1953 (Bundesgesetzbl. I S. 591) werden nach dem Wort „öffentlich" die Worte „oder amtlich" eingefügt.

(15) Das Rechtspflegergesetz wird wie folgt geändert:

1. § 3 wird wie folgt geändert:
   In Absatz 1
   a) wird in Nummer 1 nach Ersetzung des Strichpunktes durch einen Beistrich folgender Buchstabe angefügt:
      „e) Urkundssachen einschließlich der Entgegennahme der Erklärung;";
   b) fällt in Nummer 3 der Buchstabe e weg.

2. § 23 fällt weg.

3. § 33 wird wie folgt geändert:
   a) In Absatz 1 wer den die Worte „§ 3 Abs. 1 Nr. 3 Buchstaben b und e" durch die Worte „§ 3 Abs. 1 Nr. 3 Buchstabe b" ersetzt; die Worte „§ 23 Nr. 6 und 7" fallen weg.
   b) Absatz 2 erhält folgende Fassung:
      „(2) Der einem Notariat zugewiesene Rechtspfleger ist auch zuständig
      a) für die Beurkundung von Erklärungen über Annahme und Ausschlagung einer Erbschaft (§§ 1945, 1955 des Bürgerlichen Gesetzbuchs),
      b) für die Beurkundung einer Erbscheinsverhandlung einschließlich der Abnahme einer eidesstattlichen Versicherung (§ 2356 des Bürgerlichen Gesetzbuchs)."

(16) Die Kostenordnung vom 26. Juli 1957 (Bundesgesetzbl. I S. 861, 960) wird wie folgt geändert:

1. § 144 wird wie folgt geändert:

   a) In Absatz 2 werden die Worte „, wenn die Notare am Ort der Amtshandlung für das Amtsgeschäft ausschließlich zuständig sind" gestrichen.

   b) Absatz 3 Satz 1 erhält folgende Fassung:
   „Ist am Ort der Amtshandlung durch Bundes- oder Landesrecht sachliche Gebührenbefreiung gewährt, so ermäßigen sich bei einem Notar, dem die Gebühren für seine Tätigkeit selbst zufließen, die in den §§ 36 bis 59, 71, 133, 145, 148 bestimmten Gebühren um achtzig vom Hundert; § 33 bleibt unberührt."

   c) Absatz 4 fällt weg.

   d) In Absatz 5 Satz 1 fallen die Worte „oder 4" weg.

   e) Absatz 5 wird Absatz 4.

2. § 150 wird folgender Absatz 2 angefügt:

   „(2) Für die Erteilung einer Bescheinigung nach § 22 a der Bundesnotarordnung erhält der Notar eine Gebühr von 50 Deutsche Mark."

(17) Die Bundesnotarordnung wird wie folgt geändert:

1. § 15 wird folgender Absatz 2 angefügt:
   „(2) Zu einer Beurkundung in einer anderen als der deutschen Sprache ist der Notar nicht verpflichtet."

2. § 16 wird wie folgt geändert:

   a) Absatz 1 erhält folgende Fassung:

   „(1) Soweit es sich bei Amtstätigkeiten des Notars nach den §§ 20 bis 22 a nicht um Beurkundungen nach dem Beurkundungsgesetz handelt, gilt § 3 des Beurkundungsgesetzes entsprechend."

   b) Die Absätze 2, 4, 5 fallen weg.

   c) Absatz 3 wird Absatz 2.

3. In § 17 Abs. 2 werden die Worte „(§§ 20 bis 22)" durch die Worte „(§§ 20 bis 22 a)" ersetzt.

4. § 21 wird wie folgt geändert:

   a) Absatz 1 Satz 1 erhält folgende Fassung:

   „Die Notare sind zuständig, Bescheinigungen über eine Vertretungsberechtigung auszustellen, sofern sich diese aus einer Eintragung im Handelsregister oder in einem ähnlichen Register ergibt."

   b) Absatz 3 fällt weg.

5. § 22 Abs. 3, 4 fällt weg.

6. Nach § 22 wird folgender neuer § 22 a eingefügt:

„§ 22 a

(1) Der Notar kann Bescheinigungen über das Bestehen oder den Sitz einer juristischen Person oder Handelsgesellschaft, die Firmenänderung, eine Verschmelzung oder sonstige rechtserhebliche Umstände ausstellen, wenn sich diese aus einem öffentlichen Register ergeben.

(2) Der Notar darf die Bescheinigung nur erteilen, wenn dargelegt wird, daß sie im Ausland verwendet werden soll."

7. § 25 wird wie folgt geändert:

   a) Absatz 1 erhält folgende Fassung:

„(1) Die Urschrift der notariellen Urkunde bleibt, wenn sie nicht auszuhändigen ist, in der Verwahrung des Notars."

b) Absatz 2 fällt weg.

c) Absatz 3 wird Absatz 2.

8. Die §§ 26 bis 37 fallen weg.

9. § 41 Abs. 2 erhält folgende Fassung:

„(2) Er soll sich der Ausübung des Amtes auch insoweit enthalten, als dem von ihm vertretenen Notar die Amtsausübung untersagt wäre."

(18) In § 6 Abs. 2 Satz 2 des Schiffsbankgesetzes in der Fassung der Bekanntmachung vom 8. Mai 1963 (Bundesgesetzbl. I S. 301) werden die Worte „vor dem zuständigen Gericht zur Niederschrift des Richters" durch die Worte „im Verteilungstermin" ersetzt.

(19) In das Gesetz zur Anpassung und Gesundung des deutschen Steinkohlenbergbaus und der deutschen Steinkohlenbergbaugebiete vom 15. Mai 1968 (Bundesgesetzbl. I S. 365) wird nach § 35 die folgende Vorschrift eingefügt:

„§ 35 a

Gebührenbefreiungen

Geschäfte und Verhandlungen, die der Übertragung von Grundstücken oder der Einräumung eines Rechts auf Übernahme von Grundstücken zur Erlangung von Prämien für die Stillegung von Steinkohlenbergwerken dienen, sind von den in der Kostenordnung bestimmten Gebühren befreit, wenn der Bundesbeauftragte für den Steinkohlenbergbau und die Steinkohlenbergbaugebiete eine entsprechende Bescheinigung erteilt. Die Befreiung schließt Eintragungen und Löschungen in öffentlichen Büchern ein. Sie gilt auch für Beurkundungs- und Beglaubigungsgebühren. Der nach § 144 der Kostenordnung ermäßigte Betrag einer vollen Gebühr beträgt in keinem Falle mehr als 5000 Deutsche Mark."

§ 58

Beurkundungen nach dem Personenstandsgesetz

Dieses Gesetz gilt nicht für Beurkundungen nach dem Personenstandsgesetz in der Fassung der Bekanntmachung vom 8. August 1957 (Bundesgesetzbl. I S. 1125).

§ 59

Unberührt bleibendes Bundesrecht

Soweit in diesem Gesetz nichts anderes bestimmt ist, bleiben bundesrechtliche Vorschriften über Beurkundungen unberührt.

b) Landesrecht

§ 60

Außerkrafttreten von Landesrecht

Mit dem Inkrafttreten dieses Gesetzes treten, soweit in diesem Gesetz nichts anderes bestimmt ist, die landesrechtlichen Vorschriften außer Kraft, die den Vorschriften des Ersten bis Vierten Abschnitts dieses Gesetzes entgegenstehen oder neben dem Notar auch anderen Urkundspersonen oder sonstigen Stellen eine Zuständigkeit für öffentliche Beurkundungen übertragen. Insbesondere treten außer Kraft

[Baden][2])

1. § 78 Abs. 1 des badischen Berggesetzes in der Fassung der Bekanntmachung vom 17. April 1925 (Badisches Gesetz- und Verordnungsblatt S. 103), soweit nach dieser Vorschrift die Gemeindebehörden für die Beglaubigung von Unterschriften zuständig sind;

[2]) Die in eckige Klammern gesetzten Länderbezeichnungen sind nicht amtlich.

2. §§ 23, 27, 28, 29, 45 Abs. 3, §§ 52, 54, 55 Abs. 1, 2, § 60 des badischen Landesgesetzes über die freiwillige Gerichtsbarkeit vom 13. Oktober 1925 (Badisches Gesetz- und verordnungsblatt S. 287);

3. §§ 6, 7, 60 bis 86, 157 Abs. 2, ferner, soweit danach andere Stellen als Notare zuständig sind, § 175 der badischen Verordnung über die freiwillige Gerichtsbarkeit vom 3. Dezember 1926 (Badisches Gesetz- und Verordnungsblatt S. 301);

[Baden-Württemberg]

4. das Gesetz über die Ermächtigung zur Beurkundung von Grundstücksgeschäften im Lande Baden-Württemberg vom 26. April 1954 (Gesetzblatt für Baden-Württemberg S. 61);

[Bayern]

5. Artikel 33 des bayerischen Gesetzes zur Ausführung der Reichs-Zivilprozeßordnung und Konkursordnung vom 23. Februar 1879 (Bereinigte Sammlung des bayerischen Landesrechts Band III S. 143);

6. Artikel 51 Abs. 4 des bayerischen Ausführungsgesetzes zum Bürgerlichen Gesetzbuch vom 9. Juni 1899 (Bereinigte Sammlung des bayerischen Landesrechts Band III S. 89);

7. Artikel 22, 24 bis 26, 28, 29, 31 bis 34, 39 bis 46, 57 bis 62 des bayerischen Notariatsgesetzes vom 9. Juni 1899 (Bereinigte Sammlung des bayerischen Landesrechts Band III S. 41);

8. Artikel 9 des bayerischen Ausführungsgesetzes zu der Grundbuchordnung und zu dem Gesetz über die Zwangsversteigerung und die Zwangsverwaltung vom 9. Juni 1899 (Bereinigte Sammlung des bayerischen Landesrechts Band III S. 127);

9. Artikel 13 des Fischereigesetzes für das Königreich Bayern vom 15. August 1908 (Bereinigte Sammlung des bayerischen Landesrechts Band IV S. 453), soweit diese Vorschrift eine Zuständigkeit des Grundbuchamtes begründet;

10. Nummer 1 der Bekanntmachung der Bayerischen Staatsministerien der Justiz, des Innern, für Unterricht und Kultus und der Finanzen über Vollzug des § 17 Abs. III der Verfassungsurkunde des Freistaates Bayern (Austritt aus einer Religionsgesellschaft) vom 16. Januar 1922 (Bereinigte Sammlung des bayerischen Landesrechts Band I S. 306), soweit nach dieser Vorschrift die Gemeinden und Kreisverwaltungsbehörden für die Beglaubigung von Unterschriften zuständig sind;

11. § 29 der bayerischen Ersten Verordnung zur Ausführung des Gesetzes zur Beschaffung von Siedlungsland und zur Bodenreform (GSB) vom 26. Februar 1947 (Bereinigte Sammlung des bayerischen Landesrechts Band IV S. 338), soweit diese Vorschrift die Obere Siedlungsbehörde betrifft;

12. Artikel 25 des bayerischen Gesetzes zur Ausführung des Flurbereinigungsgesetzes (AGFlurBG) vom 11. August 1954 (Bereinigte Sammlung des bayerischen Landesrechts Band IV S. 365);

13. Artikel 10 Abs. 1, 2 des bayerischen Gesetzes zur Ausführung des Gerichtsverfassungsgesetzes vom 17. November 1956 (Bereinigte Sammlung des bayerischen Landesrechts Band III S. 3);

14. Artikel 111 Abs. 1 Satz 2 des bayerischen Berggesetzes in der Fassung der Bekanntmachung vom 10. Januar 1967 (Bayerisches Gesetz- und Verordnungsblatt S. 185);

[Braunschweig]

15. § 7 Abs. 1 des braunschweigischen Staatsbankgesetzes vom 20. Dezember 1919 (Niedersächsisches Gesetz- und Verordnungsblatt, Sonderband II S. 741);

16. folgende Vorschriften des Berggesetzes für das Herzogtum Braunschweig vom 15. April 1867 (Niedersächsisches Gesetz- und Verordnungsblatt, Sonderband III S. 310);
    a) § 86 Abs. 1 Satz 2,
    b) § 87 a Abs. 1, soweit nach dieser Vorschrift die Ortspolizeibehörde für die Beglaubigung von Unterschriften zuständig ist;

[Bremen]

17. §§ 6, 7 des bremischen Ausführungsgesetzes zum Bürgerlichen Gesetzbuch vom 18. Juli 1899 (Sammlung des bremischen Rechts 400—a—1);
18. § 3 Abs. 1, § 4 des bremischen Ausführungsgesetzes zur Grundbuchordnung vom 18. Juli 1899 (Sammlung des bremischen Rechts 315—c—1);
19. das bremische Gesetz über die Beurkundung von Grundstücksverträgen öffentlicher Behörden vom 24. November 1933 (Sammlung des bremischen Rechts 401—a—1);
20. das bremische Gesetz über die Ernennung von Urkundspersonen bei der Staatlichen Kreditanstalt Oldenburg-Bremen vom 7. Juli 1938 (Sammlung des bremischen Rechts 401—a—2);
21. das Gesetz zur Vereinheitlichung der Beurkundung von Rechtsgeschäften in Bremen und Bremerhaven vom 22. Juni 1948 (Sammlung des bremischen Rechts 401—a—3);
22. § 1 Nr. 10 des Gesetzes zur Einführung bremischen Rechts in Bremerhaven vom 5. Juli 1949 (Sammlung des bremischen Rechts 101—a—1);
23. folgende Vorschriften des bremischen Gesetzes über die Entgegennahme und Aufnahme von eidesstattlichen Erklärungen durch die für das Flüchtlingswesen zuständigen Behörden vom 11. Februar 1955 (Sammlung des bremischen Rechts 240—a—2);
    a) § 1 Abs. 2, soweit nach dieser Vorschrift Gerichte und Behörden für die Beurkundung eidesstattlicher Versicherungen zuständig sind,
    b) §§ 3, 4;
24. die bremische Verordnung über die Beglaubigung von Unterschriften und Handzeichen und über die Ausstellung von Lebensbescheinigungen vom 7. April 1959 (Sammlung des bremischen Rechts 401—a—4);
25. §§ 7 bis 19, 21 des Bremischen Ausführungsgesetzes zum Gesetz über die Angelegenheiten der freiwilligen Gerichtsbarkeit (Brem.AGFGG) vom 12. Mai 1964 (Gesetzblatt der Freien Hansestadt Bremen S. 50; Sammlung des bremischen Rechts 315—a—1);

[Hamburg]

26. § 27 des hamburgischen Gesetzes, betreffend Ausführung der Grundbuchordnung, vom 14. Juli 1899 (Sammlung des bereinigten hamburgischen Landesrechts 3212—a; Sammlung des schleswig-holsteinischen Landesrechts Gl. Nr. 315);
27. folgende Vorschriften des Hamburgischen Gesetzes über Angelegenheiten der freiwilligen Gerichtsbarkeit vom 29. Dezember 1899 (Sammlung des bereinigten hamburgischen Landesrechts 3212—d; Niedersächsisches Gesetz- und Verordnungsblatt, Sonderband III S.. 214);
    a) §§ 8 bis 11, 13 bis 18, 19 Abs. 2, 3, §§ 20 bis 23, 25 Abs. 1 Satz 2, §§ 26, 27, 33, soweit diese Vorschriften nicht schon früher ihre Geltung verloren haben,
    b) § 25 Abs. 1 Satz 1, soweit diese Vorschrift nicht auf § 19 Abs. 1 verweist;

[Hessen]

28. Artikel 81 Abs. 1 Satz 1 des Berggesetzes für das Großherzogtum Hessen in der Fassung der Bekanntmachung vom 30. September 1899 (Großherzoglich Hessisches Regierungsblatt S. 677, 801), soweit nach dieser Vorschrift die Gemeindebehörde für die Beglaubigung von Unterschriften zuständig ist;

29. Artikel 270 des hessischen Gesetzes, die Ausführung des Bürgerlichen Gesetzbuches betreffend, vom 17. Juli 1899 (Großherzoglich Hessisches Regierungsblatt S. 133; Gesetz- und Verordnungsblatt für das Land Hessen Teil II 230—1);

30. folgende Vorschriften des hessischen Gesetzes, die Ausführung des Gesetzes über die Angelegenheiten der freiwilligen Gerichtsbarkeit betreffend, vom 18. Juli 1899 (Großherzoglich Hessisches Regierungsblatt S. 287);

    a) Artikel 2 Nr. 1, 2, Artikel 65, 67 Abs. 2, Artikel 68, 74 bis 88, 90, 92, 94 bis 109, 123,

    b) Artikel 64, soweit nach dieser Vorschrift die Amtsgerichte und die Urkundsbeamten der Geschäftsstelle der Amtsgerichte für die Aufnahme eines Wechselprotestes zuständig sind;

31. § 2 Nr. 1, 6, § 17 Nr. 2, 3, §§ 53 bis 57, 92, 93 Abs. 1, 2, §§ 94 bis 99 der hessischen Dienstanweisung für die Großherzoglichen Ortsgerichte vom 24. November 1899 (Großherzoglich Hessisches Regierungsblatt S. 981);

32. §§ 16, 17, 18 des hessischen Ortsgerichtsgesetzes vom 6. Juli 1952 (Gesetz- und Verordnungsblatt für das Land Hessen S. 124; Teil II 28—1);

33. folgende Vorschriften des Hessischen Gesetzes über die freiwillige Gerichtsbarkeit (Hess. FGG) vom 12. April 1954 (Gesetz- und Verordnungsblatt für das Land Hessen S. 59; Teil II 250—1):

    a) Artikel 38 Abs. 1, Artikel 42, 44 Abs. 1 Satz 1 Nr. 1 bis 4, Abs. 2, 3, Artikel 47 bis 72, 73 Abs. 2, Artikel 74 bis 82, 84, 87 bis 89,

    b) Artikel 38 Abs. 3, soweit diese Vorschrift auf Absatz 1 verweist,

    c) Artikel 45 Abs. 1 Nr. 6, soweit diese Vorschrift die Beurkundung der Bekanntmachung einer empfangsbedürftigen Willenserklärung zum Gegenstand hat;

34. das hessische Gesetz über Beurkundungen und öffentliche Beglaubigungen in Siedlungssachen vom 2. Juni 1954 (Gesetz- und Verordnungsblatt für das Land Hessen S. 99; Teil II 252—1);

[Lübeck]

35. § 19 des lübeckischen Ausführungsgesetzes zum Reichsgesetze vom 17. Mai 1898 über die Angelegenheiten der freiwilligen Gerichtsbarkeit vom 18. September 1899 (Sammlung des schleswig-holsteinischen Landsrechts Gl. Nr. 315);

36. folgende Vorschriften des Gesetzes für das Großherzogtum Oldenburg zur Ausführung des Gesetzes über die Angelegenheiten der freiwilligen Gerichtsbarkeit (für das ehemalige Fürstentum Lübeck) vom 15. Mai 1899 (Sammlung des schleswig-holsteinischen Landesrechts Gl. Nr. 315);

    a) § 1 Abs. 2, soweit diese Vorschrift Beurkundungen in anderen Fällen als bei der Aufnahme von Vermögensverzeichnissen und der Vornahme freiwilliger Versteigerungen zum Gegenstand hat,

    b) §§ 5, 6, 9 Abs. 1, §§ 15 bis 17, 19 bis 35, 36 Satz 2 bis 6, §§ 37, 38,

    c) § 8, soweit nach dieser Vorschrift auch die Urkundsbeamten der Geschäftsstellen zuständig sind;

[Niedersachsen]

37. das niedersächsische Gesetz zur Ergänzung des braunschweigischen und schaumburg-lippischen Ausführungsgesetzes zum Bürgerlichen Gesetzbuch vom 23. Dezember 1953 (Niedersächsisches Gesetz- und Verordnungsblatt, Sonderband I S. 811);

38. folgende Vorschriften des Niedersächsischen Gesetzes über die freiwillige Gerichtsbarkeit (Nds.FGG) vom 14. Mai 1958 (Niedersächsisches Gesetz- und Verordnungsblatt, Sonderband I S. 475):

a) Artikel 24 Abs. 1, soweit diese Vorschrift andere Geschäfte als freiwillige Versteigerungen, Abmarkungen und die Aufnahme von Vermögensverzeichnissen zum Gegenstand hat,

b) Artikel 24 Abs. 2, soweit diese Vorschrift auf den aufgehobenen Teil des Absatzes 1 verweist,

c) Artikel 25, 26, 28 Abs. 1 Nr. 1 bis 4, Artikel 30 bis 56, 58 Abs. 1 Satz 2 bis 6, Abs. 2, Artikel 59 bis 65, 67 bis 69;

39. § 18 des niedersächsischen Gesetzes zur Ausführung des Gesetzes für Jugendwohlfahrt vom 13. Dezember 1962 (Niedersächsisches Gesetz- und Verordnungsblatt S. 246);

[Nordrhein-Westfalen]

40. §§ 32, 33 des nordrhein-westfälischen Gesetzes zur Ausführung des Gesetzes für Jugendwohlfahrt — AG-JWG — in der Fassung vom 1. Juli 1965 (Gesetz- und Verordnungsblatt für das Land Nordrhein-Westfalen S. 248);

[Oldenburg]

41. folgende Vorschriften des Gesetzes für das Herzogtum Oldenburg zur Ausführung des Bürgerlichen Gesetzbuchs und des Handelsgesetzbuchs vom 15. Mai 1899 (Gesetzblatt für das Herzogtum Oldenburg Band 32 S. 405; Niedersächsisches Gesetz- und Verordnungsblatt, Sonderband III S. 236) in der Fassung des Gesetzes zur Abänderung des Gesetzes für das Herzogtum Oldenburg zur Ausführung des Bürgerlichen Gesetzbuchs und des Handelsgesetzbuchs vom 8. September 1937 (Oldenburgisches Gesetzblatt Band 50 S. 203; Niedersächsisches Gesetz- und Verordnungsblatt, Sonderband II S. 1074):

a) § 2,

b) § 12 Abs. 1 Satz 2, soweit nach dieser Vorschrift andere Urkundspersonen als die Notare zuständig sind;

42. folgende Vorschriften des Berggesetzes für das Herzogtum Oldenburg und für das Fürstentum Lübeck vom 3. April 1908 (Gesetzblatt für das Herzogtum Oldenburg Band 36 S. 875; Niedersächsisches Gesetz- und Verordnungsblatt, Sonderband III S. 328):

a) § 126 Abs. 1 Satz 2,

b) § 128 Abs. 1, soweit nach dieser Vorschrift die Ortspolizeibehörde für die Beglaubigung von Unterschriften zuständig ist;

43. § 12 des Gesetzes für den Freistaat Oldenburg, betreffend die Staatliche Kreditanstalt Oldenburg (Staatsbank), vom 22. September 1933 in der Fassung der Bekanntmachung vom 20. Mai 1937 (Niedersächsisches Gesetz- und Verordnungsblatt, Sonderband II S. 751);

44. § 11 des Gesetzes für den Freistaat Oldenburg, betreffend die Oeffentliche Lebensversicherungsanstalt Oldenburg, vom 30. November 1933 in der Fassung des Gesetzes vom 17. September 1937 (Niedersächsisches Gesetz- und Verordnungsblatt, Sonderband II S. 755);

45. § 15 Abs. 3 der Satzung der Staatlichen Kreditanstalt Oldenburg—Bremen (Anlage A der Bekanntmachung des Reichs- und Preußischen Wirtschaftsministers vom 28. Dezember 1937 über die Vereinigung der Staatsbanken von Oldenburg und Bremen — Oldenburgisches Gesetzblatt Band 50 S. 347);

[Pfalz]

46. Artikel 15 Abs. 2 des Ausführungsgesetzes zum Reichs-Gerichtsverfassungsgesetz (für den Regierungsbezirk Pfalz) vom 23. Februar 1879 in der Fassung der Bekanntmachung vom 5. Januar 1966 (Gesetz- und Verordnungsblatt für das Land Rheinland-Pfalz 1966, Sondernummer Pfalz, S. 20);

47. Artikel 33 des Gesetzes zur Ausführung der Reichs-Zivilprozeßordnung und Konkursordnung (für den Regierungsbezirk Pfalz) vom 23. Februar 1879 in der Fassung der Bekanntmachung vom 5. Januar 1966 (Gesetz- und Verordnungsblatt für das Land Rheinland-Pfalz 1966, Sondernummer Pfalz, S. 24);

48. Artikel 22, 24 bis 26, 31 bis 34, 39 bis 45, 57 bis 62 des Notariatsgesetzes (für den Regierungsbezirk Pfalz) vom 9. Juni 1899 in der Fassung der Bekanntmachung vom 5. Januar 1966 (Gesetz- und Verordnungsblatt für das Land Rheinland-Pfalz 1966, Sondernummer Pfalz, S. 34);

49. Artikel 9 des Ausführungsgesetzes zu der Grundbuchordnung und zu dem Gesetz über die Zwangsversteigerung und die Zwangsverwaltung (für den Regierungsbezirk Pfalz) vom 9. Juni 1899 in der Fassung der Bekanntmachung vom 5. Januar 1966 (Gesetz- und Verordnungsblatt für das Land Rheinland-Pfalz 1966, Sondernummer Pfalz, S. 28);

50. Artikel 13 des Fischereigesetzes (für den Regierungsbezirk Pfalz) vom 15. August 1908 (Gesetz- und Verordnungsblatt für das Königreich Bayern S. 527; Gesetz- und Verordnungsblatt für das Land Rheinland-Pfalz 1966, Sondernummer Pfalz, S. 133), soweit diese Vorschrift eine Zuständigkeit des Grundbuchamtes begründet;

51 Artikel 111 Abs. 1 Satz 2 des Berggesetzes (für den Regierungsbezirk Pfalz) vom 13. August 1910 in der Fassung der Bekanntmachung vom 5. Januar 1966 (Gesetz- und Verordnungsblatt für das Land Rheinland-Pfalz 1966, Sondernummer Pfalz, S. 86);

52. § 2 der Verordnung über Schuldverschreibungen der Gemeinden und Gemeindeverbände (für den Regierungsbezirk Pfalz) vom 30. Dezember 1932 in der Fassung der Bekanntmachung vom 5. Januar 1966 (Gesetz- und Verordnungsblatt für das Land Rheinland-Pfalz 1966, Sondernummer Pfalz, S. 61);

[Preußen]

53. folgende Vorschriften des Allgemeinen Berggesetzes für die Preußischen Staaten vom 24. Juni 1865 (Gesetz-Sammlung für die Königlichen Preußischen Staaten S. 705; Gesetz- und Verordnungsblatt für Berlin, Sonderband I 750—1; Sammlung des bremischen Rechts 751—c—2; Niedersächsisches Gesetz- und Verordnungsblatt, Sonderband III S. 285; Gesetz- und Verordnungsblatt für das Land Rheinland-Pfalz 1968, Sondernummer Koblenz, Trier, Montabaur, S. 89; Sammlung des schleswig-holsteinischen Landesrechts Gl. Nr. 750):
    a) § 84 Abs. 1 Satz 2,
    b) § 85 a Abs. 1, soweit nach dieser Vorschrift die Ortspolizeibehörde für die Beglaubigung von Unterschriften zuständig ist;

54. § 70 des preußischen Ausführungsgesetzes zum Deutschen Gerichtsverfassungsgesetz vom 24. April 1878 (Gesetz-Sammlung für die Königlichen Preußischen Staaten S. 230; Gesetz und Verordnungsblatt für Berlin, Sonderband I 311—1; Sammlung des in Nordrhein-Westfalen geltenden preußischen Rechts — Gesetz- und Verordnungsblatt für das Land Nordrhein-Westfalen 1961, Sonderband S. 78; Gesetz- und Verordnungsblatt für das Land Rheinland-Pfalz 1968, Sondernummer Koblenz, Trier, Montabaur, S. 21; Sammlung des schleswig-holsteinischen Landesrechts Gl. Nr. 300), soweit diese Vorschrift die Aufnahme von Wechselprotesten zum Gegenstand hat;

55. § 1 Abs. 1 Nr. 2 des preußischen Gesetzes betreffend die Zwangsvollstreckung aus Forderungen landschaftlicher (ritterschaftlicher) Kreditanstalten, vom 3. August 1897 (Gesetz-Sammlung für die Königlichen Preußischen Staaten S. 388; Gesetz- und Verordnungsblatt für Berlin, Sonderband I 761—1; Niedersächsisches Gesetz- und Verordnungsblatt, Sonderband III S. 22; Sammlung des in Nordrhein-Westfalen geltenden preußischen Rechts — Gesetz- und Verordnungsblatt für das Land Nordrhein-Westfalen 1961, Sonderband S. 194; Sammlung des schleswig-holsteinischen Landesrechts Gl. Nr. 762);

56. folgende Vorschriften des preußischen Ausführungsgesetzes zum Bürgerlichen Gesetzbuche vom 20. September 1899 (Gesetz-Sammlung für die Königlichen Preußischen Staaten S. 177; Gesetz- und Verordnungsblatt für Berlin, Sonderband I 400—1; Niedersächsisches Gesetz- und Verordnungsblatt, Sonderband III S. 221; Sammlung des in Nordrhein-Westfalen geltenden preußischen Rechts — Gesetz- und Verordnungsblatt für das Land Nordrhein-Westfalen 1961, Sonderband S. 105; Sammlung des schleswig-holsteinischen Landesrechts Gl. Nr. 400):
    a) Artikel 2 § 3, soweit nach dieser Vorschrift das Gericht für die Aufnahme eines Familienschlusses zuständig ist,
    b) Artikel 12 § 1 Abs. 2, §§ 2 bis 4, soweit diese Vorschriften in einzelnen Ländern nicht schon früher ihre Geltung verloren haben,
    c) Artikel 27 Abs. 1 Satz 2, soweit nach dieser Vorschrift andere Urkundspersonen als die Notare zuständig sind;
57. folgende Vorschriften des Preußischen Gesetzes über die freiwillige Gerichtsbarkeit vom 21. September 1899 (Gesetz-Sammlung für die Königlichen Preußischen Staaten S. 249; Gesetz- und Verordnungsblatt für Berlin, Sonderband I 3212—1; Sammlung des in Nordrhein-Westfalen geltenden preußischen Rechts — Gesetz- und Verordnungsblatt für das Land Nordrhein-Westfalen 1961, Sonderband S. 88; Gesetz- und Verordnungsblatt für das Land Rheinland-Pfalz 1968, Sondernummer Koblenz, Trier, Montabaur, S. 47; Sammlung des schleswig-holsteinischen Landesrechts Gl. Nr. 315):
    a) Artikel 31 Abs. 1, soweit diese Vorschrift andere Geschäfte als freiwillige Versteigerungen, Abmarkungen und die Aufnahme von Vermögensverzeichnissen zum Gegenstand hat,
    b) Artikel 32 Abs. 1, soweit diese Vorschrift auf den aufgehobenen Teil des Artikels 31 Abs. 1 verweist,
    c) Artikel 31 Abs. 2, Artikel 34 Abs. 1, Artikel 35, 36, 39 bis 41, 43 bis 60, 61 Abs. 1 Satz 2, Abs. 2, Artikel 62 bis 64, 84, 114, 115, soweit diese Vorschriften in einzelnen Ländern nicht schon früher ihre Geltung verloren haben,
    d) Artikel 42, 61 Abs. 1 Satz 1, soweit diese Vorschriften die Verwahrung notarieller Urkunden zum Gegenstand haben;
58. §§ 84 bis 92 der Allgemeinen Verfügung des preußischen Justizministers vom 28. Dezember 1899 über das Verfahren und die Gebühren der Ortsgerichte in den Oberlandesgerichtsbezirken Frankfurt und Cassel (Justizministerialblatt für die Preußische Gesetzgebung und Rechtspflege S. 889);
59. aus den Vorschriften des Preußischen Justizministers und des Preußischen Ministers für Handel und Gewerbe für die beeidigten Auktionatoren in Ostfriesland und Harlingerland sowie im Regierungsbezirk Osnabrück vom 19. Juli 1902 (Niedersächsisches Gesetz- und Verordnungsblatt, Sonderband III S. 154):
    a) Nummer 23 Abs. 6, soweit die Auktionatoren danach zuständig sind, auch die Versteigerung von Grundstücken und grundstücksgleichen Rechten zu beurkunden,
    b) Nummer 31 Abs. 1 Satz 2, Abs. 2;
60. § 3 Abs. 1 des preußischen Gesetzes über den Erwerb von Fischereiberechtigungen durch den Staat und das Aufgebot von Fischereiberechtigungen vom 2. September 1911 (Preußische Gesetzsammlung S. 189; Gesetz- und Verordnungsblatt für Berlin, Sonderband I 793—2; Niedersächsisches Gesetz- und Verordnungsblatt, Sonderband III S. 580; Sammlung des in Nordrhein-Westfalen geltenden preußischen Rechts — Gesetz- und Verordnungsblatt für das Land Nordrhein-Westfalen 1961, Sonderband S. 251; Gesetz- und Verordnungsblatt für das Land Rheinland-Pfalz 1968, Sondernummer Koblenz, Trier, Montabaur, S. 200; Sammlung des schleswig-holsteinischen Landesrechts Gl. Nr. 793), soweit nach dieser Vorschrift andere Urkundspersonen als die Notare zuständig sind;

61. § 10 Abs. 2 des preußischen Gesetzes über Landeskulturbehörden vom 3. Juni 1919 (Preußische Gesetzsammlung S. 101; Niedersächsisches Gesetz- und Verordnungsblatt, Sonderband II S. 761; Sammlung des in Nordrhein-Westfalen geltenden preußischen Rechts — Gesetz- und Verordnungsblatt für das Land Nordrhein-Westfalen 1961, Sonderband S. 222; Gesetz- und Verordnungsblatt für das Land Rheinland-Pfalz 1968, Sondernummer Koblenz, Trier, Montabaur, S. 137; Sammlung des schleswig-holsteinischen Landesrechts Gl. Nr. 780);

62. § 34 des preußischen Ausführungsgesetzes zum Reichssiedlungsgesetze vom 11. August 1919 (Reichsgesetzbl. S. 1429) vom 15. Dezember 1919 (Preußische Gesetzsammlung 1920 S. 31; Gesetz- und Verordnungsblatt für Berlin, Sonderband I 235—1; Niedersächsisches Gesetz- und Verordnungsblatt, Sonderband II S. 424; Sammlung des in Nordrhein-Westfalen geltenden preußischen Rechts — Gesetz- und Verordnungsblatt für das Land Nordrhein-Westfalen 1961, Sonderband S. 223; Sammlung des schleswigholsteinischen Landesrechts Gl. Nr. 7814);

[Rheinland-Pfalz]

63. § 9 des rheinland-pfälzischen Ersten Landesgesetzes zur Ausführung des Gesetzes über die Angelegenheiten der Vertriebenen und Flüchtlinge (Ausführungsgesetz zum Bundesvertriebenengesetz — AGBVFG) vom 3. Dezember 1954 (Gesetz- und Verordnungsblatt der Landesregierung Rheinland-Pfalz S. 153; Sammlung des bereinigten Landesrechts von Rheinland-Pfalz 240—1);

64. § 3 des rheinland-pfälzischen Landesgesetzes über die Vereinheitlichung siedlungsrechtlicher Bestimmungen vom 14. März 1955 (Gesetz- und Verordnungsblatt für das Land Rheinland-Pfalz S. 23; Sammlung des bereinigten Landesrechts von Rheinland-Pfalz 7814—10);

65. § 21 Abs. 2, § 22 des rheinland-pfälzischen Landesgesetzes zur Ausführung des Gesetzes für Jugendwohlfahrt (AGJWG) vom 8. März 1963 (Gesetz- und Verordnungsblatt für das Land Rheinland-Pfalz S. 84; Sammlung des bereinigten Landesrechts von Rheinland-Pfalz 216—1);

[Schaumburg-Lippe]

66. folgende Vorschriften des schaumburg-lippischen Berggesetzes vom 28. März 1906 (Niedersächsisches Gesetz- und Verordnungsblatt, Sonderband III S. 344):
   a) § 126 Abs. 1 Satz 2,
   b) § 128 Abs. 1, soweit nach dieser Vorschrift die Ortspolizeibehörde für die Beglaubigung von Unterschriften zuständig ist;

[Württemberg]

67. Artikel 84 Abs. 1 Satz 1 des Berggesetzes für das Königreich Württemberg vom 7. Oktober 1874 (Regierungsblatt für das Königreich Württemberg S. 265), soweit nach dieser Vorschrift die Gemeindebehörden für die Beglaubigung von Unterschriften zuständig sind.

68. folgende Vorschriften des württembergischen Ausführungsgesetzes zum Bürgerlichen Gesetzbuch und zu anderen Reichsjustizgesetzen vom 29. Dezember 1931 (Württembergisches Regierungsblatt S. 545):
   a) Artikel 3 Abs. 1, soweit diese Vorschrift nicht die Abnahme von freiwilligen Eiden und Versicherungen an Eides Statt außerhalb eines gesetzlich geregelten Verfahrens zum Gegenstand hat,
   b) Artikel 3 Abs. 2, Artikel 30, 32 Abs. 2 Satz 1, Abs. 3, Artikel 37, 106 Abs. 2, Artikel 112 bis 114, 116 Abs. 1, 3,
   c) Artikel 108 bis 111, soweit in diesen Vorschriften das Verfahren bei öffentlichen Beurkundungen geregelt wird,

d) Artikel 118, soweit nach dieser Vorschrift andere Urkundspersonen als die Ratschreiber oder deren Amtsverweser oder Stellvertreter für die öffentliche Beglaubigung einer Unterschrift zuständig sind.

§ 61

Unberührt bleibendes Landesrecht

(1) Unbeschadet der Zuständigkeit des Notars bleiben folgende landesrechtliche Vorschriften unberührt:

1. Vorschriften über die Beurkundung von freiwilligen Versteigerungen; dies gilt nicht für die freiwillige Versteigerung von Grundstücken und grundstücksgleichen Rechten;
2. Vorschriften über die Zuständigkeit zur Aufnahme von Inventaren, Bestandsverzeichnissen, Nachlaßverzeichnissen und anderen Vermögensverzeichnissen sowie zur Mitwirkung bei der Aufnahme solcher Vermögensverzeichnisse;
3. Vorschriften, nach denen die Gerichtsvollzieher zuständig sind, Wechsel- und Scheckproteste aufzunehmen sowie das tatsächliche Angebot einer Leistung zu beurkunden;
4. Vorschriften, nach denen die Amtsgerichte zuständig sind, außerhalb eines anhängigen Verfahrens die Aussagen von Zeugen und die Gutachten von Sachverständigen, die Vereidigung sowie eidesstattliche Versicherungen dieser Personen zu beurkunden;
5. Vorschriften, nach denen Beurkundungen in Fideikommißsachen, für die ein Kollegialgericht zuständig ist, durch einen beauftragten oder ersuchten Richter erfolgen können;
6. Vorschriften, nach denen die Vorstände der Vermessungsbehörden, die das amtliche Verzeichnis im Sinne des § 2 Abs. 2 der Grundbuchordnung führen, und die von den Vorständen beauftragten Beamten dieser Behörden zuständig sind, Anträge der Eigentümer auf Vereinigung oder Teilung von Grundstücken zu beurkunden oder zu beglaubigen;
7. Vorschriften über die Beurkundung der Errichtung fester Grenzzeichen (Abmarkung);
8. Vorschriften über die Beurkundung von Tatbeständen, die am Grund und Boden durch vermessungstechnische Ermittlungen festgestellt werden, durch Behörden, öffentlich bestellte Vermessungsingenieure oder Markscheider;
9. Vorschriften über Beurkundungen in Gemeinheitsteilungs- und agrarrechtlichen Ablösungsverfahren einschließlich der Rentenübernahme- und Rentengutsverfahren;
10. Vorschriften über Beurkundungen im Rückerstattungsverfahren;
11. Vorschriften über die Beglaubigung amtlicher Unterschriften zum Zwecke der Legalisation;
12. Vorschriften über Beurkundungen in Kirchenaustrittsachen[3]).

(2) Auf Grund dieser Vorbehalte können den Gerichten Beurkundungszuständigkeiten nicht neu übertragen werden.

(3) Auf Grund anderer bundesrechtlicher Vorbehalte kann

1. die Zuständigkeit der Notare für öffentliche Beurkundungen (§ 20 der Bundesnotarordnung) nicht eingeschränkt werden,
2. nicht bestimmt werden, daß für öffentliche Beurkundungen neben dem Notar andere Urkundspersonen oder sonstige Stellen zuständig sind, und
3. keine Regelung getroffen werden, die den Vorschriften des Ersten bis Vierten Abschnitts dieses Gesetzes entgegensteht.

(4) Die Vorschriften über die Beurkundungszuständigkeiten der Ratschreiber und sonstigen Hilfsbeamten der Grundbuchämter in Baden-Württemberg, insbesondere § 6 des badischen Grundbuchausführungsgesetzes in der Fassung der Bekanntmachung vom 13. Oktober 1925

[3]) § 61 Nr. 12 angefügt durch Art. 3 Nr. 2 des G vom 27. 6. 1970 (BGBl. I 911).

(Badisches Gesetz- und Verordnungsblatt S. 296) sowie Artikel 32 Abs. 1, Artikel 33, 34 des württembergischen Ausführungsgesetzes zum Bürgerlichen Gesetzbuch und zu anderen Reichsjustizgesetzen vom 29. Dezember 1931 (Württembergisches Regierungsblatt S. 545), bleiben unberührt; diese Vorschriften können von den dafür zuständigen Stellen aufgehoben oder geändert, jedoch nicht in ihrem Geltungsbereich erweitert werden; *§ 34*[4]) des Rechtspflegergesetzes gilt entsprechend. Unberührt bleiben ferner die Vorschriften, nach denen gegen Entscheidungen der Bezirksnotare, Ratschreiber und sonstigen Hilfsbeamten der Grundbuchämter in den Fällen des § 54 das Amtsgericht angerufen werden kann.

§ 62

Zuständigkeit der Amtsgerichte

Unbeschadet der Zuständigkeit sonstiger Stellen sind die Amtsgerichte zuständig für die Beurkundung von

1. Erklärungen über die Anerkennung der Vaterschaft,
2. Verpflichtungen zur Erfüllung von Unterhaltsansprüchen eines nichtehelichen Kindes oder zur Leistung einer anstelle des Unterhalts zu gewährenden Abfindung,
3. Verpflichtungen zur Erfüllung von Ansprüchen einer Frau nach den §§ 1615 k und 1615 l des Bürgerlichen Gesetzbuchs (Entbindungskosten und Unterhalt).

§ 63

Die Länder sind befugt, durch Gesetz die Zuständigkeit für die öffentliche Beglaubigung von Abschriften oder Unterschriften anderen Personen oder Stellen zu übertragen.

§ 64

Notare in Baden-Württemberg

Notar im Sinne dieses Gesetzes ist auch der nach dem badischen Landesgesetz über die freiwillige Gerichtsbarkeit bestellte Notar und der Bezirksnotar. Für einen solchen Notar gilt § 3 Abs. 1 Nr. 5 in Angelegenheiten des Landes Baden-Württemberg nicht allein deswegen, weil der Notar in einem Dienstverhältnis zu diesem Lande steht.

c) Amtliche Beglaubigungen

§ 65

Dieses Gesetz gilt nicht für amtliche Beglaubigungen, mit denen eine Verwaltungsbehörde zum Zwecke der Verwendung in Verwaltungsverfahren oder für sonstige Zwecke, für die eine öffentliche Beglaubigung nicht vorgeschrieben ist, die Echtheit einer Unterschrift oder eines Handzeichens oder die Richtigkeit der Abschrift einer Urkunde bezeugt, die nicht von einer Verwaltungsbehörde ausgestellt ist. Die Beweiskraft dieser amtlichen Beglaubigungen beschränkt sich auf den in dem Beglaubigungsvermerk genannten Verwendungszweck. Die Befugnis der Verwaltungsbehörden, Abschriften ihrer eigenen Urkunden oder von Urkunden anderer Verwaltungsbehörden in der dafür vorgeschriebenen Form mit uneingeschränkter Beweiskraft zu beglaubigen, bleibt unberührt.

d) Eidesstattliche Versicherungen in Verwaltungsverfahren

§ 66

Dieses Gesetz gilt nicht für die Aufnahme eidesstattlicher Versicherungen in Verwaltungsverfahren.

[4]) An die Stelle des § 34 RechtspflG 1957 ist seit dem 1. 7. 1970 § 36 RechtspflG 1969 getreten.

e) Erklärungen juristischer Personen des öffentlichen Rechts

§ 67

Die bundes- oder landesrechtlich vorgeschriebene Beidrückung des Dienstsiegels bei Erklärungen juristischer Personen des öffentlichen Rechts wird durch die öffentliche Berurkundung ersetzt.

f) Bereits errichtete Urkunden

§ 68

(1) §§ 45 bis 49, 51, 52, 54 dieses Gesetzes gelten auch für Urkunden, die vor dem Inkrafttreten dieses Gesetzes errichtet worden sind. Dies gilt auch, wenn die Beurkundungszuständigkeit weggefallen ist.

(2) Eine vor dem Inkrafttreten dieses Gesetzes erteilte Ausfertigung einer Niederschrift ist auch dann als von Anfang an wirksam anzusehen, wenn sie den Vorschriften dieses Gesetzes genügt.

(3) § 2256 Abs. 1, 2 des Bürgerlichen Gesetzbuchs gilt auch für Testamente, die vor dem Inkrafttreten dieses Gesetzes vor einem Richter errichtet worden sind[5]).

g) Verweisungen

§ 69

Soweit in Gesetzen oder Verordnungen auf die durch dieses Gesetz aufgehobenen oder abgeänderten Vorschriften verwiesen ist, treten die entsprechenden Vorschriften dieses Gesetzes an ihre Stelle.

2. Geltung in Berlin

§ 70

Dieses Gesetz gilt nach Maßgabe des § 13 Abs. 1 des Dritten Überleitungsgesetzes vom 4. Januar 1952 (Bundesgesetzbl. I S. 1) auch im Land Berlin.

3. Inkrafttreten

§ 71

Dieses Gesetz tritt am 1. Januar 1970 in Kraft.

2.

Gesetz betreffend die Organisation der Bundeskonsulate sowie die Amtsrechte und Pflichten der Bundeskonsuln (Konsulargesetz)

Vom 8. November 1867

BGBl. des Norddeutschen Bundes S. 137; geändert durch G v. 10. 7. 1879, RGBl. S. 197, v. 14. 5. 1936, RGBl. I S. 447, v. 3. 2. 1938, RGBl. I S. 113, v. 16. 12. 1950, BGBl. S. 784, und § 57 Abs. 1 BeurkG v. 28. 8. 1969, BGBl. I S. 1513.
(BGBl. III Nr. 27-1)

(Auszug)

I. Organisation der Bundeskonsulate[1])

§ 1. Die *Bundes*konsuln sind berufen, das Interesse des Bundes, namentlich in bezug auf Handel, Verkehr und Schiffahrt, tunlichst zu schützen und zu fördern, die Beobachtung der Staatsverträge zu überwachen und den Angehörigen der Bundesstaaten sowie anderer be-

[5]) § 68 Abs. 3 angefügt durch Art. 3 Nr. 3 des G vom 27. 6. 1970 (BGBl. I 911).

[1]) An die Stelle der Bezeichnungen „Bundeskonsulate" und „Bundeskonsuln" sind jetzt die Bezeichnungen „Konsulate" und „Konsuln" getreten.

freundeter Staaten in ihren Angelegenheiten Rat und Beistand zu gewähren. Sie müssen hierbei nach den Bundesgesetzen und den ihnen erteilten Instruktionen sich richten und die durch die Gesetze und die Gewohnheiten ihres Amtsbezirks gebotenen Schranken einhalten.

§ 2[2]**.** Konsuln sind Berufskonsuln oder Wahlkonsuln.

§§ 3 bis 11. [Nicht abgedruckt.]

§ 12. [Aufgehoben durch AuslandsmeldeG v. 3. 2. 1938 (RGBl. I 113) § 8.]

II. Amtsrechte und Pflichten der Bundeskonsuln

§ 13[3]**.** Die Berufskonsuln können die Echtheit öffentlicher Urkunden, die im Inland ausgestellt sind, bestätigen. Dieses Recht steht auch den Leitern der diplomatischen Vertretungen zu; es kann den bei diesen beschäftigten Beamten durch Verfügung des *Reichsministers* des Auswärtigen beigelegt werden.

§ 14. Die *Bundes*konsuln sind befugt zur Legalisation derjenigen Urkunden, welche in ihrem Amtsbezirke ausgestellt oder beglaubigt sind.

§ 15[3]**.** Die schriftlichen Zeugnisse, welche von den *Bundes*konsuln über ihre amtlichen Handlungen und die bei Ausübung ihres Amtes wahrgenommenen Tatsachen unter ihrem Siegel oder Stempel und ihrer Unterschrift erteilt sind, haben die Beweiskraft öffentlicher Urkunden.

§ 16[4]**.** Die Berufskonsuln sind befugt, Erklärungen, die vor ihnen abgegeben werden, öffentlich zu beurkunden. Sie sind auch zuständig, Auflassungen entgegenzunehmen.

Das bei der Beurkundung zu beobachtende Verfahren richtet sich nach dem Beurkundungsgesetz vom 28. August 1969 (Bundesgesetzbl. I S. 1513) mit folgenden Abweichungen:

a) Urkunden können auf Verlangen auch in einer anderen als der deutschen Sprache errichtet werden.

b) Dolmetscher brauchen nicht vereidigt zu werden.

c) Die Urschrift einer Niederschrift soll den Beteiligten ausgehändigt werden, wenn nicht einer von ihnen amtliche Verwahrung verlangt. In diesem Fall soll die Urschrift dem Amtsgericht Schöneberg in Berlin zur amtlichen Verwahrung übersandt werden. Die Urschrift einer Urkunde, in der ein Beteiligter sich der Zwangsvollstreckung unterworfen hat, soll dem Gläubiger ausgehändigt werden, wenn die Beteiligten keine anderweitige Bestimmung getroffen und auch keine amtliche Verwahrung verlangt haben.

d) Solange die Urschrift nicht ausgehändigt oder an das Amtsgericht abgesandt ist, sind die Konsuln befugt, Ausfertigungen zu erteilen. Vollstreckbare Ausfertigungen können nur von dem Amtsgericht erteilt werden, das die Urschrift verwahrt.

Die von dem Konsul formgerecht aufgenommenen Urkunden stehen den von einem inländischen Gericht oder Notar vorgenommenen Beurkundungen gleich.

§ 16 a[5]**.** Vor den Berufskonsuln können von deutschen Staatsangehörigen Testamente und Erbverträge errichtet werden. Das dabei zu beobachtende Verfahren richtet sich nach dem Beurkundungsgesetz; § 16 Abs. 2 Buchstaben a, b gilt entsprechend.

Soll die Niederschrift über eine Verfügung von Todes wegen gemäß § 34 des Beurkundungsgesetzes in besondere amtliche Verwahrung gebracht werden, so ist sie verschlossen dem Amtsgericht Schöneberg in Berlin zur Verwahrung zu übermitteln; das Amtsgericht erteilt den

[2]) Fassung des G v. 16. 12. 50 (BGBl. 784).

[3]) Fassung des G v. 14. 5. 36 (RGBl. I 447).

[4]) Fassung des G v. 14. 5. 1936 (RGBl. I 447); Abs. 2 geändert und Abs. 3 aufgehoben durch § 57 Abs. 1 Nr. 1 BeurkG v. 28. 8. 1969 (BGBl. I 1513), in Kraft getreten am 1. 1. 1970.

[5]) § 16 a eingefügt durch G v. 14. 5. 1936 (RGBl. I 447); Abs. 1 Satz 2 und Abs. 2 Satz 1 geändert, Abs. 1 Satz 3 aufgehoben durch § 57 Abs. 1 Nr. 2 BeurkG v. 28. 8. 1969 (BGBl. I 1513). § 16 b ist aufgehoben durch G v. 16. 12. 1950 (BGBl. 784).

Hinterlegungsschein. Stirbt der Erblasser, bevor das Testament abgesandt worden ist, so kann der Konsul es eröffnen; das bei der Eröffnung anzuwendende Verfahren bestimmt sich nach den Vorschriften der §§ 2260, 2261 Satz 2 des Bürgerlichen Gesetzbuchs.

§ 17[6]**).** Die Konsuln sind befugt, Unterschriften öffentlich zu beglaubigen. Das dabei zu beobachtende Verfahren bestimmt sich nach dem Beurkundungsgesetz. § 16 Abs. 2 Buchstabe a gilt entsprechend. Die konsularische Unterschriftsbeglaubigung steht einer solchen gleich, die im Inland durch einen Notar vorgenommen wird.

Diese Vorschriften finden auf die konsularische Beglaubigung von Handzeichen entsprechende Anwendung.

§ 18[7]**).** Die *Bundes*konsuln sind berufen, der in ihrem Amtsbezirke befindlichen Verlassenschaften verstorbener *Bundesangehöriger*[8]), wenn ein amtliches Einschreiten wegen Abwesenheit der nächsten Erben oder aus ähnlichen Gründen geboten erscheint, sich anzunehmen; sie sind hierbei insbesondere ermächtigt, den Nachlaß zu versiegeln und zu inventarisieren, den beweglichen Nachlaß, wenn die Umstände es erfordern, in Verwahrung zu nehmen und öffentlich zu verkaufen, sowie die vorhandenen Gelder zur Tilgung der feststehenden Schulden zu verwenden.

§ 19. Die *Bundes*konsuln können inerhalb ihres Amtsbezirks an die dort sich aufhaltenden Personen auf Ersuchen der Behörden eines *Bundesstaates* Zustellungen jeder Art bewirken. Durch das schriftliche Zeugnis des Konsuls über die erfolgte Zustellung wird diese nachgewiesen.

§ 20. Zur Abhörung von Zeugen und zur Abnahme von Eiden sind nur diejenigen *Bundes*konsuln befugt, welche dazu vom *Bundeskanzler*[9]) besonders ermächtigt sind. Die von diesen Konsuln aufgenommenen Verhandlungen stehen den Verhandlungen der zuständigen inländischen Behörden gleich.

§ 21. Bei Rechtsstreitigkeiten der *Bundesangehörigen*[8]) unter sich und mit Fremden sind die Bundeskonsuln berufen, nicht allein auf Antrag der Parteien den Abschluß von Vergleichen zu vermitteln, sondern auch das Schiedsrichteramt zu übernehmen, wenn sie in der durch die Ortsgesetze vorgeschriebenen Form von den Parteien zu Schiedsrichtern ernannt werden.

§§ 22 bis 24. [Aufgehoben durch G über die Konsulargerichtsbarkeit v. 10. 7. 1879 § 48.]

§§ 25 bis 34. [Nicht abgedruckt.]

§ 35. Die *Bundes*konsuln sind befugt, an Stelle eines gestorbenen, erkrankten oder sonst zur Führung des Schiffes untauglich gewordenen Schiffers auf den Antrag der Beteiligten einen neuen Schiffsführer einzusetzen.

§ 36. Sie sind befugt, die Verklarungen aufzunehmen, und bei Unfällen, von welchen die Schiffe betroffen werden, die erforderlichen Bergungs- und Rettungsmaßregeln einzuleiten und zu überwachen, sowie in Fällen der großen Havarie auf Antrag des Schiffsführers die Dispache aufzumachen.

§ 37. In betreff der Befugnis der Konsuln zur Mitwirkung bei dem Verkaufe eines Schiffes durch den Schiffer und bei Eingehung von Bodmereigeschäften, sowie in betreff der einstweiligen Entscheidung von Streitigkeiten zwischen Schiffer und Mannschaft sind die Vorschriften *Art.* 499, 537, 547, 686 *des Allgemeinen Deutschen Handelsgesetzbuches*[10]) maßgebend; in betreff ihrer Befugnis zur Erteilung von interimistischen Schiffszertifikaten *bewendet es bei*

[6]) Fassung des G v. 14. 5. 1936 (RGBl. I 447) Art. 1; Abs. 1 geändert durch § 57 Abs. 1 Nr. 3 BeurkG v. 28. 8. 1969 (BGBl. I 1513).

[7]) Der durch Art. 38 EGBGB Nr. II eingefügte § 17 a ist durch G v. 19. 5. 36 Art. 3 weggefallen.

[8]) An die Stelle der Bezeichnung „Bundesangehöriger" ist jetzt die Bezeichnung „deutscher Staatsangehöriger" getreten.

[9]) Jetzt der Bundesminister des Auswärtigen.

[10]) Jetzt §§ 530, 685 HGB, §§ 69, 9 SeemannsG v. 26. 7. 57 (BGBl. II 713).

den Vorschriften des Bundesgesetzes, betreffend die Nationalität der Kauffahrteischiffe und ihre Befugnis zur Führung der Bundesflagge, vom 25. *Oktober* 1867[11]).

§ 37 a[12]**).** Die Befugnisse zur öffentlichen Beurkundung von Erklärungen und zur Entgegennahme von Auflassungen sowie zur Aufnahme von Testamenten und Erbverträgen (§§ 16, 16 a) stehen nur denjenigen Konsuln zu, die dazu von der für die auswärtigen Angelegenheiten zuständigen obersten Bundesbehörde besonders ermächtigt worden sind.

Die in Absatz 1 bezeichneten Befugnisse sowie die Befugnisse zur Bestätigung der Echtheit öffentlicher im Inland ausgestellter Urkunden (§ 13) und zur Abhörung von Zeugen und Abnahme von Eiden (§ 20) können durch Verfügung der im Absatz 1 genannten Obersten Bundesbehörde auch einem an einer konsularischen Behörde beschäftigten Beamten, der nicht Konsul ist, übertragen werden, wenn er die in § 7 Abs. 1 bezeichnete Prüfung bestanden oder die Fähigkeit zum Richteramt oder zum höheren Verwaltungsdienst auf Grund der dafür vorgeschriebenen Prüfungen in einem deutschen Lande erlangt hat.

Die übrigen Befugnisse eines Konsuls in Rechtsangelegenheiten können durch Verfügung der im Absatz 1 genannten Obersten Bundesbehörde allgemein oder in beschränktem Umfang auch einem an einer konsularischen Behörde beschäftigten Beamten, der die in Absatz 2 bezeichneten Voraussetzungen nicht erfüllt, übertragen werden.

§ 38. Die von den *Bundes*konsuln zu erhebenden Gebühren werden durch Bundesgesetz festgestellt[13]).

3.

Verordnung über die Ersetzung zerstörter oder abhanden gekommener gerichtlicher oder notarischer Urkunden

Vom 18. Juni 1942 (RGBl. I S. 395)

Auf Grund des § 44 der Verordnung über Maßnahmen auf dem Gebiete der Gerichtsverfassung und der Rechtspflege vom 1. September 1939 (Reichsgesetzbl. I S. 1658) und des § 10 der Verordnung über weitere Maßnahmen auf dem Gebiete der Zwangsvollstreckung vom 31. Oktober 1939 (Reichsgesetzbl. I S. 2139) wird verordnet[1]):

§ 1

(1) Ist die Urschrift einer von einem Gericht *oder einem Notar aufgenommenen oder* ausgestellten Urkunde oder einer gerichtlichen Entscheidung ganz oder teilweise zerstört worden oder abhanden gekommen und besteht Anlaß, sie wiederherzustellen, so wird die Urschrift, wenn noch eine Ausfertigung oder beglaubigte Abschrift vorhanden ist, durch eine beglaubigte Abschrift dieser Ausfertigung oder beglaubigten Abschrift ersetzt.

(2) Auf der Ersatzurkunde ist zu vermerken, daß sie an die Stelle der zerstörten oder abhanden gekommenen Urschrift tritt. Der Vermerk kann mit dem Beglaubigungsvermerk verbunden werden. Er ist vom Gericht *oder Notar* unter Angabe von Ort und Zeit zu unter-

[11]) Jetzt FlaggenrechtsG v. 8. 2. 51 (BGBl. I 79, II 6) mit 1. DVO v. 23. 2. 51 (BGBl. II 19).

[12]) Eingefügt durch G v. 16. 12. 50 (BGBl. 784).

[13]) Gebührengesetz für das Auswärtige Amt und die Auslandsbehörden v. 8. 3. 36 (RGBl. I 137) nebst Tarif i. d. F. der VO v. 19. 6. 36 (RGBl. I 519) und des G v. 3. 2. 38 (RGBl. I 113).

[1]) Die nachstehende Fassung entspricht der Bekanntmachung im BGBl. III 315-4. Nach § 57 Abs. 10 BeurkG ist die VO auf Urkunden, die unter die §§ 1, 68 BeurkG fallen, seit dem 1. 1. 1970 nicht mehr anzuwenden; statt dessen gilt § 46 BeurkG; vgl. die dortigen Bem. Dadurch ist auch die Bek. des RJM v. 5. 11. 1943 (DJ 522) über Wiederherstellung von Urkunden der Jugendämter weitgehend gegenstandslos geworden. Schrifttum; Hornig DJ 1942, 417 und DNotZ 1942, 254.
In der DDR ist die VO ersetzt durch die Anordnung über die Ersetzung zerstörter oder abhanden gekommener gerichtlicher oder notarieller Urkunden vom 16. 11. 1956 (GBl. DDR S. 1299), abgedruckt in der Voraufl. in Anlage D V.

schreiben. Wird die Ersatzurkunde den Beteiligten ausgehändigt, so ist sie überdies mit dem Siegel oder Stempel des Gerichts *oder Notars* zu versehen.

§ 2

Das Gericht kann von Amts wegen *oder auf Ersuchen eines Notars, bei dem ein Verfahren nach § 1 schwebt,* dem Besitzer von Ausfertigungen oder beglaubigten Abschriften aufgeben, diese dem Gericht zur Einsicht vorzulegen.

§ 3

(1) Ist eine Ausfertigung oder beglaubigte Abschrift nicht vorhanden, so kann das Gericht *oder der Notar* den Inhalt der Urkunde durch Beschluß feststellen. Der Beschluß tritt an die Stelle der Urschrift.

(2) Das Gericht *(der Notar)* bestimmt das Verfahren nach freiem Ermessen. Vor der Beschlußfassung sollen regelmäßig einer oder mehrere Beteiligte gehört werden. Handelt es sich um einen bürgerlichen Rechtsstreit, so sind die Parteien zu hören. *Hält der Notar die eidliche Vernehmung von Zeugen oder Sachverständigen oder Maßnahmen zur Erzwingung der Aussage für erforderlich, so kann er das Amtsgericht, in dessen Bezirk sich die Zeugen oder Sachverständigen aufhalten, oder ein anderes geeignetes Amtsgericht um die Vernehmung ersuchen. Dem Amtsgericht ist auch die Entscheidung darüber vorbehalten, ob die Verweigerung der Aussage oder der Abgabe eines Gutachtens gerechtfertigt ist.*

§ 4

(1) Für die Ersetzung der Urschrift nach den §§ 1 und 3 ist das Gericht *oder der Notar* zuständig, von dem die Urkunde *aufgenommen oder* ausgestellt worden ist. *An die Stelle eines ausgeschiedenen Notars tritt die Stelle, bei der die Akten des ausgeschiedenen Notars verwahrt werden.*

(2) Hat ein Urkundsbeamter der Geschäftsstelle die Urkunde *aufgenommen oder* ausgestellt oder die Entscheidung erlassen, so ist er auch für die Ersetzung der Urschrift zuständig.

§ 5

(1) Im Falle des § 1 ist dem Antragsteller und nach dem Ermessen des Gerichts *oder des Notars* auch anderen Beteiligten eine Ausfertigung zuzustellen. In bürgerlichen Rechtsstreitigkeiten ist die Ausfertigung den Parteien zuzustellen.

(2) Im Falle des § 3 ist der Beschluß dem Antragsteller und den sonst Beteiligten, in bürgerlichen Rechtsstreitigkeiten den Parteien zuzustellen.

(3) Wer Beteiligter ist, bestimmt das Gericht *oder der Notar* nach freiem Ermessen.

§ 6

(1) Gegen die Ersetzung der Urschrift steht den Beteiligten, denen die Ausfertigung oder Entscheidung zugestellt worden ist (§ 5), die sofortige Beschwerde zu.

(2) Im übrigen kann jeder, der durch die Entscheidung des Gerichts *(Notars)* betroffen ist, die erneute Einleitung des Verfahrens beantragen. Lehnt das Gericht *(der Notar)* eine Änderung der neuen Urschrift ab, so steht dem Antragsteller die sofortige Beschwerde zu.

(3) Für das Beschwerdeverfahren gelten in bürgerlichen Rechtsstreitigkeiten die Vorschriften der Zivilprozeßordnung, in Strafsachen die Vorschriften der Strafprozeßordnung, in Angelegenheiten der freiwilligen Gerichtsbarkeit *(Notarsachen)* die Vorschriften des Reichsgesetzes über die Angelegenheiten der freiwilligen Gerichtsbarkeit. *Richtet sich die Beschwerde gegen die Verfügung eines Notars, so entscheidet das Landgericht, in dessen Bezirk der Notar seinen Amtssitz hat.* Richtet sich die Beschwerde gegen die Verfügung eines Urkundsbeamten

der Geschäftsstelle, so ist innerhalb der Beschwerdefrist die Entscheidung des Gerichts nachzusuchen, zu dem der Urkundsbeamte der Geschäftsstelle gehört; das Gericht hat das Gesuch, wenn es ihm nicht entsprechen will, dem Beschwerdegericht vorzulegen.

(4) Gegen die Entscheidung des Beschwerdegerichts ist ein weiteres Rechtsmittel nicht zulässig.

§ 7

(1) Das Verfahren nach den §§ 1 und 3 ist gebührenfrei. Für die den Beteiligten zugestellten Ausfertigungen werden Schreibgebühren erhoben. Befand sich die Urschrift im Besitz eines Beteiligten und hat dieser den Verlust zu verantworten, so hat er für die Wiederherstellung die gleiche Gebühr wie für die erstmalige *Aufnahme oder* Ausstellung der Urkunde zu entrichten.

(2) Handelt es sich um eine Urkunde über Erklärungen der Beteiligten und ist eine Ersetzung der Urschrift nach § 1 nicht möglich, so werden für eine erneute Beurkundung des gleichen Vorgangs Gerichts- *oder Notargebühren* nur in Höhe eines Drittels erhoben. Dies gilt nicht, soweit die ursprünglichen Erklärungen in wesentlichen Punkten ergänzt oder geändert werden.

§ 8

Das Amtsgericht ist auch zuständig, Urkunden, die von Dienststellen der Wehrmacht im Bereich der freiwilligen Gerichtsbarkeit aufgenommen oder ausgestellt sind und sich in dauernder gerichtlicher Verwahrung[2]) befinden, in gleicher Weise wie Urkunden, die das Amtsgericht selbst aufgenommen oder ausgestellt hat, wiederherzustellen.

§ 9

Die Vorschriften zur Ausführung dieser Verordnung werden im Verwaltungswege erlassen.

4.

Verordnung zur Vereinfachung des Verfahrens auf dem Gebiet des Beurkundungsrechts

Vom 21. Oktober 1942 (RGBl. I S. 609 = BGBl. III 315-5)

Beglaubigung von Lichtbildern

§ 1.[1]) *Einer beglaubigten Abschrift steht ein Lichtbild gleich, wenn die zur Beglaubigung der Abschrift befugte Stelle bescheinigt, daß es ein vollständiges Lichtbild der Hauptschrift ist. Die Bescheinigung soll auf das Lichtbild oder ein besonderes, mit dem Lichtbild durch Schnur und Siegel zu verbindendes Blatt gesetzt sein, Ort und Tag der Ausstellung angeben und mit Unterschrift und Siegel oder Stempel versehen sein. Sie soll die Angabe enthalten, ob die Hauptschrift eine Urschrift, eine einfache oder beglaubigte Abschrift oder eine Ausfertigung ist; ist sie eine beglaubigte Abschrift oder Ausfertigung, so muß das Lichtbild den Beglaubigungsvermerk oder Ausfertigungsvermerk enthalten. Mängel der Hauptschrift, die nicht aus*

[2]) Diese Verwahrung kann beruhen auf den §§ 11 (Testamente nach dem Tode des Erblassers), 12 a (Vaterschaftsanerkenntnisse, vollstreckbare Urkunden) der 1. VO z. Durchf. u. Erg. d. G über die freiw. Gerichtsbarkeit und andere Rechtsangelegenheiten in der Wehrmacht v. 3. 2. 36 (RGBl. I 99) i. d. F. der 3. DVO v. 30. 9. 40 (RGBl. I 1327) u. d. 4. DVO v. 27. 8. 42 (RGBl. I 541). Dazu AV v. 9. 12. 40 (DJ 1428) über die Behandlung der zur Verwahrung übersandten Urkunden. Seit dem 1. 1. 1970 gelten jedoch auch insoweit gemäß § 57 Abs. 10 BeurkG die §§ 46, 68 BeurkG.

[1]) § 1 der VO ist mit Wirkung vom 1. 1. 1970 aufgehoben durch § 55 Nr. 11 BeurkG. Vgl. dazu und zu den übrigen Bestimmungen der VO die Bem. in Einl. vor § 1 BeurkG Rdn. 22 bis 26.

dem Lichtbild ersichtlich sind (z. B. Radierungen), sollen in der Bescheinigung angegeben werden.

Ein Lichtbild einer Urkunde kann für die Erteilung einer Ausfertigung verwandt werden, wenn die ausfertigende Stelle bescheinigt, daß es ein vollständiges Lichtbild der Hauptschrift ist. Die Bescheinigung ist mit dem Ausfertigungsvermerk zu verbinden.

Beweiskraft von Übersetzungen

§ 2. Die Übersetzung einer Urkunde, die in einer fremden Sprache abgefaßt ist, gilt als richtig und vollständig, wenn dies von einem Übersetzer bescheinigt wird, der dazu nach den Richtlinien des *Reichsministers* der Justiz ermächtigt[2]) ist. Die Bescheinigung soll auf die Übersetzung gesetzt sein, Ort und Tag der Übersetzung sowie die Stellung des Ubersetzers angeben und mit seiner Unterschrift versehen sein.

Der Gegenbeweis gegen die Richtigkeit oder Vollständigkeit der Übersetzung ist zulässig.

Der Vorstandsbeamte des Amtsgerichts, in dessen Bezirk der Übersetzer seinen Wohnsitz hat, kann auf Antrag bestätigen, daß die Unterschrift von dem Übersetzer herrührt und daß er mit der Anfertigung derartiger Übersetzungen betraut ist. Für die Bestätigung wird eine Gebühr nach der Justizverwaltungskostenordnung v. 14. 2. 40 (RGBl. I S. 357) Gebührenverzeichnis Nr. 2 Buchst. a erhoben.

Erteilung von Ausfertigungen oder Abschriften von Übersetzungen

§ 3. Die Ausfertigung oder sonstige Abschrift einer in fremder Sprache abgefaßten Urkunde, die von einem Gericht oder Notar verwahrt wird, ist, wenn dies den Umständen nach angebracht erscheint, von einer Übersetzung zu erteilen, die § 2 Abs. 1 dieser Verordnung entspricht. Die Übersetzung verbleibt in diesem Fall zusammen mit der Urschrift in der Verwahrung des Gerichts oder Notars.

Die Beteiligten können verlangen, daß die Ausfertigung oder sonstige Abschrift von der Urschrift erteilt wird, wenn dazu ein besonderer Anlaß besteht. Wird dieses Verlangen abgelehnt, so ist dagegen nur die Beschwerde im Dienstaufsichtsweg gegeben.

Telegrafische Übermittlung von Urkunden

§ 4. Eine Niederschrift des Auswärtigen Amts über die telegrafische Übermittlung des Inhalts einer von einem deutschen Konsul aufgenommenen Urkunde durch diesen Konsul steht im Rechtsverkehr einer Ausfertigung der Urkunde gleich, wenn sie eine mit der Angabe vor Ort und Zeit der Ausstellung, Unterschrift und Siegel versehene Bescheinigung des Auswärtigen Amts enthält, daß ihr Inhalt dem von dem Konsul unter ausdrücklicher Versicherung der Vollständigkeit und Richtigkeit übermittelten Wortlaut der Urkunde entspreche und von ihm bestätigt worden sei.

Unter denselben Voraussetzungen steht eine Niederschrift des Auswärtigen Amts über die telegrafische Übermittlung des Inhalts einer von einem Konsul beglaubigten Urkunde einer Zweitschrift der Urkunde, eine Niederschrift über die telegrafische Übermittlung einer anderen dem Konsul vorgelegten Urkunde einer beglaubigten Abschrift der Urkunde im Rechtsverkehr gleich.

Die Niederschrift muß im Fall des Abs. 1 als telegrafische Ausfertigung, im Fall des Abs. 2 Halbsatz 1 als telegrafische Zweitschrift, im Fall des Abs. 2 Halbsatz 2 als telegrafische Abschrift bezeichnet sein.

Ausführungsvorschriften

§ 5. Die Vorschriften zur Ausführung dieser Verordnung werden im Verwaltungswege erlassen[2]).

[2]) AV v. 2. 11. 42 (DJ 720) u. 31. 5. 44 (DJ 168); wegen West-Berlin s. AV v. 3. 2. 51 (VOBl. II 267 = JR 355).

5.

Dienstordnung für Notare (DONot)

Vom 1. August 1970[1])

Inhaltsübersicht

[1]) Bundeseinheitlich von den Landesjustizverwaltungen beschlossen und durch Einführungserlasse der Landesjustizminister zum 1. 8. 1970 (in Schl.-Holst. zum 1. 9. 1970) in Kraft gesetzt: Baden-Württemberg AV vom 23. 6. 1970 (Die J 218); Bayern Bek. vom 9. 7. 1970 (JMBl. 67); Berlin AV vom 21. 7. 1970 (ABl. 823); Bremen Bek. vom 10. 7. 1970 (ABl. 251); Hamburg AV vom 21. 7. 1970 (JVBl. 71); Hessen RdErl. vom 30. 6. 1970 (JMBl. 504); Niedersachsen AV vom 23. 6. 1970 (NdsRpfl. 151); Nordrhein-Westfalen AV vom 9. 7. 1970 (JMBl. 177); Rheinland-Pfalz AV vom 24. 6. 1970 (JBl. 115); Saarland LV vom 27. 7. 1970; Schleswig-Holstein AV vom 27. 7. 1970 (SchlHA 173); diese Erlasse enthalten auch einzelne Ergänzungen der DONot. Vom Abdruck der Muster wurde abgesehen.

1. Abschnitt. Die Amtsführung im allgemeinen

Amtliche Unterschrift des Notars

§ 1. Der Notar hat die Unterschrift, die er bei Amtshandlungen anwendet, in dreifacher Fertigung[2]) dem Landgerichtspräsidenten einzureichen. Der Vorname braucht in der Regel nicht beigefügt zu werden. Der Notar soll bei der Unterschrift seine Amtseigenschaft angeben.

Amtssiegel

§ 2. (1) Der Notar führt ein Amtssiegel (Prägesiegel und Farbdrucksiegel) mit dem Landeswappen. Die Umschrift enthält den Namen des Notars nebst den Worten „. . . Notar in . . . (Ort)". Je drei Abdrucke[2]) des Prägesiegels und des Farbdrucksiegels sind dem Landgerichtspräsidenten einzureichen.

(2) Der Notar hat dafür zu sorgen, daß das Amtssiegel nicht mißbraucht wird.

Amtsschild

§ 3. (1) Der Notar ist berechtigt, am Eingang zu der Geschäftsstelle und an dem Gebäude, in dem sich seine Geschäftsstelle befindet, ein Amtsschild anzubringen. Das Amtsschild enthält das Landeswappen und die Aufschrift „Notar".

(2) Der Notar kann auch Namensschilder anbringen. Hat der Notar kein Amtsschild angebracht, so hat er durch ein Namensschild auf seine Geschäftsstelle hinzuweisen.

Bezug von Zeitschriften

§ 4. (1) Der Notar hat das Bundesgesetzblatt Teil I, das Gesetzblatt des Landes, das Bekanntmachungsblatt der Landesjustizverwaltung und das Verkündungsblatt der Bundesnotarkammer zu halten.

(2) Sind mehrere Notare zu gemeinschaftlicher Berufsausübung verbunden, so genügt der gemeinschaftliche Bezug je eines Stücks.

Zeit und Ort der Amtsausübung

§ 5. (1) Der Notar soll seine Geschäftsstelle während der üblichen Geschäftsstunden offenhalten. Außerhalb dieser Zeit soll er Amtsgeschäfte vornehmen, wenn ein Aufschub mit erheblichen Nachteilen für die Beteiligten verbunden wäre.

(2) Der Notar soll die Amtsgeschäfte in der Regel in seiner Geschäftsstelle vornehmen.

Verpflichtung der bei dem Notar beschäftigten Personen

§ 6. Der Notar hat die bei ihm beschäftigten Personen, ausgenommen Notarassessoren (§ 7 BNotO) und Notariatsbeamte (§ 113 BNotO), bei der Einstellung auf die Bestimmungen des § 14 Abs. 4 Satz 2 BNotO hinzuweisen und sie durch Handschlag zur Wahrung des Amtsgeheimnisses (§ 18 BNotO) zu verpflichten. Hierüber ist eine Niederschrift anzufertigen, die von dem Notar und dem Verpflichteten zu unterzeichnen und bei den Generalakten des Notars aufzubewahren ist.

2. Abschnitt. Die Bücher und Akten des Notars

Die Bücher des Notars

§ 7. (1) Der Notar hat eine Urkundenrolle nach dem Muster 2, ein Verwahrungsbuch nach den Mustern 3 oder 4 und ein Massenbuch (Massenkartei) nach den Mustern 5 oder 6 zu führen.

[2]) In Berlin genügt zweifache Einreichung der Unterschrift und der Abdrucke von Siegel und Stempel vom 21. 7. 1970 (ABl. 823) Ziff. 2 Buchst. a; ebenso in Nordrhein-Westfalen, AV vom 9. 7. 1970 (JMBl. 177) Ziff. 2 Buchst. a, b.

(2) Die Bücher sind aus dauerhaftem Papier in festem Einband herzustellen und von Seite zu Seite mit fortlaufenden Zahlen zu versehen. Auf dem Titelblatt sind der Name des Notars und sein Amtssitz anzugeben. Bevor der Notar die Urkundenrolle und das Verwahrungsbuch in Gebrauch nimmt, stellt er unter Beifügung von Datum, Unterschrift und Farbdrucksiegel auf dem Titelblatt (Muster 1) die Seitenzahl des Buches fest.

(3) Die Urkundenrolle und das Massenbuch (Massenkartei) sind mit einem alphabetischen Namensverzeichnis zu versehen. Der Notar kann stattdessen ein fortlaufendes Namensverzeichnis oder ein gemeinsames Namensverzeichnis für mehrere Bände führen. Das Namensverzeichnis kann auch als Kartei oder als Buch mit herausnehmbaren Einlagebogen geführt werden.

Die Urkundenrolle

§ 8. In die Urkundenrolle (Muster 2) sind Beurkundungen in Form einer Niederschrift nach §§ 8, 36, 38 BeurkG und Beurkundungen in Form eines Vermerks nach § 39 BeurkG einzutragen; ausgenommen sind

a) die Erteilung von Ausfertigungen,

b) die Beglaubigung von Abschriften,

c) Wechsel- und Scheckproteste,

d) Vermerke nach § 39 BeurkG, die im Zusammenhang mit einer anderen Beurkundung erteilt und auf die betreffende Urschrift oder eine Ausfertigung oder ein damit zu verbindendes Blatt gesetzt werden; Vermerke, welche die Beglaubigung einer Unterschrift, eines Handzeichens, der Zeichnung einer Firma oder der Zeichnung einer Namensunterschrift enhalten, sind stets in die Urkundenrolle aufzunehmen.

Hat der Notar bei einer Unterschriftsbeglaubigung auch den Entwurf der Urkunde gefertigt, so hat er dies in der Urkundenrolle zu vermerken.

Eintragungen

§ 9. (1) Die Eintragungen sind in ununterbrochener Reihenfolge zu bewirken und für jedes Kalenderjahr mit fortlaufenden Nummern zu versehen.

(2) In Spalte 3 sind die Beteiligten — bei der Beurkundung von Rechtsgeschäften jeder Teil, dessen Erklärung beurkundet wird, — aufzuführen. Wird ein Beteiligter vertreten, so ist nur der Vertretene anzugeben. Ist eine größere Zahl von Personen beteiligt, so genügt eine zusammenfassende Bezeichnung; diese kann auch in das Namensverzeichnis aufgenommen werden, falls sie das Auffinden der Urkunde gewährleistet. Bei Unterschriftsbeglaubigungen und sonstigen Urkunden, die weder in Urschrift noch in Abschrift bei dem Notar verbleiben — ausgenommen Verfügungen von Todes wegen —, kann von der Aufnahme der Beteiligten in das Namensverzeichnis abgesehen werden.

(3) Urkunden, in denen der Inhalt einer in der Urkundensammlung befindlichen Urkunde berichtigt, geändert, ergänzt oder aufgehoben wird, erhalten eine neue Nummer. In Spalte 5 der Urkundenrolle ist jeweils wechselseitig auf die Nummer der anderen Urkunde, z. B. mit den Worten: „vgl. Nr. . . .“ zu verweisen. Wird die spätere Urkunde bei der früheren verwahrt (§ 19 Abs. 3), so ist bei der späteren Urkunde in Spalte 5 auf die frühere zu verweisen, z. B. mit den Worten: „verwahrt bei Nr. . . .“

(4) Ausschabungen sind unzulässig; Änderungen sollen so vorgenommen werden, daß der ursprüngliche Text erkennbar bleibt.

Vermerke auf Urkunden

§ 10. Auf der Urschrift jeder Urkunde sowie auf jeder Ausfertigung oder Abschrift hat der Notar die Nummer der Urkundenrolle und die Jahreszahl anzugeben.

Verwahrung von Wertgegenständen

§ 11. Geld, Wertpapiere und Kostbarkeiten, die dem Notar zur Aufbewahrung oder zur Ablieferung an Dritte übergeben werden (§ 23 BNotO), sind in das Verwahrungsbuch und in das Massenbuch (Massenkartei) einzutragen. Schecks und Sparkassenbücher sind bei der Eintragung ebenso wie Geld zu behandeln.

(2) Die Eintragungspflicht erstreckt sich nicht auf Geldbeträge, die der Notar als Protestbeamter empfangen hat, wenn diese Beträge unverzüglich an den Berechtigten herausgegeben werden. Sie erstreckt sich ferner nicht auf Hypotheken-, Grundschuld- und Rentenschuldbriefe sowie auf Wechsel und Schecks, die der Notar zwecks Erhebung des Protestes erhalten hat.

Durchführung der Verwahrung

§ 12. (1) Wertpapiere und Kostbarkeiten sind sicher und getrennt von anderen Massen zu verwahren. Die laufende Einnahmennummer des Verwahrungsbuches ist anzugeben. Wertpapiere und Kostbarkeiten kann der Notar, falls der Hinterleger nichts anderes verlangt, auch einer Bank in Verwahrung geben. Er ist nicht verpflichtet, die von ihm verwahrten Wertpapiere zu verwalten; hierauf soll er den Hinterleger hinweisen.

(2) Geldbeträge sind einem Bankkonto zuzuführen; derartige Konten sind zum Unterschied von dem Privatkonto als Sonderkonten des Notars für fremde Gelder (Notaranderkonten) einzurichten; für jede Masse muß ein besonderes Anderkonto geführt werden, über das der Notar allein verfügungsberechtigt ist. Die Auswahl der Banken steht, soweit die Beteiligten nichts anderes verlangen, dem Notar zu. Der Notar darf über Beträge des Bankkontos nur verfügen, um sie unverzüglich dem Empfangsberechtigten zuzuführen. Verlangt der Hinterleger schriftlich die gesonderte Aufbewahrung von Geldbeträgen, so sind diese in besonderen Hüllen zu verwahren. Die Zinsen hinterlegter Geldbeträge stehen — nach Abzug der Bankunkosten — dem Beteiligten zu.

(3) Schecks sind unverzüglich einzulösen oder zu verrechnen, soweit sich aus den Anweisungen der Beteiligten nichts anderes ergibt. Der Gegenwert ist nach Absatz 2 zu behandeln.

Das Verwahrungsbuch und das Massenbuch

§ 13. (1) Jede Einnahme und jede Ausgabe sind sowohl in das Verwahrungsbuch als auch in das Massenbuch einzutragen. Die Eintragungen sind in beiden Büchern noch am Tage des Eingangs oder der Ausgabe — im Verwahrungsbuch unter einer durch das Kalenderjahr fortlaufenden Nummer — zu bewirken.

(2) Im Verwahrungsbuch (Muster 3) werden Wertpapiere nur nach der Gattung und dem Gesamtbetrag bezeichnet. Zins-, Renten- und Gewinnanteilscheine oder Erneuerungsscheine sind kurz zu vermerken. Die Geldbeträge sind in Ziffern einzutragen und aufzurechnen; das Ergebnis einer Seite ist auf die folgende Seite zu übertragen. Zu Beginn eines neuen Kalenderjahres ist der Überschuß der Einnahmen über die Ausgaben vorzutragen; zu diesem Zweck ist das Verwahrungsbuch am Schlusse des Kalenderjahres abzuschließen und der Abschluß von dem Notar unter Angabe von Ort, Tag und Amtsbezeichnung zu unterschreiben. Auf die Eintragung im Massenbuch ist zu verweisen.

(3) In das Massenbuch (Muster 5) ist jede Verwahrungsmasse mit den zugehörigen Einnahmen und Ausgaben gesondert unter jährlich laufender Nummer einzutragen. Den Eintragungen, die die gleiche Verwahrungsmasse betreffen, ist die Bezeichnung der Masse nebst der laufenden Nummer und der Nummer der Urkundenrolle voranzustellen. Wertpapiere werden nach der Gattung, dem Nennbetrag, der Stückzahl, den Serien und den Nummern eingetragen; Zins-, Renten- und Gewinnanteilscheine oder Erneuerungsscheine sind durch Angabe der Fälligkeitstermine oder Nummern näher zu bezeichnen. Die Geldbeträge sind für die einzelnen Massen gesondert aufzurechnen.

(4) Die Ausgaben müssen durch Belege nachgewiesen werden. Die Belege über die Einnahmen und Ausgaben werden mit der Nummer der Masse bezeichnet und nach § 21 Abs. 2 verwahrt. Wird die Empfangsbescheinigung in einer Notariatsverhandlung beurkundet, so ist

in der Bemerkungsspalte auf diese Urkunde zu verweisen; auch kann diese Spalte zu Empfangsbescheinigungen benutzt werden. Sind sämtliche zu einer Masse gehörigen Eintragungen im Massenbuch erledigt, so sind sie mit Rotstift durchzustreichen.

(5) Änderungen und Ausschabungen in den Büchern sind unzulässig; Irrtümer sind durch einen von dem Notar zu unterschreibenden Nachtragsvermerk in der entsprechenden Spalte oder in der Bemerkungsspalte unter Angabe des Datums richtigzustellen.

Besondere Formen der Führung der Bücher

§ 14. (1) Urkundenrolle und Verwahrungsbuch können als Buch mit herausnehmbaren Einlageblättern geführt werden. In diesem Fall ist für das Verwahrungsbuch das Muster 4 zu verwenden. Die Einlageblätter müssen aus dauerhaftem Papier hergestellt und fortlaufend numeriert sein. Voll beschriebene Einlageblätter sind in Schnellheftern oder Aktenordnern abzulegen. Nach Ablauf des Kalenderjahres sind die Einlageblätter unverzüglich mit Schnur und Siegel zu verbinden und fest einzubinden. Der Notar hat dabei die in § 7 Abs. 2 Satz 3 vorgeschriebenen Feststellungen zu treffen.

(2) An Stelle des Massenbuchs kann der Notar eine Kartei für die einzelnen Massen (Massenkartei) nach dem Muster 6 führen. Die Karteiblätter sind mit fortlaufenden Nummern zu versehen und in der Nummernfolge — getrennt nach erledigten und nicht erledigten Massen — aufzubewahren.

(3) Verwahrungsbuch und Massenbuch (Massenkartei) können im Durchschreibeverfahren geführt werden.

Kostenregister im Bereich der Notarkasse

§ 15. Der Notar im Tätigkeitsbereich der Notarkasse führt zur Feststellung der Gebühren, die der Abgabe zur Notarkasse unterliegen, ein Kostenregister, das auch im Durchschreibeverfahren geführt werden kann.

Verfügungen von Todes wegen

§ 16. (1) Über jede Verfügung von Todes wegen, die der Notar dem Amtsgericht abliefert (§ 34 BeurkG, §§ 2258 a, 2300 BGB), hat er für seine Urkundensammlung einen Vermerk anzufertigen, der den Namen, Beruf und Wohnort des Erblassers (der Vertragschließenden) — gegebenenfalls auch des zweiten Notars oder der Urkundenzeugen — sowie Angaben darüber enthält, in welcher Form (§§ 2232, 2276 BGB) die Verfügung von Todes wegen errichtet worden ist. Auf das Vermerkblatt sind die Nummer der Urkundenrolle und die nach § 154 Abs. 3 KostO zurückzubehaltende Abschrift der Kostenberechnung zu setzen. Auf Wunsch des Erblassers (der Vertragschließenden) soll der Notar Abschriften der Verfügung von Todes wegen zurückbehalten. Zurückbehaltene Abschriften sind zu beglaubigen. Sie sind zu den Akten des Notars zu nehmen und auf Wunsch dem Beteiligten (den Beteiligten) auszuhändigen.

(2) Im Falle des § 25 Abs. 2 Satz 1 BNotO benachrichtigt der Notar das Standesamt oder die Hauptkartei für Testamente gemäß den für die Benachrichtigung durch das Verwahrungsgericht (§ 34 BeurkG, §§ 2258 a, 2300 BGB) geltenden Vorschriften und vermerkt dies auf der Urkunde. Bei der Ablieferung gemäß § 25 Abs. 2 Satz 2 BNotO hat er eine beglaubigte Abschrift der Urkunde nebst Kostenberechnung zu der Urkundensammlung zu nehmen. Befindet sich ein Erbvertrag seit mehr als 50 Jahren in seiner Verwahrung, so hat er nach §§ 2300 a, 2263 a BGB zu verfahren und den Erbvertrag gegebenenfalls an das Nachlaßgericht zum Zwecke der Eröffnung abzuliefern.

(3) Der Notar hat über die Erbverträge, die er gemäß § 25 Abs. 2 Satz 1 BNotO in Verwahrung nimmt, ein Verzeichnis zu führen. Die Eintragungen sind jahrgangsweise mit laufenden Nummern zu versehen. In das Verzeichnis sind aufzunehmen:

a) die Namen der Erblasser,

b) ihr Geburtsdatum,

c) der Tag der Ausstellung der Urkunde,

d) die Nummer der Urkundenrolle.

Falls der Erbvertrag später in besondere amtliche Verwahrung gebracht oder an das Gericht abgeliefert wird, sind im Verzeichnis dieses Gericht und der Tag der Abgabe zu vermerken. Das Verzeichnis ist als Anlage zur Urkundenrolle zu nehmen und mit dieser aufzubewahren. An Stelle des Verzeichnisses kann der Notar Durchschriften der den Standesämtern und der Hauptkartei für Testamente zu übersendenden Verwahrungsnachrichten in einer Kartei aufbewahren. Die einzelnen Verwahrungsnachrichten sind in zeitlicher Reihenfolge zu ordnen und mit laufenden Nummern zu versehen. Bei der Abgabe der Urkunden gemäß § 51 BNotO sind die Durchschriften der Verwahrungsnachrichten über die noch nicht abgegebenen Erbverträge an die verwahrende Stelle zu übergeben.

(4) Der Notar hat das nach Absatz 3 geführte Verzeichnis oder die daselbst bezeichneten Durchschriften am Jahresende auf solche uneröffneten Erbverträge durchzusehen, die wegen Zeitablaufs nach Absatz 2 Satz 3 zu behandeln sind.

Abschriften von Entwürfen

§ 17. Hat der Notar eine Urkunde entworfen und Unterschriften oder Handzeichen darunter beglaubigt, so hat er eine beglaubigte Abschrift der Urkunde einschließlich der Kostenberechnung (§ 154 Abs. 3 Satz 3 KostO) für seine Urkundensammlung zurückzubehalten, sofern die Urkunde nicht gemäß § 19 Abs. 4 mit einer Niederschrift verbunden wird. Auf die Abschrift sind die Vermerke über die Absendung der Anzeige nach § 2 Abs. 5 der Grunderwerbsteuer-Durchführungsverordnung vom 30. März 1940 (RGBl. I S. 595) oder den entsprechenden landesrechtlichen Bestimmungen sowie nach § 3 Abs. 3 der Kapitalverkehrsteuer-Durchführungsverordnung in der Fassung vom 20. April 1960 (BGBl. I S. 244) zu setzen[3]).

Urkunden ohne Niederschrift

§ 18. Bei Urkunden des Notars, die weder in Urschrift noch in Abschrift bei dem Notar zurückbleiben, insbesondere bei bloßen Unterschriftsbeglaubigungen sowie anderen Zeugnissen und Bescheinigungen, ist ein Vermerkblatt zu der Urkundensammlung zu bringen, das den Namen der Beteiligten, die Nummer der Urkundenrolle und die nach § 154 Abs. 3 KostO zurückzubehaltende Abschrift der Kostenberechnung enthält. Dies gilt nicht, wenn gemäß § 19 Abs. 4 verfahren wird.

Urkundensammlung

§ 19. (1) Die von dem Notar verwahrten Urschriften (§ 25 Abs. 1 BNotO), Ausfertigungen (§ 45 Abs. 1 Satz 2 und 3 BeurkG) und beglaubigten Abschriften (§ 17) sowie die Vermerkblätter über hinausgegebene Urkunden (§ 16 Abs. 1, § 18) sind nach der Nummernfolge der Urkundenrolle geordnet in einer Urkundensammlung aufzubewahren. Sie können in Schnellheftern, Aktenordnern, Aktenkästen oder festen Umschlägen gesammelt oder in Aktenbände mit festem Umschlag eingeheftet werden.

(2) Auf Urkunden, in denen der Inhalt einer früheren in der Sammlung befindlichen Urkunde berichtigt, geändert, ergänzt oder aufgehoben wird (§ 9 Abs. 3 Satz 1), soll bei der Hauptrkunde durch einen Vermerk verwiesen werden, wenn die spätere Urkunde nicht mit der früheren gemäß Absatz 3 zusammengeheftet wird. Der Vermerk ist in die späteren Ausfertigungen und Abschriften zu übernehmen.

[3]) Für Berlin bestimmt hierzu die AV vom 21. 7. 1970 (ABl. 823) in Ziff. 2 Buchst. c: Die Absendung der nach § 30 des Grunderwerbsteuergesetzes vom 18. Juli 1969 (GVBl. S. 1034) vorgeschriebenen Anzeige ist auf der Urschrift der Urkunde, in den Fällen, in denen eine Urkunde entworfen und darauf eine Unterschrift beglaubigt worden ist, auf der zurückzubehaltenden beglaubigten Abschrift zu vermerken. Das auf Grund der Anzeige nach der Verwaltungsanordnung des Senators für Finanzen vom 31. Mai 1963 (StZBl. Bln. S. 798) ergehende Bestätigungsschreiben des Finanzamts ist mit der Urkunde (Urschrift, beglaubigte Abschrift) zu verbinden.

(3) Urkunden der in Absatz 2 bezeichneten Art sowie Urkunden, die ihrem Inhalte nach mit anderen in der Urkundensammlung befindlichen Urkunden derart zusammenhängen, daß sie ohne letztere von den Beteiligten in zweckdienlicher Weise nicht verwendet werden können, wie solche über Vertragsannahme-, Auflassungs- oder Genehmigungserklärungen, können bei der Haupturkunde verwahrt werden.

(4) Mit Urkunden, die in der Verwahrung des Notars bleiben (§ 25 Abs. 1 BNotO), können, wenn die Beteiligten nichts anderes bestimmen, auch sonstige Urkunden in Urschrift oder beglaubigter Abschrift verbunden werden, die für die Rechtswirksamkeit oder die Durchführung des beurkundeten Rechtsvorganges bedeutsam sind, z. B. Genehmigungserklärungen, behördliche Beschlüsse und Bescheinigungen, Erbscheine, Eintragungsmitteilungen.

(5) Urkunden, die nach Absatz 3 oder 4 miteinander verwahrt oder nach § 12 BeurkG der Niederschrift beigefügt werden, sind anzukleben oder nach § 29 beizuheften. Sie können in die Ausfertigungen und Abschriften der Haupturkunde aufgenommen werden.

Wechsel- und Scheckproteste

§ 20. (1) Die bei der Aufnahme von Wechsel- und Scheckprotesten zurückbehaltenen beglaubigten Abschriften der Protesturkunden und der über den Inhalt des Wechsels, der Wechselabschrift oder des Schecks aufgenommenen Vermerke (Art. 85 Abs. 2 des Wechselgesetzes, Art. 55 Abs. 3 des Scheckgesetzes) sind mit den zugehörigen Kostenberechnungen (§ 154 Abs. 3 Satz 1 KostO) nach der zeitlichen Reihenfolge geordnet in Sammelbänden zu vereinigen; § 19 Abs. 1 Satz 2 gilt entsprechend. Die Protestabschriften sind innerhalb eines jeden Bandes mit fortlaufenden Nummern zu versehen. Die Protestabschriften und die Vermerke sind möglichst auf dasselbe Blatt zu setzen.

(2) Die Protestabschriften und die Vermerke können nach fünf Jahren vernichtet werden.

Nebenakten

§ 21. (1) Die nicht zur Urkundensammlung zu nehmenden Schriftstücke, z. B. Schriftwechsel mit den Beteiligten sowie mit den Gerichten und Behörden, werden, auch soweit sie Urkundsgeschäfte des Notars betreffen, in Blattsammlungen für jede einzelne Angelegenheit oder in Sammelakten aufbewahrt.

(2) Zu den Verwahrungsgeschäften und, soweit dies zur Vorbereitung und Abwicklung des Geschäfts geboten ist, zu den Beurkundungen hat der Notar Blattsammlungen zu führen. Steht ein Verwahrungsgeschäft mit einer Beurkundung im Zusammenhang, so ist eine Blattsammlung ausreichend.

(3) Blattsammlungen und Sammelakten mit Ausnahme nach § 16 Abs. 1 Satz 3 zurückbehaltener Abschriften von Verfügungen von Todes wegen und nach § 25 Abs. 2 Satz 1 BNotO verwahrter Erbverträge können nach sieben Jahren vernichtet werden.

Generalakten

§ 22. Für Mitteilungen der Aufsichtsbehörden, Prüfungsberichte und andere die Amtstätigkeit im allgemeinen betreffende Vorgänge hat der Notar Generalakten zu führen.

Geschäftsübersichten

§ 23. (1) Der Notar hat nach Abschluß eines jeden Kalenderjahres eine Geschäftsübersicht nach dem Muster 7 aufzustellen und in zwei Stücken bis zum 15. Januar bei dem Landgerichtspräsidenten einzureichen. Der Landgerichtspräsident läßt dem Notar die erforderlichen Vordrucke zugehen.

(2) Bei der Aufstellung der Übersicht ist folgendes zu beachten:

1. Unter Abschnitt I (Urkundsgeschäfte) sind alle in die Urkundenrolle eingetragenen Beurkundungen sowie die Wechsel- und Scheckproteste aufzunehmen. Jede Urkunde ist nur einmal zu zählen.

2. Urkundenentwürfe sind in die Übersicht (Nr. I 1 a) nur dann aufzunehmen, wenn der Notar Unterschriften oder Handzeichen darunter beglaubigt hat.
3. Unter Nr. I 1 c ist die Zahl aller vom Gericht überwiesenen Vermittlungen von Auseinandersetzungen (förmliche Vermittlungsverfahren) aufzunehmen. Die Beurkundung eines Auseinandersetzungsvertrages, dem ein förmliches Verfahren nicht vorausgegangen ist, ist unter Nr. I 1 d zu zählen.

(3) Ist ein Notar im Laufe des Jahres ausgeschieden oder sein Amtssitz verlegt worden, so ist die Übersicht seiner Geschäfte von der Stelle (Notariatsverweser, Amtsgericht, Notar) aufzustellen, die die Bücher und Akten in Verwahrung genommen hat. Für Notariatsverweser ist die Übersicht besonders aufzustellen; Satz 1 gilt entsprechend.

Übersichten über die Verwahrungsgeschäfte

§ 24. (1) Der Notar hat nach Abschluß eines jeden Kalenderjahres dem Landgerichtspräsidenten eine Übersicht über den Stand seiner Verwahrungsgeschäfte nach dem Muster 8 bis zum 1. März einzureichen. Der Landgerichtspräsident läßt dem Notar die erforderlichen Vordrucke zugehen.

(2) In der Übersicht ist anzugeben:

1. unter I 1 der Bestand der vom Notar am Jahresschluß verwahrten Geldbeträge;
2. unter I 2 der im Verwahrungsbuch vorgetragene Überschuß der Einnahmen über die Ausgaben;
3. unter I 3 der Bestand der verwahrten Geldbeträge, nach den einzelnen Massen gegliedert;
4. unter II der Bestand der verwahrten Wertpapiere und Kostbarkeiten, nach Massen gegliedert; die Wertpapiere sind nur nach Gattung und Gesamtbetrag zu bezeichnen, Zinsscheine und dgl. sind kurz zu vermerken.

Bei I 3 und II ist in der Spalte Bemerkungen die Art der Verwahrung genau anzugeben; sind Geldbeträge nicht auf Anderkonten angelegt, so sind die Gründe hierfür kurz mitzuteilen.

(3) Den Übersichten sind die Rechnungsauszüge der Banken, bei denen die verwahrten Geldbeträge angelegt sind, beizufügen. Sind sie dem Notar noch nicht zugegangen, so hat er sie unverzüglich nachzureichen.

(4) Der Notar hat auf der Übersicht zu versichern, daß sie richtig und vollständig ist, und hat sie zu unterschreiben.

(5) Hat der Notar am Schluß des Jahres keine Wertgegenstände in Verwahrung, so erstattet er Fehlanzeige.

3. Abschnitt. Feststellung und Bezeichnung der Beteiligten

§ 25. (1) Der Notar hat bei der Beurkundung von Erklärungen und bei der Beglaubigung von Unterschriften oder Handzeichen sowie der Zeichnung einer Firma oder Namensunterschrift die Person der Beteiligten mit besonderer Sorgfalt festzustellen. Bei der Vorlage eines Ausweises ist seine Gültigkeit, bei der Vorstellung der Beteiligten durch Dritte ist ihre Glaubwürdigkeit zu prüfen. Als Erkennungszeugen sind regelmäßig nur solche Personen geeignet, die der Notar selbst als zuverlässig kennt und die nicht an der den Gegenstand der Amtshandlung bildenden Angelegenheit beteiligt sind oder zu einem Beteiligten in näheren verwandtschaftlichen oder sonstigen dem Notar bekannten Beziehungen stehen.

(2) Bei der Bezeichnung natürlicher Personen sind der Wohnort und die Wohnung, bei verheirateten oder verheiratet gewesenen Frauen ferner ihr Mädchenname beizufügen. In den Fällen, in denen dies zur Vermeidung von Verwechslungen angebracht erscheint, soll der Geburtstag des Beteiligten (der Beteiligten) angegeben werden.

4. Abschnitt. Form und Gestaltung der notariellen Urkunden

Herstellung der Urschriften

§ 26. (1) Urschriften notarieller Urkunden können mit schwarzer oder blauer Tinten- oder Schreibmaschinenschrift hergestellt werden, sofern die verwendeten Tinten oder Farbbänder handelsüblich als urkunden- oder dokumentenecht bezeichnet sind.

(2) Die Verwendung von Kugelschreibern ist zulässig, sofern schwarze Pastentinten benutzt werden und die Minen neben einer Herkunftsbezeichnung den Aufdruck „DIN 16 554" tragen. Filzschreiber oder ähnliche Schreibgeräte dürfen nicht verwendet werden.

(3) Die Urschriften können auch im Druckverfahren mit Ausnahme des Umdruckverfahrens mit schwarzer oder dunkelblauer Druckfarbe oder unter Verwendung entsprechender Formblätter hergestellt werden.

(4) Bei Unterschriftbeglaubigungen sowie für den Abschlußvermerk in Niederschriften ist der Gebrauch von Stempeln unter Verwendung von haltbarer schwarzer oder dunkelblauer Stempelfarbe zulässig.

(5) Die Aufsichtsbehörden können die Verwendung nach Form oder Inhalt ungeeigneter Formblätter untersagen.

Herstellung von Ausfertigungen und beglaubigten Abschriften

§ 27. (1) Zur Herstellung von Ausfertigungen und beglaubigten Abschriften können auch gut lesbare Durchschläge, Ablichtungen oder im Umdruckverfahren hergestellte Abzüge benutzt werden.

(2) Ablichtungen müssen das Schriftstück in Originalgröße oder nur geringfügig verkleinert wiedergeben und genügend haltbar und fälschungssicher sein. Wärmekopien dürfen nicht verwendet werden.

Urkundenpapier

§ 28. Die Urschriften und Ausfertigungen notarieller Urkunden sind auf festem, weißem oder gelblichem Papier in DIN-Format herzustellen.

Heften von Urkunden

§ 29. (1) Jede Urschrift, Ausfertigung oder beglaubigte Abschrift, die mehr als einen Bogen oder ein Blatt umfaßt, ist zu heften; der Heftfaden ist anzusiegeln. Es sollen Heftfäden in den Landesfarben verwendet werden.

(2) In gleicher Weise sind Schriftstücke, die nach §§ 9 Abs. 1 Satz 2, 14, 37 Abs. 1 Satz 2 BeurkG der Niederschrift beigefügt worden sind, mit dieser zu verbinden.

Lücken und Änderungen in den Urkunden

§ 30. (1) Es darf nichts ausgeschabt oder sonst unleserlich gemacht werden. Wichtige Zahlen sind in geeigneten Fällen in Ziffern und Buchstaben zu schreiben.

(2) Lücken sind, soweit erforderlich, durch Füllstriche gegen nachträgliche Einschaltungen zu sichern.

(3) Zusätze und sonstige, nicht nur geringfügige Änderungen sollen am Schlusse vor den Unterschriften oder am Rande vermerkt und im letzteren Falle von dem Notar besonders unterzeichnet werden. Ist der Niederschrift ein Schriftstück nach §§ 9 Abs. 1 Satz 2, 14, 37 Abs. 1 Satz 2 BeurkG beigefügt, so brauchen Änderungen in dem beigefügten Schriftstück nicht unterzeichnet zu werden, wenn aus der Niederschrift hervorgeht, daß sie genehmigt sind.

(4) Offensichtliche Schreibfehler kann der Notar auch nach Abschluß der Niederschrift durch einen von ihm zu unterschreibenden Nachtragsvermerk richtigstellen. Ergibt sich im übrigen nach Abschluß der Niederschrift die Notwendigkeit einer Änderung oder Berichtigung, so hat der Notar hierüber eine besondere Niederschrift aufzunehmen.

Genehmigung oder Bestätigung durch eine Behörde

§ 31. (1) Bedarf ein Geschäft der Genehmigung oder Bestätigung durch eine Behörde oder hegt der Notar Zweifel über die Notwendigkeit einer solchen Genehmigung oder Bestätigung, so kann der Notar in geeigneten Fällen mit Einverständnis der Beteiligten vor der Beurkundung einen Entwurf der wesentlichen Bestimmungen des Geschäfts der zuständigen Behörde mit der Bitte um Bekanntgabe etwaiger Bedenken vorlegen. Er soll, soweit dies zweckmäßig erscheint, den Beteiligten dieses Verfahren nahelegen.

(2) Der Notar soll die notwendigen Genehmigungen und Bestätigungen möglichst frühzeitig und möglichst gleichzeitig beantragen.

5. Abschnitt. Prüfung der Amtsführung

Umfang der Prüfung

§ 32. (1) Die Amtsführung des Notars wird in der Regel in Abständen von mehreren — höchstens vier — Jahren und, wenn besondere Gründe vorliegen, auch in der Zwischenzeit geprüft. Bei einem neu bestellten Notar wird die erste Prüfung innerhalb der ersten zwei Jahre seiner Tätigkeit vorgenommen.

(2) Gegenstand der Prüfung ist die ordnungsmäßige Erledigung der Amtsgeschäfte des Notars. Die Prüfung erstreckt sich auch auf die Einrichtung der Geschäftsstelle, auf die Führung und Aufbewahrung der Bücher und Akten, auf die vorschriftsmäßige Verwahrung von Wertgegenständen, auf die rechtzeitige Anzeige des Beginns und der Beendigung von Vertretungen sowie auf das Bestehen der Haftpflichtversicherung. In jedem Falle ist eine größere Anzahl von Urkunden und Nebenakten durchzusehen und dabei auch die Kostenberechnung zu prüfen.

(3) Der Prüfungsbeauftragte berichtet dem Landgerichtspräsidenten über das Ergebnis der Prüfung. Soweit der Bericht Beanstandungen enthält, trifft der Landgerichtspräsident nach Anhörung des Notars die erforderlichen Anordnungen.

(4) Soweit bei dem Notar die Kostenberechnung bereits von einem Beauftragten der Notarkasse geprüft wird, ist eine Prüfung nicht erforderlich.

Prüfungsbeauftragte

§ 33. Die Prüfung wird von dem Landgerichtspräsidenten (§ 92 Nr. 1 BNotO) oder einem von ihm beauftragten Richter des Landgerichts regelmäßig in der Geschäftsstelle des Notars vorgenommen.

Der Oberlandesgerichtspräsident kann einen oder mehrere Richter bestellen, die im Auftrage der Landgerichtspräsidenten die Notare im gesamten Oberlandesgerichtsbezirk prüfen. Die Prüfung der Kostenberechnungen und der Verwahrungsgeschäfte kann unter Heranziehung eines Kostenbeamten gemäß § 93 Abs. 2 Satz 2 BNotO vorgenommen werden.

6. Abschnitt. Notariatsverweser und Notarvertreter

§ 34. (1) Die Bestimmungen dieser Dienstordnung gelten auch für Notariatsverweser und Notarvertreter.

(2) Der Notariatsverweser führt das Amtssiegel (§ 2) mit der Umschrift „Notariatsverweser in ..... (Ort)". Er fügt seiner Unterschrift einen ihn als Notariatsverweser kennzeichnenden Zusatz bei[4]).

(3) Der Beginn und die Beendigung des Verweseramtes oder der Vertretung sind unverzüglich in der Urkundenrolle zu vermerken. Der Vermerk ist mit Datum und Unterschrift zu versehen.

[4]) Für Berlin bestimmt Ziff. 2 Buchst. d der AV vom 21. 7. 1970 (ABl. 823): Der Notariatsverweser hat seine Unterschrift mit dem Zusatz zu versehen: „An Stelle des Notars .... (Name) in .... (Ort) bestellter Notariatsverweser".

(4) Der Notar, dem ein ständiger Vertreter bestellt ist, hat dem Landgerichtspräsidenten in vierteljährlichen Zusammenstellungen in zwei Stücken Anlaß, Beginn und Beendigung der einzelnen Vertretung anzuzeigen.

(5) In den sonstigen Vertretungsfällen hat der Notar dem Landgerichtspräsidenten unverzüglich die Beendigung der Vertretung anzuzeigen.

B

Landesrecht

I. Ehemals preußisches Rechtsgebiet

10.

Preußisches Gesetz über die freiwillige Gerichtsbarkeit

Vom 21. September 1899 (GS S. 249)

Inhaltsübersicht

Fünfter Abschnitt. Verfahren bei der freiwilligen gerichtlichen Versteigerung von Grundstücken

Sechster Abschnitt. Amtsstellung der Notare

Siebenter Abschnitt. Besondere Gerichte. Mitwirkung der Gemeindebeamten in Angelegenheiten der freiwilligen Gerichtsbarkeit

Achter Abschnitt. Schlußbestimmungen

Vorbemerkung. Das Gesetz ist geändert durch Gesetz vom 18. 3. 1914 (GS S. 35), vom 8. 6. 1918 (GS S. 83), vom 23. 6. 1920 (GS S. 367), VO vom 9. 12. 1927 (GS S. 204), Gesetz vom 11. 1. 1932 (GS S. 31) und VO vom 3. 8. 1939 (RGBl. I 1368). Für die ehemals preußischen Gebiete des Landes *Hessen* ist das Gesetz, nachdem zunächst die Art. 104 bis 127 durch § 38 Nr. 1 des Hess. Ortsgerichtsgesetzes vom 6. 7. 1952 (GVBl. 124) — Anl. 13 — aufgehoben worden waren, durch das Hessische Gesetz über die freiwillige Gerichtsbarkeit vom 12. 4. 1954 (GVBl. S. 59) — Anl. 12 — ersetzt worden, für die ehemals preußischen Gebiete des Landes *Niedersachsen* durch das Niedersächsische Gesetz über die freiwillige Gerichtsbarkeit vom 14. 5. 1958 (GVBl. S. 117) — Anl. 14 —. Im Rahmen der Rechtsbereinigung ist das Gesetz in der danach noch geltenden Fassung bekannt gemacht für *Berlin* im GVBl. für Berlin Sonderband I Nr. 3212-1, für die ehemals preußischen Gebietsteile des Landes *Nordrhein-Westfalen* in der Sammlung des in Nordrhein-Westfalen geltenden preußischen Rechts — PrGS NW — S. 88, für die ehemals preußischen Gebietsteile des Landes *Rheinland-Pfalz* in der Sammlung des bereinigten preußischen, nassauischen und oldenburgischen Rechts für die Regierungsbezirke Koblenz, Trier und Montabaur, Sondernummer des GVBl. Rheinland-Pfalz 1968 Nr. 3212-1 S. 47, für das Land *Schleswig-Holstein* in der Sammlung des schleswig-holsteinischen Landesrechts, GS Schl.-H. Band II Nr. 315. Durch § 60 Nr. 57 des *Beurkundungsgesetzes* sind mit Wirkung vom 1. 1. 1970 aufgehoben worden

a) Art. 31 Abs. 1, soweit diese Vorschrift andere Geschäfte als freiwillige Versteigerungen, Abmarkungen und die Aufnahme von Vermögensverzeichnissen zum Gegenstand hat,

b) Art. 32 Abs. 1, soweit diese Vorschrift auf den aufgehobenen Teil des Art. 31 Abs. 1 verweist,

c) Art. 31 Abs. 2, Art. 34 Abs. 1, Art. 35, 36, 39 bis 41, 43 bis 60, 61 Abs. 1 Satz 2, Abs. 2, Art. 62 bis 64, 84, 114, 115, soweit diese Vorschriften in einzelnen Ländern nicht schon früher ihre Geltung verloren haben,

d) Art. 42, 61 Abs. 1 Satz 1, soweit diese Vorschriften die Verwahrung notarieller Urkunden zum Gegenstand haben.

Das Land *Baden-Württemberg* hat durch das Gesetz zur Änderung des PrFGG vom 18. 12. 1969 (GBl. S. 301) auf Grund des landesgesetzlichen Vorbehalts in § 63 BeurkG mit Wirkung vom 1. 1. 1970 für das Gebiet der Landkreise Hechingen und Sigmaringen den durch § 60 Nr. 57 Buchst. c BeurkG aufgehobenen Art. 115 PrFGG wieder in das Gesetz eingestellt. Für den Geltungsbereich des Gesetzes im Lande *Rheinland-Pfalz* ist Art. 69 durch § 3 des G über die Veröffentlichung gerichtlicher Bekanntmachungen vom 23. 5. 1969 (GVBl. Rhld.-Pf. S. 119) geändert worden.

Erster Abschnitt

Allgemeine Vorschriften

Anwendung der allgemeinen Vorschriften des FGG

Art. 1. Die §§ 3, 4, 6, 7, 14, der § 16 Abs. 2, 3 sowie die §§ 31 bis 33 des Reichsgesetzes über die Angelegenheiten der freiwilligen Gerichtsbarkeit vom 17. Mai 1898 finden, unbeschadet der Vorschriften des Grundbuchrechts über die Ausschließung und Ablehnung der Gerichtspersonen in der Beschwerdeinstanz, Anwendung auf diejenigen Angelegenheiten der freiwilligen Gerichtsbarkeit, welche durch Landesgesetz den ordentlichen Gerichten übertragen sind. Das gleiche gilt von den Vorschriften der §§ 8, 9 über die Gerichtssprache und die Dolmetscher und, soweit nicht entgegenstehende Vorschriften gegeben sind, von den Vorschriften der §§ 13, 15, des § 16 Abs. 1 und der §§ 17, 34.

1. Allgemeines. Die Vorschrift regelt das Verfahren in den durch Landesgesetz den ordentlichen Gerichten übertragenen Angelegenheiten der freiwilligen Gerichtsbarkeit. Unter Gesetz ist dabei wie im Fall des § 1 FGG (vgl. § 185 FGG mit Art. 2 EGBGB) jede Rechtsnorm zu verstehen; daher gehören auch Rechtsverordnungen hierher, soweit sie Angelegenheiten der freiwilligen Gerichtsbarkeit (nicht etwa der Justizverwaltung) betreffen. Da die Vorschrift ausdrücklich nur die ordentlichen Gerichte nennt, ist sie auf die Tätigkeit der „besonderen Gerichte" (Art. 104 ff. PrFGG) nicht anzuwenden. Auf Amtshandlungen der Notare finden auf Grund der Vorbehalte in §§ 20 Abs. 4, 118 BNotO die in Art. 1 angeführten Vorschriften nur insoweit Anwendung, als ihre Geltung im besonderen Teil angeordnet ist (vgl. z. B. Art. 26 Abs. 1).

2. Entsprechende Anwendung der allgemeinen Vorschriften des FGG. Bei der Auswahl der für anwendbar zu erklärenden Vorschriften hat sich der Gesetzgeber von der Erwägung leiten lassen, im Interesse der Einheitlichkeit des Verfahrens den größten Teil der allgemeinen Vorschriften des FGG auch auf die landesrechtlichen Angelegenheiten zu übertragen; hiervon wurde nur insoweit abgesehen, als anderweite Vorschriften des Landesrechts schon vorhanden waren oder die Bestimmungen des Reichsrechts für die dem Landesgesetzgeber vorbehaltenen Gebiete nicht geeignet erschienen (Begr. zu Art. 1; Josef FGG[2] Art. 1 PrFGG Anm. 5; Schlegelberger FGG[7] § 1 Anm. 28). Demgemäß sind drei Gruppen von Vorschriften zu unterscheiden:

a) Unbedingt für anwendbar erklärt sind die §§ 3, 4 (örtliche Zuständigkeit), 6, 7 (Ausschließung und Ablehnung des Richters), 14 (Armenrecht), 16 Abs. 2, 3 (Form der Bekanntmachung von Verfügungen), §§ 31 bis 33 (Rechtskraft, Wirkung der Aufhebung von Verfügungen, Zwangsgewalt) sowie die §§ 8, 9 FGG, diese jedoch nur, soweit sie sich auf die Gerichtssprache und die Dolmetscher beziehen, nicht wegen des übrigen Inhalts des § 8 (Sitzungspolizei, Beratung und Abstimmung). Hierbei wird anzunehmen sein, daß auf die genannten Vorschriften in ihrer jeweils geltenden Fassung verwiesen wird, was für die inzwischen geänderten §§ 6 Abs. 2 Satz 2, 14 und 33 FGG von Bedeutung ist. Der Vorbehalt in Satz 1 über die Ausschließung und Ablehnung in Grundbuchsachen erklärt sich daraus, daß die Grundbuchsachen erst durch § 1 GBO i. d. F. vom 5. 8. 1935 (RGBl. I 1073) den Gerichten durch Reichsgesetz übertragen worden sind (vgl. § 1 FGG Rdn. 12); seitdem gelten die §§ 6, 7 FGG auch in Grundbuchsachen im ersten Rechtszuge (vgl. § 81 Abs. 2 GBO) unmittelbar, der § 7 FGG nach Maßgabe des § 11 GBO. Art. 1 behält aber seine Bedeutung für Bahneinheiten; für diese gelten die gleichen Vorschriften wie für Grundbuchsachen, § 9 des G über die Bahneinheiten i. d. F. vom 8. 7. 1902 (GS S. 237, teilweise geändert, vgl. Palandt-Degenhart BGB[29] Art. 112 EGBGB Anm. 2).

b) Unter dem Vorbehalt etwa entgegenstehenden Landesrechts sind für anwendbar erklärt die §§ 13 (persönliches Erscheinen, Beistände und Bevollmächtigte), 15 (Beweisverfahren), § 16 Abs. 1 (Eintritt der Wirksamkeit gerichtlicher Verfügungen, § 17 (Fristen) und § 34 (Akteneinsicht, Abschriftserteilung). Wegen der für diesen Vorbehalt maßgebend gewesenen Gründe, die überwiegend obsolet sind, vgl. Josef FGG[2]) Art. 1 PrFGG Anm. 4. Abweichende landesrechtliche Vorschriften über Fristen (§ 17) sind übrigens nicht ersichtlich.

c) Nicht für anwendbar erklärt sind die §§ 2, 5, 10, 11, 12, 18 und ein Teil des § 8. Es gelten in landesrechtlichen Angelegenheiten anstelle des § 2 (Rechtshilfe) Art. 87 Abs. 1 PrAGGVG (vgl. § 2 FGG Rdn. 6), anstelle des § 5 (Bestimmung des zuständigen Gerichts) § 20 PrAGGVG, anstelle des § 10 (Gerichtsferien) § 91 Abs. 1 PrAGGVG, anstelle des § 11 (Anträge und Erklärungen) § 71 PrAGGVG. Soweit § 8 FGG sich auf die Sitzungspolizei und die Beratung und Abstimmung bezieht, gelten die §§ 88, 90 PrAGGVG. Es fehlt auch eine Verweisung auf § 12 FGG (Amtsermittlungsgrundsatz); die Geltung dieses Grundsatzes wird aber in der Begründung zum Entwurf des PrFGG (7 zu Art. 1) als selbstverständlich angesehen, soweit nicht besondere Vorschriften etwas anderes bedingen (vgl. Josef FGG[2] Art. 1 PrFGG Anm. 5 c; Schlegelberger FGG[7] § 12 Rdn. 36). Auch von einer Verweisung auf § 18 (Änderung von Verfügungen) wurde abgesehen in der Erwägung, daß der Grundsatz im allgemeinen zwar auch für das Landesrecht Geltung beanspruchen könne, daß bei seiner Aufnahme in das Gesetz aber auch die dann festzulegenden Ausnahmen hätten aufgeführt werden müssen (Schultze-Oberneck PrFGG S. 10 Nr. 6; Josef FGG[2] Art. 1 PrFGG Anm. 5 d; Schlegelberger FGG[7] § 18 Rdn. 31). Das Änderungsverbot des § 18 Abs. 2 gilt auch in landesrechtlichen Angelegenheiten (KGJ 23 A 188). Wegen des Beschwerdeverfahrens (§§ 19 bis 30 FGG) vgl. Art. 3 bis 8. Die nachträglich eingefügten §§ 13 a, 20 a gelten auf Grund des Art. 1 nicht; anstelle des § 13 a gelten die Art. 9 bis 14.

3. Über den *Kreis der landesrechtlichen Angelegenheiten* vgl. FGG Einl. VI S. 14. Soweit in landesrechtlichen Sondergesetzen (z. B. § 1 FGG Rdn. 67) auf die allgemeinen Vorschriften des FGG verwiesen wird, beruht deren Anwendbarkeit unmittelbar auf dieser Verweisung und unterliegt daher nicht den Beschränkungen des Art. 1.

4. Soweit vorbehaltenes Landesrecht auf Vorschriften des FGG verweist, haben dessen Normen nicht die Eigenschaft von Bundesrecht, sondern sie bleiben landesrechtliche Normen. Im Falle einer Abweichung besteht daher keine Pflicht zur Vorlegung an den BGH nach § 28 Abs. 2 FGG (KGJ 41, 35; KG NJW 1957, 119), sofern nicht das Landesrecht, was für den Geltungsbereich des PrFGG nicht zutrifft, auf Grund des Art. 99 GG eine Vorlegungspflicht auch in landesrechtlichen Sachen begründet (vgl. § 28 Rdn. 33 und jetzt BGHZ 53, 388).

Mitwirkung des Urkundsbeamten der Geschäftsstelle

Art. 2. Wirkt in einer Angelegenheit der freiwilligen Gerichtsbarkeit, die nicht in der Beurkundung eines Rechtsgeschäfts besteht, ein Urkundsbeamter der Geschäftsstelle mit, so finden auf ihn die Vorschriften der §§ 6, 7 des Reichsgesetzes über die Angelegenheiten der freiwilligen Gerichtsbarkeit entsprechende Anwendung.

Die Zuziehung eines Urkundsbeamten der Geschäftsstelle kann in den Fällen, in welchen das Gesetz sie nicht vorschreibt, erfolgen, wenn sie zur sachgemäßen Erledigung des Geschäfts zweckmäßig ist.

1. Ablehnung und Ausschließung des Urkundsbeamten der Geschäftsstelle. Hierfür gelten die §§ 6, 7 FGG gemäß Abs. 1 entsprechend. In Grundbuch-, Handelsregister- und Genossenschaftsregistersachen gelten die §§ 6, 7 FGG jetzt gemäß § 4 Abs. 4 AusfVO z. GBO vom 8. 8. 1935 (RGBl. I 1089), § 4 HdlRegVfg und § 1 GenRVO, also kraft Bundesrechts. Im übrigen gilt Art. 2 sowohl in bundesrechtlichen als auch in landesrechtlichen Angelegenheiten. Es kommt auch nicht darauf an, ob der UdG eine ihm zur selbständigen Erledigung übertragene Verrichtung (z. B. Erteilung des Rechtskraftattestes, § 31) vornimmt oder ob er neben dem Richter (Rechtspfleger), z. B. als Protokollführer, tätig wird. Auch ist es unerheblich, ob die Hinzuziehung des Urkundsbeamten gesetzlich geboten war oder (Abs. 2) nach Ermessen erfolgte. Wer nur als Schreibhilfe hinzugezogen wird, wirkt nicht als UdG mit und kann deshalb nicht abgelehnt werden oder ausgeschlossen sein. Für die Ausschließung und Ablehnung des Rechtspflegers gelten die §§ 6, 7 unmittelbar auf Grund des § 10 RechtspflG (vgl. § 6 FGG Rdn. 27). Auf Beurkundungen im Sinne des § 1 BeurkG ist Art. 2 nicht anwendbar. Nach Aufhebung des § 6 Abs. 2 Satz 2 FGG kann auch der UdG von den Beteiligten als befangen abgelehnt werden (§ 6 Rdn. 26). Über die Ausschließung, die Ablehnung und die Berechtigung einer Selbstablehnung des UdG entscheidet der Richter, also auch in übertragenen Sachen nicht der Rechtspfleger.

2. Hinzuziehung des UdG. Auch wenn die Hinzuziehung eines UdG nicht gesetzlich geboten ist, steht es im Ermessen des Richters (Rechtspflegers) einen Urkundsbeamten hinzuzuziehen, wenn ihm dies zur sachgemäßen Erledigung des Geschäfts zweckmäßig erscheint (Abs. 2). Die Bedeutung der Vorschrift besteht darin, daß die Justizverwaltungsstellen dem Richter einen UdG zur Verfügung zu stellen gehalten sind, wenn er nach seinem Ermessen die Zuziehung wünscht. Auf reine Beurkundungsgeschäfte ist diese Vorschrift nach der Einschränkung des Anwendungsbereichs des § 200 Abs. 1 FGG (vgl. § 200 Rdn. 2) nicht mehr anwendbar. Wegen der Hinzuziehung eines UdG zum Teilungsverfahren vgl. § 91 FGG Rdn. 5.

Rechtsmittel in landesrechtlichen Sachen. Art. 3 — 7

1. Allgemeiner Grundsatz

Art. 3. Für die Anfechtung gerichtlicher Verfügungen in denjenigen Angelegenheiten der freiwilligen Gerichtsbarkeit, welche durch Landesgesetz den Gerichten übertragen sind, gelten die Vorschriften der Artikel 4 bis 7. Die Vorschriften des Grundbuchrechts und des Gesetzes, betreffend das Pfandrecht an Privateisenbahnen und Kleinbahnen usw., vom 19. August 1895 (GS. S. 499) bleiben unberührt.

1. Die Bedeutung des Satzes 1 besteht darin, daß ältere Sondervorschriften über die Anfechtung von Verfügungen in landesrechtlichen Angelegenheiten beseitigt werden, soweit sie nicht in den Art. 4 und 5 vorbehalten sind. Abweichende Vorschriften, welche in den gleichzeitig mit dem PrFGG erlassenen anderweiten Justizgesetzen getroffen oder bestätigt sind, bleiben jedoch in Kraft, z. B. die Vorschriften in §§ 87, 88 PrAGGVG über Beschwerden bei der Rechtshilfe und der Sitzungspolizei.

2. Satz 2 enthält Vorbehalte zugunsten abweichender landesrechtlicher Vorschriften auf Gebieten, die nach Maßgabe des EGBGB in materiellrechtlicher Hinsicht und deshalb auch hinsichtlich des Verfahrens noch dem Landesgesetzgeber vorbehalten sind (vgl. § 117 GBO). Das im Text erwähnte G vom 19. 8. 1895 (GS. S. 499) ist ersetzt durch das G über die Bahneinheiten vom 8. 7. 1902 (GS. S. 237, ebenfalls vielfach geändert, vgl. Palandt-Degenhart BGB 29. Aufl. Art. 112 EGBGB Anm. 2). Dieser Vorbehalt ist namentlich von Bedeutung für die Bestätigung von Beschlüssen der Inhaber von Teilschuldverschreibungen (§ 53 des G vom 8. 7. 1902); da hier einzelne besondere Vorschriften, z. B. über den Beginn der Frist zur Einlegung der sofortigen Beschwerde (§ 53 aaO. i. V. m. § 189 KO und § 22 Abs. 1 FGG) auch künftig nicht zu entbehren sein würden, sind, um den Zusammenhang des Gesetzes zu wahren, die betreffenden Bestimmungen überhaupt unberührt geblieben (Josef FGG 2. Aufl. § 3 Anm. 3).

2. Beschwerde gegen Verfügungen erster Instanz.

Art. 4. Die gerichtlichen Verfügungen erster Instanz können im Wege der Beschwerde angefochten werden. Die Beschwerde findet nicht statt, soweit sie durch besondere gesetzliche Vorschrift ausgeschlossen ist. Rechte Dritter, die auf Grund der angefochtenen Verfügung erworben sind, werden durch die Abänderung der Verfügung nicht beeinträchtigt.

1. Die Vorschrift spricht den allgemeinen Grundsatz aus, daß gegen gerichtliche Verfügungen erster Instanz das Rechtsmittel der Beschwerde statthaft ist, soweit dieses Rechtsmittel nicht durch eine besondere gesetzliche Vorschrift ausgeschlossen ist, z. B. bei Bestimmung des zuständigen Gerichts nach § 20 Abs. 3 PrAGGVG. Hierfür macht es keinen Unterschied, ob Gericht erster Instanz das Amtsgericht oder das Landgericht ist. Erläßt das mit einer Beschwerde befaßte Landgericht eine Verfügung, über die es noch nicht über die Beschwerde befindet, so trifft es keine Verfügung erster Instanz, so daß Art. 4 nicht anwendbar ist; für Verfügungen im Armenrechts- oder Beweisverfahren kann sich aber die Anfechtbarkeit aus der Verweisung des Art. 1 auf die §§ 14, 15 FGG ergeben (§ 19 Rdn. 48). Ist das Oberlandesgericht Gericht erster Instanz, so sind seine Verfügungen unanfechtbar (Art. 6 Anm. 2). Die Nachsuchung der Abänderung einer Anordnung des Dorfgerichts beim Amtsgericht (Art. 106) ist keine Beschwerde; vgl. § 195 FGG.

2. Die Vorschrift des Satzes 3 über den Schutz der Rechte Dritter ist materiellrechtlicher Natur und deshalb gemäß Art. 3 EGBGB nur auf Gebieten anwendbar, die dem Landesgesetzgeber vorbehalten sind. Im übrigen ist § 32 FGG gemäß Art. 1 auch in landesrechtlichen Angelegenheiten anwendbar.

3. Sofortige Beschwerde

Art. 5. Soweit nach besonderen gesetzlichen Vorschriften die Einlegung des Rechtsmittels gegen die Entscheidung erster Instanz an eine Frist gebunden ist, findet die sofortige Beschwerde statt.

1. Der Artikel enthält eine Übergangsvorschrift. Wenn nach besonderen gesetzlichen Vorschriften die Anfechtung einer gerichtlichen Verfügung erster Instanz befristet ist, soll gemäß § 22 FGG die Beschwerdefrist im Interesse der Vereinheitlichung stets zwei Wochen betragen, auch wenn das besondere Gesetz eine andere Frist bestimmt.

4. Beschwerdeverfahren. Instanzenzug

Art. 6. Die Vorschriften der §§ 20 bis 27, 29 des Reichsgesetzes über die Angelegenheiten der freiwilligen Gerichtsbarkeit finden entsprechende Anwendung.

Über die Beschwerde gegen eine Verfügung, die das Amtsgericht erlassen hat, entscheidet das Landgericht, über die Beschwerde gegen eine Verfügung, die das Landgericht in erster Instanz erlassen hat, entscheidet das Oberlandesgericht, *über die Beschwerde gegen eine Verfügung, die das Oberlandesgericht in erster Instanz erlassen hat, der Justizminister.*

Die Entscheidungen über Beschwerden erfolgen bei den Landgerichten durch eine Zivilkammer, bei den Oberlandesgerichten durch einen Zivilsenat.

Eine weitere Beschwerde findet nur statt, wenn das Amtsgericht die erste Instanz bildet.

1. Das Beschwerdeverfahren wird im Interesse der Einheitlichkeit des Verfahrens dahin geregelt, daß die Vorschriften der §§ 20 bis 27, 29 FGG in landesrechtlichen Angelegenheiten entsprechend anzuwenden sind. Statt des § 28 Abs. 1 FGG gilt Art. 7. § 28 Abs. 2, 3 FGG sind nicht anwendbar. Die weiteren Bestimmungen in Abs. 2 und 3 entsprechen dem § 19 Abs. 2 und dem § 30 Abs. 1 Satz 1 FGG; zusätzlich wird bestimmt, daß über Beschwerden gegen Verfügungen, die das Landgericht als Gericht erster Instanz erlassen hat, das (örtliche) OLG entscheidet. Die Bestimmung des Abs. 2 a. E., nach welcher der Justizminister Beschwerdeinstanz gegen erstinstanzliche Verfügungen des OLG war, ist nicht mehr anzuwenden, da eine Kontrolle der Gerichte durch die Verwaltung rechtsstaatlichen Grundsätzen widerstreitet (Art. 19 Abs. 4, 92 GG). Diese Vorschrift ist ein typisches Überbleibsel der gemeinrechtlichen Auffassung der Beschwerde (querela simplex) als „Anrufung oberrichterlicher Disziplinargewalt" über den Unterrichter (vgl. Josef ZZP 33, 519; Fenn, die Anschlußbeschwerde, 1961, S. 185 Fn. 212).

2. Weitere Beschwerde. Ist das Landgericht Gericht des ersten Rechtszuges, so findet eine weitere Beschwerde nicht statt (Abs. 4); es gibt also nur zwei Rechtszüge. Entscheidungen des OLG als Gericht des ersten Rechtszuges sind unanfechtbar. Ist das Amtsgericht erste Instanz, so findet, wie nach Abs. 4 anzunehmen ist, die weitere Beschwerde auch dann statt, wenn sie nach den bisherigen Gesetzen versagt war (str.; a. M. Schlegelberger zu Art. 6 S. 334).

5. Zuständigkeit des Kammergerichts

Art. 7. Für die Entscheidung über das Rechtsmittel der weiteren Beschwerde ist das Kammergericht zuständig. *Hängt die Entscheidung nach der Auffassung des Kammergerichts von der Auslegung eines in seinem Bezirke nicht geltenden Gesetzes ab, so kann es die weitere Beschwerde demjenigen Oberlandesgericht zur Entscheidung überweisen, zu dessen Bezirke das Landgericht gehört, welches die angefochtene Entscheidung erlassen hat. Der Überweisungsbeschluß ist dem Beschwerdeführer bekanntzumachen.*

1. Das Kammergericht ist heute in seiner Zuständigkeit als Oberlandesgericht auf das Gebiet des Landes Berlin beschränkt, seine nach Art. 7 erweiterte Zuständigkeit greift daher nicht mehr Platz.

Weitere Beschwerde in reichsrechtlichen Sachen

Art. 8. *Die Vorschriften des Art. 7 gelten, unbeschadet der Zuständigkeit des Reichsgerichts, auch für Grundbuchsachen sowie für diejenigen Angelegenheiten der freiwilligen Gerichtsbarkeit, welche durch Reichsgesetz den Gerichten übertragen sind.*

1. Diese Vorschrift, die auf dem Vorbehalt in § 199 Abs. 1 FGG beruht, war mit Wirkung vom 1. 4. 36 dadurch gegenstandslos geworden, daß die Zuständigkeit zur Entscheidung über weitere Beschwerden in Angelegenheiten der FG von Reichs wegen durch die ZuständVO v. 23. 3. 36 (RGBl. I 251) auf das Kammergericht und das OLG München als Zentralgerichte übertragen worden war. Diese Zuständigkeit ist beseitigt, REinhG v. 12. 9. 50 (BGBl. 455) Art. 8 Abs. 2 Nr. 9. Mittelbar ergibt sich weiterhin eine zentrale Zuständigkeit des Kammergerichts in gewissen bundesrechtlichen Angelegenheiten der FG für das gesamte Bundesgebiet aus der zentralen Zuständigkeit des Amtsgerichts Schöneberg in Berlin-Schöneberg gemäß den §§ 36 Abs. 2, 43a Abs. 2, 44a Abs. 1 Satz 2, § 44b Abs. 1 Satz 4, 66 Abs. 2, 73 Abs. 2 FGG sowie nach § 45 Abs. 4 FGG i. d. F. d. GleichberG v. 18. 6. 57 (BGBl. I 609), ZustErgG § 7 Abs. 1 Satz 2, VerschG § 15b, KonsularG § 16a Abs. 2, ferner aus der alleinigen erstinstanzlichen Zuständigkeit des Landgerichts Berlin nach dem Umstellungsergänzungsgesetz v. 21. 9. 53 (BGBl. I 1439) § 22 und dem Zweiten Umstellungsergänzungsgesetz v. 23. 3. 57 (BGBl. I 285) § 9 Abs. 3 sowie aus der Zuständigkeit der Justizverwaltung des Landes Berlin nach Art. 7 § 1 Abs. 2 Satz 3 FamRÄndG. Art. 7 Nr. 40 des Berliner RechtseinheitsG v. 9. 1. 51 (VOBl. I 99) enthält folgenden *Vorbehalt zugunsten des Kammergerichts:*

Berlin behält sich vor, falls sich herausstellen sollte, daß in Angelegenheiten der freiwilligen Gerichtsbarkeit, der Kostenordnung, des Landesstrafrechts oder in sonstigen Rechtssachen ein Bedürfnis nach einer einheitlichen Rechtsprechung besteht, für das Kammergericht diejenigen Zuständigkeiten zu beanspruchen, die diesem auf Grund der Verordnung vom 23. März 1936 (RGBl. I S. 251) in der Fassung der Verordnung vom 11. Juli 1938 (RGBl. I S. 903) und anderen Vorschriften zustehen.

Kostenwesen. Art. 9 — 14

1. Verurteilung von Beteiligten in die Kosten

Art. 9. Sind an einer Angelegenheit der freiwilligen Gerichtsbarkeit mehrere Personen beteiligt, so kann das Gericht bei der von ihm zu treffenden Entscheidung auf Antrag einen Beteiligten verurteilen, diejenigen Kosten des Verfahrens ganz oder teilweise zu tragen, welche er durch ein unbegründetes Gesuch, einen unbegründeten Widerspruch oder eine unbegründete Beschwerde, durch vorzeitiges Anrufen des Gerichts, durch eine Versäumung oder durch grobes Verschulden veranlaßt hat.

Zu den nach Abs. 1 zu erstattenden Kosten des Verfahrens gehören die Gebühren und Auslagen, welche durch die Zuziehung eines Rechtsanwalts entstanden sind, nur insoweit, als die Zuziehung nach dem Ermessen des Gerichts zur zweckentsprechenden Rechtsverfolgung oder Rechtsverteidigung notwendig war.

1. *Anwendungsbereich.* Die Art. 9 bis 14 waren durch die Kostenordnung vom 25. 11. 1935 (RGBl. I 1371) nicht berührt worden (KG JFG 14, 217; 17, 205). Art. 9 galt auch in Grundbuchsachen (KGJ 43, 243). Vgl. ferner die Verweisungen in Art. 28 Abs. 4, Art. 30 Abs. 3. Durch die Einfügung des § 13a in das FGG durch das G vom 26. 4. 1957 (BGBl. I 861) sind die Art. 9 bis 12 PrFGG, soweit sie auf Grund des § 200 FGG das FGG ergänzten, für bundesrechtliche Angelegenheiten außer Anwendung gekommen; sie behalten ihre Bedeutung für landesrechtliche Angelegenheiten der freiwilligen Gerichtsbarkeit (Hamm JMBlNRW 1958, 42), soweit das einschlägige Landesgesetz nicht unmittelbar auf § 13a verweist oder Sondervorschriften enthält.

2. *Auferlegung von Kosten.* Die Vorschrift bezieht sich nur auf das Verhältnis der Beteiligten untereinander, nicht auf ihr Verhältnis zur Staatskasse (vgl. § 13a Rdn. 22). Ihre Anwendbarkeit setzt voraus, daß sich in dem Verfahren mehrere Beteiligte im entgegengesetzten Sinne gegenüberstehen (vgl. § 13a Rdn. 7). Die Verurteilung zur Tragung der einem anderen Beteiligten erwachsenden Kosten ergeht niemals von Amts wegen, sondern erfordert den Antrag eines Verfahrensbeteiligten. Der Antrag muß vor der Entscheidung zur Hauptsache gestellt sein und darf kein bloß formularmäßiger auf Auferlegung der Gerichtskosten sein (KG JFG 18, 339; vgl. auch Seibert DFG 1938, 51); der Antrag kann aber im Wege der Auslegung schon in dem Verlangen kostenpflichtiger Zurückweisung gefunden werden (KG Recht 1929 Nr. 1069). Die Kostenauferlegung ist ferner nur statthaft „bei der zu treffenden Entscheidung", also nur, wenn eine Entscheidung in der Sache selbst erlassen wird. Nach Erledigung der Hauptsache kann der Antrag nicht mehr gestellt, einem vorher gestellten nicht stattgegeben werden (KGJ 41, 7; KG JFG 14, 217; Josef GruchBeitr. 48, 565). Dagegen ist es nicht erforderlich, daß die Entscheidung über die Kostentragung gleichzeitig mit der Entscheidung über die Hauptsache ergeht (KGJ 43, 243; KG Recht 1929 Nr. 2069). Die Kosten können nur einem formell Beteiligten auferlegt werden (vgl. § 13a Rdn. 4), nicht jemandem, der durch eine bloße Anzeige die Tätigkeit des Gerichts herbeigeführt hat, sollte er auch ein sachliches Interesse haben. Ebenso kann die Entscheidung nur zugunsten eines formell Beteiligten ergehen, nicht zugunsten jemandes, der, ohne materiell beteiligt zu sein, nur die Anregung zu einem Amtsverfahren gegeben hat.

3. *Voraussetzung* für die Auferlegung der einem anderen Beteiligten erwachsenen Kosten ist, daß der zu Verurteilende diese Kosten durch ein unbegründetes Gesuch, nämlich durch einen förmlichen Verfahrensantrag, nicht nur durch eine bloße Anzeige, einen unbegründeten Widerspruch (dazu KG JFG 18, 339) oder eine unbegründete Beschwerde, durch vorzeitiges Anrufen des Gerichts, durch Versäumung (eines Termins oder einer Frist) oder durch grobes Verschulden veranlaßt hat. Zum Begriff des groben Verschuldens vgl. § 13a Anm. 17. Auch sonst müssen die Kosten schuldhaft veranlaßt sein (Kiel HRR 1931 Nr. 669). Das bloße Unterliegen des Beschwerdeführers oder Beschwerdegegners genügt nicht (Hamm JMBlNRW 1955, 34). Auch wenn diese Voraussetzungen vorliegen, kann das Gericht gleichwohl nach

billigem Ermessen von der Kostenauferlegung absehen (KG OLGR 44, 91). Eine auf dem sachlichen Recht beruhende Kostenerstattungspflicht kann nur im Zivilprozeß verfolgt werden.

4. Umfang der aufzuerlegenden Kosten. Hat der Beteiligte durch sein schuldhaftes Verhalten im Sinne des Art. 9 Abs. 1 nur einen Teil der Kosten veranlaßt, so kann ihm auch nur höchstens dieser Teil auferlegt werden. Auch sonst kann das Gericht nach billigem Ermessen die schuldhaft verursachten Kosten ganz oder zum Teil auferlegen (vgl. § 13a Rdn. 11) einschließlich von Anwalts-, Reise- und Versäumniskosten (§ 91 Abs. 1 Satz 2 ZPO) oder ohne diese, wegen der Anwaltskosten aber nicht über Art. 9 Abs. 2 hinaus; danach sind Anwaltskosten abweichend von § 91 Abs. 2 ZPO nicht schlechthin, sondern nur insoweit aufzuerlegen, als die Zuziehung eines Rechtsanwalts nach dem Ermessen des Gerichts zur zweckentsprechenden Rechtsverfolgung oder Rechtsverteidigung notwendig war, worüber hier, abweichend von § 13a (§ 13a Rdn. 28) bereits vom Gericht, nicht erst im Kostenfestsetzungsverfahren zu entscheiden ist. Aber auch wenn die Zuziehung des Rechtsanwalts notwendig war, können die Kosten nach billigem Ermessen von der Erstattungspflicht ausgenommen werden.

5. Wegen der *Rechtsmittel* vgl. Art. 11.

2. Kostenfestsetzung

Art. 10. Wird eine gerichtliche Festsetzung des Betrags der Kosten erforderlich, zu deren Erstattung ein Beteiligter auf Grund der Art. 9, 16 verurteilt worden ist, so erfolgt sie durch das Gericht erster Instanz. Im Falle des § 1875 Abs. 1 des Bürgerlichen Gesetzbuchs erfolgt die Festsetzung durch den Vorsitzenden des Familienrats.

Zur Berücksichtigung eines Ansatzes genügt, daß er glaubhaft gemacht wird.

1. Die *Kostenfestsetzung* setzt voraus, daß ein Beteiligter zur Tragung der Kosten verurteilt ist, und zwar auf Grund der Art. 9 oder 16 oder (Familienratsmitglied) auf Grund des § 1875 Abs. 1 BGB. Auf Grund eines Vergleichs findet die Kostenfestsetzung nach Art. 10 nicht statt (Schlegelberger Anm. 2; Josef GruchBeitr. 48, 565; a. M. Müller JZ 1954, 17). Nicht unter Art. 10 fällt auch die die Festsetzung von Auslagen an Verwandte und Verschwägerte des Mündels, die vor einer Entscheidung des VormG gehört worden sind (§§ 1779 Abs. 3 Satz 2, 3, 1847 Satz 2, 1862 BGB) oder von Mitgliedern des Familienrats (§ 1877 BGB). In diesen Fällen ist die Festsetzung durch das VormG, und zwar durch den Rechtspfleger (§ 3 Nr. 2 Buchst. a RechtspflG) oder den Vorsitzenden des Familienrats (§ 1877 BGB) unmittelbar im BGB geregelt und sie setzt eine Verurteilung in die Kosten im Sinne des Art. 9 nicht voraus. Diese Festsetzungen sind vollstreckbar nur, wenn das Landesrecht es gemäß § 200 FGG bestimmt, so Art. 17 Nr. 3, 4 HessFGG und Art. 6 Abs. 1 Nr. 2, 4 NdsFGG, nicht aber gemäß Art. 14 PrFGG (Schlegelberger Anm. 2; a. M. Palandt-Lauterbach BGB 29. Aufl. § 1847 Anm. 2); vielmehr muß, wenn der Vormund die Erfüllung verweigert, Klage erhoben werden.

2. Antrag. Zuständigkeit. Die Festsetzung erfolgt nicht von Amts wegen, sondern setzt ein Gesuch des Erstattungsberechtigten voraus (vgl. § 13a Rdn. 34). Zuständig ist nicht, wie im Zivilprozeß und nach § 13a Abs. 2 FGG früher der Urkundsbeamte und jetzt der Rechtspfleger (§ 21 RechtspflG), sondern der Richter (KG JFG 13, 193); auch eine Übertragung auf den Rechtspfleger liegt nicht vor (Arndt, RechtspflG § 4 Anm. 8, § 1 Anm. 26), solange die Länder nicht von der Ermächtigung des § 37 RechtspflG Gebrauch machen. Das Gericht erster Instanz entscheidet auch dann, wenn das Beschwerdegericht die verurteilende Entscheidung erlassen hat.

3. Rechtsmittel wegen Kosten

Art. 11. Findet gegen die Entscheidung in der Hauptsache die sofortige Beschwerde statt, so kann auch die Entscheidung über die Verpflichtung zur Tragung der Kosten sowie die Kostenfestsetzung nur mit der sofortigen Beschwerde angefochten werden.

Die Kostenfestsetzung kann selbständig mit der weiteren Beschwerde nur angefochten werden, wenn die Beschwerdesumme den Betrag von fünfzig Mark übersteigt.

1. Allgemeines. Die Vorschrift regelt die Rechtsmittel sowohl gegen die nach Art. 9 ergangene Entscheidung über die Kostenauferlegung (Kostengrundentscheidung) als auch gegen den Kostenfestsetzungsbeschluß nach Art. 11; für den letztgenannten Fall enthält Abs. 2 eine Sonderregelung.

2. Rechtsmittel gegen die Kostenauferlegung. Gegen die Entscheidung, durch welche einem Beteiligten die einem anderen Beteiligten erwachsenen Kosten auferlegt werden, findet abweichend von § 20a Abs. 1 FGG die Beschwerde nach Art. 4, 6 auch dann statt, wenn die Entscheidung in der Hauptsache nicht angefochten wird (KGJ 22 A 3 = RJA 2, 142; KG OLGR 43, 199; KG Recht 1929 Nr. 669; München JFG 21, 78). Wird der Antrag aus Art. 9 abgelehnt, so steht die Beschwerde nach Art. 6, § 20 Abs. 2 FGG nur dem Antragsteller zu, anderenfalls nach Art. 6, 20 Abs. 1 FGG nur dem Verurteilten. Hat das Beschwerdegericht über die Kostenauferlegung entschieden, so ist das statthafte Rechtsmittel dagegen die weitere Beschwerde (KG Recht 1929 Nr. 2069). Beschwerde und weitere Beschwerde sind grundsätzlich unbefristet. Nur wenn gegen die Entscheidung in der Hauptsache die sofortige Beschwerde (Art. 5, 6 Abs. 1 PrFGG, §§ 22, 29 Abs. 2 FGG) stattfindet, ist auch die Beschwerde gegen die Kostenauferlegung die sofortige; diese Befristung des Rechtsmittels gilt jedoch nicht, wenn der Beschwerdeführer in der Hauptsache obgesiegt hat (KG JFG 18, 193). Ist die Hauptsacheentscheidung unanfechtbar, so ist es auch die Kostenentscheidung (KG JFG 13, 193; KG JW 1938, 1203). Für das Abänderungsrecht des Gerichts gilt § 18 FGG (Art. 1 Anm. 2c). Beschwerde und weitere Beschwerde sind nicht von einer Beschwerdesumme abhängig; Abs.2 gilt nur für die Anfechtung des Kostenfestsetzungsbeschlusses (KG JFG 14, 217).

3. Rechtsmittel gegen den Kostenfestsetzungsbeschluß. Die Kostenfestsetzung ist unanfechtbar, wenn auch gegen die Entscheidung in der Hauptsache kein Rechtsmittel stattfindet (KG JFG 13, 193; KG JW 1938, 1203; Schlegelberger Anm. 1). Sonst ist die Beschwerde auch im Kostenfestsetzungsverfahren grundsätzlich unbefristet. Dagegen ist das Rechtsmittel im Kostenfestsetzungsverfahren die sofortige Beschwerde, wenn gegen die Entscheidung in der Hauptsache die sofortige Beschwerde gegeben ist (Abs. 1). Nur die weitere Beschwerde, sei sie befristet oder unbefristet, ist nach Abs. 2 an eine Beschwerdesumme von mehr als 50 DM gebunden, nicht auch die erste Beschwerde.

4. Wertfestsetzung. Art. 11 bezieht sich nicht auf die zur Berechnung der gerichtlichen oder außergerichtlichen Kosten erfolgte Wertfestsetzung (KG JFG 13, 195). Insofern findet gemäß § 31 Abs. 3 KostO Beschwerde und gegebenenfalls weitere Beschwerde nach Maßgabe des § 14 Abs. 3 und 4 KostO statt; vgl. auch § 10 BRAGebO (Vorbem. vor § 13a Rdn. 6, 11).

4. Änderung der Kostenfestsetzung

Art. 12. Ergeht nach der Kostenfestsetzung eine Entscheidung, die den Wert des Gegenstandes des Verfahrens festsetzt, so ist, falls diese Entscheidung von der Wertberechnung abweicht, welche der Kostenfestsetzung zugrunde liegt, auf Antrag die Kostenfestsetzung entsprechend abzuändern. Über den Antrag entscheidet das Gericht erster Instanz.

1. Die Vorschrift entspricht dem § 107 Abs. 1 Satz 1 ZPO; vgl. dazu § 13a Rdn. 45. Für die Zuständigkeit und die Rechtsmittel gelten Art. 10, 11 wie bei der ursprünglichen Festsetzung. Der Antrag ist abweichend von § 107 Abs. 2 ZPO nicht befristet.

Art. 13. Wird eine in betreff der Kosten ergangene Entscheidung abgeändert, so ist der Beteiligte auf Antrag zur Erstattung der ihm auf Grund der Entscheidung zuviel gezahlten Kosten zu verurteilen.

1. Die Vorschrift gilt sowohl, wenn die Kostengrundentscheidung nach Art. 9, 16 im Beschwerdewege oder auf Grund des § 18 FGG geändert wird, als auch, wenn der Kostenfestsetzungsbeschluß nach Art. 10 im Beschwerdewege oder gemäß § 18 FGG oder auf Grund des Art. 12 geändert wird. Die Verurteilung zur Zurückzahlung ergeht entweder in der abändernden Entscheidung selbst, gegebenenfalls also in der Beschwerdeentscheidung, oder durch besondere Entscheidung, in diesem Fall durch das Gericht erster Instanz. Die Verurteilung muß hier auf Antrag geschehen (anders Art. 9 Abs. 1); sie ergeht durch Beschluß, wenn der Nachweis der Zuvielzahlung erbracht ist. Wegen der Zuständigkeit und der Rechtsmittel gelten Art. 10, 11.

2. Die Vorschrift gilt gemäß § 200 FGG auch in bundesrechtlichen Angelegenheiten, wenn die Kostenentscheidung in der Hauptsache oder der Kostenfestsetzungsbeschluß nach § 13a Abs. 2 FGG im Rechtsmittelwege oder auf Grund des § 107 ZPO geändert wird (vgl. § 13a Rdn. 45).

5. Zwangsvollstreckung wegen der Kosten

Art. 14. Aus der gerichtlichen Kostenfestsetzung sowie aus der Entscheidung, durch die ein Beteiligter zur Erstattung der ihm zuviel gezahlten Kosten verurteilt wird, findet die Zwangsvollstreckung nach den Vorschriften der Zivilprozeßordnung statt.

1. Die Vorschrift gewährt dem Kostenfestsetzungsbeschluß nach Art. 10 und dem Beschluß über die Zurückzahlung von Kosten nach Art. 13 die Eigenschaft eines vollstreckbaren Titels, aus welchem die Zwangsvollstreckung nach der ZPO stattfindet; sie beruht auf der Ermächtigung in § 801 ZPO. Nach der VO vom 15. 4. 1937 (RGBl. I 466) ist die Entscheidung im ganzen Bundesgebiet vollstreckbar. Die Vollstreckbarkeit setzt die formelle Rechtskraft der Entscheidung nicht voraus, sondern beginnt mit der Wirksamkeit der Entscheidung (Art. 1, § 16 Abs. 1 FGG, Art. 6 mit §§ 24 Abs. 2, 3, 26 FGG); ein Rechtskraftzeugnis (Art. 1, § 31 FGG) ist daher nicht erforderlich, es sei denn, daß die vollstreckbare Entscheidung eine solche des Beschwerdegerichts ist, gegen welche die sofortige weitere Beschwerde stattfindet (Art. 6 Abs. 1, § 26 FGG). Die Vollstreckungsklausel erteilt der UdG (§§ 795, 724 ZPO). § 798 ZPO über die Wartefrist ist nicht anwendbar (Schlegelberger Bem. II 3).

2. Die Vorschrift gilt auch in bundesrechtlichen Angelegenheiten, Art. 13 Anm. 2; sie bildet die Grundlage für die Vollstreckbarkeit von Kostenfestsetzungsbeschlüssen nach § 13a Abs. 2 FGG mit § 104 ZPO, da der Bundesgesetzgeber es unterlassen hat, in § 13a Abs. 2 auf § 794 Abs. 1 Nr. 2 ZPO zu verweisen und so die Vollstreckbarkeit bundesrechtlich anzuordnen (vgl. § 13a Rdn. 46).

Zwangsgewalt der Gerichte. Art. 15 — 17

1. Ordnungsstrafen

Art. 15. *Ist jemandem durch eine Verfügung die Verpflichtung auferlegt, eine Handlung vorzunehmen, die ausschließlich von seinem Willen abhängt, oder eine Handlung zu unterlassen oder die Vornahme einer Handlung zu dulden, so kann ihn das Gericht, soweit sich nicht aus dem Gesetz ein anderes ergibt, zur Befolgung seiner Anordnung durch Ordnungsstrafen anhalten; die Ordnungsstrafen dürfen nur in Geld bestehen.*

1. Art. 15 hat durch die Neufassung des § 33 FGG seine Bedeutung verloren.

Art. 16. *Bei der Festsetzung einer Ordnungsstrafe ist der Beteiligte zugleich in die Kosten des Verfahrens zu verurteilen.*

Die zwangsweise Einziehung einer Ordnungsstrafe erfolgt im Wege des Verwaltungszwangsverfahrens.

Eine Ordnungsstrafe kann nicht in den Nachlaß des Verurteilten vollstreckt werden.

1. Abs. 1 ist durch die Neufassung des § 33 FGG bedeutungslos geworden.

2. Wegen des Beitreibungsverfahrens s. FGG § 33 Rdn. 40. Auch die Rechtshilfe bei der Beitreibung ist demgemäß Verwaltungssache. Über Beschwerden wegen verweigerter Rechtshilfe hat deshalb die vorgesetzte Dienstbehörde zu befinden, KG 30. 8. 06 (OLGR 13 306).

2. Gewaltandrohung. Offenbarungseid

Art. 17. *Soll eine Sache oder eine Person herausgegeben oder eine Sache vorgelegt werden oder ist eine Anordnung ohne Gewalt nicht durchzuführen, so kann auf Grund einer besonderen Verfügung des Gerichts auch Gewalt gebraucht werden; der Verfügung hat in der Regel eine Androhung vorauszugehen. Der Vollstreckungsbeamte ist befugt, erforderlichenfalls die Unterstützung der polizeilichen Vollzugsorgane nachzusuchen. Die Kosten fallen dem Verpflichteten zur Last. Die Vorschriften des § 752 und des § 790 Abs. 1 der Zivilprozeßordnung finden entsprechende Anwendung.*

Wird die Sache oder die Person nicht vorgefunden, so kann der Verpflichtete von dem Gerichte zur Leistung des Offenbarungseids angehalten werden; die Vorschriften des § 883 Abs. 2, 3, des § 900 Abs. 1 und der §§ 901, 902, 904 bis 910, 912, 913 der Zivilprozeßordnung finden entsprechende Anwendung.

1. Art. 17 hat durch die Neufassung des § 33 FGG seine Bedeutung verloren.

Ausfertigungen von Verfügungen

Art. 18. Die Ausfertigungen gerichtlicher Verfügungen sind von dem Urkundsbeamten der Geschäftsstelle zu unterschreiben und mit dem Gerichtssiegel zu versehen.

1. Die Vorschrift regelt auf Grund des § 200 FGG die Form der Ausfertigung gerichtlicher Verfügungen. Dazu gehören auch Zeugnisse wie Erbscheine und sonstige Bescheinigungen (KommBer. S. 15; Schlegelberger § 16 Anm. 4) sowie die Entscheidungen der Beschwerdegerichte. Die Urschrift dieser Verfügungen bleibt bei den Gerichtsakten; sie wird im Rechtsverkehr durch die Ausfertigung ersetzt, deren Vorlegung dieselbe Wirkung hat wie die der Urschrift. Die Form der Ausfertigung gerichtlicher Niederschriften über die Beurkundung von Willenserklärungen oder sonstigen Tatsachen richtet sich gemäß Art. 1 Abs. 2 BeurkG nach den §§ 48, 49 BeurkG, ebenso die Form der Ausfertigung gerichtlich verwahrter notarieller Urkunden. Die Vorschriften des Grundbuchrechts bleiben unberührt; für Hypotheken-, Grund- und Rentenschuldbriefe gelten die §§ 56, 70 GBO, § 3 AusfVO-GBO, § 1 Abs. 2 b GeschO).

2. Die Anordnung der Ausfertigungserteilung obliegt dem Richter, in übertragenen Sachen dem Rechtspfleger. Die Ausfertigung ist von dem Urkundsbeamten der Geschäftsstelle (Fassung gemäß Art. 1 des G vom 30. 11. 1927, GS S. 201) durch eigenhändige Namensunterschrift (nicht Faksimilestempel oder mechanische Vervielfältigung) zu unterschreiben und mit dem Gerichtssiegel zu versehen. Unter Gerichtssiegel ist hier das Prägesiegel, nicht der Farbdruckstempel zu verstehen (vgl. KGJ 43, 23; § 39 BeurkG Rdn. 13; Voraufl. § 182 Anm. 5).

Zweiter Abschnitt

Nachlaß- und Teilungssachen

Sicherung des Nachlasses. Art. 19, 20

1. Pflichten der Ortsbehörden

Art. 19. Erhalten die Ortspolizeibehörden von einem Todesfalle Kenntnis, bei welchem gerichtliche Maßregeln zur Sicherung des Nachlasses angezeigt erscheinen können, so sollen sie dem Amtsgericht, in dessen Bezirke der Todesfall eingetreten ist, Mitteilung machen. Der Justizminister und der Minister des Innern können diese Verpflichtung auf die Gemeindebehörden übertragen.

1. Die Vorschrift dient bei der *Sicherung des Nachlasses* der Durchführung des § 1960 BGB. Die Anzeige ist von der Ortspolizeibehörde, wenn Sicherungsmaßnahmen angezeigt erscheinen können, an das Amtsgericht zu richten, in dessen Bezirk der Todesfall eingetreten ist, auch wenn dieses nicht das Nachlaßgericht (§ 73) oder das Gericht des Fürsorgebedürfnisses ist. Das benachrichtigte Gericht prüft von Amts wegen, welche Sicherungsmaßnahmen veranlaßt sind und gibt die Nachricht an das nach § 73 oder § 74 FGG zuständige Gericht weiter. Die auf der polizeilichen Generalklausel (§ 14 PVG) beruhende Pflicht der Polizei, bis zum Eingreifen des Gerichts selbständig Maßnahmen zur Sicherung eines gefährdeten Nachlasses zu ergreifen, wird durch die Anzeigepflicht nicht berührt. Eine Anordnung nach Satz 2, wonach die Anzeigepflicht auf die Gemeindebehörde übertragen werden kann, ist nicht ergangen. Wegen der Mitwirkung des Dorfgerichts bei der Nachlaßsicherung vgl. Art. 104, 105.

2. Tod eines Beamten

Art. 20. Nach dem Tode eines Beamten hat, unbeschadet der Zuständigkeit des Nachlaßgerichts, die Behörde, welche der Verstorbene angehörte, oder die Aufsichtsbehörde für die Sicherung der amtlichen Akten und der sonstigen Sachen, deren Herausgabe auf Grund des Dienstverhältnisses verlangt werden kann, zu sorgen, soweit hierfür ein Bedürfnis besteht.

Werden bei der Ausführung einer Maßregel, die das Gericht zur Sicherung eines Nachlasses angeordnet hat, Sachen der im Abs. 1 bezeichneten Art vorgefunden, so hat das Gericht die Behörde, welcher der Verstorbene angehörte, oder die Aufsichtsbehörde hiervon zu benachrichtigen und ihr zugleich von den Sicherungsmaßregeln, die in Ansehung dieser Sachen vorgenommen worden sind, Mitteilung zu machen. Der Behörde liegt es ob, das Weitere zu veranlassen.

1. Die Vorschrift des Abs. 1 gilt für alle öffentlichen Beamten des Landes, auf dessen Gebiet sich der Geltungsbereich der Vorschrift erstreckt, gleichgültig, ob der Beamte im unmittelbaren Staatsdienst oder im Dienst einer öffentlichrechtlichen Körperschaft dieses Landes steht, jedoch nur beim Tode eines aktiven Beamten. Auf die Beamten eines anderen Landes oder Bundes oder Soldaten der Bundeswehr ist die Vorschrift des Abs. 1 nicht anwendbar, da der Landesgesetzgeber den Behörden eines anderen Landes oder des Bundes keine Pflichten auferlegen kann. Dagegen besteht die Mitteilungspflicht des Nachlaßgerichts nach Abs. 2 gegenüber inländischen Behörden jeder Art, da insoweit eine Beschränkung der Verpflichtung des Nachlaßgerichts nicht ersichtlich ist. Die Sicherung erstreckt sich auf amtliche Akten und sonstige Gegenstände, deren Herausgabe auf Grund des Dienstverhältnisses verlangt werden kann. Für die Akten, Siegel und Stempel eines Notars gilt § 51 BNotO.

Notarielle Nachlaß- oder Gesamtgutsteilung. Art. 21 — 28

1. Überweisung an einen Notar

Art. 21. Wird auf Grund der §§ 86, 99 des Reichsgesetzes über die Angelegenheiten der freiwilligen Gerichtsbarkeit die Vermittlung der Auseinandersetzung nachgesucht, so kann das Amtsgericht auf Antrag eines Beteiligten die Vermittlung der Auseinandersetzung einem Notar überweisen, der seinen Amtssitz in dem Bezirk des vorgeordneten Landgerichts hat.

Wird der Antrag vor dem ersten Verhandlungstermine von allen Beteiligten oder in diesem Termine von allen erschienenen Beteiligten gestellt, so hat ihm das Gericht stattzugeben. Einigen sich vor dem Termin alle Beteiligten oder in dem Termin alle erschienenen Beteiligten über einen bestimmten Notar, so hat das Gericht die Vermittlung der Auseinandersetzung diesem Notar zu überweisen, es sei denn, daß er an der Vermittlung rechtlich oder tatsächlich verhindert ist.

Gegen den Beschluß, durch welchen über die Überweisung entschieden wird, steht den Beteiligten die sofortige Beschwerde zu.

Ist der Überweisungsbeschluß rechtskräftig geworden, so hat ihn das Gericht mit den Akten unter Angabe des Tages, an welchem die Rechtskraft eingetreten ist, dem Notar zu übersenden.

1. Allgemeines. Die *Zuständigkeit der Notare* zur förmlichen Vermittlung der Auseinandersetzung eines Nachlasses oder Gesamtguts bestimmt sich gemäß § 20 Abs. 4 BNotO nach den landesrechtlichen Vorschriften, und nach § 118 BNotO bleiben insoweit für das von den Notaren bei ihren Amtshandlungen zu beobachtende Verfahren die bisherigen Vorschriften unberührt. Die Vorschriften der Art. 21 bis 28 beruhen auf dem landesgesetzlichen Vorbehalt in § 193 FGG, wonach der Landesgesetzgeber bestimmen kann, daß in den Fällen der §§ 86, 99 FGG anstelle der Gerichte oder neben diesen die Notare die Auseinandersetzung zu vermitteln haben. Preußen hat von diesem Vorbehalt in der Weise Gebrauch gemacht, daß die Zuständigkeit der Gerichte nicht ausgeschlossen, sondern grundsätzlich beibehalten worden und die Tätigkeit der Notare so geregelt ist, daß das Nachlaßgericht ihnen einen bestimmten Teil der mit der Auseinandersetzung verbundenen Verrichtungen überweisen kann. Das Gericht hat das Verfahren einzuleiten, während die eigentlichen Vermittlungsverhandlungen von dem Notar geführt werden; die Bestätigung der Auseinandersetzung oder einer vorgängigen Vereinbarung obliegt wiederum dem Gericht (Art. 23 Abs. 2). Die Überweisung an den Notar ist abhängig von einem Antrag eines Beteiligten. In der Regel steht es im Ermessen des Gerichts, ob es dem Antrag stattgeben will; die Überweisung muß aber stattfinden im Fall der Einigung aller Beteiligten oder der im ersten Termin Erschienenen (Art. 21 Abs. 2, Art. 22). Über die Mängel des Verfahrens vgl. Josef DJZ 1900, 471. Ist dem Notar die Vermittlung der Auseinandersetzung nicht vom Nachlaßgericht überwiesen, sondern ist er von den Beteiligten mit der Beurkundung der vertraglichen Auseinandersetzung beauftragt, so gelten die Art. 21 ff. nicht, es findet auch keine Beschwerde nach dem FGG statt (BayObLG JFG 7, 54; Seybold-Hornig BNotO 4. Aufl. § 20 Rdn. 35).

2. *Antrag*. Die Überweisung an einen Notar findet nur auf Antrag statt. Antragsberechtigt ist jeder Beteiligte (dazu § 86 Rdn. 23). Die Antragstellung ist zeitlich nicht beschränkt. Wird der Antrag vor dem ersten Termin nur von einzelnen Beteiligten oder im ersten Termin nur von einzelnen der erschienenen Beteiligten gestellt oder nach dem ersten Termin von allen oder einzelnen Beteiligten gestellt, so entscheidet das Gericht darüber nach pflichtmäßigen Ermessen. Die Überweisung ist nur auszusprechen, wenn sie nach Prüfung aller Umstände, insbesondere der Gegengründe anderer Beteiligter, den gemeinsamen Belangen aller Beteiligten dienlich erscheint (KGJ 35 A 125). Dagegen ist das Gericht verpflichtet, dem Überweisungsantrag stattzugeben (Abs. 2 Satz 1), wenn der Antrag vor dem ersten Verhandlungstermin von allen Beteiligten oder in diesem Termin von allen erschienenen Beteiligten, mag auch nur einer erschienen sein, gestellt wird. Das Gericht darf einem Überweisungsantrag aber nur stattgeben, wenn es den Antrag auf Vermittlung der Auseinandersetzung nicht für unzulässig hält (über Unzulässigkeitsgründe vgl. § 86 FGG Rdn. 5 bis 10).

3. *Auswahl des Notars*. Die Auswahl des Notars liegt grundsätzlich im Ermessen des Gerichts; es darf aber kein Notar bestimmt werden, der seinen Amtssitz (§ 10 Abs. 1 Satz 1 BNotO) nicht im Bezirk des vorgeordneten Landgerichts hat (Abs. 1). Nur wenn sich vor dem ersten Verhandlungstermin alle Beteiligten oder in diesem Termin alle erschienenen Beteiligten auf einen bestimmten Notar einigen, der aber ebenfalls seinen Amtssitz im Bezirk des vorgeordneten Landgerichts haben muß, ist das Gericht an diese Wahl gebunden, es sei denn, daß der Notar rechtlich oder tatsächlich verhindert ist. Rechtlich verhindert ist der Notar, wenn er gemäß §§ 6, 7 BeurkG bei den vorzunehmenden Beurkundungen kraft Gesetzes ausgeschlossen ist oder wenn für die Beurkundungen und die sonstigen Amtshandlungen (§ 16 Abs. 1 BNotO) ein Mitwirkungsverbot nach § 3 Abs. 1 BeurkG besteht oder wenn er sich nach § 16 Abs. 2 BNotO für befangen erklärt hat (vgl. § 3 BeurkG Rdn. 6, 7). Liegen nur die Gründe des § 3 Abs. 2, 3 BeurkG vor, aus denen ein Beteiligter den Notar ablehnen könnte, so ist der Notar rechtlich verhindert erst, wenn ein Beteiligter seiner Amtstätigkeit widerspricht. Eine tatsächliche Verhinderung kann sich aus den bei § 4 BeurkG Rdn. 14 erörterten Gründen ergeben. Der Erblasser kann den Notar nicht verbindlich bestimmen (Colmar OLGR 7, 210).

4. *Überweisungsbeschluß*. Das Überweisungsverfahren ist nicht auf den Rechtspfleger übertragen (§ 86 Rdn. 11). Gegen den Beschluß, durch welchen über den Überweisungsantrag (ablehnend oder stattgebend) entschieden wird, steht nach Abs. 3 allen Beteiligten die sofor-

tige Beschwerde zu, abweichend von Art. 6, § 20 Abs. 2 FGG bei Zurückweisung also nicht nur dem Antragsteller. Der Beschluß muß daher, um die Beschwerdefrist in Lauf zu setzen, allen Beteiligten nach Art. 1, § 16 Abs. 2, 3 FGG durch Zustellung oder zu Protokoll förmlich bekannt gemacht werden. Wird der Überweisungsbeschluß mit dem Einleitungsbeschluß verbunden, so ist der Beschluß, soweit die Einleitung angefochten wird, mit der einfachen, soweit die Entscheidung über den Überweisungsantrag angefochten wird, mit der sofortigen Beschwerde anfechtbar (§ 87 Rdn. 8). Wird die Eigenschaft des Beschwerdeführers als Beteiligter und damit sein Beschwerderecht bestritten oder ist es sonst zweifelhaft, so muß das Beschwerdegericht im Rahmen der Prüfung der Zulässigkeit des Rechtsmittels darüber befinden, wenn auch die Entscheidung insoweit bei der materiellen Auseinandersetzung für die Beteiligten nicht bindend ist (a. M. Schlegelberger § 95 Rdn. 1, der meint, daß das Beschwerdeverfahren entsprechend § 95 FGG auszusetzen sei). Die sofortige Beschwerde kann unbeschränkt auf tatsächliche und rechtliche Gründe gestützt werden. Die Beschwerde kann sich auch gegen die Auswahl des Teilungsnotars richten (KG OLGR 7, 338) und auf Befangenheit des Notars gestützt werden (KG aaO.; KGJ 35 A 125); vgl. § 3 BeurkG Rdn. 55. Der Notar hat kein Beschwerderecht. Gegen die Beschwerdeentscheidung ist die sofortige weitere Beschwerde statthaft (Art. 6, § 29 FGG).

5. Ausführung der Überweisung. Nach Eintritt der Rechtskraft übersendet das Gericht seine Akten mit dem Beschluß unter Angabe des Tages, an dem die Rechtskraft eingetreten ist, dem Notar. Eine Rücknahme des Überweisungsantrags ist jetzt nicht mehr zulässig (aber natürlich noch eine Zurücknahme des Auseinandersetzungsantrags, vgl. § 86 Rdn. 25). Nach Erlaß des Beschlusses, aber vor Eintritt der Rechtskraft kann die Rücknahme des Überweisungsantrags nur mit der sofortigen Beschwerde verfolgt werden, da dem NachlG eine Änderung des Beschlusses durch § 18 Abs. 2 verwehrt ist. Lehnen alle Beteiligten die Vermittlung durch einen Notar ab, so liegt darin keine Rücknahme des Auseinandersetzungsantrags (so Schlegelberger Rdn. 8), sondern es kommt darauf an, ob alle Beteiligten in dem von dem Notar anzuberaumenden Termin ausbleiben; alsdann ruht das Verfahren (§ 91 Rdn. 21).

2. Verhinderung des Notars

Art. 22. Ist der von dem Gericht ernannte Notar an der Vermittlung der Auseinandersetzung rechtlich oder tatsächlich verhindert, so finden auf die Überweisung an einen anderen Notar die Vorschriften des Art. 21 mit der Maßgabe entsprechende Anwendung, daß die Überweisung auch ohne Antrag erfolgen kann und daß als erster Verhandlungstermin der erste von dem Gerichte zur Fortsetzung der Verhandlung bestimmte Termin gilt.

Lehnt der Notar die Vermittlung der Auseinandersetzung ab, weil der ihm zustehende Vorschuß nicht gezahlt wird, so ist die Überweisung erledigt; die Überweisung an einen anderen Notar ist unzulässig.

1. Ergibt sich nach der Rechtskraft des Überweisungsbeschlusses, daß der Notar rechtlich oder tatsächlich verhindert ist (dazu Art. 21 Anm. 3), sei es von vornherein oder infolge nachträglich eingetretener Umstände, und erkennt der Notar die Verhinderung an, so erledigt sich der Überweisungsbeschluß. Ein solcher Fall kann insbesondere eintreten, wenn der Notar nach einem Hinweis gemäß § 3 Abs. 2, 3 BeurkG von einem der Beteiligten abgelehnt wird. Hält der Notar den Widerspruch für unbegründet, so weist er ihn durch Verfügung zurück, wogegen nach §§ 19, 194 FGG die Beschwerde an das Landgericht stattfindet (§ 3 BeurkG Rdn. 55). Anderenfalls zeigt er seine Verhinderung dem Nachlaßgericht an. Stellt dieses die Verhinderung fest, so hat es einen Termin anzuberaumen, in und vor welchem die Beteiligten die Rechte aus Art. 21 Abs. 2 ausüben können. Liegen Anträge gemäß Art. 21 Abs. 2 vor, so ist das Gericht zur Überweisung an einen anderen Notar, gegebenenfalls an einen von den Beteiligten gewählten, verpflichtet, wenn der Überweisungsantrag und die Einigung auf einen bestimmten anderen Notar vor dem ersten zur Fortsetzung der Verhandlung bestimmten Termin von allen oder im Termin von allen erschienenen Beteiligten erklärt werden. Werden

Anträge nicht oder nicht in der Weise gestellt, daß sie das Gericht nach Art. 21 Abs. 2 binden, so kann das Gericht nunmehr auch ohne Antrag nach seinem Ermessen entweder die Überweisung an einen anderen Notar beschließen oder das Verfahren selbst fortführen. In Ermangelung bindender Anträge kann das Gericht nach seinem Ermessen den Notar jetzt auch dann auswählen, wenn der zuerst bestellte verhinderte Notar auf Grund einer bindenden Einigung der Beteiligten ernannt war (Schlegelberger Anm. 2).

2. Nach §§ 141, 8 Abs. 2 KostO soll der Notar die Vornahme des Geschäfts von der Zahlung eines Kostenvorschusses abhängig machen (vgl. § 4 BeurkG Rdn. 16), sofern nicht nach § 17 Abs. 2 BNotO das Armenrecht zu bewilligen ist. Wird der Vorschuß nicht gezahlt, so ist der Notar berechtigt, wenn auch nicht schlechthin verpflichtet, die Vermittlung der Auseinandersetzung abzulehnen. In diesem Fall erledigt sich die Überweisung mit der Folge, daß das Gericht das Verfahren fortzusetzen hat. Eine Überweisung an einen Notar ist nicht zulässig, auch nicht, wenn der Antrag nach Zurücknahme erneuert wird (KGJ 51, 108 = OLGR 40, 23). Die Gebühren des Notars sind in den §§ 148, 116 KostO geregelt.

3. Zuständigkeit des Notars

Art. 23. Durch den Überweisungsbeschluß gehen auf den Notar die Verrichtungen über, die nach dem § 87 Abs. 2, den §§ 89 bis 91, dem § 93 Abs. 1, Abs. 2 Satz 1 sowie nach den §§ 94, 95 des Reichsgesetzes über die Angelegenheiten der freiwilligen Gerichtsbarkeit dem Amtsgerichte zustehen.

Die Bestätigung der Auseinandersetzung oder einer vorgängigen Vereinbarung erfolgt durch das Gericht. Die Vernehmung eines Zeugen oder eines Sachverständigen kann von dem Notar nur dann angeordnet werden, wenn die erschienenen Beteiligten über seine Vernehmung einverstanden sind. Auch ist nur das Gericht zuständig, über die Rechtmäßigkeit der Weigerung eines Zeugnisses oder der Abgabe eines Gutachtens und über die Entbindung von der Abgabe eines Gutachtens zu entscheiden; das gleiche gilt von der Verurteilung eines Zeugen oder Sachverständigen in Strafe oder Kosten, von der Anordnung der zwangsweisen Vorführung eines Zeugen sowie von der Aufhebung der gegen einen Zeugen oder Sachverständigen getroffenen Anordnungen.

1. Befugnisse des Notars. Die Vorschrift regelt die Aufgabenverteilung zwischen dem Gericht und dem Notar, und zwar geht das Gesetz von dem Grundsatz aus, die Ausübung unmittelbarer staatshoheitlicher Befugnisse dem Gericht vorzubehalten. Die in Art. 23 Abs. 1 genannten Verrichtungen des Gerichts gehen auf Grund des Überweisungsbeschlusses auf den Notar über, und zwar, soweit nicht in Abs. 2 oder in Art. 26 Abs. 2 eine Ausnahme gemacht wird, mit allen Befugnissen des Gerichts, namentlich auch zu Eidesabnahmen. Da der Notar insoweit die Stellung einer nichtgerichtlichen Behörde hat, gelten für die Verhandlungen gemäß § 194 Abs. 1 FGG die Vorschriften der §§ 8, 9 FGG über die Verhandlungssprache und die Dolmetscher; bei den Beurkundungen von Willenserklärungen sind aber außerdem die §§ 16, 22 bis 24 BeurkG zu beachten. Sitzungspolizeiliche Befugnisse stehen dem Notar nicht zu (§ 194 Abs. 3 FGG). Gemäß § 194 Abs. 1, § 2 FGG ist der Notar befugt, die Rechtshilfe der Gerichte oder (§ 194 Abs. 4) anderer nichtgerichtlicher Behörden in Anspruch zu nehmen (Kiel OLGR 4, 631), z. B. um die Vernehmung eines Zeugen oder Sachverständigen oder um die Beurkundung des Beitritts eines Beteiligten zu einer Verhandlung zu ersuchen.

Der Notar kann hiernach die Ergänzung des Antrags veranlassen (§ 87 Abs. 2), er ladet die Beteiligten zum Verhandlungstermin (§§ 89, 90), er beurkundet die vorbereitenden Maßregeln (§ 91) sowie, nach Anfertigung eines etwaigen Auseinandersetzungsplans, die Auseinandersetzung selbst (§ 93), er erläßt gegen ausgebliebene Beteiligte die in § 91 Abs. 3, § 93 Abs. 2 Satz 1 vorgesehenen Verfügungen und verfährt bei der Losziehung und beim Auftreten von Streitpunkten nach den §§ 94, 95 FGG. Werden die vom Notar den Beteiligten nach § 87 Abs. 2 gemachten Auflagen nicht erfüllt, so braucht der Notar das Verfahren nicht fortzusetzen; er verfährt wie in dem entsprechenden Fall das Gericht (vgl. § 87 Rdn. 6, 7).

2. *Vorbehalte für das Gericht.* Dem Gericht vorbehalten sind nach Abs. 2 Satz 1 die Bestätigung der Auseinandersetzung (§ 93 Abs. 1 Satz 3) oder einer vorgängigen Vereinbarung (§ 91 Abs. 2 Satz 1) sowie die Verrichtungen, die nach erfolgter Bestätigung erforderlich werden; auch die Ausfertigung der bestätigten Auseinandersetzungsverhandlungen erteilt das Gericht. Dem Gericht steht auch zu die Entscheidung über einen Antrag auf Wiedereinsetzung in den vorigen Stand (§§ 92, 93 Abs. 2 Satz 2 FGG, Art. 25), die Bestellung eines Abwesenheitspflegers (§ 88) sowie die Erteilung nachlaßgerichtlicher Genehmigungen nach § 97 Abs. 2 FGG). Diese Geschäfte stehen sämtlich dem Richter zu, auch soweit nach § 16 Nr. 8 RechtspflG kein Richtervorbehalt besteht. Denn dem Rechtspfleger ist durch § 3 Nr. 2 Buchst. c RechtspflG nur das gerichtliche, nicht das notarielle Teilungsverfahren übertragen; außerdem ist es wenig sinnvoll, eine Befugnis, welche das Gesetz dem Notar vorenthält, durch den Rechtspfleger ausüben zu lassen.

3. *Vernehmung von Zeugen und Sachverständigen.* Ihre Vernehmung wird im Vermittlungsverfahren nur selten in Betracht kommen, allenfalls zur Ermittlung des Wertes von Nachlaßgegenständen. Die Anordnung der Vernehmung eines Zeugen oder Sachverständigen erfolgt durch das Gericht, falls nicht die erschienenen Beteiligten über die Vernehmung und über die Person des zu Vernehmenden einig sind. Die Vernehmung und die Beeidigung selbst steht dem Notar zu. Die Entscheidungen nach § 15 FGG in Verbindung mit §§ 380, 381, 387, 390, 402, 408, 409 ZPO trifft auf Anzeige des Notars das Gericht.

4. *Rechtsmittel.* Da der Notar infolge der Überweisung die Stellung einer nichtgerichtlichen Behörde hat, gelten für sein Verfahren gemäß § 194 Abs. 1 FGG die Vorschriften des ersten Abschnitts des FGG, soweit nicht § 194 Abs. 3 Ausnahmen vorsieht. Über Beschwerden gegen Verfügungen des Notars entscheidet mithin gemäß §§ 194 Abs. 1, 19 FGG das Landgericht. Gemäß § 18 kann der Notar seine Verfügungen ändern oder einer Beschwerde abhelfen. Dem Notar steht kein Beschwerderecht zu gegen die nach Art. 23 dem Gericht vorbehaltenen Verfügungen, auch nicht, wenn seine Beschwerdeführung dem Wunsch der Beteiligten entspricht (KGJ 46, 156).

Art. 24. Soweit nach Art. 23 an Stelle des Gerichts der Notar zuständig ist, tritt der Notar auch an die Stelle des Urkundsbeamten der Geschäftsstelle; an die Stelle der Geschäftsstelle treten die Geschäftsräume des Notars.

1. Die Bestimmung, daß der Notar an die Stelle des Urkundsbeamten der Geschäftsstelle tritt, hat Bedeutung für die Ladung von Zeugen und Sachverständigen (§ 15 FGG mit §§ 377, 402 ZPO) und für die Aufnahme der Beschwerde (§ 21 Abs. 2 FGG). Die Geschäftsräume des Notars treten an die Stelle der Geschäftsstelle des Gerichts in den Fällen, in denen eine Offenlegung von Urkunden auf der Geschäftsstelle (§§ 91 Abs. 3, 93 Abs. 3) oder die Niederlegung des schriftlichen Gutachtens eines Sachverständigen (§ 15 FGG, § 411 ZPO) vorgesehen ist. Wegen der Zustellungen vgl. Art. 26.

Art. 25. Der Antrag auf Wiedereinsetzung in den vorigen Stand kann bei dem Gericht oder dem Notar gestellt werden.

1. Vgl. §§ 92, 93 Abs. 2 Satz 2 FGG. Der Notar leitet den bei ihm gestellten Antrag an das Gericht weiter. Die Stellung des Antrags beim Notar wahrt die Wiedereinsetzungsfrist (§ 92).

4. Bekanntmachung der Verfügungen

Art. 26. Auf die Bekanntmachung notarieller Verfügungen findet der § 16 Abs. 2 des Reichsgesetzes über die freiwillige Gerichtsbarkeit entsprechende Anwendung.

Soweit nach Abs. 1 die für die Zustellung von Amts wegen geltenden Vorschriften der Zivilprozeßordnung maßgebend sind, tritt an die Stelle des Urkundsbeamten der Geschäftsstelle der Notar, an die Stelle des Gerichtswachtmeisters der Gerichtsvollzieher. Der § 174

Abs. 1 der Zivilprozeßordnung bleibt außer Anwendung. Bei einer Zustellung durch Aufgabe zur Post hat sich der Notar, wenn er nicht selbst das zuzustellende Schriftstück der Post übergibt, der Vermittlung eines Gerichtsvollziehers zu bedienen. Die Bewilligung einer öffentlichen Zustellung kann nur durch das Gericht erfolgen; die Zustellung wird von dem Urkundsbeamten der Geschäftsstelle besorgt.

1. Dadurch, daß Abs. 1 den § 16 Abs. 2 FGG für anwendbar erklärt, wird der Notar in die Lage versetzt, seine Verfügungen durch Zustellung bekanntzumachen, was sonst gemäß § 194 Abs. 3 FGG nicht der Fall wäre. Abs. 1 und 3 des § 16 finden schon kraft Bundesrechts Anwendung (§ 194 Abs. 1 FGG). Gegenüber dem gerichtlichen Zustellungsverfahren bestehen jedoch folgende Abweichungen:

2. Sofern die Zustellung nach den Vorschriften der ZPO über die Zustellung von Amts wegen erfolgt, tritt der Notar an die Stelle des Urkundsbeamten der Geschäftsstelle (§§ 209, 210, 211, 212 b, 213 ZPO); statt des Gerichtswachtmeisters (§§ 211, 212 ZPO) beauftragt der Notar den Gerichtsvollzieher.

3. Nicht für anwendbar erklärt ist § 174 Abs. 1 ZPO über die Anordnung der Bestellung eines Zustellungsbevollmächtigten, wenn eine Partei nicht am Orte oder innerhalb des Amtsgerichtsbezirks des Prozeßgerichts wohnt; ein Bedürfnis dafür wurde verneint. Dagegen ist § 174 Abs. 2 für Beteiligte, die nicht im Inland wohnen, anwendbar (Josef FGG 2. Aufl. Anm. 2).

4. Die Zustellung durch Aufgabe zur Post (§ 175 ZPO) muß der Notar entweder persönlich bewirken oder er muß sich der Vermittlung eines Gerichtsvollziehers bedienen. Im ersteren Fall hat der Notar in den Akten zu vermerken, zu welcher Zeit und unter welcher Anschrift die Aufgabe geschehen ist (§ 213 ZPO).

5. Die öffentliche Zustellung (dazu § 16 FGG Rdn. 35) kann nur durch das Gericht bewilligt werden. Für die Ladung ist die öffentliche Zustellung jedoch nach §§ 89 Satz 2, 99 ausgeschlossen. Sie kann aber in den Fällen der §§ 91 Abs. 3, 93 Abs. 2 Satz 1 in Betracht kommen. Die Ausführung der angeordneten öffentlichen Zustellung besorgt der UdG des Gerichts.

5. Abgabe der Akten

Art. 27. Ist das Verfahren vor dem Notar erledigt, so hat dieser die in dem Verfahren entstandenen Schriftstücke zu den Gerichtsakten abzugeben.

1. Die Vorschrift enthält hinsichtlich der im Verfahren entstandenen Niederschriften über die Beurkundung von Willenserklärungen eine Ausnahme von § 25 Abs. 1 BNotO, die gemäß §§ 20 Abs. 4, 118 BNotO in Geltung geblieben ist. Der Notar hat die gesamten bei ihm erwachsenen Vorgänge und die ihm übersandten Gerichtsakten (Art. 21 Abs. 4) an das Gericht abzugeben, damit dieses bei der Bestätigung die Gesetzmäßigkeit des Verfahrens prüfen kann. Das Verfahren vor dem Notar kann sich außer durch Beurkundung einer bestätigungsreifen Auseinandersetzung auch auf andere Weise erledigen, z. B. durch Zurücknahme des Antrags (§ 86 Rdn. 25), wegen Nichtzahlung des Kostenvorschusses (Art. 22 Abs. 2), durch Ruhen des Verfahrens (§ 91 Rdn. 21) oder durch Beurkundung einer vertragsmäßigen Auseinandersetzung. Das Gericht (nicht der Notar) erteilt auch die Ausfertigungen der von dem Notar aufgenommenen Niederschriften (§ 48 BeurkG). Allein das Gericht ist auch zuständig für die Erteilung der Zeugnisse nach §§ 1507, 2368 BGB und nach §§ 36, 37 GBO, 42, 74 SchiffsRegO; wegen der Richtervorbehalte insoweit vgl. § 72 FGG Rdn. 24 bis 26.

6. Kosten

Art. 28. Die Kosten des Verfahrens vor dem Gericht und des Verfahrens vor dem Notar fallen der Masse zur Last. Die Gebühren und Auslagen eines Bevollmächtigten trägt der Machtgeber, die Kosten einer für das Auseinandersetzungsverfahren angeordneten Abwesenheitspflegschaft der abwesende Beteiligte, die durch eine Versäumung verursachten Kosten der Säumige.

Diese Vorschriften finden keine Anwendung, soweit in der Auseinandersetzungsurkunde ein anderes bestimmt ist.

Wer die Kosten der Beschwerdeinstanz zu tragen hat, bestimmt sich nach dem Inhalt der darüber ergangenen gerichtlichen Entscheidung.

Die Vorschriften der Art. 9 bis 14 finden keine Anwendung.

1. Die Vorschrift bezieht sich auf die Kosten sowohl des gerichtlichen als auch des notariellen Verfahrens, aber nur im Verhältnis der Beteiligten untereinander, nicht zur Staatskasse oder zum Notar. Insoweit gelten die §§ 116 Abs. 6, 141, 148 KostO; danach haften die Anteilsberechtigten der Staatskasse oder dem Notar als Gesamtschuldner. Die Kosten der Entscheidung über die Bestätigung können nicht von dem Notar erfordert werden. Eine gerichtliche Entscheidung über die Pflicht zur Tragung der Gerichtskosten ist nicht veranlaßt (KGJ 46, 156; vgl. § 20 a FGG Rdn. 4).

2. Art. 28 ist aber durch § 13 a FGG insoweit außer Kraft gesetzt, als er hinsichtlich der Anordnung der Kostenerstattung im Verhältnis der Beteiligten zueinander dem § 13 a widerspricht; außer im Beschwerdeverfahren (Art. 28 Abs. 3) ist also abweichend von Art. 28 Abs. 4 die Anordnung der Kostenerstattung nach Maßgabe des § 13 a Abs. 1 auch im ersten Rechtszuge statthaft (KG OLGZ 1965, 226; vgl. § 13 a Rdn. 2). Nicht anwendbar sind demnach die Bestimmungen in Art. 28 Abs. 1 Satz 2, wonach die Gebühren und Auslagen eines Bevollmächtigten den Vollmachtgeber und die durch eine Versäumung verursachten Kosten dem Säumigen kraft Gesetzes zur Last fallen; hierfür kommt es vielmehr darauf an, ob eine entsprechende Anordnung des Gerichts auf Grund des § 13 a Abs. 1 ergangen ist. Weiter anwendbar bleibt die Bestimmung, daß die Kosten einer Abwesenheitspflegschaft (§ 88 FGG) dem abwesenden Beteiligten zur Last fallen; denn diese Kosten gehören nicht zu den Kosten des Verfahrens und sie sind nur im einseitigen Interesse des Abwesenden erwachsen. Trifft das Gericht keine anderweite Anordnung über die Kostenerstattung, so wird auch die Vorschrift des Art. 28 Abs. 1 Satz 1 weiter anwendbar sein, wonach die Kosten des Verfahrens vor dem Gericht und vor dem Notar der Masse zur Last fallen. Schließlich steht es den Beteiligten nach wie vor frei, in der Auseinandersetzungsurkunde — oder außerhalb derselben — eine andere Vereinbarung über die Kostentragung zu treffen (Abs. 2). Für die Kosten eines Beschwerdeverfahrens gilt § 13 a Abs. 1 uneingeschränkt.

Dritter Abschnitt

Vereins- und Güterrechtsregister. Schiffsregister und Handelssachen

Registerführung

Art. 29. Die näheren Bestimmungen über die Einrichtung und die Führung des Vereins- und Güterrechtsregisters *sowie des Handels- und des Schiffsregisters* werden vom Justizminister getroffen.

Die Eintragungen in das Schiffsregister sollen von dem Richter mit Angabe des Wortlauts verfügt, von dem Urkundsbeamten der Geschäftsstelle ausgeführt und von beiden unterschrieben werden.

Die beglaubigten Abschriften aus dem Schiffsregister sind von dem Urkundsbeamten der Geschäftsstelle zu unterschreiben.

1. Wegen des *Vereins- und Güterrechtsregisters* vgl. §§ 159, 161 FGG und FGG Anl. 5. Dazu AV vom 6. 11. 1899 (JMBl. 299) i. d. F. vom 25. 2. 1924 (JMBl. 85) und AV vom 19. 5. 1926 (JMBl. 200). Soweit diese Bestimmungen sich innerhalb der Grenzen des landesrechtlichen Ergänzungsrechts (§ 200 FGG) halten, sind sie Rechtsnormen im Sinne des Art. 2 EGBGB (KGJ 27 A 56 = RJA 4, 28).

2. Für das *Handelsregister* gilt jetzt nur noch Bundesrecht, vgl. § 125 FGG Rdn. 9.

3. Für das *Schiffsregister* gilt jetzt nur noch Bundesrecht. Die Führung des Seeschiffsregisters, des Binnenschiffsregisters und des Schiffsbauregisters regelt die Schiffsregisterordnung 19. 12. 1940 (RGBl. I 1591) i. d. F. vom 26. 5. 1951 (BGBl. I 360) und des Art. 2 des ÄndG vom 4. 12. 1968 (BGBl. I 1295). Dazu die SchiffsRegVfg. vom 29. 5. 1951 (BAnz. Nr. 109), geändert durch Vfg. vom 7. 1. 1969 (BAnz. Nr. 7). Für das Binnenschiffsregister sind außerdem die Vorschriften des BinnenSchiffsG vom 15. 6. 1895 i. d. F. vom 20. 5. 1898 (BGBl. III 4103-1) zu beachten. Durch diese Regelung sind die Absätze 2 und 3 des Art. 29 gegenstandslos geworden.

Kosten der Dispache

Art. 30. Über die Verpflichtung zur Tragung der Kosten, die durch eine gerichtliche Verhandlung über die Bestätigung der Dispache entstehen, entscheidet das Gericht, vor dem die Verhandlung stattfindet; die Entscheidung erfolgt nur auf Antrag eines der an dem Verfahren Beteiligten.

Die Kosten sind, unbeschadet der Vorschrift des Art. 9, von den an dem Verfahren Beteiligten in dem Verhältnis zu tragen, in welchem sie zu dem Havereischaden beizutragen haben. Die den einzelnen Beteiligten entstandenen Kosten können, wenn die Umstände es rechtfertigen, gegeneinander aufgehoben werden. Soweit die Beteiligten eine abweichende Vereinbarung treffen, ist diese maßgebend.

Die Vorschriften der Art. 10 bis 14 dieses Gesetzes und des § 158 Abs. 3 des Reichsgesetzes über die Angelegenheiten der freiwilligen Gerichtsbarkeit finden entsprechende Anwendung.

1. *Allgemeines.* Für die gerichtlichen Kosten des Verfahrens über die Dispache (§§ 149 ff. FGG) haften die Beteiligten, wenn die Dispache bestätigt wird, der Staatskasse gegenüber gemäß § 123 Abs. 2 Satz 3 KostO als Gesamtschuldner. Es bedarf aber noch einer Regelung, wie diese Kosten und die den Beteiligten erwachsenen außergerichtlichen Kosten, die ja im gemeinsamen Interesse aller Beteiligten aufgewendet worden sind, auf die Beteiligten zu verteilen sind. Diese Regelung trifft der Art. 30 auf Grund des landesgesetzlichen Vorbehalts in § 200 FGG. Soweit Art. 30 die Vorschrift des Art. 9 unberührt läßt (Abs. 2 Satz 1), ist an dessen Stelle der § 13 a Abs. 1 FGG getreten; liegen dessen Voraussetzungen vor, so kann eine Entscheidung nach § 13 a über die Auferlegung außergerichtlicher oder einem Beteiligten erwachsener gerichtlicher Kosten (vgl. § 13 a Rdn. 22) auch hier ergehen, etwa wenn ein Beteiligter Kosten durch grobes Verschulden oder ein unbegründetes Rechtsmittel verursacht hat. In diesem Fall richtet sich auch die Kostenfestsetzung nach § 13 a Abs. 2 FGG. Im übrigen aber ist Art. 30 gegenüber dem § 13 a in Geltung geblieben, da es sich hier nicht darum handelt, nach verfahrensrechtlichen Grundsätzen Kosten dem einen oder anderen Beteiligten aufzuerlegen, sondern die als weitere Folge des Havereischadens im gemeinsamen Interesse der Beteiligten erwachsenen Kosten in einem angemessenen Verhältnis auf die Beteiligten umzulegen.

2. *Antrag.* Die Entscheidung über die Verteilung der Kosten ergeht nur auf Antrag eines am Verfahren Beteiligten (dazu § 153 Rdn. 5). Der Antrag ist auch noch nach der Bestätigung zulässig, und die Entscheidung muß nicht notwendig in dem Bestätigungsbeschluß ergehen. Wird der Antrag gestellt, so muß das Gericht eine Entscheidung über die Kostenverteilung treffen, es darf nicht etwa nach Ermessen ablehnen. Eine Übertragung auf den Rechtspfleger liegt nicht vor (Art. 10 Anm. 2, § 149 FGG Rdn. 3).

3. *Verteilungsmaßstab.* Die Kosten sind, soweit sie nicht nach § 13 a Abs. 1 einem Beteiligten besonders auferlegt sind, ohne daß dem Gericht ein Ermessen zusteht, von den am Verfahren Beteiligten (§ 153 Rdn. 5) im Verhältnis ihrer Beitragspflicht zum Havereischaden zu tragen (vgl. §§ 706, 716 ff. HGB, §§ 84, 85 BinnenSchG). Nur insoweit ist dem Gericht ein gewisses Beurteilungsermessen eingeräumt, als es, wenn die Umstände es rechtfertigen, die

den einzelnen Beteiligten erwachsenen Kosten gemäß Abs. 2 Satz 2 gegeneinander aufheben kann (vgl. § 92 ZPO). Das kann etwa in Betracht kommen, wenn die Beitragspflicht der Beteiligten annähernd gleich hoch ist oder wenn es nicht billig erscheint, die etwa besonders hohen außergerichtlichen Kosten eines Beteiligten auf die anderen umzulegen. Zur Berücksichtigung eines Ansatzes genügt die Glaubhaftmachung (Abs. 3 mit Art. 10 Abs. 2).

4. Rechtsmittel. Vollstreckbarkeit. Da gegen den Bestätigungsbeschluß nach § 157 FGG die sofortige Beschwerde stattfindet, ist gemäß Art. 11 auch gegen die Entscheidung über die Kostentragung die sofortige Beschwerde gegeben. Die Zwangsvollstreckung richtet sich nach Art. 14. Auch Art. 13 ist anwendbar, wenn ein Beteiligter bereits mehr Kosten gezahlt hat, als von ihm zu tragen sind. Wegen der Verweisung in Abs. 3 auf § 158 Abs. 3 FGG vgl. § 158 Rdn. 4.

Vierter Abschnitt

Gerichtliche und notarielle Urkunden

Erster Titel. Zuständigkeit

Zuständigkeit der Amtsgerichte

Art. 31. Für die Aufnahme von Urkunden der freiwilligen Gerichtsbarkeit sind die Amtsgerichte *und die Notare* zuständig. Die Zuständigkeit umfaßt die *Befugnis zur öffentlichen Beurkundung von Rechtsgeschäften und von sonstigen Tatsachen. Sie erstreckt sich insbesondere auch auf die* Vornahme freiwilliger Versteigerungen *auf* die Mitwirkung bei Abmarkungen sowie *auf* die Aufnahme von Vermögensverzeichnissen.

Die Notare sind auch zuständig, Zustellungen vorzunehmen und zu beurkunden. Die Zustellungsurkunden der Notare sind stempelfrei.

Der Justizminister kann die Amtsgerichte anweisen, Versteigerungen nur unter bestimmten Voraussetzungen vorzunehmen.

1. Geltungsbereich. Soweit Abs. 1 Satz 1 die Zuständigkeit der *Notare* regelt, ist die Vorschrift gegenstandslos, da deren Zuständigkeit sich jetzt aus den §§ 20 bis 22 a BNotO ergibt. Abs. 2 ist aufgehoben durch § 60 Nr. 57 Buchst. c BeurkG. Soweit die Vorschrift die Beurkundungszuständigkeit der *Amtsgerichte* regelt, ist sie durch § 60 Nr. 57 Buchst. a BeurkG insoweit aufgehoben, als sie andere Geschäfte als freiwillige Versteigerungen, Abmarkungen und die Aufnahme von Vermögensverzeichnissen zum Gegenstand hat. Insoweit wird die Vorschrift gedeckt durch die landesgesetzlichen Vorbehalte in § 61 Abs. 1 Nr. 1, 2 und 7 BeurkG, jedoch wird der Vorbehalt zugunsten der Vornahme freiwilliger Versteigerungen durch § 61 Abs. 1 Nr. 1 BeurkG dahin beschränkt, daß er sich nicht auf die Beurkundung freiwilliger Versteigerung von Grundstücken und grundstücksgleichen Rechten erstreckt; damit ist auch die landesrechtliche Zuständigkeit für die *Vornahme* solcher Versteigerungen entfallen, da es offenbar sinnwidrig ist, daß das Amtsgericht solche Versteigerungen vornimmt, zu ihrer Beurkundung aber einen Notar hinzuziehen muß. Die Amtsgerichte sind daher nur noch zuständig für die freiwillige Versteigerung anderer Gegenstände (beweglicher Sachen und Rechte). Vgl. im übrigen die Bem. zu § 61 BeurkG. Für die Beglaubigung von Unterschriften und Abschriften kann die Zuständigkeit der Amtsgerichte auf dem landesgesetzlichen Vorbehalt in § 63 BeurkG beruhen. Außerdem kann in gewissem Umfange eine Beurkundungszuständigkeit der Amtsgerichte auf Bundesrecht beruhen; vgl. dazu § 1 BeurkG Rdn. 16, 17, 19 bis 34.

Zuständigkeit anderer Stellen

Art. 32. Unberührt bleiben die Vorschriften, wonach die im Art. 31 bezeichneten Handlungen der freiwilligen Gerichtsbarkeit auch von anderen Behörden oder mit öffentlichem Glauben versehenen Personen als den Amtsgerichten *oder Notaren* oder nur von solchen anderen Behörden oder Personen oder nur von dem örtlich zuständigen Amtsgericht vorgenommen werden können.

Beglaubigte Abschriften oder Bescheinigungen aus den bei Gericht geführten oder verwahrten Akten und öffentlichen Büchern sollen die Notare in der Regel nicht erteilen.

1. *Geltungsbereich.* Die Vorschrift des Abs. 1 gilt gemäß § 60 Nr. 57 Buchst. b BeurkG nur noch insoweit, als sie auf den nicht aufgehobenen Teil des Art. 31 verweist, also nur noch für freiwillige Versteigerungen außer von Grundstücken, für Abmarkungen und für die Aufnahme von Vermögensverzeichnissen. Abs. 2 ist schon durch die §§ 22, 23 RNotO außer Kraft getreten.

2. *Inhalt.* Die Vorschrift enthält Vorbehalte

a) zugunsten der neben den Amtsgerichten bestehenden Zuständigkeit anderer Behörden oder Urkundspersonen; vgl. insoweit die Zuständigkeit des UdG für die Aufnahme von Inventuren nach § 70 PrAGGVG und des Gerichtsvollziehers nach § 74 Nr. 2, 3, 5 PrAGGVG (Anl. 11);

b) für den Ausschluß der Zuständigkeit der Amtsgerichte zugunsten anderer Behörden oder Urkundspersonen; solche Vorschriften, die in gewissen Stiftungssachen bestanden, sind gegenstandslos;

c) zugunsten von Vorschriften, welche die Beurkundung einem örtlich zuständigen Amtsgericht zuweisen; hierzu gehört § 1 Abs. 1 des G betr. den Austritt aus den Religionsgesellschaften des öffentlichen Rechts vom 20. 11. 1920 (GS 1921 S. 119), wonach die Erklärung, wenn sie nicht in öffentlich beglaubigter Form eingereicht wird, nur zum Protokoll der Geschäftsstelle des Amtsgerichts des Wohnsitzes abgegeben werden kann. Diese Zuständigkeit ist durch das BeurkG unberührt geblieben (Zimmermann, Rpfleger 1970, 189 zu I 3 g und II 4). Vgl. näher § 61 BeurkG Rdn. 20-23.

Freiwillige Grundstücksversteigerung

Art. 33. Die *Amtsgerichte und die* Notare sollen die freiwillige Versteigerung eines Grundstücks nur vornehmen, wenn das Grundstück in ihrem Amtsbezirke belegen ist. Liegt das Grundstück in verschiedenen Amtsbezirken oder sollen mehrere Grundstücke, die in verschiedenen Amtsbezirken liegen, zusammen versteigert werden, so ist *jedes Amtsgericht sowie* jeder Notar, in dessen Amtsbezirk ein Teil des Grundstücks oder eines der Grundstücke liegt, zu der Versteigerung befugt.

Gehört das Grundstück zu einem Nachlaß oder zu einer ehelichen Gütergemeinschaft oder zu einer fortgesetzten Gütergemeinschaft, so darf die Versteigerung auch von dem *Gerichte* vorgenommen werden, welches auf Grund der §§ 86, 99 des Reichsgesetzes über die Angelegenheiten der freiwilligen Gerichtsbarkeit mit der Vermittlung der Auseinandersetzung befaßt ist; hat das Gericht die Vermittlung der Auseinandersetzung einem Notar übertragen, so ist *an Stelle des Gerichts* der Notar zuständig.

1. *Bedeutung.* Die Vorschrift regelt die örtliche Zuständigkeit für die Vornahme der freiwilligen Versteigerung von Grundstücken. Soweit sie sich auf die Zuständigkeit des *Amtsgerichts* bezieht, ist sie gegenstandslos, da den Amtsgerichten nach § 61 Abs. 1 Nr. 1 BeurkG die sachliche Zuständigkeit für die Beurkundung der freiwilligen Versteigerung von Grundstücken fehlt (vgl. Art. 31 Anm. 1). Das gilt auch für die durch Abs. 2 begründete örtliche Zuständigkeit des Teilungsgerichts; denn die freiwillige Versteigerung, die aus Anlaß der Vermittlung der Auseinandersetzung eines Nachlasses oder Gesamtguts vorgenommen wird, ist kein Teil des gerichtlichen Auseinandersetzungsverfahren, sondern läuft selbständig neben ihm her (KommBer. des Pr. Abgeordnetenhauses S. 18; Josef FGG 2. Aufl. § 89 Anm. 2 a. E.; Schlegelberger Art. 27 PrFGG Rdn. 4). Dagegen ist die Vorschrift in Geltung geblieben, soweit sie die örtliche Zuständigkeit des Notars regelt (§ 15 BeurkG Rdn. 5).

2. *Örtliche Zuständigkeit.* Die örtliche Zuständigkeit des Notars ist beschränkt auf Grundstücke, die mindestens zum Teil in seinem Amtsbezirk (§ 2 BeurkG Rdn. 9) liegen. Sollen

mehrere Grundstücke zusammen versteigert werden, so genügt es, wenn eines der Grundstücke ganz oder zum Teil in dem Amtsbezirk liegt. Ist dem Notar nach § 193 FGG, Art. 21 PrFGG vom Gericht die Vermittlung der Auseinandersetzung eines Nachlasses oder Gesamtguts übertragen und soll aus diesem Anlaß die freiwillige Versteigerung eines zu der Teilungsmasse gehörenden Grundstücks erfolgen, so ist wegen des Zusammenhangs auch dieser Notar zuständig, selbst wenn das Grundstück nicht in seinem Amtsbezirk liegt (Abs. 2); außerhalb seines Amtsbezirks vornehmen darf er die Versteigerung aber nur unter den Voraussetzungen des § 11 Abs. 2 BNotO. Ein Notar mit dem Amtssitz in Bonn, dem das Gericht die Vermittlung der Auseinandersetzung übertragen hat, darf also in Bonn ein in Berlin belegenes Grundstück versteigern, in Berlin aber nur nach Maßgabe des § 11 Abs. 2 BNotO. Abs. 2 gilt nicht, wenn der Notar von den Beteiligten mit der Vermittlung des Auseinandersetzungsvertrages beauftragt ist (Art. 21 Anm. 1 a. E.). Über örtliche Zuständigkeit der Notare im allgemeinen vgl. § 2 BeurkG Anm. 1, 2. Eine Verletzung der Vorschrift berührt die Gültigkeit des Aktes nicht.

Beeidigung von Sachverständigen

Art. 34. [Abs. 1 aufgehoben durch § 60 Nr. 57 BeurkG]

Das Amtsgericht kann für eine einzelne Angelegenheit einen Sachverständigen auch dann beeiden, wenn alle bei dieser Angelegenheit beteiligten Personen darauf antragen und die Beeidigung nach dem Ermessen des Gerichts angemessen erscheint.

1. Abs. 2 ist aufrechterhalten durch § 61 Abs. 1 Nr. 4 BeurkG. Auch außerhalb eines gerichtlichen Verfahrens und selbst wenn mit dem Anhängigwerden eines solchen nicht zu rechnen ist, kann sich das Bedürfnis ergeben, einen Sachverständigen für eine einzelne Angelegenheit zu beeidigen. Hierfür begründet Art. 34 Abs. 2 die Zuständigkeit des Amtsgerichts; die *allgemeine* Beeidigung von Sachverständigen ist Sache der Justizverwaltung (§ 86 PrAGGVG). Eine einzelne Angelegenheit liegt auch vor, wenn der Sachverständige mit der laufenden Prüfung der Bücher und Bilanzen eines Unternehmens, nicht einer unbestimmten Zahl von Unternehmen, beauftragt ist (KGJ 42, 8). Vorausgesetzt wird ein Antrag aller Beteiligten, nicht aber das Einverständnis des Sachverständigen mit seiner Beeidigung. Bei außergerichtlichen Angelegenheiten ist der Begriff der Beteiligung nach der Art des Geschäfts zu beurteilen. Das Gericht kann aber nach seinem Ermessen von der Beeidigung absehen; gegen die Versagung findet die Beschwerde nach Art. 4, 6 statt. Für das Verfahren bei der Abnahme des Eides gelten gemäß Art. 1 PrFGG, § 15 FGG die §§ 478 bis 481, 483, 484 ZPO (vgl. § 15 FGG Rdn. 73 bis 75).

Zuständigkeit der Urkundsbeamten der Geschäftsstelle

Art. 35, 36. [Aufgehoben durch § 60 Nr. 57 BeurkG]

Beurkundungen der Kollegialgerichte

Art. 37. Eine Beurkundung, für die das Landgericht oder das Oberlandesgericht zuständig ist, kann durch einen beauftragten oder ersuchten Richter erfolgen.

Der Auftrag kann auch von dem Vorsitzenden der Kammer oder des Senats erteilt werden. Der beauftragte oder ersuchte Richter soll sich in der Urkunde als solcher bezeichnen.

1. Aufrechterhalten durch § 61 Abs. 1 Nr. 5 BeurkG für Beurkundungen in Fideikommißsachen, für die ein Kollegialgericht zuständig ist. Die Beurkundungszuständigkeit eines Kollegialgerichts konnte nach früherem Recht vorkommen, wenn die Aufsicht über eine Familienstiftung nach § 29 PrAGGVG einem Landgericht oder Oberlandesgericht übertragen war (vgl. Einl. vor § 1 FGG Rdn. 87 und § 29 PrAGGVG mit Bem.). Jedoch ist Art. 2 § 3 PrAGBGB über die Beurkundung eines Familienschlusses durch § 60 Nr. 56 Buchst. a BeurkG aufgehoben worden. Die Vorschrift hat noch Bedeutung als Ergänzung zu der VO zur Durchführung des Gesetzes zur Vereinheitlichung der Fideikommißauflösung vom 24. 8. 1935

(RGBl. I 1103), nach welcher die Fideikommißsenate bei den Oberlandesgerichten und das Oberste Fideikommißgericht zuständig sind, Bewilligungen und Erklärungen in öffentlicher oder öffentlich beglaubigter Form zu beurkunden.

Beauftragung anderer Beamten

Art. 38. Soweit die Urkundsbeamten der Geschäftsstelle oder die Gerichtsvollzieher auf Antrag der Beteiligten oder im Auftrage des Gerichts die im Art. 31 Abs. 1 bezeichneten Geschäfte vornehmen können, ist das Amtsgericht befugt, die Ausführung eines Geschäfts, um dessen Vornahme es ersucht wird, dem Urkundsbeamten der Geschäftsstelle oder einem Gerichtsvollzieher zu übertragen. In gleicher Weise kann, soweit für die Aufnahme von Vermögensverzeichnissen, die öffentliche Versteigerung beweglicher Sachen sowie die öffentliche Verpachtung an den Meistbietenden die im siebenten Abschnitte bezeichneten Behörden oder Beamten zuständig sind, diesen die Ausführung eines Geschäfts, um dessen Vornahme das Amtsgericht ersucht wird, übertragen werden.

Die Aufnahme eines Vermögensverzeichnisses kann auch einem Notar übertragen werden.

Der Justizminister kann für solche Bezirke, in denen dazu ein Bedürfnis besteht, die Amtsgerichte ermächtigen, in den ihnen geeignet scheinenden Fällen mit der Vornahme und der Beurkundung einer freiwilligen Grundstücksversteigerung, die außerhalb der Gerichtsstelle erfolgen soll, einen Urkundsbeamten der Geschäftsstelle zu beauftragen; der Urkundsbeamte der Geschäftsstelle soll nur mit Zustimmung der Beteiligten beauftragt werden.

1. Bedeutung. Nach Art. 31 Abs. 1 sind die Amtsgerichte noch zuständig für die Aufnahme von Vermögensverzeichnissen, die Vornahme freiwilliger Versteigerungen mit Ausnahme von Grundstücken und für die Mitwirkung bei Abmarkungen. Für einzelne dieser Geschäfte sind nach anderen Vorschriften aber auch die Urkundsbeamten der Geschäftsstelle, die Gerichtsvollzieher oder die Orts- oder Gemeindegerichte zuständig. Die Bedeutung der Vorschrift besteht darin, daß das Amtsgericht, wenn es um die Vornahme eines solchen Geschäfts von den Beteiligten oder im Wege der Rechtshilfe ersucht wird, befugt ist, die Ausführung dieses Geschäfts auch *ohne die Zustimmung der Beteiligten* oder des ersuchenden Gerichts auf diese Beamten oder Stellen zu übertragen. Wird das Amtsgericht bei der Aufnahme von Vermögensverzeichnissen oder bei Siegelungen von Amts wegen tätig, so besteht die Übertragungsbefugnis ohnehin (§§ 70, 74 Nr. 3 PrAGGVG, Art. 107, 108 PrFGG). Eine Erweiterung der Zuständigkeit dieser Beamten oder Stellen enthält die Vorschrift des Art. 38 Abs. 1 nicht. Die Übertragung ist eine Maßnahme im Rahmen der Behördenorganisation und nicht gebührenpflichtig (KGJ 43, 339).

2. Die *Übertragungsbefugnis* besteht für folgende Geschäfte, deren Vornahme von den Beteiligten bei dem Amtsgericht beantragt wird:

a) Vermögensverzeichnis. Wird die Aufnahme oder die Mitwirkung bei der Aufnahme von Vermögensverzeichnissen von den Beteiligten bei dem Gericht beantragt (§§ 1035, 1377 Abs. 2, 1808 Abs. 2, 2002, 2121 Abs. 3, 2215 Abs. 4 BGB, § 123 KO), so kann ohne Zustimmung der Beteiligten die Ausführung des Geschäfts übertragen werden dem Urkundsbeamten der Geschäftsstelle (§ 70 PrAGGVG), dem Gerichtsvollzieher (§ 74 Nr.3 PrAGGVG) oder dem Dorfgericht (Art. 108 Abs. 1), diesem aber nicht die Beurkundung des von dem Beteiligten aufgenommenen Vermögensverzeichnisses. Nach Abs. 2 kann die Aufnahme von Vermögensverzeichnissen auch einem *Notar* übertragen werden. Nach § 20 Abs. 1 Satz 2 BNotO sind aber die Notare zur Aufnahme von Vermögensverzeichnissen im Auftrage der Beteiligten unbeschränkt zuständig, und nach § 20 Abs. 4 BNotO bestimmt sich die Zuständigkeit der Notare nach Landesrecht nur noch insoweit, als es sich um die Aufnahme von *Nachlaßverzeichnissen* und Nachlaßinventaren handelt. Nur wenn die Aufnahme eines solchen Inventars (§§ 2121 Abs. 3, 2215 Abs. 4 BGB) oder die Mitwirkung bei der Aufnahme (§ 2002) bei dem Gericht beantragt wird, kann mithin das Geschäft auf Grund des Art. 38 Abs. 2 auf den Notar übertragen werden. Im Fall des § 2003 BGB beruht die Befugnis dazu auf Bundesrecht.

b) Freiwillige Versteigerungen von Mobilien, von Früchten auf dem Halm und von Holz auf dem Stamm sowie öffentliche Verpachtungen an den Meistbietenden können auf den Gerichtsvollzieher übertragen werden (§ 74 Nr. 2 und 5 PrAGGVG). Die Orts- und Gemeindegerichte sind infolge der Aufhebung der Art. 109, 112 PrFGG für öffentliche Versteigerungen und Verpachtungen nicht mehr zuständig. Den beeidigten Auktionatoren in Ostfriesland und Harlingerland sowie im Regierungsbezirk Osnabrück, soweit solche noch im Amt sind, kann die Vornahme und Beurkundung freiwilliger öffentlicher Versteigerungen mit Ausnahme von Grundstücken und grundstücksgleichen Rechten übertragen werden (vgl. die Bem. zu Art. 125, 126).

3. Grundstücksversteigerungen durch den Urkundsbeamten der Geschäftsstelle (Abs. 3). Die Vorschrift des Abs. 3 enthielt eine Ausnahme von § 313 BGB, die auf dem Vorbehalt in Art. 142 EGBGB beruhte; mit dessen Aufhebung durch § 57 Abs. 4 Nr. 2 BeurkG ist sie gegenstandslos geworden, abgesehen davon, daß die Amtsgerichte für die Beurkundung von Grundstücksversteigerungen ohnehin nicht mehr zuständig sind (Art. 31 Anm. 1).

4. Siegelungen und Entsiegelungen zum Zwecke der Nachlaßsicherung werden von Amts wegen vorgenommen, fallen also nicht unter Art. 38 (Anm. 1). Die Zuständigkeit der Amtsgerichte dazu beruht auf Bundesrecht (§ 1960 Abs. 2 BGB, § 72 FGG), die von nichtgerichtlichen Behörden auf Art. 147 EGBGB, Art. 104 Abs. 2, 106 Abs. 2 PrFGG. Das Nachlaßgericht kann damit den Urkundsbeamten der Geschäftsstelle (§ 70 PrAGGVG), den Gerichtsvollzieher (§ 74 Nr. 3 PrAGGVG), einen Notar (Art. 87 PrFGG, § 20 Abs. 4 BNotO) oder das Dorfgericht (Art. 107 PrFGG) beauftragen. Das Konkursgericht kann nach § 106 KO Siegelungen anordnen (Mentzel-Kuhn KO[6] § 106 Anm. 2) und damit den UdG oder den Gerichtsvollzieher beauftragen (§§ 70, 74 Nr. 3 PrAGGVG). Unmittelbar im Auftrage des Konkursverwalters (§ 122 KO) kann Siegelungen vornehmen außer dem Notar (§ 20 Abs. 1 BNotO) der Gerichtsvollzieher (§ 74 Nr. 3 PrAGGVG); der dazu erforderliche Landesgesetzliche Vorbehalt, der in § 61 BeurkG fehlt, ist unmittelbar dem § 122 KO zu entnehmen. Im übrigen aber sind die Amtsgerichte nicht mehr zuständig, Siegelungen im Auftrage der Beteiligten vorzunehmen.

Bezirksüberschreitung

Art. 39. [Aufgehoben durch § 60 Nr. 57 BeurkG]

Zweiter Titel. Urkunden über Rechtsgeschäfte

Art. 40, 41. [Aufgehoben durch § 60 Nr. 57 BeurkG]

Verwahrung der Urschrift

Art. 42. Die Urschrift des gerichtlichen *und des notariellen* Protokolls über die Beurkundung eines Rechtsgeschäfts bleibt in Verwahrung des Gerichts *oder des Notars.*

1. Die Vorschrift ist durch § 60 Nr. 57 Buchst. d BeurkG insoweit aufgehoben, als sie die Verwahrung notarieller Urkunden zum Gegenstand hat. Sie gilt für die Verwahrung gerichtlicher Urkunden über die Beurkundung von Willenserklärungen (z. B. § 62 BeurkG). Für das weitere Verfahren, insbesondere für die Erteilung von Ausfertigungen, gelten die §§ 44 bis 54 BeurkG, wenn es sich um selbständige Beurkundungen handelt, auf welche das BeurkG gemäß § 1 Abs. 2 anwendbar ist (§ 1 BeurkG Rdn. 16, 17) oder wenn auf unselbständige Beurkundungen, die Teil eines gerichtlichen Verfahrens sind, die Vorschriften des BeurkG für anwendbar erklärt sind (§ 1 BeurkG Rdn. 20, 21, 26, 27, 30). Dagegen fehlen abgesehen von Art. 42 Vorschriften über die Behandlung von Urkunden über Willenserklärungen, die als Teil eines gerichtlichen Verfahrens aufgenommen worden sind, ohne daß die Anwendbarkeit der Vorschriften des BeurkG angeordnet ist (vgl. § 1 BeurkG Rdn. 22-25, 28, 29). Für die Form der Ausfertigungen wird insoweit Art. 18 entsprechend angewendet werden müssen, und wer ein Recht auf Ausfertigung hat, wird davon abhängen, wer nach der Natur des Geschäfts als Beteiligter anzusehen ist.

Art. 43 bis 52. [Aufgehoben durch § 60 Nr. 57 BeurkG]

Dritter Titel. Sonstige Urkunden

Art. 53. bis 60. [Aufgehoben durch § 60 Nr. 57 BeurkG]

Urschrift. Ausfertigung. Einsicht und Abschrift

Art. 61. Die Urschriften der im Art. 53 bezeichneten Urkunden sind, falls die Beurkundung in der Form eines Protokolls erfolgt ist, in der Verwahrung des Gerichts *oder des Notars* zu belassen.

1. Abs. 1 Satz 2 und Abs. 2 des Art. 61 sind aufgehoben durch § 60 Nr. 57 Buchst. c BeurkG, Abs. 1 Satz 1 durch Buchst. d ebenda insoweit, als die Vorschrift die Verwahrung notarieller Urkunden zum Gegenstand hat. Die Vorschrift bezieht sich auf gerichtliche Urkunden über andere Gegenstände als Willenserklärungen, wenn sie in Form einer Niederschrift errichtet sind, wie z. B. die Erbscheinsverhandlung nach § 2356 Abs. 2 BGB (§§ 36, 37 BeurkG). Für die weitere Behandlung der Urkunden gelten im Rahmen des § 1 Abs. 2 BeurkG die §§ 44 bis 54 BeurkG.

Wechselproteste

Art. 62. [Aufgehoben durch § 60 Nr. 57 BeurkG]

Vierter Titel. Äußere Form und Vernichtung der Urkunden

Art. 63, 64. [Aufgehoben durch § 60 Nr. 57 BeurkG]

Vernichtung der Urkunden

Art. 65. Gerichtliche *und notarielle* Urkunden können nach Maßgabe der Anordnungen des Justizministers vernichtet werden.

1. Auf Notare nicht mehr anwendbar. Die zur Urkundensammlung zu nehmenden Schriftstücke dürfen, solange sie vom Notar selbst verwahrt werden, nicht vernichtet werden; im übrigen gilt § 51 Abs. 5 BNotO.

2. Für gerichtliche Urkunden und für die an die Gerichte abgelieferten Notariatsurkunden s. die bundeseinheitl. Best. über die Aufbewahrungsfristen für Akten, Register und Urkunden bei den Justizbehörden vom 15./16. 5. 52 (abgedr. bei Piller-Hermann, Justizverwaltungsvorschriften, Anh. II zur AktenO) lfd. Nr. 83 u. 102.

Fünfter Abschnitt

Verfahren bei der freiwilligen gerichtlichen Versteigerung von Grundstücken

Vorbemerkung. Der Abschnitt regelt die gerichtliche freiwillige Versteigerung eines Grundstücks (Art. 66), eines Bergwerkseigentums, eines unbeweglichen Bergwerksanteils oder einer Kohlenabbaugerechtigkeit (Art. 76). Auf freiwillige Versteigerungen durch den *Notar,* die nach § 20 Abs. 3 BNotO, § 313 BGB, § 15 BeurkG zugelassen sind, beziehen sich diese Vorschriften nicht; der Gesetzgeber hat hierbei erwogen, daß auch die früheren Gesetze den Notaren bei Versteigerungen freie Hand gelassen hätten und daß ein Bedürfnis zu Vorschriften für notarielle Versteigerungen nicht hervorgetreten sei (Begr. z. PrFGG S. 47; Kockerols, Versteigerung und Grundbucherklärung, Recht 1901, 34 und 1903, 40; Josef FGG 2. Aufl. vor Art. 66; Schlegelberger vor Art. 66 Anm. 2). Die örtliche Zuständigkeit der Notare richtet sich aber nach dem weiter geltenden Art. 33 (Art. 33 Anm. 1, 2; § 15 BeurkG Rdn. 5). In Hessen und Niedersachsen sind die Art. 93 bis 104 HessFGG, Art. 28 bis 39 NdsFGG für die notarielle freiwillige Versteigerung maßgebend geblieben.

Die *Zuständigkeit der Amtsgerichte* für die Beurkundung freiwilliger Versteigerungen von Grundstücken und grundstücksgleichen Rechten ist beseitigt (§ 313 BGB n. F.; § 61 Abs. 1 Nr. 1 BeurkG); damit ist auch die Zuständigkeit für ihre Vornahme entfallen (Art. 31 Anm. 1). Auch freiwillige Versteigerungen von zur Teilungsmasse gehörenden Grundstücken, die aus Anlaß der Vermittlung der Auseinandersetzung eines Nachlasses oder Gesamtguts (§§ 86, 99 FGG) vorgenommen werden sollen, können die Amtsgerichte nicht mehr vornehmen (Art. 33 Anm. 1). Ebenso ist die Zuständigkeit anderer Behörden oder Beamten als der Gerichte und Notare infolge der Aufhebung des Art. 142 EGBGB durch § 57 Abs. 4 Nr. 2 BeurkG entfallen (vgl. Art. 38 Anm. 2 b, 3).

Hiernach sind die Art. 66 bis 76, da sie für die Notare nicht gelten und den Gerichten die Zuständigkeit seit dem 1. 1. 1970 fehlt, ansich gegenstandslos, obwohl sie durch § 60 Nr. 57 BeurkG nicht förmlich aufgehoben worden sind. Ihre einzige Bedeutung kann also allenfalls noch darin bestehen, daß sie den Notaren als Anhaltspunkte für die Gestaltung ihres Verfahrens dienlich sein können, soweit die Vorschriften des BeurkG nicht unmittelbar eingreifen. Das gilt insbesondere für die Prüfung der Vertretungs- und Verfügungsbefugnis (vgl. § 12 BeurkG Anm. 1). Soweit bei der freiwilligen Versteigerung Amtshandlungen des Notars vorkommen, die nicht in der Vornahme von Beurkundungen bestehen, richtet sich die Ausschließung des Notars gemäß § 16 Abs. 1 BNotO nach § 3 BeurkG.

Die *Versteigerung eines Wohnungseigentums* durch den Notar auf Grund des § 19 WEG ist eine in die Formen der freiwilligen Versteigerung gekleidete Zwangsversteigerung zur Entfernung des verurteilten Wohnungseigentümers aus der Gemeinschaft. Das Verfahren ist in §§ 53 bis 58 WEG bundesrechtlich geregelt; auch insoweit sind die Art. 66 bis 76 nicht anwendbar.

Antrag

Art. 66. Wer die freiwillige gerichtliche Versteigerung eines Grundstücks beantragt, hat seine Befugnis zur Verfügung über das Grundstück dem Gerichte nachzuweisen.

Der Richter soll, soweit die Beteiligten nicht ein anderes bestimmen, bei der Versteigerung nach den Vorschriften der Artikel 67 bis 74 verfahren.

1. Antragsrecht. Antragsberechtigt ist, wer zur Verfügung über das Grundstück berechtigt ist. Für die Prüfung der Verfügungsbefugnis durch den Notar gilt nicht Art. 66 Abs. 1, sondern § 17 BeurkG. Verfügungsberechtigt ist der Alleineigentümer, sofern er nicht in der Verfügung beschränkt ist (Konkurs, Testamentsvollstreckung), bei Bruchteilseigentum sämtliche Miteigentümer nur gemeinsam, sofern nicht nur der Miteigentumsanteil eines von ihnen versteigert werden soll, bei Gesamthandseigentum sämtliche Gemeinschafter, soweit nicht einer von ihnen zur Vertretung auch mit Wirkung für die übrigen befugt ist (§ 126 HGB). Der Inhaber der elterlichen Gewalt, Vormund oder Pfleger bedarf der Genehmigung des Vormundschaftsgerichts (§§ 1643 Abs. 1, 1821 Nr. 4, 1915 BGB) nicht schon zu dem Antrage, sondern erst zu dem durch Gebot und Zuschlag zustandekommenden Kaufvertrag; diese Genehmigung kann überdies gemäß § 1829 nachträglich erteilt werden (Josef FGG 2. Aufl. Art. 66 Anm. 1; BGB-RGRK 10./11. Aufl. § 1821 Anm. 7, wo ausgeführt wird, daß das Angebot, ein Grundstück zu verkaufen, nicht genehmigungsbedürftig sei; a. M. Schlegelberger Art. 66 Anm. 4). Lebt der Antragsteller im Güterstand der Zugewinngemeinschaft, so sind unter Umständen die §§ 1365, 1366 BGB zu beachten; liegt die Genehmigung noch zur Zeit der Zuschlagserteilung nicht vor, so verfährt der Notar nach § 17 Abs. 2 Satz 2 BeurkG.

2. Rechtsnatur der Vorschriften. Die Vorschriften der Art. 67 bis 74 sind nachgiebiges Recht (Abs. 2). Sie gelten nur, wenn die Beteiligten nichts anderes bestimmen. Beteiligte in diesem Sinne sind die verfügungsberechtigten Antragsteller. Auch wenn keine Bestimmung der Antragsteller vorliegt, kann der Notar nach vernünftigem Ermessen von den Vorschriften der Art. 67 bis 74 abweichen; er wird sich dann aber mit den Beteiligten ins Benehmen setzen. Sind bei einer Versteigerung mehrere Beteiligte vorhanden und können sie sich über die

Art und Weise der Versteigerung nicht einigen, so muß sie unterbleiben, bis der Streit durch Urteil entschieden ist (Begr. S. 47). Von der Einhaltung der bei der Beurkundung zu beachtenden Vorschriften (dazu § 15 BeurkG Rdn. 1) können die Beteiligten den Notar natürlich nicht befreien, auch nicht von der Beachtung der Vorschriften über die örtliche Zuständigkeit (Art. 33).

3. Rechtsmittel. Lehnt der Notar die Vornahme der Versteigerung ab, so hat der Antragsteller nach § 15 Abs. 1 Satz 2 BNotO die Beschwerde an das Landgericht.

Terminsbestimmung

Art. 67. Der Versteigerungstermin soll erst bestimmt werden, nachdem ein das Grundstück betreffender neuester Auszug aus der Grundsteuermutterrolle und der Gebäudesteuerrolle beigebracht worden ist. In den Hohenzollernschen Landen tritt an die Stelle des Auszugs aus den Steuerrollen ein Auszug aus dem Besitz- und Steuerhefte des Schuldners. Wird das Grundbuch nicht bei dem Gerichte geführt, welches die Versteigerung vornimmt, so soll auch eine beglaubigte Abschrift des Grundbuchblatts beigebracht werden.

Der Zeitraum zwischen der Anberaumung des Termins und dem Termin soll, wenn nicht besondere Gründe vorliegen, nicht mehr als sechs Monate betragen. Zwischen der Bekanntmachung der Terminsbestimmung und dem Termine soll in der Regel ein Zeitraum von mindestens sechs Wochen liegen.

1. Unterlagen. Um die genaue Bezeichnung des Grundstücks zu ermöglichen, soll der Antragsteller einen neuesten Auszug aus der Grundsteuermutterrolle und der Gebäudesteuerrolle beibringen, jetzt, soweit die Zurückführung der Grundbücher auf das Reichskataster durchgeführt ist, einen Auszug aus dem Liegenschaftsbuch und dem Gebäudebuch (vgl. Meikel-Imhof-Riedel GBO[5] § 2 Anm. 97). Ferner soll der Antragsteller eine beglaubigte Grundbuchblattabschrift vorlegen; die Vorlegung von Abschriften der Urkunden, auf die im Grundbuch Bezug genommen wird, kann nicht verlangt werden. Dem Antragsteller ist es nicht verwehrt, weitere Unterlagen beizubringen, z. B. Gutachten über den Grundstückswert.

2. Terminsfrist. Die Vorschriften des Abs. 2 über die Fristen bei der Terminsbestimmung sind nur Sollvorschriften, abgesehen davon, daß die Beteiligten Abweichendes bestimmen dürfen. Bei Nichtbeachtung der Frist findet keine Beschwerde statt, da es im Belieben des Antragstellers steht, ob er in dem fristwidrig anberaumten Termin den Zuschlag erteilen will (Josef ZBlFG 5, 170).

Art. 68. Die Terminsbestimmung soll enthalten:

1. die Bezeichnung des Grundstücks;
2. Zeit und Ort des Versteigerungstermins;
3. die Angabe, daß die Versteigerung eine freiwillige ist;
4. die Bezeichnung des eingetragenen Eigentümers sowie die Angabe des Grundbuchblatts und der Größe des Grundstücks.

Sind vor der Bekanntmachung der Terminsbestimmung Versteigerungsbedingungen festgestellt, so soll in der Terminsbestimmung der Ort angegeben werden, wo die Versteigerungsbedingungen eingesehen werden können.

1. Terminsbestimmung. Die Vorschrift regelt den Inhalt der Terminsbestimmung. Der Hinweis darauf, daß die Versteigerung freiwillig ist, soll zu erkennen geben, daß die mit einer Zwangsversteigerung verbundenen Wirkungen nicht in Betracht kommen und daß die Versteigerung zum Abschluß eines rechtsgeschäftlichen Kaufvertrages führt. Die Angabe des Ortes, wo die Versteigerungsbedingungen eingesehen werden können, ist nur vorgeschrieben (Abs. 2), wenn diese bereits vor dem Versteigerungstermin festgestellt sind; eine Verpflichtung, die Versteigerungsbedingungen schon vor der Bekanntmachung der Terminsbestimmung festzustellen, wird dadurch nicht begründet.

2. *Als Ort der Versteigerung* ist in der Regel die Geschäftsstelle des Notars zu wählen (§ 5 Abs. 2 DOfNot). Bei Versteigerungen wird es aber häufig angebracht sein, das Amtsgeschäft an einen anderen Ort zu verlegen, sei es aus räumlichen Gründen, sei es um einen größeren Kreis von Bietungsinteressenten zu erreichen. Geschieht dies auf Verlangen der Beteiligten, so entsteht die Zusatzgebühr nach § 58 KostO. Außerhalb seines Amtsbezirks darf der Notar die Versteigerung nur unter den Voraussetzungen des § 11 Abs. 2 BNotO abhalten.

Bekanntmachung

Art. 69. Die Terminsbestimmung ist durch einmalige Einrückung in ein vom Gerichte zu bestimmendes Blatt öffentlich bekanntzumachen. Die Vorschriften des § 39 Abs. 2 und des § 40 des Gesetzes über Zwangsversteigerung und die Zwangsverwaltung finden entsprechende Anwendung.

1. Die in Satz 2 angeführten Vorschriften lauten:

§ 39. (Abs. 2) Hat das Grundstück nur einen geringen Wert, so kann das Gericht anordnen, daß die Einrückung unterbleibt; in diesem Falle muß die Bekanntmachung dadurch erfolgen, daß die Terminsbestimmung in der Gemeinde, in deren Bezirke das Grundstück belegen ist, an die für amtliche Bekanntmachungen bestimmte Stelle angeheftet wird.

§ 40. Die Terminsbestimmung soll an die Gerichtstafel angeheftet werden. Ist das Gericht nach § 2 Abs. 2 zum Vollstreckungsgerichte bestellt, so soll die Anheftung auch bei den übrigen Gerichten bewirkt werden.

Das Gericht ist befugt, noch andere und wiederholte Veröffentlichungen zu veranlassen; bei der Ausübung dieser Befugnis ist insbesondere auf den Ortsgebrauch Rücksicht zu nehmen.

Abs. 1 Satz 2 des § 40 hat für die freiwillige Versteigerung keine Bedeutung.

2. *Bekanntmachungsorgan.* Art. 69 war, soweit das PrFGG in Rheinland-Pfalz gilt (Vorbem. vor Art. 1) durch G vom 23. 5. 1969 (GVBl. Rhld.-Pf. S. 119) § 3 dahin geändert worden, daß die Bekanntmachung in dem für Bekanntmachungen des Gerichts bestimmte Blatt (Staatsanzeiger) zu erfolgen hat. Diese Änderung ist mit dem Fortfall der Zuständigkeit der Gerichte (Vorbem. vor Art. 66) gegenstandslos geworden. Das Bekanntmachungsorgan und die Zahl der Bekanntmachungen bestimmt der Notar, wenn keine Vereinbarung der Beteiligten darüber vorliegt, nach Ermessen.

Art. 70. Die Terminsbestimmung ist dem Antragsteller mitzuteilen.

1. Außer an den oder die Antragsteller ist eine Mitteilung an Personen, die im Zwangsversteigerungsverfahren Beteiligte wären (§§ 9, 41 ZVG) oder an Vorkaufsberechtigte (§ 510 BGB) nicht geboten, weil ihre Rechte nicht betroffen werden können.

Einsicht der Nachweisungen

Art. 71. Die Einsicht der Abschrift des Grundbuchblatts sowie der Auszüge aus den Steuerbüchern ist jedem gestattet.

Das gleiche gilt von anderen das Grundstück betreffenden Nachweisungen, welche ein Beteiligter einreicht, insbesondere von Abschätzungen.

1. Die *Einsichtnahme* in die in der Vorschrift genannten Urkunden (nicht auch in andere Schriftstücke) ist, wie sich aus der Natur der Sache ergibt (vgl. § 42 ZVG), jedem ohne Nachweis oder Glaubhaftmachung eines Interesses zu gestatten. Vorausgesetzt ist, daß die Urkunden von dem Antragsteller beigebracht sind und sich bei den Akten des Notars befinden. Ist das nicht der Fall, so wird das Recht zur Grundbucheinsicht (§ 12 GBO) durch die Vorschrift nicht erweitert. Aus Art. 68 Abs. 2 ergibt sich, daß auch die Versteigerungsbedingungen, wenn sie bereits festgestellt sind, von jedermann eingesehen werden können (vgl. auch § 55 Abs. 5 WEG).

Verfahren im Termin

Art. 72. In dem Versteigerungstermine werden nach dem Aufrufe der Sache die Versteigerungsbedingungen, sofern ihre Feststellung nicht schon vorher erfolgt ist, festgestellt und diese sowie die das Grundstück betreffenden Nachweisungen bekanntgemacht. Hierauf fordert das Gericht zur Abgabe von Geboten auf.

1. Die *Einleitung des Verfahrens* im Versteigerungstermin vollzieht sich in vier Abschnitten:

a) Aufruf der Sache. Hiernach beginnt der Termin mit dem Aufruf der Sache außerhalb des Amtszimmers.

b) Bekanntmachung der Grundstücksnachweisungen. Die Bekanntgabe der vorgelegten Grundstücksnachweise (Art. 67 Abs. 1, 71) dient der Unterrichtung der Bietungsinteressenten und der Bestimmung des Gegenstandes des Versteigerungsgeschäfts. Haftet das Grundstück für die öffentliche Last der Hypothekengewinnabgabe, so ist es angebracht, über deren Höhe eine vom Finanzamt gemäß § 128 LAG eingeholte Auskunft bekanntzugeben (vgl. § 21 BeurkG Rdn. 3). Auch die Unterrichtung über Miet- und Pachtverhältnisse kann geboten sein, insbesondere wenn nach dem Inhalt des Mietvertrages Vorauszahlungen auf den Mietzins oder Baukostenzuschüsse geleistet sind, die dem Erwerber gegenüber wirksam sind (vgl. Palandt-Putzo BGB § 573 Anm. 1 b, § 574 Anm. 2). Auch wird festzustellen sein, ob die Terminsbestimmung ordnungsgemäß bekanntgemacht ist (Art. 69); werden in dieser Hinsicht Mängel festgestellt, so kann jedoch mit Einwilligung der Antragsteller darüber hinweggesehen werden.

c) Feststellung und Bekanntgabe der Versteigerungsbedingungen. Die Versteigerungsbedingungen werden von dem oder den Antragstellern bestimmt. Sie enthalten in erster Linie die Vertragsbestimmungen, die zum Inhalt eines Kaufvertrages über das Grundstück gemacht werden müßten, abgesehen von der Höhe des Kaufpreises, insbesondere über die zu übernehmenden Lasten, über die Bedingungen für die Zahlung, Hinterlegung oder Sicherheitsleistung in Ansehung des Meistgebots sowie über den Zeitpunkt, zu dem Gefahr, Nutzen und Lasten auf den Erwerber übergehen. Bei der Feststellung der Versteigerungsbedingungen obliegt dem Notar dem Antragsteller gegenüber eine Belehrungspflicht nach § 17 BeurkG, ebenso, wenn es zum Zuschlag kommt, gegenüber dem Ersteher nach §§ 17 bis 20 BeurkG.

d) Aufforderung zur Abgabe von Geboten. Das eigentliche Versteigerungsgeschäft beginnt mit der Aufforderung des Notars zur Abgabe von Geboten. Darin liegt nicht schon selbst ein Vertragsangebot, sondern die Einladung, Vertragsangebote zu machen. Mit Einverständnis des Antragstellers ist es auch zulässig, vor dem Termin eingereichte schriftliche Gebote, die nach § 313 BGB notariell beurkundet sein müssen, zu berücksichtigen (Schlegelberger Art. 72 Anm. 3); diese Gebote müssen den anwesenden Bietungsinteressenten vom Notar verkündet werden. Der Bieter ist nach § 145 BGB an sein Gebot gebunden. Die Gebundenheit endet gemäß § 156 BGB, wenn die Versteigerungsbedingungen nichts anders bestimmen, mit der Abgabe eines (wirksamen) Übergebots, auch wenn es nicht angenommen wird, mit der Zurückweisung des Gebots, zu der der Antragsteller nach Belieben berechtigt ist (Staudinger-Coing BGB 11. Aufl. § 156 Anm. 5), oder wenn die Versteigerung ohne Erteilung des Zuschlags geschlossen wird. Da das Gebot ein Kaufvertragsangebot enthält, muß der Bieter geschäfts- und erwerbsfähig sein. Soweit eine Genehmigung erforderlich ist, kann mit Einwilligung des Antragstellers ihre Nachbringung zugelassen und der Zuschlag unter dem Vorbehalt der Genehmigung erteilt werden. Insoweit ist der Notar nach § 18 BeurkG den Beteiligten zur Belehrung verpflichtet.

Art. 73. Hat ein Bieter durch Hinterlegung von Geld oder Wertpapieren Sicherheit zu leisten, so gilt in dem Verhältnisse zwischen den Beteiligten die Übergabe an das Gericht als Hinterlegung.

1. Sicherheitsleistung. Ob, in welcher Art und in welcher Höhe Bieter Sicherheit für das Gebot zu leisten haben, ist gesetzlich nicht geregelt, sondern kann von dem Antragsteller in den Versteigerungsbedingungen bestimmt werden. Auch wenn eine solche Bestimmung nicht getroffen ist, kann der Antragsteller die Annahme eines Gebots von der Leistung einer Sicherheit abhängig machen, wie er andererseits von der Leistung einer Sicherheit absehen kann, selbst wenn die Versteigerungsbedingungen eine solche vorsehen. Die Bedeutung der Vorschrift besteht darin, daß durch die Übergabe der Sicherheit, wenn sie in Geld oder Wertpapieren besteht, an den Notar (vgl. Art. 37 NdsFGG, Art. 100 HessFGG), obwohl er nicht Hinterlegungsstelle ist, für den Antragsteller gemäß § 233 BGB ein Pfandrecht begründet wird.

Art. 74. Zwischen der Aufforderung zur Abgabe von Geboten und dem Zeitpunkt, in welchem bezüglich sämtlicher zu versteigernder Grundstücke die Versteigerung geschlossen wird, soll mindestens eine Stunde liegen. Die Versteigerung soll so lange fortgesetzt werden, bis der Aufforderung des Gerichts ungeachtet ein Gebot nicht mehr abgegeben wird.

Das Gericht hat das letzte Gebot mittels dreimaligen Aufrufs zu verkünden und den Antragsteller über den Zuschlag zu hören.

1. Bietungsstunde. Die Vorschrift, nach welcher zwischen der Aufforderung zur Abgabe von Geboten und dem Schluß der Versteigerung mindestens eine Stunde liegen soll, soll eine übereilte Durchführung der Versteigerung verhindern. Die Vorschrift ist aber abweichend von § 73 ZVG nicht zwingend. Dem Antragsteller steht es frei, ein Gebot schon vor Ablauf der Bietungsstunde anzunehmen und den Zuschlag zu erteilen. Ferner ist naturgemäß eine Überschreitung der Frist zulässig; sie ergibt sich von selbst, wenn nach Verlauf einer Stunde noch weitere Gebote abgegeben werden. Der Notar hat, wenn nach Ablauf einer Stunde ein Gebot nicht mehr gemacht wird, die Aufforderung zur Abgabe von Geboten zu wiederholen (Abs. 1 Satz 2). Wird daraufhin ein Gebot abgegeben, so muß die Aufforderung erneut ergehen, bis weitere Gebote nicht mehr abgegeben werden.

2. Zuschlag. Der Notar hat das letzte Gebot durch dreimaligen Aufruf unter Angabe des gebotenen Betrages und des Namens des Bieters zu verkünden (vgl. § 73 Abs. 2 ZVG). Abweichend von § 73 Abs. 2 ZVG bestimmt das Gesetz nicht, daß auch der Schluß der Versteigerung zu verkünden sei. Da das Ergebnis der Versteigerung erst mit der Erklärung des Antragstellers feststeht, daß er das Gebot annehme, können Nachgebote bis zu dieser Erklärung zugelassen werden. Der Meistbietende erwirbt durch die dreimalige Verkündung seines Gebots noch kein Recht auf den Zuschlag (Staudinger-Coing BGB 11. Aufl. § 156 Rdn. 4). Der Antragsteller kann sich in den Versteigerungsbedingungen auch das Recht vorbehalten, trotz eines Übergebots das niedrigere Gebot eines anderen Bieters anzunehmen; ist das nicht in den Versteigerungsbedingungen bestimmt, so muß das Einverständnis des überbotenen Bieters, dessen Gebot angenommen werden soll, vorliegen. Auch kann der Antragsteller die Kaufbedingungen nachträglich durch Vereinbarung mit dem Ersteher ändern.

Über die Erteilung des Zuschlags ist der Antragsteller zu hören. Nimmt dieser das Gebot an, so verkündet der Notar den Zuschlagsbeschluß. Damit ist das Versteigerungsgeschäft beendet. Die Anwesenheit des Ersteigerers bei der Verkündung des Zuschlags ist nicht erforderlich (§ 15 Satz 2 BeurkG; Staudinger-Coing BGB 11. Aufl. § 156 Anm. 3). Der Zuschlag braucht nicht im Versteigerungstermin selbst zu erfolgen, sondern kann auf einen anderen Termin verlegt werden, falls die Versteigerungsbedingungen dies vorsehen.

3. Niederschrift. In der Niederschrift wird der Hergang bei der Versteigerung festgehalten (Feststellung der Terminsbekanntmachung, Bekanntgabe der Grundstücksnachweisungen und der Versteigerungsbedingungen, Aufforderung zur Abgabe von Geboten, Bietungsstunde, Sicherheitsleistung, Feststellung des Meistbietenden, Verkündung des letzten Gebots durch dreimaligen Aufruf, Anhörung des Antragstellers über den Zuschlag, Verkündung des Zuschlagsbeschlusses). Ferner werden die rechtsgeschäftlichen Erklärungen der Beteiligten beurkundet. Wegen der Form der Beurkundung und des Beteiligtenbegriffs vgl. § 15 BeurkG Rdn. 1, 6 und 7. Für die Erteilung von Ausfertigungen gilt § 51 BeurkG.

4. Wirkung der Versteigerung. Die Wirkungen der freiwilligen Versteigerung sind dieselben wie die eines notariell beurkundeten Kaufvertrages. Rechte und Pflichten ergeben sich aus den Versteigerungsbedingungen und den etwa sonst getroffenen und beurkundeten Abreden. Die Rechtsstellung der Gläubiger beschränkter dinglicher Rechte am Grundstück wird ebensowenig beeinflußt wie durch einen Kaufvertrag. Außerdem ist die Auflassung erforderlich; wegen deren Form vgl. § 15 BeurkG Rdn. 8.

Grundstücke juristischer Personen

Art. 75. Unberührt bleiben die besonderen Vorschriften, welche bei der Versteigerung der Grundstücke gewisser juristischer Personen zu beobachten sind.

1. Die Vorschrift bezieht sich auf Bestimmungen in früheren Städte- und Gemeindeordnungen, in denen bei der Veräußerung von Grundstücken einer Gemeinde die Notwendigkeit einer Taxe und Besonderheiten über die Art der Bekanntmachung des Versteigerungstermins und die Fristen vorgesehen waren (vgl. Josef FGG 2. Aufl. Art. 75 Anm. 1); solche Vorschriften bestehen nicht mehr. Die Vorschrift ist daher gegenstandslos. Zu beachten sind aber Vorschriften, nach denen zur Veräußerung von Grundstücken die Genehmigung der Aufsichtsbehörde erforderlich ist (vgl. § 18 BeurkG Rdn. 39).

Sondervorschriften für Bergsachen

Art. 76. Auf die freiwillige Versteigerung eines Bergwerkseigentums, eines unbeweglichen Bergwerksanteils sowie einer selbständigen Kohlenabbau-Gerechtigkeit finden außer den Artikeln 33, 66 bis 75 dieses Gesetzes die Artikel 18, 20 des Ausführungsgesetzes zu dem Gesetz über die Zwangsversteigerung und die Zwangsverwaltung entsprechende Anwendung.

1. Die angeführten Vorschriften lauten:

Art. 18. Dem Antrag auf Zwangsversteigerung oder Zwangsverwaltung ist eine oberbergamtlich, gerichtlich oder notariell beglaubigte Abschrift der Verleihungsurkunde des Bergwerkes oder, wenn der Antrag eine Kohlenabbau-Gerechtigkeit betrifft, eine in gleicher Art beglaubigte Abschrift des Aktes beizufügen, durch den die Gerechtigkeit vom Eigentum an dem Grundstücke getrennt worden ist.

Art. 20. Ist ein Bergwerkseigentum oder ein unbeweglicher Bergwerksanteil zu versteigern, so soll die Terminsbestimmung außer dem Grundbuchblatte den Namen des Bergwerkes sowie die Mineralien, auf die das Bergwerkseigentum verliehen ist, bezeichnen und im Falle der Versteigerung eines Bergwerksanteils auch die Zahl der Kuxe angeben, in welche das Bergwerk geteilt ist.

Außerdem soll die Terminsbestimmung eine Angabe der Feldesgröße, des Kreises, in welchem das Feld liegt, und der dem Werke zunächst gelegenen Stadt enthalten. Diese Vorschrift findet auf Kohlenabbau-Gerechtigkeiten entsprechende Anwendung.

2. Abändernde Bestimmungen der Antragsteller (Art. 66 Abs. 2) sind nicht zugelassen.

Sechster Abschnitt

Amtsstellung der Notare

Art. 77 bis 86. [Aufgehoben]

1. Die Art. 77 bis 83, 85, 86, 88 bis 103 sind seit dem 1. 7. 1937 durch die Reichsnotarordnung vom 13. 2. 1937 (RGBl. I 191) aufgehoben. Art. 84 war durch § 75 RNotO und § 118 BNotO insoweit unberührt geblieben, als er sich auf die Amtssprache und die Hinzuziehung von Dolmetschern bei der notariellen Beurkundung anderer Vorgänge als Rechtsgeschäfte bezog (Voraufl. Art. 84 PrFGG Bem. 1; Seybold-Hornig BNotO 4. Aufl. § 118 Anm. 5); die Vorschrift ist aber mit Wirkung vom 1. 1. 1970 durch § 60 Nr. 57 Buchst. c BeurkG (ersatzlos) aufgehoben worden.

Siegelung und Entsiegelung

Art. 87. Die Notare sind zuständig, Siegelungen und Entsiegelungen im Auftrage des Gerichts oder des Konkursverwalters vorzunehmen.

1. Inwieweit die Notare zur Anlegung und Abnahme von Siegeln im Rahmen eines Nachlaßsicherungsverfahrens zuständig sind, bestimmt sich bis auf weiteres nach den bisherigen Vorschriften (RNotO § 77 Abs. 3, BNotO § 20 Abs. 4).

2. BGB § 1960. Vgl. hierzu Art. 128.

3. KO §§ 122, 124. Die Zuständigkeit der Notare für den Fall der Beauftragung durch den Konkursverwalter ergibt sich jetzt aus § 20 Abs. 1 BNotO.

4. Neben den Notaren sind die Beamten der Geschäftsstelle und die Gerichtsvollzieher zuständig. AGGVG §§ 70, 74.

Art. 88 bis 103. [Aufgehoben, vgl. Bem. zu Art. 77]

Siebenter Abschnitt

Besondere Gerichte. Mitwirkung der Gemeindebeamten in Angelegenheiten der freiwilligen Gerichtsbarkeit

Vorbemerkung. Die Einrichtung der Orts-, Dorf- und Gemeindegerichte beruht auf den landesgesetzlichen Vorbehalten in Art. 147 EGBGB und § 191 Abs. 1 FGG a. F., jetzt § 63 BeurkG. Nach dem jetzigen Rechtszustand bestehen Ortsgerichte nur noch in wenigen Gebietsteilen. Für das Land *Hessen* sind die Art. 104 bis 127 PrFGG mit Wirkung vom 1. 1. 1953 durch § 38 Nr. 1 HessOrtsGerG vom 6. 7. 1952 (GVBl. 124) — Anl. 13 — aufgehoben worden, für das Land *Niedersachsen* mit Wirkung vom 1. 7. 1958 durch Art. 83 Abs. 1 Nr. 5 des Niedersächsischen Gesetzes über die freiwillige Gerichtsbarkeit vom 14. 5. 1958 (GVBl. 117) — Anl. 14 —. Im Rahmen der Rechtsbereinigung in den Ländern sind die Art. 104 bis 127 PrFGG als gegenstandslos oder aufgehoben fortgefallen in *Berlin* auf Grund des § 1 Abs. 1 des 1. RechtsberG gemäß GVBl. für Berlin Sonderband I Nr. 3212-1, in *Nordrhein-Westfalen* gemäß Sammlung des in Nordrhein-Westfalen geltenden preußischen Rechts — PrGS NW — S. 88, in *Schleswig-Holstein* gemäß Sammlung des schleswig-holsteinischen Landesrechts, GS Schl.-H. Band II Nr. 315, vgl. G über die Sammlung des schleswig-holsteinischen Landesrechts vom 4. 4. 1961 (GVBl. S. 47) und Abschlußgesetz vom 5. 10. 1963 (GVBl. S. 117). Ortsgerichte bestehen noch in den ehemals preußischen Gebietsteilen des Landes *Baden-Württemberg* (Landkreise Hechingen und Sigmaringen), vgl. für das ehemalige Württemberg-Hohenzollern Bek. vom 1. 2. 1947 (ABl. S. 515) über die Wiedererrichtung der Gemeinde-(Orts-)Gerichte und nachstehend Art. 115 PrFGG. Auf Grund der Art. 111 bis 127 PrFGG bestehen ferner noch Ortsgerichte in den ehemals preußischen Gebietsteilen des Landes *Rheinland-Pfalz,* nämlich in Rheinhessen, im RegBez. Montabaur und im rechtsrheinischen Teil des RegBez. Koblenz (Hilderscheid, DNotZ 1950, 92, 95). Demgemäß heißt es in der Sammlung des bereinigten preußischen, nassauischen und oldenburgischen Rechts für die RegBez. Koblenz, Trier und Montabaur, Sondernummer des GVBl. Rheinland-Pfalz 1968 Nr. 3212-1 S. 47 in der Fußn. zu Art. 104 PrFGG, daß diese Vorschriften nicht unmittelbar für die preußischen Gebiete von Rheinland-Pfalz gelten, da sie auf den Geltungsbereich des Allgemeinen Landrechts, der sich auf Rheinland-Pfalz nicht erstreckt, beschränkt sind. Gemäß den Art. 122 bis 124 i. V. m. der VO vom 20. 12. 1899 (PrGS S. 640) und dem G vom 13. 4. 1909 (PrGS S. 30) i. V. m. der VO vom 24. 5. 1909 (PrGS S. 491) finden aber die Art. 104 ff. in den dort genannten ehemals preußischen Gebieten von Rheinland-Pfalz teilweise Anwendung. In die genannte Sammlung des bereinigten rheinland-pfälzischen Rechts sind demnach aufgenommen die Art. 104 bis 108 Abs. 1, Art. 111 (mit dem Hinweis, daß dieser Artikel zum Verständnis der Verweisung in Art. 122 i. V. m. Art. 113 ff. aufgenommen werde), Art. 113 bis 116, Art. 119 Abs. 2, Art. 122 bis 124, Art. 126 Abs. 1, Art. 127.

Die Art. 114, 115 sind mit Wirkung vom 1. 1. 1970 durch § 60 Nr. 57 aufgehoben worden. In der *DDR* sind die Vorschriften über die Tätigkeit von Ortsgerichten durch die AnO vom 15. 7. 1954 (GBl. DDR 629) aufgehoben worden.

Die Gemeinde(Dorf-, Orts-)gerichte werden bei der Wahrnehmung ihrer Aufgaben, ebenso wie der Bürgermeister bei der Aufnahme von Nottestamenten (§ 2249 BGB), als sachlich unabhängige Rechtspflegeorgane der freiwilligen Gerichtsbarkeit tätig, nicht als weisungsgebundene Beamte.

I. Dorfgerichte. **Art. 104—110**

1. Vgl. dazu die AV v. 20. 12. 99 (JMBl. 806) u. v. 28. 12. 99 (JMBl. 889), geändert durch AV v. 24. 4. 24 (JMBl. 192) und § 60 Nr. 58 BeurkG (Aufhebung der §§ 84 bis 92).

1. Nachlaßsicherung

Art. 104. Im Geltungsbereiche des Allgemeinen Landrechts ist für die im § 1960 des Bürgerlichen Gesetzbuchs vorgesehene Sicherung des Nachlasses außer den Amtsgerichten das Dorfgericht zuständig, in dessen Bezirke das Bedürfnis der Fürsorge hervortritt, es sei denn, daß sich am Sitze des Dorfgerichts ein Amtsgericht befindet.

Zum Zwecke der Sicherung kann das Dorfgericht insbesondere Siegel anlegen, Geld, Wertpapiere und Kostbarkeiten an sich nehmen und ein Nachlaßverzeichnis aufnehmen. Ein auf Grund dieser Vorschrift aufgenommenes Verzeichnis kann nicht nach § 2004 des Bürgerlichen Gesetzbuchs als Nachlaßinventar benutzt werden. Zur Bestellung eines Nachlaßpflegers ist das Dorfgericht nicht befugt.

Art. 105. Das Dorfgericht soll von den Maßregeln, die es zur Sicherung des Nachlasses ergriffen hat, dem Amtsgericht, in dessen Bezirk es seinen Sitz hat, Mitteilung machen. Verfügungen von Todes wegen, die sich im Nachlasse befinden, sowie Geld, Wertpapiere oder Kostbarkeiten, die das Dorfgericht an sich genommen hat, hat es unverzüglich an das Amtsgericht abzuliefern.

In zweifelhaften Fällen hat das Dorfgericht, wenn es keine Sicherungsmaßregeln trifft, dem Amtsgerichte den Sachverhalt anzuzeigen.

Art. 106. Die Abänderung einer Anordnung des Dorfgerichts ist bei dem im Artikel 105 bezeichneten Amtsgerichte nachzusuchen. Das Amtsgericht ist auch berechtigt, eine Anordnung des Dorfgerichts, die es für ungerechtfertigt erachtet, von Amts wegen zu ändern.

Hat das Dorfgericht Siegel angelegt, so soll die Abnahme der Siegel in der Regel nur auf Anordnung des Amtsgerichts erfolgen.

Art. 107. Die Dorfgerichte können von den Amtsgerichten mit der Ausführung der auf Grund des § 1960 des Bürgerlichen Gesetzbuchs angeordneten Maßregeln beauftragt werden.

2. Aufnahme von Inventaren

Art. 108. Die Dorfgerichte sind zuständig, im Auftrage des Amtsgerichts Vermögensverzeichnisse, insbesondere Nachlaßinventare, aufzunehmen.

Abs. 2 [Gegenstandslos]

3. Versteigerungen und Verpachtungen

Art. 109

1. Aufgehoben durch die VO über das nichtgewerbliche Versteigerungswesen v. 3. 8. 39 (RGBl. I 1368).

4. Besetzung des Dorfgerichts. Aufsichtsrecht

Art. 110. Die Dorfgerichte sind gehörig besetzt, wenn neben dem Schulzen zwei Schöffen oder ein Schöffe und ein vereidigter Urkundsbeamter mitwirken. Für die Aufnahme von Taxen bewendet es bei den bisherigen Vorschriften.

Den Amtsgerichten steht in den Angelegenheiten der freiwilligen Gerichtsbarkeit hinsichtlich der Dorfgerichte ihres Bezirks das Recht der Aufsicht zu.

1. Fassung gemäß VO v. 9. 12. 27 (GS 204) Art. 2.

2. Vgl. die Zusammenstellung der Vorschriften über die Aufnahme von Taxen in der AV v. 20. 12. 99 (JMBl. 806) § 59. — Satz 2 wird durch das SchätzungsamtsG v. 8. 6. 18 (GS 83) § 20 Ziff. 3 aufgehoben, bisher nur in Kraft für die Stadtkreise Köln, VO v. 10. 3. 23 (GS 70) und Kassel, VO v. 4. 4. 27 (GS 46), und für Kassel wieder außer Kraft gesetzt durch HessOrtsGerG § 38 Nr. 6. Dazu auch für Rheinland-Pfalz LVO über Änderung von Gebühren für die Aufnahme von Taxen durch Schätzungsämter vom 15. 2. 1954 (GVBl. 29).

3. Ob die Aufsicht jedem Amtsrichter innerhalb der ihm übertragenen Geschäfte oder dem aufsichtführenden Richter (vgl. AV v. 21. 7. 79, JMBl. 198, zu I Abs. 3) zusteht, ist zweifelhaft.

Frankfurt und Kassel. **Art. 111—117**

1. Soweit die Vorschriften der Art. 104 bis 127 sich auf das Gebiet des Landes *Hessen* beziehen, sind sie aufgehoben durch § 38 Nr. 1 HessOrtsGerG v. 6. 7. 52 (GVBl. 124), Anl. 13 a. Wegen der Fortgeltung in *Rheinland-Pfalz* siehe Vorbem. zum 7. Abschnitt.

II. Ortsbehörden in den OLG-Bezirken

1. Zuständigkeit im allgemeinen

Art. 111. Die Vorschriften der Artikel 104 bis 109 finden entsprechende Anwendung auf die Ortsvorsteher in den Hohenzollernschen Landen, auf die Bürgermeister in dem vormals Landgräflich Hessischen Amtsbezirke Homburg und in den Gebieten des vormaligen Herzogtums Nassau sowie der vormals freien Stadt Frankfurt mit Ausnahme des Gebiets der jetzigen Stadtgemeinde Frankfurt und auf die Ortsgerichtsvorsteher in den vormals Großherzoglich Hessischen Gebietsteilen.

2. Grundstücksversteigerungen

Art. 112

1. Aufgehoben durch die VO über das nichtgewerbliche Versteigerungswesen v. 3. 8. 39 (RGBl. I 1368).

3. Vorbereitung gewisser Akte

Art. 113. Die im Artikel 111 bezeichneten Beamten sind zuständig, auf Antrag eines Beteiligten die Teilung eines gemeinschaftlichen Vermögens, Verträge, durch welche Eltern ihr Vermögen den Kindern übergeben, sowie Eheverträge und Erbverträge vorzubereiten. Sie haben insbesondere, falls ein Beteiligter die Vermittlung einer Auseinandersetzung nach den §§ 86 bis 99 des Reichsgesetzes über die Angelegenheiten der freiwilligen Gerichtsbarkeit beantragen will, den Antrag aufzunehmen und dem zuständigen Amtsgerichte zu übersenden.

4. Gesindeverträge. Bekanntmachung von Willenserklärungen

Art. 114. [Aufgehoben durch § 60 Nr. 57 BeurkG]

5. Unterschriftsbeglaubigung

Art. 115. Der Ortsgerichtsvorsteher in den Landkreisen Hechingen und Sigmaringen ist zuständig, Unterschriften öffentlich zu beglaubigen.

1. Der Art. 115 ist in seiner bisherigen Fassung mit Wirkung vom 1. 1. 1970 durch § 60 Nr. 57 Buchst. c BeurkG aufgehoben worden. Auf Grund des landesgesetzlichen Vorbehalts in § 63 BeurkG hat die Vorschrift durch das baden-württembergische Gesetz zur Änderung des PrFGG vom 18. 12. 1969 (GBl. S. 301), in Kraft getreten am 1. 1. 1970, die vorstehende Fassung erhalten.

2. Für das Verfahren und die Form des Beglaubigungsvermerks sind gemäß § 1 Abs. 2 BeurkG die §§ 39 bis 41 BeurkG maßgebend. Auf die Beglaubigung eines Handzeichens erstreckt sich die Zuständigkeit nicht.

6. Unterstützung der Gerichte

Art. 116. Die im Artikel 111 bezeichneten Beamten sind verpflichtet, die Gerichte bei der Beurkundung einer Teilung oder eines Übergabevertrages sowie bei der Vermittlung einer Auseinandersetzung auf Ersuchen zu unterstützen.

Auch in anderen Angelegenheiten der freiwilligen Gerichtsbarkeit können sich die Gerichte ihrer Beihilfe bedienen, insbesondere die Erteilung von Auskunft oder Zeugnissen über persönliche Verhältnisse und über Besitzverhältnisse sowie die Abgabe von Gutachten verlangen.

7. Einschränkung der Zuständigkeit

Art. 117. Die Vorschriften der Artikel 111 bis 116 gelten nicht für Orte, die Sitz eines Amtsgerichts sind.

III. Gemeindevorstände in Schleswig-Holstein

Art. 118. [Aufgehoben, vgl. Vorbem.]

IV. Aufhebung älterer Vorschriften

Art. 119. *Die Vorschriften des bisherigen Rechtes, nach denen die Dorfgerichte im Geltungsbereiche des Allgemeinen Landrechts zu Geschäften der freiwilligen Gerichtsbarkeit befugt sind, sowie die Vorschriften des Allerhöchsten Erlasses vom 14. 12. 1868 über die Zuständigkeit der Ratmänner in der Landschaft Eiderstedt werden aufgehoben. Das gleiche gilt von den Vorschriften des bisherigen Rechtes, nach welchen in den Hohenzollernschen Landen, in dem vormaligen Herzogtume Nassau, in den vormals Großherzoglich Hessischen Gebietsteilen, in dem vormals Landgräflich Hessischen Amtsbezirke Homburg und in dem Gebiete der vormals freien Stadt Frankfurt Ortsbehörden (Ortsgerichte, Feldgerichte, Bürgermeister, Schultheißen, Schöffen usw.) befugt sind, selbständig oder als gerichtliche Hilfsbeamte Geschäfte der freiwilligen Gerichtsbarkeit vorzunehmen.*

Unberührt bleiben die Vorschriften über die Aufnahme von Taxen sowie die Vorschriften derjenigen Gesetze, deren Geltungsbereich sich nicht auf die im Abs. 1 Satz 2 bezeichneten Gebietsteile beschränkt, sondern sich über diese Gebietsteile hinaus erstreckt.

1. Vgl. Art. 110 Anm. 2 und Art. 127.

V. Dienstaufsicht

Art. 120. Der Justizminister ist befugt, über die Aufsicht, welcher die im Artikel 111 und im Artikel 119 Abs. 1 Satz 2 bezeichneten Behörden und Beamten in den Angelegenheiten der freiwilligen Gerichtsbarkeit unterliegen, Bestimmung zu treffen.

1. Die Vorschrift hat sich durch Ausführung des Art. 122 erledigt.

VI. Sondervorschrift für Kurhessen

Art. 121. [Gegenstandslos]

VII. Ortsgerichte

Art. 122. Durch Königliche Verordnung können in den im Artikel 119 Abs. 1 Satz 2 bezeichneten Gebietsteilen sowie in den vormals Kurhessischen Teilen des Oberlandesgerichtsbezirkes Frankfurt Ortsgerichte errichtet werden[1]). Die Ortsgerichte sind für die in den Ar-

[1]) VO v. 20. 12. 99 (GS 640). Vgl. auch Art. 111 Anm. 2.

tikeln 104 bis 109[2]), 112[2]) bis 116 bezeichneten Angelegenheiten zuständig; die im Artikel 111 genannten Beamten verlieren mit der Errichtung der Ortsgerichte ihre Zuständigkeit für diese Angelegenheiten[3]). *Im vormaligen Herzogtume Nassau gehen auf die Ortsgerichte auch die im Artikel 12 § 3 des Ausführungsgesetzes zum Bürgerlichen Gesetzbuche*[4]) *bezeichneten Verrichtungen über.*

Die Einrichtung sowie die dienstliche Stellung der Ortsgerichte wird durch Königliche Verordnung geregelt[5]). Für Orte, in deren Nähe sich ein Amtsgericht befindet, kann die Zuständigkeit der im Artikel 111 genannten Beamten[6]) aufgehoben werden, ohne daß diese Orte in die Bezirke der neuen Ortsgerichte einbezogen werden[7]).

Art. 123. Durch Königliche Verordnung können für den Bezirk des vormaligen Justizsenats zu Ehrenbreitstein Ortsgerichte errichtet werden[1]).

Die Ortsgerichte sind für die in den Artikeln 104 bis 109[2]), 112[2]) bis 116 bezeichneten Angelegenheiten zuständig. Mit der Errichtung der Ortsgerichte hören die Befugnisse auf, welche zu dieser Zeit in dem Bezirke des vormaligen Justizsenats zu Ehrenbreitstein den Feldgerichten, den Schultheißen, den Schöffen, den Bürgermeistern und den Ortsvorstehern in Angelegenheiten der freiwilligen Gerichtsbarkeit zustehen. Für Orte, an denen oder in deren Nähe sich ein Amtsgericht befindet, kann die Zuständigkeit dieser Beamten aufgehoben werden, ohne daß diese Orte in die Bezirke der neuen Ortsgerichte einbezogen werden[3]). Die Vorschriften des Artikel 119 Abs. 2 finden entsprechende Anwendung.

Art. 124. Den Ortsgerichten (Artikel 122, 123) können durch Königliche Verordnung unter Aufhebung der geltenden Bestimmungen solche durch die Vorschriften dieses Abschnitts nicht betroffene Angelegenheiten übertragen werden, welche in dem einzelnen Rechtsgebiete den jetzt bestehenden Ortsbehörden obliegen[1]).

Für Orte, die in die Bezirke der neuen Ortsgerichte nicht einbezogen werden, können die im Abs. 1 bezeichneten Angelegenheiten durch Königliche Verordnung in anderer Weise als im Wege der Übertragung auf Ortsgerichte neu geregelt werden[2]).

Mit dem Ortsgerichte kann unter Zustimmung des Kommunallandtags, im Bezirke des vormaligen Justizsenats zu Ehrenbreitstein unter Zustimmung des Provinziallandtags, durch Königliche Verordnung das Amt des Gemeindewaisenrats sowie das Amt des Schiedsmanns verbunden werden[3]).

VIII. Beeidigte Auktionatoren

Art. 125.

1. Art. 125 ist durch VO über das nichtgewerbliche Versteigerungswesen v. 3. 8. 39 (RGBl. I 1368) § 3 aufgehoben. Die bereits angestellten beeidigten Auktionatoren in Ostfriesland und Harlingerland sowie im Regierungsbezirk Osnabrück verblieben in ihrem Amt. Vgl. auch Art. 126 Anm. 2.

IX. Ministerielle Ausführungsvorschriften

Art. 126. Der Justizminister kann über das Verfahren, welches die in diesem Abschnitte bezeichneten Behörden und Beamten in den Angelegenheiten der freiwilligen Gerichtsbarkeit zu beobachten haben, allgemeine Bestimmungen treffen.

[2]) Art. 109 u. 112 sind aufgehoben (vgl. dort).
[3]) Vgl. aber die Übergangsbestimmungen in Art. 139 Abs. 2.
[4]) Art. 12 § 3 PrAGBGB ist aufgehoben durch § 60 Nr. 56 Buchst. b BeurkG.
[5]) Siehe VO v. 20. 12. 99 (GS 640) §§ 5 ff.
[6]) Nämlich für die in Abs. 1 Satz 2 bezeichneten Angelegenheiten.
[7]) Vgl. VO v. 20. 12. 99 (GS 640) § 3 Abs 2.
[1]) Vgl. Art. 122 Anm. 1.
[2]) Art. 109 u. 112 sind aufgehoben (vgl. dort).
[3]) Vgl. VO v. 20. 12. 99 (GS 640) § 3 Abs. 1.
[1]) Vgl. VO v. 20. 12. 99 (GS 640) § 12.
[2]) Vgl. den Schlußsatz des angeführten § 12.
[3]) Das ist nicht geschehen.

Die Vorschriften über die dienstliche Stellung der im Artikel 125 bezeichneten beeidigten Auktionatoren, über das von ihnen zu beobachtende Verfahren sowie über die Höhe ihrer Gebühren werden von dem Justizminister und dem Minister für Handel und Gewerbe getroffen.

1. Vgl. zu Abs. 1 für die Dorfgerichte AV v. 20. 12. 99 (JMBl. 806) und für Ortsgerichte AV v. 28. 12. 99 (JMBl. 889), geändert durch AV v. 24. 4. 24 (JMBl. 192), §§ 84 bis 92 mit Wirkung vom 1. 1. 1970 aufgehoben durch § 60 Nr. 58 BeurkG.

2. Zu Abs. 2 sind ergangen die Vorschriften des Preuß. Justizministers und des Preuß. Ministers für Handel und Gewerbe für die beeidigten Auktionatoren in Ostfriesland und Harlingerland sowie im RegBez. Osnabrück vom 19. 7. 1902 (Nds. GVBl. Sonderband III, S. 154); hiervon sind Nr. 23 Abs. 6, soweit die Auktionatoren danach zuständig sind, auch die Versteigerung von Grundstücken und grundstücksgleichen Rechten zu beurkunden, sowie Nr. 31 Abs. 1 Satz 2 und Abs. 2 durch § 60 Nr. 59 BeurkG mit Wirkung vom 1. 1. 1970 aufgehoben worden.

X. Taxwesen

Art. 127[1]). Für die Landesteile, in welchen die Vorschriften der Allgemeinen Gerichtsordnung über die Aufnahme gerichtlicher Taxen nicht gelten, kann durch Königliche Verordnung die Aufnahme von Taxen einer Behörde übertragen, für die Abschätzung von Grundstücken auch bestimmt werden, daß sie durch staatlich anzustellende Sachverständige zu erfolgen hat[2]). Das Verfahren sowie die Höhe der Gebühren ist von den zuständigen Ministern zu regeln[3]).

Eine in Gemäßheit der Vorschriften des Abs. 1 aufgenommene Taxe steht einer gerichtlichen Taxe gleich.

Achter Abschnitt

Schlußbestimmungen

Verordnungsrecht des Justizministers

Art. 128. Der Justizminister kann über das Verfahren bei der Aufnahme eines Vermögensverzeichnisses, insbesondere eines Nachlaßinventars, über das Verfahren bei der Sicherung eines Nachlasses sowie über das Verfahren bei einer aus einem anderen Anlaß erfolgenden Siegelung oder Entsiegelung allgemeine Bestimmung treffen[1]).

Abänderung älterer Gesetze

Art. 129. Gegenstandslos

Art. 130. Das Ausführungsgesetz zum Deutschen Gerichtsverfassungsgesetze vom 24. April 1878 (GS S. 230) wird dahin geändert[1]):

[1]) Art. 127 wird durch das erst teilweise in Kraft getretene SchätzungsamtsG v. 8. 6. 18 (GS 83) § 20 Ziff. 3 aufgehoben, jedoch unbeschadet des § 24 dieses Gesetzes, in welchem bestimmt wird: Unberührt bleiben die Vorschriften für die im Oberlandesgerichtsbezirk Frankfurt, mit Ausnahme der Stadtkreise Wiesbaden und Frankfurt a. M., und in den vormals Großherzoglich Hessischen Gebietsteilen des Oberlandesgerichtsbezirkes Kassel bestehenden Schätzungsbehörden (Ortsgerichte, Schätzungsämter, Bürgermeister in Burgau).

[2]) VO v. 8. 4. 03 (GS 119) u. v. 10. 6. 08 (GS 145).

[3]) Eine Verfügung dieser Art ist nicht veröffentlicht.

[1]) Solche Vorschriften sind erlassen:
a) für die Gerichtsvollzieher; bundeseinheitliche Geschäftsanweisung v. 1. 1. 1969 (Sonderdruck);
b) für die Dorfgerichte; AV v. 20. 12. 99 (JMBl. 806) §§ 10 ff.;
c) für die Ortsgerichte; AV v. 28. 12. 99 (JMBl. 889) §§ 16 ff.

[1]) Damit ist der übrige Inhalt des angeführten Gesetzes als fortgeltend bestätigt. Es gelten deshalb auch solche Bestimmungen weiter, welche mit Vorschriften des vorliegenden Gesetzes in Widerspruch stehen; vgl. Art. 3 Anm. 2, Art. 6 Anm. 2.

I. Die §§ 25, 28, 30 bis 32, 40, 51 bis 56, 69 der § 70 Abs. 2, der § 74 Abs. 2 und die §§ 75, 106 bis 109 fallen weg.

II. — XI. — — — —[2]).

Art. 131. [Gegenstandslos]

Art. 132. [Gegenstandslos]

Rheinische Standesregister

Art. 133. In dem bisherigen Geltungsbereiche des Rheinischen Rechtes bleiben für die Geschäfte, die den Gerichten in Ansehung der bis zum 1. Januar 1876 geführten Standesregister obliegen, die Landgerichte zuständig[1]). Der Justizminister kann jedoch anordnen, daß diese Geschäfte auf die Amtsgerichte übergehen[2],[3]).

Abänderung der GebO f. Notare

Art. 134, 135. [Gegenstandslos]

Sonderstellung der landesherrlichen Familien und des Hochadels

Art. 136, 137. [Aufgehoben durch AdelsG v. 23. 6. 20 (GS 367) § 41 Nr. 77].

Ersatz aufgehobener Vorschriften

Art. 138. Soweit in Gesetzen auf Vorschriften verwiesen ist, welche durch dieses Gesetz außer Kraft gesetzt werden, treten an deren Stelle die entsprechenden neuen Vorschriften.

Übergangsvorschriften

Art. 139. Soweit nach den Übergangsvorschriften[1]) anderer Gesetze die bisherigen Vorschriften noch künftig maßgebend sind, gilt das gleiche auch für die durch dieses Gesetz aufgehobenen oder abgeänderten Vorschriften[2]).

Bis zu dem Zeitpunkt, in welchem das Grundbuch als angelegt anzusehen ist[3]), bleiben in den im Artikel 119 Abs. 1 Satz 2 bezeichneten Gebietsteilen die Vorschriften unberührt, welche die Mitwirkung der Ortsbehörden bei der Führung der öffentlichen Bücher über die Rechtsverhältnisse an Grundstücken, *insbesondere die Zuständigkeit zur Beurkundung der darauf bezüglichen Rechtsgeschäfte,* betreffen[4]).

Die neuen Vorschriften über das Verfahren bei der Aufnahme gerichtlicher oder notarieller Urkunden kommen auch dann zur Anwendung, wenn für das beurkundete Rechtsverhältnis das bisherige Recht maßgebend bleibt. Das gleiche gilt von der Vorschrift, wonach die Amtsgerichte und die Notare in bezug auf die Zuständigkeit zur Aufnahme von Urkunden einander gleichstehen[5]).

Soweit nach den Übergangsvorschriften die Zuständigkeit von Ortsbehörden begründet bleibt, kann der Justizminister die Zuständigkeit auf andere Behörden oder Beamte übertragen[6]). In diesem Falle findet die Vorschrift des Artikels 126 Abs. 1 entsprechende Anwendung; der Justizminister kann über die zu erhebenden Kosten Bestimmungen treffen.

[2]) Hier folgt eine Abänderung der §§ 2, 20, 24, 39, 43, 49, 57, 74, 86, 87 PrAGGVG. Von diesen betrifft § 39 lediglich den Zivilprozeß. Die übrigen Vorschriften des PrAGGVG sind, soweit sie nicht aus anderen Gründen gegenstandslos oder aufgehoben worden sind, in der noch geltenden Fassung nachstehend als Anl. 11 wiedergegeben.

[1]) Nach KG 10. 12. 00 (21 A 53) ist die Vorschrift auf das Verfahren wegen Berichtigung der Standesregister nicht zu beziehen; vgl. Art. 142 Anm. 3.

[2]) Ist nicht geschehen.

[3]) Art. 133 ist durch das Personenstandsgesetz v. 3. 11. 37 (RGBl. I 1146) i. d. F. v. 8. 8. 57 (BGBl. I 1125) nicht berührt worden. Vgl. § 69 FGG Rdn. 5 zu § 50 PStG.

[1]) Zum Erlaß von Übergangsvorschriften ist die Landesgesetzgebung auch in Ansehung der Vorschriften des FGG befugt; vgl. FGG § 200 Abs. 1.

[2]) Das Teilungsverfahren nach §§ 86 ff. FGG findet bei vor dem 1. Januar 1900 liegenden Erbfällen nicht statt; vgl. KG 14. 1. 01 (21 A 236).

[3]) Vgl. EGBGB Art. 186.

[4]) Vgl. hierzu die VO v. 8. 4. 03 (GS 119) § 5.

[5]) Art. 31.

[6]) Vgl. hierzu die VO v. 20. 12. 99 (GS 640) § 18.

Art. 140, 141 [Gegenstandslose Übergangsvorschriften].

Art. 142. Die Berichtigung einer Eintragung in dem Standesregister erfolgt auch dann nach den Vorschriften des neuen Rechtes[1]), wenn die Eintragung aus der Zeit vor dem 1. Januar 1876[2]) herrührt[3]).

Art. 143 [Durch die RNotO bedeutungslos geworden].

Aufhebung älterer Vorschriften

Art. 144. [Gegenstandslos]

Art. 145. Dieses Gesetz tritt gleichzeitig mit dem Bürgerlichen Gesetzbuch in Kraft. [Abs. 2 gegenstandslos]

11.

(Preußisches) Ausführungsgesetz zum Deutschen Gerichtsverfassungsgesetz

Vom 24. April 1878 (GS 230)

unter Berücksichtigung späterer Änderungen

(Auszug)

Vorbemerkung. Über das allgemeine Verhältnis des PrFGG zum PrAGGVG vgl. Einl. Band I S. 13 Rdn. 66. Die Änderungen durch Art. 130 PrFGG sind in den Text aufgenommen. Die noch geltenden Vorschriften des Gesetzes sind anwendbar in den ehemals preußischen Gebietsteilen der Länder Baden-Württemberg (hohenzollernscher Teil des Regierungsbezirks Südwürttemberg-Hohenzollern), Hessen, Nordrhein-Westfalen und Rheinland-Pfalz sowie in Schleswig-Holstein und Berlin. In den ehemals lippischen Gebietsteilen des Landes Nordrhein-Westfalen gelten die Vorschriften des Gesetzes auf Grund des Staatsvertrages zwischen Preußen und Lippe v. 3. 1. 1879 (GS 219). In Hessen ist § 2 aufgehoben und ersetzt durch das Gesetz über die Wahrnehmung richterlicher Geschäfte durch Referendare v. 19. 12. 52 (GVBl. 174); die §§ 43, 70, 71, 74, 76, 86, 87 Abs. 1, 90 und 91 Abs. 1 sind in Hessen aufgehoben durch Art. 108 Abs. 1 Nr. 3 HessFGG (Anl. 12). In Niedersachsen sind die §§ 70, 74 und 76 zunächst aufgehoben worden durch Art. 83 Abs. 1 Nr. 6 NdsFGG (Anl. 14) und sodann die übrigen Vorschriften mit Ausnahme des § 29 durch § 13 Nr. 5 des Nds. AGGVG vom 5. 4. 1963 (Anl. 15). Durch § 23 Nr. 3 des Nds. StiftungsG vom 24. 7. 1968 (GVBl. S. 119) ist auch § 29 PrAGGVG mit Wirkung vom 1. 1. 1969 aufgehoben worden. Im Rahmen der Rechtsbereinigung ist die noch geltende Fassung des Gesetzes bekannt gemacht im GVBl. für *Berlin,* Sonderband I 311-1, in der Sammlung des in *Nordrhein-Westfalen* geltenden preußischen Rechts, GVBl. für das Land Nordrhein-Westfalen 1961, Sonderband S. 78, im GVBl. für das Land *Rheinland-Pfalz* 1968, Sondernummer Koblenz, Trier, Montabaur S. 21 und in der Sammlung des *schleswig-holsteinischen Landesrechts* Gl. Nr. 300. Durch § 60 Nr. 54 BeurkG ist § 70 mit Wirkung vom 1. 1. 1970 insoweit aufgehoben worden, als er die Aufnahme von Wechselprotesten zum Gegenstand hat.

Erster Titel. Richteramt

§§ 1—11. [Aufgehoben oder gegenstandslos.]

[1]) Früher FGG §§ 69 ff., seit 1. 7. 38 PStG § 47; vgl. die Erl. z. 4. Abschn. des FGG.

[2]) Dem Tage des Inkrafttretens des PersonenstandsG v. 6. 2. 75.

[3]) Die Vorschrift bezieht sich auf die unter der Herrschaft des Preuß. G v. 9. 3. 74 (GS 95) entstandenen Register. Vom KG 10. 12. 00 (21 A 53) wird sie indessen auch auf die älteren Zivilstandsregister des rheinischen Rechts bezogen; vgl. auch Art. 133 Anm. 1. Über Berichtigung der Kirchenbücher vgl. KG 20. 6. 12 (43 75), 10. 7. 25 (OLGR 45 98).

Zweiter Titel. Gerichtsbarkeit

§§ 12—19. [Aufgehoben oder gegenstandslos.]

§ 20. In den durch Landesgesetz den ordentlichen Gerichten übertragenen Angelegenheiten erfolgt die Bestimmung des örtlich zuständigen Gerichts, soweit nicht die Vorschriften der Deutschen Prozeßordnungen Anwendung finden, durch das gemeinschaftliche obere Gericht, wenn Streit oder Ungewißheit darüber besteht, welches von mehreren Gerichten örtlich zuständig ist, oder wenn ein gemeinschaftlicher Gerichtsstand zu bestellen ist. In Ermangelung eines gemeinschaftlichen oberen Gerichts erfolgt die Bestimmung durch den Justizminister.

Ist das zuständige Gericht in einem einzelnen Falle an der Ausübung des Richteramts rechtlich oder tatsächlich verhindert, so erfolgt die Bestimmung des örtlich zuständigen Gerichts durch das zunächst höhere Gericht, in Ermangelung eines solchen durch den Justizminister.

Eine Anfechtung der Entscheidung findet nicht statt.

Im Sinne der Vorschriften der Abs. 1, 2 gilt als das dem Landgericht im Instanzenzuge vorgeordnete Gericht das Oberlandesgericht, zu dessen Bezirke das Landgericht gehört.

1. Bedeutung. Die Vorschrift regelt die Bestimmung des örtlich zuständigen Gerichts in landesrechtlichen Angelegenheiten der freiwilligen Gerichtsbarkeit, soweit neuere Landesgesetze (vgl. z. B. § 1 FGG Rdn. 67) nicht unmittelbar auf § 5 FGG verweisen. Die Vorschrift regelt drei Fälle, in denen die Bestimmung zulässig ist:

a) Streit oder Ungewißheit darüber, welches von mehreren Gerichten örtlich zuständig ist; vgl. dazu § 5 FGG Rdn. 6, 7.

b) Notwendigkeit, einen gemeinschaftlichen Gerichtsstand zu bestellen, z. B. nach dem G über den Erwerb von Fischereiberechtigungen durch den Staat und das Aufgebot von Fischereiberechtigungen vom 2. 9. 1911 (GS 189) i. d. F. des § 60 Nr. 60 BeurkG.

c) Wenn das zuständige Gericht im Einzelfall an der Ausübung des Richteramts rechtlich oder tatsächlich verhindert ist; dazu § 5 FGG Rdn. 13.

2. Zuständig für die Bestimmung ist in den Fällen Anm. 1 zu a) und b) das gemeinschaftliche obere Gericht und beim Fehlen eines solchen, nämlich wenn die Gerichte in verschiedenen OLG-Bezirken liegen oder wenn es sich um die Zuständigkeit der OLGe handelt, der Justizminister. Bei rechtlicher oder tatsächlicher Verhinderung an der Ausübung des Richteramts (Abs. 2) erfolgt die Bestimmung durch das zunächst höhere Gericht, d. i. bei Verhinderung eines Amtsgerichts das Landgericht, bei Verhinderung eines Landgerichts das OLG, und wenn ein OLG, gleichviel ob als Gericht erster Instanz oder als Beschwerdegericht, verhindert ist, durch den Justizminister. Abs. 4 stellt für den früheren Rechtszustand klar, daß das örtliche OLG, nicht etwa das Kammergericht zuständig war. Bei einem Streit mehrerer Amtsgerichte aus verschiedenen OLG-Bezirken entschied also nicht das Kammergericht, sondern der Justizminister. Es kann stets nur ein Gericht des Landes bestimmt werden (§ 1 FGG Rdn. 101).

3. Rechtsmittel. Die Bestimmung ist unanfechtbar (Abs. 3); vgl. § 5 FGG Rdn. 27.

Dritter Titel. Amtsgerichte

§ 21. [Ersetzt durch VO zur einheitl. Regelung der Gerichtsverfassung v. 20. 3. 35 (RGBl. I 403) § 1.]

§ 22. [Ersetzt durch VO v. 20. 3. 35 (s. zu § 21) § 3; in Hessen aufgehoben durch G v. 17. 11. 53 (GVBl. 189) § 6.]

§ 23. [Ersetzt durch GVG §§ 22 b, c.]

§ 24. Abs. 1. [Ersetzt durch GVG § 22 b.]

(Abs. 2) Die Vertretung der Amtsrichter durch Richter benachbarter Amtsgerichte kann von der Justizverwaltung im voraus angeordnet werden. Eine solche Anordnung muß erfolgen bei Amtsgerichten, welche nur mit einem Richter besetzt sind. Diese Vertretung erstreckt sich nicht auf den Fall der rechtlichen Verhinderung eines Richters in Angelegenheiten, auf welche der § 36 der Deutschen Zivilprozeßordnung oder der § 15 der Deutschen Strafprozeßordnung Anwendung findet.

(Abs. 3) Angelegenheiten, auf welche die bezeichneten Vorschriften der Deutschen Prozeßordnungen keine Anwendung finden, können, wenn die Vertretung nicht durch Richter desselben Amtsgerichts geschehen kann, von dem Landgericht einem anderen Amtsgericht zugewiesen werden.

1. Abs. 2 gilt neben GVG §§ 22b, c noch für die mit nur einem Richter besetzten Amtsgerichte.

2. Abs. 3 i. d. F. des PrFGG Art. 130 Nr. IV.

§ 25. [Aufgehoben durch PrFGG Art. 130 Nr. I.]

§ 26. Die Amtsgerichte sind zuständig für die Angelegenheiten, welche bisher durch Einzelrichter zu erledigen waren.

Folgende Angelegenheiten gehören zur Zuständigkeit der Amtsgerichte auch insoweit, als sie bisher durch die Kollegialgerichte erster Instanz zu erledigen waren:

1. das Verlassenschaftswesen, einschließlich der Ausstellung gerichtlicher Erbbescheinigungen;

2. die Vollziehung, Beurkundung und Bestätigung von Handlungen der nicht streitigen Gerichtsbarkeit, einschließlich der Dispensation von Veräußerungsverboten.

1. Abs. 1 bezieht sich nur auf die landesrechtlichen Angelegenheiten; s. oben Einleitung Band I S. 14 zu VI.

2. Nr. 1 ist gegenstandslos geworden; vgl. § 72 FGG.

3. Nr. 2 hat nur noch Bedeutung für die oben in der Einleitung zu Band I unter VI Rdn. 79 und 80 bezeichneten Angelegenheiten.

§ 27. [Aufgehoben durch G v. 23. 6. 20 (GS 367).]

§ 28. [Aufgehoben durch PrFGG Art. 130 Nr. 1.]

§ 29. Die den Gerichten zustehende Verwaltung oder Beaufsichtigung von Stiftungen liegt den Amtsgerichten ob. Durch den Justizminister kann das Landgericht oder das Oberlandesgericht mit der Verwaltung oder Beaufsichtigung beauftragt werden.

1. Die Vorschrift bezieht sich nur auf Familienstiftungen im Sinne des Art. 1 § 1 PrAGBGB. In Berlin ist die Vorschrift aufgehoben durch § 13 Abs. 2 Buchst. a des Berliner Stiftungsgesetzes vom 11. 3. 1960 (GVBl. S. 228), in Niedersachsen durch § 23 Nr. 3 des Niedersächsischen Stiftungsgesetzes vom 24. 7. 1968 (GVBl. S. 119).

2. Wegen der Grundlagen und des Umfangs der gerichtlichen Aufsicht vgl. KGJ 46, 101 und wegen der Anfechtbarkeit der Verfügungen des Amtsgerichts als Stiftungsaufsichtsbehörde KG OLGR 8, 237 und PrJMBl. 1911, 429.

§§ 30 bis 32. [Aufgehoben durch PrFGG Art. 130 Nr. I]

Vierter Titel. Schöffengerichte

§§ 33 bis 36. [Gegenstandslos]

Fünfter Titel. Landgerichte

§§ 37 bis 41. [Teils aufgehoben, teils gegenstandslos]

§ 42. Die in diesem Gesetze den Landgerichten zugewiesenen Angelegenheiten werden von den Zivilkammern erledigt.

§ 43. Die gerichtliche Beglaubigung amtlicher Unterschriften zum Zwecke der Legalisation im diplomatischen Wege erfolgt durch den Präsidenten des Landgerichts; sie kann von dem Justizminister auch dem zur Führung der Aufsicht bei einem Amtsgerichte berufenen Richter übertragen werden.

1. Beglaubigung zum Zwecke der Legalisation. Die Vorschrift ist aufrechterhalten durch § 61 Abs. 1 Nr. 11 BeurkG. In Hessen gilt Art. 91 HessFGG (Anl. 12), in Niedersachsen § 6 NdsAGGVG (Anl. 15). Über Legalisation im allgemeinen vgl. Einl. vor § 1 BeurkG Rdn. 34.

2. Zum *Beglaubigungsverfahren* vgl. AV vom 19. 9. 1925 (JMBl. 357) über den Geschäftsgang bei der Legalisation von Urkunden; allgemein Bülow, Die Legalisation öffentlicher Urkunden, DNotZ 1955, 9. AV des Präs. des ZJA vom 27. 6. 1949 (ZJBl. 128); gleichlautende AVen der LJM in JMBlNRW 1949, 166 und NdsRpfl. 1948, 226; AV des NdsMdJ vom 24. 11. 1969 (NdsRpfl. 272), ergänzt durch AV vom 6. 3. 1970 (NdsRpfl. 55) über Legalisation von Urkunden und Erteilung der Apostille. Über die Zuständigkeit und das Verfahren bei Einholung der Apostille vgl. Einl. vor § 1 BeurkG Rdn. 43, 44.

3. In Berlin ist die Beglaubigung in Ansehung der Unterschriften der Richter und Beamten der Berliner Amtsgerichte auf den Amtsgerichtspräsidenten übertragen, AV v. 21. 11. 58 (ABl. 1488). In Nordrhein-Westfalen ist die Zuständigkeit auf die Amtsgerichtspräsidenten in Dortmund, Düsseldorf, Essen und Köln übertragen, AV d. JM v. 31. 8. 55 (JMBlNRW 229).

Achter Titel. Oberlandesgerichte

§§ 47—48. [Nicht abgedruckt.]

§ 49. [Gegenstandslos]

§ 50. [Aufgehoben durch VO v. 13. 3. 40 (RGBl. I 489).]

§§ 51—56. [Aufgehoben durch PrFGG Art. 130 Nr. I.]

§ 57. Die in den §§ 20, 29, 49, 87, *93, 94* den Oberlandesgerichten zugewiesenen Angelegenheiten werden von den Zivilsenaten erledigt.

1. Die §§ 49, 93, 94 sind gegenstandslos.

Neunter Titel. Staatsanwaltschaft

§§ 58—67. [Nicht abgedruckt.]

Zehnter Titel. Urkundsbeamter der Geschäftsstelle[1])

1. Fassung gem. G v. 30. 11. 27 (GS 201).

§ 68. Die Dienstverhältnisse der Urkundsbeamten der Geschäftsstelle werden durch Gesetz, die Geschäftsverhältnisse derselben durch den Justizminister bestimmt.

1. Jetzt gilt § 12 VO v. 20. 3. 35 (RGBl. I 403) mit der Maßgabe, daß an die Stelle des dort genannten RJM die Landesjustizverwaltung tritt.

§ 69. [Aufgehoben durch PrFGG Art. 130 Nr. I.]

§ 70[1]). Die Urkundsbeamten der Geschäftsstelle bei den Amtsgerichten sind zuständig. *Wechselproteste aufzunehmen, sowie* Siegelungen, Entsiegelungen und Inventuren vorzunehmen. Sie sollen sich solchen Geschäften nur auf Anordnung des Richters unterziehen[2]).

§ 71[1]). Die Urkundsbeamten der Geschäftsstelle bei den Amtsgerichten sind verpflichtet, in gerichtlichen Angelegenheiten[2]), welche von den Deutschen Prozeßordnungen nicht betroffen werden[3]), Gesuche[4]) zu Protokoll zu nehmen. Das Protokoll ist erforderlichenfalls der zuständigen Stelle zu übersenden.

§ 72. [Gegenstandslos.]

Elfter Titel. Gerichtsvollzieher

§ 73. Die Dienst- und Geschäftsverhältnisse der Gerichtsvollzieher werden durch den Justizminister bestimmt.

1. Hierzu ist ergangen die bundeseinheitliche Gerichtsvollzieherordnung i. d. F. vom 1. 3. 1971 (JMBlNRW 1971, 37). Die bundeseinheitliche Geschäftsanweisung für Gerichtsvollzieher i. d. F. vom 1. 3. 1971 (JMBlNRW 1971, 37) hat den landesrechtlichen Aufgabenkreis des Gerichtsvollziehers unberührt gelassen; die Ergänzungsbest. der Länder sind jeweils in den §§ 274 ff. GVGA enthalten, in Hamburg in den §§ 1 ff. des landesrechtlichen Teils, in Bremen keine Ergänzungsbest.

§ 74[1]). Die Gerichtsvollzieher sind zuständig[2]):

1. Wechselproteste aufzunehmen[3]);

2. freiwillige Versteigerungen von Mobilien, von Früchten auf dem Halm und von Holz auf dem Stamme vorzunehmen[4]);

3. Siegelungen, Entsiegelungen[5]) und Inventuren[6]) im Auftrage des Gerichts oder des Konkursverfahrens[7]) vorzunehmen;

4. das tatsächliche Angebot einer Leistung zu beurkunden[8]);

5. öffentliche Verpachtungen an den Meistbietenden im Auftrage des Gerichts vorzunehmen[9]).

[1]) Gilt nicht in Hessen und Niedersachsen; s. Vorbem. 1 und HessFGG Art. 44, NdsFGG Art. 24. Durch § 60 Nr. 54 BeurkG ist die Vorschrift, soweit sie die Aufnahme von Wechselprotesten zum Gegenstand hat, mit Wirkung vom 1. 1. 1970 aufgehoben worden.
[2]) Vgl. PrFGG Art. 38.

[1]) Gilt nicht in Hessen, s. Vorbem. 1 und HessFGG Art. 7.
[2]) Nämlich landesrechtlichen. Für bundesrechtliche Angelegenheiten gilt FGG § 11.
[3]) Hierzu gehören die landesrechtlichen Angelegenheiten der FG.
[4]) Nicht auch wie nach § 11 FGG andere Erklärungen. Für Beschwerden s. PrFGG Art. 6 mit FGG § 21 Abs. 2.

[1]) Gilt nicht in Hessen und Niedersachsen, s. Vorbem. 1 und HessFGG Art. 45, 46, NdsFGG Art. 25, unten Anl. 13 und 14. Durch das BeurkG ist die Vorschrift unberührt geblieben (§ 61 Abs. 1 Nr. 1 bis 3 BeurkG).
[2]) Vgl. hierzu PrFGG Art. 38.
[3]) WG Art. 79—88, dazu GVGA §§ 6, 214 bis 228, 236; auch Scheckproteste, ScheckG Art. 55 Abs. 3 mit GVGA §§ 229 bis 236.
[4]) Dazu GVGA §§ 247 bis 259; u. U. kann oder muß der Auftrag abgelehnt werden, GVGA § 249.
[5]) BGB § 1960 Abs. 2, KO §§ 106, 122; geschäftliche Behandlung geregelt in den landesrechtl. Anhängen zur GVGA, für Berlin §§ 282 bis 291.
[6]) BGB §§ 1035, 1667 Abs. 2, 1682 Abs. 2, 1689, 1760 Abs. 1, 1802 Abs. 2 u. 3, 1897, 1915, 1960 Abs. 2, 2002, 2003, 2121 Abs. 3, 2215 Abs. 4, 2314 Abs. 1, KO §§ 106, 123; geschäftliche Behandlung Anhang zur GVGA, für Berlin §§ 292 bis 295.
[7]) Also auch Aufnahme von Vermögensverzeichnissen nicht auf Grund privaten Auftrags, andernfalls ist insbesondere die Inventarerrichtung durch den Erben (BGB §§ 2002, 2003) unwirksam, RG 24. 10. 11 (77 245).
[8]) BGB §§ 294 bis 299, dazu Anhang zur GVGA, für Berlin §§ 300 bis 302.
[9]) Eines Grundstücks, einer Fruchtnutzung, eines nutzbaren Rechts, dazu Anhang zur GVGA, für Berlin §§ 296 bis 299.

§ 75. [Aufgehoben durch PrFGG Art. 130 Nr. I.]

§ 76. Die Vorschriften des § 156 des Deutschen Gerichtsverfassungsgesetzes finden in den durch die deutschen Prozeßordnungen nicht betroffenen Angelegenheiten entsprechende Anwendung.

1. Die Vorschrift gilt nicht in Hessen und Niedersachsen, s. Vorbem. 1 und HessFGG Art. 8 Abs. 2, NdsFGG Art. 3 Abs. 2.

2. Jetzt gilt § 155 GVG, der wörtlich in § 2 GVGA übernommen ist; in landesrechtlichen Angelegenheiten der FG entsprechend anwendbar nach § 274 der insoweit übereinstimmenden Länderbest. zur GVGA. Betrifft die Fälle, in denen der Gerichtsvollzieher von der Amtsausübung kraft Gesetzes ausgeschlossen ist. Verstoß macht in zivilprozeßrechtlichen Sachen die Amtshandlung unwirksam; für Angelegenheiten der FG wird mit beachtlichen Gründen Wirksamkeit entsprechend dem Grundsatz des FGG § 7 angenommen, Schlegelberger, FGG § 6 Anm. 22. Vgl. auch BGB §§ 456 bis 458. Die Ablehnung eines Gerichtsvollziehers wegen Besorgnis der Befangenheit ist nicht zugelassen.

3. Die Vorschrift gilt für bundesrechtliche wie für landesrechtliche Angelegenheiten der FG und auch für außergerichtliche Angelegenheiten.

Zwölfter Titel. Justizverwaltung

§§ 77, 78. [Ersetzt durch VO v. 20. 3. 35 (RGBl. I 403) §§ 13—17.]

§§ 79. Bei den nur mit einem Richter besetzten Amtsgerichten steht dem Amtsrichter die Aufsicht über die bei dem Amtsgericht angestellten oder beschäftigten Beamten zu.

Abs. 2 [Ersetzt durch VO v. 20. 3. 35 (RGBl. I 403) § 4.]

§§ 80, 81. [Ersetzt durch VO v. 20. 3. 35 (RGBl. I 403) §§ 13—17.]

§§ 82, 83. [Abdruck unterbleibt.]

§ 84. Die Gerichte und die Staatsanwaltschaften sind verpflichtet, auf Verlangen der Aufsichtsbehörden über Angelegenheiten der Gesetzgebung und der Justizverwaltung Gutachten abzugeben.

1. Ob es mit der verfassungsrechtlichen Stellung der Gerichte vereinbar ist, auf Anforderung von Verwaltungsbehörden, soweit es sich nicht um die Stellungnahme zu Gesetzentwürfen handelt, Rechtsgutachten über die Auslegung des geltenden Rechts zu erstatten, ist zweifelhaft und jedenfalls dann zu verneinen, wenn die zweifelhafte oder streitige Rechtsfrage in den sachlichen Zuständigkeitsbereich des um das Gutachten ersuchten Gerichts fällt, so daß das Ersuchen darauf hinausläuft, die Rechtsmeinung des zuständigen Gerichts im voraus zu erforschen; vgl. dazu Wacke, Die Erstattung von Gutachten durch den Bundesfinanzhof, AöR 83 (1958) S. 308; BFH BStBl. 56 III S. 356 ff.; Jesch, JZ 1960, 285 Fn. 19; Hw. Müller, DÖV 1961, 334.

§ 85. Beschwerden, welche Angelegenheiten der Justizverwaltung, insbesondere den Geschäftsbetrieb und Verzögerungen betreffen, werden im Aufsichtswege erledigt.

1. In Berlin aufgehoben durch § 1 Abs. 1 RechtsberG.

§ 86. Sachverständige für gerichtliche Angelegenheiten im allgemeinen zu beeidigen, ist Sache der Justizverwaltung. Das gleiche gilt für die Ausstellung von Zeugnissen über das in Preußen geltende Recht.

1. Die Vorschrift gilt nicht in Hessen, s. Vorbem. 1; wegen Satz 2 vgl. HessFGG Art. 90.

2. Sachverständige wurden nach der VO v. 20. 3. 35 (RGBl. 403) § 20 nicht mehr allgemein beeidigt; diese Vorschrift wurde aufgehoben durch REinhG v. 12. 9. 50 (BGBl. 455) Art. 8 Nr. 7, so daß landesrechtliche Regelungen bundesrechtlich wieder freigestellt sind. Über die allgemeine Beeidigung von Sachverständigen vgl. ferner § 15 FGG Rdn. 70.

3. Die Vorschrift gilt auch für Dolmetscher. Hierzu AV v. 5. 2. 00 (JMBl. 48) und v. 5. 3. 01 (JMBl. 51) mit späteren Änderungen. JMBl. 1933, 174. Die hiernach beeidigten Dolmetscher sind für Notariatsakte nur dann verwendbar, wenn gemäß der AV v. 3. 3. 01 (JMBl. 51) der Eid auf Notariatsakte miterstreckt ist. Die nach der Dolmetscherordnung v. 15. 2. 28 (JMBl. 100) 11. 6. 30 (JMBl. 198) § 11 beeidigten Dolmetscher sind dagegen auch für Notariatsakte verwendbar. Vgl. KG 29. 10. 00 (21 A 7). Allgemeine Beeidigung von Dolmetschern in Baden §§ 1, 4, 10 VO vom 12. 4. 1910 (GVBl. 161); in Bayern DolmetscherG vom 21. 10. 1953 (GVBl. 179 = BayBS III 40) i. d. F. vom 20. 7. 1964 (GVBl. 147); in Berlin AV vom 16. 5. 1963 (ABl. 667); in Hamburg § 79 AGGVG i. d. F. vom 25. 10. 1926 (GVBl. 708, SlgBerHambLR 311-a) mit VO vom 10. 3. 1937 (RGBl. I 298) und AnO vom 27. 11. 1963 (Amtl. Anz. 1239); in Hessen RdErl. vom 21. 10. 1965 (JMBl. 459); Rheinland-Pfalz AV vom 19. 8. 1952 (JBl. 89) i. d. F. der AV vom 27. 7. 1962 (JBl. 115); in Württemberg §§ 1, 3, 8 RdVfg. vom 1. 12. 1904 (ABl. 82). Vgl. auch § 8 FGG Rdn. 14.

4. Zu Satz 2: Eine Verpflichtung zur Erteilung solcher Zeugnisse wird hierdurch nicht begründet, auch die Zuständigkeit anderer Behörden nicht ausgeschlossen, Begr. 85.

Dreizehnter Titel. Rechtshilfe

§ 87. Die Gerichte haben sich in den Angelegenheiten, welche zu der ordentlichen streitigen Gerichtsbarkeit nicht gehören, Rechtshilfe zu leisten. Die Leistung der Rechtshilfe erfolgt unter entsprechender Anwendung der Vorschriften der *§§ 158 bis 160, 162, 164, 167* des Deutschen Gerichtsverfassungsgesetzes. Eine Anfechtung der Entscheidung des Oberlandesgerichts findet in keinem Falle statt.

Über Beschwerden anderer als gerichtlicher Behörden wegen einer vom Gerichte verweigerten Beistandsleistung entscheiden die Oberlandesgerichte; eine Anfechtung dieser Entscheidungen findet nicht statt.

1. Geltungsbereich. Die Vorschrift des Abs. 1 ist für Hessen ersetzt durch Art. 1 HessFGG (Anl. 12), für Niedersachsen durch Art. 7 NdsFGG (Anl. 14); in diesen Vorschriften wird unmittelbar auf § 2 FGG verwiesen. Abs. 2 ist in Hessen aufrechterhalten durch Art. 108 Abs. 2 HessFGG. In Niedersachsen gilt anstelle des Abs. 2 die inhaltlich übereinstimmende Vorschrift des § 4 NdsAGGVG (Anl. 15).

2. Rechtshilfepflicht der Gerichte. Der Rechtshilfeverkehr der Gerichte eines Landes untereinander in landesrechtlichen Angelegenheiten der freiwilligen Gerichtsbarkeit wird durch Abs. 1 in der Weise geregelt, daß die §§ 158 bis 160, 162, 164, 167 GVG (jetzt §§ 157 bis 159, 161, 163, 166 GVG) für entsprechend anwendbar erklärt werden mit der Maßgabe, daß die Entscheidung des OLG abweichend von § 159 Abs. 1 Satz 2, 3 GVG unanfechtbar ist. Vgl. dazu die Bem. zu § 2 FGG Rdn. 13 bis 31; dort auch über den Rechtshilfeverkehr zwischen Gerichten verschiedener Länder in landesrechtlichen Angelegenheiten der freiwilligen Gerichtsbarkeit (§ 2 Rdn. 6).

3. Amtshilfe. Die Vorschrift des Abs. 2 begründet einen Rechtsweg zum Oberlandesgericht bei Verweigerung der gerichtlichen Beistandsleistung gegenüber außergerichtlichen Behörden (Amtshilfe). Eine Beschwerde Beteiligter wegen beabsichtigter Leistung des Beistandes findet nicht statt (Düsseldorf JW 1936, 1391), unter Umständen aber Verfassungsbeschwerde (vgl. BVerfG NJW 1970, 555); aus Art. 19 Abs. 4 GG kann, wenn ein Gericht den Beistand gewährt, die Notwendigkeit zur Anrufung des OLG nicht hergeleitet werden, da kein Verfassungsgrundsatz des Inhalts besteht, daß jedes Gerichtsverfahren mehr als eine

Instanz umfassen müsse (BVerfGE 8, 81). Gewährt oder verweigert eine Justizverwaltungsbehörde den Beistand (z. B. § 299 Abs. 2 ZPO), so findet dagegen der Antrag auf gerichtliche Entscheidung nach § 23 EGGVG statt (§ 23 EGGVG Anm. 6). Nach § 87 Abs. 2 ist auch zu verfahren, wenn die Beistandsleistung des Gerichts von einer nichtgerichtlichen Behörde (auch eines anderen Landes oder des Bundes) auf Grund Bundesrechts in Anspruch genommen wird (Celle NdsRpfl. 1950, 57; Hamm JMBlNRW 1955, 256; Düsseldorf NJW 1957, 1057 = JMBlNRW 1957, 44; KG 1 W 937/58), es sei denn, daß in der bundesrechtlichen Norm unmittelbar die Vorschriften des GVG über die Rechtshilfe für entsprechend anwendbar erklärt werden (vgl. § 2 FGG Rdn. 3). Über Amtshilfe im allgemeinen vgl. Dreher, Die Amtshilfe, 1959, sowie die Bem. zu § 2 FGG Rdn. 1, 3. In Art. 35 GG wird zwar die aus der Einheit der Staatsgewalt abzuleitende Pflicht zur Rechts- und Amtshilfe als Verfassungsgrundsatz festgestellt; gleichwohl hat die ersuchte Behörde ein Prüfungsrecht und ist zur schrankenlosen Beistandsleistung nicht verpflichtet (§ 2 FGG Rdn. 1). Zur Amtshilfe gehört auch die Versendung von Akten an eine nichtgerichtliche Behörde; wenn ein Gericht als solches (§ 34 FGG), nicht eine Justizverwaltungsbehörde, darüber entscheidet und die Versendung aus sachlichen Gründen verweigert, ist mithin der Rechtsweg nach § 87 Abs. 2 gegeben. Wird um die Übersendung von Akten vertraulichen Inhalts (Ehescheidung, Unterbringung, Pflegschaft nach § 1910 BGB) ersucht, so hat, wenn der Betroffene nicht zustimmt, eine Abwägung der beteiligten privaten und öffentlichen Interessen stattzufinden (BVerfG NJW 1970, 555 mit Anm. v. Becker ebenda S. 1075). Wenn die ersuchende Behörde keinen Zeugniszwang hat, ist er auch nicht auf dem Umweg über die Amtshilfe zulässig (Düsseldorf NJW 1957, 1037; Hamm JMBl. NRW 1959, 20). Die Beschwerde nach § 87 Abs. 2 ist z. B. zulässig, wenn ein Versorgungsamt nach § 13 Abs. 2 des G über das Verwaltungsverfahren in der Kriegsopferversorgung vom 2. 5. 1955 (BGBl. I 202) das Amtsgericht um die Entgegennahme einer eidesstattlichen Versicherung ersucht (Hamm JMBlNRW 1962, 99) oder wenn eine Verwaltungsbehörde, welche die Zwangsvollstreckung nach den Bestimmungen des Verwaltungsvollstreckungsgesetzes betreibt, um die Abnahme des Offenbarungseides ersucht (Düsseldorf JMBlNRW 1967, 137; dazu Lipschitz, Zur Rechtshilfe der Vollstreckungsgerichte bei Verwaltungsvollstreckungen, ZZP 74 (1961) S. 334) oder wenn der Antrag des Finanzamts auf Vollstreckung von Erzwingungshaft nach § 202 Abs. 4 RAbgO abgelehnt wird (Hamm JMBlNRW 1957, 21). Gegen die Ablehnung des Ersuchens des Finanzamts, den Offenbarungseid abzunehmen oder die Haft anzuordnen, findet jedoch nach § 332 Abs. 6 RAbgO i. d. F. des AOÄndG vom 15. 9. 1965 (BGBl. I 1356) die sofortige Beschwerde nach der ZPO statt. Dieses Rechtsmittel ist auch gegeben, wenn der Antrag einer Vollstreckungsbehörde auf Anordnung der Zwangsversteigerung oder Zwangsverwaltung eines Grundstücks abgelehnt wird (Hamm JMBlNRW 1961, 202).

Vierzehnter Titel. Öffentlichkeit und Sitzungspolizei

§ 88. Die Vorschriften der §§ *177 bis 185* des Deutschen Gerichtsverfassungsgesetzes über die Aufrechterhaltung der Ordnung finden in gerichtlichen Angelegenheiten, welche zu der ordentlichen streitigen Gerichtsbarkeit nicht gehören, entsprechende Anwendung. Sofern in diesen Angelegenheiten eine mündliche Verhandlung nach Vorschrift des deutschen Prozeßordnungen stattfindet, erfolgt dieselbe öffentlich nach den Bestimmungen der §§ 170 bis 176 des Deutschen Gerichtsverfassungsgesetzes. Vorstehende Bestimmungen finden auf die zur Zuständigkeit der Auseinandersetzungsbehörden gehörigen Angelegenheiten keine Anwendung.

1. Satz 1 gilt für die landesrechtlichen Angelegenheiten der freiwilligen Gerichtsbarkeit; an die Stelle der §§ 177 bis 185 sind die §§ 175 bis 183 GVG getreten. In bundesrechtlichen Angelegenheiten gilt § 8 FGG. Satz 2 und 3 betreffen die freiwillige Gerichtsbarkeit nicht; Satz 3 ist überdies veraltet, G vom 18. 12. 1880 § 101 i. d. F. vom 10. 10. 1899 (PrGS S. 404).

§ 89. Richter, Staatsanwälte, auf Lebenszeit angestellte Amtsanwälte und Urkundsbeamte der Geschäftsstelle tragen in den öffentlichen Sitzungen eine von dem Justizminister zu bestimmende Amtstracht. Dieselbe Vorschrift findet Anwendung auf die in den öffentlichen Sitzungen der Oberlandesgerichte und Landgerichte auftretenden Rechtsanwälte.

Die auf Kündigung angestellten Amtsanwälte sind befugt, die für Amtsanwälte bestimmte Amtstracht zu tragen.

1. Amtstracht. Die Fortgeltung der Vorschrift wird bejaht vom Kammergericht in NJW 1970, 482 = JR 1970, 150 mit Anm. v. Schmidt. Die Pflicht zum Tragen einer Amtstracht verletzt kein Grundrecht (BVerfG NJW 1970, 851). Das Gericht kann einen Rechtsanwalt, der das Auftreten in Amtstracht ablehnt, in dem jeweiligen Verfahren für einen einzelnen Verhandlungstermin zurückweisen (BVerfG aaO.). Vorschriften über die Amtstracht sind erlassen in Berlin durch AV vom 24. 9. 1968 (ABl. S. 1196), für Hessen durch RdErl. des MdJ vom 11. 3. 1966 (JMBl. S. 108), für Niedersachsen durch AV des Nds. MdJ vom 6. 4. 1967 (NdsRpfl. S. 83), für Nordrhein-Westfalen durch AV des JM vom 5. 2. 1963 (JMBlNRW S. 49), für Rheinland-Pfalz durch AV des JM vom 5. 10. 1965 (LJBl. S. 179). In Verhandlungen der freiwilligen Gerichtsbarkeit, die regelmäßig nicht öffentlich sind (§ 8 FGG Rdn. 60 bis 62), besteht eine Pflicht zum Tragen der Amtstracht weder für Richter noch für Rechtsanwälte.

Fünfzehnter und sechzehnter Titel. Beratung und Abstimmung. Gerichtsferien

§§ 90, 91. [Nicht abgedruckt]

Siebzehnter Titel. Schlußbestimmungen

§§ 92—112. [Aufgehoben oder gegenstandslos.]

II. Hessen

12.

Hessisches Gesetz über die freiwillige Gerichtsbarkeit (HessFGG)

Vom 12. April 1954 (GVBl. S. 59, berichtigt S. 96 = GVBl. II Nr. 250-1)

Inhaltsübersicht

Erster Abschnitt. Allgemeine Vorschriften

Erster Titel: Landesrechtliche Angelegenheiten der freiwilligen Gerichtsbarkeit

Zweiter Titel: Ausführungs- und Ergänzungsvorschriften

Zweiter Abschnitt. Nachlaß- und Teilungssachen

Dritter Abschnitt. Öffentliche Register, Handelssachen

Vierter Abschnitt. Urkundstätigkeit des Gerichts einschließlich des Urkundsbeamten und Gerichtsvollziehers

Erster Titel. Zuständigkeit

Zweiter Titel. Verfahren

Fünfter Abschnitt. Notare

Sechster Abschnitt. Urkundstätigkeit sonstiger Stellen

Siebenter Abschnitt. Verfahren bei der freiwilligen Versteigerung von Grundstücken

Achter Abschnitt. Übergangs- und Schlußvorschriften

Vorbemerkung. Das Gesetz ist in den ehemals preußischen Gebieten des Landes Hessen mit Wirkung vom 1. 7. 1954 an die Stelle des PrFGG und der §§ 43, 70, 71, 74, 76, 86, 87 Abs. 1, 90 und 91 Abs. 1 des PrAGGVG getreten, s. Art. 108 Abs. 1 Nr. 1 und 3 HessFGG. In den übrigen Landesteilen ist es an die Stelle des Hess. AG-FGG vom 18. 7. 1899 (RegBl. S. 287) getreten (§ 108 Nr. 2). Durch Art. 21 Hess. AG-ZPO-ZVG vom 20. 12. 1960 (GVBl. 238) ist dem Art. 104 ein Absatz 3 angefügt worden. Durch § 60 Nr. 33 BeurkG sind mit Wirkung vom 1. 1. 1970 aufgehoben worden Art. 38 Abs. 1, Art. 42, 44 Abs. 1 Satz 1 Nr. 1 bis 4, Abs. 2, 3, Art. 47 bis 72, 73 Abs. 2, Art. 74 bis 82, 87 bis 89, Art. 38 Abs. 3, soweit diese Vorschrift auf Abs. 1 verweist, sowie Art. 45 Abs. 1 Nr. 6, soweit diese Vorschrift die Beurkundung der Bekanntmachung einer empfangsbedürftigen Willenserklärung zum Gegenstand hat.

Erster Abschnitt

Allgemeine Vorschriften

Erster Titel. Landesrechtliche Angelegenheiten der freiwilligen Gerichtsbarkeit

Ausdehnung bundesrechtlicher Vorschriften

Art. 1. Für die Angelegenheiten der freiwilligen Gerichtsbarkeit, die durch Landesgesetz den ordentlichen Gerichten übertragen sind, gelten die §§ 2 bis 27, 28 Absatz 1, 29, 30 Absatz 1 Satz 1 (jedoch ohne die Worte: „und bei dem Reichsgerichte") und 31 bis 34 des Gesetzes über die Angelegenheiten der freiwilligen Gerichtsbarkeit, soweit nichts anderes bestimmt ist.

Zu § 18 Absatz 1 FGG: Grenzen der Änderung von Verfügungen

Art. 2. Eine Verfügung, durch die die Genehmigung zu einem Rechtsgeschäft erteilt oder verweigert wird, kann insoweit nicht mehr geändert werden, als die Genehmigung oder Verweigerung einem Dritten gegenüber wirksam geworden ist.

Zu § 19 Absatz 2 FGG: Beschwerdeinstanz

Art. 3. Entscheidet im ersten Rechtszug das Landgericht, so ist Beschwerdegericht das Oberlandesgericht.

Zu § 22 Absatz 1 FGG: Umwandlung befristeter Rechtsmittel in sofortige Beschwerde

Art. 4. Ist nach besonderer gesetzlicher Vorschrift die Einlegung des Rechtsmittels gegen die Entscheidung des ersten Rechtszuges an eine Frist gebunden, so ist das zulässige Rechtsmittel die sofortige Beschwerde. § 22 Absatz 1 des Gesetzes über die Angelegenheiten der freiwilligen Gerichtsbarkeit ist anzuwenden.

Zu § 27 FGG: Weitere Beschwerde

Art. 5. Die weitere Beschwerde ist nur zulässig, wenn das Amtsgericht Gericht des ersten Rechtszuges ist.

Zu § 32 FGG: Schutz von Rechten Dritter

Art. 6. Wird eine Verfügung geändert, die zu einem Rechtserwerb Dritter geführt hat, so ist dies auf den Rechtserwerb auch dann ohne Einfluß, wenn die besonderen Voraussetzungen für die Anwendung des § 32 des Gesetzes über die Angelegenheiten der freiwilligen Gerichtsbarkeit nicht gegeben sind.

Zweiter Titel. Ausführungs- und Ergänzungsvorschriften

I. Weiterleitung von Schriftstücken an das zuständige Gericht

Art. 7. Anzeigen, Anträge und Erklärungen, die einem unzuständigen Gericht zugehen, sind unverzüglich an das zuständige Gericht weiterzuleiten, ebenso Anträge und Erklärungen, die der Urkundsbeamte der Geschäftsstelle eines unzuständigen Amtsgerichts aufgenommen hat.

II. Mitwirkung nichtrichterlicher Beamter

Ausschließung von der Amtstätigkeit

Art. 8. (1) Wirkt in einer Angelegenheit, die nicht in der Beurkundung eines Rechtsgeschäfts besteht, ein Urkundsbeamter der Geschäftsstelle mit, so sind auf ihn die §§ 6 und 7 des Gesetzes über die Angelegenheiten der freiwilligen Gerichtsbarkeit entsprechend anzuwenden.

(2) Auf einen Gerichtsvollzieher ist § 155 des Gerichtsverfassungsgesetzes entsprechend anzuwenden.

Zuziehen eines Urkundsbeamten

Art. 9. Soweit nichts anderes bestimmt ist, liegt es im Ermessen des Richters, einen Urkundsbeamten der Geschäftsstelle zuzuziehen.

III. Begründungszwang

Art. 10. Eine Verfügung, durch die ein Antrag oder ein Gesuch zurückgewiesen, eine Genehmigung versagt oder über Rechte der Beteiligten entschieden wird, ist mit Gründen zu versehen.

IV. Kostenwesen[1])

Kostentragung durch Beteiligte

Art. 11. (1) Sind an einer Angelegenheit mehrere Personen beteiligt, so kann das Gericht auf Antrag einem Beteiligten die Kosten des Verfahrens ganz oder teilweise auferlegen, die der Beteiligte durch ein unbegründetes Gesuch, einen unbegründeten Widerspruch oder eine unbegründete Beschwerde, durch vorzeitiges Anrufen des Gerichts, durch eine Versäumnis oder durch grobes Verschulden veranlaßt hat. Der Antrag kann nicht mehr gestellt werden, wenn in der Hauptsache entschieden ist.

(2) Zu den nach Absatz 1 zu erstattenden Kosten des Verfahrens gehören die Gebühren und Auslagen eines Rechtsanwalts, soweit seine Zuziehung zur zweckentsprechenden Rechtsverfolgung oder Rechtsverteidigung angebracht war.

Kostentragung durch Beamte und Vertreter

Art. 12. Einen Urkundsbeamten der Geschäftsstelle, gesetzlichen Vertreter, Rechtsanwalt und anderen Bevollmächtigten kann das Gericht auf Antrag oder von Amts wegen die Kosten auferlegen, die er durch grobes Verschulden veranlaßt hat. Vor der Entscheidung ist der Beteiligte zu hören.

Kostenentscheidung bei Ordnungsstrafen und anderen Vollstreckungsmaßnahmen

Art. 13. Wird eine Ordnungsstrafe verhängt oder eine andere Vollstreckungsmaßnahme angeordnet, so enthält die Entscheidung über die Kosten des Verfahrens auch die Entscheidung über die den anderen Beteiligten entstandenen Kosten.

[1]) Über die weitere Anwendung dieser Vorschriften im Hinblick auf § 13 a FGG s. FGG § 13 a Rdn. 2, PrFGG Art. 9 Anm. 1, Art. 13 Anm. 2, Art. 14 Anm. 2.

Rückerstattung von Kosten

Art. 14. Wird eine Kostenentscheidung, auf Grund deren Kosten erstattet sind, zugunsten dessen, dem die Kosten auferlegt waren, geändert, so ist dem Empfänger auf Antrag aufzuerlegen, das zuviel Empfangene zurückzuerstatten.

Kostenfestsetzung

Art. 15. (1) Wer einen durch gerichtliche Verfügung festgestellten Kostenerstattungsanspruch hat, kann Festsetzung der Kosten beantragen. Für den Antrag und das Kostenfestsetzungsverfahren gelten die §§ 103 Absatz 2, 104 bis 106 der Zivilprozeßordnung entsprechend. Im Falle des § 1875 Absatz 1 des Bürgerlichen Gesetzbuchs entscheidet über die Erinnerung der Vorsitzende des Familienrats.

(2) Die Beschwerde ist nur zulässig, wenn der Wert des Beschwerdegegenstandes 50 Deutsche Mark übersteigt.

Änderung der Wertfestsetzung

Art. 16. Wird der Geschäftswert geändert, so ist der Kostenfestsetzungsbeschluß auf Antrag entsprechend zu ändern. § 107 Absatz 1 Satz 2, Absatz 2 und 3 der Zivilprozeßordnung ist anzuwenden.

Vollstreckbarer Kostentitel

Art. 17. Die Zwangsvollstreckung nach der Zivilprozeßordnung ist zulässig aus:

1. einem Kostenrückerstattungsbeschluß nach Artikel 14,
2. einem Kostenfestsetzungsbeschluß nach den Artikeln 15 und 16,
3. einer vormundschaftsgerichtlichen Verfügung nach den *§§ 1673 Absatz 2 Satz 2*[1a]) und 1847 Absatz 2 Halbsatz 2 des Bürgerlichen Gesetzbuchs,
4. einer Verfügung des Vorsitzenden des Familienrats nach § 1877 des Bürgerlichen Gesetzbuchs.

V. Vollziehung von Verfügungen

Vollziehung von Amts wegen

Art. 18. Soweit die Vollziehung einer gerichtlichen Verfügung nicht den Beteiligten überlassen ist, veranlaßt das Gericht des ersten Rechtszuges von Amts wegen die Vollziehung.

Vollzugsorgane

Art. 19. (1) Vollzugsorgan ist der Gerichtsvollzieher. Das Gericht kann mit der Vollziehung einer von Amts wegen angeordneten Vollstreckungsmaßnahme auch einen Gerichtswachtmeister beauftragen.

(2) Auf das Verfahren und die Befugnisse der Vollzugsorgane ist die Zivilprozeßordnung entsprechend anzuwenden.

Aufhebung von Ordnungsstrafen

Art. 20. Das Gericht kann eine Ordnungsstrafe aufheben, wenn der Bestrafte sein Verhalten nachträglich genügend entschuldigt.

[1a]) BGB § 1673 Abs. 2 Satz 2 ist durch das GleichberG fortgefallen; vgl. jetzt § 1779 Abs. 3 Satz 2 BGB.

Beitreibung von Ordnungsstrafen

Art. 21. Eine Ordnungsstrafe ist im Wege des Verwaltungszwangs nach den Vorschriften der Justizbeitreibungsordnung einzuziehen. In den Nachlaß des Verurteilten darf nicht vollstreckt werden.

VI. Ausfertigung gerichtlicher Verfügungen

Art. 22. Die Ausfertigung einer gerichtlichen Verfügung ist von dem Urkundsbeamten der Geschäftsstelle zu unterschreiben und mit dem Dienstsiegel zu versehen.

Zweiter Abschnitt

Nachlaß- und Teilungssachen

I. Sicherungsmaßnahmen nach dem Ableben von Bediensteten einer öffentlichen Behörde

Art. 23. (1) Nach dem Tode des Bediensteten einer öffentlichen Behörde kann diese oder die Aufsichtsbehörde für die Sicherung der im Nachlaß befindlichen amtlichen Schriftstücke und der sonstigen Werte sorgen, deren Herausgabe auf Grund des Dienstverhältnisses verlangt werden kann.

(2) Werden bei Ausführung einer von dem Nachlaßgericht angeordneten Sicherungsmaßnahme Sachen der im Absatz 1 bezeichneten Art vorgefunden, so hat das Gericht die Behörde des Verstorbenen oder die Aufsichtsbehörde zu benachrichtigen und von den Sicherungsmaßnahmen Mitteilung zu machen.

II. Gerichtliche und notarielle Vermittlung der Auseinandersetzung

Zuständigkeit

Art. 24. (1) Zur Vermittlung der Auseinandersetzung eines Nachlasses oder des Gesamtguts einer ehelichen oder fortgesetzten Gütergemeinschaft sind auch die Notare zuständig.

(2) Im Falle des Absatzes 1 tritt an die Stelle des Urkundsbeamten der Geschäftsstelle der Notar; Offenlegungs- oder Niederlegungslokal sind die Geschäftsräume des Notars. Eine öffentliche Zustellung bewirkt nach ihrer Bewilligung durch das Gericht der Urkundsbeamte der Geschäftsstelle.

(3) Auch wenn ein Notar die Auseinandersetzung vermittelt, obliegt dem nach den §§ 86 Absatz 1 und 99 Absatz 2 des Gesetzes über die Angelegenheiten der freiwilligen Gerichtsbarkeit zuständigen Gericht:

1. die Bestellung eines Pflegers für einen abwesenden Beteiligten,
2. die Bewilligung einer öffentlichen Zustellung,
3. die Entscheidung über den Antrag eines Beteiligten auf Wiedereinsetzung in den vorigen Stand,
4. die Vernehmung eines Zeugen oder Sachverständigen auf Ersuchen des Notars, falls die erschienenen Beteiligten nicht mit der uneidlichen Vernehmung durch den Notar einverstanden sind,
5. die Entscheidung über die Verweigerung eines Zeugnisses oder Abgabe eines Gutachtens und die Entscheidung über die Befreiung von der Pflicht, ein Gutachten zu erstatten,
6. die Verurteilung eines Zeugen oder Sachverständigen zu Strafe und Kosten, die Anordnung der zwangsweisen Vorführung eines Zeugen und die Aufhebung der Anordnung gegen einen Zeugen oder Sachverständigen,

7. die Bestätigung einer Vereinbarung über vorbereitende Maßregeln oder der Auseinandersetzung, wenn ein Beteiligter nicht erschienen war und auch nicht nachträglich zugestimmt hat,
8. die Genehmigung nach § 97 Absatz 2 des Gesetzes über die Angelegenheiten der freiwilligen Gerichtsbarkeit.

Wiedereinsetzung in den vorigen Stand

Art. 25. Der Antrag auf Wiedereinsetzung in den vorigen Stand kann bei dem Gericht oder Notar gestellt werden.

Aufnahme eines amtlichen Verzeichnisses der Teilungsmasse

Art. 26. Das Gericht und der Notar, die mit der Vermittlung einer Auseinandersetzung befaßt sind, können anordnen, daß ein amtliches Verzeichnis des Nachlasses oder des Gesamtguts einer ehelichen oder fortgesetzten Gütergemeinschaft aufzunehmen ist.

Bekanntmachung notarieller Verfügungen

Art. 27. (1) Auf die Bekanntmachung einer notariellen Verfügung ist § 16 Absatz 2 des Gesetzes über die Angelegenheiten der freiwilligen Gerichtsbarkeit entsprechend anzuwenden.

(2) Soweit nach Absatz 1 die für die Zustellung von Amts wegen geltenden Vorschriften der Zivilprozeßordnung maßgebend sind, tritt an die Stelle des Urkundsbeamten der Geschäftsstelle der Notar, an die Stelle des Gerichtswachtmeisters der Gerichtsvollzieher. § 174 Absatz 1 der Zivilprozeßordnung ist nicht anzuwenden. Bei einer Zustellung durch Aufgabe zur Post hat sich der Notar der Vermittlung eines Gerichtsvollziehers zu bedienen, wenn nicht er das zuzustellende Schriftstück der Post übergibt.

Überweisung des Verfahrens an einen anderen Notar

Art. 28. (1) Jeder Beteiligte kann beantragen, daß die Vermittlung der Auseinandersetzung einem anderen Notar überwiesen wird. Der Antrag muß spätestens im ersten Verhandlungstermin gestellt werden.

(2) Über den Antrag entscheidet das Landgericht, in dessen Bezirk der zuerst beauftragte Notar seinen Amtssitz hat. Das Landgericht hat die anderen Beteiligten zu hören.

(3) Die Entscheidung ist mit der sofortigen Beschwerde anfechtbar.

(4) Wird dem Antrag stattgegeben, so hat der Notar nach Rechtskraft des Beschlusses die Vorgänge dem von dem Gericht bestellten Notar zu übersenden.

Verkehr des Notars mit dem Gericht

Art. 29. (1) Wird eine gerichtliche Entscheidung erforderlich (Artikel 24 Absatz 3), so hat der Notar die Vorgänge dem Gericht zu übersenden. Von Verhandlungsprotokollen können Ausfertigungen übersandt werden.

(2) Bei der Rücksendung der Vorgänge hat das Gericht eine beglaubigte Abschrift seiner Entscheidung für den Notar beizufügen.

Verfahrenskosten[2])

Art. 30. (1) Im Auseinandersetzungsverfahren fallen die Kosten des Verfahrens der Masse zur Last. Die Gebühren und Auslagen eines Bevollmächtigten trägt der Vollmachtgeber, die

[2]) Über die Fortgeltung dieser Vorschrift im Hinblick auf § 13 a FGG s. Art. 28 PrFGG Anm. 2.

Kosten einer für das Auseinandersetzungsverfahren angeordneten Abwesenheitspflegschaft der Abwesende, die durch eine Versäumnis verursachten Kosten der Säumige.

(2) Absatz 1 ist nicht anzuwenden, wenn in dem Auseinandersetzungsvertrag etwas anderes bestimmt ist.

(3) Die Kosten der Beschwerde hat der zu tragen, dem sie das Gericht auferlegt.

(4) Artikel 11, 14 bis 17 sind nicht anzuwenden.

Dritter Abschnitt

Öffentliche Register, Handelssachen

Registerführung

Art. 31. Die näheren Bestimmungen über die Einrichtung und Führung des Vereins- und des Güterrechtsregisters trifft der Minister der Justiz.

Versendung öffentlicher Register

Art. 32. Die bei dem Amtsgericht geführten Register dürfen nicht an Behörden und Beamte versandt werden. Außerhalb der Diensträume soll ein Register nur auf Ersuchen des erkennenden Gerichts und nur durch einen Beamten des Registergerichts vorgelegt werden. Dieser hat das Register alsdann sofort zurückzubringen.

Abschriften, Auszüge und Zeugnisse für Behörden und Beamte

Art. 33. (1) Inländischen Behörden und Beamten sind Abschriften von den Eintragungen in die Register und von den zum Register eingereichten Schriftstücken sowie Auszüge und Zeugnisse auf Grund der Eintragungen und eingereichten Schriftstücke zu erteilen, wenn sie dies im amtlichen Interesse beantragen.

(2) Ausländischen Behörden und Beamten dürfen die in Absatz 1 bezeichneten Abschriften, Auszüge und Zeugnisse nur mit Genehmigung des Ministers der Justiz erteilt werden.

Mitwirkung des Gemeindevorstandes und der Polizeibehörde

Art. 34. Der Gemeindevorstand und die Polizeibehörde sind verpflichtet, das Registergericht zu unterstützen, um unrichtige Eintragungen zu verhüten und eine Berichtigung oder Vervollständigung des Handelsregisters herbeizuführen.

Mitwirkung der Organe des Handelsstandes

Art. 35. (1) Die näheren Bestimmungen über die Mitwirkung der Organe des Handelsstandes bei der Führung des Handelsregisters nach § 126 des Gesetzes über die Angelegenheiten der freiwilligen Gerichtsbarkeit erläßt der Minister der Justiz.

(2) Vertretung des Handelsstandes im Sinne des § 25 Absatz 3 des Aktiengesetzes ist die zuständige Industrie- und Handelskammer.

Kosten der Dispache[3])

Art. 36. (1) Das Gericht, vor dem verhandelt worden ist, entscheidet auf Antrag darüber, wer die Kosten einer gerichtlichen Verhandlung über die Bestätigung der Dispache zu tragen hat. Der Antrag kann auch nach Beendigung des Verfahrens gestellt werden.

(2) Die Kosten sind auf die Beteiligten in dem Verhältnis zu verteilen, in dem diese zu dem Havereischaden beizutragen haben. Die den einzelnen Beteiligten entstandenen Kosten

[3]) Über die Fortgeltung dieser Vorschrift im Hinblick auf § 13 a FGG s. Art. 30 PrFGG Anm. 1.

können gegeneinander aufgehoben werden, wenn die Umstände es rechtfertigen. Soweit die Beteiligten etwas Abweichendes vereinbart haben, ist dies maßgebend.

(3) § 158 Absatz 3 des Gesetzes über die Angelegenheiten der freiwilligen Gerichtsbarkeit und die Artikel 11, 14 bis 17 sind entsprechend anzuwenden.

Vereinssachen

Art. 37. Das Amtsgericht hat in dem für die Bekanntmachungen des Gerichts bestimmten Blatt auch die Eintragung der Auflösung und der Entziehung der Rechtsfähigkeit eines Vereins zu veröffentlichen.

Vierter Abschnitt

Urkundstätigkeit des Gerichts einschließlich des Urkundsbeamten und Gerichtsvollziehers

Erster Titel. Zuständigkeit

I. Zuständigkeit im allgemeinen

Art. 38.[4]) (1) *Das Amtsgericht ist neben dem Notar zuständig, Urkunden der freiwilligen Gerichtsbarkeit aufzunehmen, soweit sich seine Zuständigkeit nicht schon aus § 167 des Gesetzes über die Angelegenheiten der freiwilligen Gerichtsbarkeit ergibt.*

(2) Das Amtsgericht ist ferner zuständig, freiwillige Versteigerungen vorzunehmen, bei Abmarkungen mitzuwirken und Vermögensverzeichnisse aufzunehmen.

(3) Unberührt bleiben die Vorschriften, nach denen die in Absatz *1 und* 2 bezeichneten Angelegenheiten der freiwilligen Gerichtsbarkeit auch von anderen Behörden oder mit öffentlichen Glauben versehenen Personen als dem Amtsgericht oder Notar oder nur von solchen anderen Behörden oder Personen oder nur von dem örtlich zuständigen Amtsgericht vorgenommen werden können.

II. Zuständigkeit in bestimmten Fällen

Freiwillige Grundstücksversteigerung

Art. 39.[5]) (1) Das Amtsgericht soll die freiwillige Versteigerung eines Grundstücks nur vornehmen, wenn das Grundstück in seinem Bezirk liegt. Liegt das Grundstück in verschiedenen Bezirken oder sollen mehrere Grundstücke, die in verschiedenen Bezirken liegen, zusammen versteigert werden, so ist jedes Amtsgericht, in dessen Bezirk ein Teil des Grundstücks oder eines der Grundstücke liegt, zur Versteigerung befugt.

(2) Gehört das Grundstück zu einem Nachlaß oder zu dem Gesamtgut einer ehelichen oder fortgesetzten Gütergemeinschaft, so darf die Versteigerung auch das Gericht vornehmen, das mit der Vermittlung der Auseinandersetzung befaßt ist.

Zuständigkeitsübertragung

Art. 40[6]). Das Amtsgericht kann mit der Vornahme und der Beurkundung einer freiwilligen Grundstücksversteigerung außerhalb der Gerichtsstelle einen Urkundsbeamten der Geschäftsstelle beauftragen, wenn die Beteiligten zustimmen.

[4]) Art. 38 Abs. 1 ist aufgehoben durch § 60 Nr. 33 BeurkG, Abs. 3 insoweit, als diese Vorschrift auf Abs. 1 verweist.

[5]) Art. 39 ist gegenstandslos durch § 61 Abs. 1 Nr. 1 BeurkG; vgl. PrFGG Art. 31 Anm. 1, Art. 33 Anm. 1.

[6]) Art. 40 ist gegenstandslos infolge Aufhebung des Art. 142 EGBGB durch § 57 Abs. 4 Nr. 2 BeurkG; vgl. Art. 38 PrFGG Anm. 3.

Vernehmung von Zeugen und Sachverständigen außerhalb eines abhängigen Verfahrens

Art. 41. Das Amtsgericht kann außerhalb eines anhängigen Verfahrens Zeugen oder Sachverständige vernehmen, um lediglich die Aussage oder Abgabe des Gutachtens als Tatsache zu beurkunden, wenn ein berechtigtes Interesse vorliegt. Zeugen und Sachverständige können zur Aussage und Abgabe des Gutachtens nicht gezwungen werden. Das Amtsgericht kann einen Sachverständigen beeidigen, wenn alle Beteiligten es beantragen.

Eide und eidesstattliche Versicherungen zur Wahrnehmung von Rechten im Ausland

Art. 42. [Aufgehoben][7])

Beurkundung der Kollegialgerichte

Art. 43. Eine Beurkundung, für die das Landgericht oder das Oberlandesgericht zuständig ist, kann ein beauftragter oder ersuchter Richter vornehmen. Der Auftrag kann auch von dem Vorsitzenden der Kammer oder des Senats erteilt werden. Der Richter soll sich in der Urkunde als beauftragter oder ersuchter Richter bezeichnen.

Urkundsbeamter der Geschäftsstelle

Art. 44. (1) Der Urkundsbeamte der Geschäftsstelle des Amtsgerichts ist zuständig.

1. bis 4. [Aufgehoben][8]),

5. Siegelungen und Entsiegelungen vorzunehmen,

6. Bestandsverzeichnisse aufzunehmen.

Die Tätigkeiten zu Nr. 5 und 6 soll der Urkundsbeamte nur auf Anordnung des Gerichts ausüben.

Gerichtsvollzieher

Art. 45. (1) Der Gerichtsvollzieher ist zuständig,

1. Wechsel- und Scheckproteste aufzunehmen,
2. freiwillige Versteigerungen von beweglichen Sachen und Früchten, die vom Boden noch nicht getrennt sind, durchzuführen,
3. im Auftrag des Gerichts oder des Konkursverwalters Bestandsverzeichnisse aufzunehmen,
4. im Auftrag des Gerichts öffentliche Verpachtungen an den Meistbietenden vorzunehmen,
5. im Auftrag des Gerichts oder des Konkursverwalters Siegelungen und Entsiegelungen vorzunehmen,
6. *empfangsbedürftige Willenserklärungen unter Abwesenden auf Antrag eines Beteiligten bekanntzumachen und die Bekanntmachung einschließlich eines mit der Bekanntmachung etwa verbundenen*[9]) tatsächlichen Leistungsanerbietens im Namen des Schuldners zu beurkunden,
7. Zustellungen, Aufforderungen und Vollstreckungen vorzunehmen, die ihm das Gericht aufträgt.

(2) Der Gerichtsvollzieher kann den Auftrag zu einer freiwilligen Versteigerung nach seinem Ermessen ablehnen.

[7]) Art. 42 ist aufgehoben durch § 60 Nr. 33 BeurkG.

[8]) Art. 44 Nr. 1 bis 4 und Abs. 2 und 3 sind aufgehoben durch § 60 Nr. 33 BeurkG.

[9]) Art. 45 Nr. 6 ist durch § 60 Nr. 33 BeurkG aufgehoben, soweit diese Vorschrift die Beurkundung einer empfangsbedürftigen Willenserklärung zum Gegenstand hat. Im übrigen sind die Vorschriften des Art. 45 durch § 61 Abs. 1 Nr. 1 bis 3 BeurkG aufrechterhalten. Art. 45 Abs. 1 Nr. 7 wird durch das BeurkG nicht betroffen. Vgl. die Bem. zu § 74 PrAGGVG (Anl. 11).

(3) Die Zuständigkeit des Amtsgerichts für die in Absatz 1 Nr. 6 genannte Tätigkeit ist ausgeschlossen.

(4) Unberührt bleiben die Vorschriften, nach denen für die in dem Absatz 1 genannten Tätigkeiten auch andere Stellen zuständig sind.

Übertragung an andere zuständige Stellen

Art. 46. (1) Soweit der Urkundsbeamte der Geschäftsstelle oder der Gerichtsvollzieher zuständig ist, kann ihm das Amtsgericht die Ausführung eines Geschäfts übertragen.

(2) Die Aufnahme eines Vermögensverzeichnisses kann das Amtsgericht auch einem Notar übertragen.

III. Bezirksüberschreitung

Art. 47. [Aufgehoben][10])

Zweiter Titel. Verfahren

I. Beurkundung von Rechtsgeschäften

Art. 48 bis 62. [Aufgehoben][11])

II. Beurkundung von anderen Gegenständen als Rechtsgeschäften

Art. 63 bis 69. [Aufgehoben][11])

III. Äußere Form der Urkunden

Art. 70 bis 72. [Aufgehoben][11])

IV. Verbleib der Urkunden. Ausfertigungen und Abschriften. Einsicht

Verbleib der Urkunden

Art. 73[12]). (1) Die Urschrift einer gerichtlichen Urkunde bleibt in der Verwahrung des Gerichts, soweit sie in der Form eines Protokolls verfaßt ist.

Art. 74 bis 82. [Aufgehoben][13])

Vernichtung der Urkunden

Art. 83. Der Minister der Justiz bestimmt, ob und von wann ab frühestens gerichtliche Urkunden vernichtet werden dürfen.

Fünfter Abschnitt

Notare

I. Allgemeines

Amtssprache. Dolmetscher

Art. 84. [Aufgehoben][14])

[10]) Art. 47 ist aufgehoben durch § 60 Nr. 33 BeurkG.

[11]) Die Art. 48 bis 72 sind aufgehoben durch § 60 Nr. 33 BeurkG.

[12]) Art. 73 Abs. 2 ist aufgehoben durch § 60 Nr. 33 BeurkG.

[13]) Die Art. 74 bis 82 sind aufgehoben durch § 60 Nr. 33 BeurkG.

[14]) Art. 84 ist aufgehoben durch § 60 Nr. 33 BeurkG.

Siegelung

Art. 85. Der Notar ist zuständig, im Auftrag des Gerichts Siegelungen und Entsiegelungen im Rahmen eines Nachlaßsicherungsverfahrens vorzunehmen.

II. Verfahren bei Ausübung der Urkundstätigkeit

Verweisung auf Vorschriften

Art. 86. Auf die Urkundstätigkeit des Notars sind der Artikel 38 Absatz 2, soweit er die Aufnahme von Nachlaßverzeichnissen und Nachlaßinventaren betrifft, sowie die Artikel 39, *62 bis 68, 73 Absatz 2 Satz 3, 74, 77, 78 Absatz 1, 2 und 79 bis* 82 entsprechend anzuwenden.

Ausfertigungen

Art. 87 bis 89. [Aufgehoben][15])

Sechster Abschnitt

Urkundstätigkeit sonstiger Stellen

Zeugnisse über das geltende Recht

Art. 90. (1) Zeugnisse über das im Lande Hessen geltende Recht stellt die Justizverwaltung aus. Zuständig ist der Minister der Justiz im Benehmen mit dem Fachminister.

(2) Der Minister der Justiz kann eine Justizbehörde oder ein Gericht mit der Ausstellung der Zeugnisse beauftragen.

Beglaubigung zum Zweck der Legalisation

Art. 91. Für die gerichtliche Beglaubigung amtlicher Unterschriften zum Zweck der Legalisation im diplomatischen Wege sind die Landgerichtspräsidenten, deren ständige Vertreter und die mit Zustimmung des Ministers der Justiz vom Landgerichtspräsidenten bestimmten Richter zuständig.

Erteilung von Ausfertigungen

Art. 92. Sind für die Aufnahme von Urkunden der freiwilligen Gerichtsbarkeit andere Stellen als Amtsgericht und Notar zuständig (Artikel 38), so verbleibt die Urschrift bei der beurkundenden Stelle; Ausfertigungen erteilt diese. Die Artikel 73 *bis 75 und 77 bis 82* sind anzuwenden.

Siebenter Abschnitt

Verfahren bei der freiwilligen Versteigerung von Grundstücken

Antragsrecht. Verfahrensvorschriften als nachgiebiges Recht

Art. 93. (1) Wer die freiwillige Versteigerung eines Grundstücks beantragt, hat seine Verfügungsbefugnis nachzuweisen.

(2) Soweit die Beteiligten nichts anderes bestimmen, soll bei der Versteigerung nach den Artikeln 94 bis 102 verfahren werden.

[15]) Die Art. 87 bis 89 sind aufgehoben durch § 60 Nr. 33 BeurkG.

Abschriften aus Steuerbuch und Grundbuch

Art. 94. Vor Anberaumung des Versteigerungstermins sollen der neueste Auszug aus dem Steuerbuch und, falls die Versteigerung nicht durch das Gericht erfolgt, bei dem das Grundbuch über das Grundstück geführt wird, auch eine beglaubigte Abschrift des Grundbuchblattes beigebracht werden.

Zeit der Terminsbestimmung

Art. 95. Der Zeitraum zwischen der Anberaumung des Versteigerungstermins und dem Termin soll, wenn nicht besondere Gründe vorliegen, nicht mehr als sechs Monate betragen. Zwischen der Bekanntmachung der Terminsbestimmung und dem Termin soll in der Regel ein Zeitraum von mindestens sechs Wochen liegen.

Inhalt der Terminsbestimmung

Art. 96. Die Terminsbestimmung soll enthalten:

1. die Bezeichnung des Grundstücks unter Angabe der Größe und des Grundbuchblatts,
2. die Bezeichnung des eingetragenen Eigentümers,
3. die Angabe, daß es sich um eine freiwillige Versteigerung handelt,
4. die Zeit und den Ort des Versteigerungstermins,
5. die Angabe des Ortes, wo die Versteigerungsbedingungen eingesehen werden können, falls vor der Bekanntmachung der Terminsbestimmung Versteigerungsbestimmungen festgestellt worden sind.

Bekanntmachung der Terminsbestimmung

Art. 97. (1) Die Terminsbestimmung soll in ortsüblicher Weise in der Gemeinde, in deren Bezirk das Grundstück liegt, sowie durch einmaliges Einrücken in das für Bekanntmachungen des Gerichts bestimmte Blatt öffentlich bekanntgemacht werden. Die §§ 39 Abs. 2 und 40 Absatz 2 des Gesetzes über die Zwangsversteigerung und die Zwangsverwaltung sind entsprechend anzuwenden.

(2) Dem Antragsteller soll die Terminsbestimmung besonders mitgeteilt werden.

Akteneinsicht

Art. 98. Einsicht in die Abschrift des Grundbuchblattes sowie in die Auszüge aus den Steuerbüchern ist jedem gestattet. Das gilt auch für andere das Grundstück betreffende Nachweisungen, die ein Beteiligter eingereicht hat, insbesondere für Schätzungen.

Verfahren im Termin

Art. 99. Im Versteigerungstermin sollen nach dem Aufruf der Sache die Versteigerungsbedingungen festgestellt und diese sowie die das Grundstück betreffenden Nachweisungen bekanntgemacht werden. Danach soll zur Abgabe von Geboten aufgefordert werden.

Sicherheitsleistung

Art. 100. Hat ein Bieter durch Hinterlegung von Geld oder Wertpapieren Sicherheit zu leisten, so gilt im Verhältnis zwischen Antragsteller und Bieter die Übergabe an den Versteigerungsbeamten als Hinterlegung.

Zurückweisung von Geboten

Art. 101. (1) Ein Geobt soll zurückgewiesen werden, wenn es unwirksam ist.

(2) Bietet jemand für einen anderen als Vertreter oder ist das Gebot nur mit Zustimmung eines anderen oder einer Behörde wirksam, so soll es zurückgewiesen werden, sofern nicht die

Vertretungsmacht oder die Zustimmung offenkundig ist oder sofort durch eine öffentliche oder öffentlich beglaubigte Urkunde nachgewiesen wird.

Mindestdauer der Versteigerung. Anhören des Antragstellers über den Zuschlag

Art. 102. (1) Zwischen der Aufforderung zur Abgabe von Geboten und dem Zeitpunkt, in dem für alle zu versteigernden Grundstücke die Versteigerung geschlossen wird, soll mindestens eine Stunde liegen. Die Versteigerung soll so lange fortgesetzt werden, bis trotz Aufforderung kein Gebot mehr abgegeben wird.

(2) Das letzte Gebot soll mittels dreimaligen Aufrufs verkündet und der Antragsteller über den Zuschlag gehört werden.

Versteigerung von Gemeindegrundstücken

Art. 103. Unberührt bleiben die Vorschriften über die freiwillige Versteigerung von Grundstücken der Gemeinden und Gemeindeverbände.

Versteigerung von grundstücksgleichen Rechten

Art. 104[16]). (1) Auf die freiwillige Versteigerung von Rechten, für welche die Vorschriften für Grundstücke gelten, sind die Artikel 39 und 93 bis 103 entsprechend anzuwenden.

(2) Für die freiwillige Versteigerung eines Bergwerkseigentums und eines unbeweglichen Bergwerksanteils gilt folgendes:

1. Dem Antrag ist eine oberbergamtlich, gerichtlich oder notariell beglaubigte Abschrift der Verleihungsurkunde des Bergwerks beizufügen.
2. Die Terminsbestimmung soll außer dem Grundbuchblatt den Namen des Bergwerks sowie die Mineralien, auf die das Bergwerkseigentum verliehen ist, beschreiben und bei der Versteigerung eines Bergwerksanteils auch die Zahl der Kuxe angeben, in die das Bergwerk geteilt ist. Die Terminsbestimmung soll ferner die Feldgröße, den Kreis, in dem das Feld liegt, und die dem Werk zunächst gelegene Stadt angeben.

(3) Auf das nach § 38 c des Allgemeinen Berggesetzes für das Land Hessen in der Fassung vom 1. April 1953 (GVBl. S. 61) begründete Gewinnungsrecht finden die Abs. 1 und 2 entsprechende Anwendung.

Achter Abschnitt

Übergangs- und Schlußvorschriften

Ermächtigung des Ministers der Justiz

Art. 105. Der Minister der Justiz kann über das Verfahren bei der Aufnahme eines Vermögensverzeichnisses, insbesondere eines Nachlaßinventars, über das Verfahren bei der Sicherung eines Nachlasses sowie über das Verfahren bei einer aus einem anderen Anlaß erfolgenden Siegelung oder Entsiegelung allgemeine Bestimmungen treffen.

Verweisung auf aufgehobene Vorschriften

Art. 106. Soweit in Gesetzen auf Vorschriften verwiesen ist, die durch dieses Gesetz außer Kraft gesetzt werden, treten an deren Stelle die entsprechenden neuen Vorschriften.

Übergangsregelung für anhängige Verfahren

Art. 107. Auf ein zur Zeit des Inkrafttretens dieses Gesetzes anhängiges Verfahren finden die bisherigen Vorschriften Anwendung.

[16]) Abs. 3 des Art. 104 angefügt durch Art. 21 Hess. AG-ZPO-ZVG vom 20. 12. 1960 (GVBl. 238).

Aufhebung von Gesetzen

Art. 108. (1) Alle mit diesem Gesetz im Widerspruch stehenden Vorschriften treten vorbehaltlich der Absätze 2 und 3 und des Artikels 107 außer Kraft, insbesondere:

1. das Preußische Gesetz über die freiwillige Gerichtsbarkeit vom 21. September 1899 (GS S. 249) in der Fassung vom 18. März 1914 (GS S. 35), 8. Juni 1918 (GS S. 83), 23. Juni 1920 (GS S. 367), 9. Dezember 1927 (GS S. 204), 11. Januar 1932 (GS S. 31), 3. August 1939 (RGBl. I S. 1368) und 6. Juli 1952 (GVBl. S. 124);
2. das Hessische Gesetz, die Ausführung des Gesetzes über die Angelegehheiten der freiwilligen Gerichtsbarkeit betreffend, vom 18. Juli 1899 (Reg.-Bl. S. 287) in der Fassung vom 23. März 1923 (Reg.-Bl. S. 73), 17. Juli 1924 (Reg.-Bl. S. 297), 23. Dezember 1927 (Reg.-Bl. S. 231), 30. März 1928 (Reg.-Bl. S. 85) und 6. Juli 1952 (GVBl. S. 124);
3. die §§ 43, 70, 71, 74, 76, 86, 87 Abs. 1, 90 und 91 Abs. 1 des Preußischen Ausführungsgesetzes zum Gerichtsverfassungsgesetz vom 24. April 1878 (GS S. 230) in der Fassung vom 21. September 1899 (GS S. 249);
4. die Artikel 27, 30 und 32 des Hessischen Gesetzes, die Ausführung des Gerichtsverfassungsgesetzes betreffend, vom 3. September 1878 (Reg.-Bl. S. 101) in der Fassung vom 18. Juli 1899 (Reg.-Bl. S. 287);
5. der Artikel 129 des Hessischen Ausführungsgesetzes zum Bürgerlichen Gesetzbuch vom 17. Juli 1899 (Reg.-Bl. S. 133);
6. der Artikel 11 des Hessischen Gesetzes, das Notariat betreffen, vom 15. März 1899 (Reg.-Bl. S. 47).

(2) § 87 Abs. 2 des Preußischen Ausführungsgesetzes zum Gerichtsverfassungsgesetz vom 24. April 1878 (GS S. 230) in der Fassung vom 21. September 1899 (GS S. 249) bleibt weiter in folgender Fassung in Kraft:

Über Beschwerden anderer als gerichtlicher Behörden wegen einer vom Gerichte verweigerten Beistandsleistung entscheiden die Oberlandesgerichte; eine Anfechtung dieser Entscheidungen findet nicht statt[17]).

(3) Artikel 142 Abs. 1 des Hessischen Gesetzes, die Ausführung des Gesetzes über die Angelegenheiten der freiwilligen Gerichtsbarkeit betreffend, vom 18. Juli 1899 (Reg.-Bl. S. 287) bleibt weiter in folgender Fassung in Kraft:

Die Vorschriften des Bürgerlichen Gesetzbuches über den Erbschein sowie die auf den Erbschein bezüglichen Vorschriften des Gesetzes über die Angelegenheiten der freiwilligen Gerichtsbarkeit finden Anwendung, auch wenn der Erblasser vor dem 1. Januar 1900 gestorben ist.

Inkrafttreten

Art. 109. Dieses Gesetz tritt am 1. Juli 1954 in Kraft.

13.

(Hessisches) Ortsgerichtsgesetz

Vom 6. Juli 1952 (GVBl. 124 = GVBl. II Nr. 28-1)

Vorbemerkung. Das Gesetz ist geändert durch G zur Änderung des Ortsgerichtsgesetzes vom 5. 7. 1956 (GVBl. 127, berichtigt S. 144) und in §§ 6, 12 durch Art. 8 des G vom 21. 3. 1962 (GVBl. 213). Durch § 60 Nr. 32 BeurkG sind die §§ 16, 17 und 18 mit Wirkung vom 1. 1. 1970 aufgehoben worden. Durch G zur Änderung des Ortsgerichtsgesetzes vom 16. 12. 1969 (GVBl. 316) haben die §§ 7 und 17 eine neue Fassung erhalten, in Kraft ge-

[17]) Vgl. die Bem. zu § 87 PrAGGVG Anm. 3 (Anl. 11).

treten am 1. 1. 1970; die neue Fassung des § 17 beruht auf dem landesgesetzlichen Vorbehalt in § 63 BeurkG. Die Verfassungsmäßigkeit der hessischen Ortsgerichte und der Gebührenordnung ist durch BVerfGE 11, 192 = NJW 1960, 1659 bestätigt worden. Hierzu ist ergangen die Dienstanweisung für die Ortsgerichte im Lande Hessen i. d. ab 1. 1. 1970 geltenden Fassung, RdErl. des MdJ vom 17. 12. 1969 (Hess. JMBl. 1970 S. 42, ber. S. 244), in § 47 geändert durch RdErl. des MdJ vom 14. 9. 1970 (Hess. JMBl. S. 647). Vgl. dazu § 63 BeurkG mit Bem.

Schrifttum: Hoof-Vierhaus, Hess. Ortsgerichtsgesetz, 5. Aufl. 1970.

I. Abschnitt. Einrichtung und Stellung der Ortsgerichte

Errichtung der Ortsgerichte

§ 1. (1) Ortsgerichte werden für eine Gemeinde oder für mehrere zu einem gemeinsamen Ortsgerichtsbezirk zusammengefaßte Gemeinden errichtet. In den Städten können mehrere Ortsgerichte errichtet werden.

(2) Die Ortsgerichtsbezirke und den Sitz der gemeinsamen Ortsgerichte bestimmt der Minister der Justiz im Benehmen mit dem Minister des Innern im Verwaltungswege. Die beteiligten Gemeinden sind vorher zu hören.

Aufgaben der Ortsgerichte

§ 2. Die Ortsgerichte sind Hilfsbehörden der Justiz. Ihnen obliegen die durch Gesetz näher bezeichneten Aufgaben auf dem Gebiete der freiwilligen Gerichtsbarkeit und des Schätzungswesens. Sie führen das Landessiegel.

Aufsicht über die Ortsgerichte

§ 3. Die Dienstaufsicht über die Ortsgerichte übt die Justizverwaltung aus, und zwar zunächst der aufsichtführende Amtsrichter des Amtsgerichts, zu dessen Bezirk die Ortsgerichte gehören.

Zusammensetzung der Ortsgerichte

§ 4. (1) Für jedes Ortsgericht werden ein Ortsgerichtsvorsteher, zwei Ortsgerichtsschöffen und vier Ortsgerichtshilfsschöffen (Ortsgerichtsmitglieder) bestellt. Der Landgerichtspräsident, in Frankfurt am Main der Amtsgerichtspräsident, kann die Zahl der Hilfsschöffen erhöhen, wenn hierzu ein Bedürfnis besteht.

(2) Das Ortsgericht wird in Schätzungssachen tätig mit dem Ortsgerichtsvorsteher als Vorsitzenden, zwei Ortsgerichtsschöffen und zwei vom aufsichtführenden Amtsrichter hierzu bestimmten Hilfsschöffen als Beisitzern. In Schätzungssachen von geringerer Bedeutung kann von der Zuziehung der Hilfsschöffen abgesehen werden. Im übrigen wird das Ortsgericht mit dem Ortsgerichtsvorsteher als Vorsitzendem und zwei Ortsgerichtsschöffen als Beisitzern tätig, soweit in diesem Gesetz nichts anderes bestimmt ist. Beschlüsse werden in mündlicher Beratung nach Stimmenmehrheit gefaßt.

(3) Die Erledigung der Verwaltungsarbeit obliegt dem Ortsgerichtsvorsteher.

Vertretung der Ortsgerichtsmitglieder

§ 5. (1) Für den Fall der Verhinderung des Ortsgerichtsvorstehers ernennt der aufsichtführende Amtsrichter einen Vertreter.

(2) Wenn ein Vertreter nicht ernannt ist, wird der Ortsgerichtsvorsteher durch den dienstältesten und bei gleichem Dienstalter durch den der Geburt nach ältesten Ortsgerichtsschöffen und, falls auch dieser verhindert ist, durch den weiteren Ortsgerichtsschöffen vertreten.

(3) Die Ortsgerichtsschöffen werden im Falle der Verhinderung durch die Ortsgerichtshilfsschöffen vertreten, und zwar in der Reihenfolge, die bei ihrer Ernennung oder bei der späteren Ernennung eines Ortsgerichtshilfsschöffen bestimmt worden ist. Ist eine Bestimmung nicht getroffen, so erfolgt die Vertretung durch den der Geburt nach jeweils jüngsten Ortsgerichtshilfsschöffen.

Stellung der Ortsgerichtsmitglieder

§ 6[1]. Die Ortsgerichtsmitglieder sind Ehrenbeamte.

Ernennung der Ortsgerichtsmitglieder

§ 7[2]. (1) Die Ortsgerichtsmitglieder werden auf Vorschlag der Gemeinde von dem aufsichtführenden Amtsrichter ernannt. Dem Vorschlag ist die schriftliche Einverständniserklärung des Vorgeschlagenen beizufügen.

(2) Die Gemeinde hat die Personen vorzuschlagen, auf die mehr als die Hälfte der Stimmen der gesetzlichen Zahl der Gemeindevertreter entfallen sind. Die Abstimmung erfolgt schriftlich und geheim. Wenn niemand widerspricht, kann durch Zuruf oder Handaufheben abgestimmt werden. Bewerber können vom Gemeindevorstand oder aus der Mitte der Gemeindevertretung benannt werden.

(3) Reicht die Gemeinde innerhalb einer angemessenen Frist keinen Vorschlag ein, so ernennt der aufsichtführende Amtsrichter eine geeignete Person.

(4) Lehnt der aufsichtführende Amtsrichter die Ernennung des Vorgeschlagenen ab, so hat die Gemeinde auf Grund einer neuen Abstimmung einen neuen Vorschlag einzureichen. Geschieht dies nicht innerhalb einer angemessenen Frist oder wird der abgelehnte Bewerber erneut vorgeschlagen, so ernennt der aufsichtführende Amtsrichter eine geeignete Person.

Ernennung der Ortsgerichtsmitglieder bei gemeinsamen Ortsgerichten

§ 8. (1) Bei gemeinsamen Ortsgerichten bestimmt der aufsichtführende Amtsrichter, welche Gemeinde des Ortsgerichtsbezirks die einzelnen Ortsgerichtsmitglieder zu stellen hat.

(2) Der Vorschlag der Gemeinde beschränkt sich auf die Ortsgerichtsmitglieder, welche die betreffende Gemeinde zu stellen hat.

Persönliche Voraussetzungen für die Ernennung

§ 9. (1) Zu Ortsgerichtsmitgliedern sollen nur Personen ernannt werden, die allgemeines Vertrauen genießen, lebenserfahren und unbescholten, orts- und feldkundig sowie mit der Schätzung von Grundstücken vertraut sind.

(2) Ortsgerichtsmitglieder können nicht Personen sein, die

a) ihren Wohnsitz im Bezirk des Ortsgerichts nicht oder nicht mehr haben;

b) die Besorgung fremder Rechtsangelegenheiten geschäftsmäßig ausüben;

c) als Rechtsanwalt oder Notar zugelassen sind.

(3) Im Dienst befindliche Richter, Staatsanwälte und höhere Verwaltungsbeamte sowie Religionsdiener sollen nicht zu Ortsgerichtsmitgliedern ernannt werden.

(4) Personen, die miteinander im 1. oder 2. Grade verwandt oder verschwägert sind, Ehegatten sowie Adoptiveltern und Adoptivkinder sollen nicht gleichzeitig Ortsgerichtsmitglieder sein.

(5) Weitergehende beamtenrechtliche Vorschriften bleiben unberührt.

[1] In § 6 sind die bisherigen Worte „auf Widerruf" durch Art. 8 Nr. 1 des G vom 21. 3. 1962 (GVBl. 213) gestrichen worden.

[2] § 7 i. d. F. des G vom 16. 12. 1969 (GVBl. 316), in Kraft getreten am 1. 1. 1970.

Vereidigung der Ortsgerichtsmitglieder

§ 10. Die Ortsgerichtsmitglieder haben vor dem aufsichtführenden Amtsrichter den für Beamte vorgeschriebenen Eid zu leisten, sofern sie nicht schon als Beamte vereidigt worden sind.

Ausschließung der Ortsgerichtsmitglieder

§ 11. (1) Ein Ortsgerichtsmitglied ist von der Ausübung seines Amtes ausgeschlossen:

a) in Sachen, in denen es selbst beteiligt ist oder in denen es zu einem Beteiligten in dem Verhältnis eines Mitberechtigten, Mitverpflichteten oder Regreßpflichtigen steht;

b) in Sachen seines Ehegatten, auch wenn die Ehe nicht mehr besteht;

c) in Sachen einer Person, mit der es in gerader Linie verwandt, verschwägert oder durch Annahme an Kindes Statt verbunden oder in der Seitenlinie bis zum zweiten Grade verwandt oder verschwägert ist, auch wenn die Ehe, durch welche die Schwägerschaft begründet ist, nicht mehr besteht;

d) in Sachen, in denen es als Bevollmächtigter eines Beteiligten bestellt oder als gesetzlicher Vertreter eines solchen aufzutreten berechtigt ist oder war.

(2) Ein Ortsgerichtsmitglied soll sich, auch wenn ein Ausschließungsgrund nach Absatz 1 nicht vorliegt, der Ausübung seines Amtes enthalten, wenn es sich wegen naher persönlicher Beziehungen, wegen Feindschaft oder aus einem anderen Grunde für befangen hält. Die Ablehnung eines Ortsgerichtsmitgliedes ist ausgeschlossen.

(3) Eine Verletzung dieser Vorschriften beeinträchtigt die Wirksamkeit des vorgenommenen Dienstgeschäftes nicht.

Ausscheiden der Ortsgerichtsmitglieder

§ 12[3]). (1) Für die Verabschiedung und die Entlassung von Ortsgerichtsmitgliedern ist der aufsichtführende Amtsrichter zuständig.

(2) Der aufsichtführende Amtsrichter kann ein Ortsgerichtsmitglied aus wichtigem Grund entlassen.

Hilfskräfte der Ortsgerichte

§ 13. (1) Der Ortsgerichtsvorsteher kann zu seiner Entlastung für Nebenarbeiten Hilfspersonen mit Zustimmung des aufsichtführenden Amtsrichters beschäftigen. Sie treten zu dem Ortsgericht in kein Dienstverhältnis.

(2) Die Hilfspersonen sind vor Arbeitsaufnahme von dem Ortsgerichtsvorsteher zur gewissenhaften Arbeitsleistung und zur Verschwiegenheit besonders zu verpflichten.

II. Abschnitt. Zuständigkeit der Ortsgerichte

A. Obliegenheiten des Ortsgerichtsvorstehers allein

Vorbereitung von Verträgen, Aufnahme von Anträgen

§ 14. (1) Der Ortsgerichtsvorsteher ist zuständig, auf Antrag eines Beteiligten oder auf Ersuchen eines Gerichts Verträge über die Teilung eines Nachlasses oder sonstigen gemeinschaftlichen Vermögens, Eheverträge, Erbverträge und Übergabeverträge zwischen Eltern und Kindern vorzubereiten, wenn einer der Beteiligten in dem Bezirk des Ortsgerichts seinen Wohnsitz oder ständigen Aufenthalt hat.

[3]) § 12 i. d. F. des Art. 8 Nr. 2 des G vom 21. 3. 1962 (GVBl. 213).

(2) Der Ortsgerichtsvorsteher ist besonders verpflichtet, Anträge auf gerichtliche Vermittlung einer Auseinandersetzung nach den §§ 86 bis 99 des Reichsgesetzes über die Angelegenheiten der freiwilligen Gerichtsbarkeit aufzunehmen und sie dem Amtsgericht zu übersenden.

Verpachtung von Grundstücken

§ 15. Auf Antrag eines Beteiligten oder im Auftrage des Gerichts ist der Ortsgerichtsvorsteher befugt, land- oder forstwirtschaftliche Grundstücke seines Bezirks im Wege öffentlicher Versteigerung zu verpachten sowie die Versteigerung zu beurkunden.

Versteigerung von Früchten

§ 15 a[4]. Der Ortsgerichtsvorsteher ist zuständig, auf Antrag eines Beteiligten oder im Auftrag des Gerichts bei Grundstücken, die in seinem Bezirk belegen sind, vom Boden noch nicht getrennte Früchte mit Ausnahme von stehendem Holz freiwillig zu versteigern sowie die Versteigerung zu beurkunden.

Beurkundung von Kauf- und Tauschverträgen über Grundstücke

§ 16. [Aufgehoben][5]

Beglaubigung von Unterschriften und Abschriften

§ 17[6]. (1) Der Ortsgerichtsvorsteher ist zuständig, Unterschriften öffentlich zu beglaubigen.

(2) Der Ortsgerichtsvorsteher ist ferner zur Beglaubigung von Abschriften öffentlicher oder privater Urkunden zuständig. Zur Beglaubigung einer auszugsweisen Abschrift ist er nicht befugt.

(3) Die Unterschriften und Abschriften soll er nur beglaubigen, wenn die Personen, die die Unterschriften vollzogen oder die Abschriften vorgelegt haben, im Bezirk des Ortsgerichts ihren Wohnsitz, ihren ständigen Aufenthalt oder ihren ständigen Arbeitsplatz haben, oder wenn dies im Zusammenhang mit anderen, die gleiche Sache betreffenden Beglaubigungen geschieht.

Beglaubigung einer Abschrift

§ 18. [Aufgehoben][5]

Sterbefallsanzeige

§ 19. (1) Der Ortsgerichtsvorsteher hat jeden Sterbefall von Personen, die in seinem Bezirk ihren letzten Wohnsitz oder gewöhnlichen Aufenthalt gehabt haben, dem Amtsgericht alsbald anzuzeigen, zu dessen Bezirk das Ortsgericht gehört.

(2) Die Sterbefallsanzeige soll Angaben enthalten über

a) Namen und Stand,

b) letzten Wohnsitz oder gewöhnlichen Aufenthaltsort,

c) Zeitpunkt und Ort der Geburt und des Todes,

d) Familienstand,

[4] § 15 a eingefügt durch G vom 5. 7. 1956 (GVBl. 127).

[5] §§ 16 und 18 aufgehoben durch § 60 Nr. 32 BeurkG.

[6] § 17 in der bisherigen Fassung aufgehoben durch § 60 Nr. 32 BeurkG und neu gefaßt auf Grund des landesgesetzlichen Vorbehalts in § 63 BeurkG durch G zur Änderung des Ortsgerichtsgesetzes vom 16. 12. 1969 (GVBl. 316), in Kraft getreten am 1. 1. 1970. Für das Verfahren und die Form der Beglaubigungsvermerke sind, abgesehen von den Beschränkungen des § 17 selbst, gemäß § 1 Abs. 2 BeurkG die §§ 39 bis 42 BeurkG maßgebend. Auf die Beglaubigung von Handzeichen erstreckt sich die Vorschrift nicht.

e) gesetzliche Erben,

f) Vorhandensein einer Verfügung von Todes wegen,

g) allgemeine Vermögensverhältnisse, insbesondere Grundbesitz,

h) eheliche Güterrechtsverhältnisse.

Sie sollen weiter zu erkennen geben, ob ein Einschreiten des Vormundschaftsgerichts oder des Nachlaßgerichts geboten ist.

B. Obliegenheiten des Ortsgerichtsvorstehers unter Zuziehung eines Ortsgerichtsschöffen

Sicherung des Nachlasses

§ 20. (1) Der Ortsgerichtsvorsteher ist, soweit ein Bedürfnis besteht, neben dem Amtsgericht für die in § 1960 des Bürgerlichen Gesetzbuches vorgesehene Sicherung des Nachlasses zuständig. Zur Bestellung eines Nachlaßpflegers ist er nicht befugt.

(2) Zum Zwecke der Sicherung kann er insbesondere Siegel anlegen, Geld, Wertpapiere und Kostbarkeiten an sich nehmen sowie in einer Liste die vorgefundenen Gegenstände aufzeichnen.

(3) Der Ortsgerichtsvorsteher hat zu diesen Maßnahmen einen Ortsgerichtsschöffen zuzuziehen sowie am Orte anwesende Erben oder Verwandte des Erblassers oder geeignete Auskunftspersonen zu laden.

(4) Von den getroffenen Maßnahmen hat der Ortsgerichtsvorsteher dem Amtsgericht unverzüglich Mitteilung zu machen. Hat er Siegel angelegt, so soll deren Abnahme nur auf Anordnung des Amtsgerichts erfolgen. Verfügungen von Todes wegen, die sich im Nachlaß befinden, sowie Geld, Wertpapiere oder Kostbarkeiten, die der Ortsgerichtsvorsteher an sich genommen hat, hat er unverzüglich an das Amtsgericht abzuliefern.

(5) Wenn zweifelhaft ist, ob Sicherungsmaßnahmen zu treffen sind, der Ortsgerichtsvorsteher sie jedoch nicht trifft, hat er dem Amtsgericht unverzüglich den Sachverhalt anzuzeigen.

(6) Auf Antrag eines Beteiligten oder von Amts wegen kann das Gericht Maßnahmen, die der Ortsgerichtsvorsteher zum Zwecke der Sicherung des Nachlasses getroffen hat, abändern oder aufheben, wenn sie nach seinem Ermessen nicht gerechtfertigt sind.

C. Obliegenheiten des Ortsgerichts in der Besetzung mit drei Mitgliedern

Mitwirkung des Ortsgerichts bei Festsetzung und Erhaltung von Grundstücksgrenzen

§ 21. Das Ortsgericht ist zuständig, auf Antrag eines Beteiligten oder auf Ersuchen einer Behörde bei der Feststellung und Erhaltung der Grenzen der Grundstücke, die in seinem Bezirk liegen, insbesondere bei der Errichtung fester Grenzzeichen mitzuwirken.

D. Obliegenheiten des Ortsgerichts in der Besetzung mit grundsätzlich fünf Mitgliedern

Schätzungen

§ 22. (1) Das Ortsgericht ist zuständig, auf Antrag eines Beteiligten oder auf Ersuchen einer Behörde den Wert zu schätzen von

a) Grundstücken,

b) beweglichen Sachen,

c) Nutzungen eines Grundstücks,

d) Rechten an einem Grundstück,

e) Früchten, die von dem Boden noch nicht getrennt sind,
f) Schäden an einem Grundstück und an Früchten, die von dem Boden noch nicht getrennt sind,

soweit die Gegenstände sich in seinem Bezirk befinden.

(2) Liegt ein Grundstück in den Bezirken mehrerer Ortsgerichte, so ist das Ortsgericht zuständig, in dessen Bezirk der größere Teil liegt.

(3) Die Schätzungsurkunden über Grundstücke sollen Angaben enthalten über

a) Größe und Bodenwert,
b) Bauart und Wert der Gebäude,
c) Wert der besonderen Einrichtungen, die zum Grundstück gehören,
d) Gesamtwert.

E. Obliegenheiten des Ortsgerichtsvorstehers allein oder des gesamten Ortsgerichts

Sonstige Aufgaben der Ortsgerichte

§ 23. (1) Das Ortsgericht hat die Ersuchen der hessischen Amtsgerichte zu erledigen, insbesondere

a) über Besitzverhältnisse oder persönliche Verhältnisse der in seinem Bezirk wohnenden oder sich aufhaltenden Personen Auskünfte zu erteilen,
b) zu Fragen gutachtlich Stellung zu nehmen, die das Amtsgericht für seine Entscheidungen benötigt,
c) Vermögensverzeichnisse und Nachlaßinventare aufzustellen,
d) öffentliche Bekanntmachungen zu besorgen,
e) die Bekanntmachung gerichtlicher Verfügungen vorzunehmen.

(2) Wenn das Amtsgericht auf Grund des Absatzes 1 einen Auftrag erteilt, soll es gleichzeitig die erforderlichen Anweisungen geben, insbesondere darüber, ob der Ortsgerichtsvorsteher allein tätig werden kann.

III. Abschnitt. Anzeigepflicht des Standesbeamten

Anzeigen nach § 48 FGG

§ 24. Der Standesbeamte hat die im § 48 des Reichsgesetzes über die Angelegenheiten der freiwilligen Gerichtsbarkeit vorgeschriebene Anzeige des Todes einer Person, die ein minderjähriges Kind hinterlassen hat, dem Vormundschaftsgericht durch Vermittlung des für den Wohnsitz oder gewöhnlichen Aufenthalt zuständigen Ortsgerichtsvorstehers zu machen.

Sonstige Anzeigen

§ 25. Wird bei einem Standesbeamten der Tod einer Person angezeigt, die kein minderjähriges Kind hinterlassen hat, so hat er den für den Wohnsitz oder gewöhnlichen Aufenthalt zuständigen Ortsgerichtsvorsteher unverzüglich von dem Sterbefall zu benachrichtigen.

IV. Abschnitt. Einnahmen und Ausgaben der Ortsgerichte

Gebührenpflicht

§ 26. (1) Die Ortsgerichte erheben Gebühren nach einer Gebührenordnung, die der Minister der Justiz im Einvernehmen mit dem Minister der Finanzen erläßt; sie kann für Tätigkeiten Gebührenfreiheit vorsehen. Die Erhebung der Gebühren unterbleibt, wenn deren Zahlung dem

Gebührenschuldner nach seinen wirtschaftlichen Verhältnissen nicht zugemutet werden kann. Zur gebührenfreien Amtshilfe sind die Ortsgerichte nicht verpflichtet.

(2) Die Gebühren werden mit der Beendigung des gebührenpflichtigen Geschäfts fällig.

Erhebung von Auslagen

§ 27. (1) Die den Ortsgerichtsmitgliedern bei der Vornahme von Dienstgeschäften entstandenen baren Unkosten werden von dem Ortsgericht als Auslagen erhoben. Zu den baren Unkosten gehört auch der entgangene Arbeitsverdienst nach Maßgabe der für Schöffen und Geschworene geltenden Vorschriften.

(2) Die Auslagen sind sofort fällig.

Kostenschuldner

§ 28. (1) Zur Zahlung der Kosten (Gebühren und Auslagen) sind verpflichtet:

a) bei Geschäften, die auf Antrag vorgenommen werden, jeder, der die Tätigkeit des Ortsgerichts veranlaßt, bei der Beurkundung von Rechtsgeschäften insbesondere jener Teil, dessen Erklärung beurkundet ist;

b) bei Geschäften, die von Amts wegen vorgenommen werden, derjenige, dessen Interesse wahrgenommen wird;

c) bei Geschäften, die auf Ersuchen des Amtsgerichts vorgenommen werden, und bei Erteilung von Sterbefallanzeigen die Staatskasse;

d) derjenige, der nach den Vorschriften des bürgerlichen Rechts für die Kostenschuld eines anderen kraft Gesetzes haftet.

(2) Mehrere Kostenschuldner haften als Gesamtschuldner.

Festsetzung der Kosten

§ 29. (1) Auf Antrag des Kostenschuldners setzt der Urkundsbeamte der Geschäftsstelle des Amtsgerichts die Kosten fest. Gerichtskosten werden für die Festsetzung nicht erhoben.

(2) Gegen die Festsetzung ist die Erinnerung zulässig; die Entscheidung des Amtsgerichts ist endgültig.

Zurückbehaltungsrecht

§ 30. Ausfertigungen, Abschriften sowie zurückzugebende Urkunden, die aus Anlaß des Geschäfts eingereicht sind, können zurückbehalten werden, bis die in der Angelegenheit erwachsenen Kosten bezahlt sind.

(2) Über Erinnerungen gegen Anordnungen gemäß Absatz 1 wird im Aufsichtsweg entschieden.

Einziehung der Kosten

§ 31. Auf Ersuchen des Ortsgerichtsvorstehers werden die Kosten im Wege des Verwaltungszwanges nach den Vorschriften der Justizbeitreibungsordnung eingezogen.

Vorschußpflicht

§ 32. (1) Bei Geschäften, die auf Antrag vorzunehmen sind, kann die Vornahme des Geschäfts davon abhängig gemacht werden, daß der Kostenschuldner einen zur Deckung der Kosten hinreichenden Vorschuß zahlt. Dies gilt nicht, wenn die Voraussetzungen nach § 26 Absatz 1 Satz 2 vorliegen, oder wenn eine etwaige Verzögerung einem Beteiligten einen nicht oder nur schwer zu ersetzenden Schaden bringen würde.

(2) Vorschüsse werden nur insoweit zurückgezahlt, als sie den Gesamtbetrag der für das Geschäft bis zu dessen Beendigung entstandenen Kosten übersteigen.

Verwendung der Gebühren und Auslagen

§ 33. (1) Von den durch das Ortsgericht vereinnahmten Gebühren erhalten

a) die Gemeinde 20 vom Hundert,

b) der Ortsgerichtsvorsteher oder sein Stellvertreter 20 vom Hundert,

c) die an den einzelnen Dienstgeschäften beteiligten Ortsgerichtsmitglieder (einschließlich des Ortsgerichtsvorstehers) — untereinander zu gleichen Teilen — zusammen 60 v. Hundert.

Von den Gebührenanteilen der Ortsgerichtsmitglieder sind $33^1/_3$ v. H., höchstens 600 Deutsche Mark jährlich, Dienstaufwandsentschädigung.

(2) Die Gemeinde kann zugunsten der beteiligten Ortsgerichtsmitglieder auf ihren Gebührenanteil ganz oder teilweise verzichten.

(3) Bei gemeinsamen Ortsgerichten bestimmt sich der Gebührenanteil der Gemeinde nach dem Verhältnis ihrer Einwohnerzahl am 10. Oktober, der dem Beginn des jeweiligen Rechnungsjahres vorausgeht.

(4) Die vereinnahmten Auslagen stehen den Ortsgerichtsmitgliedern zu.

(5) Die Abrechnung und Auszahlung erfolgt jeweils am Monatsende.

Unkostentragung

§ 34. (1) Die Auslagen für Hilfspersonen trägt der Ortsgerichtsvorsteher, die sonstigen Kosten der Geschäftsführung des Ortsgerichts die Gemeinde.

(2) Bei gemeinsamen Ortsgerichten bestimmt sich der Unkostenanteil der Gemeinden nach dem Verhältnis der ihnen zustehenden Gebühren.

V. Abschnitt. Schlußbestimmungen

Inkrafttreten

§ 35. Das Gesetz tritt am 1. Januar 1953 in Kraft.

Übergangsbestimmungen

§ 36. (1) Die bisher eingerichteten Ortsgerichte gelten als auf Grund dieses Gesetzes errichtet. Die Schätzungsämter und Feldgerichte stellen ihre Tätigkeit ein.

(2) [gegenstandslos].

§ 37. Unberührt bleiben die Vorschriften des Gesetzes die Fortführung der Grundbuchkarten und der bisherigen Grundbücher betreffend vom 14. Juli 1900 (Reg.-Bl. S. 435).

Außerkrafttreten von Vorschriften

§ 38. Es treten außer Kraft:

1. Artikel 104 bis 127 des preußischen Gesetzes über die freiwillige Gerichtsbarkeit vom 21. September 1899 (GS S. 249),
2. Artikel 12 § 3 des preußischen Ausführungsgesetzes zum Bürgerlichen Gesetzbuch vom 20. September 1899 (GS S. 177),
3. die preußische Verordnung über die Ortsgerichte in den Oberlandesgerichtsbezirken Frankfurt (Main) und Kassel vom 20. Dezember 1899 (GS S. 640),
4. die preußische Verordnung über die Aufnahme von Taxen durch die Ortsgerichte in den Oberlandesgerichtsbezirken Frankfurt (Main) und Kassel vom 8. April 1903 (GS S. 119),
5. die preußische Verordnung über die Schätzungsämter in den Oberlandesgerichtsbezirken Frankfurt (Main) und Kassel vom 10. Juni 1907 (GS S. 145),
6. das preußische Schätzungsamtsgesetz vom 8. Juni 1918 (GS S. 83),

7. das preußische Gesetz betreffend die Errichtung von Ortsgerichten für Unterliederbach, Sindlingen und Zeilsheim vom 26. April 1920 (GS S. 280),
8. die Artikel 37 Absatz 1, 45, 125 bis 140 des hessischen Gesetzes die Ausführung des Gesetzes über die Angelegenheiten der freiwilligen Gerichtsbarkeit betreffend vom 18. Juli 1899 (Reg.-Bl. S. 287),
9. die hessische Verordnung, die Ortsgerichte betreffend, vom 8. August 1899 (Reg.-Bl. S. 389) in der Fassung der Verordnung vom 31. August 1926 (Reg.-Bl. S. 313),
10. die Frankfurter Verordnung, die Bildung der Feldgerichte auf den Dorfschaften betreffend, vom 10. März 1825 (GuStS der Freien Stadt Frankfurt, Band 4 Seite 7),
11. die zu den aufgehobenen Bestimmungen ergangenen Durchführungsvorschriften und Verfügungen.

§ 39. *Abänderung von Vorschriften* [gegenstandslos].

III. Niedersachsen

14.

Niedersächsisches Gesetz über die freiwillige Gerichtsbarkeit (NdsFGG)

Vom 14. Mai 1958 (NdsGVBl. Sb. I S. 475)

i. d. F. der Bek. vom 24. Februar 1971 (NdsGVBl. S. 43)[1][2]

Inhaltsübersicht

Erster Abschnitt. Allgemeine Vorschriften

Erster Titel. Ausführungs- und Ergänzungsvorschriften zu den allgemeinen Vorschriften des FGG

Zweiter Titel. Landesrechtliche Angelegenheiten der FG

Zweiter Abschnitt. Nachlaß- und Teilungssachen

Erster Titel. Nachlaßsachen

[1] Das Gesetz ist, nachdem es durch § 60 Nr. 38 BeurkG mit Wirkung vom 1. 1. 1970 geändert worden ist, zur Anpassung an das Beurkundungsgesetz durch das Gesetz zur Änderung des Niedersächsischen Gesetzes über die freiwillige Gerichtsbarkeit vom 25. 1. 1971 (NdsGVBl. S. 1), in Kraft getreten am 1. 2. 1971, geändert worden. Gemäß Art. II dieses Gesetzes ist es in neuer Fassung bekanntgemacht worden.

[2] Schrifttum: Hornig, NdsRpfl. 1958, 101 und DNotZ 1958, 340; Breithaupt, Niedersächsisches Gesetz über die freiwillige Gerichtsbarkeit, 1958.

Zweiter Titel. Notarielle Vermittlung der Auseinandersetzung

Dritter Abschnitt. Register- und Handelssachen

Vierter Abschnitt. Urkundstätigkeit der Gerichte und Gerichtsvollzieher

Fünfter Abschnitt. Verfahren bei der notariellen freiwilligen Versteigerung von Grundstücken

Sechster Abschnitt. Übergangs- und Schlußbestimmungen

Erster Abschnitt

Allgemeine Vorschriften

Erster Titel. Ausführungs- und Ergänzungsvorschriften zu den allgemeinen Vorschriften des Reichsgesetzes über die Angelegenheiten der freiwilligen Gerichtsbarkeit

Zuständigkeit der Amtsgerichte

Art. 1. Für die Angelegenheiten der freiwilligen Gerichtsbarkeit sind, soweit nichts anderes bestimmt ist, die Amtsgerichte zuständig.

Zuziehung eines Urkundsbeamten der Geschäftsstelle

Art. 2. Bei Verhandlungen im Bereich der freiwilligen Gerichtsbarkeit kann der Richter einen Urkundsbeamten der Geschäftsstelle zuziehen, wenn er dies zur sachgemäßen Erledigung der Angelegenheit für zweckmäßig hält.

Ausschließung des Urkundsbeamten der Geschäftsstelle und des Gerichtsvollziehers

Art. 3. Für die Mitwirkung des Urkundsbeamten der Geschäftsstelle in einer Angelegenheit der freiwilligen Gerichtsbarkeit gelten die Vorschriften der §§ 6 und 7 des Reichsgesetzes über die Angelegenheiten der freiwilligen Gerichtsbarkeit und die §§ 3, 6 und 7 des Beurkundungsgesetzes entsprechend.

(2) Das gleiche gilt für die Mitwirkung eines Gerichtsvollziehers.

Begründung von Entscheidungen

Art. 4. Entscheidungen, durch die ein Antrag zurückgewiesen, eine Genehmigung versagt oder ein Beteiligter in anderer Weise ersichtlich beschwert wird, sind zu begründen.

Berichtigung

Art. 5. (1) Das Gericht hat von Amts wegen oder auf Antrag Schreibfehler, Rechenfehler und ähnliche offenbare Unrichtigkeiten der Entscheidung durch Beschluß zu berichtigen. Die Berichtigung ist auf der Entscheidung und ihren Ausfertigungen zu vermerken.

(2) Gegen den Beschluß, durch den ein Antrag auf Berichtigung zurückgewiesen wird, ist kein Rechtsmittel, gegen den Beschluß, der die Berichtigung ausspricht, ist die sofortige Beschwerde zulässig.

Vollstreckbare Kostentitel

Art. 6. (1) Die Zwangsvollstreckung nach den Bestimmungen der Zivilprozeßordnung findet statt:

1. aus einem Beschluß auf Festsetzung von Kosten gemäß § 13 a des Reichsgesetzes über die Angelegenheiten der freiwilligen Gerichtsbarkeit,
2. aus einer Festsetzung der Auslagen durch das Vormundschaftsgericht gemäß § 1779 Abs. 3 Satz 2 und gemäß § 1847 Abs. 2 des Bürgerlichen Gesetzbuches.
3. aus einer Entscheidung über den Vergütungsanspruch des Vormunds, Pflegers oder Verwahrers gemäß §§ 1836, 1915 des Bürgerlichen Gesetzbuches und § 165 des Reichsgesetzes über die Angelegenheiten der freiwilligen Gerichtsbarkeit,
4. aus einer Festsetzung der Auslagen durch den Vorsitzenden des Familienrats gemäß § 1877 des Bürgerlichen Gesetzbuches.

(2) Die Zwangsvollstreckung darf erst eine Woche nach Zustellung des Schuldtitels beginnen.

Zweiter Titel. Landesrechtliche Angelegenheiten der freiwilligen Gerichtsbarkeit

Allgemeiner Grundsatz

Art. 7. Für die Angelegenheiten der freiwilligen Gerichtsbarkeit, die durch Landesrecht den ordentlichen Gerichten übertragen sind, gelten die Vorschriften der §§ 2 bis 34 des Reichsgesetzes über die Angelegenheiten der freiwilligen Gerichtsbarkeit sowie die Artikel 1 bis 6 dieses Gesetzes entsprechend, soweit nicht dieses Gesetz oder andere Vorschriften etwas Abweichendes bestimmen.

Änderung von Verfügungen

Art. 8. Wird die Genehmigung zu einem Rechtsgeschäft erteilt oder versagt, so kann diese Verfügung insoweit nicht mehr geändert werden, als sie einem Dritten gegenüber wirksam geworden ist.

Beschwerde

Art. 9. (1) Über die Beschwerde gegen eine Entscheidung, die das Landgericht in erster Instanz erlassen hat, entscheidet das Oberlandesgericht; die weitere Beschwerde ist unzulässig.

(2) Entscheidet im ersten Rechtszuge das Oberlandesgericht, so ist dessen Entscheidung unanfechtbar.

(3) Rechte Dritter werden durch eine Änderung der angefochtenen Entscheidung nicht berührt.

Zweiter Abschnitt

Nachlaß- und Teilungssachen

Erster Titel. Nachlaßsachen

Mitteilungspflicht der Gemeinden

Art. 10. Werden bei einem Todesfall Umstände bekannt, die gerichtliche Maßnahmen zur Sicherung des Nachlasses angezeigt erscheinen lassen, so soll die Gemeinde dies unverzüglich dem Amtsgericht mitteilen, in dessen Bezirk der Todesfall eingetreten ist.

Vorläufige Maßnahmen der Gemeinden

Art. 11. Bei Gefahr im Verzuge haben die Gemeinden die zur vorläufigen Sicherung eines Nachlasses erforderlichen Maßnahmen zu treffen. Die getroffenen Maßnahmen sind dem Amtsgericht des Bezirks mitzuteilen.

Benachrichtigung von Behörden

Art. 12. Werden bei Ausführung einer vom Nachlaßgericht angeordneten Sicherungsmaßnahme amtliche Schriftstücke oder sonstige Sachen vorgefunden, deren Herausgabe von einer Behörde verlangt werden kann, so hat das Gericht die zuständige Behörde hiervon und von der getroffenen Sicherungsmaßnahme zu benachrichtigen.

Zuständigkeit der Notare

Art. 13. Den Notaren kann die Aufnahme von Nachlaßverzeichnissen und Nachlaßinventaren sowie die Anlegung und Abnahme von Siegeln im Rahmen eines Nachlaßsicherungsverfahrens auch durch Anordnung des Nachlaßgerichts übertragen werden.

Zweiter Titel. Notarielle Vermittlung der Auseinandersetzung

Zuständigkeit

Art. 14. Für die Vermittlung der Auseinandersetzung über einen Nachlaß und über das Gesamtgut einer ehelichen oder fortgesetzten Gütergemeinschaft sind neben den Amtsgerichten auch die Notare zuständig. Für das Vermittlungsverfahren gelten die §§ 86 bis 99 des Reichsgesetzes über die Angelegenheiten der freiwilligen Gerichtsbarkeit entsprechend, soweit nicht nachstehend etwas anderes bestimmt ist.

Dem Gericht vorbehaltene Aufgaben

Art. 15. (1) Folgende bei der Vermittlung notwendig werdende Tätigkeiten bleiben dem nach den §§ 86 Abs. 1 und 99 Abs. 2 des Reichsgesetzes über die Angelegenheiten der freiwilligen Gerichtsbarkeit zuständigen Amtsgericht vorbehalten:

1. die Bestellung eines Pflegers für einen abwesenden Beteiligten,
2. die Bewilligung einer öffentlichen Zustellung,
3. die Entscheidung über den Antrag eines Beteiligten auf Wiedereinsetzung in den vorigen Stand,
4. die Vernehmung eines Zeugen oder Sachverständigen, falls die erschienenen Beteiligten nicht mit der uneidlichen Vernehmung durch den Notar einverstanden sind,

5. die Entscheidung über die Verweigerung eines Zeugnisses oder über die Weigerung, ein Gutachten abzugeben, und die Entscheidung über die Befreiung von der Pflicht, ein Gutachten zu erstatten,
6. die Verurteilung eines Zeugen oder Sachverständigen zu Strafe und Kosten, die Anordnung der zwangsweisen Vorführung eines Zeugen und die Aufhebung von derartigen gegen Zeugen und Sachverständige ergangenen Anordnungen,
7. die Genehmigung nach § 97 Abs. 2 des Reichsgesetzes über die Angelegenheiten der freiwilligen Gerichtsbarkeit.

(2) Wird hiernach eine gerichtliche Tätigkeit notwendig, so übersendet der Notar die Vorgänge dem Gericht. Von einem Verhandlungsprotokoll ist statt der Urschrift eine Ausfertigung zu übersenden.

(3) Bei der Rücksendung der Vorgänge fügt das Gericht eine beglaubigte Abschrift seiner Entscheidung für den Notar bei.

Geschäftsstelle

Art. 16. Bei der Vermittlung tritt der Notar auch an die Stelle des Urkundsbeamten der Geschäftsstelle; an die Stelle der Geschäftsstelle treten die Geschäftsräume des Notars.

Wiedereinsetzung in den vorigen Stand

Art. 17. Der Antrag auf Wiedereinsetzung in den vorigen Stand kann bei dem Gericht oder dem Notar gestellt werden.

Bekanntmachung von Verfügungen

Art. 18. (1) Auf die Bekanntmachung notarieller Verfügungen ist § 16 Abs. 2 des Reichsgesetzes über die Angelegenheiten der freiwilligen Gerichtsbarkeit entsprechend anzuwenden.

(2) Soweit hiernach die für die Zustellung von Amts wegen geltenden Vorschriften der Zivilprozeßordnung maßgebend sind, tritt an die Stelle des Urkundsbeamten der Geschäftsstelle der Notar und an die Stelle des Gerichtswachtmeisters der Gerichtsvollzieher. Die Vorschrift des § 174 Abs. 1 der Zivilprozeßordnung ist nicht anzuwenden. Bei einer Zustellung durch Aufgabe zur Post hat sich der Notar, wenn er das zuzustellende Schriftstück nicht selbst der Post übergibt, der Hilfe eines Gerichtsvollziehers zu bedienen. Die öffentliche Zustellung wird nach ihrer Bewilligung durch das Gericht (Artikel 15 Abs. 1 Nr. 2) von dem Urkundsbeamten der Geschäftsstelle besorgt.

Überweisung des Verfahrens an einen anderen Notar

Art. 19. (1) Jeder Beteiligte kann beantragen, daß die Vermittlung der Auseinandersetzung einem anderen Notar oder dem Amtsgericht überwiesen wird. Der Antrag muß spätestens im ersten Verhandlungstermin gestellt werden.

(2) Über den Antrag entscheidet das Landgericht, in dessen Bezirk der zuerst beauftragte Notar seinen Amtssitz hat, endgültig. Das Landgericht hat die anderen Beteiligten zu hören. Es soll dem Antrag nur stattgeben, wenn dies aus besonderen Gründen im Interesse der Beteiligten liegt.

(3) Wird dem Antrag stattgegeben, so hat der Notar die Vorgänge dem von dem Landgericht bestellten Notar oder dem vom Landgericht bestimmten Amtsgericht zu übersenden.

Verfahrenskosten

Art. 20. (1) Gerichtskosten des Auseinandersetzungsverfahrens fallen der Masse zur Last. Die Kosten einer für das Auseinandersetzungsverfahren angeordneten Abwesenheitspflegschaft trägt der abwesende Beteiligte, die durch eine Versäumnis verursachten Kosten der Säumige, die Kosten einer erfolglosen Beschwerde der Beschwerdeführer.

(2) Seine außergerichtlichen Kosten trägt jeder an dem Auseinandersetzungsverfahren Beteiligte selbst.

(3) Diese Vorschriften gelten nicht, wenn in dem Auseinandersetzungsvertrage etwas anderes bestimmt ist.

Dritter Abschnitt

Register- und Handelssachen

Registerführung

Art. 21. Die erforderlichen Verwaltungsvorschriften über die Einrichtung und Führung des Vereins- und des Güterrechtsregisters erläßt der Minister der Justiz.

Mitwirkung der Gemeindebehörden

Art. 22. Die Gemeindebehörden sind zur Unterstützung der Registergerichte verpflichtet; sie sollen das Registergericht benachrichtigen, wenn sie von einer unrichtigen, unvollständigen oder unterlassenen Anmeldung zu einem gerichtlichen Register erfahren.

Vierter Abschnitt

Urkundstätigkeit der Gerichte und Gerichtsvollzieher

Vernehmung und Beeidigung von Zeugen und Sachverständigen außerhalb eines anhängigen Verfahrens

Art. 23. Die Amtsgerichte können außerhalb eines anhängigen Verfahrens die Aussagen von Zeugen und die Gutachten von Sachverständigen beurkunden, wenn hierfür ein berechtigtes Interesse glaubhaft gemacht wird. Die Zeugen und Sachverständigen können im Einverständnis aller Beteiligten auch beeidigt werden. Ein Zwang zur Zeugenaussage oder zur Abgabe des Gutachtens darf nicht ausgeübt werden.

Zuständigkeit des Urkundsbeamten der Geschäftsstelle

Art. 24. Der Urkundsbeamte der Geschäftsstelle des Amtsgerichts ist dafür zuständig:

1. Siegelungen und Entsiegelungen vorzunehmen,
2. Bestandsverzeichnisse aufzunehmen.

Zuständigkeit des Gerichtsvollziehers

Art. 25[3]. (1) Der Gerichtsvollzieher ist dafür zuständig:

1. Wechsel- und Scheckproteste aufzunehmen,
2. freiwillige Versteigerungen beweglicher Sachen und vom Boden noch nicht getrennter Früchte durchzuführen,
3. im Auftrage des Gerichts oder des Konkursverwalters sowie in den gesetzlich vorgesehenen Fällen auch im Auftrage eines Beteiligten Bestandsverzeichnisse aufzunehmen oder bei ihrer Aufnahme mitzuwirken,
4. im Auftrage des Gerichts öffentliche Verpachtungen an den Meistbietenden vorzunehmen,
5. im Auftrage des Gerichts oder des Konkursverwalters Siegelungen und Entsiegelungen vorzunehmen,
6. das tatsächliche Angebot einer Leistung zu beurkunden.

(2) Der Gerichtsvollzieher kann den Auftrag zu einer freiwilligen Versteigerung nach seinem Ermessen ablehnen.

[3]) Vgl. die Bem. zu § 74 PrAGGVG (Anl. 11).

Verbleib der Urkunden

Art. 26. Die Urschrift einer gerichtlichen Urkunde, die in Form einer Niederschrift verfaßt ist, bleibt in der Verwahrung des Gerichts.

Vernichtung der Urkunden

Art. 27. Der Minister der Justiz bestimmt, ob und von welchem Zeitpunkt an gerichtliche Urkunden vernichtet werden dürfen.

Fünfter Abschnitt

Verfahren bei der notariellen freiwilligen Versteigerung von Grundstücken

Allgemeines

Art. 28. Für die freiwillige Versteigerung von Grundstücken durch die Notare gelten, soweit der Antragsteller nichts anderes bestimmt, in Ergänzung der allgemeinen Beurkundungsvorschriften die folgenden Artikel 29 bis 38.

Örtliche Zuständigkeit

Art. 29. (1) Die Notare sollen die freiwillige Versteigerung eines Grundstücks nur vornehmen, wenn das Grundstück in ihrem Amtsbezirk liegt. Liegt das Grundstück in verschiedenen Amtsbezirken oder sollen mehrere Grundstücke, die in verschiedenen Amtsbezirken liegen, zusammen versteigert werden, so ist jeder Notar, in dessen Bezirk ein Teil des Grundstücks oder eines der Grundstücke liegt, zur Versteigerung befugt.

(2) Gehört das Grundstück zu einem Nachlaß, einer ehelichen Gütergemeinschaft oder einer fortgesetzten Gütergemeinschaft, so darf es auch von dem Notar versteigert werden, der mit der Vermittlung der Auseinandersetzung befaßt ist.

Nachweis der Verfügungsbefugnis

Art. 30. Wer die freiwillige Versteigerung eines Grundstücks beantragt, hat seine Verfügungsbefugnis nachzuweisen.

Abschriften aus Liegenschaftskataster und Grundbuch

Art. 31. Vor der Anberaumung des Versteigerungstermins sollen ein Auszug aus dem Liegenschaftskataster und eine beglaubigte Abschrift des Grundbuchblattes nach dem neuesten Stand beigebracht werden.

Zeitraum zwischen Terminsbestimmung und Termin

Art. 32. Der Zeitraum zwischen der Bestimmung des Versteigerungstermins und dem Termin selbst soll, wenn nicht besondere Gründe vorliegen, nicht mehr als sechs Monate betragen. Zwischen der Bekanntmachung der Terminsbestimmung und dem Termin soll in der Regel ein Zeitraum von mindestens sechs Wochen liegen.

Inhalt der Terminsbestimmung

Art. 33. (1) Die Terminsbestimmung soll enthalten:

1. die Bezeichnung des Grundstücks und die Angabe seiner Größe,
2. die Bezeichnung des eingetragenen Eigentümers und die Angabe des Grundbuchblattes,
3. Zeit und Ort des Versteigerungstermins,
4. die Angabe, daß es sich um eine freiwillige Versteigerung handelt.

(2) Sind vor der Bekanntmachung der Terminsbestimmung Versteigerungsbedingungen festgelegt worden, so soll in der Bekanntmachung angegeben werden, wo diese Bedingungen eingesehen werden können.

Bekanntmachung der Terminsbestimmung

Art. 34. (1) Die Terminsbestimmung soll in geeigneter Weise öffentlich bekanntgemacht werden.

(2) Dem Antragsteller soll die Terminsbestimmung besonders mitgeteilt werden.

Einsicht in die Unterlagen

Art. 35. Jedem ist die Einsicht in die Abschrift des Grundbuchblattes sowie in die Auszüge aus dem Liegenschaftskataster gestattet. Dasselbe gilt für andere das Grundstück betreffende Unterlagen, insbesondere Schätzungen, die dem Notar aus Anlaß des Versteigerungsverfahrens eingereicht worden sind.

Verfahren im Termin

Art. 36. (1) In dem Versteigerungstermin werden nach dem Aufruf der Sache die Versteigerungsbedingungen festgelegt, sofern dies nicht schon vorher geschehen ist. Die Versteigerungsbedingungen und die das Grundstück betreffenden Unterlagen werden bekanntgemacht. Hierauf wird zur Abgabe von Geboten aufgefordert.

(2) Die Versteigerungsbedingungen können bis zum Zuschlag geändert werden. Bis dahin kann auch der Versteigerungsantrag zurückgenommen werden.

Sicherheitsleistung

Art. 37. Hat ein Bieter durch Hinterlegung von Geld oder Wertpapieren Sicherheit zu leisten, so gilt die Übergabe an den Notar als Hinterlegung.

Abgabe von Geboten und Zuschlag

Art. 38. (1) Zwischen der Aufforderung zur Abgabe von Geboten und dem Zeitpunkt, in dem für alle zu versteigernden Grundstücke die Versteigerung geschlossen wird, soll mindestens eine Stunde liegen. Die Versteigerung soll so lange fortgesetzt werden, bis trotz Aufforderung kein Gebot mehr abgegeben wird.

(2) Das letzte Gebot soll dreimal aufgerufen werden. Der Zuschlag bedarf der Zustimmung des Antragstellers.

Versteigerung von grundstücksgleichen Rechten

Art. 39. (1) Auf die freiwillige Versteigerung von Rechten, für welche die Vorschriften für Grundstücke gelten, sind die Artikel 29 bis 38 entsprechend anzuwenden.

(2) Für die freiwillige Versteigerung eines Bergwerkseigentums und eines unbeweglichen Bergwerksanteils sowie einer selbständigen Salzabbaugerechtigkeit gilt folgendes:

1. Dem Antrag ist eine beglaubigte Abschrift der Verleihungsurkunde des Bergwerks oder, wenn der Antrag eine Salzabbaugerechtigkeit betrifft, eine beglaubigte Abschrift der Urkunden beizufügen, durch die die Gerechtigkeit vom Eigentum an dem Grundstück abgetrennt worden ist.
2. Ist ein Bergwerkseigentum oder ein unbeweglicher Bergwerksanteil zu versteigern, so soll die Terminsbestimmung außer dem Grundbuchblatt das Bergwerk sowie die Mineralien, auf die das Bergwerkseigentum verliehen ist, bezeichnen und bei der Versteigerung eines Bergwerksanteils auch die Zahl der Kuxe angeben, in die das Bergwerk geteilt ist. Die Terminsbestimmung soll ferner die Feldgröße, den Landkreis und die Gemeinde angeben,

in denen das Feld liegt. Diese Vorschrift findet auf Salzabbaugerechtigkeiten entsprechende Anwendung.

Sechster Abschnitt

Übergangs- und Schlußbestimmungen

Übergangsregelung für anhängige Verfahren

Art. 40. Ein bei Inkrafttreten dieses Gesetzes anhängiges Verfahren wird nach den bisherigen Vorschriften zu Ende geführt.

Aufhebung von Vorschriften

Art. 41. (1) [Aufgehoben][4])

(2) Soweit in gesetzlichen Bestimmungen auf Vorschriften verwiesen ist, die durch dieses Gesetz aufgehoben sind, treten an deren Stelle die ihnen entsprechenden neuen Vorschriften.

Inkrafttreten

Art. 42. Dieses Gesetz tritt am 1. Juli 1958 in Kraft.

15.

(Niedersächsisches) Ausführungsgesetz zum Gerichtsverfassungsgesetz (AGGVG)

vom 5. 4. 1963 (NdsGVBl. S. 225) i. d. F. des Gesetzes vom 1. 4. 1969 (NdsGVBl. S. 99)

(Auszug)

1. Abschnitt

Gerichte

Geschäftsjahr

§ 1. Das Geschäftsjahr der Gerichte ist das Kalenderjahr.

Zahl der Kammern und Senate

§ 2. Die Zahl der Zivil- und Strafkammern bei dem Landgericht bestimmt der Landgerichtspräsident, die Zahl der Zivil- und Strafsenate bei dem Oberlandesgericht der Oberlandesgerichtspräsident. Die dienstaufsichtführenden Stellen (§ 10) können ihnen Weisungen hierfür erteilen.

Vertreter der aufsichtführenden Richter und Präsidenten

§ 3. (1) Der Minister der Justiz kann einen oder mehrere Richter zu ständigen Vertretern der Präsidenten und aufsichtführenden Richter der Gerichte bestellen. Ist ein Richter in eine für den ständigen Vertreter bestimmte Planstelle eingewiesen, so ist er der ständige Vertreter. Sind mehrere Vertreter bestellt, so bestimmt der Minister der Justiz ihren Geschäftsbereich; er kann diese Befugnis auf die Präsidenten der Oberlandesgerichte, der Landgerichte oder der Amtsgerichte übertragen.

(2) Die Präsidenten und aufsichtführenden Richter der Amtsgerichte werden durch den dienstältesten, bei gleichem Dienstalter durch den lebensältesten Amtsrichter vertreten, wenn keine ständigen Vertreter für sie bestellt oder diese Vertreter verhindert sind.

[4]) Art. 41 (früher Art. 83) Abs. 1 ist gemäß lfd. Nr. 164 der Anlage zu § 1 des Ersten G zur Bereinigung des niedersächsischen Rechts vom 17. 2. 1959 (NdsGVBl. S. 9) zum 31. 12. 1959 außer Kraft getreten.

(3) Wer den Präsidenten eines Gerichts nach den Absätzen 1 und 2 oder nach § 66 Abs. 2 und § 177 des Gerichtsverfassungsgesetzes vertritt, nimmt auch die dem Präsidenten übertragenen Geschäfte der Dienstaufsicht und der Justizverwaltung (§§ 10 bis 12) wahr.

Rechtshilfe gegenüber Verwaltungsbehörden

§ 4[1]**.** Über Beschwerden gegen die Ablehnung einer Rechtshilfe, um die eine Verwaltungsbehörde das Gericht ersucht hat, entscheidet das Oberlandesgericht. Seine Entscheidung ist unanfechtbar. Die Regelungen, nach denen für die Rechtshilfe gegenüber Verwaltungsbehörden die Vorschriften des Gerichtsverfassungsgesetzes gelten, bleiben unberührt.

Berufung der Vertrauenspersonen

§ 5. Für die Vertrauenspersonen zur Wahl der Schöffen und Geschworenen (§§ 40, 77, 78, 84 des Gerichtsverfassungsgesetzes) gelten die §§ 32 bis 35 des Gerichtsverfassungsgesetzes entsprechend.

Legalisation

§ 6. Für die Beglaubigung gerichtlicher und notarieller Urkunden zum Zwecke der Legalisation ist der Landgerichtspräsident (Amtsgerichtspräsident), für eine weitere Beglaubigung der Minister der Justiz zuständig.

2. Abschnitt

Staatsanwaltschaft

§§ 7, 8. [Nicht abgedruckt]

3. Abschnitt

Beschwerde gegen Maßnahmen der Vollzugsbehörden

§§ 9, 9a. [Nicht abgedruckt]

4. Abschnitt

Dienstaufsicht und Justizverwaltungsgeschäfte

Dienstaufsicht

§ 10. (1) Die Dienstaufsicht üben aus:

1. der Minister der Justiz über alle Gerichte der ordentlichen Gerichtsbarkeit sowie über sämtliche Staatsanwaltschaften und Justizvollzugsanstalten;
2. der Oberlandesgerichtspräsident und der Landgerichtspräsident über die Gerichte ihres Bezirks;
3. der Amtsgerichtspräsident oder der aufsichtführende Richter über das Amtsgericht;
4. der Generalstaatsanwalt über die Staatsanwaltschaften und Justizvollzugsanstalten seines Bezirks;
5. der Leiter der Staatsanwaltschaft bei dem Landgericht über diese Behörde und ihre Zweigstellen;
6. der Leiter der Justizvollzugsanstalt über diese Behörde.

[1]) Vgl. die Bem. zu Art. 87 PrAGGVG Anm. 3 (Anl. 11).

(2) Dem Landgerichtspräsidenten steht die Dienstaufsicht über ein Amtsgericht, das mit einem Präsidenten besetzt ist, nicht zu.

Umfang der Dienstaufsicht

§ 11. (1) Die Dienstaufsicht erstreckt sich, soweit nichts anderes bestimmt ist, auf die Einrichtung, die innere Ordnung, die allgemeine Geschäftsführung und die Personalangelegenheiten der Gerichte und Behörden.

(2) Richter unterstehen der Dienstaufsicht des aufsichtführenden Richters des Amtsgerichts nur, wenn er Amtsgerichtspräsident ist.

Justizverwaltungsgeschäfte

§ 12. Die Präsidenten und aufsichtführenden Richter der Gerichte und die Leiter der Staatsanwaltschaften sowie ihre Vertreter sind verpflichtet, die ihnen zugewiesenen Geschäfte der Justizverwaltung zu erledigen. Sie können die ihrer Dienstaufsicht unterstellten Richter und Beamten zu Geschäften der Justizverwaltung heranziehen; einem Richter dürfen sie Justizverwaltungsaufgaben, die den Umfang einer Nebentätigkeit überschreiten, nur mit seiner Zustimmung übertragen.

5. Abschnitt

Schlußvorschriften

Aufhebung bisheriger Vorschriften

§ 13. [Nicht abgedruckt]

Inkrafttreten

§ 14. Dieses Gesetz tritt einen Monat nach seiner Verkündung in Kraft.

IV. Baden-Württemberg

a) Landesteil Baden

16.

Landesgesetz über die freiwillige Gerichtsbarkeit

Vom 17. Juni 1899

in der Fassung der Bek. vom 13. Oktober 1925 (GVBl. 287)[1]

Erster Abschnitt

Allgemeine Bestimmungen

I. Gerichte

§ 1. Die Vorschriften des Gerichtsverfassungsgesetzes über das Richteramt finden auch auf die freiwillige Gerichtsbarkeit entsprechende Anwendung.

[1] Geändert durch Gesetz vom 15. 12. 1927 (GVBl. 235), Gesetz vom 11. 11. 1933 (GVBl. 267), Gesetz vom 20. 7. 1962 (GBl. S. 73) und Art. 3 des Gesetzes vom 30. 6. 1970 (GBl. S. 289). Durch § 60 Nr. 2 BeurkG sind die §§ 23, 27, 28, 29, 45 Abs. 3, §§ 52, 54, 55 Abs. 1, 2, § 60 mit Wirkung vom 1. 1. 1970 aufgehoben worden. Dazu VO über die freiwillige Gerichtsbarkeit vom 3. 12. 1926 (GVBl. 301), geändert durch VO vom 24. 12. 1927 (GVBl. 239), vom 4. 10. 1932 (GVBl. 207), vom 16. 11. 1933 (GVBl. 270) und vom 3. 8. 1939 (RGBl. I 1368). Durch § 60 Nr. 3 BeurkG sind die §§ 6, 7, 60 bis 86, 157 Abs. 2, ferner, soweit danach andere Stellen als Notare zuständig sind, § 175 der VO mit Wirkung vom 1. 1. 1970 aufgehoben worden.

II. Notare

§ 2. Als Notar kann nur angestellt werden, wer zum Richteramt befähig ist[2]).

§ 3[3]). Zur Stellvertretung von Notaren können nur Personen berufen werden, welche zum Notariat befähigt sind oder welche die erste juristische Staatsprüfung bestanden haben und im Vorbereitungsdienst mindestens zwei Jahre beschäftigt gewesen sind.

§ 4. Die Dienstaufsicht über die Notare wird durch das Justizministerium und nach Maßgabe der von diesem erlassenen Anordnungen durch die Landgerichte ausgeübt[4]).

III. Ortsgerichte

§ 5. Zur Verzeichnung und Siegelung beweglicher Sachen und zur Anordnung von Sicherungsmaßregeln bei Sterbefällen in dem durch dieses Gesetz bestimmten Umfang wird für jede Gemeinde ein Ortsgericht gebildet.

Das Ortsgericht besteht aus dem Bürgermeister und aus zwei von dem Gemeinderat ernannten weiteren Mitgliedern.

Für jede Gemeinde ist mindestens ein stellvertretendes Mitglied des Ortsgerichts durch den Gemeinderat zu ernennen.

Durch Gemeindebeschluß kann mit Genehmigung der Ministerien der Justiz und des Innern eine hiervon abweichende Zusammensetzung des Ortsgerichts festgesetzt sowie die Bestellung mehrerer Ortsgerichte für eine Gemeinde mit fest abgegrenzten Bezirken angeordnet werden.

§ 6. Die Mitglieder der Ortsgerichte stehen im Dienste der Gemeinde.

Soweit sie vom Gemeinderat ernannt werden, gilt folgendes:

1. die Dienstzeit beträgt sechs Jahre; sie beginnt und endigt für alle Mitglieder zu gleicher Zeit. Bei vorzeitigem Ausscheiden eines Mitglieds aus dem Amt findet eine neue Ernennung für die restliche Amtszeit des Ausgeschiedenen statt;
2. zur Ubernahme des Amts sind alle diejenigen Personen verpflichtet, welche auch verpflichtet sind, eine Wahl in den Gemeinderat anzunehmen;
3. zur Ablehnung sowie zur Amtsniederlegung vor Ablauf der Dienstzeit berechtigen dieselben Gründe wie zur Ablehnung der Wahl in den Gemeinderat;
4. Ablehnung sowie Rücktritt ohne genügende Entschuldigungsgründe ziehen die Erlegung eines vom Gemeinderat festzusetzenden Betrags von zwanzig bis fünfzig Deutsche Mark in die Gemeindekasse nach sich.

§ 7. Von der Art der Bildung des Ortsgerichts und von den Personen seiner Mitglieder, desgleichen von hierin eintretenden Änderungen hat der Gemeinderat dem Amtsgericht und dem für die Gemeinde zuständigen Notar oder den mehreren für die Gemeinde zuständigen Notaren Kenntnis zu geben.

§ 8. Die Dienstaufsicht über das Ortsgericht wird von dem Gemeinderat sowie von dem Amtsgericht und den Notaren ausgeübt. Das Nähere wird durch Verordnung geregelt.

Das Amtsgericht und die Notare sind befugt, Warnungen, Rügen und Geldstrafen, welche für den einzelnen Fall den Betrag von fünfzig Deutsche Mark nicht übersteigen dürfen, zu verhängen.

[2]) Siehe § 115 BNotO, § 64 BeurkG, Art. 138 GG.

[3]) Fassung des G vom 11. 11. 1933 (GVBl. 237). Aufrechterhalten durch § 6 Abs. 3 des Baden-Württ. G über die jur. Staatsprüfungen und den jur. Vorbereitungsdienst vom 13. 6. 1955 (GBl. 95).

[4]) Gegenstandslos nach VGH Stuttgart DNotZ 1958, 270; vgl. § 2 der VO des JM über die Dienstaufsicht vom 1. 7. 1953 (GBl. 94).

Im übrigen finden die Vorschriften der Gemeindeordnung über das Dienststrafrecht für Gemeindebeamte Anwendung.

§ 9. Für Nebenorte zusammengesetzter Gemeinden tritt, wenn ein Stabhalter vorhanden ist, dieser an die Stelle des Bürgermeisters (§ 5 Abs. 2).

Das gleiche gilt für bewohnte abgesonderte Gemarkungen, in welchen ein Verwaltungsrat vorhanden ist. Der letztere ernennt in diesem Falle die beiden weiteren Mitglieder des Ortsgerichts. Die §§ 6, 7 und 8 finden entsprechende Anwendung.

Abgesonderte Gemarkungen, in welchen ein Verwaltungsrat nicht vorhanden ist, werden von dem Amtsgericht im Benehmen mit dem Bezirksamt in bezug auf die Verrichtungen des Ortsgerichts einer Nachbargemeinde zugewiesen. Bei der Zuweisung kann bestimmt werden, daß der Gemeinderat dieser Gemeinde das Ortsgericht für die abgesonderte Gemarkung besonders zu bilden und daß an Stelle des Bürgermeisters (§ 5 Abs. 2) ein von dem Gemeinderat ernanntes Mitglied zu treten habe.

Zweiter Abschnitt

Vorschriften für Gerichte

I. Beurkundung des Personenstandes

§§ 10 bis 15. [Gegenstandslos]

II. Namensänderung

§§ 16, 17. [Gegenstandslos]

III. Registerführung bei den Amtsgerichten

§ 18[5]. Die Versendung der bei dem Amtsgericht geführten öffentlichen Register (Handels-, Genossenschafts-, Muster-, Schiffs-, Vereins- und Güterrechtsregister) zum Zwecke der Einsichtnahme ist unstatthaft.

Die Vorlegung außerhalb der Diensträume des Amtsgerichts darf nur auf Ersuchen eines erkennenden Gerichts und nur in der Weise geschehen, daß ein Urkundsbeamter der Geschäftsstelle oder ein Bevollmächtigter das Register in dem bestimmten Verhandlungstermin persönlich vorlegt und danach sofort zurückbringt.

§ 19. Inländischen öffentlichen Behörden und Beamten sind im amtlichen Interesse von den Eintragungen in die Register (§ 18) und von den zum Register eingereichten Schriftstükken Abschriften sowie auf Grund derselben Auszüge und Zeugnisse auf Ersuchen zu erteilen.

Hinsichtlich ausländischer Behörden und Beamten sind die Weisungen des Justizministeriums maßgebend.

IV. Sonstige Vorschriften

§ 20[6]. In den von den Gerichten zu erledigenden Sachen der freiwilligen Gerichtsbarkeit sind die Kosten des Verfahrens im Falle einer Mehrzahl Beteiligter, soweit nicht etwas anderes bestimmt ist, von demjenigen zu tragen, in dessen Angelegenheiten sie entstanden sind. Die von einem anderen Beteiligten aufgewendeten Kosten sind diesem zu erstatten, soweit sie zur zweckentsprechenden Erledigung der Angelegenheit notwendig waren.

[5]) Fassung des G vom 15. 12. 1927 (GVBl. 235).

[6]) In bundesrechtlichen Angelegenheiten der FG sind Abs. 1 bis 4 ersetzt durch FGG § 13 a; sie behalten ihre Bedeutung für Angelegenheiten des Landesrechts. Abs. 5 ist gemäß FGG § 200 zur Ergänzung des bundesrechtlichen Kostenfestsetzungsverfahren nach FGG § 13 a Abs. 2 teilweise weiter anwendbar, vgl. § 13 a FGG Rdn. 46.

Die durch einen unbegründeten Antrag oder Widerspruch, durch eine unbegründete Beschwerde oder durch Verschulden eines anderen Beteiligten verursachten Kosten können diesem Beteiligten, auch soweit sie von anderer Seite aufgewendet sind, ganz oder teilweise auferlegt werden.

In den Fällen des Abs. 1 und 2 finden die Vorschriften des § 91 Abs. 1 Satz 2 und des § 100 Abs. 1, 2 der Zivilprozeßordnung entsprechende Anwendung.

Bei der Entscheidung zur Sache hat das Gericht, wenn mehr als ein Beteiligter vorhanden ist, von Amts wegen auch über die Kostenpflicht zu entscheiden.

Hinsichtlich der Festsetzung der einem Beteiligten zu erstattenden Kosten finden die Vorschriften der Zivilprozeßordnung entsprechende Anwendung.

§ 21. Die Vorschriften des Reichsgesetzes über die Angelegenheiten der freiwilligen Gerichtsbarkeit gelten, soweit nicht etwas anderes bestimmt ist, auch für diejenigen Angelegenheiten der freiwilligen Gerichtsbarkeit, welche durch Landesgesetz den Gerichten übertragen sind.

Bei diesen Angelegenheiten finden die Bestimmungen in § 28 Abs. 2 und 3 des genannten Gesetzes keine Anwendung.

Dritter Abschnitt

Vorschriften über die Zuständigkeit der Gerichte, der Notare sowie anderer Behörden und Beamten

I. Aufnahme öffentlicher Urkunden

§ 22. Für die öffentliche Beurkundung rechtserheblicher Tatsachen auf Ansuchen Beteiligter sind, soweit nicht etwas anderes bestimmt ist, die Notare sachlich zuständig.

§ 23. [Aufgehoben durch § 60 Nr. 2 BeurkG]

§ 24. Zur Aufnahme von Wechsel- und Scheckprotesten sind nur die Notare und die Gerichtsvollzieher zuständig.

§ 25[7]**.** Die Notare sind zuständig, Bescheinigungen über eine Vertretungsberechtigung auszustellen, sofern sich diese aus einer Eintragung im Handelsregister oder einem ähnlichen Register ergibt.

(2) Der Notar darf die Bescheinigung nur ausstellen, wenn er zuvor das Register oder eine beglaubigte Abschrift desselben eingesehen hat. Er hat den Tag der Einsichtnahme des Registers oder den Tag der Ausstellung der Abschrift in der Bescheinigung anzugeben.

§ 26[7]**.** (1) Der Notar kann Bescheinigungen über das Bestehen oder den Sitz einer juristischen Person oder Handelsgesellschaft, die Firmenänderung, eine Verschmelzung oder sonstige rechtserhebliche Umstände ausstellen, wenn sich diese aus einem öffentlichen Register ergeben.

(2) Der Notar darf die Bescheinigung nur erteilen, wenn dargelegt wird, daß sie im Ausland verwendet werden soll.

§§ 27, 28, 29. [Aufgehoben durch § 60 Nr. 2 BeurkG]

[7]) Die §§ 25, 26 waren infolge Aufhebung des Art. 150 EGBGB durch § 50 TestG außer Kraft getreten; aufrechterhalten durch GesEinhG v. 5. 3. 53 (BGBl. I 23) Art. 3. Durch Art. 3 des Gesetzes vom 30. 6. 1970 (GBl. Bad.-Württ. S. 289) haben die §§ 25, 26 zur Angleichung an die §§ 21, 22 a BNotO die vorstehende Fassung erhalten, in Kraft getreten am 1. 1. 1970.

II. Verpflichtungen. Vermögensverzeichnung. Siegelung. Verrichtungen des Nachlaßgerichts. Amtliche Schätzungen. Öffentliche Versteigerungen

§ 30. Die Notare sind zuständig und gehalten, auf Ersuchen der Amtsgerichte die Verpflichtung von Vormündern, Gegenvormündern, Pflegern und Beiständen vorzunehmen.

Das Justizministerium kann nähere Anordnungen hinsichtlich der Ersuchen der Amtsgerichte treffen.

§ 31. Für die Aufnahme von Verzeichnissen in den Fällen, in welchen die Aufnahme nach reichsgesetzlicher Vorschrift durch eine zuständige Behörde oder durch einen zuständigen Beamten oder Notar zu geschehen hat, desgleichen für die Mitwirkung bei Aufnahme des Inventars im Falle des § 2002 des Bürgerlichen Gesetzbuchs sind, vorbehaltlich der Bestimmung des Abs. 3, nur die Notare zuständig.

Örtlich zuständig ist für die Aufnahme des Nachlaßverzeichnisses der Notar im Bezirk des Nachlaßgerichts, für Aufnahme anderer Verzeichnisse der Notar, in dessen Bezirk einer der Beteiligten den Wohnsitz oder den Aufenthalt hat, in Ermangelung eines in Baden befindlichen Wohnsitzes oder Aufenthalts der Beteiligten der Notar, in dessen Bezirk das aufzunehmende Vermögen zu einem erheblichen Teil sich befindet.

Die Verzeichnung beweglicher Sachen erfolgt regelmäßig durch das Ortsgericht. Die endgültige Festsetzung des Verzeichnisses verbleibt dem Notar. Auch kann das Justizministerium die Fälle bezeichnen, in welchen die Verzeichnung durch den Notar allein ohne Mitwirkung des Ortsgerichts zu geschehen hat.

§ 32. Für die Anlegung und Abnahme von Siegeln sind die Notare zuständig.

Die Anlegung von Siegeln bei Sterbefällen kann auch durch das Ortsgericht geschehen.

§ 33. Für die dem Nachlaßgericht obliegenden Verrichtungen sind die Notare zuständig.

§ 34. Sind bei einem Nachlaß Geschäftsunfähige, in der Geschäftsfähigkeit Beschränkte oder Abwesende (Bürgerliches Gesetzbuch § 1911) als Erben beteiligt, so hat das Nachlaßgericht von Amts wegen die Anfertigung eines Nachlaßverzeichnisses sowie bis zu dessen Vollendung die erforderlichen Sicherungsmaßregeln, insbesondere die Anlegung von Siegeln, anzuordnen, wenn nach seinem Ermessen wegen der obwaltenden Verhältnisse, insbesondere auch wegen der Beschaffenheit des Nachlasses, die Verzeichnung ohne Schaden für die bezeichneten Beteiligten nicht unterbleiben kann. Die Verzeichnung soll insbesondere angeordnet werden:

1. wenn der Nachlaß auseinandergesetzt werden soll,
2. wenn ein gesetzlicher Vertreter voraussichtlich nicht imstande ist, ohne fremde Hilfe das ihm obliegende Verzeichnis über den Nachlaß für das Vormundschaftsgericht aufzustellen,
3. wenn der Nachlaß voraussichtlich überschuldet ist,
4. wenn durch den Sterbefall die Errichtung einer Vormundschaft für einen beteiligten Erben notwendig wird.

Für die im Abs. 1 erwähnten Sicherungsmaßregeln sind außer den Notaren unter deren Aufsicht auch die Ortsgerichte zuständig. Stehen die als Erben beteiligten geschäftsunfähigen oder in der Geschäftsfähigkeit beschränkten Personen unter elterlicher Gewalt, so darf das Ortsgericht nur auf Anordnung des Nachlaßgerichts Sicherungsmaßregeln treffen.

§ 35. Für die nach § 99 des Reichsgesetzes über die Angelegenheiten der freiwilligen Gerichtsbarkeit den Gerichten obliegende Vermittlung der Auseinandersetzung in Ansehung des Gesamtgutes einer ehelichen Gütergemeinschaft oder einer fortgesetzten Gütergemeinschaft sind an Stelle der Gerichte die Notare zuständig.

Der Notar kann in den Fällen der §§ 86 und 99 des genannten Reichsgesetzes die Aufnahme eines amtlichen Verzeichnisses des Nachlasses oder des Gesamtgutes (§ 31) anordnen, wenn und soweit dieselbe zur Feststellung der Teilungsmasse erforderlich ist.

§ 36. Soweit die Aufnahme von Verzeichnissen nach §§ 31 bis 34 durch den Notar oder durch das Ortsgericht erfolgt, sind die zu verzeichnenden Sachen amtlich zu schätzen. Das gleiche gilt für notarielle Vermittlung der Erbauseinandersetzung (§ 35), soweit eine amtliche Schätzung des Nachlasses (Gesamtgutes) nicht schon vorher stattgefunden hat.

Zur Vornahme dieser Schätzungen werden für jede Gemeinde Sachverständige öffentlich bestellt. Die Bestellung geschieht durch das Amtsgericht auf Vorschlag des Gemeinderats und im Benehmen mit dem Notar. Die Mitglieder des Ortsgerichts können als Schätzer öffentlich bestellt werden.

Die öffentlichen Schätzer sind von dem Amtsgericht im allgemeinen dahin zu beeidigen, daß sie als Schätzer die von ihnen geforderten Gutachten unparteiisch und nach bestem Wissen und Gewissen erstatten werden.

An Stelle derselben sollen andere Personen als Schätzer nur dann zugezogen werden, wenn besondere Umstände es erfordern oder wenn Beteiligte, die insgesamt geschäftsfähig und anwesend sind, den Beizug anderer Schätzer vereinbaren.

Die Bestellung (Abs. 2) kann von dem Amtsgericht mangels der zu sachgemäßer Begutachtung erforderlichen Eigenschaften jederzeit zurückgenommen werden. Gegen die Zurücknahme findet binnen zwei Wochen die Beschwerde an das Landgericht statt. Eine weitere Beschwerde findet nicht statt.

Ist ein Beteiligter mit der Schätzung der Grundstücke nicht einverstanden, so kann er binnen zwei Wochen von der Eröffnung an eine neue Schätzung durch den Gemeinderat verlangen.

§ 37[8]**.** Für die Vornahme der Versteigerung beweglicher Sachen sind in den Fällen, in welchen die Gesetze die öffentliche Versteigerung vorschreiben, außer den Notaren und den Gerichtsvollziehern auch die einzelnen Mitglieder des Ortsgerichts zuständig.

III. Sonstige Verrichtungen der Notare

§ 38. Die Zuständigkeit der Notare für die Verrichtungen des Vollstreckungsgerichts und des Grundbuchamts bestimmt sich nach den hierüber ergehenden besonderen Gesetzen.

§ 39. Die Notare sind berechtigt:

1. Versteigerungen vorzunehmen, auch soweit diese nicht einen Bestandteil eines von dem Notar amtshalber vorzunehmenden anderen Geschäfts bilden oder als gesetzlich gebotene öffentliche Versteigerungen zur Zuständigkeit der Notare gehören;
2. Entwürfe zu Rechtsurkunden zu fertigen;
3. Rat zu erteilen in Angelegenheiten, welche nicht bei dem angegangenen Notar anhängig sind, jedoch zum Geschäftskreis der Notare gehören.

§ 39 a[9]**.** (1) Die Notare sind zuständig, Geld, Wertpapiere und Kostbarkeiten, die ihnen von den Beteiligten übergeben sind, zur Aufbewahrung oder zur Ablieferung an Dritte zu übernehmen.

(2) Eine Verpflichtung der Notare zur Verwahrung von Wertgegenständen nach Abs. 1 besteht nicht.

§ 40. Den Notaren ist allgemein die Annahme des Amtes als Testamentsvollstrecker, Nachlaßpfleger oder Nachlaßverwalter gestattet, soweit sie nicht die Verrichtungen des Nachlaßgerichts wahrzunehmen haben.

[8]) Abs. 2 ist aufgehoben durch die VO über das nichtgewerbliche Versteigerungswesen v. 3. 8. 1939 (RGBl. I 1368).

[9]) Eingefügt durch G über die Verwahrungsgeschäfte der beamteten Notare im OLG-Bezirk Karlsruhe und zur Änderung des badischen Gesetzes über die wandelbaren Bezüge der Notare v. 20. 7. 1962 (Bad.-Württ. GBl. 73); in Kraft seit 1. 7. 1962. Dazu AV d. JM v. 16. 11. 1962 (Die J 283).

Aus besonderen Gründen kann die vorgesetzte Dienstbehörde die Übernahme oder die Fortführung dieser Geschäfte untersagen.

IV. Verwahrung notarieller Akten und Urkunden. Einsichtgestattung. Abschriften und Auszüge

§ 41. In den Fällen, in welchen nach Vorschrift des Bürgerlichen Gesetzbuchs Testamente oder Erbverträge in amtliche Verwahrung oder in besondere amtliche Verwahrung zu nehmen sind, erfolgt diese bei den Amtsgerichten.

Zuständig zur Verwahrung ist dasjenige Amtsgericht, in dessen Bezirk das Testament oder der Erbvertrag errichtet wurde. Der Erblasser kann jederzeit die Verwahrung bei einer anderen zur Verwahrung zuständigen inländischen Stelle verlangen. Bei mehreren Erblassern ist dem Antrag nur zu entsprechen, wenn er von allen gestellt wird. Der Antrag bedarf der öffentlich beglaubigten Form.

Eigenhändige Testamente (Bürgerliches Gesetzbuch § 2231 Nr. 2) hat jedes Amtsgericht auf Verlangen des Erblassers in amtliche Verwahrung zu nehmen.

§ 42. Auch andere von Notaren aufgenommene öffentliche Urkunden sind von den Amtsgerichten in Verwahrung zu nehmen.

Das Justizministerium ist jedoch ermächtigt, die Fälle zu bestimmen, in welchen die Urkunden ausnahmsweise in Urschrift den Beteiligten auszufolgen sind.

§ 43. Bezüglich der Einsicht der Akten und Urkunden sowie der Erteilung von Abschriften und Auszügen, soweit dies nicht auch für die Notare durch Reichsgesetz geregelt ist, gelten nachstehende Vorschriften:

1. Von Akten und Urkunden der Notare, welche nicht zur Öffentlichkeit bestimmt sind, können die Beteiligten Einsicht nehmen.
2. Dritten kann der Notar und nach Übergang der Akten und Urkunden in die amtsgerichtliche Verwahrung der Richter die Einsicht ohne Einwilligung der Beteiligten nur gestatten, wenn ein berechtigtes Interesse glaubhaft gemacht wird. Diese Einsichtgestattung ist bei Testamenten und Erbverträgen, solange sie nicht eröffnet sind, ausgeschlossen.
3. Soweit hiernach Einsicht von Akten und Urkunden gestattet ist, können auch Abschriften und Auszüge begehrt werden.

§ 44. Abschriften und Auszüge aus den von Notaren gefertigten Geschäften werden von den Notaren erteilt.

Nach Übergang der Geschäfte in die Verwahrung des Amtsgerichts (§ 42) erfolgt die Fertigung durch das Amtsgericht oder den Notar, je nachdem dieser oder jenes von einem Beteiligten darum angegangen wird.

Vierter Abschnitt

Vorschriften über die Geschäftsführung der Notare insbesondere

§ 45. Der Amtsbezirk der Notare umfaßt den Amtsgerichtsbezirk, für welchen sie angestellt sind.

Außerhalb dieses Bezirks sind dem Notar, vorbehaltlich der Vorschriften des § 166 des Gerichtsverfassungsgesetzes für die Fälle, in welchen der Notar nach Landesgesetz für die durch Reichsgesetz den Gerichten übertragenen Angelegenheiten zuständig ist, Amtshandlungen untersagt, ausgenommen:

1. die Errichtung von Testamenten und die Aufnahme von Wechselprotesten, wenn Gefahr im Verzug obwaltet;
2. die Mitwirkung als zweiter Notar bei öffentlichen Beurkundungen.

[Abs. 3 aufgehoben durch § 60 Nr. 2 BeurkG]

§ 46. In Amtsgerichtsbezirken, in welchen mehr als ein Notar angestellt ist, werden die Geschäfte, soweit nicht die Wahl des Notars den Beteiligten überlassen ist, von dem Justizministerium auf die einzelnen Notarsstellen verteilt.

Die Gültigkeit der Amtshandlung eines Notars wird dadurch nicht berührt, daß die Amtshandlung nach der Geschäftsverteilung von einem der anderen Notare vorzunehmen gewesen wäre.

§ 47. Bei Verhandlungen der Notare in den Angelegenheiten, für welche nicht die Wahl des Notars den Beteiligten überlassen ist, können Personen, welche die Ordnung der Verhandlung stören, auf Anordnung des Notars vom Orte der Verhandlung entfernt werden. Ist die Person selbst bei der Verhandlung beteiligt, so ist die Anordnung und deren Veranlassung zu den Akten festzustellen.

Auch kann der Notar gegen Personen, welche sich bei den Verhandlungen einer Ungebühr schuldig machen, vorbehaltlich der strafgerichtlichen oder disziplinaren Verfolgung, Ordnungsstrafen bis zu einhundert Deutsche Mark festsetzen und sofort vollstrecken lassen.

Auf Rechtsanwälte, welche bei der Verhandlung beteiligt sind, findet die Vorschrift des Abs. 1 keine Anwendung. wohl aber diejenige des Abs. 2.

Gegen die Festsetzung der Ordnungsstrafe findet binnen einer Woche nach der Bekanntmachung Beschwerde an das Oberlandesgericht statt. Die Beschwerde hat aufschiebende Wirkung.

Der Beschluß, durch welchen die Ordnungsstrafe festgesetzt wird, sowie dessen Veranlassung ist zu den Akten zu beurkunden.

§ 48. Die Vorschriften der §§ 3, 4, 5 und 7 des Reichsgesetzes über die Angelegenheiten der freiwilligen Gerichtsbarkeit finden auf die Geschäfte der Notare auch insoweit Anwendung, als es sich nicht um Angelegenheiten handelt, wofür nach Landesgesetz die Notare an Stelle der damit reichsgesetzlich betrauten Gerichte zuständig sind.

§ 49. Auf amtliche Verrichtungen der Notare, für welche nicht die Bestimmungen des zehnten Abschnittes des Reichsgesetzes über die Angelegenheiten der freiwilligen Gerichtsbarkeit maßgebend sind, finden die in § 6 des genannten Gesetzes enthaltenen Vorschriften über Ausschließung und Ablehnung des Richters entsprechende Anwendung.

§ 50. Die Vorschriften über die Art der Bekanntmachung der Verfügungen des Notars werden unbeschadet der Bestimmungen des § 16 Abs. 3 des Reichsgesetzes über die Angelegenheiten der freiwilligen Gerichtsbarkeit von dem Justizministerium erlassen.

§ 51. Zeugnisse über die Rechtskraft einer Verfügung des Notars werden in den reichsgesetzlich dem Nachlaßgericht obliegenden Angelegenheiten von dem Notar, und wenn die Akten in die Verwahrung des Amtsgerichts übergegangen sind, von diesem erteilt.

§ 52. [Aufgehoben durch § 60 Nr. 2 BeurkG]

§ 53. Die Notare dürfen ihre Dienste nicht ohne rechtfertigenden Grund verweigern.

§ 54. [Aufgehoben durch § 60 Nr. 2 BeurkG]

§ 55. [Abs. 1 und 2 aufgehoben durch § 60 Nr. 2 BeurkG]

Die Notare sind verbunden, über die Verhandlungen, zu denen sie mitgewirkt haben, Verschwiegenheit zu beobachten.

§ 56. Die dem Landesrechte vorbehaltenen allgemeinen Vorschriften über die Errichtung notarieller Urkunden werden, soweit sie nicht in diesem Gesetze enthalten sind, im Verordnungswege erlassen.

§ 57. Soweit die gegen Verfügungen der Notare zulässigen Rechtsmittel nicht schon durch Reichsgesetz und durch dieses Gesetz (§ 47 Abs. 4) bestimmt sind, gelten hierfür die folgenden Vorschriften:

1. Gegen die Verfügungen der Notare findet die Beschwerde statt.
2. Über die Beschwerde entscheidet das Landgericht, in dessen Bezirk der Notar seinen Sitz hat.
3. Gegen die Entscheidung des Landgerichts findet, wenn dieselbe auf einer Verletzung des Gesetzes beruht, die weitere Beschwerde statt.
4. Die Bestimmungen in §§ 20, 21, 23, 24, 25, 27, 28 Abs. 1, § 29 Abs. 1, 3, 4 und § 30 des Reichsgesetzes über die Angelegenheiten der freiwilligen Gerichtsbarkeit finden entsprechende Anwendung.

Fünfter Abschnitt

Schlußbestimmungen

§ 58. Dieses Gesetz tritt gleichzeitig mit dem Bürgerlichen Gesetzbuch in Kraft.

§ 59. In den durch dieses Gesetz den Landgerichten und dem Oberlandesgericht zugewiesenen Angelegenheiten erfolgt die Entscheidung, auch soweit dies nicht besonders bestimmt ist, bei den Landgerichten durch eine Zivilkammer, bei dem Oberlandesgericht durch einen Zivilsenat.

§ 60. [Aufgehoben durch § 60 Nr. 2 BeurkG]

§ 61. Die Vorschriften des Bürgerlichen Gesetzbuches über den Erbschein (§§ 2353 ff.) finden Anwendung, auch wenn der Erblasser vor dem Inkrafttreten des Bürgerlichen Gesetzbuchs gestorben ist.

§§ 62, 63. [Gegenstandslos]

§ 64. Die zur Ausführung dieses Gesetzes, sowie der reichsgesetzlichen Bestimmungen über Angelegenheiten der freiwilligen Gerichtsbarkeit weiter erforderlichen Vorschriften werden, soweit nicht etwas anderes bestimmt ist, von dem Justizministerium erlassen.

Die Regelung der den Gerichten in Angelegenheiten der freiwilligen Gerichtsbarkeit zukommenden Zwangsgewalt erfolgt durch Verordnung des Staatsministeriums.

§ 65. Das Justizministerium erfäßt die erforderlichen Übergangsbestimmungen, soweit dieselben nicht in diesem Gesetze getroffen sind.

b) Landesteil Württemberg

17.

Ausführungsgesetz zum Bürgerlichen Gesetzbuch und zu anderen Reichsjustizgesetzen (AGBGB)

Vom 29. Dezember 1931 (RegBl. 545)[1]

(Auszug)

[1]) Geändert durch G vom 29. 1. 1934 (RegBl. 39), vom 25. 10. 1934 (RegBl. 261), VO vom 23. 5. 1934 (RegBl. 183, 187), G vom 30. 6. 1958 (GBl. 168), vom 14. 12. 1959 (GBl. 171), vom 7. 3. 1960 (GBl. 73, § 39 Abs. 2 Nr. 30 des Grundstücksverkehrsgesetzes vom 28. 7. 1961 (BGBl. I 1091), G vom 28. 11. 1961 (GBl. 345), vom 19. 12. 1961 (GBl. 371) und vom 4. 7. 1967 (GBl. 104). Durch § 60 Nr. 68 BeurkG sind folgende Vorschriften mit Wirkung vom 1. 1. 1970 außer Kraft gesetzt worden:
a) Art. 3 Abs. 1, soweit diese Vorschrift nicht die Abnahme von freiwilligen Eiden und Versicherungen an Eides Statt außerhalb eines gesetzlich geregelten Verfahrens zum Gegenstand hat,
b) Art. 3 Abs. 2, Art. 30, 32 Abs. 2 Satz 1, Abs. 3, Art. 37, 106 Abs. 2, Art. 112 bis 114, 116 Abs. 1, 3,
c) Art. 108 bis 111, soweit in diesen Vorschriften das Verfahren bei öffentlichen Beurkundungen geregelt wird,
d) Art. 118, soweit nach dieser Vorschrift andere Urkundspersonen als die Ratschreiber oder deren Amtsverweser oder Stellvertreter für die öffentliche Beglaubigung einer Unterschrift zuständig sind.
Durch Art. 1 des G zur Ausführung des Gesetzes über die rechtliche Stellung der nichtehelichen Kinder und anderer Bundesgesetze vom 30. 6. 1970 (GBl. 289) sind die Art. 2, 68 and 91 geändert worden.

Erstes Buch
Freiwillige Gerichtsbarkeit

Erster Abschnitt
Ordentliche Gerichte

I. Dienstaufsicht

Art. 1. Die Behörden und Beamten der freiwilligen Gerichtsbarkeit *einschließlich der Standesämter* stehen unter der Dienstaufsicht der Amtsgerichte, der Landgerichte und des Oberlandesgerichts. Diesen Gerichten liegt die Dienstaufsicht auch insoweit ob, als Gemeindebehörden und Gemeindebeamte zur Besorgung von Angelegenheiten der freiwilligen Gerichtsbarkeit berufen sind.

An oberster Stelle übt das Justizministerium die Dienstaufsicht aus.

II. Allgemeine Zuständigkeit der Amtsgerichte

Abänderungsgesuch

Art. 2[2]). (1) Die Abänderung einer Entscheidung eines Grundbuchamts, eines ordentlichen Vormundschafts- oder Nachlaßgerichts ist bei dem übergeordneten Amtsgericht nachzusuchen.

(2) Auf das Verfahren findet § 11 Abs. 1 Satz 2, Abs. 2 bis 4, Abs. 5 Satz 1 des Rechtspflegergesetzes vom 5. November 1969 (BGBl. I S. 2065) entsprechende Anwendung.

Abnahme von Eiden und Versicherungen an Eides Statt

Art. 3[3]). Die Amtsgerichte sind für die Abnahme von freiwilligen Eiden und Versicherungen an Eides Statt außerhalb eines gesetzlich geregelten Verfahrens *sowie für die Beurkundung von Rechtsgeschäften und sonstigen Tatsachen* zuständig.

III. Verfahren

Allgemeine Verfahrensvorschriften

Art. 4. Auf Angelegenheiten der freiwilligen Gerichtsbarkeit, die nach Landesrecht den Gerichten übertragen sind, finden, soweit sich nicht im einzelnen etwas anderes ergibt, die allgemeinen Vorschriften des Reichsgesetzes über die Angelegenheiten der freiwilligen Gerichtsbarkeit entsprechende Anwendung.

Schriftführer

Art. 5. Zu Terminen in Angelegenheiten der freiwilligen Gerichtsbarkeit können die Gerichte einen Schriftführer beiziehen. Dasselbe gilt für die gerichtliche Beurkundung eines Rechtsgeschäfts, auch wenn dies reichsgesetzlich nicht vorgeschrieben ist.

Kostenfestsetzung

Art. 6. Sind an einem Verfahren mehrere Personen beteiligt, so kann das Gericht auf Antrag einem Beteiligten die einem anderen Beteiligten erwachsenen Kosten ganz oder teilweise auferlegen. Auf eine Festsetzung der Kosten finden die §§ 103, 104, 107 ZPO entsprechende Anwendung. Aus dem rechtskräftigen Festsetzungsbeschluß findet die Zwangsvollstreckung nach den Vorschriften der Zivilprozeßordnung statt.

[2]) Art. 2 i. d. F. des Art. 1 § 1 AG-NichtehelG vom 30. 6. 1970 (GBl. 289). Die Vorschrift bleibt durch das BeurkG unberührt (§ 61 Abs. 4 Satz 2 BeurkG).

[3]) Art. 3 Abs. 1 ist durch § 60 Nr. 68 Buchst. a BeurkG insoweit aufgehoben, als die Vorschrift nicht die Abnahme von freiwilligen Eiden und Versicherungen an Eides Statt außerhalb eines gesetzlich geregelten Verfahrens zum Gegenstand hat. Art. 3 Abs. 2 ist aufgehoben durch § 60 Nr. 68 Buchst. b BeurkG.

Ungebühr

Art. 7. Wer sich in Angelegenheiten der freiwilligen Gerichtsbarkeit oder der den Behörden der freiwilligen Gerichtsbarkeit übertragenen Verwaltung einer Ungebühr außerhalb einer gerichtlichen Verhandlung schuldig macht, kann von dem Gericht mit Ordnungsstrafe in Geld oder Ordnungshaft bis zu drei Tagen bestraft werden. Gegenüber Rechtsanwälten findet diese Bestimmung keine Anwendung.

Wird die Ungebühr im mündlichen oder schriftlichen Verkehr mit einem Bezirksnotariat, Grundbuchamt, Vormundschaftsgericht oder Nachlaßgericht begangen, so ist das Amtsgericht zur Verhängung der Strafe zuständig.

Gegen das Straferkenntnis ist, sofern es nicht vom Oberlandesgericht erlassen ist, sofortige Beschwerde nach den Vorschriften des Reichsgesetzes über die Angelegenheit der freiwilligen Gerichtsbarkeit zulässig. Jedoch kann eine wegen Ungebühr im mündlichen Verkehr mit einer Behörde erkannte Ordnungshaft sofort bis zu vierundzwanzig Stunden vollzogen werden, wenn die Aufrechterhaltung des amtlichen Ansehens die ungesäumte Bestrafung erfordert.

Wird die Ungebühr im mündlichen oder schriftlichen Verkehr mit einer Gemeindebehörde begangen, so sind die Vorschriften über die Bestrafung von Ungebühr gegenüber den Verwaltungsbehörden anzuwenden.

Ungehorsam

Art. 8. [Aufgehoben durch G v. 30. 6. 58 (BWGBl. S. 168) § 1 III]

Zwangsverfahren

Art. 9[4]**).** Anordnungen auf dem Gebiet der freiwilligen Gerichtsbarkeit, deren Durchführung durch unmittelbaren Zwang rechtlich zugelassen ist, können auf Kosten des Verpflichteten unmittelbar erzwungen werden, wenn eine Person oder Sache herausgegeben werden soll oder wenn eine Anordnung nicht auf andere Weise durchgeführt werden kann.

Der Anwendung des Zwangs soll in der Regel eine Androhung durch das Amtsgericht vorausgehen. Die Vollstreckungsverfügung wird vom Amtsgericht erlassen und vollzogen.

Wird die Person oder die Sache nicht vorgefunden, so kann der Verpflichtete von dem Gericht zur Leistung des Offenbarungseids angehalten werden; die Vorschriften der §§ 883 Abs. 2, 3, 900 Abs. 1, 901, 902, 904 bis 910, 912, 913 ZPO finden entsprechende Anwendung.

Zweiter Abschnitt

Bezirksnotariate[5])

Notariatsbezirke

Art. 10. In jedem Amtsgerichtsbezirk besteht mindestens ein Bezirksnotariat.

Das Justizministerium ist ermächtigt, einem Bezirksnotariat auch Gemeinden eines andern Amtsgerichtsbezirks zuzuteilen.

Besetzung der Bezirksnotariate

Art. 11. Die Bezirksnotariate werden mit einem oder mehreren Beamten besetzt. Soweit diese nicht Bezirksnotare sind, müssen sie zur Versehung des Amts eines Bezirksnotars befähigt sein.

[4]) In bundesrechtlichen Angelegenheiten überwiegend gegenstandslos infolge § 33 FGG.

[5]) Hierzu VO d. JM vom 27. 10. 1932 (ABl 321) über die Dienstvorschriften für die Bezirksnotare (DVBNot). Gemäß § 114 BNotO gelten die Vorschriften der BNotO für die Bezirksnotare nicht, auch nicht für ihre Amtstätigkeit als öffentlicher Notar (Art. 95 AGBGB). Wegen des Beurkundungsverfahrens vgl. aber § 64 BeurkG und den landesgesetzlichen Vorbehalt hinsichtlich der Rechtsmittel in § 61 Abs. 4 Satz 2 BeurkG.

Sind es mehrere Beamte, so ist jeder zu sämtlichen Amtshandlungen eines Bezirksnotars befugt.

Geschäftskreis

Art. 12. Der Bezirksnotar ist kraft seines Amtes verpflichtet, innerhalb seines Bezirks die Geschäfte des Grundbuchamts, des Vormundschaftsgerichts und des Nachlaßgerichts zu übernehmen. Außerdem hat er die ihm auf Grund sonstiger Vorschriften obliegenden Geschäfte zu erledigen.

Dem Bezirksnotar und seinen Hilfskräften ist untersagt, Geschäfte, zu deren Besorgung sie kraft ihres Amtes verpflichtet sind, zur Privatbesorgung zu übernehmen.

Der Bezirksnotar ist zugleich öffentlicher Notar gemäß den Vorschriften der Artikel 95 bis 97.

Gehilfen

Art. 13. Zur selbständigen Bearbeitung von Geschäften können von dem Bezirksnotar mit Genehmigung des Justizministeriums Gehilfen angenommen oder ihm vom Justizministerium zugeteilt werden.

Der Gehilfe muß zur Versehung des Amtes eines Bezirksnotars befähigt sein. Von diesem Erfordernis kann das Justizministerium befreien, wenn der Gehilfe die erste höhere Justizdienstprüfung bestanden hat.

Zur Vertretung des Bezirksnotars bei Verrichtungen, zu deren Besorgung er kraft seines Amtes verpflichtet ist, bedarf der Gehilfe der Ermächtigung des Justizministeriums. Für Verrichtungen des Vormundschafts- und Nachlaßgerichts soll diese nur ausnahmsweise erteilt werden. Ausfertigungen und Abschriften kann der Gehilfe ohne besondere Ermächtigung erteilen.

Für Geschäfte eines angenommenen Gehilfen haftet der Bezirksnotar neben diesem wie für eigene Geschäfte.

Gebührenbezug

Art. 14. Der Bezirksnotar ist zum Gebührenbezug nur insoweit berechtigt, als dies ausdrücklich bestimmt ist (vgl. Art. 96).

Dritter Abschnitt

Grundbuchwesen

Art. 15—31. [Nicht abgedruckt]

III. Beurkundung und Auflassung durch Ratschreiber und Nachlaßgericht

Beurkundung und Auflassung durch Ratschreiber

Art. 32[6]). Der Ratschreiber einer Gemeinde ist, wenn sich das Rechtsgeschäft auf ein in seinem Gemeindebezirk liegendes Grundstück bezieht, befugt,

[6]) Abs. 2 Satz 1 und Abs. 3 des Art. 32 sind aufgehoben durch § 60 Nr. 68 Buchst. b BeurkG. In § 61 Abs. 4 BeurG wird hierzu weiter bestimmt:

(4) Die Vorschriften über die Beurkundungszuständigkeiten der Ratschreiber und onstigen Hilfsbeamten der Grundbuchämter in Baden-Württemberg, insbesondere § 6 des badischen Grundbuchausführungsgesetzes i. d. F. der Bekanntmachung vom 13. 10. 1925 (Badisches Gesetz- und Verordnungsblatt S. 296) sowiet Art. 32 Abs. 1, Art. 33, 34 des württembergischen Ausführungsgesetzes zum Bürgerlichen Gesetzbuch und zu anderen Reichsjustizgesetzen vom 29. 12. 1931 (Württembergisches Regierungsblatt S. 545), bleiben unberührt; diese Vorschriften können von den dafür zuständigen Stellen aufgehoben oder geändert, jedoch nicht in ihrem Geltungsbereich erweitert werden; § 34 des Rechtspflegergesetzes gilt entsprechend. Unberührt bleiben ferner die Vorschriften, nach denen gegen Entscheidungen der Bezirksnotare, Ratschreiber und sonstigen Hilfsbeamten der Grundbuchämter in den Fällen des § 54 das Amtsgericht angerufen werden kann.

1. den in § 313 BGB bezeichneten Veräußerungsvertrag zu beurkunden,
2. die Auflassung im Falle des § 925 BGB unter Anwendung des Art. 30 entgegenzunehmen und zu beurkunden,
3. die nach § 873 Abs. 2 BGB zur Bindung der Beteiligten erforderliche Beurkundung der Erklärungen über die dinglichen Rechte vorzunehmen, die nach dem von ihm beurkundeten Veräußerungsvertrag zu bestellen sind, einschließlich der hierauf gerichteten Bewilligungen und Anträge.

[Abs. 2 Satz 1 aufgehoben]. Ist der Ratschreiber zugleich Ortsvorsteher, so kann er einen Veräußerungsvertrag, bei dem die Gemeinde beteiligt ist, auch beurkunden, wenn die Gemeinde hierbei durch einen vom Ortsvorsteher Bevollmächtigten vertreten wird. Auf die Auflassung vor dem Ratschreiber findet Art. 27 Abs. 2 Ziffer 1 bis 3 und 4 erster Fall[7]) Anwendung.

[Abs. 3 aufgehoben]

Bis zur Ausfolge der von ihm aufgenommenen Niederschrift hat der Ratschreiber für deren Verwahrung zu sorgen.

Befugnis für angrenzende Bezirke

Art. 33. Der Ratschreiber ist befugt, die in Art. 32 Abs. 1 genannten Beurkundungen und Auflassungen auch dann vorzunehmen, wenn ein einheitliches Geschäft desselben Veräußerers neben Grundstücken, die im Gemeindebezirk des Ratschreibers liegen, auch Grundstücke angrenzender Grundbuchamtsbezirke umfaßt, die zum württembergischen Staatsgebiet gehören.

Grundstücke von Ehegatten und Kindern gelten dabei als Grundstücke eines Eigentümers.

Stellvertreter des Ratschreibers

Art. 34. [Nicht abgedruckt]

Entziehung der Beurkundungsbefugnisse

Art. 35. [Nicht abgedruckt]

Mehrere Ratschreiber

Art. 36. [Nicht abgedruckt]

Auflassung vor dem Nachlaßgericht

Art. 37. [Aufgehoben durch § 60 Nr. 68 BeurkG]

IV. Unschädlichkeitszeugnis

Art. 38—51. [Nicht abgedruckt]

V. Löschung gegenstandsloser Eintragungen

Art. 52—60. [Nicht abgedruckt]

Vierter Abschnitt

Vormundschaftswesen[8])

I. Ordentliches Vormundschaftsgericht

[7]) Die angeführten Vorschriften beziehen sich auf die Ausschließung kraft Gesetzes.

[8]) Hierzu VO d. JM über das Vormundschaftswesen v. 27. 10. 1932 (ABl. 345).

Einrichtung nach Gemeinden

Art. 61. In jeder Gemeinde besteht ein staatliches Vormundschaftsgericht (ordentliches Vormundschaftsgericht).

Bei Vereinigung mehrerer selbständiger Gemeinden kann das Staatsministerium für einzelne Teile der vergrößerten Gemeinde besondere ordentliche Vormundschaftsgerichte einrichten.

Besetzung

Art. 62. Die Geschäfte des ordentlichen Vormundschaftsgerichts besorgt der Bezirksnotar.

Diensträume

Art. 63. Die Gemeinden sind verpflichtet, für die Geschäfte des Vormundschaftsgerichts und für die Aufbewahrung der Akten die erforderlichen Diensträume nebst Bedienung, Einrichtung, Heizung und Beleuchtung zur Verfügung zu stellen. Die Gemeinden erhalten hierfür eine Entschädigung aus der Staatskasse, deren Höhe durch Verordnung des Staatsministeriums bestimmt wird.

Ausschließung und Befangenheit

Art. 64. § 6 des Reichsgesetzes über die Angelegenheiten der freiwilligen Gerichtsbarkeit findet auf das ordentliche Vormundschaftsgericht Anwendung.

Verrichtungen der Geschäftsstelle

Art. 65. Die Verrichtungen der Geschäftsstelle liegen beim ordentlichen Vormundschaftsgericht dem Bezirksnotar ob. Ausfertigungen und Abschriften kann auch ein geprüfter Gehilfe erteilen.

Ratschreiber als Stellvertreter

Art. 66. Schriftliche Erklärungen für das Vormundschaftsgericht sind von dem Bezirksnotar und, solange dieser sich nicht am Sitz des Vormundschaftsgerichts befindet, von dem Ratschreiber anzunehmen.

Bei Abwesenheit des Bezirksnotars ist der Ratschreiber verpflichtet, in Angelegenheiten, die zur Zuständigkeit eines ordentlichen Vormundschaftsgerichts gehören, Anträge und Erklärungen niederschriftlich aufzunehmen, sowie in dringenden Fällen die Einsicht in die Akten des Vormundschaftsgerichts zu gestatten und Abschriften hieraus zu erteilen und zu beglaubigen.

Auf die Vertretung des Ratschreibers finden die Vorschriften des Art. 18 Abs. 2 Anwendung.

Bekanntmachung der Verfügungen

Art. 67. Soweit eine Verfügung Anwesenden nicht niederschriftlich bekannt gemacht wird (§ 16 Abs. 3 des Reichsgesetzes über die Angelegenheiten der freiwilligen Gerichtsbarkeit), erfolgt die Bekanntmachung in den vom Justizministerium hierfür zu bestimmenden Formen.

II. Amtsgericht

Amtsgericht als Vormundschaftsgericht

Art. 68[9]). Nachstehende Geschäfte des Vormundschaftsgerichts sind dem Amtsgericht vorbehalten:

[9]) Art. 68 i. d. F. des G vom 30. 6. 1958 (GBl. 168), des G vom 19. 12. 1961 (GBl. 371) und des Art. 1 § 2 des AG-NichtehelG vom 30. 6. 1970 (GBl. 289).

1. die Volljährigkeitserklärung (§ 3 BGB);

1 a. die Befreiung vom Erfordernis der Ehemündigkeit, vom Eheverbot wegen Schwägerschaft und Geschlechtsgemeinschaft und vom Eheverbot wegen Ehebruchs (§§ 1, 4, 6 des Ehegesetzes);

2. die Ersetzung der Einwilligung des gesetzlichen Vertreters und des Sorgeberechtigten zur Eheschließung (§ 3 Abs. 3 Ehegesetz) sowie die Ersetzung der Genehmigung der Ehe im Falle des § 30 Abs. 3 des Ehegesetzes;

3. die Genehmigung zur Erhebung der Ehescheidungsklage und der Eheaufhebungsklage durch den gesetzlichen Vertreter eines geschäftsunfähigen Ehegatten (§ 612 Abs. 2 ZPO);

4. die Aufhebung einer Beschränkung oder Ausschließung der Schlüsselgewalt (§ 1357 Abs. 2 BGB);

5. die Genehmigung zur Anfechtung der Ehelichkeit durch ein minderjähriges Kind (§ 1597 Abs. 1 BGB, § 640 b Satz 2 ZPO) und die Entscheidung über die Anfechtung der Ehelichkeit eines gestorbenen Kindes oder durch das Kind nach dem Tode des Mannes (§ 1599 Abs. 2 Satz 1, 2 BGB);

5 a. die Genehmigung zur Anfechtung der Anerkennung durch ein minderjähriges Kind (§ 1600 k Abs. 1 Satz 2 BGB) und die Entscheidung über die Anfechtung der Anerkennung eines gestorbenen Kindes oder durch das Kind oder die Mutter nach dem Tode des Mannes (§ 1600 l Abs. 2 BGB);

5 b. die Anfechtung der Vaterschaft durch ein minderjähriges Kind, eines gestorbenen Kindes oder die Anfechtung der Vaterschaft durch das Kind oder die Mutter nach dem Tode des Mannes (Artikel 12 § 3 Abs. 2 des Gesetzes über die rechtliche Stellung der nichtehelichen Kinder vom 19. August 1969, BGBl. I S. 1243);

5 c. die Feststellung der Vaterschaft nach dem Tode des Mannes auf Antrag des Kindes und nach dem Tode des Kindes auf Antrag der Mutter (§ 1600 n Abs. 2 BGB);

6. die Entscheidung von Meinungsverschiedenheiten verschiedener Gewalthaber, soweit sie nicht ausschließlich vermögensrechtliche Angelegenheiten betreffen;

7. die Entscheidung über den Anspruch auf Herausgabe eines Kindes im Falle des § 1632 Abs. 2 BGB;

8. die Regelung von Fragen der elterlichen Gewalt in den Fällen der §§ 1671, 1672, 1681 Abs. 2 Satz 3 BGB, § 37 Abs. 1 des Ehegesetzes sowie die Entscheidung über die Rückübertragung der elterlichen Gewalt nach §§ 1738 Abs. 2, 1765 Abs. 2 BGB;

9. die Regelung des persönlichen Verkehrs zwischen Eltern und Kindern (§§ 1634 Abs. 2, 1711 Abs. 1 BGB);

10. die Untersagung der Führung des Mannesnamens durch die geschiedene oder überlebende Frau (§ 57 Abs. 1 des Ehegesetzes, § 2 des Gesetzes über die Rechtswirkungen des Ausspruchs einer nachträglichen Eheschließung vom 29. März 1951 — BGBl. I S. 215);

11. die Maßnahmen im Sinne der §§ 1666 und 1838 BGB;

12. [Aufgehoben durch Art. 1 § 2 Nr. 6 G vom 30. 6. 1970, GBl. 289]

13. die nach § 13 Abs. 2 des württembergischen Gesetzes über die Kirchen vom 3. März 1924 (Reg.Bl. S. 93) in Verbindung mit § 1666 Abs. 1 BGB dem Vormundschaftsgericht zustehende Feststellung über die Änderung des Erziehungsbekenntnisses;

14. die Entziehung der Sorge für die religiöse Erziehung des Mündels (§ 1801 BGB) sowie die in dem Gesetz über die religiöse Kindererziehung vom 15. Juli 1921 (RGBl. S. 939) dem Vormundschaftsgericht übertragenen Verrichtungen;

15. die im Abschnitt VI des Gesetzes für Jugendwohlfahrt genannten Verrichtungen;
16. die nach dem Jugendgerichtsgesetz vom 4. August 1953 (BGBl. I S. 751) dem Vormundschaftsgericht überlassenen Erziehungsmaßregeln;
17. die Erteilung von Weisungen nach § 21 Abs. 4 des Gesetzes über die Verbreitung jugendgefährdender Schriften vom 9. Juni 1953 (BGBl. I S. 377) und nach § 12 des Gesetzes zum Schutze der Jugend in der Öffentlichkeit in der Fassung des Gesetzes vom 27. Juli 1957 (BGBl. I S. 1058);

17 a, 17 b. [Aufgehoben durch Art. 1 § 2 Nr. 8 des G vom 30. 6. 1970, GBl. 289]

18. die Ehelicherklärung eines nichtehelichen Kindes (§§ 1723, 1740 a BGB) sowie die Ersetzung der Einwilligung der Mutter und der Ehefrau des Vaters (§ 1727 BGB), die nach § 1728 Abs. 2 BGB erforderliche vormundschaftsgerichtliche Genehmigung und die Entscheidung über einen Antrag nach § 1740 g BGB;
19. die Ersetzung der Einwilligung in eine Annahme an Kindes Statt (§ 1747 Abs. 3 BGB), sowie die Aufhebung des Annahmeverhältnisses nach § 1770 a, 1770 b, 1770 c BGB);

19 a. die Genehmigung zur Unterbringung eines Mündels oder eines Pflegebefohlenen, die mit Freiheitsentziehung verbunden ist, sowie die Zurücknahme einer solchen Genehmigung (§ 1800 Abs. 2, § 1897, § 1915 Abs. 1 BGB);

20. die Genehmigung nach § 6 des Gesetzes über die freiwillige Kastration und andere Behandlungsmethoden vom 15. August 1969 (BGBl. I S. 1143 ff.);
21. die Anordnung oder Aufhebung einer vorläufigen Vormundschaft (§§ 1906, 1908 BGB);
22. die Anordnung einer Vormundschaft oder einer Pflegschaft über einen Ausländer, der nicht im Inland entmündigt ist (Art. 23 Abs. 1 erster Fall EGBGB);
23. [Aufgehoben durch Art. 1 § 2 Nr. 12 des G vom 30. 6. 1970, GBl. 289]

Verfügungen eines unzuständigen Amtsgerichts

Art. 69. Verfügungen, die das Amtsgericht in Vormundschaftssachen trifft, ohne hierzu nach Art. 68 befugt zu sein, können nicht aus dem Grund angefochten werden, weil das ordentliche Vormundschaftsgericht zuständig gewesen wäre.

Amtsgericht als gemeinschaftliches oberes Gericht

Art. 70. Gemeinschaftliches oberes Gericht im Sinne der §§ 5, 46 des Reichsgesetzes über die Angelegenheiten der freiwilligen Gerichtsbarkeit ist, wenn die beteiligten ordentlichen Vormundschaftsgerichte in dem Bezirke desselben Amtsgerichts ihren Sitz haben, dieses Amtsgericht.

III. Vormünder

Verpflichtung von Vormündern

Art. 71. Um die Verpflichtung eines Vormunds, Gegenvormunds, Pflegers und Beistands kann der Ortsvorsteher ersucht werden.

Beamte als Vormünder

Art. 72. Öffentliche Beamte haben die Übernahme einer Vormundschaft, Pflegschaft oder Beistandschaft ihrer vorgesetzten Behörde anzuzeigen, die ihnen die Fortführung untersagen kann.

Die Untersagung darf nur erfolgen, wenn ein wichtiger dienstlicher Grund vorliegt.

Fünfter Abschnitt

Nachlaßwesen[10])

I. Ordentliches Nachlaßgericht

1. Allgemeines

Einrichtung nach Gemeinden

Art. 73. In jeder Gemeinde besteht ein staatliches Nachlaßgericht (ordentliches Nachlaßgericht).

Bei Vereinigung mehrerer selbständiger Gemeinden kann das Staatsministerium für einzelne Teile der vergrößerten Gemeinde besondere ordentliche Nachlaßgerichte einrichten.

Besetzung

Art. 74. Das ordentliche Nachlaßgericht besteht für die Verhandlungen zur Vermittlung der Auseinandersetzung eines Nachlasses oder einer beendigten ehelichen oder fortgesetzten Gütergemeinschaft in Gemeinden unter 20 000 Einwohnern aus dem Bezirksnotar als Vorsitzenden und zwei Nachlaßrichtern, die gleiches Stimmrecht mit dem Bezirksnotar haben. Im übrigen erledigt der Bezirksnotar die Geschäfte des Nachlaßgerichts allein.

Anwendung sonstiger Vorschriften

Art. 75. Auf das ordentliche Nachlaßgericht finden die für das ordentliche Vormundschaftsgericht geltenden Vorschriften der Art. 63, 64, 65, 66, 67, 70, 71, 72, ferner für die Beratung und Abstimmung die §§ 192 bis 198 GVG entsprechende Anwendung.

2. Nachlaßrichter

Berufung der Nachlaßrichter und ihrer Stellvertreter

Art. 76. Der Ortsvorsteher ist für seine Person Nachlaßrichter, sofern er nicht bei Beginn der Wahlperiode oder nach Antritt seines Amts darauf verzichtet. Im übrigen werden die Nachlaßrichter und die entsprechende Zahl von Stellvertretern von dem Gemeinderat auf die Dauer von zwei Jahren gewählt.

Im Bedürfnisfall kann der Gemeinderat eine mehrfache Zahl von Nachlaßrichtern wählen, die nach einem von dem Vorsitzenden im voraus festzustellenden Geschäftsverteilungsplan an den Verhandlungen des Nachlaßgerichts teilnehmen. Wenn infolge Eintritts eines neu gewählten Ortsvorstehers als Nachlaßrichter ein gewählter Nachlaßrichter überzählig wird, so tritt der dem Lebensalter nach jüngste Nachlaßrichter zu den Stellvertretern über.

Anzeige an das Amtsgericht. Enthebung

Art. 77. Die Wahl der Nachlaßrichter und ihrer Stellvertreter ist dem Amtsgericht anzuzeigen.

Das Amtsgericht kann einen Gewählten von dem Amt entheben, wenn wichtige Gründe gegen seine Person vorliegen. Gegen die Enthebung steht dem Gemeinderat und dem Gewählten das Recht der einmaligen Beschwerde an das Landgericht zu. Die Beschwerde ist binnen einer Woche nach Eröffnung des Beschlusses bei dem Amtsgericht oder dem Landgericht durch Einreichung einer Beschwerdeschrift oder zur Niederschrift der Geschäftsstelle zu erheben.

10) Hierzu VO d. JM v. 10. 3. 33 (ABl. 63) über das Nachlaßwesen mit Änderung ABl. 1934, 275.

Wählbarkeit, Übernahme und Ausscheiden

Art. 78. Auf die Wählbarkeit als Nachlaßrichter, die Verpflichtung zur Übernahme dieses Amtes, die Befreiung von dieser Verpflichtung und die Niederlegung des Amtes sind die Vorschriften anzuwenden, die für die sonstigen Ehrenämter der Gemeinden jeweils gelten; jedoch haben dabei statt des Bezirksrats und der Ministerialabteilung für Bezirks- und Körperschaftsverwaltung das Amtsgericht und das Landgericht zu entscheiden.

Verpflichtung der Nachlaßrichter

Art. 79. Die gewählten Nachlaßrichter sind vor ihrem Amtsantritt auf die Erfüllung der Obliegenheiten des ihnen übertragenen Amtes eidlich zu verpflichten. Bei einer sich unmittelbar anschließenden Wiederwahl genügt der Hinweis auf den früher geleisteten Eid.

Verletzung des Amtsgeheimnisses

Art. 80. Die Verletzung der den Nachlaßrichtern obliegenden Verpflichtung zur Wahrung des Amtsgeheimnisses unterliegt der Bestrafung unter sinngemäßer Anwendung der Vorschriften des Beamtengesetzes über Ordnungsstrafen wegen Dienstvergehen.

Versäumnisstrafen

Art. 81. Nachlaßrichter, die ohne genügende Entschuldigung nicht oder nicht rechtzeitig zu den Sitzungen erscheinen oder sich sonst ihren Obliegenheiten entziehen, können mit einer Ordnungsstrafe bis zu einhundert Mark bestraft werden. Die Bestrafung wird nach Anhörung des Nachlaßrichters vom Amtsgericht ausgesprochen. Gegen den Beschluß steht dem Bestraften die einmalige Beschwerde an das Landgericht zu.

3. Verfahren

Mitteilungen des Standesbeamten

Art. 82. Der Standesbeamte hat von jedem ihm angezeigten Todesfall sofort dem ordentlichen Nachlaßgericht seines Bezirks Mitteilung zu machen. Führt der Standesbeamte das Familien*register*[11]) über den Verstorbenen, so ist ein Familien*register*auszug anzuschließen.

Außerdem hat der Standesbeamte von jedem zu seiner amtlichen Kenntnis gelangten, außerhalb des Landes erfolgten Todesfall dem ordentlichen Nachlaßgericht seines Bezirks sofort Anzeige zu erstatten.

Der Standesbeamte ist verpflichtet, Ersuchen von Nachlaßgerichten um Ermittlung von Erben zu erledigen.

Das Justizministerium kann Ausnahmen von den Vorschriften in Abs. 1 und 2 zulassen.

Nachlaßsicherung

Art. 83. Bei Abwesenheit des Bezirksnotars kann die Anlegung von Siegeln, die Hinterlegung von Geld, Wertpapieren und Kostbarkeiten und die Aufnahme eines Verzeichnisses der zum Nachlaß gehörigen beweglichen Sachen gemäß § 1960 Abs. 2 BGB auch durch zwei Nachlaßrichter angeordnet und ausgeführt werden.

Der Bezirksnotar kann die Ausführung der zur Nachlaßsicherung getroffenen Anordnungen zwei Nachlaßrichtern oder zwei Mitgliedern der Inventurbehörde oder einem geprüften Gehilfen übertragen.

Anzeige einer vereinbarten Auseinandersetzung

Art. 84. Die Erben haben innerhalb dreier Monate nach dem Tod des Erblassers oder nach Eröffnung der Verfügung von Todes wegen dem Nachlaßgericht die vereinbarte Auseinandersetzung anzuzeigen.

[11]) Jetzt Familienbuch, §§ 12, 15 a, 70 a Abs. 2 Nr. 1 PStG i. d. F. v. 8. 8. 57 (BGBl. I 1125). Dazu auch AV d. JM Bad.-Württ. vom 18. 4. 1966 (Die Justiz S. 115).

Hemmung der Auseinandersetzungsfrist

Art. 85. Die Frist des Art. 84 läuft insolange nicht, als die Auseinandersetzung durch die Erklärung der Erben, nicht auseinandersetzen zu wollen, oder durch letztwillige Verfügung des Erblassers (§ 2044 BGB) oder gemäß dem Verlangen eines Miterben nach § 2045 BGB oder auf Grund des § 2043 BGB ausgeschlossen oder gegen das die Todeserklärung aussprechende *Urteil* eine *Anfechtungsklage*[12]) anhängig ist.

Anzeige der Hemmungsgründe

Art. 86. In den Fällen des Art. 85 haben die Erben das der Auseinandersetzung entgegenstehende Hindernis dem Nachlaßgericht anzuzeigen.

Amtliche Auseinandersetzung nach Fristablauf

Art. 87. Wenn die Nachlaßauseinandersetzung von den Erben nicht innerhalb der Frist des Art. 84 vereinbart ist, so hat das Nachlaßgericht die Auseinandersetzung von Amts wegen zu vermitteln, sofern nicht ein Testamentsvollstrecker vorhanden ist, der die Auseinandersetzung zu bewirken hat.

Die Frist ist auf Ansuchen oder von Amts wegen insoweit zu verlängern, als Umstände vorliegen, die ihre Einhaltung untunlich erscheinen lassen. Stellen sich solche Umstände erst nach Ablauf der dreimonatigen oder der verlängerten Frist heraus, so hat das Nachlaßgericht eine neue Frist zu erteilen.

Im Falle einer Todeserklärung beginnt die dreimonatige Frist mit *der Erlassung des die Todeserklärung aussprechenden Urteils*[13]).

Ladung der Beteiligten

Art. 88. Hat das Nachlaßgericht die Auseinandersetzung eines Nachlasses von Amts wegen zu vermitteln, so hat es bei der Ladung zu dem Verhandlungstermin die Beteiligten und die Teilungsmasse zu bezeichnen. Die Erhebungen hierüber sind von Amts wegen vorzunehmen.

Aufnahme von Verzeichnissen

Art. 89. Findet auf Antrag eines Beteiligten oder von Amts wegen die Vermittlung der Auseinandersetzung eines Nachlasses oder einer ehelichen Gütergemeinschaft durch das Nachlaßgericht statt, so hat dieses, soweit es zur Feststellung des Bestands erforderlich erscheint, die Aufnahme eines Verzeichnisses anzuordnen.

Während des Laufs der zur privaten Auseinandersetzung bestimmten Frist kann das Nachlaßgericht auch nach der Annahme der Erbschaft die Aufnahme eines Nachlaßverzeichnisses anordnen, wenn Anhaltspunkte dafür vorliegen, daß die Ermittlung des Nachlasses vereitelt oder wesentlich erschwert und hierdurch die Auseinandersetzung unter den Miterben beeinträchtigt wird.

Altrechtliche Nachlaßfälle

Art. 90. Die Vorschriften des Reichs- und Landesrechts über Nachlaßauseinandersetzung finden auch Anwendung, wenn der Erblasser vor dem Inkrafttreten des Bürgerlichen Gesetzbuchs gestorben ist.

Über erbrechtliche Verhältnisse des früheren Rechts stellt das Nachlaßgericht die erforderlichen Zeugnisse aus. Unrichtige Zeugnisse hat das Nachlaßgericht einzuziehen.

[12]) Jetzt Antrag auf Aufhebung nach § 30 VerschG.

[13]) Jetzt mit der Rechtskraft des Todeserklärungsbeschlusses, §§ 46 Abs. 3, 29 VerschG.

II. Amtsgericht

Amtsgericht als Nachlaßgericht

Art. 91[14]). Dem Amtsgericht ist vorbehalten die Abnahme des Offenbarungseids zum Zwecke der Erfüllung der dem Besitzer eines Testaments obliegenden Ablieferungspflicht (§ 83 Abs. 2 des Reichsgesetzes über die Angelegenheiten der freiwilligen Gerichtsbarkeit).

Verfügungen eines unzuständigen Amtsgerichts

Art. 92. Verfügungen, die das Amtsgericht in Nachlaß- und Teilungssachen trifft, ohne hierzu nach Art. 91 befugt zu sein, können nicht aus dem Grund angefochten werden, weil das ordentliche Nachlaßgericht zuständig gewesen wäre.

III. Testamente und Erbverträge

Verwahrung von Testamenten und Erbverträgen

Art. 93. Die besondere amtliche Verwahrung der Testamente und Erbverträge erfolgt bei dem Amtsgericht oder Bezirksnotar, vor dem sie errichtet sind. Ist die Urkunde von einem Notar aufgenommen, der nicht Bezirksnotar ist, so ist sie dem Bezirksnotar des Amtssitzes des beurkundenden Notars zur amtlichen Verwahrung zu übergeben[15]). Der Ortsvorsteher hat ein vor ihm errichtetes Testament dem zuständigen Bezirksnotar zu übergeben. Der Erblasser kann die Verwahrung bei einem anderen Bezirksnotar verlangen.

Eröffnung nach Zeitablauf

Art. 94. [Gegenstandslos durch §§ 2263 a, 2300 a BGB]

Sechster Abschnitt

Beurkundungen und Schätzungen

I. Öffentliche Notare

1. Bezirksnotare als öffentliche Notare

Allgemeine Rechtsstellung

Art. 95. Mit der Bekleidung eines Bezirksnotars ist das Amt eines öffentlichen Notars verbunden. Bei der Anstellung eines Bezirksnotars kann das Justizministerium die Ausübung des öffentlichen Notariats auf die besonderen Bedürfnisse des Hauptamts beschränken. Der Bezirksnotar hat die Gebühren für alle Geschäfte des öffentlichen Notariats, die für den Bezirksnotar des Beurkundungsorts amtliche Geschäfte wären, zur Staatskasse zu verrechnen.

Der Bezirksnotar unterliegt bei Pflichtverletzungen im ganzen Umfang seiner amtlichen Tätigkeit dem Dienststrafrecht des Beamtengesetzes.

Gebührenbezug

Art. 96. Dem Bezirksnotar fallen unbeschadet der Vorschrift in Art. 95 Abs. 1 Satz 3 die Gebühren für die von ihm in seiner Eigenschaft als öffentlicher Notar vorgenommenen Geschäfte zu, sofern diese nicht unmittelbar mit einem Geschäft zusammenhängen, das der Bezirksnotar gegebenenfalls gemäß seinem Amt vorzunehmen hat. Das Justizministerium ist für diese Fälle zur näheren Regelung des Gebührenbezugs ermächtigt.

14) Fassung d. G v. 30. 6. 1970 (GBl. 289); die Änderung berücksichtigt noch nicht die Änderung des § 83 Abs. 2 FGG und des Art. 147 Abs. 2 EGBGB durch Art. 2 § 2 und § 5 Nr. 4 des G vom 27. 6. 1970 (BGBl. I 911).

15) Über die Aufrechterhaltung dieser Zuständigkeit der Bezirksnotare vgl. § 1 FGG Rdn. 44.

Der Bezirksnotar hat die Gebühren für die Aufnahme eines öffentlichen Vermögensverzeichnisses, für die öffentliche Beglaubigung eines solchen sowie für die Abnahme einer eidesstattlichen Versicherung im Falle des § 2356 Abs. 2 BGB zur Staatskasse zu verrechnen. Ausgenommen ist das Vermögensverzeichnis zwischen Verlobten oder Ehegatten.

Das Staatsministerium kann allgemein anordnen, daß der Bezirksnotar seine Gebühren aus dem öffentlichen Notariat, soweit sie bestimmte Beträge überschreiten, zum Teil zur Staatskasse abzuliefern hat.

Erledigung des Amtes

Art. 97. Scheidet der Bezirksnotar aus seinem Amt aus oder wird er versetzt, so sind die von ihm verwahrten Niederschriften samt Registern dem Amtsnachfolger zu übergeben. Das Justizministerium kann eine abweichende Anordnung treffen.

Die Vorschriften des Art. 103 Abs. 2 und 3 gelten sinngemäß.

2. Sonstige öffentliche Notare

Art. 98—102[16]**).**

Erledigung des Amts

Art. 103. [Abs. 1 gegenstandslos]

Von der Ausfolge der Akten an werden Ausfertigungen und Abschriften der Niederschriften von dem Notar erteilt, in dessen Verwahrung die Niederschriften übergegangen sind.

Diese Bestimmungen finden auch bei einer vorläufigen Untersagung der Amtstätigkeit für deren Dauer Anwendung.

Art. 104, 105. [Gegenstandslos]

3. Geschäfte der öffentlichen Notare

Zuständigkeit

Art. 106[17]**).** Der öffentliche Notar ist berufen, innerhalb des ganzen Landes öffentliche Urkunden aufzunehmen, sonach Rechtsgeschäfte und sonstige Tatsachen zu beurkunden, Unterschriften, Handzeichen und Abschriften zu beglaubigen, eidesstattliche Versicherungen, die zur Wahrnehmung von Rechten im Ausland erforderlich sind, abzunehmen, sowie Versteigerungen und alle diejenigen Geschäfte vorzunehmen, die ihm besonders zugewiesen sind oder die nach bestehender Übung in den Kreis der von öffentlichen Notaren besorgten Geschäfte fallen.

[Abs. 2 aufgehoben]

Ablehnung von Aufträgen

Art. 107. Der Notar darf Aufträge innerhalb des gesetzlichen Aufgabenkreises nicht ohne triftige Gründe ablehnen.

Erfordert die Vornahme eines Geschäfts eine Reise, so ist hierzu nur der Bezirksnotar innerhalb seines Bezirks nach Leistung eines Reisekostenvorschusses in der vorgeschriebenen Höhe verpflichtet.

[16]) Die Vorschriften der Art. 98 bis 105 für öffentliche Notare sind durch die RNotO gegenstandslos geworden. Art. 103 Abs. 2, 3 gilt nach der Verweisung in Art. 97 Abs. 2 noch für die Bezirksnotare.

[17]) Art. 106 Abs. 2 ist aufgehoben durch § 60 Nr. 68 Buchst. b BeurkG. Die Art. 106, 107, 115, 116 Abs. 2, 117 gelten gemäß § 114 BNotO, Art. 95 AGBGB noch für die Amtstätigkeit der Bezirksnotare als öffentliche Notare.

Unwirksame Geschäfte

Art. 108[18]**).** Der Notar darf keine Amtshandlung bei einem Geschäft vornehmen, das gegen ein gesetzliches Verbot oder gegen die guten Sitten verstößt.

Bestehen in anderen Fällen Bedenken, ob das Geschäft mit den gesetzlichen Vorschriften im Einklang steht, ob es wirksam, nichtig oder anfechtbar ist oder ob es der Absicht der Beteiligten entspricht, so ist der Notar verpflichtet, sich die nötige Aufklärung zu verschaffen und die Beteiligten über die vorliegenden Bedenken zu belehren. Die erfolgte Belehrung ist in der aufzunehmenden Urkunde festzustellen, wenn die Beteiligten auf Vornahme der Amtshandlung bestehen und nach der Ansicht des Notars die geltend gemachten Bedenken nicht zu beheben sind.

Geschäftsfähigkeit der Beteiligten

Art. 109[18]**).** Der Notar hat vor der Vornahme einer Amtshandlung die Geschäftsfähigkeit der Beteiligten zu prüfen. Ist zu einem Geschäft Geschäftsfähigkeit erforderlich, ein Beteiligter aber geschäftsunfähig, so hat der Notar die Amtshandlung abzulehnen; ist ein Beteiligter nur beschränkt geschäftsfähig, so ist dies in der Urkunde zu erwähnen.

Vertretungsbefugnis

Art. 110[18]**).** Handelt ein Beteiligter als Vertreter, so hat der Notar die Vertretungsbefugnis zu prüfen.

Vollmachtsurkunden und Ausweise eines gesetzlichen Vertreters sind in Urschrift oder beglaubigter Abschrift bei der Niederschrift zurückzubehalten.

Willenserforschung

Art. 111[18]**).** Vor Aufnahme einer Urkunde hat der Notar den wahren und vollständigen Willen der Beteiligten zu ermitteln. Sofern er Zweifel hegt, ob die Beteiligten die Bedeutung und die Folgen des beabsichtigten Geschäfts oder der Beurkundung des beabsichtigten Geschäfts völlig erkannt haben, hat er ihnen hierüber die nötige Belehrung zu erteilen. Er hat ihre Willensmeinung klar, bestimmt und unzweideutig in der Urkunde auszudrücken.

Art. 112, 113, 114. [Aufgehoben durch § 60 Nr. 68 BeurkG]

Verwahrung der Niederschriften

Art. 115. Der Notar hat die von ihm aufgenommenen Niederschriften samt den Anlagen zu verwahren, soweit nichts anderes vorgeschrieben ist. Das Justizministerium kann Ausnahmen zulassen.

Ausfertigungen, Abschriften, Einsicht

Art. 116[19]**).** *Der Notar hat von den verwahrten Niederschriften und Anlagen auf Verlangen den Urkundsparteien und ihren Rechtsnachfolgern Ausfertigungen und Abschriften zu erteilen und im Bedürfnisfall Einsicht in die Urkunden zu gewähren. Die Ausfertigungen sind von dem Notar zu unterschreiben und mit dem Dienstsiegel oder Dienststempel zu versehen. Sie können auf Antrag auch auszugsweise erteilt werden.*

[18]) Die Art. 108 bis 111 sind durch § 60 Nr. 68 Buchst. c BeurkG insoweit außer Kraft gesetzt worden, als in diesen Vorschriften das Verfahren bei öffentlichen Beurkundungen geregelt wird. Insofern gelten auch für den Bezirksnotar die Vorschriften des Beurkundungsgesetzes (§ 64 BeurkG).

[19]) Abs. 1 und Abs. 3 des Art. 116 sind aufgehoben durch § 60 Nr. 68 Buchst. b BeurkG. Die Vorschrift des Art. 116 Abs. 2 tritt für die Bezirksnotare in ihrer Eigenschaft als öffentliche Notare an die Stelle des § 15 Abs. 1 Satz 2 BNotO, da die BNotO nach § 114 BNotO für die Bezirksnotare nicht gilt, und auf Grund des landesgesetzlichen Vorbehalts in § 61 Abs. 4 Satz 2 BeurkG an die Stelle des § 54 BeurkG.

Gegen eine Weigerung des Notars kann das vorgesetzte Amtsgericht angerufen werden. Das Landgericht entscheidet endgültig.

[Abs. 3 aufgehoben]

Geschäftsregister (Notariatsregister)

Art. 117. Der Notar hat ein Geschäftsregister (Notariatsregister) zu führen, in dem sämtliche von ihm behandelten Notariatsgeschäfte mit Ausnahme der Wechselproteste nach der Zeitfolge unter Angabe des Tages der Vornahme, des Gegenstands, der Beteiligten und der angesetzten Gebühren, die Niederschriften stets unter besonderer Nummer, alsbald einzutragen sind. Das Justizministerium kann die Eintragung bestimmter Geschäfte in einem anderen Verzeichnis anordnen.

II. Öffentliche Beglaubigung durch Ortsvorsteher und Ratschreiber

Art. 118[20]). Die Ortsvorsteher und Ratschreiber sind für die öffentliche Beglaubigung einer Unterschrift entsprechend den Vorschriften des § 183 Abs. 1 und 2 des Reichsgesetzes über die Angelegenheiten der freiwilligen Gerichtsbarkeit zuständig.

Wenn die Stelle des Ortsvorstehers oder Ratschreibers erledigt oder der Ortsvorsteher oder Ratschreiber an der Versehung seines Amtes verhindert ist, so sind die nach der Gemeindeordnung berufenen Amtsverweser und Stellvertreter zuständig.

III. Schätzungen und Vermögensverzeichnisse

1. Schätzungen von Grundstücken

Art. 119. Auf Antrag von Beteiligten oder auf Ersuchen von Behörden sind die Gemeinderäte zur amtlichen Schätzung des Werts von Grundstücken und grundstücksgleichen Rechten ihres Gemeindebezirks, von Nutzungen solcher Grundstücke und von Rechten an solchen Grundstücken verpflichtet, wenn es sich um Grundbuchsachen, um Zwangsvollstreckungen in Grundstücke und Berechtigungen, die den Grundstücken gleichgestellt sind, oder um Nachlaß- und Teilungssachen handelt. In sonstigen Fällen sind die Gemeinderäte auf Ansuchen hierzu berechtigt.

In großen und mittleren Städten sowie in Gemeinden erster und zweiter Klasse können entsprechend den Bestimmungen der Gemeindeordnung durch Gemeindesatzung für die Schätzung von Grundstücken besondere Abteilungen gebildet werden, die aus wenigstens drei Mitgliedern einschließlich des Vorsitzenden bestehen. Gegen die Gemeindesatzung kann das Landgericht Einspruch erheben.

Zu der Schätzung können besondere Sachverständige zugezogen werden; bei der Schätzung von Erbbaurechten ist in der Regel ein Sachverständiger zuzuziehen. Die Zuziehung der Sachverständigen erfolgt auf Kosten der Beteiligten, wenn diese damit einverstanden sind oder wenn das Amtsgericht die Genehmigung erteilt oder wenn es sich um ein Erbbaurecht handelt.

2. Öffentliche Vermögensverzeichnisse

Örtliche Inventurbehörde

Art. 120. Für die Aufzeichnung und Schätzung der zu einem Vermögen gehörigen Gegenstände sowie auf Anordnung des Bezirksnotars zur Ausführung der Nachlaßsicherung ist die örtliche Inventurbehörde zuständig.

[20]) Art. 118 ist durch § 60 Nr. 68 Buchst. d BeurkG insoweit außer Kraft gesetzt worden, als nach dieser Vorschrift andere Urkundspersonen als die Ratschreiber oder deren Amtsverweser oder Stellvertreter für die öffentliche Beglaubigung einer Unterschrift zuständig sind. Vgl. Haegele, BeurkG, § 61 Anm. V S. 194/195.

Die örtliche Inventurbehörde besteht aus zwei Gemeinderatsmitgliedern oder zwei vom Gemeinderat bestellten und verpflichteten Inventierern oder aus einem Gemeinderatsmitglied und einem Inventierer. Im Bedarfsfall kann der Inventurbehörde eine größere Zahl von Mitgliedern zur Bildung mehrerer selbständiger Abteilungen zugeteilt werden. Die Gemeinderatsmitglieder und die erforderlichen Ersatzmänner hat der Gemeinderat für drei Geschäftsjahre zu wählen. Der Ortsvorsteher ist, wenn er nicht bei Beginn der Wahlperiode oder bei Antritt seines Amts darauf verzichtet, Mitglied der Inventurbehörde.

Aufnahme von Vermögensverzeichnissen

Art. 121. Für die Aufnahme eines öffentlichen Vermögensverzeichnisses sind außer den öffentlichen Notaren die Amtsgerichte zuständig.

Zur Vorbereitung der Aufnahme kann das Amtsgericht oder der Notar die örtliche Inventurbehörde heranziehen; die endgültige Feststellung des Verzeichnisses bleibt dem Amtsgericht oder dem Notar vorbehalten.

Im Falle des § 2002 BGB finden diese Vorschriften entsprechende Anwendung.

Das Amtsgericht oder der Notar hat auf Verlangen das aufgenommene Vermögensverzeichnis zu verwahren.

Anordnung durch das Nachlaßgericht

Art. 122. Wenn das Nachlaßgericht in den Fällen des § 1960 BGB und des Art. 89 die Aufnahme eines Verzeichnisses angeordnet hat, so liegt der Vollzug dieser Anordnung dem Vorsitzenden des Nachlaßgerichts ob, der die Inventurbehörde nach Art. 121 Abs. 2 zuziehen kann. Das aufgenommene Verzeichnis ist bei den Akten des Nachlaßgerichts aufzubewahren.

18.

Verordnung des (Württ.) Justizministeriums vom 18. März 1933 über die öffentlichen Notare (ÖNotV)[1]

(ABl. 1933 97)

(Auszug)

Nebengeschäfte

§ 8. Die Annahme der Bestellung als Konkursverwalter oder Vertrauensperson in einem gerichtlichen oder außergerichtlichen Vergleichsverfahren, die ständige Vertretung von Beteiligten im Zwangsversteigerungsverfahren, die fortlaufende Beratung und Beihilfe in Steuerangelegenheiten sowie die Verwaltung eines fremden Vermögens durch den Notar werden gemäß Art. 104 Abs. 2 AGBGB allgemein genehmigt.

Dienststrafen

§ 9. Über schwere Verfehlungen eines Notars und über die gegen einen Notar erkannten Ordnungsstrafen hat das Amtsgericht durch das Landgericht dem Justizministerium zu berichten. § 166 VGB ist entsprechend anzuwenden.

Versteigerungen

§ 10. Freiwillige Versteigerungen werden unbeschadet der gesetzlichen Vorschriften über die Beurkundung nach den Bestimmungen des Auftraggebers ausgeführt. Bestimmt dieser nichts anderes, so soll der Versteigerungstermin und -ort in der ortsüblichen Weise öffentlich

[1]) Die VO ist noch maßgebend für die Amtstätigkeit der Bezirksnotare in ihrer Eigenschaft als öffentliche Notare (Art. 95 AGBGB, § 114 BNotO). § 10 gilt gemäß §§ 20 Abs. 3, 118 BNotO auch für freiberufliche öffentliche Notare.

bekanntgemacht werden. Die Versteigerung zum Verkauf soll in der Bekanntmachung als eine freiwillige bezeichnet werden; bei Grundstücken soll neben dem Gegenstand der Eigentümer und im Falle einer gemeinderätlichen Schätzung die festgestellte Schätzungssumme angegeben werden. Termin und Ort sind dem Auftraggeber mitzuteilen. Die Nachweisungen über den Gegenstand der Versteigerung kann jeder einsehen. Im Termin hat der Notar vor der Aufforderung zur Abgabe von Geboten die Versteigerungsbedingungen und die Nachweisungen über den Gegenstand bekanntzugeben. Die Versteigerung soll solange fortgesetzt werden, bis trotz der Aufforderung ein Gebot nicht mehr abgegeben wird. Der Notar hat das letzte Gebot dreimal zu verkünden. Der Auftraggeber ist unverzüglich über den Zuschlag zu hören.

Bei der öffentlichen Versteigerung von beweglichen Sachen und Inhaberpapieren sind die für den Gerichtsvollzieler geltenden Vorschriften zu beachten.

Es ist verboten, am Versteigerungsort und in den benachbarten Räumlichkeiten unmittelbar vor und während der Versteigerung geistige Getränke zu verabreichen (vgl. Verfügung vom 20. Dezember 1899 RegBl. S. 1229).

Beglaubigung

§ 11. Bei der Beglaubigung einer Unterschrift oder eines Handzeichens soll der Notar von dem Inhalt der Urkunde ohne Zustimmung des Auftraggebers nur insoweit Kenntnis nehmen, als dies durch die Umstände geboten ist.

Fremde Gelder

§ 12. Der Notar hat die auf Grund seines Amts für Dritte verwahrten Gelder von seinem eigenen Geld zu trennen. Unbeschadet des zwischen ihm und dem Auftraggeber bestehenden Rechtsverhältnisses und unbeschadet des Zinsenanspruchs darf er jedoch die fremden Gelder gemeinsam verwahren und, soweit sie anzulegen sind, bei einer vertrauenswürdigen Geldanstalt ein gemeinsames Konto auf seinen Namen führen. Der kontoführenden Geldanstalt gegenüber ist zu erklären, daß das Konto nicht eigenen Zwecken des Notars zu dienen bestimmt ist.

Dolmetscher

§ 13. Ist bei der Beurkundung eines Rechtsgeschäfts ein Dolmetscher zuzuziehen, so nimmt das Amtsgericht des Beurkundungsorts die Vereidigung vor. Für den Wortlaut des Eides ist § 189 Abs. 1 GVG maßgebend.

Niederschriften, Ausfertigungen und Abschriften

§ 14. Für die Niederschriften ist dauerhaftes Papier zu verwenden; Durchschläge sollen nicht verwendet werden. Mehrere Bogen oder Blätter sind zusammenzuheften. Die Anlagen, die einen Teil der Niederschrift bilden, sind mit dieser zu verbinden.

Mehrere Bogen oder Blätter einer Ausfertigung oder auszufolgenden Urschrift mit ihren Anlagen sind durch Schnur und Siegel zu verbinden.

Ausfertigungen und Abschriften sind regelmäßig in dem DIN-Format A 3 gefalzt und A 4 herzustellen. Schreibmaschinendurchschläge sollen gut lesbar sein. Für die Ausfertigung ist dauerhaftes Papier zu verwenden.

Bei der Aufnahme von Urkunden, die für das Ausland zu beglaubigen sind, ist § 10 Abs. 2 der Dienstordnung der Staatsbehörden vom 19. Juli 1928 (RegBl. S. 241) zu beachten.

Notariatsregister

§ 15. Das Notariatsregister ist nach dem beiliegenden Vordruck zu führen.

Das Register ist zu binden. Mit den Eintragungen ist erst zu beginnen, nachdem der Vorstand des Amtsgerichts oder ein von ihm beauftragter Beamter die Zahl der Seiten auf der Titelseite beurkundet und auf jedem Blatt seinen Namenszug beigesetzt hat.

Die Reihenfolge der fortlaufenden Nummern ist mit dem Anfang eines jeden Kalenderjahrs neu zu beginnen. Die fortlaufenden Nummern der Geschäfte, über die Niederschriften aufgenommen wurden, sind zu unterstreichen; jede Niederschrift erhält eine besondere Nummer, unter der andere Geschäfte nicht eingetragen werden dürfen. Die Nummer ist auf den Urkunden, Ausfertigungen und Abschriften zu vermerken.

Bei den Geschäften, über die Niederschriften nicht vorliegen, ist der Geschäftswert und die angewendete Gebührenvorschrift in der Spalte für den Geschäftsgegenstand anzugeben.

Die Geschäfte der Bezirksnotare, die in ein amtliches Geschäftsregister einzutragen sind, sind nicht in das Notariatsregister aufzunehmen.

Verwahrungsbuch

§ 16. Der Notar hat über die ihm auf Grund seines Amts für Dritte übergebenen Gelder und Wertgegenstände ein Verwahrungsbuch nach dem beiliegenden Vordruck zu führen. Wechsel sind von der Eintragungspflicht ausgenommen. Für die Anlegung gilt § 15 Abs. 2.

Das Verwahrungsbuch kann für die Gelder, die der Notar gemeinsam verwahren oder anlegen darf, in Karteiform ohne fortlaufende Nummer geführt werden. In diesem Fall ist über die Einnahmen und Ausgaben eines Kalenderjahres ein Kassenbuch nach der Zeitfolge zu führen, auf das die Bestimmung des § 15 Abs. 2 Satz 2 anzuwenden ist. Das Kassenbuch ist zu heften.

Akten

§ 17. Die Niederschriften mit Anlagen sind in den Geschäftsräumen des Notars sicher aufzubewahren; sie sollen in besonderen Umschlägen geordnet niedergelegt werden. Über die Niederschriften ist ein Namensverzeichnis zu führen; Karteiform ist zulässig. In das Verzeichnis sind die Namen der Urkundsparteien nach den Anfangsbuchstaben und die Nummern des Notariatsregisters aufzunehmen; sind die Niederschriften nicht nach der Nummernfolge des Notariatsregisters verwahrt, so ist auch die Niederlegungsstelle anzugeben.

Sammelakten werden geführt: a) für die fortlaufend zu benummernden Abschriften der Wechsel- und Scheckproteste einschließlich des Kostenansatzes, b) für die nicht den Niederschriften beigefügten Belege zum Verwahrungsbuch, c) für die übrigen Schriftstücke nach der Nummernfolge des Notariatsregisters.

Niederschriften, die zum Gebrauch im Ausland in Urschrift auszufolgen sind, können mit Zustimmung der Urkundsparteien ausgefolgt werden. Bei Herausgabe an die Urkundsparteien ist eine zweite Urschrift oder eine Ausfertigung der Niederschrift mit einer Abschrift der Anlagen zurückzubehalten. Die Herausgabe von Niederschriften ist im Notariatsregister zu vermerken.

Die Niederschriften über Geschäfte der Bezirksnotare, die in ein amtliches Geschäftsregister einzutragen sind, werden bei den besonderen Akten des Hauptamts verwahrt. Liegen besondere Akten nicht vor, so sind die Niederschriften in Sammelakten aufzubewahren. Die Niederlegung in Sammelakten ist im Geschäftsregister zu vermerken; ein Namensverzeichnis ist regelmäßig nicht erforderlich.

Dienstaufsicht

§ 18. Der Notar steht unter Dienstaufsicht des Amtsgerichts und Landgerichts seines Amtssitzes.

Die mit der Prüfung der Staatsanteile beauftragten Beamten haben auch die formelle Geschäftsführung zu prüfen. Ergeben sich hierbei Anstände in größerer Zahl, so ist die Prüfung auszudehnen.

Die sachliche Behandlung der Geschäfte ist durch den Vorstand des Amtsgerichts oder einen von ihm beauftragten Richter zu prüfen, wenn ein besonderer Anlaß vorliegt.

Auf Verlangen der Dienstaufsichtsbehörden und ihrer beauftragten Beamten sind ihnen die Akten und bei besonderem Anlaß auch die Geschäftsbücher des Notars an ihre Dienststelle zu übermitteln.

Schlußbestimmung

§ 19. Diese Verordnung tritt am 1. April 1933 in Kraft.

V. Bayern

20.
Ausführungsgesetz zum Bürgerlichen Gesetzbuch

Vom 9. Juni 1899 (BayBS III 89)

(Auszug)

Form der Auflassung

Art. 82. Werden Grundstücke durch einen Notar versteigert, so bedarf es bei der Auflassung, sofern sie noch in dem Versteigerungstermin stattfindet, nicht der gleichzeitigen Anwesenheit beider Teile[1]).

Amtliche Ermittlung des Wertes von Grundstücken

Art. 87. Der Eigentümer eines Grundstücks kann den Wert des Grundstücks mit Rücksicht auf die Sicherheit von Hypotheken, Grundschulden oder Rentenschulden durch Sachverständige amtlich feststellen lassen. Für die Ernennung, Beeidigung und Vernehmung der Sachverständigen ist das Amtsgericht zuständig, in dessen Bezirk das Grundstück liegt. Die Vernehmung kann auch durch einen Notar erfolgen.

Die Staatsministerien der Justiz und des Innern können die Grundsätze bestimmen, nach denen der Wert der Grundstücke festzustellen ist, und das bei der Feststellung zu beobachtende Verfahren regeln.

Mitwirkung der Gemeindebehörden bei der Sicherung eines Nachlasses

Art. 105. Die Anlegung von Siegeln zur Sicherung eines Nachlasses, der sich nicht in der Gemeinde befindet, in welcher das zuständige Amtsgericht seinen Sitz hat, kann dem Bürgermeister übertragen werden. In dringenden Fällen hat der Bürgermeister für die Sicherung des Nachlasses vorläufig durch Anlegung von Siegeln zu sorgen; die getroffene Maßregel ist sofort dem Amtsgericht anzuzeigen.

Dem Bürgermeister kann auch die Entsiegelung übertragen werden.

Sicherungsmaßregeln bei dem Tod eines Beamten

Art. 106. Durch *Königliche* Verordnung[2]) können für den Fall des Todes eines Beamten des Staates, eines Bezirks, eines Landkreises oder einer nicht unter gemeindlicher Verwaltung stehenden öffentlichen Stiftung Bestimmmngen über die Sicherung der amtlichen Schriftstücke, Gelder und sonstigen Gegenstände, die der Verstorbene in Verwahrung gehabt hat, insbesondere über die Anlegung von Siegeln, getroffen werden.

Angelegenheiten der freiwilligen Gerichtsbarkeit

Art. 129. Die Vorschriften der §§ 2 bis 27, 29 bis 34 und des § 199 Abs. 2 des Gesetzes über die Angelegenheiten der freiwilligen Gerichtsbarkeit gelten, soweit nicht ein anderes vorgeschrieben ist, auch für diejenigen Angelegenheiten der freiwilligen Gerichtsbarkeit, für welche die landesgesetzlichen Vorschriften maßgebend sind. Eine Anfechtung der Entscheidungen des Obersten Landesgerichts als Beschwerdegerichts findet nicht statt.

[1]) Die Vorschrift beruht auf dem Vorbehalt in EGBGB Art. 143 Abs. 2.

[2]) VO v. 7. 12. 99 (GVBl. 1013); NachlO § 26.

Art. 132[3]). Die Kosten fallen, soweit sie durch das gemeinschaftliche Verfahren entstehen, bei der Auseinandersetzung in Ansehung eines Nachlasses dem Nachlasse, bei der Auseinandersetzung in Ansehung des Gesamtguts einer aufgehobenen ehelichen oder fortgesetzten Gütergemeinschaft dem Gesamtgut zur Last.

Art. 176. Dieses Gesetz tritt gleichzeitig mit dem Bürgerlichen Gesetzbuch in Kraft.

21.
(Bayerisches) Gesetz das Nachlaßwesen betreffend

Vom 9. August 1902 (BayBS III 114)[1])

1. Erstattung der Todesanzeigen

Art. 1. Der Standesbeamte hat dem Amtsgericht, in dessen Bezirk er seinen Amtssitz hat, jeden Todesfall anzuzeigen, der ihm gemäß § 32 des Personenstandsgesetzes vom 3. November 1937 angezeigt wird. Die Staatsministerien der Justiz und des Innern können über die Erstattung der Anzeigen allgemeine Anordnungen treffen.

Von einer Todeserklärung hat das Amtsgericht dem Nachlaßgericht Mitteilung zu machen.

2. Eröffnung der Verfügungen von Todes wegen

Art. 2[2]). Für die Eröffnung einer Verfügung von Todes wegen sind die Amtsgerichte zuständig.

3. Amtliche Vermittlung der Auseinandersetzung in Ansehung eines Nachlasses

Art. 3. Das Nachlaßgericht hat den Erben von Amts wegen zu ermitteln.

Die Erbenermittlung kann nach näherer Anordnung des Staatsministeriums der Justiz auch von einem nicht zum Richteramt Befähigten vorgenommen werden[3]).

Art. 4. Ergeben die Ermittlungen, daß mehrere Erben vorhanden sind, so hat das Nachlaßgericht, sofern die Auseinandersetzung in Ansehung des Nachlasses zwischen ihnen nicht innerhalb der Frist von zwei Monaten seit dem Eintritt des Erbfalls, im Falle der Erbfolge auf Grund einer Verfügung von Todes wegen seit der Eröffnung der Verfügung bewirkt ist, die Auseinandersetzung zwischen den Beteiligten von Amts wegen zu vermitteln. Die Frist kann von dem Nachlaßgericht verlängert werden, wenn ihre Einhaltung nach den Umständen des Falles nicht möglich oder nicht tunlich ist. Solange die Auseinandersetzung nach den §§ 2043 bis 2045 des Bürgerlichen Gesetzbuchs ausgeschlossen oder aufgeschoben ist, läuft die Frist nicht. Im Falle der Todeserklärung beginnt die Frist *nicht vor der Erlassung des die Todeserklärung aussprechenden Urteils*[4]).

Die Vermittlung unterbleibt, sofern ein zur Bewirkung der Auseinandersetzung berechtigter Testamentsvollstrecker vorhanden ist oder vor der Einleitung der amtlichen Vermittlung der Antrag auf Vermittlung gestellt wird oder sämtliche Erben erklären, daß sie sich nicht auseinandersetzen wollen.

[3]) Durch § 13 a FGG unberührt geblieben; vgl. § 13 a FGG Rdn. 2 und PrFGG Art. 28 Anm. 1, 4.

[1]) Hierzu Bek. über das Nachlaßwesen (Nachlaßordnung) v. 20. 3. 03 (JMBl. n. F. I 459). Schrifttum: Haberstumpf-Barthelmeß-Schäler-Firsching, Nachlaßwesen in Bayern, 4. Aufl. 1952.

[2]) Abs. 2 aufgehoben durch § 79 Abs. 2 RNotO.

[3]) Vgl. nunmehr auch RechtspflG §§ 3 Nr. 2 Buchst. c, 16.

[4]) Jetzt mit der Rechtskraft des Todeserklärungsbeschlusses, VerschG §§ 46 Abs. 3, 29. Die Berichtigung in der BayBS gibt diese Rechtslage nicht zutreffend wieder.

Art. 5. Zum Zwecke der Vermittlung der Auseinandersetzung hat das Nachlaßgericht die Teilungsmasse von Amts wegen festzustellen. Das Nachlaßgericht kann, wenn die Beteiligten die zur Feststellung der Teilungsmasse erforderlichen Angaben nicht binnen angemessener Frist machen, die Aufnahme eines Nachlaßverzeichnisses anordnen.

Art. 6[5]). Nach der Feststellung der Teilungsmasse soll das Nachlaßgericht, wenn ein Grundstück zu dem Nachlaß gehört, die Vermittlung der Auseinandersetzung, sofern die Beteiligten die Wahl eines Notars vereinbaren, diesem, andernfalls einem Notar, der im Bezirk oder am Sitze des Nachlaßgerichts aufgestellt ist, überweisen. Auf Antrag sämtlicher Beteiligter ist die Vermittlung einem Notar auch dann zu übertragen, wenn ein Grundstück nicht zum Nachlaß gehört.

Durch die Überweisung gehen auf den Notar die Verrichtungen über, die nach den Vorschriften der §§ 89 bis 95 des Gesetzes über die Angelegenheiten der freiwilligen Gerichtsbarkeit dem Amtsgericht zustehen. Bei den nach den Vorschriften der Zivilprozeßordnung erfolgenden Zustellungen liegen dem Notar auch die Verrichtungen des Urkundsbeamten der Geschäftsstelle ob. Der Notar ist auch für die Festsetzung der einem Beteiligten zu erstattenden Kosten zuständig.

Art. 7. Im übrigen finden auf die Auseinandersetzung die Vorschriften der §§ 88 bis 98 des Gesetzes über die Angelegenheiten der freiwilligen Gerichtsbarkeit mit der Maßgabe Anwendung, daß das Nachlaßgericht und, wenn die Vermittlung einem Notar überwiesen ist, dieser bei der im § 89 bestimmten Ladung der Beteiligten zu dem Verhandlungstermin die Beteiligten und die Teilungsmasse zu bezeichnen haben.

4. Vermittlung der Auseinandersetzung in Ansehung eines Nachlasses oder eines Gesamtguts auf Antrag eines Beteiligten

Art. 8. Für die Vermittlung der Auseinandersetzung in Ansehung eines Nachlasses oder in Ansehung des Gesamtguts einer aufgehobenen ehelichen oder fortgesetzten Gütergemeinschaft auf Antrag eines Beteiligten sind neben den Amtsgerichten die Notare zuständig.

Der Antrag kann, sofern nicht die Beteiligten die Wahl eines anderen Notars vereinbaren, nur bei einem Notar gestellt werden, der im Bezirk oder am Sitze des für die Vermittlung zuständigen Gerichts aufgestellt ist.

Wird der Antrag bei dem Amtsgericht gestellt, so soll dieses, wenn ein Grundstück zum Gesamtgut gehört, die Vermittlung nach der Ermittlung der Erben und der Feststellung der Teilungsmasse, sofern die Beteiligten die Wahl eines Notars vereinbaren, diesem, andernfalls einem Notar, der im Bezirk oder am Sitz des Amtsgerichts aufgestellt ist, überweisen.

Soweit dem Notar die Vermittlung obliegt, ist er für die Verrichtungen zuständig, die nach den §§ 87, 89 bis 95 des Gesetzes über die Angelegenheiten der freiwilligen Gerichtsbarkeit dem Amtsgericht zustehen. Bei den nach den Vorschriften der Zivilprozeßordnung erfolgenden Zustellungen liegen ihm auch die Verrichtungen des Urkundsbeamten der Geschäftsstelle ob. Der Notar ist auch für die Festsetzung der einem Beteiligten zu erstattenden Kosten zuständig.

5. Erteilung der in § 37 der Grundbuchordnung bezeichneten Zeugnisse und ähnlicher Bescheinigungen

Art. 9. Hat das Nachlaßgericht einen Erbschein über das Erbrecht sämtlicher Erben oder ein Zeugnis über die Fortsetzung der Gütergemeinschaft erteilt, so ist der Notar, welcher die

[5]) Die Art. 6 bis 9 sind aufrechterhalten durch §§ 22 Abs. 2, 77 Abs. 3 RNotO und §§ 20 Abs. 4, 118 BNotO.

Auseinandersetzung vermittelt hat, auch für die Erteilung der in § 37 der Grundbuchordnung bezeichneten Zeugnisse zuständig. Andernfalls ist für die Erteilung der Zeugnisse nur das Nachlaßgericht zuständig.

Für die Ausstellung der nach den Gesetzen über das *Reichs*schuldbuch oder das Staatsschuldbuch eines Landes beizubringenden Bescheinigung, daß der Rechtsnachfolger über die eingetragene Forderung zu verfügen berechtigt ist, ist auch der Notar, vor welchem die Auseinandersetzung erfolgt ist, zuständig.

6. Gebühren in Nachlaß- und Teilungssachen

Art. 10. [Gegenstandslos]

7. Schlußbestimmungen

Art. 11. [Gesetzesänderung]

Art. 12. Dieses Gesetz tritt am 1. Oktober 1902 in Kraft. Für die vor diesem Zeitpunkt eingetretenen Erbfälle bleiben die bisherigen Gesetze maßgebend.

22.
(Bayerisches) Gesetz zur Ausführung des Gerichtsverfassungsgesetzes (AGGVG)

vom 17. November 1956 (BayBS III 3)[1])

(Auszug)

Erster Abschnitt
Berufsrichter

Art. 1. Ernennung.

Art. 2, 3. [Aufgehoben durch Art. 75 Nr. 1 BayRiG vom 26. 2. 1965 (GVBl. S. 13)]

Zweiter Abschnitt
Handelsrichter, Schöffen und Geschworene

Art. 4. Ernennung der Handelsrichter.

Art. 5. [Aufgehoben durch Art. 75 Nr. 1 BayRiG vom 26. 2. 1965 (GVBl. S. 13)]

Dritter Abschnitt
Amtsgerichte

Besetzung

Art. 6. (1) Die Amtsgerichte werden mit der erforderlichen Anzahl von Amtsrichtern besetzt.

(2) Jeder Amtsrichter erledigt auch die aus dem landesgesetzlich bestimmten Wirkungskreis des Gerichts ihm zugewiesenen Geschäfte als Einzelrichter, soweit nichts anderes bestimmt ist.

[1]) Geändert durch § 232 Nr. 17 BRAnwO vom 1. 8. 1959 (BGBl. I 565) — Aufhebung des Art. 46 —, durch Art. 75 BayRiG vom 26. 2. 1965 (GVBl. S. 13), durch G vom 14. 3. 1966 (GVBl. S. 101) und durch G vom 25. 7. 1969 (GVBl. S. 182). Durch § 60 Nr. 13 BeurkG sind Abs. 1 und 2 des Art. 10 mit Wirkung vom 1. 1. 1970 aufgehoben worden.

Art. 7. Vertretung des aufsichtführenden Amtsrichters.

Art. 8. Vertretung des einzigen Richters eines Amtsgerichts.

Art. 9. Vorübergehende Vertretung.

Beurkundungen und Beglaubigungen

Art. 10. [Abs. 1 und 2 aufgehoben durch § 60 Nr. 13 BeurkG]

(3) Die Amtsgerichte sind als Nachlaßgrichte nicht zuständig zur Aufnahme des Inventars.

Vierter Abschnitt

Landgerichte

Art. 11. Zahl der Kammern.

Art. 12. Vertretung des Landgerichtspräsidenten.

Art. 13. Geschäftsverteilung, Vertretung der Mitglieder der Kammern.

Art. 14. Ausschließliche Zuständigkeit.

Legalisation

Art. 15. Für die gerichtliche Beglaubigung amtlicher Unterschriften zum Zwecke der Legalisation im diplomatischen Wege ist der Landgerichtspräsident zuständig[2]).

Fünfter Abschnitt

Oberlandesgerichte

Art. 16. Zahl der Senate.

Art. 17. Geschäftsverteilung und Vertretung.

Sechster Abschnitt

Oberstes Landesgericht

Besetzung

Art. 18. Das Oberste Landesgericht wird mit einem Präsidenten und der erforderlichen Anzahl von Senatspräsidenten und Räten besetzt[3]).

[2]) Dazu VO vom 3. 7. 1966 (GVBl. S. 106).

[3]) Die Errichtung des Bayerischen Obersten Landesgericht beruhte auf dem Vorbehalt der §§ 8 bis 10 EGGVG; das Gericht war jedoch durch Art. 1 § 1 der VO v. 19. 3. 35 (RGBl. I 383) mit Wirkung v. 1. 4. 35 aufgehoben worden. Durch Länderratsgesetz über die Zuweisung von Rechtsmitteln an ein Oberstes Landesgericht (BayGVBl. 1948 50 a; RegBl. Württ.-Baden 1948, 52; HessGVBl. 1948 45) wurde diesen Ländern vorbehalten, die Verhandlung und Entscheidung von Rechtsmitteln allgemein oder unter gewissen Voraussetzungen einem Obersten Landesgericht zuzuweisen. Hiervon machte Bayern Gebrauch durch das G Nr. 124 über die Wiedererichtung des BayObLG v. 11. 5. 48 (GVBl. 83). Bundesrechtlich ist seine Errichtung nunmehr zugelassen durch die §§ 8 bis 10 EGGVG i. d. F. des Art. 1 Nr. 81 bis 83 des REinhG v. 12. 9. 50 (BGBl. 455). Das G Nr. 124 wurde mehrfach geändert und galt zuletzt i. d. F. der Bek. v. 23. 11. 53 (GVBl. 191). Durch Art. 42 Abs. 2 Nr. 3 des vorstehenden Gesetzes wurde das G Nr. 124 mit Wirkung v. 1. 1. 57 aufgehoben und die Organisation des Gerichts im 6. Abschnitt des AGGVG, Art. 18 bis 24, geregelt. Zur Geschichte des BayObLG vgl. Wehrmann, DRiZ 1961, 309.

Senate

Art. 19. Die Zahl[4]) der Zivil- und Strafsenate bestimmt das Staatsministerium der Justiz[5]).

Art. 20. Vertretung des Präsidenten.

Art. 21. Zuständigkeit in bürgerlichen Rechtsstreitigkeiten.

Art. 22. Zuständigkeit in Strafsachen.

Zuständigkeit in Angelegenheiten der freiwilligen Gerichtsbarkeit und in Landwirtschaftssachen

Art. 23[6]). Dem Obersten Landesgericht werden zugewiesen:

1. die Entscheidung über die weiteren Beschwerden in Grundbuchsachen und in den anderen Angelegenheiten der freiwilligen Gerichtsbarkeit einschließlich der Kostensachen, die der Kostenordnung unterliegen;
2. die Entscheidung über die Rechtsbeschwerden auf Grund des § 52 des Gesetzes über das gerichtliche Verfahren in Landwirtschaftssachen vom 21. Juli 1953 (GBGl. I S. 667).
3. die Entscheidung über die Anträge auf gerichtliche Entscheidung gegen Bescheide des Staatsministeriums der Justiz über Anträge auf Anerkennung oder Nichtanerkennung ausländischer Entscheidungen in Ehesachen.

Oberstes Fideikommißgericht

Art. 24. In Fideikommißsachen entscheidet das Oberste Landesgericht in der Besetzung von drei Mitgliedern einschließlich des Vorsitzenden als Oberstes Fideikommißgericht[7]).

Siebenter Abschnitt

Staatsanwaltschaften

Art. 25 bis 29. [Nicht abgedruckt]

Achter Abschnitt

Geschäftsstellen

Urkundsbeamte

Art. 30. (1) Die Geschäftsstellen bei den Gerichten und Staatsanwaltschaften werden mit der erforderlichen Anzahl von Urkundsbeamten besetzt.

(2) Das Staatsministerium der Justiz bestimmt allgemein, wer Urkundsbeamter der Geschäftsstelle ist und wer als stellvertretender Urkundsbeamter verwendet werden kann. Es

[4]) Dazu Bek. d. JM über die Zahl der Kammern und Senate v. 28. 1. 1966 (JMBl. S. 16).

[5]) Nach § 10 Abs. 2 EGGVG bestimmt sich die Besetzung der Senate in Grundbuchsachen und in Angelegenheiten der FG nach den Vorschriften über die OLGe, also nach § 122 GVG.

[6]) Nr. 3 des Art. 23 ist mit Wirkung vom 1. 7. 1965 angefügt durch Art. 75 Nr. 3 des BayRiG vom 26. 2. 1965 (GVBl. S. 13). Die Vorschrift beruht auf den Ermächtigungen in § 199 Abs. 1 FGG (Nr. 1), in § 52 LwVG (Nr. 2) und in Art. 7 § 1 Abs. 6 Satz 4 FamRÄndG (Nr. 3). Die Vorschrift des Art. 23 Nr. 1 gilt auch für Schiffsregistersachen (§ 87 Abs. 1 Satz 2 SchiffsRegO). Weitere Zuständigkeiten ergeben sich unmittelbar aus § 199 Abs. 2 FGG. Das BayObLG ist auch zuständig für die Erteilung des Rechtsentscheids nach § 47 MieterschutzG (BayObLGZ 1951, 293; 1951, 336; 1959, 353/354; 1961, 110; BGHZ 31, 285).

[7]) Nach dem G über die Zuständigkeit und das Verfahren in Fideikommiß- und Stiftungssachen v. 22. 10. 48 (BayBS III 124) sind Fideikommißgerichte des ersten Rechtszuges die OLGe (Fideikommißsenate); das Oberste Landesgericht ist für Bayern als Oberstes Fideikommißgericht an die Stelle dieses Gerichts im vormaligen Reichsjustizministerium getreten.

bestimmt ferner, wer die stellvertretenden Urkundsbeamten bestellt und welche Aufgaben ihnen zugewiesen werden können.

(3) Sind mehrere Urkundsbeamte bestellt, so wird einem von ihnen die Geschäftsleitung übertragen.

Rechtsreferendare

Art. 31. Rechtsreferendare können als stellvertretende Urkundsbeamte der Geschäftsstelle verwendet werden.

Ausfertigungen

Art. 32. Die Ausfertigungen werden, soweit nicht besondere Vorschriften bestehen, von dem Urkundsbeamten der Geschäftsstelle unterschrieben und mit dem Gerichtssiegel versehen.

Zuweisung von besonderen Aufgaben

Art. 33. (1) Die Urkundsbeamten der Geschäftsstelle bei den Amtsgerichten sind zuständig, Siegelungen und Entsiegelungen sowie die Verrichtungen einer Urkundsperson gemäß § 123 der Konkursordnung vorzunehmen und Vermögensverzeichnisse aufzunehmen, die nach gesetzlicher Vorschrift dem Vormundschaftsgericht einzureichen sind. Sie sollen diese Geschäfte nur auf Anordnung des Richters übernehmen.

(2) Den Urkundsbeamten der Geschäftsstelle bei den Amtsgerichten kann das Nachlaßgericht die Aufnahme des Inventars übertragen.

(3) Die Aufnahme eines Vermögensverzeichnisses oder eines Inventars durch den Urkundsbeamten der Geschäftsstelle soll nur angeordnet werden, wenn anzunehmen ist, daß der Wert des Vermögens oder des Nachlasses ohne Abzug der Schulden den Betrag von fünftausend Deutschen Mark nicht oder nicht erheblich übersteigt.

Neunter Abschnitt

Gerichtsvollzieher

Besondere Aufgaben nach Landesrecht

Art. 34. (1) Die Gerichtsvollzieher sind zuständig:

1. Wechsel- und Scheckproteste aufzunehmen;
2. in den Fällen der §§ 122 und 123 der Konkursordnung Siegelungen und Entsiegelungen sowie die Verrichtungen einer Urkundsperson vorzunehmen;
3. freiwillige Versteigerungen von beweglichen Sachen und von Früchten, die vom Boden noch nicht getrennt sind, durchzuführen;
4. das tatsächliche Angebot einer Leistung zu beurkunden oder die geschuldete Leistung tatsächlich anzubieten.

(2) Die Gerichtsvollzieher können den Auftrag zu einer freiwilligen Versteigerung nach ihrem Ermessen ablehnen.

Ausschluß von der Amtstätigkeit

Art. 35. § 155 des Gerichtsverfassungsgesetzes gilt in den durch die Prozeßordnungen nicht geregelten Angelegenheiten[8]) entsprechend[9]).

[8]) Das sind sowohl bundes- als auch landesrechtliche Angelegenheiten der FG sowie außergerichtliche Angelegenheiten.

[9]) Vgl. Anm. 2 zu § 76 PrAGGVG, oben Anl. 11.

Zehnter Abschnitt

Geschäftsjahr

Art. 36. Beginn und Ende.

Elfter Abschnitt

Justizverwaltung

Art. 37 bis 41. [Nicht abgedruckt]

Zwölfter Abschnitt

Schluß- und Übergangsbestimmungen

Inkrafttreten, Aufhebung von Vorschriften

Art. 42. (1) Dieses Gesetz tritt am 1. Januar 1957 in Kraft.

(2) Gleichzeitig treten die folgenden Rechtsvorschriften in der am 31. Dezember 1956 geltenden Fassung außer Kraft:

Nr. 1 bis 10 [Nicht abgedruckt]

Art. 43. [Gesetzesänderung]

Art. 44. Früherer Richtereid.

Art. 45. Beschwerden in Strafsachen.

Art. 46. Rechtsanwaltschaft bei dem Obersten Landesgericht[10]).

23.
(Bayerisches) Notariatsgesetz

Vom 9. Juni 1899 (BayBS III 41)[1])

Erster Abschnitt

Zuständigkeit und Organisation

Art. 1. [Aufgehoben]

Art. 2. Die Notare sind zuständig:

1. für die Aufnahme von Vermögens- und Nachlaßverzeichnissen;
2. für die Anlegung und Abnahme von Siegeln[2]).

Art. 3 bis 11. [Aufgehoben durch § 75 RNotO]

[10]) Art. 46 ist aufgehoben durch § 232 Nr. 17 BRAnwO vom 1. 8. 1959 (BGBl. I 565); jetzt gilt § 227 BRAnwO. In Angelegenheiten der freiwilligen Gerichtsbarkeit sind alle bei einem deutschen Gericht zugelassenen Rechtsanwälte auch vor dem BayObLG zugelassen (vgl. § 29 FGG Rdn. 7).

[1]) Die Art. 22, 24 bis 26, 28, 29, 31 bis 34, 39 bis 46, 57 bis 62 sind mit Wirkung vom 1. 1. 1970 aufgehoben durch § 60 Nr. 7 BeurkG.

[2]) Im übrigen ergibt sich die Zuständigkeit der Notare aus den §§ 20 bis 24 BNotO i. d. F. des § 57 Abs. 17 BeurkG und aus anderen landesrechtlichen Vorschriften, z. B. Art. 87 BayAGBGB, Art. 6, 8, 9 BayNachlG.

Zweiter Abschnitt

Dienstverhältnisse und Geschäftsführung

Art. 12 bis 21. [Aufgehoben durch § 75 RNotO]

Art. 22. [Aufgehoben durch § 60 Nr. 7 BeurkG]

Art. 23. [Aufgehoben]

Dritter Abschnitt

Notarielle Urkunden

Art. 24. [Aufgehoben durch § 60 Nr. 7 BeurkG]

1. Vorschriften über die Errichtung notarieller Urkunden

Art. 25, 26. [Aufgehoben durch § 60 Nr. 7 BeurkG]

Art. 27. [Aufgehoben]

Art. 28, 29. [Aufgehoben durch § 60 Nr. 7 BeurkG]

Art. 30. [Aufgehoben]

Art. 31 bis 34. [Aufgehoben durch § 60 Nr. 7 BeurkG]

Art. 35. [Aufgehoben]

Art. 36. Die Vorschriften über die äußere Form der notariellen Urkunden werden, soweit sie nicht in Reichsgesetzen oder in diesem Gesetz enthalten sind, in der Geschäftsordnung[3]) getroffen.

2. Vorschriften über die Verwahrung der Urschriften und die Erteilung von Ausfertigungen

Art. 37 bis 38. [Aufgehoben]

Art. 39 bis 46. [Aufgehoben durch § 60 Nr. 7 BeurkG]

Art. 47. [Aufgehoben]

Vierter Abschnitt

Gebühren

Art. 48 bis 56. [Aufgehoben]

Fünfter Abschnitt

Gerichtliche Entscheidung, Beschwerde

Art. 57 bis 62. [Aufgehoben durch § 60 Nr. 7 BeurkG]

Sechster bis zwölfter Abschnitt

Art. 63 bis 129. [Aufgehoben]

[3]) Vgl. die Geschäftsordnung für die Notariate vom 30. 10. 1913 (JMBl. 231), deren Vorschriften, soweit sie das Verfahren des Notars bei seinen Amtshandlungen regeln, gemäß § 81 RNotO und § 118 BNotO teilweise in Kraft geblieben sind (Seybold-Hornig BNotO 4. Aufl. § 118 Rdn. 6).

Dreizehnter Abschnitt

Schluß- und Übergangsbestimmungen

Art. 130. [Aufhebung von Gesetzen]

Art. 131. Dieses Gesetz tritt gleichzeitig mit dem Bürgerlichen Gesetzbuch in Kraft.

Art. 132. [Altrechtlicher Vorbehalt]

Art. 133 bis 138. [Gegenstandslos]

Art. 139. [Ermächtigung]

24.

Bekanntmachung des BayStMdJ über die Bekanntmachung gerichtlicher Verfügungen in Angelegenheiten der freiwilligen Gerichtsbarkeit

Vom 10. Mai 1957 (BayJMBl. 312 = BayBSVJu III 295)
geändert durch Bek. vom 29. August 1969 (BayJMBl. 172)

§ 1. In Angelegenheiten der freiwilligen Gerichtsbarkeit werden gerichtliche Verfügungen von Amts wegen bekanntgemacht (§ 16 FGG).

§ 2. (1) Verfügungen, mit deren Bekanntmachung der Lauf einer Frist beginnt, werden unbeschadet der Bestimmung des § 13 durch Zustellung nach den für die Zustellung von Amts wegen in bürgerlichen Rechtsstreitigkeiten geltenden Vorschriften der Geschäftsanweisung für die Geschäftsstellen der Gerichte in Zivilsachen[1]) bekanntgemacht (§ 16 Abs. 2 Satz 1 FGG). Dies gilt insbesondere für die Bekanntmachung sämtlicher Verfügungen, gegen die sofortige Beschwerde nach den Vorschriften des Reichsgesetzes über die Angelegenheiten der freiwilligen Gerichtsbarkeit zulässig ist (z. B. §§ 53, 56, 60 FGG; § 105 Abs. 2 GBO; § 49 PStG; § 14 der 6. DVO z. EheG) oder in denen das Gericht eine Frist setzt (z. B. § 91 Abs. 3 FGG; § 18 Abs. 1 GBO).

(2) Einem Anwesenden kann die Verfügung auch zu Protokoll bekanntgemacht werden; auf Verlangen ist ihm eine Abschrift der Verfügung zu erteilen (§ 16 Abs. 3 FGG). Dies gilt nicht, wenn die Zustellung im Gesetz ausdrücklich vorgeschrieben ist (z. B. § 1995 Abs. 1 BGB, §§ 24 Abs. 2, 25 VerschG) oder die Verfügung der sofortigen Beschwerde nach Maßgabe der Zivilprozeßordnung (§ 577 ZPO) unterliegt (z. B. §§ 60, 73 BGB; § 80 GenG).

(3) Besondere gesetzliche Vorschriften über die Art der Bekanntmachung (z. B. §§ 88 Abs. 2 und 98 GBO; § 141 Abs. 2 FGG; § 24 Abs. 3 VerschG) bleiben unberührt.

§ 3. [Aufgehoben][2])

§ 4. (1) Verfügungen, mit deren Bekanntmachung nicht der Lauf einer Frist beginnt, sind, sofern nicht Zustellung ausdrücklich vorgeschrieben ist, in der Regel durch einfachen Brief bekanntzumachen oder an der Amtsstelle formlos auszuhändigen; ausnahmsweise kann auch eine Postkarte verwendet werden, wenn anzunehmen ist, daß der Empfänger gegen eine derartige Verständigung nichts einzuwenden hat. Sind der Verfügung wichtige Urkunden (z. B. Ausfertigungen eines Erbscheins, Hypothekenbriefe, Wechsel) beigegeben, so ist die Verfügung durch eingeschriebenen Brief zu übersenden; dies kann auch in anderen Fällen geschehen; § 38

[1]) Bek. des BayStMdJ v. 6. 5. 57 (BayJMBl. 241) §§ 7 bis 49.

[2]) § 3 ist aufgehoben durch Bek. v. 29. 8. 1969 (BayJMBl. 172).

der AV des RJM vom 25. 2. 1936 (DJ S. 350) bleibt unberührt. Einem Anwesenden kann die Verfügung auch zu Protokoll bekanntgemacht werden (§ 16 Abs. 3 FGG).

(2) An Stelle der Post kann der Gerichtswachtmeister mit der Übermittlung der Sendung beauftragt werden. In wichtigen Fällen ist die Sendung nur gegen Empfangsschein auszuhändigen; wird derjenige, für den die Sendung bestimmt ist, nicht angetroffen, so kann der Gerichtswachtmeister das Schriftstück auch einer Person aushändigen, die nach den Vorschriften der ZPO als Ersatzempfänger bei Ersatzzustellungen in Frage kommt.

(3) Das Gericht kann anordnen, daß eine Verfügung nach den Vorschriften über die Zustellung von Amts wegen in bürgerlichen Rechtsstreitigkeiten bekanntzumachen ist. Die Anordnung wird in der Regel zu treffen sein, wenn an die Nichtbefolgung der Verfügung Nachteile geknüpft sind (z. B. Androhung einer Ordnungsstrafe) oder wenn eine wichtige Urkunde durch den Gerichtswachtmeister dem Empfänger ausgehändigt werden soll.

§ 5. (1) Soweit Verfügungen nicht zugestellt oder zu Protokoll bekanntgemacht werden, sind in den Akten der Ort und die Art der Bekanntmachung sowie der Tag zu vermerken, an dem das Schriftstück der Post oder dem Gerichtswachtmeister übergeben oder dem Empfänger an der Amtsstelle ausgehändigt wurde.

(2) Der Vermerk ist auf der linken Seite unmittelbar unter dem Schluß der gerichtlichen Verfügung anzubringen und vom Urkundsbeamten der Geschäftsstelle zu unterschreiben. Zu den Vermerken können Stempel verwendet werden.

Z. B. „am .... durch einfachen Brief (Postkarte) bekanntgemacht."

(3) Vom Gerichtswachtmeister, der mit der Übermittlung der Sendung beauftragt wurde, kann das Gericht eine Vollzugsanzeige verlangen.

§ 6. Auf Benachrichtigungen (z. B. §§ 1953, 2081, 2262 BGB) sind die Vorschriften über öffentliche Zustellung nicht anzuwenden. Statt dessen kann das Gericht auf andere Weise (z. B. Aushang oder Veröffentlichung in einer inländischen oder ausländischen Zeitung) versuchen, die Beteiligten zu benachrichtigen.

§ 7. Diese Bekanntmachung tritt am 1. Juli 1957 in Kraft.

VI. Bremen

25.
Bremisches Ausführungsgesetz zum Gesetz über die Angelegenheiten der freiwilligen Gerichtsbarkeit (Brem. AGFGG)

Vom 12. Mai 1964 (GBl. 50 = Sammlg. BremR 315-a-1)[1]

Erster Abschnitt
Allgemeine Vorschriften

§ 1. Für die Angelegenheiten der freiwilligen Gerichtsbarkeit, die durch Landesgesetz den ordentlichen Gerichten übertragen sind, gelten die §§ 2 bis 27, 28 Absatz I, 29, 30 Absatz I Satz 1 (jedoch ohne die Worte „und bei dem Bundesgerichtshof") und 31 bis 34 des Gesetzes über die Angelegenheiten der freiwilligen Gerichtsbarkeit, soweit nichts anderes bestimmt ist.

[1]) Die §§ 7 bis 19 und 21 sind mit Wirkung vom 1. 1. 1970 aufgehoben durch § 60 Nr. 25 BeurkG.

§ 2. Für die Angelegenheiten der freiwilligen Gerichtsbarkeit sind, soweit nichts anderes bestimmt ist, die Amtsgerichte zuständig.

§ 3. Das Oberlandesgericht entscheidet über die Beschwerde gegen eine Entscheidung, die das Landgericht in einer landesrechtlichen Angelegenheit der freiwilligen Gerichtsbarkeit erlassen hat. Die weitere Beschwerde ist unzulässig.

Entscheidet in einer landesrechtlichen Angelegenheit der freiwilligen Gerichtsbarkeit das Oberlandesgericht im ersten Rechtszug, so ist dessen Entscheidung unanfechtbar.

§ 4. In Angelegenheiten der freiwilligen Gerichtsbarkeit kann die Bekanntmachung einer gerichtlichen Verfügung, wenn mit der Bekanntmachung nicht der Lauf einer Frist beginnt, außer durch Eröffnung zu Protokoll auch nach den Vorschriften der Zivilprozeßordnung durch Zustellung von Amts wegen oder Übersendung einer Ausfertigung im Wege der Aufgabe zur Post bewirkt werden.

Ist die Person oder der Aufenthalt desjenigen, welchem die Verfügung bekanntgemacht werden soll, unbekannt, so kann die Bekanntmachung, wenn mit ihr nicht der Lauf einer Frist beginnt, durch Anheftung an die Gerichtstafel und durch einmalige Einrückung in das für amtliche Bekanntmachungen des Gerichts bestimmte Blatt erfolgen. Das Gericht kann noch andere und wiederholte Bekanntmachungen anordnen. Ladungen in Angelegenheiten der freiwilligen Gerichtsbarkeit, welche unter der Androhung eines Rechtsnachteils für den Fall des Ausbleibens erfolgen, sind, soweit nichts anderes bestimmt ist, nach den Vorschriften der Zivilprozeßordnung zuzustellen.

Zustellungen im Ausland können dadurch bewirkt werden, daß eine Ausfertigung durch die Post als „Einschreiben gegen Rückschein“ übersandt wird.

§ 5. Werden bei einem Todesfall Umstände bekannt, die gerichtliche Maßnahmen zur Sicherung des Nachlasses angezeigt erscheinen lassen, so sollen die Standesbeamten und die Ortspolizeibehörden dies unverzüglich dem Amtsgericht mitteilen, in dessen Bezirk der Todesfall eingetreten ist. Die Ortspolizeibehörden haben bei Gefahr im Verzuge die für die Sicherung des Nachlasses erforderlichen Maßregeln zu treffen und die angeordneten Maßregeln dem Amtsgericht anzuzeigen.

§ 6. Die Ortspolizeibehörden sind zur Unterstützung der Registergerichte verpflichtet. Sie sollen das Registergericht benachrichtigen, wenn sie von einer unrichtigen, unvollständigen oder unterlassenen Anmeldung zu einem gerichtlichen Register erfahren.

Zweiter Abschnitt

Notarielle Urkunden

§§ 7 bis 19. [Aufgehoben durch § 60 Nr. 25 BeurkG]

§ 20. Die Echtheit der Unterschrift eines Notars wird auf sein Verlangen von dem Amtsgericht unter Beidrückung des Gerichtssiegels beglaubigt.

§ 21. [Aufgehoben durch § 60 Nr. 25 BeurkG]

Dritter Abschnitt

Schlußvorschriften

§ 22. Dieses Gesetz tritt einen Monat nach seiner Verkündung in Kraft.
Es werden aufgehoben:

1. Das bremische Gesetz, betreffend die Ausführung des Reichsgesetzes über die Angelegenheiten der freiwilligen Gerichtsbarkeit vom 18. Juli 1899 (Brem. GBl. 1899, S. 137) in der zuletzt geltenden Fassung,

2. das preußische Gesetz über die freiwillige Gerichtsbarkeit vom 21. September 1899 (GS 1899, S. 249) mit allen Änderungen, soweit sie im Lande Bremen Geltung erlangt haben und noch gelten.

26.

(Bremisches) Ausführungsgesetz zum Bürgerlichen Gesetzbuch

Vom 18. Juli 1899 (GBl. 61 = Sammlung des brem. Rechts 400-a-1[1])

(Auszug)

§ 63. Zur Aufnahme des Nachlaßinventars und der in den §§ 2121, 2215 und 2314 des Bürgerlichen Gesetzbuchs erwähnten Verzeichnisse sind außer den Notaren auch die Gerichtsvollzieher zuständig.

Eine Aufnahme des Nachlaßinventars durch das Nachlaßgericht findet nicht statt.

§ 64. Die amtliche Verwahrung von Testamenten und Erbverträgen erfolgt bei den Amtsgerichten.

Ist das Testament oder der Erbvertrag durch einen Notar oder ist das Testament durch einen Gemeindevorsteher aufgenommen, so ist für die amtliche Verwahrung dasjenige Amtsgericht zuständig, in dessen Bezirk der Notar oder der Gemeindevorsteher seinen Wohnsitz hat[2]).

Für die amtliche Verwahrung eines nach § 2231 Nr. 2 des Bürgerlichen Gesetzbuchs errichteten Testaments ist jedes Amtsgericht zuständig.

26 a.

(Bremisches) Gesetz zur Ausführung des Gerichtsverfassungsgesetzes (AGGVG)

Vom 11. Oktober 1960 (GBl. S. 123)

(Auszug)

1. Abschnitt

Gerichte

§§ 1 bis 15. [Nicht abgedruckt]

2. Abschnitt

Staatsanwaltschaft

§§ 16 bis 18. [Nicht abgedruckt]

[1]) Geändert durch Gesetze v. 29. 11. 03 (GBl. 123), 9. 4. 13 (GBl. 105), 29. 12. 17 (GBl. 349), 2. 7. 21 (GBl. 217), 25. 9. 21 (GBl. 415), 17. 11. 22 (GBl. 624), 28. 6. 23 (GBl. 395), 15. 12. 23 (GBl. 823), 23. 10. 27 (GBl. 291), 6. 12. 28 (GBl. 355), 30. 4. 31 (GBl. 153), 3. 3. 32 (GBl. 45); AusfVO z. BGB v. 7. 2. 33 (GBl. 15). Das Gesetz gilt auch in Bremerhaven, G vom 6. 7. 1965 (GBl. 107 = Sammlung des brem. Rechts Nr. 401-a-2). Durch **§ 60** Nr. 17 BeurkG sind die **§§ 6, 7 mit** Wirkung vom 1. 1. 1970 aufgehoben worden. Aufgehoben ist auch die VO über die Beglaubigung von Unterschriften und Handzeichen und über die Ausstellung von Lebensbescheinigungen vom 7. 4. 1959 (GBl. 49 = Sammlung des brem. Rechts Nr. 401-a-4).

[2]) Siehe jetzt BGB §§ 2248, 2277, 2258 a, 2300.

3. Abschnitt

Geschäftsstellen

§ 19. Urkundsbeamte der Geschäftsstelle sind die vom Senator für Justiz und Verfassung bestimmten Beamten.

§ 20. (1) Referendare sowie Anwärter für den gehobenen oder den mittleren Justizdienst können mit der selbständigen Wahrnehmung von Aufgaben des Urkundsbeamten der Geschäftsstelle beauftragt werden.

(2) Mit der selbständigen Wahrnehmung von einzelnen Aufgaben der Urkundsbeamten der Geschäftsstelle können widerruflich auch Angestellte beauftragt werden.

(3) Zuständig für die Beauftragung sind der Senator für Justiz und die von ihm bestimmten Stellen.

4. Abschnitt

Gerichtsvollzieher

§ 21[1]. Die Gerichtsvollzieher sind außer für die Aufgaben, die ihnen nach Bundesrecht oder nach anderen Vorschriften des Landesrechts obliegen, für folgende Geschäfte zuständig:

1. Wechsel- und Scheckproteste aufzunehmen,
2. Siegelungen, Entsiegelungen und die Aufstellung von Vermögensverzeichnissen im Auftrag des Gerichts oder des Konkursverwalters vorzunehmen,
3. freiwillige Versteigerungen von beweglichen Sachen und von Früchten, die vom Boden noch nicht getrennt sind, durchzuführen,
4. das tatsächliche Angebot einer Leistung zu beurkunden,
5. den Wert beweglicher Sachen zu schätzen,
6. gerichtliche Anordnungen nach § 33 Abs. 2 des Gesetzes über die Angelegenheiten der freiwilligen Gerichtsbarkeit zu vollstrecken.

(2) Die Gerichtsvollzieher können Aufträge zu freiwilligen Versteigerungen nach ihrem Ermessen ablehnen. Das gleiche gilt für Aufträge zur Schätzung des Wertes von beweglichen Sachen, soweit sie von Privatpersonen ausgehen.

(3) Der Senator für Justiz und Verfassung kann den Gerichtsvollziehern weitere Aufgaben zuweisen.

§ 22. § 155 des Gerichtsverfassungsgesetzes ist in den Angelegenheiten, die durch die Zivil- und Strafprozeßordnung nicht betroffen werden, entsprechend anzuwenden[2].

5. Abschnitt

Justizverwaltung

§§ 23 bis 27. [Nicht abgedruckt]

§ 28. Soweit im § 26 und in anderen Gesetzen nichts Abweichendes bestimmt ist, werden Beschwerden in Angelegenheiten der Justizverwaltung im Dienstaufsichtswege erledigt.

6. Abschnitt

Schlußbestimmungen

§ 29. Richter, Staatsanwälte, Amtsanwälte und Urkundsbeamte der Geschäftsstelle tragen nach näherer Bestimmung des Senators für Justiz und Verfassung in den Sitzungen der Gerichte eine Amtstracht.

[1]) Vgl. dazu § 74 PrAGGVG mit Bem. (Anl. 11). [2]) Vgl. dazu § 76 PrAGGVG Anm. 2 (Anl. 11).

(2) Der Senator für Justiz und Verfassung kann nach Anhörung des Vorstandes der Rechtsanwaltskammer bestimmen, daß auch Rechtsanwälte in den öffentlichen Sitzungen der Gerichte eine Amtstracht zu tragen haben.

§ 30. Gerichtsreferendaren, die mindestens zwölf Monate im Vorbereitungsdienst tätig sind, kann im Einzelfall die Erledigung von Rechtshilfeersuchen mit Ausnahme der Beeidigung sowie die Durchführung der richterlichen Leichenschau und der Leichenöffnung übertragen werden.

§ 31. (1) Dieses Gesetz tritt am 1. Januar 1961 in Kraft.

(2) [Aufhebung von Vorschriften]

VII. Hamburg

27.
Hamburgisches Gesetz über Angelegenheiten der freiwilligen Gerichtsbarkeit

Vom 29. Dezember 1899 (ABl. 1168 = HambSLR 3212-d)[1]

Erster Abschnitt

Allgemeine Vorschriften

§ 1. Die Vorschriften im ersten Abschnitt des Reichsgesetzes über die Angelegenheiten der freiwilligen Gerichtsbarkeit, mit Ausnahme des § 28 Abs. 2 und 3, finden, soweit nicht in den Gesetzen ein anderes bestimmt ist, auch auf diejenigen Angelegenheiten der freiwilligen Gerichtsbarkeit Anwendung, welche durch Landesgesetz den ordentlichen Gerichten und der *Vormundschaftsbehörde*[2]) übertragen sind.

Auf das Verfahren in Grundbuchsachen und Hinterlegungssachen findet die Bestimmung des ersten Absatzes keine Anwendung.

§ 2. Die Vorschriften des Gerichtsverfassungsgesetzes über die Verhängung von Ordnungsstrafen wegen einer in der Sitzung begangenen Ungebühr finden entsprechende Anwendung auf eine Ungebühr, deren sich jemand in einem in Angelegenheiten der freiwilligen Gerichtsbarkeit dem Gericht überreichten Schriftstück schuldig gemacht hat[3]).

§ 3[4]). Ist jemandem durch eine gerichtliche Verfügung auferlegt, eine Handlung vorzunehmen, die ausschließlich von seinem Willen abhängt, oder eine Handlung zu unterlassen oder die Vornahme einer Handlung zu dulden, so kann ihn das Gericht, soweit sich nicht aus dem Gesetz ein anderes ergibt, zur Befolgung der Anordnung durch Ordnungsstrafen (§ 33 des Reichsgesetzes über die Angelegenheiten der freiwilligen Gerichtsbarkeit) anhalten.

[1]) Geändert durch Gesetze v. 9. 2. 10 (ABl. 101), 26. 2. 20 (GVBl. 47), 2. 1. 24 (GVBl. 12), 6. 1. 28 (GVBl. 17), 4. 9. 31 (GVBl. 229), 2. 6. 33. (GVBl. 194). Über den Geltungsbereich (Erstreckung auf ehemals preuß. Landesteile) s. G über Rechtsvereinheitlichung v. 15. 6. 50 (GVBl. 129) i. d. F. v. 4. 7. 53 (GVBl. 124), 9. 10. 54 (GVBl. 105), 23. 10. 56 (GVBl. 473) und 3. 11. 58 (GVBl. 386) mit DurchfVO v. 20. 6. 50 (GVBl. 141), mehrfach geändert, zuletzt durch VO v. 9. 12. 58 (GVBl. 410). Dazu LG Hamburg v. 16. 9. 54 (MDR 1954 106). Durch § 60 Nr. 27 BeurkG sind die §§ 8 bis 11, 13 bis 18, 19 Abs. 2, 3, §§ 20 bis 23, 25 Abs. 1 Satz 2, §§ 26, 27, 33 sowie § 25 Abs. 1 Satz 1, soweit diese Vorschrift nicht auf § 19 Abs. 1 verweist, mit Wirkung vom 1. 1. 1970 aufgehoben worden. Als Ausführungsbestimmung zu § 16 Abs. 2 FGG ist ergangen die Vfg. betr. Bekanntmachung in Angelegenheiten der freiw. Gerichtsbarkeit vom 1. 1. 1900 (HambSLR 3212-e).

[2]) Aufgehoben durch VO v. 11. 12. 35 (RGBl. I 1449).

[3]) Vgl. die Bem. zu § 8 FGG Rdn. 35.

[4]) Abs. 1 gegenstandslos gemäß FGG § 33 i. d. F. der VO v. 5. 8. 35 (RGBl. I 1065).

Die festgesetzte Ordnungsstrafe kann von dem Gericht ganz oder teilweise aufgehoben werden, wenn die Nichtbefolgung der Anordnung genügend entschuldigt ist.

§ 4[5]). Ist eine Verfügung der im § 3 bezeichneten Art ohne unmittelbaren Zwang nicht durchzuführen, oder soll eine Person oder Sache herausgegeben oder eine Sache vorgelegt werden, so kann das Gericht auch die Anwendung unmittelbaren Zwanges anordnen.

Die Vollstreckung erfolgt durch das Gerichtsvollzieheramt und durch die bei einem Amtsgericht tätigen Gerichtsvollzieher. Die Vorschriften der §§ 752, 758 bis 763 und des § 790 Abs. 1 der Zivilprozeßordnung finden entsprechende Anwendung. Die Kosten fallen dem Verpflichteten zur Last.

Wird die Person oder Sache nicht vorgefunden, so kann das Gericht den Verpflichteten zur Leistung des Offenbarungseides anhalten. Die Vorschriften des § 883 Abs. 2 und 3, des § 900 Abs. 1 und der §§ 901, 902, 904 bis 910, 912, 913 der Zivilprozeßordnung finden entsprechende Anwendung.

§ 5. Bei Festsetzung von Ordnungsstrafen ist der Beteiligte zugleich in die Kosten des Verfahrens zu verurteilen[6]).

Die zwangsweise Einziehung von Ordnungsstrafen erfolgt nach den Vorschriften des § 17 des Gesetzes, betreffend das Verhältnis der Verwaltung zur Rechtspflege, vom 23. April 1879.

Eine zur zwangsweisen Durchführung gerichtlicher Anordnungen festgesetzte Ordnungsstrafe ist in den Nachlaß des Verpflichteten nicht zu vollstrecken.

§ 6. Die Ausfertigung gerichtlicher Verfügungen sowie die Beglaubigung der vom Gericht zu erteilenden Abschriften erfolgt durch den Urkundsbeamten der Geschäftsstelle. Dem Ausfertigungsvermerk oder Beglaubigungsvermerk soll das Gerichtssiegel (Stempel) beigefügt werden.

§ 7. *Die Vorschriften in §§ 2 bis 6 dieses Gesetzes finden auch in dem Verfahren vor der Vormundschaftsbehörde[7]) Anwendung. Im Falle des § 6 tritt an Stelle des Urkundsbeamten der Geschäftsstelle ein Sekretär der Vormundschaftsbehörde.*

Zweiter Abschnitt

Beurkundungen und Beglaubigungen

I. Zuständigkeit

§§ 8 bis 11. [Aufgehoben durch § 60 Nr. 27 BeurkG]

§ 12. [Gegenstandslos durch PStG § 29 Abs. 2 i. d. F. v. 8. 8. 57 (BGBl. I 1125)]

§§ 13 bis 16. [Aufgehoben durch § 60 Nr. 27 BeurkG]

II. Verfahren bei der Beurkundung und Beglaubigung durch Gerichte und Verwaltungsbehörden

§§ 17 bis 18. [Aufgehoben durch § 60 Nr. 27 BeurkG]

§ 19. Die Urschrift des gerichtlichen Protokolls über die Beurkundung eines Rechtsgeschäfts bleibt in der Verwahrung des Gerichts.

[Abs. 2 und 3 aufgehoben durch § 60 Nr. 27 BeurkG]

[5]) Gegenstandslos; siehe Anm. 4.
[6]) Abs. 1 ist gegenstandslos durch § 33 Abs. 1 Satz 2 FGG; siehe Anm. 4.
[7]) Aufgehoben durch VO v. 11. 12. 35 (RGBl. I 1449).

§§ 20 bis 23. [Aufgehoben durch § 60 Nr. 27 BeurkG]

§ 24. [Gegenstandslos]

§ 25[8]). Auf die Beurkundungen, *welche ein nach § 11 zuständiger Beamter vornimmt, finden die Vorschriften der §§ 168 bis 182 des Reichsgesetzes über die Angelegenheiten der freiwilligen Gerichtsbarkeit und der §§ 17, 18,* 19 Abs. 1 *und 2, §§ 21, 22 Abs.* 2, *§ 23* dieses Gesetzes entsprechende Anwendung. *Ausfertigungen und beglaubigte Abschriften sind von dem beurkundenden Beamten oder einem anderweit von der beteiligten Behörde zu bestimmenden Beamten zu erteilen.*

Das gleiche gilt für die Beurkundungen, die bei den Jugendämtern auf Grund *§ 43 Abs. 2* des *Reichs*gesetzes für Jugendwohlfahrt vorgenommen werden.

§§ 26, 27. [Aufgehoben durch § 60 Nr. 27 BeurkG]

Dritter Abschnitt

Nachlaßsachen

§ 28[9]). Für die amtliche Verwahrung von Testamenten und Erbverträgen ist das Amtsgericht ausschließlich zuständig, in dessen Bezirk die betreffende Urkunde errichtet worden ist.

Testamente, welche in der Form des § 2231 Nr. 2 des Bürgerlichen Gesetzbuchs errichtet sind, können bei jedem Amtsgericht hinterlegt werden.

§ 29. Die Polizeibehörden haben von jedem zu ihrer Kenntnis gelangenden Todesfalle, bei welchem gerichtliche Maßregeln zur Sicherung des Nachlasses erforderlich erscheinen, dem Nachlaßgerichte, in dessen Bezirk der Todesfall eingetreten ist, sofort Mitteilung zu machen. Die Polizeibehörden haben bei Gefahr im Verzuge die für die Sicherung des Nachlasses erforderlichen Maßregeln zu treffen und die angeordneten Maßregeln dem Nachlaßgericht unverzüglich anzuzeigen.

Vierter Abschnitt

Öffentliche Register der Gerichte

§ 30. Die näheren Bestimmungen über die Einrichtung und Führung der von den Gerichten zu führenden Register werden, soweit erforderlich, von der Senatskommission für die Justizverwaltung getroffen[10]).

Die nach dem bisherigen Recht bewirkten Eintragungen hiesiger Agenten und Bevollmächtigter auswärtiger Gesellschaften im Handelsregister können auf Anordnung der Senatskommission für die Justizverwaltung gelöscht werden.

§ 31. Wenn in das Güterrechtsregister eine Eintragung erfolgt, welche sich auf einen Ehegatten bezieht, dessen Firma in das von demselben Gericht geführte Handelsregister eingetragen ist, so soll durch einen Vermerk im Handelsregister auf diese Eintragung hingewiesen werden. Das gleiche gilt, wenn ein Ehegatte als Inhaber einer Firma eingetragen wird, bezüglich dessen eine Eintragung in das von demselben Gericht geführte Güterrechtsregister erfolgt ist. Das Gericht hat gemäß § 10 Abs. 1 Satz 1 des Handelsgesetzbuches bekanntzumachen, daß ein Hinweis auf das Güterrechtsregister eingetragen ist.

[8]) § 25 Abs. 1 Satz 1 ist durch § 60 Nr. 27 Buchst. b BeurkG aufgehoben, soweit diese Vorschrift nicht auf § 19 Abs. 1 verweist. § 25 Abs. 1 Satz 2 ist aufgehoben durch § 60 Nr. 27 Buchst. a BeurkG. An die Stelle des in Abs. 2 erwähnten § 43 Abs. 2 RJWG ist § 49 JWG i. d. F. vom 27. 6. 1970 (BGBl. I 920) getreten.

[9]) Siehe jetzt §§ 2248, 2277, 2258 a, 2300 BGB.

[10]) Vgl. die Bem. zu Art. 29 PrFGG (oben Anl. 10).

Fünfter Abschnitt

Sonstige Angelegenheiten der freiwilligen Gerichtsbarkeit

§ 32. Die amtliche Erteilung von Zeugnissen über das im Hamburgischen Staate jetzt oder früher geltende Recht erfolgt durch einen Senat des Hanseatischen Oberlandesgerichts.

§ 33. [Aufgehoben durch § 60 Nr. 27 BeurkG]

§ 34. Die Amtsgerichte sind befugt, auch außerhalb eines bei ihnen anhängigen Verfahrens für einzelne Angelegenheiten auf Antrag der Beteiligten Sachverständige zu bestellen und zu beeidigen.

Sechster Abschnitt

Schlußbestimmungen

§ 35. Dieses Gesetz tritt gleichzeitig mit dem Bürgerlichen Gesetzbuch in Kraft.

[Abs. 2 gegenstandslose Aufhebung von Vorschriften]

§ 36. [Gegenstandslos]

28.
Hamburgisches Ausführungsgesetz zum Bürgerlichen Gesetzbuch

in der Fassung vom 1. Juli 1958 (GVBl. S. 196 = HambSLR 40-e)[1])

(Auszug)

Erstes Buch. Allgemeiner Teil

Vereine

§§ 1 bis 4. [Weggefallen]

§ 5. [Nicht abgedruckt]

Stiftungen

§§ 6 bis 21. [Nicht abgedruckt]

Feiertage

§ 22. [Weggefallen]

Zweites Buch. Recht der Schuldverhältnisse

§§ 23, 24. [Weggefallen]

§ 25. [Nicht abgedruckt]

§§ 26, 27, 27 a bis 27 c. [Weggefallen]

Drittes Buch. Sachenrecht

Erwerb des Eigentums an Grundstücken

§§ 28, 28 a. [Weggefallen]

[1]) Hierzu DurchfVO v. 20. 5. 58 (AmtlAnz. 441).

§ 29. [Nicht abgedruckt]

§§ 30 bis 34. [Weggefallen]

Unschädlichkeitszeugnis

§§ 35 bis 42. [Nicht abgedruckt]

Erbbaurecht

§ 42 a. [Nicht abgedruckt]

Dienstbarkeiten

§§ 43 bis 46. [Nicht abgedruckt]

§ 47. Für die Aufnahme des im § 1035 des Bürgerlichen Gesetzbuches erwähnten Verzeichnisses sind außer den Notaren die Gerichtsvollzieher zuständig.

Hypotheken

§§ 48 bis 50. [Nicht abgedruckt]

Deichrechtliche Bestimmungen

§§ 51 bis 62. [Nicht abgedruckt]

§§ 63 bis 66. [Weggefallen]

Viertes Buch. Familienrecht

Eingehung der Ehe

§ 67. [Nicht abgedruckt]

Namensführung

§ 68. [Weggefallen]

Vormundschaft

§ 69. Die Vormundschaftsordnung vom 14. Dezember 1883 nebst den dieselbe abändernden Bestimmungen tritt außer Kraft.

§§ 70 bis 73. [Weggefallen]

§ 74. Hypotheken, Grundschulden oder Rentenschulden an Grundstücken, die im hamburgischen Staatsgebiet liegen, gelten als sicher im Sinne des § 1807 des Bürgerlichen Gesetzbuches, wenn sie in der ersten Hälfte des Einheitswertes stehen. Das Vormundschaftsgericht kann die Sicherheit abweichend feststellen, wenn der Einheitswert von dem Verkehrswert des Grundstücks wesentlich abweicht.

§ 74 a. Die Hypotheken an einem Erbbaurecht auf Grundstücken, die im hamburgischen Staatsgebiet belegen sind, gelten als sicher im Sinne des § 1807 des Bürgerlichen Gesetzbuches, wenn sie die Hälfte des Verkehrswertes des Bauwerkes, abzüglich des mit 5 % zu kapitalisierenden, im Range vorhergehenden Erbbauzinses nicht übersteigen.

§§ 75, 75 a bis 75 c. [Weggefallen]

§ 76. In den Fällen der §§ 1667 Abs. 2 Satz 3, 1682 Abs. 2, 1689 Satz 2 und 1802 Abs. 3 des Bürgerlichen Gesetzbuches sind für die Aufnahme der vom Vormundschaftsgericht angeordneten Verzeichnisse außer den Notaren die Gerichtsvollzieher zuständig.

Gemeindewaisenrat

§ 77. [Weggefallen]

Fünftes Buch. Erbrecht

I. Ausführungsbestimmungen

§ 78. (1) Zur Aufnahme des Nachlaßinventars und der in den §§ 2121, 2215 und 2314 des Bürgerlichen Gesetzbuches erwähnten Verzeichnisse sind außer den Notaren die Gerichtsvollzieher zuständig.

(2) Das Nachlaßgericht nimmt kein Nachlaßinventar auf[2]).

§§ 79, 80, 80 a. [Weggefallen]

II. Übergangsbestimmungen

Ältere Nachlässe

§§ 81 bis 99. [Nicht abgedruckt; die Vorschriften regeln die Tätigkeit des Nachlaßgerichts für die Verlassenschaften von Personen, welche vor dem Inkrafttreten des BGB gestorben sind]

Inkrafttreten des Gesetzes

§ 100. [Nicht abgedruckt]

VIII. Rheinland-Pfalz

29.

Landesgesetz über die Zuständigkeit des Oberlandesgerichts in Neustadt a. d. H. in Angelegenheiten der freiwilligen Gerichtsbarkeit

Vom 15. Juni 1949 (GVBl. I 225 = BS Rh.-Pf. 301-11)[1])

§ 1. In Angelegenheiten der freiwilligen Gerichtsbarkeit entscheidet über das Rechtsmittel der weiteren Beschwerde gegen die Entscheidungen der im Lande Rheinland-Pfalz gelegenen Landgerichte das Oberlandesgericht in *Neustadt an der Hardt.*

Die Zuständigkeit des Oberlandesgerichts Koblenz in Fideikommißsachen und des Landwirtschaftssenats des Oberlandesgerichts in Koblenz bleiben unberührt.

§ 2. Das Oberlandesgericht in *Neustadt a. d. H.* tritt in den in § 1 angegebenen Grenzen für die Beschwerde gegen eine Verfügung des Landgerichts an die Stelle des nach §§ 64, 143

[2]) Für die Aufnahme von Nottestamenten nach § 2249 BGB sind die Standesbeamten zuständig; DurchfVO v. 20. 5. 58 (AmtlAnz. 441) I Nr. 8. Vgl. EGBGB Art. 150, TestG § 50, GesEinhG v. 5. 3. 53 (BGBl. I 33) Art. 3, Art. 4 Nr. 6, VO d. ZJA v. 12. 12. 46 (VOBlBrZ 1947 9). Diese Vorschriften gelten fort (vgl. Palandt-Keidel BGB 29. Aufl. § 2249 Anm. 3; Zimmermann Rpfleger 1970, 189 zu II 6.

[1]) In den ehemals bayerischen Gebietsteilen des Landes Rheinland-Pfalz (RegBez. Pfalz) gilt das BayAGGVG vom 9. 6. 1899 (GVBl. Beil. 1) nach Maßgabe des Rechtsbereinigungs-G Pfalz vom 22. 7. 1965 (GVBl. 157) Anlage 8, in der Fassung GVBl. 1966 Sonder-Nr. 1 a unter Nr. 311, ferner das BayNotG vom 9. 6. 1899 (oben Anl. 23) i. d. F. der Bek. ebenda S. 34 und des § 60 Nr. 48 BeurkG. In den ehemals preußischen Gebietsteilen des Landes Rheinland-Paflz gilt das PrAGGVG (oben Anl. 11) in der Fassung der Bekanntmachung GVBl. Rheinland-Pfalz 1968, Sonder-Nr. Koblenz, Trier, Montabaur S. 21, sowie das PrFGG (oben Anl. 10) in der Fassung ebenda S. 47 Nr. 3212-1 und des § 60 Nr. 57 BeurkG. Wegen der ehemals hessischen Gebietsteile vgl. die Sammlung des be reinigten hessischen Rechts für den ehem. Reg.-Bez. Rheinhessen 1814 bis 1945, GVBl. Rhld.-Pf. 1970 Sonder- Nr. 1 a.

Abs. 2 des Reichsgesetzes über die Angelegenheiten der freiwilligen Gerichtsbarkeit zuständigen Oberlandesgerichts.

§ 3. Das Oberlandesgericht in *Neustadt a. d. H.* gilt im Sinne der §§ 5, 46 des Reichsgesetzes über die Angelegenheiten der freiwilligen Gerichtsbarkeit als gemeinschaftliches oberes Gericht für alle Gerichte des Landes Rheinland-Pfalz. Es tritt in den Fällen der §§ 5, 46 des bezeichneten Gesetzes über die Angelegenheiten der freiwilligen Gerichtsbarkeit für die Gerichte des Landes Rheinland-Pfalz an die Stelle des Oberlandesgerichts, das die Zuständigkeit zu bestimmen oder über die Übernahme zu entscheiden hat, ohne gemeinschaftliches oberes Gericht zu sein.

§ 4. Dieses Gesetz tritt mit seiner Verkündung in Kraft.

[Abs. 2 und 3 gegenstandslose Übergangsvorschriften]

30.
Landesgesetz über die Verlegung des Oberlandesgerichts der Pfalz nach Zweibrücken

Vom 9. August 1962 (GVBl. S. 127 = BS Rh.-Pf. 301-4)

§ 1. Der Sitz des Oberlandesgerichts der Pfalz wird mit Wirkung vom 1. Januar 1965 von Neustadt a. d. Weinstraße nach Zweibrücken verlegt.

§ 2. Die zur Vorbereitung und Durchführung der Verlegung erforderlichen Verwaltungsvorschriften erläßt der Minister der Justiz.

§ 3. Das Gesetz tritt am Tage nach seiner Verkündung in Kraft.

31.
Landesgesetz über die Beglaubigungsbefugnisse der Ortsgerichte

Vom 15. Juli 1970 (GVBl. S. 228)[1]

Der Landtag Rheinland-Pfalz hat das folgende Gesetz beschlossen:

§ 1. (1) Die Vorsteher der im rechtsrheinischen Teil des Regierungsbezirks Koblenz und im Gebiet des ehemaligen Regierungsbezirks Rheinhessen bestehenden Ortsgerichte sind zuständig, Unterschriften öffentlich zu beglaubigen.

(2) Die Unterschrift einer Person, die im Bezirk des Ortsgerichts weder ihren Wohnsitz, noch ihren ständigen Aufenthalt oder ständigen Arbeitsplatz hat, soll nur beglaubigt werden, wenn dies im Zusammenhang mit einer anderen, die gleiche Sache betreffenden Beglaubigung geschieht.

§ 2. (1) Für Amtshandlungen nach diesem Gesetz und nach anderen Rechtsvorschriften werden zur Deckung der Verwaltungkosten von den Ortsgerichten Kosten (Gebühren und Auslagen) erhoben.

(2) Der Minister der Justiz wird ermächtigt, im Einvernehmen mit dem Minister des Innern durch Rechtsverordnung

[1]) Hierzu ist ergangen die LVO über die von den Ortsgerichten zu erhebenden Beglaubigungsgebühren vom 29. 7. 1970 (GVBl. S. 339). Durch § 2 Nr. 1 dieser LVO wird aufgehoben § 93 Abs. VIII d. AV d. Pr. MdJ vom 28. 12. 1899 (PrJMBl. S. 889) über das Verfahren und die Gebühren der Ortsgerichte in den Oberlandesgerichtsbezirken Frankfurt und Kassel.

1. die gebührenpflichtigen Tatbestände näher und abschließend zu bestimmen und dabei feste Sätze, Wertsätze und Rahmensätze vorzusehen; die Wertgebühr sowie die Rahmengebühr für eine Amtshandlung des Ortsgerichtsvorstehers darf den Betrag von 100 DM, für eine Amtshandlung, an der mehrere Gerichtspersonen (Ortsgerichtsvorsteher und Gerichtsmänner) mitwirken, den Betrag von 300 DM nicht übersteigen,
2. den Umfang der zu ersetzenden Auslagen festzusetzen,
3. Bestimmungen über den Kostenschuldner, die Fälligkeit der Kosten, die Kostenvorschußpflicht, die Einforderung von Kosten, Kostenbefreiungen, die Verjährung, das Kostenfestsetzungsverfahren einschließlich der Rechtsbehelfe gegen die Kostenfestsetzung, die Beitreibung der Kosten sowie über die Verteilung der Kosten unter den Gerichtspersonen zu treffen.

§ 3. Dieses Gesetz tritt am ersten Tage des auf seine Verkündung folgenden Monats in Kraft[2]).

[2]) Das Gesetz ist am 1. 8. 1970 in Kraft getreten.

Sachverzeichnis

Anführungsweise: **Fette** Zahlen bezeichnen die Paragraphen des Beurkundungsgesetzes, magere Zahlen die durch Randnoten gekennzeichneten Abschnitte der Erläuterungen. Magere Zahlen in Verbindung mit **Einl.** = Einleitung bezeichnen die Randnoten der Einleitung Seite 1 bis 23. Fette Zahlen mit dem Zusatz **Vorb.** = Vorbemerkung beziehen sich auf die Vorbemerkung vor der angegebenen Gesetzesbestimmung, beigefügte magere Zahlen auf die Randnoten dieser Vorbemerkung. Die Abkürzung **Anl.** = Anlage verweist auf die Nummern der in den Anlagen wiedergegebenen Vorschriften, beigefügte magere Zahlen bezeichnen die Paragraphen oder Artikel dieser Bestimmungen, eine hochgestellte Zahl kennzeichnet eine dazu vorhandene Anmerkung.

Die Umlaute ä, ö, ü werden wie a, o, u eingereiht; sie stehen also nicht als ae, oe, ue hinter ad, od, ud.